湖北交通运输年鉴

（2015）

《湖北交通运输年鉴》编辑委员会　编

人民交通出版社股份有限公司
China Communications Press Co.,Ltd.

图书在版编目（CIP）数据

湖北交通运输年鉴．2015 /《湖北交通运输年鉴》编辑委员会编．— 北京：人民交通出版社股份有限公司，2015.11

ISBN 978-7-114-12597-3

Ⅰ．①湖…　Ⅱ．①湖…　Ⅲ．①交通运输业—湖北省—2015—年鉴　Ⅳ．① F512.763-54

中国版本图书馆 CIP 数据核字 (2015) 第 258854 号

Hubei Jiaotong Yunshu Nianjian (2015)

书　　名：湖北交通运输年鉴（2015）
著 作 者：《湖北交通运输年鉴》编辑委员会
责任编辑：张征宇　赵瑞琴　陈　鹏
出版发行：人民交通出版社股份有限公司
地　　址：（100011）北京市朝阳区安定门外外馆斜街3号
网　　址：http://www.ccpress.com.cn
销售电话：（010）59757973
总 经 销：人民交通出版社股份有限公司发行部
经　　销：各地新华书店
印　　刷：北京盛通印刷股份有限公司
开　　本：880×1230　1/16
印　　张：31
字　　数：1082千
版　　次：2015年12月　第1版
印　　次：2015年12月　第1次印刷
书　　号：ISBN 978-7-114-12597-3
定　　价：180.00元
（有印刷、装订质量问题的图书由本公司负责调换）

2014 年 1 月 14 日，交通运输部部长杨传堂（前排左一）会见“最美养路工”——湖北巴东县绿葱坡公路管理站张祚琼（右二）

2014 年 4 月 23 日，省委书记李鸿忠（前排右三）、省长王国生（前排右二）调研长江黄金水道建设并察看引江济汉工地（荆州市龙洲垸）

2014 年 1 月 19 日，省长王国生（左三）在杨春湖客运中心检查春运安全

2014 年 3 月 25 日，交通运输部副部长冯正霖（右四）督导检查湖北交通运输安全生产工作

2014 年 9 月 24 日，交通运输部党组成员、运输司司长刘小明（前排右三）在武汉火车站调研综合运输服务现状及对策

2014 年 5 月 20 日，省人大常委会副主任李春明（左四）在湖北省交通职工教育培训中心检查指导工作

2014 年 3 月 18 日，省人大常委会副主任田承忠（右一）在省交通运输厅出席全省综合交通建设情况座谈会

2014 年 5 月 21 日，省委组织部部长楼阳生（右二）在省交通运输厅调研第一批教育实践活动单位深化整改落实工作

2014 年 10 月 15 日，副省长许克振（前排左三）调研红安农村客运

2014 年 8 月 5 日，省政协副主席刘善桥（前排右一）到省交通运输厅专题调研“645”长江深水航道工程

2014 年 11 月 13 日，省直机关工委常务副书记郭玉吉（右三）到省交通运输厅调研“三抓一促”活动情况

2014 年 4 月 13 日，省总工会党组书记马建中（右二）在京珠高速公路管理处调研指导工作

2014 年 5 月 5 日，省交通运输厅厅长尤习贵（右三）调研恩施州交通建设

2014 年 8 月 2 日，省交通运输厅副厅长唐元（前排右二）调研指导崇阳水上交通安全工作

2014 年 7 月 11 日，省纪委驻交通运输厅纪检组长刘汉诚（左）为“张兵创新工作室”授牌

2014 年 3 月 6 日，省交通运输厅副厅长马立军（左一）调研恩施市龙凤镇综合扶贫改革试点交通规划与建设工作

2014 年 1 月 28 日，省交通运输厅副厅长张云（右一）检查高速公路春运安全工作

2014 年 9 月 25 日，省交通运输厅副厅长谢强（左二）出席全省高速公路就地热再生技术现场交流会

2014 年 5 月 29 日，省交通运输厅副厅长程武（右二）在鄂西高速希望小学参加湖北交通青年志愿服务基地揭牌仪式暨“圆梦在行动”爱心捐赠活动

2014 年 7 月 31 日，省交通运输厅总工程师姜友生（右三）在武英高速调研指导工作

2014 年 7 月 31 日，省交通运输厅党组成员、重点办主任高进华（右三）调研督办黄鄂高速公路团风段建设

2014 年 6 月 10 日，省交通运输厅副巡视员高玉玲（左一）参加厅机关节能宣传周活动启动仪式

2014 年 6 月 28 日，省交通运输厅副巡视员魏公民（前排右三）参加厅信息中心“红旗党支部”创建活动

2014 年 12 月 4 日，省交通运输厅副巡视员白山云（前排左三）检查考核黄黄高速公路管理处目标责任制和党风廉政建设

2014 年 6 月 16 日，黄鄂高速公路正式通车运营

2014 年 6 月 1 日，宜巴高速公路巴东段建成通车

2014 年 9 月 28 日，保宜高速公路宜昌段正式通车试运营

2014 年 9 月 29 日，通界高速公路正式通车试运营

2014 年 12 月 18 日，江南高速公路通车试运营

2014 年 12 月 26 日，恩施至来凤高速公路建成通车。图为宣恩互通

2014 年 12 月 26 日，十房高速公路建成通车。图为谷竹、十房高速房县枢纽互通

2014 年 12 月 26 日，谷竹高速公路建成通车

2014 年 12 月 31 日，黄鄂高速公路团风段建成通车

2014 年 9 月 26 日，新中国成立以来第一条运河——江汉运河正式通航

2014 年 12 月 28 日，武汉地铁 4 号线二期通车运营

2014 年 12 月 28 日，鹦鹉洲长江大桥及两岸接线建成通车

2014 年 10 月 26 日，十堰环丹江口库区生态环保公路郧阳长岭至沙洲段一级公路建成通车

2014 年 10 月 29 日，省交通运输厅与恩施州合建的建始县红景旅游公路建成通车

2014 年 12 月 4 日，省交通运输厅援建的洪湖市万全镇清花公路通车

2014 年 5 月 22 日，在建中的麻武高速公路下巴河特大桥

2014 年 7 月 28 日，恩来高速公路忠建河特大桥合龙

2014 年 9 月 15 日，在建中的高风险岩溶隧道——利万高速齐岳山隧道

2014 年 9 月 15 日，利万高速公路清江大桥串连茶园隧道和凹儿槽隧道

2014年12月4日，全国首条水上生态环保公路——兴山水上公路在建中

2014年12月20日，国内最长跨湖大桥——武汉四环线西段后官湖特大桥下部结构基本完工

2014年8月13日，在建中的利川市团堡镇农村公路通畅工程

2014年，恩施新塘乡“壁挂公路”双河至木栗园公路全部安装钢质防护栏

襄阳市南漳县两河口至赵店农村公路安保工程示范线

2014 年 3 月 31 日，武汉港花山作业区一期工程正式开港

2014 年 6 月 28 日，湖北省汉江碾盘山至兴隆段航道整治工程进入实质性开工建设

2014 年 7 月 18 日，全国首艘新建内河 LNG 集散两用船“海川 3 号”在武汉下水

2014 年 10 月 12 日，崔家营航电枢纽工程通过竣工验收

2014 年 9 月 17 日，荆州首艘由政府、学校、海事部门共建的学生专用渡船投入使用

部省重大活动

BUSHENG ZHONGDA HUODONG

2014年10月28日，交通运输部综合交通运输“十三五”发展规划编制工作启动会在武汉召开

2014年10月28日，贯彻落实《国务院关于依托黄金水道推动长江经济带发展的指导意见》交通运输工作推进会在武汉召开

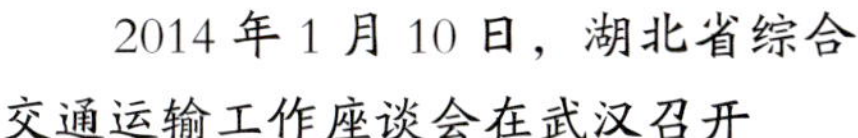

2014年1月10日，湖北省综合交通运输工作座谈会在武汉召开

2014 年 3 月 25 日，全省农村公路工作推进会在鄂州召开

2014 年 3 月 28 日，全省出租汽车行业管理创新与发展现场会在襄阳召开

2014 年 5 月 22 日，湖北、湖南、江西、安徽四省交通运输厅在武汉召开合作推进长江中游黄金水道建设座谈会

2014 年 7 月 29 日，全省公路水运工程“平安工地”创建现场会在仙洪高速公路洪湖段召开

2014 年 9 月 19 日，长江中游城市群省会城市交通运输合作联席会在武汉召开

2014 年 11 月 12 日，赣鄂皖高速公路所（站）友好交流促进会第八届年会在麻城召开

2014 年 3 月 4 日，湖北省学雷锋志愿服务集中行动启动仪式在武汉市第一聋哑学校举行

2014 年 5 月 7 日，全省交通行政执法人员三年轮训暨“送法进基层”启动仪式在红安举行

2014 年 4 月 23 日，武汉“汉新欧”铁路国际货运班列常态化运营首发仪式在中铁联集武汉铁路集装箱中心站举行

2014 年 5 月 8 日，由东航开通的上海—武汉—神农架航线正式通航

2014 年 7 月 30 日，由南航开通的武汉直飞莫斯科航线正式通航

2014年3月2日，宜昌至重庆忠县滚装运输航线正式开通

2014年7月21日，武汉至东盟四国试验航线正式起航

2014年6月15日，武汉市首批微循环公交车开通运营

2014年12月24日，武汉新港当年第100万个集装箱运往上海港

2014 年 1 月 18 日，华中大道快运联盟在武汉成立

2014 年 5 月 9 日，湖北综合交通公共信息联盟成立

2014 年 7 月 20 日，华中道路客运小件快运联盟在武汉成立

2014 年 3 月 28 日，埃塞俄比亚访问团考察湖北高速公路建设及管理情况

2014 年 5 月 8 日，省南水北调管理局与省港航管理局签署汉江兴隆水利枢纽通航工作协议

2014 年 6 月 19 日，中国交通报社与省交通运输厅在武汉签署战略合作协议

2014 年 6 月 24 日，省交通运输厅与中国电信湖北分公司在武汉签订战略合作框架协议

2014 年 10 月 14 日，由省交通运输厅牵头，湖北日报传媒集团、省商务厅、省供销社、省邮政管理局、省邮政公司、省邮政速递物流有限公司、顺丰速运有限公司在武汉签署湖北省《农村物流发展战略合作协议》

2014 年 7 月 8 日，湖北交通职业技术学院与中兴通讯公司正式签订 ICT 合作建设协议

2014 年 12 月 27 日，省交通运输厅与交通运输部公路科学研究院在北京签订战略合作框架协议

2014年8月25日，湖北高速路政、交警、消防、医疗等10部门，联合在G42沪蓉高速公路（宜巴段）郑家垭隧道进行隧道火灾应急演练

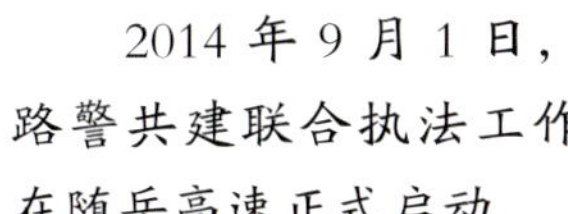

2014年9月1日，路警共建联合执法工作在随岳高速正式启动

2014年12月25日，由省委宣传部、省文明办、省总工会联合举办的“湖北最美一线职工”授奖仪式在湖北广电演播厅举行。图为汉十高速路政员陈红涛获“湖北最美一线职工”特别奖

技能比武

JINENG BIWU

2014年7月16日，武黄高速路政开展"岗位练兵比武"竞赛

2014年7月23日，黄黄高速路政执法全员培训在湖北警官学院圆满落幕

2014年10月27日，随州市公路局开展全市路政执法人员培训

2014年11月13日，全省高速公路技能竞赛在湖北交通职业技术学院举行

2014 年 9 月 26 日，第六届全国交通运输行业筑路机械职业技能大赛湖北赛区选拔赛在孝感举行

2014 年 10 月 25 日，湖北省交通运输行业“竞进杯”职业技能大赛暨第四届技能状元大赛机动车维修项目决赛在武汉举行

2014 年 8 月 27 日，16 家交通运输系统青年文明号集体参加团省委、省文明办、省青年文明号组委会联合举办的湖北省青年文明号优质服务大赛决赛

2014 年 10 月 22 日，湖北省高路系统“竞进杯”收费业务技能竞赛总决赛在武汉举行

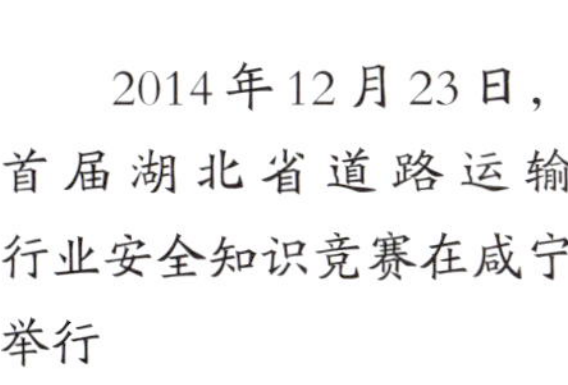

2014 年 12 月 23 日，首届湖北省道路运输行业安全知识竞赛在咸宁举行

2014年初，省港航管理局启动清江水布垭至恩施段航道养护市场化试点

2014年1月20日，15艘享受国家补助政策的更新客渡船在宜昌长阳土家族自治县清江库区交付使用

2014年2月8日，鄂西高速公路管理处确保道路安全畅通

2014年2月18日，鄂东高速采取路警双方联合开道、重车碾压、间断放行等方式引导车辆安全通行

2014 年 4 月 1 日，《湖北省城市公共交通发展与管理办法》正式施行。图为宣传现场

2014 年 4 月 21 日，湖北省汽车客运站安全管理培训班在武汉举办

2014 年 7 月 3 日，省交通运输厅厅长尤习贵（左）、副厅长唐元（右）为江汉运河航道管理处揭牌

2014 年 8 月 14 日，湖北省公路水路建设与运输市场信用信息服务系统工程初步设计通过专家审查

2014年9月1日，省交通运输厅首次免费举办“湖北交通运输网上审批服务平台”行政相对人操作培训

2014年10月29日，全省交通运输安全应急管理培训班在荆州举办

2014年12月15日，省交通运输厅举办全省高速公路隧道安全应急联动演练

2014 年 5 月 4 日，湖北省交通运输厅“书香机关·践行梦想”演讲决赛在武汉举行

2014 年 8 月 15 日，湖北交通艺术团代表全省选派的 3 个歌舞节目亮相西藏雅砻文化节

2014 年 10 月 31 日，汉十高速公路管理处举办“善为·治道”文化品牌新闻发布会暨汉十文化周启动仪式

2014年11月26日，全省交通运输行业“十行百佳”标兵先进事迹报告会在襄阳举行

2014年11月9日，省交通运输厅排舞队喜获全国健排舞联赛总决赛全国亚军

2014年11月27日，随岳高速公路管理处京山管理所“阳光天使班组”被评为首届“中国最美路姐班组”

2015年3月19日，2014年度全省交通运输行业“十行百佳”风采展暨春运工作表彰大会在武汉召开

《湖北交通运输年鉴》编辑委员会

《湖北交通运输年鉴》编辑室

编 辑 说 明

一、《湖北交通运输年鉴(2015)》是湖北省交通运输厅连续编纂的第25卷年鉴，主要反映2014年全省地方交通发展的新情况、新成就、新经验和新问题，涵盖公路、水路、铁路、民航、邮政等综合交通部门。本卷年鉴既突出2014年度交通发展的特点，又保持与历年年鉴内容的连续性，为各级领导、全省交通运输系统干部职工和各界人士研究湖北交通运输提供信息、积累资料。

二、本年鉴设特载、大事记、概况、交通运输发展战略研究及前期工作、交通基础设施建设、交通基础设施养护和管理、综合交通和水陆运输、安全应急管理、交通财务费收和筹融资、交通法制、交通科技与培训教育、交通综合管理、党群工作和精神文明建设、调查研究、专题资料、全省交通运输系统领导名录、获奖名录、统计资料等18个栏目。

三、本年鉴照片由各单位提供，《湖北交通运输年鉴》编辑室补充并审定编排。

四、本年鉴统计资料由湖北省交通运输厅计划处提供，其他栏目的同口径统计数字，均以统计资料数字为准。

五、本年鉴由各市(州)交通运输局(委)、综合交通各部门和湖北省交通运输厅厅直单位、厅机关各处室供稿。稿件均经有关部门领导审核，编辑复审，主编审定，年鉴编委会终审。

六、《湖北交通运输年鉴(2015)》的出版发行，得到全省交通运输系统各级领导和职工的大力支持，在此一并致谢。错漏之处，敬请读者指正。

目　录

特　载

大事记

概　况

交通运输发展战略研究及前期工作

交通基础设施建设

交通基础设施养护和管理

综合交通和水陆运输

安全应急管理

交通财务费收和筹融资

交 通 法 制

交通科技与培训教育

交通综合管理

党群工作和精神文明建设

调 查 研 究

专题资料

全省交通运输系统领导名录

获奖名录

统 计 资 料

特载

坚持深化改革 推进依法治理 在新常态下谱写交通运输发展新篇章

——尤习贵厅长在2015年全省交通运输工作会上的报告

(2015年1月20日)

各位领导、同志们:

2015年全省交通运输工作会议的主要任务是:贯彻省委五次全会、省经济工作会议、省农村工作会议和全国交通运输工作会议精神,总结2014年交通运输工作,交流经验,分析形势,部署2015年重点任务。刚才,6家单位作了大会交流发言,他们的经验很有特色,值得各地学习借鉴。

下面,我讲三个方面的意见。

一、2014年交通运输工作总体情况

2014年,中国经济发展进入新常态,全面深化改革开启新征程。2014年,湖北交通运输贯彻"竞进提质"总要求,建设管理服务再创新佳绩,取得6个方面的历史性突破:

——公路水路建设投资首次突破1000亿元。全年完成固定资产投资1090亿元,同比增长22%,首次突破千亿大关,位居全国第三。"十二五"前4年累计完成投资3171亿元,提前完成"十二五"投资目标任务,为实现湖北经济"稳增长、1.5倍增速"提供了服务和保障。

——高速公路里程突破5000公里大关。新建成谷竹、江南等10条高速公路项目,新增高速公路里程773公里,新增5条高速公路出省大通道,全省高速公路通车总里程达到5106公里,位居全国第一方阵。

——全省港口集装箱吞吐量达到125万标箱。武汉港突破100万标箱,成为长江中上游港口中第一个突破百万标箱的内河港口,迈入世界内河集装箱港口"第一方阵"。武汉港内联宜昌、荆州、襄阳、十堰,外拓陕西、河南、湖南,多条航线远达日本、韩国、东盟,构建起以湖北为起点的"海上丝绸之路"大动脉,武汉中游航运中心集聚带动作用进一步增强。

——高等级航道里程突破1700公里。建国以来最长的人工运河——引江济汉通航工程建成投入使用,直接沟通长江、汉江航运,形成810公里高等级航道圈。汉江兴隆以下航道整治工程顺利完成。新增高等级航道483公里,是新增高等级航道里程最多的一年。

——ETC覆盖率翻两番、车道数突破400条。按照省政府和交通运输部要求,采取得力措施,高速公路ETC建设全面提速,全年共建成高速公路ETC车道417条,ETC覆盖率达到80%以上,比上年翻两番,ETC通衢卡客户数量大幅增加。

——全省行政村通沥青(水泥)路实现全覆盖。新建通村沥青(水泥)路12125公里,结束了全省少部分行政村不通沥青(水泥)路的历史。全省100%的乡镇和92%的行政村通了客车,农村客运不断延伸,通村达组;农村物流网格运行,货畅其流,农村地区交通条件得到进一步改善。

2014年交通运输工作呈现以下五个鲜明特点:

第一,以打造综合立体交通走廊为总目标,建设长江黄金水道掀起了新一轮热潮。

抢抓长江经济带历史性机遇,省委省政府大题大作、大事大办,成立长江中游深水航道645工程建设指挥部,组织开展长江航道模型试验研究及外部影响研究,取得阶段性进展。按照"全线整合、分步实施"的原则,推进长江港口资源整合。全面谋划,规划先行,出台《武汉长江中游航运中心总体规划纲要》。沿江市州积极行动,武汉市制定长江中游航运中心建设系列政策,加快开发航运交易平台,上海通用汽车配套码头等多个港口项目加快建设。宜昌市加快建设三峡翻坝中转枢纽港。荆州市港航建设全面提速,沙隆达热电煤码头等5个项目建成,集装箱吞吐能力达47万标箱。黄石棋盘洲保税物流中心通过国家验收,封关运行。鄂州市三江港区综合码头一期工程等项目进展加快。

综合立体交通走廊建设加速推进。沿江多条高速公路建成通车,江北等在建高速公路加快施工,新开工沌口等一批长江公路大桥项目。武汉新港江北铁路一期工程建成通车。天河机场三期7大主体工程全部开工。汉新欧国际铁路货运班列常态化运行,共发25趟班列、1970标箱。开通武汉至旧金山、马尔代夫等7条国际航线,天河机场吞吐量达到1700万人次。开通至东盟4国江海快班和物流公路直通车,宜宾—武汉—上海直达日本、韩国航线首航。泸、汉、台等近洋航线得到进一步巩固。宜昌市开通至忠县水上滚装运输新通道。铁水、公铁、水水等多式联运呈现蓬勃发展态势。

第二,以建、养、管、运"四好"要求为引领,农村交通发展进入快车道。

深入贯彻落实习总书记重要批示,农村公路向建、养、管、运"四好"同步发展。加强顶层设计,省政府出台加强农村公路养护管理工作的意见;各市州积极行动,加大管理养护力度;襄阳、天门、松滋等62个市、县设立了专职管理机构。荆门市明确每公里配套2000元养护资金政策,建立大中修专项基金。恩施州开展行政村通畅工程大会战,全省基本实现行政村通沥青(水泥)路。江陵县通村公路达标示范工程和鄂州市农村公路“八公开”试点取得可复制、推广的经验。全省完成农村公路危桥改造382座，安保工程12867公里，超年度计划82%、29%。新改建74个农村综合交通服务站和1000个候车亭，农村交通基础设施条件进一步改善。

省委省政府提出2015年全省所有行政村通客车目标，两个多月时间，各市州县党委政府和交通部门迅速行动，7个试点县以高度责任感强力推进，大部分试点县提前实现了“村村通”全覆盖。在解决农村人民群众出行难问题的同时，着力提升农村物流水平，鄂州百里长港示范区、宜城交邮共建试点，十堰许家棚农村综合物流试点取得明显成效。

第三，以调度协调督办为抓手，国省干线公路建设明显提速。

省厅召开两次普通公路建设调度会，成立干线公路建设领导小组、技术服务专班，实现挂图作战、分片包干，各市州政府、交通运输局、公路部门一线指导督办，一、二级公路建设形象进度明显提升，全年建成一级公路735公里、二级公路2179公里，分别超年度计划15%和113%，是“十二五”以来建成里程最多的一年。完成国省干线大中修工程2501公里。重点打造G105和G209两条畅安舒美示范公路，提升普通公路规范化和综合服务水平。大力推进四个片区扶贫特色路建设，全年完成投资51.9亿元，完成路基526公里、路面725公里。大别山红色旅游公路大悟段进入收尾阶段，其他3条特色路进度加快。秦巴山环库生态路部分主干线已建成通车，十堰市环库地区的交通格局发生了深刻变化。宜昌、武汉、十堰、咸宁、随州完成投资和超计划比例位居前列。

第四，以“五个交通”建设为指引，交通运输转型发展明显加快。

秉持“社会需求就是交通追求、人民愿望就是努力方向”的理念，不断改进提升交通运输服务。客运服务方面，加快向多样化、差异化营运方式转变，新增县域范围内20公里公交化改造班线60条。加快完善城市公交体系，公交覆盖率、便捷性进一步提高。全省更新公交车1200辆，新增出租车1500辆。武汉市轨道交通运营里程增至95.6公里，35公里公交专用道严管专用。电子站台在主城区全覆盖，东西湖区实现公交全覆盖。宜昌、荆州等7城市开展省级公交示范城市创建。城际约租客运试点结合公务车改革创新营运模式，取得新的成效。货运物流服务方面，加快向网络化、品牌化、融合式发展转变。突出城市配送和农村物流两个重点，以顺丰（武汉）快递、十堰许家棚农村物流、三峡商贸物流为代表的一批新型物流企业异军突起。宜昌滚装运输，荆州、黄石、襄阳等港口物流发展迅猛，东盟物流公路直通车、武汉水路集装箱精品运输航线、甩挂运输等态势良好。公路管理方面，建立普通公路养护、应急和路政“三位一体”的新机制，建立覆盖全省的公路路网监测和应急指挥系统，建成23个养护（应急）中心。组建高速公路应急管理办公室，实现高速公路监测预警、指挥调度、应急广播、救援咨询24小时同频同步。集中开展高速公路服务区服务质量提升、高速公路标志标牌清理专项整治活动取得明显成效。法治建设方面，省政府颁布城市公交管理办法，民用机场管理等规章后期程序加快，完成高速公路服务区、出租汽车等规章起草上报。交通执法队伍“三基三化”建设取得新进展。建设管理方面，规范设计审查方式，提高审查效率。加强设计变更管理和源头监管、过程控制，推进诚信体系建设。开展重点工程质量通病治理活动，全省公路、水运工程实体质量整体水平继续稳定保持在较高水平。公路重点工程抽查指标检测总体合格率为96.6%，水运工程检测总体合格率为94.6%。

智慧交通方面，交通运输部4个重大信息化项目建设取得新进展。公路行政处罚与路赔信息管理系统、高速公路综合监控系统、干部廉政电子档案系统投入应用。技术创新研发基地和大数据中心建设、道路客运售票系统、公路工程材料价格信息系统、省际区域性联网ETC系统的开发有序推进。12328、12122服务监督电话开通使用。武汉、十堰手机刷公交用户快速增加。网络与信息系统安全工作不断加强，门户网站和办公专网改造顺利完成，官方微博微信正式开通。“混合结构斜拉桥设计方法”等一批科研成果获得部省表彰。计量管理和标准化工作进一步加强。交职院新校区一期项目开工建设，教育培训资源整合顺利完成。绿色交通方面，低碳交通推广基地和节能减排示范企业带动作用进一步增强，新能源、节能材料、节能产品在交通运输领域得到广泛应用。全省城市公交新能源车比例进一步提高。全国首艘新建内河LNG集散两用船“海川3号”在武汉下水，丹江水库“兴通货1号、2号”启动实施LNG改造。平安交通方面，组织开展汽车客运站、重点船舶、工程建设领域违章作业、港区油气输送管线、公路桥梁运营管理、公路隧道安全隐患排查等专项行动，狠抓安全风险鉴别、事故隐患排查、落实企业主体责任等关键环节和重点部位。全省海事部门严格监管、全面防控，全年没有发生重特大安全责任事故。道路客运和水上安全四项指标总体稳步下降。

第五，以全面加强党风廉政建设和精神文明建设为总要求，行业发展软实力进一步增强。

2014年是交通党建工作的强化年，结合行业特点，构建全覆盖、信息化的交通党建信息网。严格党内组织生活，激发基层党的组织活力，加强干部队伍建设，落实从严管理干部各项要求。巩固群众路线教育实践活动成果，各项整改任务和便民利民实事全面完成。2014年是交通廉政建设的深耕年，全面贯彻落实中纪委五次全会精神和省纪委有关精神，深化“三转”强化纪检监察职责，推动“两个责任”在厅和直属单位落地生根。持之以恒落实中央八项规定和省委六条意见精神，弛而不息恪守政治纪律，严字当头抓好案件查办。坚持不懈抓“廉政阳光交通”建设，以“阳光审批、执法、服务、工程”为主体的廉政阳光交通体系不断完善，确保权力在阳光下运行。2014年是交通文化和品牌创建的收获年，新创作歌曲《当你走过》唱响交通发展新乐章；“汉十文化周”活动精彩纷呈；取材于随州公路孝女事迹的戏剧感动千百万观众；以百年义渡人物为原型的电影获得国际大奖；张兵获得“感动交通十大年度人物”殊荣；见义勇为路政员陈红涛获得中宣部、全国总工会授予的首届“全国十大最美职工”称号；巴东县张祚琼获得“全国十大最美养路工”称号；鄂西管理处上官一木获“中国最美路姐”称号；随岳管理处“阳光天使班组”获“中国最美班组”称号；铁、水、公、空、邮大交通“十行百佳”评选活动深入开展，交通品牌创建形成系列，群星闪耀、争相辉映。

同时，交通国际合作开辟新领域，援藏工作取得新拓展，援疆项目顺利建成。工会、共青团、老干、宣传、后勤、史志、造价、职业资格等各方面工作全面加强，交通运输系统呈现出蓬勃向上的精神风貌和风清气正的良好氛围。

2014年全省邮政行业保持了持续快速发展的良好态势，累计完成邮政业务总量98.7亿元(不包括邮政储蓄银行直接营业业务量)，同比增长33.1%；实现业务收入90.2亿元(不包括邮政储蓄银行直接营业收入)，同比增长22.1%。其中，全省规模以上快递企业业务量完成3.3亿件，同比增长50.7%，快递业务收入达到41.4亿元，同比增长45%。

《湖北省邮政条例》顺利出台，法制建设取得新进展。厅局联合下发文件，对核定的带有邮政专用标志的邮政普遍服务邮运车辆，在湖北境内免收车辆通行费，营造良好发展环境。交通运输与邮政快递加快融合式发展，农村物流呈现良好发展态势，全省乡镇快递服务网点覆盖率达到85%，邮政普遍服务水平大幅提升。

总结2014年工作，我们有三个方面的体会：

体会之一：领导重视，是跨越发展、超前进位的根本保证。省委、省政府深入贯彻落实习近平总书记视察湖北重要讲话精神，把握大势、谋划全局。鸿忠书记、国生省长现场调研长江航道整治工程，将长江中游深水航道“645工程”列为省四大重点项目之一；着眼全面小康、提出2015年率先实现全省所有行政村通客车目标。克振副省长多次深入一线调研，解决难题，统筹指导交通运输大建设、大改革和大发展。省人大、省政协领导围绕交通发展重点难点问题也多次调研指导。交通运输部也高度重视湖北，将贯彻国务院长江经济带指导意见推进会等一系列重要会议安排在湖北召开，将综合交通运输改革等重要工作交托给湖北试点，在建设长江黄金水道等一系列重要会议上让湖北交流经验，在项目立项、专项资金补助、撤并村通村路建设等方面向湖北倾斜。

地方各级党委政府将交通摆在更加突出、更加重要的位置，发展交通的热情空前高涨，各市州县涌现一批“路书记”、“路市长”、“路县长”，亲力亲为协调解决交通发展问题。十堰市郧阳区以交通引领城市发展，华丽变身成为十堰北部新城区。黄冈市红安县交通先行，短短时间内崛起“一区三园”开发区。荆州市松滋市以车阳河港建设激活临港工业发展，成为我省以港兴业、以港兴城的典范。还有许多例子，不一一枚举。

体会之二：改革创新，是破解难题、激发活力的必由之路。交通发展，要满足巨大资金需求，靠的是深化改革。政府和市场两只手同发力，新老办法一起用。2014年向交通运输部争取补助资金138亿元，省政府发行地方债券40亿元，省市县各级交通融资平台融资650亿元。地方政府投入和社会资本投资明显增加，全省BT项目合同金额超80亿元。郧阳区、秭归县、夷陵区、江陵县等地引进社会资本成效显著。全省征收公路通行费和相关规费150亿元。崔家营航电枢纽发电3.12亿度，收入1亿元。交通发展，要激活行业内生动力，也是靠深化改革。我们大刀阔斧减少审批，自我革命下放权限，破壁除垒集中办理，探索“负面清单、准入清单、权力清单”式管理，免费培训帮助群众学会网上办事，打造最优发展环境，交通运输要素市场呈现勃勃生机。交通发展，要理顺体制机制，更是靠深化改革。我省获批交通运输部综合交通改革试点省，率先建立大交通精神文明委，率先搭建综合交通信息发布平台，率先出台《全面深化交通运输改革若干意见》。同时，在交通建设、养护、治超、执法等方面探索改革路径，推进干部人事制度改革，完成厅直事业单位分类改革；农村公路、质监等机构职能得到加强。

体会之三：敢于担当，是攻坚克难、取得突破的关键所在。2014年，能够取得6大突破、服务全面提升的成绩，的确来之不易。从年初到岁尾，咬定目标不动摇，夙兴夜寐不停歇。很多交通干部以工地为办公室，把工作岗位视为战斗阵地，舍小家顾大家，牺牲小我奉献事业，关键时刻挺身而出敢于担当，充分展示了交通人的情怀，事迹非常感人。任务面前勇担当，上下同心大督办。省厅成立16个重点工作专班、组建“督查办公室”，对巡查、督导情况每月通报，对问题整改紧盯不放。大督办机制的常态化、长效化对推进重点难点工作发挥了重要作用。机遇面前勇担当，超前谋划“十三五”。为抢抓“一带一路”、长江经济带等重大战略机遇，提前启动“十三五”交通运输发展思路的研究，完成了“一总九专八课题”，为绘制“十三五”蓝图打下了坚实基础。问题面前勇担当，推进作风大转变。深入开展群众路线教育实践活动，直面群众最直接、最现实、最关心的问题，主动负起责任，上下联动，深入推进了12项专题行动，狠抓整改落实，千方百计解决学车难、出行安全和服务质量等问题，坚决刹住“四风”，干部群众满意度不断提高。

各位领导、同志们：交通的提档进位，归功于党委政府的坚强领导和各相关部门的全力协作，交通的点滴进步，凝聚了全省交通运输系统广大干部职工的心血和汗水。在此，我代表厅党组，向各位领导、各位同志和广大交通干部职工，表示衷心的感谢并致以崇高的敬意!

在全面总结成绩的同时，我们也要清醒地看到存在的困难和问题。重点领域和关键环节的改革力度不够，体制机制改革有待深化，多年积累的深层次问题有待解决。运用法治思维推进交通发展、推进治理体系和治理能力现代化还任重道远，交通运输转变发展方式步子还不够大，经济效益提升速度不够快等等，这些都需要我们继续深化改革、加快发展，切实加以解决。

二、准确把握新常态下交通运输发展的新形势

中央经济工作会议分析了经济发展新常态的九大特征，省委省政府提出了我省经济在新常态下的“三大机遇、三大挑战”，结合我省交通运输的实际，我们要把握好以下三个方面。

第一，新常态下交通运输发展迎来新机遇。

从发展战略看，“一带一路”战略统筹中、亚、欧、美、非、拉市场，长江经济带战略推进东、中、西部产业梯次递进，四大板块战略推进经济多极化、多核化发展，湖北处于诸多重大战略叠加带，交通运输必将迎来一系列新的重大发展机遇。从投资来看，经济发展速度从高速转向中高速增长，对作为拉动内需主力军的交通基础设施建设来说，虽有影响但机遇更多。交通行业常常是“怕热不怕冷”，经济下行压力越大，越需要交通发挥稳增长的作用。近期中央密集出台一系列政策和措施，批复多个重大交通项目就是明显信号。从发展需求来看，交通通道、枢纽之间、不同交通方式之间互联互通的需求十分迫切，农村村组、城乡之间打通“最后一公里”的需求十分旺盛，适应新型城镇化空间布局、新型产业布局的交通建设需求日趋强劲，交通的引领作用在新常态下越发重要。从发展方式看，新兴产业、服务业作用更加凸显，新业态、新商业模式大量涌现，特别是在信息化带动下电子商务迅猛发展，给传统运输和物流带来革命性影响，为交通运输转型发展提供强劲驱动力。

第二，新常态下交通运输发展面临新挑战。

一是加快转变发展方式对传统建设模式提出新要求。新常态下政府、部门、社会对环境保护、资源节约集约利用等问题更加重视，土地、资源、环境对交通建设的刚性约束进一步增强，前期工作和建设进度受制因素进一步增多。二是国家推进财税体制改革、加强地方政府性债务管理对现有交通建设投融资体制带来深远影响，传统融资渠道收窄，新的融资体制还未建立起来，处理存量债务和新增债务的压力增加，融资难度短期内可能有所加大。三是移动互联网时代交通运输发展新业态对传统管理方式提出新课题，如何充分运用信息化手段，为社会和人民群众提供高品质、多样化、差异化的服务，是管理部门不容回避的问题。四是长期以来积累的矛盾和问题在新常态下需要解决。交通行业历经多年快速发展、历经多次重大改革，在取得辉煌成就的同时也积累了不少深层次矛盾和问题，特别在基层队伍建设和行业保障方面比较薄弱，需要认真研究和对待。

第三，新常态下交通运输发展要有新思路。认识新常态、适应新常态、引领新常态，是当前和今后一个时期做好交通运输工作的基本前提和核心要求。新常态下做好交通工作，既要主动把握新机遇、积极应对新挑战，更要全面客观地领会新要求，树立新思路。要坚持运用法治思维来引领交通发展，用法治方式来解决交通发展过程中的矛盾和问题，推进交通运输科学立法、规范执法、严格守法，加快形成完备的法律规范体系、高效的法治实施体系、严密的法治监督体系、有力的法治保障体系，充分发挥法治的引领和保障作用，加快推进交通运输法治政府部门和法治行业建设。要坚持以全面深化改革统领交通运输工作全局，深入研究，敢于改革，破除固有利益藩篱，进一步提升政府管理科学化水平，激发市场主体活力和创造力，使改革新红利更多地转化为发展新动力，增强交通发展后劲。要坚持运用互联网思维推进交通运输全面创新发展。要充分利用湖北相对突出的科教优势和创新资源富集条件，通过加快大数据、云计算、物联网等现代信息技术的推广应用，加强信息流、物流、资金流与交通传统业态的融合发展，推进新兴业态发展壮大，促进湖北“五个交通”建设提质上档。要坚持依托重大战略推动交通运输不断跨上新的台阶。要切实增强战略意识，牢牢把握当前改革开放的“棋局”推进到湖北、经济“格局”的转变凸显湖北、中央的“布局”聚焦湖北的重大战略机遇，进一步丰富和发展“打牢发展大底盘、建设祖国立交桥”的战略内涵，加力冲刺“十二五”，谋篇布局“十三五”，确保湖北交通在转型跨越上有新作为、新突破。

三、勇于担当，为圆满完成“十二五”任务奋力冲刺

2015 年是全面深化改革的关键之年，是全面推进依法治国的开局之年，是全面完成“十二五”规划的收官之年，也是绘制“十三五”发展蓝图的谋划之年。做好 2015 年工作，意义十分重大。

总体要求是：认真贯彻落实党的十八届三中、四中全会和省委五次全会精神，坚持竞进提质、稳中求进总要求，坚持以“三维纲要”为指引，全面深化改革、推进依法治理，确保规划目标，谋划发展蓝图，加快转变发展方式、全面推进“五个交通”，努力实现科学发展、安全发展、可持续发展。

主要目标是：确保完成投资 850 亿，力争过 1000 亿元。确保建成 1400 公里高速公路，高速公路建成里程达到 6500 公里。确保建成一级公路 1000 公里、二级公路 1800 公里、农村公路 11000 公里，实现所有行政村通客车目标。港航、客货站场、物流园区建设全面完成“十二五”规划建设任务。力争完成公路通行费和相关规费征收 160 亿元。高速公路主线收费站 ETC 覆盖率达到 100%，实现与全国联网；用户达到 70 万，力争 100 万；

星级服务区达标率65%以上。

2015年要突出抓好五个方面的重点工作：

第一，全面对标，为完成“十二五”规划任务夺取最后胜利。

历经前4年的艰苦奋战，今天我们已经进入“十二五”长跑的最后一圈跑道。盘点“十二五”，投资建设“六个翻番”的目标已有4个提前完成，我们倍感自豪。但对标“六个形成”、“六个提高”的要求，我们深感压力巨大。2015年，全体交通人要以一往无前的勇气、不胜不休的精神、百米冲刺的速度，跑完最后赛程，夺取最后胜利。

冲刺“十二五”，首先要算好“明白账”。高速公路方面，要确保郧十、建恩、潜石、江北、利万、洪监、嘉通、老谷、硚孝等24个项目、1400公里高速公路建成，嘉鱼、石首等长江大桥和高速公路项目开工建设。一、二级公路方面，要按照“十二五”期新建2890公里、改建6045公里的要求结好账。港航水运方面，要确保建成阳逻港三期首批4个泊位，确保雅口航电枢纽开工建设，加快汉江兴隆至碾盘山段航道整治。站场物流、信息化建设、管理服务等各方面，都要对标规划，加速推进，确保全面完成。各市州、各县市要对本地区规划实施进展情况进行一次全面梳理，做到胸中有数，加长板、补短板，不能在完成“十二五”规划任务的长跑中掉队。其次要绘制“作战图”。交通项目有一定的时间周期，有控制性工程，所有项目要按年内建成的要求，倒排计划，工期落实到月，节点细化到天，项目施工流程绘制成“作战图”，各市县交通局长要统筹指挥，打好每一场战役。要像确保战士到达阵地一样确保完成节点施工任务，要像确保取得作战胜利一样保证工程质量安全。各级交通融资平台要发挥主力军作用，各级交通部门要当好协调员、督办员和服务员。第三要严格“责任制”。规划是刚性的任务指标，是约束性的要求，是作出的庄严承诺，是肩上沉甸甸的责任。2011年省政府与各市州政府、省厅与各市州交通运输局签订了完成规划任务的责任书，2015年将是全面履约、全面履责的兑现年。年内省对市、市对县将进行全面的考核，年终将根据完成任务情况按照责任书约定落实奖惩。

第二，超前谋划，绘制“十三五”交通发展宏伟蓝图。

未来5年，从2016年到2020年，将是湖北交通运输发展新一轮重要黄金机遇期。编制好“十三五”交通运输发展规划，对于加快建成全国重要的综合交通枢纽、现代物流基地，对于服务和保障“建成支点、走在前列”，具有极其重要的意义。要牢牢把握好以下三个方面的要求：

一是要有高瞻远瞩的战略定位。党中央制定“四大板块”、“三大战略”，习近平总书记视察湖北，对湖北“建成支点、走在前列”寄予殷切期望。省委省政府提出率先在中部全面建成小康社会，发展速度和质量上要高于、优于、快于、好于其他地区。这些新的战略构想和重大决策部署，是制定湖北“十三五”交通规划的根本依据。“十二五”以来，省部领导提出要把湖北建成九州通衢的“祖国立交桥”，不断做大做强支撑经济社会发展的“大底盘”，把湖北的大通道大动脉转化为产业布局优势，把大枢纽大网络转化为市场竞争优势，将交通区位优势转变为经济发展胜势，使湖北成为扩大内需的前沿、国内市场的枢纽，这些战略谋划和总体要求，是制定湖北“十三五”交通规划的行动指南。

二是要认准交通运输发展总体思路和发展目标，紧紧把握国家依托长江建设中国经济新支撑带等战略机遇，以促进交通行业转型升级、加快实现交通运输现代化为主线，着力推进从各交通方式独立发展向加强各方式衔接和提升综合交通运输体系整体效益转变，从追求规模增长向提升发展品质转变，从注重基础设施建设向建设、管理、养护和运输服务并重转变，从传统管理模式向信息化、现代化管理模式转变，加快构建综合交通、民生交通、智慧交通、绿色交通、平安交通，实现“基础设施、客运服务、货运服务、信息服务、行业治理”五个全覆盖，基本建成“武汉长江中游航运中心、全国铁路路网中心、全国高速公路网重要枢纽、全国重要门户机场、全国重要物流基地”。到2020年，湖北综合交通运输发展总体上达到全国先进水平。

三是要高度重视重大交通项目的谋划。项目是规划的落脚点，是规划的核心和关键。做好“十三五”规划，迫切需要紧密结合全省经济社会发展战略和交通发展目标，做好项目谋划。按照省政府要求，我们从构建“大通道、大枢纽、大网络、大物流、大平台”出发，初步谋划了一批“十三五”以至2030年的重大交通项目，由“现代航运、枢纽物流、高速公路、普通公路”4个千亿板块、8大交通工程、123个重大项目组成。各市州政府、交通运输局要结合各地实际，解放思想、放开思路，做好重大项目谋划。要按照时间节点要求完成规划编制并及时上报。

第三，深化改革，加快推进交通运输治理体系和治理能力现代化。

一是以综合交通运输体制改革为重点，全面推进改革试点工作。交通运输部已将湖北综合交通体制改革纳入交通运输部改革试点，省改革办也已原则同意将综合交通体制改革纳入重点改革督办事项，我们要坚决按照省委、省政府和交通运输部的统一部署，重点抓好构建综合交通运输管理体制、完善综合交通运输规划与发展机制。同时，要发挥湖北的优势，加快构建综合交通运输体系，促进综合交通运输基础设施互联互通，力争在综合运输服务水平提升、多式联运、通道资源集约利用、综合交通信息一体化等方面探索出一些经验。

二是以全面推进依法治国为指针，加快推进交通运输法治建设。深入贯彻十八届四中全会精神，推进交通执法体制改革，选取有条件的市、县，开展交通运输综合执法改革试点工作；完善交通运输跨部门联合执法机制，深化高速公路路警共建机制；以建设综合治超信息共享平台为纽带，完善普通公路路政治超、运管、交警等多部门联合治超的工作机制；要强化执法监督，切实树立交通执法良好形象。改革的成果要用法制来保障，要继续完善交通运输法规体系，争取将《湖北省公路路政管理条例(修订)》列入省人大2015正式立法项目；争取省政府适时出台《湖北省民用机场管理办法》。深入贯彻实施《航道法》，探索推进我省公路水运工程质量和安全管理立法工作，构建全省统一的“省、市、县三级”交通建设工程质量安全监管体系。

三是以激活社会资本为核心，扎实推进交通运输筹融资改革。各市州要深入研究最近国务院、财政部相继出台的一系列投融资体制改革政策，结合交通实际，重点研究预算管理、鼓励社会投资、政府和社会资本合作模式等，这些政策将对交通投融资体制改革带来直接而深远的影响。近期的改革，将以加强财政保障能力建设、明确事权和支出责任、创新社会筹资、规范举债和资金使用为重点。改革的方向，是进一步完善以政府公共财政投资和政府性资源投入为主导的筹融资机制，积极主动、充分运用PPP等融资方式，把社会和民间资本的“活水”引进来，参与交通运输基础设施等投资、建设、养护和运营。鼓励各地探索设立交通产业投资基金和发展基金，建立稳定的资金保障机制。

四是以简政放权转变职能为总要求，继续推动重点领域和关键环节的改革。各地要认真贯彻落实《交通运输部关于全面深化交通运输改革的意见》，着力抓好重点领域和关键环节的改革：各市州要做好直属机构事业单位分类改革，争取政府支持，力争与厅直单位改革相对应；在坚定收费公路政策基础上，结合我省实际，做好完善收费公路政策的相关研究；继续深化行政审批制度改革，推进同级交通部门“一站式”集中办理、省市县三级网上审批“全覆盖”，进一步提升审批效率和服务质量；推进公路建设养护体制改革，进一步改革完善公路建设“四制”，根据公路不同功能定位，建立健全政府与市场合理分工的公路养护组织模式。

第四，提质增效，全面提升新常态下交通运输服务水平。

一是在国省干线公路养护管理上提档升级。2015年是国省干线公路养护管理“国检年”，这是对我省公路养护管理工作的一次大检查、大检阅、大展示。高速公路、普通公路要对照国检标准和要求，分别制订工作方案，各地要制订具体落实方案，努力做到“巩固既得分、补足差距分、实现目标分”，保持国检排名处于全国先进水平。各相关单位一把手要坚持一线督导、靠前指挥，协调推动国检工作有序开展。要突出“省会出口路段、2012年～2014年部挂牌督办路段、路况次差路段”三个重点，抓好路况提升，确保以最好的路况迎接2015年国检。2015年大修工程，8月底前必须完成主体工程；2011年～2014年路网结构改造工程项目，8月底前必须完成。

二是在改进综合运输服务上提档升级。要按照“设施一体化、装备标准化、从业资格化、服务精准化、管理精细化”的“五化”总要求，全面提升综合运输服务水平。通过综合运输的衔接协同，实现出行的高效衔接和换乘。加快班线客运调结构、转方式，推进城际公交提高覆盖面；加快落实公交优先战略、推进武汉市和7个省级公交都市试点示范、提升城市公交服务品质；深化出租车行业改革，不断满足人民群众便捷安全舒适和高品质、多样化、差异化的出行需求。要继续清理公路标志标牌，规范建养工程施工，改善服务区环境，规范公路治超等，进一步提升高速公路、普通公路服务水平。

要确保实现全省所有行政村通客车的目标。深入开展以“村村通客车”为主题的第五轮“三万”活动，在各级党委政府领导和相关部门配合下，打好“完善农村公路基础设施”、“实现村村通客车全覆盖”、“建立农村客运长效机制”三场硬仗。要聚集社会合力，落实扶持政策，全面改善农村交通条件，让农村人民群众安全、经济、便捷出行，为率先实现全面建成小康社会奠定基础。

三是在发展现代物流上提档升级。充分发挥湖北不可多得的资源禀赋优势，打造全国重要的物流中心，这是全省交通人的历史使命。武汉要发挥交通、区位和产业等综合优势，加快实施“一港六园八中心”布局，突出抓好铁水、公铁等多式联运，构建依托大产业、大港口、大园区的大物流格局。宜昌作为长江上游和中游的枢纽，要加快构建翻坝综合运输体系，建成三峡物流中心。襄阳要建成鄂西北重要的区域物流中心。农村物流是交通推进物流发展的重要抓手，要用好农村网格化平台，拓展部门合作内容，扩大试点范围，提升农村物流效率，降低农产品物流成本。城市配送是物流发展的融合形态，要联合公安、住建、工商等部门，研究出台相关支持政策，切实解决“最后一公里”问题。推动实施城市绿色货运行动，促进城市配送健康发展。要充分运用物联网、电子商务、新一代移动互联网等现代信息技术，加快推动传统货运向现代物流转型，加快传统道路货运业的改造升级，大力发展新型道路货运业态和商业运营模式，提高道路货运的组织化程度和集约化水平。

四是在保障工程质量安全上提档升级。要通过不断完善质监体系、运用信息技术提升检测水平，强化检验检测，促进工程质量提升；要通过深入推进监督标准化，开展差别化监督和质量通病治理，突出抓好重点工程质量监管。

要认真贯彻新的《安全生产法》，深入开展道路运输安全年活动，切实加强水上“四类重点船舶”、“一江十六湖”和港口危化品及罐区、道路“两客一危”等重点领域的安全监管。加强对危货运输的技术管控措施。要贯彻落实国务院《关于实施公路安全生命防护工程的意见》，加大隧道隐患整治和危桥改造力度，建立安全隐患台账和销号制度，强化应急救助保障能力。加强城市轨道交通营运安全监管和公共交通反恐防范工作。

五是在智慧交通、绿色交通建设等方面提档升级。积极推进移动互联网、物联网、大数据等现代信息技术在智慧公路、智慧港口领域的应用。加快推进信息化对传统产业的改造升级力度，提升行业智能化发展水平，真正迈入创新驱动、内生增长、集约发展的轨道。建立完善信息共享机制，解决信息孤岛问题，统筹铁路、公路、水路、民航、邮政等信息资源，构建涵盖各种运输方式、提供综合运输服务的信息大平台。绿色交通方面，争取湖北列入部绿色循环低碳交通运输试点省。推广节能示范基地和企业的经验。打造丹江口、梁子湖绿色航运示范区，加快库湖区船舶柴油LNG双燃料动力改造。

第五，从严治党，进一步加强党风廉政建设和精神文明建设。

一是持之以恒抓好党建和精神文明建设。各级交通运输领导班子要把“落实党建主体责任”作为第一责任，把抓好党建作为第一政绩，把坚持从严治党作为第一要求，自觉把抓好党建与推动改革发展统一起来。要探索新形势下行业精神文明建设的新措施。加强交通文化建设，不断丰富交通文明创建内涵。进一步巩固群众路线教育实践活动成果，扎实推进新一轮“三万”活动，引导机关干部深入基层、服务基层，切实为群众办实事、解难事。加大先进典型宣传力度。探索用好新媒体传播手段，加强舆情监控和引导。完善新闻发言人制度，讲好交通故事、传播交通好声音。

二是严字当头加强干部队伍作风建设。广大交通干部要争做“清廉为官、事业有为”的“两为干部”，自觉用“心中有党、心中有民、心中有责、心中有戒”的标准严格要求自己。领导干部是“关键的少数”，要担当第一责任，发挥第一作用。今年要对基层交通系统领导进行一次轮训，全面提升新常态下履职履责的能力和水平。要在交通运输行业弘扬“三严三实”(严肃目标、严格督办、严厉问责，作风要实、措施要实、完成任务要实)精神，用作风建设的成果确保交通运输各项目标任务的完成。

三是驰而不息加强党风廉政建设。我们要认真贯彻落实中央和省关于党风廉政建设的决策部署，全面推进党委主体责任和纪委监督责任落实，正风肃纪有违必处、严守规矩有违必究、惩治腐败有案必查。今年要围绕增强党的纪律观念、推进工程建设领域廉政监督和风险防控、规范公务支出、防止“四风”反弹、开展廉政巡查、强化监督执纪问责等重点，以更严的要求、更严的标准、更严的措施，把党风廉政建设引向深入。

同志们：从今天到春节还有30天时间，我们要按照“大战五十天、确保开门红”的动员部署，开展各项竞赛活动，打好2015年新年第一仗！春运马上就要开始，要切实加强春运组织、安全监管、应急处置等工作。要加强与民航、铁路的衔接，完善与公安、气象等部门的信息沟通机制，加强恶劣天气下的运营安全管理，竭尽全力做好服务，提高服务质量。年关将近，各地要做好困难职工走访慰问、信访维稳等工作，确保人民群众过一个欢乐祥和的新年。

羊年新春将至，提前祝大家羊年幸福，事业阳光灿烂，家庭吉祥如意！

大事记

大事记

2014年大事记

1月

1日 武汉市港航管理局和武汉思创信息系统有限公司联合开发的汉江船舶交通流量观测系统投入试运营。该系统以激光传感器为基础，自动进行船舶航行方向判别、船舶数量统计、船舶吨位统计、船舶空重载判别，反映船舶基本情况，实现全天候交通量自动观测与统计。

2日 荆州市政府印发《荆州市人民政府关于支持城区优先发展城市公共交通的意见》(荆政发〔2014〕2号)。

3日 湖北省现代物流发展促进会成立大会暨省重点物流企业授牌仪式在武汉隆重举行。全省现代物流联席会议成员单位负责人、物流相关部门负责人、物流企业家，以及高校、科研院所专家学者近300人参加。会议通过湖北省现代物流发展促进会章程、会费标准及财务管理办法，产生会长、副会长、监事会主任、秘书长，为认定的89家省重点物流企业进行授牌。

5日 省政协主席杨松一行到鄂西高速公路管理处宜巴监控中心视察指导工作，亲切慰问一线干部职工。

7日 省交通运输厅在洪湖市万全镇清明村举行“三万”活动暨援建项目清花公路改造工程启动仪式。厅领导尤习贵、张云、程武、刘汉诚、高玉玲、魏公民，洪湖市委书记邹太新等参加启动仪式。

10日 湖北省召开综合交通运输工作座谈会，是近年来全省首次召开的“大交通”会议，部分国家部委和中央企业在汉分支机构、省直相关部门以及各市州政府代表参加会议，共商促进全省交通运输发展的具体办法和措施。副省长许克振指出，要大力发展综合交通，加快推进交通事业竞进提质，升级增效。

全省交通运输工作暨党风廉政建设工作会议在武汉召开。

14日 由交通运输部与光明日报社联合主办的“寻找最美养路工”活动圆满结束，湖北巴东县公路局绿葱坡公路管理站张祚琼获全国交通运输行业“最美养路工”称号。

18日 省长王国生签署省长令，颁布《湖北省城市公共交通发展与管理办法》，于2014年4月1日起正式施行。《办法》共7章51条，明确全省城市公交发展方向，管理体制，规划和建设，运营管理、服务、安全等，填补了省级地方性规章立法空白。

副省长许克振率省直有关部门负责人，搭乘地铁2号线前往汉口火车站、金家墩客运站等地，检查春节及两会期间安全生产工作。许克振要求各相关单位要时刻绷紧安全生产这根弦，加强特殊时段安全监管，扎实做好事故防范工作。

华中大道快运联盟在武汉成立。

19日 省长王国生利用两会间隙，到武汉火车站和杨春湖客运中心检查春运安全和运输组织工作。王国生强调，各地各部门要进一步强化安全生产意识，严格落实安全生产责任，切实抓好食品安全、消防安全、交通安全、生产安全、社会秩序安全等工作，让老百姓过一个欢乐祥和的新春佳节。

20日 省交通运输厅召开全省春运暨交通运输安全工作电视会议，对春运期间全省道路水路运输组织、安全监管、应急处置工作及“情满旅途”活动进行再动员、再部署、再落实。

22日 省直机关“三万”活动荆州片区片长、省交通运输厅副厅长程武在洪湖市主持荆州片区第一次“三万”活动工作会。省财政厅、省总工会、省文化厅、省人社厅、省物价局、省政府参事室、省交通运输厅等14个省直单位“三万”工作队负责同志共50余人参加会议。

26日 省交通运输厅、省客集团联合开展2014年“送农民工平安返乡”活动，8辆“富士康员工返乡专车”从富士康(武汉)工业科技园顺利发班，248名富士康员工就近乘车返回蕲春、黄梅、潜江等地，安全回家过春节。

316国道汉江河谷公路大桥及接线工程正式开工建设。河谷公路大桥及接线工程起于老河口城东王家楼，接316国道襄阳城区段改建工程，至谷城城北王家湾与316国道谷城段相连。路线全长11.675公里，估算总投资11.377亿元。河谷大桥建成后，老河口、谷城两地城区车程缩短至10分钟。

30日 省交通运输厅厅长尤习贵检查武汉地铁2号线和4号线、宏基客运站、武黄高速公路节日运输安全，慰问坚守工作岗位的交通干部职工，要求确保节日及春运安全。

2月

7日 湖北省交通运输厅组织编制的《武汉长江中游航运中心总体规划纲要》，由省人民政府以“鄂政办发〔2014〕10号”文正式批准实施。

9日 汉十高速公路第五大队路政员陈红涛在执行除雪保畅任务时，面对突然失控的大型货车，不顾个人安危，奋勇疏散乘客，用自己的身体挡在乘客和车辆之间，自己却身受重伤，多处骨折，重伤昏迷。

19日至20日 副省长许克振视察恩来、恩黔高速公路、209国道恩施段和宣恩、来凤、咸丰、恩施市交通建设工地。尤习贵厅长全程陪同调研。

20日 连接湖北来凤与湖南龙山主城区的标志性工程——湘鄂情大桥正式贯通，龙凤经济协作示范区融城计划进入加速推进阶段。湘鄂情大桥全长585.8米，桥宽29米，按双向六车道设计施工。此桥是龙山岳麓大道和来凤武汉大道的延长线，来凤龙凤新区和龙山华塘新区就此连成一体，双方中心城区车程仅10分钟。

24日 省交通运输厅在随州市组织召开随州至岳阳高速公路湖北省北段工程项目竣工验收会。项目竣工验收委员会认真听取建设、设计、施工、监理单位工作情况介绍和质量监督、质量鉴定报告，成立5个专业验收小组，实地查看全线工程，详细审阅工程建设有关文件和原始档案资料，对交工验收报告、工程质量鉴定报告中提出问题的处理情况进行认真核查。经综合评定，随州至岳阳高速公路湖北省北段工程质量等级合格，项目综合评价等级优良。

25日 2013年度湖北省科技奖励大会在武昌隆重召开，湖北省交通运输厅推荐的科研项目《高风险岩溶隧道不良地质预报与灾害控制》获湖北省科学技术进步二等奖、《两郧断裂带高速公路滑坡地质灾害及其处治技术》获湖北省科学技术进步三等奖。

引江济汉通航工程中建设规模最大、等级最高的汉宜高速公路特大桥通过交工验收。该桥全长901米，位于荆州境内的汉宜高速公路，是引江济汉通航工程的重要控制性工程之一。

宜昌市首条BRT走廊——东山大道BRT项目开工建设。该项目北起夷陵区客运站，沿夷兴大道—三峡路—夜明珠路—东山大道—桔城路，南至宜昌东站，全长约为23.5公里，贯穿宜昌市夷陵区、西陵区和伍家岗区三大主城区，是宜昌市现阶段客流量最为集中的干线客运走廊之一。

28日 省交通运输厅厅长尤习贵、副厅长唐元调研孝感、武汉公路港建设情况，听取省物流发展局有关物流信息平台建设情况汇报。

武汉市邮政局正式更名为湖北省邮政公司武汉市分公司并挂牌，标志着全市邮政业政企分开、产业升级迈入新阶段。

3月

2日 川江滚装运输宜昌至重庆忠县航线正式开通。新航线开通初期投入5艘滚装船、295个车位，每12个小时定时发一班。

4日 全省学雷锋志愿服务集中行动启动仪式在武汉市第一聋哑学校举行。启动仪式上，省文明办、省交通运输厅联合命名表彰全省交通运输行业100台“雷锋号”车，省交通运输厅厅长尤习贵、省委宣传部、省文明办等相关单位领导为“雷锋号”车辆颁奖。省委常委、省委宣传部部长尹汉宁出席仪式并作重要讲话。

5日 《汉江雅口航运枢纽工程可行性研究报告》通过交通运输部组织的专家会议审核。雅口航运枢纽是汉江梯级开发湖北省境内的第6级，拟建坝址位于宜城市城区下游15.7公里处的雅口村。该项目以航运为主，结合发电，兼顾灌溉、旅游等综合开发功能，可渠化崔家营至雅口52.7公里航道。

7日 省交通运输厅团委微信平台“青春交通”正式开通上线。“青春交通”微信、微博、网站“三位一体”新媒体平台，共同打造“指尖上的交通共青团”。

17日 荆州港松滋港区车阳河综合码头正式开展集装箱装卸业务。

18日 省人大财经委在省交通运输厅召开全省综合交通建设情况座谈会。省交通运输厅、省发改委、省财政厅、湖北机场集团公司、武汉铁路局、长江航务管理局相关负责同志汇报“十二五”以来交通建设情况，深入分析形势，提出对策建议。省人大常委会副主任田承忠出席会议并作重要讲话，省人大常委会财经委主任委员李德炳主持会议。

21日 省总工会副主席葛琳、副巡视员周惠安赴黄黄高速公路管理处总路咀管理所调研交通运输基层工会组织建设状况。

24日 “中国道路运输风范人物领袖品牌事迹报告会”在交通运输部举行。武汉市531路公交车驾驶员张兵等8人（群体）当选“中国道路运输风范人物”，武汉大道物流、武汉大通出租等11个品牌获“中国道路运输领袖品牌”称号。交通运输部党组成员、副部长冯正霖，部党组成员、运输司司长刘小明出席报告会。

25日 全省农村公路工作推进会在鄂州市召开。许克振副省长参加会议并讲话。省政府副秘书长陈新武主持会议，省交通运输厅厅长尤习贵作工作部署。

由湖北省委组织部、团省委联合召开的湖北省第二批“博士服务团”总结表彰暨第三批“博士服务团”培训动员会在洪山礼堂隆重举行。省委常委、组织部部长楼阳生出席会议并讲话。省交通运输厅、省交通规划设计院被表彰为全省“博士服务团”工作先进单位。

27日 由交通运输部副部长冯正霖带队的国务院安委会督导组，到沪渝高速公路鄂西段检查山区高速公路运营安全工作。冯正霖强调要保持安全发展的良好态势，确保这条连接东中西部大通道安全畅通。

28日 全省出租汽车行业管理创新与发展现场会在襄阳召开。交通运输部运输司刘美银处长、省交通运输厅副厅长唐元出席会议并讲话。

28日至30日 应交通运输部邀请，在世界银行有关官员和专家陪同下，埃塞俄比亚交通部部长和财政部及经济发展部国务部长一行9人，来鄂考察全省高速公路建设及运营管理情况。

31日 武汉港花山作业区一期工程正式开港，工程建设规模为2个5000吨级集装箱泊位及对应配套设施，预计运量为35万标准箱/年。花山港是交通运输部、湖北省政府规划的武汉新港核心港区之一，也是武汉市区长江以南唯一的集装箱码头、内陆空间最大的一个深水良港，是依托长江黄金水道，加速推进长江经济带的重要举措之一，更是湖北省“两型”社会新型城镇化示范区——花山生态新城建设的重要组成部分。一期工程覆盖经济腹地东湖高新区、化工新区、花山新城、葛化新城及周边地区。

南方航空公司开通武汉直飞韩国首尔国际航班。新航班每天一班。

4月

3日 随岳高速公路管理处与随岳南公司签订《收费委管费用协议》、《路政议定书》和《荆岳大桥职工宿舍楼建设协议》。

8日 省长王国生主持省政府常务会议，专题研究湖北加快建设长江黄金水道重大问题。省交通运输厅厅长尤习贵汇报了全省建设长江黄金水道取得的成绩、当前面临的形势、下一步建设长江黄金水道“八大工程”和五个方面的建议。长江航务管理局、长江水利委员会、省水利厅、武汉新港委等单位负责人提出相关建议。省领导王晓东、许克振、甘荣坤先后讲话，王国生省长作总结讲话。

湖北省交通运输厅“交通讲堂”正式开通上线。

9日 湖北省交通历史文化学会成立暨第一次会员大会在武汉召开。省交通运输厅厅长尤习贵、副厅长唐元、谢强，省民政厅民间组织管理局副局长杨永出席会议。唐元主持会议。会议审议通过学会《表决与选举办法》、《章程》、《会费标准》和《财务管理制度》，选举陈新为学会会长，周佑林、詹建辉、王伯禹、董新利为副会长，王汉荣为秘书长。聘请尤习贵为名誉会长。

10日 省政府参事室副主任谢腊泉一行到省交通运输厅，就全省行政审批制度改革课题进行调研。厅长尤习贵、副厅长唐元，厅巡视员、省政府参事徐健等参加调研活动。

13日 省总工会党组书记、常务副主席马建中一行到京珠高速公路管理处调研指导工作。马建中一行实地查看全省应急指挥中心监控大屏，深入了解京珠建设发展情况。

15日 四川省政府副秘书长张晋川、省交通运输厅安全总监胡大昌、省公安厅交警总队政委叶建坤一行到湖北京珠高速考察指导，重点了解高速公路应急处置、收费管理和路政执法工作。湖北省交通运输厅副厅长、高管局局长谢强陪同。

21日 湖北省汽车客运站安全管理培训班在武汉举行。全省17个市州运管处分管运输安全工作负责人和一、二级汽车客运站负责人300余人参加培训。

21日至24日 以高级运输专家翟小可先生为团长的世行代表团对宜巴高速公路建设项目施行第八次现场监测。此次代表团重点检查项目施工进展、财务提款报账和2013年7月世行监测备忘录中提出问题的解决情况。

22日 “2013年感动交通十大年度人物”事迹展在交通运输部拉开帷幕，杨传堂部长为事迹展揭幕。“三零司机”张兵被评为“2013年感动交通年度人物”。

23日 省委书记李鸿忠、省长王国生视察引江济汉通航工程，看望慰问一线干部职工。常务副省长王晓东，省委秘书长傅德辉，副省长许克振，省政府秘书长王祥喜、副秘书长陈新武，省交通运输厅厅长尤习贵等一同视察。

中共中央宣传部、中华全国总工会联合举办的“全国十大最美职工”表彰仪式在中央网络电视台举行，湖北省交通运输厅汉十高速公路管理处路政员陈红涛作为湖北省唯一代表光荣入选。

武汉“汉新欧”铁路国际货运班列常态化运营首发仪式在武汉东西湖吴家山铁路集装箱中心站举行。作为横跨亚欧、联通国际的桥梁，此举标志着武汉在实施“丝绸之路经济带”和推进向西开放战略迈出坚实一步。

24日 省委省直机关工委副书记于春利一行在省交通运输厅副厅长程武陪同下，到黄黄高速公路管理处调研指导基层党组织示范创建工作，强调要更加注重基层，认真落实《中国共产党基层组织工作条例》等党的基本制度，以“红旗党支部”创建为载体推进基层组织建设规范化，发挥示范创建作用。

26日 省交通运输厅厅长尤习贵与武警交通二总队总队长缪贵荣在黄黄高速公路管理处，共商深化警地共建相关事宜，双方就进一步加强武警交通部队与湖北交通深度合作达成共识，标志着湖北交通一体化应急管理体系建设进一步深化。

308省道兴国至富池一级公路32.86公里全线开工，总投资7.663亿元。308省道兴国至富池一级公路，与武汉至阳新一级公路阳新三溪至兴国段相连，对接112省道阳枫线。

29日 首架武汉直飞巴厘岛航班从武汉天河机场起飞，上座率100%。这是武汉市首次成功实现直航巴厘岛旅游包机，结束了武汉市民前往巴厘岛必须转机的历史。

由清江画廊旅游公司、长阳地方海事处等单位组织的弃船救援演习在清江库区倒影峡举行。交通运输部海事局副局长翟久刚出席并观看演习。

30日 由团省委、省青联联合省委组织部、省人社厅举行的2014年“湖北青年五四奖章”颁授仪式在武汉举行，省交通运输厅汉十高速公路管理处路政员陈红涛榜上有名。

5月

4日 省交通运输厅厅直系统“书香机关·践行梦想”读书演讲竞赛在武汉举行。省交通运输厅副厅长程武出席演讲比赛。国家一级演员、著名表演艺术家尹北琛，省直机关工会主任吴小玲，省直机关团工委书记杨宗艳等担任评委。

7日 副省长许克振深入宜巴高速公路建设工地，调研项目建设情况。

省交通运输厅在红安启动全省交通运输系统行政执法人员三年轮训。活动将用三年时间，开展包括职业道德教育、交通专业法律知识、通用法律知识、执法实践模拟、军训等内容的全员培训，培养和提升执法人员依法行政理论水平及解决实际问题的能力。

8日 省交通运输厅厅长尤习贵与省南水北调管理局局长郭志高，协商汉江兴隆水利枢纽通航工作。省南水北调管理局与省港航海事局共同签署《南水北调中线工程兴隆水利枢纽通航安全配套设施建设委托及投资包干协议》和《南水北调中线工程汉江兴隆水利枢纽运行期通航安全及航道维护协议》。省南水北调管理局总工程师李静、省港航海事局局长朱晓光等出席会议。

由东航开通的上海—武汉—神农架航线正式通航，航程50分钟。

9日 湖北综合交通公共信息联盟成立。省交通运输厅厅长尤习贵、副厅长谢强，省广播电视总台台长王茂亮、总编辑雷刚及武汉铁路局、民航湖北监管局、湖北机场集团相关领导出席签字仪式。

16日 省交通运输厅厅长尤习贵到长江航务管理局，就合力推进湖北长江黄金水道建设、湖北更好服务于长江航务管理局在鄂单位等事宜进行座谈。长江航务管理局局长唐冠军、副局长朱汝明，省交通运输厅副厅长马立军出席座谈会。

20日 省人大常委会副主任、党组书记李春明率省人大常委会调研组赴宜昌调研。调研期间，李春明莅临省交通职工教育培训中心检查指导工作。省委常委、宜昌市委书记、市人大常委会主任黄楚平，市人大常委会副主任谭春玉，省交通运输厅副巡视员魏公民等陪同调研。

副省长许克振调研武汉长江沿线部分重点港口码头项目情况，研究进一步发挥湖北航运优势，提升港口码头企业服务经济社会发展能力和水平。省政府副秘书长陈新武陪同调研。武汉市副市长刘立勇、省交通运输厅厅长尤习贵、省港航管理局局长朱晓光及省国资委、省发改委、武汉新港管委会等有关部门负责人参加调研。

“湖北运管物流”微信公众平台开通试运行，为广大旅客和经营者了解湖北道路运输、交通物流、城市公交、出租汽车、站场建设、维修驾培、运政执法等最新资讯提供一个全新的平台和渠道。

21日 省委常委、组织部部长、省委党的群众路线教育实践活动领导小组副组长兼办公室主任楼阳生在省交通运输厅调研第一批教育实践活动单位深化整改落实工作时强调，要持续用力，继续扎实抓好第一批教育实践活动整改落实，巩固扩大来之不易的作风建设成果，确保教育实践活动善始善终、善作善成。

22日 湖北、湖南、江西、安徽四省交通运输厅在武汉召开合作推进长江中游黄金水道建设座谈会。长江航务管理局、长江科学院、长江中游四省交通运输厅负责人参加会议。

中国海员建设工会公路交通联委会四届一次全体会议在厦门召开，会议决定在全国公路交通系统开展向陈红涛学习活动。

26日 西藏山南行署副专员格桑一行到湖北省交通运输厅走访座谈，共话藏汉交通情。厅长尤习贵，副厅长马立军、程武参加座谈。

29日 秭归县童庄河航道整治工程近10公里千吨级航道通过竣工验收，正式交付使用。继香溪河19.8公里千吨级航道后，位于三峡库区的秭归县再添一条通往长江的高等级航道。建设范围为童庄河常年回水河流，即童庄河干流卜庄河至金家坝7.5公里河段、支流龙潭河观音阁至彩虹桥2.2公里航道，按全年通航千吨级的三级航道标准建设。

6月

1日 宜昌至巴东高速公路高岚至巴东段建成通车。

5日 世行环境与安保会议代表考察宜昌至巴东高速公路。与会专家沿途考察地质恶劣的界岭隧道、横跨巴东县5A旅游景区的神农溪大桥、兴山服务区，参观高岚“宜巴家园”移民安置区、卧佛山弃渣场恢复区、三里花河道治理区、邓家坪施工场地复垦区、悬棺遗址以及宜巴高速公路监控中心等。

15日 2014年武汉市首批微循环公交车上线仪式在金银湖举行。省交通运输厅厅长尤习贵宣布“2014年武汉首批微循环线公交开通”，353路、357路2条公交微循环线路正式上线运营。武汉市副市长张光清、省运管物流局局长石先平出席仪式。

16日 湖北省通信管理局局长袁瑞青一行赴高速公路联网收费中心，就高速公路公众服务热线有关工作进行现场办公。省交通运输厅副厅长唐元，副厅长、省高速公路管理局局长谢强，副厅长、省邮政管理局局长唐顺益参加现场办公。

连接黄冈、鄂州、武汉三地的重要通道黄冈长江大桥和黄冈至鄂州高速公路开通运营，黄冈至武汉高速公路车程由原来90分钟缩短至40分钟。黄鄂高速公路起点连接大广高速公路，经黄州区陶店乡、堵城镇、禹王办事处，跨越长江，经鄂州市华容区段店镇，止于华容区华容镇，终点连接武鄂高速公路。黄冈长江大桥是黄鄂高速公路和武冈城际铁路关键性控制工程，集城际、铁路、公路“三位一体”的过江通道。

17日 武汉开出首趟“中俄”集装箱班列。51个满载东风小轿车和零配件的集装箱搭乘80005/6次铁路国际集装箱班列，驶出武汉铁路局吴家山车站，经麻（麻城）武（武汉）线、京（北京）九（九龙）线运行，于20日6:35时抵达满洲里铁路口岸出关后直达俄罗斯。

18日 武黄城际铁路和武冈城际铁路正式开通。这2条城际铁路是武汉城市圈内连接武汉与鄂州、黄石、大冶和黄冈的快速城际铁路，在武汉站与京广高铁交汇，形成高效便捷、快速安全的客运通道。

19日 中国交通报社党委书记蔡玉贺来汉，与省交通运输厅厅长尤习贵签署战略合作协议。副厅长程武、省港航管理局局长朱晓光、中国交通报社水运部主任吴冰参加签字仪式。

21日 116名旅客搭乘国航湖北

分公司武汉—银川—敦煌首航班机，体验敦煌之旅，全程只需4小时15分钟。这条航线由空中客车A320执飞，每周5班。

23日 荆州市船东协会第一届第一次会员大会在荆州市港航管理局召开。荆州市船东协会是湖北省首个船东协会。

24日 省交通运输厅与中国电信湖北分公司在武汉举行战略合作框架协议签字仪式，合力打造湖北“智慧交通”，共同推进湖北省交通运输行业信息化发展。省交通运输厅厅长尤习贵、副厅长唐元、副巡视员魏公民与中国电信湖北分公司总经理李洪波、副总经理高鹏军、杨峰出席签字仪式。

25日 襄阳市第37号市政府令发布实施《襄阳市市区水上交通安全管理办法》(以下简称《办法》)。该《办法》是襄阳市政府颁布实施的首部针对水上交通安全管理的重要规范性文件，旨在加强市区段水上交通安全综合管理，保障人民群众生命财产安全。

28日 湖北省汉江碾盘山至兴隆段航道整治工程进入实质性开工建设。汉江碾盘山至兴隆段航道整治工程全长110公里，地处汉江下游的上端，上接拟建碾盘山水利枢纽，下接在建兴隆水利枢纽，是湖北省内河航运发展“十二五”规划建设重点，也是汉江干流航道建设的达标工程之一。工程总投资7.81亿元，建设内容主要包括筑坝工程、护滩带工程、洲头守护工程、护岸工程、填槽工程及配套工程，计划总工期30个月，2016年底完工。

金家墩旅游集散中心升级，开通省内首批旅游直通车，一站直达景区门口。省交通运输厅首次批复3块直达神农架、武当山、赤壁三国古战场的旅游直通车线路牌。

7月

1日 全省农村公路安保工程建设和危桥改造推进会召开，省交通运输厅厅长尤习贵出席会议并讲话，副厅长唐元、马立军参加会议。

武汉开启15对动车直通重庆、成都，武汉市民搭乘动车到恩施、重庆、成都，分别只需4小时、7小时、9小时。

襄阳城区首批5条微循环公交线路同时开通运营。微循环营运车辆为国标迷你巴士，全部安装GPS智能调度监控系统终端。

2日 湖北省交通运输厅组织编制的《武汉城市圈低碳交通建设行动纲要(2013–2018)》和《鄂西生态文化旅游圈绿色低碳交通建设行动纲要(2013–2018)》正式发布。

3日 省交通运输厅厅长尤习贵、副厅长唐元为江汉运河航道管理处揭牌。

马尔代夫国际航空公司一架A320飞机从天河机场起飞，执行武汉到马尔代夫首都马累首趟直飞航班，航程7小时。武汉是国内第7个开辟直飞马尔代夫航线的城市，航班每周一班。

8日 省长王国生和常务副省长王晓东带队拜会交通运输部，交通运输部副部长翁孟勇主持座谈会。省政府秘书长王祥喜、省交通运输厅厅长尤习贵、副厅长马立军等参加座谈会。

交通运输部海事局副局长翟久刚一行到湖北省地方海事局开展船舶监管模式改革调研，研究取消船舶进出港签证许可后的海事监管问题，提高海事服务效能和安全监管水平。省交通运输厅副厅长唐元出席调研座谈会。

9日 省政府参事室副主任谢腊泉率课题组到省港航海事局，专门就湖北水运发展助推长江经济带建设进行深入调研。省交通运输厅副厅长马立军、省港航海事局局长朱晓光参加调研座谈。

全省最大的计重收费双称台在京珠高速大悟所投入使用。双称台使用轴组模式进行称重计量，长5.4米，宽2米，较原来的超宽称台长1.6米，宽0.65米。该称台可以有效遏制称重车辆轧秤、S形过秤、跳秤、刹秤、冲秤、液压千斤顶改装车辆等非正常行驶行为。

10日 湖北省“645”长江深水航道整治工程(长江干流武汉至安庆段6米、宜昌至武汉段4.5米水深航道整治)指挥部正式启动工作，全力争取项目列入国家“十三五”规划。“645”工程指挥部成员单位包括省发改委、省住建厅、省交通运输厅、省水利厅、省环保局和交通运输部长航局。省交通运输厅承担办公室日常工作。

省人大常委会原副主任林志慧一行到随岳高速基层站所开展调研走访，慰问一线职工。林志慧先后调研走访天门管理所、京山服务区、随县管理所，重点了解费收“6S”管理、路政“一号制”以及标准化建设、阳光红旗党总支创建情况。

11日 合作共建长江黄金水道座谈会在汉召开，长江航务管理局局长唐冠军、省交通运输厅厅长尤习贵出席会议并讲话，副厅长马立军主持会议。

荆州市政府正式通过《荆州市城市公共交通规划(2013年—2020年)》。该规划确定了城市公共交通发展模式，引导城市功能布局和产业结构调整，体现了公共交通与城市建设发展的良性互动、协调发展功能，规划了“系统更强、功能更全、服务面更广”的公共交通体系，为形成“低能耗、低污染、低土地占有、低财政负担、低出行成本、高品质、高效率”的城市公共交通体系制定蓝图。

12日至15日 中国交通报社与新华社、中央电视台、经济日报四家中央主流媒体，赴鄂溯江而上，开展“走读长江、感知脉动”主题采访活动，展示、剖析和挖掘长江黄金水道建设的成绩、思路及挑战，营造全面推动长江黄金水道建设的良好舆论环境。

15日 湖北省高速公路首条后置式电子不停车(ETC)收费系统在京珠高速公路武汉西收费站成功运行。经过现场专人引导，安装ETC设备的80多辆大中型客车及私家车顺利通过后置式ETC专用车道，标志着后置式ETC车道系统已经可以为广大驾乘人员提供高效便捷的通行服务。

16日至17日 省文明办主任胡和平一行，到武汉市出租车客运管理处和武汉公交集团五公司调研。省交通运输厅副厅长程武陪同调研。

17 日至 18 日 交通运输部规划司、规划研究院在武汉召开“湖北省交通运输环境监测网络建设试点工程、黄黄高速公路二里湖服务区清洁能源和水资源循环利用改造试点工程”经验总结会。省交通运输厅、省交通投资有限公司、项目建设单位省交通环境监测中心站、黄黄高速公路管理处代表参加会议。

18 日 武汉直飞日本大阪国际航班正式开通。

20 日 华中道路客运小件快运联盟在武汉成立。该联盟由湖北省客集团等省内 13 家道路客运企业，以及江西、湖南、河南三省的 3 家客运企业参与。根据联盟达成的协议，8 月起，将在中部四省推行门对门小件快运服务，联盟企业统一服务价格、标准和操作平台。以武汉为中心的 400 公里以内的四省县市之间可实现当日送达，首重 5 公斤以下只需 13 元。

沪蓉高速公路宜巴段神农溪收费站开通运行，沪蓉高速公路鄂渝边界实现省际通车，湖北到重庆第二条高速公路大通道开通。

21 日 继“汉新欧”国际铁路货运专列开通之后，武汉开通至泰国、柬埔寨、越南、老挝 4 国试验航线。这是长江中上游港口首次开通直航东盟的近洋航线，武汉由此成为打通水陆两条“新丝绸之路”的首座中部城市。新航线经营者为武汉中远国际货运有限公司。

22 日 荆门市建市以来投资最大项目——城区绕城公路西外环段路基工程建设开工。该工程总投资约 33 亿元，全长 77.48 公里，按设计速度 80 公里 / 小时、双向四车道一级公路标准建设，由东外环和西外环两个部分组成，计划建设工期 3 年。

23 日 湖北省政府下发《关于调整襄阳港总体规划有关问题的批复》(鄂政函〔2014〕109 号)，原则同意对《襄阳港总体规划》进行局部调整。襄阳港位于汉江中上游，是湖北省重要港口和鄂西北重要的区域性综合运输枢纽，是汉江航运的核心组成部分，也是湖北省未来重点发展的五大综合港口运输枢纽之一。

25 日至 26 日 省交通运输厅厅长尤习贵前往湖北省对口支援的西藏山南地区，慰问交通援藏干部，看望基层交通干部职工，与地区党委政府领导座谈，就进一步做好交通援藏工作进行深入调研。

25 日 中国海员建设工会公路交通联委会四届二次主任会议在湖北省汉江崔家营航电枢纽管理处召开。

26 日 中国海员建设工会公路运输工作部部长谢观宇专程赴十堰市太和医院，慰问正在进行康复治疗的全国十大最美职工——陈红涛。

28 日 全省客运站站长培训暨汽车客运站安全专项整治座谈会在武汉举行。省交通运输厅副厅长唐元，省道路运输协会会长徐佑林参加开班仪式。全省各地市运管部门负责人及 150 多名客运站场负责人参加培训。

30 日 南航空客 A330 客机搭载 206 名旅客，从武汉天河机场直飞莫斯科谢列梅捷沃国际机场，标志着中部地区首条直飞俄罗斯航线开通。该航线从广州始发，经停武汉，直飞莫斯科，每周三、五、七 3 班，飞行时间 9 小时。

8 月

1 日 武汉市公交集团与东西湖区正式签订区域城乡公交一体化协议，武汉新城区首个城乡公交一体化系统正式上线运营。新开通的 8 条公交线，基本覆盖该区西部不通公交区域。这 8 条线路和已经开通的吴家山惠民公交线路、市内延伸至东西湖的公交线路一道，组成武汉新城区首个城乡公交一体化系统。城乡公交一体化系统由区政府出资建设，委托武汉市公交集团运营。

5 日 省政协副主席刘善桥率省政协调研组赴省交通运输厅，专题调研 645 长江深水航道工程。省交通运输厅厅长尤习贵、副厅长马立军参加座谈。

7 日 省政府召开全省综合交通发展研讨会，谋划部署全省“十三五”综合交通发展和规划编制工作。副省长许克振出席并讲话。

20 日 省总工会副主席葛琳、省交通运输厅副厅长程武实地参观杭瑞廉政阳光工程成果展、职工真情书屋及职工工作室创建阵地，重点考察许湘秦工作室阵地建设情况，听取许湘秦本人对工作室创建工作汇报。

29 日 全省普通公路建养现场调度会在宜昌召开。

由中央文明办主办、中国文明网承办的“我推荐、我评议身边好人”活动 8 月“中国好人榜”名单揭晓，湖北省随州市随县公路局殷店公路管理站女养路工王何林荣登“孝老爱亲”好人榜。

9 月

1 日 省委常委、襄阳市委书记王君正实地踏勘汉江航道整治情况，听取襄阳新港、“无水港”(以下简称“两港”)建设情况汇报，就加快推进汉江现代航运体系建设，将襄阳打造成内河主要港口、汉江流域航运中心，对接长江水道，实现与长江航运一体化进行专题调研。省交通运输厅厅长尤习贵陪同调研。

武汉市政府审议通过《修改〈武汉市贷款建设的城市道路桥梁隧道车辆通行费征收管理办法〉的决定》。

湖北首趟城际快速货运循环班列 81511 次，从武汉吴家山车站出发，经随州、襄阳后抵达十堰。班列的开出，改变了武汉至十堰货运局面，运输价格下降 40%，运输时间缩短到 12 个小时。

汉口至恩施 D5993/5994 次动车被冠名为“恩施号”，这是湖北境内首趟冠名动车。

1 日至 2 日 省交通运输厅创新服务方式，第一次面向社会公众免费举办“湖北交通运输网上审批服务平台”行政相对人操作培训，免费住宿、免费用餐、免费发放培训资料。

全省与公路管理、运管物流、港航海事、交通建设行业行政审批业务相关的116名行政相对人参加培训。

8日 由湖北、广西两地交通运输部门携手打造的陆路“东盟物流直通车”正式开通。这是继汉新欧铁路货运专列、武汉至东盟四国水上航线之后，又一条以武汉为起点的国际物流大通道。陆路物流直通车开通后，从武汉经长沙、衡阳、永州、桂林、南宁至凭祥口岸出境，直达越南、老挝、泰国等地，全程仅需48小时至72小时。每周将有20个班次往返于湖北与东盟之间，车辆规格为45英尺集装箱货车。

17日 由荆州港航海事部门筹资25万元建造的全省第一艘学生专用渡船“校园1”号在监利县毛市镇南剅中心小学学生专用渡口首航。

18日至19日 长江中游城市群省会城市交通运输合作联席会在汉召开。武汉、长沙、合肥、南昌四城市交通运输部门负责人齐聚武汉，研究尽快启动编制城市群综合交通规划，加强顶层设计，引领长江中游城市群发展。

19日 省长王国生视察江南高速公路建设工地。省政府秘书长王祥喜、荆州市委书记李新华、荆州常务副市长吴方军等陪同视察。王国生先后察看江南高速公路石首服务区、荆江分蓄洪区特大桥、松虎河特大桥、南平互通立交以及路面、交安、绿化、机电等施工现场。

23日至25日 交通运输部党组成员、运输司司长刘小明一行来湖北开展综合运输服务对策调研。刘小明一行先后实地考察武汉市劳动街一体化公交站亭、武汉高铁站及杨春湖客运换乘中心，阳逻港区及汉口北铁路物流中心，并在省交通运输厅召开省、市综合交通各主管部门及相关企业负责人座谈会。

24日 交通运输部海事局党组书记许如清率调研组，在湖北省地方海事局召开船舶港务费、港口建设费征收改革专题调研座谈会，来自安徽、重庆、河南、四川及湖北省的地方海事局分管领导、处室负责人参会。

26日 新中国成立以来第一条运河——江汉运河正式通航。省委书记、省人大常委会主任李鸿忠，国务院南水北调办党组书记、主任鄂竟平，省委副书记、省长王国生，省委常委、省委秘书长傅德辉，省人大常委会副主任王玲，副省长梁惠玲，省政协副主席郑心穗出席通航活动。引江济汉通航工程是按照全国高等级航道网总体规划，利用南水北调中线引江济汉工程引水渠道，同步实施通航建设的重大水运项目。进口位于长江中游荆州市龙洲垸，途经荆门市沙洋县，在潜江市高石碑镇汇入汉江，形成一条新的长江中游和汉江中游间的千吨级航道，一条环绕江汉平原、内连武汉城市圈的810公里千吨级高等级航道圈。江汉运河全长67.22公里，概算总投资22.55亿元，建设总工期4年。

27日 由省交通运输厅精神文明委主办、省交通摄影书画协会承办的全省交通运输行业“中国梦·美丽交通”摄影展在省图书馆正式开幕。省文明办主任胡和平、厅长尤习贵、副厅长谢强、副巡视员白山云、省直机关工委副书记于春利、龚龙，以及省摄影家协会负责人出席开幕式。

28日 保康至宜昌高速公路宜昌段正式通车试运营。该段是国家高速公路网呼和浩特至北海高速公路(G59)的组成部分，是湖北省规划的“九纵五横三环”骨架公路网的第七纵，北在保康南枢纽互通与麻竹高速公路T形相接，南在当阳双莲互通与荆宜、宜张高速公路相接，是连接宜昌、襄樊、十堰等“鄂西生态文化旅游圈”的重要基础工程。保康至宜昌高速公路宜昌段全长68.443公里。

29日 通(湖北通城)界(湖南界上)高速公路正式通车，成为连接武汉城市圈、长株潭城市群和珠三角地区的重要通道。通界高速公路起于杭(州)瑞(丽)高速公路通城境内段，止于鄂湘界并连接湖南平汝高速公路平江境内段，全长24公里。通界高速公路是湖北省“七纵五横三环”交通骨架网和武汉城市圈综合交通体系的组成部分，也是武(汉)深(圳)高速公路的一部分。

30日 副省长许克振带领省政府副秘书长陈新武、省交通运输厅厅长尤习贵、副厅长谢强，省安监局、省公安厅交通局、武汉铁路局、机场集团及武汉市相关负责人，检查黄金周运输安全。许克振一行先后查看武汉北大门府河收费站、天河机场、武汉关轮渡、武汉铁路局调度中心。

10月

1日 汉江武汉段首条水上旅游航线正式开通，武汉市轮渡公司投入首义2号、轮渡9号和轮渡20号3艘游船迎客。武汉“两江四岸”旅游资源得天独厚，汉江沿线集聚了南岸嘴、汉江湾、知音桥等多个城市地标和知名景点。首条旅游航线连通汉口王家巷和东西湖区石榴红村，日均运力近300人次。

全省高速公路救援和客服电话正式启用公益服务号码12122。移动、电信、联通等省内外用户，均可在全省范围拨打12122号码，且无需加市州区号。

9日 省委省政府召开农村客运公交化工作会议，专题研究全省农村客运工作，正式提出2015年村村通客车目标。省委书记李鸿忠听取省交通运输厅工作汇报并作重要讲话，省长王国生、省委副书记张昌尔、常务副省长王晓东出席会议，会议由副省长许克振主持。

省编办副主任李晋湖、省编办事业单位管理处处长王晓田一行到省高速公路联网收费中心，就联网收费中心机构编制有关情况开展专题调研。省交通运输厅副厅长程武参加调研。

10日 武汉公交集团召开建设“四个一流”动员会议，省交通运输厅厅长尤习贵出席会议并指出：以争创“四个一流”建设为抓手，以问题为导向，以乘客需求为导向，努力开创城市公交发展新局面。会议由武汉公交集团公司总经理徐斌主持，武汉市副市长刘立勇出席会议并讲话。

12 日　崔家营航电枢纽工程通过湖北省交通运输厅组织的竣工验收，工程总体质量等级评定为优良。汉江崔家营航电枢纽是“十一五”期间国家重点建设项目，是湖北省境内汉江干流 9 级梯级开发中的第 5 级，是湖北省第一个由交通部门主持建设的航电枢纽工程，也是湖北省水运第一个世界银行贷款项目。工程总投资 20.61 亿元，总工期 5 年。湖北省交通运输厅、省港航管理局、厅质监局，湖南省水利水电勘测设计研究总院、中国水电顾问集团中南勘测设计研究院、中国葛洲坝水利水电工程集团有限公司、襄阳市人民政府、王甫洲水力发电有限责任公司等单位代表和特邀专家参加验收会。

13 日至 16 日　交通运输部公路局副局长解俊杰一行 5 人对湖北农村公路工作进行专题调研。调研组先后赴宜昌五峰县、林区、十堰房县、郧西县等地，实地调研农村公路建养管工作。16 日，调研组就加强农村公路养护与管理和集中连片特困地区农村公路建设进行座谈。省交通运输厅厅长尤习贵会见调研组一行，并交换意见，副厅长马立军、程武陪同调研或参加座谈会。

14 日　由省交通运输厅牵头，湖北日报传媒集团、省商务厅、省供销社、省邮政管理局、省邮政公司、省邮政速递物流有限公司、顺丰速运有限公司 8 家单位在汉签署湖北省《农村物流发展战略合作协议》。省委财经办(省委农办)副主任刘晓洪及协议各单位相关负责人出席签约仪式。

省交通运输厅厅长尤习贵和纪检组长刘汉诚参加湖北人民广播电台“政风行风热线”直播节目。

15 日　副省长许克振调研黄冈市农村客运，强调要积极探索，改革完善农村客运体制机制，2015 年实现全省村村通客车，解决好农民出行难、出行贵的问题。省政府副秘书长陈新武、省交通运输厅厅长尤习贵、副厅长马立军、省运管局局长石先平陪同调研。

16 日　荆门市钟祥港石牌综合码头工程启动水工部分建设。该项目是全省“十二五”期内河航运规划的重点建设项目，也是荆门市“十二五”交通规划的重点工程，预算总投资 3.2 亿元。设计新建 4 个 1000 吨级泊位，其中件杂货、散货泊位各 2 个，年设计吞吐能力 210 万吨，由位居世界前 500 强的中国太平洋建设集团采用 BT 模式(Build–Transfer，即“建设 – 移交”)投资建设。

20 日至 21 日　湖北交通运输行业“竞进杯”职业技能大赛在武汉九泰驾校举行。此次竞赛由省人社厅、省总工会和省交通运输厅联合举办。全省共有 34 名客车驾驶员和 31 名出租车驾驶员参加竞赛，决赛后，对相应获奖选手分别授予“湖北省技能状元”、“湖北省技术能手”等荣誉称号，优先参选“湖北省首席技师”，优先推荐参加享受政府特殊津贴评选；符合条件的选手晋升高级技师职业资格，获得第一名的选手由省总工会按相关规定和程序授予“湖北省五一劳动奖章”荣誉称号。

21 日至 22 日　武汉、孝感、鄂州、荆门、赤壁、黄冈等地 30 余名高速公路警察和路政人员，在协和医院西区学术报告厅内进行高速公路突发事件急救知识培训。这是由省卫生计生委联合省公安厅、省交通运输厅和省红十字会共同举办的首届高速公路突发事件急救知识培训班，旨在进一步提高交通部门、公安部门工作人员共同应对高速公路突发事件救援能力，降低高速公路事故死亡率和伤残率。本次培训班的举办也是继湖北省在交通流量大、事故多发地段相继增设高速公路医疗救护站后，进一步探索高速公路突发事件医疗救援长效机制。

21 日至 23 日　第六届全国交通运输行业职业技能大赛——“厦工杯”筑路机械操作工技能大赛在河南焦作举行。大赛由交通运输部、人力资源和社会保障部、中国海员建设工会全国委员会共同主办。湖北代表队荣获团体第一名。

22 日　由省交通运输厅、省人社厅、省总工会联合举办的全省高路系统“竞进杯”收费业务技能决赛在武汉举行。决赛分为必答题、模拟收费操作、题板题、点钞点卡技能、速问速答、车牌输入操作和风险题 7 个环节。8 名选手参加决赛，武黄高速公路监控员周攀夺得综合成绩第一名。

22 日至 23 日　副省长许克振率省政府副秘书长陈新武、省交通运输厅厅长尤习贵、副厅长马立军等赴仙桃、黄冈两地调研农村客运工作。在仙桃，许克振一行实地察看仙汉公路建设现场和沙湖客运中心，在杨林尾镇听取市政府以及杨林尾、沙湖镇和部分村、客运企业负责人发言。在黄冈，许克振一行实地察看黄梅禅文化景区建设现场和五祖寺旅游路网建设现场，在洪楼村听取市政府和部分乡镇和客运企业负责人发言。

24 日　首趟“冠捷”班列 82871 次从武汉吴家山铁路集装箱中心站准时开出，火车满载着 44 只 40 英尺集装箱运往中亚乌兹别克斯坦，另外 41 只集装箱目的地是波兰戈茹夫。本次行程 13 天。

25 日至 27 日　湖北省交通运输行业“竞进杯”职业技能大赛暨第四届技能状元大赛机动车维修项目决赛在汉举行。十堰选手何泽炎、毕华，襄阳选手张俊分别夺得空调、机电、汽车综合维修个人第一名，襄阳市代表队荣获团体第一名。此次大赛由省交通运输厅、省人社厅和省总工会联合举办，对获奖选手分别授予“湖北省技能状元”、“湖北省技术能手”等荣誉称号，优先参选“湖北省首席技师”，获得第一名的选手由省总工会按相关规定和程序授予“湖北五一劳动奖章”称号。

26 日　经湖北省人民政府批准，武汉天河机场高速公路(又称机场二通道)开始试运营收费。机场二通道设立主线收费站 1 个，站名为武汉天河机场高速收费站；设立匝道收费站 1 个，站名为黄花涝收费站，匝道收费站纳入全省高速公路联网收费。

28日　交通运输部综合交通运输"十三五"发展规划编制工作启动会在武汉召开。交通运输部部长杨传堂出席并讲话。会议期间，省委书记李鸿忠会见杨传堂一行。交通运输部副部长翁孟勇，省领导王晓东、傅德辉、许克振等参加会见。会议由翁孟勇主持，许克振出席会议并致欢迎辞。

贯彻落实《国务院关于依托黄金水道推动长江经济带发展的指导意见》(简称《指导意见》)交通运输工作推进会在武汉召开。交通运输部部长杨传堂、湖北省副省长许克振出席会议，副部长翁孟勇主持会议。会议介绍了贯彻落实《指导意见》的具体措施和2014～2017年重点建设项目，上海、湖北、重庆交通运输主管部门和长江航务管理局代表作了发言。交通运输部总工，有关司局及部属单位，省(市)交通运输主管部门负责同志参加会议。

29日　山西省交通运输厅党组书记、厅长李正印一行深入湖北京珠高速视察，湖北省交通运输厅副厅长、高管局局长谢强陪同。李正印一行在全省高速公路应急指挥中心调度台前观看监控显示大屏，查看各收费站道口和互通枢纽车流通行情况。双方就交通投资建设、高速公路管理进行交流和座谈。

省交通运输厅与恩施州合建的建始县红景旅游公路建成通车。这条公路将"建始直立人"遗址、石门古风、黄鹤桥、野三河等建始县最具价值的四大旅游景点连接成一条旅游黄金线，是恩施州首条旅游示范公路。红景旅游公路起于红岩寺，止于景阳镇贺家坪，全长47.4公里、总投资2.04亿元，是湖北武陵山区绿色旅游公路的重要组成部分。全线设置18处港湾式停车带、6处候车厅、1处小型服务区。景阳关隧道照明使用光伏发电，红景旅游公路也因此成为湖北首条利用太阳能并网集成技术实现隧道照明的公路。

31日　汉十高速公路管理处举办"善为·治道"文化品牌新闻发布会暨汉十文化周启动仪式。省交通运输厅副厅长谢强出席启动仪式并讲话。湖北日报、湖北电视台、荆楚网等10余家新闻单位媒体记者参加仪式。汉十高速"善为·治道"文化品牌已在国家商标总局注册。

历时3个月建设的随岳高速公路ETC电子不停车收费系统全部完工并顺利通过测试，标志着随岳高速公路所有站口实现不停车收费。此次ETC建设涉及11个收费站、22条收费车道。

11月

4日　全省高速公路连接线移交工作推进会暨麻武路段连接线移交仪式在麻武高速公路麻城东管理所举行。省交通运输厅副厅长、省高管局局长谢强，麻城市委书记杨遥出席会议并讲话。此次移交的麻城东、木子店2条连接线是麻武高速公路2条重要连接专线，也是连接麻城市中心城区与新兴经济开发区交通2条黄金线。

5日　全省农村客运发展试点工作动员会在武汉召开。副省长许克振要求红安县、恩施市、江陵县、仙桃市、宜都市、老河口市和秭归县7个试点县市迅速行动起来，倒排工期，加快推进村村通客车工作，形成经验，向全省推广。省政府副秘书长陈新武、省交通运输厅副厅长马立军、省委农办、省财政厅、省公安厅交管局、省安监局以及相关市(州)县政府领导出席会议。

6日　湖北高速公路ETC"通衢卡"正式首发。当日起，在武汉市工行4个网点面向社会办理ETC业务，首批63个工行合作网点将于11月中旬全面启动，确保年内覆盖全省县级行政区域。

7日　省交通运输厅厅长尤习贵冒雨调研恩施州村村通客车和公路建设工程，要求恩施要以改革创新的思维，克难攻坚，探索一条符合山区实际的村村通客车路径。尤习贵一行从恩施市龙凤坝318国道出发，经龙马村、青堡村再到碾盘村，沿路察看通村公路改造升级工程，走村入户，与村干部、农民、农村客运司机座谈。

8日至10日　由全国体育总局体操管理中心主办、杭州市体育局承办的全国健排舞联赛总决赛在杭州隆重举行。湖北省交通运输厅排舞队作为湖北省第十四届运动会排舞比赛季军，直接代表湖北省进入总决赛，获全国青年组(大集体)规定动作、自选动作2个一等奖和团体全国亚军。

10日　黄冈武穴市港航执法基地正式投入使用。基地位于长江干线，实行趸船办公，设服务大厅、办公室、会议室、监控室、值班室、配电间、活动室等，配备1台发电机组、6组船锚设备。该基地投入使用，有效提升武穴港航行政执法效能，增强武穴港区水上应急高效处置能力。

11日　省交通运输厅厅长尤习贵、副厅长谢强、重点办主任高进华等到省交通投资有限公司调研高速公路建设和运营管理情况。省交通投资有限公司董事长张嗣义、常务副总经理祝向军、总工程师杨志波、总经济师余彬参加座谈。

11日至12日　省交通运输厅在汉举办市(州)、县行政服务中心交通运输窗口(高速公路执法服务大厅)审批工作人员业务培训。厅审批办、厅直业务局、各市(州)县及高速公路路政大队155名窗口人员参加培训。省编办、省审改办审批改革处处长张志清同志作为讲师出席培训会。

12日　福银、沪蓉、沪渝国道鄂、赣、皖省际相邻路段22个高速公路、长江大桥基层单位共80余名代表，在麻武高速麻城东管理所参加赣、鄂、皖高速公路所(站)友好交流促进会年会。年会主题为"科技化，信息化，推进省际联动"。江西省高速公路投资集团有限责任公司、江西省赣粤高速公路股份有限公司、江西省赣鄂皖路桥投资有限公司、安徽省高速公路控股集团有限公司、安徽省交通投资集团公司、湖北省交通运输厅高速公路管理局有关领导出席年会。

荆州港木沉渊港区江陵跃进综合码头工程正式开工建设。该工程建设规模：新建1个3000吨级(水工结构按靠泊5000吨级船设计)散货泊位、3个3000吨级件杂货泊位，并建设相应的生产辅助和配套设施，总投资4.05亿元。码头建成后，年通过能力达到303万吨（其中散货为176万吨，件杂货为127万吨）。

13日 省直机关工委常务副书记、省直机关“三抓一促”活动领导小组副组长郭玉吉带队到省交通运输厅调研“三抓一促”活动情况。省直机关工委副书记于春利、省直机关纪工委书记刘刚参加调研。厅长尤习贵、驻厅纪检组长刘汉诚、副厅长程武陪同调研。调研组一行现场视察省交通运输厅行政审批服务大厅和廉政书屋，观摩网上行政审批演示，并就“三抓一促”活动和行政审批改革情况进行座谈。

全省高速公路技能竞赛在湖北交通职业技术学院举行。此次竞赛由执法知识竞赛、体能竞赛、队操竞赛三个部分组成，全省13个代表队参加知识竞赛。

17日 省运管物流局与荆楚网联合制作的“村村通客车楚天行”网页正式列入荆楚网专题网页序列。

18日 交通运输部下发《关于开展全面深化交通运输改革试点工作的通知》，明确湖北省与上海市、重庆市、辽宁省为全国首批综合交通运输改革试点省市。

19日 省交通运输厅厅长尤习贵、副厅长马立军一行到大悟县调研脱贫奔小康和村村通客车工作。尤习贵、马立军等深入大悟县最边远的三里村，向村干部、农村客运司机了解车辆、班次、票价、客流量等农村客运情况及发展农村客运迫切需要解决的问题。

21日 由中国公路学会和长沙理工大学联合创办的高速公路管理学院正式开课，在当日开课的高速公路高层管理研究班上，汉十高速公路管理体系成为首个教学案例。

25日 沪渝高速公路第一应急救援中心正式开工。该工程位于长阳土家族自治县高家堰镇，起于沪渝高速公路K1218+800，止于沪渝高速公路原拌合场，路线全长约280米，总占地面积45.899亩，其中应急中心生活区、办公区、沥青拌合站等核心区域占地约27.82亩。该应急中心建成后主要用于沪渝高速宜昌段应急救援单位办公、设备停放等。

27日 随岳高速公路管理处京山管理所“阳光天使班组”在第二届全国高速公路服务品牌年会上被评为首届“中国最美路姐班组”；鄂西高速公路管理处上官一木被评为“最美中国路姐”，是湖北高速公路系统首次个人获此殊荣，并受邀到南宁参加颁奖仪式。

12月

1日至2日 副省长许克振调研恩施州交通运输工作。省政府副秘书长陈新武，省交通运输厅厅长尤习贵，省交通投资有限公司董事长张嗣义、总经理龙传华，州委书记、州人大常委会主任王海涛，州委副书记、州长杨天然，副州长张宇陪同调研并参加座谈。许克振一行查看恩施市芭蕉侗族乡朱砂溪村农村客运“村村通”现场，检查恩来、恩黔高速公路建设。

3日 武汉四环线沌口长江公路大桥正式开工建设。该大桥是国务院批复的《武汉市城市总体规划(2010－2020年)》、《湖北省交通运输发展“十二五”规划》确定的重大交通项目——四环线关键控制性工程，是连接武汉市六大新城组群之间的复合型交通通道和武汉都市发展区内联外通及转换的重要通道，位于白沙洲长江大桥和军山长江大桥之间，是武汉第9座长江大桥。该桥是湖北省首次采用BOT+EPC(投资、设计、施工、运营一体化)模式建设的长江大桥，由中交投资有限公司、中交第二航务工程局有限公司、中交第二公路勘察设计研究院有限公司3家全资子公司共同投资建设。工程概算总投资52.25亿元，建设工期4年，计划2017年建成。

汉十高速公路管理处与随州市交通运输局签订协议，将汉十高速公路随州何店收费站连接线移交给随州市地方管理，成为地方城市路网的一部分。

8日至10日 全省道路危险货物运输新大纲培训班在湖北交通职业技术学院举办。全省各市、州交通运输局（委）、道路运输管理局（处）负责道路危险货物运输管理及培训、考试机构工作人员参加培训。

10日 鄂西高速公路全长8.693公里的金龙隧道突发一起货车自燃火灾事故。在各部门联动高效处置下，不到半小时大火被扑灭，险情排除，车主得以保全近90万元车辆及货物。由于大火扑灭及时，本次火灾无任何人员伤亡，特长隧道设施保全完好，过往驾乘人员安全未受到影响。

11日 汉十高速公路管理处核心价值观教育基地、红涛工作室在汉十高速公路管理处十漫营运管理中心成立，省交通运输厅厅长尤习贵和十堰市常务副市长龙良文揭牌。

省交通运输厅厅长尤习贵实地察看武西高铁十堰换乘中心、郧县环库公路、许家棚亨运农村物流园区等建设工程和物流基地，听取十堰市交通运输局以及部分县市区交通工作情况汇报。

13日 一辆危化品混装车辆在沪渝高速恩利段发生火灾事故，导致现场交通中断、车辆滞留。鄂西高速公路管理处联合地方政府应急办、安监、消防、高警等职能部门应急处置，确保人民群众生命安全和沪渝高速公路畅通。

14日 省交通运输厅厅长尤习贵、副厅长程武调研洪湖市社会管理综合治理工作，要求该市发挥基础性设施重要支撑作用，全力推进网格化管理和天网工程建设，努力抓好社会管理综合治理基础工作，切实保证社会稳定和谐。尤习贵深入洪湖万全镇简市社区，实地了解该村社会管理综合治理情况，听取洪湖市委市政府对全市综治工作汇报。

15日 省交通运输厅举办“2014年湖北省高速公路隧道安全应急联动演练”，尤习贵厅长观摩演练并作重要讲话。

16日 中国南方航空广州—武

汉—旧金山航线首航仪式在武汉天河国际机场隆重举行，这是武汉机场继法国巴黎、俄罗斯莫斯科之后开通的第3条洲际直达航线，也是中部地区首条直飞美国的航线。湖北省副省长甘荣坤，武汉市常务副市长贾耀斌、副市长刘立勇，南航集团公司副总经理杨丽华，美国驻武汉领事馆总领事周重山，首都机场集团副总经理、湖北机场集团总经理韩志亮等出席首航新闻发布会。

17日　鄂西高速公路管理处联合重庆高速集团东北营运分公司、重庆高速综合执法总队二支队、湖北高速交警三支队，在宜昌召开沪蓉高速(G42)省际联勤联动座谈会。与会四方正式签署《沪蓉高速公路楚阳隧道合作管理协议》，标志着宜昌至巴东高速公路联勤联动机制全面启动。

18日　全省高速公路项目建设推进会在荆州召开。副省长许克振在会上要求，统一思想，坚定信心，明确责任，真抓实干，确保“十二五”末全省高速公路通车总里程达到6500公里。省交通运输厅厅长尤习贵通报全省高速公路项目建设情况及存在的问题。会议由省政府副秘书长陈新武主持。省交投公司总经理龙传华报告高速公路建设情况，省发改委、省政府金融办、重点办、国土资源厅、武汉铁路局以及武汉、襄阳、荆州、孝感、咸宁市政府负责同志在会上发言，全省高速公路项目建设单位主要负责人参加会议。

省政府副秘书长陈新武、省交通运输厅厅长尤习贵、厅重点办主任高进华一行，到工行荆州市分行营业部一站式电子收费(ETC)客服网点调研指导工作。年内，工行将在荆州市建立13个(含仙桃、潜江3个)一站式服务网点，覆盖荆州市所有县级以上行政区。

岳阳至宜昌高速公路石首至松滋段(又称江南高速)建成通车运营，该段是国家高速公路网杭瑞、二广、沪渝的横向联络线，全长106.453公里。

19日　副省长许克振调研松滋市水陆交通建设时强调，要发挥交通区位优势，服务地方社会经济发展。省政府副秘书长陈新武、省交通运输厅厅长尤习贵、省交投公司董事长张嗣义、总经理龙传华陪同调研。许克振一行先后调研荆州至松滋一级公路、江南高速公路、荆州港松滋港区车阳河码头，以及因交通区位优势而迅速发展壮大的松滋市临港工业园等。

23日　省运管物流局在咸宁市广播电视台举行首届全省道路运输行业安全知识竞赛。省交通运输厅副厅长谢强、省运管物流局局长石先平、咸宁市副市长刘太宗现场观摩知识竞赛。全省17个市州的85名运管系统负责人和客运企业负责人参加竞赛。

23日至24日　汉江碾盘山至兴隆段航道整治工程TJ-01、TJ-02、TJ-05、TJ-06四个合同段施工合同签订完毕，标志着汉江碾盘山至兴隆段航道整治工程即将全线开工建设。该工程全长110公里，是湖北省内河航运发展“十二五”规划建设重点，也是汉江干流航道建设的达标工程之一。工程总投资7.81亿元，计划2016年底完工。

24日　随着武汉新港第100万个集装箱货柜吊装至中远货船，该港口集装箱年吞吐量首次突破100万标箱，成为长江中上游最大的单一集装箱港，同步迈入世界内河集装箱港口“第一方阵”。

利万高速公路磁洞沟特大桥主墩封顶。总投资2.1亿元的磁洞沟特大桥位于利川市谋道镇，全长588米。主桥为预应力混凝土悬浇箱梁连续刚构，主墩高139米，是利万高速公路湖北段27座桥梁中第一高墩桥。该桥2013年4月动工，计划2015年10月合龙。

25日　由省委宣传部、省文明办、省总工会联合举办的“湖北最美一线职工”授奖仪式在湖北广电演播厅举行，全国“最美职工”获得者、汉十高速路政员陈红涛再获“湖北最美一线职工”特别奖。

26日　谷城至竹溪高速公路建成通车。该路起于谷城县石花镇倒座庙，与福银高速公路(G70)相接，途经襄阳市、十堰市的5县24个乡镇，止于鄂陕交界处的罗汉垭，与陕西省平利至安康高速公路相接，全长226.915公里。

恩施至来凤高速公路建成通车。该路是国家高速公路网安康至来凤高速公路(G6911)的组成部分，全长86.14公里，穿越武陵山区，连接湖南龙山至吉首高速，是鄂西南入湘的重要通道。

恩施至黔江高速公路宣恩至咸丰段建成通车。该段是国家高速公路网安康至来凤高速公路(G6911)和张家界至南充高速公路(G5515)的连接线，全长70.90公里。

十堰至房县高速公路建成通车。该路为国家高速公路网呼和浩特至北海高速公路(G59)的组成部分，起于丹江口六里坪镇，接汉十高速公路，经官山、土城，止于房县城关镇，与谷竹高速公路相连。路线全长63.933公里。

武汉至日本名古屋新航线首航。这条新航线每天1班，采用波音737-800型机型，下午2时50分由天河机场出发，4时15分抵达上海浦东，经停1个小时后再度起飞，于当地时间晚上8时35分抵达名古屋，单程用时为4小时45分钟。

27日　湖北省交通运输厅与交通运输部公路科学研究院在北京举行战略合作框架协议签字仪式。部公路院院长周伟、书记杨文银，省交通运输厅厅长尤习贵出席签字仪式。战略合作框架协议的签署，标志着双方合作开启新的篇章，对进一步推进湖北公路交通科技进步与创新发展，加大自主创新和科技成果的研发和应用力度，更好地服务湖北交通运输行业具有重要意义。

宜昌至巴东高速公路界岭隧道正式通车，全长1966公里的沪蓉高速公路全线贯通。沪蓉高速是国家规划的“五纵七横”国家高速公路网的重要组成部分，自东向西途经沪、苏、皖、鄂、渝、川六省市。宜巴高速公路全长173公里，有桥梁138座、隧道39座，桥隧比74.5%，比沪渝高速鄂西段高出22%。

28 日 轨道交通地铁 4 号线二期通车试运营。线路为汉阳黄金口至武昌首义路，途经武昌首义文化区、汉阳滨江活动区、钟家村商圈、王家湾商圈以及黄金口新城组团，与 4 号线一期贯通运营，形成一条串联汉阳和武昌、连通长江两岸经济带的交通大动脉，实现轨道交通快速连通三镇，有效带动三镇均衡发展。

鹦鹉洲长江大桥及两岸接线通车。鹦鹉洲长江大桥是武汉第 8 座长江大桥，也是世界跨度最大的三塔四跨悬索桥，位于武汉长江大桥上游 2 公里处，北接汉阳鹦鹉大道，南连武昌复兴路，全长 9.18 公里。其中，正桥双向 8 车道，两岸接线全程高架，双向 6 车道，设计行车速度 60 公里 / 小时。大桥的汉阳桥头、塔顶均设立观景平台，大桥两侧有上下桥人行通道。

30 日 凌晨 0:35 时左右，汉十高速 K1233 处突发路面下陷，脱空处深度达到 4.5 米，最深处达到 8.5 米，宽度达到 11 米，汉十向行车道、超车道、十汉向超车道及中央隔离带均出现路基脱空现象，严重影响 G70、G55 两条国高网干线公路通行。汉十高速公路管理处立即开展应急抢险，仅用 4 小时恢复道路交通，保障节日期间道路交通平稳运行。

湖北交通职业教育集团 2014 年年会暨校企合作论坛在湖北交通职业技术学院举行，来自交通企事业单位、行业企业、中职院校、行业协会等 53 家单位百余名代表，共商集团建设发展大计。

31 日 黄冈至鄂州高速公路团风段建成通车。该段起于黄鄂高速公路末端，与大广高速公路互通，并设置马曹庙互通与 318 国道连接，终点与武英高速相接，通过武英高速可以直抵安徽境内。路线全长 13.285 公里。

经黄冈市政府同意，黄冈市国力公司陶店收费站正式停止收费，陶店收费站相关收费设施在省政府正式批复后 15 天内全部拆除完毕。

概况

【全省交通运输概况】 2014年，公路水路建设投资首次突破1000亿元。全年完成固定资产投资1090亿元，同比增长22%。位居全国第三。“十二五”前4年累计完成投资3171亿元，提前完成“十二五”投资目标任务。

高速公路里程突破5000公里大关。新建成谷竹、江南等10条高速公路项目，新增高速公路里程763公里，新增5条高速公路出省大通道。全省高速公路通车总里程达到5096公里，位居全国第一方阵(图1)。

全省港口集装箱吞吐量达到125.65万标箱，武汉港突破100万标箱。武汉港成为长江中上游港口中第一个突破百万标箱的内河港口，迈入世界内河集装箱港口“第一方阵”。武汉港内联宜昌、荆州、襄阳、十堰，外拓陕西、河南、湖南，多条航线远达日本、韩国、东盟，构建起以湖北为起点的“海上丝绸之路”大动脉，武汉中游航运中心集聚带动作用进一步增强。

高等级航道里程达到1630公里。新中国成立以来最长的人工运河——引江济汉通航工程建成投入使用，直接沟通长江、汉江航运，形成810公里高等级航道圈。汉江兴隆以下航道整治工程顺利完成。新增高等级航道389.2公里，是新增高等级航道里程最多的一年。

ETC覆盖率翻两番、车道数突破400条。全年共建成高速公路ETC车道417条，ETC覆盖率达到80%以上，比上年翻两番。ETC通衢卡客户数量大幅增加。

全省行政村通沥青(水泥)路实现全覆盖。新建通村沥青(水泥)路12156公里，结束了全省少部分行政村不通沥青(水泥)路的历史。全省100%的乡镇和92%的行政村通了客车，农村客运不断延伸、通村达组，农村物流网格运行、货畅其流，农村地区交通条件得到进一步改善。

2014年交通运输工作特点：

1. 打造综合立体交通走廊

成立长江中游深水航道645工程建设指挥部，组织开展长江航道模型试验研究及外部影响研究，取得阶段性进展。按照“全线整合、分步实施”原则，推进长江港口资源整合，出台《武汉长江中游航运中心总体规划纲要》。武汉市制定长江中游航运中心建设系列政策，加快开发航运交易平台，上海通用汽车配套码头等多个港口项目加快建设。宜昌市加快建设三峡翻坝中转枢纽港。荆州市港航建设全面提速，沙隆达热电煤码头等5个项目建成，集装箱吞吐能力达47万标箱。黄石棋盘洲保税物流中心通过国家验收、封关运行。

恩来、恩黔高速公路宣恩枢纽式立交

沿江多条高速公路建成通车，江北等在建高速公路加快施工，新开工沌口等一批长江公路大桥项目。武汉新港江北铁路一期工程建成通车，天河机场三期7大主体工程全部开工。汉新欧国际铁路货运班列常态化运行，共发25趟班列、1970标箱。开通武汉至旧金山、马尔代夫等7条国际航线，天河机场吞吐量达到1700万人次。开通武汉至东盟四国(泰国、柬埔寨、越南、老挝)江海快班和物流公路直通车，宜宾—武汉—上海直达日本、韩国航线首航。泸汉台等近洋航线得到巩固，开通宜昌至重庆忠县水上滚装运输新通道。

2. 农村交通发展进入快车道

加强顶层设计，省政府出台加强农村公路养护管理工作的意见，襄阳、天门、松滋等62个市、县设立专职管理机构。荆门市明确每公里配套2000元养护资金政策、建立大中修专项基金。全省基本实现行政村通沥青(水泥)路。江陵县通村公路达标示范工程和鄂州市农村公路“八公开”试点取得可复制、推广的经验。全省完成农村公路危桥改造382座、安保工程12867公里，超年度计划82%、29%。新改建74个农村综合交通服务站和1000个候车亭。

省委省政府提出2015年全省所有行政村通客车目标。红安县、恩施市、江陵县、仙桃市、宜都市、老河口市和秭归县7个试点县市强力推进，大部分试点县提前实现“村村通”全覆盖。鄂州百里长港示范区、宜城交邮共建试点、十堰许家棚农村综合物流试点成效明显。

3. 国省干线公路建设提速

2014年全年建成一级公路735公里、二级公路2179公里，分别超年度计划15%和113%，是“十二五”以来建成里程最多的一年。完成国省干线大中修工程2501公里。重点打造105国道和209国道两条畅安舒美示范公路，提升普通公路规范化和综合服务水平。大力推进四个片区扶贫特色路建设，全年完成投资51.9亿元，完成路基526公里、路面725公里。

2014 年 9 月 26 日，引江济汉通航工程正式通航

大别山红色旅游公路大悟段进入收尾阶段。秦巴山环库生态路部分主干线已建成通车。

4. 交通运输转型发展加快

客运服务向多样化、差异化营运方式转变，新增县域范围内 20 公里公交化改造班线 60 条。加快完善城市公交体系，公交覆盖率、便捷性进一步提高。全省更新公交车 1200 辆，新增出租车 1500 辆。武汉市轨道交通运营里程增至 95.6 公里，35 公里公交专用道严管专用。电子站台在主城区全覆盖，东西湖区实现公交全覆盖。宜昌、荆州等 7 城市开展省级公交示范城市创建。城际约租客运试点结合公务车改革创新营运模式，取得新成效。货运物流服务向网络化、品牌化、融合式发展转变，突出城市配送和农村物流两个重点，以顺丰(武汉)快递、十堰许家棚农村物流、三峡商贸物流为代表的一批新型物流企业异军突起。宜昌滚装运输、荆州、黄石、襄阳等港口物流发展迅猛，东盟物流公路直通车、武汉水路集装箱精品运输航线、甩挂运输等态势良好。建立普通公路养护、应急和路政“三位一体”新机制，建立覆盖全省公路路网监测和应急指挥系统，建成 23 个养护(应急)中心。组建高速公路应急管理办公室，实现高速公路监测预警、指挥调度、应急广播、救援咨询 24 小时同频同步。

公路行政处罚与路赔信息管理系统、高速公路综合监控系统、干部廉政电子档案系统投入应用。技术创新研发基地和大数据中心建设、道路客运售票系统、公路工程材料价格信息系统、省际区域性联网 ETC 系统的开发有序推进。12328、12122 服务监督电话开通使用。武汉、十堰手机刷公交用户快速增加。门户网站和办公专网改造完成，官方微博微信正式开通。“混合结构斜拉桥设计方法”等一批科研成果获得部省表彰。新能源、节能材料、节能产品在交通运输领域得到广泛应用，全省城市公交新能源车比例进一步提高。全国首艘新建内河 LNG 集散两用船“海川 3 号”在武汉下水，丹江水库“兴通货 1 号、2 号”启动实施 LNG 改造。组织开展汽车客运站、重点船舶、工程建设领域违章作业、港区油气输送管线、公路桥梁运营管理、公路隧道安全隐患排查等专项行动，狠抓安全风险鉴别、事故隐患排查、落实企业主体责任等关键环节和重点部位。全省海事部门严格监管、全面防控，全年没有发生重特大安全责任事故。

5. 行业发展软实力增强

结合行业特点，构建全覆盖、信息化的交通党建信息网。严格党内组织生活，激发基层党的组织活力。加强干部队伍建设，落实从严管理干部各项要求。巩固群众路线教育实践活动成果，各项整改任务和便民利民实事全面完成。坚持不懈抓“廉政阳光交通”建设，以“阳光审批、执法、服务、工程”为主体的廉政阳光交通体系不断完善，确保权力在阳光下运行。新创作歌曲《当你走过》唱响交通发展新乐章，“汉十文化周”活动精彩纷呈，取材于随州公路孝女事迹的戏剧感动千百万观众，以百年义渡人物为原型的电影获得国际大奖。张兵获得“感动交通十大年度人物”殊荣，见义勇为路政员陈红涛获得中宣部、全国总工会授予的首届“全国十大最美职工”称号；巴东县张祚琼获得“全国十大最美养路工”称号，鄂西管理处上官一木获“中国最美路姐”称号，随岳管理处“阳光天使班组”获“中国最美班组”称号；铁水公空邮大交通“十行百佳”评选活动深入开展，交通品牌创建形成系列，群星闪耀、争相辉映。

【全省高速公路概况】 通行费收入。2014 年，全省高速公路征收通行费 147.09 亿元(含计提收入 12.64 亿元)，同比增长 11.34%，完成年计划目标 136 亿元的 108.16%，突破力争目标 145 亿元，实现“六连增”。严格执行“绿色通道”和节假日免费车辆通行政策，“绿色通道”及 7 座以下免费车辆 1775.69 万辆，让利社会 22.38 亿元。

ETC 车道建设。全年在 214 个收费站建成 ETC 车道 417 条，超额完成 400 条既定目标。ETC 覆盖率由 2013 年的 20% 上升到 80%。全省共建 ETC 客服点 164 个，拥有 ETC 客户数 8.6 万个，日均通行电子支付车辆近 2 万辆次，电子支付收入 81 万元。

路政管理及安全生产。全年立案 8734 起，结案 8517 起，收回路产损失赔(补)偿费 7607 万元，结案率 98%，索赔率 97%，路产设施完好率 100%，查处违法建(构)筑物 142 处。向保宜、通界等 11 条新开通路段派驻 9 个路政大队、1 个路政中队，全年无重大安全责任事故，无行政复议及行政诉讼败诉案件，无公路“三乱”现象。

2014 年 2 月 8 日，高速公路路政启动应急预案，确保雨雪天气道路安全畅通

路况质量。全年完成养护货币工程量 8.47 亿元；公路技术状况指数(MQI)始终保持在 92 以上，分项指标不低于 85，工程质量合格率 100%，优良率 90%。完成全省 4200 公里高速公路路面技术状况检测和 13 座 1.62 万延米桥梁抽检工作；对全省 41 条路段、2.31 万块标志标牌进行全面清理和整改；路面材料循环利用和预防性养护工作全面推进。

星级服务区建设。全省高速公路建成 85 对服务区、35 对停车区，已开通运营 56 对，其中 39 对服务区达到三星及以上标准，占运营服务区的 70%，提前完成“十二五”星级服务区占运营服务区 65% 的达标任务。

党风廉政和行业文明建设。深入开展党的群众路线教育实践活动“回头看”，活动成果不断巩固，作风建设取得明显成效。加大对“两个责任”的推进落实，全省高速公路系统履行“两个责任”情况较好。成功举办全省高速公路系统第六届职工运动会。陈红涛、张操等先进典型引领行业新风气，全省高速公路系统多家单位获得湖北省五一劳动奖状、全国模范职工之家等省部级以上荣誉称号。

2014 年高速公路工作突出特点：

高速公路行业管理进一步加强。制定下发《湖北省高速公路路网适应性测评规范(试行)》，全省新通车路段入网运营有了更为全面规范的指导意见。印发《创建标准化收费站示范站评分标准(试行)》，完成《湖北省高速公路联网收费管理办法》立法前期准备工作。与交通行业标准对接的车型分类标准实施方案报省政府待批。拟定路政管理 12 项重点工作，路政管理运行机制、执法队伍建设体系、信息化管理、应急处置机制、路警共建机制等 8 项工作取得阶段性进展。修订印发全省高速公路路政执法管理规定。在建高速公路路政执法场所取得突破性进展。相继出台《湖北省高速公路小修保养管理办法》、《湖北省高速公路标准化养护站建设指导意见》和《关于加快推进全省高速公路路面材料循环利用工作的指导意见》以及公路技术状况评定、交竣工验收、养护项目招投标等管理办法。积极推进全省 33 条高速公路收费站连接线移交工作，黄黄管理处、汉十管理处 3 条连接线正式移交当地政府，高速公路养护管理体制进一步理顺。全省高速公路服务区诚信考核体系、联网收费入网适应性检测规范纳入省交通运输厅 2015 年交通运输科技项目。坚持开展高速公路系统季度检查考核，通过检查促进工作整改和完善，行业整体管理服务水平不断提升，行业平衡发展态势良好。

高速公路队伍素质进一步提升。组织开展全省高速公路系统“竞进杯”收费业务技能竞赛，39 家路段单位近万名收费员参与；以提升“五种能力、五类技能、五项水平、五好作风”为目标，举办全省高速公路路政执法技能竞赛活动；以“竞进提质，升级增效”为主题，开展高速公路养护系统“竞进杯”劳动竞赛活动。印发路政执法人员“三年轮训”工作实施方案，组织开展执法评议考核交叉检查和公路执法专项检查，培育 24 名路政执法内部讲师，525 余人次路政执法人员参加执法资格培训与轮训考试，基本形成执法人员培训、考试、评议系统

2014 年 6 月 26 日，举办湖北省高路系统联网收费综合业务培训

化建设机制；举办2期费收业务骨干培训班；组织120名养护技术人员参加路面就地热再生施工现场观摩会等一系列新技术培训；成功组织协办第四期全国高速公路服务区经理培训班，组织60余人次服务区管理人员外出学习培训，提升服务区管理人员业务素质和综合管理水平。许湘秦工作室、杨丽创新工作室、尹少荣勤廉示范工作室纷纷建立，员工综合素质不断提升。

高速公路服务能力进一步强化。节假日小型客车免费通行安全保畅。圆满完成四个节假日小型客车免费通行保障工作，全路网和收费站口未发生长时间滞留和拥堵。12122高速公路统一救援热线顺利启用。各单位以创建标准化收费站为契机，加大投入，改善收费工作环境和员工生活条件。落实交通运输部《关于进一步提升高速公路服务区服务质量的意见》，积极发挥服务区“小区大社会”功能，随岳高速天门、京山服务区“品牌餐厅、超市”及楚天高速潜江服务区改扩建“服务区综合商业体模式”等新做法、新模式，受到媒体与同行关注和称赞。京珠高速咸宁、蔡甸服务区在全国率先启动高速公路服务区LNG加气站、电动汽车充电桩建设，为推进新能源汽车发展战略提供基础保障。开展为期3个月的标志标牌专项整治行动，完成全省高速公路网命名和编号工作，编印30万份宣传册，并在楚天都市报和网络进行宣传。随岳管理处建成40公里养护标准化示范路段，服务司乘安全保畅效果明显。与省公安厅高警总队联合开展为期3个月的“规范行车秩序和运营秩序”专项稽查活动，联合开展统一行动626次，协查车辆2.37万辆，追缴通行费323.8万元。全省组织联动稽查2批次，武黄、京珠、黄黄等单位充分发挥区域稽查功能，建立路警联动、路网合作运营环境。

高速公路科技应用能力进一步增强。成立ETC建设督导小组，召开5次ETC建设推进会和协调会，超常规推进ETC车道建设。编制完成全省高速公路路政信息化建设方案并通过专家评审，基本完成路政应急信息服务平台建设。开展“高速公路路网智能监控管理系统”规模性应用测试前期工作，拟定《高速公路路网智能监控管理系统规模性应用测试协议(初稿)》。顺利完成全国高速公路通信信息联网工程(湖北段)全国联调联测，湖北段工程得到交通运输部通信信息中心的认可。“智慧汉十”管理体系成为长沙理工学院行业教学案例。黄黄管理处依托智真会商系统，管理处会议费、应急成本以20%的比例逐年降低。“随岳通”应急指挥调度管理系统，被称赞为“首创应用、国内领先”。推广运用路面材料循环利用和预防性养护新技术，研发养护便携式移动数据采集系统，实现公路现场数据的高效采集和实时对接。积极参与省交通运输厅编制申报全国低碳省实施方案和高路系统环保、节能减排试点项目，推进合同能源管理模式在全省高速公路隧道LED照明更换项目中的应用。

2014年10月21日，举办全省首届高速公路突发事件急救培训

高速公路安全管理水平进一步提高。组建省高管局应急办公室，完成应急指挥中心大厅改造。节假日期间路政、费收、养护、高速巡警、媒体等部门联合办公，实现高速公路监测预警、指挥调度、应急广播、救援咨询等同频同步。加强高速公路桥隧安全应急管理，印发全省高速公路隧道安全隐患排查治理专项行动实施方案和桥梁运营管理安全检查实施方案，落实桥梁养护“十项制度”。完成省安委办挂牌督办的4处安全隐患整改验收。加强省际协作配合，圆满完成6批特大型设备超限运输通行保障与服务工作。武黄管理处圆满承办2014年湖北省高速公路隧道安全应急联动演练。沪渝、翻坝高速公路安全运营检查，得到冯正霖副部长带领的国务院安委会检查组好评。组织召开警路共建工作推进会，制定印发警路共建指导意见、涉路施工许可、养护施工安全管理、超限运输许可等制度。襄荆高速公路警路联合执法服务站建成投入使用。

高速公路党风廉政和文化品牌建设进一步推进。出台《进一步加强高速公路运营管理重点领域廉政监管的意见(试行)》，印发《省高管局党委关于落实党风廉政建设党委主体责任、纪委监督责任的意见(试行)》，制定《湖北省高速公路重点领域廉政监管巡查工作办法(试行)》，对容易滋生腐败的养护、费收、路政、机电、服务区及广告经营、综合采购等8个重点领域25个关键环节，提出详细的监管要求。出台《局纪委约谈党员干部办法》，举办全省高速公路系统廉政教育主题讲座，建立局机关廉政干部档案，开展警示教育活动和第15个党风廉政建设宣传教育月活动。积极探索高速公路集约化管理模式，制定下发《关于规范我省高速公路委托管理的若干意见(试行)》，统一调整各管理处工资结构，审核上报6个管理处2015年机构设置和岗位定员方案，完成2014年省编办专项调研高速公路体制工作，推进事业单位改革步伐。积极夯实基层党组织建设，京珠管理处开展基层党支部"书记项目"创建工作，开设"湖北京珠微党课"微信公众平台；汉十管理处总结提炼出"七联聚力，五效合一"党建工作法。宜巴职工书屋被中华全国总工会授予"职工书屋示范点"。鄂西高速上官一木和随岳高速"阳光天使"收费班组被评为"最美中国路姐"、"最美中国路姐班组"称号。各单位积极参与省交通运输厅"中国梦、交通行、青春情"微电影大赛评比。《天使班组》微电影荣获湖北省总工会年度评比一等奖。湖北省高速公路系统文化品牌通过初审，成为首个以打造品牌集群为品牌亮点的省份。

（李虎子）

【全省普通公路概况】 2014年，全省普通公路完成固定资产投资461亿元，占年度目标220亿元的209%，同比增长29%。争取部省资金188.84亿元，安排政府债券资金40亿元。黄石、黄冈等地18个市县成立交通融资平台，通过BOT、BT等多种方式吸纳社会资本，有力地保障了普通公路建设顺利推进。完成政府还贷一级公路通行费收入9430万元、过渡费收入2379万元，分别占年度目标的121%、108%。

一、二级公路建设。全年完成一、二级公路工可批复2611公里、初设批复3553公里，是"十二五"期前期工作完成进度最快的一年。完成一级公路路基866公里、路面735公里，分别占年度目标的102%、115%；完成二级公路路基2500公里、路面2179公里，分别占年度目标的181%、213%。四个片区特色公路完成路基526公里、路面725公里，分别占年度目标的107%、104%。竹山县、洪湖市等城市过境路和荆门至沙洋、咸宁至潘家湾等区域通道一级公路建成通车；建始红景公路、双神(神农架至神农溪)公路、九宫山旅游公路、大别山旅游公路大悟段等一批旅游公路相继建成。

农村公路建设。全年完成农村公路建设14274公里、农村公路危桥改造382座、安保工程13261公里，分别占年度目标的119%、182%、133%，超额完成省政府向社会承诺十件实事之一的农村公路建设任务。农村公路总里程突破21万公里，行政村通畅率达到99.8%。夷陵区官庄公路、鄂州市万秀公路、恩施市双木公路等一大批农村"生态路"、"景观路"、"产业路"顺利建成。新洲举水河桥、竹山营盘河桥和松滋市一大批农村公路危桥改造完成。按照2015年年底实现"村村通客车"总体目标要求，制定了农村客运道路标准，保障农村客运工作总体推进。

养护管理。大中修工程：完成大修工程1935公里、中修工程566公里，分别占年度目标的110%、193%。全省干线公路路面使用性能指数(PQI)达到86.27，比2013年84.02提高2.25。105国道、209国道"畅安舒美"公路示范工程全面启动。恩施、襄阳、仙桃等地养护工程推进最快、完成最好，路况水平大幅提升；浠水罗兰线、咸丰椒石线、鹤峰鸦来线、宜昌宜兴线等群众投诉较多路段路况彻底得到改善。日常养护：增设及修复防护栏35.5万米，补栽公里碑2088块、百米桩2.67万个，增设及更新标志标牌3068块，补画标线2048公里，清理边沟3万公里，修整路肩1.9万公里，修补坑槽172万平方米，灌养缝836万延米，植树近100万株。黄石、咸宁、天门等地路况水平保持较好。规范化管理：对全省干线公路路况、桥梁实行专业化检测，坚持用数据说话，提高养护决策水平。对全省公路养护管理站(点)进行总体规划，初步实现干线公路网格化管理。499个养护管理站安装综合养护信息管理系统，进一步更新完善基础数据库；323个养护管理站按照"国检"标准完成内业资料整理。全省计划内养护作业规范化设施全部配备到位，养护作业安全水平、规范化程度明显提升。

路政管理。全省公路部门围绕依法治路总要求，进一步完善区域联动治超机制和各项管理制度，大力开展区域联动治超、集镇过境路段整治和基层执法专项整改行动，依法维护路产路权。强化超限运输治理力度，采取流动与固定检测相结合、交叉执法与异地执法相结合、行业内联动和多部门联合相结合等方式，强力推进"区域联动治超、百日治超"专项行动。全年检查货运车辆490万余台次，处

2014年6月9日，省公路局局长熊友山(右四)在荆州调研公路工作

理非法超限运输车辆19.87万余台次，转运卸货178万余吨，非法超限运输率控制在4%以内。开展“非公路标志”、“集镇过境路段”、“非法占用公路行为”等路域环境清理整治行动，依法维护路产路权。全年查处非法占用公路建筑534处，清理非公路标志牌5094块、堆物占道12.56万平方米，完成40个集镇过境路段整治，道路通行环境得到较大改观。制定许可办理流程标准，简化优化涉路行政许可审批事项、要件、程序，全面推行首问负责制、“一站式服务”等便民利民举措。全年办理国省干线涉路施工行政许可402件、超限运输许可5086件，群众满意率100%。全面推进公路基层执法专项整改行动，全面轮训路政骨干和执法人员，强化执纪问责机制，立查立改不规范执法行为，全年无行政复议及行政诉讼败诉案件。完善路政执法管理制度，路政基层执法机构标准化、规范化、制度化建设稳步推进。14个执法单位被省交通运输厅命名为“创建人民满意基层执法站所”。

质量安全。推行标准化建设，提升工程质量。以丹江口汉江公路大桥、武汉三官汉江公路大桥为试点，深入推进标准化施工。贯彻精细化施工理念，落实工程质量责任制、四级质量管理等各项制度，抓管理体系、抓检测数据、抓工艺工法，严格按规范施工，按程序操作，严把质量关，坚决杜绝质量隐患。贯彻绿色环保理念，全面推广“水泥路面就地碎石化”、“沥青路面就地再生利用”等新技术、新设备，路面旧料利用率、循环利用率达80%以上。突出隐患整治，加强安全监管，全面落实安全生产“党政同责、一岗双责、齐抓共管”要求，开展公路安全隐患排查治理、公路安全专项行动、隧道安全管理和“严打严治”集中整治活动。全年完成危桥改造532座，占年度目标的205%；完成安保工程建设14461公里，占年度目标的121 %；完成地灾整治103.05公里，占年度目标的103%；安排2000多万元专项资金整治隧道安全隐患。枝城长江大桥、107国道京广立交桥等危桥改造项目顺利完工；207国道公安县黑狗垱大桥、南坪大桥、汪家汊大桥，107国道赤壁市陆水二桥等社会反响强烈的大型危桥改造项目稳步推进。全省普通公路未发生较大以上的安全生产事故，安全生产形势保持稳定态势。强化基础建设，提高应急能力。全省公路应急物资储备中心基本建成，十堰和黄冈应急物资储备中心加快建设。全省路网运行监测与应急处置系统基本建成，90个县级公路应急中心建设稳步推进，崇阳、钟祥、宜城、五峰等20个县市公路应急中心初具规模，48个县(市、区)公路局配备公路应急指挥车。开展山体边坡垮塌、专业汽车渡口、反恐等应急演练活动。全省国省干线基本形成应急救援2小时内到达、应急抢通24小时内完成的目标建设体系。

2014年8月29日，全省普通公路建养现场调度会在宜昌召开

服务保障。行业改革有序推进。公路行业事业单位分类改革有关意见已经拟定，分类改革有序推进。普通公路建设和养护管理体制改革等正在抓紧研究。对公路行业权力清单进行全面清理，可下放审批项目全部下放，行政审批事项全部集中到省交通运输厅行政服务大厅。资金监管持续增强，建立预算执行情况通报制度和绩效评估制度，对预算执行情况进行定期检查和通报，全面掌握资金到位情况。全面落实新《事业单位会计制度》，开展全省财务审计交叉检查考评，对全省公路专项资金到位和债务情况、地方政府债券资金到位情况、国省干线危桥加固工程项目资金开展专项核查。全省完成内审项目7个，审计决定落实率70%，审计建议被采纳率70%。队伍建设不断加强。进一步贯彻落实《全省公路系统“十二五”人才发展规划》和《全省公路系统“十百千”人才工程实施意见》，首次开展“公路人才奖”和公路行业技术能手推荐评选工作，评选出20名公路人才奖、154名公路技术能手。举办各类培训21期，参训人员2300余人次。在第六届全国交通运输行业筑路机械职业技能大赛中，湖北省代表队获得团体总分第一名。

行业形象。开展“回头看”活动，巩固群众路线教育实践活动成果，为服务对象办实事31件；围绕厅重点巡查提出的10个方面意见，加强整改，取得明显成效。开展纪检监察和财务审计双派驻机制试点，开展重点部门、重点部位和重要环节监督20余次。建立“廉政阳光工程”、“廉政阳光执法”和“廉政阳光机关”等具有公路行业特色的防腐倡廉体系。全省公路系统创建34个“省级文明单位”，新增7个省级文明创建示范点，完成17条省级文明路申报复核。武汉市木兰治超站、潜江市周矶管理站被评为全国交通运输行业文明示范窗口，武汉市公路处养护所被评为“全国交通运输文化建设优秀单位”。巴东县张祚琼获得“全国十大最美养路工”称号，以她为代表组建的湖北公路先进事迹报告团在全省举办7场专题报告会，受到广泛好评；随州公路局王何林入选“中国好人榜”，根据其事迹改编的花鼓戏《公路孝女》被搬上舞台；专题拍摄第一部反映两代基层养路工爱路护路情怀的微电影《一路有你》，被网络广为传播。荆州市公路管理局、荆门市冯庙公路管理站等5个先进集体，随州市王何林、鄂州市王必祥等8名先进个人获得部省表彰。（耿峥）

【全省道路运输和交通物流发展概况】 2014年，全省站场建设累计完成投资49.9亿元，为年度确保目标的249%，为力争目标的151%，较同期增长35%。建成襄阳旅游长途站、孝感客运中心站（改扩建）、孝感北客运站、兴山昭君客运站等15个公路客运站场项目，建成黄石罗桥物流园、荆门众城物流园、宜昌爱奔物流园、襄阳乾通物流中心等12个货运枢纽（物流园区）项目。国家连片扶贫开发站场建设取得阶段性成果，8个县级客运站全部完成工可、初设批复，4个已开工建设；在三个片区、26个县安排新（改）建74个农村综合运输服务站和1000个候车亭，在城乡客运公交化改造班线沿途安排建设港湾式候车亭126个。

物流基础设施建设。完成交通物流基础设施建设投资38.16亿元，为2013年投资规模的1.46倍。全年争取部、省交通物流项目建设补助投资2亿元。其中：交通运输部补助投资1亿元（恩施货运中心3500万元、十堰许家棚物流园3500万元、孝感华中锦龙物流园3000万元）；省财政预算物流发展资金1亿元，专门用于补助和引导货运枢纽（物流园区）项目以及农村综合物流网络体系示范建设。特别是省财政支持交通运输物流发展资金为历年之最。全年预安排交通物流发展规划建设项目69个，各地申请参与交通运输物流发展资金竞争性分配经初审符合条件的项目34个，获得物流发展资金补助的项目28个。建成运营的货运枢纽（物流园区）项目12个，打造农村综合物流网络体系示范建设项目2个。按照省财政预算资金竞争性分配管理有关要求，研究制定全省交通运输物流发展资金竞争性分配实施方案，及时公开发布，指导项目单位制定绩效目标、完善基础工作；严格按照“竞争性分配实施方案”程序和要求，配合省财政厅和省交通运输厅圆满完成2014年物流发展资金（1亿元）竞争性分配工作。按照“事前精简下放、事中服务监督、事后考核评估”的思路，将物流项目的前期工作审批权下放到市州。

村村通客车。省委省政府召开专题会议研究部署农村客运发展工作，把农村客运工作确定为“三万”活动主题，要求2015年年底全省村村通客车。红安县、恩施市、江陵县、仙桃市、宜都市、老河口市和秭归县7个试点县市率先实现村村通客车工作目标、率先因地制宜确定经营方式、率先落实政府主体责任、率先规范农村客运市场监管、率先建立长效机制。成立试点示范工作督办组，进驻各试点县市进行调研、督办、指导，为试点县市实现村村通客车创造条件和提供支持。编印《农村客运发展工作材料汇编》（1～5），印发《省政府关于进一步加快农村客运发展的若干意见》、《关于印发〈全省村村通客车工作实施方案〉的通知》、《省交通运输厅、省公安厅、省安监局关于规范农村客运安全通行条件和车辆运行管理的通知》和《农村客运发展规划管理办法和编制指南》。召开全省交通运输系统加快推进农村客运发展工作动员视频会、省政府农村客运试点座谈会以及全省村村通客车工作推进会，成立推进农村客运发展工作领导小组，抽调精干人员组建5个工作专班。联合荆楚网开辟“村村通客车楚天行”专题网页。

城乡客运。全省道路客运班线公交化改造线路新增60条。黄州区至周边乡镇干线线路以及部分乡镇至乡镇支线线路成功进行公交化改造，实现城乡公交化。宜昌交运集团实行宜昌至兴山、宜昌至宜都等城际公交改造后，降低票价，方便群众出行。十堰继十郧城际公交开通后，改造完成十堰至武当山城际客运班线公交化运营。黄冈东方运输集团、洪湖市永通运输股份有限公司成为第二批城际约租试点企业。稳妥推进长途客运接驳运输试点工作，确定试点企业3家、试点班线31条、车辆57辆、建成接驳点18个，发放接驳证51张。全省道路客运联网售票系统建设进展顺利，纳入交通运输部重点支持范围，联网售票系统已在5个客运站试点运行。

交通物流发展。省交通运输厅成立“推进交邮共建、交通物流发展”工作专班，召开全省交通物流工作

2014年11月12日，省运管局局长石先平（左三）调研督导红安县村村通客车工作

推进会，建立1亿元交通物流发展专项资金；黄石、襄阳、随州等地政府授权市物流局编制现代物流业中长期规划；咸宁市政府出台《关于支持现代物流业发展的实施意见》；十堰市交通运输局印发《关于交通运输推进现代物流业健康发展的实施意见》；《襄阳市现代物流业中长期发展规划(2013–2020)》颁布实施；编印《湖北现代物流》双月刊6期。

企业培育。指导成立华中大道快运联盟和华中道路客运小件快运联盟；服务和协助华中甩挂运输联盟开展工作，召开联盟年度座谈会暨试点项目验收培训会，协助落实联盟甩挂基地建设用地；与湖北爱奔物流园签订合作协议，开展《交通物流园区服务规范》课题研究；完善《关于深入开展物流企业培育工作的指导意见》；开展省级交通物流示范企业、示范园区、物流发展带头人评定工作。

先进运输方式。扎实推进交通运输部甩挂运输试点项目建设，对甩挂运输试点项目进行专项督办；起草《湖北省甩挂运输试点工作实施方案》；两个主题性甩挂运输试点项目列入交通运输部试点；完成襄阳东风合运试点项目首次资金申请验收工作，积极准备武汉赤湾东方、十堰亨运等试点项目验收工作；完成《湖北省多式联运发展调研报告》，获得交通运输部领导肯定。

农村物流发展。全面启动农村物流“一市一试点”工作，17个市州制定试点方案，武汉、黄石等13个市州成立领导小组，蔡甸、竹溪等20个县市农村物流试点工作深入推进。指导宜城、鄂州完善《宜城市交邮共建促进农村综合物流发展试点方案》、《鄂州市百里长港示范区农村物流建设试点方案》获省交通运输厅批复，省级试点工作稳步推进；省交通运输厅、商务厅、邮政局等八部门联合签署《湖北省农村物流发展战略合作协议》，省交通运输厅、邮政局联合印发《关于加快推进全省道路水路运输业与邮政融合发展的通知》。涌现出鄂州、宜城、钟祥、罗田九资河、竹溪、十堰许家棚、寿康永乐等具有代表性的农村物流示范点。

信息化建设。湖北交通运输物流公共信息平台工可及建设总体方案通过专家评审，按基建程序启动立项工作，落实了平台建设资金；物流公共信息平台改版升级，新增运价指数、甩挂联盟、调整地市管理权限等功能，并与浙江物流平台实现功能性互通；启动平台APP手机客户端软件、平台货代管理信息系统及物流园区管理信息系统开发工作。平台累计点击率超600万次。指导全省物流园区及企业信息平台建设，加快信息平台进园区试点工作，完善省级物流信息平台与物流园区互联互通机制，与武汉大道、宜昌爱奔、三峡物流园及襄阳东风合运物流公司达成联网意向。

市场监管。襄阳、黄石、黄冈等地物流机构开展诚信物流企业和示范物流企业评选，部分市州协助企业进行A级物流企业评定认证工作；仙桃、咸宁等地物流局以市政府名义下发整治方案，成立以分管市长为组长、市物流局牵头，公安、工商等部门参加的整治行动专班，将城区大部分小型物流企业迁入物流园区集中经营；总结提炼京山县物流服务投诉处理经验做法，在全省进行宣传推广。

公交优先战略。省政府颁布实施《湖北省城市公共交通发展和管理办法》，全省公交发展步入法治轨道。市州级公交规划编制基本完成，县级公交规划编制全面启动。大力开展省级公交示范城市建设。在继续支持武汉创建国家公交都市基础上，以荆州、襄阳、赤壁、仙桃等7个城市为试点开展省级公交示范城市建设。召开全省县域城市公交优先发展研讨会，推广大冶等地经验做法。启动“文明公交你我同行”和“公交活动周”活动。武汉先后开通47条微循环线路，将公交车开进小区、社区、新区，解决市民最后一公里出行难题，惠及60万居民。“武汉通”延伸到孝感、仙桃、大冶、安陆等多个城市，武汉、十堰等地实现手机刷卡，宜昌市公交卡与旅游IC卡互联互通。

出租车和谐劳动关系创建。湖北省在全国出租汽车行业和谐劳动关系创建活动表彰中再获殊荣，武汉大通公司荣获全国“五一劳动奖状”，十堰市万顺达共产党员号车队和黄冈市宏达雷锋车队获全国“工人先锋号”称号。组织召开出租车行业管理创新和发展现场会，襄阳公交总公司出租车公司“公司化经营、员工制管理、工资式待遇、智能化监控”创新管理经验得到总结推广，武汉市出台出租车行业改革意见，调整了出租车运价。加强出租汽车质量信誉考核，全省评出AAA级企业30家。全省新增出租

2014年7月28日，全省二级以上客运站站长培训暨汽车客运站安全管理座谈会在汉举行

运力1500辆，缓解了“打的难”问题。各地以“学雷锋”月和高考为契机，组织开展爱心送考等社会公益活动。积极宣贯《出租汽车运营服务管理规定》和《出租汽车运营服务规范》，全省举办各级培训班90余期，培训从业人员65000余人。

维修、驾培、检测业管理。召开全省机动车维修行业健康发展视频会议，下发工作方案，开发维修行业服务管理系统，并在武汉、孝感两地率先进行试点。确定47家维修企业试点，开展绿色达标维修企业创建。组织驾培两项国标宣贯活动，召开驾培计时管理系统规范运营推进会。联合省交管局下发《关于应用计算机计时培训系统加强机动车驾驶员培训学时管理的通知》。推行“先培训、后付费”计时预约培训试点，开展“严厉查处‘吃拿卡要’行为、全面净化教练员队伍”专项行动。开发新版从业资格证件制证模块和道路运输从业人员查询系统，推进客运驾驶员岗前培训，基本建立公交从业人员培训制度。建立全省检测站分级监管体系，举办2期机动车检测员培训班。

安全监管。强化红线意识、底线思维，制订行业安全监管计划。建立健全党政同责、一岗双责、齐抓共管安全责任体系，与17个市州运管机构签订安全管理目标责任状，形成一级抓一级、齐抓共管工作机制。举办“两客一危”企业负责人安全知识竞赛活动和全省二级以上汽车客运站站长培训班，对存在重大安全隐患、安全主体责任落实不到位的企业进行重点督办，与相关企业负责人约谈。以傅家坡、宜昌中心客运站等7家客运站为试点，以“四优四化”为目标，开展汽车客运站标准化建设工作，全省一批客运站通过安装单向门、新增闸机，在封闭管理上出现可喜变化。创新市场监管手段，采取联合稽查、交叉稽查、网上稽查等方式提高执法效率。启动货运车辆卫星定位服务试点工作，印发《湖北省道路运输车辆卫星定位平台服务商备案制度(试行)》，启动备案工作。修订卫星定位监管及监控人员联系表，定期下发“两客一危”企业车辆动态监控值守情况通报，培训200多名动态监管人员。全面推进道路运输企业安全生产标准化达标建设工作，完成全省706家“两客一危”企业考评、普货运输和维修企业达标试点工作。与省交管局联合开展客运站周边交通秩序整治活动，净化客运站周边环境。开展道路运输行业“严打严治”行动，打击各类违法违章经营行为。全省开展多部门联合、交叉稽查行动1000余次，出动执法车辆15000台次，执法人员50000人次，检查车辆13872台，查处黑车8000余辆、违法违规车辆957台次。全省共有3119名执法人员参加运政执法能力考试。

改革创新。推进简政放权，把二级及以下客运站工可和初设审批权、物流项目核准或备案权全部下放到地方。下发《2014年全省交通运输物流发展资金竞争性分配实施方案》，将专项资金从“一对一”单向审批转变为“一对多”竞争性审批安排。开发“湖北省道路客运网上办事系统”，对客运班线车辆、站点、途经走向变更等经营许可变更事项实行网上审批。改革道路运输承运人责任保险工作，明确责任范围、责任限额、保险费率，推动建立事故预防、重特大事故救助、安全激励等机制，推动解决安全无责赔付缺失、重特大事故保障能力不足等问题。营造“崇尚先进，争创一流”浓厚氛围，先后培树十个方面35个典型示范品牌，创建“省级文明示范窗口”28个、“雷锋号”车辆100台。张兵当选中国道路运输风范人物，获感动交通十大年度人物殊荣；武汉大道物流、武汉大通出租荣获“中国道路运输领袖品牌”称号；10名出租车驾驶员获评“湖北好人·最美的哥的姐”，3人荣获“湖北省五一劳动奖章”。6个单位荣获全国道路运输管理工作先进单位，襄阳市运管局熊星等6位同志荣获全国道路运输管理工作先进个人，远安县运管局黄庆副局长成为全省运政执法典范。

（吴颂原）

【全省水路交通概况】 2014年，全省水运建设投资完成75.98亿元，“十二五”规划投资目标提前19个月完成。引江济汉通航工程建成投入使用，汉江兴隆以下航道整治工程顺利完成，长江—汉江—江汉运河810公里高等级航道圈全面形成。高等级航道新增389.2公里，达到1630公里。

水运生产。全省完成水路货运量2.98亿吨、货运周转量2316亿吨公里、港口吞吐量2.9亿吨，分别同比增长22%、29%、11%。港口集装箱发展迅速，武汉港突破100万标箱，迈入世界内河集装箱港口“第一方阵”，宜昌港达到12.6万标箱，荆州港挺进10万标箱大关。武汉港新辟至东盟四国集装箱航线，宜昌港开通至忠县滚装运输航线。

运输结构。全国首艘新建内河LNG集散两用船“海川3号”在武汉下水。丹江口水库“兴通货1号、2号”实施LNG实船改造。全省首批8艘大长宽比示范船在宜昌建造，395艘船舶实施生活污水防污染改造。湖北省3个项目列入全国水运LNG首批16个试点示范项目。

安全保障。全省辖区发生水上交通安全责任事故2.5起、死亡2人，四项指数均在控制范围内，连续56个月未发生一起死亡3人以上的重特大责任事故，港口危险货物、水运工程建设领域全年未发生一起安全生产责任事故。

“两费”收入。完成“两费”(港务费、航政费)收入2.08亿元，为年度目标的107%，同比增长14%。继2008年国家实施成品油价格和税费改革将水路交通“四费”减为“两费”后，时隔6年水路交通规费重返2亿元时代。

文明创建。举办首届全系统水运文化季活动；成功晋升全国文明单位行列；新增21个“六型”文明示范窗口。在团省委组织的2014年度湖北青年文明号优质服务大赛中，宜昌、荆州港航海事代表队分别夺得行政执法类一等奖、交通运输类二等奖。十堰老艄公曹道国24年义务渡运，荣登“荆

2014 年，全省基层港航海事部门创建“六型”文明示范窗口

楚楷模”好人榜。

2014 年，港航海事工作有六个鲜明特点：

1. 抢抓长江经济带历史性机遇，有效促进水运重大问题在更高层面加快破解。在省政府层面：成立长江中游深水航道 645 工程建设指挥部；出台《武汉长江中游航运中心总体规划纲要》，对汉江雅口航运枢纽前期工作、申报世行贷款给予大力支持。在省交通运输厅层面：联合湖南、江西、安徽，四省交通厅合作推进长江中游黄金水道建设；与长江航务局、沿江市州政府建立“2+8”合作机制；与襄阳市委市政府共商汉江黄金水道建设。在市州党委政府层面：武汉制定长江中游航运中心建设系列政策，宜昌、荆门、黄冈、黄石、咸宁市领导现场督办港航重点工程，各市州政府及时完成《长江、汉江岸线资源开发利用控制性规划》编制上报。水运重点工程建设大力推进，新增大型泊位 11 个，新增港口吞吐能力 1277 万吨。实施“三挂钩”激励约束机制，有力推动茅坪二期等 5 个项目 18 个泊位按批复规模开工。

2. 牢固树立“保障安全就是最大的民生”这一发展理念，人防、物防、技防、制度防“四位一体”的水上交通安全防范体系不断健全。全省 2113 处渡口、2561 艘渡船的安全监管责任，分解落实到 568 名海事执法人员身上，监管覆盖率 100%。首次以政府购买社会服务形式，邀请专家对 9 个市州 47 家港口危险货物企业的安全情况进行会诊。报废更新老旧渡船 532 艘，全省渡船平均船龄下降到 5 年以内。深入开展打非治违、四船共治等专项行动，排查、整改 2976 处安全隐患。港航企业安全生产标准化加快推进。第一批 840 艘渡船完成 GPS(北斗)监控系统安装，第二批 1450 艘渡船北斗监控系统项目正式启动。部分市州水上搜救分中心建成投入使用。为加强江汉运河通航安全管理、完善渡船燃油补贴审核机制、督促船主用好 GPS 监控设备、推行渡口渡船和危化码头网格化监管，制定一系列严密的管理办法。

3. 全省拆解老旧船舶 80 艘，发放船型标准化补贴资金突破 1 亿元，地方配套资金支持率位居长江干线各省首位。全省千吨级以上船舶达到 572 万载重吨，货船平均吨位超过 1600 载重吨，拥有万吨船舶运力企业达到 110 家，较 2009 年增长 50%。核准新建首批 8 艘大长宽比示范船舶，争取中央财政给予每艘 400 万元的建造补贴，华航集团、武港集团、荆港集团有关科技项目被列为部节能减排示范项目。汉江河口至汉川 75 公里航道率先启用电子航道图，信息化服务不断延伸。

4. 通过目标管理、定期通报、激励约束、稽查巡查、审计核查“五管齐下”，实现水路规费逆势增收。全年稽查船舶 2.07 万艘次，补征规费 565 万元。积极争取车辆购置税和港口建设费等中央专项资金，继续实施省级水运发展专项资金和“以电养航”政策，在水运重点工程、航道应急抢通、安全监管搜救等领域获得部省投资补助 12.01 亿元，为历年之最。“十二五”以来，累计争取国家承诺补助 28.33

省港航海事局为全省农村老旧渡船更新改造设计 16 种标准船型。图为 40 客位渡船标准船型

亿元，较“十一五”翻了两番。

5. 长江港航建设专项资金设立 9 年来，首次引入竞争性分配。成功借鉴三峡船闸、葛洲坝船闸联合调度经验，首次实现汉江兴隆船闸(南水北调局建设)和江汉运河高石碑船闸(交通部门建设)联合统一调度管理，节省了船舶过闸、待闸时间。首次启动航道养护市场化试点，在清江水布垭至恩施段，引入竞价、公开招标机制，择优选取专业队伍进行养护，有限的养护补助资金发挥出最大社会效益。完成《省港航海事局行政权力和服务事项清单》报省交通运输厅审查，首次晒出行政权力清单。累计下放 4 个水路交通审批事项，简政放权服务船舶船民。行业管理不断优化升级，船检管理上，调整职责分工、停止县级船检站发证权；船员管理上，船员质量管理体系通过部级验收；航道管理上，汉江兴隆库区以下 331 公里航道全面实现三级航道一类维护；运政管理上，完成武汉长江中游运价与成本分析研究，实施水运企业诚信评价，为水运管理和服务带来新活力。

6. 研究制定《落实“两个责任”实施细则》和《2013 ~ 2017 惩防体系建设规划实施办法》，以“阳光审批、执法、服务、工程”为主体积极打造廉政阳光港航海事。开展以“四微”为主题的水运文化季活动，自编、自拍、自导水运微电影 15 部，其中 11 部荣获省交通运输厅“中国梦、青春行、交通情”微电影大赛多个奖项。宜昌窗口建设经验在全省推广，汉江岳口至欧家湾航段积极创建文明样板航道。全省举办行政执法、安全监管、规费征稽、航道养护等各类培训，参训人员 2000 余人次。中国交通报社与新华社、中央电视台、经济日报四大媒体在鄂开展“走读长江·感知脉动”主题宣传，湖北水运社会关注度进一步提升。 （省港航海事局）

【全省铁路运输概况】 2014 年，围绕全路改革发展战略，以服务鄂豫两省经济社会发展为己任，按照打基础、管长远、定战略、重落实的要求，上下结合、群策群力，提出建设“安全、现代、进取、精细、文明”武汉局的奋斗目标，设计了“1 个总体规划和 11 个实施方案”的三年规划体系，明确武汉局发展总纲和前三年工作重点，将全局干部职工思想和行动统一起来，打造 10 万干部职工共同的“武铁梦”。安全管理得到加强，客货运输能力明显提高，经营管理更加精细，铁路建设有序推进，装备水平稳步提升，企业活力不断增强，进一步树立文明和谐、现代进取的铁路企业新形象，“五个武铁”建设实现良好开局。

安全管理水平得到新提高。把安全风险管理贯穿始终，以安全管理职责、工作流程、安全目标和保障措施为主要内容，共编制安全管理白皮书 2818 份，各层级安全职责和工作标准 4686 个，工作流程 7023 项，各项管理制度 157 项，初步建立起具有特色、较为系统的“1862”规范化安全管理体系。着力加强安全履责考核，每月对各级干部进行考评，每季对部门和单位各层级进行对规评价、排队抓尾和差点公示，先后对问题多发的部门和单位实施安全预警 910 次，对 60 名履责不到位的领导干部进行问责，促进安全责任落实。着力加强基础建设，强化设备质量管理，加强设备维修体系建设，合理优化修程修制，大力实施精细检修，先后对高铁固定设备养护维修、行车组织、安全环境和宜万铁路隧道等进行集中整治，对路局层面 7 项、部门和站段层面 372 项问题进行挂牌督办，通报和督促整改各类问题 5223 个，解决了一批安全突出隐患，机车、车辆、线路、信号、接触网等设备质量基础更加牢固。深入推进现场作业标准化建设，把车间作为安全生产主战场、班组作为主阵地，逐级制定现场作业控制措施，广泛开展标准化车间、班组、岗位创建活动，全员按标准作业意识得到增强，现场作业得到有效控制。加强主要行车工种和高技能人才队伍建设，培养了一大批技师和高级技师，积极开展技能大师工作室建设，承办了第四届全国铁道行业职业技能大赛，获得团体一等奖，16 人获得“全路技术能手”称号。着力加强应急处置，深入推进安全管理信息化建设，基本建成全局 24 个主要运输站段安全生产指挥中心，在日常安全管理、应急处置中发挥了重要作用，科技保安全的手段得到进一步强化。以应急预案为主体，加强各系统协调联动和舆情控制，在恶劣天气、设备故障等影响列车运行的突发情况时作出及时有效的应对。着力加强反恐安保工作，引进专业化安检队伍，通过深入实施劳动力调剂，增加主要客站公安、安检人员和线路巡查守护人员力量，为列车配备安全员，在视频监控网络建设、安保装备配备等方面加大投入，切实强化站车反恐

2014 年 10 月 1 日，武汉火车站刷新日发送旅客最高纪录

安保能力。公安、综治部门和各单位不断完善与地方联勤联动工作机制，责任行车事故、责任设备故障和路外安全事故同比分别下降26.2%、48.5%和25.5%。

客货运输组织改革取得实效。面对经济下行压力，深化客货运输组织改革是根本之策，积极应对市场变化，客运实现“九连增”。坚持抓增量、盘存量、提质量，打满打足武石武冈城际新增能力，用好京广、石武、汉宜等既有线条，优化产品、创新服务，实现单日最高发送旅客74万人，全年旅客发送量完成14299.9万人、同比增长18.1%，客运收入完成175亿元、同比增长21%，增幅连续六年居全路前三名。货运努力走出困境，相继实施“九州货物快运”、108类批量零散货物快运、一口价新管内、一口价新直通等一系列货改新举措，大力组织中欧班列，快运货物日发送吨基本稳定在3000吨左右。加强营销机构建设，全面形成路局营销中心—站段营销分中心—营业部的货运营销体系，各级营销中心作用进一步发挥。在大宗货物运输需求持续下滑情况下，加大营销力度，制定完善全员营销激励措施，“前店”逐渐实现从“坐商”到“行商”的转变。运输组织不断优化，效率效益齐头并进。在2013年多次较大范围调图、襄阳北枢纽改造等情况下，运输、机务、调度部门大力实施挖潜提效，加强机列衔接和车流组织，优化运输资源，加强设备维护，有效应急处置，运输效率显著提升，货车周时同比减少0.05天。客货运输进款收入完成265.8亿元，同比增长10.9%。

企业经营实现转型发展。加快经营机制转换，与总公司改革方案相配套，建立路局内部管理运行、盈亏目标倒逼、货运价格浮动决策、资产经营开发、收入清算、设备总量控制、岗位用工管理、工效挂钩等8个方面的运行机制，进一步落实路局市场主体地位。其中，通过规范劳动用工管理，优化劳动组织，挖掘内部潜力，节约用工5513人，满足反恐安保、新线开通、高铁巡线等用工需求；大力减少其他从业人员，节约人工成本2000万元。加快规范管理步伐，建立以全面预算管理为龙头，严格过程控制的经营管理机制。优化修程修制，控制设备维修费用；优化运输组织，提高设备运用效率；优化资源配置，提高资金管理效益；从合同管理源头抓起，坚持依法合规经营，维护路局合法权益。全年完成运输营业收入315.6亿元，同比增长9.7%，盈亏总额同比减亏2.6亿元。成本支出控制在年初预算范围之内，实现资金创效3亿元，基本完成总公司下达的盈亏考核目标。加快资产经营开发，组建资产经营开发机构，构建综合经营开发平台，加大土地清查、开发力度，完成授权经营宗地更名备注或换领新证850宗、1.44万公顷，启动2个综合开发项目和3个项目前期工作。推动非运输企业由规模型向创效型转变，积极实施资产重组、优化配置、结构调整和产业升级，列车冠名广告招商、城际铁路和客站商业开发等项目，取得较好效果。全局非运输企业实现综合效益2.6亿元，同口径增长96%。加大集约经营力度，加强物资设备和服务类招投标平台建设，大力推行集中采购和公开招标，确保全过程公开公正、依法合规。强化激励机制，全局站车堵漏收入6311万元，同比增幅20%以上。坚持政法、公安、收入稽查“三位一体”，站车联动，集中开展“四假一带”专项整治行动，收缴各类假证1625本，查处违规乘车人员2407人次。

路网规模和装备水平稳步提升。把加快路网现代化和装备现代化作为落实三年规划的基础性工程，武石、武冈城际铁路、高铁训练段3个项目顺利投产运营，武九客专、天门至仙桃货运铁路、武汉新港江北铁路Ⅱ期等8个项目按期开工，宁西、孟平复线电气化改造和襄阳北增建上行系统等重点在建项目加快推进，全年完成铁路基本建设投资96.57亿元。实施宜昌东—凉雾间开行动车适应性改造、襄渝线供电牵引扩能改造、京广线大刘庄至横店段自动闭塞改造、动车四五级修设备购置、滠口物流基地等运输急需项目，全年完成更新改造投资33.07亿元。按照总公司“分类建设”管理思路，率先在全路实施城际铁路股权置换，管内路网资源配置更加优化。

和谐稳定的局面得到巩固发展。围绕“五个武铁”奋斗目标制定企业文化建设三年规划，提出“执信致远、畅行九州”的武铁精神，初步构建企业文化体系框架。深入开展“武铁之星”评选、形势任务宣讲、文化列车千里行等活动，增强干部职工团队意识、进取意识。实施《武汉铁道》报扩版、

2014年10月24日，首趟汉新欧冠捷班列开通运行

电视台栏目创新、门户网站升级、职工家属区有线电视数字化改造，建立微信、微博公众账号，推动路局全媒体建设提档升级。以“三线”建设为重点，集中财力完成90个文明和谐站区建设，一大批职工饮水、用电、住宿、就餐、就医等困难得到有效解决，沿线站区生产生活环境发生巨大变化；全年职工人均收入同比增长8.62%；加快职工保障性住房建设，全年开工5081户、竣工6266户；累计投入以助医、助学、助困为内容的救助资金4855万元，帮扶困难职工3万多人次；做好实事工程办理、提案落实和意见建议的处理、督办工作，年初确定的10件实事基本完成，立案的119件提案除跨年度落实解决的，已全部实施。畅通“武铁在线交流”等各类职工诉求表达渠道，定期开展矛盾纠纷排查，及时解决职工反映的问题，保持队伍基本稳定。特别是坚持法理情相统一，依靠各级组织力量，化解历史遗留的职工子女就业安置问题。

（欧阳书娟）

【全省民航运输概况】 2014年，湖北辖区单位完成旅客吞吐量1947.5万人次，同比增长11.3%。天河机场新增国际航线9条，国际地区旅客近150万人，国际市场开发成效显著。通用航空飞行8.8万小时，实现业务收入4亿元，同比分别增长14.3%、31.4%，社会效益显著。新增通用航空公司3家、批准筹建4家。天河机场三期建设进展顺利，神农架高高原机场和随州厉山通用航空机场顺利通航，基础建设稳步推进。平安机场建设和SeMS建设同步推进，空防安全形势保持稳定。

1. 民航湖北监管局。2014年，湖北监管局紧紧围绕安全监管中心工作，规范行政行为，注重过程监管，开展“六打六治”专项行动和专业资质排查，开展各类监察1280次，完成了行业监管任务。针对不同单位不同情况，结合安全审计和安保审计，继续推进SMS建设，指导企事业单位提高管理水平。完善大面积航班延误联动应急处置机制，完成武汉机场运行能力综合评估及中小机场空管保障能力评估，提高整体运行保障能力。

对东航武汉公司开展为期三个月的重点监察，确定302个整改项目。对通用航空公司运行管理和保障中间存在的薄弱环节，确定抓规范、夯基础的工作思路；在飞行运行方面，指导通航公司建立《作业手册》，完善《运行手册》；在适航维修方面，狠抓“一个人、两本手册”（维修负责人、《维修系统管理手册》和《检查大纲》），细化运行标准，明确管理程序，完成对各个通用航空公司补充审定。对天河机场三期建设不停航施工方案审批中，建立专家评审机制，完善安全措施；对驻场单位和机坪运行保障等环节进行两遍拉网式调研和排查，与湖北机场集团和武汉市前指建立施工与运行管理监督机制，制订整改方案，明确责任。

与天河机场安全管理委员会、服务质量共同促进委员会、运行协调管理委员会全面对接，及时掌握各驻场单位运行管理动态，协调解决运行和保障问题，把各单位的管理措施纳入运行监察内容，提高监管工作针对性。确定绩效管理目标和行动计划，形成以项目评估、绩效评估、制度评估、系统评估为构成，以持续改进为宗旨的绩效管理评估程序；每季度，与机场各部门沟通项目风险控制效果，监管局向机场管理层进行反馈，督促机场落实三级管理责任，此项工作得到民航局课题组肯定。全年下发整改通知书72份，实施行政约见7次，行政处罚10起；监督东航武汉公司落实民航局限制措施；责令荆门通航停业整顿1个月；在新机长排查工作中，补充训练2人，降级2人。未发现违规执法行为。

参与长江中游城市群一体化发展规划的制定。在临空经济区开发上，重点支持航空物流、航空制造和航空器部件维修等产业集群发展，得到湖北省委省政府肯定。支持开辟国际航线，培育国际市场，推进天河机场枢纽加门户建设。支持友和道通航空公司转型发展，引进新机型。促成武汉市政府成立城市建设与净空保护委员会，形成以地方政府为主体责任的净空管理机制。推进飞行理论考试考点申报工作。开发通航运行管理系统，搭建监管平台。

参与民航局3个科研项目，参与南航“2.25”事件一周年安全警示活动，改进监管方法，提高安全指导能力。鼓励监察员取得专业资质，在企业进行跟班实习，1名监察员完成签派员800小时专业培训，2名监察员完成一期实习计划。

2. 东航武汉公司。全年完成39304个运输起飞架次，安全飞行73698小时，同比分别下降3.45%、增长1.4%。发生飞行事故征候1起，飞行事故征候万时率为0.14；发生人为原因地面事故征候1起，地面事故征候万架次率为0.25；发生严重差错1起；发生人为原因不安全事件4起，完成运输航空事故征候T1指标。

针对上半年安全严重滑坡严峻形势，6月21日起，公司5架EMB145飞机全部停止运营；及时整改落实总部安全督导组安全检查中查出的302项安全问题。从加强专业训练、技术考核、特情处置等方面入手，不断提升飞行人员技术水平和能力。严格落实SOP、标准喊话、交叉检查制度等运行规章和标准，减少人为不安全事件发生。加大分析评估安全管理和生产运行中的风险，制订细化红线落地措施，消除安全隐患；进一步完善运行制度，快速反应，激励引导员工安全意识。公司顺利通过局方航空安保审计，安全形势趋向平稳。

2014年，完成运输总周转量48630万吨公里，旅客运输量431.3万人次，同比分别增长13.04%、12.65%。主营业务收入同比增长9.2 %；成本费用同比增长6.8%，比运力投入增幅(9.6%)低2.8个百分点。武汉始发座公里收入同比增长7.7%。货运总收入同比提升6.2%。夏秋季新开北京—长春航线、冬春季新开武汉—盐城—沈阳、武汉—浦东—名古屋、虹桥—深圳航线，加密武汉—虹桥航线，边际贡献率均超

2014 年 12 月 26 日，东航开通武汉—浦东—名古屋往返航线

过 40%。新增空铁通、空巴通站点，开发汉沪快线全日通等多项产品，不断加强产品营销能力。高端旅客保障同比增加 29.02%，实现连续 5 年递增。圆满完成台湾湖北 (武汉) 周、“武汉会议”等活动。全年成本费用同比上升 6.8%，低于运力投入 9.6% 的增幅。吨公里成本降幅 3%。通过 737NG 在东航内部送修、737-700APU 包修及加密飞机、发动机水洗频率等手段，降低飞发维修成本。

公司在谋求发展的同时，主动承担和履行社会责任，2014 年，公司首次被武汉市授予“A 级纳税人”称号；圆满完成湖北省向云南地震灾区首批抗震救灾物资紧急运输任务；组织“爱在东航、心系鲁甸”捐款活动，筹集爱心捐款 152095 元；首次完成国家珍贵文物运输任务；顺利完成“武汉会议”运输服务保障工作，获得省委、省政府嘉奖；携手武汉市青少年发展基金会，开展“爱在东航 希望工程圆梦行动——为贫困大学生送机票”公益活动。

3. 国航湖北分公司。2014 年，分公司安全飞行 18798 小时，未发生一般差错以上不安全事件。

推进 SMS 体系管理，加强安全风险防控。依托航安系统风险管理、安全检查、专项任务等功能模块，完成公司下达任务的跟踪落实，发布风险监控项目，实施专项任务督办整改，稳步提升规范化、系统化管理水平。通过完善强制报告制度，拓宽信息收集渠道，报送信息的数量和质量得到提升。通过对安全信息数据和 QAR 译码数据分类整理、统计分析，运用安全品质评估体系评估风险状态，逐月发布安全风险指数和飞行品质操纵指数，有效识别危险源。

细化安全过程管理，加强安全监督检查。推动安全管理由结果考核向过程管理延伸，年初在明确过程考核共性指标基础上，根据生产单位专业特点，分别设置个性指标，飞行部机组派遣管理、机务工卡执行与落实、指挥中心运行信息传递、地服部锂电池运输监控等 21 项关键指标得以细化落地。增加航安部安全风险警示、飞管部个性化训练覆盖率、运质部机载资料检查等 12 项考核指标。全年选派 15 人次参加局方安全资质类管理培训，与湖北监管局联合举办 2 期安全研讨交流，围绕航班换季、防空中颠簸、复杂天气运行等主题开展专题安全培训 21 次。针对“3.22”飞机剐碰、“9.17”复飞剐蹭标识牌等区域内不安全事件开展典型案例教育，印发案例汇编，组织 10 多次形式多样的安全主题活动，覆盖面达 600 多人次。突出对规章、程序、工卡执行情况检查，强化按章操作红线意识和底线思维。全年顺利完成集团安全审计检查、公司运行质量检查，重点开展冬季安全运行、“六打六治”、站坪防剐碰专项行动检查。

提升飞行训练质量。推行训练承包责任制，优化老带新固定带飞模式，选拔重点培养对象，帮助加快建立运行经历。对即将进入机长升级训练的副驾驶，组织专题理论培训和模拟机观摩，保证培训质量和进度。增加现场教学演示环节，副驾驶参与评审。持续和发挥 QAR 数据在飞行安全、训练管理、生产组织过程中的辅助支持作用，重点加强对重要超限事件的管理与监控，飞行品质趋势平稳。顺利完成局方航空安保审计和 2014 年凤凰江城反劫 (炸) 机空防演练。组织 23 期英语培训班、选派重点人员外出脱产学习，ICAO 四级通过率稳步提升。

分公司全年服务质量综合评价 93.2 分，在国航各分公司中排名第一。分公司通过设置三色行李条提升减客翻找行李效率，被纳入民航局合理化建议予以推广。完善大面积航班延误保障预案，根据备降航班数量逐级启动应急响应。顺畅信息传递渠道，建立航班恢复标准，提升现场处置效率。加强对 48 小时内运行环境分析与研判，尤其是在雷雨、大风、低能见度等特殊天气条件下，滚动监控天气变化，及时提醒机组注意把握操纵特点、着陆标准和油量信息。

以新飞机投入运行为契机，逐步优化区域航线网络，新开武汉—青岛—首尔、武汉—西安、武汉—天津—大庆航线。强化运行效益管理，推进落实 APU 节油工作举措；加强机供品管理，提高存货周转次数；积极配合公司推进电动汽车试点项目，实现首次示范运营保障，为拓展节能环保领域，积累了宝贵经验。

4. 友和道通航空有限公司。2014

年飞行 385 小时、货运量 1405 吨、货物周转量 953.38 万吨公里。除主要业务第三方物流和快递业务不断发展壮大外，随着跨境电子商务快速发展，公司加大了对该业务货点的布局和投入力度。集团公司与电子商务巨头阿里巴巴达成跨境电子商务合作协议，共同开发中亚市场。2014 年 7 月 29 日，公司开始执飞武汉—哈萨克斯坦直航全货机航班，架起了中国与中亚地区空中桥梁。

随着武汉作为国际航空货运的辐射和集散优势的日益凸现，为满足集团公司快递和第三方物流需求，公司引进 7 架 A300-600 型飞机，最大业载约 48 吨，满载最大航程 5 ~ 6 小时，以武汉和上海为基地，可以实现以较高的航班频率覆盖东北亚、东南亚、南亚市场。A300-600 型飞机适合装运密度较轻的快件货物，能够为友和道通集团的快递公司提供比较有竞争力的舱位。

5. 湖北机场集团公司。2014 年，集团公司共完成旅客吞吐量 1835.61 万人次，货邮吞吐量 14.68 万吨，起降架次 16.86 万架次，同比分别增长 10.6%、11%、6.6%。武汉机场完成旅客吞吐量 1727.71 万人次，货邮吞吐量 14.3 万吨，起降架次 15.62 万架次，同比分别增长 10%、10.5%、6.4%；旅客吞吐量排名全国第 13 位，与去年持平。完成国际及地区旅客吞吐量 131.33 万人次，同比增长 29.1%。恩施机场完成旅客吞吐量 38.11 万人次，同比增长 32.1%；襄阳机场完成旅客吞吐量 67.7 万人次，同比增长 12.7%；神农架机场完成旅客吞吐量 2.09 万人次。集团公司各项安全目标全面达标，未发生各类责任事故与事故征候；武汉天河机场 ACI 旅客满意度为 4.83，在全球同层级机场中保持领先水平；武汉天河机场航班放行正常率为 82.84%，高于全国平均水平，位居千万级以上机场前五名。

严守“三个底线”，提升安全服务管理水平。SMS、SeMS、服务管理体系各要素融入安全服务运营全过程，职业健康管理体系通过认证，建立健全航务管理体系，武汉机场成为中南地区首家通过航空安保审计复审的省会机场。

创新监察模式，推进“六个一”监管模式，建成 T2 机坪视频监控全覆盖系统；创新风险控制方法，建立《事故隐患排查暨安全风险评估小组实施细则》，开展各类隐患排查和专项整治；建立不停航施工闭环管理模式，三期不停航施工风险管控成效显著；完善各级突发事件预案，加强与驻场单位之间的对接协同。

“楚天情”品牌吸纳专业公司品牌，对外公示各子品牌服务承诺；服务电话一号通“96577”上线，武汉天河机场加入湖北综合交通公共信息联盟；开展“微笑明星”评选；搭建安全服务微平台，收集各类信息 400 余条，完成改进 220 余条，发布知识信息 180 条。

提高资源价值，提升运行保障效率。CDM 系统华北方向已实施协同放行；制定机位资源运行管理规则，2014 年武汉机场廊桥靠桥 12.4 万架次，同比增长 12.7%；积极推动 T2 航空器双通道运行工作，优化机坪运行程序；积极推进干支线机场空管及通讯导航项目建设，新建标准试车位工程顺利通过行业验收；完善航班延误预案和不正常航班服务规则，严格按照“一机一考核”方式建立航延服务考核。

按照“进军欧美、做强东南亚、拓展日韩”策略，推进国际航线开拓工作。7 月 30 日开通广州—武汉—莫斯科航线，12 月 16 日开通广州—武汉—旧金山航线，填补中部地区直飞东欧、北美空白。2014 年，武汉机场国际及地区业务实现三个“最多”：新增 9 条客运航线，历史最多；航线总数达 32 条，中部居首；运送旅客 131.33 万人次，中部最多。保税航油项目顺利完成，72 小时过境免签政策获国务院批准，极大地增强了武汉机场在国际航线引进方面的竞争力。

编制完成《武汉天河机场物流发展战略规划》；新增武汉—香港、阿拉木图 2 条国际定期全货运航线，国际货运增长 17.4%；深化与顺丰和邮政合作，与顺丰签订战略合作备忘录，与邮政合作用地项目取得阶段性成果，快（邮）件增长 22.5%。

携手南航、携程网推出“空空中转”，携手春秋、法航等推出“空铁联运”，携手东航开通到黄石的“空巴通”，社会反响良好。全年 9 家城市候机楼运送旅客 15 万人次，增幅 36.4%。黄石城市候机楼作为试点，首家正式开展行李托运业务。

干支线机场建设提速。武汉机场三期建设工程省市配套项目及用地审批取得进展，场外集体土地初步实现全面交地；综合保障楼等各项工程

2014 年 12 月 16 日，华中地区首条直达美国航线正式开通

按计划进行。武汉天河机场货运区新建货站工程基本完成，桥载设备替代APU项目、国际航站楼二期扩建工程等配套项目有序推进。11月10日，襄阳机场改扩建工程开工；宜昌航管站仪表着陆系统投入使用；4月28日，神农架机场完成验证试飞，5月8日顺利开航。与十堰市政府就机场建设咨询、委托经营管理、专业化服务采购等方面达成共识，正式签订合作备忘录，为湖北民航支线机场经营管理模式探索新路。

6. 宜昌三峡机场有限责任公司。2014年，宜昌机场获评全球首家中小型SKYTRAX四星级机场；年旅客吞吐量首次突破百万大关，顺利完成各项任务。

2014年，宜昌机场根据集团深化调整转型要求，结合宜昌机场生产运行实际，全面推行责任中心管理和红黄牌考核，将企业经营责任层层细化到每个部门、科室。加大考核力度，结合年度考核情况对人员进行调整优化，全年优化员工18名，占员工总数的7.4%。激励员工提升业务技能水平，正式启动任职资格认证评审试点工作，完成安检等11个职类3个等级153人的认证评审工作。制定下发《行政事务攻略》等一批实用手册，在工作督导、检查、提醒、考评等管理环节上建立统一标准。各项工作完成率为97%，全员劳动生产率同比增加20.8%。全年民航资质持证上岗率100%，4名员工取得民航安检技师证书。

2014年，宜昌机场围绕“SMS”、“SeMS”体系建设，建立风险评估机制和风险数据库，采用动态化管控模式，消除风险源，全年共完成65项高、中、低风险的动态更新，下发12份评估报告、风险整改及检查计划，消除10项风险源，确保机场低风险运行。建立网格化治安防控方案，对重点部位进行重点管理，杜绝“三违”现象发生。全年未发生机场责任原因的严重差错及以上不安全事件。持续推进SeMS体系建设，与民航干部管理学院展开合作，使“SeMS”体系运行管理电子平台付诸应用，“SeMS”电子平台建设开中小机场安全管理之先。公司与宜昌市特警防暴大队、武警消防部队等单位建立良好合作关系，组织开展各项联合演练8次，定期组织安保相关岗位人员进行专业防暴技能培训，提高安防安保能力，获得国家反恐办充分肯定。强化安全风险管控意识，增强安保内控力量，顺利实现第18个“安全年”。

全年完成旅客满意度调查1500余次，旅客、航空公司、货主满意度分别为94.6%、97.6%、100%。围绕“SKYTRAX四星机场”创建、“母爱10平方”认证等一系列品牌创建工作，狠抓服务创新和设施改进，着力打造“体验式服务”。累计投入资金200余万元用于服务设施改造；落实SOP标准作业流程，提升服务效能和公司服务形象。荣获SKYTRAX四星机场、全国消费者满意单位等国家级以上荣誉3项、省市级荣誉8项。尤其是SKYTRAX创建工作使宜昌机场形象走出国门。

2014年，宜昌机场以“稳定现有，加密枢纽，改善通达”思路开发国内航线，着力构建米字形航线，北京、上海、广州、深圳等枢纽航线旅客吞吐量超过50.4万人次，约占总吞吐量的50%；运营经停航线8条，经停旅客占比首次提高到18.2%，通航城市达到20个，运营航空公司达到12家，航线结构得到进一步优化。国际(地区)航线首次引入非大陆籍航空公司，在内陆同等城市中率先同时开通台中、高雄航线，台中客座率高达85%，开创台湾民航界眼中的“宜昌奇迹”。

经营指标

	2014年预算	实际完成	完成比例	同比增减
飞机起降(架次)	11100	10560	95.14%	14.13%
旅客吞吐量(万人)	110	112.7	102.5%	25.2%
货邮行(吨)	10300	9649.4	93.7%	1.64%

宜昌机场旅客吞吐量首次突破百万，达到112.7万人次，同比增长25.4%，稳步迈入中型机场行列。

2014年，宜昌机场积极争取市政府支持，在优化发展环境、引进运力的同时，加强客源市场开发。以旅行社为平台，与香港组团社合作在香港市场重点推广宜昌旅游产品；继续做好“空水联运”产品，初步形成湖南国旅、深圳中青旅等核心合作伙伴，仅广州、深圳两地就组织2000余人次高端游客；积极尝试组织季节性旅游包机，在7、8月旺季首次以包机形式组织宜昌—丽江包机19班。运用互联网思维，打造线上线下同步销售网络，市场占有率和规模有所扩大，市场环境得到较大改善。

2014年，宜昌市政府投资4亿元对机场环境及机场路进行改造，湖北机场集团投资1000万元的盲降改造工程全部完工。加大机场设备更新、节能改造力度，完成候机楼环境提升、助航灯光监控系统等8个项目改造升级，机场运行品质进一步提升。

7. 民航湖北空管分局。截至10月31日，保证各类飞行579183架次。其中本场起降132465架次，区域指挥301794架次，进近指挥144924架次，与2013年同比增长11.4%。日高峰达555架次，小时高峰37架次，设备运行正常率100%，重要天气预报准确率89.1%，观测错情率0。

2014年是“空管系统质量安全管理体系实效年”，分局印发《民航湖北空管分局“QSMS实效年”活动方案》，以实施《民航空管系统不安全事件标准(试行)》、提高CDM运行质量、防范三期施工风险等为切入点，在QSMS理念指导下，提高各项工作质量。同时，各部门积极运用QSMS“以客户需求为关注焦点”理论，开展服务对象满意度调查分析，改进服务质量。进一步关注超期服役设备运行风险和边远台站管理；防控天河机场三期建设“不停航施工”和施工期间“供电停、传输断、干扰强”风险，重点围绕设备运行和航空气象等内容开展运行质量督导。全年开展运行质量督导检查

30次，提出整改建议24条，完成整改17项，开展各类安全评估13项。

湖北分局建立空域运行数据采集和态势分析机制，每月提取具体数据进行分析并总结，配合做好全国航路网和终端区规划。通过推广应用协同放行系统(CDM)，初步实现地区级航班信息共享和放行协同。开展流量管理与航路航线接收率、跑道容量等动态因素关联的研究工作，清理航班虚站时刻，提高对时隙资源的利用率；积极推行管制和气象部门共同协商、共同决策的流控方案制订程序，流量管理更加精细化。积极应用QSMS风险管理方法，由表及里开展比对分析，组织对工作流程、作业程序、工作职责进行全面修订。分局技术部所属8个台站积极开展通信导航监视精细化管理，组织编写规范工作流程单300多项，严格按工作流程单进行标准作业；启用设备运行维护信息管理平台，加强现场运行管理工作。全年开展16个专题项目应急演练和业务培训。设备巡检67次，完成巡检设备146台套，组织排查无线电干扰6次，首次通过跨区域协作排查武汉地区无线电干扰源，维护了正常的无线电环境。分局气象台以创中南一流气象台为目标，总结收集24条防止气象“错忘漏”措施建议；趋势预报准确率2～8月连续8个月中南排名第一；气象台梳理各项安全隐患，查处隐患19条，确保报文发布的及时性和准确性。

协助完成管制员执照注册128人次，管制员体检139人次；气象专业执照考试15人次，新注册3人；通导专业执照注册23人次。127名管制员和65人次通导从业人员资质能力检查全部通过考核。

8. 华南蓝天航空油料有限公司湖北分公司。2014年，分公司保障航班79135架次，加注航油404123.305吨，接收航油403389.212吨。恩施供应站保障航班1772架次，加注航油3462.093吨，接收航油3338.605吨；宜昌供应站保障航班8272架次，加注航油23943.234吨，接收航油24723.257吨；襄阳供应站保障航班4390架次，加注航油15048.297吨，接收航油15755.301吨；神农架供应站保障航班19架次，加注航油28.939吨，接收航油217.608吨。

全面开展长输管线隐患治理工作。分公司聘请青岛钢研对长输管线外加电流保护装置进行升级改造，提升长输管道本质安全。武汉机场油库设立专职长输管线管理人员，建立完善长输管线完整性管理体系，建立长输管线巡管队伍，成立长输管线应急管理小组。2014年1月完成神农架机场试运转及接收工作，5月完成襄阳机场接管工作，10月完成十堰武当山机场供油协议签订，12月底完成神农架机场和襄阳机场危化品经营许可证的办理。

2014年，湖北分公司连续三年被武汉机场授予“卓越安全奖”，2013年度交通运输安全生产“先进单位”，2013年度纳税信用等级“A级纳税人”荣誉称号；被中国航油有限责任公司评为2013年“安康杯”先进单位；被中国航油集团评为“五四红旗团委”；武汉航空加油站被民航局授予“全国示范青年文明号”荣誉称号；武汉航空加油站飞机加油“启明星”班组、“快乐行”班组被航油公司评定为一级班组；“快乐行”班组获得中国航油有限责任公司2013年度“先进班组”荣誉。

（李文斌　符栋峰）

【全省邮政业发展概况】 2014年，全省邮政业业务量累计完成98.66亿元(不包括邮政储蓄银行直接营业业务量)，同比增长33.1%，排名全国第10位；邮政业业务收入累计完成90.17亿元(不包括邮政储蓄银行直接营业收入)，同比增长22.1%，排名全国第10位。

普遍服务业务。邮政函件业务量累计完成6675万件，同比下降36.6%；包裹累计完成141.7万件，同比下降16.7%；报纸累计完成65621.7万份，同比下降0.1%；杂志累计完成6949万份，同比下降1.8%；汇兑累计完成223.9万笔，同比下降47.3%。

快递业务。全省快递企业业务量累计完成33143.8万件，同比增长50.7%，全国排名第10位；全省快递企业业务收入累计完成41.38亿元，同比增长44.9%，全国排名第9位。同城业务量累计6841.5万件，同比增长28.5%；异地业务量累计26157.8万件，同比增长58%；国际港澳台业务量累计144.5万件，同比增长31.1%。同城、异地、国际港澳台业务量占比分别为20.64%、78.92%、0.44%。同城业务收入累计5.33亿元，同比增长32.3%；异地业务收入累计29.37亿元，同比增长46.5%；国际港澳台业务收入累计1.90亿元，同比增长19.4%；其他业务收入累计4.78亿元，同比增长65.8%。同城、异地、国际港澳台、其他业务收入占比分别为12.88%、70.97%、4.60%、11.55%。

加强法制建设和强化部门合作，优化行业发展环境。5月29日，《湖北省邮政条例》获省人大常委会通过，8月1日正式颁布实施。《条例》在规划、邮车免费通行、村邮站建设、促进快递发展、安全保障等方面体现了鲜明的湖北地方特点，填补了湖北省无邮政地方性法规的空白。争取邮政普遍服务延续每年2000万的财政补贴资金政策。联合省交通厅出台《关于对邮政普遍服务邮运车辆免收车辆通行费的通知》，全省邮政普遍服务近400辆邮运车辆在全省境内免收车辆通行费，进一步降低了企业的普遍服务运营成本。深入推进交邮合作，联合省交通运输厅出台《关于加快推进全省道路水路运输业与邮政业融合发展的通知》、《农村物流发展战略合作协议》，进一步加强交邮运营网络资源融合与对接，强化农村物流工作融合发展，深入推进宜城市、洪湖市、夷陵区、鄂州市交邮合作试点工作。6月，省交通运输厅、邮政管理局、邮政公司签署战略合作框架协议；10月，修订《湖北省邮政业突发事件应急预案》，修订后的《应急预案》在应急组织体系、预防预警、应急处置、后期处置、信息发布、保障措施等方面做了更为具体的规定；12月，省供销合作总社、邮政管理局、邮政公司签署战略合作

2014 年 4 月 4 日，湖北省邮政管理局与湖北交通职业技术学院签署战略合作协议

协议，决定在资源共享、推进业务合作、服务民生等方面进行全面合作。省交通运输厅、邮政管理局联合出台《关于综合利用道路营运车辆运送邮件的意见》，进一步深化交通邮政合作，推动资源共享，实现双方融合发展。

强化基础建设和完善便民体系，提高行业服务水平。加快推进全省空白乡镇网点补建工作。2014 年底全省 46 个空白乡镇补建邮政营业场所实现竣工率 100%、运营率 100% 的“双百”任务目标。印发《关于 2014 年深入推进全省村邮站建设工程的通知》，指导各市州开展村邮站建设工作。鼓励创新方式方法，通过建立快递超市等形式推动辖区内快递网络“向下、向西”发展。全省乡镇设快递服务网点数 2546 个，覆盖 989 个乡镇，覆盖率 90%。引导快递企业发挥湖北交通地理区位优势，向下延伸省内二级分拨中心建设。鼓励快递企业整合学校、社区和农村快递网络资源，做好快递综合平台建设试点工作。引导企业利用机关、企事业单位传达室或社区物业等设立快递便民公共服务平台等模式，改善快递末端投递服务，积极推进快递进社区、进企业、进机关、进市场。引导快递企业采取自建或委托第三方企业等方式推广智能快件箱的应用。

坚持依法行政和规范市场秩序，提升行业监管能力。开展邮政普遍服务营业场所执法检查及新建楼盘信报箱设置专项检查，指导市州公开营业场所服务信息，依法查处收寄验视制度不落实、服务质量不达标等问题。全年检查邮政营业场所 1694 处，出动检查人员 3996 人次，对邮政企业下达责令整改通知书 148 份、行政处罚 2 起。全省审核发放 74 家快递企业经营许可证，审核通过 525 家企业许可年度报告，市州局办理 308 家快递企业分支机构备案申请，推进规范和清理快递企业经营范围整顿工作。2014 年，全省检查快递企业 7162 家次，出动 19502 人次，下达责令整改通知书 1103 份、行政处罚决定书 44 份，罚款金额 9.45 万元。省邮政局处理消费者申诉 25773 件，同比增长 124%。其中有效申诉 6498 件，比 2013 年同期增长 9.6%，为用户挽回经济损失 54 万元，消费者对邮政业处理满意率 95.5%。联合省安监局出台《关于深入开展全省邮政业企业安全生产标准化建设工作的通知》，选取武汉市邮政公司、武汉 EMS 和湖北顺丰开展先行先试工作；联合省国安局下发《关于进一步加强邮路安全监管协作配合工作的通知》，指导市州局与当地国安部门建立邮路安全监管协作机制，强化寄递渠道安全管理。

行业精神文明建设成效明显。组织参加“寻找最美快递员”活动，全省 5 名快递员进入全国“最美快递员”50 佳，其中襄阳速递物流公司姜红伟入选全国十佳。武汉最美揽投员黄宝康荣获“湖北五一劳动奖章”。11 家快递企业因帮助疏运和投递汇强近万件滞留快件，获得“全省邮政行业应急协作特别奖”。（李舒）

武汉市交通运输

【概况】 2014 年，全市公路通车里程 14519.83 公里、路网密度 180.34 公里 / 百平方公里，其中高速公路 633.5 公里、一级公路 652.97 公里、二级公路 1444.09 公里、三级公路 594.72 公里、四级公路 10914.74 公里、等外公路 279.8 公里；内河航道通航总里程 668.3 公里，其中全年通航里程 431.5 公里、季节性通航里程 236.8 公里；武汉港有 15 个港区，其中长江 11 个、汉江 4 个，生产性泊位 243 个，渡口 56 个，客运站 18 个，其中一级客运站 6 个、二级客运站 11 个、四级客运站 1 个。

基础建设。交通建设完成投资 285.9 亿元，同比增长 18.9%。天河机场三期扩建工程全面开工，7 大主体工程全部开工，近百项配套工程稳步推进；天河机场 T3 航站楼建设冲出“地平线”；机场综合保障楼、空港中心建成。“汉新欧”国际铁路货运班列常态化运营，“汉新欧”发运 39 列次、2142 个标箱、货值 2.5 亿美元。武汉—捷克开行“五定”班列；“汉新欧”中亚代表处设立；“汉新欧”国际商贸物流合作洽谈会在汉召开，签约总金额 22 亿美元。国际及地区航

武汉地铁 2 号线运营中

线发展迅速，开通武汉—旧金山、莫斯科、巴厘岛、甲米、马尔代夫、香港、阿拉木图 7 条国际及地区航线，累计达到 31 条；国际及地区旅客吞吐量 131.3 万人次，同比增长 29.1%，均居中部第一；天河机场旅客吞吐量 1727.7 万人次，同比增长 10%。轨道交通覆盖武汉三镇，轨道交通 4 号线二期、1 号线汉口北延长线开通试运营，武汉三镇同圆“地铁梦”，轨道线网运营里程达到 95 公里，日客流量突破 100 万人次。

社会物流总额达到 2.6 万亿元。完成物流项目投资 90 亿元，九州通、苏宁电器等 12 个项目建成，京东商城、菜鸟网络等 11 个项目开工。引进英国盖世理、顺丰速运等 8 家国内外知名企业，完成物流园区“七通一平”投资 24 亿元，开发面积 20.4 平方公里。东西湖综合物流园成为首批国家级示范物流基地。

集装箱吞吐量突破 100 万标箱。花山码头一期、金口重件多用途码头等一批港航支撑项目建成。巩固“江海直达”、“泸汉台”航线，对接国家“一带一路”战略，开通武汉至东盟四国近洋航线。武汉港集装箱吞吐量首次突破百万标箱，迈入世界内河集装箱港口第一方阵。

交通行业改革稳步推进。出租汽车改革平稳实施，《武汉市人民政府关于改革全市客运出租汽车运营管理体制的意见》出台，“无偿、严管、增车、调价、培育主导企业、发展新城区区域性出租汽车”等改革重点工作全面启动。抓住全市事业单位分类改革契机，积极争取市领导和市有关部门支持，交通事业单位分类改革有序推进。改革交通项目投资方式，支持武汉交投集团做大做强，武深高速武汉段项目移交工作完成。

交通重大先进典型不断涌现。反映小善大爱、持之以恒、主动作为、爱岗敬业精神的公交职工“锤钉兄弟”获得社会广泛赞誉。坚持“和谐三平方 传播正能量”服务理念的出租汽车驾驶员陈远凯被评为“湖北最美一线职工”。武汉交通运输系统荣获部、省以上荣誉 30 余项，市交委被交通运输部评为全国交通运输行业文明单位、全国交通运输业经济统计专项调查优秀集体，被广州军区国动委评为交通战备保障能力考核评估先进单位，被省委宣传部、省司法厅、省依法治省工作领导小组办公室评为全省“六五”普法中期先进单位。武汉交通运输系统 1 人获得湖北省五一劳动奖章，2 人获得武汉市五一劳动奖章，1 个集体获得武汉市五一劳动奖状。评选表彰 10 名“武汉交通之星”和一批先进集体、先进个人。

主要工作：

1. 以绩效目标为统领，建立责权明晰的绩效管理体系，实现责任单位、责任事项全覆盖。2014 年绩效目标全面完成，核心量化指标超额完成：交通投资额超目标增速 0.9 个百分点；交通运输业增加值超目标增速 0.2 个百分点；开通国际及地区航线超目标 133%；国际及地区旅客吞吐量超目标 14.2%；新辟公交微循环线路超目标 13.3%。

2. 以建设单位联席会议为平台，加强重点工程调度，积极协调解决征地拆迁、融资等项目建设难点，加快建设步伐。武汉至黄石（黄冈）城际铁路、江北铁路一期、机场高速公路等一批工程建成通车；建成普通等级公

2014 年 10 月 1 日，汉江武汉段首条水上旅游航线正式开通

路 208.6 公里、通湾公路 536 公里、环山公路 149.5 公里；阳逻集装箱三期起步阶段工程水工部分完工，三官汉江公路大桥主桥合龙，慈天公路跨府河大桥接线路基工程完工；四环线西段、南段、武深高速武汉段、硚孝高速武汉段等项目加快建设；沌口长江大桥、四环线北段开工建设；青山长江大桥获国家发改委核准。

3. 以民生为导向，改进和提升交通运输服务质量。公交“突出问题”8 项整改承诺全面完成。规划“快、干、支、微”公交线网体系，开展“公交进社区、进学校、进企业”活动，规范公交行车、停车秩序，提升公交文明服务水平，新辟公交线路 35 条(含微循环 17 条)，优化调整公交线路 114 条，安装 1000 条公交便民长凳，公交投诉同比下降 41%，市民满意度同比上升 10%。东西湖区开行 8 条惠民公交线路，成为公交全覆盖的首个新城区。轨道交通开通 10 周年，累计安全运送乘客 6.6 亿人次。出租汽车行业开展“改陋习、树形象”活动，车容车貌及服务水平得到提升。建立完善农村公路建管养保障机制，出台《关于进一步加强全市农村公路建设养护管理工作的意见》；落实节假日公路免费通行政策，全年免费通行车辆 178 万台次，免费金额 2636 万元。统筹推进全市排堵保畅工作，《市人民政府关于治理交通拥堵的意见》出台。

4. 坚持法无禁止即可为、法未授权不能为、法有规定必须为，切实加强交通法治建设。《武汉市公路水运工程质量和安全生产监督管理办法》、《武汉市轨道交通运营安全管理办法》上报市政府审议，《武汉市驾驶员培训管理办法》、《武汉市城市客运出租汽车管理条例》(修订)形成草案。加强交通运输行政执法形象建设，42 家交通基层执法单位全面实施“四统一”工作。出台交通行政权力清单，市政务服务中心交通窗口全年办理业务 1.5 万件，市政务服务中心运管分中心挂牌运行。

5. 以规范市场秩序为重点，强化执法检查，进一步加强行业管理。严格实施公路路政巡查，开展 24 小时不间断治超和区域联合治超，全年查处超限运输车辆 2.7 万台次，卸转载货物 35 万吨。组织开展 33 次道路运输交叉、联合执法行动，市场环境持续净化。开展出租汽车专项整治，查处拒载等劣质服务 224 起、不规范服务 777 起，吊销从业资格证 131 个，核减营运车辆指标 1 台。落实安全生产“党政同责、一岗双责、齐抓共管”，以“平安交通”建设为主线，查处安全生产违法违规行为 1.1 万余起，排查和整改安全隐患 4483 起；全市地方交通海事部门监管的通航水域未发生交通事故，水上船舶安全面达到 100%，交通工程建设领域质量安全态势平稳。

6. 大力推动落实创新驱动战略，不断增强科技支撑能力。加快智慧交通建设，《武汉市城市公共交通智能化应用示范工程建设方案》获交通运输部批复，《既有桥梁检测评估及加固成套技术研究》等科技项目通过验收，智能公交电子站牌及智能公交 APP 推广运用，极大地方便市民出行；公交、“两客一危”、驾培等实现运输、培训过程实时监控；完成汉江 75 公里航道视频监控、船舶交通量自动监测、乡镇渡口视频监控系统三大“数字港航工程”建设。《武汉市综合交通运输体系发展规划》、《武汉市四大板块对外交通和城市公共交通规划》等一批课题取得成果。推动绿色交通发展，淘汰更新公交“黄标车”1026 辆，三年淘汰更新任务全部完成；启动 12 个绿色低碳交通试点项目，获得国家专项资金支持 3516 万元。

7. 围绕中心工作，全面深化党的建设，交通形象不断提升。狠抓群众路线教育实践活动整改，26 项承诺整改项目全部整改到位。认真落实“两个责任”，强化监督执纪问责，落实中央八项规定，坚决纠正“四风”。以“争创基层服务型党组织 切实提升为民服务水平”为党建工作统领，开展了以“强根基、提服务、促发展”为主题的基层服务型党组织优质服务大赛等活动；积极在全行业探索构建大党建工作格局，45 家出租汽车企业建立了党的基层组织。加强干部队伍建设，选拔、交流处级干部 8 名，配合市委组织部，做好 4 名副局级干部选拔任用工作。

2014 年，全市邮政行业安全平稳发展，全行业累计完成业务总量 49.66 亿元，同比增长 31.8%。快递行业继续保持高速增长，服务能力不断提升，全年完成业务收入 29.57 亿元，同比增长 41.7%；完成业务量 2.47 亿件，同比增长 40%；快递网点基本实现城乡全覆盖。（刘元林）

【江岸区】 2014 年，全区在册货运企业 520 户，在册货运车辆 12491 台，核定载重量 72070 吨，其中新增车辆 3931 台，转入 1248 台；在册维修企业 123 户，其中二类 42 户，三类 81 户；在册汽车租赁企业 1 户，租赁车辆 10 台；道路运输相关业务备案企业 90 户，其中从事运输服务业 77 户；装卸搬运企业 13 户。完成货运量 1016 万吨，周转量 34559 万吨公里。

交通运输行政许可。全年货运许可 58 户，其中市下放 2 户，新增 56 户；维修许可 5 户，其中二类 3 户，三类 2 户；驾驶员诚信考核 497 名，核发标志牌 9053 张，其中省际 3192 张，市际 5377 张，市内 481 张。

交通运输市场整治。全年组织各类重大整治行动 25 次，出动执法人员 1300 余人次、执法车辆 900 余台次。保持高压态势加强新荣客运站等重点地段客运市场秩序严管，开展专项整治，依法查处案件数同比有大幅度提高；日常监管与集中打击相结合，利用双休日开展专项集中整治行动；区交通局外整客运秩序、内疏旅客出行，双管齐下，重大节假日期间没有发生一例交通安全事故，无乘客投诉和旅客滞留现象，较好地维护了窗口地带的客运经营秩序，有力地保障了人民群众安全便捷出行，被市运管处评为“武汉市 2014 年度道路运输春运工作先进集体”；联合区交管、公安、工商、城管、质监等部门联合开展行动，对万国摩托车市场内超标电动车及拼装、改装摩托车进行集中整治，配合区城管局集中整治占道修车门店136家，参与市运管处、客管处组织的城区间交叉执法和联合执法，联合区交通大队着重加强医院、学校及客运站周边客运秩序乱象整治；召开多次不同层次现场会，搭建市运管处、新洲运管所、新荣客运站和运营车主之间沟通平台，依法依规协商解决班线车辆发班、线路安排不科学等问题，从源头解决站外揽客痼疾；对辖区维修企业资质条件进行全面清查，统一向社会公告，对不符合条件的维修企业，责令限期整改，整改后仍达不到要求的，依法予以降类直至吊销其经营许可；对辖区内无证经营、超范围经营、倒卖竣工出厂合格证、违规排放"三废"，营改非车辆的非法改装等行为，对涉嫌违规企业下达违法行为通知书30余份、处罚决定书1份；将创建"绿色维修"企业作为质量信誉考核内容，开展机动车维修企业年审工作。

交通行政执法。全年交通行政执法无违规违纪现象，没有出现行政诉讼、行政复议败诉的情况。全局"三基三化"工程已完成，在"依法治运六五普法"工作中集中对执法人员培训2次，并在"三万"活动中，送法下乡制作展牌2块，受众达200余人。坚持"查处分离、罚缴分离，惩处与教育相结合"的原则，严格办案程序，全年对各类违法经营行为立案3299起，结案3776起（含积案），其中处理"黑的"604起，行政执法准确率100%；办理回复各类投诉信件22起，满意率达98%以上。

物流工作。全区42家规模以上物流企业实现营业收入64.5亿元，完成增加值9.3亿元，同比增长10.2%，实现营业利润4198万元，综合实力在全市中心城区排名前3名。以武汉三环线为轴贯穿东西的"一线四点"物流带（三环线跃进市场群，江岸开发区出版物流，竹叶山中环商贸城的及后湖—丹水池现代综合物流基地）初具一定规模和水平，组团、板块发展态势明显。

安全生产。开展道路运输安全突出问题整治，成立工作专班和安全生产工作检查小组，制定工作方案和检查时间表，对辖区重点企业进行抽查，走访企业274家，查处各类隐患90项，整改率100%。突出企业安全生产主体责任，逐步扩大企业"两化"体系创建规模，已录入"两化"系统的道路运输企业共计51家，在系统内共计自查自改各类隐患2652项。全面完成"两客一危"企业安全生产达标工作，完成对新荣客运站、一类维修企业和普通货运企业安全生产达标工作摸底和开展自评员培训工作。严格执行"三不进站，六不出站"安全管理规定和长途客运车辆凌晨2:00 – 5:00时停班休息制度，继续实施"安全带—生命带"工程，充分运用动态监控科技手段，步强化安全监管工作。（黄凯）

【江汉区】　江汉区交通运输局被评为2014年度全区社会管理综合治理优胜单位、武汉交通运输系统创建全国文明城市突出贡献奖单位、2014年度武汉交通运输系统先进集体、214年度全市运管系统目标管理优秀单位，2013—2014年全区最佳文明单位。

交通运输管理。2014年，江汉区交通运输局严格道路运输经营许可，全年行政审核41家，其中，道路货运企业23家、机动车维修企业15家、汽车租赁业3家，道路运输相关业务报备4家。开展年度审验工作，年审货车4783台、危化品运输车380台、旅游客车280台、机动车维修120户。探索建立行业退出机制，清理长期未年审、未运营车辆，引导企业对车辆实行更新，淘汰问题车辆，清理营运车辆1264台。辖区道路运输行业全年完成货物运输量535.3万吨，货物周转量13222.29万吨公里。

"打非治违"工作。加大打击"黑的"非法营运力度，全年查处"黑的"300台，在全市大城管考核排位上升，其中两次排名第一，全年综合排名第2名。开展客运站周边专项整治行动，全年查处客运车辆、客改货车辆及危险品车辆40台。开展维修市场整治，重点查处北湖西路、常青五路等维修市场，全年查处无证经营机动车维修42家。积极参与全区综合治理，开展"两江四岸"整治行动，针对沿江大道十八码头2家运输企业违规经营情况，与市运管处开展专项整治。在整治非法运输燃气的联合行动中，查处违规运输煤气罐车辆3台。与区城管委在三环线城乡接合部检查大型渣土运输车辆，对违规超载行为依据相关法律法规进行处罚。

安全生产管理。强化安全生产基础工作，加强节日期间安全检查，对"两客一危"企业实行全覆盖。强化企业安全生产标准化达标工作，督促各申报企业开展自查，年内12家"两客一危"企业全部完成达标工作，8家企业通过考评。强化"安全生产突出问题整治"，下达安全隐患整改通知书10份。截至2014年底，已有84家企业纳入"两化"系统网上管理并实现自主运行。全年向企业发布《安全警示录》16期，组织企业参加各类培训300余人次。督促客运站落实"三不进站、六不出站"规定，推行旅游客车运输报备管理，要求企业对行程800公里以上和行程10天以上的旅游包车进行备案，督促企业落实车辆动态监控主体责任，至2014年底8家旅游客运企业均安装监控岗位视频并接入联网联控平台。全年道路运输业未发生一起重特大安全生产事故。

春运工作。2014年，发送旅客326.19万人次，其中汉口火车站发送旅客246.43万人次，金家墩、青年路客运站发送旅客79.76万人次。春运期间，江汉交通运输局严格落实驻站制度，对金家墩、青年路客运站落实"三品"检查、"三不进站六不出站"制度，全程参与，全区未发生一起运输安全责任事故。春运期间，江汉交通运输局组织区公安分局、江汉交管大队、汉口站综合办、区工商局等部门对汉口火车站周边的票务公司进行检查与整治，会同市运管处执法人员在银墩路巡查，联合江汉交管大队、综合办、汉口站派出所开展夜间巡查。严厉打击"黑车"，切实加强出租车市场的监管，春运期间查处无春运资质车辆4台、站外揽客班线车18台、查处"黑的”20台。

依法行政工作。全年开展各类普法学习12次；建立局重大事项决策法律咨询制度，与湖北诺亚律师事务所签订法律顾问合同；开展“1+3”普法先行工作，积极参与区普法办在西北湖广场组织的“12.4国家宪法日”宣传活动；组织机关干部参加区政府法制办组织的无纸化法规知识考试、省运管局组织的交通运输有关法规知识考试，参考率100%、合格率98%。对局现行的职能职责、行政权力进行全面清理，完成行政执法主体和行政执法人员统计工作。2014年累计办结行政处罚案315件，无一起行政申诉及行政复议撤销案件，无执法违法案件。落实“四统一”建设工作，执法人员统一规范持证上岗，对局机关办公场所外观按照统一标准进行改造。

现代物流业发展。2014年，江汉区交通运输局着力抓好现代物流业发展工作，围绕着为物流企业排忧解难、扶持重点物流企业做大做强的工作目标，为中石油公司、南方航空公司、联想集团增益供应链公司、人福医药、武汉港务集团等物流企业在生产经营中所遇到的突出困难和问题进行多方协调、沟通，为武港集团、华中航运集团公司、顺丰速运公司、天地龙翔物流公司等A级物流企业向上级部门申请并落实2014年市级A级物流企业奖励金工作。积极开展招商引资工作，上海汇通供应链技术与运营公司武汉汇而通物流电商有限公司落户江汉区成为上海总公司在全国业务的结算中心、开票中心、客户服务中心。

文明创建。2014年，江汉区交通运输局积极开展文明创建活动，与黄陂区祁家湾街向阳村开展美丽乡村共建活动，筹措资金2万余元慰问生活困难村民，组织机关干部职工参与植树活动；帮助修复村湾损毁堤坝，被市委授予全市“万名干部进万村惠万民”活动突出工作组；积极与汉兴街民航里社区开展平安创建工作。编写《江汉交通信息》20期、《江汉春运》14期，被区委《江汉信息》采用2篇，《每日汇报》采用11篇；更新江汉交通政务网页，在交通网发布信息50篇、政务微博12条，市道路运输网采用20篇，被《武汉电视台》、《长江日报》、《武汉晚报》和《武汉晨报》采用6篇。（代萍）

【硚口区】 2014年，全区服务交通运输行业有客运站2家、客运企业8家、货运企业495家、维修企业69家，规模以上物流企业269家。全年整合8家A级以上本地物流企业，新引进规模以上物流企业5家、总注册资金7900万元。蓝焰物流一期提档升级启动，21万平方米仓储配送中心封顶，其中6.6万平方米仓储中心即将交付使用。引进内资2000万元。

全年取缔汉正街无证无照经营点65户，整治率达90%以上；查处非法营运车辆601台，罚款88.27万元。全区新增企业行政许可32户、个体25户。采取综合执法与联合执法、专项整治与联合整治、设点检查与流动稽查结合方式，查处非法营运车辆701台次，其中客运车辆100台次、货运车辆601台次。对水厂、古田客运站突出问题整改坚持驻站管理，重点做好客运站安全专项整治行动和客运站周边交通秩序专项整治行动，查扣“黑的”488台次、罚款142.35万元。在客运站实行包点包片，召集召开创卫专题会议18次、文明创建会议12次。

党务与文明创建。开展“建立健全以党建工作促进行业管理机制”党建项目，选取2个局属企业、2个辖区客运站作为试点。与古田街汉口春天社区和生活社区结对，帮助社区完善部分基础服务设施，提供电脑、相机、音响设备、冷饮设备等。切实抓好党风廉政建设责任制工作落实，全面实行“一岗双责”。通过召开中心组（扩大）专题学习会议、党员领导干部带头讲党课、观看廉政纪录片《贪婪的代价》等方式，开展第十四个廉政教育月活动，全年组织廉政学习教育10余次。大力开展“文明创建双十行动”“道德讲堂”“学雷锋、树新风”志愿服务等活动，提升全局干部职工服务意识和服务水平。在辖区2个客运站实行包点包片，对客运站公共文明指数测评工作进行部署、组织、检查、督促，改善了交通窗口环境，提升了交通窗口形象。（王明慧）

【汉阳区】 全年完成货物运输量660万吨、货物周转量2.1万吨公里。获得2013年度全市运管系统目标管理优秀单位、2013年度全市交通运输安全工作考核优秀单位，2013年度全市交通运输系统绩效管理先进单位，武汉市春运工作先进单位，汉阳区综合治理优胜单位等荣誉。

行业管理。2014年，辖区内道路运输企业349家，道路运输车辆7175台；二类汽车维修企业42家、三类汽车维修企业51家；相关从业人员2488人。以建立统一、开放、竞争、有序的运输市场为目标，全面规范行业管理，通过全面推行交通行政执法责任制、公示制、错案追究制、监察制“四制”管理，不断规范执法队伍自身行为。加强运力调控和信息服务，加大稽查力度，严厉打击非法营运行为，有力维护全区道路运输市场正常经营秩序。提前完成四环线汉阳段征地拆迁协调工作，共腾退耕地、鱼池317亩，拆迁房屋32000平方米，迁坟140座，确保四环线项目建设顺利施工。

运输管理。区交通局大力加强客运市场经营秩序整顿工作力度，对琴台、王家湾、龟北路、莲花湖，四台工业园、三环线、江城大道等辖区内重点地段和汉阳客运站，采取流动巡查和重点守控相结合的办法实行重点监管，严厉打击不按批准站点停靠、不按核准线路经营、超范围经营和坑、宰、骗、甩客等违法经营行为。对在四台工业园及周边非法揽客的车辆进行专项整治，与市处执法队分别在永安、琴台等地开展了两次集中整治行动，检查9台客运车辆，对1台违规经营客车暂扣其“两证一牌”。出动客运执法人员2600余人次，出动执法车辆650余台次，查处各类客运违规经营行为1500余起，督办夜间2点至5点违规营运20余起。区交通局获

2014年“春运工作先进单位”称号。做好货运道路运输许可和物流相关业务备案审查工作；深入物流、货运、危化品企业督促检查20余次，检查车辆600余台次；5、6月份集中开展危险化学品“打非治违”专项行动、8月份开展危化品市场专项稽查活动、9月份开展危化品剧毒运输专项清理活动；抓好货运企业信誉质量考核，全年考核29户；积极向货运企业宣传安装GPS工作。建立交通、公安、交管联席会议制度，每天出动交通、公安、交警执法人员20余人次，执法车辆10台次，对铜锣湾、汉阳客运站、十里铺工贸、孟家铺等地停靠和沿途揽客“黑的”进行查处，共查处“黑的”400余台。区交通局与市公汽集团协调，解决居民出行不便难题，针对惠民苑居民出行难问题，增开735路线路并延长收发班时间，优化649路、517路和413路公交线路，新增337路、338路微循环。

维修管理。采取“源头管理、促进良性循环”的模式，把好市场准入关，严格开展运输企业经营资质审核和驾驶员从业资格诚信考核签注工作，督促运输企业规范经营。一是完成辖区三类维修企业年审，年审率100%；二类维修企业上线、标定合格率100%；查处维修无证经营户1户；对黄金口汽车市场周边维修企业进行全面检查，与全区67家维修企业签订“不使用假冒伪劣配件，不承修报废车、不非法改装车辆、不非法拼装车辆”承诺书，悬挂公示牌。检查维修企业60余家，检查用于车辆维修的主要零部件330余个，现场均未发现非法改装、拼装汽车，承修报废车和使用假冒伪劣配件的行为；对全区60余家维修企业开展安全隐患排查，对9家存在“三合一”隐患的维修企业下达整改通知书，并对整改不到位的维修企业不予年审；开展“3·15优质活动月”活动，有1家企业新申报为市级3A企业称号。

物流发展。与本地企业建立紧密联系，有组织、有计划地对全区9家规模以上物流企业开展统计工作，建立台账，稳步落实市财政对“营改增”实际税负增加的物流企业的财政补贴；落实武汉市A级物流企业奖励政策，全区上报7家企业，其中5A级1家、4A级5家、3A级1家，争取奖励资金150万元；积极协助本地企业申报省市级奖励，协助九州通医药公司申报武汉市物流业十大领军企业；指导物流企业统计人员做好统计网站应用和网上物流信息填报工作，及时在物流网站发布物流企业信息。

法制建设。对各类违章违法案件，做好调查取证、立案、审核、处罚结案的各项程序工作，做到执法行为规范，执法程序合法正当，规范执法文书使用率100%，行政执法案卷、行政许可案卷保证一案一卷。办理交通行政执法案件1000余起，无一起行政执法错案、行政复议及行政诉讼案件。进一步清理行政权力和行政服务事项，凡涉及行政许可和执法的依据、标准、程序、时限和监督电话按新规定重新进行审核，上网公示；按照“六五”普法教育宣传要求，落实全局对新的专业法律法规知识的学习与考试，编撰法规专刊2期；加强信访投诉管理工作，安排专人处理信访投诉，受理70余笔投诉，均办结；加强交通行政执法基础工作，对各类行政许可、行政处罚、行政强制措施工作涉及的各类台账、报表、执法文书进行修改完善和监督检查；全面推进“四个统一”工作，全局执法人员经过培训考试，换发统一的执法证件，将新进执法人员录入执法证件管理系统，统一执法服装。

安全应急。坚持党政同责、“安全第一、预防为主、综合治理”的方针，以强化预防、落实责任、依法治理、应急处置为主要措施，有效防范和坚决遏制重特大事故为工作目标。全年在行业企业发现一般安全隐患30余起，均已督促整改到位。在辖区交通运输系统开展消防隐患排查与整改工作，发现不安全苗头和隐患30余起，全部整改完毕；同时，要求企业现场纠正检查中发现的问题，如更换损坏的插座16件(处)、更换过期灭火器46具。开展剧毒化学品运输安全专项检查工作，发现安全隐患11个，全部整改完毕；同时，对企业内部存在的隐患进行逐一排查，并详细记录，及时杜绝事故发生。开展“六打六治”打非治违专项行动，加强GPS监控轨迹抽查，开展重点营运车辆GPS监控使用情况大检查。组织企业安管人员参加4期汽车客运站安全管理及行包安检培训班，召开4次道路运输行业安全会例会及安全生产标准化达标推进会，完成辖区“两客一危”道路运输企业安全生产达标工作。 (李丽)

2014年11月20日，江汉六桥主线贯通

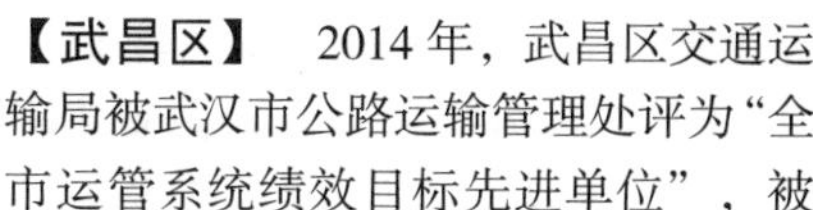

【武昌区】 2014年，武昌区交通运输局被武汉市公路运输管理处评为“全市运管系统绩效目标先进单位”，被

武汉市交通运输委员会评为“交通运输系统绩效管理立功单位”和“创建全国文明城市突出贡献单位”，被武汉市委市政府评为“安全生产先进单位”和“城乡互联，结对共建”先进工作组，被武汉市物流局评为“物流工作先进单位”。

运输企业管理。强化维修质量监督管理，制作发放“四不承诺”(不使用假冒伪劣配件、不承修报废车辆、不非法改装车辆、不非法拼装车辆)公示牌120块，上线抽检维修竣工车辆136台。检查72家企业386件(套)零配件，下达整改督办单4份。督促落实维修车辆出厂合格证制度和维修合同制度，发放出厂合格证5900份、车辆竣工合同3100份。重点培育的2家物流企业发展较快，武汉协铁龙物流公司年产值3700万元，同比增长19%，武汉宏福达冷鲜公司年产值1000万元，同比增长70%。配合武昌区商务局新引进物流企业1家，新注册物流企业3家。向武汉市物流局申报专项奖励基金30万元，对综合性现代物流企业武汉长江海鸥植物油有限公司、武汉恒钢物流发展有限公司分别给以奖励，并申报前者为武汉市物流行业十大领军企业。开展对全区40家物流企业(年度纳税50万元以上)“营改增”后税负变化情况调查摸底工作。加强政策宣传和沟通，协助解决物流企业车辆通行、资金补助等实际困难。武昌区道路货运经营核定吨位13561吨，完成货运量573.6万吨，货运周转量103080万吨公里。

客运站点管理。全区有一级AAA客运站2个，即傅家坡客运站和宏基客运站；二级AAA客运站1个，即航海客运站。2014年，傅家坡客运站日发客运班次810班，日均发送旅客1.17万人次，节假日高峰时段达4.5万人次，经营客运线路192条，营运辐射半径达1980公里。宏基客运站日发班次780班，日均发送旅客1.2万人次，节假日高峰时段达4万人次，经营客运线路216条，营运辐射半径1200公里。航海客运站日发客运班次260班，日均发送旅客0.33万人次，节假日高峰时段达1.2万人次，经营客运线路123条，营运辐射半径达1600公里。落实驻站管理制度，加强对“三不进站、六不出站”制度和“两个规范”(营运客车“安全例行检查工作规范”和“出站检查工作规范”)落实情况的检查督办，杜绝病车、报废车、超员车上路。开展行业反恐维稳活动，督促客运站加强物防、技防和人防措施，确保营运安全。加强节假日运输高峰期管理服务，特别是在春节、十一等客流高峰期科学调度运力，动员全局工作人员深入场站，维护现场秩序。2014年春运安全发送班次86005个，发送旅客164.54万人次，分别比2013年同期提高0.7%、1.8%。

运输市场监管。查扣各类违规车辆830台，其中查扣“黑的”439台，同比上升30%，查处“黑车”和违规长途客车391台，同比上升118%。灵活调整监管重点，春运和节假日期间以长途客运市场监管为重点，确保旅客运输安全；灵活调整监管方式，整治“黑的”由“区域守控”为主向“稽查打击”为主转变，长途客运市场监管由单一现场执法向“现场执法”和“远程监控”双管齐下转变；灵活调整监管力量，工作日建立全天候监管机制，双休日采取轮休制，保证周六、周日整治工作不间断；灵活调整考核办法，对市场监管人员实行绩效工资管理，强化责任，鼓励争先进位，整治“黑的”年度综合排名全市第四。在黄鹤楼景区、五月花酒店等旅游车集散地加大旅游客车的监督检查力度，口头警告、教育违规旅游车辆70余台。开展货运车辆专项稽查，抽查危化品运输和混凝土运输车辆。重点组织了巡司河路、积玉桥、中山路等维修企业无证经营整治工作，查处机动车无证照维修经营12家。

行政效能建设。对道路运输企业的经营资质、从业人员、营运车辆等进行全面清理，2014年普通货运企业依法注销71家，现在册556家，已年审512家，年审率92%。货运车辆注销和报废处理154台，现在册1872台，已年审1746台，年审率93%。维修企业依法注销85户，现在册210家。核查3家危化品运输企业57台车辆和6家客运企业270台车辆资质情况，确保企业经营资质齐全、从业人员证件齐备。运输服务业原有44户，注销4户，现在册40户。清理出失效档案1300余份。道路运输驾驶员诚信考核1896人次。按照属地管理原则，督促经营地在辖区外的混凝土运输企业海剑、怡丰等公司转出车辆150余台。政务中心交通窗口办理事项11027件，其中行政许可107件，发放旅游包车标志牌5050张，备案3件，其他事项5867件，办理事项全部录入行政审批电子监察系统，行政合法率100%，提前办结率100%。政务中心服务绩效考评良好，《楚天都市报》7月25日对交通窗口优质服务做了正面报道。

交通行政执法。清理行政职权，在武昌区政府网站上公布权力清单9类60项，编制外部流程图、权力运行内部流程和责任规范实施细则，并进行动态管理。修改《交通行政执法证据收集和采用方法》、《交通行政执法重大案件预审制度》、《行政执法文书归档及管理规范》等。依法调处各类违法违规营运车辆736台，其中“黑的”415台、长途客车321台，罚款总金额约179.3万元，无行政复议发生。开展法规知识培训，完成学法用法和普法考试无纸化工作，组织签订文明执法承诺书。建立监督问责机制，及时依法处理各类行政举报投诉转办单45件。严格落实行政执法责任追究，受理4起执法工作投诉，办结率100%。

安全运输管理。推行安全生产责任制，层层签订目标责任书，召开安全专题会议20余次，累计投入经费50万元。加强安全检查和隐患排查，组织检查道路运输企业404(家)次，排查一般隐患279个、下达整改通知书62份，隐患整改率100%，傅家坡客运站和宏基客运站车辆检测设施列入区政府整治重点，并整改完成。通过以奖代补调动企业达标积极性，圆满完成17家一类维修企业和普货运输企业考评。利用GPS实时监控平台对车辆进行卫星定位抽查，抽查车辆23445台次，督办违规车辆163台次。开展道路运输行业安全专项整治、“平安交通”创建、“打非治违”专项整治、“安全生产月”等活动，在全省客运站安全专项整治活动中，傅家坡客运站排名第一，宏基客运站、航海客运站并列第三，汉石石油运输公司被评为武汉市安全文化建设示范企业。开展“企业老板话安全”系列活动，印制安全宣传画、横幅等发放到企业，安排76名安全管理人员参加安全培训。组织傅家坡客运站和航海客运站开展应急演练活动，提高职工事故处置能力和安全防范能力。推进隐患排查治理“两化”体系建设，重点开展“调查摸底，分类分级”工作，录入道路运输企业32家。

文明创建。通过召开专题会、现场指导、以奖代补等形式，组织客运站在规范要求、设施改造、病媒防制、卫生清理、创建无烟单位等工作上下功夫，区交通投入工作经费40万元。组织机关人员深入客运站、社区开展志愿服务活动，共700余人次参与。开展“走进社区，服务群众”活动，申请17项公益志愿活动项目。（孙杰）

【青山区】　2014年，青山区交通运输局荣获市运管系统目标管理先进单位、市交通运输系统创建全国文明城市工作先进单位、区创建全国文明城市工作突出贡献单位、区信访维稳工作立功单位、区综合治理优胜单位、区优秀工会先进单位、区档案工作先进集体等称号。

货运市场管理。开展《道路运输经营许可证》、《道路运输证》年度审验工作，对1580台车辆进行年审换证，审验货运企业331户，年审率为96%。积极开展辖区货运市场专项检查和日常稽查，全年监督检查货运车辆1700余台次，查处违章车辆120辆，其中警告放行69辆。开展货运车辆技术等级评定工作，评定率达98%。开展辖区内道路货运企业信誉质量考核30户，对驾驶员信誉考核3934余人。做好辖区内装卸搬运、道路运输代理、货运配载信息服务、仓储理货报备工作，有66家企业办理备案登记证明，报备率100%。

客运市场管理。加大客运市场执法力度，与交管部门配合，开展联合执法大检查，组织运政力量对武汉火车站、青山客运站周边重点地段进行监管，重点打击和查处站外揽客，使用故障、隐患车辆，超范围经营和坑、宰、骗、甩客等违法经营行为，共检查长途客运车辆110台次，纠正违规行为11起，维护了全区道路客运市场秩序。加强青山长途客运站监管，安排专人驻站，督促客运站加强对司乘人员教育和管理，严格落实“三不进站六不出站”规定。督促客运企业落实各项安全防范措施。春运以及重大节假日期间，根据辖区旅客流量、流向，合理调配运力，做到按时发车，无滞留旅客。建立健全辖区内客运站投诉处理机制，做到投诉处理有记录，投诉回复率100%。深入开展“黑的”专项整治，与区交通大队组成联合执法队，进一步加大执法力度，加强对高峰时段、重点地带执法，确保整治实效。全年查扣“黑的”507台，在全市大城管排名前列。

机动车维修管理。强化市场监管力度，对辖区机动车维修行业进行清理整顿，开展机动车维修行业安全隐患大检查，签订安全生产责任书，进一步检查和落实汽车二级维护维修竣工出厂合格证及维修合同使用填写规范情况。召开维修企业负责人会议，与维修企业签订“四不承诺书”（不使用伪劣配件、不承修报废车辆、不非法改装车辆、不非法拼装车辆）。以优质服务月为契机，对二类以上机动车维修企业进行质量信誉考核，并对3家优秀维修企业进行表彰。督促维修企业从搞好节能减排“三节约”入手，促进两型社会建设和循环经济试点，以实现节能降耗、资源有效利用和可持续发展。全面落实许可备案制，区政务中心交通窗口全部受理辖区机动车维修二、三类企业经营、道路运输代理、货运配载、信息服务、仓储理货、装卸搬运经营许可备案。2014年，新增许可单位42家，车辆278台，7家企业办理备案登记证明，报备率100%。

物流发展。对全区物流企业经营状况进行跟踪，按时上报统计报表，做好车辆运管审验工作，为3家4A企业、4家3A企业申请奖励100万元。积极关注武钢集团物流有限公司计划承办的“武汉现代商贸物流园”项目的进展情况，协助企业克服经营中困境，促进区物流企业上等级、规范运作。

重点项目。按照区委、区政府关于加快武青堤堤防综合改造工作要求，23户砂石码头搬迁清场工作全部完成。同时，按照滨江堤防道路综合改造拆迁工作新要求，对江滩堤防道路改造覆土范围构（建）筑障碍物进行拆迁，重点拆除施工范围内道路场地和构筑物，建一至建七段覆土施工范围构筑物拆迁工作已完成，为二期工程施工铺平道路。

公共交通。优化辖区公交线路，合理设置站点、增加班次，做好地铁4号线与公交换乘站点对接工作。主动与市交委、市公交办、市公交集团进行沟通协调，确定调整优化公交线路方案并逐步协调落实。先后调整优化316路微循环、616路、617路、782路4条公交线路与地铁对接，解决青山船厂地区、和平大道、冶金大道、友谊大道、工业路、园林路沿线居民转乘地铁快速出行问题。

执法队伍建设。强化执法人员的教育培训，增强人员素质，监督规范执法行为，大力推行依法行政。全年未出现一起行政执法错案，行政复议、行政诉讼败诉案件为零。加强政务公开，将交通许可项目全部归入区政务中心交通窗口行政审批中心，简化手续，“一站式”服务落实率100%。

文明创建。以“三创同步”为载体，以青山长途客运站为重点，着力提升其硬件软件条件。利用电子显示屏、宣传栏、发放宣传单等多种形式，引导职工群众争做文明武汉人。组织专班对辖区公交站场文明标识、志愿服务情况进行全面巡查，督促整改。局交通窗口在区政务服务中心开展的“创优质服务、创优良环境”竞赛活动中被评为先进集体。积极与社区结对共建，全年慰问253人次，慰问金额9.1万元。2014年，区交通局办理区人大政协议提案31件，全部办复，代表、委员满意率达98%。

安全管理。层层落实安全生产责任制，严格落实“三关一监督”职责，开展道路运输安全生产专项整治工作，坚持日常监管与安全检查相结合，指导企业健全和落实隐患排查制度，登录湖北省隐患排查系统。全年排查一般隐患164起，整改率100%。继续开展交通运输企业安全生产标准化建设，重点是辖区一类机动车维修企业、青山长途客运站、大型普通货物运输企业安全生产标准化建设，行业安全生产形势保持平稳，各项指标控制在目标值内。（熊昌盛　马艳）

【洪山区】 2014年，辖区内道路运输企业453家，比2013年增加65家，其中危运企业1家、客运站1家，客运班线1家，普通货运306家，二类维修企业46家、三类维修企业98家。

基础建设。协助做好四环线及武深高速武汉段征地拆迁工作，武嘉高速协调青菱街拆除杨林村房屋168栋、面积约24300平方米；西湾村2栋、面积137平方米；完成西湾—杨林2.3公里施工便道建设工作；配合完成7村1场区片综合地价调整公示、备案、报用地手续等工作；完成施工红线内“三杆”迁改工作。四环线沌口大桥完成四环线施工方（中交二航局）在青菱街石咀村、老桥村勘界放线工作；配合施工方（中交二航局）完成施工便道500米建设协调工作；拆除石咀村红线内房屋4栋、1400平方米；协调完成760米钢栈桥搭建工作，确保9月份大桥主桥墩围堰下水施工。

运输管理。加强道路运输市场管理，1～5月份开展机动车安全隐患集中整治、对无证经营维修企业专项整治，检查维修业户87户，抽查车辆维修零部件43件次，查处无证经营维修企业13家，下达整改通知书13份。做好春运及节假日运输市场监管工作，杨春湖客运中心安全发车7701台，平安运送旅客12.3万人次。全年出动执法人员209人次，执法车辆420台次，检查客车1632台次，查处违规客车42台，上锁42台。6月开展水泥罐车集中整治，检查搅拌站6家，抽查水泥罐车4台。10月成立危化品整治专班，对辖区内非法运营、存储、运输甲醇燃料的非法营运车辆进行为期3个月整治。全年出动执法人员3615人次，执法车辆964台次，查扣非法营运“黑的”635台，在全市大城管“黑的”整治单项考核中排名第一。严格按照服务质量信誉考核标准进行检查和考核，开展货运企业服务质量信誉考核27家，考核率100%；开展维修企业服务质量信誉考核38家，考核率达92%。

2014年11月30日，洪山区举办首届维修技能大赛

安全管理。全年辖区未发生一起道路运输安全事故及火灾事故。区交通局在加强日常安全监管工作的同时，重点突出节假日期间辖区企业安全工作，成立专班深入企业进行安全生产大检查。出动安全检查人员520余人次，全面排查企业各类安全生产隐患和薄弱环节，查出安全隐患67处，隐患整改率100%。

文明创建。深入开展全国文明城市和全国卫生城市创建活动，利用局网站、宣传展板、宣传手册等载体，大力开展文明创建宣传活动。积极参与社区共建，先后组织17批100余人次深入到省农科院社区、湖工社区帮助社区清理居民楼道垃圾、打扫环境卫生、深入社区居民家庭宣传文明创建等工作。在创建全国卫生城市工作中，区交通局督促和检查杨春湖客运站“创卫”工作10次，发现问题3处，提出整改意见2条。（王梅）

【蔡甸区】 2014年，全区公路总里程2162.96公里，其中国道116.53公里、省道113.7公里、区道186.64公里、乡道757.33公里、村道984.26公里、专用公路4.5公里。完成旅客周转量27711.3万人公里、货物周转量63070万吨公里，分别比2013年增长4.43%、1.78%。

基础建设。全年完成交通固定资产投资5.18亿元。通城大道（蔡城线）长江大学至大集段6.2公里（含639米高湖大桥），投资1.9亿元，2013年12月全线主体工程建成通车，2014年6月交保工程和高湖大桥栏杆施工完成。九康大道（九康线）投资2.94亿元，2013年12月全线主体工程建成通车，2014年5月交保、绿化、照明三大配套工程完成。黄星大道（黄星线）全长8.52公里（含310米星光大桥），建安投资3.4亿元，9月22日星光大桥合龙。三官汉江公路大桥预算总投资5.79亿元，2014年12月完成南北两岸边跨

2014 年 7 月，武汉三官汉江公路大桥在建中

合龙，中桥桥面铺装和接线段路基施工完成。四环线全长 146 公里，总投资 408 亿元，蔡甸区段全长 13.4 公里，投资约 32.4 亿元，需征地 2050.86 亩，拆迁 30000 平方米，2014 年 12 月蔡甸区段全线累计完成征地 2050.86 亩，拆迁 30012 平方米。

公路养护。十永线蔡甸城关至永安段路面改善工程全长 17.5 公里，投资 8227 万元，6 月开工，12 月沥青路面铺筑及相关配套工程完工。千洪线改建工程投资 2800 万元，5 月 26 日启动施工，11 月 28 日 10 公里路基改造和配套工程全面完工。柏刘线大中修工程全长 7.4 公里，投资 980 万元，5 月 18 日动工，9 月 20 日全面完工。投资 3962 万元，建设通湾公路 133 公里，大中修 3.76 万平方米，安装路灯 466 盏。投资 554 万元，实施知音大道南湖桥、十永线长新桥、成功三屋台襄水河桥、索河横岭花水港桥、侏儒五公赛河桥、成功新帮新八桥、五姓口旧南桥等 7 座危桥改造。投资 354 万元，完成 318 国道永安至成功段临水临坡路段、永安平交路口、蔡城线龚家渡危险路段的整治。

行业管理。蔡甸区超限超载车辆检测站与蔡甸区城管委、蔡甸区公安交警大队、蔡甸区公路局路政大队紧密联动，采取固定与流动治超相结合的方式，检查车辆 923 台次，查处超限超载车辆 751 台次，卸载 8507 吨。蔡甸区港航管理处投资 700 万元，建成水上支持保障基地，配置工作趸船和救助艇。完成港务费征收 215 万元，同比增长 10%。严格汉江、通顺河跨河建筑物现场监管，保障水上重点工程施工安全。蔡甸区物流发展所协助完成蔡甸区朱家湾、蔡甸区常福物流园控制性详规编制工作。北汽奔驰建成营运，普洛斯、黑石新地、友谊副食、安捷物流落户朱家湾物流园区。向市级主管部门争取 3 家 A 级物流企业奖励、园区物流项目、物流规划策划、园区基础设施建设补贴共 446 万元。

运输市场管理。全区有城市公交线路 9 条，营运公交车 166 辆。城关公交线路 7 条，营运公共汽车 58 辆。道路班线客车 178 辆，营运线路 21 条 41647 座。客运出租车 2 家，出租车 100 辆。道路货运经营户 1693 户，货车 11893 辆，载货总吨 56830 吨。采取市场化模式，投资 1071 万元，完成新天大道、五贤路、知音大道、天鹅湖大道等沿线及城关地区 153 处公交新式候车亭的建设和亮化。11 月 28 日，城关公交新线路正式运行。6 月 6 日，开通蔡甸区侏儒至索河石山班线客运。自 5 月起，联合专班加大对客运出租车市场集中整治力度；投资 120 万元，建立 GPS 监控平台和 10 处重点路段安装电子抓拍系统；在城关 18 处路段画设出租车专用停车位；向 100 台出租车 340 名车主发放 2008 ~ 2013 年未发放的燃油补贴 709.56 万元，解决历史遗留问题。出动执法人员 2077 人次，执法车辆 542 辆次，查处“黑的”143 辆，处罚 138 辆。

安全应急管理。2014 年，蔡甸区交通运输局突出“平安交通”创建，强化隐患排查和专项整治，排查水陆运输及建设工地安全隐患 32 起，整改率达 99.8%。开展“打非治违”，查处违法违规行为 24 起。完成 5 家企业安全生产标准化达标考评，安全生产各项指标控制在目标范围内。　（姜卫）

运行中的新型蔡甸城关公交车

【江夏区】 2014年，全区营运线路增至34条，营运车辆10228辆，比2013年新增1096辆，增幅达12%。全年累计完成交通固定资产投资5.27亿元，物流项目投资15亿元，争取省补公路建设资金2.4亿元。新修农村公路118条115公里，全区公路总里程达3342公里。

基础建设。2014年，江夏交通重点工程分别为南环线改扩建工程、金口立交工程、金龙大街改线工程、金龙大街改扩建工程4项。其中南环线改扩建工程全长3.65公里，总投资2.86亿元，累计完成投资5000万元；金口立交工程全长2.75公里，总投资1.064亿元，已全部完成连接线路面工程，基本完成匝道加宽工程，累计完成投资8800万元，占总投资的82.7%；金龙大街改线工程全长4公里，该段设计标准为路基宽60米、路面30米，路幅按120米控制，市政设施配套，工程总投资3.8亿元，已全部完工；金龙大街西段改扩建工程全长5.7公里，工程总投资4.5亿元，路基工程全线完工，市政管网及配套设施完成80%，累计完成货币工程量3.6亿元。金水河法泗段河堤道路整治工程全长26公里，总投资1850万元，已完成金水河西岸9.5公里、连接线3.5公里及东岸1公里的混凝土路面浇筑，安装安全钢护栏9.5公里，新建错车台12个。天子山大道路面刷黑工程，北段路面工程全部完工，累计完成货币工程量8000万元；南段已开始路基整形、调平层铺筑，累计完成货币量2000万元。八分山慈云古道工程全长1.39公里，工程投资740万元，已全部完工。马法公路改扩建工程全长17.5公里，总投资9800万元，已完成路基整治、毛渣回填1400立方米，清理水沟2公里，中间段12公里、止点段1公里路基处置工作；完成止点螺丝桥桥段基层、封层施工；完成安山城镇段毛渣回填、下基层施工及1.6公里雨水管施工，法泗怡山湾段土方及300米水管施工，京珠高速桥头土方、毛渣垫层，全面完成年度投资计划。新建农村公路115公里，占全年计划的143.75%；完成农村危桥改造5座，累计完成建设资金680万元；全年修复农村公路破碎混凝土路面8.3万平方米，设置波形钢护栏3950米，安装太阳能路灯78盏，清理边沟33公里，砍除路边灌木及杂草618公里。编制完成郑店物流园、金口物流中心控制性详细规划，待进行专家评审；江南机场国际航空物流港规划编制启动。郑店物流园、金口物流中心各一平方公里“七通一平”基础设施建设全面铺开，安吉、菜鸟网络、德邦、海吉星、华敏等重大物流项目建设全面推进，全年累计完成物流项目投资15亿元。

藏龙大道

站场改造全年累计投入资金82万元，硬化905场站3100平方米；改造纸坊客运中心站，更新候车厅座椅100把，粉刷候车大厅内和候车楼室外墙体3500立方米，添置相关服务设施。

2014年，江夏交通承担区政府2件实事，分别是三门湖东撇水港整治工程和314省道湖泗段改建、纸坊大街东段改扩建工程。其中三门湖东撇水港整治工程全长5.1公里，总投资4550万元，已完成全线路基工程和路面水稳层、堤内外两侧护坡和2座跨港小桥，累计完成货币工程量3900万元，占总投资的92.8%；314省道湖泗段改建工程全长5.1公里，纸坊大街东段改扩建工程全长2.31公里，已完成314省道沿湖泗集镇路段改建工程立项和工可批复工作，环评在办理中、土地规划在调规中，水土保持已委托办理；纸坊大街东段改扩建工程立项、工可均已编制完成，土地证明已经办理，环评工作在办理中。江夏交通承办的建议提案40件，其中主办件33件，协办件6件，续办件1件，已全部完成，满意率100%。接待信访投诉30件，已解决30件，回复率、满意率100%。

安全管理。严格落实安全生产“一岗双责”、行业管理“一责双管”制度，全年完成公路客运量1394万人次、客运周转量39284人公里，货运量1281万吨、货物周转量42339吨公里，与2013年同期相比，客运量增长8%，货运量增长8.1%，全年无重、特大安全生产事故发生。水上交通安全全面实行“四个签订”制度，连续18年实现水上交通安全零事故。

运输市场管理。江夏交通整合行政执法力量，加大公路“治超”力度，成立“三超”治理工作专班，组织执法人员4000余人次，开展稽查活动280余天，出动执法车辆500余台次，上路进行24小时不间断执法。累计查处涉及非法改装、超限超载行为837起，卸载10050吨，有效地扼止了超限超载势头。优化公交路网，对901、902、905等全区13条公交线路进行优化调整，缩短901、905公交运行里程；增加902公交客车35辆，902公交配车达到45辆。新增区内公交线路5条，将金港办事处、大桥新区、庙山办事处、藏龙岛办事处等开发区全部纳入公交网络。

文明建设。江夏区交通运输局为提升交通队伍人员素质，全面统筹，多措并举。年初，面向纸坊地区应届高校毕业生，选录10名专业技术人才。集中培训，全面提升能力，组织2批130人系统培训交通法规，使交通执法队伍行政执法准确率达100%；组织25名工程技术人员培训，合格率达90%以上。大力开展“党员示范岗、青年文明号服务岗”创建活动，举办“交通发展 青春畅想”为主题的征文活动，累计收集征文85篇，12月22日《湖北日报》以“七纵七横，江夏路网引领荆楚”为题，专版报道江夏交通建设成就。2014年，区交通运输局被授予“武汉市五一劳动奖状”的荣誉称号。

（陈立忠）

2014年8月1日，东西湖区城乡公交一体化运营正式开通

【东西湖区】 2014年，东西湖区交通运输局被评为武汉交通运输系统先进集体，先后由市政府办公厅授予“三万活动先进组”，市交通运输委员会授予“交通运输安全生产工作责任目标考核优秀单位”，市妇委会授予“三八红旗集体”和市爱国卫生运动委员会授予“武汉市卫生先进单位”等荣誉。

基础建设。全年交通道路基础设施建设投资额25.6亿元，完成市绩效目标值的179.3%，新改扩建等级公路34.6公里，完成市绩效目标值的115.3%。全区公路总里程1366.14公里，公路网密度273.4公里/百平方公里。其中，东吴大道西延、革新大道西延等一批主干道基本建成通车。惠安大道改扩建及市政配套工程完工，与三环互通，为东西湖连接主城区再添一条大通道。环湖路、三官桥引桥及接线、金山大道西延等一批BT项目充分利用社会投资，慈天公路跨府河大桥及接线、新径线、银柏路等项目加快推进。四环线东西湖段、硚孝高速东西湖段等重点工程协调推进征地拆迁，如期完成年度目标，机场二通道全线通车。

公共交通。围绕“新增、优化、调整”等措施，H85至H95共11条惠民公交线路、126台车辆投入营运，农村二级客运全面下线。“353、356”等4条微循环公交覆盖金银湖、将军路等地区，满足“最后一公里”短途出行。增加216路车辆3台（共有15台），全部更新为混合能源动力车。延长217路起止站由康居五路至景德寺，方便无缝换乘。柏泉、辛安渡等8个区域公交首末站和吴家山2个公交停保场协调建成，金银潭公交枢纽站、吴家山客运枢纽站项目加快协调推进。全年查处“黑的”非法营运车辆21台，优化区域出租车管理，相继制订多项考核管理制度、行业服务质量不断提升。

道路管养。力促《东西湖区道路养护管理办法》出台，公路养护里程272.56公里、列养桥梁44座，较2013年分别增幅25.21%、22%。按照大城管工作有关要求，危桥改造有序推进，桥涵管理“一桥一档”，严格执行月度检查和桥长负责制。道路损毁小修保养、在建工程文明施工、交安设施维护等从未间断，保持106省道“畅安舒美”示范路和107国道“市级文明路”等多项荣誉。

综合运输。多次开展“维修、驾培”等专项整治，实施客货运市场质量信誉考核，净化行业秩序。汉江海事基地建设积极争取市、区配套资金已到位，港航逆势完成征费目标。协助开通汉江游船“水上巴士”临时航线，汉江武汉段旅游航线从无到有，实现零突破。先行先试城乡公交一体化改造，在新城区实现“四个率先”，即率先引入轨道交通、率先开通惠民公交、率先开通区域出租车、率先完成公交全覆盖，被省市媒体和市政府领导誉为“东西湖模式”。区交通运输综合信息平台功能不断拓展，已将“班线客运、危化品运输、区域出租车、城市公交、船舶”等纳入网络平台，实现全天候24小时统一监控管理。

安全执法。强化“底线”思维和“红线”意识，在“水运企业、码头、乡镇渡口、渡船，以及道路在建工程”等领域安全事故均为零。严格规范“路运航”行政执法，认真清查行政权力清单，开展“四统一、三基三化”等建设。治超新站如期建成使用，道路超限超载率始终控制在5%以内。全年办理行政处罚案件3168件，执法合法率100%，无行政复议被撤销及败诉案件、未发生重大违规行为。（蒋慧）

【汉南区】 2014年，全区公路通车里程717.48公里，其中高速公路31.2公里、一级公路16.5公里、二级公路60.27公里、三级公路21.69公里、四级公路561.62公里、等外路26.2公里。完成公路客运量291万人次、旅客周转量11349万人公里、公路货运量381.74万吨，完成水路货运量5万吨、货物周转量233万吨公里，完成港口货物吞吐量83万吨。

基础建设。全年完成交通基础设施建设投资1.2亿元，新增公路里程16公里。主要包括投资9500万元完成1.22公里乌金至邓南道路工程(即黄金公路，纱荆公路与黄金公路交叉路口至黄金公路下穿汉洪高速公路处)；投资1000万元完成0.63公里纱帽正街道路工程(纱荆公路国土资源学院至纱荆公路与黄金公路交叉处)；投资659万元完成乌金河桥、南丰一桥、纱荆河桥和乌金闸桥4座危桥改造项目；投资416万元完成16公里通湾公路建设工程；投资355万元实施3.25公里干线公路水银线大修工程。

运输市场管理。全区拥有客运企业2家，客运车辆69台1416座，其中二级网络客车54台，外线(跨地区)客车15台。全区拥有城市公交线路3条(271路、272路、273路)，农村客运班线4条，分别是5201路(纱帽至一冶)、5202路(纱帽至银莲湖)、5203路(纱帽至东城垸)、5204路(纱帽至大咀)。全区拥有货运企业84家，货运车辆2964台，总吨位21418吨。维修企业18家，其中二类维修企业4家、三类维修业户14家。拥有水运企业2家，货运船舶6艘965总吨、1870载重吨。可使用长江岸线27.3公里，已使用岸线2.68公里(不包括临时岸线)，相继建成长利玻璃、武汉航道造船厂、纱帽综合公用码头、武汉和润物流有限公司(中粮油)码头、武汉新港纱帽港区卓尔汽车物流码头等。春运期间，投入客运车辆69台，运送旅客24.83万人次，发送9107个班次。完成69台客运车辆安全检查工作，下达整改通知书9份，整改车辆11台。出动执法人员185人次，检查客运车辆113台次，检查驾驶员77人次，查处各类非法经营行为与违章经营行为42起，处理信访投诉14起。3月11日，开通272路城市公交便民快线，公交线路起于薇湖路公交停车场，终点到沌口体育中心停车场，沿途设置站点8个，单程线长36公里，配车10台。实施一级网络城市公交一体化改造，引进市公交集团，开通271路、272路、273路城市公交后，区交通局着力开通新城公交，拟定新城公交线路走向，优化公交站点设置，编制完成《汉南区新城公交实施方案》(初稿)。4月27日，城市公交271路正式延伸至碧桂园，在碧桂园设置2个站点并建设4个公交候车亭。

安全管理。落实安全生产责任制，强化安全生产培训教育，持续保持安全监管高压态势，连续多年安全生产零事故。公路部门上路巡查137人1200次，清理路障碍物390处50平方米，清理摊点134处40平方米，治理打场晒粮15起，检测车辆近220台，超限车辆45台、卸载15吨。上门送法12次，以巡路代宣传14次，累计发放各种宣传单300余份；制止违法建筑2起，清除与制止非法标志标牌14起，营造良好道路交通秩序。运管部门出动执法人员844人次，检查营运车辆1236台次，检查道路运输企业29家，路检路查98次，查处非法经营或违章经营行为102起，实施行政处罚32起。组织安全培训班2期，培训道路运输从业人员313人次，有效维护道路运输安全。港航部门积极协调，完成区政府、街道、行政村和渡工签订四级安全责任目标管理书，出动检查人员98人次，检查水运企业4家，码头9处，渡口2处，检查各类船舶80艘次(渡船30艘次、趸船50艘次)，下达隐患整改通知5起，全部整改到位，整改率100%，有力确保水上安全。

港口物流服务。根据武汉经济技术开发区和汉南区全域规划，调整纱帽物流中心规划选址，进一步完善纱帽物流中心控制性详规，报市、区审定。走访调研全区13家快递公司及16个快递营运网点，宣传物流政策法规，收集意见和建议，提出行业指导意见，逐步规范物流行业网点。重点跟踪服务纱帽公用综合码头、宝湾物流、中海粮油仓储物流、宇培物流、汉南港物流产业园以及普菱日本产业园等6个在建物流项目，总投资47.04亿元。其中纱帽公用综合码头已完工并投入使用，完成投资3.88亿元。多渠道争取物流资金，为加快全区物流业发展，强力推进物流园区基础设施建设，助推重点物流企业做大做强，区交通局紧扣物流补贴政策，积极申报江大路、兴城大道延长线、通江四路、通江二路延长线、幸福园三路等重点物流基础项目补助资金，申报云申物流4A企业补助资金以及物流中心详规补助资金等。

文明创建。积极参与全国文明城市创建活动，在城市公交站牌上发布“创城”公益广告18处，大力营造创建氛围。组织志愿服务队进驻公交站点开展文明导乘等活动，做到“人人来参与，个个有责任”，提高市民群众的文明指数。定期到客运站、公交站点和停车场开展义务劳动，为乘客营造舒适宜人的乘车环境，提升客运服务质量，擦亮交通窗口。开展第二届职工迎春联欢会和第三届职工秋季运动会，不断增强队伍凝聚力，加强交通文化建设。2014年，区交通局承办建议提案15件，其中市级建议提案3件、区级建议提案12件，走访率、回复率100%。（曹海军）

【黄陂区】 2014年，完成客运量4868万人、旅客周转量219060万人公里，比2013年同期增长30%；完成货运量2533万吨、货物周转量139315万吨公里，比2013年同期增长31%。

基础建设。黄陂区政府投资交通建设资金32.68亿元、工程建设项目26个315.3公里，已完成货币工程量13.66亿元。其中续建项目投资31.12亿元、工程项目19个142.03公里，已完成货币工程量13.43亿元；新建项目投资1.56亿元、工程项目7个173.27公里。

行业管理。黄陂区新换乘中心积极应对道路客运结构性调整带来的影响，接纳进站营运客车222台，开行班线33条，日发班次627个，全年安全运送旅客320万人次；全区有20条城市(市属)公交线路，公交车378辆14087座，开行48万个班次、运送旅客5050余万人次；有12条区内公交线路，公交车112辆6630座，开

2014 年 8 月 7 日，黄陂区黄土公路大修施工中

行 22.6 万个班次、运送旅客 1759 余万人次；有客运出租汽车 200 台，从业人员 450 名。6 ~ 8 月份，分步完成和启用 10 条公交线路 90 台公交车语音报站系统；启用“武汉一卡通”刷卡系统，落实“65 岁以上老年人免费刷卡乘车”惠民政策，实施残疾人免费乘坐区内公交车。春运、清明、五一、国庆等节假日，成立节日运输领导小组，制订详细的工作方案和应急预案，对运力提前进行精心安排，期间没有发生一起重特大交通安全责任事故，实现“安全零事故、旅客零滞留、服务零投诉”工作目标。

超载超限治理。组织 180 人的治超队伍，以黄陂区石门和木兰两个治超站为依托，辐射东、西、南、北，实行 24 小时全天候、全覆盖值守。投资 40 余万元设置监控设施，对区内主干道路实行监控，及时掌握超载车辆运行动态，基本实现区域主干道治超全覆盖。对交通系统内部涉及参与超限超载运输运营的干部职工，一律劝其退出运输经营。对治超工作中执法不严、失职渎职，充当“保护伞”的，一经发现，从重从严处理。

民生工程。围绕市区两级加快农村断头路、循环路、水毁工程修复建设安排，落实通湾公路建设计划。全面启动并完成农村公路危桥改造 29 座、农村公路大修 80 公里、农村公路安保工程 173 公里。按时启用新客运换乘中心，合理调整前川地区影响公路畅通的站点及线路，无缝对接轻轨 1 号线。

物流发展。2014 年完成 2 个综合物流园控制性详规编制工作，规划面积 11.31 平方公里，其中天河空港 5.9 平方公里、汉口北 5.14 平方公里，2 个园区入驻各类规模以上 (300 万元) 物流企业 26 家，项目总投资 372 亿元，其中投资总额 50 亿元以上 4 家、10 亿元以上 6 家、5 亿元以上 14 家。

（姚俊杰）

【新洲区】　2014 年，新洲区公路总里程 3125.33 公里，其中国道 61.28 公里、省道 105 公里、县道 204.85 公里、乡道 928.6 公里、村道 1827 公里。全年完成客运量 2167 万人次、旅客周转量 97515 万人公里，完成货运量 404 万吨、货运周转量 28684 万吨公里。

基础设施建设。全年完成交通建设投资 8.5 亿元，超目标值 4.9 亿元，新改扩建上等级公路 55 公里、新建通村水泥路 105 公里。其中江北快速路新洲段 5.6 公里，完成建设值 5.5 亿元，占建设投资的 70%；完成东部红色旅游线一期建设 27.5 公里，9 月 28 日全线通车；启动汪辛公路建设项目，完成投资 1.5 亿元；郑竹线大中修工程 4.5 公里，全线完工；完成凤长公路 9.89 公里、6.5 米宽混凝土路面工程；凤凰西环线 6.5 公里拓宽工程、柳明线改造工程及 106 国道、阳大公路大修等工程全面完成；完成 35 座危桥改造；举水河老大桥连接工程完成桥梁下构及空心板梁吊装，2015 年 7 月通车；邾城客运站迁建工程完成围院、停车场等工作。

运输管理。委托武汉市交通科学研究院编制完成《新洲区公共交通规划》。制定《邾城城区公交升级改造规划》，将邾城城区公交线路由 2 条调整为 7 条。制定《邾城至武汉 (低速) 惠民线路升级规划》。拟定邾城地区新增出租车方案并召开新增出租车听证会。全区拥有营运客车 611 辆 14354 座，拥有营运货车 3358 辆 32365 吨。强监管，规范公路运输市场秩序，全

2014 年 11 月 13 日，新洲区交通局召开邾城城区公交改造升级听证会

年查处违法营运车辆722台，暂扣车辆28台。强化出租车市场管理，严厉打击“黑的”非法营运，查扣“黑的”55台次，没收非法使用出租车标志标识32具，强制恢复颜色15台。查处不打表、拒载、宰客等劣质服务70余起，车容车貌整改35起，停运再教育12台，代班驾驶员无从业资格证6起，超范围经营8起。全区360台出租车全面进行油改气，邾城、阳逻更新老旧出租车73台，阳逻230台出租车整体更换新的专用车身颜色，邾城130台全部安装车载摄像头，并换装全新顶灯，行业整体形象进一步提升。

超限运输治理。区政府召开全区公路治超专题工作会议，制定《新洲区2014年货运车辆超限超载运输治理工作方案》、《治超工作奖惩办法》、《关于建立健全车辆超限超载治理工作长效机制的意见》《新洲区交通秩序综合整治及治超宣传工作方案》，建立治超工作目标考核等长效管理机制。出台《新洲区长江沿线码头整治工作方案》，取缔长江沿线15家非法黄砂经营码头，规范11家码头经营行为；开展交通秩序整治工作，严厉打击货运车辆非法改装行为；配合区国土、水务等部门严厉打击区内陆上、河道采砂行为。成立路面巡查执法大队，组成由区政府办牵头，区公路局路政人员、公安干警、交通巡警、保安大队共60人的路面巡查执法大队，按照“白+黑”和“5+2”执法时间，实行日常巡查与突击行动相结合的工作模式，对全区主要公路实行24小时巡查，对重点路段与路口进行布控，从重从严打击超限超载行为，全年检测货运车辆9679台次，处罚违法超限超载车辆4736台次，卸载货物6290余吨。

物流发展。编制完成新洲区阳逻港综合物流园(港区A、五一南路B、施岗村C三个区域板块，规划园区总用地面积710.13公顷)、阳逻物流中心(规划用地面积253.52公顷)控制性详规，并得到武汉市政府批复。出台《新洲区招商引资政策汇编》《新洲区工业和物流项目评审暂行办法》、《新洲区工业和现代服务业发展专项资金管理办法》《关于加快推进工业和现代服务业发展若干意见》，为新洲区物流业发展提供政策支持。2014年已完成阳逻园区基础设施建设2.2平方公里，完成物流项目建设投资17.74亿元。其中：京东商城项目完成投资4.6亿元；新地、宝湾、普洛斯、嘉民(万物物流)4个项目已完成土地招拍挂，分别完成投资0.52亿元、0.55亿元、0.53亿元、0.54亿元，已签订公司注册、项目备案、项目退地协议；阳逻综合保税物流园项目完成投资2.5亿元，一期场平基本完成；阳逻三作业区一期工程完成投资5亿元，卓尔陆港中心一期完成投资2.1亿元，泸州老窖完成投资1.4亿元。武汉市政府、市交委决定由武汉市交投集团公司接替市物流局承担武汉物流交易所投资建设，市交投集团公司已同意将武汉物流交易所落户阳逻，拟将物流所总部和阳逻供水联运交易分所建设作为一期工程工作重点，已完成项目投资和用地协议签订，明确2015年开工建设。

行业管理。继续推进法治交通建设，强化交通运输行政执法管理、行政许可监督工作力度。对交通22项行政许可、167项行政权力进行清理，建立“程序清单”，编制内部流程和外部流程图；建立“责任清单”，确保行政权力和行政服务事项依法分开、规范高效运行。全力推进区交通运输系统基层执法站所“三基三化”建设和执法形象“四统一”工作，完成区公路局、金台治超站、靠山店治超站“四统一”工作。进一步完善农村公路建设养护管理，2014年11月11日，新洲区政府颁布《新洲区农村公路管理暂行办法》，确立区道区管、乡道乡管、村道村管的建设管理体制，对农村公路规划建设、养护管理、资金筹措、检查考核等做出详细规定。11月20日，全市农村公路建养现场会在新洲召开。12月，新洲公汽公司移交给区交通局。

安全生产。全面落实安全生产党政同责、一岗双责、齐抓共管工作要求，开展交通运输安全生产专项整治活动，加强水陆安全生产大检查，全区交通安全态势平稳，全年未发生一起重大安全责任事故，被市政府评为“2014年度武汉市安全生产先进单位”。开展客运站安全专项整治活动，督促邾城、阳逻2家客运站规范生产经营行为、强化安全管理措施、加强安全管理、严格落实各项制度和规定，确保安全专项整治活动取得实效。对重大节假日和重大活动实行驻站管理，督促客运站落实“三不进站、六不出站”制度，维护客运站周边秩序。加大老旧客车淘汰力度，更新客运车辆57台。制定《新洲区交通运输公共安全防暴防恐应急预案》，多次组织全区交通运输公共安全防暴防恐专项督查。清理整顿危险货运市场，制定出台《新洲区交通运输局道路危货运输安全整治实施方案》，对区内1家危险货运企业、64辆危险货运车从企业资质、经营行为进行认真核查，对检查出的问题及时督促整改到位。开展水上交通运输安全专项行动、旅游客运专项检查、港口危险货物运输和输送管线及“打非治违”、“四船共治”、“严打严治”等专项整治活动。全年船舶每万总吨死亡率控制在0.45人内，每载重吨直接经济损失控制在4.5元以内，船舶安全面达100%。完成阳大公路大修工程，通过修建中央隔离带，增设防眩设施、修改不合理的路口、更新交通线、增加警告标志牌等，消除阳大公路存在的安全隐患，保障行人和车辆安全。

文明创建。开展“我为交通献一策”征文比赛，收到征文稿件64篇，开展“爱我交通、奉献交通”演讲比赛、“志愿者服务”活动、“文明路”“文明养路管理站”创建等活动。2014年，区交通运输局被武汉市政府评为安全生产先进单位，被武汉市交委评为绩效目标管理先进单位、创建全国文明城市先进单位，被新洲区委区政府评为绩效目标管理特别贡献奖、信访稳定先进单位、社会治安综合管理先进单位、安全生产先进单位、人事管理先进单位。 (谭婷)

黄石市交通运输

【概况】 2014年，全市公路通车里程5962.84公里、路网密度130.1公里/百平方公里，其中高速公路180.24公里、一级公路152.82公里、二级公路476.51公里、三级公路192.89公里、四级公路4960.38公里；境内航道通航里程247.6公里，码头泊位138个(其中生产性泊位132个、非生产性泊位6个)；客运站15个，其中一级客运站2个、二级客运站2个、三级客运站3个、四级客运站8个，货运站1个。农村五级客运站17个、候车棚146个、招呼站225个，港湾式候车亭10个。

基础建设。全年完成交通固定资产投资90.23亿元(含社会共建项目65.3亿元)，同比增长47%。其中，公路建设完成投资60.79亿元，港航建设完成投资3.41亿元，站场物流建设完成投资20.06亿元，铁路建设完成投资5.97亿元。棋盘洲长江公路大桥连接线、兴国至富池一级公路、316国道分线等项目开工建设；完成一、二级公路路基139公里、路面123公里，完成国省干线大中修73公里、县乡公路改造62公里，新建通村公路377公里。武黄城际铁路正式建成通车，黄石北站广场建成并投入使用，棋盘洲新港铁路货运支线建设顺利推进，武九客运专线开工建设。棋盘洲港区3～4号、5～6号码头泊位，兴国作业区和富池综合码头建设有序推进。按时建成棋盘洲保税物流中心，花湖物流中心、罗桥物流园、有色物流园等项目一期工程建成投产。

2014年8月5日，武黄城际铁路列车途经黄石花湖

公路养护。为提升黄石市公路管理、养护和应急水平，增强公路应急处置能力，大冶市公路养护(应急)中心通过省公路局审批，进入实地勘察、规划、筹建阶段。投入60万元购置20余台(套)小型养护机械设备，提高养护机械化水平，降低一线养护工作劳动强度。全年完成公路大修45.9公里，为年目标的100%。完成国省干线130公里宜林空白路段公路绿化。完成国省干线西儒桥、虬川桥、龙港小桥、李墩桥、长湖桥、枫林小桥、木港二桥、桥头桥8座危桥改造231.1延米，投资1163万元；完成农村公路西畈桥、朱铺桥、仕秦桥、下袁桥、月台桥、洋基港桥、燕窠桥7座危桥改造478.16延米，投资1779万元。完成省道安保工程65.183公里，投资1015万元。排查隐患路段777.858公里，新增防护栏5050米，补栽百米桩369个，新增标志牌143块。

综合运输。全社会营运车辆保有量22800辆，其中营运客车1399辆、营运货车18459辆、出租车1762辆、城市公交车1180辆。全年完成道路客运量3188万人、旅客周转量19.81亿人公里，货运量5365万吨、货物周转量107.87亿吨公里，分别比2013年增长7.6%、11.5%、15.2%、14.4%。全市有水运企业17家，营业性船舶347艘，总载重吨33.7万吨。其中海船81艘29.4万吨，内河船舶266艘4.3万吨(其中客船156艘4503座)。全年完成水路货运量1306万吨、货物周转量162.73亿吨公里。完成港口货物吞吐量2460.97万吨，比2013年增长17.3%，其中外贸货物吞吐量441.3万吨，比2013年增长36.1%；集装箱吞吐量2.52万标箱，比2013年增长8.5%。

水运安全。开展全市港口经营资质核查工作，对11家企业下达责令改正通知书，限期整改到位。积极推进船型标准化工作，完成7艘老旧运输船舶拆解，争取国家、省补贴资金1622.5万元。重视安全源头监管，船舶检验合格率100%。完成9家水运、港口危货企业安全生产标准化达标工作。全面推进渡船改造，全市完成33艘渡船更新改造资料申报工作，争取国家补助资金495万元。强化现场管理，深入一线检查66人次，发现隐患79处，现场纠正28处，下达限期整改通知51份，使安全隐患得以及时发现、及时排除。全年船舶安全全面100%、港口企业安全全面100%，未发生水路交通安全事故，实现连续12年水运平安。

文明创建。开展“三基三化”建设，新增3个“六型”文明示范窗口。

2014 年 11 月 20 日，黄石棋盘洲保税物流中心通过国家验收

加强交通宣传工作，在《黄石改革》、《黄石日报》等媒体刊物上展示港航海事干部新形象。积极参加文化季“四微”活动、“六型示范”窗口建设和全市组织开展的“万名干部进万村惠万民”“双联双促、结对共建”、认领“微心愿”等活动，在实践中锤炼干部，提升素质。（杨奕）

【大冶市】 2014 年，全市公路通车里程 4721.77 公里，其中高速公路 70.11 公里、一级公路 29.89 公里、二级公路 116.8 公里、三级公路 60.88 公里、四级公路 3922.09 公里、等外路 522 公里；通航里程 34.5 公里，渡口 6 个；客运站 5 个，其中一级客运站 1 个、二级客运站 2 个、三级客运站 2 个。

基础建设。全市完成交通项目建设投资 14.25 亿元。提前超额完成新建农村公路 126 公里，新农村建设示范村基本实现“组组通”“户户通”。完成 106 国道罗家桥大道延伸段(七里界至观山)2.278 公里，按城市道路标准进行建设，路基宽度 50 米，主路面 26 米，双向 6 车道，完成路基土石方 40 万立方米，工程概算总投资 5800 万元。由于此路与城西路对接，缓解了中心城区交通压力。同时，与此项目捆绑实施的观山跨铁路桥改造工程已完成桥梁板制作，下构工程完成 80%。对接武汉光谷的“两路”工程进展顺利。锦冶大道完成路基土石方 162 万立方米，防护工程 5000 立方米，占总工程的 90%，安装涵管 15 道，盖板涵 3 道，铺设路面水稳层 7 公里。黄(石)鄂(州)一级公路大冶段完成路基石土石方 136 万立方米，占总工程量的 85%，铺筑路面水稳层 9 公里，全长 546 米的兔儿墩特大桥进入桥面铺装阶段。铜都大道(园区 6 号路)南延段全长 4.8 公里，完成路基土石方 47 万立方米，占总工程的 80%；安装圆管涵 5 道、箱涵 1 道，长流港大桥 48 根桩已完成，部分桥梁板已吊装。316 国道陈贵至金山店段全长 8.8 公里改造工程开工。提前完成黄石首届园博会(大冶)路网工程，先后拓宽改造、路面刷黑茗(山)陈(贵)路、茗(山)杨(桥)路、灵(乡)杨(桥)路、杨(桥)梅(红山庄)路、下余至京南路、陈贵港南路、主会场至展园路 7 条路 22.08 公里，工程概算总投资 1.21 亿元。完成铁贺省道金牛镇区段 2 公里路面刷黑，上冯旅游路路基工程基本完成。刘金线改造工程、刘仁八镇区至双港口段 4.02 公里改造及路面刷黑和防护设施、八角亭大桥相继完成，总投资 4500 万元。服务群众“最后一公里”工程，硬化镇与镇、村之间“断头路”12 公里，修复乡村破损路面 20 公里，龙潭桥危桥改造完成。城南二级客运站于 2014 年 8 月全面竣工，总投资 3100 万元，已具备营运条件。

2014 年 11 月，光谷大道大冶段水稳基层第二层施工中

公路养护。有效推进预防性养护工作，全年累计投入70万元资金，对红保线、金双线等县道进行修复；首届园博会前夕投入18万元资金，对河金省道、刘金线、茗陈线等线路进行路面维修，行道树整枝，百米桩、里程碑刷白。扎实开展日常性维护，累计完成沥青路填补坑槽5820平方米，清理边沟65725米，整修路肩193900米，全市列养公路MQI值干线92、支线85.2。积极探索管养长效机制，与各乡镇街办签订《2014年大冶市农村公路养护管理工作目标责任书》，开展全市农村公路养护工作季度检查与年终考核，创建农村公路养护示范线40条。建立部门联动机制，公路部门制定42项养护考核细则，坚持一月两查、一月一通报，全年处置35类公路病害问题。积极改善站房环境，提高养护作业机械化水平，全年累计投入资金200万元，对大箕铺、马叫、金山店3个公路管理站站房进行改造、维修；累计投入资金120万元，添置割灌机、小型压路机、沥青综合养护车等多台设备。大力实施公路安保工程，重点消除临水、临崖路段安全隐患，安装全钢波形防撞护栏1200余米、警示标志牌250块，实施安保工程里程101公里，总投资120余万元。

路政管理。建立健全首问负责制、一次性告知制、限时办结制等制度；出台首次不罚、卸载放行、自由载量权按最低线处罚、当日处罚当日公开等规定；路政许可简化办事流程和办事程序，路政审批从15日缩短为10日。充分发挥固定治超站作用，开展联动治超，路政大队与陈贵、金牛、保安、金山店等镇政府开展联合治超行动13次，开展露天采石场超限运输、路面抛撒专项整治行动15次，检测超限车辆1600次，卸货360车次7800吨。加强公路巡查，全年出动巡查车辆350车次、1220人次，清除路障325处，拆除非公路用标志牌25块，制止新违章建筑15处，拆除占道经营摊棚3处。

运输市场。全年开展大规模客运市场整顿行动，重点打击从事道路旅客运输“黑车”，查处“黑车”14辆，纠察违规改装车辆95台，纠正驾驶员不规范经营行为120人次。以创建“全国文明城市”为契机，联合公安、城管部门开展以打击“黑的”“摩的”非法营运为重点的专项整治行动，全年查扣“黑的”620台次、“摩的”1353台次，遏制了市区非法营运车辆泛滥的势头，交通运输市场秩序趋向好转。狠抓出租车规范营运，在车站、医院、商场、学校等出租车聚集点稽查，依法查处拒载、不打表、乱涨价等各种违章行为和车容车貌不整洁、服务质量差等问题，查扣违章出租车52台次；经省政府批准，全市新增出租车经营权200个，其中80个由市政府确定奖励捷丰、铜都、招发和通顺4家出租车公司，2014年年底已经投入营运；120个经营权由市公共资源交易局向社会公开招标，择优选定2家公司，至2014年年底120个经营权仍未落实。春运期间，城区中心客运站和乡镇客运站发班9.8万班次，安全运送旅客147万人次，未发生旅客滞留和重特大安全事故事件。全年完成道路客运量3651.85万人次、旅客周转量132.88亿人公里，同比分别增长21.2%、21.9%。进一步加强危险货物运输车辆安全监管，完成6家危险品运输企业2013年度质量信誉考核工作。新增普通货物运输车辆578台，全年完成货运量9390.62万吨、货物周转量65.41亿吨公里，同比分别增长20.7%、20.1%。

行政执法。加强行政指导和日常行政执法相结合，强化行政处罚案卷制作、归档监督，对行政执法案卷实行网上运行监管。开展“打非治违”专项行动，维护道路运输市场秩序，全市暂扣车辆335台，行政强制车辆797台，入网登记违规车辆219台，依法处置3起行政复议案件。进一步推进行政审批清理工作，完善服务流程，简化审批手续，压缩办事时限。《道路运输站场经营许可证》办理时限由法定15个工作日压缩到5个工作日，《道路旅客运输许可证》办理时限由法定20个工作日压缩到5个工作日。

安全生产。按照“全覆盖、零容忍、严执法、重实效”要求，坚持日常检查和专项排查相结合，强化安全生产企业主体责任和行业监管责任两个落实。领导班子对安全生产实行“一岗双责”，组织专班深入全市客运、危货运输企业、客运站、驾校、施工现场等重点领域开展安全生产大检查6次，查出各类安全隐患65处，下发整改通知书71份。全年安全检测车辆15427台次，把好车辆安全维修质量关。全年受理信访案件(包括市长热线、民情快车、电视问政、信访局转件)41件，做到件件有回复，回复率、结案率均为100%。

筹融资。以交通投资公司为平台，以交通项目为载体，促进融资渠道多元化。全年筹融交通项目建设资金5.49亿元，其中银行融资1.73亿元、争取上级交通运输部门补助1.34亿元、财政拨付1.91亿元、财政借支5100万元。

（刘佳国）

【阳新县】 2014年，全县公路通车里程4250.8公里，其中，高速公路100公里、一级公路58公里、二级公路342公里、三级公路43.6公里、四级公路2303公里、等外路1404.2公里；航道通航里程126.8公里，港口3个(兴国、富池、黄颡口)、码头泊位86个、渡口41个；客运站9个，其中二级客运站1个、三级客运站3个、五级客运站5个，货运站2个。

基础建设。全年完成交通固定资产投资8亿元。其中公路建设：武阳一级公路三溪至兴国段23.5公里7月15日建成通车；兴国至富池一级公路9月28日开工，全线路基已贯通，完成路基土石方70%、涵洞60%；富池特大桥完成桩基45根，累计完成投资1.2亿元；106国道阳新梁公铺至沿镇段一级公路改建工程白沙段8.8公里路面及该路段绿化和护栏等附属安保工程、全线桥梁及白沙镇互通桥梁建设收官；106国道浮居街至武阳一级公路连接线全线路基已贯通，路基土石方完成60%。拟升省道排市至肖家咀公路累计完成路基26.5公里、上基层4.4公里、下基层5.9公里、路面

2014 年 9 月 26 日，阳新富河星潭大桥动工建设

4.4 公里、中桥 1 座；完成涵洞 74 道、中桥下构 3 座、小桥下构 2 座、星潭大桥桩基 11 根；完成国省道大、中修 33.8 公里，其中省道界浮线大修 15.5 公里、阳枫线 7.3 公里；106 国道大修 6 公里、中修 5 公里，确保了既有路网的完好通畅；农村公路和桥梁建设完成通(连)村公路 108 公里、排市镇绕城公路 2 公里、县乡道 8 公里、长港和官塘 2 座农村公路桥梁，三溪河口大桥、白沙镇下畈等 3 座渡改桥、畈上屋桥、万家桥、南山桥、下屋桥、农村公路安保工程等建设项目稳步推进；对全县 2 条高速公路枫林、龙港、三溪 3 个出口连接线及 316 国道、106 国道、5 条省道、3 条县道(朱黄线、荻石线、陶白线)210.2 公里公路两旁进行绿化，绿化率 100%，形成绿色景观通道，共投入资金 1198.2 万元。港航建设：兴国作业区工程完成码头桩基工程和栈桥预制件制作；富池综合码头工程投资估算 4.9 亿元，工可通过省发改委评审，已完成初设，省补项目资金 1020 万元已到位；富河航道升级工程包括兴建 1 座 1000 吨级船闸、疏浚 80 公里航道和布局沿岸码头等，工程可行性研究报告编制工作基本完成；筹集 40 多万元购置富水站站房，并对全县站所按“六型”窗口标准进行装修，极大地改善了基层站所形象；完成富池、老渡口 2 个“六型”窗口建设和港航局、富池站办公楼搬迁工作；棋盘洲港区深水码头建设工程，设计 10 个泊位，最大靠泊能力 3000 ~ 5000 吨级，设计年货物吞吐量共 800 万吨，已完成 2 个泊位，4 个泊位在施工中；华新水泥集团阳新富池建筑骨料码头建设工程，设计 3 个泊位，最大靠泊能力 3000 吨级，设计年货物吞吐量共 1120 万吨，已建成 1 个泊位；娲石水泥散货专用码头建设工程，设计 3 个泊位，最大靠泊能力 3000 吨级，设计年货物吞吐量共 200 万吨，已建成投入使用。站场建设：龙港三级客运站建设规模 2435 平方米，建设内容为站房、停车场，总投资 647.7 万元，主体工程已完成，主站楼室内工程完成地砖及屋面防水工程，累计完成投资 500 万元；成功组织交通运输局机关、港航局、汽运公司、平安公汽公司迁入交通综合楼集中办公，既盘活闲置资产，改善办公条件，又方便群众办事。

综合运输。全市有物流企业 26 家，客货汽车拥有量 5205 辆，全年完成客运量 1200 万人次、货运量 558.9 万吨。城市公共客运出租车公司 3 家、出租车 340 辆；城区公交企业 1 家，公共汽车 152 辆，运营线路 9 条，停靠站点 187 个，运营总里程 120 公里，从业人员 300 余人，完成客运量 3577 万人次。境内长江航道三洲、黄颡口、老渡口、富池口和富河沿岸的各港口统称为阳新港区，最大靠泊能力 3000 ~ 5000 吨级，年货物吞吐能力约 780 万吨；营运客货船舶保有量 198 艘 2.15 万总吨，年完成港口吞吐量 800 万吨。

十堰市交通运输

【概况】 2014 年，全市(县、区)公路总里程 24883.7 公里，路网密度 97.49 公里/百平方公里，其中高速公路 522 公里、一级公路 207.9 公里、二级公路 1622.4 公里、三级公路 1478.4 公里、四级公路 19797.4 公里、等外公路 1255.6 公里；内河航道通航里程 756.48 公里，港口 23 个，生产性码头泊位 9 个，渡口 198 个；客运站 88 个，其中一级客运站 2 个、二级客运站 7 个、三级客运站 4 个、四级客运站 4 个、五级客运站 71 个，货运站 20 个。

基础建设。全年完成交通建设投资 79.66 亿元，占年度计划目标的 106.5%。其中，高速公路建设完成投资 29.56 亿元，占年度计划的 109.6%；地方公路水路建设完成投资 50.1 亿元，占年度计划的 112.5%。自筹配套资金 21 亿元，占年度计划投资目标的 28%。全市普通公路完成路基 340 公里、路面 228.8 公里。其中，一级公路完成路基 65 公里、路面 29.8 公里、投资 11.15 亿元，竹山县城至潘口一级公路、郧县长岭至沙洲一级公路建成通车；二级公路完成路基 275 公里、路面 199 公里、投资 25.46 亿元；县乡道改造完成 118.5 公里、

2014 年 1 月 13 日，十堰郧阳路道路改建中

投资 2.21 亿元；通村水泥路完成 910 公里、投资 2.91 亿元。全市港航在建项目 8 个，完成投资 2.51 亿元。郧西天河口综合码头交付使用，丹白段航道整治二期工程完成，长岭旅游码头、郧阳港（和平岛）旅游码头、太极湖旅游码头等项目主体工程完工。站场物流建设完成投资 3.41 亿元，许家棚物流园一期和寿康物流园投入使用，郧县青曲客运站建成，郧西高速客运站和丹江口市官山客运站主体工程完工。新建农村候车亭 382 个、农村五级站 9 个，改建农村综合服务站 8 个。

综合运输。全市道路运输完成客运量 3549 万人次（不含公交车、出租车）、旅客周转量 29.84 亿人公里，完成货运量 5299 万吨、货物周转量 107.28 亿吨公里，同比分别增长 14.52%、15%、15.02%、15.01%。开通城区至茅箭大川镇卡子村农村客运班线以及十堰至汉中、白河等省际客运班线，更新高级客车 22 台，道路运输高级车占比为 95%。全市水运完成客运量 30 万人次、旅客周转量 880 万人公里，完成货运量 390 万吨、货物周转量 1.36 亿吨公里，完成港口吞吐量 400 万吨。城市公交完成客运总量 2.7 亿人次，同比增长 10%。启动省级公交示范城市创建工作，更新双温空调车 380 台，空调公交车占比达到 30%。开通 20 条定制公交。推进全域公交发展，茅箭区、张湾区开通 6 条镇村公交线路，竹溪、郧县、竹山、房县等地开通 8 条通乡公交线路，茅箭区实现公交线路“村村通”。

行业管理。探索治超治限路政流动联合执法，投入 6 台流动执法车辆，配备 12 个远端监控平台，建立上下联动执法机制。全市公路系统检测运输车辆 47162 台次，处理违法车辆 29584 台次，卸载转运 4168 台次 65499 吨，割除非法加高墙板 150 余副；运管系统投入稽查车辆 1120 台次，检查各类营运车辆 3.8 万余台次，查处各类运输车辆违规违章 1600 余起，登记保存相关证牌 858 余本（块），暂扣非法营运车辆 905 余台次。

交通改革。公路、运管、港航部门进驻市行政服务中心，成立行政审批科，精简归并审批事项，运管部门修订和简化行政许可事项办理流程 3 类 11 项。深化人事制度改革，启动干部上挂下派制度，全系统 8 名干部实现轮岗交流，运管部门正科级干部轮岗面 100%。修订和完善涉及公务管理、行政服务执法、行业监管、作风建设等各类管理制度 72 项。建立健全工程质量监管体系，对 25 个监督检查项目进行原材料抽查 68 组，合格率 100%。

绿色交通。环丹江口库区生态环保公路完成路面改善工程 110 公里，完成一、二级公路路基 224.3 公里、路面 51 公里，完成投资 19.41 亿元，郧县长沙段、天马段和丹江东环段、江南一期等建成。推广使用液化天然气 (LNG) 清洁能源，购置 LNG 公交车 186 台，清洁能源公交车占公交车总数的 36%。成立十堰市车城通科技有限公司，推广使用集乘车、购物、观影、储蓄、餐饮等功能于一体的“车城通”卡。引进武汉大道物流 5.0 现代版物流信息系统，全市 200 多家企业注册共享信息数据，建立健全十堰城区及周边市、县物流配送网络。启动“兴通货 1 号、2 号”船用 LNG 双燃料动力系统改造试点。实施公路绿色养护，209 国道郧县段采用大粒径沥青碎石加强基层，对 209 国道后湾 5 公里水泥路采用碎石化冷再生技术。推进干

2014 年 2 月 4 日，十堰公路部门抗雪保畅通

线公路绿色廊道建设，投入549万元，栽植苗木36662株、植草28.96万平方米，国省干线宜林路段绿化率82%、主巡回线路宜林路段绿化率92%。培育以寿康永乐物流配送中心、新合作物流配送中心为龙头的冷链基础设施建设，形成区域冷链物流网络。

安全管理。开展汽车客运站安全专项治理、工程建设违章作业专项治理、水上打非治违专项整治、道路交通安全大排查大整治等8大专项行动，查处各类违规违章行为1600起。完成44家“两客一危”企业标准化建设达标，亨运集团高速客运站参加全省“两化”建设现场推进会。拟定完善10个突发事件应急预案，组建客运、货运、危险品应急救援队伍，成立8个公路应急抢险中心，建成市水上应急指挥分中心、郧阳搜救中心。完成重点水域固定视频监控点建设，建成路网监测与应急处置中心，在重点路段、长大隧道、特大桥梁等部位安装12个视频采集设施。

文明创建。开展“最美交通人”寻找、宣传、学习活动，涌现出无偿接送张山村孩子上学的“最美大巴叔”李茂清、先后勘察设计大中小桥600多座的“最美作曲家”尚云、坚持“四心”工作法的“最美公交司机”汤守云、常年免费接送残疾老人和小孩的“最美出租车驾驶员”李云、24年义务渡运的“最美摆渡人”曹道国等一批先进典型。《湖北交通报》在头版以《交通群星闪耀车城》、湖北文明网在显著位置以《十堰交通：三重文明引领跨越发展新路》为题，报道十堰市交通运输局在步入“全国文明单位”之路上所做的探索和创新。联合市直9家单位开展“公交文明引领城市文明”活动。十堰市交通运输系统24家单位获得“2012—2013年度文明单位”称号，获得“湖北省五一劳动奖章”、“湖北省青年文明号”、“十堰市五一劳动奖章”等省市级荣誉30余项。十堰市交通运输局连续四年荣获“全国文明单位”，被交通运输部授予“全国农村公路管理年示范活动先进集体”，被湖北省交通运输厅作为市州唯一代表推荐为“全国交通运输系统先进集体”。

（黄永良）

【丹江口市】 2014年，全市公路总里程3794.12公里，路网密度121.57公里/百平方公里，其中高速公路75公里、一级公路42.83公里、二级公路220.10公里、三级公路264.93公里、四级公路2130.07公里、等外公路1061.19公里；内河航道通航里程237公里，港口9个，渡口1个；客运站9个，其中二级客运站1个、四级客运站1个、五级客运站7个，货运站1个。

基础建设。全年完成交通固定资产投资46亿元，同比增长130%。库周公路江南段一期全长12公里试通车，二期全长36公里已完成40%路基工程；东环路1至5标完工试通车；土武一级公路完成40%路基工程；库周公路江北凉习段、浪盐路盐池河段、罗仓公路基本贯通。牛河接线路、六均路、枫土路完成路基工程。209国道境内全长41.5公里完成路面大修。丹陶公路境内全长8公里，已完工5公里。农村公路建设完成184公里，完成投资2760万元。汉江公路大桥累计完成投资8800万元，土凉大桥进入主桥墩施工阶段，均武大桥完成前期设计，土牛大桥启动挂篮施工，阳西沟大桥完成主体结构，孙家湾大桥下部结构完成。汉丹港客运码头、货运码头及场平和道路等主体工程基本完成，陈家港物流综合码头进入场平阶段。建成官山三级汽车客运站、农村候车亭40个。

综合运输。全市有客运企业6家、客运车辆227台、客运线路92条，其中跨省4条、跨地(市)12条、跨县(市)5条、县内70条。全年客运量13.11万人次、货运量35.5万吨、港口货物吞吐量35.5万吨。公交车83台、7条城区公交线路、2条专线、2条城乡公交专线、312个公交站，公汽客运量800万人。出租汽车100台，全市危货运输企业11家、危险品运输车辆172台，普货运输车辆1672台。

行业管理。全市国省干线年均好路率96.8%，支线年均好路率90.5%。完成1800公里农村公路养护管理工作任务。开展保护路产路权工作，拆除非公路标志牌21块，制止各类违法行为76起，处理赔偿案件13起。查处超限超载车辆9000余台次，收缴公路补偿费19.8万元，卸载转运货物3万余吨，源头劝返300余台。加强客运执法监管，查扣非法营运客车40辆。通过现场稽查与受理热线投诉相结合，加大公交车、出租车营运服务和车容车貌整治力度，规范公交营运秩序。推广使用温拌沥青、太阳能景观路灯、LNG双动力燃料客货船等库区水陆交通节能减排项目。

安全应急管理。开展安全生产“百日行动”、“安全生产年”、“安全

环丹江口库区生态公路

生产月”、隐患排查治理等一系列活动，重点针对汽车客运站、运输船舶、工程建设领域、公路桥梁运营等领域，开展以“全覆盖、零容忍、严执法、重实效”为目标的安全生产大检查活动，查出并整改公路桥梁、客货运输、水运船舶、安全设备等安全隐患51处。

投融资。丹江口市财政局拿出专项资金4亿多元，用于重点工程建设。探索采用BT方式把交通项目与移民、国土、水利、市政等项目捆绑，整合资金投入。市政府成立交投公司，把新建的东环一级公路沿线土地划拨到交投公司，作为交投公司资产进行融资。

【郧阳区】 2014年9月9日，国务院正式批复将郧县改设为十堰郧阳区；11月15日，湖北省政府下文正式批复撤销郧县，设立郧阳区。全区公路通车里程4135.85公里，其中高速公路120.2公里、一级公路35.02公里、二级公路271.63公里、三级公路251.28公里、等外公路3457.72公里。

基础建设。全年完成交通建设投资12亿元。完成长沙一级路、天马大道等工程建设；推进郧阳大道、郧府大道、城关至大堰三条城区出口一级路、柳五路、刘谭路、郧白路、郧阳沧浪洲汉江大桥等项目建设。完成村组公路建设212.8公里。完成新建渡改桥9座，维修加固桥梁4座。长岭旅游码头、郧阳岛码头、叶大汽渡码头完工。工程质量监督覆盖率100%，工程质量合格率100%，优良率达到90%以上，没有发生质量安全事故。

综合运输。全年道路客运量214.72万人、货运量717.42万吨，同比分别增长11%和10%。全区拥有客货运输车辆3474台，其中营运客车115台、货车3359台。推进“一江二湖四区六镇”新城区公交全覆盖，开通城区至茶店、城区至长岭、郧阳城区至柳陂新集镇、郧阳城区3路、6路公交车。开通“村村通”客运线路62条，营运里程1800多公里。开通客运班线194条，其中跨省7条、跨市9条、市内31条、区内147条、通村线路77条。建成青曲镇三级汽车客运站，建设公交站亭40个。评定一类AA级维修企业1家，二类AA级8家，二类A级4家。水路运输完成客运量13万人，货物吞吐量260万吨。叶大朝阳汽渡金湖和霖1号投入营运。更新渡船9艘，拆解老旧运输船舶11艘。

行业管理。加强运输市场执法管理，整治运输市场秩序，打击非法营运，规范运输市场秩序。依法实施路政管理，联合治超，严格执法，开展郧十路三超整治，遏制公路车辆超限超载，确保道路安全畅通。依法实施港航监督，严厉打击非法航运，坚决取缔“三无船舶”，规范水上运输行为。加强交通执法队伍建设，提高执法能力和服务水平。纠正行业不正之风，规范执法行为，取缔非法行为，全年无“乱设卡、乱收费、乱罚款”行为发生。

2014年8月18日，十堰市路政治超区域联动工作启动仪式在郧县举行

运输安全。健全运输市场安全监管网络，把住“三关一监督”源头管理，落实安全管理各项制度。抓好船舶管理，确保水上运输安全。加强建设施工安全管理，全年没有发生施工安全事故。水陆运输安全面达到100%。推进国省道大中修、危病桥梁改造、险路险段整治、公路安保设施建设。开展国省道养护“文明路”和农村公路养护“样板路”创建活动，干支公路安全畅通。

文明创建。开展党的群众路线教育实践活动，转变作风，优化政风，提高效能。郧阳区天鸿汽车运输公司客车驾驶员李茂清当选2014年11月份“中国好人”、2014年12月“荆楚楷模”、2014年度十堰市“十大好人”，郧阳区南化滔河渡工曹道国当选2014年12月“十堰好人”，郧阳顺通养护公司养护工人张顺喜入选2015年1月“十堰好人”候选人，郧阳区天鸿汽车运输公司公交司机江健救治乘客的感人事迹被中央电视台及各级新闻媒体广泛报道。

【郧西县】 2014年，全县公路里程4315.94公里、路网密度123公里／百平方公里，其中高速公路62.4公里、一级公路4.51公里、二级公路223.94公里、三级公路135.98公里、四级公路3797.04公里、等外公路92.07公里。内河航道通航里程182公里，标准化港口1个，渡口76个；客运站15个，其中四级客运站2个、五级客运站13个。

基础建设。全年完成交通固定资产投资8.26亿元万元，同比增长101.96%。完成土天一级公路路基11公里、路面6公里，二级公路路基62.95公里、路面25公里，路面大修25公里；新建通村水泥路194公里，改造县乡公路25公里、农村危桥11座318延米；建成农村候车亭180个、城区公交站亭20个，改造农村综合服务中心2个；完成高速客运站、中国光彩郧西物流商贸中心主体工程；推进天河口、五龙河旅客换乘中心建设；兰滩口汉江公路大桥工可通过省

郧西县农村示范路

级评审。

综合运输。全年完成道路客运量182万人次、货运量198万吨，水路客运量17.2万人次、货运量84万吨，同比分别增长4%、24%、5%和13.9%。全县拥有客货运输车辆2263辆，其中客车135辆、货车2128辆。道路运输经营企业7家，其中客运企业4家、货运企业3家；维修企业6家，驾培机构4家。有候车厅472个、招呼站150个。开通客运班线83条，其中跨省7条、跨市2条、跨县11条、县内63条，营运客车138辆，乡镇(场、区)通客车率100%，通村客车率72.41%。开通城区公交线路7条，投入公交车14辆、出租车70辆。

行业管理。加强公路养护，补植路树1100余棵，修补沥青路面坑槽6.98万平方米，沥青路面裂缝灌缝200余公里，建设绿化美化示范路2条。设置强制减速震荡标线264道800余平方米，设防撞墙400余米，清除泥石流1.5万余立方米，安装波形钢护栏24公里、警示桩1300余根，修复垮塌驳岸14处3800余立方米。出动路政人员4013人次，巡查清障里程5120公里，专项整治8次。查处各类违法违章行为253起，制止违章建筑53处1524平方米，清理乱堆乱放1769平方米，查处超限车辆1176辆，卸载货物2350吨，检查企业482次，纠正违章398起，查处运政案件500余起。全年无行政复议和行政应诉案件发生，荣获“湖北省首批法治创建活动示范单位”称号。

安全管理。新建安保工程365.3公里，改造农村危桥11座318延米，超限率控制在1%。抓好桥梁安全运行制度落实和水上安全监管及保障能力建设，完善施工安全风险评估制度，加大平安工地和维修行业信誉考核评价，清理整顿驾培行业。通过开展交通运输突发事件应急演练，建立协同高效的联动机制。

资金筹措。实行专户专存，专款专用，优先安排，优先拨付，重点项目重点补，农村公路特殊补，危桥项目专项补，养护工程定期补。县政府配套150万元用于农村公路日常养护、配套150万元作为“农村公路抢险应急基金”，增加农村公路安保建设配套资金100万元；整合资金2000余万元，用于郧羊路、郧漫路、上湖路等国省干线沿线群众的房屋拆迁、青苗补偿等前期费用，保障工程建设进度。

交通改革。依托旅游景区开发，广泛吸引社会资本参入交通设施建设。在多方筹资、保障投入的同时，配套相关政策，最大程度降低交通建设成本，征地拆迁一律“土地自调、管线自转、障碍自清、取料无偿”，将征地拆迁责任全部落实到乡镇；交通建设所需的砂、石料按照交通部门需要，在保护生态前提下就近取材，实行各相关职能部门备案制，减少中间审批环节。实施规费减免优惠政策，原则上能减免的一律减免，不能减免的，按照政策下限征收。相关手续审批等事项分别由各成员单位与上级单位对接协调，建设成本明显降幅达到15%。

文明创建。开展服务型党组织建设、“十星级”党员评比、三联一创、基层党建责任制、政治理论学习、反腐倡廉建设、组织作风建设、单位文明创建、党员发展等十大活动。召开党风廉政建设专题会议4次，警示教育12场(次)，深入社区、工地、车站、码头发放宣传资料6000余份，组建志愿者团队10个。在推进精准扶贫中，走访贫困群众近1080人次，慰问困难群众85户，累计落实帮扶资金93万元，涌现出全国无偿献血奉献金奖严国勤、省十佳项目主管余爱军、最美交通人朱坤兵等一批先进典型。县交通质监站荣获“全省先进质量监督机构”称号，县公路局路政大队标准化建设通过省级考核验收，县交通运输局被评为“全省交通运输系统先进集体”、“湖北省首批法治创建活动示范单位”、“机关档案管理省一级”和“全省文明单位”。

【房县】 2014年，全县公路里程4235.24公里，其中高速公路117公里、一级公路50公里、二级公路213.9公里、三级公路293.34公里、等外公路3561公里；客运站12个，其中二级客运站1个、五级客运站11个；候车亭122个、农村招呼站204个。

基础建设。襄关线房县八里村至军马铺全长18.9公里改扩建工程按照路基宽度40米、路面双向六车道建设，建设完成工业园至军店段17公里。十堰张湾至竹山公路房县段全长43.6公里，计划投资38176万元，完成路基31公里。化龙堰至门古寺公路改扩建工程全长16公里，总投资10153万元，路基基本完成。279省道房县万峪河至青峰段改扩建工程全长18.6公里，总投资15404万元，路基全部完成。445省道房县榔口至沙河段改扩建工程全长19公里，总投资14652万元，路基全面完成。318省道房县门古寺至中坝段改扩建工程全长27公里，总投资 24809 万元，完成路基 10 公里。

行业管理。全县列养里程 682.62 公里，其中国道 110.069 公里，省道 126.931 公里，县道 272.801 公里，乡道 101.819 公里，专用道 71 公里。2014 年，对 346 国道珠藏洞至马栏、军店至界山 65 公里进行大修。全县干支线年平均好路率 80.56%、干线好路率 93.29%。建立通村公路 2815 公里养护管理长效机制，行政村公路通畅率 100%，实现有路必养。加强养护管理，修复钢护栏 4098 米，清扫路面 2.5 万公里。全县 3300 公里通村公路全面落实养护管理，好路率 80% 以上。

综合运输。全县有客运车辆 573 台，其中客车 252 台、公共汽车 27 台、电动公交车 184 台、出租车 110 台。班线客车 252 台，其中跨省客运班线 5 条 4 台车、本省客运班线 112 台、县内班线 80 台、专线 55 台。推行公车公营管理和公交优惠政策，拓宽交投公司经营渠道，组建公交分公司，采购大型公交车 10 台，开通房陵大道公交车，与十堰公交实现一票制、一卡通。成立工作专班，对城区 110 台出租车非法倒卖经营权进行全面调查取证，锁定权属关系，引导其通过法律途径解决经营权问题。

安全管理。开展安全生产大检查，查处安全隐患 151 起，全部进行整改；依法打击非法营运、滩途造船等非法违法行为。开展“平安工地”建设、“打非治违”专项行动，全年无重特大安全责任事故发生。坚持路政、运政、交警、城管联合治超打非，出动稽查 1000 余人次，检测超载超限车辆 1257 台次，查处 292 台次，卸载货物 1568 吨，超限率控制在 5% 以内。

投融资。成立房县交通建设投资有限公司，企业注册资金 2000 万元，筹集、使用和管理交通设施建设资金，对县政府批准的土地进行综合开发，对公司所属房屋、土地进行融资，参与客货运输。

文明创建。开展“结穷亲、帮穷户、拔穷根”精准扶贫工程，在窑淮镇三岔村修建第一条通村油路，对 12 户困难群众进行点对点结对帮扶。全年受理来信来访 39 件。加大文明单位创建力度，房县交通运输局被评为 2014 年“市级最佳文明单位”，209 国道、305 省道被市委授予“市级文明路”。

【竹山县】 2014 年，全县公路里程 4196.44 公里，其中高速公路 51 公里、一级公路 14.92 公里、二级公路 287.37 公里、三级公路 153.25 公里、四级公路 3104 公里、等外公路 585.9 公里；内河航道通航里程 320 公里，码头 1 个，渡口 30 个；客运站 17 个，其中二级客运站 1 个、三级客运站 2 个、四级客运站 2 个、五级客运站 12 个。

2014 年 7 月 9 日，竹山县潘口一级公路 2 号大桥开始铺装桥梁板

基础建设。全年完成交通固定资产投资 15.47 亿元，同比增长 7%。普通公路完成投资 15.35 万元，完成一级公路 8 公里、路面 7.9 公里，二级公路路基 12.5 公里、路面 65.5 公里，县乡公路改造 25.5 公里，农村公路 200 公里，安保工程 700 公里；水运建设投资 1160 万元，上庸旅游码头投入运行；客（货）运站场建设完成投资 75 万元，启动潘口高速客运站和竹山物流中心项目，建设完成五级客运站 1 个。

综合运输。全县完成客运量 709 万人、旅客周转量 56720 万人公里，货运量 718 万吨、货物周转量 86160 万吨公里。拥有客货运输车辆 1858 台，其中营运客车 406 台、货车 1452 台。开通客运班线 256 条，其中跨省 6 条、跨市 6 条、市内 8 条、县内 9 条、通村线路 225 条。加强公共交通设施建设，建成溢水农村综合运输服务站，建设候车亭 50 个。开通运营县城至擂鼓公交线路，解决沿线群众出行难、出行贵问题。加强驾培、维修市场管理，督促驾校建立健全学员档案、车辆档案、教练员档案及培训记录等基础资料，完善设施设备。以现场核实、逐项检查、综合考评为抓手，对辖区一、二类维修企业进行考核，评定一类 AA 级 1 家、二类 AA 级 3 家、二类 A 级 1 家。

行业管理。全年修补坑槽 2.1 万平方米、开展预防性养护 19 公里、灌缝沥青路面 20 公里、垫补路面 30 公里、整修路肩 200 公里、植树 11400 株；完成夏秋 6 轮水毁抢修，清除坍方 5.3 万立方米，抢通中断公路 32 次，国省道干线路面使用性能指数 (PQI) 达到 85%。路政大队迁新址并完成标准化建设。制止违章建筑 67 处 6300 平方米，拆除非交通标志 55 块。清理乱堆乱放 180 处 4800 平方米，收回路产损失 30 万元。流动治超站和固定超限运输检测站检测车辆 2.5 万台次，源头劝返 750 台次，收取赔补费 50 万元，卸货转运 600 吨，超限车辆控制率在 5% 以内。无行政诉讼和败诉案件。

安全管理。落实安全生产责任，对道路运输源头安全、水上运输安全、工程施工安全进行全范围监管。重点对渡口、渡船进行拉网式排查，检查各类船舶576艘次，下达各类整改通知书101份；开展道路保畅、客运站场、客运企业等专项安全大检查24次，实现道路运输安全四项指标为零的目标；加强水毁修复工地、大修公路及有交叉作业路段的安全生产监管。

投融资。竹山县委、县政府创新交通投资方式，为交投公司划拨土地208亩，其中宝丰高速公路出口100亩，潘口杨家湾108亩；县交投公司对原城关交管站、秦古交管站、宝丰交管站、上庸码头等6处房产资源依法依规理清权属关系，办理资产登记，以此抵押向银行贷款，全年完成贷款融资2.13亿元。其中通过承兑汇票形式向工行融资贷款1300万元、通过银行承兑向县农商行融资贷款2亿元，缓解财政资金投入不足的难题。

廉政建设。开展党的群众路线教育实践活动，召开座谈会18场次、走访群众325人次、发放调查问卷表130份、收回107份，收集整理涉及班子集体"四风"突出问题4类17条、关系群众切身利益及服务群众"最后一公里"问题4类9条。加强工程招投标、项目管理、资金管理、行政执法监管，强化反腐倡廉建设；组织完成县级以上信息宣传稿件400余篇，竹山县交通运输局机关和公路局被评为"省级文明单位"。

【竹溪县】 2014年，全县公路里程3279.68公里，其中二级公路208.06公里、三级公路193.68公里、四级公路1962.13公里、等外公路915.81公里；标准化渡口14个；客运站5个，其中二级客运站1个、五级客运站4个，候车站棚115个。

基础建设。全年完成交通建设(不含高速公路)投资6.1亿元，占年投资任务6亿元的102%。县河至黄龙一级公路全长15.4公里，完成路基7公里、2座桥梁60%的工程量。二级公路：水向公路新洲至兵营段4座桥梁已完成3座，水向公路兵营至天宝段20.5公里完成全部路基工程、路面10公里，大洋芋沟1号、2号、3号桥梁完工、4号桥梁完成80%的工程量，大寨桥完成60%的工程量，观夫垭桥完工，长滩隧道进洞700米贯通，水向公路龙背湾电站复建段11公里完成路面水稳层及封层；水向公路桃源至向坝段23公里全面开工，完成路基5公里，五峰山隧道完成招标；水向公路水坪至小田段13.5公里全面开工，完成路基6公里；宽界公路三堰至洛河段6.7公里全面完工。县乡道改造：垃圾处理场专用公路5公里全面完工，汇两公路5.3公里全面完工，桃莱路31.2公里全面完成，万头奶牛场专用公路1.7公里路基基本完工。通村水泥路建设完成210公里，安保工程完成395公里，示范路培植1250公里。物流信息中心基本完工，汽车维修培训中心一期工程完成60%。黄龙高速客运站全面开工，完成总工程量的30%；鄂坪、汇湾、天宝、桃源4个乡镇客运站全面开工，中峰、关垭等3个农村综合服务站改造完成。新洲码头全面完成。

2014年11月15日，谷竹高速公路竹溪水坪黄龙高速进出口

公路养护。全县列入国家正式养护公路539.42公里，其中干线225.37公里、支线314.05公里。围绕建设"十堰市绿色崛起示范县"，加大公路绿化力度，使公路达到"畅、安、绿、美"目标要求，全年投入公路绿化资金800多万元，完成500多公里公路绿化和补植任务。农村公路管养以创建养护管理示范乡镇、示范路活动为契机，健全制度抓落实、公开招标抓管养、建立机制抓考评，全面推动农村公路管养上水平。推进农村公路安保工程和危桥改造。按照"尊重自然、正视自然、顺应自然、保护自然"的生态理念和"乔、灌、花、草结合，速生树种与慢生树种互补，落叶乔木与常绿灌木共生，生态效益与经济效益兼顾"指导思想，水向公路小田—兵营路段绿化建设投入资金200多万元、栽植10余种绿化苗木21000多株，实现"树下有花、花中有绿、三季开花、四季常青"目标。

安全管理。严把道路运输关，全面落实"三关一监督"，强化运输企业安全主体责任。普及安装GPS，实现对危险品运输车辆、长途客车24小时动态监管。全面落实长途客车凌晨限行制度，提高驾乘人员安全意识。进一步完善重点水域、重点船舶、重点时段和重点环节监管措施，以渡口渡船安全管理、联合执法为重点，深入开展水上交通安全专项整治活动。深化"平安工地"建设活动，重点加强桥梁、隧道、高边坡等施工现场安全监控。推进安全生产标准化，实现交通工程质量安全监督覆盖率100%。加强交通运输应急管理体系建设，完善突发事件应急预案，健全预测预警和应急联动机制，加强应急队伍建设和应急物资储备，提高快速反应处置能力。

【茅箭区】 2014年，全区公路里程482公里，其中二级公路22公里、三级公路60公里、四级公路220公里、等外公路180公里；客运站1个。

基础建设。全年完成交通固定资产投资3.2594亿元。完成二级公路路基22公里、路面26公里，县乡公路改造35公里，农村公路67公里，危桥改造2座，安保工程10公里。446省道白浪街办五〇厂至茅塔乡段改扩建工程到位资金3245万元，茅塔乡至丹江口市官山镇公路改扩建工程争取资金3000万元，县乡公路改造升级争取资金1080万元，渡改桥项目争取资金170万元。

城乡一体化。茅箭区政府把开通山区乡镇公交车列为政府“十件实事”之一，先后开通51路(客运南站—大川镇唐家河村)、65路(白浪路口—茅塔乡大沟茶厂)、66路(火车站—东沟念情谷)、乡村旅游车(客运南站—大川镇卡子村)和62路(火车站—赛武当自然保护区)5条公交线路，带动南部山区经济、旅游、农业等产业发展。

安全管理。开展交通运输安全专项治理和专项整治“回头看”、“全国安全生产月”等活动。做好节假日“保安全、保畅通、保稳定”专项行动、安全专项排查整治、汛期“三防”安全检查等工作，不走形式，确保实效。全面推进工程质量监管，监督过程中突出对桥梁和隧道工程重点部位、重点工序和施工工艺的检查。对严重质量问题严格执行挂号销号制度。完善行业维稳预警和矛盾纠纷化解机制，健全和落实责任体系。全年投入330万元清理塌方、治理滑坡等3万立方米，疏通开挖边沟10余公里，防滑材料(工业盐)2吨，安装标志标牌及广角镜100余套、防护栏3500米，因地制宜绿化通村公路10公里。

文明创建和廉政建设。围绕“为民、务实、清廉”主要内容，聚焦“四风”突出问题，完成学习教育、听取意见，查摆问题、开展批评，整改落实、建章立制工作任务，召开各种形式座谈会4场次、走访群众100多人次、发放调查问卷200份，收集整理涉及“四风”突出问题4类12条、关系群众切身利益及服务群众“最后一公里”问题4类8条。茅箭区交通运输局机关被区委区政府评为2014年度“文明单位”。

【张湾区】 2014年，全区公路通车里程808.88公里、路网密度116.2公里/百平方公里，其中高速公路50.98公里、一级公路58.92公里、二级公路19.8公里、三级公路44.18公里、四级公路445.9公里、等外公路189.1公里。

基础建设。全年完成交通固定资产投资14612万元，同比增长9%。十竹路张湾段二级公路累计完成路基27公里、路面8.7公里、3座桥梁建设；316国道柏林至黄龙段改扩建完成路基2公里；徐家湾至狮子沟县乡公路改造完成18公里；完成柏林路口桥、茶店桥、丁家沟桥、洞子潭桥、财神沟桥、鲍湾桥6座危桥改造；完成秦家山渡改桥1座46延米；完成通村公路路基改造55公里、路面硬化55公里。

行业管理。重点巡查公路陡弯、急坡、重点危险路段，设置安全警示标志、错车道、安全防护栏等安保设施。全年完成县乡道钢护栏及标志标线18公里、设置警示标志标牌120余处，投资400余万元。各乡镇街办、西城开发区与各村签订通村公路养护责任书，以公开竞标方式确定养护责任人，并与养护责任人签订养护责任书。区交通运输局制定农村公路养护质量考核办法，每季度按考核办法进行检查，年终综合考评，对养护管理好的单位给予奖励。完成农村公路养护里程651.113公里，其中村道404.498公里、乡道149.934公里、县道96.681公里，投入养护资金360万元。自筹资金抓好二方路维修工程，完成投资360万元。

安全管理。实行目标管理和领导“包保”责任制，层层签订安全责任书。组织道班人员开展专项应急演练、经常性公路巡查，预防雨雪冰雹天气安全事故。推进安全隐患治理标准化、数字化建设工作；与涉水的黄龙、方滩两个地方政府签订水路安全责任书，实施企业安全标准化工作，推进方滩、黄龙安全标准化渡口建设。与各乡镇街办、西城开发区签订道路安全责任书、农村公路安保责任书、农村公路养护责任书。全年无安全责任事故发生。

文明创建和廉政建设。健全和完善以党风廉政建设责任制为主要内容的领导干部监督、谈话、诫勉、定期评议等相关制度，强化制度约束。全面推行政务公开及向社会公开承诺制度，强化民主监督和社会舆论监督。区交通运输局荣获“市级文明单位”、“全市交通运输系统先进集体”、“全市综合目标考核优秀单位”、“区级最佳文明单位”、“全区农业农村工作先进单位”等称号。

【武当山特区】 2014年，全区公路里程586.7公里、路网密度188.4公里/百平方公里，其中高速公路6公里、一级公路4公里、二级公路10.4公里、三级公路246.3公里、四级公路320公里；内河航道通航里程22公里，港口1个，生产性码头泊位8个，渡口6个；客运站2个，其中临时大型客运站1个、三级客运站1个，货运站1个。

基础建设。全年完成交通固定资产投资2.12亿元，同比增长15%。普通公路建设完成投资4000余万元，一级公路完成路基3.8公里、路面0.9公里、260米桥梁主体完成85%以上。通村公路完成20公里，等级公路新增生产能力20%以上。建成“老乌线”、“琼台线”、“六五”线3条景区公路60公里(含5座桥梁和2条隧道)；建成太和路、沿河路、环城路、永乐路、玉虚路、老营路、文博路、车站路、皇榜路、消防站路和太极湖新区道路等城区道路13条180公里、通村公路390公里。316国道遇真宫段一级路改建工程完成85%，完成投资4700余万元；完成城区通神沟大道建设工程，完成货币工程量1000余万元；完成柳树沟太极湖旅游集散中心公路土石方6万立方米，完成投资200万元；推进武当新天地项目、武当山客运新站、武当山物流中心等汉十高速武当山互通改建项目，总造价3亿多元；落实本地财政对农村公路及居民小区公路养护专项资金23.2万元，强化养护25公里；推进“翡翠谷景点、特区公墓、消防站小区”等4条线6公里出入通道建设；推进枫土路改造工程、316土武一级路特区段改造、316武当山绕城段复线公路工程等重点建设项目。水运及港航建设完成投资1500万元，新增泊位20余个，港航通过能力最大达到1000余吨。二、三级客运站完成首期投资150万元。

综合运输。全区有武当山旅游开发公司景区车队、太极湖公交公司、太极湖出租汽车公司、骏通跨乡班线车公司4家客运企业和太极湖水上游公司1家水路客运企业，共有大中小客车200余辆、游船20余艘、太极湖大众牌出租车10台，大中小货车800余辆，客运量400余万人次、旅客周转量28200万人公里，货运量200余万吨、货物周转量7000万吨公里，水路客运量5万人次。城区大型车辆停车场(容量1000辆)2个、小型车辆停车场(容量300辆)1个，景区大型停车场(容量3000)1个、中小型停车场4个，水上码头4个、车船等候点26处。

行业管理。管养国道14.1公里。全年清理边沟320公里、道路垃圾750吨，修补坑槽2261平方米，清除塌方365立方米。国省干线公路通行状况优良率100%。垫付资金6万余元清理部分路段雨灾滑塌土石方，投入30万元修建硬化高速口大型临时旅游车辆停车场2500余平方米。优化调整老城区、太极湖新区公交线路班次，建设公交候车亭。路政执法取缔加水点3处、拆除非公路用标志牌6块、清理占道堆放物23处106平方米；运政执法查处违规行为13起，暂扣非法从事客运“黑车”6台；水运执法出巡70余人次、执法艇80余艘次，检查船舶150余艘次。

安全管理。修编《安全生产事故应急救援预案》《紧急突发事件应急预案》、《预防和处置群体性事件应急预案》、《防汛抢险工作应急预案》。成立特区公路局公路抢险应急大队、武当山景区观光车队应急大队、武当山太极湖水上公司应急大队，专兼职人员60余人，每年开展2次以上专职培训和应急演练活动。景区旅游车队、太极湖水上游公司、武当山太极湖公交、十武公交等企业采用“安全运营电子监控中心、GPS车辆动态定位系统、AIS船舶防撞控制系统”等技术，车载动态实时监控系统安装使用率95%，累计投入280万元。景区旅游交通模式领跑国内同业，太极湖水上游公司实现国家水运企业安全体系建设二级达标。对通村公路重点路段进行安全改造，增设防护装置和警示牌。

襄阳市交通运输

【概况】 2014年，全市公路里程27470公里、路网密度139.43公里/百平方公里，其中高速公路334公里、一级公路333公里、二级公路1709公里、三级公路1379公里、四级公路22238公里、等外公路1477公里；内河航道通航总里程532.25公里，港口1个，港区7个，生产性码头泊位179个，渡口119个；客运站87个，其中一级客运站3个、二级客运站7个、三级客运站2个、四级客运站6个、五级客运站64个、简易站5个，货运站11个。

基础建设。全年完成交通固定资产投资122亿元，超年计划4亿元，比2013年增长10.1%。境内高速公路建设完成投资75.31亿元，新增高速公路62.4公里。谷竹高速襄阳段建成通车，麻竹高速襄阳东段基本建成，麻竹高速襄阳西段、保宜高速襄阳段、襄阳绕城高速东段快速推进，老谷高速建设中，保神高速、枣潜高速襄阳南段前期工作加快推进。普通公路建设完成投资39.07亿元，建成一级公路路基102.82公里、路面107.47公里，二级公路路基236.68公里、路面177.21公里，县通乡公路251.13公里，通村公路1162公里；新建农村公路桥梁17座1311延米、改造农村公路危桥22座1347延米、建设农村公路安保工程983公里；316国道枣阳绕城段、303省道卧龙至承恩寺段、谷城南河三桥建成通车。站场建设完成投资2.04亿元，襄阳汽车客运东站、襄阳汽车客运中心站改扩建、枣阳市汽车客运中心站改造完成投入使用，老河口市高速汽车客运站、谷城县北辰汽车客运站、保康高速旅游客运站完成主体工程；建成港湾式候车棚50个、农村候车亭50个。物流园区建设完成投资4.1亿元，襄阳汽车产业物流园、襄阳物流信息中心、襄阳乾通物流中心、枣阳百盟商贸物流中心、老河口大通综合物流中心、宜城天兴物流中心、南漳县吉美家综合物流中心7个项目建设中，其中襄阳物流信息中心、襄阳汽车产业物流园区(一期)、老河口市大通现代交通综合物中心(一期)、枣阳百盟商贸物流中心(一期)投入使用；新、改建农村综合服务站14个。港航建设完成投资1.48亿元，南水北调汉江航道整治工程襄阳段全线完工，襄阳港小河港区综合码头一期工程完成征地拆迁，陈埠港区综合码头完成征地拆迁和场地“四通一平”工作。

前期工作。2014年，一级公路项目22个，取得工可批复20个、初步

改建中的316国道襄阳城区段与207国道襄阳市北段路面平交图

设计批复16个；二级公路项目28个，取得工可批复26个、初步设计批复21个。客运站场项目13个，完成工可报告、初步设计批复10个，枣阳市公铁客运换乘中心在编制工可报告、保康马桥三级客运站工可报告通过评审在办理专题要件、襄阳汽车客运西站工可报告通过省专家审查，除土地预审意见外其他专题基本完成；港航项目3个，襄阳港小河港区综合码头、陈埠港区综合码头工可报告和初步设计获批复，襄阳港喻家湾港区综合码头工可报告通过专家审查；物流园区项目7个，完成前期工作6个，南漳县综合物流园完成备案，资金申请报告编制完成；修编后的《襄阳港总体规划》于7月23日获得省政府批复，《襄阳市现代物流业发展规划(2013—2020)》于9月15日颁布实施，《襄阳市综合运输体系发展规划》和《襄阳市城区公共交通发展规划》分别通过市政府和省交通运输厅组织的专家评审。

筹融资。襄阳交通建设投资有限责任公司按照“政府主导、市场运作”原则，充分发挥交通投资、融资、建设管理平台作用，多渠道筹措交通建设资金，通过担保方式获得银行贷款6000万元。多次与襄州区政府和高新区管委会协调，积极为316国道、207国道襄阳城区段改建工程融资匹配800亩土地资源，其中襄州区匹配的600亩土地已经出具规划红线图和规划设计条件，在办理用地报批手续。与中行初步达成协议贷款2.4亿元，在办理评级授信。以襄阳汽车客运南站、襄阳新港小河港区综合码头建设为载体，与多家金融部门展开合作论证，拓宽项目建设筹融资渠道。南漳县通过市场运作、抵押贷款等方式，筹措资金3000多万元用于重点工程建设。采取“以地融资”方式，积极引进民营企业参与金漳大道、发展大道与麻竹高速两条连接线建设。

城乡客运一体化。推进公交优先发展战略，襄阳主城区新开通公交线路12条、延伸运营里程151公里、更新公交车辆218台。7月1日，城区首批5条微循环公交线路开通运行，营运车辆全部为国标迷你巴士，与主干道上的公交线路无缝对接，解决市民“最后一公里”出行难题；11月份，长虹路开通分时段运行的快速公交专用线路。老河口市率先实现227个行政村全部通客车，并将李楼—张集—仙人渡循环线路建成省级农村客运示范线路；枣阳市对城关至吴店道路客运班线进行公交化改造；南漳、谷城等县(市)相继开通城关至周边20公里范围内农村客运线路。全市城关20公里范围内农村客运线路从78条发展到105条，公交化运行率达到50%。

行业管理。全市开展执法行动14次，出动执法人员10.32万人次，查处各类违规违章经营行为1919起。开展“市民最信赖驾校创建活动”、维修工“竞进杯”技能比武以及驾培行业突出问题专项治理活动，全面推进驾培计时管理系统规范运营，提升驾培维修行业质量。全年受理各类咨询、投诉1434起，办结率100%。坚持依法依规维护路产路权，突出城乡接合部、省际交界处和集镇路段管理，重点整治乱搭乱建、非交通标志、堆物占道等违法行为，拆除违章建筑6870平方米、非交通标志1548块。加大车辆超限超载治理力度，检测车辆21.7万余台次，查处超限车辆3.82万台，卸载29590台、卸载货物21.74万吨。开展水运执法检查，对无证经营、证书不齐、证书过期船舶逐一规范，32艘1.1万载重吨船舶依法申领船舶营运证书。2家水运企业通过安全生产达标核准。依法取缔城区958辆人力客运三轮车。与公安、城管部门联合开展“三车”整治行动，重点查处无牌无证电动三轮车、机动三轮车以及非法营运“黑车”，查扣各类非法营运“黑车”618辆，其中“黑出租”31辆、“电三轮”564辆、“摩的”23辆。

运输生产。全市完成道路客运量9602万人、旅客周转量47.56亿人公里，货运量2.48亿吨、货物周转量483.19亿吨公里，同比分别增长11.4%、23.2%和15.1%、14.3%；完成水路客运量21.81万人、旅客周转量371.1万人公里，货运量975.8万吨、货物周转量16.19亿吨公里，同比分别增长3%、10%、6%和13%。

现代物流。大力培树物流示范园区和物流示范企业，襄阳东风合运物流公司被省发展改革委确定为全省服务业重点企业。不断扩大A级物流企业覆盖面，促进A级物流企业提档升级，东风合运物流公司由4A级晋升为5A级，实现全市5A级物流企业“零突破”。全市A级物流企业36家，其中5A级1家、4A级16家、3A级15家、2A级4家。在襄州区进行试点，与工商部门联合开展“重合同守信用”物流企业评选活动，评比表彰10家重合同守信用单位，促进物流企业诚信经营，推动物流诚信体系建设。倡导多家物流企业自发成立襄阳芮邦物流

2014年4月23日，襄阳首批汉江新渡船投入运营

联盟，实现资源共享，提高物流行业核心竞争力。以襄阳物流信息中心为平台，加大物流信息平台使用和管理，探索信息平台与物流园区互联互通，发布物流信息25979条。加快发展农村物流，联合邮政、商务、供销、农业等部门和民营物流企业，建立集农产品运输、小件快运、农资配送、信息发布、邮政金融代理等多功能于一体的农村综合物流体系。宜城市10个乡镇按照“1+1”模式、“1+N”模式改建11个农村综合物流服务站，实现农村综合物流服务站全覆盖；以农村综合物流服务站为依托，以梅缘农资“农家店”、农民专业合作社为载体，构建200个村级物流网点，打造宜城农村物流“交邮合作”品牌，得到交通运输部、国家邮政局和省交通运输厅、省物流发展局充分肯定。

安全管理。全面开展安全生产标准化建设，全市14家客运企业、22家危险货物运输企业完成达标考评。开展危险货物运输专项整治，清退危化品运输企业2家、注销安全隐患车辆48台、完成常压罐式车辆紧急切断装置加装1050台。对襄州区客运站、新华路临时客运站和中原路旅客之家临时客运站实施关闭转迁，彻底消除客运安全隐患。强化水上安全监管，争取市政府出台《襄阳市城区水上管理办法》。扎实开展水上旅游客运、渡口渡船检查、“打非治违”、“四船共治”、“严打严治”等专项整治活动，组织乡镇长、乡管员、渡工安全培训339人次，发放《内河渡口渡船安全管理规定》500余册。组织安全督查专班13个，督(检)查工程施工项目26个，消除一般安全隐患209起，整改重大安全隐患7处，现场纠正32起违规行为和12起安全管理问题，行业安全保持稳定态势。

依法行政。对347项交通执法权力进行梳理，拟定交通运输市场监管清单、权力监管清单和“负面”清单，及时在交通网站、电子显示屏及各执法服务窗口进行公开公示，接受群众监督。实施行政执法队伍轮训，组织开展“送法进基层”活动，邀请省交通运输厅专家和9名一级培训师授课，举办培训班127批次。稳步推进基层站所“三基三化”(基层执法队伍职业化、基层执法站所标准化、基层管理制度规范化)建设，襄阳市运管局直属三所、枣阳市运管局、宜城市公路局、谷城县公路局4个执法单位从健全规范制度、执法环境建设、执法装备配备等16个方面开展试点。无行政复议和行政诉讼败诉案件。

文明创建。襄阳市交通运输局荣获湖北省绿化模范单位、全省交通运输系统先进集体、全市创建国家森林城市先进单位、党建工作先进单位、最佳文明单位、平安单位等荣誉称号。开展“争当好干部”活动，涌现出全市第四届杰出人才水波、全市“十佳公仆”周运华、全省交通运输行业“十行百佳”王玉梅、优秀共产党员方道顺等先进人物。　　(徐旭贤)

【枣阳市】 2014年，全市公路里程4619.05公里、路网密度141公里/百平方公里，其中高速公路67.62公里、一级公路31.95公里、二级公路408.92公里、三级公路216.74公里、四级公路3659.19公里、等外公路234.63公里；客运站12个，其中一级客运站1个、五级客运站11个。

基础建设。全年完成交通固定资产投资2亿元。完成316国道枣阳绕城公路建设项目以及枣蔡路、太杨路、枣刘路、唐平路、枣耿路、兴资路等6条县通乡公路。新建通村公路148公里，占计划100公里的148%，完成琚庄南桥、南河桥、付寨桥、资山南街桥、刘桥桥、张华桥、陈坡桥、梁集桥、榆韩桥、五河桥10座危桥加固改造。

综合运输。全年完成道路客运量2587万人次、旅客周转量18.69亿人公里，道路货运量2492万吨、货运周转量36.87亿吨公里，比2013年分别增长15%、18%和25%、26%。规模物流运输企业12家、运输车辆858台、载重吨位9587吨。拥有跨省客运线路23条、跨地市客运线路8条、农村客运线路102条，出租汽车公司4家、出租汽车300台、从业人员600名。城市营运线路12条、营运车辆107台、线路总里程168.4公里，日客运量2.5万人次，万人拥有公交车3.6标台，居民出行分担率10.5%，有公交站台、站点280处。有枣阳百盟光彩产业城、枣阳市大唐物流有限公司和枣阳市方氏物流有限公司3个物流园区。有枣阳市四达汽车运输有限公司货场装卸分公司、五二〇资产管理中心、湖北储备物资管理局二七〇处转运站3家铁路货场，运输量为75万吨/年。运

2014 年 6 月 30 日，枣阳市发展大道暨 316 国道枣阳绕城公路建成通车

输服务信息部 30 家、机动车维修业户 110 家、驾驶学校 7 家、检测站 1 家、装卸搬运企业 4 家。

行业管理。全年查扣非法载客机(电)动三轮车 300 余台次，查处无营运资质从事出租客运车 20 台。鼓励企业发展中长途客运、快速客运、旅游客运，加快货运车型由开放、散装型向厢式、甩挂型发展，新开通枣阳至西安线路。许可三类维修企业 1 家。优化公交线路布局，新开通 16 路公交和 101 循环线路，延伸 3 路公交线。实施路政巡查 500 余次、制止违建 20 处、清理路障 60 处 1200 立方米，查处各类公路违法行为 126 起，立案 29 起、结案 29 起，案件查处率、结案率 100%，文书档案达标率 99%；查处超限车辆 1495 台，卸(转)载车辆 1047 台 1825.95 吨，超限车辆控制在 5% 以下。全年道路运输无重特大事故发生，水运连续 35 年实现安全生产无事故。

公路养护。完成油层坑槽 2.5 万平方米、底层坑槽 1.5 万平方米、油路灌缝 34.9 公里、水泥路灌缝 5.5 公里。推行“国路民养”承包方式，对太王路、七蔡路、兴唐路、草双路、枣鹿路 5 条支线公路通过公开招标方式，实行国路民养养护管理模式，提高支线公路管养水平。

文明创建。围绕中心，服务大局，抓好基层党建工作，充分发挥党组织的战斗堡垒作用和党员干部先锋模范带头作用。枣阳市公路管理局东郊车辆超限超载检测站获得“全市青年文明号”荣誉称号；枣阳市运管局运政执法馨凤班组在团省委、省文明办、省青年文明号组委会举办的 2014 年度湖北省青年文明号优质服务大赛中荣获行政执法类二等奖。 （亢博谊）

【宜城市】 2014 年，全市公路里程 3568.65 公里、路网密度 161.05 公里 / 百平方公里，其中高速公路 91.53 公里、一级公路 119.75 公里、二级公路 156.09 公里、三级公路 273 公里、四级及其以下公路 2928.28 公里；内河航道通航总里程 65 公里，港区 10 个，客货码头 33 个，泊位 67 个，其中 500 吨级泊位 2 个，达标渡口 18 处；客运站 12 个，其中一级客运站 1 个、二级客运站 1 个、四级客运站 1 个、五级客运站 9 个，货运站 1 个。

基础建设。全年完成新建、改建及维修国省干线公路、县乡道和市政道路 21 条，货币工程量 3.06 亿元。其中主要完成开发区锦昔路、西城大道、七里庙路、北环二路、七里庙桥 4 路 1 桥、新王路新街至张自忠殉国处 8 公里、刘李路 2.5 公里新建工程，襄沙大道北段 1.9 公里改建，王万路 14.814 公里改扩建，宜璞孔路 6 公里改造，346 国道板桥街道段 1.2 公里、襄钟路新街至马头山段 12 公里大修，207 国道 11 公里中修。完成黄水桥、堰湾桥、长渠桥、莺家洼桥、幸福桥、鲤鱼桥、飞虎桥 7 座干线公路危桥加固。建成通村水泥路 116 公里和城区道路 9 条，完成 9000 多平方米维修任务。

综合运输。全年完成道路客运量 2571 万人次、旅客周转量 10.49 亿人公里，货运量 1713 万吨、货物周转量 25.04 亿吨公里，比 2013 年分别增长 31.8%、38% 和 39.3%、37.6%。全市拥有营运客车 282 台、出租车 141 台、

2014 年 6 月 5 日，宜城市区中华大道摊铺沥青混凝土

货车1917台、牵引车208台，总吨位12169吨；客运班线49条，其中跨地市班线7条、跨县市班线18条、市内班线19条、公交线路5条。拥有各类船舶151艘。积极推动交通与邮政、农业等部门合作，探索出“两种模式同推进，五大中心布城区，11个站点连乡镇，200个网点直达村”的农村物流发展新路，已建成1个物流信息中心、3个物流配送中心，11个乡镇物流服务站，200个村级物流网点，实现市、镇、村三级物流站点全覆盖。集客货运输、农产品运输、小件快运、农资配送于一体的农村物流运输网络覆盖全市，解决了农村物流发展“最后一公里”问题。通过物流站点为农民提供物流信息3000余条、投递和循环收储物流商品及邮件95000余件、配送农资23050余吨。宜城市发展农村物流做法得到国家、省和襄阳市交通运输部门充分肯定，被省交通运输厅列为全省农村物流发展试点。

行业管理。组建运管、客管、公安、城管、工商、物价等部门联合执法专班，重点对“黑三轮”、“黑面的”、“黑驾校”等非法营运行为和出租车违规经营行为进行专项整治，查扣处罚非法载客“黑三轮”、“黑面包”和不规范经营出租车360多台次。取缔非法培训黑驾校10余处，新增3家驾培学校。严格治理超限超载，车辆超限超载控制在8%以内。新开通3路、4路、8路3条公交线路，新建部分候车亭（站牌），公交线路达到5条、候车亭（站牌）达到69个。更新出租车141辆，襄阳市政府批复新增59台出租车。

公路养护。整合养护资源，革除“小站、小锅、小灶”分散作业模式，清退42名临时工。推广标段承包和计量支付方式，变过去的定性分配养护经费为定量计量，实行巡查、检评、考核、兑现四项运行机制，推行标段计酬，将职工报酬与工效挂钩，养护职工工资人均增幅20%以上。全年修补沥青路面坑槽9967.9平方米、修补基层4930.5平方米、巩固完善标准路基282.8公里、清理边沟16.505万延米。

文明创建。宜城市交通运输局被评为“2011—2012年省级文明单位”“湖北省机关档案工作目标管理省特级”、“宜城市2012–2013年度文明行业（系统）”、“2013年度落实党风廉政建设责任制工作优秀单位”、“2014年度楚都先锋”、襄阳市“2013年度交通运输工作目标考核一等奖”。（胡浩亮）

【南漳县】 2014年，全县公路里程4209.7公里、路网密度109.1公里/百平方公里，其中一级公路32.7公里、二级公路234.9公里、三级公路337.7公里、四级公路3377.4公里、等外公路227公里；内河航道通航总里程79公里，旅游码头泊位14个，渡口12个；客运站14个，其中二级客运站1个、四级客运站1个、五级客运站12个，货运站1个。

基础建设。全年完成交通固定资产投资3.65亿元，比2013年增长3.4%。完成园区公路建设6.7公里、干线公路改建50.8公里、干线公路危桥改造11座、安保工程18.3公里；完成农村公路建设208.5公里、维修改造320公里、危桥新建及加固改造10座、安保工程236公里。

综合运输。全年完成客运量1033万人次、旅客周转量5亿人公里，货运量2721万吨、货物周转量27.99亿吨公里，比2013年分别增长45.7%、37.6%和14.5%、124.4%。新增、更新农村客车22辆，比2013年增长13.4%；高级客车37辆，比2013年28辆增长32.1%；重型、专用货车193辆，比2013年168辆增长14.9%；甩挂运输车辆29辆，比2013年27辆增长7.4%。新建港湾式公交候车站亭14处，新开通1条、延伸2条城市公交线路；更新10辆新型环保节能型公交车，开通南漳首条城乡公交线路。

行业管理。扎实推进“两分离、两结合”公路养护改革，全年巩固完善标准路基450公里，完成干线公路绿化465公里，列养公路干支平均好路率、干线好路率、标准化路基建设3项公路养护指标比2013年提升2个百分点。搭建物流运输信息网络平台，全年收集、发布物流信息4000余条。开展客运市场经营行为专项整治行动，查处城市出租车、公交车、班线客运等五大类营运车辆违法违规经营行为416起；对汽车维修、驾驶员培训、危险品运输、水上交通等行业进行规范整治，运输市场秩序好转。

科技与信息化。12月7日，省交通运输厅召开南漳县农村公路建设环保技术应用研究项目评审会，南漳县交通部门申报的农村公路“弹石结构路面”技术，通过专家评审验收。农村公路弹石结构路面，属于半整齐石块路面，是用经过粗凿加工后的石块

2014年12月22日，南漳首条城乡公交线路正式开通

铺垫在砂垫层上，经过碾压成型的一种路面结构。弹石路面具有建设成本低、施工难度小、不污染环境等特点，适用于交通流量较小的偏远山区。

安全管理。强化安全监管，开展道路危险品运输和水上交通安全应急演练，积极排查治理各类安全隐患，公路桥梁工程建设、客运、水上交通连续12年无重大责任事故发生，被省交通运输厅表彰为“全省交通运输系统安全应急管理工作先进单位”。

筹融资。依托南漳县亨昌交通投资公司平台，通过市场运作、抵押贷款等方式，全年筹措交通建设资金3000万元。通过招商引资，引进民营企业投资2亿元参与金漳大道、发展大道与麻竹高速两条连接线建设。

文明创建。开展创先争优和文明创建活动，南漳县交通运输局“省级文明单位”和“档案管理省特级”通过复查验收，县公路局创建“省级文明单位”通过评审，县物流局、县运管所、县乡道所保持“市级文明单位”荣誉。（何靖）

2014年，305省道保康县黄堡镇路段绿色生态走廊

【保康县】 2014年，全县公路里程4296.98公里，路网密度132.83公里/百平方公里，其中高速公路12.3公里、二级公路310.32公里、三级公路129.45公里、四级公路2548.89公里、等外公路1296.02公里；渡口8个；客运站11个，其中二级客运站1个、五级客运站10个，货运站1个。

基础建设。全年完成交通固定资产投资4.53亿元，比2013年增长60%，其中普通公路建设完成投资4.275亿元。完成襄关线保康城区段改建工程（县城绕城路）路基工程建设，投资4800万元；完成保宜路牌坊湾至朱家场段改建工程4.72公里，投资4280万元；完成温泉小镇景观公路改造工程6公里，投资1640万元；完成襄关路梅子岭至张湾段大修工程21公里，投资6870万元；完成襄关路城北至朱藏洞段大修工程30.761公里，投资8830万元；完成后高路大修工程39.35公里，投资7920万元；完成石开路大修工程5公里，投资450万元；完成白茨路大修工程4公里，投资540万元；完成安保工程波形钢护栏22.5公里、钢筋混凝土防撞墙2.3公里，货币工程量670万元；蒋口桥、旱拱桥加固工程，完成形象进度10%，货币工程量100万元；完成野花谷大桥桥梁桩基工程建设，投资200万元。建设农村水泥路170.2公里，新建农村公路桥梁4座344.2延米，危桥改造2座80延米，安保工程312公里，完成投资6450万元。客（货）运站场完成投资2550万元，完成高速旅游汽车客运站主站楼基础和地下停车场建设，启动主站楼建设，投资2200万元；完成城区公交车站场地平整，启动站房主体工程建设，投资200万元；完成马良车站建设，投资150万元。

综合运输。全年完成道路客运量1206万人、旅客周转量3.97亿人公里，分别比2013年增长7%；货运量1360万吨、货物周转量27.51亿吨公里，分别比2013年增长10%。全县有营运车1852辆，其中营运客车330辆、营运货车1392辆（包括新增、更新货车191辆，其中重型货车65辆）、农用车130辆。公交车14辆、公交线路2条。客运班线190条，其中跨省跨市跨县际班线17条、客车25辆；县境内班线173条、客车305辆。机动车维修企业86家，其中一类维修企业1家、二类维修企业12家、三类维修企业73家。危险品运输企业1家。驾驶员培训学校4家。

行业管理。全年查处非法营运小型客车58辆，查处不具备危险品运输条件车辆5台，加高、加轴改型车辆260台，查处不按规定进行二级维护车辆127台，倒买倒卖竣工出厂合格证6起，清理整治驾校违规培训点2个。清理公路及公路用地范围内堆积物70处1000余平方米，清理堵塞边沟40处，清除、制止违法建筑2处，拆除非公路标志10块。路政大队收取公路赔（补）偿费54.03万元。马桥超限站和黄堡、开峰峪临时治超点，采取“源头治超、一票到底，车辆改装、一切到底，部门联动、一抓到底，规范执法、一把尺子量到底”工作法，分三班24小时无缝隙工作，查处超限车辆550台，卸（转）载550台，卸载货物450吨，配合运管所切割高厢板115台，卸载加轴加胎93台，超限运输车辆卸载率100%。

公路养护。全年投入1161万元，清理边沟6163公里，清除垮方30.3万立方米，清理涵洞2866道，巩固标准路基316.238公里。完成襄关路、保宜路、白茨路补油罩面1360.7平方米，保宜路路面灌缝39公里，铲平保宜路路肩26475平方米。完成襄关线、保宜线、后高线、白茨线、保兴线不规则断缝及错台处治821.75平方米，维修襄关路、石开路水泥混凝土路面破碎板6712平方米。完成保宜路K85+100、K90+100、K91+100维修防撞墙140米，襄关线、石开线、保宜线、白茨线、后高线维修钢护栏2484米，刷新标志牌、地名牌195根。完成襄关路、保宜路、白茨路、后高路、保兴路、石开路补植树18192棵。完成两横路12.6公里维修工程，货币工程量1000多万元。水毁季节投入装载机763台次、挖机195台次、运输车辆1246台次，在路基缺口、险段设置安全警示牌64块、安全警示柱186根、危桥警示牌18块、围彩绳8600米。新建张湾站房、改建黎店站房。

安全管理。制订完善峰儿垭隧道应急预案、道路防洪抢险应急预案、冬季道路保畅（突发事件）应急预案、防火消防预案。开展峰儿垭隧道桌面推演、消防应急演练。开展“三查一促”活动，督促2家客运企业排查、整改安全隐患23次。对全县列养的所有干线公路、桥梁、隧道和在建工程施工项目进行大排查，查出一般隐患6处。对全县列养的82座桥梁进行排查，对存在一般隐患的9座桥梁建立档案，明确专人负责监管，做好详细记录。集中整治过境路段4次、清理堆物占道46处400余平方米，查处55吨以上超限车辆200余台。

投融资。全年争取政策资金3.4亿元，被保康县委县政府授予“政策性资金争取工作先进单位”。成立保康县交通投资有限公司，加快推进各项配套工作，积极推进房产、土地等固定资产评估，争取银行授信。

文明创建。扎实开展创先争优活动，保康县交通运输局、公路管理局、道路运输管理所被评为市级文明单位，保康县交通物流发展局被评为市级最佳文明单位。保康县交通运输局被县委县政府授予“全县综合类优胜单位”、“全县党建工作先进单位”、“2014年度落实党风廉政建设责任制工作先进单位”、“城市管理先进单位”、“信访稳定先进单位”、“生态旅游试验区建设先进单位”、“脱贫奔小康试点县暨新农村建设先进单位”称号。

（朱兴隆）

【谷城县】 2014年，全县公路里程3625.55公里，其中高速公路83.45公里、二级及二级以上公路184.39公里、三级公路110.02公里、四级公路2692.19公里、等外公路555.49公里；客运站9个，其中二级客运站1个、三级客运站1个、五级客运站7个，招呼站200个，乡村候车亭117个。

基础建设。全年完成固定资产投资6.9亿元，新建和改建公路177.82公里，其中国省干线44.31公里、通村水泥路104公里、县通乡公路改造29.51公里、危桥改造20座、安保工程5处，巩固标准路基240公里。南河三桥建成通车，316国道开发区段、303省道茨河段改扩建工程竣工。启动南河至368省道南河码头至南河广场6.2公里改建，计划总投资652万元，已完成2.3公里，完成投资242万元（其中交通补助69万元、南河镇自筹173万元）。大薤山旅游循环路安保设施更新和配套投入30多万元。推进北辰汽车客运站、盛赵路和盛五路改建工程，启动303省道庙滩南川至汪蒋段、谷水路新店桥段工程建设。完成农村公路通畅工程129.5公里、新改建农村危桥20座，配套设置农村公路安保防护栏4800米、广角镜6个、减速带50米。完成大倒路建设扫尾和当铺桥拆除重建工程。

2014年6月28日，谷城南河三桥建成通车

综合运输。全年完成公路客运量4585.38万人次、旅客周转量18.32亿人公里，货运量3890.39万吨、货物周转量40.95亿吨公里，比2013年分别增长9.02%、9%和10%、10.7%；完成港口客运量9.73万人次、旅客周转量130.1万人公里，货运量8.6万吨、货物周转量1002万吨公里，比2013年分别增长17.51%、5.08%和5.39%、5.41%。有营运客车448辆、汽车客运线路110条，其中跨省线路11条、跨地市县线路27条、县内线路61条、公交线路11条。

养护改革。全年完成坑槽修补3562平方米、坑槽垫补440立方米、清理边沟647.545公里、整修高路肩214417平方米、灌缝54258米、贴补裂缝287米、清除垮方3586立方米、维修边沟368立方米、整修路基14957.7立方米，完善公里碑、百米桩、标志牌等336块（处）和危桥标志6处12块。全县有农村公路1546条3810.9公里，其中通村水泥路2300公里，实现专人养护1500公里。采取以村为主、公开招聘、竞争择优办法进行农村公路养护，全县配备294名养护人员，逐人配备养护服装与工具，村负责日常检查，乡镇负责月度检查，县农路办负责季度检查，年终根据考核结果发放养护经费。

行业管理。全年新增、更新客车8台，开通公交线路4条，县中心城市20公里范围内公交化改造率100%。开展城区客运市场专项治理，加强危货运输、驾培和维修行业监管，查处违规培训点2处、黑教练车3台。道路运输从业人员继续教育培训考核发证3179人。水路运输加快船型标准化建设，新增运力300载重吨，检验各类船舶50艘、840总吨、509.64千瓦、1492客位。公路路政拆除未经审批非公路标志牌19块、制止公路控制区内修建建(构)筑物16处1980平方米，处理路损案件42起，办理涉路施工许可案14件，查处涉路违法案件15起。开展建筑垃圾运输、飞扬撒漏和治超专项行动，检测货运车辆9.8万台次，查处超限运输车辆4700台次。开展"六打六治"专项行动，排查整改安全隐患57个，完成15家企业"两化"工作。

（赵年雷）

【老河口市】 2014年，全市公路里程1863.65公里、路网密度180.59公里/百平方公里，其中高速公路19.7公里、一级公路28.80公里、二级公路103.12公里、三级公路69.97公里、四级公路12.82公里、等外公路1629.24公里；内河航道通航总里程57.8公里，港口26个，生产性码头泊位28个，渡口3个；客运站9个，其中二级客运站1个、三级客运站1个、五级客运站7个，货运站1个。

基础建设。全年完成交通固定资产投资10.8亿元，比2013年增长12.27%。老宜高速公路老河口段路基基本形成，完成挖方126.4万立方米、填方117.3万立方米、桩基112根、梁板预制40片，完成涵洞、通道15座；310省道襄州长王集至老河口袁冲段改建工程完成投资3800万元，建成路基15公里；316省道老河口张集至李楼段改建工程完成投资1797万元，建成路面9.02公里；闵半线余家桥改建工程完成投资570万元；302省道老河口雷祖殿至丹江口五龙山段改建工程完成投资3700万元，路基清表3公里、路基挖方33万立方米、路基填方10万立方米、挡墙300米、边沟1000米；仙油线改建工程完成投资1320万元；316国道老河口段改建工程完成投资2000万元。

综合运输。全年完成道路客运量627万人、旅客周转量4.11亿人公里，货运量1550万吨、货物周转量28.62亿吨公里，比2013年分别增长15.8%、33%、140%和141%；完成水路货运量64万吨、货物周转量6400万吨公里，港口吞吐量64万吨，同比增长10.4%。有高级客车96辆，新增、更新农村客车7辆，重型、专用货车787辆(新增21辆)，甩挂运输车256辆(新增33辆)。新建港湾式公交候车站亭2处、新开通城市公交线路2条、新增农村客运线路14条。全市登记注册物流企业41家，其中传统运输业30家、综合物流企业3家、仓储企业3家、邮政快递企业5家，物流园区1个。

行业管理。全年开展路政综合整治和过境路段整治4次，清除路障7000余平方米，查处超限车辆1781台，卸转载车辆300余台、卸载货物500余吨，超限率控制在4%以内。进一步完善小修保养三级考核机制，巩固完善标准路基157公里，境内316国道和302省道路面使用性能指数PQI为86.4，优良路率达到72.7%。开展客运市场经营行为专项整治行动，查处城市出租车、公交车、班线客运等五大类营运车辆违法违规经营行为71起。对汽车维修、驾驶员培训、危险品运输、水上交通等行业进行规范整治，运输市场秩序明显好转。开展公路水路运输安全专项整治行动6次、整改公路水路交通安全隐患110处，开展水上搜救演练。

城乡客运一体化。以全省农村客运发展试点县市为契机，重新制订"村村通"客车实施方案，高标准规划城镇、镇村、村村公交线路，对城乡公交站、亭以及道路修建、增加错车台等基础设施进行合理规划。高标准快速实施仙油路改造，由原来的4米扩建为6米，达到二级公路标准，建成仙人渡—张集—李楼循环示范线；完成路肩培土总量的30%，错车台开挖156个，浇筑完成87个，路面改造14公里，维修破损路面300余米。建成五级客运站7个、候车棚158个、招呼站554个、城市公交站点86个，投放客运车辆186台，开通城乡客运线路33条，营运里程576公里，227个行政村实现客车全覆盖，农民群众行路难、乘车难问题得到有效改善。

投融资。采用匹配项目和土地的方式，依托太平洋建设集团、龙隐投资公司、公路建设公司贷款主体，开展筹融资工作。通过包装公路资产、发行企业私募债券4个亿，使全市公路巨大沉淀资产重新流动起来。积极向上争取项目建设资金，共争取26个

新建的老河口市黄老路农村候车亭

类别项目资金2.4亿元。（刘源）

【襄州区】 2014年，全区公路里程3535.56公里、路网密度153.32公里/百平方公里，其中高速公路92.3公里、一级公路59.02公里、二级公路173.24公里、三级公路127.72公里、四级公路635.6公里、等外公路2447.68公里；内河航道通航里程205公里，旅游性码头泊位4个，经区政府批复达标渡口34处；客运站10个，其中客运枢纽站1个、二级客运站2个、三级客运站2个、四级客运站2个、五级客运站3个，农村综合服务客运站1个，公路货运站场2个。

基础建设。全年完成交通固定资产投资11.2亿元，比2013年增长38%。其中境内襄阳绕城高速东段11.8公里路基基本完成，完成投资2.94亿元；316国道、207国道襄州段改建工程完成，投资6.047万元，一期工程33.5公里路基、路面基本完成，二期工程完成小构造物建设68处。省、县、乡村道路建设完成投资1.68亿元，襄钟路峪山至方集段18.3公里、黑牛路黑龙集至石桥段10.3公里、古凉路改线段3.896公里、双黄路张家集街道段0.9公里、襄洪路罗岗水库溢洪道段0.5公里全部完成；建设通村公路123公里，完成竹园至石庙、朱集至翟湾、峪山至吴河等县乡公路建设23.5公里，建成石桥柳营西河桥、付王桥、程河赵营小河桥、曹河桥、龙王唐岗桥、汪畈桥6座农村公路桥梁，在建3座；襄阳汽车客运东站后续工程建设投入5300万元、龙王综合服务站建设投入30万元。

综合运输。全年完成公路客运量1465万人次、旅客周转量7.21亿人公里，货运量5518万吨、货物周转量1.35亿吨公里，比2013年分别增长7%、8%和11%、11%；完成港口吞吐量305万吨，水路货运量177万吨、货物周转量1.65亿吨公里，较2013年增长6%。2014年1月16日，襄阳汽车客运东站正式投入使用；完成东津、王河、打伙、施营等5条城乡客运线路公交化改造，新开通568路、53路、52路、55路、56路、57路、58路等7条公交线路。更新大吨位、专用运输船舶37艘，新增运力9640载重吨；新增普通货车3160台、危险品货车99台，更新客车32台。全年完成物流营运收入74.46亿元。完成18家部省重点物流企业资料上报工作，新增A级物流企业5家，东风合运物流公司升级为5A级物流企业，实现5A级物流企业“零突破”。

行业管理。出台《农村公路养护管理工作实施意见》，争取区财政配套养护经费334万元。实施养护体制改革，推行标段责任承包，实行管理人员包线包站责任制，强化监督检查，对农村公路管理养护情况实行月检查、季度考核，根据养护绩效半年兑现一次养护经费。干支优良路率80.52%，其中干线优良路率93.76%。完成316国道、207国道、217省道等出口路创卫任务，为汉江流域(襄阳)农博会、全省水利建设现场会、鄂北水资源配置现场会的召开提供良好环境。出台《襄州区道路交通环境综合治理实施方案》，由区政府牵头、区直12家部门成立联合整治专班，整改非法改装车辆23台、检测车辆12.375万台，超限车辆3709台，卸、转载1520台8000余吨，超限率控制在3%以下。定期开展水陆运输、道路安全、施工安全专项整治活动，及时消除安全隐患。执法车辆全部安装北斗定位系统、稽查车辆安装移动电子监控取证系统。全区交通运输系统没有安全责任事故、重特大安全事故发生。

筹融资。争取地方投资7723万元。其中征地、拆迁投入985万元，工程建设6738万元。积极争取政府支持公路建设投入的同时，采取5：3：2的付款比例方式吸纳企业和个人资金参与公路建设，具体操作方法是由区公路局担保，局属汇通公司与参与者签订投资协议，工程完工后当年支付参与者50%工程款、第二年支付30%工程款、第三年支付20%工程款，按时履行合同，树立良好的合作信誉。

文明创建。开展“甘做为民铺路石，争当发展先行者”主题大讨论活动，加强交通移动服务平台建设，为300多台在新疆、福建等地经营的液化运输车、50多艘在长江营运的船舶上门办理年审年检手续，为车船业主节约开支700多万元。中央电视台、湖北日报、湖北电视台等媒体对先进事迹进行了大力宣传。（王志功）

在建中的316国道改建工程襄州区唐白河大桥

【襄城区】 2014年，全区公路通车里程1389.84公里，其中一级公路77.51公里、二级公路15.8公里、三级公路54.7公里、四级公路1241.83公里；客运站4个，其中二级客运站1个、五级客运站3个。

基础建设。全年建设完成通村公路52.4公里、县乡公路改造29.44公里，新建李营桥1座农村公路桥梁。

交通运输。全区拥有客车90台、中巴车26台。开通客运线路35条，日发班次423班，营运总里程398公里。完成客运量937万人次、旅客周转量2.56亿人公里，货运量1536万吨、货物周转量22.05亿吨公里。

农村公路建养管。农村公路建设施工中杜绝使用小青砂，坚持使用中粗砂，对原材料使用不合格的施工队下达停工通知4份。严格检查施工企业水泥用量，落实质量责任制度，实行工程设计、施工、监督责任制。建立农村公路质量责任档案，将每条道路的负责人、施工单位、技术责任人的名字挂牌公示，实施工程质量追究制。狠抓农村公路建设环境保护，突出环境与自然景观协调建设理念，对工程施工环境保护、取土弃土、场地恢复、路容路貌和绿化美化严格要求，把环境保护纳入对施工单位检查验收的重要内容。全年没有发生一起安全生产责任事故。 （邱丽华）

【樊城区】 2014年，全市公路通车里程1212.32公里，其中一级公路71.52公里、二级公路19.16公里、三级公路40.62公里、四级公路1081.02公里。

基础建设。争取国家补助资金284万元。完成通乡公路改造22.29公里、通村公路建设28.4公里，为年计划的100%。

交通运输。完成公路客运量1329万人、旅客周转量62145万人公里，货运量634万吨、货物周转量57608万吨公里。

农村公路建养管。区委、区政府成立农村公路建设领导小组，将交通重点工程建设纳入全区经济社会发展十件实事。按照“因地制宜，先通后畅，分步实施，逐步提高”原则，采取“一线穿珠，区域循环”方式，配套通乡路、打通断头路、发展通村路，积极探索农村公路养管新体制，建立“政府投资为主，农村村组为辅，鼓励社会各界共同参与”养护管理资金筹集机制。构建乡村协管站新模式，成立区路网指挥部，各乡镇办成立农村公路养护协调管理站，村委会成立养护小组，实现“乡乡建起协管站，村村都有协管员”的管理新格局。聘请公路沿线农民参与公路养护，协助公路管理部门做好本乡镇农村公路养护；注册成立跃达公路养护工程有限公司，专门负责全区范围内农村公路养护管理。

（张雷）

宜昌市交通运输

【概况】 2014年，宜昌市公路里程27853.65公里、路网密度132.11公里/百平方公里，其中一级公路416.14公里、二级公路1925.3公里、三级公路702.44公里、四级公路20753.97公里、等外公路4055.8公里；内河航道通航里程678.44公里，港口379个，泊位577个，其中生产性泊位438个，渡口185处；客运站91个，其中一级客运站2个、二级客运站11个、三级客运站7个、四级客运站8个、五级客运站63个，农村综合服务站16个。

基础建设。全市完成固定资产投资110亿元，较2013年增长8%。宜昌市“八线三环”公路主骨架加速形成。全年新增高速公路204公里，高速公路通车总里程达到546公里，宜巴高速、保宜高速宜昌段建成通车，结束兴山、远安不通高速的历史；宜张、宜岳2条高速公路加快建设，白洋长江大桥、宜来高速、江北翻坝高速等项目前期工作积极开展。全年建成一级公路110公里、二级公路150公里，当阳至枝江、318国道万城大桥至云池等15条300余公里一级公路加快建设。完成公路大中修275公里、安保工程195公里，国省干线优良路率达到81%，路况综合水平跃居全省第三位。完成县乡等级公路135公里、通村公路956公里，农村交通出行更加便捷。白洋一期、茅坪二期、云池、红花套、峡口等三峡枢纽港核心港区建设加速推进，三峡翻坝（茅坪）物流园、白洋物流园、红花套物流园等站场建设全面启动，宜昌“三峡现代物流中心”已现雏形。

综合运输。交通物流市场蓬勃发展，新增4家A级物流企业，全市A

2014年9月28日，保宜高速公路宜昌段建成通车

级物流企业达到30家，数量居全省第二位；爱奔物流园“公路港”物流模式取得阶段性成果，被评为全省“十佳物流园区”。新型运输方式加快发展，开通宜昌至忠县滚装运输航线，为宜昌至成都周边车辆开辟更优的运输通道；农村物流创新“货运班线”“快递超市”等发展模式。全年完成公路、水路客运量1亿人次、旅客周转量51亿人公里，同比增长8%和20%；完成公路、水路货运量1.3亿吨、货运周转量492亿吨公里，同比增长35%和55%；港口吞吐量6891万吨，同比增长12%，其中集装箱吞吐量12.6万标箱，同比增长13%；邮政业务总量达到4.9亿元，同比增长31%，其中快递业务量6039万件，同比增长47%，全市千亿物流产业加速形成。客运服务质效全面提升，新开通宜昌至重庆、成都动车，宜昌与川渝实现快速连通，铁路完成客运量828万人次，同比增长22%。三峡机场开通至台中、高雄、丽江、常州等地新航线，旅客吞吐量首次突破百万大关，达到112万人次，同比增长25%；宜昌航管站盲降系统更新完善，全年保障航班安全运行10560架次。城区新增12条公交线路，公交覆盖面进一步扩大，宜昌市成为全省四个一类公共交通示范城市之一；城乡客运一体化进展迅速，开通城区至兴山、宜都两地城际公交，县乡客运公交化改造稳步推进，县城至25公里范围内乡镇政府所在地公交化运行率达到77%。全面规范出租车服务，推广“王华君文明服务工作法”，城区出租车更新换代、重新设计外观，扩大出租车打表范围，建立出租车驾驶员“黑名单”制度；在驾培行业开展“两项国标”达标工作，已有3家驾校率先达标。

行业管理。交通运输行业执法信息化全面推进，全市65个执法站所全部纳入市局管理服务平台，建立市、县、站(所)三级联网公共信息资源库，实现行政执法远程调度、预警联动。全市90%基层执法站所实现“四统一”，执法站所标准化建设全面推进。强化执法监察，涉路、涉车、涉船执法更加规范，杜绝“三乱”行为。运输市场异地交叉执法、多部门联合执法等执法方式实现常态化，在客运、危货品、驾培等领域开展多项整顿行动。在全省交通运输系统执法评议考核中，市交通运输局取得总分第一的好成绩。全年办理一般程序路产赔补偿案件227件、行政处罚案件159件、行政处罚简易程序案件4881件、超限运输赔偿简易程序案件12219件，案件查处率、文书使用率100%，合格率98%，无行政复议和行政诉讼败诉发生。收回公路路产赔补偿费578.11万元，行政处罚罚款251.7万元。全年检测货运车辆555941辆，查处超限运输车辆39468辆，卸载货物25649辆63022吨。宜昌市交通运输局被评为“湖北省首批法制创建活动示范单位”和“湖北省六五普法中期先进单位”。市交通审批窗口被确定为全省网上行政审批唯一试点，审批事项实现网上申报，全年办理行政审批事项12763件，实现零差错、零投诉，办结率、满意率达100%。宜昌交通运输代表队在湖北省青年文明号优质服务大赛中，摘取窗口服务和行政执法2项桂冠。秭归县探索的“片区化、公司化、规模化”农村客运新模式在全省推广。积极发展“智慧交通”，成功实现城区公交“一卡通”，开通“掌上公交”，推出手机智能公交卡，公交服务更加智能化；鼓励县市区加快物流信息平台建设，宜都物流信息平台被纳入省交通运输厅扶持项目库；运管部门运政信息中心基本建成，提升道路运输管理信息化水平；公路部门积极运用“四新”技术，打造一批生态环保公路；运管部门开发的“机动车驾驶员培训系统”获得2014年省政府科技进步三等奖。

2014年11月8日，宜昌至宜都城际公交正式开通

安全管理。安全隐患排查治理“两化”体系建设基本完成，道路“两客一危”、水路“四客一危”运输企业安全生产标准化创建全面展开，道路危化品运输、港口危化安全等12项重点领域安全整治成效明显。行业安全大检查、安全隐患排查治理工作常态化开展，安全隐患整改完成率100%。行业应急能力进一步提升，安全基础进一步夯实，安全环境进一步净化，全年未发生安全管理责任事故，全市交通运输行业安全形势保持平稳。

投融资。促进政府、社会、行业合力共建大交通。积极利用社会资本，三峡现代物流中心项目成功申报2亿美元世行贷款；白洋长江大桥项目完成BOT+EPC投资人招标；白洋港项目确定采用资本金融资+PPP合营方式建设；秭归县推动香溪长江大桥采用PPP + EPC模式建设；当阳市融资2.6亿元用于当枝一级路建设；宜都市通过信托公司融资2亿元用于交通建设。大力争取国家、省级政策，在国家出台的《长江经济带综合立体交通走廊规划》中，明确支持宜昌完善三峡综合运输体系，支持宜昌建设重要区域性交通枢纽节点城市，宜昌市交通发展上升到国家战略；在《全省港口集疏运通道规划纲要》中，宜昌市港口集疏运通道纳入省交通运输厅规划总里程达100公里；宜昌市被列入交通运输部合村并镇农村公路重点扶持地市，6800公里农村公路进入扶持项目库，解决了长期以来农村公路建设规模不足的问题，2014年增补计划680公里，到位资金1亿元。

交通改革。推进行政审批制度改革，实施简政放权，行政审批事项由25项精简到16项；全面启用“先照后证”的行政审批方式，行政审批服务更加优化。实施事业单位分类改革，完成局直事业单位科学分类，行业监管职能更加清晰。推进财务监管体制改革，成立财务集中监管中心，财务收支管理更加规范。进一步完善选人用人机制，积极促进干部轮岗，开办首届青干班。优化项目建设审批程序，将县乡等级公路、渡改桥、危桥改造等项目设计评审打捆进行；技术难度相对简单的二级公路、县乡等级公路进行一阶段施工图设计；缩短设计文件上报和审批时间，提高项目前期工作效率。

廉政建设。扎实推进基层党建工作，市直交通运输系统50个基层党组织、742名党员受到一次严格的党内锻炼，“四风”问题较大改观。宜昌市交通运输局被市委组织部确定为市直部门中唯一的基层党建试点单位。实行廉政清单制度，推进廉政文化“六进”活动，利用身边腐败案件开展警示教育。大力开展作风整顿，制定《党员干部作风建设十条禁令》，开展明察暗访，发现问题现场指出、现场改正、通报批评，行业风气明显改善。（周冬林）

【宜都市】 2014年，全市公路里程3207.05公里、路网密度73.26公里/百平方公里，其中一级公路102.37公里、二级公路128.57公里、三级公路134.39公里、四级公路2743.35公里、等外公路98.37公里；境内航道通航里程87公里，港口泊位149个，码头89个，生产用泊位107个，渡口16个；客运站11个，其中二级客运站1个、三级客运站1个、五级客运站9个，货运站1个。

基础建设。完成交通固定资产投资50.35亿元（含高速公路），同比增长81.7%。枝城长江大桥公路桥维修加固工程于2014年7月底竣工；216省道宜都绕城一级公路完成路基、路面8公里；278省道宜都市陆城至松木坪公路改扩建工程完成路基16.5公里、路面15公里，隧道开挖310米；宜都市陆城至枝城一级公路完成前期工作及一标段征地拆迁；新建通村水泥路209公里；宜张、宜岳高速公路完成征地拆迁等前期工作，重点控制性工程和路基在建设中。红花套作业区综合码头工程和红花物流园项目开工建设，已完成1号泊位梁板预制及桩基工程；枝城物流中心项目基本完成用地湖泊回填。陆城一级客运站项目征地拆迁基本完成，主站楼开工建设；机动车性能检测站安检楼、环检楼、外检楼、维修车间、摩托车检测楼等主体工程基本完工，进入检测设备安装调试阶段。

综合运输。有营运客、渡船16艘，旅游客船1艘，货运船舶45艘，港口经营性企业64家。营运客车313辆、货车3836辆、出租车140辆。经营客运班线122条，其中省际班线2条、市际班线41条、县际班线15条、市内班线61条，全市实现100%的行政村通达客车。道路运输完成客运量4801万人次、旅客周转量414080万人公里，货运量3662万吨、货物周转量861570万吨公里，分别比2013年增加10.1%、10.3%和12.3%、12.8%。港口完成货运量1573万吨、货物周转量751998万吨公里，分别比2013年增加20%。

行业管理。国道列养道路优良路率100%、省道列养道路优良路率80.6%、县道列养道路优良路率73%、乡道列养道路优良路率86.4%。宜洋一级公路被省精神文明建设委员会表彰为“文明示范路”。联合公安、工商、物价、乡镇管委会等部门开展联合治理车辆超限超载工作，打击恶意超载、暴力抗法、公路抛撒扬尘等违法行为。组建专班对出租车拒载、不打表经营、乱收费、故意绕道行驶、无证上岗及公交车不按时发车、乱停乱放等行为进行专项整治，查处非法营运客、货车50辆，纠正违规经营出租车80辆次。采取联合执法行动，全年开展执法行动114次，查处非法改装营运车辆976辆，查处无从业资格821起，查扣非法营运车辆14辆。规范水路运输市场秩序，开展“打非治违”专项行动，检查5家水上经营企业资质和45艘运输船舶，水路运输市场秩序明显规范。

安全管理。层层签订安全生产目标责任书，全系统签订安全生产管理目标责任书953份。开展交通安全综

2014年7月30日，枝城长江大桥维修结束顺利通车

合整治专项行动，加强道路运输安全监管，全年检查企业187次，查处违法违规23起；水上交通安全专项整治检查渡口16处，检查渡船200余艘次，检查水路运输企业6家，检查港口经营企业64家，发现安全隐患5处，已全部整改到位。对危化品生产企业生产、装卸和运输、在建公路建设工地施工安全等进行逐环节、全方位的隐患排查，坚决杜绝“三违”现象，确保把事故隐患消灭在萌芽状态。开展“六打六治”打非治违专项行动，检查港口企业及渡口渡船150家，采取“四不两直”方式，对重点地区和单位实施暗查暗访20次；对5个客运企业进行安全检查10次，排查治理安全隐患11起。GPS监控发现客车驾驶员违法行为25起，查处出租车不打表经营5起、危货车辆未按规定配备押运员2起，发现危货企业存在安全隐患2起。同时，对全市运输民用液化气市场进行整治，发放非法运输液化气钢瓶告知书24份。

廉政建设。强化党风廉政建设“一岗双责”和干部队伍廉洁自律意识，在交通工程建设领域开展“廉政文化进工地”等活动，围绕工程建设等控制环节和关键岗位，健全监管机制，完善工作流程，强化责任体系，确保工程优质、干部优秀、执法文明。

（邹庆平）

【枝江市】 2014年，全市公路里程3618公里、路网密度272.15公里/百平方公里，其中一级公路67.7公里、二级公路106.64公里、三级公路43.26公里、四级公路2036公里、等外公路1364.4公里；内河航道通航里程185公里，港口20个，生产性码头泊位30个，渡口26个；客运站10个，其中二级客运站1个、三级客运站2个、四级客运站2个、五级客运站5个，货运站2个。

基础建设。完成交通固定资产投资13.07亿元，同期增长40.8%。宜张高速（枝江段20公里）全线开工建设，路基基本成型；318国道一级路改建工程完成路基40.7公里、路面13.5公里；刘金路完成路基工程，路面铺筑2.3公里；安董路县乡等级路改造完成6.5公里。完成通村公路137.1公里；启动农村公路危桥改造6座，完成杨家新、之字溪农村公路渡改桥建设。姚家港综合码头项目2个泊位基本建成，已交付使用；滕家河散货码头完工，准备进行交工验收；七星台综合码头项目完成业主变更手续和初设批复，在编制施工图设计招标文件。枝江客运站完成大楼主体工程，进入装修阶段和场地建设；仙女换乘站工程可行性研究报告获省交通运输厅批复，启动施工图编制。

综合运输。全年完成道路客运量2639万人、旅客周转量197891.5万人公里，分别比2013年下降3.3%；水陆货运量8825.3万吨、货物周转量349866.5万吨公里，分别比2013年增长19.4%。

水上安全应急演练

行业管理。对枝江北站广场等重点区域运输市场秩序进行专项整治，加大客货运输车辆监管力度，办理处罚案件150件、路产损失赔偿案件15件，查处超限车174台次、卸货412吨，查处无从业资格证28起、未经许可从事危险品货物运输231台次、客车不按站点停靠121起、不按规定检测328起、车辆无证14起、机动车驾培违规9起、机动车维修违规13起、其他违规24起。对因违反道路运输法律法规的驾驶员实行从业资格记分或处罚218人次。查处违规出租车363台次，暂扣非法营运三轮车27台次，全市运输市场秩序明显改观。成立枝江市农村公路管理局和枝江市公路养护应急中心，进一步精细操作，路况质量水平进一步提升。完成两江路、鸦来路等公路大中修21.7公里，占年计划145%；国省干线优良路率达到75%，养护管理满足规范化要求。

安生管理。全市水陆运输行业、交通工程施工无上报安全责任事故。水上安全检查客运汽渡船舶476艘次、港口企业68家次，查处隐患178处，实施行政处罚1起；道路运输开展6次大型交叉安全检查、常规安全生产大检查20次，检查交通企业37家，检查客运、货运车辆1536台次，查处整改各类隐患89起；检查公共交通车辆4563台次，查出整改各类隐患85项，处罚违章违规82起。

投融资。通过多种途径开展融资，全年筹集1.62亿元资金用于交通项目建设。其中318国道一级路5500万元，争取地方债券1350万元，国省道大修和其他公路3000万元，农村公路、危桥、公路小修保养等1894万元，油价补贴1406万元，港口建设专项资金2990万元。

交通改革举措。着力推进行政审批制度改革，行政审批事项全部纳入市政务服务中心统一办理，实行“一个窗口对外，一站式服务”运行机制。着力实施事业单位分类改革，完成局属事业单位科学分类，行业监管职能更加清晰。

文明创建。将文明创建工作纳入局党组议事日程，与党建、业务工作同部署、同安排、同落实、同考核，全系统文明创建面达到100%。开辟“道德讲堂”，加强干部职工道德修养、诚实守信的宣传引导，定期宣讲道德模范的先进事迹。印发《局党组成员落实党风廉政建设责任制职责》，对局党组党风廉政建设主体责任和班子成员“一岗双责”作出明确界定。

（王芳）

2014年，当阳市王双路改建完工

【当阳市】 2014年，全市公路里程2999.84公里、路网密度138.95公里/百平方公里，其中一级公路66.59公里、二级公路148.78公里、三级公路60.81公里、四级公路2038.98公里、等外公路684.68公里；内河航道通航里程112.5公里，渡口38个；客运站9个，其中二级客运站1个、四级客运站2个、五级客运站6个，候车棚66个，招呼站99个；二级货运站1个。

基础建设。完成交通固定资产投资9.2亿元。当枝一级公路55公里路基工程全部完工，路面工程完成37%；224省道当阳绕城一级公路已建设6公里；庙前至河溶二级公路改建项目，三标段已开工；当阳三桥及接线工程竣工通车；当阳四桥完成主体工程；王双路改建工程完工；当陈路改建工程全线开工，完成路槽开挖2079立方米、天然砂砾垫层690立方米；通村水泥路新建110公里；大中修干线公路23公里；整修桥梁12座。完成汉宜路K274+100 ~ K275+100水泥路大修及给排水工程；完成汉宜路路面大修8.8公里、中修7公里；完成分当路路面大修2.1公里、两江路路面大修5.5公里；完成团结人工河桥、新华桥、新港桥新建工程；完成分当路五七长渠桥、洪桥铺桥、瓦家河桥危桥改造；完成远烟路安保工程1000米波形钢护栏；完成列养线路零星应急抢修工程；扩建养护应急中心35亩。

综合运输。全市有客运企业4家、客车186辆3239座，货运企业67家、货车3783辆9684吨。全年完成道路客运量1678万人次、旅客周转量25.34亿人公里，货运量4724万吨、货物周转量79.83亿吨公里，“四量”同比增长31%。当阳火车站全年发送旅客429592人，其中春运期间发送旅客63207人。发送行李396件，包裹3933件。当阳火车站拥有专用线4条，即当阳玻璃厂专用线、华强化工专用线、576专用线、国家粮库专用线。

行业管理。保持“打非治违”高压势头，狠抓超限超载治理，从4月18日起联合交警、运管、客管等部门开展集中整治工作。成立执法专班，检测车辆13680辆，查处超限超载车辆8115辆，超限超载行为得到有效遏制，运输环境逐步改善。深入开展打击“黑车”、维修行业等专项整治活动，重点对无《道路运输经营许可证》、擅自改装运输车辆等行为进行查处，查处非法经营车辆22辆、违规经营行为108件。严格安全生产管理，督促运输企业和施工单位制订安全应急预案及交通保障方案，加强安全巡查隐患整改，实现连续12年没有发生交通安全责任事故。

投融资。采取多种途径开展投融资工作，全年筹集3.45亿元用于交通项目建设。其中，上级交通部门补助2.18亿元，鑫源公司筹资7500万元，争取地方债券720万元，市财政投入510万元，争取社会投资4000万元。

交通改革举措。推进行政审批制度改革，将原来的21项减至5大项11子项。实施事业单位分类改革，组建当阳市海事处、交通工程质量监督站，完成局属事业单位科学分类，行业监管职能更加清晰。规范行业管理，争取市政府出台《当阳市出租车管理办法》，聘请专业院校编制《当阳市公交发展规划》，调整延伸4条公汽线路，制订工程变更、工程审计、计价管理、信誉考核等规章制度，行业管理水平和服务质量提升。

文明创建。开展“最美人物评选”、“学习宣传道德模范”、“我推荐、我评议身边好人”等一系列活动，出租车司机庄清华，公路养护站阮春玉立足岗位、无私奉献的事迹得到社会各界的肯定。成立5个学雷锋志愿服务队，志愿者56人，开展关爱空巢老人、留守儿童和残疾人，参与维护公共秩序、植树造林、保护生态环境、劝导文明交通活动等活动15次。

（邢影琪）

【远安县】 2014年，全县公路里程1663.37公里、路网密度92.16公里/百平方公里，其中高速公路48.72公里、一级公路21.58公里、二级公路139.53

2014年6月20日，远安县鸣凤沮河一桥扩建工程完工通车

公里、三级公路54.17公里、四级公路1277.26公里、等外公路122.11公里；渡口4个；客运站8个，其中二级客运站1个、四级客运站1个、五级客运站6个，货运站1个。

基础建设。完成固定资产投资17.68亿元，同比增长32.9%。其中保宜高速公路远安段完成建设投资13.4亿元，县域交通建设完成固定资产投资4.28亿元。鸣凤沮河一桥、三桥全面建成通车；盘棚一级公路荷花段正式开工建设，河茅二级公路改建工程有序推进；完成省道大中修24公里、农村公路建设116公里、县乡道改造20.7公里，全县交通环境进一步改善。

综合运输。购置24台公交车，开通城区公交线路3条、城乡公交线路4条，群众出行更加方便、快捷、安全。“远安物流中心”项目已被省厅纳入2015年建设计划；嫘祖镇和花林寺镇两个农村综合服务站项目建议书已审批通过。

行业管理。开展鸣凤城区客运秩序专项整治工作，发放宣传单1200份，出动宣传车40台次，划定三轮摩托禁停街道2条，与交警、城管联合执法，查违法车辆20台。路政管理力度加强，积极配合全域景区化建设和“三城联创”活动，全年上路巡查1640次、清理堆积物135处、拆除非公路标牌287块、立案查处路政赔偿案件24起，保障了公路安全畅通。检测车辆12500台，其中超限车辆565台，超限率控制在4.7%以内，无行政败诉案件。通过完善考核机制，实施精细化养护，养护管理水平全面提高，路容路貌逐年改观。

安全管理。开展“平安交通”、“打非治违”等专项活动，坚持专项活动与日常安全监管相结合，重点治理长途客运、渡口渡船以及危化运输等领域非法违法经营行为，督促客运站把“三不进站、六不出站”规定落到实处，确保安全运输生产态势平稳，实现道路运输安全无责任事故。建立健全安全应急组织机构和运行机制，统一协调应急资源，全县公路应急处置能力建设取得重要阶段性成果，应急管理水平跨上新台阶。

文明创建。以争创“五好基层党组织”和市级文明单位为动力，全面加强党风廉政、基层党组织、行政效能、执法队伍等方面的建设，通过深入开展“惠万民”活动、党的群众路线教育实践活动、“第一书记”、“察担当、促有为”活动，组织开展交通摄影比赛、工间操比赛等活动，在县工会举办的工间操比赛中荣获一等奖。文明单位创建率100%，行业凝聚力和影响力大幅提升。执法队伍素质显著提高，无公路“三乱”行为发生。（裴根）

【兴山县】 2014年，全县公路里程1932.07公里、路网密度83.03公里/百平方公里，其中二级公路317.83公里、三级公路30.74公里、四级公路1483.87公里、等外公路99.63公里；通航里程33.2公里，渡口5个，港口6个，生产性泊位码头18个；客运站9个，农村候车亭79个，农村招呼站90个。

基础建设。完成交通固定资产投资6.27亿元。古夫至昭君大桥高速连接线新建工程完成路基和桥梁主体工程，高桥至凉台河公路改建工程完成路基、路面7.5公里，水月寺至学堂坪公路改建工程路基全部完成，南对河至千斤园公路改建工程路基土石方全部完成，挡墙、涵洞完成50%。古夫至南阳公路改建工程(马麦隧道)完成工可、水土保持、环评、防洪评价、矿产压覆等报告，开展了征地补偿和勘察设计等工作；大礼溪工业园对外交通项目完成路基桥梁工程。完成通村水泥路170公里、农村公路安保设施148.5公里；完成农村公路渡改桥2座、危桥改造4座。完成公路大中修工程56公里；勾儿滩大桥竣工通车。昭君镇汽车客运站竣工投入使用。港口码头建设完成投资25217万元，包括峡口旅游码头改扩建项目的“昭君一号”趸船内装饰、峡口作业区和平邑口作业区改扩建项目、峡口汽车滚装运输码头、泗湘溪配套应急码头、江苏仪征中天嘉仪散货码头等项目。

综合运输。有道路运输经营1472户、客货车2444辆。其中旅客运输经营348户、客车415辆4243座，货物运输经营996户、货车2029辆8142吨位。新增机动车维修企业11家，全县机动车维修企业达到122家。A级机动车检测站1个。机动车驾驶员培训报名点5个。道路运输从业人员4000多人，持从业资格证2857人。客运线路98条。全年完成客运量495.18万人、货运量333.20万吨，占年计划的107.13%、108.18%，分别比2013年增长26.64%、27.66%；港口货物吞吐量750万吨，占年计划的108.7%，同比增长 28.6%；进出港旅客 18 万人次，同比增长 28.6%。

行业管理。全年完成养护投资 11197.69 万元，其中，小修保养 990 万元、安保 478 万元、水毁修复 127.49 万元、危桥加固 321.2 万元、大中修 56 公里 8769 万元、地质灾害整治 352 万元。充分利用已建成的公路应急抢险监控系统，积极应对雨雪恶劣天气和汛期突发险情。“8.31”水毁致使全县干线公路受损 51.6 公里、涵洞损坏 14 道 130 延米、冲毁护坡 21 处 6605 立方米、挡墙 20 处 41117 立方米、坍塌方 140 处 9.52 万立方米，造成直接经济损失 2752 万元。灾情发生后，紧急投入 200 万元抢险资金，全县干线公路未出现长时间中断交通情况。组织开展农村公路路基整治和路面建设现场会，对乡镇政府、村和施工单位相关负责人进行技术培训；对原材料、路基整治、施工工艺、施工质量等关键环节进行巡查，发现问题立即整改，对不符合要求的农村公路不予验收；开展项目公示，标明项目负责人、施工单位、监理、技术标准、举报电话等信息，供群众监督。坚持对公路治超保持高压态势不减，通过企业收购、公司化经营方式，规范矿石运输秩序，解决多轴车辆因治超标准不明确常年上访的问题。全年检测货车 38.7 万车次、卸货 4529.6 吨，超限率控制在 4% 以内。严厉打击非法营运，全年开展运政执法行动 232 起，出动执法人员 1120 人次，立案查处 155 起，暂扣非法营运车 120 辆。

安全管理。稳步推进企业安全生产达标和安全生产隐患排查治理“两化”体系建设，全县“两客一危”企业全部通过安全生产达标考评；完成“两化”体系建设登记注册，按照“三个 15 天”的要求操作运行。配合公安、教育部门和乡镇政府开展学生乘车交通安全隐患排查治理工作，建立管理台账。加强对公交车、农村客车安全监管，三类以上班线客车、危货车全部安装 GPS 动态监控系统，在线率达到规定要求。卧铺客车与长途客车安装视频装置，跨县市班线客车、公交车、农村客车承运人责任险每座保额达到 50 万元，危货车辆每车每次事故责任限额达到 100 万元。集中整治道路危险化学品运输违法行为，重点清理危险货物运输企业资质、安全主体责任、从业人员、GPS 监控，车辆和运输装备及危险货物罐车必须安装紧急切断装置。开展渡口渡船安全专项检查、水上旅游客运安全专项检查，“打非治违”专项整治，水运工程“防坍塌、防坠落，反三违”专项整治“回头看”，“安全生产月”和“六打六治”等活动，确保人民群众平安出行，全年无安全责任事故发生。

文明创建。积极开展帮扶慰问，扶持资金 30 万元，帮助结对共建村黄粮镇火石岭村和南阳镇两河口村建设村级道路 13.5 公里、修复两村水毁道路。开展打造百里旅游文明通道活动、“五个十佳、五大品牌”等创建活动，县港航海事处连获省文明办、省交通运输厅“全省交通运输行业文明示范窗口”称号。兴山县交通运输局荣获 2014 年度“全省交通系统先进单位”、市级文明单位、兴山县“红旗单位”称号。积极开展正面宣传报道，全年各类媒体刊载稿件 117 篇，树立了良好的交通形象，为行业发展注入正能量。（万侃侃）

2014 年 10 月 28 日，兴山县昭君三级汽车客运站正式投入运营

【秭归县】　2014 年，全县公路通车里程 2692.86 公里、路网密度 107.13 公里 / 百平方公里，其中高速公路 26.5 公里、一级公路 7.63 公里、二级公路 214.33 公里、三级公路 32.06 公里、四级公路是 2286.17 公里、等外路是 126.17 公里；内河航道通航里程 134.2 公里，客货码头 26 个，生产性码头泊位 61 个，渡口 25 个；客运站 10 个，其中二级客运站 1 个、五级客运站 9 个，候车亭 122 个，招呼站 90 个。

基础建设。全年完成交通固定资产 6.91 亿元，比 2013 年下降 3.7%。其中普通公路建设完成投资 3.5 亿元，完成县城出口一级路（含陈家冲大桥）新建段 2.74 公里、周聚公路改造工程 23.15 公里，磨鼓、磨六县乡道改造 10 公里、平水公路改造 16 公里、通村水泥路 71 公里、水田坝和郭家坝居民点对外交通公路 42 公里、水毁恢复公路改造 132 公里。水运建设完成投资 2.7 亿元，三峡库区支流航道整治项目全面完工，茅坪作业区二期工程完成码头陆域用地 367.92 亩的开挖与回填，宜昌港三峡枢纽旅客翻坝转运中心码头工程缆车系统、下河坡道、护坡完成工程量的 75%。站场建设完成投资 0.71 亿元，三峡坝区货运中心已完成征地拆迁、场地平整、三通配套等工作，

2014 年 12 月 25 日，秭归县陈家冲大桥建成通车

中心大楼勘察、设计招标已完成，在进行施工图设计；恒业客运站改造项目前期工作全部完成；九畹溪、两河口 2 个乡镇综合运输服务站建设完工；水田坝农村综合运输服务站改造完工；建成候车亭 20 个。水路新增运力 3 艘 4650 载重吨。创新采用 ppp 模式，解决香溪长江公路大桥建设融资难题。

综合运输。全年完成道路客运量 1138 万人次、旅客周转量 2.74 亿人公里，货运量 509 万吨、货物周转量 4.33 亿吨公里，分别比 2013 年增长 23%、18% 和 21%、17%；水路完成货物吞吐量 336 万吨，比 2013 年上升 12%，货物周转量 14.8 亿吨公里；滚装船进出港 7200 艘次，滚装车 25.2 万辆；旅客吞吐量 33.5 万人次，旅客周转量 1.01 亿人公里。委托三峡职业技术学院完成农村客运发展规划，探索农村客运新模式，全县 12 个乡镇组建农村客运公司，500 多辆小型客车加入公司，开通通村客运线路 150 条，连接、贯穿全县 186 个行政村，通达率 100%。大力扶持华维物流有限责任公司发展壮大，积极探索农村货运班线物流模式。在全县 12 个乡镇建立物流服务站，投放货运车辆 10 台，开通货运线路 5 条，服务覆盖全县 12 个乡镇 150 个行政村，解决了山区农村物资流通难题。

行业管理。全年出动执法人员 1880 人次、执法车辆 384 台次，发放公路法律法规宣传资料 600 份、张贴宣传单 130 份。清除路障 72 处 1945 平方米，受理路政许可 3 起，办结 3 起，纠正各类路政违章行为 130 件，立案查处 19 件，结案 18 件；处理违规运输车辆 36 台次，教育放行 94 台次。执法文书使用率 100%，查处率 100%，结案率 100%，无一起行政复议、行政诉讼案件。组织开展以打击非法营运和规范出租车经营为重点的运输市场整治专项行动，全年检查车辆 2000 多辆次，查处车辆 260 多辆次，查处举报投诉案件 30 余起。牵头开展县城交通环境整治，出动执法人员 397 人次、执法车辆 120 台次，检测货运车辆 127 台次，处罚超载车辆 33 台次，卸载货物 11 吨。

安全管理。贯彻落实《湖北省安全生产党政同责暂行办法》，强化安全生产责任，严格责任追究。加快推进安全生产信息化、标准化建设，提高安全生产科学化水平。全年辖区安全生产持续稳定，全县无水上安全事故发生，无经济损失，船舶安全面达到 100%。道路运输监管方面严格落实“三关一监督”安全管理职责，以开展“道路客运安全生产年”、“安全生产月”等活动为抓手，狠抓安全管理不放松，实现道路运输行业安全生产无事故的目标。工程建设方面严格落实安全主体责任，严格“三同时”制度，全县交通基础设施建设工地没有发生安全责任事故。

文明创建。积极开展文明单位创建活动，系统县级文明单位创建率达 90% 以上，秭归县交通运输局机关被推荐为市级文明单位、县群众满意机关，县港航局被评为全省交运系统“人民满意基层执法站所”。（赵建华）

【长阳土家族自治县】 2014 年，全县通车里程 5114.63 公里、路网密度 149.1 公里 / 百平方公里，其中高速公路 84.65 公里、一级公路 9.82 公里、二级公路 315.57 公里、三级公路 184.90 公里、四级公路 1971.60 公里、等外公路 2548.09 公里；清江航道 138.5 公里，其中三级航道 92.5 公里、五级航道 46 公里。

基础建设。全年完成基础设施建设投资 9.7 亿元，比 2013 年增长 136.6%。新建龙舟坪至宜都五眼泉一级公路路基 4 公里，完成青树包至堡镇二级公路改扩建 33 公里、青树包至资丘二级公路改扩建 30 公里，新建丹水段路基 10 公里；省道王渔线大中修路基路面 20 公里完工。县道拟升省道的白三线建设项目，路基路面建设全部完工，完成白下线 6 公里，省道改造公路路面及安保配套设施建设全部完工；县道拟升省道的下渔口至鸭子口段二级公路改扩建工程于 9 月 15 日正式开工建设；县道十桃线拟升省道的松园坪至都镇湾段二级公路改扩建于 12 月 27 日正式开工建设；318 国道贺家坪镇绕城公路改建，施工单位已进场，在进行征地拆迁工作；县道天小线拟升省道的资丘至五峰小河二级公路改扩建工程 12 月完成施工招投标工作；县道渔盐线拟升省道渔峡口至盐池河二级公路改扩建工程于 12 月 25 日完成施工招投标工作。完成大溪公路 5 公里、钟千公路 10 公里、庄麻公路 35 公里县乡等级路改造。完成通村水泥路 330 公里，完成花桥大桥 151 延米、洞湾大桥 249 延米、偏岩大桥 95 延米、赵家棚 33 延米 4 座国家列养公路危桥改造，完成石洪桥、白果坪桥、彭家口桥、招徕河桥、三大步桥、101 二桥、丹水一桥 7 座农村公路危桥改造。完成北门桥、绿叶坪桥、杨家坪桥、渔峡口桥 4 座渡改桥建设。建成三级客运站 1 个。

综合运输。全县拥有营运客货车2514辆，其中客车248辆4128座，货车2266辆7352吨，公交车82辆1437座，出租车183辆1191座，完成道路客运量394万人次、旅客周转量2.09亿人公里，货运量377万吨、货物周转量7.32亿吨公里。全县有各类船舶2853艘，其中营运船舶303艘(客船44艘3995客位、货船62艘、客渡船197艘)、6310载重吨、6394个客位，完成水路客运量107.42万人、旅客周转量2200.37万人公里，货运量79.5万吨、货物周转量3037.06万吨公里，货物吞吐量104.85万吨。编制完成《长阳公共交通规划》，经县人民政府发布实施。

2014年12月，长阳丹水路网控制性工程丹水二桥建成通车

行业管理。全年受理、办结客、货、维修行政许可110件，新办道路运输证150本，发放临时线路牌60余块，从业人员继续再教育2470人，资格证换证1130人，驾驶员诚信考核2410人。推行"一站式"行政服务，落实便民措施，完善服务功能，提供政策咨询，政策咨询答复率100%，窗口服务承诺兑现率100%。与县交警大队联合重点打击非法营运车辆，检查车辆700余台，登记车辆300余台，收缴非法营运自制线路牌1500余块。开展道路运输安全专项整治、客运车辆高速公路上下乘客联合行动、货运车辆超限超载源头治理，坚持依法行政，出动稽查车辆300台次、人员1100人次，检查各类违法违章200余台次。加大路政案件查处，查处行政处罚案件4起，路赔案件13起，制止违章建筑7处491立方米，清除堆物占道1131处1500平方米。路政部门调整工作思路，将工作重心放在基层巡查中队管理，在榔坪、庄溪养护站设立2个巡查中队驻站点，覆盖全县国省干线公路，形成管控网络。与养护站联合巡查，形成信息互通、资源共享、各司其职、相互配合的管养联运巡查处置机制。港航海事部门注重现场监管，建立以综合服务站为中心，组织工作专班，加强巡航执法，坚持"有船必查，违法必究，纠罚并举"的原则，对过往运输船舶实施监督检查，重点对客运船舶夜航、超载、缺员、安全设施不全等违章行为以及船舶违章航行、不按操作规程航行等行为实行严管重罚。对码头实行全天候现场值守，维持秩序；到重点水域巡航，宣传水上交通安全知识，打击违规非法经营行为。

安全管理。与局所属单位签订安全目标责任书，严格落实"一岗双责"制度，层层落实安全责任，使安全监管工作有抓手，各项制度、措施有落脚点，形成"横向到边，纵向到底，责任到人，不留死角"的安全工作网络和安全生产工作体系。狠抓运输市场和"重点时段"安全监管，对车站、码头人员密集场所加大公共安全及反恐措施，配备安保设施、器材，安保反恐、防暴措施全部落实，基本完成安全生产隐患排查治理标准化、数字化体系建设，对挂牌督办的重大安全隐患、责任单位落实整改措施。先后开展码头、渡口、渡船专项整治；开展危险路段、校车、面包车、交通秩序道路交通安全专项整治；开展客运站专项整治；开展危货运输专项治理；建筑施工等专项整治；强化行业安全专项治理。企业安全生产标准化工作稳步推进，清江画廊、夷龙运输公司2家水运企业完成安全生产标准化达标工作，宜昌交运集团长阳客运公司顺利达标。

文明创建。积极开展青年志愿者服务活动，向市民发放文明出行宣传标语，协助交管部门维持城区交通秩序，投入1万多元资金在车站等重点场所悬挂公益广告等。开展争先创优活动，选树一批干事创业、催人奋进的交通先进典型，长阳土家族自治县汽车客运公司获宜昌市安委会安全生产工作先进单位，县交通运输局获得全市交通运输系统先进集体、2014年度全县平安创建工作先进单位、县社会管理综治委2014年度社会管理综合治理优秀单位。（李作强）

【五峰土家族自治县】 2014年，全县公路通车里程2338.43公里，其中一级公路5.04公里、二级公路214.05公里、三级公路63.47公里、四级公路1564.46公里、等外公路491.41公里，公路桥梁187座5412.55米，公路隧道12道6756米；客运站10个，其中三级客运站2个、五级客运站8个，新增农村客运候车棚20个，招呼站212个。

基础建设。全年完成交通建设投资41428万元，比2013年增长73%，占市下达计划的114.5%。陆渔一级公路延伸段路基、路面、桥隧主体工程全部完工。呼北国道渔洋关绕城段征地拆迁完成60%，建成路基2公里。台小国道渔洋关绕城线开挖路基12公里，完成挡墙1.2万立方米。台小国

2014 年 3 月 3 日，陆渔一级公路延伸段汉阳河特大桥主拱成功合龙

道大修 45.8 公里。天池口至小河公路开工建设。王渔线省道改线初设、招投标全部完成，征地拆迁完成 10%。牛庄至杨柳公路路基工程全部完成，路面工程完成水稳层 6.87 公里、混凝土面板 1 公里。完成农村公路硬化 100 公里。危桥改造 3 座全部完成。2014 年 5 月，五峰客运中心站初设方案通过省运管局评审，项目选址确定在陆渔一级公路延伸段与王家冲进城连接线交界位置。

综合运输。全县拥有道路运输经营业户 3997 户，其中客运经营业户 7 户、货运经营业户和道路运输相关业户 3990 户。有营运客车 158 辆 2745 个客位，更新客运车辆 7 台；公共汽车 11 辆 187 个客位；出租车 30 辆 150 个客位。客运班线 68 条，其中省际 1 条、市际 7 条、县际 8 条、县内 52 条；新增客运班线 5 条，其中跨县际 1 条、县内 4 条。农村客运班线通达率 100%。新增运营货运车辆 70 台，拥有货车 1648 辆 4581 吨位，其中危货专用车 19 辆 300 吨位。全年完成客运量 280.2 万人次、旅客周转量 13515.6 万人公里，货运量 255.12 万吨、货物周转量 39441.9 万吨公里，分别比 2013 年增长 2%、3% 和 2%、6%。有维修业户 70 家，其中一类维修企业 2 家、二类 10 家、三类及摩托车维修业户 58 家。驾培点 9 个、教练员 16 人、教学车辆 14 辆。在仁和坪镇开展农村交通物流试点，交通综合服务站设有客运站、农资超市、生猪饲料、快递等业务，配备专门服务农村的专用车辆、停车场、地下车库。供销部门把便民服务点设在超市中，形成超市—村级网点—农民家中直接服务形式，解决农民买卖难问题；快递部门支持一定资金扶持进站业务，2014 年下半年快递业务达 3000 件以上。

行业管理。路政部门集中对非公路标牌进行清理，处理路政赔偿案件 12 件、收取路政赔偿费 10.9 万元；制止违章建筑 6 处 350 平方米，清理乱堆乱放 50 处 1200 平方米，拆除非公路标牌 160 块；绿化树补植 3000 株，对绿化树高大、危险的进行处理，排除安全隐患；351 国道湾潭集镇段拆除乱搭乱建 85 处，拆除非公路标牌 148 块。超限站检测车辆 2402 台，其中超限车辆 743 台。全年案件查处率和文书使用率均达到 99%，案卷合格率达到 98%。组建县级交通工程质量安全监督机构，在建项目每月开展一次工程质量巡查，质量抽检 123 次，下发质量整改通知书 37 份，整改率 100%，分项工程交工验收合格率 100%。与公安交警部门联合执法，制定《打击非法营运和整治汽车客运站周边交通秩序专项行动实施方案》，成立打黑专班、出租车整治专班、检查点联合执法专班、客运站整治专班、交通秩序整治专班、信息宣传专班和考核记录 7 个工作专班，投入稽查力量 1620 人次，检查车辆 4608 台次，查处违章车辆 488 起，查扣非法营运车 50 辆，现场纠正违章 337 车次，处罚款 37.35 万元。

安全管理。开展“六打六治、打非治违”“客运站安全专项整治”“安全生产月”“安全生产集中整治”等安全生产活动。五峰交通运输系统没有发生上报安全生产责任事故，各项安全指标均在控制范围内。2014 年 3 月，县交通运输局与县武装部联合，在柴埠溪坛子口旅游景区开展“军地保交护路”联合应急演练，组织系统 200 余人、30 多台应急机械设备和车辆参演。建立安全隐患排查一路一档、一企一档、一患一档的隐患排查信息机制，排查出各类安全隐患 90 起，其中列养公路通行安全隐患 52 起，运输安全隐患 35 个，渡口渡船安全隐患 3 起。排查的安全隐患得到治理。351 国道大修安保工程投入 600 万元、其他列养公路安全隐患治理投入 820 万元、农村公路安全隐患投入 425 万元。

文明创建。县交通系统各单位均为县级文明单位，其中县交通运输局机关、县道路运输管理所被授予市级文明单位称号。（向常明）

【夷陵区】 2014 年，全区公路通车里程 4124.24 公里、路网密度 116.22 公里 / 百平方公里，其中高速公路 144.97 公里、一级公路 43.77 公里、二级公路 237.75 公里、三级公路 86.85 公里、四级公路 2900.15 公里、等外路 710.75 公里；全区航道里程 75.9 公里，渡口 15 个；客运站 7 个，其中二级客运站 2 个、五级客运站 5 个，候车亭和招呼站 205 个。

基础建设。全年完成交通重点项目投资 18.204 亿元，比 2013 年增长 51.03%。完成官庄路二期、龙泉大道、桔乡大道及梅林大道改造，陈趟坪生态路、小鸦路官庄入口至鸦鹊岭集镇段绿化，龙雷路、黄艾路、雾下路、南石路、蛟龙寺茶园道路改建，两分路、宜兴路11.7公里大修及伍韩路(太花路)12公里主体工程和5公里路基工程。完成汉宜公路百河桥加固改造工程。完成张莲公路燕子河二桥加固维修工程桥台基础及台身混凝土浇筑、主拱拱脚处拱背加固。完成陡山沱至颜须沱公路改造工程路基土石方15654.2立方米、路基防护浆砌挡土墙3855.20立方米、路基浆砌排水沟3058.66立方米、沥青路面27800平方米、混凝土路肩带2600立方米、波形梁钢护栏4020米。完成农村公路硬化146公里。完成乐天溪大桥、燕子河二桥、大堰头桥、麻子石一桥等10座危桥整治。完成黄柏河航道整治项目二期、区综合性水上搜救应急管理中心项目、石牌旅游码头、三斗坪旅游码头项目，累计投资6280万元。其中，黄柏河航道整治工程二期主体工程建设任务全部完工，累计完成航标布标43座(包括20艘航标船、岸标及其附属设施)、航道疏浚63.31万立方米、炸礁9.35万立方米以及配套工程中3艘趸船新建任务；石牌旅游码头项目投资1780万元，三斗坪旅游码头目投资2500万元。投资100万元对长江干线5艘，西北口水库、沙坪水库、潘家河渡口3艘客渡船、义渡船进行更新改造，对西北口候船亭进行修缮。站场建设投资20万元，兴建村级公路候车棚5个。

2014年4月8日，官庄生态旅游示范路二期建设、绿化美化改造完成

综合运输。全区客运企业13家，其中班线客运企业10家、旅游客运企业3家。有营运客车426辆，出租车180辆，客运班线100条，其中农村客运班线79条，通客运班线行政村169个，营运车辆244辆，日发班次634个，日均客流量3.89万人次；公交线路21条，营运车辆201辆，营运里程1912公里，日发班次967个，日均客运量14.43万人次。货运企业515家(包括危货运输企业6家)，营运货车12932辆。全年完成道路客运量1502.6万人次，货运量1783.6万吨、货物周转量32.36亿吨公里。全区有船舶56艘，其中客渡船23艘、普通客船13艘、货船18艘、驳船1艘、拖轮1艘，持有效适任证书船员400余人。全年完成水路货运量392.61万吨、货物周转量28.27亿吨公里，分别比2013年增长48.21%、20.66%；货物吞吐量392.62万吨，比2013年增长12.55%；客运吞吐量35.8万人(不含太平溪港)，比2013年增长18.15%。

行业管理。全年完成安保工程投资400万元。投资50万元对全区学校、幼儿园路段安保设施进行排查和完善。修复公路水毁49处2125立方米，清除塌方312处12350立方米，投入水毁抢险资金128万元。完成雾下路油路大修21.434公里，宜兴路大修9公里，完成投资6186万元。完成鸦鹊岭集镇路段450米改造，软基换填3240立方米，增设涵管1道14米，铺筑沥青混凝土路面4050平方米，完成投资80多万元。完成梳子溪、乐天溪、白河桥3座危桥加固，完成投资630万元。安装桥梁信息牌27套，列养桥梁钢板除锈1193平方米。修补油路坑槽26530平方米，清挖边沟475公里，清除堆积物4825立方米，清灌缝15833米，疏通桥涵84座，绿化植树765株。全区公路养护干支优良率75%，MQI值(公路技术状况指数)81.46。拆除违章建筑120平方米，拆除非交通标志20块，清理摆设摊点68处，清理乱堆乱放612处。路政案件立案27件，结案27件；超限运输治理检测车辆4.2万台，查处超限车辆1185台，卸转货物1070多吨，超限率控制在5%以内。完成180台出租车新一轮经营权有偿出让和130辆出租车更新工作，发放出租车燃油补贴298万元。完成道路运输承运人责任保险工作，从2014年续保之日起全区道路旅客运输(含旅游客运)承运人责任险调整为50万元/座。完成燃油补贴申报工作，足额发放2013年度两批次燃油补贴1246万元，惠及9家客运企业306辆车7397个座位。启动2014年7月31日到期的县内客运班线延续许可工作。完成全区424辆客车、5750辆普通货车审验工作，审验率分别达到100%、79.38%。全年新增农村客运车辆6辆。对全区12家客运企业、1家客运站、7家危货运输企业进行质量信誉考核。印发1万份《致全区广大人民群众的公开信》，广泛宣传乘坐“黑车”的危害，对《电视问政》栏目曝光涉事车辆进行查处，开通雾渡河至殷家坪客运班线，投入3台中型客车。联合公安交警部门开展为期两个月的“打非治违”专项整治行动，建立完善源头治超巡查、“黑名单”及“廉洁自律”工作制度，全年查处2起“黑教练车”、1起收费纠纷。开通77路、81路公交线路，适时增加34路、68路、69路、107路、108路等公交线路运力，延伸102路、106路公交线路。雾渡河镇西北口村、邓村乡大水田村正式开通客班车。

安全管理。全年投入应急抢险救灾资金300万元。“8·6”特大暴雨导致多处路段遭受极为严重的水毁,发生坍方65处,涵洞冲毁21道,沥青路面损毁2.56万平方米,挡土墙损毁26处2230立方米,夷陵区交通运输部门启动公路应急抢险预案,采取多种措施对受阻道路进行抢通,确保公路安全畅通。成立道路运输突发事故应急专门机构,制订应急预案,储备应急运力80台(其中客车30辆、货车50辆)。督促运输企业与每一辆营运车主或驾驶员签订《安全生产责任书》,建立健全安全生产各项基础档案。全年召开4次教育培训、行业安全例会、1次事故现场会和多次安全专题督办会。全区20家“两客一危”企业和1家客运站中,安全生产标准化创建工作经专家组考核评审,二级达标4家、三级达标13家,中止评审、待审、依法注销(宜昌火鸟王危货运输公司)各1家;下达整改通知书1份,检查情况通报2期,现场完成整改50起,排查安全隐患80起,制作道路运输行业安全警示录24期。开展船舶安全检查、农用船清理、“打非治违”、“六打六治”港口码头安全专项活动,清理农用船舶109艘。对长江干线10处渡口和支流水库5处渡口全面开展安全隐患排查整治,对西北口、鹰子咀等渡口码头进行改造设计和维护,对西北口渡口、潘家河渡口以及汤渡河水库统一设立安全警示标牌。投资20余万元在黄柏河水域装设高清视频监控设备,对港区货运码头船舶靠泊和装卸作业实时监控。辖区6家水路运输企业和28艘营运船舶经营资质核查和年审换证工作全面完成。3家水运企业通过企业安全生产标准化考评达标,其中2家企业达到二级资质、1家企业达到三级资质。 (李劲松)

【西陵区】 2014年,全区公路里程127.82公里,其中一级公路3.46公里、二级公路25.30公里、三级公路0.50公里、四级公路98.56公里;桥梁14座708延米,隧道2个170米。

行业管理。完成兴建村组道路3公里,其中窑湾乡沙河村1公里、峡口风景区南津关村2公里。为美化道路环境,分别在万石路石板段和茶庵村、后坪村3.8公里路段实施点亮工程,安装8米高自弯臂太阳能节能路灯40盏,方便广大村民出行。绿化升级改造项目超计划完成,资金投入400万,改造面积约3万平方米,更新行道树、增加花灌木、扩大绿地栽植植物面积及景观节点改造,完成各类植物种植24万株(大苗1125株),其中樟树604株、水杉370株、栾树44株、广玉兰80株、锦叶白兰27株、花灌木1735株、竹子400株,小灌木23.7万株。投资50万元,完成黄河路、渭河路法桐种植220株,将原有生长不良的400余株树木更换为大法桐,形成法桐景观带。全区农村公路实行省道由国家和省市专门机构管理养护,县道由城区公路分局委托西陵区交通局管理养护,乡道乡管,村道村管。西陵区财政每年安排10万元专款,用于农村公路管理养护。2014年西陵区农村公路管理养护率100%。 (王瑞琦)

【伍家岗区】 2014年,全区有农村公路125条162公里,其中乡级公路13条41.36公里、村级公路111条121.63公里、专用公路1条3.1公里,桥梁10座580.7延米,涵洞478个。

行业管理。伍家岗区交通部门按照“连接断头路,衔接周边路,提高等级路,建设生态路”的工作思路,重点“把握三个环节,实施三个结合”。即把握好规划这个“龙头”,把握好资金这个关键,把握好质量这个根本;道路建设与发展农村经济、公路养护、新农村建设紧密结合。全年完成农村水泥公路建设8公里,完成投资240万元,全区16个自然村主干道全部通水泥路,主干公路通达率100%。进一步缓解旭光、南湾、灵宝村行路难问题,大大方便村民、市民生产生活。通过政策引导、机制促进、服务保障、规范管理,农村公路养护管理责任得到全面落实,取得农村公路养护管理工作的初步成果,乡道42公里、村道100公里的养护、保洁、绿化纳入养护范围,一批薄弱路线路况得到根本改善,缓解了农村公路“重建轻养”的问题,好路率由年初的30%提高到72%,公路交通环境得到根本改善。制定并实施《伍家岗区农村公路养护管理办法》。按照公路养护分级管理和受益负担的原则,多渠道筹集养护资金,争取国家农村公路养护经费24万元、区财政安排20万元、乡财政安排5万元对乡村公路养护、维修进行补贴,标准为乡村主干道养护补贴每公里1500元、维修补贴每公里2万元。农村公路养护、维修资金不足的部分按照“谁受益谁管护”的原则,由受益企业出资养护或按照“村民自治”的原则,采取“一事一议”的办法,由村民自愿筹集养护经费。辖区物流企业达到45家。全区16个行政村开通公汽,公汽开通率100%,运送旅客55万人次。

安全管理。全年开展安全检查5次,船舶、港口和渡口事故死亡率为零,安全态势良好。会同长江海事宜昌管理局、市地方海事局、市港航管理局、区安监局联合开展渡口安全检查。审批白沙脑汽运渡口,完成白沙路客运渡口规划、选址。对非法占用港口岸线从事港口经营进行整治,逐步实现全区港口经营业户和沙石滩场地经营业户统一管理、统一发证,保护了港口岸线资源,规范了港口经营秩序。

(董淼)

【点军区】 2014年,全区公路通车里程1084公里,其中高速公路38.6公里、一级公路3.8公里、二级公路54.29公里、三级公路7.28公里、四级公路601.65公里、等外公路378.38公里;通航里程34.4公里,码头24个,渡口5个;五级客运站2个(其中土城五级综合运输站完工待验收)。

基础建设。全年完成投资1572万元,占总计划的100%。完成农村公路建设52.4公里,其中完成通村公路建设计划27公里,完成率100%。完成撤并村公路建设计划25.4公里,完成率100%。做好旅游景区道路建设服务工作，完成鸣翠谷风景区公路改建工程方案编制；完成碑白路工可、设计等前期工作；完成通村公路“十三五”项目库储备、通村公路GPS信息采集232.1公里，完成撤并村GPS信息采集145公里；完成汪家岗桥、永红桥建设任务，完成投资172万元；对江南旅游大通道项目进行前期规划、调研工作，为纳入“十三五”交通规划做前期准备工作；完成联棚生态廊道项目立项及施工图设计；完成2015年县乡道、渡改桥项目立项工作，争取3座桥70延米、1个县乡道项目15公里纳入2015年交通行业补助计划。建成土城五级综合运输站，完工待验收；建成行政村停靠站32个。

综合运输。全区运输企业6家，其中客运企业2家、货运企业3家、危货运输企业1家，有客货运输车1159辆，其中班线客运58辆、乡村客运63辆、接送学生车35辆、货车1003辆。新开通艾家至城区39路公交线路，完成512路公交化改造。客运线路45条，其中县际班线客运线路7条、县内班线客运线路38条。公交线路5条，分别为27路、28路、29路、82路、39路(512路与39路为同一公交线)。全年完成客运量510.8万人、旅客周转量6131万人公里，货运量91.1万吨、货物周转量2217万吨公里。有一类维修企业2家、三类维修企业62家，维修网络布局渐趋合理。

行业管理。出台新一轮农村公路养护机制，提高养护补助标准，增加养护里程。全区纳入常年养护线路里程422.78公里，其中主干线20条155.21公里，按照1600元/公里进行奖补；支线78条267.57公里，按照1000元/公里进行奖补。全区5个乡(镇)成立养护中心5个，专职养护人员35人。对驾校及培训点进行专项检查督查，督促驾校增加办学设施，实行IC卡计时教学，不断改进教学手段，提高教学质量。驾驶员继续教育647人次、诚信考核1294人次。对全区1家危货企业、15辆危货车辆，逐车、逐人进行检查，危险货物运输专项整治收到良好效果。

安全管理。开展“平安工地”“平安水域”活动，从源头上加大安全生产管理力度，建立安全生产管理体系；开展以“打非治违”为主题的专项市场整治和行政执法活动，全年出动执法人员380人次，检查客、货运输车辆3600台次，纠正违章360余起，行政处罚69例。全面开展以“平安交通”为主题的安全大检查活动，检查营运客车89台次，查出一般安全隐患5起，现场要求立即整改，整改结束后才能继续正常营运。水上交通、道路运输行业、交通建设领域生产经营性事故为零，全区交通安全生产形势平稳。

文明创建。深入开展“三万”活动，积极筹措资金帮助桥边镇新村完成基础设施建设，通过活动的开展，给村民带来实惠，拉近与群众的距离。扎实开展“城乡互联、结对共建”活动，多次深入联系村慰问危房户、留守儿童和空巢老人及困难党员。承办议案提案24件，见面率、满意率100%。

（王刚）

【虢亭区】　2014年，全区公路里程267.42公里、路网密度222.85公里/百平方公里，其中一级公路27.61公里、二级公路27.42公里、三级公路3.28公里、四级公路209.11公里；内河航道通航里程22公里，港口26个，生产性码头泊位34个，渡口2个；客运站2个，其中二级客运站1个、五级客运站1个，货运站1个。

基础建设。全年完成交通建设投资17080万元，其中机场路综合改造3.4公里，完成投资1.5亿元；毛家岗至云池县乡公路改造12.6公里，完成投资1390万元；农村公路改造和硬化19公里，完成投资690万元。

综合运输。全区登记道路运输车辆1771辆，其中客运车95辆、普通货车1554辆、危货车122辆。开通各类城乡公交客运线路20条，其中城市公交客运线路9条、县域农村班线6条、区内农村班线5条，行政村通客车率100%。全年完成客运量210.3万人、旅客周转量1.01亿人公里，货运量551万吨、货物周转量10.69亿吨公里。辖区内经营性码头16个、非经营性码头10个，办理岸线许可证20个。经营性码头实际吞吐量658.65万吨，比2013年增长5.6%，其中进口489.54万吨、出口169.11万吨；货物周转量29.14亿吨公里。

行业管理。加大养护、维修资金投入，投入8万余元处治路基滑坡、路面损坏210平方米，植树800余株；与居村采取“五五”分担法，投入80万元对通村公路进行全面整修。加大安保设施投入，投入6万元新建防撞墙40米、浆砌路基挡土墙120米、安装各类标志标牌11块。加大养护检查和巡查力度，采取定期和不定期检查方式，发现问题及时整改，不留隐患。协调市公路部门加大道路行政执法力度，重点打击超载、超限等违法行为，保护国省县道运营秩序。318国道维修、标线、路沿石、中心护栏等完成投资800多万元。开展客运班线专项整治、出租车运输市场专项整治、危货运输市场车辆挂靠经营专项整治，加大非法营运打击力度，规范运输市场秩序，全面提升城乡运输经营管理水平和服务质量。加速发展公共交通，新增86路、87路和88路3条公交线路，进一步方便群众出行。

安全管理。全区交通行业安全态势良好，无水陆重特大安全责任事故发生，乡镇船舶安全面达100%，国、省道畅通无阻，无重大工程质量安全事故发生。坚持安全例会和安全工作联席会制度，落实24小时政务值班制度；强化交通运输安全宣传教育，通过约谈各部门、企业第一责任人，让他们认识到做好安全工作、履行安全责任的重要性；运用网络、横幅、展板等多种手段，广泛宣传安全常识；加大检查督办力度，每月开展一次安全例行检查，形成常态化检查督查制度，春运、节假日等重要时段制订严谨科学、切合实际的检查方案，开展安全大检查。对检查出来的隐患及时整改，坚持小隐患整改不过夜、大隐患跟踪整改不超期。

廉政建设。签订党风廉政建设责任书，按照“谁主管、谁负责，部门落实，一级抓一级，层层抓落实”的工作原则，强化惩防体系建设，扎实开展党风廉政建设教育宣传月活动，党组书记亲自授党课。实行党务、政务公开制度，及时办理信访件，全年无超期办件，群众满意率100%；推进作风建设，修订完善公务接待、公车管理、财务管理、“三短一简”等制度并严格执行；全面推行“廉政阳光交通”建设，规范交通建设领域信息公开，及时、准确、完整地发布公开信息，推进信用体系建设，完善信访、举报和监督机制，政风行风、市长信箱等平台的咨询投诉办理及时高效。全年无干部违反党纪政纪、侵害群众利益行为发生，无“三乱”现象发生。（佟武峰）

荆州市交通运输

【概况】 2014年，全市公路通车里程21329.8公里、路网密度147.9公里/百平方公里，其中高速公路348公里、一级公路224.6公里、二级公路1368.3公里、三级公路1069.2公里、四级公路17670.3公里、等外路649.4公里；航道通航里程2309公里、码头泊位383个；客运站69个，其中一级客运站4个、二级客运站6个、三级客运站3个、四级客运站10个、五级客运站46个。

基础建设。全年完成交通建设投资132.6亿元，其中高速公路建设投资84亿元，是2013年的1.04倍，新增高速公路通车里程106公里。12月18日，江南高速公路建成通车，投资68.68亿元；洪监高速公路完成投资27.1亿元，累计完成45亿元，占总投资的51%；武汉城市圈环线高速公路荆州段完成投资15.4亿元，累计完成20.7亿元，占总投资的59.6%；潜石高速公路江陵段完成投资9.4亿元，累计完成12.5亿元，占总投资的59.2%；江北高速公路完成投资17.28亿元，累计完成21.02亿元，占总投资的28%；东卷高速完成投资0.77亿元，累计完成1.57亿元，占总投资的58.2%；石首长江公路大桥及接线项目通过国家发改委主任办公会审查，完成开工前各项准备工作；沙市至公安高速公路完成项目核准并通过招投标确定省交通建设投资公司投资建设；洪湖嘉鱼长江公路大桥、洪湖赤壁长江公路大桥项目上报国家发改委待核准。

普通公路建设投资29.3亿元，比2013年增长14%。完成一级公路路基38公里、路面31公里，完成二级公路路基124公里、路面86公里；完成通乡公路154公里、通村公路825公里，新建农村公路桥梁21座；完成公路大中修138公里、改造危桥174座、公路安保工程建设35公里；汉沙线洪湖城区绕城段改建工程建成通车，省道沙渔公路弥市大桥重建工程完工，207国道黑狗垱、南平、汪家汊3座危桥改造进展顺利；总投资20.55亿元、全长63.5公里的荆松一级公路控制性工程松东河、松西河、虎渡河特大桥建设进展顺利，完成投资4.7亿元，累计完成9.8亿元，占总投资的47.7%；318国道荆州段改扩建工程完成挖沟放线；纪南城至楚王车马阵旅游公路全面开工建设。

荆州长江公铁两用桥4号墩在建中

港航建设投资9.5亿元，比2013年增长3%。引江济汉通航工程9月26日试通航、11月26日正式通航；荆江河段航道整治主体工程基本完成，枯水期最小水深从3.2米提升至3.5米；荆州港宝莲综合码头一期工程、荆州港木沉渊港区江陵跃进码头工程开工建设。《荆州市长江岸线控制性规划》《荆州港总体规划》上报省政府审批。

站场和物流园建设投资1.8亿元。郢城客运枢纽配套公交站、出租车站全部建成，石首客运中心站交付使用，荆州人民大垸管理区客运站主站楼完工，荆岳综合物流园进入施工阶段，江陵货运中心一期工程、荆州开发区货运中心一期工程投入运营；洪湖客运站开工建设，公安孱陵新区客运站建设加快推进，35个农村港湾候车亭全部完工；楚都、昊翰、长江、飞达4家物流企业获省政府竞争性物流发展资金支持，鑫捷物流参评部第四批甩挂试点，公安农村物流试点、洪湖交邮合作试点先后部署启动，计划投资4亿元的石首物流园开工建设、用地300亩；长江物流园二期工程完成投资320万元，累计完成投资3820万元；荆岳综合物流园项目完成投资3800万元，累计完成投资8700万元；公安综合物流园项目完成投资1300万元，累计完成投资1400万元；石首物流中心完成投资3400万元，累计完成投资3400万元；楚都物流中心园区完成投资330万元，累计完成投资2630万元；荆州盐卡综合物流园规划选址确定，已完成工可报告编制。

综合运输。全市有客车3851辆，其中新增29辆、更新357辆，中高级车比率达到67%；公交车1327辆，其中新增154辆，运营线路100条；客运出租车3350辆，其中新增400辆。新增县际以上客运班线10条，其中省际4条、地际6条。开通县际以上客运班线672条，其中省际218条、地际217条、县际237条，辐射全国20个省、4个直辖市；新增农村客运班线6条，新增农村客运车辆29辆，全市2396个行政村全部通客车。有专业旅游运输企业4个、中高级旅游客车96辆。全市有货车27242辆，其中新增2435辆。完成道路客运量9158.84万人次、旅客周转量442621万人公里，比2013年分别下降11.9%、43.0%；完成货运量7046万吨、货物周转量141.8亿吨公里；公共汽车与客运出租车完成客运量37715万人次，比2013年增长6%。港口吞吐能力增至4338万吨，集装箱吞吐能力增至43万标箱，有营运船舶127.98万载重吨。全市水路完成货运量5427万吨、货物周转量259.7亿吨公里，货运量比2013年分别增长1.2倍、周转量比2013年减少1.4%。全市港口完成货物吞吐量2850.3万吨、集装箱吞吐量10万标箱，比2013年分别增长8.7%、6.4%。

2014年9月7日，荆州郢都公交枢纽站新置公交车整装待发

安全管理。完成沙市、江陵和公安3个过境路段整治工作，荆州区、沙市区联合城管加强对318、207国道城区路段路域环境整治，国省干线无新的违法建筑。全市检测运输车5.6万辆，查处超限运输车2.93万辆，卸载货物13.54万吨，超限率控制在4%。荆州区路政大队和监利施家超限站被省公路局分别授予2013年度“标准化路政大队”和“标准化超限检测站”。全市11个超限站视频监控互联互通运转正常，荆州、公安207国道路网监控设施联调运行。开展公路集中整治安全生产突出问题等专项行动，重点检查普通公路施工、桥梁运行管理、渡口渡运安全生产中存在的问题，完善安全隐患整改登记等6项制度，及时处理洪湖仙崇线滑坡突发病害、松滋沙渔线水毁及洛河桥病害。大修公路渡口船舶2艘，完成过渡费收入1457万元。市公路局被评为2014年度湖北省公路安全应急管理工作目标考核优秀单位。全市港航管理部门筹集80万元加强监管装备，为县市区港航海事部门统一配发海事执法摩托车、执法记录仪、水上救生设备、安全帽、防静电服等，夯实安全监管基础。筹集资金25万元，在全省率先建造学生专用渡船、开通学生专用渡口，获得良好社会反响。更新改造农村老旧渡船131艘，31家港口企业和3家省内旅客运输企业安标考评全面达标。全年水路交通发生事故1起、死亡1人，直接经济损失17万，安全指数在控制范围内。

运输市场管理。与公安、交管、城管等部门配合，建立“联合执法、综合治理”工作机制，相继开展城市环境整治、“客运站周边交通秩序专项整治”、“两客一危专项整治”、出租车“打黑”等6大整治行动，营造规范的运输市场。对全市在册一、二类维修企业和汽车综合性能检测站进行资质清理整顿，评出3A级企业34家、2A级企业86家、A级企业24家。有机动车驾驶培训机构65个，其中一级5个、二级32个、三级28个。按新国家标准验收许可荆州中心城区7个驾培机构，按新国标要求复核开通监利县鸿运、监利县途安、公安县恒远、公安县华昌、公安县藕池5个新增驾校。加快内河船型标准化和老旧船舶及高能耗、高污染船舶的更新改造，拆解小吨位船、老旧船舶20艘13997总吨，发放政府补贴资金893万元。成立荆州船东协会，让企业实施规模化经营，架起管理部门和企业沟通桥梁。完成港航海事船检公共网站改版升级，强化政务公开与网上咨询、办事功能，优化审批内部流程，实现船员办证业务网上申报。创新费收目标责任考核模式，成立费收、港口、海事、法规等部门联合稽查专班，加大稽查力度，取消全市包干或协议征收规费，取消对检查站下达费收目标考核任务，优化激励约束机制，全年完成规费征收2298万元，占全年计划的121%，比2013年增长28.6%。

城乡客运一体化。全市有24条城乡公交线路，中心城区20公里范围内公交化运行率达60%。江陵县“村村通”试点工作取得可复制、推广的经验，调整延伸客运班线6条、10个乡镇客车全部实行公交化运营，建立起“由村到乡镇，乡镇到县城、县城到市区”行车均不超过30分钟的客运网。公交国补资金项目从老年人免费补贴1项增加为更新车辆、公交场站建设等13项，全年支持公交发展资金3300万元。石首率先在全市出台扶持物流发展的规范性文件，洪湖以“交邮”合作试点为契机出台政府扶持物流发展意见，松滋政府出资300万元开辟连接新、老城区公交专线，江陵县政府投入70万元用于“村村通客车”营运亏损补贴。

文明创建。开展“十行百佳”“三优一满意”、“出租车双创”等创建活动，荆州市交通运输局被评为全省交通运输系统先进集体、连续两届省级卫生先进单位、连续三届省级文明单位。全市交通运输行业创建省级文明单位15个、市级文明系统3个、市级文明单位27个，培树省部级先进典型2名、市厅级先进典型15名。9月13日，荆州市被评为湖北省公交示范城市。

（程飞　肖飞　王昌福）

【荆州区】 2014年，全区有公路1821.8公里、路网密度174.3公里/百平方公里，其中高速公路42.9公里、一级公路41.1公里、二级公路114.3公里、三级公路50.6公里、四级公路1541.7公里、等外路31.2公里；内河航道里程66公里，码头泊位51个。

基础建设。全年完成交通建设投资3.21亿元。荆当一级旅游公路11月底开工建设，落实省级交通投资1.53亿元，全面启动全线清表工作、节点工程施工和三站一场建设；引江济汉堤顶道路二级公路全段路面基层已完成，进入面层施工阶段；荆松一级公路荆州段完成所有房屋及其附属物迁移工作；二级公路投资5400万元，建设429省道紫荆至藤店、裁缝至联山13公里、枣渡线14公里；弥市大桥总投资3300万元，2014年年底建成；县乡公路改造工程投资450万元，完成15公里改造任务；通村公路总投资2700万元，建设通村公路90公里；改造重建农村公路危桥9座，分别是郑家港桥、双闸分界渠桥、观台移民桥、合兴四组桥、李场九组桥、藤店桥、古档桥、五一桥和曲桥，总投资526万元。荆州郢城综合客运枢纽站一期站务综合楼建设完工，配套公交站、出租车站全部建成，日分担客流1.3万人次。李埠港区一期综合码头工程完成6个件杂码头建设，后续建设与卓尔集团洽谈合作取得实质性成效。

行业管理。累计投入重点养护工程货币量74万元，重点对322省道、207国道、荆应线、枣渡线实施养护。累计投入干支线日常养护工程货币量324万元。全年投入农村公路养护资金203.9万元，对全区24条53公里农村公路及全区21条通村公路29处存在重大安全隐患路段进行重点维修和整治。荆马公路桥裁弯取直工程进入实施阶段。水上运力结构进一步优化，单船平均载重吨达到2124吨。全年完成道路货运量1447万吨、货物周转量31.53亿吨，同比分别增长10.5%、13.5%。

2014年6月25日，省道沙渔线弥市大桥改建中

交通安全。组织开展道路运输企业安全生产达标、交通工程建设安全、长江渡口安全、“两客一危”等专项检查10余次。检查道路运输企业48家次、渡口39处次、危桥管控现场7处次、交通在建工程20项次，发现隐患52起、整改52起。完成10家水陆“两客一危”运输企业安全达标申报工作。全区运输安全生产氛围浓厚，水陆交通运输安全生产形势总体稳定，创下道路危货运输连续13年、水上运输连续11年无安全生产责任事故记录。

（李华　唐亮）

【沙市区】 2014年，全区有公路1236.77公里、路网密度171.5公里/百平方公里，其中高速公路39.2公里、一级公路48.84公里、二级公路56.2公里、三级公路68.15公里、四级公路1024.38公里；内河航道里程81.64公里，码头52座，生产性码头泊位68个，长江渡口2处、内河乡镇渡口5处；货运站场6个。

基础建设。全年完成交通固定资产投资3.67亿元。普通公路建设完成投资2.28亿元，建成通乡通村公路67.9公里、桥梁2座69.12延米，新增等级公路24.71公里；完成33座危桥改造，超额完成市政府与区政府签订的“十二五”危桥改造32座的目标任务；沙市区红门路桥至长湖一级公路改建工程于11月4日获得省发改委批复。港航建设完成投资1.39亿元，港口建设以“一港双园”和“集疏运”建设为重点，积极参与打造荆州组合港建设，建设完成港口泊位2个，新增泊位2个，新增港口通过能力310万吨/年；湖北沙隆达股份有限公司热电煤码头、荆州港涉外旅游码头主体工程全部完工；国电沙市煤炭储配中心码头改扩建项目10月份进行工程竣工预验收；荆州港盐卡三期综合码头工程、荆州港柳林港区煤炭储运码头、长江海事码头、电肖线疏港道路等工程基本建设完成；荆沙铁路沙市南站货物线煤炭装卸线工程连通旺港煤炭储运中心码头11月18日通车。

安全监管。按照“党政同责、一

岗双责、齐抓共管”安全生产工作要求，坚守安全底线，创建“平安交通”，层层签订安全工作目标责任书和乡镇渡口安全管理工作四级目标责任书。全年完成水路货运量258.47万吨、水路货物周转量23.34亿吨公里、港口货物吞吐量625万吨，与2013年同比分别增长28.6%、22.8%、11.6%。积极推动企业安全生产标准化达标工作，全系统道路运输“两客一危”、港口14家危货、2家普货及3家水路危货运输企业完成考评达标工作。组织开展客运消防、防恐、防爆演练、油库码头消防、防泄漏应急演练，在318国道沙市段开展道路应急抢险演练。挂牌督办市恒信旅游运输有限公司重大安全隐患。圆满完成春运、“五一”、“十一”等节假日运输保障任务，交通运输安全生产形势平稳有序，无安全责任事故发生。

法制建设。推进交通行政执法“四统一”和行政执法政务公开，清理行政权力及行政服务事项14项，制定并公开工作流程图。全年处理公众诉求件17件，回复率、办结率100%；人大政协建议提案回复率、见面率、满意率100%。开展交通行政执法证件年审工作，对104名交通行政执法人员执法证进行年审。利用无纸化学法用法及考试系统，进行普法学习及考试，参学率、参考率100%，成绩优秀率达90%以上。7月，沙市区交通运输局被平安法治湖北建设领导小组评为“全省首批法治创建活动示范单位”。 （胡敏）

【江陵县】 2014年，全县公路总里程1719.5公里、路网密度164.1公里/百平方公里，其中一级公路25.1公里、二级公路100.2公里、三级公路135.7公里、四级公路1296.7公里、等外公路161.8公里；内河航道里程54公里、港口5个、生产性码头泊位23个，渡口12个；客运站8个，其中二级站1个、四级站1个、五级站6个。

基础建设。全年完成交通建设投资18.05亿元。潜石高速公路江陵段完成货币工程量7.8亿元，江北高速公路江陵段完成货币工程量6.5亿元，江北高速公路连接线完成货币工程量4000万元。建成通村公路89公里，改造危桥6座；4条县乡道建设项目中汉江线、新马线已完工，周马线改线工程完成路基工程；园区道路建设中铁牛路、鹤鸣路已完工，招商大道、工业大道阶段性完工。新建城市公交港湾站台10个；总投资7000万元的江陵货运中心累计完成货币工程量6700万元，2014年完成投资700万元。荆州港木沉渊港区江陵跃进综合码头与荆州港郝穴港区江陵石化码头全面动工，进入实质建设期，累计完成货币工程量4000万元；石化码头累计完成货币工程量1.4亿元。县水上应急搜救中心完成开工前期准备工作。

公路养护。投资1260万元，完成大修工程15.65公里，其中汉沙线4.85公里、秦黄线半幅水泥混凝土路面工程3公里、新马线基层施工7.8公里；投资180万元，完成干线公路保洁、长草整治1048.32公里、干支线油面坑槽515立方米、砖渣坑槽739立方米、碎石坑槽357立方米、示警桩补栽275根、砖带套白45公里、路树刷白24000株、路面标线6公里、干线公路缝养护25公里；完成缝养护40万元，危桥改造136万元，安保工程183万元。

农村公路与客运试点工作。江陵县在2014年被确定为全省推进农村公路提档升级试点县、农村客运发展试点县。县交通运输局认真谋划，做到“两个率先”，即率先实施农村公路“六个达标”，率先实现农村客运“村村通”。投资8516万元，加快推进农村公路提档升级，从路基、路面、安保、错车道、桥涵、绿化“六个达标”进行建设，让全县1586公里农村公路达到“畅、安、舒、美”目标。全年提档升级工作完成路肩土方回填1110.7公里、修建错车台850个、破碎板10万立方米、危桥重建62座645.9延米、桥涵维修4793.8延米、标志标牌1441块、示警桩4919根、减速板2972.5米、防撞护栏1000米，完成货币工程量8500余万元，基本达到“畅、安、舒、美、亮”目标，具备“村村通客车”基础条件。全面推动“村村通客车”，结合实际情况，明确“三位一体、四化同步”推进农村客运发展工作思路，即“以政府为主导，以企业为主体，以社会力量为依托”，凝聚农村客运发展力量，着力推动公路建设标准化、市场营运区域化、客运发展公交化、市场管理规范化的“四化”同步建设、同步发展。全县8个客运站、368个候车亭、招呼站，构建城乡客运一体化站点网络，37条农村客运班线、168台客运班车，日发班1008次，通达187个行政村，全县农村客运实现“村村通”。全省“村

2014年6月18日，江陵县港航部门组织水上综合应急演练

村通客车”现场会在江陵县召开。

行业管理。开展“打非治违”行动，出动稽查车辆400余台次、执法人员1400余人次，检查车辆1050余台，查处违章行为210起。开展道路客运班线专项清理活动，完成全县三类以上客运班线清理，强化客运车辆和驾驶人员管理。开展以“保畅通、促和谐”为主题的道路清理专项整治行动，省道汉沙、荆新、秦黄公路沿线打场晒粮现象得到有效遏制。全年检测车辆42968辆，查处超限超载车辆1884辆，卸载货物316吨。严把“三关一监督”，督促客运站严格落实营运客车安全例行检查及出站检查工作规范和“三不进站、六不出站”规定，认真执行车辆投保承运人责任险制度和规范客运企业营运车辆动态监控行为，切实将安全隐患消除在萌芽状态。6月份，县港航部门与江陵海事处、长江航运公安江陵派出所、江陵航道处联合在中石化长燃江陵水上加油站开展水上综合应急演练，检验全县多部门水上联合救援协调作战能力，提升水上加油站防火和应急处理险情综合水平。全年完成道路客运量518.42万人次、旅客周转量35.17万人公里，公路与水路完成货运490万吨、货物周转量54235万吨公里，港口完成货物吞吐量140万吨。

文明创建。党的群众路线教育实践活动、文明单位创建、廉政文化建设、“双联双促”活动深入开展，机关上下“讲效率、讲务实、讲奉献、讲勤俭”之风盛行。局机关、运管所、汽运公司通过县级文明单位复核，县公路局通过省级最佳文明单位复查，分别获市政府、县委组织部、县政协、“三万”工作先进单位、党建工作优秀单位、政协提案办理先进单位、项目建设先进单位称号。江陵农村公路提档升级和“村村通客车”工作经验在全省推广。

（袁丹眉　代龙梅）

【松滋市】 2014年，全市有公路3023.7公里、路网密度143.3公里/百平方公里，其中高速公路38公里、一级公路13.5公里、二级公路246.3公里、三级公路175.3公里、四级公路2719.6公里、等外路11公里；内河航道里程156公里，码头泊位28个；客运站11个，其中二级客运站1个、三级客运站1个、四级客运站1个、五级客运站8个。

基础建设。完成交通建设投资14.2亿元，比2013年增长22%。351国道斑竹垱至松滋城区改建工程项目工可报告通过省发改委批复，项目全长16.2公里，具体走向为公安县斑竹垱经松滋南海拉家渡到新江口城南荆松一级公路交汇处。荆松一级公路完成投资4.7亿元，该项目路基土方、软基工程、松东河、松西河特大桥、长寿河大桥等控制性工程进展顺利，中小桥梁基本贯通，特大桥建成半幅通道，全线基本形成过渡式路基；完成省道沙渔线王家桥至刘家场23公里大修改造，街杨线涴水至杨家溶大修改建10公里；新升省道改造完成庆卸线26公里、涴米线沙道观段5.8公里，汪杨线纸厂河镇大湖至杨林市16.5公里完成边坡开挖、路基加宽整治工作，陈老线15.5公里已完成8.5公里路基整治，其余路段路基整治已动工；县乡公路改造完成长磨线7公里、涴界线14公里、南沙线1.2公里、毛米线0.8公里；完成通村公路建设215公里，其中争取省、市下达新增通村公路计划140公里，集中解决农村路网“断头路”、村组不连通问题；完成农村公路安保工程227公里和全省农村公路危桥改造示范试点工程，该工程涉及松滋16个乡镇118座危桥，其中拆除重建66座、维修加固52座，全部完成改造任务，累计投入资金4574万元。加快松滋港区车阳河综合码头配套工程建设及二期工程前期工作，配合荣城纸业公司加快海关商检监管区建设，进港道路、港区供电工程完工，完成建设投资1亿元，3月17日正式启动集装箱业务，全年实现集装箱吞吐量2000标箱。

综合运输。全年完成道路客运量1320万人次、旅客周转量79679万人公里，完成货运量368万吨、货物周转量51220万吨公里，同比分别增长12%、23%。加快推进城乡公交一体化进程，积极拓展农村小城镇和偏远乡村客运市场，强化镇村微循环运输，争取市政府支持，购置10辆空调公交车，开通5条公交线路，全市公交车总数达到58辆、客运出租车227辆。

行业管理。把“打非治违”纳入常态管理，争取政府支持，形成多部门联合治理的高压态势。全年查处运输违章2200余车次，查处“黑的”92辆，非法倒卖出租车经营权行为12起。7月中旬，启动全市治理公路超限超载及抛撒物、取缔“残的”、打击“黑的”专项行动，经过三个月整治，市

2014年12月19日，许克振副省长（前排右二）调研松滋市水陆交通建设

内公路主干线、城市道路车辆超限超载和沿途抛撒现象得到有效遏制。严格道路运输从业资质资格管理，对8家客运企业进行行业管理达标检查，对3家出租车公司、1家公交公司实施质量信誉考核。

安全监管。开展“打非治违”“六月安全生产月”“隐患排查整治”“平安交通”“严打严治”等专项整治行动，积极整改安全隐患，全市水陆运输安全覆盖面100%，实现水上运输连续12年无安全责任事故的目标。引进科技手段强化安全管理，对全市446辆长短途客车、58辆公交车、227辆客运出租车、200余辆重载货车进行实时GPS监控，对洈水库区32艘旅游船舶安装AIS终端安全动态管理系统，及时发现和有效打击各种违规违章经营行为。深化客运企业“两化”建设，明确安全生产责任主体，建立和完善客运安全监管长效机制，认真履行“三关一监督”职责，严格落实“三不进站、六不出站”、安全例检、危险品查堵等多项安检制度。运管所加大对重型货车、挂车、工程运输车、危险化学品运输车整治力度，强化危货车辆驾驶员、押运员准入、考核和培训，持证上岗率100%。

工程监管。经松滋市编委批准，成立“松滋市交通工程质量监督管理站”，进一步明确交通项目建设、验收程序。所有工程项目一律推行监理公司和监理人员现场监管工作制度，强化施工质量。细化工程建设和养护管理职责，明确交通运输局、工程责任单位、施工责任单位、养护管理单位职责，研究制定《松滋市农村公路养护管理办法》。2014年市政府财政投入资金296万元用于农村公路养护。

文明创建。制定文明单位销号管理办法，推进全系统争创文明单位全覆盖，2014年8家单位分别被市委、市政府授予“全市文明单位”和“全市最佳文明单位”称号。深入开展“创新服务树形象”活动，港航海事处创建“六型”文明示范窗口，运管所开通运政“110”24小时服务热线，积极兑现“有困难、找运管”的服务承诺。交通各窗口深化“一站式”服务，客管所组织客运出租车在高考期间开展“爱心送考”活动，利用客运出租车GPS监控系统免费为乘客查询失物。

（朱卫华　李宝婵）

【公安县】　2014年，全县公路总里程3234.96公里，其中高速公路115.14公里、一级公路8.41公里、二级公路183.14公里、三级公路170.2公里、四级公路2758.07公里；内河航道357公里、港口码头泊位40个，渡口123个；客运站11个，其中二级客运站1个、三级客运站1个、四级客运站3个、五级客运站6个。

基础建设。全年完成交通建设投资19.6亿元，比2013年增长46%。全县在建交通项目16个，完成江南高速公路、金台至北闸旅游公路、马市至群英路、斗湖堤城区至荆东高速黄金口互通连接线工程。207国道黑狗垱、南平、汪家汊3座危桥改造完成货币工程量6000万元，351国道黄金口至松滋城区公路公安段改建工程完成货币量1500万元，355省道汪杨线汪家汊至景阳冈段公路改建工程完成货币工程量2000万元，荆松一级公路公安境内全长7.825公里、完成投资2900万元，弥市大桥改建工程完成投资1267万元；孱陵一级客运站完成货币工程量3500万元。

行业管理。落实安全责任，有效遏制重特大运输安全事故，杜绝水上交通安全事故，四项安全指数均在部颁标准之内。开展打非治违专项整治和道路运输市场秩序整治活动，规范出租运营行为。按照交通运输部《出租汽车驾驶员从业管理规定》要求，对全县近600名出租车驾驶员进行继续教育培训，重点讲解政策法规、社会责任和职业道德、服务规范、安全运营和节能减排等相关知识，以服务、考核、运力投放为抓手，多管齐下提升出租车服务水平。完成道路客运量1918万人次、客运周转量1.31亿人公里，较2013年增长9%和6%；完成货运量720万吨、货运周转量14.11亿吨公里，较2013年增长7.5%和7.4%。开展道路运输市场专项整治行动，查处违规驾校、培训点11家，暂扣违规培训车辆6台，违规企业查处率100%。责令宏泰、江南2家维修企业停业整改。查处各类道路运输违章行为269起。加大路政执法力度，办结路政案件30件，检测车辆67296辆，查处超限车辆29780辆，卸货950吨。开展“百名执法人员、进百家(企业、乡镇村)、释百问、解百难”的“四百”活动，走访企业50多家、16个乡镇及多个村组、6个渡口、12个水运企业；走访服务对象213人，收集意见建议49条，发放承诺书310份，宣传

2014年9月15日，207国道公安段大修中

册552份，解决实际问题11件。

文明创建。公安县交通运输局被省政府表彰为全省法制建设先进单位、被湖北省交通运输厅工程质量监督局评为全省农村公路建设质量检查先进单位，被荆州市交通运输局评为全市农村公路建设养护工作第二名。县交通运输局获2014年公安县“万名代表促壮腰、我为公安发展作贡献”主题实践活动先进单位、政协提案办理先进单位、绩效考核优秀单位、支农工作先进单位、招商引资工作先进单位、综治信访维稳工作优胜单位等称号。

（余国伍）

【石首市】 2014年，全市公路总里程2376.3公里、路网密度166.5公里/百平方公里，其中高速公路19.7公里、二级公路171.5公里、三级124.2公里、四级公路2057.5公里、等外公路3.4公里；内河航道82公里，港口码头泊位33个，渡口43个，其中长江客渡14处、汽渡2处，内河渡口27处；客运站5个，其中一级客运站1个、三级客运站1个、四级客运站1个、五级客运站2个。

基础设施。石首长江公路大桥通过国家发改委核准立项。以省政府开展长江岸线规划编制为契机，依托地处洞庭湖生态经济区的发展优势，加大招商引资力度，突出抓好石首港绣林港区规划编制与建设。7月11日，与北京梦辉物流有限公司签订物流中心建设投资合同，土地红线已经划定，投资4个亿，占地300亩，于12月动工建设。推进金银当至绣林港一级公路项目建设，路基工程已经完成。加快省道升级改造工程建设，在“十二五”国、省道调整中，狠抓项目规划，使新升省道达到85.25公里，旅游公路14.93公里，实现二级路里程成倍增长。完成436省道高陵岗至过脉岭段、430省道南口至柳湖坝和329省道杨波坦至小河口公路路面建设任务，完成480省道团山寺至高基庙公路工程土方路基工程9公里、路面工程8公里建设，启动220省道改线横沟市至赵家湾征地、拆迁工作，进入路基土方工程及涵洞配套工程建设阶段。完成县乡道建设68.7公里、通村公路建设254公里，危桥改造15座。

行业管理。全年完成道路客运量683万人、旅客周转量32550万人公里，货运量227万吨、货物周转量6.48亿吨公里，港口吞吐量330万吨。结合“构建大城管”活动，对城区客运市场进行专项整治，通过查处违规车辆、下发责令改正交通违法行为通知等行动，城区客运市场秩序改观。建立公路治理长效机制，加大超限超载车辆违法行为打击力度，查处超限车辆5830台，卸载货物4785吨。坚持路域整治，制止新增违法建筑、依法拆除清理公路标牌、劝阻公路上摆摊设点行为。以建设“平安交通”为主线，深入开展“六打六治”活动，强化对车站、港口、码头和危化品运输企业的安全监管，先后开展安全生产大检查18次，排查安全隐患16处，整改率100%。同时组织应急演练5次，举办各类安全知识培训班5次，确保全系统安全生产状况继续保持平稳态势。对全市农村公路安全隐患逐一进行勘测，制订具体实施方案，采取加宽和修建错车台方式，确保农村公路车辆通行安全。

文明创建。大力弘扬交通行业文化，以创建省级文明单位为契机，以“十佳文明出租车和公交车”评选活动为载体，提升交通干部职工的文化素养和为民服务的理念，涌现出20名石首最佳的哥的姐和公交车驾驶员。石首市交通运输局机关获荆州市级文明单位称号，石首市交通运输系统2家事业单位获石首市文明单位称号。

（胡卫锋　王军强）

【监利县】 2014年，全县公路里程4683.4公里、路网密度144.6公里/百平方公里，其中高速公路93.4公里、一级公路36.3公里、二级公路258.2公里、三级公路296.5公里、四级公路3601.6公里、等外公路397.4公里；内河航道340公里，码头泊位34个，渡口70个；客运站17个，其中一级客运站1个、四级客运站3个、五级客运站13个，货运站1个。

基础建设。全年完成交通建设投资8亿元。江北高速公路监利连接线一级公路完成投资8700万元，新沟一级公路完成挖沟放线，启动征地拆迁。普通公路新增省道二级公路军调线14公里、朱棋线5公里、网府线8.5公里、陈分线15.8公里，上述公路加宽改造工程通过县财政评审中心评审，完成招投标，已组建项目部，全面启动建设。仙监线工可报告获省发改委批复，进入初步设计阶段。建设通村公路260公里，完成渡改桥8座、在建3座，改造危桥41座、在建5座。容城新港完成水工部分建设，新沟二级客运站完成征地工作，大垸三级客运站完工。

行业管理。新增客运出租汽车运力工作进入招投标程序，新增60辆客运出租汽车。强力整治城区交通秩序，查处非法商务车“公司”8家，对非法营运车进行查处。城市客运管理所采取固定与流动稽查相结合的方式，打击出租车不打表、拒载等违规行为，城区交通秩序明显好转。

（王平祥　徐艺）

【洪湖市】 2014年，全市公路通车里程3061.6公里、路网密度121.5公里/百平方公里，其中高速公路4.6公里、一级公路51公里、二级公路241公里、三级公路49公里、四级公路2671公里、等外公路45公里；内河航道里程574公里，码头泊位83个，渡口126处；客运站9个，其中二级客运站1个、四级客运站1个、五级客运站7个。

基础建设。全年完成交通建设投资44.8亿元，是2013年的2.6倍，其中高速公路完成投资40亿元。洪监高速公路建设2014年完成投资25亿元，累计完成投资48亿元，占总投资的55%。武汉城市圈环线高速公路洪湖段项目，桥梁下构、路基工程完成，完成投资15亿元，累计完成投资21亿元，占总投资的62%。洪湖燕窝至嘉鱼长江大桥完成前期工作，施工队伍已进场。洪湖至赤壁长江大桥前期工作完成，项目申请报告上报国家发改委和交通运输部待核准。国家发改委和交通运输部委托咨询单位组织项目现场评估审查，相关专题均已获批复，核准要件已基本齐备。洪湖新堤港区综合码头项目一期工程1号、2号水工建筑物、引桥及相应的辅助设施等主体工程全部完成并交工验收，后续工程于2014年11月26日签订投资合同，桩基施工全面展开。洪湖新滩港区综合码头前期工作取得突破，项目环评生态专题通过环保部审查。开工建设一级公路18公里，其中汉沙线洪湖城区绕城段12.6公里改建工程于9月底建成通车，被省交通运输厅表彰为全省普通公路建设领域“十佳建管项目”；洪湖大道4.5公里改建工程于10月份开工，完成货币工程量5000万元。仙桃至赤壁公路洪湖段改建一级公路前期工作完成。二级公路任务全面完成，曹市至戴家场段改建工程10月份开工，大同湖至长河段完成路基工程，长河至黄家口完成过渡式路面建设，新峰线府场至监利段450米启动沿线拆迁工作。该路线的公路桥完成水下桩基施工。农村路网进一步优化完善，改造县乡公路32公里，新建村级公路146.7公里，改造危桥36座，累计投资1.44亿元。洪湖市汽车客运站项目由洪湖市政府与天虎运业公司签约建设，进入吹沙换填基础处理阶段。

综合运输。全市有道路客运企业11家、货运物流企业6家、二类维修企业15家；水路货运企业3家、长江汽车渡口3家、长江客运渡口6家、危险货运码头4家，沙石装卸码头22家、船厂2家。各类营运客车430辆、货车969辆、营运船舶37艘4.56万载重吨。全年完成客运量1124万人次、旅客周转量7.20亿人公里，道路货运量388万吨、货物周转量7.95亿吨公里，港口货物吞吐量132.3万吨。全年未发生水陆交通运输安全责任事故。

行业管理。针对年初大幅反弹的公路超限超载现象，市政府召开全市治超专题会议，建立“政府主导，交警、路政、财政人员联合执法”的工作机制，全年检测车辆6800台次，查处1360台次，卸载货物1600余吨，严厉处理36台非法改装车辆和16台抱团冲卡车辆，超限率控制在3%以内。建立政府主导、部门协作配合的打非治违工作机制，出动执法车辆150台次、执法人员650人次，查获非法营运车辆48台，处理42台。加大宣传力度，引导运输企业以低廉票价、优质服务吸引广大市民，岳阳、武汉两线客流得到回升，运输秩序恢复正常。城市客运出租汽车第五轮经营权有偿出让工作稳妥完成，运行平稳，出租车公司和司机规范经营意识明显增强。建立养护公司和路政大队联动快速反应机制，制止新的违法建筑16处，清理路面堆积物168处，拆除非公路标志牌26处，制止打场晒粮186场次，全市路政执法无公路“三乱”行为。

文明创建。扎实开展新农村建设，筹措22万元资金帮助湘口村修建十二支沟桥涵，帮助大白林村重建二组到三组的生产生活桥，完成驻带村广播“村村响”工程建设。落实承办市人大、政协七届二次会议代表建议17件、政协委员提案13件，实现回复率、见面率、满意率100%，被评为2014年人大建议政协提案承办工作先进单位。2014年，洪湖市交通运输局机关被评为“省级文明单位”、荆州市“万名干部进万村惠万民”活动先进工作组、荆州市交通运输先进单位、洪湖市绩效考核先进单位和落实党风廉政建设责任制先进单位、洪湖市招商引资先进单位、督查工作先进单位、血吸虫病防治工作先进单位。洪湖市交通运输局党委被评为洪湖市宣传思想文化工作先进单位。　（汪伟　张俊）

【荆州开发区】　基础建设。全年完成交通路网建设投资1.59亿元，建设园区公路12.9公里、桥梁3座、通村公路10公里。荆州王桥至盐卡一级公路荆江大堤段建设工程，4月29日进场施工，铁路线以东1.9公里已完工。江陵县三观线资市至滩桥镇观音寺是“十二五”期间二级公路升省道的建设工程，省补资金600万元已拨至开发区财政局；兴隆桥至滩桥镇4公里道路已开工建设。筹集资金250万元，修建28个公交站台和64个指路牌。投资120万元完成深圳大道四个交叉路口红绿灯交通警示标志，投资90万元完成上海大道三个交叉路口的交通警示标志。投资200余万元，完成沙岑路、洪沙路、东方大道部分路段8000余平方米补板工程，改善辖区内道路交通环境。修建联合街办、岑河农场、滩桥镇通村公路9.5公里，改变群众出行难的问题。

交通规划。以开发区发展为目标

荆州开发区新建的公交站台

做好园区道路与国省干线相连的规划，在沙市至公安高速公路出口连接线与上海大道相连接规划中，将连接线规划为一级公路，带动岑河农场片区可利用工业用地开发，纳入沙市至公安高速公路一并设计施工；将荆沙大道延伸线与荆州机场城区快速通道相并规划，从深圳大道以东由机场城区快速通道统一设计施工；将盐卡沙隆达工业园沿荆江大堤穿滩桥镇全境至长江二桥与江陵县相连的沿江大道作为开发区“十三五”一级公路进行规划，纳入2016年至2018年建设计划。通过做好道路发展规划，荆州开发区以东的交通环境将得到改善，开发区货物运输经长江二桥过长江，避开城区，缓解东方大道上高速公路的压力，利用荆监一级公路、沿江大道、上海大道直接与沙市至公安高速公路、江北高速公路相连，形成循环互通的交通局面。

行业管理。荆州开发区货运中心全年完成货物运输量192万吨，仓储运输94297车次。10月，新增42路公交车沿深圳大道南端经荆监一级公路至上海大道循环线路，部分企业与市公交总公司直接对接派车接送，解决企业上下班乘车难问题。按交通运输部门要求，完成相关行业管理工作；按照市港航局要求，对长江镍业码头建设做好相关协调工作；按照市运管物流局要求，开展辖区内物流企业考核达标工作；按市公路局要求，完成辖区二级路资料整理和公路债务清偿组织工作；按照市铁路办要求，开展协调荆岳铁路开工前准备工作。（施静）

荆门市交通运输

【概况】 2014年，全市公路通车里程13359.02公里、路网密度105.18公里/百平方公里，其中高速公路313公里、一级公路183.28公里、二级公路1244.03公里、三级公路1137.04公里、四级公路9919.66公里、等外公路562.01公里；航道通航里程424.89公里，港口4个，港区16个，生产性港口泊位58个，渡口46个(含停运渡口5个)；客运站40个，其中一级客运站1个、二级客运站4个、三级客运站4个、四级客运站10个、五级客运站21个。

基础建设。全年完成交通建设投资34.7亿元，占年初目标20亿元的173%，占省预安排计划32.3亿元的107%。其中普通公路建设养护投资29.7亿元，完成一级公路路基87.4公里、路面32.8公里；二级公路路基137.65公里、路面139.56公里；完成县乡道改造247公里、通村公路1011.3公里；完成公路大修91.5公里、中修21公里，危桥改造11座。

综合运输。全市有客货运输车辆23118台，其中客运车辆2054台35676座、普通货物运输车辆19542台157716.49吨、危险品货物运输车辆1522台31501.75吨。客运班线642条，其中省际班线44条、市际班线167条、县际班线128条、县内班线303条。全年完成客运量3944万人次、旅客周转量24.80亿人公里，货运量6789万吨、货物周转量119.91亿吨公里。农村客运线路261条、里程9008公里，运行班车980辆12445个座位。机动车综合性能检测站5家，维修企业319家，其中一类维修企业24家、二类维修企业117家、三类维修企业178家。机动车驾驶员培训学校21所，年培训能力达4.6万人，全市在册从业人员66579人，从业资格换证24339人。全市在册营运货运船舶106艘33651载重吨、功率13826千瓦，其中拖船5艘、1105千瓦，驳船15艘9116载重吨，货船39艘24535载重吨、7708千瓦。在册营运客运船舶47艘1316客位、功率5013千瓦。全年完成港口起运量88.76万吨、港口吞吐量186.69万吨。拆解船舶6艘905总吨，申请补贴资金53.11万元；检验各类船舶213艘次71015总吨、功率28939千瓦，未发生一起检验质量事故；水上交通连续14年无重大安全事故，3个基层站所成为省级“六型”文明示范窗口。荆门城区有公交线路24条、公交车486辆，年运营里程2638万公里，全年客运总量为8760万人次，日客运量约为24万人次，公交分担率为18.6%，公交线网密度为2.5

2014年10月29日，荆门公交集团60台宇通LNG空调公交巴士正式在城区上线运营

公里/平方公里。

路政管理。荆门市公路路政监督检查支队下设沙洋、京山、钟祥、东宝、掇刀5个路政大队和五三公路管理所路政中队。全市有路政执法人员260名，其中路政巡查人员115名，治超人员145名，配备集群通对讲73部、执法记录仪15台，共有路政执法车29台，其中21辆安装GPS，有5个固定治超站和3个临时治超点（安栈口、湾堰、麻城）均配备专用治超车和检测设备、卸货设备。建立荆门市公路局路网监测与应急处置系统，各路政大队分别建立三级监控平台、配备应急指挥车，钟祥大桥、沙洋汉江大桥各安装2个高清数字摄像头。全年检测车辆162.02万台次、查处超限运输车辆13.43万台次、处罚违法车辆11.66万台次，转运及卸货48.97万吨；拆除非路用标牌、标语318块，清理堆物占道168处，处理路面坑槽96处483平方米，受理路政许可23起，查处路损案件79起，路政案件查处率、结案率均在98%以上，执法文书使用率100%。行政审批进一步规范，涉路施工行政许可全部网上办结。完成3个集镇过境路段整治任务，路容路貌明显改善。

安全管理。组织开展“春运安全生产”“安全生产专项整治”“出租车专项整治”“超限运输治理专项行动”“水上打非治违专项整治”“安全生产月”“严打严治集中整治安全生产突出问题”“国庆安全生产”等活动，出动交通运输执法人员6368人次，检查企业312家，检查车辆18205辆次，船舶513艘次，处理纠正各类违法违章行为1151车（船）次，发现整改隐患266处。全市53家“两客一危”企业率先完成标准化达标建设。全市未发生较大以上安全生产责任事故。

费收及筹融资。完成费收393.09万元，其中港务费完成363.09万元，航政费完成30万元。落实政府债券资金2.9亿元用于交通建设。积极争取银行贷款3.5亿元，其中绕城公路建设项目银行贷款1.5亿元，荆新一级公路贷款7000万元，武荆连接线一级公路贷款1.3亿元。

2014年11月26日，钟祥汉江公路二桥开工建设

物流发展。完成物流基础设施建设投资3.62亿元，占年计划的109.6%。有各类物流园21个，已投入营运12个，即上海商贸城、腾飞达物流园、荆门粮食现代物流园区（北郊粮库）、东方百货物流配送中心、众诚物流园、李宁物流园、通旺达物流、和瑞燃气LNG物流中心、楚元石化物流、杨家桥物流中心（弘业物流）、吉安药业物流中心、荆铁佳洲铁路物流园；在建9个，即钟祥现代交通物流园、中国农谷（屈家岭）农产品物流园、京山金瑞物流产业园、掇刀多辉农产品物流园、一马光彩物流园、彭墩汉光农产品物流园、沙洋凯达物流园、沙洋中亿冷链物流园、钟祥承天物流园；开展前期工作5个，即荆门市公铁物流中心、荆门石牌核心港区物流园、沙洋中心港区物流园、掇刀综合物流园、格林美再生资源大市场。全市评审通过3A级物流企业2家、4A级物流企业2家。

法制建设。制订3年轮训方案，开展各类执法整训22次、培训执法人员365人次，全省交通执法评议考核全省排名第四。对12个行政审批事项进行清理，已清理5个项目，对剩余的7个行政审批项目和11个服务项目进行流程再造，平均提速率达到15%。行政权力和政务服务事项由最初的420项精简为280项，其中行政许可7项、行政处罚176项、行政征收2项、行政强制22项、行政确认13项、行政征用3项、行政监督检查17项、行政备案9项、其他权力事项31项。团林治超站被省交通运输厅评为“人民满意站所优秀单位”。

质量监督。全市交通工程质量监督覆盖率100%，全年抽查实体工程数据43532组，总体合格率为90.1%，比2013年增长1.6个百分点。其中路基抽查13012组，合格率为90.6%，同比增长3.7%；路面抽查29727组，合格率为89.6%，同比下降1.6%；桥梁抽查732组，合格率为95.8%，同比下降4.2%；原材料抽查52组，合格率为88.5%。工程受监率100%，工程交（竣）工合格率100%，全年未发生质量安全事故。 （汪微波 汪发芝）

【京山县】 2014年，全县公路通车里程2622.13公里，其中一级公路60.46公里、二级公路300.81公里、三级公路227.17公里、四级公路1711.83公里、等外公路321.86公里。

基础建设。全年完成交通建设投资5亿元，全面完成市县下达的建设任务。普通公路建设项目14个，投资任务33651万元，其中一、二级公路建设项目4个，年度投资27561万元；农村公路建设项目10个，年度投资6090万元。240国道武荆高速公路至天门界牌一级公路，全长11公里，总投资2.75亿元，项目征地拆迁工作基本完成，路基工程施工全面启动，钱场镇4公里绕城段路基基本贯通，绕城段路基工程基本完成，实现钱场集镇重载车分流，完成投资6600万元。新市到长滩京山段二级公路，全长36.64公里，总投资13346万元，基本完成全路段路基改造，完成路面铺筑3公里、路面沥青下封20公里，完成投资9400万元；杨峰至拖市二级公路，全长14.678公里，总投资5538万元，其中京山境内长12.751公里、天门境内长1.927公里，已完成全路段路面基层及下封，完成投资4200万元；客店至排落河京山段二级公路，全长26.85公里，总投资13140万元，2014年计划安排12.5公里路基路面工程，已完成全路段路面沥青下封，完成投资6200万元。干线公路大中修48.06公里全部完成、2座危桥改造圆满竣工，完成投资9756万元。完成通村公路建设125公里，完成投资3125万元。年计划建设项目4个24.46公里，已完成2个8.46公里。罗桥至倒灌溪公路建设完成2公里；龙泉至七宝山公路完成路基工程，完成投资2597万元。永隆大桥完成部分桩基，完成投资400万元；完成宋河镇雪家咀桥下构及部分梁板预制，完成投资160万元。完成农村安保工程24公里，完成投资96万元。全面完成曹武综合运输服务站改造任务，投资106万元；金瑞物流产业园列入交通运输部全国交通枢纽重点物流园区，项目建设已完成拆迁交地500亩、平整场地450亩，建成活动板房3000平方米、70000平方米钢构仓库，年度投资1.5亿元，累计投资2.5亿元。

公路养护。全县农村公路日常养护计划里程1194公里，分6个养护作业队，采取部门养护与乡镇养护相结合的方式，全年实行两轮养护，投入人员166人次、机械设备800台套，投入资金417余万元，割草、打药、清扫路面里程1194公里，维修水泥路面6500平方米，维修小桥涵3座，填筑路肩30公里。（汪微波　徐利斌）

【沙洋县】 2014年，全县公路通车里程2100.87公里，其中一级公路54.45公里、二级公路181.29公里、三级公路279.60公里、四级公路1575.01公里、等外公路10.52公里；航道通航里程174公里，港区3个；客运站7个。

基础建设。全年完成交通资产投资3.1亿元。争取项目资金19241万元。完成水路交通规费征收168万元。荆新线一级公路沙洋南段18.85公里路面工程全面完工，完成江沙线沙洋段二级公路改建工程、借瞄线沙洋段二级公路改建工程、瞄集至毛李段路基及路面工程；启动引江济汉渠顶道路沙洋段提档升级项目建设，完成32.8公里路基处治、路面基层铺筑。

综合运输。全县13个乡镇250个行政村实有农村客运公路里程1730.774公里，其中开行客运班车营运里程891公里。开通客运班线73条，其中县际客运5条、县内客运9条、跨镇客运10条、镇村客运49条，覆盖204个行政村，行政村通车率81.6%。有客车415辆5602座，其中大型客车51辆1427座；公交车40辆，出租车120辆。有货车2538辆10101.48万吨；危险品运输企业2家。全年完成客运量583.164万人、旅客周转量2.18亿人公里，货运量1062万吨、货物周转量2.09亿吨公里。完成港口吞吐量106万吨，港口货物周转量2.6亿吨公里，船舶运力净增0.6万载重吨。

公路养护。路面养护完成清灌缝6.5万米，贴缝带贴缝7000米，油面层处治420立方米，基层处治1100立方米，高路肩处治90公里。完成汉宜公路拾桥集镇段2.5公里大修工程、官垱集镇段1.1公里大修工程、207国道沙洋段11公里中修工程、二干渠桥危桥加固改造工程。完成24条主要通村公路安保工程，处治安全隐患71公里，以右道设施为主，埋设警示桩3700根、警示标志牌543块。

综合执法。联合公安、城管等部门对城区客运站周边客运秩序进行整治，查处各类违章150起，制止处罚出租车乱收费行为10起，处理违法经营行为6起。积极开展维修检测市场清理整顿工作，深入经营业户47家，发放维修经营宣传单60余份，纠正违规经营三类维修企业3家、下达责令整改4份。清除违章堆积11处93平方米，取缔违章洗车加水点2处。清理拆除非公路广告牌9处9块；查处路政案件17起，结案17起；行政处罚278起。超限治理检测车辆53.23万台次，其中查处超限车辆3.41万台次、卸货3.49万吨，抛洒货车油布覆盖率达到95%以上。全年审核换发新营运证38艘1.8万载重吨5769千瓦，引进运输船舶6艘。稽查船舶400余艘次、4000载重吨，查处偷、逃、漏规费行为150起，补征规费5000元。开展现场执法检查370次，现场出车管理260辆次、现场出艇管理30艘

2014年7月22日，荆新线范家台大桥至李市镇东风桥段一级公路铺筑沥青面层

2014 年 6 月 30 日，沙洋县城区新增 60 辆出租汽车

次，出动检查人员 700 人次，现场检查船舶 500 艘次，检查水运（含渡运）、水运服务企业 11 家次，检查港埠企业 120 家次，通航水域巡查里程 300 公里，查处安全隐患 6 起，现场整改 4 起，限期整改 2 期。水路运输（服务）业年度核查率 100%。

安全管理。开展“清剿火患”“平安杯”“安全生产月”“打非治违”“隐患大排查”等安全活动，悬挂安全横幅 22 条，出动宣传车 14 台次，张贴发放安全宣传画册、宣传资料 600 余份，召开安全会议 40 余次。排查治理隐患 151 处，全系统安全生产势态良好，全县道路运输九年无事故、水上交通十二年无事故。（汪徽波　林峰）

【钟祥市】　2014 年，全市公路通车里程 5147.36 公里，其中一级公路 18.82 公里、二级公路 427.19 公里、三级公路 395.35 公里、四级公路 4091.58 公里、等外公路 214.42 公里；航道通航里程 295.5 公里，港区 7 个，码头泊位 84 个；客运站 8 个，其中二级客运站 1 个、三级客运站 1 个、四级客运站 3 个、五级客运站 2 个、简易客运站 1 个。

基础建设。全年完成交通固定资产投资 18 亿元，占年计划 17 亿元的 105.9%。完成枣潜高速公路土、林地预审、环评、线路勘察等项目前期工作。347 国道荆钟一级公路改扩建项目完成工可及设计批复，347 国道钟祥城区段祥云大道完成 5.3 公里路基路面工程。钟祥汉江公路二桥 11 月 26 日举行开工仪式。完成磷矿至张滩公路、冷水至侯集公路、寺沙线至新村段公路等 8 条 54.8 公里建设任务；完成 255 公里通村公路建设。钟祥港石牌综合码头 10 月 16 日动工建设。

综合运输。有运输业经营业主 1479 家，营运车辆 5307 辆，其中，货车 4182 辆 46285 吨，客车 496 辆 11259 座（乡村客车 338 辆 7209 座），出租车 350 辆，教练车 285 辆。客运线路 129 条，其中跨省线路 7 条、跨市（州）线路 32 条、跨县（市）线路 15 条、县内客运班线 75 条（含农村客运线路 8 条）。汽车维修与检测中，一类维修企业 5 家、二类维修企业 30 家、三类维修企业 40 家，二级维护检测站 1 家，综合性能检测站 2 家。驾驶员培训学校 8 所。完成道路客运量 3450 万人、旅客周转量 15.84 亿人公里，货运量 3530 万吨、货物周转量 53.46 亿吨公里，均与 2013 年持平。全市证书齐全的运输船舶 44 艘 19661 载重吨、总功率 5067.6 千瓦。完成水路货运量 30.8 万吨，比 2013 年下降 4.9%；完成货物周转量 3.4 亿吨公里，比 2013 年增长 47%。

公路养护。整修路肩边坡 7.57 万平方米、清理边沟 83 公里、干线补坑槽 4044.26 平方米、支线补坑槽 492.8 平方米、灌缝 55620 米、沥青罩面 1548.65 平方米、干支线铲除长草 642.25 公里、路树刷白 30120 棵、罗长线植树 7000 棵。实施公路大中修 41 公里（其中：省道文乐线大修 13 公里，省道寺沙线大修 28 公里），占年计划的 90%。完成文石线横堤桥桥梁拆除重建工程、襄钟线太河桥完成全部任务的 60%、完成文乐线魏家桥便道施工。完成农村公路小修 33 条 188.55 公里，小修保养面积 12.6 万平方米，好路率达 60%。

交通运输法制。实行服务承诺制和责任追究制，建立行政审批领导小组，规范行政审批制度、执法程序和执法行为，开展执法监督和作风整顿。加强了执法队伍的教育和管理，全年无一起行政执法错案。

公路运政。成立“打非治违”专项工作领导小组，开展专项整治活动

2014 年 10 月 16 日，钟祥港石牌综合码头开工建设

2014 年 8 月 5 日，荆钟一级公路钟祥城区段道路基本建成

净化运输市场，客运车辆随意载客和出租车黑车营运等违规现象得到好转，客运两归率达到 98% 以上，客运车辆依线运行率达到 100%；率先在荆门地区建立与全省乃至全国联网的道路运输营运车辆动态监控平台，实现车辆实时卫星定位、遇险报警、营运数据统计汇总等功能，已实现对 177 台客车、80 台货车动态监管，将逐步实现对出租、驾培、维修行业的监管。

水路运政。针对春运、节假日放假、安全生产月等重要时期，组织专班对全市运输船舶、乡镇渡口开展安全大检查，检查乡镇渡口 18 处，航运企业 3 家、旅游公司船舶 130 艘，下达安全隐患整改通知书 40 份，现场整改隐患 10 起。针对转斗港区水下铺设吸砂管道、可能影响过往船舶航行安全的行为，下发限期整改通知书，并将该设备予以强制拆除。对境内运输船舶进行安全大检查，检查各类船舶 180 艘次 68800 吨，查出安全隐患 80 余次，全部责令限期整改，依法对部分较严重的违法行为进行行政处罚。

公路路政。全年清除占道堆积物 64 处 1354 平方米，清除广告布标 32 幅，制止加水、洗车点 13 处，检测超限运输车辆 577194 台次，查处超限运输车辆 28175 台次，处罚超限运输车辆 127 台次，卸货 25000 余吨；申报路政审批事项 6 起，办结 6 起；查处路损案件 17 起，立案 17 起，结案 17 起，结案率 100%。为加强源头治超管控，2014 年 10 月，重点在 207 国道南棚段、双河陈安段、钟祥大桥段等有效开展流动治超，大力打击冷水及周边运输石料超限车辆，加大联合执法工作力度，以双河超限站和冷水湾堰联合治超点为依托，采取有力措施，依法关闭恶意超限配载企业，超限治理效果明显；8 月，对文乐线和锡海线乐乡关至南棚段公路堆物占道、洗车加水、乱搭乱建等违章行为进行集中整治；9 月，在重点路段悬挂宣传横幅，重点对 207 国道、寺沙北线、汉宜线开展打场晒粮整治，营造良好的公路通行环境。

运输安全。组织开展全系统“安全生产月”活动、“打非治违”等专项行动，对发现的安全隐患现场整改。进行各类检查 15 次，查处客运违规经营行为 85 起、违规车辆 81 台次，违规经营出租车 32 辆，检查船舶 180 艘，乡镇渡口 18 处，各类机械设备 18 台套，安全生产施工现场 6 次，将安全事故消除在萌芽状态，保证无重大安全事故发生。（汪微波　张峻玮）

【东宝区】　2014 年，全区公路通车里程 1349.98 公里，其中一级公路 4.40 公里、二级公路 243.84 公里、三级公路 108.55 公里、四级公路 985.45 公里、等外公路 7.74 公里；境内现有马河、仙居南河 2 座通航内河，渡口 5 个；客运站 6 个，其中四级客运站 1 个、五级客运站 5 个，候车棚 48 个，招呼站 114 个。

基础建设。全年完成交通建设固定资产投资 9.7 亿元，其中普通公路基础建设投资 6.8 亿元(含东西外环)，物流项目建设投资 2.9 亿元。计划辖区内一级公路完成路基建设 37.44，一

2014 年 7 月 10 日，东宝区仙居至栗溪二级公路改扩建中

级公路西外环已启动路基建设、东外环启动征地拆迁工作。宝仙居至栗溪二级公路路面改建工程全部完工，栗溪至铁坪二级公路改建工程在紧张建设中。建设完成南铁线南桥至罗集公路6.2公里、象河至碑垭公路3.3公里、许集至跑马公路13.3公里、荣星至荆钟公路6.9公里、革集老街至荆东公路4.5公里、荆西线南庄河至新华公路4.5公里、付庙至仙居5.1公里、万家坪至八角4.7公里、华阳至新庙公路6.9公里。251省道南荆线24公里大修计划项目全部完成。完成三叉路桥、杨河桥、207国道南桥桥、老马河小桥、臭水沟1号桥加固改造工程。新建农村公路50公里。完成马河镇青林寨关公园景区旅游公路。完成全区275公里农村公路特危地段临水、临崖、陡坡、急弯以及学校校车出行地段安保设施安装。

公路养护。进一步深化农村公路养护体制改革，督促各乡镇采取"每10公里配备一名养护员、发放统一工作服、成立一个养护协会、完善一套养护制度、打造一条示范路"等多项措施尽快实现全区农村公路"畅洁绿美安"的既定目标。2014年，乡道养护里程632.98公里和村道452.391公里，其中栗溪镇、马河镇、仙居乡、石桥驿镇、子陵铺镇、牌楼镇农村公路养护工作全部完成。加强特危路段安保工作，通过对辖区特危路段进行实地调查，已完成临水临崖、陡坡弯路路段的安保配套设施228公里，特别针对校区校车出行危险地段进行安保设施的安装。牌楼镇筹资33万余元，对黑虎路进行路面拓宽及路肩培护，并在道路两旁种植红叶石楠1000余株，将黑虎路打造成为农村公路管养示范路。做好通村公路维修与绿化工作，已完成柏油路改水泥路5公里，路面封油6166平方米，水稳补强290立方米，稀浆封层4976平方米，修建错车平台50个，公路绿化100公里。

交通运输。全区有货车3495辆，客车86辆2130座，公路客运线路30条；农村客车64辆642座，客运线路43条。机动车辆维修企业82家，其中一类维修业4家、二类维修企业24家、三类维修企业54家。

党群工作。开展党的群众路线教育实践活动，发放征求意见表150余份，多层次召开面对面恳谈会2场，征求班子集体"四风"方面8条、业务工作方面15条意见，做到边学边改，边查边改。围绕"深入学习党章，严明党的纪律"为主题，扎实开展第十五个党风廉政精神宣传教育月活动，对30余人分别进行廉政提醒谈话。对系统工作纪律情况、公车使用情况、财务收支等情况开展明察暗访5次，对工程项目建设落实"四制"情况和工程各环节严格把关，确保工程建设程序透明公开。2014年1月，栗溪公路管理站被市交通运输局授予"韩士法公路管理站"。

三万活动。投入资金及设备7万元为一村一社区建立标准网格化管理，并马院社区网格化管理得区委表彰。利用春节和外出农民工返乡时机，走访慰问生活困难群众，送去慰问金4000元。帮助钱河村争取通村公路建设计划，向市交通运输局争取2.7公里建设计划，2月份该路段全线贯通；投资8万在钱河村修建漫水桥一座，从根本上解决农田灌溉的问题；出资1.5万元栽植1000余棵红叶石楠风景树，为该村发展生态农庄、农家乐、特色旅游等项目打下坚实基础。

（汪微波　周婷）

【掇刀区】　2014年，全区公路里程871.40公里、路网密度144.3公里/百平方公里，其中一级公路36.27公里、二级公路29.99公里，三级公路64.74公里，四级公路740.40公里。

农村公路建设。全年建设通村公路45公里，投资1350万元，惠及3个镇办、25个行政村；完成雷集至麻城公路15公里改建工程，投资1200万元；完成兴隆至麻城公路9.8公里改建工程，投资1176万元；完成牯牛寺至张场公路赵庙至乔庙段3.8公里改建工程，投资456万元。张场大桥危桥改建工程11月底开工，计划完成投资150万元，已完成投资100万元。

公路养护。全区农村公路养护里程511.29公里，投入108.17万元，完成坑槽处治1017.78平方米、沥青灌缝76280米、沥青下封7776.49平方米、路面铺油7776.49平方米，有效保障了全区农村公路通行顺畅。处治路面沉陷4996.5立方米，修补坑槽、铺沥青面层53562平方米，路面灌缝11347米，清挖水沟64466米，清扫路面9040.7公里，铲填路肩140504平方米，除草471300平方米，扫桥264座次，清理路面堆积物142处，更新标志牌55块、

2014年11月13日，掇刀区牯张路铺筑沥青路面

爆闪灯 14 个、安全墩 135 个，更换波形护栏 312 米。完成分当线和 207 国道路面修复工程，投入 38 万余元。应用橡胶沥青、废旧沥青铣刨料热再生等新技术，不但节约施工成本、改善路面性能且绿色环保。

行业管理。全区拥有营运车辆 3964 辆，其中营运客车 52 辆、货车 2839 辆，新增货车414辆。有农村客运班线24条、农村客运车辆 52 台次；普通货物运输企业 110 家，危化品运输企业 19 家、危化品运输车辆 1073 台。机动车维修企业 70 家，其中一类维修企业 11 家、二类维修企业 43 家、三类维修企业 16 家，二级维护检测线 5 条。全区道路货运量 5420 万吨、货物周转量 17.78 亿吨公里，分别比 2013 年增长 27.5%、37.7%。全区实现物流业增加值 15.68 亿元，同比增长 17.5%，占服务业增加值的 19.9%。全区从事物流服务的企业包括大型物流企业(园区)、专业运输、仓储、冷链、快递公司、货运信息部等有 90 家，其中已注册的物流企业 63 家，注册资金 27685.6 万元，物流从业人员 5052 人，具有现代物流企业特点的有 12 家。物流企业中，2014 年营业收入超 1000 万元的有 9 家，资产过亿元企业有 7 家。3A 级物流企业 1 家，即湖北楚元石化物流有限公司；2A 级物流企业1家，即通旺达物流有限公司；A 级信用物流企业 2 家：即腾飞达物流有限公司、通旺达物流有限公司；快递企业 16 家；各种信息部和货运部 62 家。全区物流业已形成以骨干大企业为龙头，中小型企业为主体，梯次发展、集群共进的格局。

安全管理。开展道路客运隐患整治专项行动，严格执行“三不进站，六不出站”规定，共查纠各类违规车辆 157 辆次。对二类以上修理企业进行监督，共查出 5 家维修企业存在安全隐患，均已下达整改通知书并已整改到位。落实危桥险段安全隐患排查治理工作，对辖区内 44 座桥梁进行安全隐患排查，投入 244 万元重建严重危及安全的四类危桥张场桥、后坪小桥，更换 207 国道波形梁护栏 300 米，对荆新线杨树港桥、高速公路立交桥、分当线立交桥 6 个爆闪灯、20 个示警墩及辖区内 438.59 公里农村公路进行排查，排查出 5 处隐患。

路政管理。全年查处违法超限车辆 17163 台次、卸货 428.5 吨，拆除非路用标志(牌)3 处，查处路损案件 18 起，查处率、结案率均为 100%；发现建筑控制区内违章建筑 3 起，查处整改3 起，清理路面及控制区堆积物4 处；申报行政许可 5 项；砍伐 311 省道危患树木 260 棵；完成公路路产确权登记 63 公里。其中团林治超站被省交通运输厅评为“创建人民满意基层执法站所”优秀单位。

运政管理。全年稽查道路运输违章 1247 起，处罚 976 起，查处“黑的”6 台、“无证经营黑车”31 台、异地培训教练车 15 台，实现辖区内农村客运线路、客运车辆“四统一”管理(统一车型、统一标识、统一票价、统一发班)，做好辖区内 19 家危化企业日常检查及从业人员继续教育。区道路运输管理所荣获交通运输部“全国道路运输工作先进单位”称号。

筹融资。向上争取省补资金 2540 万元，涉及 12 个项目，分别是通村公路 45 公里建设资金 450 万元、麻郭线麻城至雷集段 16.5 公里改建工程资金 450 万元、兴隆至麻城公路 9.8 公里改建工程资金 294 万元、牯牛寺至草坪公路 3.8 公里改建工程资金 114 万元、路冲桥改建资金 60 万元、张场大桥资金 94 万元、团林铺集镇 3 公里大修工程资金 390 万元、三干渠危桥加固工程资金 147 万元、岩垱河危桥加固工程资金 86 万元、后坪小桥危桥加固工程资金 110 万元、公路应急指挥车(路政指挥车专项资金)45 万元、荆门市腾飞达物流园无水港项目省物流发展资金竞争性分配项目补助投资 1000 万元(2014 年下发 300 万元)。现所有项目省补资金都已到位。

三万活动。包联团林铺镇张场村开展“三万”活动，走访调研该村 5 次，召开座谈会 2 次，收集整理公路建设、农田水利、电力设施、农民售粮、安全饮水、外来户落户等意见和建议 6 个。筹集资金资 30 余万元，完成 1 公里通组公路建设，向上争取资金 94 万元，启动张场大桥改建工程。

（汪微波　罗汉钟）

【漳河新区】 2014 年，全区公路里程 537.58 公里，其中二级公路 51.07 公里、三级公路 24.34 公里、四级公路 462.17 公里；航道通航里程 175.5 公里，码头 1 个，渡口 4 个。

基础建设。全年完成交通建设投资 20002.1 万元，其中普通公路建设养护 19993 万元、安全保障项目 9.1 万元。完成通村通组公路建设项目 33 公里，完成投资 825 万元。

公路养护。完成清扫路面 450 公里，修整路肩、清理边沟、清障 430 公里，完成沥青路面灌缝 45.4 公里，填补坑槽 5453 平方米，铺油 4351 平方米，沥青下封 5343 平方米，完成投资 120 万元。

安全管理。完成农村公路危险路段交通安全设施建设 8 处，设置警示标志 16 个，完善 2 处道路限宽墩，完成农村公路危桥整改 2 座。

交通规费征收。完成水上规费征收 2.87 万元，其中港务费 2.07 万元、航政费 0.8 万元。

党群工作。践行党的群众路线，查摆问题，坚持立学立行、边查边改，切实抓好作风建设、效能建设，解决突出问题，建立长效机制。强化依法行政服务，查纠“庸懒散乱”行为现象，严明执法纪律，提高执法水平，营造和谐执法环境。开展行业文明创建，优化服务质量，展现行业良好形象。强化党风廉政建设，严格落实党风廉政“一岗双责”责任制，切实加强监督惩治力度。在交通运输系统全面开展廉政阳光工程、廉政阳光审批、廉政阳光执法、廉政阳光服务建设活动，不断提升交通拒腐防变的坚强定力。

（汪微波　陈祺）

【屈家岭管理区】 2014 年，全区公路通车里程 416.70 公里，其中一级公路 8.87 公里、二级公路 9.85 公里、三级公路 37.30 公里、四级公路 353.21

2014 年 10 月，京王线公路屈家岭段修复工程在建中

公里、等外公路 7.47 公里。二级客运站 1 个。

基础建设。340 省道新曙线 8.013 公里，已完成长滩集镇路段 1 公里沥青面层铺设，完成路基施工 4 公里；483 省道军屈线是连接区 4 个办事处及工业园区唯一的重要通道，全长 27.901 公里，10 月份已完成路基、路面施工，在进行附属设施建设；完成通村公路路基路面 50 公里，占年计划 100%。农产品物流园建设分两期开发，第一期项目占地 148 主体工程建设基本完成，占地 150 亩的第二期配送中心园区的物流信息服务中心、综合服务服务中心、物流交易中心主体建筑设施（建筑设施共 22 栋，建筑面积约 8 万平方米）建设于 3 月全部完成，设施内外部装饰装修、大型停车场、区内道路硬化、园区绿化等在施工中。

综合运输。有运输业经营业主 63 家，营运车辆 774 辆，其中，货车 765 辆 6350 吨，客车 44 辆 1140 座，农村客运车辆 23 辆 330 座，城市公交线路 5 条，公交车 16 辆。客运班线 12 条，其中跨省班线 1 条、跨市（州）班线 6 条、跨县（市）班线 3 条、区内班线 2 条（均为农村客运线路）。开通城市公交线路 5 条，其中新增 1 条。新建成九五线（483 省道军屈线）港湾式候车棚 4 个，城市公交候车棚达到 5 个，立柱站牌 45 个，中型公交站台 14 个，小型公交站台 14 个。全年完成道路货运量 56.22 万吨、货物周转量 34281 万吨公里，同比增长 5%；完成客运量 41.65 万人、旅客周转量 6910 万人公里，同比增长 18%。汽车维修与检测中，一类维修企业 1 家、二类维修企业 3 家、三类维修企业 56 家，二级维护检测中心 1 家。驾驶员培训学校 1 所，即五三永安驾校。从事物流运输企业 1 户，物流配送企业 11 户，车辆 120 余辆，从业人员 200 余人，车型以大货、中型及小型箱式货运车辆为主，配送业务主要以建材、粮食、棉花、畜禽、服装、食品、药品等为主。

公路养护。全区公路养护里程 359.229 公里，其中列养里程 44.728 公里、非列养里程 364.501 公里。列养公路以小修养护为主，主要路段是 X005 京王线，5 月份对蔡垱段 200 米县道水毁路基塌陷路面进行修复。10 月份对京王线石果湾集镇段 300 米损坏严重的路面进行基层及沥青面层修复，完成基层补强 4200 平方米、沥青面层 4200 平方米、浆砌排水沟 600 米、管涵 12 米，较好地改善了公路通行条件。挖补坑槽 2100 平方米，路面保洁 35 万平方米、灌缝 4 公里、清理边沟淤泥 300 立方米、清运公路堆积物 140 立方米、疏通涵洞 38 道，路肩、边坡、水沟和行道树修剪等工作基本到位。

安全管理。开展安全检查 12 次，排查一般隐患 83 项次，整改 75 项，整改率达 90%。完成客运企业安全生产标准化二类达标 1 家——荆门市五三易达汽车运输有限公司。完成货车 GPS 终端安装 23 辆，占总数的 30%。组织 50 余名道路运输从业人员参加应急演练活动。

交通法制。全年清除路障 230 多处，清理项目展示牌 4 块和横幅广告 110 余条，查处违法建房 1 处，发放整治占用公路打场晒粮宣传印刷品 600 余份，有效地保护了公路路产路权。开展“打非治违”专项行动，出动稽查车 180 余台次，稽查人员 680 余人次，查处客车沿街揽客、不按站点停靠等违章违法行为 38 起，无从业资格证驾驶行为的 12 起；查处非法改型货车行为 247 起，无证经营 6 起；查处教练车异地教学 2 起，纠正教练员违规行为 5 起。

行政审批工作。新增维修企业 1 家、货运企业 1 家；新增货运车辆 65 辆，更新报废客运车辆 4 辆；办理换发道路运输从业人员资格证 533 个；质量信誉考核企业 6 家；年审客运车辆 44 辆，年审率 100%；年审货运车辆 310 辆，年审率 80%。

筹融资。向上争取 17 个项目资金，共计 6161.57 万元。（汪微波 李红波）

鄂州市交通运输

【概况】 2014年，全市公路通车里程3456.7公里、路网密度221.71公里/百平方公里，其中高速公路122.24公里、一级公路101.21公里、二级公路196.38公里、三级公路271.92公里、四级公路2316.71公里、等外公路448.24公里；内河航道通航里程102.01公里，港口1个，码头泊位111个，渡口43个；客运站8个，其中二级客运站1个、五级客运站7个，货运站1个。

基础建设。全年完成交通固定资产投资13.44亿元，其中公路建设完成投资8.58亿元、港航建设完成投资3.61亿元、站场物流建设完成投资1.25亿元。完成一级公路路基41.52公里、路面20.34公里，二级公路路基11.15公里、路面19.65公里建设；完成港航水运建设项目2个、在建项目5个、开展前期工作项目6个，新增泊位1个、通过能力150万吨。三江港区综合码头一期工程、五丈港港区综合码头工程、湖北三和管桩有限公司码头、湖北星丰金属资源有限公司废金属加工码头、白浒山物流园区左岭作业区煤码头工程等重点港航项目取得新进展；鄂州主城区客运枢纽站、葛华新城客运站项目建设进展顺利。

综合运输。全市完成道路客运量2404万人、客运周转量9.77亿人公里，比2013年增长5%；货运量1614万吨、货运周转量33.49亿吨公里，比2013年增长15%；完成水路客运量79.3万人、客运周转量763.5万人公里，比2013年分别增长14%、16%；完成货运量547.49万吨、货物周转量29.06亿吨公里，比2013年分别增长22%、50%，吞吐量2035.5万吨，比2013年增长7%。

行业管理。推动市政府出台《进一步加快发展城市公共交通的实施意见》和《鄂州市公共交通专项规划》。鄂州市“政府十件实事”中涉及交通的2件：新建通村公路100公里、修复10万平方米毁损农村公路于10月份全部完成；实施关爱残疾人行动(为4000名特困重度残疾人发放生活补助，3000名盲人、下肢残疾人免费乘坐城市公交车)，已有790名盲人及下肢残疾人登记申领公交爱心卡。推进全市城乡交通一体化建设，相继开通27路公交线路、201路段店镇三江村至蒲团乡农村公交线路、501路葛店区域微循环公交线路、102路花湖区域微循环公交线路、12路城市福利院至新火车站公交线路；投资2014.1万元，新增、更新公交车96台；新建、改建公交站台42个、站名牌90个。全市有284辆公交车、500台出租车使用天然气这一节能环保新能源，清洁能源使用率100%。制订“村村通客车”实施方案，对新进入农村客运市场车辆统一颜色、统一标识、统一车型，打造“美丽乡村小康巴士”品牌。

2014年6月11日，鄂州市梁子湖搜救基地正式建成使用

安全管理。全年开展安全工作明察暗访63次，整改各类隐患和问题169个，企业自查自纠排查各类隐患3960个。建设完成梁子湖搜救系统工程，实现全市各乡镇渡口、学生渡口、旅游码头GPS视频监控设备全覆盖。水上安全连续保持35年无重大责任事故发生。鄂州市交通运输局连续五年被省政府评为“全省安全生产红旗单位”。查处非法营运车765辆、各种违规经营行为1963起，检测车辆18337台，依法处置超限车辆3270台，卸载、转载货物6.3万吨。启用公路行政处罚与路赔处理信息管理系统，参加全省路政执法、省交通运输厅“送法下基层”培训100多人次，执法案卷在片区评审中获得第三名好成绩。制止和依法处置挖路毁路行为3起、制止各类新增违法建筑30处613平方米，依法清除违法占道955处3190平方米，制止盗伐公路行道树8起26棵，依法取缔非法洗车加水点17处，制止其他涉路违法行为6起，依法拆除各类非公路标志牌32块。

投融资。2014年，交投公司筹资1.2亿元用于交通项目建设。经市政府研究同意，积极推进市交投公司发行小微企业增信集合债券工作，恒兴车辆检测站、安顺驾校顺利移交已正式运营。

文明创建。大力推进基层党建工作体制机制创新、组织设置创新、方式方法创新，形成流动性、区域化、远程管理全覆盖基层党建模式，涌现出省部级劳动模范、“厅级青年岗位能手”、湖北“最美的哥”、全省十行百佳、服务明星、全市十大杰出青年、见义勇为先进个人等先进典型，形成了争先竞位、争创一流的良好氛围。自编自演的微电影《公路情怀》在省交通运输厅首届微电影大赛上荣获一等奖。

(肖明　张昭)

2014年6月18日，开通102路花湖区域微循环公交线路

【鄂城区】　2014年，全区公路里程1456.65公里，其中高速公路62公里、一级公路22公里、二级公路84.04公里、三级公路113.85公里、四级公路1174.76公里。新建农村公路69.5公里，全区1404个村民小组中，有1294个小组通水泥路，硬化路面通畅率达92%。开通102路等微循环公交线路。

安全监管。以乡镇渡口、码头及危桥、险路、施工现场安全管理为重点，定期开展安全大检查。为维护交通运输安全秩序，加大违法行为整治力度，查处各项违法违章行为，确保交通运输安全畅通。每10天对所有渡口渡船进行一次安全检查，登记造册，发现问题及时通报、及时整改，确保安全隐患无遗漏。

公路养护。全年筹措240万资金，对全区农村公路进行养护和维修，已经完成沙杨线、汀花线、汀黄线、泽杜线、三山线、港桥线部分维修。完成通乡公路破板维修4万平方米，保障了全区公路环境畅通有序。

文明建设。2014年，鄂城区交通运输局被评为市级文明单位。通过建设学习型机关等活动，大胆进行制度创新和体制创新，围绕完善制度、档案整理、办事流程等环节，进行管理上细化，使之制度化、长效化。开展以“抓党建、闹春耕、促发展”为主题的千名干部下基层活动，帮助解决农民群众生产生活困难和问题。

【华容区】　基础建设。新建农村公路43公里，争取国家奖补资金430万元。完成华泥路改扩建工程7.345公里，投资3500万元，于2014年10月11日全线竣工通车。修复破损农村公路15.1公里，投资1270万元。完成破损路面修复20000平方米，争取市级补助资金60万元。修复1座危桥、新建蒲团乡瓜圻村大队钢便桥，投资35万元。积极申报项目，争取国家奖补资金共计1280万元。

安全监管。对华容区2个渡口进行常态化交通安全排查，配合区安监局、市海事局等单位加大对三江港码头船舶安全检查力度；对辖区内重点项目、道路、桥梁进行安全检查及隐患排查，全年投入资金30万元，在华泥路、华蒲路等重点路段设置标识标牌、警示牌、减速板、凸透镜等安保设施；积极配合市、区治超专班对华容区各路段违章车辆进行综合治理。

廉政建设。组织全体党员干部学习中央“八项规定”和省委“六条意见”，以及中央、省、市、区有关党风廉政建设相关文件；严格执行招投标制度，重大工程全部实行招投标。严格遵守党风廉政承诺书。

【梁子湖区】　基础建设。121省道公友至官塘段改扩建工程主体工程基本建成，投资4686万元。“十二五”计划实施的桥梁工程畈上但渡改桥工程完工。全年新建农村公路33.067公里、路面修复3万平方米。针对太友路大桥两端出现重大险情，按专家拟定的方案采取路面压浆、路基做反压平台整险加固处理，有效处置了险情，路基基本稳定，投资40万元。

安全监管。以“安全达标”工程和“服务提升年”活动为契机，联合安检、海事、路政等部门开展平安交通建设大行动，把梁子岛、磨刀矶、长岭码头交通安全专项整治及“三超一无”船舶专项整治作为重点，对存在安全的隐患下达整改通知书，有效防范和遏制交通安全生产事故发生，交通安全生产形势保持平稳态势。

2014年10月11日，鄂州市华容至泥矶公路改扩建工程竣工通车

孝感市交通运输

【概况】 2014年，全市公路里程14835.37公里、路网密度166.5公里/百平方公里，其中高速公路279公里、一级公路101.19公里、二级公路1222.3公里、三级公路1288.63公里、四级公路11944.24公里；内河航道通航里程546.8公里，港口5个，生产性码头泊位124个，渡口163个；客运站72个，其中一级客运站1个、二级客运站8个、三级客运站2个、四级客运站5个、五级客运站56个，货运站3个。

基础建设。全市完成交通建设投资27.8亿元，占年度目标任务的108.15%，较2013年增长5%。其中普通公路完成建设投资20.57亿元，占年度目标任务的101.35%。大别山红色旅游公路建成通车；316国道改扩建安陆段全部完工，累计完成投资10.15亿元；孝汉大道三期绿化景观工程全面完成，白水湖大桥主体工程完工。建成一级公路路基40公里、路面61.51公里，建成二级公路路基115.1公里、路面187.75公里，建成县乡道改造路基101.03公里、路面90.97公里，建成通村公路1019公里。客运站场完成建设投资8177万元，占年度目标任务的108%。孝感北客运站、孝昌长途客运站主站房建安工程基本完成；孝感客运中心站、应城市客运站、云梦县客运站改扩建工程施工在收尾中；大悟宣化店客运站完成施工图设计、施工招投标，进入工程报建阶段；应城中心客运站完成项目工可审批，进入初步设计；大悟客运中心站、汉川城南客运站进行项目工可评审、修编工作。物流园区完成建设投资3.09亿元，占年度目标任务的188.18%。锦龙物流园物流信息交易中心项目主体工程完工，城市配送中心和仓储完成基础施工；汉川京邦迅达物流园完成仓储中心6栋，部分已投入运营；通晟物流中心升级改造物流信息平台系统；云梦物流中心完成普通仓储、冷链仓储等建设，已投入运营。水运港口完成建设投资6660万元，占年度目标任务的111%。新沟船闸项目工可、初设均已批复，进入施工图设计阶段；汉川港城关港区国电三期配套码头主体工程完工，完成投资5460万元；孝感港朱湖港区物流园区码头，完成投资1200万元。

综合运输。全市有道路客运汽车2375辆55390座(其中旅游客车46辆1924座)、出租汽车2313辆11565座、普通货运汽车14485辆66738.76吨、危险货运汽车218辆3657.67吨。全年完成道路客运量6470万人、旅客周转量35.04亿人公里，同比增长5.7%、6.3%；货运量3102万吨、货物周转量61.98亿吨公里，同比增长16.4%、14.9%。孝感城区至孝昌客运班线完成公交化运营模式改造。城区新开通12路、15路2条公交线路，新增营运里程60.8公里，城区周边通公汽乡镇达到7个。投入1000余万元加快农村客运站、亭改造，110个候车亭建成投入使用。

公路养护。全市完成国省道大中修110公里、安保工程140公里、危桥改造8座。投入238万元对107国道、316国道、13条省道和重要县道公路急弯、陡坡、临崖、视距不良等影响行车安全路段标志标线进行完善，处置安全隐患112公里，增设和更新警告标志38块、禁令标志52块。完成波形梁钢护栏32520米、防撞墙5100米、防撞墩880米、示警桩2138根，增设和更新标志标牌280块。

行业管理。2014年，全市8个基层公路管养单位均配备应急指挥车，孝感市公路局依托已建成的全市公路路网监测与应急指挥中心及107国道、316国道路网运行监测系统，进一步完善市、县(区)两级应急指挥体系，建立健全预测预警、应急响应和信息发布等应急运行机制。开展道路客运市场专项整治，确保客运企业资质、从业人员资格和车辆技术条件符合资质要求。严厉打击非法营运“黑车”，采用蹲点与流动、明察与暗访相结合方式，运用分片、分组、分人网格化管理模式，查处各类违规行为3120起，其中无证经营客货车辆1144台次、黑教练车187台次、异地经营出租车183台次、客车不依线运行350起、旅游客车48起，违章诚信考核计分1141人次。加强道路运输车辆动态监控，城区900台出租车全部纳入GPS监控平台，全市三类以上道路客运企业12家、省际旅游客运企业2家860台营运客车全部安装卫星定位系统终端设备，确保双班驾驶员强制休息、夜间禁行。危化品运输企业14家218台危险货运汽车全部安装卫星定位装置，纳入“全国重点营运车辆联网联控系统”。规范出租车行业管理，督促落实出租车“七统一”标准，加强驾驶员质量信誉考核，将考核结果作为企业评优、经营权分配的重要指标；成立出租汽车服务中心，集中办理出租车投诉、理赔、教育培训等事宜，明确公司维稳主体责任，建立出租车行业长效管理机制。开展维修企业质量信誉考核，启动维修人员专业岗位技能培训工作。加强超限超载治理，深化货运源头治超，国省干线公路超限率始终控制在4%以内。开展“汽车客运站安全专项整治”、“渡口渡船安全专项整治”、“公路安全隐患集中整治”、“严打严治”集中专项整治等一系列安全生产专项行动，25家“两客一危”企业全部按程序通过三级以上安全标准化达标考评。

交通改革。孝感市交通运输局印发《关于进一步明确普通公路项目设计审批管理的通知》，将县乡公路项目设计审批权限正式下放县(市)区交通运输局。积极推进简政放权，原有

32 项行政审批事项精简为 14 项，承诺办理时限比法定时限统一缩减 1/3，完善网上申请和办理。市路政、航政简化审批流程 20 余项。投入 1250 万元，对 53 台承包车辆进行公营改造，城区新开通 2 条公交线路全部为公车公营。局直属原事业单位徐家河交通干部培训中心改制工作取得实质性进展；市直交通运输企业初步拟定改制意见。大悟成立交投公司，组建新的“大悟交运汽车客运有限公司”。应城大修厂改制进入收尾阶段。

文明创建。深入开展群众路线教育实践活动，针对群众反映的 6 个方面 17 个突出问题，局党组研究制订 19 项 51 条整改措施，已完成整改 12 项、整改中 7 项。出台交通运输系统《党风廉政建设制度》、《交通运输治庸问责“十不准”》等相关制度，在交通系统内开展作风纪律明察暗访 10 余次，办理投诉、信访超过 50 起。全年查办各类案件 31 起，依纪依规处分党员干部 4 人，诫勉谈话 20 余人，撤销二级单位中层干部 1 人，开除违规职工 2 人。深入开展“微笑服务、温馨交通”活动，着力打造文明行业，涌现出一批优秀集体和先进个人，城区 11 路公交获得省工会颁发的“工人先锋号”荣誉称号；市交通运输局三万工作队被省委评为先进工作队；云梦养护工人代红艳被全国妇联授予“全国三八红旗手”荣誉称号。（来宾）

【孝南区】 2014 年，全区公路通车里程 2653.97 公里，其中高速公路 55.69 公里、一级公路 38.57 公里、二级公路 219.65 公里、三级公路 71.39 公里、四级公路 1721.9 公里、等外公路 546.77 公里；客运站 11 个，其中四级客运站 6 个、五级客运站 5 个。

基础建设。全年完成交通固定资产投资 4.3 亿元，其中重点项目完成投资 3.68 亿元、一般工程完成投资 0.62 亿元。续建重点项目 107 国道孝感段改扩建工程，完成总工程量的 99%；完成县乡道陡白线陡岗至唐山三级公路改造；完成通村公路连通工程 97.8 公里，完成货币工程量 2151.6 万元；完成 3 座危桥加固改造。南方国际物流商城项目完成征地 1900 余亩，已建设 41 万平方米，累计总投资 18.89 亿元；新都市物流项目完成征地 540.06 亩，已建设 1.3 万平方米，累计总投资 6.23 亿元。

综合运输。全区有营运车 2499 辆，其中客车 165 辆、货车 2334 辆。更新客车 19 辆，新增货车 315 辆。维修企业 54 家，其中 4S 店 16 家、品牌 18 个。完成祝站镇、闵集公交化改造，开通 12 路、15 路公交车。

公路养护。全区管养公路里程 248.128 公里，其中一级公路孝汉大道 26.502 公里、干线公路 51.206 公里、支线 170.42 公里，桥梁 39 座 1271.66 米，汉孝大道桥梁 6 座 786.54 米。干线好路率 90%，干支线好路率 80%。公路养护 MQI 值（公路状况指数）为 83.7，其中省道 MQI 值为 84.3、县乡道 MQI 值为 83.3。通村公路日常养护 1486.958 公里。

行业管理。全年检测车辆 19112 台次，处罚超限车辆 713 台次，卸载砂、石料 3652 吨；处理路政案件 17 件，收回赔偿金 34.17 万元，处理率和结案率 100%，超限运输率控制在 4% 以内。客车年检率 100%，货车年检率 85%。完成客运燃油补贴发放 376 万元，行政许可驾校 4 所。开展维修服务质量信誉考核和市场清理整顿，取缔不合格维修点 3 个，查扣“黑教练车”12 辆次，取缔私设培训点 3 个，运输市场秩序规范运行。

安全管理。全年开展 6 次交通运输安全大检查，下达整改通知书 12 份，全部整改到位，全系统未发生安全责任事故。重点工程项目施工安保投入 46 万元，整改隐患 33 处；道路运输安全查处违规经营车辆 1620 辆，查处违规客车 160 辆，查处违规教练车 20 辆；水上安全检查 48 次，隐患整改 8 处，更新 8 条渡船。投资 4000 余元对陡岗镇 3 所学校制作安装减速警示标志；投资 5 万余元对机关视频监控系统进行改造升级，全面实现“七无”和“五为零”工作目标。全年受理承办信访件 39 件、人大政协建议提案 23 件，见面率、回复率、满意率均为 100%。

文明创建。完成局机关档案工作目标管理“省一级”复查验收工作，投资 10 余万元进行档案库房硬件设施升级改造，整理归档文书类档案 3795 件，各门类档案 1652 卷；开展保密培训 3 次，张贴保密法宣传海报 5 幅，全系统无失泄密事件发生。“六五”普法工作发放资料 3000 余份、宣传栏 6 期。“三万”活动累计投资 170 余万元，为西河 9 个驻点村兴办实事 10 余件、为长山村 3 个自然湾修通水泥路、在胡砦村清挖景观塘 3 口、建成小桥 2 座、修建通湾公路 4 公里。全系统有 5 个单位被评为区级文明单位、4 个单位被评为市级文明单位，其中区交通运输局机关、区运管所、区公路局被评为最佳市级文明单位，文明单位覆盖率达到 90%。区交通运输局被评为“区直最佳服务单位”。

【汉川市】 2014 年，全市公路里程 3494.85 公里、路网密度 210.79 公里 / 百平方公里，其中高速公路 31.65 公里、一级公路 23.53 公里、二级公路 218.50 公里、三级公路 345.66 公里、四级公路 2875.51 公里；内河航道通航里程 164.5 公里（其中汉江 93.5 公里），港口 10 个，生产性码头泊位 20 个，渡口 98 个；客运站 12 个，其中二级客运站 1 个、三级客运站 1 个、四级客运站 4 个、五级客运站 6 个。

基础建设。全年完成交通建设投资 5.2 亿元，比 2013 年增长 8.3%。荷沙公路汉川城关至田二河段一级公路路基、桥涵完工，路面底基层全线贯通，累计完成货币工程量 2.33 亿元；蔡甸至汉川一级公路汉川段完成大桥桩基 151 根，完成承台 10 个、系梁 2 个、墩柱 9 个、盖梁 4 个，累计完成货币工程量 7400 万元；川刘路综合配套工程完成 B 标段排水设施、路基加宽、路面工程，12 月中旬通车；完成福星开发区福凤大道 1.3 公里一级公路路面工程，12 月上旬通车；马北线南河至北河段大修 8 月中旬完工；完成福仙线二级公路“四化同步”刷黑项目路面基层；虾民线加宽改造完成征地拆

2014 年 7 月 29 日，修建中的汉川荷沙公路复线

迁；垌王线、新净线二级公路改造完成，已通车；协调推进武汉城市圈环线高速汉川段汉江大桥工程，汉北河大桥率先开工；完成通村公路 154.65 公里，开展“养护示范乡镇”和“养护样板路”创建，投入资金 178 万元对 1.5 万平方米破损路面进行大修。改造泵站河桥、涵闸河桥、红卫桥 3 座列养公路危桥，改造刘家隔镇红星桥、新联桥、沉湖镇赵湾中心桥、湾潭乡德丰公路桥、杨林镇新林桥、庙头镇瑞丰桥、马鞍乡团结桥、麻河镇洪吉桥、韩集乡凤鸣桥、新堰镇良湾桥 10 座农村公路危桥。城南客运站完成征地，建成麻河综合运输服务站；湖北京邦迅达物流园完成年度投资 3200 万元，建成停车场、货场及司乘公寓，已有七星商贸等 4 家物流企业入驻；国电汉川电厂散货码头工程 10 月份建成投入试运行。

行业管理。联合整治非法营运、违规营运、驾校无证经营等行为，查扣各类“黑车”100 余台次，处理违规经营车辆 230 台次；查处非法驾培点、报名点 12 处，查扣黑教练车 21 台，5 名违规教练员纳入“黑名单”。完善客运管理，盛达客运公司更新车辆 38 台、新开 2 条市际线路，长途客车全部换装部标终端及增强型摄像头，顺利通过省客运行业二级安全生产标准化达标考核。汉川客运中心站成为全省五个联网售票试点单位之一。开展安全大培训、安全大检查、隐患大整改、整治大行动，排查整改事故隐患 106 处，汉江汉川城关水域“三无”娱乐餐饮船重大隐患整改销号，水上交通安全态势持续平稳。强化公路“非标”清理、超限超载管理、车辆抛洒治理，全面封停马口境内采石场，设置 2 座限行(高)龙门架。全年检查车辆 6000 余辆，查处超限车辆 2000 余辆，卸载货物近千吨，保障公路安全、畅通。

文明建设。开展出租车、公交车文明服务质量评比活动，组织出租车免费接送高考生活动。汉川市交通运输局被评为汉川市目标考核先进单位、项目建设先进单位，获经济社会发展贡献特别奖，公路局邬守群、程忠明被评为“全省公路系统技术能手”，陈小八被授予“孝感英才首席技师”。

【应城市】 2014 年，全市通车里程 1708.6 公里、路网密度 154.9 公里 / 百平方公里，其中高速公路 31 公里、一级公路 16.4 公里、二级公路 151.8 公里、三级公路 108 公里、四级公路 1401.4 公里；客运站 5 个，其中二级客运站 2 个、五级客运站 3 个，候车亭 135 个、招呼站 301 个。

基础建设。全年完成交通建设投资 1.27 亿元。完成汉宜线、烟应线、小应线、雷陈线等干线公路路面大修改造工程 35 公里，总投资 4622 万元；完成黄肖线、东城大道县乡道改造工程 8.4 公里，总投资 1600 万元；建成通村公路 97.5 公里，总投资 2145 万元，占年度目标任务的 162.5%，惠及 13 个乡镇、54 个行政村。

交通运输。投资 500 万元，完成长途汽车站改扩建工程，恢复应城汤池—汉口客运线路；投资 480 万元，对城区 32 辆公共汽车报废更新。投资近 20 万元建成办证中心，配套设施设备，落实残疾人、65 岁以上老年人免费乘坐城区公交车优待政策，受惠面近 7 万人。推广武汉、孝感“公交一卡通”模式，实现持武汉一卡通刷卡乘车便捷服务。

公路养护。完成养护工程投资 230 万元。召开全市农村公路管理养护现场会，以四里棚街道办事处为示范，明确职责，创新管养模式，落实资金补助，严格目标考核，从根本上改变农村公路管养缺位突出问题。启动迎“国检”工作，强化日常养护规范化管理，全年完成油路灌缝 102.3 公里、挖软基 6278 平方米、补油路坑槽 1.46 万平方米、铺砂石料 2.52 万平方米、清挖水沟 42 公里，整修路肩 101 公里、整修路基 320 公里，安装示警桩 321 根、百米桩 411 根，完成大修工程路面标志标线 27.2 公里，更换、修复波形护栏 121 米。

行业管理。开展整治运输市场专项行动，全年查处违规营运客车 50 起、违规营运出租车 90 起、非法经营面的 15 起，取缔黑车 26 台。以张杨、北十两个治超站为依托，组织 46 名路政执法人员实行 3 班 2 倒制，全天候 24 小时路面不间断执法。在汤池镇西入口、雷潘线、八汤线东入口、随应线出北十治超站安装限高龙门架，超限运输率控制在 4% 以内。全面清理整顿“黑驾校”报名点和培训点、严厉打击“黑教练车”和纠正驾驶员培训机构违规行为，取缔东马坊、长江两处“黑驾校”；对“汉宜线、高速公路连接线”等地进行路检路查，查扣“黑”教练车 14 台。全年排查治理各类安全隐患 201 处，整改孝感市政府、省运管局挂牌督办重大安全隐患2处，公路桥梁工程建设、客运、水上交通无重大责任事故发生。

文明创建。参与“电视问政”、“政风行风热线”，扎实整改27个问题。受理市长信箱102件、信访件16件，办理人大、政协建议提案23件，梳理“废、改、立”制度规定15项。严格落实市交通运输局党组主体责任和“一岗双责”。坚持不懈抓“廉政阳光交通”建设，确保权力在阳光下运行。应城市交通运输局通过省级文明单位复核验收，被省政府授予2014年度全省安全生产先进单位。

【云梦县】 2014年，全县公路里程1781.5公里、路网密度295公里/百平方公里，其中高速公路14.7公里、一级公路7.3公里、二级公路78.15公里、三级公路142.11公里、四级公路1250.94公里、等外公路288.3公里；内河航道里程85公里，港口1个，生产性码头泊位3个，渡口15个；客运站10个，其中二级客运站1个、四级客运站1个、五级客运站8个，货运站1个。

基础建设。全年完成交通固定资产投资11820万元，比2013年增长17.5%。316国道外迁南段工程13.84公里全面建成通车，北段城区段4.84公里完成路基工程、城外段14.46公里进行路基和桥梁施工；完成老316国道、汉宜线大中修工程；完成隔蒲潭大桥老桥改造下部构造，进行续建工作，完成倒店界操桥等3座公路危桥改造工作，启动隔蒲雷公桥等3座公路危桥改造工作；完成县乡公路曾白线、渔泵线、清胡线路面改造；完成通村公路建设69公里；完成农村公路安保工程70公里。完成和平东路延伸工程、和平西路群力村至大周村段工程、皮草园二期、三期道路和隔蒲盐化工循环经济产业园3号路基工程建设；完成益佳森工产业园道路路基、箱涵、600米路面毛渣垫层及雨水工程；完成北外环路图纸设计及东风油品段道路部分工程；完成凤栖桥工程；完成南外环延伸线工程征地、清表及前期工作。完成铁西停车场建设，城南停车场在建设中。

公路养护。完成国省干线坑槽挖补、汉宜线碎石毛渣填补坑槽、支线毛渣调平、316国道城区段灌缝、好石桥和北七里河桥桥面灌缝等工作。完成整修边沟、清理边坡、整修路肩、清扫路面、疏通涵洞、增设标志标牌等10余项常规性工作任务。农村公路养护中心签订农村公路养护管理协议13份、养护里程36.3公里、维修面积6000多平方米。

行业管理。全年上路巡查1200人次，清除路障260处、清除占道堆积物2500平方米、制止公路两侧建筑控制区内违法建筑36起，拆除非公路标志牌42块、扣留各类经营工具18套。查处路损赔(补)偿案件30起，追缴路产损失50.32万元，路产损失赔(补)偿费上缴率100%；检测超载超限车辆360台，超限率控制在5%以内；办理路政许可18起，收取补偿费23.61万元，路政案件查处率、结案率、执法文书使用率、案卷合格率均达到100%。出动治超执法人员2865人次，检查运输车辆12680台次，查处超限车辆490台次、卸载360台次、卸载货物5506.75吨，超限率3.86%。开展打击非法从事出租车营运专项行动，规范班线客运和出租客运经营行为。组建出租车协会和乡镇农村客运公司，进一步规范出租车和农村班车运营秩序。印发《云梦县机动车驾驶员培训行业乱收费等问题专项整治工作方案》，组织开展清理整治行动，进一步规范云梦县正规民营二级驾校——给力驾校、旭晟驾校、得力驾校管理，规范驾培收费和经营行为，提高驾校培训质量。坚持先上船再发证原则，严格执行船舶发证程序、船舶船员配备规定，做到船舶适航、船员适任、船舶安全运营。全年新增船舶19艘、2.99万载重吨。在汉川组织渡工培训19人、在省航校参加培训35人，组织2名船检人员在武汉培训并参加注册验船师考试，参加昆山海事执法综合业务培训1人，在珠海参加综合业务培训1人。全县无水上交通事故事件发生。

文明建设。深入开展“三万”活动，3月份，局系统成立3个工作队入驻清明河高庙、三港、大份村开展第四轮“三万”活动。县公路局养路工代红艳荣获孝感市“五一”劳动奖章、被评为“湖北省三八红旗手标兵”和“全国三八红旗手”。 （王金忠）

【安陆市】 2014年，全市公路里程2567.97公里、路网密度189.5公里/百平方公里，其中高速公路37.8公里、一级公路23.8公里、二级公路192.11公里、三级公路191.92公里、四级公

2014年6月11日，安陆市开展公路突发事件应急抢险演练

路1622.34公里、等外公路500公里；内河航道通航里程47.5公里，生产性码头12个，渡口4个；客运站11个，其中二级客运站2个、三级客运站1个、五级客运站8个。

基础建设。全年完成交通固定资产投资4.3亿元(其中地方筹措资金2.8亿元)，比2013年增长22.9%。新增一级公路23.798公里、二级公路29.86公里、三级公路9.5公里、四级公路118公里。在孝感市率先完成316国道一级公路23.798公里改建、完成云安线2.76公里改建、南城渡改桥及连接线7.1公里建设、周天线13.5公里改造、钱冲景区道路6.5公里建设、黄刘线9.5公里改造、余胡线4.5公里改造、通村公路118公里建设。完成老316国道15.6公里大修、烟应线20.15公里大修、大天线4.8公里中修，王三线、中接线等挖补维修，金泉桥、杨棚桥、龟冲桥改造，农村公路安保工程34公里。完成钱冲至赵棚93.6公里生态旅游扶贫公路初步设计、府河三桥及连接线勘测设计、安赵线改造前期工作，协调武汉城市圈环线高速安陆南段14.7公里征地拆迁和建设。引进山东临沂物流企业落户，投资建设综合物流配送中心，占地400亩，概算投资3亿元，年度完成投资700万元。

综合运输。全年完成道路客运量628万人、旅客周转量3.3亿人公里，货运量486万吨、货物周转量4.2亿吨公里，分别比2013年增长0.12%、0.2%和2%、3.3%；完成水路货运量29万吨、货物周转量285万吨公里，分别比2013年增长3.6%、1.8%。新增货车190台、更新客车39台。推进公交信息化，在全市公交车上安装IC刷卡设备。

行业管理。2014年4月，成立安陆市农村公路管理局，将原交管站人员转岗到农村公路养护管理岗位，负责组织农村公路养护管理实施工作，内设5个股室，下设5个乡镇公路管理站，编制40人。农村公路养护实现全覆盖，好路率达85%，创建样板路47条377公里。清除堆物占道、路面污染460处，控制违章建筑60余处，查处路损案件4起，完成大天线黄家湾段整治。与公安部门联合治理，设置限高架8个、限宽礅3处，查处超限车辆3048台、卸货8500余吨，割除墙板120余台。全年检测货车1001台、客车614台、教练车42台；11家运输企业通过质量信誉考核，培训从业驾驶员15期2971名，通过诚信考核1742名。查处违规货车491台次、“黑车”90余台次、违规出租车193台次，诚信考核扣分37人，吊销资质1人。开展出租车整治，督促公司对驾驶员培训教育、对出租车运行监管，查处非法转让36台，评定表彰星级出租车50台。新增驾校3个，全市驾校达5个，停业整改驾校1个、处罚违规驾培点5个、查扣黑教练车11台次、查处违规教练2人。开展河砂整治，取缔“三无”运砂船舶22艘、吸砂船21艘、河砂转运架21处；启动府河水上游乐项目安全监管，组建“涢龙”游乐有限公司，将80只个体游乐船纳入公司管理，完成涢都置业2艘游船船检；加强渡运管理，培训渡工3名、申报渡船改造3艘。配置首艘海事巡逻艇，加强水运市场监管。

科技与信息化。推行绿色养护，新建节能环保董榨沥青拌和站，投资1200余万元；购置水泥混凝土废料碎石设备，将316国道、烟应线大修挖除的5万余立方米水泥混凝土废料加工成碎石料，用于大修基层补强，成本较使用新石料降低50%，有效解决废旧水泥块堆弃污染问题，又再生利用资源，实现节能环保。

安全管理。开展“安全生产月”“打非治违”等活动，加大安全宣传教育，开展活动18场次；加大安全投入，投资120万元，购置发放水上救生器具，设置候车厅防恐单向门、增设隔离护栏、维修车载GPS92台；开展建设工地、桥梁、客运站场、危化运输、水上游乐项目、航道清理等专项整治，组织安全检查28次，排查隐患18个、整改消除隐患17个，开展应急演练4场次，水陆交通无责任死亡故事。

文明创建。开展“十行百佳”“文明窗口”“文明路、站、车、驾驶员”评选活动，开展“四城同创”、培树典型和培育交通文化等活动，组织各类创建活动28场次。安陆市交通运输局被市委市政府评为绩效考核先进单位、被省交通运输厅评为安全生产先进单位，张岗超限站被省交通运输厅评为“人民满意执法站所”、港航所被评为“全省港航海事系统文明示范窗口”，汽运总公司被评为“孝感市劳动关系和谐企业”，周爱峰被评为安陆“小人物 大英雄”。（李道文）

【大悟县】 2014年，全县公路里程

2014年10月底，大别山红色旅游公路大悟段建成通车

4126.35公里，其中高速公路57.5公里、一级公路22.5公里、二级公路255.56公里、三级公路265.65公里、四级公路2725.14公里、等外公路800公里；客运站6个，其中二级客运站1个、五级客运站5个，货运站1个。

基础建设。全年完成交通固定资产投资3.8亿元。组织实施大黄线、将军大道配套工程、阳平工业园区主干道等10大项目建设，大黄线、刘四线建成通车，新建通村公路170公里。

公路养护。加强干线公路管养，选择大天线、黄土线、大界线作为公路养护管理示范路、文明路，对道路严重破损、群众反响强烈的丰姚线、老刘四线公路进行硬化。9月13日，县政府在阳平镇召开全县通村公路建设管理养护工作现场会。

行业管理。全面落实道路运输安全“三关一监督”工作职责，切实监督汽车客运站“三不进站，六不出站”，对中心客运站内外秩序进行严格监管，重点查处班线客车站外揽客、兜圈载客。开展“黑的”专项整治，成立以县长为组长、分管县长为副组长、相关部门为成员的打“黑”领导小组，出台城区出租车客运市场专项整治方案，在县城区范围内集中开展为期200天的打“黑”专项行动。加强公路建设、养护、公路桥梁施工、站场施工现场安全监管，消除安全隐患。严格落实项目法人制、招投标制、工程监理制、合同管理制、安全责任制、廉政责任制，建立严格的政府监督、业主管理、社会监理、企业自检四级质量保证体系，质量监督覆盖率100%。按现代国有企业管理模式，确保安全、运转、稳定前提下，对原恒达公司进行重组，新建“大悟交运汽车客运有限公司”；探索推广农村公路管养新模式，农村公路管理局在农村公路管养上，实行以镇村两级村路民养为主体、乡镇公路管理站监督，通过试点积累经验，逐步推开。

廉政建设。打造阳光工程，严把工程招投标关，县纪委、检察院、审计局全程参与，做到事前、事中、事后跟踪监督。大黄线连续两年被评为市“廉洁阳光工程”。开展廉政知识竞赛、设立廉政知识宣传栏，廉政警句、漫画上墙，营造浓厚的廉政文化氛围。大悟县交通运输局被评为市廉政文化进机关“示范单位”，形成“一把手”抓、抓“一把手”反腐败工作格局，每个项目签订廉政建设责任书，落实工程审计制度，项目变更层层把关审核、项目指挥长签批后方可施工。

（肖孝儒）

【孝昌县】　2014年，全县公路总里程2720公里，其中高速公路44.9公里、一级公路31.93公里、二级公路50.13公里、三级公路293.07公里、四级公路2299.97公里；内河航道（观音湖）里程36公里，渡口4个；客运站9个，其中二级客运站1个、三级客运站1个、四级客运站1个、五级客运站6个，农村综合服务站1个，候车亭232个。

基础建设。全年争取各类项目资金1.29亿元，其中债券资金4079万元。完成花姚线、五季线、肖邹线等二级公路改造40.8公里，完成小河至关王战备公路路基3.7公里，完成两型产业园道路2.9公里，完成大悟山风电场进场公路7公里，改造通村公路134公里，完成危桥改造3座232延米；孝昌县长途客运站主体工程完工；邹岗农村综合服务站建成，修建候车亭60个；全县15个乡镇（区）通村公路总里程2800公里。

公路养护。全年完成干支线好路里程126.35公里、完成公路标准路基95.06公里、公路GBM工程69.76公里；挖补油面软（硬）坑槽1.3万平方米、补油0.54万平方米、乳化沥青封层0.55万平方米；完成107国道北段挖补0.56万平方米，夏小线、曾白线路基水稳补强2.65万平方米，大天线路肩硬化980平方米，总计货币工程量253.1万元；完成缝养163.5公里，清扫路面9015公里、整修路肩285.6公里、清理边沟195.2公里；增设及更换示警桩81根、百米桩56根、路缘石123块，完成危险路段整治8处9.5公里，绿化植树4.5万株。

公路治超。开展公路治超专项整治。通过“卡口守、路面查”，公路超载运输车辆得到有效遏制，“两超”车辆明显减少。查处超限运输车辆3200台次、卸载货物2500余吨，切割擅自加高墙板62块、加盖帆布篷布车辆1500余台，超限率降低至2%，有力保障了干线公路安全畅通。

运输管理。全县有客运企业4家、客车299台6702座，客运线路133条。采取“公车公营”模式，更新出租车77台、新增出租车73台；有公交线路4条、公交车辆46台，新开通4路公交，投放19座燃气空调公交车13辆，城区公共交通实现全覆盖，老年人、现役军人、残疾人持证免费乘车，并在全市率先实行县城公交IC卡“一卡通”；完成孝昌至孝感班线车城际公交化改造。货运公司1家、货运车辆1798台4377.69吨、简易车辆687台597.84吨。维修企业175家，其中一类维修企业1家、二类维修企业9家、三类维修企业165家。驾培学校4所，有教练车150辆、教练人员160人。全县道路运输从业人员近4000人。

文明建设。积极参与“四城同创”活动，张贴宣传标语300多张，庭院绿化面积4200多平方米，成立交通运输志愿者服务队，慰问困难党员群众、学生、老干部40多人次；在“三万”活动中，投入资金10万余元，帮助驻点村植树1万多株、改造建设垃圾池20处、慰问困难群众20多人次；办理建议提案与来信来访，满意率100%。

（王铄埙）

黄冈市交通运输

【概况】 2014年，全市公路通车总里程26715.40公里、路网密度153.5公里/百平方公里，其中高速公路503.94公里、一级公路371.51公里、二级公路1804.77公里、三级公路1943.95公里、四级公路21138.07公里、等外公路953.16公里；内河航道通航里程461.7公里，其中三级航道20公里、四级航道13.7公里、五级航道23.7公里、六级航道14公里、七级航道108.7公里、等外级航道281.6公里，港口6个，码头224个，生产性泊位270个；客运站75个，其中一级客运站1个、二级客运站11个、三级客运站10个、四级客运站10个、五级客运站43个，货运站6个。

基础建设。2014年完成交通固定资产投资100.25亿元，占年度目标100亿元的100.3%。重点工程完成投资52.23亿元，黄冈长江大桥、武冈城际铁路、黄鄂高速公路、黄冈大道建成通车，黄鄂高速团风段、麻武高速、麻竹高速建设进展顺利，武汉新港江北铁路控制性工程开工建设。普通公路完成投资37.63亿元，完成一级公路路基54.97公里、路面50.84公里，二级公路路基197.19公里、路面224.59公里，国省道大修235.97公里，县乡道改造229.02公里，通村公路1507.7公里，渡改桥9座，危桥改造30座。建设完成市级生态文明示范公路11条、县级生态文明示范公路125条、农村公路安保工程完成1873公里。港航建设完成投资8.36亿元，武穴件杂货码头、武汉新港唐家渡港区楚江综合码头项目基本建设完成，武汉新港唐家渡港区禹杰综合码头、临港新城综合码头、黄梅港小池滨江综合码头、团风罗霍洲综合码头和武穴港田镇港区马口工业园综合码头等项目加快推进；黄州港钟家湾综合码头、蕲河航道工程、黄州祥宏综合码头、晨鸣纸业专用码头、蕲春港管窑港区管窑综合码头和浠水港散花港区滨江新区综合码头项目加快推进前期工作。站场建设完成投资0.62亿元，麻城金通湾客运站竣工运营，武穴客运站、罗田大别山客运站、红安县客运站、龙感湖客运站主体工程基本完工，黄冈客运站、麻城客运站改造工程启动，红安八里坪客运站、武穴大金客运站前期工作加快推进。新建农村五级客运站12个，候车亭310个，全市实现88.5%的行政村通客车。推进客货运站配套建设，初步形成以黄州、麻城、武穴为枢纽，全面辐射各县市区的快速客货运网，全市“路站港运”一体化及服务功能明显提高。物流建设完成投资1.41亿元，武汉新港楚江物流园、黄冈安必达冷链物流中心、中部商贸物流产业园建设顺利推进；改造完成红安县永河、英山县草盘、蕲春县檀林、团风县回龙山、罗田县九资河、浠水县巴河、黄梅县孔垄、黄梅县五祖、龙感湖严家闸、武穴市余川、武穴市龙坪、武穴市大法寺、黄州区堵城13个农村综合运输服务站。

2014年6月3日，黄冈市团黄路大修中

综合运输。全市有营运客车5557辆、货车28663辆、旅游车106辆、公交车928辆，有省际客运线路81条、市际客运线路130条、市内县际客运线路69条、农村客运线路602条。开通黄州至各县市区高速客运直达班线，开通黄冈城区至黄州乡镇村公交线路6条，新增和优化至黄冈城铁站公交线路7条，实现公交与三个城际铁路站“无缝”对接；“村村通”客车试点红安县在全省率先实现村村通客车。全年完成道路客运量0.96亿人次、旅客周转量48.3亿人公里，货运量0.69亿吨、货物周转量140.3亿吨公里。拥有营运船舶655艘65.27万总吨88.38万载重吨，新增运力47艘4.89万载重吨，总投资6557.8万元；完成货物起运量3360.72万吨、货物周转量134.45亿吨公里。拆解老旧船舶7艘，争取省市船舶拆解专项补助资金415万元。全年邮政业务量同比增长31.79%，全市规模以上快递企业业务量同比增长67.88%，快递市场继续呈现迅猛发展态势。

行业管理。新组建鄂黄大桥超限

检测站、路政安全管理处；建立黄冈城区出租车服务管理信息平台。先后3次组织“坐公交、乘出租、访驾校”活动。加大治超力度，各县市区基本建立“政府主导、公安牵头”的治超长效机制，启动与交警扣分制和运管黑名单制度相配合的联合执法模式。加强执法队伍监管，规范执法行为，实施简政放权，提升审批服务质量。加强工程质量监管，全市一级公路工程、国省干线公路路面大修工程、农村公路路面工程抽查合格率分别达到97.1%、96.2%、96.6%。黄州陶店收费站、黄梅小池站按期撤除。

科技与信息化。新增LNG客车100辆、LNG货车30辆。实现年替代燃油量4702.7吨标油，节约燃油成本800多万元。组织企业申报节能降耗专项资金补贴，争取交通运输部节能减排专项补贴100多万元。全面升级所有驾校驾培IC培训管理系统，10月上旬所有驾校IC卡计时培训管理系统全部启用，全市30所驾校安装车载设备1113台，采集教练员卡1209个。加大新技术、新工艺在公路养护中的使用，对不同的大修线路、路段分别采用大粒径沥青碎石基层、橡胶沥青同步碎石封层、基层冷再生、水泥路面碎石化等多种养护技术，在英山318国道、中大线，麻城胜麻线、麻新线，红安宋长线、黄梅105国道和团风106国道等国省干线实施新技术、新工艺施工60公里，整体提高全市养护科技含量。

安全管理。深入开展“道路客运安全年”“安全生产月”活动，对落实20时以后不发班、22时以后不上高速、凌晨2时至5时落地休息提出具体方案和落实措施。继续开展安全生产标准化建设，全市21家客运企业、5家危货运输企业通过达标验收；水上交通安全态势平稳，全市非长江干线水上交通杜绝一次死亡3人及以上重特大安全责任事故，辖区内发生船舶碰撞事故0.5起，死亡1人，直接经济损失1.5万元。全市船舶安全面达到99.9%，船舶每载货吨直接经济损失0.016元，各项安全指数均控制在考核指标以内。组织召开白莲河水库水上交通安全专项整治会议、细化整治巴河运砂船严重超载工作方案，举办龙感湖库区首期旅游客运船员培训班，举办2014年黄冈市渡工安全培训暨船岸应急演练；加大公路保通队伍建设和应急保障物资与设备储备管理，进一步提升突发事件应急处置能力。在武穴成功承办湖北省公路钢桥应急培训，并在麻城进行实地演练。

投融资。在采取BT、BOT等方式建设黄冈大道、黄鄂高速公路等项目成功基础上，再次争取政府采用BT建设临港新城综合码头、团风罗霍州大桥、黄州陈南公路等重点交通项目。各级政府在地方财力极度困难情况下，连续两年落实地方债券资金4.8亿元用于普通公路建设，连续3年化解政府还贷二级公路债务2.5亿元。英山、武穴、罗田、黄梅利用融资平台融资到位2亿元用于交通建设，红安、黄梅、罗田三县县长亲自安排部署地方农村公路非列养资金到位工作，确保农村公路主体责任的落实。顺利完成鄂黄大桥公司债务上划移交工作。

文明创建。大力弘扬“克难攻坚、不胜不休”的黄冈交通精神，积极培树先进典型，肖新志等2人入选第三届黄冈道德模范候选人，刘文冰等3人入选“黄冈好人榜”。2014年，黄冈市交通运输局被市委市政府荣记二等功，荣获人民满意公务员示范单位，顺利通过全国文明单位复检验收，在市纪委委员质询评议中唯一全票通过。

（周本和）

【黄州区】 2014年，全区公路里程1579.04公里，其中高速公路20.76公里、一级公路93. 90公里、二级公路88.68公里、三级公路416.22公里、四级公路959.48公里；境内航道通航里程66公里，其中长江41公里、内河25公里，港口20个，生产性码头泊位42个，渡口8个；客运站9个，其中一级客运站1个、二级客运站1个、三级客运站1个、五级客运站6个；货运站1个。经黄冈市政府同意，黄冈市国力公司陶店收费站于2014年12月31日正式停止收费。

基础建设。全年完成交通固定资产投资6.24亿元，占目标任务5.71亿元的109.3%。其中普通公路建设完成1.1亿元、水运建设完成5.14亿元。城东公路25.77公里续建项目全线通车，完成货币工程量8000万元，附属工程快速推进；完成阳枫线驾考中心至禹王西站段2.2公里沥青路面改造工程，投入548万元，保障城铁黄冈西站顺利对接；按市政道路标准建设汽南路汽渡至鄂黄大桥段3公里，投入2700万元；戚孙线9公里改造工程完工，完成投资610万元；完成农村

2014年5月26日，黄州区戚孙线公路在建中

生态文明示范路23.8公里；完成农村公路安保工程57公里；完成程德岗、擂鼓山2座危桥改造，7座危桥改造中。完成禹杰综合码头一期高桩平台(件杂泊位)及60米汽车引桥主体工程，完成投资6890万元；楚江综合码头园区内“五通一平”基本完成，完成1座25吨门座式高桩码头起重机设计、制造，完成投资3000万元；临港新城综合码头水上桩基、码头平台下横梁、上横梁、预制纵梁、安装纵梁各个施工节点全部完成，完成投资17920万元；祥宏、中粮、钟家湾等码头完成投资23590万元，完成工可、各专项设计批复，在进行初步设计；中粮综合码头完成1个临时泊位建设。向上争取补助资金建设城东公路。城东公路起于省道上巴线陈策楼镇张新湾村处，沿巴河方向延伸至南湖，与县道南堵线(沿江公路)相连，全长25.77公里，投资2.21亿元(其中省级补助资金4300余万元)，2014年年底建成通车。

综合运输。全年运送旅客380万次，比2013年下降5%。完成城乡客运一体化改造工作，6月19日，全区完成11条农村客运班线72台车辆征收，整合开通8条主线路、投入85台公交车，涉及沿线80个行政村，与武冈城铁实现对接。黄州港口年货物吞吐能力突破1000万吨。全年核查水路运输企业15家、水路运输辅助业5家，核查船舶270艘、369771总吨、513477载重吨、103910千瓦。

公路养护。阳枫线市驾考中心至城铁西站段全面大修，投入548万元。完成黄上线和阳枫线公路两侧绿化带土方回填平整、路树整枝，投入85.89万元；在黄上线路口丁甲路段修建排水边沟1330米，投入39万元；在国省干线公路设置安全标志及桥梁限载牌41块、安装指路标志26块，投入62.14万元；在106国道路口互通桥下修建花坛景观节点2处，投入10万元。养护职工上路巡查桥梁315人次、清扫路面13600公里、整修路肩长184公里、清除路肩杂草263公里、抢修破损路面1.24万平方米、修复禹王收费站撤站路面320平方米；对京广线、阳枫线灌缝8000米，修补阳枫线、沿江路坑槽3200平方米，集中对黄上线11公里路树进行扶正、整枝；排查危险路段及桥梁4处。投入资金212.5万元，完成农村公路破损维修3530平方米、安保工程建设57公里，消除农村公路安全隐患479处，查处在农村公路用地范围内违法建房5起，全区农村公路安全水平、路况水平和服务水平明显提高。禹王养护管理站站长肖新志革新改造吹砂机、路肩平整机等养护工具，其中自主发明革新的养护吹砂机获得国家知识产权局实用新型专利，且已生产3台用于公路日常养护。

安全管理。查处涉路违法行为79起，立案查办涉路违法案件26起，查处率100%，路政结案率98%，无一例复议和投诉案件。按照“政府主导，部门协作，共同治理”原则，治超站与交警、砂管、海事和运管等部门密切配合，开展“一站三点”流动治超，重点加强明珠大道、江北一级公路南湖连接线和省道阳枫线团黄路治超工作，检测车辆3600余台，查处超限超载车辆2800余台，卸载黄砂等货物4500余吨，转运水泥、石子等货物5200余吨，超限超载率控制在4%以下。加大驾培维修市场、客运站场、航运企业和船舶公司、浮吊、渡口码头安全隐患排查力度，全区水上船舶安全面达到100%、船舶每万吨死亡率控制在0.45人以内，船舶每载重吨直接经济损失控制在4.5元以内，无水上运输船舶一次死亡(失踪)3人以上责任事故，未发生因管理部门失职造成一次死亡10人以上重大责任事故。

【团风县】 2014年，全县通车里程2249.47公里、路网密度270公里/百平方公里，其中高速公路62.58公里、一级公路30.13公里、二级公路124.98公里、三级公路88.85公里、四级公路1872.94公里、等外公路69.99公里；内河航道里程53公里，港口1个，生产性码头3个，渡口19个；客运站4个，其中二级客运站1个、五级客运站3个。

基础建设。全年完成交通建设固定资产投资5.582亿元，比2013年增长32.2%，全县开工建设交通项目195个。241省道团风白鹤林至方家墩段改建工程(团风绕城公路)完成投资7500万元；大崎山旅游公路改建工程路基及桥涵基本完成；318国道方高坪至标云岗一级公路方高坪至马曹庙段8.692公里改扩建工程动工；武汉新港江北铁路工程项目征地拆迁工作启动；罗霍洲大桥建设完成工程货币量2.956亿元，完成项目总投资的64%；241省道团风白鹤林至方家墩段(绕城公路)完成货币工程量1.1亿元，漆宋公路魏家冲至磙子河段全面竣工投入使用；完成农村公路建设100公里。罗霍洲码头建设2个5000吨级泊位码头，计划总投资2.8亿元，争取国家专项补贴资金700万元，建设期18个月，码头建成后由投资方运营48年，到期后县政府无偿收回。新建5级客运站1个。

行业管理。拆除公路广告牌、非标牌12块406平方米，拆除取缔路边加水点6处，路政案件查处率、索赔率100%。全年查处运输黄砂、碎石超限车辆1500余辆，卸载黄砂、碎石180余吨，强制拆除违法加高车厢墙板90幅，与480辆运输车辆签订安全运输责任书，配合依法取缔5处黄砂运输装运码头、关停6个黄砂站，公路超限超载行为得到明显遏制。全年查处违规车363辆、非法客运车117辆，纠正违章经营行为500余起，受理举报、投诉、咨询等80余起，回复率100%，无一起行政复议或行政诉讼案件。配合县政府、县防汛抗旱指挥部对巴河流域采砂船进行汛期前期大整顿，对巴河境内铁砂船进行登记造册，对存在重大安全隐患的铁砂船就地拆除，及时消除水上安全隐患，确保水上交通安全。

公路养护。全年修补路面坑槽2.66万平方米，其中修补油路坑槽1.2万平方米；大修标云岗至总路咀水泥混凝土路面3.2公里，其中预防性养护沥青路面缝养1.95万米、混凝土路面缝养4.89万米；整修路肩43.58万平方米，清理边沟393.6公里，新植省道上沙线大叶槐树3.2公里。全县列养公路优良路里程168.5公里。

安全管理。完成罗家沟中桥半幅拆除重建和上巴河大桥加固工程，确保全市挂牌督办的重大隐患整治得到全面落实。所有运输车辆安装GPS车务通，实行24小时监控监管，执行“早七晚七”和车辆装载“平装覆盖”，超限超载行为得到有效遏制；县政府2014年挂牌督办的漆宋公路、贾大公路、罗霍洲渡口安全整治，成立安全责任领导小组，对船只、渡口实行专人管理，无一起安全责任事故发生。

【红安县】 2014年，全县公路里程2571.08公里，其中高速公路24.49公里、一级公路34.52公里、二级公路179.06公里、三级公路108.87公里、四级公路2090.3公里、等外公路133.84公里；客运站14个，其中二级客运站2个、五级客运站12个，候车亭319个，招呼站260个。

基础建设。全年完成交通建设投资9.83亿元，采取BOT模式建设麻竹高速红安段，采取BT模式建设新型产业园区道路，形成以县城为中心、以国省干线为主骨架、以县乡公路为主动脉、以通村公路为网络的综合交通体系。完成麻竹高速公路红安段路基土石方工程、红熊公路主油层铺筑、杏花至二程段一级公路路基和桥涵工程；城北出口路建成通车；完成两八公路八里湾段路面工程和永佳河段路基及桥涵工程、宋大线和阳福线路面大修工程，桃八公路路面改善竣工；周付公路建成通车；完成通村公路109公里、安保工程20公里、生态交通示范线97.7公里、农村公路绿化109公里和2座危桥改造。完成LNG加气站建设，建成城区102个公交站台。完成红安客运总站主站楼主体工程，建成杏花客运站，新建候车亭26个。

公路养护。健全和完善县乡村道“县道县管、乡道乡管、村道村管”养护管理体系，确定全县农村公路所有路段养护管理责任领导和责任人，签订管养协议；健全考核机制，将乡镇农村公路养护管理工作纳入全县“六考”综合实绩考核，由县交通局负责组织考核；按照农村公路养护管理资金标准落实管养资金532万元，并建立逐年增长机制，加大农村工作养护管理投入。完成红两公路和大桐线分别申报市级农村生态文明示范公路和市级农村公路安保工程精品线路，完成13条县级农村生态示范公路创建。

综合运输。全县有客运企业3家，农村客运班线286条，其中县城到乡镇客运班线34条141台车、镇到镇客运班线17条31台车、乡镇到村客运班线235条378台车，日均发班车1200个班(次)，营运里程2100公里，行政村通车率100%。形成以城区为中心、乡镇为节点、覆盖乡村的红安三级农村道路客运网络。大力推广新能源应用，全县新增LNG客车23辆。

路政管理。对全县各乡镇采砂点进行24个小时巡查，加大县域内河道采砂整治力度。完成城区出租车第三轮经营权有偿转让和启动价格联动机制。强化客货运输市场整治，打击非法运输经营行为，规范客运市场秩序，查处违章客车29台、非法运输经营“面的”181台、无证货车55台，受理和办结路政案件32起，超载超限检测车辆20300余车次、卸载货物4600余吨。

【麻城市】 2014年，全市公路里程4066.84公里、路网密度107.1公里/百平方公里，其中高速公路129公里、一线公路3.2公里、二级公路328.86公里、三级公路269.22公里、四级公路3334.24公里、等外公路2.32公里；内河航道通航里程110公里，渡口6个；客运站14个，其中二级客运站2个、三级客运站2个、五级客运站10个，货运站1个。

基础建设。全年完成交通建设投资5.44亿元。完成一级公路路基5公里、二级公路路基12.18公里、县乡等级公路9公里、通村油路100公里。公路建设完成货币工程量1.98亿元，完成路面建设105.76公里，其中水泥路面33.47公里、沥青混凝土路面72.29公里，新建宋铁大桥1座、中小桥13座，完成危桥改造7座，4座危桥改造在施工中。

综合运输。全市有营运客车558台10227座，营运线路110条，其中省际线路9条、市际线路19条、县际线路6条、县内线路76条；货运车辆2402台6953载重吨，其中危险货物运输企业3家、车辆104台。全年完成道路客运量374.1万人、旅客周转

麻城旅游公路

量1.96亿人公里，货运量336.7万吨、货物周转量5587.7万吨公里。

公路养护。全年完成养护大修72.29公里，其中麻新线19.25公里、胜麻线50.57公里、长三线2.47公里；修补沥青路面坑槽9800平方米、水泥路面灌缝8.75万米、沥青路面灌缝4.19万米，新画路面热熔漆标线52公里、喷洒沥青封层油71000平方米、新建预制板水沟5100米、清理水毁塌方3850立方米，新补植绿化树苗4.63万株，设置32座桥梁安全信息公示牌，干线公路优良路率达87.42%。

路政管理。全年执收罚款及赔补偿费180余万元，制止、处理各类违法行为1900余起。检测货运车辆4967台，其中超限运输车辆223台、卸载货物3147吨，案件查处率99%、结案率98%、罚没款上解率100%、文书使用率100%、案卷合格率99%，无路政执法错案、公路"三乱"和路政投诉、上诉行为发生。5月，白塔河超限站顺利通过省公路局"标准化"治超站验收。

安全管理。加大隐患排查治理力度，定期和不定期对道路运输企业、危货运输企业、汽车站、码头渡口、在建工地、危险路段进行安全隐患排查整治。强化客运、危险货物运输及交通工程施工企业安全生产标准化建设。8月，黄冈首次内河船岸综合应急演练在三河口水库举行。全年开展集中整治行动5次、排查整改安全隐患30多起，开展安全教育培训6次、悬挂安全宣传横幅35幅、张贴标语160多张、散发宣传资800多份、制作交通安全宣传展板30多块。全市没有发生重特大交通运输安全责任事故，渡口船舶安全面达到100%，公路水路安全生产继续保持平稳态势。

交通改革。《麻城市农村公路管理局办法》报麻城市政府审批，农村公路管理局(副科级单位)"三定方案"文件已经下发，"农村公路管理局"于12月28日挂牌，原麻城市交通管理站人员整体转岗。根据"两权合一、公车公营"模式，积极稳妥推进第三轮出租车经营权改革，加快培育新的出租车市场经营主体，进一步提高出租车服务质量。《麻城市出租车第三轮经营权有偿出让实施方案》通过省级评审；通过招标评审新引进1家出租公司，出租车增加到350台，更好地满足广大市民出行需要。

【罗田县】 2014年，全县公路里程2786.27公里、路网密度127.55公里/百平方公里，其中高速公路63.76公里、二级公路317.40公里、三级公路70.11公里、四级公路1870.58公里、等外公路464.42公里；内河航道通航里程18公里，渡口4个；客运站9个，其中二级客运站1个、三级客运站4个、四级客运站2个、五级客运站2个，招呼站130个，候车亭305个。

基础建设。全年完成交通建设投资12.67亿元，其中麻武高速公路罗田段建设投资8.2亿元，普通公路、站场等建设投资4.47亿元。麻武高速公路一期路基工程全部完工，桥梁工程完成98%，二期路面基层完成23公里；完成220国道二级公路改造12公里、松宜公路二级公路改造6公里、县乡公路项目石匡公路水泥路8公里、张胜公路水泥路11公里、矮李公路水泥路3公里、九资河外街水泥路1.1公里和进士河漂流旅游公路路基4.6公里，完成通村水泥路116.2公里；完成城区道路刷黑45万平方米，丝绸大道2.45公里路基及管网工程、路面基层全面完工；迎宾大道完成路基土石方8万立方米、路基调平和路面基层1.2公里；古城两条道路完成路基土石方42万立方米。争取长三线、罗兰线、麻新线大修，县道白叶线、县客运中心和一批农村公路等交通建设项目资金1.43亿元，超额完成县政府下达的1.36亿元建设任务。县客运中心建设进入扫尾阶段，投资6000万元；新建宋家湾公交车首末站并投入使用，投资400万元；胜利脱甲岭五级车站通过市运管局审核验收已营运，投资100万元；新建候车亭130个，投资195万元。

综合运输。全年完成道路客运量687.5万人次、旅客周转量18.398万人公里，货运量418.8万吨、货物周转量3380.5万吨公里。全面推行出租车"两权合一、公司化经营"模式，出租车客运企业2家，出租车辆150台。完成公汽实行公车公营改革，新增公交车30台，更新客车70台，新增货车172台。新增农村客运班线10条，农村班线达380条，其中县城至乡镇客运班线106条309台车、乡镇至村客运班线274条433台车。维修企业118余家，其中新增21家。驾校3所，全年培训合格学员8000余人。

安全生产。开展国省道主干线违法违规侵占路产路权行为和超限超载

2014年7月8日，在建中的麻武高速公路罗田团陂枢纽互通

车辆整治活动，大别山红色旅游公路等主干线沿线违法建筑得到有效遏制，超限车辆控制在4%以内。受理行政案件1820件，结案率100%，全年无一起行政复议案件发生。安全生产态势平稳，无重大道路运输安全事故、无工程建设施工作业事故、无安全生产责任事故、无水上交通安全事故，水上船舶安全面达100%。公路工程质量严格按照工程建设"五制"要求进行管理，建立四级质量保证体系，严格基本建设程序，层层把好质量关，全县重点工程合格率100%、单位工程优良率达90%以上、通村公路质量抽查合格率100%。

【英山县】 2014年，全县公路里程2124.30公里，其中高速公路26.11公里、二级公路30.19公里、三级公路130.28公里、四级公路1937.72公里；渡口1个；客运站7个，其中二级客运站1个、五级客运站6个。

基础建设。全年完成交通建设固定资产投资4.2亿元，比2013年增长20%。318国道和201省道34.5公里改造路段5月开工建设、12月底完成，完成货币工程量6050万元；完成小白线桃花冲至红花段11.39公里和红杨线红花咀至詹河水库段8.68公里道路拓宽、硬化改造，完成货币工程量2839万元；完成蔡界线汪家河大桥至红山黄泥岗段7公里硬化改造，完成货币工程量959万元；完成雷孔线13公里建设，完成货币工程量841万元；完成红杨线陶河至土门河段9.6公里建设，完成货币工程量1480万元；完成草盘连接线1.6公里建设，完成货币工程量200万元；完成张草线招投标工作，工程技术人员进场；完成工业新城大桥箱梁架设，开始桥面铺设及附属设施建设，完成货币工程量3247万元；东门大桥维修加固工程全部完成，完成货币工程量440万元；汪家河大桥拆除重建工程完成招投标工作。完成201省道线上的孔坊桥、程章河桥、狮坳桥、玉皇阁桥4座危桥改造，完成货币工程量400万元。完成通村公路160公里，超过年度计划60%，完成货币工程量4800万元。

公路养护。春运期间，出动人力180人次、机车15台次，撒融雪工业盐18吨、防滑料8589平方米，清扫积雪7000平方米，保障春运道路畅通无阻。加强道路日常养护，修补路面坑槽8950平方米、整修路肩642公里、清理边沟1084公里。实施道路绿化，种植行道树42800株、种草10000平方米。

安全管理。加强对过往客运车辆实行动态管理，严厉打击无证无牌经营、超范围经营和"倒、卖、甩、宰"旅客以及倒卖客票等违法违规行为。春运期间发送客车4670班次、运送旅客10.71万人，未出现安全责任事故。加大运输市场监管，查处非法营运客车98台次、货车138台次，清理取缔草盘、陶河、彭畈3个挂靠客运公司资质。推进驾培市场专项整治活动，遏制驾培市场违规经营等问题。路政执法办理处罚案件26起，结案12起；处理赔补偿案件23起，结案23起，结案率100%；行政许可受理12起，办理7起；办理治超处罚案件295件。检测车辆38324台，其中超限车辆1032台、卸载车辆1016台、卸载货物8034吨，超限率控制在3%以下。

【浠水县】 2014年，全县公路通车里程2864.22公里、路网密度147公里/百平方公里，其中高速71.58公里、一级公路46.74公里、二级公路188.59公里、三级143.31公里、四级2179.57公里、等外公路234.43公里；航道通航里程59公里，港口3处、码头45座、泊位47个、渡口28个；客运站9个，其中二级客运站1个、三级客运站1个、四级客运站1个、五级客运站5个、简易站1个，二级货运站1个。

基础建设。全年完成交通建设投资10.26亿元。完成麻武高速浠水段建设投资7.8亿元，全线路基完工；完成普通公路建设投资2.46亿元，其中完成罗兰线城关至双河口24公里路面大修、三角山旅游路12公里路面新建，完成三圻线白莲镇区路2公里路面改造、丁兰线兰溪镇区1.7公里路面改造、团巴线竹瓦镇区及汪岗镇区1.8公里路面改造、浠团线三店街及杨祠街1.8公里路面改造，完成通村公路141公里及浠水老大桥、罗堑桥、冷水二桥、冷水三桥、关口桥、谈家洲桥、徐家桥、乱石河桥、渠道桥、近街桥新桥、邓家港桥等危桥改造，城乡交通明显改善。

公路养护。完成列养干线公路修补路面坑槽3470平方米、巡路保洁9871公里，对水泥路混凝土路面灌缝2.31万米、沥青路面清灌缝3.64万米，在中大线浠散路采用密封胶新型材料灌缝；路基养护完成边坡整修62.58万平方米、清理疏通边沟785公里，整修路肩1266.8公里，疏通边沟986公里，清理塌方137处8126立方米，修复水毁43处，回填路肩土1.53万立方米。新增防护栏650米、修复防护栏284米，补栽百米桩532块、里程碑79块，新增标志牌51块，水毁修复6处。

综合运输。全县有营运客车519台，其中跨县以上班线客车和旅游客车125台、县内班线客车394台(含农村区间运输客车60台)；客运线路87条，其中跨县以上线路22条、县内客运线路65条(含农村区间运输18条)；货车(含简易车)4618台7750吨。全年完成客运量904万人次、旅客周转量7.48亿人公里，货运量453万吨、货物周转量1.53亿吨公里。16个乡镇(场、区)全部通班车。城区有汽车出租公司3家、公汽公司3家、客运车辆388台，其中出租汽车288台，公交线路9条、公交车100台、公交运营里程150公里、停靠站点167个。有各类船舶673艘33.6万载重吨，渡船31艘，日渡运乘客500余人。水路运输完成货物吞吐量1101万吨、周转量18.63亿吨公里，新增运力15602吨。维修企业48家，其中一类维修企业1家、二类维修企业16家、三类维修企业31家。驾培机构2家，机动车综合性能检测站1家。

规费征收。全年完成港务费、航

政费征收575万元。

安全管理。全年组织大规模清障行动5次，清理路面堆积物1154处5777立方米，拆除非交通标志牌4块、违章建筑21处，办理公路赔(补)偿案件16起、行政许可3起；查处超限车辆2138台次(其中简易程序983起、一般程序25起)，卸载货物9500吨，超限运输得有到效遏制。路政执法案件执结率、追偿率100%，无错案、无行政败诉案件，无公路“三乱”等违法乱纪行为。完成农村公路安保工程建设315公里，建成县级安保生态文明示范路26条，建设波形护栏162米、钢筋混凝土防撞墙430米、示警桩18962根、标志牌641块、广角镜618个、减速带551米。辖区内本籍船舶全年无责任事故，乡镇渡口保持33年无事故。

文明建设。浠水县港航管理所、县运管所保持市级最佳文明单位，县交通运输局、县物流发展局、城市交通客运管理所保持市级文明单位，县公路局、县交通学校保持县级文明单位。

【蕲春县】 2014年，全县公路通车里程3257.23公里、路网密度135.9公里/百平方公里，其中高速公路35.23公里、一级公路33.09公里、二级公路186.53公里、三级公路403.69公里、四级公路2573.48公里、等外公路25.21公里；内河航道通航里程9公里，全县2大港区(蕲州港区、管窑港区)、码头55个、泊位61个；客运站12个、候车亭187个、招呼站320个。

基础建设。全县完成交通固定资产投资9.04亿元，占年度目标的108%，其中重点工程完成投资6.265亿元、普通公路完成投资9600万元、港航建设完成投资7000万元、站场建设完成投资650万元、物流建设完成投资1.05亿元。黄青线青石至桐梓段、张茅线张榜至塔林段建成通车，麻武高速蕲春段及连接线、绕城一级公路在建中，横岗山旅游公路、三角山旅游公路和沿江一级公路开工建设。全县建设完成一级公路路基13公里、二级公路路基15公里、路面12公里，完成国省道大修15公里、县乡道改造22公里、通村公路127公里、危桥改造16座。建设完成市级生态文明示范公路1条10.597公里、市级安保工程精品线1条7.597公里、县级生态文明示范公路15条63.073公里，完成危险路段整治615.3公里、安装减速板减速带2876米、广角镜496个、警示标志牌1334余套、波形护栏530米、防撞墩120个、水泥防撞墙300米，安全警示桩14403余根、钢管简易桥护栏853.8米、砖混简易桥护栏537.8米、错车台793.9平方米。蕲春港蕲州码头建设完成；蕲河疏浚工程完成施工图设计，进行“双院制”评审；管窑综合物流码头工程工可通过评审，启动招投标工作。蕲春客运站前期工作加快推进、向桥五星级农村综合服务站竣工运营，新建农村五级客运站5个、候车亭101个。大力推进客货运站配套建设，初步形成以县城漕河为中心、全面辐射各乡镇办的快速客货运网，全县“路站港运”一体化及服务功能明显提高；鄂东国际物流园被县委县政府列入全县重大项目建设予以督办，成立发展蕲春物流业协调领导小组及物流园建设工作领导小组；物流协会和鄂东国际物流园建设指挥部挂牌成立，鄂东国际物流园第一期工程正式开工建设，檀林农村综合服务站改造完成。

安全管理。全年开展安全生产大检查25次，重点对道路运输、工程施工、水上交通进行安全隐患排查，排查各类隐患115处、督促整改112处，整改率97.4%。加强对客运、货运、维修、驾培、出租五大运输市场监管，开展打击“黑车”专项行动13次、稽查营运车辆2900余台次、查处违法违规车辆812台次、打击“黑车”327台次、处罚305台次，受理投诉130起，协调处理各类矛盾纠纷9起。全县所有客运车辆(包括乡村客运车辆)、出租车和危货车辆全部安装GPS监控设备，建立GPS监控平台，对驾培车辆安装计时培训系统。全县掀起路域环境综合整治高潮，在蕲北旅游公路、西岚公路、西株公路等重点路段开展路域环境综合整治攻坚战，有效解决公路两侧乱堆乱放、乱搭乱建、占道经营、打场晒粮等突出问题，路政案件查处率、索赔率分别为96%和99%。加强路面治超和源头监管力度，检测过境车辆9850台次，查处超限车辆5510台次、卸载货物1.2万吨、强制拆解改型车辆127台，超限比率控制在5%以下。

文明建设。对照“转职能、转方式、转作风”和落实“两个责任”的工作要求，聚焦主业主责，狠抓监督问责。全年办结信访件7件、信访约谈1人，通报批评14人次，自办和协办案件4件，政纪处分3人、党纪处分1人，追缴违纪资金85392元。全系统创建省级文明单位2家、市级最佳文明单位2家、市级文明单位2家、县级文明单位1家。

【武穴市】 2014年，全市公路通车里程2095.43公里、路网密度168.2公里/百平方公里，其中高速公路31.15公里、一级公路34.04公里、二级公路139.65公里、三级公路135.09公里、四级公路1732.35公里、等外公路23.15公里；各类码头65座、泊位105个；二级客运站1个，在建二级客运站和公交调度中心各1个，乡镇、村客运站12个。

基础建设。完成交通建设固定资产投资10.75亿元(含麻武高速武穴段投资3.6亿元)，占年计划的167.97%。麻阳高速武穴段完成货币工程量3.6亿元；武穴长江大桥及连接线工程完成前期工作，进入项目核准立项阶段，具备开工条件；沿江一级公路项目投入建设资金1.8亿元，路基线形已形成，二期工程进入招投标程序；完成横岗山旅游公路、黄标线至大坝、一尖山至横岗山连接线、石大线、刘马线、郑席线、花郑线、石佛寺工业园农广路襄大段83.72公里路面工程；建设沿江一级公路、石大线、刘马线、郑席线、大坝至旅游路连接线、石佛寺火车站工业园东三路延长线；完成通村公路建设110公里；完成东

2014 年 11 月，武穴横岗山旅游公路进行路面刷黑

港桥、塔水桥等 12 座危桥改造。港口建设投入 7398 万元，件杂货码头工程场地施工基本完工；建成马口工业园综合码头 2 个散货泊位，马口建材综合码头和祥云新区综合码头前期工作基本完成。

综合运输。营运车辆 666 台 12574 座位，其中城际客车 99 台、公汽 137 台、城市出租车 201 台、城乡客车 171 台、镇村客车 48 台、旅游客车 10 台。客运班线 68 条、公汽线路 11 条，城乡客运公车率达 88%，公交营运线路覆盖新老城区，延伸到城区 20 公里范围内的镇处和部分行政村，公交通车率 53%；城际、城市、城乡、镇村四级客运网络基本形成。有 3000 吨级以上码头 12 座、泊位 23 个，年货物吞吐量近 2000 万吨。

安全管理。开展运输市场专项整治活动，查处非法运营车辆 36 台次、违规车辆 18 台次、非法培训点 10 处、违法教练车 30 台；参与对矿山企业实行夜间限时运输、全面禁止“后八轮”、严厉打击公路超限运输车辆等重大行动，在黄冈市年度考评中名列第四，公路超载超限乱抛洒现象明显好转；与航道、长江海事、长航公安等部门整体联运，多次开展码头清理整治行动，外迁码头 4 座、拆除 2 座，制止非法建设、占用长江岸线行为 10 起，确保长江岸线资源科学开发和利用。

【黄梅县】 2014 年，全县公路里程 2699.36 公里、路网密度 193.97 公里 / 百平方公里，其中高速公路 63.44 公里、一级公路 83.69 公里、二级公路 106.96 公里、三级公路 144.24 公里、四级公路 2301.03 公里；内河航道通航里程 190 公里，港口 5 个、泊位 30 个（其中 1000 吨级泊位 2 个、年货物吞吐量 50 万吨），渡口 35 个；客运站 11 个，其中二级客运站 2 个、三级客运站 1 个、五级客运站 8 个。

基础建设。全年完成交通建设投资 8.76 亿元。完成沿江一级公路路基、桥涵工程，完成路面工程 25 公里，累计完成投资 9 亿元；105 绕城公路建成通车；完成禅文化旅游循环路网老祖寺至五祖江河段 16.2 公里路基工程，启动路面工程，完成五祖寺至柳林望江段路线测设；完成城五线改造路基扩宽工程 3 公里；完成挪步园景区公路改造 2.5 公里，完成投资 460 万元；完成 105 国道大修工程 7 公里，完成投资 1800 万元；完成小池凯旋门至火车站一级公路工可及前期工作；完成环太湖段塘中心路、杨柳湖渔场公路等县乡公路建设，完成投资 1300 万元；完成连村公路 130 公里，完成投资 4000 万元。完成小池港 5000 吨级码头主体工程，引桥和仓储工程接近尾声，完成投资 2 亿元。

综合运输。全县有各类营运汽车 3375 辆，其中客车 409 辆、出租车 220 台、城市公汽 69 台，客船 22 艘。开启 2 路公汽进工业园，方便市民出行。清理整顿规范驾培市场，取得实效；加大城区客运市场管理力度，严厉打击违规经营行为，城区客运市场逐步规范。

行业管理。按照县委、县政府要求，为配合小池开放开发和沿江经济带发展，小池收费站于 5 月底停止收费。成立治超工作专班，查处超限超载违法行为 683 起、强制拆解黑车 5 辆、拆除擅自加高墙板货车 371 辆、卸载货物总重 9560 吨。农管局加强农村公路治超工作，严查超限超载行为，收到很好的效果，全市考核排名第二。加强国省干线公路管养工作，确保主干公路畅通，农管局创新农村公路管养机制，制订农村公路维修工作方案，逐步实行农村公路维修自修模式，更好地发挥农村公路使用效率。

【龙感湖区】 2014年，全区公路里程341.4公里，其中高速公路6.9公里、一级公路6.85公里、二级公路28.65公里、三级公路122公里、四级公路177公里；内河航道通航里程68公里，生产性码头泊位3个，渡口1个；客运站6个，其中三级客运站1个、四级客运站1个、五级客运站4个，货运站1个。

基础建设。全年完成普通公路建设投资2878万元。建设完成一级公路路基1.155公里、县乡等级公路4.4公里，新修通村公路34条32公里，建设城南路二级公路740米。完成工业园四级客运站主体工程，塞湖、芦柴湖五级站完工，新建候车亭6个，累计完成站场建设投资规模461万元。安保建设投资706.82万元，改造重点危险路段25.231公里，安装波形钢护栏320米、警示桩3138根，施画道路标准线9537平方米，建百米桩77根、标志(里程)牌48块。

综合运输。全年完成客运量190.6万人、旅客周转量3548万人公里。新建工业园区四级客运站，新开通黄冈高速客运班线，区外客运班线达到6条，日发100余班次。开通农村公交班线8条，新建芦柴湖五级站1个、候车亭6个。扶持发展现代物流业，基本形成久润物流园、粮食物流中心、油料中心、现代冷链物流园中心五大块现代综合物流园区，提升全区交通综合运输能力。

行业管理。依法严厉打击超限车辆、“黑车”营运和无证维修点，专项整治驾培行业乱收费等不正之风。新增教练车20多台，启动驾校质量信誉考核和刷卡计时培训工作。全年完成农村公路绿化里程268公里，绿化率95%；农村公路养护优良率90%、好路率95%。推行农村公路安保工程，落实村村通客车规划，理顺水上监管职责，行业管理职能逐步规范。规范执法程序和办事流程，开展交通运输行政权力及服务事项清理和行政审批事项申报工作，全系统清理行政审批许可11大类46项、行政处罚183项、行政监督检查203项。2014年2月28日，设立龙感湖港航所和地方海事局，逐步理顺水上安全管理职责；设立交通水陆工程质量监督站。

文明建设。开展“三联三促”和结对帮扶活动，做好与塞湖办事处高墩生产队结对帮扶工作。文明单位覆盖面100%，其中市级文明单位3个，龙感湖交通分局通过省级文明单位验收达标。全区打造8条文明样板路、创建市级生态文明示范路6条，开展客运文明示范线、文明示范窗口、文明进公交、文明进驾校等系列活动，组织开设道德讲堂交通分堂。

咸宁市交通运输

【概况】 2014年，全市公路里程15105.37公里、路网密度153.18公里/百平方公里，其中高速公路335.32公里、一级公路223.44公里、二级公路1073.07公里、三级公路457.36公里、四级公路11300.71公里、等外公路1715.47公里；内河航道通航里程411.6公里，港口45个，生产性码头泊位49个，渡口100个；客运站40个，其中一级客运站4个、二级客运站3个、四级客运站4个、五级客运站29个。

2014年12月，咸宁西高速公路路面施工中

基础建设。全年完成交通固定资产投资48.2亿元，比2013年增长0.5%。公路建设完成普通公路建设投资39.25亿元，其中一级公路路基54.72公里、路面76.92公里；二级公路路基192.547公里、路面135.962公里；县乡公路里程221.621公里；通村公路完成里程913.211公里，各项目标均超额完成任务。水运建设完成投资12652万元，其中赤壁节堤航电枢纽完成投资1919万元，赤壁陆水河望山货运码头完成投资2005万元，潘家湾通用码头项目前期完成投资1089万元，嘉鱼港石矶头港区临江山物流园区综合码头完成投资8510万元，老旧渡船改造完成投资129万元。站场建设完成交通固定资产投资2115万元，其中赤壁市城南三级客运站开始

招投标，通城县麦市三级客运站主站楼开工建设，嘉鱼县二级客运站改扩建启动，铜钟四级客运站主体工程完工，通山县大畈三级客运站完成征地工作，开展基础施工。完成35个港湾式候车亭建设。通城县综合物流园、崇阳县天城物流园一期工程已完工，赤壁市康华物流园一期正在建设中，咸宁泉都物流中心、鄂南物流园前期工作进展顺利。

综合运输。全年完成道路客运量6132万人、旅客周转量361.537亿人公里，完成货运量4310万吨、货物周转量866.254亿吨公里，分别比2013年增长8.7%、4.7%和18.5%、17.3%。完成水路客运量66.1万人次、旅客周转量751.7万人公里，货运量9.2万吨、货物周转量24.4万吨公里，港口吞吐量616.2万吨。全市邮政行业完成业务收入2.4亿元，完成业务量2.34亿元。“快递下乡”进程加速，全市拥有邮政服务网点88个，其中城区网点26个、农村网点62个，乡镇覆盖率为90%。快递企业继续保持高速增长、服务能力不断提升。争取咸宁市政府出台《市人民政府办公室关于支持现代物流业发展的实施意见》，下发《关于成立咸宁市现代物流业发展工作领导小组的通知》，全市物流业发展政策体系、组织体系框架基本形成，与深圳综合开发研究院物流与供应链管理研究所共同开展咸宁市物流业中长期规划编制工作。

行业管理。全年完成养护综合投资3.836亿元，实施公路大修105.36公里，超计划26.5公里，中修36.5公里，超计划21.5公里；实施危桥改造47座，安保工程125.765公里，是“十二五”以来养护投资力度、建设力度最大的一年。完成2个过境路段综合整治工作任务。拆除公路建筑控制区内违法修建的构筑物7处，制止新违章建筑61处，封闭擅自设置平交道口3处，规范道口3处，清理公路绿化带及留用地内乱堆乱放2958处，拆除非公路标牌607块，取缔不规范加水洗车点38处。通过强化措施、集中整治，公路路容路貌、道路通行环境及城镇总体形象得到明显改观。开展第九次“公路治超治限治抛百日大会战”、“鄂东南区域联动治超”等专项行动，全市投入路政执法人员2.47万人次，检查车辆144860台次，其中超限车辆4302台、卸载3068台、卸载吨位23833吨，车辆超限超载率控制在4%以内，中心城区抛洒现象得到有效控制。

科技与信息化。优化运力结构：“十二五”以来，全市更新客车235辆。发展绿色公交：“十二五”以来，全市新开公交线路15条，新增公交车260辆，其中新增新能源公交车230辆(中心城区127辆，县市区103辆)，智能化公交在中心城区、赤壁、嘉鱼得到推广运用，咸宁成为全国地级市中少数几个实现公交车辆清洁能源化、空调化的城市之一。公路节能减排：大力推行沥青路面再生和水泥混凝土路面再生技术，组织报送《旧沥青混合料热再生技术研究》项目基本信息、项目简介等资料。在107国道选择了2公里大纵坡路段使用抗车辙剂，白界线选择了3公里大修路段采取水泥混凝土板压浆技术，提高了公路的抗压抗灾能力和低碳环保水平。

节能减排。严格执行道路运输车辆燃料消耗量限值准入制度，加强宣传，引导运输业户购置油气两用汽车、电动汽车等绿色环保运力，降低燃油消耗，合理调整运输方式，自觉将节能减排贯彻到日常经营活动中。严格实行机动车二级维护制度，使运输车辆保持良好性能。充分发挥GPS信息平台作用，努力提高运输组织化水平和运输效率，从源头上加强对客货运输车辆燃料消耗量统计分析，促进运输行业节能环保。加强船舶检验监督管理，对所有新建船舶建设工程中未同步落实节能减排措施的，不予检验；未配齐防污设施的，不予检验；使用国家明令淘汰设备的营运船舶未达到国家节能减排强制标准的，不予发证。以探索建立陆水湖“零排放示范区”为契机，以赤壁市千岛湖船艇旅游有限公司为主要试点单位，大力推广节能减排新技术新设备，加快推进节能减排工作，积极争取将陆水湖列入全省节能减排零排放示范区建设规划。

安全管理。全年发放安全资料3000多份。6月6日在慈口乡中学举办“水上安全知识进校园”活动，培训学生200余人，有效提高涉船涉渡地区中小学生水上安全知识和防范技能。严格执行客运站安检门检制度，落实安全专员；加强“两客一危”车辆监管，全市“两客一危”车辆全部接入湖北省重点营运车辆公共服务平台，卫星定位系统在线率100%；深入开展危险品货物运输企业清理整顿工作，对全市8家危货企业、229台危货车辆逐一清理检查，对违法经营行

2014年11月13日，在建中的武汉城环高速咸宁西段西凉湖大桥

为进行严肃整顿；加强企业GPS安全监管，全市三类以上客运企业和危货运输实现GPS入网管理。推进渡口渡船安全监管网格化管理，落实45名监管责任人对全市99个渡口、308艘渡船全面包保；全年更新老旧渡船25艘，拆解老旧渡船25艘；完成水上搜救应急管理系统二期项目建设，在全市建立3个水上安全搜救指挥中心，在重点渡口、主要旅游码头安装固定监控点，300余艘客渡船、旅游客船安装GPS监控设备。运输行业安全生产标准化工作，全市已申报达标考评企业75家(含申报二级14家)，完成考评企业26家(含申报二级13家)，其中道路运输企业23家、港口水运企业3家。

廉政建设。注重交通特色，以打造“廉政阳光交通”为主线，重点开展“五个专项整治”、“两个坚决纠正”和“三个有效治理”工作。落实民主集中制，制订《咸宁市交通运输局“三重一大”事项集体决策实施办法》、《市纪委派驻市交通运输局纪检组关于加强对局直单位“三重一大”事项有效监督的实施办法》。完成对市公路局横沟超限检测站巡查，发现4个方面问题并下达整改意见书。实施重点工程派驻纪检监察员制，全年向市管的6个重点建设工程派驻纪检监察员，对重点工程建设全过程各环节进行监督。加强内部审计，组织完成审计项目7项，专项资金审计调查项目1个，审计资金总额达到22.5亿元，提出合理化建议31条，下达审计整改通知7份。 (梁冕)

【咸安区】 2014年，全区公路通车里程2432公里(不含高速公路及联络线)，其中一级公路65.5公里、二级公路191.2公里、三级路26.8公里、四级公路1533.8公里、等外公路614.7公里；客运站7个，其中一级客运站1个、二级客运站2个、五级客运站4个；候车棚108个，招呼站115个。

基础建设。全年完成交通基础设施建设投资4.67亿元，占年计划131.5%。新建一级公路32公里，完成县乡等级公路改造58.6公里，启动县乡等级公路改造61.5公里，完成通村公路建设104公里，完成渡改桥和危桥改造12座，完成安保标准化示范公路建设24公里，完成国省道大修22.7公里。完成鄂南物流园建设前期工作，进入招商引资阶段；启动全区乡镇农村物流综合服务站建设；新建9个港湾式候车棚。

公路养护。全年投入列养公路养护资金350余万元，完成路面灌缝8500余米，完成基层、油路面层挖补1.4万余平方米，修补坑槽1.7万平方米，修整路肩38万平方米，增补示警桩、百米桩360根，增设钢护栏220米，补植路树1300余株。农村公路坚持养护常态化，着重突出养护及时性，对全区353公里农村公路主干线实施专业养护，对630公里非列养农村公路按“以奖代补”方式分解到各乡镇，对一些路线比较偏僻的乡村公路，选择与公路沿线积极性较高的群众签订养路协议方式进行养护。全年投入农村公路养护资金490多万元，完成中修36.2公里，路面挖补9.3万平方米，整治路肩边坡296公里，清理塌方136处1.3立方米，疏通涵洞120道。

2014年7月，咸安区沿横线公路大修

综合运输。全区拥有营运客车355辆，营运货车2846辆，其他机动车辆333辆。客运线路122条(区内78条、长途44条)。全年完成客运量1017.5万人、旅客周转量5.22亿人公里，货运量272.9万吨、货物周转量2.23亿吨公里。全区机动车维修业户91家，其中一类维修9家、二类维修22家、三类维修60家。物流公司发展到73家。

行业管理。加强道路旅客运输源头管理，派运管人员进驻客运站点现场督导，并对交通咽喉地段进行常态化监管，重拳“打黑治黑”，基本上杜绝客车站外揽客、围城打转、乱停乱靠和“非法营运”等现象；加强“两客一危”车辆监管，全区“两客一危”车辆全部接入湖北省重点营运车辆公共服务平台，卫星定位系统在线率100%；加强危险品货物运输企业的清理整顿工作，对全区危货企业、危货车辆逐一清理检查，对违法经营行为进行严肃整顿；加强企业GPS安全监管，全区三类以上客运企业和危货运输均实现GPS入网管理。在机动车维修和驾培市场管理上，重点督促从业企业规范经营行为，提高服务质量，全区二级机动车维护一次上线合格率达96%以上，驾校学员一次性合格率达85%以上。在公路建设质量管理上，充分发挥区交通基本建设质量监督站职能作用，对全区交通基本建设工程，特别是通村公路建设工程进行全过程质量监督管理，全区交通项目分部、分项工程合格率100%，优良率达85%以上。在公路“治超”和路政管理上，组织公路、运管、交警等部门联合开展2个“百日治超”专项行动，增设双溪固定治超点，实行治超站每日24小时治超常态化。通过这些措施，强势推进全区治超工作，严重超限超载运输势头得到遏制，全区干支线车辆超限率控制在5%左右，运输砂石料平车帆布覆盖率达90%。

安全生产监管。坚持责任状签订落实到位、安全例会定期召开、安全检查定期进行、各项安全制度严格执行。全面落实“一岗双责”，常态化深入生产第一线查隐患、查整改、查落实。全区道路专业运输企业、公路施工企业和水上交通运输安全态势良好，实现交通安全生产“零事故”。

行政审批与政务服务。按照行政集中审批制度和“廉政阳光审批”要求，将交通行政审批事项统一进驻区政府行政服务中心，实行“一个窗口办事，一个口子收费，一门式服务”，为广大人民群众、从业人员、经营业户提供一流的交通行政审批公共服务；同时将区交通运输部门所有行政审批事项、项目，办事指南、报批流程图、申请表格等进行全面梳理，整理成册，向社会公示，实行“廉政阳光审批”。

廉政建设。完善教育防范、权力制衡、监督制约等机制，在全系统层层签订党风廉政建设责任书。完善工程建设、招标投标、物资采购、质量管理、行政和效能监察监管制度，注重交通特色，以打造“廉政阳光交通”为主线，重点开展“五个专项整治”“两个坚决纠正”和“三个有效治理”工作。在建设资金监管上切实做到严格财经纪律、严格预算管理、严格成本控制、严格审计监督，工程款拨付实行项目负责人、局工程股、分管局长、局长四级审批制度，有效地防止腐败现象的滋生，没有任何违法违规违纪行为发生。 （吴建旺）

【嘉鱼县】 2014年，全县公路里程2304.59公里，其中一级公路60.99公里、二级公路92.37公里、三级公路106.26公里、四级公路1400.09公里、等外公路644.88公里；省道95.29公里（武赤线、红牌线、咸合线）、县道131.86公里、乡道886.38公里、村道1191.07公里。境内航道通航里程109.3公里，码头31个、泊位61个、渡口23个；客运站8个，其中二级客运站1个、三级客运站2个、五级客运站5个。

基础建设。全年完成重点交通项目投资19亿元，其中武汉城市圈外环高速咸宁西段项目累计完成货币工程量9.5亿元，路基已形成，桥梁下部结构全部完工，在进行上部结构施工；武深高速嘉鱼至通城段项目累计完成货币工程量11亿元，全线路基及桥梁基础已基本完成，在铺筑水稳层；完成普通公路建设投资1.66亿元，其中咸潘一级公路嘉鱼段完成投资1.44亿元，在进行路面施工，沿江公路三环线至临江山段改建工程完成投资800万元，在进行路基施工。

综合运输。全年完成客运量596.43万人次、旅客周转量47711.8万人公里，货运量2.90亿吨、货物周转量87.03万吨公里。水上规费收入207万元。

行业管理。大力推进精细化养护管理工作，公路养护水平明显提高。开展专项治超行动，重点对武嘉一级公路、京珠连接线丁家曾大桥超重超载行为进行整治。规范运输市场秩序，先后开展道路客运隐患专项行动、运输违法经营行为专项整治、交通安全专项整治等工作，城乡道路运输环境得到优化。嘉鱼县鸿昌公司新购公交车辆20台、新开辟城市公交线路3条；通过召开听证会，对出租车起步价进行了调整。

安全管理。深入开展创建“平安大道”、隐患排查治理等一系列活动，切实加强安全监管力度，全年未发生一起重特大责任事故，事故指标严格控制在下达的指标内，安全态势平稳。

廉政建设。结合第十五个党风廉政建设宣传教育月、党的群众路线教育实践活动和观看警示教育片等方式，教育引导广大交通党员干部从思想上筑牢拒腐防变的思想道德防线。推进廉洁工程建设，坚持做到“三个全覆盖”，即在工程领域上做到全覆盖，在工程范围上做到全覆盖，在责任主体上做到全覆盖。

【赤壁市】 2014年，全市公路里程2499.83公里、路网密度145.09公里/百平方公里，其中高速公路55.78公里、一级公路49.17公里、二级公路165.92公里、三级公路70.52公里、四级公路2151.70公里、等外公路6.74公里；内河航道通航里程170公里，港口1个，生产性码头泊位13个，渡口12个；客运站12个，其中一级客运站1个、三级客运站1个、四级客运站5个、五级客运站5个，货运站7个。

基础建设。全年完成交通固定资产投资9.93亿元，比2013年增长15.4%。完成郭沈线、车赤线、崇赵线、周腊线、蒲八线、小黄线、武赤线等国省干线、县乡公路改造与大中修69公里；沿江公路6公里、西杨线7公里路基工程已完工，路面工程在施工中；新建农村公路54公里，完成13座农村公路危桥改造，完成6座渡改桥。服务城镇建设和开发，完成建设大道、中伙产业园公路等建设，完成货币工程量2300万元；随羊线改建、芳世湾大桥、陆水二桥等项目在施工中。概算投资3.94亿元的陆水河航电枢纽工程一期已并网发电，船闸主体工程基本完工；概算投资4720万元的陆水河14.5公里航道疏浚工程已完工；完成渡口4艘船舶改造；总投资4800万元的望山兴达货运码头在施工中。总投资3亿元的大润发华中物流配送中心、投资1200万元的汽运驾校、投资2200万元新迁建的北山采石场均建成运营。总投资1亿元的康华物流园主体工程完工，总投资1700万元的市城南客运站和投资500万元的联运停车场在实施中。大润发物流项目从招商引进、项目筹建、事务协调到项目建成后人员招聘等，均由交通部门工作专班跟踪服务，树立了良好的交通形象。

综合运输。全年完成货运周转量13.82亿吨公里、旅客周转量13.62亿人公里，同比增长26%。更新客车16台，更新出租车40台，总投资1000万元，全市新增营运货车623台，运力结构进一步优化，运输能力明显提高。

行业管理。完成列养公路路面坑槽修复1.23万平方米，清理堆积物7560平方米，清挖水沟3600米，清铲路肩1.25万平方米，修复路肩墙3200米，灌缝126公里，公路绿化补植行道树8600余株。设置安全警示桩650根。与全市16个乡镇(办、场)签订农村公路养护协议，养护总里程1450公里。广泛开展“三查一打击”专项整治活动，全年查处出租车与各类违规行为80余起，受理投诉40余起，查处投诉率100%。路政执法人员联合交警、城管等部门开展专项整治行动，检测超限运输车辆1000余台次、卸货4000余吨，控制违章建筑6处，拆除非公路标志牌33块，办理各种路政管理案件500多件，查处率100%，超限率控制在5%以内，路产损失赔偿率90%以上。出动水上检查人员400余人次，提出整改意见30余条，整改落实率100%。

安全管理。在全系统广泛建立“双线三级”安全生产责任制，层层签订《安全生产工作目标责任书》，不断完善事故预防措施，健全安全生产管理体系。对桥涵、路基、排水设施、防护工程等重点部位及急弯陡坡、视距不良路段和事故多发路段进行认真排查，强化安全防护措施，对列养公路平交路口210余根示警桩进行补栽和刷新，修复损坏波形防撞栏300余米，完成路面坑槽修复2500平方米；对全市公路18处盖板涵进行更换，修复水毁地质灾害路段4处；对急弯、陡坡、临水、临崖路段警示标志进行完善，维护加固桥梁5座，增设标志32处，维修桥栏杆26处，砍伐十字路口影响行车视线树木6处。牢牢抓住乡镇渡口、陆水湖旅游船舶和长江货运码头安全重点，落实安全监管制度，健全网格化责任体系，实施责任目标考核与安全监管经费补助挂钩。6月份“安全生产月”期间，在全系统开展安全生产大检查、大整治行动，检查单位、场所40个，客运车辆174辆，货车97台，危化品运输车9台，维修企业16家，驾校4所，旅游船舶65艘，渡船10艘，采砂船17艘，国省干道110公里，县乡道140公里、桥梁48座、建设工地6处，排查出安全隐患52处，现场整改30处，下达隐患整改通知书22份，已全部整改到位。客运企业严格贯彻“三不进站，六不出站”制度，从源头上遏制带病车、超员车和无证驾驶行为。充分利用GPS监控平台，加强营运车辆和旅游船舶动态管理，全市跨县、市以上线路客运车辆、出租车GPS装备率均达100%，乡镇客运车辆装备率达80%以上。陆水湖旅游船舶全部安装安全监控视频系统，消除管理盲区。

教育实践活动。以党的群众路线教育实践活动为主题，着力转变政风行风作风，整改“四风”问题。深入查摆问题，认真开展对照检查，抓好整改落实，查摆“四风”问题175条，已整改落实80%以上。（方楚良）

【通城县】 2014年，全县公路里程2181.60公里、路网密度192.7公里/百平方公里，其中高速公路41.72公里、二级公路116.86公里、三级公路26.49公里、四级公路1813.29公里、等外公路183.24公里；库区渡口8个；客运站8个，其中一级客运站1个、四级客运站1个、五级客运站6个，综合物流园1个，农村物流综合服务站1个。

基础建设。全年完成交通建设固定资产投资8.8亿元(含高速公路)，比2013年下降12%。通界高速公路建成通车，通嘉高速公路通城段项目完成路基施工，完成桥涵工程量的65%；幕阜山生态旅游公路通城段完成路基土石方110万立方米，构造物施工45处，完成标准化路面建设4公里；通四公路刷黑改造工程全线完工，樊店至牌合公路建设完工，完成鲤港至塘湖公路改造工程；完成金塘大桥建设和谌家桥隐患整治，建设农村公路100公里。完善客运中心修配车间、安检线等设施建设，启动麦市三级客运站建设。

综合运输。全年完成道路旅客周转量1.03亿人公里(不含城市公交)、货物周转量9547万吨公里、水上旅客周转量20.89万人公里，分别比2013年增长3%、3.5%、6%。着力调整优化运输经营结构，积极化解客运经营矛盾，实现乡镇联网售票，优先发展城市公共交通。更新客货运车辆134台，改造三无船舶3艘，新增维修企业2家、驾校1所、货运企业5家。通城县综合物流园竣工运营，引进玉立运输公司、杭瑞陶瓷、平安电工、瀛通电子等规模企业加盟物流合作，实现全省物流信息平台资源共享，设立北港线农产品物流服务网点，积极服务富源商贸物流中心等站场建设。

行业管理。全面进行列养公路、桥涵病害排查与日常养护，顺利通过公路国检验收，公路平均好路率达到85.2%，其中国省道干线公路好路率达到92.7%。农村公路养护管理体制不断健全，县农村公路管理所得到批准设立。加大路政执法力度，强化公路环境整治，超限控制率达到4%，路产路权得到有效维护。

安全管理。认真落实安全生产“党政同责、一岗双责、齐抓共管”工作机制，深入开展“平安交通创建”、“安全生产月”、“三打三治”打非治违等主题活动，推进企业安全生产标准化建设。恒通公司和玉立危货运输企业顺利验收达标。恒通公司营运客车3G—GPS实时监控系统设备先进，走在全市前列，多次受到市局肯定。县交通运输领域安全综合治理各项指标得到严格有效控制，无火灾、火警、交通安全责任事故和综治案件发生。

投融资。继续抢抓集中连片特困地区交通扶贫攻坚机遇，争取白垌至天岳关公路改建及国、省、县、乡道升级、危桥改造、农村公路建设等项目资金2.03亿元(不含高速)，到位资金首次突破亿元大关(1.3亿)。加大对106国道城区段改扩建工程、公交客运中心二期工程等项目招商引资力度，

106国道城区段改扩建工程已达成招商引资框架协议。加大工业项目招商引资力度，2013年引进的金虎科技电磁开水器项目2014年新增投资3000万元；引进湖北九朵股份有限公司护理用品项目，完成投资2320万元。努力挖掘自身潜力，拓宽筹资渠道，通过收储白沙宗地、盘活闲置资产等途径，破解交通建设筹融资难题，计划筹集资金5000万元以上。

廉政建设。以打造“廉政阳光交通”为主线，切实保障交通运输工作健康发展。严格执行“三重一大”议事决策、领导干部个人事项报告等权力制约监督机制，开展廉政约谈提醒，进一步推进廉政风险防控管理。深入推进党务、政务公开，累计公开信息57余条。抓审计监督，对所属各单位全面进行年度内审，存在问题基本整改完善。进行明察暗访专项治理，处理违纪案件3起，无违法犯罪案件发生。

（杜耀武）

【崇阳县】 2014年，全县公路里程2924.70公里、路网密度148.61公里/百平方公里，其中高速公路66.2公里、一级公路14.79公里、二级公路237.35公里、三级公路101.65公里、四级公路2364.95公里、等外公路139.76公里；内河航道通航里程138.9公里，港口3个，生产性码头泊位2个，渡口23个；客运站7个，其中二级客运站1个、四级客运站5个、五级客运站1个。

基础建设。全年完成交通固定资产投资13.4亿元，占年度计划的113%，比2013年增长49%。重点实施“一园十三路”和“四大自身开发工程”等18大交通建设项目。武深高速公路有序推进，主线协调工作创全市最佳，路基、桥涵等主体工程进展顺利。咸崇旅游公路、影视城公路两大续建工程和白石港至铜钟、团山至金沙、港口至佛岭3条县乡公路改造工程全面竣工通车；幕阜山生态旅游公路、铜钟至小山界公路、丰日大道、团头咀至新崇青线接线公路等一批新续建工程快速推进；106国道杨洪至花山段和横路线崇阳县路口镇区段两大改建工程前期工作全面完成；南三县最大的物流枢纽中心天成物流园一期工程全面竣工并投入运营，二期工程征地基本结束；崇阳最大的商贸中心崇阳大世界开业迎宾；其他两大自身开发工程（装卸大厦、驾校新校区）齐头并进。

综合运输。全年完成道路客运量773.85万人次、旅客周转量2.09亿人公里，货运量2156.3万吨、货物周转量9.63亿吨公里，分别比2013年增长4.43%、23.91% 和 42.61%、43.76%；完成水路客运量131.1万人次、旅客周转量2490万人公里，货运量101.6万吨、货物周转量1265万吨公里，分别比2013年增长41%、38.3%和0.02%、0.04%。全县公路货运物流品牌企业增加到35家，发展农村物流示范点4个，物流管理和服务能力逐步增强。8月底，投资20余万元对城区公交刷卡系统进行升级改造，实现城区公交“一卡通”全覆盖；让利200余万元将政策规定老年人65岁免费乘坐公交的年龄放宽至60岁，彻底解决城区60岁以上老年人和残疾人乘坐公交的免费保障问题；开通4路公交线路筹备工作稳步进行。

行业管理。着力优化公路通行环境，投入养护资金3000万元，完成省道横路线、白界线高堤至塘口段等路面大修20.7公里；完成港口桥等23座中小危桥维修加固；完成咸崇旅游公路金沙段、白界线金塘至大源段等省道安保工程12公里，在肖岭乡金不村、路口镇柳林村、雨山村等村安装波形钢护栏120公里。加大路面治理和源头治理力度，路政、运政、公安等部门联合治超，检查车辆5725台次，查处违法违规车辆471台，查处超限超载车辆83台、卸货2584吨，治超控制率达到4%。继续加大客运市场规范整顿力度，严厉打击各种非法营运和超范围经营等违规行为，加强出租车管理，杜绝漫天要价、服务质量差、甩客、宰客行为，集中力量重点打击无证经营、违规载客的黑“面的”，查处道路运输违法违规经营车辆751台次，查处非法载客“黑车”483台。

安全管理。以深入开展“安全生产月”和“平安创建”等活动为主线，强化安全措施，着力夯实安全根基，圆满完成春节、国庆节等重大节假日和重点时期安全运输保障工作，全县未发生重特大交通运输安全生产责任事故，道路运输未发生亡人事故，水路运输未发生水上交通事故，公路水运工程施工未发生重大伤亡事故，全县交通运输安全生产形势持续稳定。

文明创建。组织开展“假如我是服务对象”演讲比赛、交通系统先进典型代表宣讲会、职工羽毛球和乒乓球比赛、老职工书画展、弘扬雷锋精神等一系列活动，营造团结干事的氛围，在社会上和行业内产生良好反响，全系统14家单位荣获省级、市级或县级文明单位称号。全年在《湖北日报》《楚天都市报》《咸宁日报》和学习月刊等报刊杂志上发表宣传报道404篇，崇阳交通党建、农村物流工作经验分别在咸宁电视台、湖北卫视进行专题报道。

【通山县】 2014年，全县公路通车里程2479.35公里、路网密度93.83公里/百平方公里，其中高速公路97公里、一级公路2.32公里、二级公路220.45公里、三级公路103.45公里、四级公路1889.04公里、等外公路167.09公里；航道通航里程89公里、渡口30个；客运站9个，其中一级客运站1个、三级客运站1个、五级客运站7个。

基础建设。全年完成交通基础设施投资53101万元，其中厦闯线已完工，完成货币工程量1500万元；闯九线已完工，完成货币工程量250万元；砂铜线已完工，完成货币工程量9500万元；甘燕线已完工，完成货币工程量779万元；核电延伸线完成货币工程量1932万元；板富线完成货币工程量6750万元；厦界线完成货币工程量4800万元；大慈线完成货币工程量6700万元；阳慈线完成货币工程量2900万元；通厦线完成货币工程量5250万元；白大线完成货币工程量

3500万元；厦铺至隘岭完成货币工程量4990万元；农村公路完成170公里，计货币工程量4250万元。

公路养护。完成106国道、核电路油路补凼4500平方米，填补坑槽8万平方米，整修路肩27万平方米，清理边沟2750公里；完成106国道通山至横石段沥青路面灌缝24公里；修复刘高线边沟200公里；补植绿化樟树1200棵；整修路基坍塌方43处7.33万立方米，清理水毁路面36.81万平方米，疏通涵洞255道，修复挡土墙、驳岸22处1.94万立方米。

行业管理。全年更新客车21辆557座，新增货车91辆635吨。全县完成道路客运量568万人次、旅客周转量3.08亿人公里，与2013年相比上升26%；完成货运量328万吨、货物周转量2.78亿吨公里，与2013年相比上升26%。开展打击非法道路运输经营专项行动，上路检查车辆665辆次，查处非法车辆165辆次，受理投诉案件27起，回复率100%。开展客运市场整治行动，对异地经营、拼客、不打表等行为进行严厉查处。路政执法出动巡查人员1050人次、车辆550台次，纠正各类路政违章410起，处理公路路产损赔案件9件，立案查处9起，结案9起，案件查处与结案率为100%，无行政败诉案件；上报路政许可案件2起，受理2起。

安全管理。积极开展“水上平安交通，安全伴我成长”为主题的水上安全知识进校园活动。对海事员和乡镇安全管理员进行专业检查培训，重点培训“如何检查”“检查什么”“如何发现问题”“发现问题怎么处理”等内容，对安全检查的实用性、可操作性进行再完善。结合安全生产月活动，分乡镇对全县180名船员进行安全法律法规和实际操作培训，增加安全意识，提高驾驶技能，预防水上安全事故。全年2次承办咸宁市内河小型船舶船员适任和特训培训班，全县250人参加培训，进一步充实了通山县船员队伍。对通山县18处渡口制度牌进行修复。建立由涉水乡镇、海事、公安和35艘客渡船组成的应急救援队伍，并将搜救队伍人员名单及联系方式制成牌匾固定在渡口和每艘客渡船船舱内，方便遇险船舶和乘客及时求救。

物流发展。2014年10月9日，正式开通通山物流网。走访全县12个乡镇及林业、特产、畜牧、工商、农业、统计等相关职能部门，对物流企业基本信息和农副特产品种类、数量进行全面细致的调查，做好详细记录，确保调查数据全面、真实、准确。调查物流企业15家，完成企业相关信息登记工作，初步掌握了农、副、特产品产量及销售的基本情况。

（孟丹）

通山县连续17年未发生水上交通安全责任事故，安检模式获全省推广

随州市交通运输

【概况】　2014年，全市公路通车里程8564.8公里、路网密度88.9公里/百平方公里，其中高速公路320.3公里、一级公路72.4公里、二级公路781公里、三级公路307公里、四级公路7084.1公里；客运站31个，其中一级客运站1个、二级客运站3个、五级客运站27个。

基础建设。全年完成交通固定资产投资22.57亿元，占年度目标14.2亿元的159%。编钟大道延伸线浪河至何店前期工作全部完成；炎帝大道24.5公里在寻根节前顺利完成全线刷黑改造。东外环一级公路(新316国道)路基土石方及桥涵下构全部完成，控制性工程漂水河大桥、厥水河大桥均已完成桥面铺装工作，路面基层完成20公里，累计完成投资4.7亿元。完成346国道广水市殷家畈至十里一级公路路基路面14.37公里，完成二级公路路基74.4公里、路面70公里，完成县乡等级公路36.7公里；完成通村公路379公里和农村公路安保工程200公里；完成大洪山旅游公路路基30公里、路面12公里。淅河大桥拆除重建项目右幅新桥于10月8日建成通车，左幅旧桥已经拆除，进入桩基施工程序。全市计划完成公路大修工程64.3公里(周新线13公里、小应线34公里、牛程线10.5公里、312国道0.8公里、平洑线6公里)，实际完成路面大修171.31公里，占计划的170.7%。完成省公路局下达燃油税计划项目36.01公里；提前完成2015年车购税项目71公里(随南线双河至枣阳界10公里、桂花园至洪山15公里、小应线殷店至安岭界19公里、黄畈至全力公司20公里、牛程线缑河至新城段4公里大修、宋长线3公里)。完成公路中修20.4公里，占计划100%，其中316国道马家铺至淅河大桥4.4公里、316国道张家畈至明珠路口5公里、平洑线5公里、宋长线6公里。随县客运站主体工程完工，站前广场完成硬化，随州城南新区综合示范物流园区已完成项目前期工作。

公路养护。完成油路坑槽修补2.41万平方米；完成水泥路清灌缝185公里；完成水泥路挖补7180平方米(含断板断角处治)，完成沥青路面缝养46万余延米；同时，随州市公路管理局通过养护专项引导资金，下达新建排水设施1500延米、桥头跳车处理3000平方米，实际完成新建排水设施4382延米、桥头跳车处理7318平方米。整修路肩270公里，清理边沟394公里，完成标准路基54公里，新增设标志牌93套，维修安保设施波形钢护栏6处328米，维修标志牌32套，更换示警桩160根、百米桩1154个，完成公路路树新补植217公里6817株。

2014年3月26日，随州炎帝风景区主干线炎帝大道刷黑施工中

行业管理。开通跨省际长途客运班线38条、跨市际长途班线55条，农村客运班线544条；城区公交营运线路16条，公交车338台；出租车547台。全市共有客车1509辆，其中中高级客车705辆。货运车辆13852辆，14.87万吨。全年完成道路客运量3396万人次、旅客周转量17.81亿人公里，货运量6093万吨、货物周转量122.65亿吨公里，与2013年相比增长6.07%、17.87%和16.28%、15.48%。通过开展宣传教育、主题创建和百日专项整治等活动，城区客运市场秩序进一步规范。全年查处各类违规经营行为165起，查处非法营运车辆141辆次。群众投诉明显减少，从业人员文明诚信经营明显提升，帮助乘客找回失物97次，价值27万余元。更新出租汽车87台，改造港湾式公交站台达到91处，投放气电混合新能源公交车50台，延伸10路公交线至烈山中学，调整6路和13路公交部分站点，市民出行更加便捷舒适。新增随州—孝感北站、应山—孝感北站、广水—浙江义乌、随州—红安4条客运班线，更新中高级客车62台；新增货运业户1718家。随县公交正式开通运营，实现零的突破；随县173台客运班车全部安装GPS监控系统，实现全程、及时、有效监控；城区110台客运班车安装无线网络终端，旅客乘车可免费享用

2014 年 10 月 8 日，316 国道随州淅河大桥右幅新桥建成通车

WIFI。整合路政运政，实行信息共享，开展联动执法，对一年内违规超限运输 3 次以上的驾驶员，由运管部门责令停止从事营业性运输。全年办理行政许可业务 4158 件，未出现一次差错和延时办理现象，没有一起滥用职权违规处罚的行为。

安全生产。大力开展交通运输行业安全大检查，着力推进“平安交通”创建，全年未发生一起安全责任事故，水上交通继续保持“零事故”。全市 23 家“两客一危”道路运输企业完成安全生产标准化创建任务，591 台“两客一危”车辆实现联网联控，入网率达到 88.87%；28 台常压罐式危险化学品车辆安装紧急切断装置，安装率达到 87.5%。随县 173 台客运班车全部安装 GPS 监控系统，实现全程、及时、有效监控。强化超限治理举措，拍摄并广泛播放宣传片《道路之痛》，激发政府及相关部门重拳治超的决心，努力构筑政府主导、部门联合、源头控制、综合治理的治超工作机制。联合交警部门，落实民警和公安执法车辆常驻路政大队，实施联合执法；全市路政执法部门检测车辆 105708 台次，查处超限运输车辆 7356 台次、卸载转运货物 13834.1 吨，车辆超限率控制在 4% 以内。质量安全保持平稳态势，全市各类交通建设项目未发生一起质量事故，工程质量监督覆盖率和质量鉴定合格率 100%。

文明创建。坚持竞赛活动、创建活动、行业管理有机结合，着力打造有影响力的交通品牌，营造比学赶超、创先争优的浓厚氛围。“公路孝女”王何林十年如一日践行传统孝道，先后登上“湖北好人”“中国好人”榜，荣获随州“十佳女杰”“家庭美德”标兵、“孝老爱亲楷模”等称号，入选全省“我们的价值观、我们的中国梦”百姓宣讲团到全省进行巡回演讲；出租汽车驾驶员马祖斌，以坚持文明服务、诚信经营，登上“湖北好人”“中国好人”榜；公交女驾驶员刘春燕，以累计行驶 45 万公里，零安全事故、零违章、零甩客、零拒载的“四零”记录，被评为全省交通运输系统“青年服务先锋”、全省运管系统“十佳优质服务标兵”和“感动随州人物暨随州市第三届道德模范”。（关文）

【曾都区】 2014 年，全区公路里程 1974.71 公里、路网密度 150.1 公里 / 百平方公里，其中高速公路 58.4 公里、一级公路 13.92 公里、二级公路 142.84 公里、三级公路 95.19 公里、四级公路 1664.36 公里；客运站 5 个，其中一级客运站 1 个、二级客运站 2 个、五级客运站 2 个。

基础建设。2014 年，全年完成交通建设投资 7384 万元。四方堰府河大桥全长 472 米，2013 年 11 月开工，完成桩基础 96 根、系梁 44 片、立柱 88 根、盖梁 44 片、桥台 4 个、梁板安装 322 片、桥面铺装 1040 平方米，桥头接线完成 1.748 公里，完成总工程量的 85%。淅孛公路 K2+220 ~ K9+500 段全长 6.7 公里，路基工程全部完成，水泥稳定碎石基层完成 80%，水泥路面完成 70%，其中大堰坡中桥已建成通车。新四军红色旅游公路全长 4.4 公里，5 月开工，9 月底建成通车；长白公路全长 5.416 公里，于 10 月 30 日完成。孔家畈桥于 2013 年 12 月开工，已建成。杨树河桥、磙子河桥、紫石铺桥、谢店桥 4 座农村公路桥梁全部建成，肖家湾桥在施工中。麻竹高速长岗—洪山连接线路基工程在施工中。东外环公路全长 14.47 公里路基工程全面完成。建成通村公路 80 公里。

公路养护。完成 212 省道万店段大修 10 公里、316 国道明珠路口至马家铺桥中修 9.4 公里；完成炎帝大道 16.5 公里路面刷黑及相关配套工程、316 国道油路灌缝 10 公里、212 省道塔儿湾段降坡 400 米、316 国道马家铺桥加固工程。完成公路绿化 65 公里，其中 212 省道 28 公里、306 省道 5 公里、随安线 16 公里、前谢线 16 公里。完成厥水二桥桥面刷黑、府河大桥坑槽挖补及涢水二桥等 5 座桥 1123.18 延米的桥栏杆刷白工作；对管养桥梁进行经常性检查，参与省级定期检查 2 次。安保设施维修及维护 6 处 328 米，完成小应线 1500 米波形钢护栏安装，维修标志 6 套，更换示警桩、公里碑、百米桩等 86 根(块)，新增指向标志 14 套、桥梁公示牌 12 套，316 国道明珠路口至随县界段 10 公里标线工作全部完成。继续按每公里 1000 元标准纳入财政预算，确保通村公路养护资金。严格检查考核考评办法，按实际工作开展情况兑现配套资金，并组织专班对曾都区通村公路进行检查评比。

行业管理。依法行政，有效维护路产路权。重点抓好违法建筑控制、路政许可审批、非公路标志清理、各类路政案件处理以及公路环境治理。

制止违法建筑5处，清理非公路标志牌15块，清除路障43处，清理路面堆积物1000余立方米；查处各种路损案件11起，处理11起，结案率100%，执法文书使用率100%，案卷合格率100%。行政许可项目与路政支队对接，实行网上办理，办接分离，全年无行政诉讼败诉案件，错案追究率100%。文明执法，不断加强超限治理力度，加大对逃避超限站检测、绕路行驶超限车辆的治理。九星改制工作稳步推进，委托4家评估机构和审计部门对公司资产及财务状况予以评估，审计完成相关报告，经国资委审批同意将划拨土地改为出让，各项清理核查工作初步完成。

安全管理。做好春运农村客运班车安全管理，落实承运人保险事项，确保安全无事故；定期召开安全生产工作会议，安排部署交通运输安全生产工作，大力开展交通运输行业安全大检查，着力推进“平安交通”创建，水上交通继续保持“零事故”。（关文）

【广水市】 2014年，全市公路里程4026.7公里、路网密度150.5公里/百平方公里，其中高速公路58公里、一级公路20公里、二级公路291.7公里、三级公路57公里、四级公路2800公里、等外公路800公里；内河航道通航里程90公里，生产性码头泊位1个，渡口31个；客运站15个，其中二级客运站1个、三级客运站1个、五级客运站13个，货运站1个。

基础建设。争取列入省“十二五”交通规划项目8个，其中一级公路3个、二级公路5个。全年完成固定资产投资5.3亿元，争取项目资金1.3亿元，新改建公路180多公里。宋长线应山至广水段一级公路14.2公里建成通车；十马线跑马场至余店段二级公路24.5公里建成通车，余店至马坪段完成路基工程28.28公里、路面7.3公里；省际出口路、经济断头路、县乡公路“三路”工程完成14公里；通村公路硬化工程完成155.8公里。完成平伏线北段6公里大修、K23～K28路面挖补中修5公里；完成宋长线大悟联络线中修6公里；完成新岗桥、武胜关桥、三八桥改造，新建太杨大桥在施工中。投资169万元完成了农村公路安保工程。

公路养护。组织全部养护人员对107国道板角断裂和沉陷地段、316国道路面坑槽进行填补，在规定时间内使2条国道受检线路的平整度和路容路貌达到标准，确保顺利通过国检。对桥头跳车路段进行集中处治，保证施工后桥面衔接平顺。共对15座桥头跳车路段进行了处治。加强国省干线公路治超和产权治理，在316国道平林段设置临时流动治超点，配备执法记录仪，准备卸货场地、卸货设备，超限率控制在4%以内。

行业管理。按照“集中力量，突出重点，分别突破，务求实效”的思路，加强市场稽查，努力净化道路运输市场，全年稽查营运车辆3747台次，经营业户2245家，查扣非法营运“黑车”254台次、违规车辆456台次。在广水电视台设立违法违规车辆曝光台，将所有查处的违法违规车辆一律在电视上曝光，请广大市民和经营者参入监督。6月1日至12月底，联合公安、工商、物价、质检等部门开展城区出租汽车行业专项整治活动。开展“文明公交”出行活动，重点解决公交车停车场、首末站、调度中心、保养厂等公共交通基础设施建设问题。开展维修驾培行业市场专项整顿，对97家维修企业进行清理整顿，重点打击无证、超范围经营，维修质量低劣、使用假冒伪劣配件、维修乱收费等欺骗、坑害消费者的行为。

安全生产。结合“运输安全年”活动，开展“客运站安全专项整治”、“安全大巡查”、“安全隐患大排查”、“中高考运输保障”、“防汛运输保障”等活动，积极履行行业安全监管职责，引导督促全市运输行业安全健康发展。

行风建设。开展群众路线教育实践活动，征求意见83条，经梳理归类整理10条，并进行整改。修改各项规章制度5个32条，形成以制度管人、以制度提升行风的局面。认真落实社会治安综合治理和信访第一责任人的责任，全面排查不稳定因素，将矛盾解决在萌芽状态，及时答复信访及网民问题。积极办理人大政协建议提案，收到人大代表建议11件、政协委员提案10件，积案3件，答复率、满意率100%。（关文）

【随县】 2014年，随县公路里程4178公里、路网密度73公里/百平方公里，其中高速公路220公里、国道274公里、省道252公里、县道49公里、炎帝大道10公里、村道3373公里；客运站17个，其中二级客运站1个、五级客运站(包括农村综合服务站)16个。

基础建设。全年完成交通固定资产投资10亿元，比2013年增长0.75亿元。麻竹高速随县境内54公里已竣工；316国道复线(东外环)一级公路17.2公里完成路基工程，进入路面建设阶段。路网建设，万厉公路改扩建完成路基47公里、路面41公里；吴唐公路完成路基21公里、路面11公里建设；吴山至董家湾7.62公里在进行招投标工作；完成县乡等级公路建设14公里。国省道完成大修改善138公里，超过上级下达计划78公里。农村公路完成260公里建设任务，完成安保工程55.4公里。桥梁建设完成渡改桥2座，完成草店桥、杨家桥、下犁巴桥、石家湾桥、牛程线沙沟桥、合厉线净明小桥、卢家河桥、八一河桥、合河桥、港沟桥、周家湾桥、碑基棚桥12座桥梁维修加固。随县中心客运站投入使用，投资2500万元。完成农村综合服务站改造1个；建成港湾候车亭2个。

运输保障。2014年，随县营运车辆达到4870辆，机动车维修企业18家。驾驶员培训学校8家，教练车160辆，教练员195人，培训场地14.63万平方米。完成道路客运量515万人次、旅客周转量3.57亿人公里、货运量1721万吨、货物周转量37.37亿吨公里，比2013年分别增长5.65%、16.91%和15.1%、14.85%。11月21日，随县公交公司购入8台新型节能公交车，正式启动公交运营，开通线路1条，走向为巴黎春天(荒坡坎)至随县新城区公安局；随县达辰出租汽车有限公司购入20台出租车，投入运营。构建以县城为中心、公路为纽带、客运站为依托，候车亭为节点，干支相连、辐射城乡的客运一体化网络，实现城市公交与客运班线无缝对接。

安全生产。牢固树立“以人为本、安全发展”的理念，逐级签订了安全生产工作责任书，严格落实了安全生产两个主体责任，在全系统形成了一级抓一级、一级对一级负责的安全监管体系；深入开展“道路交通安全隐患专项整治”和“平安工地”创建等专项活动，全面加强了交通安全监管工作，排查整改各类安全隐患43处；加强水上交通安全监管，全年共出动执法车船46台(艘)次，出动检查人员120余人次，检查渡船365艘次，渡口39处次，查出安全隐患3起并及时要求进行了整改，确保了库区水上交通安全态势稳定。

公路养护。随县国省干线路面PQI平均值达到88，完成路基路面工程67.288公里、国省干线大修138.227公里。完成316国道厉山街道修补1568平方米，水泥路面灌缝69公里，沥青路面灌缝41公里，新建福兰线、牛程线、周新线浆砌公路边沟1.8公里，画设道路标线86公里。完成炎帝大道示警桩、公路碑、百米桩等标志刷新工作。整修路肩127.92公里，清挖边沟226260米，处置桥头跳车1700平方米，巩固完善标准路基124公里。在牛程线、新唐线、厉封线安装波形钢护6580米。完成316国道与随岳高速公路立交处“瓶颈”路段安全隐患处置工作。完成封江路口、厉山二桥东端、神农加油站3处路面调平工作。在随南线、寺沙线、厉均线宜林空白路段，补栽易杨、万年青87公里3.48万株，进一步美化、亮化、绿化公路环境，提高公路服务水平。特别是小应线高城至小林段55公里的养护示范路创建工作，被确定为全市公路系统规范性养护现场交流会场地，成为随北地区一道靓丽风景线。

行风建设。坚持“谁主管谁负责”、“管行业必须管行风”的原则，加大政风行风建设工作力度。进一步精简审批事项，进一步优化审批工作流程，强化首问负责制、一次性告知制、限时办结制和责任追究制。大力弘扬“交通办事文化”解决“群众办事难”；公开办事程序，办理时限和服务承诺；在交通服务窗口开展“预约服务、延时服务、上门服务、应急服务、一站式服务、向导式服务”。随县道路运输管理所3名工作人员先后前往广东英德、佛冈两地，为900多名随县籍车主上门办理年审手续，节约往返费用500多万元，被群众誉为“千里送服务”，被《湖北日报》等新闻媒体报道和推广。随县交通运输局被评为“2014年度全县党建工作先进单位”，县质监站被评为全省交通质监行业“先进质量监督机构”，“公路孝女”王何林被交通运输部授予全国交通运输行业文明职工标兵，杨珍明被评为全省公路行业先进个人。 (关文)

【大洪山风景名胜区】 2014年，大洪山风景名胜区有333省道22公里、国防战备公路(黄双路)9.2公里、内循环二级旅游公路41.23公里、通村公路74公里、其他农村道路49公里；景区内有5级客运站1个。

基础建设。完成333省道长岗镇街路段刷黑升级改造2.4公路，完成大洪山景区内循环旅游公路改建路基18公里，大洪山长岗新区“长灵路”1.1公里、“佛光大道”1.7公里建成通车。11月，麻竹高速公路随州西段连接线(长岗连接线)开工建设。

安全生产。“十一”黄金旅游周期间，大洪山景区接待游客约3万人，日平均接待游客超过4000人。为了保障景区运营安全，大洪山交通分局会同市公安局、车管所、大洪山公安分局等单位，在节前对景区道路、营运车辆进行2次安全检查，要求旅业公司车队严格按照安全生产标准化的规范进行运作。鉴于旅业公司运力不足的实际，及时指导旅业公司租赁有资质的其他旅游公司的旅游巴士参与运营，并对参与运营的巴士车辆及司机进行严格的安全资质审查，同时做好山下道路保畅通和山上游客乘车秩序及疏导工作，保障“十一”黄金旅游周整个景区道路畅通和游客分流，未发生任何道路交通责任事故。

行风建设。开展党的群众路线教育实践活动，广泛征求意见，对照检查，剖析存在的问题和自身不足。解决“最后一公里”问题，到大洪山景区贫困村绿水村了解通村公路建设情况，因该村位于大洪山核心景区，属国家级森林公园规划区范围，近年来实行严格的封山育林，村民不能采伐树木发展香菇、木耳种植业，经济状况较为落后，根据村民意愿和核心景区发展需要，优先安排绿水村新建1.2公里通村公路。 (关文)

恩施土家族苗族自治州交通运输

【概况】 2014年，全州公路通车里程19194.92公里、路网密度79.78公里/百平方公里，其中高速公路416公里、一级公路16.52公里、二级公路1835.06公里、三级公路906.04公里、四级公路16014.40公里、等外公路6.90公里；内河航道通航里程589.97公里，港口2个，生产性码头泊位26个，渡口203个，营运船舶92艘；客运站50个，其中二级客运站4个、三级客运站4个、四级客运站14个、五级客运站28个。

基础建设。全年完成交通建设投资92亿元，占年度计划的102.2%，比2013年增长2.56%。其中高速公路

49.5亿元、普通公路38.1亿元、站场物流3.4亿元、港口航道1亿元。前期工作完成242国道恩施石乳关至白杨坪等10个项目工可批复，总投资约10亿元；完成318国道利川绕城等19个项目初步设计批复，总投资约43亿元；完成341省道鹤峰南渡江至碑垭等23个项目施工图设计批复，总投资约24亿元。宜巴、恩来、恩黔3条高速公路建成通车；利万高速公路完成工程量的50%、恩建高速公路罗针田至松树坪段完成一期土建工程，来咸、利咸高速公路前期工作按期推进。普通公路开工800.5公里，占规划776公里的103%，累计完成路基568.5公里、路面255.8公里。209国道建始绕城、249省道咸丰绕城公路和宣恩高速公路连接线建成通车，209国道巴东绕城公路完成路基工程，来凤绕城公路加速推进，351国道鹤峰绕城公路开工建设；着力打造宜驾宜旅、健康环保的"千公里绿色生态旅游公路"，已建成建始红岩寺至景阳、巴东沿渡河至下谷坪和利川白龙滩至佛宝山3个新改建项目，宣恩雪落寨至分水岭和恩施浑水河至七里坪2个项目加快建设；配套完善项目已开工4个。国省道大中修完成178.2公里，超目标60.2公里。恩施客运中心站、货运中心站、鹤峰走马客运站等项目加快建设，建成8个农村综合运输服务站和180个农村客运候车亭。全州88个乡（镇、街道办事处）全部通沥青（水泥）路，具备条件建制村100%通公路，2442个村通沥青（水泥）路，通畅率为97.2%。

2014年5月7日，恩黔高速公路龙桥特大桥全桥贯通

综合运输。完成道路客运量3282万人、货运量3881万吨，分别同比增长8.1%、15.8%。恩施机场航班起降3244架次、进出港旅客38.1万人次、货邮吞吐量1367.2吨，同比分别增长22.5%、32.3%、113.4%。完成水路客运量46.86万人、货运量147.76万吨、港口货物吞吐量106.18万吨。道路客运运力结构提档升级，中高级客车2127辆，同比上升5.2%。16条城乡客运班线实施公交化营运改造。城市公共交通加快发展，新投放出租车260辆、城市公交33辆31.5标台，建始、利川公交实现公车公营改造。从业人员远程网络继续教育试点工作得到部、省推广。完成春运、兵运、黄金周、中高考学生运输及全省县域经济工作会议等运输组织保障任务。村村通客车试点工作取得实效，恩施市行政村通客车率由66%上升到86%。清江航道养护市场化改革有序推进，优选专业养护公司承担清江水布垭至恩施段110公里航道养护，成功探索政府购买社会服务的创新模式。

改扩建后的209国道恩施段

行业管理。对州级交通行政许可、行政监察、行政处罚、行政征收、行政强制等行政权力事项依据、权限、标准、程序、责任进行清理和梳理，完成27个基层交通运输执法站所"三基三化"建设。规范和优化政务服务，调整审批事项，及时公布权力清单，建立健全监管机制，州级交通运输行政审批事项由22项精简为8项、行政权力和政务服务事项由377项精简为289项。农村公路建管养体制机制逐步完善，《恩施州农村公路条例》（修订草案）获州七届人大五次会议审议通过。开展公路专项整治行动，重点对非公路标志牌、集镇过境路段和非法占用公路等行为进行专项清理，清理占道堆物2216处10373.5平方米，收缴和拆除非公路标牌5459块，完成3个省定集镇过境路段整治，查处路损案件276起，结案267起，结案率达97%；重点对南四县开展区域联动治超，检查车辆887006辆，查处超限

车辆35148辆、卸载及自行转运重量57138.7吨，超限控制率3.96%。完成国省干线养护大修217.87公里，完成投资2.6亿元。加强小修保养，全州干线公路路面使用性能指数(PQI)值达到89，路面破坏状况指数(PCI)达到93.5，路面行驶质量指数(RQI)达到82.5。

安全管理。组织开展道路运输、水上交通、工程建设综合安全督查，加大客运站、火车站、清江库区等重点区域综合整治力度。开展在建重点工程专项督查，严把建设市场源头准入，清理无证、无资质和超资质范围从事交通建设行为。完成省、州挂牌督办的10处重大交通安全隐患整改销号。67家"两客一危"企业通过安全生产标准化建设达标考评。在重点工程、码头渡口、客运站场推广应用远程视频实时监控，强化营运客车GPS动态监控管理。道路运输安全事故起数、死亡人数和受伤人数比2013年分别下降29.4%、60.6%和39%；延续水上交通和工程建设领域零事故。

文明建设。深入开展阳光工程、阳光审批、阳光执法和阳光服务"廉政阳光四大行动"。州交通运输局被州人大常委会评为满意单位。巴东县绿葱坡公路管理站张祚琼获全国交通运输行业"最美养路工"称号，"信义渡工"万其珍原型电影《我的渡口》搬上荧屏并获奖，"爱心的士"免费接送中高考学生。　（罗贤菊）

【恩施市】 2014年，全市公路通车里程2427.99公里、路网密度61.13公里/百平方公里，其中高速公路116.5公里、一级公路10.75公里、二级公路312.28公里、三级公路175.33公里、四级公路1807.84公里、等外公路5.29公里；内河航道通航里程162公里，渡口26个；客运站13个，其中一级客运站1个、二级客运站2个、四级客运站3个、五级客运站7个。

基础建设。全年完成交通固定资产投资6.2亿元(不含高速公路)，超年度计划3.3%。209国道恩施龙凤坝至谭家坝段改建工程金山大道至华硒物流园段开工建设，242国道恩施市石乳关至火石坡36公里完成招标，232省道恩施市鸦鹊水至沙地段改扩建路基工程完成50%工作量，恩鹤公路恩施城区至浑水河段改建路基工程完成60%工作量，233省道恩施市分水岭至大龙潭段改扩建一期工程——板桥集镇段二级公路路基工程完工，龙马至青堡公路改善工程建成投入使用，恩施大集至龙井县乡道改造开工建设，实施通畅工程230公里、安保工程480公里，对龙凤、柏杨、芭蕉3个乡镇农村公路155公里进行"六个标准化"建设和改造。恩施市大集桥、小河桥6月全线完工通车，石心河大桥完成边跨合龙、阳伞坝大桥完成桥梁转体。恩施客运中心站、恩施货运中心站进行主体工程施工。易事通物流园建成仓库2个、总面积21171平方米投入使用。完成芭蕉城乡公交线路始发站的修建，投入资金82.95万元。新修港湾式候车亭5个、钢结构候车亭38个。

2014年，恩施市芭蕉乡境内农村公路安保工程

综合运输。完成客运量769.88万人、旅客周转量9.16亿人公里，货运量698.05万吨、货物周转量11.15亿吨公里，新增农村客运车辆19辆。全市有出租汽车840台、客运总量4410万人次；公共汽车254台、客运总量6100万人次。恩施市公汽公司全面改造车载监控中心、GPS调度中心，实现电子信息等资源优化配置，所有公交车安装GPS。实施CNG工程，新购车辆均达到国Ⅳ排放标准，尾气排放达标率100%，燃料成本下降约30%；公交优先通行信号系统设立以及公交"一卡通"等全面投入使用。有货船2艘、旅游船7艘、渡船24艘。

行业管理。打造209国道恩施南端、省道恩鹤线"樱花走廊"和恩施大峡谷旅游线路"桂花走廊"，新增公路绿化30公里，列养公路好路率达到90%以上、农村公路好路率达到90%，基本实现畅、美、绿、洁、安、舒管养目标；制订《2014年恩施市农村公路养护实施方案》，对全市非列养农村公路1582.582公里，强化各乡镇办管养措施，提高养护质量。深入开展"打非治违"行动，严厉打击客运市场"黑车"，办理道路运输行政处罚一般程序案件1158件、简易程序1件、暂扣车辆817辆次、收缴罚款208.3万元；完成16家道路班线客运企业、9家旅游客运企业、7家出租汽车公司、7家危货运输企业、7所驾驶员培训学校质量信誉考核初评以及全市15家一类维修企业、52家二类维修企业质量信誉考核工作。集中开展整治超限运输车辆行动，检测车辆197536辆、超限车辆7852辆、卸(转)载车辆736辆1635吨、收取路产损失赔(补)偿费297万元，超限率控制在4%以下。农村公路通畅工程质量抽检率为98%。

安全管理。开展“道路客运安全年”“道路班线客运专项整治”等专项活动，加大对客、货运输企业、汽车租赁公司、维修企业、驾校以及出租车公司检查力度，排除安全生产隐患。采取督促生产单位自查、组织专班暗访抽查、配合安全管理部门督查等方式，对查出的61处安全隐患进行全面整改，被省州挂牌督办的2处安全隐患在整改中。海事部门依法对在浑水河南岸和北岸码头非法停靠的2家客运公司下达《停航通知书》，责令2家公司所有船舶停航整改；结合“严打严治”“打非治违”“四船共治”等专项活动打击车坝河水库“水上人家”8只游船和龙凤镇大龙潭水域30余艘玻璃钢船无证无照经营的违法行为，保持水上运输零事故。组建公路安全隐患应急分队，对有安全隐患的路段分门别类进行管理，储备防滑用盐90吨，组织应急机械560台套，确保公路运行安全。

文明建设。恩施市公汽公司荣获全省春运安全与优质服务优胜企业、州级最佳文明单位、恩施州第三届价格诚信单位，IC卡中心被评为全州百佳基层窗口，10线路被授予全州文明公交线路，驾驶员赖家哲被评为全省交通运输系统“十行百佳”；恩施市明德出租汽车有限责任公司获全省“十佳文明优质企业”“出租汽车行业和谐劳动关系创建活动先进集体”，鄂QT1332号出租车被省运管局授予“十佳文明示范车”，并被命名为全省“雷锋号”。

2014年5月30日，利川市启动渡口船舶更新换代改造工程

【利川市】 2014年，全市公路通车里程3932.01公里、路网密度85.42公里/百平方公里，其中高速公路66.5公里、二级公路266.46公里、三级公路77.84公里、四级公路3521.21公里；内河航道通航里程30公里，库区码头1个，渡口25个，营运船舶38艘；客运站9个，其中四级客运站3个、五级客运站6个，农村候车亭202个。

基础建设。全年完成交通固定资产投资5.58亿元。普通公路建设总里程741.6公里，配套完成农村公路安保工程300公里，完成危桥改造1座、在建7座；利川中心客运站、交通物流园区开工建设，建南、毛坝农村综合运输服务站项目建设基本完成，南坪、凉务综合服务站完成选址和建站前期工作；新建农村候车亭30个，更新渡船9艘。

综合运输。全市有客运企业14家(含2家出租车公司和1家公交公司)，营运客车884辆，其中客运班车469辆、旅游客车47辆、城市公交87辆、出租车300辆；省际线路23条、市际线路2条、县际线路6条、农村客运线路49条；营运货车4215辆。全年道路客运量552万人次、旅客周转量6.28亿人公里，货运量509.6万吨、货物周转量7.59亿吨公里。

行业管理。2014年创新养护管理模式，将全市省际出口公路、重点旅游路、县乡等级路258公里非列养里程纳入全市重点路段进行重点养护，实行公司化集中养护管理，做到管养分离；完成2307公里非列养农村公路管理养护，保证公路完好率。长途客运企业新恩联集团内部股权结构不断优化，对改革后的城区公交线进行优化调整，扩大城市公交覆盖率；开通团堡、谋道和汪营集镇公交。挂牌成立利川市交通运输投诉咨询服务中心，主要职责是受理和处理运政投诉、解答运管业务办理、票价、驾培(维修)收费等问题。严格公路两侧红线控制，国省干线无新增违法建筑，非公路标志牌规范。全年路政案件查处率100%、结案率95%、案卷合格率100%，无错案、无公路“三乱”行为。完成各治超站投资建设，实现联网监控，超限检测站点管理规范，超限率控制在4%以内；检测车辆441358台、查处超限车辆17574台次、卸载转运货物5137吨、收取赔(补)偿费269万余元，路产损失赔(补)偿费上解率100%。 (孙朝运)

【建始县】 2014年，全县公路通车里程2299.65公里、路网密度86.26公里/百平方公里，其中高速公路24公里、二级公路212.85公里、三级公路81.63公里、四级公路1981.17公里；航道通航里程主干流22.5公里、累计支流回水58公里，渡口27个；客运站9个，其中三级客运站2个、四级客运站3个、五级客运站4个，农村候车亭119个、招呼站296个。

基础建设。全年完成交通固定资产投资4.10亿元，超年度目标5.45%。建成209国道建始县城区绕城公路7.5公里、红官公路建始红岩至景阳47.7公里；完成天云公路建始天竹坝至云桂桥40公里路基工程90%的工程量，启动桥梁建设；完成三蟠公路建始三里至蟠龙11.4公里沿线挡土墙砌筑及

2014 年 10 月 29 日，恩施州首条旅游示范公路——建始县红景旅游公路建成通车

三里坝中桥下部结构施工；完成红官公路景阳至官店 35.1 公里路基工程；完成建始高坪至邓家公路路基工程 70% 的工程量；建成农村公路通畅工程 97 公里，超目标任务 11 公里，并同步建设安保工程；完成 366.6 公里农村公路安保工程建设；建成农村公路桥梁 436 延米。建始县货运信息交易中心主体工程完工，红岩三级汽车客运站完成前期工作，茅田、三里、景阳 3 个乡镇农村综合服务站完成年度目标任务，完成农村候车亭建设。

综合运输。全县有客运企业 11 家，货运企业 24 家，危货企业 1 家，汽车维修企业 38 家，驾培中心 3 家，车辆技术检测站 1 家。有营运车辆 2737 台，其中公共汽车 30 台，出租车 100 台。开通客运班线 61 条，其中农村客运班线 47 条(含对开)。有水运企业 2 家。延续许可企业 4 家、线路 24 条，更新车辆 22 台；新增农村客运班线 2 条、车辆 5 台，可通客车行政村通班车率 100%。全年审验客运线路 22 条、客运车辆 321 台、货运车辆 659 台。客运量 316.82 万人、旅客周转量 2106.784 万人公里，货运量 348.12 万吨、货物周转量 7.52 亿吨公里。

行业管理。加大国省干线公路病害处治力度，完成 385 公里列养公路小修保养、路面坑槽修补、水毁抢险等；完成 1566 公里农村公路养护及 300 公里养护示范线建设。组建 4 个路政中队，将路政工作与公路养护有机结合，实行全县列养公路路政管理全覆盖。全年查处路政案件 47 起，结案 47 起，无一起行政复议或行政诉讼。与交警大队联合开展出租车行业“打黑”和客运站周边秩序专项整顿，打击非法从事营运“摩的”、“麻木”等，整治出租车不打表、乱涨价、无从业资格证驾驶等违章行为，维护道路运输市场稳定。配合综合执法专班定期对通航水域进行集中整治，开展 9 次水上安全大检查，检查船舶 150 余艘次、渡口 27 处，拆毁有碍船行的网箱 30 余副。

科技与信息化。建始红岩寺至景阳河绿色生态旅游公路高山阴坡易积雪结冰路段采用远红外碳纤维加热技术，改善冬季行车条件；设置公路路况及服务信息电子显示屏，全程安装远程视频监控设备；景阳关隧道照明使用光伏发电，成为全省首条利用太阳能并网集成技术实现隧道照明的公路。

安全管理。加强车辆船舶动态监管，设立卫星定位系统监控平台和监控管理员，371 台客运车辆和 10 台危货车辆安装车载卫星定位终端，接入全国道路货运车辆公共监管与服务平台。健全渡口、船舶台账，实行一渡一档、一船一档，并实行定期签证。启动渡船维修计划，对 27 艘渡船进行检查登记，确保渡船不带病上岗。

(黄密)

【巴东县】 2014 年，全县公路通车里程 3526.40 公里、路网密度 105.14 公里/百平方公里，其中高速公路 70.5 公里、二级公路 321.93 公里、三级公路 136.46 公里、四级公路 2995.90 公里、等外公路 1.61 公里；内河航道通航里程 184.5 公里(其中长江干流 39 公里、支流 57 公里，清江干流 26 公里、支流 3 条 62.5 公里)，巴东货运港泊位 50 个，公路渡口 2 个；客运站 12 个。

基础建设。全年完成固定资产投资 12.13 亿元，同比增长 18.09%。巴野公路建设完成投资 3.84 亿元、茶店子集镇改线建设完成投资 1900 万元、双神线建设完成投资 1.89 亿元、大清线建设完成投资 1.35 亿元、清江大桥建设完成投资 1.18 亿元、官沿线建设完成投资 1900 万元、官万线建设完成投资 1800 元、农村公路通畅工程及安全设施建设完成投资 3.03 亿元，小溪河大桥建成通车。长江巴东港水路物流中心完成投资 1200 万元。绿葱坡五级客运站及候车亭等站场建设完成投资 600 万元。完成国省道养护及修复投资 530 万元，农村公路水毁修复及养护投入 446 万元。全县行政村公路通达率 100%，农村公路通畅里程 2817 公里，通畅率 95.51%。

综合运输。全县有船舶运输公司 17 家，其中客运船舶 27 艘、货运船舶 51 艘、农村客运渡船 23 艘；客运车辆 670 台 7821 座、货运车辆 2048 台。进一步提高公交行业文明优质服务水平，支持长途客运发展节点运输、接驳运输。以巴东至溪丘湾、茶店子为农村客运公交化运营试点，开通与景区、火车站等旅客集散地对接直通车，逐步实现道路客运与其他运输方式之间无缝衔接。推进城区出租客运汽车改革工作，8 月 19 日第一家出租车公司成立营运，投放出租车 50 台，消化原城区客运面的车 242 台。

安全管理。以“两客一危”车辆、“四客一危”船舶、危险品码头、危险路段、易结冰桥梁以及大型工程施

2014 年 8 月 19 日，巴东县出租车开始营运

工现场为重点，开展安全生产专项整治及“打非治违”专项行动，不断提升安全保障能力和监管水平。加大超限治理力度，重点打击集体冲岗行为，维护检测秩序，超限率控制在4%以内。规范化管养国省道 477 公里、县道 75 公里、农村公路 2498 公里。

文明建设。2014 年，巴东县被州人民政府通报表彰为全州交通运输发展目标考核先进县，县交通运输局被县委县政府表彰为经济社会发展综合考评、安全生产及综治信访维稳、农民负担监督管理工作先进单位，县公路局绿葱坡治超站被省交通运输厅评为全省交通系统“人民满意基层执法站所”，县物流局被省运管物流局表彰为“十佳标准化示范局”，县交通质监站被省交通运输厅质监局表彰为“农村公路质量监督先进县级组织”。“全国最美养路工”张祚琼入选中央文明办“中国好人榜”。　（章进步）

【宣恩县】　2014 年，全县公路通车里程 1944.52 公里、路网密度 71.23 公里 / 百平方公里，其中高速公路 89.5 公里、二级公路 182.32 公里、三级公路 82.33 公里、四级公路 1590.37 公里；航道通航里程 120 余公里，乡镇达标渡口 26 个；客运站 7 个，其中二级客运站 1 个、五级客运站 6 个，农村候车亭 181 个。

基础建设。全年完成交通固定资产投资 39.49 亿元，比 2013 年增长 48.85%，其中恩来、恩黔高速公路完成投资 34.8 亿元，普通公路完成投资 4.69 亿元。恩来、恩黔高速公路建成通车。232 省道宣万公路、365 省道甘长公路、325 省道鸦来公路二级公路改扩建顺利推进；209 国道高罗至李家河段、232 省道椒园至晓关段、325 省道布袋溪至分水岭段 89.5 公里大中修全部完工；西坪至下坝段、椒园至荆竹坪段、大卧龙至山羊溪段 45.8 公里县乡公路改造工程全部完工；当阳坪桥危桥改造、3 座农村公路危桥改造全部完工。渡改桥续建工程七眼泉大桥于 2014 年 7 月建成通车。年度计划 190 公里通畅工程全部完工投入使用，160 公里农村公路安保全部完工。完成长潭河道路运输综合服务站改造并投入使用，建成农村客运候车亭 20 个。

综合运输。全县有道路客运企业 6 家、车辆 270 台 4550 座，客运班线 79 条。有城市公交企业 1 家、车辆 24 台，营运线路 8 条。有出租企业 1 家、车辆 60 台。有汽车租赁企业 2 家、车辆 11 台。有机动车维修企业（业户）91 家、从业人员 454 人。A 级汽车综合性能检测站 1 家、从业人员 18 人，全年汽车综合性能检测 4100 台次。二级汽车驾驶员培训学校 2 所，年培训学员 2500 余人，平均合格率 65% 以上。有物流运输企业 3 家、快递公司 8 家、物流代办点 8 处。2014 年完成客运量 601 万人、旅客周转量 2.03 亿人公里，

恩黔高速公路宣恩收费站

货运量221万吨、货物周转量2.65亿吨公里。完成道路运输从业人员资格培训3期、培训学员185人，有从业人员6400人。

公路养护。全年清理国省干线、农村公路坍塌方18.3万立方米，修补路面坑槽19.6万平方米，公里桩、百米桩刷白155公里，桥栏杆刷白66座，完成公路绿化105公里，完成209国道东门关、九间店和232省道横坡观景台建设。

安全管理。推行客运行业GPS定位监控，在县客运中心站总控室安装GPS监控平台，所有营运客车安装电子眼，基本实现客运车辆GPS定位动态监控全覆盖。深入开展“打非治违”行动，加强对危险路段、建设工地、重点运输企业及渡口码头安全检查，拆除龙门架24块、非公路标志牌931块、非公路宣传横幅350条，排查整改安全隐患400余起。集中开展安全生产培训7次5800余人次，发放宣传单7500份。检测超限车辆1016台、卸载货物8287吨，依法收取路赔金额32.68元。完成全县7个涉水乡镇责任状和20个村15处渡口35艘船舶责任状签订，完成全县420艘自由船舶登记造册，对全县6个通航水域和15个渡口渡船进行全面安全排查，落实水上交通隐患销号制度，水上运输安全态势平稳，全县交通运输行业未发生重大安全生产责任事故。

文明创建。开展“文明出租车”“文明公交示范车”“宣恩好人”评选和“文明示范路”创建活动，积极传播交通好声音、新形象。宣恩县交通运输局被县委县政府评为2014年度城市建设与管理、项目工作先进单位，被县安委会评为2014年度安全生产工作先进单位，县公路管理局当阳坪治超站站长王勇获得2014年度湖北省交通运输系统“十行百佳”荣誉称号。

【咸丰县】 2014年，全县公路通车里程1908.48公里、路网密度75.73公里/百平方公里，其中高速公路47公里、一级公路3.26公里、二级公路150.13公里、三级公路265.69公里、四级公路1442.40公里；内河航道通航里程100公里，港口码头2个，人行渡口16个；客运站3个，其中二级客运站1个、五级客运站2个，简易站2个。

基础建设。全年完成交通固定资产投资5.9亿元(不含高速公路27亿元)，比2013年增长28.5%。普通公路建设完成投资2.56亿元，建设完成公路178.4公里、桥梁七眼泉桥0.4公里。全年新增二级公路绕城北线4.26公里、恩黔高速公路31公里，新开工坪坝营旅游二级客运站。恩黔高速公路咸丰站、丁寨站建成ETC(电子不停车收费系统)通道2条，高速公路通行能力大幅度提高。

2014年9月14日，在建中的恩黔高速公路朝阳寺1号大桥

综合运输。全年完成道路客运量263万人、旅客周转量4.38亿人公里，货运量388万吨、货物周转量7.25亿吨公里，分别比2013年增长4.5%、4.12%和8.28%、12.56%。渡口运输量8万人次、其他客运量1.5万人次，比2013年减少10%。全县道路客运企业12家、客运车辆502辆6140座，其中道路旅客运输企业5家、客运车辆231辆4046座，旅游客运企业2家、客运车辆20辆559座，出租客运企业2家、客运车辆20辆1000座，公交企业1家、客运车辆20辆380座，汽车租赁公司2家、租赁车辆31辆155座。全县502辆客运车辆、200辆出租车、40辆教练车全部安装GPS监控系统，企业自建GPS监控平台6个，接入省重点营运车辆公共服务平台。规范出租车营运，完成全县200辆出租车提档升级，实现出租车打表计价经营，淘汰县城内出租车历史拼车遗留问题，全面推进出租车“六统一”工作。道路普通货物运输企业12家、货运车辆2600辆2.2万吨。汽车维修企业43家，其中一类企业1家、二类维修企业20家、三类维修企业22家。机动车驾驶培训机构1家、教练车40辆。全年新增农村客运车辆7台，开通农村客运班线39条，投入各种运营车辆148辆，新建农村客运站1个、候车亭108个。

行业管理。按照“关口前移，管养一体、一岗双责，分工协作、相对独立”的原则实施养护路政一体化，将原来4个管理站合并重组为3个大站，在3个管理站设置路政中队，实行一门两牌，将公路管理站拓展为具有养护、路政双重管理职能的基层管理站所。全年查处损坏、侵害路产案件46起，结案46起，案件查处率100%。拆除非公路标志牌520块，有安全隐患龙门架13处，清理路障216处，办理公路沿线建筑“红线”控制核准书196起。加强超限超载治理工作，长湾超限检测站投资22万元，实现与州交通运输局指挥中心视频对接，规范路政执法人员执法行为；白岩公路管理站投资16万元建成交通观测自动化管理系统，实现交通流量数据和省州公路局同步。全年检测车辆12.53万台次，查处超限运输车辆3759台、卸(转)载货物4.51万吨，收缴罚款和公路赔补偿费56.40万元，超限运输控制在5%以内。全年油路灌缝15公里，投入冷补沥青130吨，水稳修补沉陷13处，补植行道树4500余株(清小线、利智线)，栽植椒石线“迎宾大道”花草10公里。清除塌方115处6350立方米，修复钢护栏310处1250米，修复路基缺口11处465立方米。

文明创建。开展“文明示范路”“文明示范窗口”“基层百佳站(所)”等创建活动，咸丰县交通运输局机关、公路局连续4届被评为省级文明单位及省级最佳文明单位，县道路运输管理所、物流发展局被评为州级文明单位，城关公路管理站、长湾治超站荣获州“工人先锋号”“百佳基层站所(窗口)”称号，咸丰县交通运输系统连续3届被评为县级最佳文明系统。

（罗再兵）

恩来高速公路鄂湘界

【来凤县】 2014年，全县公路通车里程1114.54公里、路网密度82.93公里/百平方公里，其中高速公路2公里、一级公路2.48公里、二级公路93.91公里、三级公路58.25公里、四级公路957.90公里；内河航道通航里程120公里，码头2个、渡口35个，有运输船舶101艘；二级客运站1个。

基础建设。全年完成固定资产投资3.74亿元，占年计划的84.2%，比2013年增长77.4%。恩来高速来凤段12月28日正式通车；5月1日，鄂情大桥引桥及与武汉大道接线1.1公里正式竣工通车；讨橙线二级公路改造工程全线52公里路基基本完成；四斗种引桥重建工程5月份全部完工；农村公路通畅工程计划52.5公里，实际完成路面硬化62.7公里；完成农村公路安保工程100公里；白岩山至坪坝营公路全长6公里，按路基宽7.5米、路面宽6.5米的四级公路建设，路基基本完成；沙子田至渔塘公路全长7公里，路基工程已完成，12月进行路面建设。

行业管理。全县经营跨县以上线路客运企业5家，营运车辆297台10301座，跨省线路24条、跨地(市)线路4条、跨县线路7条。农村客运企业4家，营运车辆127台2130座，105个村开通农村公交。出租车公司2家，营运车辆158台790座。城市客运有限责任公司1家，营运车辆49台1813座。货运车辆1818台7152吨，有资质的货运(物流)企业1家。春运期间投入运力14506辆次，完成道路运输客运量58.9万人次，查扣违章车辆15台，罚款3.5万元，未发生一起交通责任事故。交通执法人员上路稽查219天、出动稽查人员449人次，稽查车辆1700台次，查处违规经营车辆120台次，暂扣非法营运车辆56台次，对117台私家面包车下达禁止从事客运经营“告诫书”，累计罚款28.2万元。开展安全隐患排查11次，查出安全隐患16处，整改到位16处，未发生一起安全责任事故。

【鹤峰县】 2014年，全县公路通车里程2041.32公里，其中二级公路295.18公里、三级公路28.52公里、四级公路1717.62公里；内河航道通航里程18公里，渡口3个；客运站9个，其中二级客运站(在建)1个、三级客运站1个、四级客运站2个、五级客运站5个。

基础建设。全年完成交通固定资产投资4.91亿元，比2013年增长4%。省道杨铁线杨坪至铁炉集镇二级公路改造完成投资1.95亿元，完成大典河至铁炉集镇10公里路基工程建设；完成省道南鹤线南渡江至碑垭段22公里路基改造工程，完成投资1900万元；完成清湖至湾潭河25公里通乡公路建设；实施农村公路通畅工程170公里、配套完善安保工程160公里及非列养农村公路1427公里，新修农村公路桥梁3座，实施农村公路危桥改造3座，新修通村水泥路721公里、村组砂石路1938公里，完成投资7948万元。实施渡口改造升级和规范化建设17处。县城二级客运站正式启动，走马镇三级客运站建成并投入使用，太平、中营、燕子等乡镇五级客运站加快建设，新建招呼站、候车亭10个。

综合运输。全县有客运车368辆，其中高级客车163辆、出租车50辆、公交车38辆；客运班线94条，其中省际班线14条、市际班线15条、县际班线65条，运输能力大幅度提高。营运货车1424辆。车辆持证经营率为98%，依线挂牌运行率为99%，客运两归率为98%，维修业户挂牌率为99%，营运车辆检测率为100%。

安全管理。全年出动执法人员2629次、执法车辆2875台次，检查客车2340台次、出租车540台次、农村客运车辆1140台次、普通货运车1220台次、教练车320台次；开展隐患排查35次，查出隐患22次。开展专项整治行动8次，处理黑车47辆，暂扣车辆61台。

文明创建。鹤峰县交通运输局2014年被评为州级“文明单位”、全州交通运输系统先进单位。签订工程廉政建设合同200余份、治庸问责责任状300余份。党员领导干部和干部职工未出现违规违纪行为。

仙桃市交通运输

【概况】 2014年，全市公路通车里程4283.71公里，路网密度168.78公里/百平方公里，其中一级公路68.64公里、二级公路336.09公里、三级公路8.89公里、四级公路2752.21公里、等外路1117.88公里；内河航道通航里程659.1公里(其中全年通航324.4公里、季节通航334.7公里)，港口18个，生产性码头泊位24个，渡口53个；一级客运站1个。

基础建设。全年完成交通基础设施建设投资22.14亿元，占年计划的102%。其中：高速公路完成16亿元、站场工程完成3000万元、面上公路完成5.84亿元。完成武汉城市圈环线高速公路仙桃段建设项目全部土路基、桥涵工程；完成省道仙崇线仙桃城区至张沟一级公路改扩建工程17.5公里；完成318国道一级公路通顺河桥至胡场镇胡麻路口段路基路面改扩建工程12公里；完成西流河镇杜尧村至纯良岭闸段二级公路路基路面新建工程3公里；完成107省道西流河镇新河村至西流河集镇段二级公路路基9.67公里；完成武汉城市圈环线高速公路沙湖连接线二级公路路基4公里；完成仙桃港区综合码头至318国道连接线二级公路路基3公里；完成农村公路危桥改造50座；完成仙桃城南新区一级客运站站场建设工程征地拆迁工作。8月份，省交通运输厅、省运管局组织召开南城新区一级客运站、一级客运站改造工程、仙桃西客站三级客运站和西流河客运站4个项目专家审查会，均获得批复。全市18个乡镇均通达二级公路、737个行政村均实现村村通沥青水泥路。

2014年8月18日，仙桃市丰红线三伏潭桥竣工通车

公路管养。查处超限车辆4458台，卸载或转运货物1.6万吨，收取公路赔补偿费及罚款410万元。开展全市列养公路路面巡查，改善公路通行环境，发现并制止违章建筑2处，取缔占道经营摊点52个，拆除非路用标牌38块，清除标语、横幅119幅，清理路面堆积物402处。办结特殊占利用许可7件，收取公路赔补偿费187万元。9月17日，全市农村公路危桥改造和安保工程建设现场推进会在剅河镇召开。全年完成大中小修、危桥改造、安保工程、公路绿化等项目货币工程量8295.77万元。

运输服务。全市有营运车辆9585辆，其中营运客车768辆18000座、营运货车8817辆26908载重吨。全年完成道路客运量1598万人次、旅客周转量6.52亿人公里，货运量1132万吨、货物周转量23.49亿吨公里。完成道路货物运输车辆办证453台，物流道路运输经营许可办证29件，维修经营许可办证26件，维修经营许可换证11件，客车报废更新办证96台，危险货物车辆办证35台，教练车办证67台，出租车报废更新办证102台。完成货运车辆道路运输证年审1811台，教练车道路运输证年审117台，道路旅客运输道路运输证年审695台，出租车道路运输证年审426台，物流经营许可证年审换证22件。完成客、货、出租驾驶员从业资格证办证2253件。完成客、货、出租驾驶员从业资格证诚信考核，发放道路运输驾驶员继续教育培训通知单12689人次，完成道路运输驾驶员从业资格证换证11296人次。全年收取水路交通规费165.68万元，其中航政费16.05万元、港务费149.63万元，占年计划101.6%；完成港口吞吐量108万吨、货运量28万吨、货物周转量1.08亿吨；完成航道设置水标日均119座，岸标日均50座，标位正确率99%，航标发光率100%，灯光保证率99%。

行业监管。完成全市新IC卡学时系统安装及使用，废止原有纸质手工签章培训记录，全部转换为电子签章培训记录；组织169人赴黄石市报考教练员证，合格人数91人；完成年度驾校质量信誉考核工作，取缔11个校外培训点，维护驾培市场秩序；18人参加机动车驾驶员培训机构经理人从业资格培训及考试，合格率100%。对城区重点路段违章客运车辆重点进行整治，对城区及乡镇“黑车”窝点进行严厉打击，并与高速交警部门在沪渝高速和随岳高速仙桃段开展联合执法，整治违法行为。整合力量整治“黑车”、查扣“四小车辆”223辆。

安全管理。开展陆上安全生产检查10次，排查客运企业12家、客运站18家、危险品运输企业3家，累计落实安全治理资金20万元。全市“两客一危”企业安全生产标准化达标考评工作完成率100%，出租车企业安全生产标准化达标考评工作启动，其中2家企业通过三级达标考评。加强水路运输安全监管，与15个涉及渡口渡船乡镇签订船舶安全管理责任书，落实乡镇政府管理船舶主体责任，督促镇(办)、村、船主三级签订乡镇船舶安全管理责任书118份，签订率100%。在广场、码头、渡口等公共场所发放渡船安全航行指南、平安渡运宣传册、挂图600份。6月16日，在仙桃市汽车客运总站广场开展安全生产咨询宣传日活动，现场向市民发放宣传资料800余份。

节能减排。完成城乡道路客运燃油消耗信息申报工作，申报城乡道路客运燃油消耗信息企业15家，申报城乡道路客运燃油消耗信息车辆483辆，消耗柴油4784.11吨，消耗天然气104887.7立方米；完成全市468辆客车9534座农村客运燃油补贴预拨资金和提前下达资金各639万元发放工作。完成2014年度交通运输节能减排专项资金申请工作，申报运输企业2家，其中湖北中岩燃气物流有限公司投资金额2250万元，预计替代燃油量(吨标准油)2295吨，申请补助资金459万元；沙湖运业公司投资金额1140万元，预计替代燃油量(吨标准油)824吨，申请补助资金165万元。

“村村通”客车。全市累计投入资金500多万元，修建断头路3000米，完成错车平台400个，完成警示桩7000个，完成标识牌319个，完成减速板(带)512米，建港湾式候车棚30个，信息牌41个；全市422辆通村客车统一车身颜色和标志，并张贴公益广告。10月20日，仙桃市“村村通”客车发车仪式在彭场镇举行，标志着仙桃市在全省率先完成“村村通”客车工作。

筹融资。追回交通资产处置返还款211万元，收取门栋租金11.3万元；完成南城新区客运站200亩、张沟镇200亩、彭场镇一期250亩、彭场镇二期100亩共750亩4宗土地收储。

物流发展。严格落实全市物流运输经营许可备案制，提高物流运输企业道路运输经营许可证年审率，受理19家物流企业道路运输行政备案申请，实施17家物流运输企业行政备案，完成26家物流企业道路运输经营许可证年审工作。整合交通运输资源，加强物流信息网络建设，加快物流市场主体培育，按照“引进移植一批、培育壮大一批、分离发展一批、整合提升一批”思路，培育本地中型物流企业。昌华物流园一期工程从2013年竣工以来，有60余家企业进驻，构建了以物流园区为核心、物流中心为骨干、配送中心为基础、农村物流站点为补充的物流基地体系。

体制改革。整合职能弱化的3个城区交管站，成立仙桃市农村公路管理处，定编、定岗、定责，主要从事

2014年12月20日，仙桃市农村客运村村通发车仪式在彭场镇客运站举行

农村公路管理工作，逐步消除制约农村发展的瓶颈问题。8月份，将仙桃市第二汽车运输总公司和仙桃市高客运输有限公司2家企业进行整合，成立集长途客运、市内班线、运站一体的客运企业，优化资源配置，增加企业抗风险能力，提升企业市场竞争力。

文明创建。仙桃市交通运输局被中央文明办授予“全国文明单位”称号；2014年再次被省委宣传部、荆楚网和百万网友授予“湖北省网络民意回复工作先进单位”。市公路局毛嘴养护管理站刘彩军获“全国五一劳动奖章”。以“提素质、亮窗口、树形象”为主题，狠抓干部职工教育培训，分2批组织农管处、交管站65名在岗人员赴湖北交通职业技术学院进行15天封闭式培训。会同市文明办、团市委、仙桃西客站、市住建委联合发文，在全市交通运输行业开展“十行十佳”评选活动，11月28日，在仙桃市体育广场举办“最美仙桃、十行十佳”颁奖晚会。扎实开展“万名干部进万村惠万民”活动，指导局属二级单位驻点联系16个结对帮扶村，筹措资金48余万元开展慰问、植树等活动。

（周庆峰）

天门市交通运输

【概况】 2014年，全市公路通车里程3994.64公里、路网密度152.35公里/百平方公里，其中高速公路56公里、一级公路104.46公里、二级公路405.17公里、三级公路130.82公里、四级公路3127.54公里、等外公路170.65公里；内河航道通航里程339.4公里，港区9个，码头69个(其中生产性码头66个、非生产性3个)，渡口60个；客运站15个，其中二级客运站2个、三级客运站2个、五级客运站11个。

基础建设。全年完成交通固定资产投资6.5亿元。普通公路建设项目完成投资5.3亿元，完成一级公路路基路面11.59公里，完成二级公路路基18.1公里、路面2公里，完成公路干线危桥改造6座，完成国省干线大修15.7公里，完成农村公路213公里。2014年11月皂仙公路水陆李大桥顺利合龙。港航建设完成投资6000万元，天门工业园港区1号、2号泊位完工，3号泊位桩基已完成、进行墩柱施工。站场建设完成投资5980万元，天门南汽车客运站完成主站房、副楼结构施工，在进行主站楼室内装修、客运站配套设施施工；杨林客运站已完工；天门中心客运站用地计划报省政府批准，在市国土部门办理征地手续和编制工程可行性研究报告；天骄物流已建成并开始试运营。完成6路、7路公汽126处公交站牌安装设置，完成28处港湾式候车亭亮化工作。

2014年11月22日，皂仙公路水陆李大桥合龙

综合运输。全年完成道路客运量1770万人次、旅客周转量7.99亿人公里，货运量1432万吨、货物周转量28.94亿吨公里，分别比2013年增长11%、16%和16%、14%；完成水路货运量171.52万吨、货物周转量12.39亿吨公里，分别比2013年增长6%、5%。全市有客运企业14家，客运班线143条，营运车辆683台13861座。其中省际客运班线16条、车辆42台1791座，市际客运班线72条、车辆235台5975座，农村客运班线55条，车辆406台6095座。完成天门至九真城乡客运一体化、天仙城际公交“公车公营”改造工作，启动天门至渔薪城乡客运一体化改造工作。物流发展工作实现新突破，引导惠安达物流开通南到广州长途物流专线，改变过去通过武汉周转整合后再发往广州，节省了运营成本；加大物流招商引资力度，湖北安捷物流已与市政府签订投资框架协议书，武汉伶俐物流也与市政府签订物流园区项目投资计划书；大力推动农村交通物流试点工作，按照“先行试点，全面推广”原则，改造和新建干一、马湾、小板、横林、彭市、麻洋、岳口、新堰、多祥9个乡镇物流节点网络以及若干个村级网点，进行农村物流配送试点，健全农村物流配送网络；推进农村物流信息化发展，依托天骄物流中心物流公共信息服务平台，建立区域性运输供求信息收集、整理、发布平台，实现信息资源共享。天门宏鹏物流、天门惠安达物流2家物流公司获省交通运输厅物流发展局

和省运输与物流协会联合颁发的“四星级诚信企业”荣誉称号，天门惠安达物流被省道路运输协会评为“先进会员单位”称号。

行业管理。2014年2月，市政府出台《天门市农村公路养护管理实施办法》，将境内非国家列养、按国家技术标准修建的农村公路纳入管养范围，由乡镇政府按照“属地管理、业主委托、专业管养”原则，将责任路段委托给交通运输部门农村公路专业养护管理队伍进行养护，明确责任主体、筹资方式和考核办法等，基本实现“有路必养、有路必管”。开展全市路域环境综合整治和“百日治超”工作，重点突出打场晒粮、清除路障、超限超载整治，取得较好效果。全年组织上路巡查9687人次，拆除非交通标牌34块、清除占道堆积物367处、制止新的违法建筑5处，整治非法黄沙场、违规加水点10余处。依法审批临时(特殊)占(利)用、增设平交道口、设置广告牌等路政许可8件，立案查处路损案件3件，检测车辆63243台次、处理超限车辆55165台次。10月份集中开展全市“百日联合治超”行动，查处严重违法超限车辆135台次、切割改装车辆墙板125台，加强重点线路流动治超稽查力度，有效遏止55吨以上车辆上路行驶，全市公路桥梁安全得到有效维护。联合市交警支队开展汽车客运站周边秩序整治和打击非法营运活动，检查车辆371台，查处违规经营车辆120台，其中未经许可擅自从事道路旅客运输的“黑车”13台、违规经营的出租车12台、客运班线车辆15台。规范计时管理系统安装使用和开展驾培行业突出问题专项治理，对全市397台教练车计时培训设备进行更新，对教练员培训计时行为进行规范；取缔非法培训点10个、依法查扣黑教练车17台、处理违规教练员6名，严肃查处驾培行业各种违纪违规行为。对城区机动车维修业占道经营等违规行为进行集中整治，5月份启动全市机动车维修、检测企业质量信誉考核工作，完成全市21家二类机动车维修企业、1家汽车综合性能检测企业及1家道路危货运输企业质量信誉考核工作。全市二类机动车维修企业2013年度质量信誉等级评定为AA级6家、A级13家、B级2家，维修企业质量信誉考核面达98%；机动车综合性能检测站质量信誉考核面达100%。升级改造货运平台，加强对危货运输车辆监控；升级改造出租车GPS平台，实现3G视频实时监控；全市118辆公交车全部安装语音报站系统和IC卡服务系统，新增城市公交和城际公交全部是以CNG或LNG为燃料的绿色环保车型。做好24小时值班电话投诉救助受理(回复)工作，全年受理各类投诉案件167起，回复率100%。

安全管理。市籍运输船舶和水上乡镇船舶安全面达到100%，船舶每万吨死亡率为零，水上无一次死亡(失踪)3人以上的重大责任事故；客运百车死亡率控制在2人以内；交通建设施工现场无重大安全生产责任事故。相继举办全市在建公路水运工程质量安全管理标准化暨质量通病防治业务培训班、全省公路水运工程安全管理人员天门培训班和全市道路运输企业安全生产管理人员培训班，培训320名安全管理人员。组织5次水上交通安全大检查，排查安全隐患26项，整改落实率100%；组织8次道路运输行业安全大检查，排查安全隐患49项，整改落实率100%；组织12次交通工程建设领域安全大检查，排查安全隐患43项，整改落实率100%。开展“汽车客运站安全专项整治活动”“防坍塌、防坠落，反三违专项整治行动”等安全专项整治活动，确保全市交通运输安全生产形势持续稳定好转。以抓标准规范为载体，健全安全监管长效机制，深入开展道路运输“两客一危”企业达标考评工作。全市14家道路运输“两客一危”企业，申报14家，考评达标11家，责成3家客运企业优化重组、重新申报考评。

文明创建。开展“模范文明出租车”“优质文明出租车”“优质文明公交车”“优质文明企业”创建活动，引导客运出租车和公交车行业树立企业品牌意识、营运车辆精品意识，逐步提高行业文明水平，提升公共交通服务质量。鄂RT0600获得由省文明办、省交通运输厅联合命名表彰的湖北省交通运输行业“雷锋号”称号。2014年，天门市交通运输局被天门市评为省级文明城市创建工作先进单位、社会管理综合治理工作考核先进单位、农民负担监督管理工作合格单位、优秀提案承办单位、全市宣传思想工作先进单位、信访工作先进单位、全市统战工作先进单位、全市纪检监察工作先进单位、《行风热线》工作优秀承办单位、2013-2014年度全市老干部工作先进集体。2014年天门市交通运输系统获省级表彰先进单位19个、先进个人12人。　　（张文敏）

潜江市交通运输

【概况】　2014年，全市公路通车里程2880.11公里、路网密度141.55公里/百平方公里，其中高速公路43.5公里、一级公路40.2公里、二级公路306.4公里、三级公路93.24公里、四级公路2392.77公里、等外公路4公里；内河航道通航里程259公里，港口3个，生产码头泊位13个，渡口51个；客运站17个，其中一级客运站1个、二级客运站1个、三级客运站1个、四级客运站12个、五级客运站2个。

基础建设。全年完成交通固定

2014年11月6日，汉宜高速公路潜江新收费站投入使用

资产投资6.5亿元，比2013年增长291.37%。普通公路建设完成投资5.85亿元，一级公路完成219省道高石碑东风桥至后湖立交段改扩建工程路面12.13公里、王周线路面5公里、广泽公路五七至泽口段改建工程路面8.58公里；二级公路完成兴隆水利枢纽至高石碑公路13.72公里、322省道拖市至总口路基路面9.9公里、老新至西大垸公路路基11.21公里、路面3.5公里、荆州区龙州垸至潜江市高石碑镇兴隆公路潜江段路面3.9公里、丫张线潜江市境段路基路面4.32公里；县乡公路完成路面改造21.06公里，完成通村公路134公里，完成农村公路桥梁8座、在建8座。港航建设完成投资5000万元，启动潜江港泽口港区综合码头前期工作，各项专题报告获批复，初步设计报告报上级主管部门审查待批；启动潜江泽口港区石化码头项目前期工作，该项目拟新建5个泊位、吞吐能力150万吨/年。客货站场完成投资1500万元，大力推进潜江公铁换乘站、高场客运站改扩建项目，公铁换乘站建设用地获审批，启动征地工作；高场客运站改扩建项目主体楼建设已完工；建成港湾式候车亭6个。

综合运输。全年完成道路客运量1805万人次、旅客周转量7.92亿人公里，货运量2139.6万吨、货物周转量43.07亿吨公里。有道路客运班线159条，拥有营运客车625辆、货车9152辆、出租车350辆、公交车219台，道路客运网络延伸到全国30个省市，市区通往乡镇班车通达率100%、通村公路班车通达率98%。春运期间，全市日均投入营运客车587辆、日发班次1702个，调用客车加班86趟次，包车84趟次，安全运送旅客137.3万人次。全市境内有汉江、内荆河、东干渠等7条通航河流，全年完成港口吞吐量90.5万吨，占年计划的101%，比2013年增长7.7%；完成货运量100.3万吨、货物周转量3.63亿吨公里，船型标准化和节能减排工作稳步推进。2014年，确保了第五届中国湖北潜江龙虾节、全省农产品加工业“四个一批”工程现场会及第三届中国(潜江)曹禺文化周等重大活动运输保障服务，连续3次被市委市政府表彰为“服务工作先进单位”。2014年新增大型物流仓储类企业4家、新增物流仓储库容24.7万立方米，全市物流企业总数达到63家，比2013年新增10家；积极开展物流招商引资工作，已达成“武汉—东盟物流直通车”延伸至潜江物流通路协议，打通潜江物流流向西部和东部出口。以提升服务能力和水平为目标推进城乡公交一体化改造，明确全市公交化改造相关政策，完善《潜江市城乡客运公交化改造实施方案》，完成对园林至总口、竹根滩城乡客运公交化改造社会稳定风险评估工作，初步规划拟开行公交线路站点布设方案。

行业管理。开展“养护管理示范公路”创建活动，全面清理、完善交通安全设施，新增、修复钢护栏132米、补栽公里碑62块，增设百米桩、示警桩2000根，补画标线7公里，及时整改消除道路交通安全隐患。及时对全市列养公路桥梁进行摸底调查，严格落实桥梁安全运行责任划分、信息公开、资金保障、桥梁工程师、例行检查、技术档案管理、年度例行报告、定期培训和挂牌督办10项制度，开展为期一百天的农村公路管理养护及危桥

2014年12月4日，召开潜江市城乡客运公交化改造听证会

改造“百日大会战”，完成农村公路677条1436.9公里路面养护、农村公路32座危桥加固改造。开展道路运输市场专项整治，全年上路稽查332天、出动运政稽查人员2516人次、检查各类营运车辆3109台次，查处各类违规行为672起。争取市政府成立潜江市治超工作领导小组，印发《潜江市治理车辆超限超载工作实施方案》和《潜江市人民政府关于加强车辆超限超载治理工作的通告》，联合市公安局印发《治理超限超载车辆专项工作方案》，由路政、运政执法人员和公安交警组成的联合专班于7月5日启动治超专项行动，在较短的时间内形成治超工作高压态势，有力遏制了市境内超限超载运输行为。

文明创建。与市文明办、市法制办联合举办《湖北省城市公共交通发展与管理办法》宣贯暨“文明进公交”活动启动仪式。市港航海事局编制的具有行业特点、时代特征的微电影《踏歌而行》，获全省交通运输系统“中国梦、勤廉美、交通情”微电影大赛优胜奖。市公路局连续五届被评为“省级最佳文明单位”，市农村公路养护中心被评为“全省交通运输系统先进集体”，市腾越驾校被评为“全省十佳文明示范驾校”、潜江市汽车客运站被评为“全省十佳文明客运站”、10路公交线(“客运站—火车站”线路)被评为“全省十佳文明示范线”；以罗泉洪命名的创新工作室得到潜江市总工会专项经费扶持，市港航海事局泽口海事处廖友谊获“全省交通运输系统先进个人”称号，省文明委、省交通运输厅授予市公路管理局总工程师刘美蓉、市客运总站副站长杨帆、市交通服务公司出租车驾驶员樊友姣全省交通运输行业“十行百佳”称号。

（周鹏　王胜）

神农架林区交通运输

【概况】 2014年，全区公路通车里程1724公里、路网密度52.96公里/百平方公里，其中二级公路245公里、三级公路128公里、四级公路1296公里、等外公路55公里；客运站14个，其中二级客运站1个、三级客运站2个、四级客运站4个、五级客运站7个，候车亭、招呼站72个，货运站1个。

基础建设。全年完成交通固定资产投资5.58亿元，比2013年增长8.58%。完成一级公路路基10公里建设，完成投资5000万元；完成二级公路路基49.573公里、路面76.678公里建设，完成投资4.4亿元；完成三级公路路基路面21公里建设，完成投资1680万元；完成农村公路桥梁10座279延米建设，完成投资1116万元；完成通村沥青(水泥)路路基114.57公里、路面114.57公里建设，完成投资2801元；农村公路安保工程完成投资159万元。站场建设完成投资1159万，完成木鱼客运站配套设施建设，大九湖三级客运站于10月开工，松柏物流中心项目进入征地拆迁阶段。

公路养护。完成《林区政府工作报告》中“规范旅游公路沿线标识标牌建设，完善公共信息图形符号和自驾游指示标识系统”工作，对209国道和307省道列养公路、隧道的标线、标志标牌完善和修复工作已全部完成。完成维修钢护栏568米，立柱130根；增设隧道标志牌16块，村庄标志牌4块，学校标志牌4块，307省道白茨线警示标志牌35块，公路沿线指路标志牌6块；彩色路面1259平方米，振动标线2895平方米，普通标线3416平方米。“绿满荆楚”行动顺利推进，完成武神路(神农架段)、神宜路、酒木线、阳观线、大下线、机场路、大九线、杜阳线等9个公路项目沿线绿化184公里，被林区政府授予“绿满荆楚”先进单位并在全区三级干部会上作典型发言。完成三堆河、茨介坪公路服务区建设，在国省道沿线燕天、红旗岩、红坪三处修建观景台、停车场等辅助设施，提高公路综合服务能力，“路在林中展、溪在路边流、车在景中行、人在画中游”公路与自然相和谐的公路环境得到彰显。

路政管理。采取固定、流动、集中治理超限行动，多措并举打击超限车辆，通过专项整治和常态化治超等行动，治超力度进一步加强、治超成

2014年2月16日至18日，林区公路路政养护联合除雪防滑保畅

效进一步显现。及时清除违章占道，拆除非法建筑标志及违章建筑，路政案件查处率、结案率、索赔率均达到100%。非法营运打击力度不断加强，稽查取证手段不断完善。

综合运输。全区客运线路42条，公交线路2条。其中省际客运班线2条、市际客运班线17条、区内客运班线23条。有道路运输经营业户730家，道路运输从业人员2068人。其中客运经营业户104家(公司化经营7家、个体经营97家)，货运经营业户582家，维修业户42家(其中二类维修5家、三类维修30家、摩托车维修业户7家)，驾校1家，机动车综合性能检测站1个。全区有营运车辆954台，其中，货运车辆669台、客运车辆285台(班线客车70台、农村客车60台、旅游客车80台、市际包车4台、出租车68台、公交车3台)。开通机场路客运班线。神农架至万州班线试行开通。松柏—八角庙公交延伸线路开通，公交3台车、2条线、1家公司的“321”组合受到省运管局表扬。全区旅游、班线、出租客运车辆GPS系统安全监督范围不断拓展，安全监管效果充分显现。继续推进道路运输企业安全生产标准化考评达标工作，考评达标工作逐步规范化、制度化和常态化。农村客运集约化、公司化营运工作逐步推进。全年完成道路客运量502万人次、旅客周转量1.93亿人公里，货运量454万吨、货物周转量9.19亿吨公里，分别比2013年提升13.3%、17.9%、15.4%、16.8%。

安全管理。积极推进企业安全生产标准化考评达标工作，深入开展安全生产大检查、道路客运专项整治、隐患排查治理、隧道桥梁专项整治、六打六治和打非治违等专项行动，圆满完成恶劣天气及春运等节假日期间安全保障工作，安全生产形势保持平稳。举办3期安全生产知识培训、1期农村公路培训。对区内国省道干线公路、施工工地各检查68人次，查处一般安全隐患23起，重大安全隐患1起，整改率100%。到各运输企业、维修企业安全检查48次，排查一般隐患20项，已整改20项，整改率100%。维修钢护栏5300米，安装、更换标志标牌148块，增设标线95公里。筹措资金150万元，对武神公路燕天段安全隐患进行公路滑坡治理。投入120余万元，对红花坪、青岩洞、燕子垭、椿树垭4个隧道进行安全照明设施改造，将落后的老式高压钠灯更换为节能环保的LED照明灯。投资15万元，对燕子垭、天门垭、茨介坪3个长隧道安装视频监控系统，实施有效监控，保证隧道安全运行。

2014年4月1日，新开通松柏至八角庙2号公交线

质量管理。全年组织质量综合督察10次，专项检查26次，日常巡查15次，通报4份，下发抽查意见通知书9份，组织交工检测10次。原材料检测钢筋18次、水泥44次、砂石料57次；现场检测水稳基层压实度32个点、水稳基层取芯38个点、强度89组、桩基5根。质量监管防控及时，对发现的质量问题及时进行督促整改，限时返工，各分项分部质量合格率100%。

依法行政。与人武部联合开展7天的行政执法岗位大练兵。开展为期3天的法律法规知识培训。开展“践行群众路线，创人民满意站所”活动，组织窗口人员文明用语专题培训，规范行政许可办理指南。林区运管物流局被省交通运输厅评为“创建人民满意基层执法站所优秀单位”。严格“三基三化”标准，开展案卷评查9次，狠抓执法监督检查，不断规范执法行为，无行政应诉、无重大渎职失职和公路“三乱”现象发生。

文明创建。开展“三万”活动，支持官封村修建农村通村公路1.2公里，投资30万元；为群众书写对联300幅；支持合作社发展，建大棚20个投资5万元；帮扶困难户新建房4户15人，维修危房95户；维修安全饮水蓄水池7个。区公路管理局开展志愿者服务活动，为林区福利院老人清洁房间并送去慰问品；运管物流局在出租车行业开展“我为林区形象添光彩”活动。完成文明创建动态管理系统登录工作，开展“文明城市创建”工作，设置公益广告和文明旅游宣传牌。

(沈绍林)

交通运输发展战略研究及前期工作

【交通促进政策研究】 2014年是政务服务环境优化年，为督促全省各级交通运输部门不断提升交通运输政务服务工作水平，改进工作作风，优化办事环境，省交通运输厅加大促进政策研究力度，印发《关于加强和改进交通运输政务服务工作的意见》，明确今后一段时期交通运输政务服务工作改进方向和具体措施。进一步规范政务服务行为，制定完善政务服务、行政审批各项制度，落实首问负责制、一次性告知制等五项基本制度；规范工作人员仪表、言行、举止，保持风纪严整、仪表端庄、规范着装，不得制服混搭；强化政务信息公开，公开审批依据、审批内容、审批程序、办理时限和收费标准。进一步规范行政审批程序，对纳入网上审批服务平台的所有省级审批项目，必须通过网上审批服务平台办理；严格按照法律法规、办事程序和时限要求办理各项行政审批事项和政务服务项目，准确制作、及时送达相应文书，不得体外循环，人为增加审批条件和办事环节；建立健全档案资料和台账。进一步加强政务服务监督，拓宽监督渠道，通过网站、公示栏、执法监督岗等方式广泛公开举报投诉电话；规范人员管理，实行工作效能考核激励机制，加强监督检查，建立定期回访机制。 （鲁军）

【物流基地研究】 货运枢纽建设加快。截至2014年底，依托产业集聚区、货物集散地、综合运输枢纽，全省布局建设71个物流基地项目，武汉东西湖保税物流园、荆门众城物流园、宜昌爱奔物流园、襄阳乾通物流中心等12个建成运营，恩施货运中心等37个项目开工建设，武汉物流交易所等20余个项目开展前期工作。长江、汉江沿线宜昌、荆州、武汉、黄石、襄阳等市以港口为枢纽，基本形成以400万标准集装箱吞吐能力为标志、公铁水为一体的五大港口综合交通枢纽。全省范围内15个铁路货场改造转型为物流中心。武汉东西湖保税物流园园区形成第三方物流总部、电子商务产业、快递业等集群；150余家物流企业入驻汉口北物流中心，有效服务周边15大专业市场群；宜昌爱奔物流园“基地+网络+平台”模式，服务功能不断提升，年吞吐量达200万吨，交易额达100亿元；水运“一港双园”驱动模式加快发展，50多个与工业园区、物流园区配套的港口项目日渐成型。

运输市场组织化发展提速。2014年1月18日华中大道快运联盟成立，7月20日华中道路客运小件快运联盟成立。长江公水甩挂运输联盟启动相关工作，武汉、襄阳、鄂州、十堰、荆门等7家企业纳入交通运输部公路甩挂运输试点项目。顺丰等国内前10位快递企业在武汉设立区域分拨中心或总部，TNT、德邦物流等领军企业相继落户湖北，并开通武汉至北上广等国内主要城市公路干线运输班线；襄阳东风合运、武汉大道物流等一批本土企业迅猛发展，积极构建以武汉为中心的省内支线网络和以主要省会城市为支持的干线网络。3月，武汉大道物流公司获得“中国道路运输领袖品牌”称号。全球排名前16位的航运企业，有14家在湖北省设有办事处和分支机构，马士基、地中海等全球领先航运企业入驻武汉。全省拥有5万载重吨以上运力规模企业23家、10万载重吨以上运力规模企业7家，较“十一五”期末分别增长48%、40%。华中航运集团整合市场、网络、人才、资金等多方面的资源，全力拓展航运服务产业链；黄冈楚江物流有限公司运贸和港口运输一体化服务，促进企业提档升级。

围绕提升货运效率目标构建多式联运干线运输通道。武汉铁路局15个货场通过改造转型为物流中心，9条铁路专用线与港口对接，管内主要港口通过铁路运输的货运量近年来均在1000万吨左右，约占港口吞吐量的5%。泸州—武汉—台湾集装箱快班、武汉至东盟试验性航线、武汉至上海洋山江海直达班轮运输、川江载货汽车滚装运输、武汉至沪渝地区商品汽车滚装运输等水运重点航线共推长江物流大通道建设，年运送商品汽车27万辆、载货汽车近29万辆/货物1400万吨。5月，“汉新欧”铁路国际集装箱班列启运，实现常态化开行。9月，湖北、广西两地交通运输企业携手打造的陆路“东盟物流直通车”开通，48小时直达河内，货源充足，前景良好，有望成为以湖北为起点的首条国际陆路物流大通道。

农村物流融合发展进程加快。7月，省交通运输厅与省邮政管理局联合下发《关于加快推进全省公路、水路运输业与邮政业融合发展的通知》，10月，省交通运输厅联合湖北日报传媒集团、省商务厅、省供销合作总社、省邮政管理局、省邮政公司、中国邮政速递物流股份有限公司、顺丰速运(集团)有限公司等8家单位签署湖北省《农村物流发展战略合作协议》，共同打通农村公共服务“最后一公里”。全省新建和改造100个农村物流综合服务站，在南漳、宜城、长阳、兴山、罗田、竹溪、钟祥等地出现交邮共建、资源共享、招商引资、交农对接、引进物流企业改造以及一体化运作等农村物流推进方式，鹤峰县初步建立县、乡、村三级物流信息网络，秭归县开通农产品货运班线。荆门众诚、十堰寿康永乐、十堰徐家棚物流园、恩施好又多华硒物流园等一批物流企业着力探索以城市物流园区为核心，以农村物流站为节点，城乡一体化物流配送新模式。《宜城市交邮共建促进农村综合物流发展试点方案》、《鄂州市百里长港示范区农村物流建设试点方案》获准批复。

物流信息化建设稳步推进。湖北交通运输物流公共信息平台工可及建设总体方案通过专家评审，信息平台进园区试点工作有序推进，省级物流信息平台完成与国家信息平台联通与查询，与物流园区互联互通机制进一步完善。水路交通电子口岸建设成效明显，武汉、宜昌等地集装箱码头实现集装箱电子化管理并与海关联网。宜昌爱奔“公路港”深度整合车源、货源等信息，提升车、货信息对接交易效率。武汉大道物流公司搭建多功能物流管理平台，实现货物流、资金流、信息流有机结合与高效运转，开拓高端物流市场，年代收款项达到40亿元左右，每年为客户节约费用5000万元以上。

统筹开展物流基地相关专题研究。通过开展港口综合交通枢纽专项研究，提出在宜昌云池、荆州盐卡、武汉阳逻、黄石棋盘洲、襄阳小河等地以港口为枢纽和节点，统筹港口码头、物流园区、产业园区、集疏运系统、绿色低碳和信息化建设试点，探索港口综合交通枢纽建设途径。通过开展港口集疏运系统建设专项研究，提出港口集疏运道路性质、层次划分、边界范围、建设标准、推进机制和支持政策，为解决“最后一公里”决策提供依据。通过开展交通运输推进物流业健康发展总体设计研究，结合湖北得中独厚的物流发展先天条件，确立全省交通运输推进物流业发展“三中心、二基地”(全国主要的多式联运中心、全国性中转分拨中心、区域性物流信息中心、物流服务基地、改革先行与创新示范基地)战略定位。通过开展无水港布局方案及运作模式研究，统筹谋划全省无水港建设，提出运作模式及政策建议，打造武汉长江中游航运中心，提升湖北港航业发展水平，促进湖北长江经济带建设。组织开展多式联运发展战略规划研究，提出全省发展多式联运总体思路、主要模式、推进路径、工作重点、政策需求等发展战略，为推进多式联运提供及时科学的行动指导。

体制机制保障作用增强。省交通运输厅《物流工作推进方案》明确省级层面物流工作8大类27项重点内容，在公路港建设、甩挂运输发展等方面出台一系列指导文件，“通盘谋划、分层推进、分工落实、协同配合”物流工作推进机制运转顺利。争取交通运输部车购税投资补助8000万元、省级财政建立每年1亿元的交通物流发展专项资金，武汉市每年安排5000万元物流发展专项资金，宜昌市对交通运输企业当年入库税收超过1000万元的，按照增长部分地方实际分享的30%奖励给企业。（张欢）

【交通规划管理】 积极谋划湖北交通长远发展。组织编制《武汉长江中游航运中心总体规划纲要》，获得省政府批复实施；组织完成《关于长江流域综合运输体系建设的调研报告》，编制完成《长江经济带湖北综合交通运输体系规划》初稿，进一步完善湖北交通发展顶层设计；组织对《湖北省内河航运发展规划》进行修编，重新审视湖北内河航运的比较优势和发展路径。全力争取国家规划支持。242国道、209国道恩施境内路段成功分线布设，汉英高速出口路、黄冈沿江一级公路等一批项目调增进入国家公路网规划；三峡翻坝体系、过江通道等一批重大项目纳入国务院发布实施的《长江经济带立体交通走廊规划》；交通运输部“十三五”规划编制工作启动会，及贯彻落实《国务院关于依托黄金水道推动长江经济带发展的指导意见》交通运输工作推进会在湖北召开。全面启动“十三五”前期研究。组织召开视频会，对全省“十三五”交通规划编制工作进行统筹部署，全面推进“十三五”交通总体发展战略、交通运输需求等前期课题和专项规划研究并取得初步成果，为科学编制“十三五”规划提供支撑。系统谋划一批重大项目。抢抓长江黄金水道发展机遇，组织编制《江汉平原骨干航道网规划》、《湖北省港口集疏运通道规划》，从促进湖北内河航运优势发挥的角度谋划一批重大交通项目。（徐文学）

【规划编制】 湖北省交通运输发展“十三五”规划。根据交通运输部、省政府的安排，省交通运输厅在编制完成全省公路水路交通“十三五”发展规划的基础上，完成综合交通“十三五”发展规划编制工作。为保证规划工作顺利进行，成立2个规划编制专班，制定详细工作计划、开展实地调研、咨询专家意见，2014年年底前完成《湖北省公路水路交通运输“十三五”发展规划大纲》、《湖北省综合交通运输“十三五”发展规划大纲》初稿，为2015年全力推进两项规划编制工作打牢基础。

湖北省港口集疏运通道规划。3月，通过广泛搜集国外及外省有关港口集疏运通道建设的思路和做法，深入长江、清江沿线主要、重要港口进行为期一个多月的实地调研，全面掌握湖北省港口集疏运通道现状，对全省主要重要港口、港区、作业区等多个层次几十个节点的集疏运线路进行需求预测和线路规划，多次征求相关部门意见和建议，4月底完成《湖北省港口集疏运通道规划》送审稿。5月13日省交通运输厅组织召开专家评审会，与会专家一致认为规划思路明确、方法科学、操作性强，对全省港口集疏运建设具有重要指导意义。

新疆农五师物流业发展规划。5月16日，按照新疆生产建设兵团第五师要求协助编制2014—2020年物流发展规划，拟定工作方案，搜集资料，于8月11日完成规划初稿。8月底，征求相关部门意见后对规划进行修改完善并提交规划稿。规划立足于当地发展实际，结合物流发展布局特征，提出“一带、四园、六中心”的空间布局和五大重点任务。

参与完成鄂西圈“十二五”规划中期评估，跟踪钟祥市及柴湖镇农村交通发展专项规划进展并提出修改意见，配合交通运输部规划研究院启动《长江经济带湖北省综合交通运输体系规划》编制工作。（胡莎）

【专项研究】 湖北省“十三五”综合交通运输体系建设研究。2014年5月，省发改委印发《湖北省“十三五”规划前期研究课题指南》，明确由省交通运输厅负责完成《湖北省“十三五”综合交通运输体系建设研究》课题，厅规划研究室承担具体研究工作。5

月底，成立研究专班，确定工作大纲，充分征求武汉铁路局、湖北省邮政管理局、湖北机场集团等单位“十三五”发展初步思路、意见与建议，实地调研，强化技术研讨，不断对报告内容进行调整，9月初完成课题报告。9月底，省交通运输厅组织召开课题评审会，研究专班根据评审意见对报告进行修改完善后按时提交课题报告。该报告在分析交通发展现状的基础上，研究提出“十三五”全省综合交通发展思路、主要目标、重要任务，为编制全省综合交通运输“十三五”发展规划提供重要参考。

“十三五”规划前期研究。为编制好全省“十三五”期交通发展规划，2014年年初启动《“十三五”期湖北省交通运输需求研究》和《湖北省交通运输转型发展战略研究》专题研究工作，为此分别成立2个课题组，制定工作计划。课题组全面分析当前经济社会发展形势，在全省“十二五”交通规划中期评估基础上，对全省17个市州进行现状调查分析，征求厅机关有关处室、部规划院、北方交大等行业专家意见，9月底完成两项专题研究报告。12月2日，组织召开《湖北省交通运输转型发展研究》专家评审会。该专题研究在分析国内外交通运输发展历程和湖北交通运输转型发展战略背景的基础上，提出全省交通运输转型发展的总体目标、指标体系、实施路径、保障措施，其成果为编制全省交通运输“十三五”发展规划提供重要参考。12月29日，组织召开《“十三五”期湖北省交通运输需求研究》专家评审会。该专题研究根据各项预测结果和需求分析，研究“十三五”期全省交通运输发展目标，提出资金需求及有关建议，对科学谋划“十三五”湖北省交通发展具有重要支撑作用。

此外，根据李鸿忠书记“关于在红安县经济开发区办工厂在武汉开店的交通问题，请省直有关部门和武汉市、黄冈市、红安县抓紧规划建设”的指示精神，两次赴红安进行实地调研，认真分析红安经济开发区发展现状及与武汉对接的交通情况，测算未来5～10年交通量需求，完成调研报告。为解决长江三峡因过闸运量迅猛增加而成为长江黄金水道瓶颈的问题，赴宜昌对三峡枢纽综合交通和物流中心建设问题进行调研，全面分析三峡枢纽过坝运输取得的成绩及存在的问题，提出解决过闸能力不足的具体思路。参与起草关于落实依托长江黄金水道推进长江经济带发展指导意见中的推进湖北综合交通发展的若干意见。配合完成农村客运发展规划编制管理办法和编制指南制定工作。

（胡莎）

交通建设前期工作

【重点工程前期工作】 在建高速公路项目前期工作全面完成。紧紧围绕“十二五”规划目标要求，确保不因前期工作滞后影响项目建设实施。全省已建在建高速公路里程达6620公里，覆盖除神农架和鹤峰以外所有县市。在建的36个2195公里高速公路项目中，除城市圈环线高速孝感段、沙公高速等个别项目因投资人原因相对滞后外，其他所有项目均获批复核准，初步设计已获批复。所有按政府还贷模式建设的新增国高网项目工可、初步设计获省发改委批复，在缩短审批周期的同时，获得了国家资金支持。城市圈环线高速孝感段、麻竹高速大悟段已重新确定投资人，有望实质性启动建设。

规划高速公路项目前期工作超前推进。从中长期规划项目中筛选一批高速公路项目提前启动前期工作，切实做好项目储备。在995公里高速公路储备项目中，已完成或基本完成881公里高速公路工程可行性研究，其中2个项目合计72公里获核准、6个项目160公里核准审批要件基本齐备，具备核准审批前期工作条件，一批高速公路项目初步设计已完成或全面展开，棋盘洲大桥连接线、武汉市四环线北段、枣潜高速等一批项目已基本具备近期启动实施的前期工作条件。

长江大桥项目推进取得新进展。全省9座长江大桥建设一并进入实质性推进阶段。沌口长江大桥实质性开工建设；香溪长江大桥初步设计获批复，具备开工前期工作条件；嘉鱼、青山2座长江大桥核准要件齐备，初步设计基本完成，在积极为开工创造条件。其他长江大桥上报核准和后续前期工作加快推进，石首长江大桥用地预审获国土资源部批复，已具备核准条件；赤壁、武穴、棋盘洲、白洋4座大桥获国家部委正式受理，除用地预审外所有专题均获批复，其中赤壁、武穴、棋盘洲3座大桥通过国家部委组织的现场评估审查；相关大桥初步设计全面启动并取得阶段性成果。

（徐文学）

【站场物流前期工作】 按照行政审批制度改革要求，省运管局保留一级客运站和枢纽客运站工可与初设审批权，其余有关客运站场项目前期工作审批权限一律下放市州交通运输局，省运管局及时调整管理思路、了解各地适应情况，加强对各地审批管理的指导服务。审批权下放后，市州交通与运管系统加强站场建设管理的主动性、积极性明显提高，项目前期工作速度加快。

按照省财政预算资金竞争性分配管理有关要求，省运管局研究制定全省交通运输物流发展资金竞争性分配实施方案并及时向社会公开发布，同时加强政策宣传和培训，积极指导项目单位制定绩效目标、完善基础工作；严格按照“竞争性分配实施方案”规定的程序和要求，积极配合省财政厅和交通运输厅组织竞争性分配专家初审、竞争性分配专家审查，圆满实施全省2014年物流发展资金1亿元的竞争性分配工作，极大地激发了各地加快推进物流项目前期工作及建设进度的积极性。

为了形成推进物流业发展的合力，各地物流部门积极与发改委、交通局、商务局、财政局、税务局、土地局、规划局、邮政局等部门联系和沟通，争取各政府部门在物流基础设施建设规划布局、扶持政策、融资、用地、税费优惠等方面给予共同支持，确保项目前期工作有序推进。建立质量评价制，通过对站场项目设计文件的编制质量进行定期评价和通报，引导项目业主优选咨询、设计单位；健全专家评审制，在全市乃至全省范围内优选交通规划、建筑设计、站务管理等方面造诣较深的专家，通过专家把关完善站场交通功能、换乘功能设计等，从而提升前期工作质量。

（许利君）

【港航工程前期工作】 汉江雅口航运枢纽工程前期工作。2014年3月4日至5日，交通运输部规划研究院在襄阳组织召开《汉江雅口航运枢纽工程工程可行性研究报告》审核会议，最终通过交通运输部委托审核单位的审核。3月20日至21日，受国家发展改革委委托，中交水运规划设计院有限公司组织专家组在武汉对《汉江雅口航运枢纽工程工程可行性研究报告》进行评估咨询，最终通过国家发展改革委委托咨询单位的评估。10月14日，交通运输部正式向国家发展改革委出具《交通运输部关于汉江雅口航运枢纽工程可行性研究报告的意见》（交规划函〔2014〕849号）。

2014年，汉江雅口航运枢纽工程16个专题报告编制和审批工作有序推进，《建设用地地质灾害评估报告》、《建设用地压覆矿产专题报告》、《文物古迹调查评估报告》、《地震安全性评价报告》、《水文站影响专题报告》、《水工程规划同意书》、《建设用地预审意见》7个专题报告获得批复；《电力接入系统专题报告》、《水土保持方案报告书》、《工程安全预评价报告》、《劳动安全卫生预评价》、《行洪及河势影响报告》、《航道及通航安全影响论证报告》、《社会稳定风险评估报告》等8个专题报告编制完成，履行审批手续；《环境影响报告书》编制完成，上报交通部综合规划司审查。受交通运输部综合规划司委托，交通部规划研究院于2014年12月19日在襄阳组织召开《汉江雅口航运枢纽工程环境影响报告书》技术评审会，并形成专家组意见。

（省港航管理局）

【湖北省交通规划设计院】 2014年，完成枣潜高速襄阳南段（简称枣潜）、沙市至公安高速公路观音垱至杨家厂段（简称沙公）、城市圈环线孝感段高速公路和香溪、嘉鱼、石首、青山、武穴长江大桥等项目的勘察设计；完成汉江雅口航运枢纽工程可研上报工作；加强麻城至竹溪高速公路（简称麻竹）、宜昌至张家界高速公路（简称宜张）、潜江至石首高速公路潜江至江陵段（简称潜石）、麻城至武穴高速公路（简称麻武穴）等近2000公里在建高速公路项目和引江济汉通航工程后期服务；完成缅老、乌干达2个项目的勘察设计。完成工程检测合同产值3000多万元。

勘察设计市场。全年新增勘察设计合同额3.56亿元，进账收入4.77亿元，实现利润1021万元，市场形势总体稳定，经营工作保持良好态势。一是积极参与市场竞争，上半年先后在汉江雅口航电枢纽工程、黄石至阳新公路黄石段等一批普通公路、水运和市政项目的投标中胜出，巩固了普通公路市场的占有率。二是水运市场取得新突破，成功承接了长江一批港口码头勘察设计任务，稳定了长江水运市场。承接了嘉鱼港石矶头港区综合码头二期工程总承包任务，福建厦门和江西省内水运项目经营工作也取得实质性进展，全年水运项目勘察设计合同额历史性地突破1亿元。三是积极开拓国外市场，加蓬、乌干达、埃及等国家项目取得积极进展。四是工程检测市场占有率进一步提高，全年新签合同额突破4000万元，保持良好发展势头。

结构调整。为适应市场变化，优化产业结构，设计院制定业务结构调整方案和目标，加大结构调整力度。围绕业务调整，积极开展资质申报工作，成功取得轨道交通甲级资质；水运市场取得较大突破，水运专业合同额达1.04亿元，与2013年同比增长40.73%；建筑市政市场取得突破性进展，2014年新签合同额达4329万元，同比增长275.62%；招标代理和试验检测业务较快发展，合同额有了较大幅度增加。

勘察设计服务水平。进一步强化勘察设计质量意识和责任意识，加大对勘察设计产品审查力度，确保工程质量安全。召开质量工作专题会议，总结质量管理经验，通报设计中的“错、漏、碰、缺”现象并进行处罚，修订完善质量管理制度，对2014年质量重点和目标进行具体部署。加强设计后期服务，院领导亲自带队到麻竹、麻武穴、谷竹、襄随、十房、谷竹高速公路等建设工地开展设计回访，加强与业主沟通，推动重点工程进度。加强标准化建设工作力度，保证院标准化成果的通用性和及时性。加大科研投入，鼓励和支持技术人员结合生产项目进行科技创新，对示范性创新成果进行奖励和推广。全年获得国家级、省部级质量奖和勘察设计奖22项。具体如下表：

序号	获奖项目名称	奖 励 等 级	颁 奖 单 位	获奖时间
1	一种用于螺旋板载荷试验仪传力杆起拔装置	实用新型专利	国家知识产权局	2013.12
2	一种防护栏	实用新型专利	国家知识产权局	2013.12
3	阳逻长江公路大桥工程	优秀设计成果一等奖	国家工程建设质量审定委员会	2014.08
4	杭瑞高速公路湖北阳新至通城段	优秀设计一等奖	中国公路勘察设计协会	2014.12
5	混合结构超大跨径斜拉桥关键技术研究	科技进步一等奖	湖北省人民政府	2014.12
6	荆岳长江公路大桥建造关键技术研究	科技进步一等奖	中国公路学会	2013.01
7	大跨度高低塔混合斜拉桥施工与控制关键技术及应用	科技进步二等奖	湖南省人民政府	2014.01
8	上海至成都高速公路武汉至荆门段	优秀设计一等奖	湖北省住建厅	2014.10
9	岳阳至宜昌高速公路宜昌段项目申请报告	优秀咨询一等奖	湖北省工程咨询协会	2014.11
10	沪蓉国道主干线湖北宜昌至恩施公路龙潭隧道综合勘察	优秀勘察一等奖	中国公路勘察设计协会	2014.12
11	深长岩溶隧道突水突泥地质灾害控制关键技术及工程应用	科技进步二等奖	中国公路学会	2015.01
12	福州至银川高速公路九江长江公路大桥	优秀设计二等奖	中国公路勘察设计协会	2014.12
13	大庆至广州高速公路湖北省黄石至三溪段	优秀设计二等奖	湖北省住建厅	2014.10
14	随州至岳阳高速公路湖北省北段	优秀设计二等奖	湖北省住建厅	2014.10
15	监理至江陵高速公路项目申请报告	优秀咨询二等奖	湖北省工程咨询协会	2014.11
16	大跨径双直立塔 PC 梁跨江斜拉桥关键技术研究	科技进步三等奖	中国公路学会	2015.01
17	上海至成都高速公路湖北省麻城至武汉段	优秀设计三等奖	湖北省住建厅	2014.10
18	沪蓉国道主干线湖北宜昌至恩施公路马水河特大桥	优秀设计三等奖	湖北省住建厅	2014.10
19	武汉至英山高速公路新洲至罗田段	优秀设计三等奖	湖北省住建厅	2014.10
20	省道阳枫线黄州堵城至鄂黄桥段改建工程可研报告	优秀工程咨询三等奖	湖北省工程咨询协会	2014.11
21	设计全过程质量控制质量管理小组	优秀成果奖	中国交通企业管理协会	2014.08
22	勘察全过程质量控制质量管理小组	优秀成果奖	中国交通企业管理协会	2014.08

转企改制。2014 年 6 月 30 日，设计院整体划入中南工程咨询设计集团公司，正式开启转企改制进程。在集团公司党委领导下，院党委充分调动全体职工支持改制、参与改制的积极性，正确把握舆论导向，营造良好的改革氛围。至年底，基本完成转企改制前期工作。一是按照集团文件和国有资产管理办法等相关规定工作程序、方法和政策，进行账务清理、财产清查，依法完成各项资产损益认定。二是完成 2014 年财务审计工作，完成资产评估工作主体报告，已上报待批。三是在职代会通过医保、年金和房贴实施方案。设计院基本建立企业年金制度、加入基本医疗保障体系、完成房贴计算工作，保障了职工利益，维护了企业稳定。四是聘请专业咨询公司，依据国家和省、市法规，对单位改制后职工安置所需各项费用进行测算计提并上报国资委待批。五是设计院积极按照集团公司成立城建院和安环院的决策，配合集团公司相关部门完成城建院工商注册、人员划转等工作。六是按照现代企业制度要求，完成《薪酬分配制度》、《生产经营管理办法》等核心制度的起草待职代会审议通过后实施。

2014 年，设计院 1 名职工入选“黄鹤英才计划”，1 人荣获首届“全国公路优秀科技工作者”称号。（郑欢）

交通基础设施建设

【全省交通基础设施建设】 2014年，全省交通固定资产投资年度确保目标为700亿元，其中：高速公路410亿元，普通公路220亿元，港航建设50亿元，站场建设20亿元。据统计，全省完成交通固定资产投资首次突破千亿元大关，达到1090亿元，位居中部第一，全国第三。其中：高速公路完成503亿元，为年度目标的120.5%；普通公路完成461亿元，为年度目标的209.4%；港航建设完成76亿元，为年度目标的152%；站场建设完成50亿元，为年度目标的250%。

2014年，全省新增公路里程10020公里，其中新增高速公路763公里、一级公路555公里、二级公路457公里、四级公路9651公里，减少三级公路136公里、等外公路1270公里。截至2014年底，全省公路总里程达到236932公里，其中高速公路5096公里、一级公路3344公里、二级公路18033公里、三级公路12089公里、四级公路185621公里、等外公路12749公里，等级公路所占比重达到94.62%，较2013年提高了0.8个百分点，二级及以上公路所占比重达到11.17%，较2013年提高了0.3个百分点。全省公路沥青混凝土路面18011公里、水泥混凝土路面166386公里、简易铺装路面17864公里，公路路面铺装率为85.37%。全省公路按行政等级分(原行政等级)，国道6691公里、省道12340公里、县道20166公里、乡道63865公里、村道133085公里、专用公路785公里。全省公路密度达到127.46公里/百平方公里，乡镇通畅率为100%，行政村通达率为100%、行政村通畅率为99.75%。

截至2014年底，全省航道总里程达到8553.6公里(不含界河里程)，较2013年增加162.7公里，其中三级航道新增389.2公里、四级航道减少7公里、五级航道减少125.2公里、七级航道减少80公里、等外航道减少14.3公里。按航道等级分，共有一级航道269公里、二级航道769公里、三级航道688.3公里、四级航道449.9公里、五级航道939.3公里、六级航道1780.5公里、七级航道1206.9公里、等外航道2450.7公里，等级航道所占比重为71.3%，三级及以上航道所占比重为20.2%。

1.公路重点工程建设。2014年，全省在建高速公路39条2287公里(含12月3日开工的沌口长江公路大桥和12月20日开工的棋盘洲大桥连接线)，其中湖北省交通投资有限公司投资建设项目29个1876公里，其他企业(或政府)投资建设项目10个411公里。全年累计完成固定资产投资503.4亿元，占年度确保目标(410亿元)的120.5%,同比增长18%。已实质性启动、有实物工程量的建设项目累计完成投资占年度目标比重如下：武汉天河机场第二公路通道516%、武汉四环线高速公路南段(龚家铺至中洲)202%、武汉至深圳高速公路武汉段193%、武汉城市圈环线高速公路咸宁西段181%、潜石高速潜江至江陵段164%、武汉至深圳高速公路嘉鱼至通城段146%、武汉四环线高速西段145%、武汉至监利高速公路洪湖至监利段143%、襄阳绕城高速公路东南段142%、监利至江陵高速公路140%、宜昌至张家界高速公路宜都至五峰段136%、麻城至竹溪高速公路襄阳西段(宜城至保康)129.5%、岳阳至宜昌高速公路宜昌段128.8%、通城至界上(鄂湘界)高速公路128.5%、麻城至竹溪高速公路襄阳东段(随州至宜城)126%、麻城至竹溪高速公路随州西段125%、郧县至十堰高速公路123%、保康至宜昌高速公路襄阳段122%、黄冈至鄂州高速公路团风段119%、利川至重庆万州高速公路湖北段118%、宜昌至张家界高速公路当阳至枝江段117%、十堰至房县高速公路114%、武汉城市圈环线高速公路仙桃段111%、武汉城市圈环线高速公路洪湖段110%、恩施至来凤高速公路107%、麻城至武穴高速公路106%、恩施至重庆黔江高速公路宣恩至咸丰(鄂渝界)段105%、黄冈至鄂州高速公路100%、谷城至竹溪高速公路100%、岳阳至宜昌高速公路石首至松滋段(江南高速公路)100%、二广高速公路荆州东岳庙至卷桥段改建79%、麻城至竹溪高速公路黄冈段52%、咸宁至通山高速公路32%、老河口至宜昌高速公路老河口至谷城段26%、银川至百色高速公路建始至恩施段21%。

2014年年初确定的"确保建成谷竹、保宜宜昌段、江南等3个项目402公里"全部通车，"力争建成恩来、恩黔、十房、麻竹随州西、麻竹襄阳东、黄鄂高速团风段等6个项目347公里"全部完成，未列入目标任务的通界高速也建成通车，共建成高速公路10个项目763公里，是历年来高速公路建成通车里程最多的一年，高速公路总里程突破5000大关，达到5096公里。

2.普通公路建设。2014年，全省累计完成普通一级公路735公里，为年度目标876公里的84%；完成二级公路2179公里，为年度目标1681公里的130%；年累计完成农村公路新改建14274公里，为年度目标12000公里的119%；完成农村公路桥梁建设207座12964延米，为年度目标12203延米的106%。从完成情况看，一级公路建设进度略微滞后，二级公路、农村公路及农村公路桥梁建设等指标均超额完成年度目标。四个集中连片特困地区特色扶贫路(大别山"红色旅游路"、秦巴山"环库生态路"、武陵山"清江画廊路"和幕阜山"休闲旅游路")快速推进，全年完成形象进度达到年度目标的105%。

全省各级交通公路部门深入开展"竞进杯"劳动竞赛活动，按照保发展、保目标的要求，强化工程调度、服务督办等工作，稳步推进项目建设。一是加强组织调度。省交通运输厅厅长尤习贵、副厅长马立军等厅领导多次到各片区调研督导，在咸宁、恩施、十堰等地分别召开专题座谈督办会，就加快片区公路建设问题与地方政府协调沟通，对加快推进"四个片区特色路"建设进度提出明确要求。各地积极争取地方政府支持，落实配套资金，层层发动，倒排工期，整合一切力量全力参与。省公路局对全省在建项目分门别类地制作作战图，采取以日保旬、以旬保月、以月保季、以季保年的强有力措施，想方设法推动工程朝前快速推进。二是强化重点工程服务指导。省公路局组建集中连片特困地区四条特色公路、国省干线公路建设工程建设工作领导小组和技术服务专班，技术服务专班每月不少于2次深入施工现场，对项目前期工作、建设进度、环保绿化、施工管理等各个方面进行全面服务指导。三是强化协调督办。省公路局采取“分片包干”制度，对普通公路建设一季一督办，一月一通报，全年共组织了三次覆盖全省的专项督办活动，由局领导带队，深入各市县建设项目现场，对一、二级公路建养形象进度计划执行情况、政府债券资金到位情况以及已下达计划仍未开工项目和工程进展严重滞后项目等开展督办，促进了项目顺利推进。

3. 港航建设。2014年，全省港航建设累计完成投资76亿元，为年度目标的151%，其中内河航道项目完成投资2.67亿元，内河港口项目完成投资73.33亿元。年初目标责任确保完工项目水工均基本完工，其中武汉新港汉南公用综合码头、宜昌港枝江港区姚家港综合码头、武汉新港和润物流码头已试运营，白浒山港区左岭作业区煤码头工程即将试运营。年底新增港口吞吐能力1200万吨。

2014年，省港航局围绕水运建设形象进度与实际投资相一致，有针对性地制定实施“三挂钩”(省补助资金与开工泊位数、与形象进度、与本地区整改成效挂钩)的激励约束机制，通过分片区督查、召开调度会、签订责任目标，推动茅坪二期、白洋一期、李埠港一期、沙洋港一期、钟祥石牌码头等5个项目18个泊位按批复规模开工，投资与工程形象进度符合率达到92%。截至2014年底，汉江碾盘山至兴隆段航道整治工程及8个港口项目开工建设，江汉运河建成通航且每月船舶通过量呈直线增长态势，810公里高等级航道圈效益凸显。“十二五”以来，全省在建水运项目达到113个，投资总规模308亿元，新增三级以上高等级航道614.4公里，新增泊位92个，港口通过能力达到3亿吨。

2014年9月，省港航局申请解禁鄂东圈以外城市港航建设项目并获得批复，10月申请鄂东圈内不涉及港口资源整合的建设项目解禁，部分获得批复。截至2014年底，全省已有25个项目取得前期工作进展，汉江雅口航运枢纽工程工可报告已通过发改委评估和交通部组织的行业审查；汉江碾盘山至兴隆段航道整治工程、武汉新港林四房港区四房湾作业区液体化工储运码头工程、宜昌港长江三峡枢纽旅客翻坝转运中心码头工程、武汉汇通工贸综合码头、荆州港木沉渊港区江陵跃进综合码头、湖北星丰金属资源有限公司废金属加工项目码头、国际博览中心轮渡旅游码头、汉南商品汽车滚装码头、嘉鱼港石矶头港区临江山物流园区综合码头工程、宜都港区红花套作业区综合码头工程、荆门钟祥石牌码头、十堰上庸镇旅游综合码头、长岭旅游码头、武汉新港白浒山港区左岭作业区煤码头工程等14个项目开工。蕲河河口至西河驿段航运开发工程、襄阳港小河港区综合码头一期工程、襄阳港陈埠港区陈埠码头工程、宜昌港枝江港区七星台金太源货运码头工程等4个项目取得初步设计批复；荆州港朱家湾综合码头二期工程、武汉新港唐家渡港区钟家湾综合码头工程、宜昌港长阳港区翻坝码头一期工程等2个项目工可已批复或已核准，湖北荆州煤炭铁水联运储配基地一期工程、襄阳港喻家湾港区格垒咀作业区综合码头工程、恩施港汾水港区大清江综合码头、沙洋港后港作业区综合码头工程、鄂州港三江港区综合码头一期工程、黄石港阳新港区富池作业区综合码头工程6个项目工可已审查待批复，武桥重工码头、荆州港荆州开发区工业综合码头工程、武穴港盘塘港区江昌建材贸易码头工程、武汉新港唐家渡港区锦江综合码头4个项目工可已备案。

3亿元长江港航建设专项资金首次引入竞争性分配，坚持“政府推动、市场主导，集中资金、重点突破，公开透明、竞争择优”，对市场化程度高、资金分配结果具有可选择性的港口、船舶、水上搜救系统项目采取竞争性分配，对其他航道项目、安全监管设备项目采取绩效评估、专家评审方式进行分配，为全省水运建设提质增效注入新的生机和活力。

4. 站场建设。2014年，全省站场建设累计完成投资50亿元，为年度确保目标的250%，为力争目标的151%，同比增长35%。建成襄阳旅游长途站、孝感客运中心站(改扩建)、孝感北客运站、兴山昭君客运站等15个公路客运站场项目，建成黄石罗桥物流园、荆门众城物流园、宜昌爱奔物流园、襄阳乾通物流中心等12个货运枢纽(物流园区)项目。国家连片扶贫开发站场建设取得阶段性成果，8个县级客运站全部完成工可、初设批复，4个已开工建设；在三个片区26个县安排新、改建74个农村综合运输服务站和1000个候车亭。在城乡客运公交化改造班线沿途安排建设港湾式候车亭126个。

年度物流项目数量和固定资产投资规模均创历史新高。全年预安排交通物流发展规划建设项目69个，各地申请参与交通运输物流发展资金竞争性分配经初审符合条件项目34个，获得物流发展资金补助项目28个。建成运营的货运枢纽(物流园区)项目12个，打造农村综合物流网络体系示范建设项目2个，完成交通物流基础设施建设投资38.16亿元，为2013年投资规模的1.46倍。全年争取部、省交通物流项目建设补助投资2亿元。其中：交通运输部补助投资1亿元(恩施货运中心3500万元、十堰许家棚物流园3500万元、孝感华中锦龙物流园3000万元)；省财政预算物流发展资金1亿元，专门用于补助和引导货运枢纽(物流园区)项目以及农村综合物流网络体系示范建设。特别是省财政支持交通运输物流发展力度之大、安排资金之多，为历年之最。（罗羽）

【武汉长江中游航运中心建设】 2014年2月7日，省委省政府印发《武汉长江中游航运中心发展规划纲要》，为武汉长江中游航运中心建设提供引领和指导。成立《加快武汉长江中游航运中心建设发展研究》课题领导小组，主要研究讨论如何落实并加快武汉长江中游航运中心建设发展。完成《关于加快武汉长江中游航运中心建设推进湖北水运发展的若干意见》代拟稿，提出武汉长江中游航运中心建设的发展目标、主要任务等。完成《加快武汉长江中游航运中心建设发展研究——集疏运体系建设》。

省级财政预算每年安排5亿元专项资金用于湖北水运发展。全省港航部门全面推进江汉平原航道网骨干航道整治、蕲河航运开发、三峡库区湖北支流航道、宜昌港长江三峡枢纽旅客翻坝转运中心码头等工程建设，并调整列入部“十二五”投资补助计划，实现湖北省高等级航道升等联网，形成以武汉新港为核心，联动宜昌港、荆州港的武汉长江中游大型综合运输枢纽性港口群。（省港航管理局）

【武汉新港建设】 2014年，完成项目建设货币工程量28.52亿元，占年度目标28亿元的101.9%，其中阳逻港区三作业区一期工程、武汉长江航运中心大厦、武汉新港长江城“三大”项目货币工程量23.27亿元，完成武汉市政府下达的23亿元年度工作目标。

1.武汉新港阳逻港区三作业区一期工程。武汉新港阳逻港区三作业区是武汉新港核心港区的重点项目，规划新增集装箱泊位17个，集装箱年吞吐能力为340万标准箱，港口岸线全长2185米，陆域面积约2500亩，按照“总体规划、分部实施、分期建设”的原则规划建设。一期为上游侧8个泊位，二期为下游侧9个泊位。一期工程设计8个集装箱泊位，年通过能力为140万标准箱，港口岸线1034米，港区陆域面积约为1500亩，估算总投资约33.87亿元。根据国家发改委项目工可报告批复意见，起步阶段先实施一期其中4个泊位，设计年通过能力为70万标准箱，估算总投资约21.98亿元。2014年该工程完成货币工程量5.02亿元，为年度目标的100.4%；拆迁退地全部完成，码头水工结构工程完工并通过验收，陆域堆场基本形成，附属工程同步实施，为2015年开港运营打下坚实基础。

2.杨泗港地区整体搬迁和综合开发项目。杨泗港地区总用地面积约2679亩。该项目以“武汉新港长江城”为主题，规划港口商务、商业、时尚生活、滨水居住等为主导功能，规划中的杨泗港地区将形成“一区、一轴、两片”的整体空间结构，即长江文化旅游休闲区、武汉新港长江轴、商业配套服务片区及时尚居住生活片区。土地一级储备总投资约124亿元，按照总体规划、分块实施的原则进行滚动开发。2014年该项目完成货币工程量12.13亿元，为年度目标的101.08%。

3.武汉长江航运中心大厦暨民生路长航小区改扩建工程项目。项目位于武汉市江汉区核心区域，距离武汉关约为400米，总用地面积约72亩，分为一期和二期地块进行开发建设。其中一期地块面积37.8亩，用于武汉长江航运中心大厦建设，二、三期地块用地面积34.2亩，用于还建房和商住楼的建设。武汉长江航运中心大厦是集高级办公、酒店、港航服务中心等功能于一体的高档写字楼，拟建69层主楼、8层裙楼、光景长廊及阶梯绿化等，项目估算总投资37.62亿元。2014年该项目完成货币工程量6.12亿元，为年度目标的102%。

4.武汉新港阳逻保税园区项目。该项目是省、市重点项目，列为武汉长江中游航运中心“四平台、一特区、一主体”中四平台之一——临港开放平台，总投资约22.6亿元，规划总面积约1平方公里。园区规划包括保税仓库区、出口加工区、海关查验区、综合展示区、现场服务区、综合服务区等6大功能区，建设包括公共设施、营运设施和服务设施等三大内容。2014年园区完成投资3亿元，拆迁643户，占总拆迁户数786户的81.8%；分三批成功完成810.73亩土地的摘牌工作；完成一期221亩、二期262亩退地工作；完成土方工程量58万立方米；与中储棉富华棉业集团、天津渤海商品交易所等12家企业签订合作意向协议，引进意向投资35.5亿元。（姜华）

【湖北省交通投资有限公司】 全年完成投资383亿元，超额完成年度计划的20%，其中高速公路投资360亿元。完成融资570亿元，超额完成78%，同比增长41%。实现营业收入133亿元，同比增长24.3%；其中政府还贷高速公路通行费收入66亿元，同比增长8.2%，经营性项目实现营业收入67亿元，同比增长48.9%。营业收入过1亿元的子公司达6家，其中过30亿元的2家。全年实现净利润7.23亿元，同比增长23.8%。建成高速公路项目9个749公里，完成省政府工作报告中提出的目标任务，助推全省高速公路里程突破5000公里，结束10个县（市）不通高速的历史。通过投资建设，带动社会创造GDP约3000亿元。主要工作：

1.2014年，公司续建高速公路项目25个1631公里，总投资规模1450亿。围绕建设任务，公司成立督办专班，领导挂帅，靠前指挥，充分体现“在路上”的工作作风。开展劳动竞赛活动，将项目进度与绩效考核紧密结合，倒排工期，层层动员，周密部署，为保质保量提前完成建设任务提供有力保障。加强与省直部门及地方政府沟通联系，为项目建设营造良好的外部环境。针对隧道、桥梁等节点技术难题，开展专家会诊，齐心协力攻克难关。建立“总指挥办公室—项目公司—监理单位—施工单位”四级联动质量安全生产监管机制，所有项目工程质量合格率100%，均达到部颁优良工程标准。荆岳桥指挥部等单位荣获湖北省科技进步一等奖；沪蓉高速公路麻城至武汉段建设项目被国际路联授予“项目管理奖”，为该组织首次颁发给中国大陆地区项目的国际大奖；全省仅有武汉城市圈环线高速公路仙桃段、利万高速2个公路项目被交通运输部评为第四批部级“平安工地”示范创建项目。

2.在全国范围内开创高速公路“大

标段”建设先河，在全省首次实行“项目群”管理，引进“BOT+EPC”建设模式，推动融资方式由银行信贷为主向资本市场为主转变，通过创新管理综合降本100亿元。仅用半年时间就超额完成全年融资任务，固定资产贷款发放规模和增速均创历史新高。项目银团组建取得重大进展，新签订项目银团11个，超过前3年的总和；成功发行55亿元企业债、40亿元中期票据、85亿元私募债、53亿元保险资金债权计划；成立资本投资公司，浦发银行30亿元类永续债和中信银行70亿元“股+债”股权融资获得总行批复，第一期浦发银行30亿元股权基金已到位；启动财务公司筹建工作，2015年一季度有望获批。

3.树立“建设、运营一体化”理念，将后期运营需求融入前期建设，强化制度建设和岗前培训，实现建成之日即可通车的目标。成立区域性高速公路运营管理公司，统一负责新开通高速公路收费、养护、服务区、资产等业务管理工作。投入8500万元对所辖27对重点服务区进行维修改造，开展标准化建设，提升服务质量，得到社会好评。积极推进车型分类和货车计费方式与交通运输部对接工作。

4.各子公司均完成年度净利润计划目标。其中，高路公司、楚天公司、商贸物流公司净利润过亿元；服务区管理公司和鄂黄桥公司扭亏增盈；捷龙公司净利润同比大幅提升。全年与地方政府完成土地选址确认2319亩，累计完成12107亩，正式签订供地协议6276亩，启动土地项目策划8259亩，争取年度土地利用计划指标3288亩。稳步推进三江港新区、鄂西生态新镇、汉阳四新等一批转型发展项目。新型渗铝钢、沥青基地项目均已投产，并实现盈利。与湖北日报传媒集团等知名企业开展战略合作；高开公司开拓河南、重庆等省外市场；长江路桥公司启动海外施工市场的研究与探索，加入国际道路联合会，扩大在国际市场的知名度。针对上市公司实际，切实加强市值管理。

5.完善内部管控机制，增强公司发展动力。完善董事会、党委会、总经理办公会决策程序以及董事会专门委员会制度，清理整顿各类非常设机构。积极研究制定集团管控架构。增补职工监事，充分发挥监事会作用。对子公司实施“151工程”，初步形成“双挂双控”的绩效管理与考核体系。针对建设项目资金使用、主材集中采购、干部离任等重点环节开展内部审计工作，进一步规范权力运行，强化责任追究。

6.积极推进职代会提案落实工作，每季度跟踪催办并向提案人反馈，确保提案件件有着落、事事有回音。建立企业年金、补充医疗保险等制度，打造惠及职工的民生工程。建成1个总部职工服务中心和2个基层服务站，为职工提供一站式、全方位、多层次服务，受到省总工会高度肯定。与武汉大学合作，组织公司中高层管理人员开展高级工商管理研修班培训，有效提升队伍素质。举办“五四”座谈会、公司发展成果摄影大赛等文体活动，增强职工归属感和企业向心力。全年公司系统获省部级荣誉20多项。科技公司监理中心被授予“全国工人先锋号”，楚天公司路政三大队被授予“全国‘安康杯’竞赛优胜班组”，黄咸高速指挥部被授予“湖北五一劳动奖状”，宜巴高速界岭隧道青年技术攻关小组被授予“湖北省工人先锋号”。12月31日，省政府专门发文对公司通令嘉奖。 (吴伟)

省管交通建设项目

【保康至宜昌高速公路】 2014年9月28日，保康至宜昌高速公路宜昌段建成通车。宜昌段起于远安县与南漳县交界处的南襄城，经远安洋坪、旧县、花林寺和当阳双莲互通式立交以东接荆宜高速公路，路线全长68.442公里。全线设双莲枢纽、远安北、远安、当阳北4处互通式立交，3处匝道收费站，一处养护中心、管理及监控中心、服务区各1处。2014年，宜昌段完成投资7.63亿元，工程全部完工。

保康至宜昌高速公路襄阳段2014年完成投资26.96亿元，占计划22亿元的122.57%。襄阳段完成一期工程路基土石方96%，桥梁下构全部完成，T梁预制92%、安装86.4%，隧道开挖87.6%、衬砌86.6%；完成二期路面工程“三场一地”建设及基层试验段摊铺，完成房建基础工程76%、主体工程36%；完成交安、绿化、机电工程施工单位进场及驻地建设，已开始施工。

【通城至界上（鄂湘界）高速公路】 2014年9月29日，通界高速公路正式通车试运营，成为连接武汉城市圈、长株潭城市群和珠三角地区的重要通道。通界高速公路起于杭（州）瑞（丽）高速公路通城境内段，止于鄂湘界并连接湖南平汝高速公路平江境内段，全长24公里，总投资超过13亿元。通界高速公路是湖北省“七纵五横三环”交通骨架网和武汉城市圈综合交通体系的组成部分，也是武(汉)深(圳)高速公路的一部分。

2014年固定资产计划投资6.43亿元，实际完成投资6.43亿元，占年计划的100%。

主要工程形象进度：完成一期路基桥涵工程剩余所有施工任务。完成路面工程水稳底基层50.25万平方米，占全线设计工程量65.96万平方米的76.2%，累计完成100%；完成水稳基层61.27万平方米，占全线设计工程量61.46万平方米的99.7%，累计完成100%；完成粗粒式沥青混凝土下面层55.01万平方米、中粒式改性沥青混凝土中面层66.6万平方米、细粒式改性沥青混凝土上面层66.6万平方米，均为全线设计工程量的100%。完成各类护栏10.17万米，隔离设施6.25万米，防眩板2383块，各类标志牌315套，各类标线4.66万平方米，突起路标5112个；MTC车道工控机16套，收费岛、收费亭22套，硅芯管3.07万米，镀锌钢管(含过桥玻璃钢管箱)4002米；景观绿化植株46661株；均为全线设计工程量的100%。

项目自开工建设以来，未发生较大及以上生产安全责任事故，未发生重大及以上道路交通责任事故，未发生火灾责任事故，未发生环境保护投诉事件。

江南高速公路松滋南互通式立交

【岳阳至宜昌高速公路石首至松滋段（江南高速公路）】 2014年12月18日，岳阳至宜昌高速公路石首至松滋段(简称江南高速公路)建成通车试运营。江南高速公路是国家"7918网"高速公路主干线杭瑞、二广、沪渝的横向联络线，是湖北省"七纵五横三环"高速公路网的组成部分，是第一条长江荆江段"九曲回肠"南岸沿江高速公路，第一批湖北荆州"壮腰工程"重要基础设施建设项目之一。江南高速公路起于石首市高基庙镇打鼓台村，止于松滋市王家桥镇八眼泉村，路线全长106.45公里。主线采用全封闭、全立交双向四车道沥青混凝土路面高速公路标准，设计速度100公里/小时，路基宽度26米，桥涵设计汽车荷载等级采用公路–I级。2011年10月8日正式开工建设。

2014年，江南高速公路建设计划完成货币工程量9.8亿元，实际完成9.8亿元，占年度计划的100%，累计完成投资68.68亿元，占总投资68.68亿元的100%。通过交工验收检测，江南高速公路各项工程质量合格率100%，交工验收评定质量得分98.6分，其中预制小箱梁质量被评为标杆。

江南高速公路建成后不仅结束石首市、松滋市不通高速公路的历史，而且对完善荆州市"四纵三横"高速公路网络，提高荆江分蓄洪区应急保障能力，促进江汉平原和洞庭湖平原经济发展、鄂西生态文化旅游圈建设、长江经济带开放开发，实现湖北"建成支点、走在前列"战略目标等方面发挥重要作用。

谷竹高速公路竹溪互通式立交

【谷城至竹溪高速公路】 2014年12月26日，谷城至竹溪高速公路建成通车。全线累计完成投资190.45亿元，占概算总投资190.87亿元的99.8%，其中2014年完成投资14.39亿元，占年度计划投资14.81亿元的97.2%。全线一期土建工程除青峰隧道右幅未贯通外，其余全部完成；二期路面全部完成；三期房建工程主体已完成，装饰装修工程完成98%；交安工程、绿化工程全部完成；机电工程完成206公里，占总量的91%。全线分项分部工程质量合格率100%，没有发生质量事故。全线未发生安全生产事故。

【十堰至房县高速公路】 2014年12月26日，十堰至房县高速公路建成通车。十房高速公路是湖北省骨架公路网规划的"五纵五横二环"中的第五纵郧县至宜昌公路的重要路段，是贯穿鄂西生态文化旅游圈的快捷通道。该项目的建设对完善全省骨架公路网布局，打造鄂西生态文化旅游圈，

2014 年 3 月 18 日，十房高速公路高架桥穿越襄渝铁路桥路段贯通

加快西部特色经济开发，推动“两圈一带”发展战略，具有十分重要的意义。

项目起于丹江口六里坪镇，接汉十高速公路，经官山、土城，止于房县城关镇，与谷竹高速公路相连。项目全长 63.93 公里，全线土石方 968.7 万立方米，特大桥、大桥 69 座 22455.52 米，最大跨度 120 米，最高主墩 90 米；隧道 10 座 10733.5 米，其中通省隧道长 6887 米，是湖北省迄今最长的变质岩隧道；桥隧比占沿线总长的 52.2%。沿线设互通式立交 4 处，服务区、停车区各 1 处，养护工区 2 处，监控中心 1 处。项目批准概算总投资 52.584 亿元，建设工期 4 年。2010 年 5 月正式开工建设。

【恩施至来凤高速公路】 2014 年 12 月 26 日，恩施至来凤高速公路建成通车。恩来高速公路是银川至百色高速公路 (G69) 联络线安 (安康) 来 (来凤) 高速 (G6911) 的重要组成部分，起点与沪渝高速相接。全长 84.91 公里。设计车速 80 公里 / 小时，特大、大中桥 55 座 22219 延米，隧道 10 座 11903 延米，互通式立交 7 处、服务区 2 处、收费站 6 处。批准概算投资 78.69 亿元人民币。2011 年 8 月 22 日开工。

2014 年，恩来高速公路完成投资 18.22 亿元，完成年度计划 19.01 亿元的 96%。累计完成投资 77.91 亿元，为总投资的 99%。

形象进度：一期土建工程完成全线路基土石方 3050 万立方米，完成 100%；排水工程完成 100%；防护工程完成 100%；桥梁基础 3597 根，完成 100%；墩、台 2352 根，完成 100%；梁板预制 5636 片，完成 100%；梁板安装 5636 片，完成 100%；现浇节段 192 节，完成 100%；节段拼装 65 节，完成 100%；全线隧道掘进支护 23693 米，完成 100%，二次衬砌 23693 米，完成 100%。二期路面完成底基层 153.3 万平方米，完成 100%；基层 287.8 万平方米，完成 100%；面层 5241 万平方米，完成 100%。三期房建所有建筑物基础、主体结构、装修与总图均完成 100%。三期交安工程完成隔离栅 84.9 公里，完成 100%；护栏 84.9 公里，完成 100%；标志标牌完成 582 个。三期绿化工程完成 84.9 公里，完成 100%。机电工程完成 84.9 公里，完成 100%。

【恩施至重庆黔江高速公路宣恩至咸丰（鄂渝界）段】 2014 年 12 月 26 日，恩施至重庆黔江高速公路宣恩至咸丰 (鄂渝界) 段建成通车。该段是安来高速和包茂高速的连接线，全长 70.65 公里，设计车速 80 公里 / 小时。特大、大中桥 42 座 17398 延米；隧道 11 座 11271 米；设互通式立交 3 处、服务区 2 处、收费站 4 处。批准概算投资 61.58 亿元人民币。2011 年 8 月 22 日开工。

2014 年，恩黔高速公路完成投资 15.88 亿元，完成年度计划 16.50 亿元的 96%，累计完成投资 60.96 亿元，为总投资的 99%。

形象进度：一期土建工程完成全线路基土石方 2209 万立方米，完成 100%；排水工程、防护工程均为 100%；桥梁基础 2711 根，完成 100%；墩、台 1711 根，完成 100%；梁板预制 4500 片，完成 100%；梁板安装 4500 片，完成 100%；现浇节段 392 节，完成 100%；龙桥特大桥节段拼装 20 个节段，完成 100%；全线隧道掘进支护 22503 米，完成 100%，二次衬砌 22503 米，完成 100%。二期路面完成底基层 120.2 万平方米，完成 100%；基层 170.8 万平方米，完成 100%；面层 403 万平方米，完成 100%。三期房建所有建筑物基础、主体结构、装修与总图均完成 100%。三期交安工程完成隔离栅 70.6 公里，完成 100%；护栏 70.6 公里，完成

2014 年 9 月 14 日，在建中的恩黔高速孟家坪特大桥

100%；标志标牌完成 394 个。三期绿化工程完成 70.6 公里，完成 100%。机电工程完成 70.6 公里，完成 100%。

【黄冈至鄂州高速公路团风段】 2014 年 12 月 30 日，黄冈至鄂州高速公路团风段建成通车。全线采用双向四车道高速公路标准建设，路基宽度 26 米。道路全封闭，全立交，设计速度 100 公里 / 小时，路线全长 13.285 公里。特大、大中桥 9 座 1640 米，桥隧比 12.6%。设黄州北枢纽互通、马曹庙互通、黄冈北枢纽互通 3 处互通式立交、设匝道收费站、养护工区、监控分中心各 1 处。2012 年 11 月 1 日正式开工。

2014 年，团风段完成投资 3.3 亿元，为年度确保目标 3.3 亿元的 100%，累计完成投资 9.74 亿元，为总投资的 100%。

形象进度：一期土建工程土石方年度完成 42 万立方米，累计完成 467 万立方米，占总量 100%；防护工程年度完成 48.2 万平方米，累计完成 49.6 万平方米，占总量的 100%；排水工程年度完成 33.1 公里，累计完成 40.9 公里，占总量的 100%；桥梁桩基、下构工程全部完成；涵洞通道全部完成；预制 T 梁年度完成 201 片，累计完成 583 片，占总量的 100%；T 梁安装年度完成 436 片，累计完成 583 片，占总量的 100%；现浇箱梁年度完成 33 孔，累计完成 54 孔，占总量的 100%；下穿京九铁路桥已完成。底基层年度完成 405.6 平方米，累计完成 405.6 平方米，占总量的 100%；基层年度完成 758.03 平方米，累计完成 758.03 平方米，占总量的 100%；下面层年度完成 324.61 平方米，累计完成 324.61 平方米，占总量的 100%；中面层年度完成 380.1 平方米，累计完成 380.1 平方米，占总量的 100%；上面层本年度完成 380.1 平方米，累计完成 380.1 平方米，占总量的 100%；年度完成立柱 82.48 公里，累计完成立柱 82.48 公里，占总量的 100%；全年完成隔离栅 36.46 公里，累计完成隔离栅 36.46 公里，占总量的 100%。房建工程、机电工程全部完成。

【郧县至十堰高速公路】 2014 年，郧十高速公路建设基本完成，累计完成投资 61.26 亿元，占总投资计划 64.79 亿元的 94.55%。一期土建工程全部完成，二期路面工程、三期交安工程基本完成，三期房建工程完成 90% 以上、机电工程完成 85% 以上，绿化工程完成 90% 以上。

【宜昌至张家界高速公路项目群】 项目群由宜昌至张家界高速公路（以下简称宜张高速公路）、岳阳至宜昌高速公路宜昌段（以下简称岳宜高速公路宜昌段）组成。

宜张高速公路分为当阳至枝江段、宜都至五峰段、五峰至鄂湘界段、白洋长江大桥 4 个项目立项。2014 年，宜张项目群完成投资 40.2 亿元，占年计划 36 亿元的 111.7%，累计完成投资 66.5 亿元，占项目群总投资的 57.7%。其中，当阳至枝江段完成投资 8.8 亿元，占年计划 8 亿元的 110%，累计完成投资 20.7 亿元，占项目投资的 76.8%；宜都至五峰段完成投资 15.2 亿元，占年计划 13.5 亿元的 112.6%，累计完成投资 20.6 亿元，占项目投资的 44.68%；岳宜高速公路宜昌段完成投资 16.2 亿元，占年计划 14.5 亿元的 111.7%，累计完成投资 25.2 亿元，占项目投资的 59.76%。

形象进度：宜张高速公路当阳至枝江段：路基土石方基本完成，路基交验完成 86%，路面底基层完成 80%，下基层完成 75%，上基层完成 73%，桥梁桩基、下构、梁板预制全部完成，梁板安装完成 95%，房建工程主体结构基本完成，机电、绿化、交安工程在跟进施工。

宜张高速公路宜都至五峰段：路基土石方完成 98%，路基交验启动，路面底基层试验段已完成，桥梁桩基完成 91%，桥梁下构完成总量 75%，梁板预制完成 40%，梁板安装完成 25%，隧道洞身开挖完成 91%；二衬完成 80%，机电、绿化、交安工程在跟进施工。

岳宜高速公路宜昌段：路基土石方完成 98%，路基交验完成 30%，路面底基层完成 23%，路面下基层完成 20%，路面上基层完成 18%，桥梁桩基全部完成，桥梁下构完成 95%，梁板预制完成 65%，梁板安装完成 50%。房建工程主体结构完成 50%，交安、机电，绿化工程在跟进施工。

【麻城至武穴高速公路】 2014 年，麻城至武穴高速公路完成投资 34.35 亿元，为年度确保目标 32.5 亿元的 106%、力争目标 34 亿元的 101%。累计完成投资 69.18 亿元，占总投资的 73.7%。

形象进度：路基工程。年计划完

2014 年 5 月 29 日，麻武高速公路路面基层施工现场

成路基土石方1216万立方米，完成1200万立方米，占年计划的99%，累计完成4400万立方米，占总量的99%；年计划完成防护工程197.6万平方米，完成232万平方米，占年计划的117%，累计完成232万平方米，占总量的94%；年计划完成排水工程298.4公里，完成339公里，占年计划的114%，累计完成339公里，占总量的94%。

路面工程。年计划完成底基层298.3万平方米，完成298.4万平方米，占年计划的100%，累计完成298.4万平方米，占总量的80%；年计划完成下基层245.8万平方米，完成245.8万平方米，占年计划的100%，累计完成245.8万平方米，占总量的70%；年计划完成上基层158万平方米，完成158.5万平方米，占年计划的100%，累计完成158.5万平方米，占总量的45%。

桥梁工程。年计划完成通道涵洞141道，完成212道，占年计划的150%，累计完成565道，占总量的100%；年计划完成梁板预制6972片，完成8221片，占年计划的118%，累计完成10932片，占总量的100%；年计划完成梁板安装8282片，完成10607片，占年计划的128%，累计完成10932片，占总量的100%；年计划完成桥面系13881米，完成19292米，占年计划的139%，累计完成19292米，占总量的139%。

隧道工程。年计划完成洞身开挖初支2155米，完成2155米，占年计划的100%，累计完成3894米，占总量的100%；年计划完成洞身二次衬砌2740米，完成2740米，占年计划的100%，累计完成3894米，占总量的100%。

三期工程。房建工程年计划完成房建工程基础50%，完成50%，占年计划的100%，累计完成50%，占总量的50%；绿化工程年计划完成坡面绿化56公里，完成45公里，占年计划的80%，累计完成45公里，占总量的32%；交安工程年计划完成隔离栅35公里，完成28公里，占年计划的80%，累计完成28公里，占总量的20%；机电管线预埋年计划完成机电管线预埋35公里，完成35公里，占年计划的100%，累计完成35公里，占总量的25%。

全线分项分部工程合格率100%，没有发生质量事故，无重大质量隐患；未发生重大安全生产事故。

【麻城至竹溪高速公路随州西段】 2014年，随州西段完成投资18.03亿元，为年度确保目标17.69亿元的102%，累计完成投资37.22亿元，为总投资的95.1%。

形象进度：路基土石方、桥梁基础及下构、梁板预制安装、桥面系等全部完成；魁峰山隧道全部完成；路面底基层、下基层、路面上基层全部完成；沥青透层完成138.21万平方米，占总量的100%；沥青封层完成127.83万平方米，占总量的99.7%；沥青下面层完成109.29万平方米，占总量的91%；沥青中面层完成131.48万平方米，占总量的91.1%；沥青上面层完成131.48万平方米，占总量的91.1%；护栏立柱完成23.38万米，占总量的100%；护栏面板完成23.38万米，占总量的100%；隔离栅完成128.23公里，占总量的100%；标志标牌基础完成367个，占总量的100%；标志标牌面板完成539个，占总量的100%；标线完成7.14万平方米，占总量的95%。绿化工程开挖并铺设表土10.34万立方米，占总量的100%；铺植草皮4.46万平方米，占总量的100%；人工种灌木8.36万平方米，占总量的100%；种植乔、灌木104954株，占总量的100%。收费站房建基础完成100%，主体工程完成100%；装修工程完成100%；总图完成100%。服务区房建工程基础完成100%，主体工程完成100%。机电工程设备购置完成100%，设备安装完成85%。

【麻城至竹溪高速公路襄阳东段（随州至宜城）】 2014年，襄阳东段完成投资16.88亿元，为年度确保目标16.66亿元的101%，累计完成投资35.59亿元，为总投资的95%。

形象进度：路基土石方、桥梁基础及下构、梁板预制安装等全部完成；桥面铺装完成18979米，占总量的94.7%；防撞护栏完成3.87米，占总量的94.8%；现浇箱梁96孔，占总量的100%；悬浇箱梁完成376个节段，占总量的100%；路面底基层完成156.11万平方米，占总量的100%；路面下基层完成133.68万平方米，占总量的100%；路面上基层128.67万平方米，占总量的100%；沥青透层完成125.46万平方米，占总量的100%；沥青粘层完成342.87万平方米，占总量的84.2%；沥青封层完成132.88万平方米，占总量的100%；沥青下面层完成97.07万平方米，占总量的85.5%；沥青中面层完成122.9万平方米，占总量的83.7%；沥青上面层完成122.9万平方米，占总量的83.7%；路面边缘排水完成15.58万米，占总量的83.7%。护栏立柱完成18.36万米，占总量的88.3%；护栏面板完成17.02万米，占总量的81.9%；隔离栅完成116.05公里，占总量的88.2%。标志标牌基础完成318个，占总量的100%；标志标牌面板完成810个，占总量的90.3%；标线完成60288平方，占总量的80.2%。绿化工程开挖并铺设表土12.41万立方米，占总量的83.5%；种播种草种18.41万平方米，占总量的82.9%；铺植草皮9.16万平方米，占总量的87.7%；种植乔、灌木11.28万株，占总量的83%。收费站房建基础完成100%，主体工程完成100%；装修工程完成100%；总图完成100%。服务区房建工程基础完成100%，主体工程完成100%；总图完成15%。机电工程设备购置完成100%，设备安装完成80%。

【麻城至竹溪高速公路襄阳西段（宜城至保康）】 宜城至保康段保康隧道长度4689米，为全线最长隧道，最大埋置深度403米，进出口均采用长明洞形式，洞身采用复合式衬砌暗洞结构形式。该隧道大部分穿越于可溶性岩层中，岩体破碎，岩溶发育，对隧道施工有一定影响。设计考虑了加强衬砌结构及超前支护等措施，并根据超前地质预报信息采取动态设计。

2014年，宜城至保康段完成投资42.52亿元，为年度确保目标35.06亿元的121%，累计完成投资77.2亿元，为总投资的63.3%。

形象进度：路基土石方累计完成2882.3万立方米，占总量的96.6%。排水工程完成19.39万米，占总量的75.2%；植物防护完成89.11万平方米，占总量的38.8%；防护工程完成49.36万立方米，占总量的75%；涵洞、通道完成238道，占总量的99.2%；桥梁桩基础完成4719根，占总量的99.6%；扩大基础完成22个，占总量的91.7%；承台完成220个，占总量的95.2%；系梁完成2079个，占总量的98.7%；墩柱完成3437根，占总量的96.5%；墩身完成48个，占总量的90.6%；盖梁（帽梁）完成1958个，占总量的95.7%；梁板预制完成7565片，占总量的80.3%；梁板架设6578片，占总量的69%；现浇箱梁完成63孔，占总量的59.4%；桥面铺装完成2.65万米，占总量的46.6%；防撞护栏完成43041米，占总量的38.1%；路面底基层完成57.99万平方米，占总量的39.4%；路面下基层完成39.57万平方米，占总量的28.7%；隧道洞口开挖634米，占总量的92.8%；隧道开挖掘进完成5.76万米，占总量的84.1%，二次衬砌完成5.45万米，占总量的79.6%；隧道路面完成1.16万米，占总量的17%。

【麻城至竹溪高速公路黄冈段】 2014年，完成投资26229万元，占年计划的40.4%，累计完成投资122484万元，占总投资的56.30%，其中一期土建工程累计完成产值89015万元，占合同金额的85.12%。

形象进度：完成路基挖方10万立方米，占年计划的30.3%；填方24万立方米，占年计划的70.59%；台背回填8万立方米，占年计划的38.1%。完成工程防护（硬防护）6.5万立方米，占年计划的95.03%；绿色防护工程38万立方米，占年计划的59.65%。完成排水沟6.7万立方米，占年计划的94.37%。圆管涵、倒虹吸2道，占年计划的66.67%；盖板涵11道，占年计划的91.67%；通道2道，占年计划的100%；桩基24根、承台7个、肋板38个，均占年计划的100%；立柱320个，占年计划的99.38%；台帽、盖梁167个，占年计划的98.24%；6米、8米空心板86片，占年计划的100%；20米空心板60片，占年计划的100%；20米T梁457片，占年计划的63.21%；25米箱梁53片，占年计划的76.81%；30米T梁442片，占年计划的63.87%；现浇箱梁16孔，占年计划的50%；桥面铺装1770米，占年计划的40.2%；天桥10座，占年计划的62.5%。

【武汉城市圈环线高速公路仙洪段】 该项目由仙桃段和洪湖段两部分组成，采取统一管理、分期开工、分段建设方式。仙桃段全线采用双向四车道高速公路标准建设，设计时速100公里/小时，路基宽度26米，桥涵设计汽车荷载等级为公路－Ⅰ级。其余技术标准均按《公路工程技术标准》(JTG B01-2003)执行。

2014年，仙桃段完成投资16.72亿元，为年度确保目标15亿元的111.4%，力争目标15.51亿元的107.8%。累计完成投资36.81亿元，为总投资的77.2%。

形象进度：路基土石方累计完成375.9万立方米，占全线工程量的100%；塑料排水板累计完成356万立方米，占全线工程量的100%；水泥搅拌桩累计完成392.5万米，占全线工程量的100%；涵洞、通道累计完成107道，占全线工程量的100%；桥梁桩基累计完成5532根，占全线工程量的100%；墩柱累计完成4982根，占全线工程量的100%；梁板预制累计完成9138片，占全线工程量的99%；安装累计完成8675片，占全线工程量的94%；现浇箱梁累计完成168孔，占全线工程量的100%。

全线分项分部工程合格率100%，没有发生质量事故，无重大质量隐患；未发生重大安全生产事故。

洪湖段起点至洪湖东枢纽互通式立交采用双向四车道高速公路标准建设，设计速度100公里/小时，路基宽度26米；洪湖东枢纽互通式立交至终点段采用双向六车道高速公路标准建设，设计速度100公里/小时，路基宽度33.5米，桥涵设计汽车荷载等级为公路－Ⅰ级，其余技术标准均按《公路工程技术标准》(JTG B01-2003)执行。

2014年，洪湖段完成投资15.42亿元，为年度确保目标14亿元的110.1%，

2014年7月19日，在建中的仙洪高速公路东荆河特大桥

力争目标15亿元的102.8%，累计完成投资20.71亿元，为总投资的60%。

形象进度：路基土石方累计完成46万立方米，占全线工程量的100%；水泥搅拌桩累计完成32.8万米，占全线工程量的100%；桥梁桩基累计完成3348根，占全线工程量的100%；墩柱累计完成3223根，占全线工程量的99%；梁板预制累计完成4728片，占全线工程量的83%；梁板安装累计完成3847片，占全线工程量的68%。

全线分项分部工程合格率100%，没有发生质量事故，无重大质量隐患；未发生重大安全生产事故。

【武汉城市圈环线高速公路咸宁西段】 2013年9月30日开工，建设工期30个月。2014年完成投资11.46亿元，为年度确保目标10亿元的114.7%，累计完成投资17.2亿元，为总投资的60.71%。

形象进度：累计完成路基土石方616万立方米，占全线工程量的100%；防护工程22万平方米，占全线工程量的61.56%；涵洞、通道68道，占全线工程量的100%；桥梁基础2191座，占全线工程量的100%；墩台1915根，占全线工程量的98.81%；梁板预制2936片，占全线工程量的88.06%；安装2304片，占全线工程量的69.11%；桥面系5065米，占全线工程量的30%；底基层7000平方米，占全线工程量的1.15%；下基层7000平方米，占全线工程量的2.26%。

全线未发生质量事故，无重大质量隐患；未发生重大安全生产事故。

【武汉四环线高速公路西段（吴家山至沌口）】 吴家山至沌口段高速公路是武汉四环线中最先开工的一段，路线总体走向由北向南延伸，沿线经过武汉市辖区内的东西湖区、蔡甸区、汉阳区和武汉经济技术开发区。项目起点位于107国道东西湖区与十一支沟交叉口，接四环线北段，路线沿十一支沟通道南下，至慈惠跨汉江，经新天铺、永丰至沌口，顺东荆河大道布线，终点在徐家堡与汉洪高速公路交叉，与沌口长江大桥段相接。起讫桩号为K71+794 ~ K94+159.8，全线设长链一处，全长22.55公里。

2014年，西段高速公路完成投资20.32亿元，占年度计划投资18亿的113%，累计完成投资40.82亿元，占总投资的57%。

形象进度：路基土石方累计完成134万立方米，占设计总量的39.8%；涵洞、通道累计完成8道，占设计总量的21%；全线桩基年度完成1883根，累计完成5275根，占设计总量的85%；承台年度完成768个，累计完成1346个，占设计总量的74%；墩组年度完成903组（个），累计完成1338组（个），占设计总量的72%；盖梁年度完成623个，累计完成815个，占设计总量的68%；箱梁预制年度完成1846片，累计完成1990片，占设计总量的29%；箱梁年度架设1404片，累计架设1460片，占设计总量的21%；现浇梁年度完成63149立方米，累计完成65555立方米，占设计总量的30%；控制性工程汉江特大桥3号墩、4号墩主塔已经施工完成，3号墩主梁至7号块混凝土现浇、4号墩主梁1号块混凝土现浇完成。后官湖大桥下构全部完成。通顺河大桥主梁悬臂浇筑施工边跨合拢。

2014年11月13日，在建中的武汉城环高速公路咸宁西段西凉湖大桥

【武汉至深圳高速公路武汉段】 武汉至深圳高速公路武汉段是国家高速公路网项目——武汉－长沙－深圳高速公路重要组成部分，是《湖北长江经济带综合交通规划》中沿江综合运输大通道，也是《武汉城市圈“两型”社会建设综合配套改革试验区综合交通规划纲要》中“三圈七通道”之一。该项目建设将优化武汉市路网格局、增加快速出口公路路网密度、有效缓解京港澳高速公路的交通压力，进一步拉近武汉城市圈、长株潭城市群、珠三角都市圈等城市组群间的距离，对全省构建“祖国立交桥”和武汉市建设国家中心城市发展战都具有十分重要意义。

2014年，完成投资8.24亿元，占年计划投资8亿元的103%，累计完成投资19.35亿元，占概算总投资54.14亿元的34.74%。

形象进度：截至2014年12月，累计完成路基土石方227.7万立方米，占全线工程量的28.6%；桥梁桩基2384根，占全线工程量的57.3%；系梁688片，占全线工程量的44.7%；墩柱1705根，占全线工程量的46.9%；盖梁514片，占全线工程量的46.7%；T梁预制2640片，占全线工程量的37%；T梁架设2180片，占全线工程量的30.6%；桥面铺装4422平方米，占全线工程量的4.2%；护栏6360米，占全线工程量的

8.5%；小型构造物53道，占全线工程量的44.5%。

【武汉至深圳高速公路嘉鱼至通城段】 2014年，嘉通高速公路完成投资24.42亿元，为年度确保目标23.99亿元的107.8%，累计完成投资38.19亿元，为总投资的42.67%。

形象进度：累计完成路基土石方3116万立方米，占全线工程量的88.35%；涵洞、通道357道，占全线工程量的90.4%；桥梁桩基3616根，占全线工程量的93.46%；墩柱1186根，占全线工程量的72%；梁板预制2241片，占全线工程量的40.7%；安装1485片，占全线工程量的27%；隧道初期支护8676米，占全线工程量的78.21%；二衬7822米，占总量的70.9%。全线分项分部工程合格率100%，没有发生质量事故，无重大质量隐患；未发生重大安全生产事故。

【武汉至监利高速公路洪湖至监利段】 2014年，计划完成投资25亿元，实际完成投资20.05亿元，占年计划投资的80%，累计完成投资42.95亿元，占总投资的48.6%。

形象进度：建成拌合站9座，全部投产，预制场计划12座，在建中4座，已投产8座。累计完成临时道路116公里；临时电力线98公里。路基工程：累计完成场地清理49万平方米，占总量的100%；路基清淤295.4万立方米；路基填筑完成45.1公里，占总量的93%；软基处理：塑料排水板1028.6万米，占总量的96%；水泥搅拌桩265.8万米，占总量的95.6%；垫层99万立方米，占总量的98%；土工格栅435万平方米，占总量的97%。桥涵工程：累计完成桩基6900根，占总量的68%；系梁986个，墩柱2155根，盖梁698个，梁板预制1140片，涵通道32道。

【监利至江陵高速公路】 该项目是湖北省“十二五”规划“七纵五横三环”高速公路网的重要组成部分，起点位于监利县分盐镇胡家村，与随岳高速公路相交，路线向西经监利县分盐镇、毛市镇、红城乡、周老嘴镇、黄歇口镇、汪桥镇、陈集镇和江陵县的沙钢镇、白马市镇、熊河镇及江北农场，止于熊河镇跃进村北侧与沙市至公安高速交叉，并与荆监一级公路相接。项目路线全长69.13公里，批复概算75.27亿元。2014年6月24日开工，建设工期48个月。全线采用双向四车道，设计速度100公里/小时，路基宽度26米。桥涵设计荷载采用公路－Ⅰ级。设计洪水频率：特大桥为1/300，路基及大、中、小桥、涵洞等为1/100。主要工程量：路基土石方901万立方米，软基处理35.26公里，特大桥6座11057延米、大中桥78座12715延米，涵洞80道，通道48座，互通式立交6处，连接线3条，服务区1处、收费站4处。

2014年，监利至江陵高速公路累计完成投资21.02亿元，占总投资的27.92%，施工便道累计完成69.13公里，占总量的100%；软基处理水泥搅拌桩累计完成799.9万米，占总量的83%；桥梁桩基累计完成4271根，占总量的73%；梁板预制累计完成1165片，占总量的12.3%。全线分项分部工程合格率100%，没有发生质量事故，无重大质量隐患；未发生重大安全生产事故。

监利至江陵高速公路的建设，对于优化全省区域路网结构，推进荆州“壮腰工程”的实施，推动荆州国家级经济开发区和产业转移示范区建设，加强沿江城市横向交通联系，促进沿江城镇带经济社会快速发展等方面具有重要意义。

【硚口至孝感高速公路】 2014年，硚孝高速公路建设完成投资7.55亿元，占年计划5亿元的151%，累计完成投资12.05亿元，占批复概算总投资37.71亿元的32%。

形象进度：土建一至六标段全部进场。桥梁桩基完成2400根，完成桩基总量4824根的49.75%；下部构造完成墩柱1098根，完成墩柱总量4332根的25%；预制梁板完成185片，安装完成90片，分别完成预制梁板总量5150片的3.6%和1.7%；现浇箱梁完成41联5731米，完成总量13641米的42%；涵洞、通道完成9道，完成总量26道的35%；路基土石方完成32.22万立方米，完成总量的28%。

【利川至重庆万州高速公路湖北段】 利万高速公路湖北段为恩施至广元高速公路(G5012)的一段。2014年，利万高速公路完成投资11.79亿元，完成年度计划10亿元的118%，年度力争计划12亿元的98%，累计完成投资25.86亿元，为总投资的49%。

2014年11月5日，利万高速公路迎门寺隧道左线顺利贯通

形象进度：2014 年，一期土建工程全线完成土石方 459 万立方米，占总量的 49%，累计完成土石方 838 万立方米，占总量的 89.8%；防护工程完成 45.5%，累计完成 79%；排水工程完成 53.4%，累计完成 59.4%；桥梁桩基础完成 294 根，占总量的 50%，累计完成 562 根，占总量的 95%；墩、台完成 248 根，占总量的 74%，累计完成 299 根，占总量的 90%；梁板预制完成 606 片，占总量的 61%，累计完成 655 片，占总量的 66%；梁板安装完成 513 片，占总量的 52%，累计完成 513 片，占总量的 52%；小构完成 1236 延米，占总量的 32.4%，累计完成 3130 延米，占总量的 82%；隧道掘进支护完成 9373 延米，占总量的 21%，累计完成 24823 延米，占总量的 56%；二次衬砌完成 9873 延米，占总量的 22.1%，累计完成 23157 延米，占总量的 51.1%。

【银川至百色高速公路建始至恩施段】 银川至百色高速公路 (G69) 联络线安 (安康) 来 (来凤) 高速 (G6911) 建始 (陇里) 至恩施 (罗针田) 段，起于建始陇里，经金银店、白杨坪、龙凤坝、虎岔口、松树坪至恩施罗针田与恩施至来凤高速公路对接。路线全长 74.53 公里 (主线)，批复概算投资 79.7 亿元。2013 年 6 月 1 日，罗针田至松树坪段 (JETJ-3 合同段)7.41 公里率先开工。

2014 年，银百高速公路建恩段完成投资 1.48 亿元，完成年度计划 1 亿元的 148%，年度力争计划 1.5 亿元的 99%，累计完成投资 8.68 亿元，为总投资的 11%。

形象进度：2014 年，建恩高速公路松树坪至罗针田段一期土建工程全线土石方完成 292.4 万立方米，占总量的 50.9%，累计完成土石方 556.2 万立方米，占总量的 96.9%；防护工程完成 55.5%，累计完成 74.9%；排水工程完成 46.3%，累计完成 78.1%；桥梁桩基础完成 109 根，占总量的 49.1%，累计完成 210 根，占总量的 94.6%；墩、台完成 136 根，占总量的 76.8%，累计完成 163 根，占总量的 92.1%；梁板预制完成 215 片，占总量的 47.8%，累计完成 315 片，占总量的 70%；梁板安装完成 213 片，占总量的 47.3%，累计完成 280 片，占总量的 62.2%；现浇箱梁完成 3 孔，占总量的 27.3%，累计完成 3 孔，占总量的 27.3%；小构完成 765 延米，占总量的 53.8%，累计完成 1421 延米，占总量的 100%。二期路面底基层完成 15 万平方米，占总量的 65.8%，累计完成 15 万平方米，占总量的 65.8%；基层完成 21.5 万平方米，占总量的 49.1%，累计完成 21.5 万平方米，占总量的 49.1%。三期房建基础完成 60%，累计完成 60%；主体工程完成 20%，累计完成 20%。

在建中的建恩高速公路

【老河口至宜昌高速公路老河口至谷城段】 老谷高速公路全线提供红线内建设用地 3551.47 亩，为征用地总规模的 95.68%，其中老河口市提供 1875.53 亩、谷城县提供 1673.21 亩，分别为征用地计划的 94.6% 和 96.76%。完成红线范围内房屋拆迁 51 户，为应拆迁计划的 32.9%。其中老河口市已拆迁 2 户、谷城县已拆迁 49 户，分别为应拆迁计划的 4.2% 和 45.8%。全线已迁坟墓 631 座，为应迁移的 96.34%。其中老河口市应迁坟墓 334 座、已迁 330 座，谷城县应迁坟墓 321 座、已迁 301 座，分别为应迁移的 98.8% 和 93.77%。

2014 年，老谷高速公路累计完成总投资 4.25 亿元，为总计划投资 28.7 亿元的 14.81%。按建筑安装工程计算，累计完成总投资 2.38 亿元，为总计划投资 12.14 亿元的 19.61%。其中路基工程累计完成 9355.18 万元，为年计划投资 8.5 亿元的 11%，为路基工程总计划投资 3.35 亿元的 27.9%；桥涵工程累计完成 14445.26 亿元，为年计划投资 8.5 亿元的 16.9%，为桥涵工程总计划投资 7.9 亿元的 18.3%。

形象进度：路基土石方累计完成挖方 184.9 万立方米、填方 169.4 万立方米，分别为年计划的 41.6%、33.1%；特殊地基处理累计完成 22.9 万立方米，为年计划的 28.7%。累计完成桥梁桩基灌注 360 根，为年计划的 25%；承台、系梁 89 座，为年计划的 17.2%；墩台身 153 个，为年计划的 21%；墩台帽 63 座，为年计划的 16%；涵洞工程累计完成 11 道，为年计划的 21.2%。

【二广高速公路荆州东岳庙至卷桥段改建】 二广高速公路是《国家高速公路网规划》中的第 6 条纵线，起于内蒙古二连浩特市，途经内蒙古、山西、河南、湖北、湖南、广东，止于广东省广州市，全长 2685 公里，是全国重要的南北交通大动脉之一。二广高速公路在湖北境内除荆州东岳庙至卷桥段外，均已按高速公路标准建成投入运营，本项目是将既有的荆州东岳庙至卷桥一级公路升级改造为高速公路，并与二广高速公路湖南段衔接。本项目的实施对加快推进国家高速公路网建设，促进鄂湘省际高速公路网融合，促进“两湖平原”经济交流，推动区域经济一体化，实施湖北“壮腰工程”有着重要意义。

本项目起于湖北省荆(州)东(岳庙)高速公路主线收费站以南与207国道交叉处，止于东岳庙至卷桥一级公路鄂湘省界，对接湖南省东(岳庙)常(德)高速公路，路线全长3.47公里。全线按双向四车道高速公路标准建设，设计行车速度100公里/小时，路基宽26米，设计车辆荷载公路－Ⅰ级，设计洪水频率1/100，地震动峰值加速度0.05，平曲线最小半径4200米，竖曲线最小半径6500米，最大纵坡3%，最小坡长342米。全线设互通式立交1处，分离式立交1处306米，通道5道，涵洞5道，停车区1处，收费站1处，省际治超检查站1处。

本项目批准概算投资2.2亿元(含建设期贷款利息1045万元)，其中项目资本金占总投资的25%，来源为交通运输部补助、项目业主自筹，资本金之外的部分申请国内银行贷款。项目批准建设工期24个月。2014年，完成货币工程量5400万元。

形象进度：路基土石方完成20万立方米，通道、盖板涵完成230米；圆管涵全部完工，完成倒虹吸198米；C15片石混凝土挡土墙完成2100立方米；桥涵桩基完成153根；桥梁下构完成90%，20米空心板完成预制，现浇箱梁完工，防撞墙完成276米。完成沥青混凝土调平层2.39万平方米、中面层5.12万平方米、上面层5万平方米。

【沌口长江大桥】 2014年4月9日，交通运输部批复沌口长江大桥初步设计(交函公路〔2014〕219号)；8月15日，湖北省交通运输厅批复沌口长江大桥施工图设计(鄂交建〔2014〕510号)；9月16日，国土资源部批复沌口大桥控制性工程先行用地(国土资厅函〔2014〕907号)；9月23日，交通运输部下发施工许可。2014年4月1日，长江武汉航道局下发航道准予行政许可；4月11日，长江武汉海事局下发水上水下施工许可；7月11日，湖北省水利厅下发河道、堤防允许施工行政许可。2014年5月20日，湖北省政府正式批准沌口大桥特许经营权协议；9月9日，武汉中交沌口长江大桥投资有限公司与武汉市政府正式签订特许经营权协议。2014年10月8日正式开工建设。沌口大桥建设资金来源于企业自筹25%、国内银行贷款75%。

监理工作。沌口长江公路大桥采用一级监理，下设总监办。2014年5月23日，在湖北省公共资源管理中心进行监理公开招标评标，8月5日，与武汉大通公路桥梁工程咨询监理有限责任公司签订监理合同。完成监理驻地建设、前期准备，已正常进行监理工作。

合同管理。3月27日，与长江武汉航道局签订《沌口大桥桥区航道配套设施协议书》；3月31日，完成第三方造价咨询招标工作并与中标单位江苏交通工程投资咨询有限公司签订合同；7月21号，完成沌口长江大桥工程一切险及第三方责任险合同的签订工作；8月18日，签订施工合同；12月1日，与长江武汉海事局签订《沌口大桥船舶港务费征收协议》。

征地拆迁。与武汉市四环线指挥部签订蔡甸区、经济技术开发区、洪山区征地拆迁包干协议。完成江北江滩76亩、江南江边至中南财经政法大学40亩永久性用地征用工作。

施工进度。施工单位中心试验室、钢筋加工场、搅拌站，监理单位中心试验室建设完毕，并顺利通过验收，已投入使用。10月14日、18日，大桥4号、3号主墩钢围堰分别成功下水，完成钢围堰接高、精定位、内支撑安装等工序，4号主墩已经成功封底，具备开钻条件；12月28日，3号主墩进行第一次水下混凝土封底。南北岸滩桥在进行桩基施工，完成桩基137根，其中北岸滩桥完成ϕ2.2米桩基88根，1号主墩完成ϕ3米大直径桩基4根，南岸滩桥完成ϕ2.2米桩基36根，5号主墩完成ϕ3米大直径桩基6根，6号主墩完成ϕ3米桩基3根。 （苏德俊）

【汉江兴隆至汉川段航道整治工程】 2014年是汉江航道整治工程交工验收年，完成汉江兴隆至汉川段、丹江口至兴隆段南水北调中线一期汉江中下游局部573.7公里航道整治工程建设任务。全线布置丁坝(护滩带)406条；护岸80处，全长10.11万米；填槽2处，工程量11.61万立方米；疏浚挖槽12处，工程量138.17万立方米。工程建设实现进度快、质量优、安全零伤亡、廉政零投诉的建设目标。

汉江兴隆至汉川段航道整治工程全长189.7公里，按1000吨级航道标准整治，2010年3月开工建设，投资9.26亿元。截至2014年9月所有工程全部通过交工验收，工程进入试运行阶段。全年完成工程投资0.497亿元，占年度投资目标的124.2%，开工建设以来累计完成投资9.04亿元，占总投资的97.59%。通过已完工水域观测情况，整治河段航道通畅、丁坝坝田淤积良好，汉江兴隆以下达到1000吨级航道标准要求，“长江—江汉运河—汉江”810公里高等级航道圈已经形成。

南水北调中线一期汉江中下游局部航道整治工程(丹江口至兴隆河段)全长384公里，按500吨级航道标准整治，2012年11月开工建设，投资3.2亿元。2014年7月一期工程全部通过交工验收，二期完善工程在实施中。全年完成工程投资0.697亿元，占年度投资目标的116.1%，开工建设以来累计完成投资3.051亿元，占总投资的95.34%。汉江丹江口至兴隆河段总体达到500吨级航道通航要求，南水北调对汉江中下游航道的不利影响得到有效缓解。

【汉江碾盘山至兴隆段航道整治工程】 该段航道整治工程地处汉江下

汉江碾盘山至兴隆段航道整治工程船上沉丙纶布排

游的上端，上接拟建碾盘山水利枢纽、下接在建兴隆水利枢纽，总长110公里，按Ⅲ(2)级航道、通航1000吨级船舶组成的一顶四驳船队标准建设，设计航道尺度为2.4米×90米×500米(航深×航宽×弯曲半径)。工程总投资7.81亿元，计划总工期30个月。主要工程内容包括筑坝、护滩带、护岸、洲头守护、填槽、航标配布以及数字航道信息化管理系统、航道监控维护指挥中心等配套工程。2014年1月27日省发委批复工程可行性研究报告，6月28日开工建设，土建施工划分6个合同段实施建设。

工程建设完成情况：已开工标段有TJ-03、TJ-04合同段，TJ-01、TJ-02、TJ-05和TJ-06合同段开工前准备工作基本完成。截至2014年底完成投资17024万元，占总投资的21.8%。护滩带沉D型排完成40.9万平方米，总体形象进度为22.5%，护滩带抛石完成10.3万立方米，总体形象进度为10.1%；护岸工程沉D型排完成26.95万平方米，总体形象进度为19.22%，抛石护脚完成10.89万立方米，总体形象进度为7%。已完成的分部、分项工程质量合格率100%。安全生产态势稳定，无质量安全事故发生。未发现一起违法违纪案件。

各市州交通建设重点项目

武汉市

【天河机场至阳逻港区综合运输通道】 本项目起于天河机场西北侧孝感市与武汉市交界处，对接孝感临空经济区陈天大道，终点在阳逻街金山口附近与省道阳福线相交。路线全长47.43公里，其中黄陂区37.52公里、新洲区9.91公里。全线采用设计速度80公里/小时、路基宽度24.5米的双向四车道一级公路标准建设，工期为36个月。项目估算总金额20.76亿元。其中，黄陂区段18.24亿元，新洲区段2.52亿元。项目业主为武汉市公路管理处。

【新洲区汪辛公路(邾城二通道)】 工程位于新洲区，项目起点为汪集陈墩，止点为新道路口，全长约13公里。主线按城市主干道设计，道路等级为双向六车道的一级公路兼城市主干道。设计速度60公里/小时，路基宽度50米，路面类型为沥青混凝土路面，汽车荷载等级为公路-Ⅰ级。项目审定投资概算为10.23亿元，2014年10月开工建设，工期20个月。该项目连接汪集、邾城、辛冲，是新洲邾城连接武汉快速通道、武英大广2条高速公路的重要连接线之一，是新洲打造北部生态休闲旅游新区的重点项目，是实现邾城城镇整体规划的基础项目。该项目已列入湖北省公路水路交通运输发展“十二五”规划。　（盛欢）

黄石市

【黄石铁山至武汉(光谷)一级公路黄石段】 起于铁山区木栏村，经大冶市还地桥镇、东风农场，止于鄂州市长港镇六十村，全长20.4公里(铁山段2.3公里、大冶段18.1公里)。公路按双向四车道一级公路标准设计，项目总投资47359万元。2013年4月25日开工，计划工期24个月，截至2014年12月底累计完成投资29569万元。

【棋盘洲港区工程】 设计吞吐能力690万吨/年，建设规模为9个泊位，使用长江岸线1081米，占用土地面积950.56亩，项目投资总概算5.24亿元，建设期3年。2010年7月1、2号泊位水工建筑物已完工，2012年11月7-9号泊位水工建筑物已完工，2013年4月15日3-4号泊位工程正式开工。2014年4月5-6号泊位水工建筑物工程正式开工。

十堰市

【郧阳区城关至杨溪铺镇一级路(郧府大道)】 该路起点位于郧阳区双庆桥南岸桥头，在与郧十高速郧阳江北新互通匝道平面交叉后至本段路线终点罗沟村四组，路线全长10.9公里，路基宽度32米，设计车速为60公里/小时。2014年3月6日开工建设，完成投资约1.66亿元，完成路基挖方110万立方米、填方45万立方米，占一期土建工程总投资的51%，占项目概算总投资的30%。预计2016年完工通车。

【城关至柳陂一级路（郧阳大道）】 该路起点位于郧阳区河口店大桥南桥头，向西沿209国道行进至郧阳岛规划区，终点与郧阳区柳陂镇商业二街平面交叉，全长5.320公里，路基宽度23米，设计车速为60公里/小时。2014年5月份开工建设，累计完成投资0.43亿元。预计2015年5月完工通车。

【郧阳沧浪洲汉江大桥】 此桥南起郧阳区柳陂镇新集镇中心主干道柳新路终点，横跨汉江，北岸位于郧阳区城关镇后店村。全长3.135公里，其中大桥长1785米，宽26米，双向六车道，道路等级为城市主干道二级，工程计划工期36个月，总投资50140万元。此桥是十堰生态滨江新区的控制性工程，建成后将使城关镇、经济开发区、柳陂镇、郧阳岛、子胥湖新区成为一体，形成80平方公里的中等城市规模。该桥是继郧阳汉江公路大桥、郧阳汉江大桥后，在城区建设的第三座跨江大桥。2014年3月6日开工建设，累计完成投资1.4亿元，墩身完成14组，梯梁架设28片，路基完成挖方40万立方米，桩基完成289根。

【郧十高速公路郧阳互通连接线（天马大道）】 该路起点接郧十高速公路郧阳南互通式立交，终点接郧阳立交，线路全长10.2公里，其中互通匝道3.2公里，主线路基宽度70米，双向六车道，并建有自行车专用车道，项目估算总投资5.8亿元。该工程绿化、交安、照明、自行车专用车道等在实施收尾，预计2015年春节前与郧十高速公路同期建成通车。

【郧阳区长岭至柳陂一级路】 起点位于郧阳区柳陂高速公路出口，终点为郧阳区长岭开发区，该路全长8.3公里，设计标准为公路一级，该路线含桥梁2座、涵洞1道，概算投资为32847万元，其中省投资3298万元、其余为地方自筹。建设单位为郧阳区交通运输局，设计单位为十堰市路纬交通勘察设计有限公司。该项目于2012年7月开工建设，于2014年12月完工。

襄阳市

【316国道枣阳绕城一级公路建成通车】 6月30日，全长14.17公里的316国道枣阳绕城公路建成通车。项目起于枣阳市肖家垱，经惠湾水库、寺沙路、枣耿路，止于枣阳市西郊村，全线共设桥梁3座、涵洞49道。按一级公路标准建设，路基宽度24.5米，路面宽度21米，双向四车道，设计时速80公里/小时，总投资2.4亿元。该项目建成通车，不仅能有效缓解枣阳城区交通压力，改善城区发展环境，而且将吴店工业园、枣阳市工业园和经济开发区连成一体，形成“一线串珠”的聚合发展效应，对于促进地方招商引资、改善民生、统筹城乡经济发展有着重要意义。

【谷城南河三桥建成通车】 6月28日，全长786米、总投资9125万元的谷城南河三桥建成通车。该桥是303省道襄谷线谷城城区段绕城改建工程的重要组成部分和关键性控制工程，是共和国成立以来谷城县单体投资最大的桥梁，也是首个通过BT模式建设的交通工程。起点位于洪胜社区，终点接北辰大道，桥梁设计宽度为27.5米，即行车道24米加两侧各1.75米宽人行道。工程于2012年10月28日正式开工。

【316国道襄阳城区段改建】 起于襄州区双沟镇水家湾，经龚嘴村、张店、李家垭、姜沟村，止于老河口市仙人渡镇王家楼附近，与316国道相接，路线全长62.96公里。建设标准为双向四车道一级公路，设计速度80公里/小时，路基宽度24.5米，概算总投资13.452亿元，其中地方自筹7095万元。项目分为八个标段，一标、二标由襄阳路桥集团建设有限公司承建，三标由襄阳汇通路桥有限公司承建，四标由湖北亿豪公司承建，五标由老河口路建公司承建，六标由南漳久通路桥公司承建，七标为唐白河大桥，八标由谷城路路通公司承建。主要控制点有：唐白河大桥、排子河大桥、焦柳铁路下穿桥、二广高速公路上跨桥。工程累计完成投资91178万元，建成路基56公里、路面35公里，其中2014年度完成投资59700万元，建成路基17公里、路面25公里。

【207国道襄阳市北段改建】 起于泰山庙北侧鄂豫省界处，经泰山庙、黄集、邓湖、车李家，止于316国道卞营，接207国道襄阳城区段改建工程，路线全长35.58公里。起止桩号为K1844+700～K1880+238，其中改建18.31公里，新建17.27公里，概算总投资58910万元，其中地方自筹3820万元。项目分为五个标段，一、二、三标为铁路下穿项目，四标由宜城经天路桥公司承建，五标由湖北亿豪公司承建。主要控制点有襄渝铁路下穿桥、焦柳铁路下穿桥、福银高速公路下穿桥。累计完成投资52100万元，建成路基31公里、路面22公里，其中2014年度完成投资23900万元，建成路基4公里、路面14公里。

【303省道襄谷线谷城城区段改建】 起于省道襄谷线胡家湾，沿襄谷线改建至恒纪湾后与老路分离，于桐树村附近跨南河，经北辰大道后折向西北，下穿福银高速公路，跨北河，止于福银高速公路谷城连接线与316国道交叉处，全长12.16公里，估算总投资30191.52万元。累计完成投资28800万元，建成路基8公里、路面8公里，其中2014年度完成投资13000万元，建成路基3公里、路面5公里。

【303省道贾洲至谷城格垒嘴段改

建】 起于襄城区贾洲，与襄谷线轴承厂至贾洲改建段终点相接，终点位于谷城县南郊格垒嘴，接襄谷线谷城城区改建段起点，途经卧龙镇、谭庄、袁巷、茨河、魏湾、南川、庙滩镇。项目全长约51.91公里，采用四车道一级公路标准建设，概算投资78900万元。累计完成投资51464万元，建成路基45公里、路面27公里，其中2014年度完成投资17100万元，建成路基12公里、路面4.42公里。

【316国道襄州周家岗至陈家湾改建】 起于316国道襄州区周家岗，经五里庙、大黄岗，止于316国道陈家湾，全长8.1公里，概算投资12430万元。襄州区交通运输局为项目法人，负责项目建设和管理。累计完成投资8610万元，建成路基8.1公里、路面3公里，其中2014年度完成投资1010万元，建成路面3公里。

【襄阳磷化工产业园至346国道(原306省道)连接线】 起于南漳县界碑头(346国道南漳、宜城交界处)，经赵家营，止于雷家营，与346国道交叉，全长10.87公里。全线采用双向四车道一级公路标准建设，设计速度80公里/小时，路基宽度24.5米，概算投资27000万元，由南漳县交通运输局担任项目业主。累计完成投资18000万元，建成路基5公里、路面5公里，其中2014年度完成投资6000万元。

【316国道谷城三岔路至水星台段改建】 起于谷城三岔路，接汉江河谷大桥及连接线工程终点，经莫家河，止于水星台，与县道谷水路相交，全长10.38公里。全线采用设计速度80公里/小时、路基宽度24.5米、双向四车道一级公路标准建设，概算投资14130万元。由谷城县交通运输局担任项目业主，负责项目建设与管理。累计完成投资13480万元，建成路基9.5公里、路面6.67公里，其中2014年度完成投资8100万元，建成路基4.5公里、路面2.67公里。

【河谷汉江公路大桥及接线】 起于老河口市城东王家楼，接316国道襄阳城区段改建工程，经群胜林场、谷城汉江国家湿地公园、吴家营，至谷城城北王家湾，与316国道谷城段相连。路线全长11.675公里，其中新建8.281公里，与303省道共线3.394公里，起点至303省道平交口。采用设计时速80公里/小时的双向六车道一级公路标准，路基宽度为32米；303省道交叉口至终点采用设计时速80公里/小时的双向四车道一级公路标准，路基宽度24.5米，整个项目估算总投资11.377亿元，核定投资12.6亿元。其中，河谷大桥全长4.797公里，按双向六车道一级公路标准设计。累计完成投资8060万元，建成路基3公里、路面3公里。

【寺湾至潘台公路改建】 起于襄阳市寺湾，接316国道，跨汉丹铁路，止于潘台村，接省道襄钟线，全长6.077公里。全线按设计速度80公里/小时、路基宽度24.5米、双向四车道一级公路标准建设，概算投资6596.8万元。工程于2013年10月动工，由襄州区交通运输局担任项目业主，负责项目的建设与管理。除洪山头立交桥外，路基路面工程全部完工，累计完成投资6271.8万元。

【302省道老河口雷祖殿至丹江口五龙山段改建】 起于老河口市北郊雷祖殿，经洪山嘴、江山，在窑窝寺附近穿汉丹铁路，止于老河口与丹江口交界的五龙山，全长约20.75公里。全线按设计速度80公里/小时、路基宽度24.5米、双向四车道一级公路标准建设，概算投资36526万元。由老河口市公路局所属建设公司负责施工，2014年度完成投资14200万元，建成路基15公里、路面7公里。

【谷城县城至水星台公路】 起于谷城城关龙家湾谷水路与303省道襄谷线(银城大道)交叉口，经过山镇，止于水星台，与316国道平交，全长10.91公里。全线按设计时速60公里/小时、路基宽23米、双向四车道一级公路标准建设，概算投资9266万元。谷城县交通运输局为项目法人，负责项目建设与管理。2014年完成投资6800万元，建成路基10.1公里、路面8公里。

【谷城火车站至城市矿产工业园连接线】 起于白龙岗，接316国道，向南于红石亮村东侧跨北河后，在望城岗村南侧转向南，止于谷城火车站货场东门，接谷水路，全长3.24公里。按四车道一级公路技术标准建设，设计速度80公里/小时，路基宽24.5米，沥青混凝土路面，概算投资9375万元。2014年开工，全年完成投资4000万元，建成路基3.24公里。

【328国道老河口市城区段改线工程(国道至机场连接线)】 项目全长12.4公里，总投资16120万元，按四车道一级公路标准建设，设计速度80公里/小时，路基宽24.5米，沥青混凝土路面。2014年开工，完成投资4000万元，建成路基12公里、路面6公里。

【黄老线老河口张集至李楼公路改建】 黄老线起于襄州区黄集镇，止于老河口市李楼镇，全长27.74公里，修建于20世纪90年代，为县乡三级公路。“十二五”期间，根据襄阳市路网调整方案，黄老线由县道提升为316省道。张集至李楼段改建工程起点为大河口桥西，止点为李楼镇，途经油房湾、中杨湾、晋公庙、贾湖，穿过李楼街，与316国道相交，全长19.02公里。全线按行车速度80公里/小时、路基宽12米、路面宽9米的二级公路标准建设，概算投资6271万元。工程于2013年8月15日开工，2014年7月10日竣工，其中2014年度完成投资1797万元。

【305省道襄关线南漳剪子沟至穿山河段改建】 起于南漳县城关西的剪子沟，向西经观音岩，翻土地岭，在刘坪跨三道河水库，翻磨石岗后穿

高家垭隧道，沿鱼泉河岸布线，经瓦鱼沟后翻五盘山，在鱼泉洞附近跨鱼泉河，止于穿山河桥西岸，路线全长20.59公里。累计完成投资25283万元，建成路基20.63公里、路面18.96公里，其中2014年度完成投资2000万元，建成路基2.13公里、路面0.46公里。

【襄州黑龙集至张冲公路改建】 黑牛线是襄阳通往河南省的一条重要省际通道，连接樊城、襄州。此次维修全长35.67公里，概算投资12859万元。项目包括大修工程和路面维修两部分，其中大修工程起于石桥镇黑龙集与河南省Y006陶都线相连接，全长9.6公里，计划投资1046.2866万元，全线按设计速度60公里/小时、路基宽10米、路面宽7米的标准建设，于2013年8月开工，其余为路面维修。累计完成投资11922万元，建成路基35.67公里、路面34.67公里，其中2014年度完成投资5522万元，建成路基15.67公里、路面14.67公里。

【305省道襄关线保康城区改线】 起于襄关线保康县叶家湾村，在此与305省道分离后，向西跨越清溪河，沿保康县规划走廊带至周家湾村处再次跨越清溪河，然后接现有襄关线，全长10.5公里。保康县交通运输局担任业主，设计单位为襄阳市交通规划设计院，监理单位为湖北金恒通交通建设咨询监理有限公司，施工单位分别为宜昌强工有限责任公司、南漳久通路桥建设有限责任公司、襄阳路桥建设集团有限责任公司、襄阳经纬路桥建设有限责任公司。累计完成投资9500万元，其中2014年度完成投资6000万元。

【275省道谷城县城至赵湾谷粟线改扩建】 谷粟路全长93.15公里，是通往谷城西南山区的主要通道。谷粟路谷城县城至赵湾段纳入全省“十二五”交通路网发展规划，谷城至赵湾乡政府段为275省道一部分(275省道起点为谷城县城关镇，止点为南漳董家湾，谷城境内里程80公里)。改建项目全长64.29公里，按二级公路标准建设，总投资74796万元，其中地方自筹819万元，于2013年开工建设。累计完成投资17400万元，建成路基30公里、路面27公里，其中2014年度完成投资11400万元，建成路基15公里、路面12公里。

【251省道谷城茨河至南漳关庙段改建】 起于谷城县茨河镇徐家冲，与303省道平交，沿现有道路布线，经陶湾、熊家湾，在后庄偏离老路，穿八里干沟隧道，在王家庄进入南漳县后接回老路，经柏香寺、古林坪、鲁家湾、龙门镇、老官庙，在李家院下穿在建的麻竹高速，于涌泉铺乡接305省道南漳绕城公路，在石家湾偏离老路后跨清凉河，经岳家畈、革家老湾，止于南漳县关庙，与251省道关庙至东巩段相接，与306省道平交，全长51.18公里(谷城段13.4公里，南漳段37.78公里)。其中新建路段21.89公里，老路改扩建路段29.29公里。主要控制点有陶湾村、后庄村、柏香寺、古林坪村、沈家湾村、泗渡河村、龙门镇、老官庙、涌泉镇、八里沟隧道、洪家湾排水渠、泗渡河排水渠、麻竹高速白马山分离式立交桥、清凉河桥桥位等。按两车道二级公路标准建设，K6～K18段采用设计速度40公里/小时、路基宽度8.5米，其余路段采用60公里/小时、路基宽度10米，沥青混凝土路面，概算投资31388万元，于2013年开工。累计完成投资13000万元，建成路基12公里、路面10公里，其中2014年度完成投资11000万元，建成路基10公里、路面8公里。

【谷城盛康至五山公路改建】 项目全长29.6公里，概算投资19988万元，按照二级公路标准建设。工程分四个标段建设，2014年开工建设1、4标段，其中1标段全长4.5公里，二级公路，路基宽度为10米，路面宽度为7米，水泥混凝土路面；4标段全长11.93公里，二级公路，路基宽度为10米，路面宽度为7米，水泥混凝土路面。2014年完成投资7500万元，建成路基17公里、路面10公里。

【224省道南漳县小漳河至巡检段改建】 起于南漳县小漳河村，与251省道相交，经金镶坪乡、胡家堰、巡检镇区，止于巡检镇柳树下村，全长12.88公里，其中改线新建段2.87公里，沿老路改建段10.01公里。南漳县公路管理局为项目业主。全线设中桥5座290.42米、小桥3座64.26米，涵洞41道，平面交叉5处，概算投资5340万元。2014年完成投资2700万元，建成路基10公里、路面3公里。

【272省道枣阳市唐店至平林段改建】 起于枣阳市唐店，与216省道寺沙线平交，止于枣阳市平林镇，与050县道平林至宋集段(麻竹高速平林连接线)相接，全长10.24公里。该路是枣阳市通往宜城、荆门的一条重要县道，由于多年来没有维修，部分路面出现坑槽，随着社会经济的快速发展，通行能力已不能满足日益增长的交通量需求。改造技术方案为：对现有路基整修，铺筑17厘米厚的水泥稳定基层，再加铺23厘米厚的水泥混凝土面层，路基9米宽、路面宽7米，概算投资3415万元。由枣阳市公路局承建，2014年9月开工，完成投资3100万元，建成路基10.24公里、路面8公里。

【440省道枣阳市董家湾至刘升段改建】 起于枣阳市董家湾(与随州交界处)，与440省道随州吴山至董家湾段相接，止于枣阳刘升镇，与规划的440省道刘升至张家集段相接，全长7.7公里。由枣阳市公路局承建，按二级公路标准，概算投资3244万元，2014年全部建成完工。

【襄阳市文垴至九集公路改扩建】 项目全长14.8公里，概算投资4955万元，其中2014年完成投资400万元，建成路基11公里，由襄城公路段所属嘉道公司建设。

【335 省道枣阳市城区段改建】 与桐枣线平交，止于李庄，与 316 国道枣阳绕城段相接，全长 10.61 公里，概算投资 4975 万元。2014 年启动建设，完成投资 300 万元。

【310 省道襄州长王集至老河口袁冲段改建】 起于 207 国道襄州区长王集，向西北上跨二广高速公路、焦柳铁路，于胡阎家附近接回老路，经黑龙集乡，在河南闵桥附近改线，经齐岗、薛集镇、西排子河水库后，交 302 省道孟土路，向西北于薛沟附近交 039 县道，向北沿 039 县道老路布线，止于袁冲乡，全长 35.3 公里。该项目是“十二五”二级公路规划改建项目，拟由县道升为省道，并被列入鄂西生态文化旅游圈道路交通规划。按双车道二级公路标准设计，行车速度 60 公里 / 小时，路基宽度 10 米，概算投资 21504 万元。2014 年完成投资 3840 万元，建成路基 15 公里。

【275 省道南漳县李庙至董家湾段改建】 项目全长 12.25 公里，概算投资 5420 万元。2014 年启动建设，完成投资 2438 万元，建成路基 10 公里。

【346 国道保康黄堡至牌坊湾及城关至朱藏洞段改建】 项目全长 48 公里，概算投资 15669 万元，其中城关至朱藏洞段全长 30.76 公里，为路面改造及排水工程；黄堡至牌坊湾全长 17.24 公里，为路面改善工程。二级公路建设标准，按照破碎原路面、水稳基层补强和新建混凝土路面三道工序施工。项目业主为保康县公路局，2014 年完成。

【316 省道枣阳新市至襄州黄集段改建】 起于枣阳市新市镇赵庄，与 335 省道桐枣线平交，向西布线，止于襄州区黄集镇，与黄老路起点相接，与 207 国道平交，全长 85.20 公里 (枣阳段 35.13 公里，襄州段 36.57 公里)，其中 K23+013 ～ K36+513 段利用太平至杨垱公路路段 13.5 公里，实际建设里程 71.7 公里。主要控制点有赵庄、钱岗、白露街、袁寨、铁庙、太平镇、孙岗、程河镇、唐河桥桥位、朱集镇、白河桥桥位、黄集镇等。该项目按双车道二级公路标准建设，路基宽度 12 米，设计行车速度 80 公里 / 小时，沥青混凝土路面，概算投资 51689 万元。项目永久性占地面积 2151 亩 (其中现有路基占地 1069 亩，新增永久性占地 1082 亩)，初步估算临时占地 315 亩。全线挖土方 263147 立方米，填土方 791426 立方米，拟设置 4 个取土场。拆迁房屋 10634 平方米，新建大桥 2 座 1124 米、中桥 1 座 67 米、小桥 17 座 368 米 (其中新建 5 座、改建新建 6 座、拆除新建 6 座)，改扩建涵洞 1188 道，与其他公路平面交叉 15 处。2014 年完成投资 4400 万元，建成路基 20 公里。

【宜城市雷李线】 起于雷河镇，接 250 省道，拟沿既有路线雷河至李垱公路走廊带布线，经跑马山、东方化工厂，止于李垱与县道董李线相接处，全长 20.4 公里，估算投资 4488 万元。按双车道二级公路标准建设，设计速度 40 ～ 60 公里 / 小时，路基宽 8.5 ～ 10 米，沥青混凝土路面。2014 年完成投资 400 万元，建成路基 5 公里。

【襄州区张家集至陶岗公路】 起于张家集，接 273 省道埠口至黄龙公路，止于陶岗，接 316 国道，全长 12.5 公里。工程可行性研究报告经襄阳市发改委交通 (2013)39 号文批复，全线采用二级公路标准建设，估算投资 2750 万元，2014 年已完成。

【保康县马良至段江公路】 全长 27 公里，概算投资 7560 万元。2014 年完成投资 6824 万元，建成路基 15 公里、路面 23 公里，由保康县公路局承担建设任务。 （崔卫东）

【襄阳新发地物流园】 位于襄州区双沟农产品加工产业园内，福银高速襄阳东出口附近。项目总用地面积 15.2 万平方米，建设用地面积 13.3 万平方米，总建筑面积 7.2 万平方米，主要为农副产品提供运输、仓储、装卸、搬运、信息、保险、停车场等综合服务。计划总投资 1.62 亿元，分两期开发建设。第一阶段完成建设用地面积 8.2 万平方米，建筑面积 4.7 万平方米，主要建设物流信息港及行政大楼、一般仓储区、停车场等；第二阶段完成建设用地面积 5.1 万平方米，建筑面积 2.5 万平方米，主要建设一般仓储区、冷藏冷冻仓储区、园区配套设施等。2014 年 9 月 16 日开工建设。（周庆通）

【谷城县北辰汽车客运站】 位于谷城县城关镇东升社区和曾家营社区交界处，占地面积 73.1 亩，建设规模为二级客运站，集候客、公交中转、停车、维修、检测于一体，日发送能力 300 班次，年发送旅客 252 万人。工程建成后主要服务于城北新区建设，将有效带动谷城经济发展和社会进步，有助于优化城区交通布局，提高居民生活水平，实现区域经济均衡协调发展。2014 年 6 月 16 日动工，由湖北艺得利建筑安装工程有限责任公司承建，建设工期 16 个月，估算总投资 4889.84 万元，其中省补资金 585 万元、地方自筹 4304.84 万元。截至 2014 年底，完成投资 1800 万元，候车大厅主体工程、400 千伏安变压器安装、三线入地、站前广场土石方回填工程基本完工，二期附属工程建设正在规划设计。 （冷俊）

【保康县高速旅游汽车客运站】 位于保康县城关镇黄土岭村一组，熊绎大道以东、凤鸣广场以南，占地面积 23379 平方米。按平均日发送量 6999 人次、二级客运站的规模设计，项目总建筑面积 10351.32 平方米，其中地面站房总建筑面积 6000.08 平方米、地下车库面积 4351.24 平方米。另建停车场、待班区及道路 14610 平方米。项目于 2013 年 12 月由保康县政府、湖北联投矿业有限公司和县交通运输局三方签订代建协议，由湖北联投矿业公司出资建设。湖北联投矿业公司注册成立湖北联投保康宏建房地产开发有限公司承担本项目的建设任务。项目投资估算 4960.02 万元，截至 2014 年底已完成投资 2200 万元。

【城区公交车站】 位于保康县城区三桥桥头以北，规划土地面积 5564 平方米，该地段东、北沿 305 省道，西临清溪河，南面紧靠三桥头，整个地块呈正三角形。该站建成后可解决城区公交车停放、维修、检测等工作，同时还可实现保康北部寺坪和过渡湾 2 个乡镇农村客运车辆在此站换乘，有效减轻城区交通压力。主站楼占地 220 平方米，建筑面积 440 平方米。公交停车区占地 3000 平方米，有公交停车位 35 个。综合服务区占地 2000 平方米，设小型客运车辆停车位 30 个。项目概算投资 455.2 万元，截至 2014 年底累计完成投资 200 万元。

【保康城南综合物流中心】 该项目为交通运输部“十二五”规划重点项目库项目、湖北省重点工程项目、省交通厅“十二五”规划重点项目。项目占地面积 38 亩，总建筑面积 9 万平方米，总投资 2 亿元，主要建设内容包括仓储库房、办公大楼、配套服务中心、停车场等。2013 年 3 月 19 日举行开工仪式，截至 2014 年底，累计完成投资 1.3 亿元。

【马桥物流园】 该项目位于保康县马桥镇张湾村，由湖北楚城置业有限公司投资兴建，总用地规模为 157 亩，项目计划总投资 2 亿元，规划总建筑面积 184410 平方米，停车场约 28500 平方米，于 2012 年 6 月开工建设。项目是以农产品交易区、汽车维修区及汽车配件交易区为主；以大型停车场、国家三级客运站、仓储中心、配送中心、信息服务调度中心为依托；以矿山机械展示交易区、农机具及配件交易区、成品车交易展示区为补充；以商务中心、酒店住宿及居住为配套的大型物流园区。截至 2014 年底，累计完成投资 8000 万元。 （朱兴隆）

【老河口市高速汽车客运站】 该项目列入湖北省“十二五”建设计划。由湖北银环建筑工程公司承建，工程监理单位为老河口市兴业建筑工程管理公司。工程标准按照一级客运站建设，计划投资 1.78 亿元。建设规模为 143.7 亩，总建筑面积 10505 平方米，客运站主楼建筑面积 7888 平方米，共 2 层。附属建筑面积 753 平方米，办公宿舍楼 1523 平方米。项目于 2014 年 3 月 1 日开工，到年底主体工程全部完工。

【陈埠综合码头】 工程建设总投资 2.5 亿元，用地面积 304.02 亩。计划新建停靠 1000 吨级货船的件杂货泊位 2 个，年设计吞吐量为 67 万吨；新建停靠 1000 吨级货船的散货泊位 2 个，年设计吞吐量为 199 万吨。建设相应的道路、堆场、仓库等生产、辅助生产建筑，配备相应的装卸、运输机械设备和供水、供电等设施。工程由湖北富航隆泰建设有限公司负责建设。2014 年投资 6400 万元，完成建设用地 304.02 亩的土地招拍挂、围墙建设、场地平整、供电、混凝土搅拌站、临时办公楼和临时施工道路建设等。

（刘源）

宜昌市

【三峡机场路主体工程建成通车】 2014 年 10 月 8 日，三峡机场路综合改造主体工程建成通车，12 月底基本完成道路绿化景观工程和机场候机楼站前广场改造。三峡机场路综合改造工程位于宜昌市猇亭区，概算总投资 3.91 亿元。项目分两期实施，一期工程为道路及景观绿化工程，概算总投资 35778.53 万元，主要是将机场路由双向四车道拓宽为双向八车道。道路等级为城市主干道，道路全长 3558 米，设计车速为 60 公里 / 小时，并增设先锋路和七里冲路 2 处下穿通道，改建先锋路、七里冲路以及黄龙路部分路段。建设内容包括路基、路面、交通工程、排水（雨水、污水、路基排水）、电力管沟、道路照明及治安监控等；一期绿化景观工程批准建设规模为 21.65 万平方米，主要建设内容包括土石方、软景、硬景、给排水工程及电气工程等。二期工程为三峡机场候机楼站前广场和沪渝高速公路猇亭收费站改造，概算总投资 3327 万元。机场候机楼站前广场工程改造总面积 6.5 万平方米，其中绿地面积 3.18 万平方米，道路面积 21143 平方米，广场面积 6840 平方米，停车场面积 5217 平方米。主要建设内容包括土石方、软景和硬景、给排水及电气工程等；沪渝高速公路猇亭收费站改造工程建设内容主要包括道路、收费广场、沿线设施、房屋建筑以及排水、照明、绿化、交通设施等附属设施。 （方军）

【当阳至枝江一级公路改建】 2014 年，当阳至枝江一级公路改建完成路基 55.4 公里、路面 23 公里，年度完成投资 2.6 亿元，累计完成投资 7.56 亿元。当阳至枝江一级公路改建工程起于远当一级公路当阳市城关子龙渠化路口，止于枝江市马家店，与 318 国道相接，全长 55.39 公里，按设计速度 80 公里 / 小时的双向四车道一级公路标准建设，沥青混凝土路面，路基宽 21.5 米，行车道宽 15 米，桥涵与路基同宽，汽车荷载等级为公路－Ⅰ级，概算总投资 8.65 亿元，上级补助 2.06 亿元、地方自筹 6.59 亿元。于 2011 年 7 月开工建设，当枝一级公路改建工程建设指挥部为项目建设法人。 （魏松）

【318 国道万城大桥至云池一级公路改建】 2014 年，318 国道万城大桥至云池一级公路改建完成路基 41 公里、路面 13 公里，年度完成投资 2.4 亿元，累计完成投资 9 亿元。318 国道万城大桥至云池一级公路改建工程起于 318 国道万城大桥，止于猇亭云池桥，全长 61.37 公里，桥梁 16 座 886.2 延米。全线按设计速度 80 公里 / 小时的双向四车道一级公路标准建设，沥青混凝土路面，路基宽 21.5 米，行车道宽 15 米，桥涵与路基同宽，汽车荷载等级为公路－Ⅰ级，概算投资 11.19 亿元。项目采用设站收费方式偿

还贷款本息，其中省交通厅投资2.48亿元，枝江、猇亭政府投资1.13亿元，银行贷款6.72亿元。（魏松）

【长阳龙舟坪至宜都五眼泉一级公路开工建设】 2014年6月11日，长阳龙舟坪至宜都五眼泉一级公路开工建设。到年底完成路基3公里，年度投资2.2亿元。长阳龙舟坪至宜都五眼泉一级公路全长18.8公里，起于长阳龙舟坪镇观音阁，接324省道，向南跨越清江，经磨市、芦溪、三口堰，止于宜都市五眼泉镇庙岗村，接陆渔一级公路，公路等级为一级，设计速度60公里/小时，总投资11.83亿元。该项目建成后将连接沪渝、宜张2条高速公路，与陆渔一级公路贯通。（魏松）

【香溪长江公路大桥初步设计获交通运输部批复】 2014年3月28日，香溪长江公路大桥初步设计获交通运输部批复。该项目于2013年6月获国家发改委批准立项，是1个由多座特大型桥梁、隧道及大型滑坡处治组成的项目群。根据初步设计批复，香溪长江公路大桥起自秭归县郭家坝东侧，接省道255线，止于归州镇香溪河西岸的向家店，复接省道255线，全长5.617公里。其中，跨长江大桥长0.805公里，香溪河大桥长1.058公里，两岸接线长3.754公里，项目概算20.99亿元，项目总工期4年。全线采用一级公路标准建设，设计速度60公里/小时，路基和桥梁宽度23米。长江大桥采用中承式钢箱桁架拱桥方案，香溪河大桥采用双塔双索面组合混合梁斜拉桥方案。（魏松）

【秭归县城出口一级路（含陈家冲大桥）】 县城出口一级路是秭归县2012年三峡移民后续项目，贯通县城，分南北两段，全长7.58公里，是秭归县第一条一级公路。其中南段三峡翻坝高速公路秭归互通出口到陈家冲大桥为新修段，全长2.73公里。经过3年建设，完成清表10271立方米，路基挖土方399200立方米；挖石方188524立方米，弃方344766立方米，路基填方218841立方米，混凝土挡土墙13045立方米，浆砌片石护脚4606立方米，水沟800米，铺筑水稳底基层1.87公里。边坡防护工程完成五级坡面的锚杆框架梁施工，边坡挂网客土喷播9处，地下管网工程已铺设D600排水管1.87公里，给水管1.87公里，电力通信等管线1.87公里，开挖浇筑抗滑桩37根。县城出口路控制性工程陈家冲大桥长417延米，桥面总宽24米，大桥由40米T梁组成，属于2011年三峡后续规划补助项目。大桥共完成64根1320米桩基开挖浇筑，主梁浇筑完成100片T梁的预制和吊装，桥面10厘米混凝土调平层的浇筑。2014年9月30日，路面面层全部铺装结束；11月中旬，陈家冲大桥完成荷载试验，全线正式通车；12月上旬，亮化工程全部结束。（赵建华）

【周聚路二级公路改造】 秭归县周聚公路是连接沪渝高速、318国道及九畹溪镇、杨林桥镇的重要干线公路，是宜巴省道和峡堡省道的重要连接线，也是通往九畹溪漂流景区的唯一通道。该项目包括周坪至聚集坊、芝兰至九畹溪2段，全长22.95公里(其中周聚段17.73公里、芝九段5.22公里)。整个工程完成开挖土石方386529.42立方米、涵洞40道308延米、浆砌挡土墙25732.71立方米、20厘米4%水稳底基层91742.03平方米、30厘米5%水稳基层90315.85平方米、5厘米中粒沥青碎石面层114750.72平方米、路肩带8740立方米、边沟3170立方米、防撞墙1.1公里、标志标牌86套。2014年9月30日，周聚路改造工程全线竣工通车。（赵建华）

【王五二级公路改建】 王子石至宜都市五眼泉二级公路改建工程，是经湖北省发改委鄂发改审批〔2014〕112号文批复建设的项目。为优化区域路网结构，提高路网服务水平，服务清江库区移民，促进地方旅游业和经济社会发展，建设环境友好，资源节约型公路，拟省道升国道线路之一。该项目起于宜昌市长阳龙舟坪镇王子石村偏岩大桥西，经黄家坪、津洋口、三里店清江大桥、高家岭、三口堰、止于宜都市五眼泉镇庙岗村与陆渔一级公路交叉处，全长48.4公里。全线采用设计速度40公里/小时，路基宽8.5米的二级公路标准，项目估算总投资25367.72万元，建设工期24个月。长阳县交通运输局为项目法人，负责项目建设和管理。于2013年9月29日正式开工建设，已完成偏岩至津洋口(丹水路网工程)段新建路基10公里，全线续建工程47公里。（赵来）

【当阳三桥】 当阳三桥又称当阳金桥渡改桥，是连接金桥工业园和坝陵工业园的重要纽带，也是当阳城区的外环通道。该桥位于当阳二桥下游4.5公里，北接锦屏大道，南接当枝一级路，桥长346.04延米，宽19米，其中行车道15米；荷载等级为公路—级，是当阳市第一座双向四车道桥梁。桥梁下部结构为三柱式墩台、钻孔灌注摩擦桩基础，上部结构为17跨20米预应力混凝土空心板，共有54根桩基、48根墩柱、2个桥台、255片梁板。工程造价3300万元，建设工期15个月。资金来源为上级交通部门补助和地方自筹。该项目由宜昌市交通规划勘察设计研究院设计，山东黄河工程集团有限公司中标承建，宜昌虹源监理公司监理。2012年3月启动前期工作，2013年1月18日开机钻孔，2014年7月16日大桥竣工，11月29日全线竣工通车。（卢学德）

【台小国道渔洋关绕城线】 2014年3月5日，台小国道渔洋关绕城线开工建设。台(州)小(金)国道渔洋关绕城线(过境段)新建工程，路线起点小河，与在建的幸福大道相交(幸福大道交叉桩号K2+120)，起点桩号为K1+500，途经小河、鸡公咀、棉花包、桂竹园、止于汉马池，终点桩号为K12+859.921，路线全长11.36公里。道路等级为双向双车道二级公路，设计速度40公里/小时，路基宽度8.5米，汽车荷载等级为公路－Ⅱ级。有大桥

1座128延米，中桥2座134延米，涵洞42道594延米，平面交叉16处。台小国道渔洋关绕城线建成后，将形成新县城西南外环，与陆渔一级公路延伸段、呼北国道绕城线、台小国道绕城线、高速公路连接线互通，形成一个围绕渔洋关城区的外部快速通道，通过城市连接线，城区内交通可进入环线，达到快速出行目的。（向常明）

【枝城长江大桥公路桥维修加固工程】 2014年7月30日，枝城长江大桥维修加固工程竣工全面恢复通车。枝城长江大桥于1971年建成通车，是迄今唯一主桁悬壁支架上铺筑公路桥面的公铁共用长江大桥。该桥维修加固采用在不损伤原桥纵梁托架的基础上，将桥面以旧换新方案。主要包括拆除5000余吨的钢筋混凝土旧桥面板及附属设施，对原桥纵梁托架进行检测修复防腐涂装，重新制作安装正交异性钢桥面板，铺筑桥面沥青混凝土和更新铁路防护网等附属设施。为确保施工质量安全，施工中整桥铺设吊架施工平台，安装振动检测仪严密监控大桥受力变化，研制专用架板机进行吊装；改进卧式磁力钻精准成孔，采用铺设轻质陶粒混凝土和高黏高弹改性SMA沥青混凝土等新科技、新技术。为增强大桥使用寿命，方便两岸人民群众安全出行，对大桥实行限载通行，规定二轴货运车辆车货总重不超过20吨、三轴货运车辆车货总重不超过30吨、四轴及四轴以上车辆禁止通行并在大桥两端设置明显标识，安装电子监控抓拍系统、LED防振路灯。（邹庆平）

【白洋港口新区建设】 2014年，白洋作业区综合码头一期工程6个泊位开工建设，1号、2号泊位桩基工程完工，在进行水工平台及护岸工程施工。白洋港口新区是三峡枢纽港规划的“四区一中心”港口新区之一，规划用地3.2平方公里，由港口作业区、物流仓储区、商贸服务区、保税港区等功能分区组成。规划港口岸线长度2500米、3000吨级泊位24个，建成后将形成2500万吨、100万标准集装箱的年通过能力。（李芹）

【宜昌港秭归港区茅坪作业区二期工程】 2014年该工程完成码头陆域用地367.92亩的开挖与回填，其中，件杂码头完成引桥护岸及码头平台筑岛回填。完成全部预制构件的制作和引桥预制梁的吊装，在进行引桥面层施工；滚装码头完成145平台抛石、斜坡整形及强夯，155平台以上护坡、三条斜坡道及175平台二片石、碎石垫层、水泥稳定层施工，在进行175平台毛石混凝土挡墙施工。全年完成投资1亿元，累计完成投资6亿元。（赵建华）

【宜昌港三峡枢纽旅客翻坝转运中心码头工程】 2014年5月26日，宜昌港三峡枢纽旅客翻坝转运中心码头工程开工建设。宜昌港三峡枢纽旅客翻坝转运中心工程是省、市“十二五”重点交通港航建设项目，工程包括秭归旅游客运码头和太平溪旅游客运码头，总投资49499.78万元。秭归旅游客运码头位于长江右岸，计划在茅坪作业区新建3个、改扩建4个旅游客运泊位并配套相应设施。其中，上游蚂蚁尾区域改扩建2个旅游泊位、1个客运泊位(设计蚂蚁尾码头旅游翻坝通过能力86.5万人次/年，普通客运通过能力18万人次/年)，中游区域改建客滚泊位1个；下游院墙岭码头新建3个游船泊位(旅游翻坝通过能力99万人次/年，客运车辆滚装通过能力1.8万辆/年)。太平溪旅游客运码头位于长江左岸，计划改扩建1个旅游泊位、1个客运泊位，旅客通过能力69万人次/年。（李芹）

荆州市

【省道汉沙公路洪湖城区绕城段改建工程建成通车】 2013年3月开工，2014年9月30日建成通车，总投资2.92亿元。该项目起于洪湖市乌林温泉大道与省道汉沙线交汇处，经石码头护城堤止于万家墩路，与已修建的四桥路相接，全长12.59公里，设计行车速度40公里/小时，按城市道路标准建设，沥青混凝土路面。2014年12月26日，省道汉沙公路洪湖市城区绕城段改建工程在洪湖通过交工验收，荆州市交通运输主管部门和相关专家参加验收。验收过程中，专家委员会查阅建设资料，察看工程现场，听取项目建设、设计、监理、施工、质量监督等单位工作汇报，同意该项目工程质量评定为合格等级。（张俊）

【省道沙渔公路松滋段大修工程完工】 2014年9月，省道沙市至五峰渔洋关公路松滋段大修工程完工，总投资3968万元。该路段大修改造工程总长25.12公里。对水泥混凝土路段老路面实施破碎、稳定、灌浆处理，采用22厘米厚级配碎石补强，新铺装的水泥混凝土路面设计为18厘米厚5%水泥稳定基层+沥青表处封层26厘米水泥混凝土面版。对沥青碎石路段的老路面实施大面积病害挖补整平，采用20厘米厚级配碎石补强。大修改造后的路段路基宽12米，路面宽9米，设计速度60公里/小时。该路段大修工程分别由松滋市言程公路养护建设有限公司和湖北高成公路工程有限公司于2014年4月开始分段施工。（张伟　李宝婵）

【省道汪杨线街杨段大修改造工程完工】 2014年10月，省道汪杨公路街杨段大修改造工程完工，投资1501万元。该公路大修改造工程全长9.5公里，由省市交通主管部门投资，松滋市言程公路养护建设有限公司于2014年5月开始施工。大修改造工程设计为基层采用18厘米厚5%水泥稳定碎石结构，面层加铺24厘米水泥混凝土面板。（张伟　李宝婵）

【荆州观习公路改建工程完工】 2014年6月4日，观习公路改建工程完工通车。观习公路全长15.4公里，起于习家口，经泗场、新台、北河、朱场、金鸡，止于318国道观音垱镇，是沙市区观音垱镇通往城区的必经之路。该道路原路面等级低，路面破损严重，通行能力差，已不能满足交通量发展的需要。沙市区交通运输局积极做好项目申报立项工作，争取上级补助资金，按三级公路标准水泥混凝土路面改建。该公路2014年1月开工，改建完工后满足荆州城区东扩布局需要，对完善全区路网结构，提高公路通行能力，促进社会经济发展具有重要的意义。（胡敏）

【江北高速公路江陵连接线工程正式开工】 2014年10月江北高速公路江陵连接线工程正式开工建设，总投资1.7亿元。该连接线工程起于江北高速公路江陵北互通式立交，经花盆村向阳渠北侧樊家台与江陵县城相连，全长6.73公里，按一级公路双向六车道建设，路基宽度25米，设计速度80公里/小时。该工程分为2个标段建设，计划于2016年江北高速正式通车前完工。工程建成后将推动江陵融入高速公路路网，助力滨江新区发展，拓宽江陵城市发展空间，为江陵打造公、铁、水联运的综合交通运输网络奠定基础。（代龙梅）

【江陵县滩桥至马家寨二级公路建成通车】 2014年12月，江陵县滩桥至马家寨二级公路建成通车，投资3708万元。该公路起于滩桥镇街道，止于马家寨乡马市渡口，全长11.3公里。江陵县政府、马家寨乡政府、江陵县交通运输局等单位筹集资金，于2014年4月对该路线按二级公路标准改建。改建后的公路为水泥混凝土路面，路基宽度10米，行车道宽7米，设计荷载等级为公路－Ⅱ级，设计行车速度60公里/小时。改建中，路基加宽、桥涵等相关设施由乡镇配套完成，路面工程由部省补助资金和地方自筹资金相结合组成。该项目设计、勘察、监理、施工均通过公开招标的方式确定实施单位，设计单位为荆州市五维公路勘察设计有限公司，监理单位为广东中交纵横建设咨询有限公司，施工单位为湖北博诚公路工程有限公司。（黄冬陵）

【江陵县汉沙线秦市至普济段改建工程完工】 2014年11月，省道汉沙线江陵秦市至普济段改建工程完工。该路段桩号为K242+075～K246+925，全长4.85公里，总投资680余万元，采用沥青混凝土路面，按二级公路标准建设。2014年7月该路段正式开始施工，改建后的路基宽12米，路面宽9米，设计荷载等级为公路－Ⅱ级，设计行车速度80公里/小时。其路面结构为3厘米厚AC-10沥青混凝土+5厘米厚AC-16沥青混凝土+18厘米厚5%水泥稳定碎石。设计单位为荆州市五维公路勘察设计有限公司，监理单位为湖北华捷工程咨询监理有限公司，施工单位为湖北博诚公路工程有限公司。（黄冬陵）

【荆州五一桥重建工程完工】 2014年9月29日，荆州西门至秘师桥公路上的五一桥重建工程完工通车。荆州西门至秘师桥公路是进入华中农高区的重要通道，该公路上的五一桥经有关部门鉴定为危桥须拆除重建。荆州公路部门于2014年4月1日正式开工建设，各参建单位通力合作，落实交通管制措施，排除汛期影响，严格按照设计图纸组织施工，确保行人和农田灌溉用水安全。（唐亮）

【荆州关沮西湖桥建成通车】 2014年4月10日，关沮西湖桥建成通车，投资128.79万元。关沮西湖桥位于关沮工业园西湖大道，设计荷载为公路－Ⅱ级，桥宽12米，上部结构1×20米预应力混凝土空心板，下部结构采用桩接盖梁桥台，钻孔灌注桩基础。该桥是关沮镇政府为打造银湖工业园通往市区快速通道而建设的，关沮西湖桥的建成满足了西湖大道东扩、关沮新城企业搬迁的需求，对促进社会经济发展具有重要的意义。（吴建前）

【荆州木沉渊港区江陵跃进码头工程开工建设】 2014年11月12日，荆州木沉渊港区江陵跃进码头工程开工建设。该码头位于长江沙市河段瓦口子水道左岸，主要建设内容为新建1个3000吨级散货泊位和3个3000吨级件杂货泊位以及相应的配套设施，设计年通过能力为303万吨。散货泊位采用浮码头结构形式，与后方陆域连接采用架空钢栈桥，基础为钻孔灌注桩。件杂货泊位采用高桩梁板结构形式，由码头作业平台及引桥组成。项目估算总投资4.05亿元，施工工期24个月。截至2014年底，完成投资11200万元，其中后方仓储用地220亩已完成征用手续，散货泊位水工部分及后方堆场转用设备基本完工，件杂货泊位引桥灌注桩全部完工，下横梁预制构件基本浇筑完成、件杂货泊位沉桩48根。该码头建成后，将有效缓解江陵县区域内船舶大型化高速发展与码头设施长期处于低水平的矛盾。（王晶）

【江陵县水上搜救中心开工建设】 2014年12月29日，江陵县水上搜救中心正式动工建设，总投资700万元。该水上搜救中心总用地面积5334平方米，其中建设用地3735平方米，代征道路599平方米，总建筑面积1906平方米。该水上搜救中心的指挥监控中心平行面向沿江公路离公路25米、建筑面积1265.6平方米，应急救援中心设施设备仓库垂直于沿江公路、建筑面积700.4平方米，建设工期为210天。建成后将全面负责江陵县辖区内危货码头、港口企业、渡口渡船的统一组织协调工作，指挥监控中心处理水上突发事件应急工作，利用信息平台承担日常安全监督管理。（向静怀）

【荆州市道路客运市场视频信息系统通过验收】 2014年11月5日，“荆州市道路客运市场视频信息系统”通过省交通运输厅道路运输管理局组织的验收。该系统采用视频编解码技术、3G无线通信技术、网络技术，将监控点的图像实时传输到市运管处监控室，并提供视频查看、录像、回放、抓拍、剪辑等功能，构建一体化视频信息管理平台。系统建设符合《湖北省交通运输视频监控系统建设技术指导意见》的相关技术参数要求。该系统的应用为道路运输市场监管提供有效的技术支撑，起到规范执法行为，提高工作效率，促进客运市场秩序好转的作用。

（颜雄飞）

【松滋市车阳河港区开通国际集装箱航线】 2014年3月17日，松滋市车阳河综合码头开通国际集装箱航线。松滋市车阳河综合码头集装箱装卸业务的启动，填补了松滋市长期无专业化集装箱装卸码头的空白，有力地推动了松滋市临港工业园及其周边县市经济的快速发展。松滋市车阳河综合码头于2013年元月进入生产试运行，该码头依托松滋市临港工业园，积极抢抓市场先机，成功引进集装箱装卸业务，缩短货物在途时间，降低物流成本。（王昌福）

荆门市

【城区绕城公路东外环线路】 东外环线路包括2个标段：347国道荆门东桥至子陵段改扩建工程牌楼至子陵段、荆门市牌楼至团林段一级公路。东外环线路从子陵安栈口出发，经牌楼东侧接347国道，往南跨武荆高速，经麻城镇后拐向西南上跨襄荆高速，止于团林镇南，与西外环路对接，全长42.5公里，其中牌楼至子陵段9.05公里，初步设计尚未批复；牌楼至团林段33.45公里，占地1711亩，涉及房屋拆迁102户，分8个工区展开建设。东外环线路主要控制性工程有桥梁11座、跨铁路1处(下穿长荆铁路)、互通式立交4处（长岗、裴庙、团林3处高速公路互通，牌楼347国道互通）。另外，与348国道平交1处、江沙线平交1处，有农村道路交叉点35处(下穿11处、上跨8处、平交3处、归并8处、取缔5处)。东外环全线采用设计车速80公里/小时、双向四车道一级公路标准，路基标准横断面宽24.5米。采取BTR模式建设，由中建三局集团承建，总投资12.5亿元。东宝段347国道牌楼互通、掇刀段207国道团林互通已完成地面清表，其他工区施工队伍陆续进场施工。

【207国道荆门子陵至砖桥段一级公路荆门城区绕城公路西外环】 该项目起于207国道与安凤线交叉处，并于此处设置高店互通式立交，路线向西上跨焦柳铁路，从子陵石膏矿区和火焰冲水库南侧经过，绕过龙凤山生态观光园后在葛洲坝水泥厂和凯龙化工集团之间进山，接着设2.67公里(右2.61公里)隧道穿越碑凹山，出山后从王朗沟水库北侧通过，然后折向南靠近城区西侧丘陵布线，与251省道交叉，向南与漳河大道交叉，从大、小石岭水库西侧穿越，在上邹家湾附近下穿焦柳铁路，继续向南与311省道交叉，在铁家堰附近跨越漳河水库总干渠，在袁家集三组附近跨越荆宜高速公路，向南至团林铺规划镇区西南侧折向东，下穿荆沙铁路接207国道，路线全长35.58公里。本项目按设计速度80公里/小时、双向四车道一级公路标准建设，路基宽24.5米(其中215省道至荆宜高速公路段部分路基宽36米，为地方扩宽建设路段)，汽车荷载等级为公路－Ⅰ级，设计洪水频率为1/100。截至2014年12月底，西外环城投段已完成路基9公里＋石灰渣石垫层5公里＋级配碎石3公里＋水稳底基层2公里；交投段完成80万立方米土石方，完成路基8公里。

【347国道荆钟一级公路】 该项目起于东桥镇与京山交界处，经盘石岭林场、九里乡、南湖原种场、接汉江二桥，经文集镇陈集、冷水镇，止于荆门子陵镇，接207国道，全长72.90公里(不含汉江二桥3.47公里)。全线采用设计速度80公里/小时、路基宽度24.5米、双向四车道一级公路标准建设。该项目估算总投资17.21亿元，其中钟祥段58公里投资14.66亿元，资金来源采用部省补助资金及设站收费还贷相结合，项目总工期39个月。

【江沙线改建】 全线25.6公里，改建后路基宽12米、路面宽9米，沥青混凝土路面，工程设计总投资1.24亿元。建设单位为沙洋县交通运输局，施工单位为沙洋楚雄路桥公司、荆门九衢路桥工程有限公司、四川星星建设集团有限公司和湖北清江路桥建筑有限公司，监理单位为湖北楚维工程咨询监理有限责任公司。2011年7月15日开工，2014年完成红旗一桥和红旗二桥新建任务。

【借瞄线二级公路改建】 全线21.56公里，改建后路基宽12米、路面宽9米，沥青混凝土路面，工程设计总投资1.44亿元。建设单位为沙洋县交通运输局，施工单位为沙洋楚雄公路桥梁工程有限责任公司、安陆市通联公路工程有限公司、荆门九衢路桥工程有限公司、天门市交通工程公司，监理单位为湖北楚维工程咨询监理有限责任公司。2013年12月启动，2014年8月完成瞄集至毛李段7.8公里路面基层建设，9月启动毛李至双店桥段5.57公里建设工程。

【石栗公路仙栗段改造】 起于仙居乡街道南端，止于栗溪镇街道，全长27.5公里，2012年6月开工建设，2014年8月底全面完工。该工程被荆门市推荐为全省公路建养管“十佳公路”。石栗公路仙栗段的改建，有利于栗溪集镇和仙居乡两地经济发展，是鄂西生态旅游圈路网建设重要环节之一。

【许跑公路改建】 该工程位于仙居乡境内，起点为仙居乡许集街，经李坪村、革新村、付庙村、双龙村、七井村、盐井村、跑马村，止于黑峪村与宜城市李垱交界处，全长13公里，路面宽5米，升级改造完成后路面宽度由5米拓宽至6米，损坏的路面得到全面修复。2014年6月10日正式开工，10月底完工，

【老马河小桥危桥改造】 该桥位

于马河镇街道，原桥长19.4米、桥宽11.5米，桥跨组合为1×10.0米的拱桥。由于原桥长期在车辆荷载作用下，导致桥的主拱严重变形，存在较大安全隐患，经相关部门勘察决定将旧桥拆除重建。新建后桥长22.94延米、桥面宽12米，行车道宽11米，荷载等级公路二级。2014年8月底开工，12月初完工。

【栗溪二桥新建工程】 栗溪二桥位于栗铁线K1+040处，接近栗溪集镇，是连接东宝区栗溪集镇和东宝区马河集镇的一个重要通道。该桥梁设计长度63.19延米、桥宽10米，其中车行道9米，两侧有对称布置的0.5米宽防撞墙，桥跨为3×20米预应力混凝土空心板。

【东干渠小桥桥面维修】 该桥位于207国道K2002+745处，始建于1992年，为一孔跨径10米、长19.2米、宽15米的现浇混凝土简支板桥。由于207国道车流量大，重载车辆多，该桥服役时间长，造成桥面铺装及搭板破损严重，坑洼不平，对交通运输及市民出行造成了严重的安全隐患。桥面维修工程于2014年6月中旬正式开工，8月底完工。

【340省道新曙线】 340省道王岭至季河段二级公路改建工程起点桩号K31+000位于京山县屈家岭界点青岭，止点桩号K39+013位于京山县屈家岭界点季河桥，全长8.01公里，公路技术等级为二级，双车道，沥青混凝土路面，路基宽10米，路面宽8.5米，设计速度为60公里/小时。已完成长滩集镇路段1公里沥青面层铺设，完成路基施工4公里。

【483省道军屈线改造升级】 483省道军屈线起点桩号K0+000位于长滩办事处叶坡村，止点桩号K27+901位于屈家岭易家岭办事处电厂。该线路是唯一连接全区4个办事处及工业园区的重要通道。升级改造工程全长27.90公里，公路技术等级为二级，路面设计为沥青混凝土路面，路基宽12米、路面宽8.5米，双车道，速度为60公里/小时。其中路基挖方9.93万立方米，填方17.36万立方米，涵洞28道304.5延米，中桥1座81.15延米，小桥3座56延米。2012年9月28日开工，2014年10月完成路基、路面施工任务，正在进行附属设施建设。

【钟祥港石牌综合码头工程】 新建4个1000吨级泊位，其中件杂货、散货泊位各2个，年设计吞吐能力210万吨(其中散货146万吨、件杂货64万吨)，工程预算总投资3.2亿元。该工程水工部分于2014年10月16日正式启动，建设单位为世界500强太平洋建设集团，在进行桩基施工。2014年完成投资2560万元。

【沙洋港中心港区一期综合码头工程】 新建6个1000吨级泊位，其中散货泊位4个、件杂货泊位2个，年设计通过能力为512.6万吨(其中散货460万吨、件杂货52.6万吨)，工程预算总投资4.5亿元。该工程水工部分于2013年10月14日正式开工，建设单位为中交第二航务工程局有限公司，水工建筑物主体工程基本完工，在进行陆域轨道梁、翻堤道路和防洪补救工程施工。2014年完成投资9600万元。

【沙洋港江汉运河港区后港综合码头工程】 位于江汉运河后港回旋水域，新建2个1000吨级泊位2个，年设计吞吐量为126万吨(其中散货96万吨、件杂货30万吨)，工程预算总投资5000万元。该项目责任主体为后港镇人民政府，业主为沙洋新港港口物流有限公司。该工程已完成土地拆迁，工可已批复。 (汪微波　许红明)

鄂州市

【高新四路】 起于葛湖一级公路红莲大道段(桩号K9+662)和金碧大道交叉口处，距离武黄高速公路500米，路线向西过中份潘、郑家畈，止于武汉和鄂州交界处，和武汉东湖国家自主创新示范区中华一路对接，采用设计速度80公里/小时、路基宽度24.5米、双向四车道一级公路标准。路线全长3.20公里，由华容区实施，投资估算4745万元，2014年底建成通车。

【华泥线公路改扩建】 起于鄂州市华容区华容镇华容街，止于华容镇泥矶村，全长8.56公里，技术等级为公路二级，预算总投资3456万元，其中建安投资2711万元，华容区政府为项目业主。2013年3月10日开工，2014年10月11日竣工通车。

【碧石至花湖公路改扩建】 起于鄂州市鄂城区碧石渡镇106国道碧石街，止于鄂州市鄂城区花湖镇武黄高速跨线桥下交叉处(鄂州与黄石分界)，全长20.43公里，技术等级为公路二级。概算总投资9944.5万元，其中碧石至汀祖段长8.5公里、预算投资3656万元，其中建安费2980万元。碧石渡镇政府为项目业主。2013年10月7日正式开工建设，2014年年底建成通车。

【葛店至杨叶公路(吴楚大道东段阳枫线)】 该项目是鄂州市综改示范重点项目，建设规模49.8公里，其中西段25.3公里(含三江港支线4.7公里)，东段24.5公里(不含中段利用已建成11.9公里)。全线按设计速度80公里/小时，路基宽度32米，双向六车道一级公路标准建设，概算投资15.315亿元。2014年完成路基22.18公里，路面5公里，完成投资12205万元。

【鄂黄大桥南岸接线改扩建】 起于鄂黄长江大桥南岸，止于鄂州江碧路平交口处，是“十二五”交通规划建设项目，总里程9.14公里，估算总投资20849.14万元。全线采用设计速度80公里/小时、路基宽度32米、双向六车道一级公路标准。车辆荷载为公路－Ⅰ级。鄂黄长江公路大桥南岸接线改扩建项目完工，将进一步改善鄂州市城市出口路通行条件，快速融入高速公路网，加快鄂州与武汉城市圈交通对接，提升鄂州城市交通整体形象，服务沿线群众高效便捷出行。2014 年完成路基、路面 9.14 公里，完成投资 15000 万元。

【121 省道公友至官塘段改扩建】 起于鄂州梁子湖区公友街，距十字交叉口东侧约 180 米，与鄂州市牛石至公友公路终点相接，止于涂家垴镇官塘村与武汉市江夏区五湖线平交处(桩号 K21+137.126)，路线长 13.96 公里，按二级公路标准建设，设计行车速度 60 公里 / 小时，路基宽 10 米，概算投资 4686 万元。该公路正式建成后，将助推梁子湖生态示范区建设，同时有利于加强梁子湖区与武汉市江夏区交通对接。截至 2014 年年底，该项目土方工程全部完工，圆管涵 44 道均已完成，防护及附属工程在建设中。预计 2015 年 1 月份建成通车。

【鄂州主城区客运枢纽站】 该站选址于城南，位于鄂州市城区道路江碧路、吴楚大道、城际铁路、武黄高速、汉鄂高速交汇处，316 国道江碧路段与鄂州大道西北面，鄂州火车站北边。该项目纳入省交通运输厅“十二五”规划。鄂州主城区客运枢纽站总占地面积 113.3 亩，建站前广场 5500 平方米、停车场 28000 平方米、发车位 40 个(占地 3600 平方米)、车站下客区 700 平方米，房屋建筑面积 20000 平方米，其中站房约 8000 平方米，配以一定面积的生产辅助用房 、生活辅助用房和商业区。项目预计投资 3.25 亿元，已向交通运输部增报建设计划。截至 2014 年 12 月，鄂州主城区客运枢纽站工程争取交通运输部补助资金 4000 万元，由中南建筑设计院完成方案设计，9 月份通过市长办公会审定并上报市规划局通过，完成施工图设计招标工作。

【葛华新城客运站】 葛华新城客运站选址在原华容客运站，按二级客运站标准建设，纳入省交通运输厅“十二五”交通规划。项目占地面积 44.6 亩，其中新增用地 30 亩，建设内容包括车站用房 2000 平方米、其他生产辅助用房 500 平方米、站前广场 2100 平方米、停车场 12000 平方米等，到站旅客下客区 400 平方米，并配套建设道路、绿化、给排水、消防系统等设施。预计总投资 2168 万元。2014 年底项目选址、规划设计、环评、土地预审、土地调规、勘测定界等前期工作已经完成；省运管局对工可报告进行评审，报省交通运输厅待批复；已进入征地程序，交投公司与华容镇政府签订土地代征协议。项目已投入资金 70 万元。

【城东物流中心项目】 该项目纳入省“十二五”交通发展规划，投资规模为 1.5 亿元，其中企业自筹资金 1.4 亿元，争取省交通运输厅补助资金 1000 万元。2014 年元月开工建设，已支付征地费、拆迁、青苗补偿等 4000 多万元，土地平整招投标工作已完成，平整总额 630 万元。

【鄂州港五丈港港区综合码头工程】 湖北大通互联物流股份有限公司(项目业主)投资 15672.84 万元，在五丈港码头上游占用岸线 225 米，建设 2 个 3000 吨级多用途斜坡式码头泊位，年设计通过能力 170 万吨。2014 年计划投资 2467.84 万元，累计完成投资 15490.64 万元。2014 年底该码头泊位栈桥、引桥基本完工。

【武汉新港白浒山物流园区左岭作业区煤码头工程】 鄂州发电公司(项目业主)投资 16498.38 万元，占用岸线 153 米，新建 1 个 5000 吨级煤炭进口泊位。2014 年计划投资 1724.38 万元，累计完成投资 1724.38 万元。2014 年底该码头泊位水工建筑物通过交工验收，已试运行。

【湖北星丰金属资源有限公司废金属加工项目码头】 中国再生资源有限公司(项目业主)投资 58239.79 万元，占用岸线 588 米，建设 5 个 3000 吨级(兼顾 5000 吨级)件杂货直立式泊位，年设计吞吐能力 265 万吨。2014 年计划投资 15008.66 万元，累计完成投资 32787 万元。2014 年底已完成 2 个泊位码头工程水工建筑物。

【湖北三和管桩有限公司码头】 湖北三和管桩有限公司(项目业主)投资 6868.64 万元，占用岸线 222 米，建设 1 个 3000 吨级(兼顾 5000 吨级)散货进口泊位和 1 个 3000 吨级(兼顾 5000 吨级)出口泊位，年设计通过能力 190 万吨。2014 年计划投资 89.64 万元，累计完成投资 6863 万元。2014 年底直立式泊位水工建筑物已完成，浮式泊位趸船即将招投标。

孝感市

【孝汉大道及白水湖大桥】 2014 年底孝汉大道三期绿化景观工程已完工，完成全部投资计划 4800 万元。白水湖大桥是孝汉大道三期工程的节点工程，也是孝感经济社会对外发展的重大项目。该桥全长 2.46 公里，总投资 2.46 亿元。工程按双向六车道一级公路标准设计，设计车速 80 公里 / 小时，合同总工期为 30 个月，计划 2015 年 5 月完工。2014 年累计完成投资 1.8 亿元，占总投资的 73%，已完成桩基 340 根、墩柱 318 根、预制 T 梁 972 片、T 梁架设 931 片，大桥主体工程完工。

【316 国道改扩建】 起于孝南区毛陈镇焦湖村，止于安陆市三坡岗乡毛庙村。全长 76.2 公里，项目概算投资 16.76 亿元。2014 年底安陆段 23.94 公里和云梦南段 13.84 公里已全部完工；云梦城区段路面基层全部完成，在进行路面面层施工，预计 2015 年 5 月份建成通车。云梦北段路基基本完成。孝南段已正式开工建设。

【孝汉应快速通道】 孝感至汉川一级公路起于孝感市区瞿家湾转盘接 316 国道老路(槐荫大道)，止于汉川市区市标附近接109省道，全长31公里，总投资14.17亿元，建设起止年限为2015～2016年。项目外审已完成，在进行修编。2014年孝感至汉川一级公路孝南翟家湾至老316复线段正在施工中，已完成路基1公里、管网铺设3.4公里。孝感至应城一级公路应城绕城段起于汉宜线与107国道交叉处，在应城西互通式立交附近接上原汉宜线线位，到达该项目终点，全长约18公里，估算总投资12.2亿元，建设起止年限为2015～2016年，项目外审已完成，在进行修编。

【临空区物流（陈天）大道】 项目起点为孝南区境内毛陈镇焦湖村的316国道与107国道共线段，终点为天河机场至阳逻港区一级公路起点处。全长18.88公里，估算总投资9.2亿元。建设起止年限为2014~2016年。2014年临空经济区7.8公里已开工建设，完成路基4.5公里、排水管网4.8公里、管廊4.9公里。孝南区11公里计划2015年实施。该项目已申报2015年建议计划，安排路基15.8公里、路面5公里。

黄冈市

【黄冈大道】 黄冈大道是黄州城区快速上黄鄂高速公路和黄冈长江大桥直达武汉中心城区的重要进出口道路，将打造成为黄冈市的“门户主干道、城市快速路”。黄冈大道起于黄鄂高速公路黄冈互通收费站，经过禹王工业园区向南直行，与新港北路平面交叉，终点与黄州大道（阳枫线）连接，路线里程长6.43公里。全线采用双向八车道城市主干道标准进行规划建设，道路中间和两侧设置高标准绿化景观带。黄冈大道是黄冈市采用BT(即建设－移交)方式建设的基础设施建设项目。2013年1月开工建设，2014年12月31日道路工程建成通车。

【黄冈长江大桥】 黄冈长江大桥是武汉至黄冈城际铁路及黄冈至鄂州高速公路的关键性控制工程，既是武汉城际轨道交通通往黄冈的重要过江通道，也是大广高速公路和武鄂高速公路连接的重要纽带，同时预留接京九黄州站接线条件，远期还可作为京九和武九两条铁路联络线上的过江通道，是集城际、铁路、公路三位一体的过江通道。黄冈长江大桥全长4008米，公铁合建段长2566米，设计为双层桥面，下层桥面通行双线高速铁路，上层桥面通行四车道高速公路。主桥为双塔钢桁梁斜拉桥，主跨跨度为567米，居世界已建成同类型桥梁之首。主桥采用(81+243+567+243+81=1245米)五跨连续双塔双索面钢桁梁斜拉桥。主塔为H型钢筋混凝土结构，塔高193.5米。全桥共计90个桥墩、967根钻孔桩。大桥上距阳逻长江大桥37公里、下距鄂黄长江大桥17公里。黄冈长江大桥是首座以“黄冈”命名的长江大桥，2010年2月8日开工建设，总投资24.93亿元。2014年6月16日，黄冈长江大桥建成通车。

【罗霍洲大桥】 武汉新港团风港区集疏运通道罗霍洲大桥是武汉新港建设的重要组成部分，也是黄冈市2013年重点推进十大项目之一。2014年累计完成总工程量的66%，下部构造完成90%工程量。该项目概算总投资5.94亿元，向上争取资金2亿元、自筹3.94亿元，建设工期为24个月。施工单位为新疆北新路桥集团股份有限公司，已完成货币工程量3亿元。

【黄冈楚江物流园】 武汉新港黄冈楚江物流产业园工程年计划2000万元，截至2014年12月，完成投资2000万元，占年度计划的100%；园区仓储一期224亩建设用地征用已完成各项报批程序，非住宅用地退耕及“五通一平”基本完成；农林作物、电杆等地面附着物清退以及围墙、排水管网、临时沟改道、土方回填、场地平整已经完工。综合平台仓库、通用仓库、综合大楼、司乘公寓等建筑物地勘及单体设计，并领取《建设规划许可证》，其中综合平台仓库已于2014年3月20日开工建设。

【黄冈安必达冷链物流配送中心】 黄冈安必达冷链物流中心年计划投资6500万元，截至2014年12月，完成投资6950万元，占年度计划的107%。项目一期占地面积186亩，总投资1.87亿元。A区1～2层1.1万吨冻库已经投入使用，第3层冻库钢结构在调试中；B区主体1～2层冻库已封顶，第3层钢结构在建设中。水泥路面、8000平方米大型公共停车场建设完工。办公生活等配套工程部分竣工并投入使用。

【黄梅孟菲斯物流产业园】 黄梅孟菲斯物流产业园年计划投资5000万元，截至2014年12月，完成投资4426万元，占年度计划的88%。项目用地320亩，依托黄梅小池建材、农贸市场，规划建设具有建材、家具以及农贸集货，配送功能的物流产业园。主要设施有大型停车场、信息中心、零担快运中心、储销展示中心及三产配套等设施，预计项目总投资3.75亿元。项目处在“五通一平”前期工作状态，320亩土地土方回填全部完成，其中200亩停车场地已开始进行硬化。

【黄冈农村五级客运站改造】 农村6个五级客运站改建项目计划投资480万元，截至2014年12月，完成投资704万元，占年度计划的147%。具体项目如下：

① 团风县上巴河客运站改建项目总投资80万元，按五级标准设计，占地面积4800平方米，总建筑面积1780平方米，已完成站场基础设施改造项目投资。

② 红安县杏花镇客运站改建项目于2014年6月份完成征地任务并开工，总面积4700平方米，建筑面积1300平方米，总投资240万元。主体工程已完工，进入室内装修阶段，完成投资150万元。

③ 罗田县胜利镇客运站改建项目

占地面积1120平方米，由罗田县交通局投资建设，委托罗田县汽运总公司负责经营管理。

④ 英山县南河镇客运站改建项目由英山县圆通快递服务有限公司负责改建经营，总投资80万元。改建内容为物流信息办公区(主体两层)，占地面积79平方米，建筑面积208.68平方米；业务洽谈、小件存放区(包括办公设施、电脑、电话、空调及沙发，货架)；客户服务区(停车场)，建设面积1440平方米；物流信息区(电子显示屏、互联网和宣传牌)。2014年已全部完成，工程验收资料收集齐全，待检查验收合格后进站经营。

⑤ 蕲春县向桥乡客运站改建项目，占地面积1200平方米，改造面积280平方米，投入改造资金80余万元，准备开业运营。向桥站完成物流办公室、业务洽谈室、小件存放处、停车场、站前后场主干线一般公路改建工作，电脑、显示屏等制度上墙、设施配备基本到位。

⑥ 蕲春县蕲州镇客运站改建项目，占地面积600平方米，改造面积352平方米，新增建筑面积40平方米，投入资金60余万元。累计完成投资140万元人民币。2014年蕲州站已完成基础工程，进入装修、地面硬化和添置、配备办公设施、通信网络设备阶段。

【黄梅港小池港区滨江综合码头】 新建2个5000吨级泊位，设计年通过能力120万吨，使用岸线长度265米，总投资2.56亿元。2014年水工部分已完成交工验收，在进行后方陆域建设。

【241省道团风白鹤林至方家墩段改建（绕城公路）】 该段改建工程是湖北省集中连片特困地区交通建设扶贫“十二五”规划重点建设项目，起于白鹤林村附近的大广高速公路出口，经黄土岗、何家墩、董垱、独鼻咀、严家咀，止于方家墩村的江北一级公路与罗霍洲大桥对接处，路线全长5.87公里。按一级公路技术标准建设，双向四车道，设计车速80公里/小时，路基宽度24.5米，总投资1.88亿元，计划建设工期24个月。本项目为一个合同段施工，2014年4月8日正式动工建设。全线路基清表工作全部完成，全部坑塘在进行排水围堰和清淤工作，施工便道已完成2公里，已动工建设4座桥涵工程，累计完成货币工作量1亿元。

【318国道团风标云岗至方高坪段改扩建】 该段改扩建工程是“十二五”期间重点建设项目之一，起于标云岗318国道黄标线交叉口，止于106国道方高坪与241省道方团线交叉口，全长14.69公里，项目总投资2.1亿元。项目建设标准为四车道一级公路，设计车速80公里/小时，路基宽24.5米。除K2 + 740 ~ K5 + 140段绕避马曹庙镇集镇为新建段外，其余路段均为318国道原路基改扩建。2014年实施的是K6+000 ~ K14+692段土方路基施工，途经马曹庙镇沙河图村、薛坳村、回龙山镇林家大湾村、方高坪镇汤铺岭村、响水村、港口村、赵湾村、方高坪村、雷湾村，全长8.69公里，土石方60万立方米，小桥2座，涵洞25道，平面交叉2处，总造价3000万元，工期1年。

咸宁市

【武咸一级公路】 武咸一级公路是咸宁市加快与武汉对接、加速融入武汉城市圈的重点基础设施建设项目之一，起于咸宁市与武汉江夏区交界的肖家垅，经贺胜桥、横沟桥，止于市区，与咸宁市咸宁大道延伸线相接。项目全长19.32公里，总投资3.2亿元。2013年9月，完成横沟至温泉7.55公里路面施工，2014年12月全线建成通车。

【咸潘一级公路】 咸潘一级公路全长47.52公里，总投资7.82亿元。截至2014年年底，完成投资5.68亿元，占总投资的72.6%，全线完成路基47.52公里、路面39公里。其中咸安段全长31.93公里，完成路基31.93公里、路面26公里，累计完成投资3.73亿元。嘉鱼段全长15.59公里，完成路基15.59公里、路面13公里，累计完成投资1.95亿元。

【咸通线毛坪至刘家桥景观公路】 景观公路起于咸安区桂花镇毛坪，经沙湾、白沙，跨白沙河，过杨树下、刘家湾，止于刘家桥，全长6.05公里(其中新建1.9公里)，总投资(公路、景观工程)6927.16万元。2014年4月正式进场施工，截至2014年底，路基桥涵工程已完工，在进行路面施工，已完成投资14400万元。

随州市

【十岗至厉山一级公路】 十岗至厉山一级公路起于市开发区淅河十岗，止于随县凹子湾，接316国道(止点桩号K1306+801.023)，全长43.79公里。预算总投资8.2亿元，施工工期为30个月。本项目建设采取BT模式，由省交投公司投资建设，建设单位为随州市公路管理处，监理单位为湖北中交公路桥梁监理咨询有限公司，施工单位为湖北省长江路桥公司。截至2014年底，项目路基土石方及桥涵下构全部完成，控制性工程漂水河大桥、厥水河大桥均已完成桥面铺装工作，路面基层完成20公里，累计完成投资4.7亿元。

【麻城至竹溪高速公路随州西段洪山连接线】 连接线工程主要是对216省道局部路段线型改造、路面加铺及交安设施升级改造工程，起于洪山镇，沿216省道经李家湾、陈家湾，止于新阳店216省道与333省道交汇处，连接线全长6.43公里，总投资2亿元。2014年10月开工建设，工期为8个月。截至2014年底，完成路基40%的工程量。（关文）

农村公路建设

【武汉市】 建设完成通村湾公路536公里，完成投资1.18亿元。新改造农村公路桥梁20座1591.3延米，完成投资6663万元。具体项目有戴高路、九沟路、新河一路、园区路、石九线、虎十线、侏永线、永九线、新十线、环山路、长湖路、双雅路、官下路、汪关路、雅雀湖路、洛河路、曾五路、陈许路、白詹路、大周路等。

（盛欢）

【黄石市】 2014年全市完成农村公路建设430.5公里，完成投资16714万元。其中，大冶市刘仁八至大石洪公路、大冶市靠红线靠垴至红桥段公路、大冶市“还线线”还地桥至黄敬池段公路、阳新县道黄颡口至老渡口公路、阳新县道龙岩线洋港至崩山公路、大冶市茗山乡张金线、大冶市茗山乡彭杨线、市辖区大王镇中堪线、阳新乡道三溪至三教山公路、阳新乡道柏三线黄颡口段公路、112省道至凤鸣口山、后山至边山公路等县乡公路改造52.7公里，完成通村公路377.8公里。

【十堰市】 全市完成农村公路建设投资5.12亿元，其中县乡道改造完成118.5公里、完成投资2.21亿元，通村水泥路建设完成910公里、完成投资2.91亿元。截至2014年底，全市累计完成县乡道改造680公里，占“十二五”规划652公里的104%；通村公路5425公里，占“十二五”规划5803公里的94%。全市农村公路在册里程22766公里，其中县道1746公里、乡道4763公里、专用道126公里、村道16131公里。

【襄阳市】 2014年全市建设通村公路1162公里，县通乡公路改造251.13公里，新建农村公路桥梁17座1311延米，改造农村公路危桥22座1347延米，建设农村公路安保工程983公里。

严格农村公路建设质量关。南漳、谷城、樊城等地通过狠抓制度完善，强化质量监督手段，加大监管、信用等级考核和技术培训力度，农村公路质量达到预期目标。南漳县对各乡镇农村公路建设质量实行包保责任制，对项目经理进行挑选、考核、培训，对新建道路不培路肩、不用沥青灌缝的不予验收，有效提升了通村公路建设质量。保康县深入偏远山区监督检查、查看质量，对不符合要求的项目坚决顶住不验收、不兑付奖补资金。在日常巡查和监督过程中，对每个环节发现的问题，及时提出整改意见并坚决督办整改到位。

积极探索农村公路养护机制。谷城县初步建立管理长效机制，年初与各乡镇签订三级养护管理协议、路政合同等，督促各乡镇积极开展日常养护工作；强化考核，平时检查由村负责，月度检查由乡镇考核，季度检查由县农路办对乡镇养护情况进行抽查；完善奖惩机制和通报制度，辖区内养护面貌较好。襄州区对全区2861.64公里农村公路统一制定养护标准，落实管养责任人，建立农村公路养护示范线，召开农村公路养护现场会，举办2期农村公路养护管理人员培训班。枣阳市政府专门发文，组织开展对农村公路培路肩、栽树活动，掀起农村公路养护新高潮。老河口市以列为全省“村村通客车”试点为契机，由市政府统一制定农村公路路肩标准、错车台标准、绿化标准，督促检查考核，为“村村通客车”奠定坚实的道路基础。

（刘臻）

【宜昌市】 2014年宜昌市通村公路连通工程建设目标895公里，已完成923.6公里，完成年度目标任务的104%。

农村公路管理体制建设。2014年宜昌市农村公路里程达到26091公里，农村公路管理体制进一步完善。全市13个县市区，其中五峰县、远安县、宜都市、兴山县、秭归县成立专职农村公路管养机构，由县级政府落实人员及工作经费，101个乡镇成立农村公路管理站，进一步规范明确农村公路责任主体，为推动全市农村公路可持续发展奠定基础。

农村公路安保工程。省“以奖代补”项目：全市预安排计划1534公里，已完成1534公里，完成计划的100%。其中完成波形钢护栏297315米、防撞墙27330.5米、示警墩25601米、示警桩27392根、警示标志1865套、广角镜173个，完成总投资9836.3万元。宜昌市安保工程示范线项目：本着“示范引领”，推动全市农村公路安保工程建设的目的，利用市控留非列养资金中的200万元，全市共安排14条198.3公里，已完成14条198.3公里，完成计划的100%。其中完成波形钢护栏15012米、防撞墙2073米、示警墩1855米、轮廓标6197个、标志标牌241套、反光凸镜47个，完成总投资524.5万元。

农村公路危桥改造。2014年计划安排14座877.5延米，实际完成12座793.5延米，完成计划的85.7%。同时完成18座1172.36延米危桥改造施工图设计，已上报省公路局申请2015年危桥改造计划。

（王道文 雷富宏 龚垠铭）

【荆州市】 2014年全市修建通乡公路154公里、通村公路825公里，新建农村公路桥梁21座。完成公路大中修138公里，改造危桥174座，完成公路安保工程建设35公里。至2014年底，全市有通村油路、水泥路19000多公里，农村公路桥梁4000多座，农村达标渡口500余处。全市

2749个行政村全部通达油路、水泥路。各县市区基本实现农村交通路、站、运一体化，“人便于行，货畅其流”的新型农村交通格局基本建成。

在农村公路建设中，荆州市积极发挥各类管理资源作用，逐步建立政府主导、部门推动、群众参与的组织机制。在积极争取地方政府支持下，全市逐步建立农村公路管养机构，各乡镇和行政村择优选拔一批人员参加农村公路建设。有的乡镇还成立农村公路建养理事会，并吸收德高望重和工作能力较强的人员入会，研究和处理农村公路建设问题。为改进农村公路发展质效，荆州各县市区建立政府监督、专群结合、社会公示的监管机制。将改善群众出行条件和经济发展布局相结合，充分征求民意，科学制定农村公路发展规划，做到在建一批，规划一批，保证农村公路持续健康发展。交通部门对每个农村公路建设项目建设全过程进行监督和督办，针对农村公路管养技术力量不够，及时安排质量技术队伍到现场进行指导，引导乡镇采取专群结合方式开展质量监督，由专业监理人员和项目所在地村民代表共同进行监督。农村公路工程竣工后，要求建设单位树责任牌，注明建设日期、施工队伍、建设工序、竣工日期等，以此增强施工单位质量意识和群众监管意识。2014年，松滋市作为“全省农村公路危桥改造示范县市”，完成县内118座危桥改造任务，江陵县作为“全省农村公路达标示范县”和“全省农村客运发展试点县”，在11月底完成全县农村公路达标建设。为加速农村公路建设，全市交通运输部门创新筹资机制，广辟资金渠道，形成政策引导、财政支持、多方参与农村交通设施建设的筹资机制，各县市区政府将农村公路建设作为振兴农村经济的切入点，不断压缩行政经费，并从其他项目挤出资金，保证每年都能从财政支出中划拨一定数额的资金用于农村公路建设。（王昌福）

【荆门市】 2014全市完成县乡道改造247公里、通村公路1011公里，分别占年度目标任务的313%、147%。积极争取项目资金，以农村“断头路”和村与村连通路为重点，深入推进农村公路建设。争取省交通运输厅奖励资金3180万元，改造升级全市路况较差的12条106公里县乡道。健全管养机制，解决农村公路养护管理滞后问题，组织专班深入乡镇村组开展调研，提请市政府出台《关于进一步加强全市农村公路养护管理工作的意见》，进一步明确县市区政府主体责任，明确管理机构和养护资金来源，细化农村公路管养考核和资金拨付机制，初步建立农村公路养护管理新机制。（汪微波）

【鄂州市】 2014年是鄂州市农村公路“廉政阳光工程”示范创建及农村公路建养管体制改革试点全面实施之年，全年修复农村公路破损路面10万平方米，新建通村公路100公里。该项工作被列为全市“十件实事”之一和鄂州市党政领导班子立行立改13条措施。农村公路建养管被列入市政府重要议事日程。全年共建成农村公路138.37公里、修复破损路面12.4万平方米，提前3个月超额完成“十件实事”任务。（张昭）

【黄冈市】 全市农村公路里程24914.736公里。2014年建设市级农村生态文明示范线11条、县级农村生态示范公路125条，建设完成农村公路安保工程1873公里，占年度计划1395公里的133%。

农村公路提档升级。为推动农村公路提档升级工作，2014年11月26日，黄冈市政府在武穴市召开全市农村公路暨客运“村村通”工作会，通过参观现场，示范引领，印发督办通报等形式，积极争取各级政府重视支持农村公路工作。武穴市政府每年安排1000万元用于农村公路提档升级，每年拿出300万元用于危桥改造、重点路段和一般路段维修养护。同时，通过交通部门补助、农村“一事一议”、企业捐助等办法筹资，着力解决好资金困难问题。

安保工程不断加强。为进一步推进民生工程建设，印发《2014年全市农村生态文明示范公路实施方案》及《2014年全市农村公路安保工程示范线实施方案》，在安保工程管理上做到高位部署、组织领导到位、全域规划、统筹安排到位，重点督办、动态跟踪到位。在全省农村公路安保工程推进会上，黄冈市农村公路安保工程建设情况做了典型发言。

生态文明路建设。2014年，积极争取市委组织部将每个乡镇建设一条农村生态文明路纳入对乡镇的年度考核，并制定相应的考核验收标准，如蕲春县按照《创建农村生态文明示范公路考评考核工作方案》要求，组织专班，对各乡镇（办）创建的农村生态文明示范公路进行综合检查考评考核，对评出的前三名给予奖励。具体做好三个方面工作：一是开展生态文明路植树活动，红安、黄梅等多县市乡镇抢抓有利季节，开展植树活动，既绿化了环境，也美化了路容路貌；二是抓好安保防护设施设置，黄州区创新设计思路，对生态文明路路肩进行加宽，并对危险路段设置挡墙，将干线公路撤换的防撞墩用于农村公路安保工程，减少了农村公路安保工程建设成本；三是抓好示范路警告警示标识设置，对急弯陡堵坡及村庄、学校等处，及时增设相关标志，确保示范路安全运行。

【咸宁市】 2014年全市完成县乡公路建设投资21510万元，完成公路建设里程221.621公里；完成通村公路建设投资37558.05万元，完成公路建设里程913.211公里；完成渡改桥项目建设投资2557万元，建设完成桥梁20座841延米；完成危桥项目建设投资5665.3万元，改造危桥144座983延米；完成公路安保工程项目投资12904万元；完成灾毁恢复项目投资17394万元，其中完成桥梁29座643延米。（梁冕）

【随州市】 2014年全市完成通村公路建设里程379公里，占目标任务的 100%；完成县乡道改造 13 条 62.1 公里，占目标任务的 100%；完成农村公路桥梁 2 座 128 延米。

2014 年，通村公路建设取得明显成效，年初，市政府与各区(市、县)政府、(市、县)长签订通村公路建设养护发展目标责任书，分解下达年度目标任务；6 月 10 日，召开 2014 年农村公路工作布置会；8 月下旬，重点对通村公路建设进度质量情况、养护管理情况、安保建设情况进行督办检查；12 月中旬，对通村公路建设情况、养护情况及安保完成情况进行年终验收和检查评比；12 月下旬，为了抓好通村公路提档升级工程，确保通客车的通村公路达标、畅通、安全，做到与村村通优先路线和主线路相匹配，把“生命工程”切实变成“惠民工程”，召开村村通客车推进会，扎实推进农村公路建设。（关文）

【恩施土家族苗族自治州】 2014 年全州新建通村沥青水泥路 1474 公里，完成县乡道改造 24 公里、县乡等级路改造 124 公里、林场公路 45 公里、安保设施 2932 公里，新建农村桥梁 27 座，改造农村危桥 17 座，全州通畅工程总里程达 12400 公里，规范化管养农村公路 12342 公里，具备条件的行政村提前一年实现 100% 通畅，基本形成以县市城区为中心、连接乡镇、辐射乡村的农村交通运输网。（罗贤菊）

【天门市】 2014 年全市完成县乡等级公路路基 37 公里、路面 37 公里，完成投资 4320 万元，占年度计划的 100%；完成通村公路路基 213 公里、路面 213 公里，完成投资 5964 万元，占年度计划的 103.39%；完成新改建桥梁 9 座，在建桥梁 8 座，完成投资 1162 万元。（张文敏）

【潜江市】 2014 年全市完成通乡公路路基路面建设 21.06 公里，完成投资 2935 万元；完成通村公路建设 125 公里，完成投资 3500 万元；建设完成农村公路桥梁 8 座，在建 8 座，完成投资 800 万元。在龙官线、同荆线新建错车台 30 个；在同荆线、广义线、周东线等危险路段安装安全指示标志牌 221 块、安全警示桩 212 根、反光警示桩 743 根。（周鹏 王胜）

旅游公路建设

【武汉市】 黄陂区木兰湖环湖路西段道路改造工程。木兰湖环湖路西段位于黄陂区木兰乡境内，沿线涉及芦子河、天子冲、七里岗 3 个行政村。项目起点夏家寺水库(木兰湖)大坝，止点木兰乡街西，接省道长塔公路，路线全长 6.2 公里，为四级公路，拟升等改造为二级公路。改造后的公路路宽 10 ~ 13.5 米，沥青混凝土路面。其中，行车道宽 7 米，行车道旁铺设 3 米宽绿道，行车道与绿道实行硬分隔。本项目工程总投资 4865 万元，资金来源为黄陂区政府投资，采用 BT 等融资方式筹措解决。2013 年 9 月开工，2014 年 4 月竣工，总工期 8 个月。建设单位为武汉市黄陂区旅游环线公路改造工程建设指挥部，设计单位为武汉衡通公路勘察设计院有限公司，监理单位为武汉市公路工程咨询监理公司，施工单位为武汉环通路桥工程有限公司，监督单位为武汉市交通基本建设工程质量监督站。

新洲红色旅游路。本项目位于武汉市东部新洲区内，是联系麻城、团风等周边红色旅游区域的重要通道。起点位于武汉市新洲区与黄冈市交界处的新洲旧街冯畈村，经大山垴村、下穿大广高速、上跨京九铁路，到孔子村问津书院、向前经凤凰山村、烽火山村、莲花塘村、团上村，姚河村、大雾山、到达少塘河水库，后过利河茶场、王兴寨林场、到达道观河水库，路线折向北，并沿库区东边乡村道路至终点四吴线。路线全长 25. 96 公里，采用二级公路标准，设计速度为 60 公里／小时，标准路基宽度 8.5 米。根据各段交通量及地形地貌实际情况，局部路段采用 12 米路基或 40 公里／小时设计速度。项目估算总投资 10896 万元，资金来源为省定额投资 5192 万元(银行贷款)，其余资金由新洲区政府自筹解决。设计单位为武汉市公路勘察设计院，监理单位为武汉市公路工程咨询监理公司。2010 年 9 月 28 日开工，2014 年 9 月竣工。（盛欢）

【黄石市】 2014 年大冶红三军团建军旧址出口公路改造工程施工图设计已批复，路线全长 21 公里，预算总投资 11117 万元；阳新县湘鄂赣革命旧址群出口公路施工图设计已批复，路线全长 5.5 公里，总投资 6652 万元。截至 2014 年底，黄石市大冶市红三军团建军旧址出口公路完成路基路面 3.8 公里，完成投资 801 万元。

【十堰市】 十堰市以生态环保为特色定位，以建设生态环保、路景相融公路为目标，按照生态门槛最高、人文景观最靓的要求，开工建设全长 429 公里的环库生态环保公路。截至 2014 年底，累计完成路面改善工程 110 公里，占总量的 100%；完成一级公路路基 58.3 公里、路面 36 公里，分别占总量的 77% 和 47%，完成投资 10.81 亿元；完成二级公路路基 166 公里、路面 15 公里，分别占总量的 68% 和 6%，完成投资 8.6 亿元。郧县长沙段、天马段和丹江东环段、江南一期等已建成。

【襄阳市】 温泉小镇景观公路(朱金路)改造工程。项目位于保康县西南，起于保康朱家场 K0+000，止于温泉小镇 K6+000，全长 6 公里。原为路基宽 8.5

米、路面宽7米的混凝土路面，改造为路基宽8.5米、路面宽8米的沥青混凝土路面，设计车速为60公里/小时，按山岭重丘双向二车道二级公路标准设计。2014年4月底竣工，完成投资1640万元。（朱兴隆）

【宜昌市】 宜昌市武陵山片区旅游公路建设项目16个562.95公里，2014年实际安排项目7个343.95公里，到位资金46529万元。其中干线公路路面改造项目2个，到位资金34139万元；改造升级项目5个，到位资金12390万元。

路面改造项目：宜巴公路149.6公里，已完工130公里，19.6公里完成大修前期准备工作；鸦来公路75.6公里，2014年下达计划45.8公里已全部完工，计划2015年完成29.8公里，目前已完成大修前期工作。

升级改造项目：台小国道(G351)渔关绕城公路12.2公里，已完成6公里路基；松园坪至都镇湾19.05公里已完成拆迁，预计2015年底全部完成；都镇湾至鸭子口5公里在进行前期工作；下渔口至鸭子口51.23公里，实际批复里程47.4公里，已完成路基15公里，占总工程量的30%；五峰县柴埠溪小口至长湾公路38公里，实际批复里程35.07公里，下达计划12公里，已完工13公里。

（王道文 雷富宏 龚垠铭）

【荆州市】 荆州纪南城至楚王车马阵旅游公路开工建设。2014年7月2日，纪南城至楚王车马阵旅游公路施工图设计在荆州市交通运输局通过专家组评审，10月20日在荆州市公共资源交易中心公开招标，11月18日完成评标，由湖北天浩公路工程有限公司中标承建。该旅游公路由主线和2条支线组成，主线起于荆州区纪南城南侧安家岔，与207国道平交，途经纪南镇、八岭山镇、马山镇、川店镇，止于川店镇三界村，与311省道平交，路线全长41.377公里。支线1起于八岭山镇，经新场村，止于沪渝高速八岭山互通式立交北侧，路线全长4.11公里。支线2起于川店镇西侧，向西沿用271省道走廊带经张场，止于楚王车马阵遗址入口，路线全长5.54公里。主线采用双向四车道一级公路标准建设，路基宽24.5米，设计行车速度80公里/小时；支线采用双向两车道二级公路标准建设，路基宽12米、设计速度80公里/小时。该旅游公路于2014年3月中旬获得省发改委的立项批准，总投资估算9.8亿元，省交通运输厅补助2.9亿元，其余建设资金由地方财政配套。本项目建成后将形成荆州主城区景区与古墓遗址景区内联外通的快速通道，可充分开发与利用荆州区及周边地区旅游资源，带动区域旅游、经济、社会发展，推动鄂西生态文化旅游圈的发展。至2014年底，该公路建设工程已完成征地拆迁工作，施工、监利理单位全部进场。

松滋洈水旅游公路安保工程完工。松滋洈水旅游公路全长12.17公里，按公路交通行业国标技术规范，对危险路段、交叉路口按满足四级公路安保工程标准进行建设。2014年投入资金11.8万元，累计维护路基12.17公里，浆砌挡土墙934.45米，混凝土1000余立方米，设立波形钢板护栏及立柱2862米，浇注示警墩148个，钢筋混凝土示警桩842个，设立指示标志牌39块，安全警示标志37块，反光凸镜2块，最大限度满足公路通行安全与周围环境之间的和谐美，经上级部门验收为优良工程。

（王昌福 李宝婵 赵云）

【荆门市】 引江济汉沙洋渠顶公路沙洋段。按限制性二级公路标准设计，双向两车道，整体式路基宽8.5米或7米，设计速度60公里/小时，局部路段采用30公里/小时，后港回旋水域路段采用20公里/小时，水泥混凝土路面，汽车荷载等级为公路Ⅱ级，设计洪水频率为1/50。该段于2014年9月开工建设，到年底路基全部完工，已完成20公里基层补强，计划2015年6月完成水泥混凝土铺筑。

265省道钟祥客店至京山排落河段公路改建工程。该工程路线起自钟祥市客店镇姜家畈，经过双墩村、双坪村、新场村、杨集镇、三口堰村等，最后接至排落河处与437省道交叉。路线全长32.49公里，其中改线新建2.1公里、沿老路改扩建30.39公里。按二级公路标准进行改造设计，设计速度为40公里/小时，汽车荷载等级为公路－Ⅱ级，其中K0+000 ~ K21+166.981段21.17公里路基宽8.5米，K21+166.981 ~ K32+494.034段11.33公里路基宽10米，设计洪水频率为中桥1/100、小桥涵及路基1/50。2014年钟祥客店至京山排落河段公路钟祥段已完成5.8公里路基工程、京山段已完成12.5公里路基及基层补强。

【黄冈市】 连接大别山红色旅游公路主线。2014年覆盖9个县市、连通28个景区、总计397公里的蕲春浠水三角山、武穴蕲春横岗山、团风大崎山、红安天台山、英山吴家山、黄梅禅宗文化旅游公路等10条旅游公路支线工程全面开工建设。其中横岗山旅游公路武穴段已完成二期路面主体工程，蕲春段剩余路段完成一期工程。三角山旅游公路浠水段已完成路基12公里、路面12公里，累计完成货币工程量6000万元。全市构建干支相连、景区互通的大别山红色旅游公路网，进一步提升并放大红色旅游路品牌效应。

【咸宁市】 幕阜山生态旅游公路咸宁段。由“一主一支(九宫山支线)”构成，连接通山、崇阳、通城3个县12个乡镇，是片区居民出行的主要通道，目规划总里程229.91公里，其中主线165.51公里、支线64.4公里，总投资14.53亿元。项目于2014年6月全线开工建设，计划2015年12月底全线完工。2014年底幕阜山生态旅游公路已完成投资5.2亿元，完成路基134.44公里，占计划的82.2%；路面46.81公里，占计划的22.5%。通山段完成路基90.44公里、路面46.8公里，其中砂垅口至铜鼓包公路38.4公里已完工；崇阳段全线分成两个标段，全部进场，已完成路基25公里；通城段完成路基 19 公里。

【随州市】 随州市土门垭至长岗公路。该项目全长 41.23 公里，采用二级公路标准建设，设计速度 40 公里/小时，路基宽度为 8.5 米。推荐的路线方案：M1 段起于土门垭东接 333 省道，经关口垭、南风垭、灵官垭、葡萄垭，止于长岗镇财神崖接 333 省道；M2 段起于灵官垭，止于白龙池。本项目建设工期为 30 个月，2012 年 9 月份开工建设，估算总投资 37208.04 万元，其资金来源为按相关投资政策申请部省补助资金，其余资金由地方政府自筹解决。截至 2014 年底，完成路基 30 公里，路面 12 公里。

【恩施土家族苗族自治州】 建始县红岩寺至景阳、巴东县白磷岩至沿渡河、利川市白龙滩至佛宝山、恩施浑水河至七里坪、鹤峰县瓦窑坪至跳鱼坎、宣恩雪落寨至分水岭 6 个 152 公里新改建项目已开工建设。2014 年底建始县红岩寺至景阳、巴东县白磷岩至沿渡河和利川市白龙滩至佛宝山 3 项目已完成，完成路基 121 公里、路面 80 公里；4 个 97 公里配套完善项目已开工建设。

交通建设和质量管理

【交通基本建设管理】 推进交通建设领域设计管理规范化。在 2013 年加强设计审批管理基础上，2014 年进一步优化前期工作审批，理清职责、简政放权，印发《关于下放交通基础设施建设项目初步设计审批权限的通知》，对应工可审批权限总投资 5000 万元以下的交通基础设施建设项目的初步设计审批权限下放至市州交通运输局，加快前期工作进度。建立代厅（局）设计审查制度，培育专业化的审查市场主体，建立设计咨询审查单位备选库和审查专家库，规范审查行为，提升审查质量，提高审查效率。高速公路全年完成初步设计、施工图设计审批 27 个，完成较大及重大设计变更审批 7 个。已完成初设批复的项目总里程为 2976 公里，占高速公路规划里程的 71%；完成施工图批复的项目总里程为 2951 公里，占高速公路规划总里程的 70%。“十二五”规划中期调整后实施的高速公路 4211 公里，已建和在建项目总里程 6611 公里，2014 年年底通车里程达 5106 公里。普通公路“十二五”规划一级公路 2895 公里，已完成初步设计文件专家审查程序的项目总里程占规划里程的 93%；完成初设批复的项目总里程占规划里程的 88%。“十二五”规划二级公路约 6045 公里，完成初步设计批复的项目占规划里程的 82%。“十二五”规划港航建设项目 124 个，总投资概算 212 亿元，已完成初步设计审查程序的项目 90 个，占完成工可批复的 94%。“十二五”规划客运站项目 106 个，总投资 42 亿元，已建成 19 个，其中一级客运站 7 个、二级客运站 8 个；在建 31 个，其中一级客运站 8 个、二级客运站 13 个；完成初步设计审查 25 个，其中一级客运站 9 个、二级客运站 12 个；完成工可批复 8 个，其中一级客运站 1 个、二级客运站 6 个，工可已评审待批 8 个，其中一级客运站 3 个、二级客运站 4 个。制定设计变更管理细则，明确设计变更管理责任，完善设计变更台账，加强设计变更监督检查。将项目设计变更情况纳入设计单位信用评价内容，将设计变更管理纳入项目建设单位考核内容，防范随意变更、串通变更、虚假变更等行为发生。

加强工程质量监管。大力推行施工员带班制、首件工程合格制和黑名单制，加强质量考核，制定《2014 年全省交通运输“质量月”活动实施方案》，组织厅质监局印发《湖北省公路重点工程质量监督工作标准化指南》，编制出台《湖北省高速公路施工组织设计编制范本》，包括《湖北省高速公路施工组织设计编制大纲》《湖北省高速公路施工组织设计编制范本》《湖北省高速公路专项施工方案编制范本》，对促进全省高速公路施工管理标准化、规范化、精细化有重要指导意义。开展全省公路重点工程质量通病治理活动，组织厅质监局印发《湖北省公路重点工程质量通病治理活动方案》，对全省高速公路建设项目在管理、工艺、实体工程等方面存在的多发质量问题进行归类梳理，提出治理通病质量的主要措施和要求，质量通病得到有效遏制。加强交安设施交工检测，交安设施质量得到明显提升，横梁中心高度、逆反射系数、立柱埋入深度等指标合格率均为 100%，与 2013 年相比合格率分别上升了 3.1、2.5、0.3 个百分点。标准化工作得到交通运输部的充分肯定，作为唯一一个省份在全国公路施工标准化大会上作经验交流。组织 4 次原材料专场督查，对 11 个重点项目开展 2 次桥隧施工工艺专项督查和 1 次路面施工工艺专项督查，对 26 个重点项目开展 2 次质量综合督查，下发督查通报 11 份，对检查过程中发现的较大质量问题的整改情况进行跟踪复查，完成了 2014 年上半年度全省质量综合督查通报和 2014 年度上半年全省质量状况分析报告，完成了 2014 年上半年报部的公路重点工程质量数据统计及分析。（苏德俊）

【交通基础设施建设市场管理】 完善建设市场监管体系。加强源头监管和过程控制，从长效管理和规范管理着眼，着力加强管理制度建设和技术标准配套的基础工作。印发《关于进一步加强公路建设管理的通知》《关于进一步加强高速公路工程竣（交）验收有关工作的通知》《湖北省交通运输系统“廉政阳光工程”建设实施方案》等规范性文件，有效指导全省公路水运建设。创新督查方式,组织全省公路、水运建设市场全面自查和重点抽查,强化进场履约验收。加大招投标活动监管力度,加大公示范围,加强投诉查处力度,违法违规行为呈下降趋势。全年受理招投标投诉13起,同比下降56.7%,其中7起经查实存在违规行为,占投诉总量的54%。2013年对18家在保宜、宜张项目招标中围标串标的施工企业罚款1230万元,2014年对5家在恩来、恩黔项目路面工程串通投标的施工企业实施行政处罚,180万元罚款全部执行到位。进一步规范施工许可审核程序,在厅网站行政审批专栏建立送审材料清单,编制行政许可标准化手册,一次性告知申请人,简化程序,提高效率。加强施工许可工作的督办,及时处理武嘉高速施工许可申请滞后的违规问题。全年完成宜张高速等8个项目施工许可,向交通运输部报送沌口长江大桥施工许可并得到批复。强化交竣工验收和概算管理,启动交通安全设施专项验收,开展项目安全评价,确保通车运营安全。及时完成随岳北高速和汉江崔家营航电枢纽竣工验收,协助交通运输部完成鄂东长江公路大桥竣工验收工作。会同监察室及时组织6批29家施工企业资质会审,会同厅质监局、省公路局及时完成监理、检测和养护资质复审、变更、审批等工作,严格市场准入管理。加大农民工工作管理力度,继续开展湖北交通建设产业工人“强素质、建和谐、促发展”活动,省高管局组织养护技术大比武等活动。

推进诚信体系建设。积极探索研究建立对项目法人的评价机制,研究对相关从业人员的评价机制,厅质监局研究起草《湖北省高速公路建设项目监理、检测招标信用奖惩办法》,对监理企业、检测机构及从业人员的行为进一步规范。在工程建设领域守信激励和失信惩戒建设试点工作基础上,拓展公开的范围,将原先对项目建设过程中的招投标、征地拆迁、施工管理、设计变更、资金使用“五项关键环节”的信息公开拓展为项目审批、招标投标、征地拆迁、工程管理、质量安全监督等“九公开”。开展对施工企业、监理企业和监理人员信用评价,43个高速公路项目、137家施工企业参与高速公路施工企业信用评价。其中,AA级21家,占参评总数的15%;A级90家,占参评总数的66%;B级4家,占参评总数的3%;C级22家,占参评总数的16%。97个公路水运项目、45家监理企业、1250名监理工程师参与信用评价。其中,AA级监理企业3家,A级监理企业27家,B级监理企业13家,C级监理企业3家;381名监理工程师存在信用扣分情形。按照《湖北省高速公路施工招标信用奖惩暂行规定》(鄂交基〔2008〕613号),中铁十四局集团有限公司等9家连续2年评为AA级的施工企业在招投标环节受到奖励,湖南金沙路桥建设有限公司等22家评为C级的施工企业受到惩罚,市场主体诚信意识得到加强。积极推进“湖北省公路水路建设市场信用信息服务系统”平台建设,整合信用信息系统资源,进一步提升信用体系建设效果。应用交通运输部公路建设市场信用信息系统,通报了2家施工企业虚报业绩行为,纠正了2家企业在申报资质中的违规行为。 (苏德俊)

【交通建设造价管理】 造价管理。2014年,完成造价文件审查138项,其中工可68项、初步设计69项、重大变更1项。上报金额941亿元,审查金额908亿元,核调金额34亿元,约占被审金额的4%。出版6期《湖北交通造价信息》,按月及时发布交通建设主要建筑材料价格信息。以开展厅科技项目“公路工程材料价格动态管理机制研究与信息平台开发”研究为契机,联合省交通造价研究会开发信息平台软件,完成开发大纲制定、平台功能模块设定、性能测试等工作,2014年底完成平台系统的项目评审及相关软件的应用培训等工作。

定额管理。按照交通运输部路网中心要求,对2007定额湖北省修编子目的定额资料和定额水平作进一步的测算、补充和调整的工作,《公路工程估算指标》在湖北省使用情况的调研工作,均已完成并上报交通运输部路网中心。按照《关于开展公路工程定额基础资料调查收集的通知》要求,各有关单位根据本地区和建设项目实际及需要,提出相应的定额基础资料调查目录,报厅造价站审定批准后实施,由站负责提供相关技术指导,提供各类定额调查表格。已与郧十高速公路建设指挥部,天门、孝感、襄樊交通运输局等单位合作,开展相关定额子目的资料收集、整理及编制工作。为配合省交通运输厅在省内公路工程项目设计咨询审查管理中实行委托设计咨询审查的管理方式,编制完成《湖北省交通建设项目委托设计咨询中造价咨询的要求》报告,已上报。出版、发布《湖北省公路工程预算补充定额》,并已将相关定额录入软件,正式在省内推广使用。与鄂西高速公路管理处等相关单位合作,开展湖北省高速公路隧道养护工程预算定额目录调研、基础资料收集工作。

造价人员资质管理。除开展日常的公路工程造价人员证件年审、单位变更等工作以外,厅造价站按照部职业资格中心要求,完成了2014年公路工程造价人员过渡考试组织工作,2014年湖北省有84人通过甲级考试,5人通过乙级考试。全省甲级公路工程造价工程师达到577人、乙级造价工程师达到439人。配合交通部水运定额站、部职业资格中心开展水运工程造价工程师考核认定补充申报及湖北考点的考试组织工作。为更好地服务全省公路工程造价工程师,加强信息沟通,建立实名制管理的湖北省造价人员管理群,在群内及时发布相关信息,为群员在造价文件编制、技术讨论等方面提供交流平台。 (周振)

【交通工程质量监督】 高速公路监督。省交通工程质量监督局直接监督公路重点项目36个,2014年组织2次质量综合督查、5次原材料和实体质量抽查、1次桩基质量抽查、10次桥隧及路面工程专项督查、3次内业资料检查、5次较大质量问题整改复查,

2014 年 9 月 10 日，全省公路重点工程质量通病治理活动正式启动

对沌口长江大桥等新开工项目开展质量保证体系检查。下发督查通报 16 份，其中原材料质量通报 6 份、桥隧专项检查通报 3 份、质量综合督查通报 3 份，桩基质量通报、路面专项检查通报、质保体系检查通报、巡视检查通报各 1 份。全省在建公路重点工程质量状况总体可控，抽检质量数据 474286 点（组），总体合格率为 91.5%。

水运工程监督。2014 年组织 2 次质量综合督查和 16 次专项检查，下发质量督查通报、质量抽查意见通知书各 4 份。强化交竣工质量检测检验检查工作，完成引江济汉等 6 个项目 26 个合同段交工和崔家营工程竣工质量检验鉴定。全省在建水运工程整体实体质量保持较高稳定水平，质监机构和监理单位抽检质量数据 50041 点（组），总体合格率为 94.6%，同比上升 0.1 个百分点，其中质监机构抽检总体合格率为 92.7%，同比上升 1.3 个百分点。

普通公路监督。省交通工程质量监督局直接监督汉川、丹江口、钟祥 3 个汉江桥，2014 年组织 2 次质量综合督查和 8 次质量专项检查。组织全省市州质监机构开展全省普通干线公路工程质量安全异地联合交叉检查，开展全省干线路网及农村公路建设项目实体质量抽查。各级交通质监机构开展各类巡视督查、专项督查、综合督查累计达 300 余次，抽检质量数据 605047 点（组），总体合格率为 94.16%，同比上升 0.15 个百分点，全省在建普通公路工程实体质量继续保持较高水平。

文件标准监督。发布《湖北省公路重点工程质量监督工作标准化指南》、《湖北省山区高速公路高边坡、深基坑施工安全风险评估指南（试行）》、《湖北省交通运输工程建设企业安全生产标准化考评实施细则》和《湖北省公路水运重点工程监理人员岗位登记管理实施细则》，代交通运输部起草《施工风险评估工作管理办法》和《施工安全重大隐患清单管理办法》，拟定公路重点工程原材料监督抽查管理办法和交工检测中间检查管理办法，主编《填（吹）砂路基施工技术规范》，出台《湖北省高速公路施工组织设计编制大纲》、《湖北省高速公路施工组织设计编制范本》和《湖北省高速公路专项施工方案编制范本》。《湖北省公路水运工程安全生产管理人员信息管理系统》和《湖北省公路水运工程监理人员信息管理系统》研发工作进入试用和调试阶段。

监督模式创新。继续积极推行“以系统全面履责为主、建设过程监督为主、专项监督检查为主、项目整体督查为主、信用评价管理为主，以行政处罚为辅、监督联系人为辅”的“五主二辅”监督方法，落实监督通报制、差别化监督制、整改限时反馈制、从业单位备案制和持证人员黑名单制，创新参建单位信用评价模式，优化信用评价结果运用方式。

监理检测管理。2014 年，全省有 1507 人参加公路水运工程监理工程师考试，5436 人参加公路水运工程试验检测人员考试。采取严格资格审查、严肃考风考纪、严厉打击作弊行为等多项措施，有效保证了公平、公正的考试环境，引进安全检查措施，实施全员“安检”和身份证真伪核查，最大限度杜绝高科技集体电子作弊行为，查处 10 名监理和 9 名检测违纪考生。2014 年年底，湖北省县级专职质监机构数量达 44 个。（姚国兴）

【厅重点办工作】 2014 年，重点办充分发挥省政府交通重点建设领导小组办公室职能，根据对重点项目巡查掌握的情况，系统梳理“十二五”目标任务完成情况，分析全省高速公路建设面临的严峻形势，提出推进高速公路建设的建议和意见，争取省政府重视和支持。省政府多次召开专题会议研究高速公路建设问题，省政府督查室向高速公路项目建设目标滞后的武汉市和襄阳市发出督查通知，要求加快推进滞后项目建设，省政府金融办出面协调社会投资项目融资难、融资贵的问题，有力地推进了项目建设。

成立高速公路建设巡视督办专班，对全省高速公路建设情况进行巡视督办，制定详细的工作实施方案，对照各项目建设进度目标倒排工期计划，每月深入工地一线进行现场督办，实时掌握项目建设一线进展情况，发现问题提前介入，及时协调影响推进的问题，定期通报相关建设情况，及时向省政府汇报建设进度和相关情况，完善督办通报工作机制。

针对洪监、老谷、研孝等开工时间较长但进展不理想、推进困难的项目，重点办安排专人实时跟踪项目推进情况，积极协调地方政府与投资人存在的矛盾纠纷，从深层次、矛盾的根源去解决问题，推进项目建设。通过约谈项目投资人后方集团公司法人代表、厅领导赴现场督办、召开专题协调会议等方式，化解项目建设面临的矛盾纠纷，及时协调影响推进的问题，同时常驻工地现场督促地方政府和投资人按照有关协调会议精神抓好落实，按照协商的时间节点推进项目建设，积极促进这些项目正常向前推进。通过积极的督办，因资金不到位半停工的洪监高速建设资金陆续到位，逐步掀起施工热潮；制约硚孝高速建设的相关问题通过多次专题协调已达成一致意见，项目正常向前推进；影响老谷高速全面展开施工的融资问题、特许经营权协议等问题取得阶段性成就，已正式启动施工，逐步走入建设正轨。

重点办将2014年要求建成的谷竹、保宜宜昌段、江南、恩来、恩黔、十房、麻竹随州西段、襄阳东段、黄鄂团风段9个749公里高速公路项目作为巡查督办工作重点，年初就提前介入这些项目的督导和管理工作，详细了解项目施工计划安排，会同建设单位按月进行认真倒排，过程中经常性赴现场查看施工节点完成情况，调研存在的主要问题，参与施工组织调度，全力促进年度目标任务的完成。通过积极督办，2014年建成高速公路773公里，超额完成目标任务。

2014年年初，对武汉城市圈环线高速孝感段、麻竹高速大悟段、沙公高速、武汉四环线南段4个255公里，重点办加大协调督办力度，针对这些项目未实质性开工原因制定推进工作时间节点，实时跟踪各项工作完成情况，督促相关单位予以落实。通过实时协调督办，武汉四环线南段、武汉城市圈环线高速孝感段控制性工程汉江特大桥均已实质性开工建设；麻竹高速大悟段已与原投资人解除投资协议并与省交投公司签订投资协议，省交投公司已成立指挥部进场开展施工准备工作；沙公高速投资人招标、各项报批专题均已完成，准备进场实质性开工建设。

针对社会投资项目普遍存在融资难、严重影响工程进展的问题，省交通运输厅成立高速公路项目融资协调专班，重点办承担了融资协调专班领导小组办公室职责，加强与省政府金融办沟通汇报，积极为高速公路项目融资争取宽松政策，优化融资环境；加强与相关金融机构联系，建立高速公路项目与金融机构联席协商会议机制，促成省政府金融办组织召开部分社会资本投资高速公路项目银企座谈会，银行和投资人就有关问题进行面对面沟通，有力缓解了社会投资项目融资难题。通过沟通协调，洪监高速融资问题得到缓解，银行正常发放贷款，项目建设初步形成施工高潮；麻竹高速黄冈段和老谷高速融资问题取得部分进展，已经和相关银行初步达成一致意见。

2014年，全省有21个高速公路项目与铁路交叉43次，针对高速公路建设中普遍存在的跨铁路问题，重点办与武汉铁路局建立沟通联系机制，定期协调高速公路跨铁路相关问题，有效解决铁路交叉问题。从项目前期与铁路交叉方案审查审批、跨铁路桥梁施工图设计与审查、铁路交叉桥梁代建协议签订，到代建施工组织调度及要点安排等方面，全过程参与，指导和协调各项目报批手续及施工组织。相继促成了武汉市政府和省联发投在硚孝高速起点互通建设界面、征地拆迁标准、双方的责任与义务等重大问题上达成一致意见，促成了襄阳市政府和老谷公司在特许经营权方面基本达成一致，促成了孝感市政府与省交投公司就城市圈环线孝感段和麻竹高速孝感段就有关投资协议达成一致，缓解了制约项目正常推进的障碍。

重点办承担了省交通运输厅加快推进长江大桥项目建设工作领导小组办公室职责，制定推进工作方案，跟踪长江大桥项目推进情况，定期召开由地方市县政府、省交投公司、省直相关部门、设计咨询单位参加的联席会议，对项目在核准要件及各项准备工作方面存在的主要问题进行面对面沟通讨论，列出问题清单，明确责任单位，限定完成时间，全力加快长江大桥各项审批及施工准备工作。2014年计划开工的嘉鱼、石首2座长江大桥相继获得国家相关部委批复。

开展“竞进杯”劳动竞赛活动，制定全省交通重点工程“竞进杯”劳动竞赛实施方案，明确重点工程建设目标任务，积极履行劳动竞赛领导小组办公室职责，深入工地一线对竞赛活动开展情况进行督导、检查，引导各重点项目结合“竞进杯”劳动竞赛深入开展阶段性劳动竞赛活动。

推进全省交通重点项目管理手段信息化，督促软件开发单位不断完善湖北省交通重点工程管理平台信息系统，实现重要试验数据自动采集、关键施工过程图片影像记录存档、信息统计查询等功能。计划在武深高速武汉段、城市圈环线高速仙洪段等项目进行试点，并在沌口长江大桥等新开工项目推广应用，逐步在全省推广管理手段信息化，提高工程现代化管理水平。（左小明）

交通基础设施养护和管理

2014 年 4 月 26 日，高路养护工对鄂西高速四渡河特大桥悬索钢结构进行例行检查

【高速公路养护】 2014 年，全省高速公路养护投入资金 8.47 亿元，较 2013 年增加 15.35%，全省高速公路 RQI(路面行驶质量指数) 平均为 92.6，优良路率为 99.51%。绝大部分路段路面平整整洁、边坡稳定、桥隧构造物完好，无严重桥头跳车现象，路况质量总体保持稳定。

印发全省高速公路 2014 年《养护管理工作要点》和《养护系统“竞进杯”劳动竞赛实施方案》，对全年养护工作进行详细、科学的安排，明确年度养护任务目标，提出养护管理工作总体要求，尤其是对迎国检工作进行周密部署，为全年养护工作有序开展奠定基础。对各高速公路管理处养护计划进行审定，确保养护资金使用合理；对涉路工程进行审核，通过征求相关路段意见，根据《公路法》等法律法规有关规定和行业要求进行回复，加强和规范全省高速公路涉路工程管理工作，确保道路安全通行。完成交通运输部和交通运输厅布置的数据统计，如桥梁检测统计、水毁情况统计、风险源等级划分调查、热再生情况统计等。为了全面掌握路面、桥梁技术状况水平变化，对全省 4100 公里高速公路路面破损率 (DR)、平整度 (IRI) 和车辙 (RDI) 等进行检测，对 13 座 16200 米桥梁进行抽检，完成路面检测评定工作。11 月份印发全省高速公路《养护管理检查管理规范化检查评分细则》，12 月份通过交叉互检方式全面开展年度养护大检查。积极备战养护迎国检，按照省交通运输厅下达的 2014 年政府还贷高速公路“迎国检”提前实施养护工程补助投资计划、“迎国检”政府还贷高速公路养护预算安排和实施建议，全省部分路面和桥隧工程中修项目提前实施，为 2015 年迎国检提供强有力的支持。

根据交通运输部要求，开展桥梁运营管理安全专项检查行动和隧道安全隐患排查治理专项行动，督促管理单位落实桥梁、隧道安全运营管理工作，杜绝各类责任事故发生，加强高速公路养护管理规范化、科学化；督促各单位认真落实桥梁运行管理 10 项制度，监督各单位年底前完成桥梁信息公开牌的安装，按照“一桥一档”要求建立纸质桥梁技术档案。

为了使全省高速公路标志标牌设置更规范、指向更清晰，让高速公路行车环境更安全、社会群众更满意，全省 29 家养护管理单位开展为期三个月的标志标牌专项整治活动，各单位对本辖区每块标志进行统计汇总，对所有不科学、不规范、指向不明确的问题标牌通知各单位统一整改。此外，高速公路救援、客服电话、交通广播标志设置变更全部完成。

开展高速公路收费站连接线移交工作。11 月初，与地方政府签署麻城东、木子店 2 处连接线移交协议，明确权责，麻武连接线率先完成移交。

完成全省高速公路连接线的清理分类，连接线移交前期工作全部完成，各路段管理机构与地方政府签订协议、移交连接线工作积极稳妥地推进。

按照交通运输部要求，对全省境内高速公路进行统一命名和编号，更好地实现对高速公路网的数字化和信息化管理，更加方便社会公众识别，进一步提高规范化管理水平和服务水平。

出台湖北省高速公路《养护项目招标投标管理办法》、《标准化养护站建设指导意见》、《小修保养护管理办法》等养护管理制度和办法，使全省高速公路养护管理有章可循，进一步提高养护管理水平；印发全省高速公路《养护管理若干规定 (试行)》，对政府还贷高速公路养护工作进一步规范；出台《关于加快推进全省高速公路路面材料循环利用工作的指导意见》，加快推进公路路面材料循环利用，进一步推动全省高速公路资源节约型和环境友好型行业建设。

对养护管理系统进行升级，委托中交海德公司研发养护便携式移动数据采集系统，实现公路现场数据高效采集，并将采集数据与养护管理系统进行实时对接，对养护工作效率的提高具有积极意义。定期对各单位养护管理系统填报情况进行检查评比，通过信息化管理，提高养护管理效率，增强各单位间的养护信息交流和共享。

组织开展养护技术培训、青海热再生技术考察、就地热再生现场观摩会、标准化养护站创建推进会、标准化示范路段建设推进会以及养护大检查等活动，通过现场参观交流形式，使一些单位好的经验和做法得到推广。

（李虎子）

【普通公路养护】 根据交通运输部工作要求，结合湖北实际，制定《湖北省普通公路迎接2015年全国干线公路养护管理检查工作方案》，成立迎国检工作领导小组。2014年7月16日，省公路局组织召开全省公路养护工作会暨迎国检动员会，对全省迎国检工作进行动员部署，明确工作目标、工作重点和工作责任。10月21日～26日，分鄂西、鄂北、鄂南、鄂北四个片区召开养护调研督办座谈会，全面了解各地养护工程、迎国检准备工作进度和公路养护行业存在的问题，要求各地对形象进度落后项目提出整改措施和时限，促进养护年度目标任务的推进，并为"十三五"规划收集第一手资料。12月4日～17日，开展公路养护交叉检查专项活动。全省分6个片区，每个市州既是受检单位、又是检查其他市州的组长单位或参检单位，既对全省迎国检准备工作进行摸底，也为各市州提供相互交流学习的平台，同时为2014年年度目标考核提供支撑。

2014年，全省完成大修工程1935公里，占年计划的110%；完成中修工程566公里，占年计划的193%。全省干线公路路面使用性能指数(PQI)由2013年底的84.02提高到86.27，宜昌、襄阳、恩施、仙桃等地区路况水平大幅提升，浠水罗兰线、咸丰椒石线、鹤峰鸦来线、宜昌宜兴线等群众投诉较多路段路况彻底得到改善。结合路况检测结果和大中修历史，统筹资金、检查重点等因素，编制2276公里大修建议计划，基本落实资金来源。积极争取省交通运输厅和省财政厅支持，在2014年提前拨付10个亿，安排大修项目845公里，确保以良好路况迎国检。

2012年～2014年，全省计划内养护作业规范化设施全部配备到位。在实际养护作业过程中，引导各地充分发挥机械设备功能和作用，结合实际制定交通组织方案、作业区标志布防方案等，全省养护作业安全水平、规范化程度明显提升。为保证国省干线桥梁运营安全，2014年6月，省公路局组织中交二院检测中心、湖北省公路工程咨询监理中心2家检测机构对全省国省干线所有桥梁进行定期检查；委托湖北省楚晟科路桥技术开发有限公司开展全省干线公路路况检测，检测里程13256公里(检测路面破损率和路面平整度)。加快已开工的两批公路养护(应急)中心建设步伐，启动第三批公路养护(应急)中心建设。咸宁市崇阳、咸安、赤壁，荆门市京山、钟祥，襄阳市宜城、南漳、保康，宜昌市远安、宜都、五峰、当阳等地养护(应急)中心初具规模，天门、阳新、孝感的直属分局、应城、大悟、安陆、云梦、汉川等地养护(应急)中心有序推进。协助省交通运输厅制定印发《湖北省畅安舒美示范公路创建方案》，对全省示范公路创建工作进行全面部署。加强技术指导，邀请部公路科学研究院对全省畅安舒美示范公路创建工作进行培训，并对105国道和209国道全线进行现场勘查，黄冈、十堰、林区、宜昌、恩施等地基本完成105国道和209国道创建工程技术实施方案编制工作，其他市州均选定辖区1～2个国省道路段开展示范创建工作。

成立推进农村公路安保工程建设和危桥改造工作专班，协助省交通运输厅召开推进会，加快建设步伐。全省2014年完成农村公路危桥改造382座、农村公路安保工程12867公里，分别占年度目标的182%、129%。成立省公路局推进农村客运发展领导小组，协助省交通运输厅制定2015年全省"城乡客运一体化、农村交通公交化"工作实施方案、2015年"村村通客运"实施方案及实施细则、2015年"三万"活动工作手册。组织开展2014年农村公路建设质量检测工作，全省抽检农村公路建设项目3000公里、安保工程建设项目1000公里。完成《湖北省交调系统工程实施方案》(讨论稿)，报省交通运输厅审核。全省在局门户网站上发布路况阻断信息40条，上报部网站发布阻断信息53条。对71家施工企业养护资质进行审批或复审，对全省养护资质情况进行及时更新和发布。

为适应国家和省对普通干线公路国道、省道规划调整，使全省养护管理基层站点布局更加合理，实现对干线公路网格化管理，2013年底启动普通公路养护管理基层站点规划。2014年通过收集资料、起草规划方案、多次征求意见，完成《湖北省公路养护管理站和交调站建设规划(2014～2030)》初稿，规划建成90个养护(应急)中心、376个公路养护管理站。通过调查研究，分析公路养护工作中存在的突出问题，坚持问题导向，初步建立养护大中修工程定额补助路面模型，初步拟定"十三五"公路养护发展思路和"十三五"公路养护投资政策研究，完成"十三五"公路小修保养测算工作。 (杨志刚)

【航道养护】 2014年，全省航道通航里程8638公里，列养航道里程3581公里(含境内长江)，全省三级以上航道里程1738公里。主要列养范围包括汉江、江汉运河、清江、香溪河、童庄河、黄柏河、巴河等航道。其中，湖北省境内汉江航道里程867公里，实施养护航道里程802公里，其他高等级航道如香溪河、清江水布垭库区、黄柏河、童庄河和巴河航道实现一类维护，可昼夜通航。

为加强汉江航道养护管理，保障汉江航道安全畅通，根据《省港航局关于加强汉江航道养护管理的意见》和《湖北省汉江航道养护管理考核办法》要求，省港航局通过抽查、暗访、交叉检查、专家检查以及对运输企业回访等多种形式对2014年汉江航道养护管理质量进行检查考核；市级航道管理部门加强对辖区内汉江航道的检查指导，确保养护质量达标；各航道段积极克服枯水保畅通的困难，全力落实航道养护考核管理制度，充分发挥应急保通功效，确保航道管养工作有序开展。

2014年汉江航道共设标509978座，航标正常率98%，石牌以下灯光保证率达到99%，基本做到标位准确、颜色鲜明、灯光明亮、密度合理，白天一标见一标，夜晚通航河段一灯见一灯，确保助航标志设施良好。

2014 年初，省港航局启动清江水布垭至恩施段航道养护市场化试点

2014 年，以恩施州清江航道养护为试点，深入调查摸底、研究论证，完成清江水布垭至恩施段航道养护社会化工作；深入推进航道养护体制改革，贯彻落实国家“加大政府购买公共服务”的要求，首次试行将航道养护纳入购买社会服务机制。借鉴长江、京杭运河上通航建筑物统一调度管理经验，通过广泛调研，多次与省南水北调局沟通协调，2014 年制定出台《汉江兴隆船闸江汉运河高石碑通航统一调度管理办法（试行）》，实现汉江、江汉运河航道通航建筑物统一调度管理。

按照“提前防范，过程监督”管理手段，落实好“处室初审、专家把关、处室会签”等多头控制，对不符合航道规划等级、通航标准要求的申报事项不予受理，2014 年对汉江青峰港码头、京港澳复线汉江大桥等 6 个不符合规范要求的申报事项退回，要求进行重新设计，严格对涉航建筑物通航安全影响论证报告把关；加强对涉航建筑物实施阶段巡查监管，杜绝新的碍航建筑物，加强航道资源保护。

2014 年，汉江航道通航条件异常严峻。按照“早部署、守重点、保畅通”原则，积极协调丹江口水库下泄流量和申请交通运输部加大应急保通资金补助，通过加强日常航道巡查、及时调标改槽、浅滩信息报送、重点浅滩应急保通疏浚以及向运输企业即时告知航道信息等措施，基本保证汉江主通道畅通。针对汉江航道滥采滥挖现象严重问题，积极配合当地水政监察、公安、工商等部门开展联合执法，严厉打击非法采砂行为。（省港航管理局）

【渡口管理】 2014 年，专业公路渡口所完成过渡费收入 2379 万元，占年度目标的 108.%。渡口管理所累计开行航班 66124 航次、渡运车辆 993506 车次。没有出现重大安全责任事故，实现安全生产零事故。2014 年 3 月，完成宜昌渡口过渡费调标工作（鄂价费规〔2014〕22 号文批复，3 月 1 日起执行）。省公路局对下达的 4 个船舶大修项目，采取不定期督办方式，按期完成计划。

7 月下旬至 8 月上旬，省公路局组织专班对专业公路渡口进行年中全面考核检查，对检查中发现的问题进行及时通报，限期整改到位。8 月底，白洋渡所计重收费设施安装完毕，计重收费工作开始正式运行；秭归所计重收费工作在积极筹备中。8 ~ 12 月，省公路局派专人对黄冈、宜昌、荆州市 2014 年过渡费票据及往年通行费票据进行专项清理，对孝感小罗渡口票据进行核销，对清理中发现的问题及时进行督办落实。

10 月 21 日，省公路局在宜昌举办专业公路渡口应对突发事件应急安全演练，对提高专业公路渡口应对突发事件反应速度、处置技能以及与其他相关部门开展综合应急组织协调能力，起到积极推动作用。11 月 25 日，省公路局在武汉举办全省渡口安全业务技能培训，对提高渡口干部职工管理工作能力和服务水平、提高职工“严格程序、规范操作”职业素养进行充电，培训达到预期效果。（曹孝菊）

2014 年 10 月 21 日，省公路局在枝江举行专业公路渡口突发事件应急处置演练

市州公路养护及改革

【武汉市】 2014年，实施国省干线大中修工程109公里,改造危桥3座,整治隐患路段63.8公里，干线公路路况PQI值达89.4。开展“冬春养护”、“养护决策”、“养护工程”和“巩固提升”4个专项活动，共修补路面坑槽5.2万平方米、清灌缝39万米。8月26日，武汉市政府印发《关于进一步加强全市农村公路建设养护管理工作的意见》，农村公路建、养、管责任主体进一步明确，资金保障机制进一步健全。养护作业施工标准化设施配置完成,6台应急指挥车配置到位,江夏区、东西湖区养护所配置了高空作业车。 （盛欢）

【十堰市】 2014年，完成公路管养里程3116.83公里，其中国省干线公路1595.46公里、县乡支线公路1521.37公里。落实公路养护责任，清理公路边沟3800公里、修补路肩1200公里、修补坑槽3.4万平方米、过境路段整治改造14.5公里。探索同步碎石封层、沥青缝养、同步贴缝胶等养护应用技术，完成碎石同步封层33公里、路面贴缝胶试贴1000延米。大力实施缝养护，对沥青路面裂缝、水泥路面纵、横缝进行灌缝或补灌，保持辖区整体路况稳定，灌养缝10万延米。完成安保工程89公里、钢护栏投入金额1780万元，配备建设标志标牌140余套、投资160余万元。加强病危桥加固改造监管力度，完成全市危桥加固59座，摸排全市61座公路隧道病害情况。完成中修工程施工55公里、大修工程施工255.5公里，完成基层255.5公里、面层255.5公里、投资4.8亿元。大修养护工程实行公开招标，加强现场监管力度，推出日巡查、周汇报、月督查、季通报工作机制，做到安全有人盯、技术有人管、质量有人抓、进度有人跟的良好局面。

依托209国道创建“鄂西生态文化旅游圈”畅安舒美示范公路，全市公路部门集中栽植苗木36662株、植草28.96万平方米，累计投入549余万元，国省干线宜林路段绿化率达82%、主巡回线路宜林路段绿化率达92%，分别提高2%，干线公路区域洁化、绿化、美化率得到提高。

全年汛期发生公路塌方和驳岸垮塌700余次，其中公路塌方66万立方米、驳岸垮塌10.3万立方米，交通中断30余次，直接损失5481万元；通过高边坡卸载、修建浆砌挡墙、增设边沟、截水沟、涵洞等方式，及时对水毁路段进行处治，超过5小时未恢复交通的仅有6次。十堰市规划建设公路养护(应急)中心8个，全部基本建成。储备公路应急机具、交通标志标牌和融雪剂、砂石、草袋等各类应急物资。加快建设“十堰区域性交通战备物资储备仓库”，集中采购贝雷战备钢桥、18米作业高度的大型升降车、综合养护车、除雪车、清扫车等大型公路应急机械。全市有公路应急保障队伍8支470名、应急指挥车辆6台、机械设备120多台套。

【襄阳市】 2014年，襄阳市国省干线路面使用性能指数(PQI)为89.3，比2013年增加3.2个百分点。全市继续推行日常保养与维修分离、人工费与维修费分离、标段承包与专业化相结合、计量支付与三级考核相结合的“两分离两结合”管养机制改革。将日常养护分为日常保养和小修工程，日常保养推行标段承包，小修工程实行合同管理，计量支付。健全三级考评机制，由市公路局对各县(市)区公路局、县(市)区公路局对管理站、管理站对标段承包人员逐级考评。小修保养经费实行人工费与维修费分离，从小修保养经费中分别提取5%和2%用于购置小型养护机具和劳保用品，日常养护人员按当年社保人均水平计算当年工资，其余为维修费。

加强日常养护和预防性养护，先后对207国道襄城余家湖段、宜城南段、新樊线古驿段等路面车辙、沉陷等病害进行铣刨后摊铺，累计完成预防性养护133公里。加强养护质量管理，建立质量责任制和追究制，大力推广“四新”技术。对境内207国道、316国道统一安装示警桩及平面交叉标志牌，增设路口减速带、渠化标线、渠化岛，对其他列养线路标线不清晰路段，定期进行热熔标线漆补划，确保行车安全。积极推进公路绿化，累计栽植各类苗木21.9万株，绿化公路1061.4公里，先后建成邓城大道、207国道、316国道、襄谷线、襄关线、寺沙线、随南线等17条公路绿色长廊和绿化示范线路。

着力完善建立养护制度建设，修改完善《公路养护考核管理办法》、《公路养护考核记分标准》、《公路桥梁养护管理办法》，借鉴高速公路经验，在全省率先编制《襄阳市普通干线公路桥梁养护手册》，全面推行标准化、规范化养护，缝养护坚持专用材料、专用设备、专业队伍，坑槽修补按照“挖盒方正、级配合理、碾压密实、衔接平顺”标准，由路面养护专业队伍实施。提升养护机械化程度，先后为基层配置综合养护车、路面清扫车等一大批养护机械。 （姜兴）

【宜昌市】 公路大修。2014年下达国省干线公路大修计划234.92公里，其中国道16.6公里、省道218.32公里；概算投资56026万元，其中部补助资金31067万元、地方自筹26039万元。下达中修计划40公里，其中国道16公里、省道24公里；概算投资4450万元，其中部补助资金2740万元、地方自筹1710万元。截至2014年底，全年大中修计划全部完成。

危桥改造工程。年度下达危桥改

造计划27座2693延米，其中拆除重建9座189.8延米、加固改造18座2503.2延米、国省干线26座2600.5延米、农村公路1座92.5延米；概算投资14776万元，其中部补助资金7106万元、省补助资金1789万元、地方自筹资金5881万元。截至2014年底，老女桥、白河桥、沮河二桥东引桥、红卫桥、干沟二桥、响水洞二桥、五七长渠桥、牛丰冲桥、胡家冲桥、卫家岗桥、枝城长江大桥等12座危桥改造完工，仓库沟大桥、胭脂沟桥、王家台桥、鄢家湾桥、吊羊岩桥、元石桥、黑沟桥等8座危桥施工中，7座危桥未开工。

公路绿化。宜昌市公路已绿化里程2279.28公里，绿化率46.8%。远安县采取绿化外包模式，由县内专业绿化公司负责包栽包活，按成活株数付款，成活率达98%。全年绿化24公里，栽植杨树、樟树3100棵，投入资金155万元。兴山县完成绿化里程47.078公里，栽植柳树、桃树、石蓝、绿针、樟树共2050棵，投入资金50万元。

安保工程。年度下达安保工程计划10条线路194.97公里，其中国省干线3条58.21公里、农村公路7条136.76公里，概算投资2994万元，其中部补助资金840万元。截至2014年底，保兴线、五牛线2条线路55.781公里工程完工。（王睿　金涛）

【荆州市】 2014年，全市大中修国省道160公里，修补路面坑槽13.9万平方米，灌缝60.2万延米，创建了1条省级、8条市级“畅安舒美”路，建成公安斗市、洪湖蔡家河、监利半路堤、沙市雷达4个公路养护应急中心。全市完成公路危桥改造174座，弥市大桥改造工程完工，黑狗垱、汪家汊、南平3座危桥改造工程分别完成货币工程量1920万元、2450万元和1050万元，松滋农村公路危桥改造试点工作全面完成。

大力推广应用“四新”技术，先后与交通运输部公路科学研究院中公高科、新桥公司进行技术合作，在207国道大修工程中实施旧水泥混凝土路面碎石化、密级配沥青稳定碎石(ATB)施工，在公石线大修工程中实施半刚性基层橡胶沥青同步碎石封层施工，均取得显著效果。“基于平衡设计的水泥稳定碎石在平原湖区耐久性水泥砼路面中的应用研究”、“湖北省普通公路建设养护投资政策研究”和“荆州市普通公路养护市场化管理研究”课题研究工作完成。

（黄文富　严梅）

【荆门市】 2014年，围绕创建“畅洁绿美安”示范路建设，紧盯迎国检“三个继续确保”目标，打破常规思维，超前实施推进，养护工程任务全面完成。全年完成大修91.5公里、中修30.1公里，安保工程完成投资706万元，危桥改造完成23座812延米，完成投资3170.8万元，灾毁恢复完成投资18968万元。预防性养护和日常养护得到有效落实。按照创建“畅、安、舒、美”标准示范路验收的要求，加强路域范围内养护工作全覆盖，重点对207国道等创建路段实施线型路幅达标、路况路容完好、设施功能齐全及安全服务保障配套工程。挖补坑槽5.1万平方米、路面保洁132.6万平方米、灌养缝48.1万延米、清理边沟淤泥412.5公里、疏通涵洞120道，路肩、边坡、水沟和行道树修剪等工作基本到位。全市路容路貌大为改观，路面使用性能指数(PQI)为86.4，比2013年上升了1个百分点。

【鄂州市】 2014年，全市以迎接“十二五”国检为契机，抓紧实施主干线大中修。全年实施316国道葛店街段、汽李线东沟街段、汽李线沼山段3个项目5.75公里公路大修，完成106国道、汽李线、铁贺线3条线路30公里路面中修，对省道汽李线、316国道和樊口大桥等干线破损路面、车辙集中进行修补。加强预防性养护、季节性养护、推广铣刨机整治车辙等“四新”技术，推进机械化养护，列养公路路况总体保持平稳，全年修复坑槽1.25万平方米，完成灌缝、养缝4.5万延米，清理边沟56公里，修整路肩95公里，过境路段整治改造1公里，全市干线公路PQI(路面使用性能指数)为88。投资120万元在316国道、省道汽李线、铁贺线等重要路段补植更新各类苗木6000余棵，对国省干线公路路树进行刷白。316国道临江段被省公路局命名为全省“生态景观示范路段”。蒲团应急救援中心、燕矶综合养护中心建设稳步推进，全年完成投资140万元。

【黄冈市】 2014年年初，对全市分县市分线路“量身订做”大修最优方案，坚持细致勘察、细心检测、细化方案，同步配套。突出精细理念，持续推行分季度实施指令性作业计划，构建以日常养护为基础、预防性养护为关键、科学性养护为保障的基础管理体系。全市完成水泥路面清灌缝5.3万延米、沥青路面清灌缝22万延米，水泥路面修补破板4.04万平方米、沥青路面修补坑槽9.5万平方米，清理涵洞6617道，整修路肩33.2万平方米，整修边沟3227公里，修复防护栏5094米。新增标志标牌242块、更新标志标牌22块，标线补划43公里。全面加强桥梁管理，全市241座中桥以上桥梁全部设置信息公开牌和桥梁限载标志，落实“一桥一牌”，确保安全畅通。在全省年度路况检测评定中，路面使用性能指数(PQI)为89.6。

稳步推进养护(应急)中心建设，麻城、罗田完成场地平整、硬化和拌合设备安装，红安、团风县完成办公楼主体工程，英山县已落实土地征用、进行平整场地，武穴市利用两路养护管理站和石佛寺油池改扩建，蕲春县已落实选址、在进行土地征用。着力改善全市公路养护管理站基础设施，制定《养护管理站改造补助资金实施方案》，用3年时间，对全市41个养护管理站进行危房改造、修缮工作。2014年已完成10处站房维修改造。

加大新技术、新工艺在大中修的实践使用，对不同的大修线路、路段分别采用大粒径沥青碎石基层、橡胶沥青同步碎石封层、基层冷再生、水泥路面碎石化等多种养护技术。全市在英山318国道、中大线，麻城胜麻线、麻新线，红安宋长线，黄梅105国道和团风106国道等国省干线实施新技术、新工艺60公里，整体提高全市养护科技含量。利用扶贫增量资金，完善公路配套设施建设，强化综合服务质效。麻城、英山等县市在大修建设时利用路边闲置空地建设路景相融、人文合一的300平方米综合休息区10多个；针对全市山区道路急弯、陡坡较多的实际，控制工程细节，降坡处理局部大陡坡路段，全线加宽窄路基，科学处理急弯地段，分别在下坡、急弯和危险路段增设振荡标线18处、设置安全警示标志62块、增设钢护栏3.76万米，有力地消除了安全隐患；因地就势在山区路段增设78道横向排水圆管涵、新建71.2公里浆砌片石公路排水边沟，全面增强公路排水能力，提高国省干线安全系数。

【咸宁市】 2014年，全市完成养护综合投资3.836亿元，实施公路大修105.36公里、超计划26.5公里，中修36.5公里、超计划21.5公里；实施危桥改造47座，安保工程125.765公里，是“十二五”以来养护投资力度、建设力度最大的一年。大力提升公路路况，对白界线、107国道、106国道、仙崇线、嘉泉线等路况较差、群众反映较多的路段进行集中有效改善，公路路况明显提升。全年完成沥青路面灌缝209公里、水泥路面灌缝85公里、沥青料修补坑槽57170平方米、水稳料修补坑槽4.43万平方米、修整路肩2098公里、路肩剪草1471公里、清除塌方77190立方米、清理边沟140公里，疏通桥涵泄水孔1156个，清理桥梁伸缩缝398条，修复涵洞66道，修复安全附属设施146公里，绿化植树1.8万株，修复挡土墙1485立方米，为稳定全市公路整体路况夯实基础。全市路面使用性能指数(PQI值)排名全省第二名。

打造“畅安舒美”示范路品牌。在106国道、白界线、咸通线、沿横线等线路，积极开展路肩硬化，增设停车港湾、观景平台、加宽应急车道；在107、106国道、白界线等大修项目开展养护安全标准化作业；设置大型指路标牌108块，桥梁信息公示牌168块，桥梁限载牌10块，提升了道路通行服务能力。挤出部分资金对永安、路口、马港等公路管理站进行站房维修，为全市831位一线养护工人统一购买养护工作服，改善基层站所生产生活条件。

按照《湖北省公路养护(应急)中心建设实施方案》，扎实推进养护应急中心建设，崇阳、咸安、赤壁3个养护应急中心均投入近3000万元，基本建成水稳、沥青混凝土、机械设备、构件预制等养护生产、应急全产业链，发挥了较好经济效益。完善咸宁市路网运行监测与应急处置路网二级平台建设，实现省市一体联网。加强隐患排查和整治，开展安全检查122次，下达安全通报20次，排查出安全隐患562处，并及时整治，有效杜绝了安全事故发生，保持了安全态势稳定。继续成立全市国省干线公路大中修工程建设指挥部，通过强化“工程四制”和“四个统一”，优化招投标方式，使计划执行、施工组织、工程质量得到有效保障。崇阳、咸安探索人员、土地“两整合”，成立养护工程、路面维修、路面维护“三支队”，走出一条专业化养护新路。咸宁养护规范化管理及养护综合评分排名全省第一名。加强“国检”组织管理工作，公路部门成立“国检”工作领导小组和专班，制定相关实施方案，开展养护综合培训班、养护技能培训班，增强养护队伍素质。对“十二五”以来的各项内业资料进行整理，基本齐全。

【随州市】 2014年，随州市的公路养护工作以迎国检为契机，坚持“八个并重”，即“日常养护与预防性养护并重”“全面养护与完善配套设施并重”“规范化管理与规范内业资料并重”“示范公路创建与提升公路服务品质并重”“大中修工程与新技术应用并重”“应急建设与应急设备配置并重”“桥梁系统管理与桥梁动态管理并重”“服务保畅与优质服务并重”的工作思路。全市实际完成路面大修171.31公里，占计划的170.7%。其中，完成年初下达计划内项目64.3公里(周新线13公里、小应线34公里、牛程线10.5公里、312国道0.8公里、平洑线6公里)，完成省公路局下达燃油税计划项目36.01公里，提前完成2015年车购税项目71公里(随南线双河至枣阳界10公里、桂花园至洪山15公里、小应线殷店至安岭界19公里、黄畈至全力公司20公里、牛程线㵐河至新城段4公里大修、宋长线3公里)。完成公路中修20.4公里，占计划100%。其中316国道马家铺至淅河大桥4.4公里，316国道张家畈至明珠路口5公里，平洑线5公里，宋长线6公里。完成油路坑槽修补24145平方米，完成水泥路清灌缝185公里，完成水泥路挖补7180平方米(含断板断角处治)，完成沥青路面缝养46万余延米。通过养护专项引导资金，下达新建排水设施1500延米，桥头跳车处理3000平方米，实际完成新建排水设施4382延米，桥头跳车处理7318平方米。整修路肩270公里，清理边沟394公里，完成标准路基54公里，新增设标志牌93套，维修安保设施波形钢护栏6处328米，维修标志牌32套，更换示警桩160根、百米桩1154个；完成公路路树新补植217公里6817株。

【天门市】 2014年，争取市政府出台《天门市农村公路养护管理实施办法》，按照“属地管理、业主委托、专业管养”原则，确定责任主体、建立专项资金、明确养护管理范围及标准，基本做到“有路必养、有路必管”。全市完成大中修工程分当线6.2公里、汉宜线121街道和李场街道3公里、荷沙线干驿段2公里、赵台至夏场4.68公里、五一桥至花台1.5公里。小修保养完成沥青面层修补3.5平方米、水泥路面修复5400平方米、基层修复4565.4平方米、路面清灌缝34.1公里、罩面6700平方米、清理边沟14.3公里，新(补)植行道树5.6和万株、除草418公里、行道树刷白299公里，整修路肩、边坡34公里，干线平均好路率达到91.7%。皂毛线、汉宜线、天钟线、天仙线、荷沙线、牛张线、小仙线等线路更换安装波形钢护栏4200米、安装警告标志394块，有效保障公路安全通畅。投入880万元、占地70亩的养护应急中心已完成主体工程。天门市公路管理局在2014年养护规范化、公路路况、综合检查等各项评比中均名列全省前三。（张文敏）

【潜江市】 2014年，省公路局下达潜江市安保工程计划7条县道99.55公里，设置波型钢护栏3880米、示警桩5200根、指路标志37套、警示标志(广角镜)268套、路基(护坡)1112立方米，概算投资224万元，其中部补助资金134万元、地方配套90万元，以上项目全部完工。

2014年6月，中交第二公路勘察设计研究院有限公司试验检测中心对潜江市国省道桥梁进行定期检查，检测桥梁32座，其中特大桥1座、大桥3座、中桥12座、小桥16座，技术等级评定为一类桥梁2座、二类桥梁17座、三类桥梁8座、四类桥梁2座，因地理原因无法检测的桥梁3座。9月，湖北省公路水运工程测试中心对省道荆新线田关河大桥进行特殊检查，该桥技术等级被评定为四类。2014年省公路局危桥改造计划2座(省道荆新线电排河中桥、省道潜监线百里长渠桥)，概算投资189万元，其中省补助资金170万元、地方配套19万元，以上项目全部完工。

潜江市公路管理局投入97.9万元，购置压路机、动力站、打草机等设备。以养护机械设备管理为重点，建立台账，定期进行维护保养。稳步推进以周矶公路管理站为主体的养护应急中心建设，组建一支专业化应急抢险保通队伍；强化应急运行机制建设，建立区域互动、部门联动的应急协调机制和应急响应机制；制定应急队伍年度培训演练计划和方案，组织开展应急演练活动，提高公路应急处置与保障能力。（周鹏　王胜）

厅直养护经营管理单位

【京珠高速公路管理处】 2014年完成通行费收入22.93亿元，日均628.22万元，完成年计划的110.24%，较2013年增长7.74%，创历史新高；严格执行优惠政策，全年免征“绿色通道”车辆通行费2.16亿元；圆满完成重大节假日小型客车免费通行保畅任务，通行免费车流量136.5万辆，让利社会6724.4万元。

费收管理。京珠管理处转变稽查工作思路，由路段单一稽查模式改为区域联动模式、由关键站所稽查改为总支联动稽查、由重查处转变为打击教育并重，全年编发典型逃费案例104篇、总结20余种逃费形式，查处逃费车辆2.6万辆、补缴通行费419.2万元，在全国第五届治理偷逃费经验交流会上，京珠高速治理经验得到普遍认同和好评。通过实施“标准化示范站工程”和“示范窗口贯标工程”两项载体，转变员工观念、提升服务水平、改善现场环境，完成鄂北、鄂南5个站所收费天棚维修，武汉西和鄂北站名LED亮化工程，以及43条ETC车道新增任务，计重双秤台覆盖率达到90%。针对武汉周边地区大交通流量，通过增加复式费亭、便携式收费、立体宣传提示错峰等有效方式，缓解道口通行压力；针对鄂南、鄂北主线站过境货车较多的特点，总结“按量放行、分道管控、客货分流、复式提效”梯级保畅模式，引导客车、货车、绿通车按规定道口通行，有效提升道口通行效率。编印下发《标准化收费管理制度体系》、《收费业务实务题库》、《收费稽查案例汇编》，分期开展收费监控员、收费班长业务培训，以全省高路系统“竞进杯”收费业务技能竞赛为契机，全线各管理所积极开展岗位练兵活动，营造“学业务、比技能，强素质、提服务”的良好氛围，在年终决赛中，管理处取得团体总分第二、个人第七的佳绩。

养护管理。2014年养护工程公路技术状况指数MQI值为92，公路评定等级为优，养护大中修工程项目验收质量合格率100%。管理处认真做好养护施工单位合同履约检查工作，在各标段进驻施工现场后，建立健全各项

2014年7月31日，京珠管理处与咸宁四航建设有限公司签订通界高速公路收费委托管理协议

生产、安全、管理规章制度，严格项目管理流程，按季度定期开展履约检查。积极推进养护工程项目，克服车流量大、荷载强度大、局部病害突出、保畅压力大等实际困难，圆满完成沥青路面加铺、南段立柱加高等专项工程，蔡甸互通式立交改造工程按期推进，完成标志标牌专项整治第一阶段工作。加强桥梁养护管理，明确专职桥梁工程师，修订桥梁养护管理办法，全力推进桥梁“一桥一档”工作，完成军山大桥、陆水河大桥定期检测工作。开展局部路段路面抛洒物集中专项治理工作，针对运输碎石料车辆超装、遮盖不密等行为，协调地方政府、安监、交警等部门集中开展为期5个月的专项治理，通过拦截、劝返不规范装载车辆、集中清理路面等方式，路段清洁状况明显改善。开展标准化示范路段建设，突出路基边坡、桥涵、交安、绿化等重点内容，在全线分片区开展3个路段标准化建设，切实抓好路面保洁、标志标牌清理、中央分隔带及路侧绿化等工作。

路政管理。2014年查处路损案件1174起，结案1154起，收回赔偿费935.2万元，结案率和索赔率分别为98.5%和98.2%；查处违法超限运输31起，收回补偿费8.7万元；无公路“三乱”现象和安全责任事故。按照精简、高效、统一的原则优化组织机构，将主线6个路政大队调整为4个路政大队，充实一线执法人员。制定路政执法人员评议考核办法、路政岗位考核办法，实行择优上岗，不合格淘汰，调动路政队伍积极性。组建专班，研究制定治超工作方案，健全超限治理审批和执法管理制度、工作流程，确保鄂南超限站于2014年10月正式投入运行。深入研究超限治理模式，圆满完成“加强治超执法工作”课题研究，积极探索“非现场执法”在治超工作中的应用，建立路政、运政、高警治超协作机制，与省界主线收费站建立对超限车辆互为审查把关和通报的工作制度，形成长效联动治超工作格局。完成路政微信服务平台开发，正式投入运行，及时公开执法信息、执法程序和执法结果。稳步推进“人民满意站所”建设，将超限运输许可下放到基层路政大队，申请人可就近办理，并将提交纸质材料简化为提交电子文件，提升行政审批效率。路政三大队被评为全省交通系统“人民满意站所”。全年受理办结行政许可服务事项24件，收取占利用补偿费257.48万元。开展“安全生产月”宣传咨询日大型宣传活动，发放各类安全宣传资料1万多份。强化施工安全监管，修订施工安全管理办法，开展现场安全检查200余次，责令整改27处，无一起安全责任事故发生。圆满完成春运安全保畅工作，联合高警、河南路政、湖南路政等部门召开保畅工作会，开展冬季除雪保畅应急演练，成功处置“1·26”客车连环追尾、“2·23”危化品泄漏等突发事件。

2014年9月3日，京珠高速公路管理处开展警路联合专项整治行动

综合管理。加强各单位部门预算执行情况跟踪督办，确保全年预算执行良好。加强员工教育培训，组织开展劳资管理、资产基建、收费稽查、档案管理、新闻摄影等大型业务培训10次，参训人数近1000人次。开展管理处机构、定员、绩效调研分析工作，制定管理处工资过渡方案。加强委托管理，与通界高速签订委托管理协议，完成人员派驻相关工作，并协助做好通界高速人员岗前培训工作。关注基层员工生产生活需求，根据“节俭为主、轻重缓急”的原则，确定并实施32项以改善员工生产生活环境为主要内容的“民生项目”。完成京珠全线资产清查、产权登记相关工作。

党群建设。管理处先后荣获“全国模范职工之家”、“交通运输部文化建设品牌单位”、“文化建设优秀单位”称号，全处累计21个单位和集体、15人次受到厅级以上表彰。开展基层党支部“书记项目”创建工作，充分发挥党总支书记带头抓党建的示范效应。创新党建学习平台，开设“湖北京珠微党课”微信公众平台。优化党员教育发展，新吸收15名预备党员、转正15名预备党员。创新党建工作思路，管理处江北党总支与厅机关离退休干部第二党支部开展结对共建。建立鄂北职工书屋示范点、武汉西杨丽工作室、武汉北周晶工作室，在全线开展“全民读书健身月”活动。鄂北所首创“零利润商品代购、专人全天候管理”职工服务站，永安所开展“五人”创建活动，鼓励员工主动学习，切实提升员工素质。开展“京珠雷锋号”关爱司乘志愿服务行动，通过设置“雷锋号”“雷锋窗口”，把弘扬雷锋精神与“微笑京珠、情满荆楚”文化宣贯活动紧密结合。组队参加青年文明号优质服务大赛，荣获“窗口服务类二等奖”。　　（詹枫）

【汉十高速公路管理处】 费收管理。2014年通行费完成清分计提后收入15.1亿元，提前19天完成年度目标，完成年计划的106.21%。查处各类逃费车辆89719辆，同比增长39.64%，追缴金额498.48万元。武荆、荆宜、汉孝分别完成通行费收入2.44亿元、3.06亿元、1.35亿元。完成38条ETC车道建设，更换称台36套。完成重大节假日小客车免费、十漫费率调标、绿通政策实施、防冻防滑应急保畅、多路段中心整合、ETC车道站所覆盖率100%等任务。建立所站、路段中心、管理处三级垂直业务管理平台，推广EXCEL收费业务管理平台，落实所长一线工作法。创建孝感北、十堰东等8个收费内业标准化所。组织开展“第一区域联合稽查”、“警路联合专项治理”等专项稽查10余次。顺利完成十白高速通车筹备、随州所费亭扩建、襄阳西匝道拓宽等工作。以武当山、隆中示范所为蓝本的“温馨费亭”创建工作和以饶丹为原型的“温馨魅力使者”评选工作全面展开。成功应对银杏节、寻根节、武当大兴600年、襄阳汉江三桥及318国道晰河大桥维修限行造成的车辆井喷现象。启动“五善五治”年度收费竞赛，编撰《收费岗位业务知识、基础技能、温馨服务水平能力测试大纲》系列丛书。推进“善稽查、促规范、迎国检”专项活动，8个收费站成功创建标准化“四室”。“铁人三项”收费技能竞赛开辟业务素质培养新途径。

路政管理。2014年路政破案率100%，结案率99.26%，索赔率98.67%。处置路产案件4897起，路产设施完好率100%，挽回路产损失848万余元。超限车辆控制在5%以内，案件卷宗规范化水平达到98%以上，交通行政执法“四制”落实率100%，无行政复议、无行政诉讼败诉，无公路“三乱”。派驻执法谷竹、十房、麻竹和郧十高速公路，管理总里程1433公里。超限运输治理专项整治活动检测车辆6169台，超限车辆控制在3.27%。圆满完成2014年春运保畅及恶劣天气安全管控工作，未发生一起安全责任事故和车辆人员大面积滞留现象。参与完成《非标志标牌管理办法》、《“智慧汉十”管理体系》、《绩效考核指标库》，主导完成《湖北省高速公路路政管理责权现状及解决途径》、《湖北省高速公路非公路标志标牌管理整治》、《路域管理信息平台建设》、《汉十高速公路突发事件应急处置流程与行为规范指引》、《湖北省汉十高速公路路政安全管理问题与对策》等路政总队委托课题研究。拍摄完成“善为治道，路畅人和”汉十支队温馨品牌专题片和《英雄》、《“大勇”的旗帜在千里汉十飘扬——“守护使者”陈红涛勇挡货车救司乘》等微电影。汉十支队代表队在省高速公路管理局举行的2014年湖北高速公路路政执法技能竞赛活动中，获知识竞赛、体能竞赛和队列与交通指挥手势三项第一。

2014年7月24日，汉十高速路政接力护送大件运输车辆安全通行

养护管理。代表湖北迎接“十二五”国检桥梁专项检查，获得优良评定。公路技术状况指数及分项指标达92。2014年完成养护货币工程量6781万元，其中维修保养工程3267万元、养护专项工程3514万元，工程合格率100%，优良率95%以上。出动大型除雪设备163台次、小型工程车205台次、撒布融雪剂675吨，成功应对各类降雪14次。完成襄阳西、漫川关匝道改扩建和对枣阳连接线、云梦连接线调查及交接；通过FWD和地质探地雷达等特殊手段完成路基路面检测、评价和设计工作。结合“智慧汉十”管理平台，建立完善气象跟踪机制、重点路段巡查机制、突发事件沟通机制、联动特情处置机制。完成《基于协同变形性的混凝土桥面耐久性铺装结构与材料研究》课题中期报告，并进行试验段铺筑；引进TIT嵌固封层路面铺装、二阶反应型防水粘结材料等预防性养护技术。在唐白河、府河、仙人渡、江汉特大桥设置永久观测点。省内首次采用碳纤维板预应力张拉技术，完成孝南互通式立交A、B匝道桥维修。在沿线4个养护站和9家施工单位推行标准化建设，2个养护站成功创建标准化养护站。组织编写《湖北汉十高速公路养护工程监理实施细则(试行)》和养护工程八大标准。

经营管理。出台《服务区监管办法》，建立完善三级监管巡查机制。2014年完成巡查215次，实施整改督办20余次，主线服务区整改率99.7%、委管路段服务区整改率98.3%，全年监管服务区实现服务“零”投诉、安全“零”事故，顾客满意率97.89%。完成随州连接线移交和枣阳、云梦连接线移交准备工作；与武荆、荆宜、汉孝达成新委托管理框架协议。武荆高速汉川服务区、荆宜高速白河服务区获评三星级服务区。

机电管理。《智能信息管理体系三年规划》通过专家评审，研发调试完成汉十移动巡查APP。收费数据网闸实现自动抽取和推送，建成收费流量预测模型、机电管理预测模型，网络安全进一步升级。完成高清视频会议系统升级。新增重点路段监控点25处，隧道LED节能改造取得良好效果，《隧道集中管理平台研究》顺利结题。建成网站、微博、微信三位一体信息服务网络，发布气象预警、实时路况、安全提示、路线指引等服务信息3028条，为3300余万车辆提供全方位信息服务。

综合管理。建立干部管理“选拔多级制、培养帮扶制、任用宽带制、监督常态制、储备层级制”的制度，出台《干部管理办法》，完成干部人事档案改版升级，全年提任正科级干部4人、副科级干部7人，公开选拔33名优秀人才进入后备干部序列，后备干部管理经验作为典型材料上报省委组织部。75名收费、路政骨干通过竞岗走上管理岗位，建立内部培训师制度，培训覆盖面100%。围绕发展战略、客户满意和运营管控3大关键价值，建立“5+1”价值链，系统梳理12大类131项管理流程，出台《流程管理手册》、《组织管理手册》、《绩效管理手册》。“智慧汉十”管理体系代表湖北成为全国高速公路行业第一个综合性教学案例。

重点工作。开展隧道安全隐患排查治理、打非治违等专项行动，整治安全隐患25处，危化品输送管道安全隐患整改率100%。4小时成功处置“12·30”特大道路险情。完成漫川关收费站改扩建专项工程。为基层实施院墙维修、收费雨棚改造、站所供水改造等生产生活配套工程81处，基层绿化定额管理模式运行良好。制定《2014年“千里温馨汉十”创建实施方案》，“温馨服务培训师”受邀赴陕开展业务培训。“汉十文化周”吸引20余家主流媒体关注，“善为·治道”文化品牌通过报纸、电视、网络走向全国。“路宝&馨宝”动漫卡通形象“萌”动万千网友，手绘地图成为行业首创，“善为·治道”文化品牌在国家商标总局注册。

党建与文明创建。提炼“七联聚力，五效合一”特色党建工作法，深入开展“三学两按”及“五好班子”建设活动。管理处党委被推荐为“省直机关工委基层党建工作示范点”，红旗

2014年10月31日，“善为·治道”文化品牌新闻发布会暨汉十文化周启动

党支部创建成果作为首例党建经验在省厅“交通讲堂”受邀开讲，“五星堡垒”“连心”党组织等基层党建品牌群百花齐放，为基层党建工作注入新的活力。管理处被交通运输部推荐入围“全国文明单位”，陈红涛获得“全国十大最美职工”、“全国五一劳动奖章”、“湖北最美一线职工特别奖”、“湖北省五四青年奖章”等荣誉。收费、路政职工代表在技能比武中创造4个省级纪录，获得7个全省单项第一。

（杨晨）

【鄂西高速公路管理处】 2014年，宜巴高速公路雾渡河至省界楚阳隧道段分期全部开通，标志着全长1966公里的沪蓉高速公路全线通车；保宜、恩黔、恩来3条高速公路顺利完成路政派驻工作。2014年底鄂西高速直管和委派路政管理高速公路总里程达775公里，较2013年增加330公里。

费收管理。2014年通行费完成窗口收入19.90亿元，比2013年增长6.7%；清分后收入15.06亿元，完成年度目标13.85亿元的108.70%。1月26日路段收费额为1305.83万元，创2014年单日窗口最高收入。全年稽查逃费车6.30万辆，比2013年同期增长22%，挽回通行费损失635.76万元；绿通车辆免征33.71万车次，免费金

2014年2月8日，鄂西高速管理处积极应对低温天气，确保道路安全畅通

额1.28亿元。

路政管理。2014年处理各类路产损坏案件463起，其中立案309起，结案300起，造成路产赔补偿损失448.46万元，收取路产赔补偿费434.04万元；破案率、结案率、索赔率分别为100%、97.1%、96.8%。路产设施完好率100%，交通行政执法"四制"落实率100%，全年无重大安全责任事故，无公路"三乱"，无行政复议撤销、行政诉讼败诉案件和有理投诉案件。

养护管理。公路技术状况指数(MQI值)95.2，较2013年提升0.7个点。全年完成养护工作量2.02亿元，其中土建养护工作量1.44亿元、机电维护工作量4531.58万元、隧道消防维护工作量1244.43万元，养护工程质量合格率100%，优良率95%，机电故障维修率100%，机电设备、隧道消防设施完好率99%。组织集中养护4次，探索新的养护机制取得成效。

安全生产。鄂西高速管辖路段发生交通事故465起，比2013年减少177起，下降27.6%，安全隐患得到有效整治，安全运营形势进一步好转，无重大安全责任事故。3月份，交通运输部副部长冯正霖带领国务院安委会检查组，专题对沪渝、翻坝高速进行安全运营检查，得到检查组好评。历时28分钟成功处置12·10金龙隧道火灾事故，应急管理体系日趋成熟。

文明创建。宜巴职工书屋被中华全国总工会授予"职工书屋示范点"，路政一大队获得中华全国总工会"安康杯"竞赛优胜班组表彰，巴东收费所职工上官一木获授"最美中国路姐"称号，高家堰管理所、路政六大队获省交通运输厅"青年文明号"称号，微电影《杜鹃花开》获得省交通运输厅大赛二等奖，并分获最佳剪辑、最佳创意奖。"湖北交通青年志愿者服务基地"落户鄂西高速希望小学。

（陈昌虎）

【随岳高速公路管理处】 费收管理。2014年通行费征收清分前为11.59亿元，清分后为7.59亿元，实现"七连增"，天门管理所荣登全省高速公路系统创建标准化收费站示范站榜首。全面启动标准化交接班室等"五室"达标建设，推行"6S"现场管理，实施内业资料电子化等"四化"同步管理，编制《标准化收费站管理手册》，建成标准化收费站13个。建立站所、总支、监控中心、管理处四级稽查体系，组织联合稽查、专项稽查、区域稽查11次，堵漏增收384万元。不断深化"多元化投资、一体化管理"机制，坚持业务互学互促、稽查联勤联动、服务共创共建。随岳南公司主动投资300万元为荆岳大桥新建职工宿舍楼，开创收费委管"随岳模式"新局面。

2014年9月1日，路警共建联合执法在随岳高速正式启动

路政管理。成功在襄荆路段试点并在随岳主线推行警路一体化联合执法新机制，随岳、襄荆路段千车事故率同比平均下降9.98%。积极落实"交通行政执法人员三年轮训方案"，持续组织路政春、秋两季大培训、大比武活动，开展"六基六化"建设，深入开展法制"六进"宣传工作，强化管段责任制，建立省际、警路、路费、路地等"四个联动"超限治理网络，积极推行路赔案件"一号制"管理，有效提高路损修复及时率。在全省高速公路路政执法技能竞赛中，随岳路政代表队获团体总分第一名。

养护管理。养护货币工程量7159万元，路面技术状况指数MQI值保持在95以上，在全省高速公路养护大检查中连续三年蝉联桂冠。全面围绕"十二五"迎国检总体部署，提前谋划、

2014年9月23日，随岳高速举行危化物品运输事故灾害联合应急演练

精心组织，编制《标准化养护站手册》和《标准化项目部手册》，推进养护中修、桥涵路况检测等专项工程，实施路面铣刨、桥梁病害处置、沿线绿化美化等30多项重点工程，推进标准化示范路段、养护站、项目部等建设，建成全省高速公路系统首家养护标准化工地试验室。畅美随岳渐入佳境，围绕“三季有花、四季常绿”目标，着力优化标准化示范路段绿化方案，对天门、随县互通和淮河、京山、荆岳大桥管理所收费广场等重点部位进行绿化改造升级，全面打造层次分明、特色鲜明的景观效果。

信息化建设。加大信息化建设和科技征费硬件投入，创新引入激光交通量调查设备、激光夜视探头、AGS恶劣天气引导系统等技术，建成30条ETC车道，率先实现收费站口ETC全覆盖。完成33条双称台计重收费车道、65套高清车牌识别系统改造，新增高清摄像机34台、更换标清摄像机30台，在荆岳大桥收费广场安装全省首个全彩高清情报板，实现平均“每2.5公里一处监控、每6公里一处信息标识”目标。稳步推进管理和业务软件开发，整合公文、收费、应急、财务、人事、资产等软件登录的统一操作界面，逐步实现“单点登录、资源整合、数据互通、信息共享”的“小平台、大后台”现代信息管理目标。“随岳通”应急指挥管理调度系统实现“现场与后台、管理与服务、指令与行动”三个同步，有效提高应急指挥效率。全面升级门户网站服务功能，丰富“阳光微信”、“阳光微博”、“阳光之声”等栏目，拓展在线视频、语音广播和气象预警等多元化服务功能，阳光微信粉丝达到5000多人，关注人群超过10万人。

综合管理。顺利通过档案3A达标验收和ISO9001质量管理体系认证。加强行业监管，京山、天门、均川、封江服务区均进入星级服务区先进行列，其中京山服务区被评为五星级服务区。加大岗位交流和优秀管理人才培养选拔力度，组织开展机关借调人员和养护管理人员竞争上岗，公开选拔各类人才15名；面向社会公开招聘高校毕业生13名，招录劳务用工80余人，全面增强机关、基层职工队伍活力。深入推进安全生产网格化管理，树立总体安全观，重点做好现场安全、场所安全、重点部位安全、网络安全等工作，实行隐患台账制、挂牌督办制和登记销号制，联合华中科技大学开展应急管理课题研究，重新修订恶劣天气、荆岳长江大桥等应急处置预案，开展“平安杯”等主题活动，管理处持续保持安全责任事故“零纪录”。

党群建设。成功召开二届一次职代会，选出新一届工会领导机构。把好党员培训关、推荐关和考查关，发展12名党员，党员人数达到215名。健全干部监督及报备管理办法，强化综合督查职能，开展廉政谈话130多人次，参与重点领域监督20多次，进行诫勉谈话5人次，组织纪律及作风检查4次，做到廉政监督全覆盖，廉政检查全过程。创建荆岳大桥、养护二站2个廉政文化示范点，廉政宣传教育入脑入心。京山“阳光天使”收费班组被评为“最美中国路姐团队”，管理处先后两次在全国高速公路系统年会上作标准化建设和品牌建设交流发言。管理处职工刘肖获得省直“书香机关、践行梦想”读书演讲比赛二等奖，《天使班组》获得全省企事业单位班组民主管理微电影大赛一等奖，《太阳花开》获得厅工会和厅团委联合举办的“中国梦、青春行、交通情”微电影大赛二等奖和最佳视觉奖。

（何雪晴）

【黄黄高速公路管理处】 2014年，管理处确立依托鄂东高路打造投资多元化、管理一体化“试验田”的发展目标。黄黄路段、鄂东大桥散花所和路政“两费”成功纳入财政预算，各路段委管经费协调到位。与九江二桥成功签署委管合同，开创黄黄管理处跨省路政派驻管理先河。大广北路政派驻工作被省高管局作为先进典型推广。在全省率先建成21条政府还贷路ETC，实现政府还贷路100%全覆盖。在全省率先实施高速公路连接线移交，将麻武连接线整体移交给地方管理。

费收管理。2014年车辆通行2355.3万辆，实际征收通行费10.74亿元，完成计划任务9.52亿元的112.82%，提前39天完成全年收费任务。“四大节日”小客车免费通行110.90万辆，免费6595.56万元。全年收费额、免费额、增长率均打破历史纪录。建立三级稽查体系，组织跨省、跨区域联合稽查6次，查处客车升档、逃费绿通车13.35万辆，堵漏增收717.7万元。费收窗口践行服务承诺，推行“听得见的微笑”服务模式，为全体费收员工配发新工号牌。在鄂赣皖站所联谊会第8次年会期间，

2014年11月4日，麻武高速公路麻城境内连接线移交签字仪式

鄂东高路窗口服务赢得安徽、江西同行一致好评。

养护管理。完成养护货币工程量7590.81万元，计划完成率100%。全线公路技术状况指数MQI值始终高于90，工程质量合格率100%，路容路貌稳中有升。武英标准化养护站、麻武标准化养护项目部建成投入使用。麻武路段病害维修工程、武英路段软基处理工程顺利完工。完成总投资1879万元的陈家墩大桥维护工程。建立鄂东高路养护基础数据库，编制完成迎国检资料手册。黄黄路段沥青路面半刚性基层预防性补强关键技术和在役混凝土桥梁钢筋腐蚀实时监测技术研究初步形成科研成果，武英路段软基旋喷式压浆处置工艺顺利推广应用。

路政管理。办结路政案件684起，收回路产损失赔偿费537万元，结案率98.3%、索赔率98.3%，为历年之最。大力推广网络课堂学习模式，7位业务骨干获得厅局执法讲师资格，黄黄路政支队在2014年全省高速公路路政执法技能竞赛中，夺得团体总成绩第二名。在黄黄、麻武路段实施“四班三运转”24小时不间断警路联合巡查，提升路面管控水平。深入开展“法律六进”活动，全年组织“流动课堂”普法宣讲80余场，走访厂矿、企业、工地等普法点200余处。实施省际联动治超，在省际收费站对超限车辆互为审查把关和通报，全年劝返55吨以上超限货车2447台。

经营管理。借鉴社会治安网格化管理方式，建立健全《服务区监督管理办法》、《服务区监管联席会议制度》、《服务区第三方暗访考核办法》等制度体系，定期组织开展交叉检查、联合稽查和第三方考评，全年下发整改通知单12份，落实有效整改10件。对沿线上跨桥广告牌进行摸底调查，对14块隐患广告牌进行整改，规范广告发布内容。

标准化建设。2014年是鄂东高路重点工程密集实施高峰期，管理处统筹重点项目布局，加快建立以重点项目为支撑的资源统筹、综合运行体系。界子墩国家一类治超站、蕲春应急指挥中心、红安标准化应急基地、汪集应急仓库项目建成投入使用。蕲春服务区投入运行，该项目作为交通运输部节能环保试点项目，部专家组在验收时认为其在设计理念、技术标准、综合功能等方面达到国内一流水平。管理处第一批6个标准化站所、路政大队已启动建设。

信息化建设。鄂东高路信息化三年规划顺利出台。全省首套隧道智能巡查系统投入使用，智真会商系统端口数量达到60处，基本实现“无盲区”运行。资产、路政、养护、费收等业务管理平台相继投入运行。依托预警系统，成功处置“6·8”大别山隧道内货车起火、“7·16”界子墩危化品泄漏等事件。通过推广视频会议模式，全年管理处会议费支出下降6.9%，公车费用支出下降13.65%。

综合管理。制定重点工作督查管理办法，按季度开展综合督查并通报，确保92件重要决策、重点工作高效落实。制定《公务接待费、差旅费、会议费和培训费管理实施细则》和《公务卡管理办法》，全年公务接待费支出明显下降。建立公务用车预约派车、集中停放和维修申报审批工作制度，为全部公务车辆安装GPS，车辆使用成本降低13.65%。组织干部培训、职工业务培训10余次，受训人员1600余人次。全年在湖北日报、省政府门户网等媒体发表报道550余篇。16篇上报信息被厅网站经验交流和舆情专报采用。全年为公众提供电话咨询服务1.2万人次，职工捐款设立的雷锋基金共为困难司机垫付通行费3万元，收到感谢信209封、锦旗101面。

安全生产。加强安全生产顶层设计，构建党政同责、一岗双责的安全生产责任体系，实现齐抓共管，形成强大合力。立足行业监管责任和安全主体责任落实，建立桥梁、隧道综合治理工作机制和隧道代维管理机制，完成12122标牌设置工作。加强路、警、地三方共建，深化与建设指挥部共建活动，先后举行隧道、桥梁、施工区专项联合应急演练，与麻武穴指挥部建立全面共建机制。首次将安全管理列入干部培训课程，全年安全生产态势平稳，未发生安全责任事故。

省际联动。与九江二桥签订《九江长江二桥湖北段运营管理协议》，与安徽金寨高管公司签订《沪蓉国道鄂皖省际路段营运管理联动协议》，承办赣鄂皖高速公路所(站)友好交流促进会年会，会员单位由以前的8家发展为22家。省际各方在应急保畅、运营管理、窗口服务等领域一体化合作不断深入，实现车畅其道、货畅其流。

品牌文化建设。管理处代表省交通运输厅参加全省青年文明号优质服务大赛，代表全省交通运输系统参加“徐工杯”第三届全国公路职工乒乓球大赛，获得男子团体亚军、女子团

2014年3月26日，黄黄管理处与安徽金寨高速公路管理有限公司签订联动协议

体季军的历史最好成绩。管理处荣获“全国交通运输行业文明单位”称号，1人被授予省五一劳动奖章。鄂东团支部被团省委授予“全省五四红旗团支部”称号。以信息化建设过程中职工的典型事迹为原型，拍摄微电影《牵挂》，获得良好反响。

廉政建设。明确党风廉政建设5个责任主体的“责任清单”，每季度开展作风建设专项督查。制定了《加强作风建设监督检查办法》、《约谈党员干部管理办法》等一系列廉政制度，明确37类岗上违纪行为问责处分措施。处领导率先在湖北交通报发表《用“廉政黄黄”为鄂东高路发展护航》的署名文章。“尹少荣勤廉工作室”成为全省交通运输系统第一个勤廉工作室。管理处被评为全省交通运输系统3家落实廉政“两个责任”优秀单位之一，并就廉政主体责任落实情况作经验交流发言。（张远华）

武黄管理处平稳应对“五一”疏堵保畅工作

【武黄高速公路管理处】 武黄高速征收通行费(含计提费用)3.56亿元、杭瑞高速征收通行费1.38亿元；绿色通道开通率100%；路政查处案件622起，收回路产损失321.6万元，结案率、索赔率分别为99.2%和98.9%；武黄高速养护完成货币工作量1902万元、杭瑞高速养护完成货币工作量3531万元，公路技术状况评定均达到优；完成经营性收入534万元。

费收管理。2014年，武黄高速受汉鄂、咸黄等分流影响，车流量及通行费额下降明显；杭瑞高速自九江二桥建成通车后，路段客货比例结构发生变化，货车收入比重从88%下降至71%，给征费总额带来压力。管理处推行计划预测误差率考核，以责任倒逼机制带动增收创收，联合马鄂公司、江西昌九高速开展多种形式的服务营销活动，努力扩大增长费源。武黄高速顺利完成费收目标任务、杭瑞高速保持连续4年超额征收。费收标准化建设成效显著，管理处在全省高路系统“竞进杯”收费技能大比武中，4名职工挺进八强，斩获团体、个人两项桂冠，个人冠军获得全省五一劳动奖章；鄂东南管理所被授予全省首批标准化示范站。完成武黄高速6条、杭瑞高速24条ETC车道建设任务；视频会商系统、视频联网系统有效对接；实行机电代维标准化管理，推行窗口服务“电子稽查单”考核机制；收费内训师培训通过常规培训载体进一步推进标准化建设持续加强。

路政管理。2014年，管理处着重强化路面管控，组织拉网式安全隐患排查和徒步隧道隐患排查12次，重拳开展“打非治违”活动，组织联合执法30余次，清理桥涵640余处，清查210处非公路标志标牌，依法拆除违章建筑37处，对540处桥涵喷刷安全警示标语，发放各类宣传资料20余万份，管理处被评为“全省首批法治创建活动示范单位”。大力开展路警联合专项整治行动，依托跨省联动，全年查获逃费违规车辆1万余台，追缴通行费60多万元，稽查队在全省路警联动专项活动中被评为先进集体。管理处顺利承办湖北省高速公路隧道安全应急联动演练，演练采取现场模拟远程观摩形式，是一次跨省多部门联合应急保畅水平检阅。专门成立安全应急办公室，加强对应急工作统筹协调组织力度，完成历时两年的应急视频无线对讲平台，增设19处监控点，将警路“1+1”联合执法模式升级为“同

武黄路政开展法制宣传月活动

吃、同住、同出勤”三同模式，达到1+1>2的效果。完成清障施救服务监管课题研究，建立省际隧道应急保畅长效工作机制，高效处置多次重大节假日、突发应急事故的分流保畅任务，全年未发生严重道路堵塞现象，未发生因处置不当导致的次生事故及安全责任事故。推进路政“六基六化”建设，统一安装执法“六公开”公示栏，公开执法服务7项承诺，开展执法评议考核专项检查。推进路政执法技术资格达标，“大队长讲坛”、路政“三年轮训”等项目陆续登场。全面完成8个路政大队标准化建设，其中路政八大队获得交通运输部“行政执法评议考核优秀基层执法站所”称号。

养护管理。2014年完成武黄高速路基加固、路面铣刨、硬路肩病害修复等路面处置工程，完成杭瑞高速上官隧道、鸡口山隧道渗水病害维修工程，完成杭瑞水毁修复工程，对汀祖收费站进行扩建改造。加强涉路施工管控，沥青热再生、鄂州互通式立交等10余项大型涉路施工中，未发生道路堵塞现象，未引发次生事故。完成养护一站标准化试点改造，启动杭瑞应急养护中心基地建设，研究编制《养护施工指南》、《复合式路面及旧桥加固技术》等理论读本；完成武黄高速2公里、杭瑞高速20公里标准化示范路段建设。在养护“竞进杯”劳动竞赛中，2个集体、3名职工获得行业十佳荣誉。引进就地热再生技术进行路面沥青加铺试验，采用新型砂浆材料对武黄全线14座桥梁伸缩缝进行更换，运用植物纤维毯新技术对杭瑞路段边坡草皮进行防护加固，引进雷达检测车、弯沉检测车等设备对路况进行全面检测。

综合管理。鄂州服务区摆脱“老大难”帽子，在全省服务区交叉检查中排名大幅上升并保持稳定。2014年干部轮岗交流13人次。建立通山、武东、路政二大队实训点，实现理论培训与岗上操作“无缝对接”。按照星级服务区标准，督促经营单位对断板进行维修、完善污水排污系统、新增司乘休息室和母婴室等个性化服务，实行服务区管理办公室、基层党总支、服务区现场管理员三级监管机制，效果明显。关注一线服务基层，针对杭瑞段水质不达标问题安装净水设备；针对一线职工老龄化压力，实行人性化转岗措施。为全体职工购买团体意外伤害保险，提高路政、养护、驾驶等高风险岗位赔付额度。（张科）

【崔家营航电枢纽管理处】 2014年，船闸安全过闸率100%，通航船舶2000余艘，过闸吨位40多万吨，累计通航船舶2.7万艘、过闸总吨位490万吨。电站发电3.1亿度，取得含税发电收入1亿元，上缴税收1600万元。枢纽整体安全运行突破1900天，安全度过汛期，全年未发生重大及以上安全生产事故和人身伤亡事故，安全措施落实率100%。

安全管理。明确各部门、各岗位的安全责任，层层签订安全目标责任状，形成“横向到边、纵向到底、责任到人、不留死角”的安全生产保障体系；循序推进安全生产标准化工作，顺利完成安全生产标准化二级标准达标工作；加大安全培训力度，提高人员安全技能，全年受训人员150余人次；定期召开安全专题会议，提高安全管理的针对性和有效性；加强隐患排查治理，全年组织5次专项安全大检查和6次例行安全检查。实行安全生产自律机制，强调基层安全工作自查自纠。

生产管理。修改编制设备管理、检修管理、反事故措施等相关制度30多个，发布设备检修规程和运行规程；加强对设备消缺质量、及时性监督管理工作，对消缺质量严格把关，全年发现一般缺陷333项，消缺325项，消缺率97.6%。履行质量验收制度，规范验收工作，完成枢纽投运以来第一台机组B级检修工作以及5台机组C级检修。对照国家标准及行业标准，加强技术监督基础管理，成立技术监督领导小组，明确专业分工，完善技术监督网络和技术监督管理制度，聘请专业电力试验研究院进行技术咨询，发布各专业技术监督实施细则，制定详细的技术监督年度计划。完成浮式拦污栅的修复、排污叠梁门的制造，新增1台2×80千牛清污机，完善电站栅前清污体系。110千伏接入系统庞崔线成功送电，大大提高了电站上网线路的可靠性。同步超差科技项目顺利通过省交通运输厅验收并进入推广阶段，为水库调度自动化提供了坚实的技术保障。

综合管理。完成定岗定员分析，经省交通运输厅批准对机构设置进行调整；修改完善奖励绩效工资考核实施细则。全年完成62期内部培训和47次外部培训，严格项目立项审查关，

2014年11月28日，船闸设备定期维护现场

严把项目招标关，全年组织公开招标9次、询价采购55次、竞争性谈判25次，签订经济合同(协议)183份、廉政合同30份、安全协议21份。聘请高校专业教授和软件开发公司进行信息化基础知识和MIS系统培训。投入200多万元实施左岸生态治理工程，种植防风固沙速生泡桐、马甲子等苗木5.7万株，达到沙地治理、水土保持等综合效应。

党群建设。制定党员干部作风建设行为准则，编印工作作风及廉政建设学习手册，以口袋书的形式将相关作风建设规定进行汇编，便于干部职工在日常工作、生活中遵照执行。对党风廉政建设责任进行分解，将任务落实到党员领导干部和重要岗位职工，深入贯彻落实党委主体责任、纪检监督责任和各部门“一岗双责”制，强化对工程建设、物资采购等重点领域和重要环节监督检查，不断提高干部职工廉政意识。（薛若枕）

2014年10月16日，江汉运河首艘满载千吨级货船顺利过闸

【江汉运河航道管理处】 2014年4月3日，省编办批复设立省江汉运河航道管理处(以下简称管理处)，明确为省交通运输厅直属公益一类正处级事业单位，核定60名事业编制，配置一正三副的领导职数。主要负责江汉运河通航管理工作，承担运河、船闸及航道安全、运行监测、船舶调度和污染防治工作。管理处机关设办公室、组织人事科(纪检监察科)、运行管理科、维护维修科、安全管理科5个科室，下设航道管理养护中心、龙洲垸船闸管理所、高石碑船闸管理所。

江汉运河航道，建设期名为引江济汉通航工程，是经国家发改委、交通运输部批准，由省政府投资、交通运输部补助，按照全国高等级航道网总体规划，利用南水北调中线引江济汉工程引水渠道同步实施的通航设施建设，是沟通长江和汉江航运，促进地方经济社会发展的重大水运建设项目。进口位于长江中游荆州市龙洲垸，途经荆门市沙洋县，在潜江市高石碑镇汇入汉江，全长67.22公里。主要通航设施为千吨级船闸2座，即长江进口处的龙洲垸船闸、汉江出口处的高石碑船闸，纪南、后港、邓洲3处回旋水域。江汉运河航道2009年11月22日开工建设，2013年底总体完工，2014年9月26日正式通航。航道技术标准为限制性Ⅲ级航道。航道水深3.2米，底宽60米，弯曲半径480米；龙洲垸、高石碑船闸闸室有效尺度：长180米、宽23米、门槛水深3.5米；船闸设计年通过能力为：龙洲垸970万吨，高石碑730万吨；设计代表船型为1000吨级货船和一顶二单排双列1000吨级船队，船队设计尺度：长160米、宽10.8米、吃水2.0米。过河交叉建筑物净空尺度标准：净高不低于8.5米，净宽不低于60米。

江汉运河作为新中国第一条运河，科学利用水资源，致力于发展现代航运，在保证引江济汉调水的情况下，满足航运要求，沟通长江和汉江航运，形成一条新的长江中游和汉江中游间的千吨级航道，不仅缩短船舶绕道武汉的水运里程680公里，而且圆满形成一条环绕江汉平原、内连武汉城市圈的810公里千吨级高等级航道圈。

2014年，管理处以加快江汉运河通航运行为目标，坚持一手抓机构筹备、一手抓通航准备，强化责任，克难攻坚，竞进提质，实现全线通航运行。按照《事业单位人事管理条例》规定，结合事业单位分类改革要求，按照有利于运行管理工作需要、有利于人才成长原则，依法依规有序开展2次招聘工作，引进40名工作人员组成管理处骨干力量。在全线工程总体完工的基础上，以进出口航道水下开挖、船闸运行调试、船闸管理用房建设、现场设施建设为重点，实行领导包片责任制，现场办公、强化督查、解决问题。管理、技术人员如期入驻，实现由工程建设向通航运行平稳过渡。研究确定江汉运河航道管理基本规章制度目录，涵盖综合管理、财务管理、组织人事、运行管理、维护维修、船闸管理、航道管理养护、党风廉政建设八个方面；制定《管理处工作规则》、《劳动管理办法(试行)》以及通航运行等方面制度，适应运行、管理需要。

为充分发挥江汉运河综合效益，积极通过媒体宣传和行业推介，广泛增进社会各界对江汉运河的认识、了解，以聚集船舶运力和货源，拉动水运经济增长，促进社会各界用活、用好江汉运河。2014年11月26日，在荆州举行江汉运河通航推介会，邀请中央、省、市12家媒体密集宣传推介，邀请沿线港航海事部门和水运企业负责人共商航道事业发展。启动全线航道巡检，登记通航跨河建筑物及设施。针对影响船舶通行问题，及时与地方相关部门沟通，及时整改，确保船舶安全、顺利通航。积极与长江、汉江相关海事、航道管理部门沟通协调，保证长江进口、汉江出口航道畅通。参与荆门市后港码头等项目通航安全论证、岸线合理性论证以及工可审查，为地方建设服好务。（叶斌）

【联网收费中心】 2014年3月，湖北省高速公路联网收费中心正式挂牌运行，7月21日，省编办以鄂编办事改文〔2014〕35号文件明确联网收费中心为省交通运输厅直属公益一类事业单位。主要承担全省高速公路联网收费的实施，通行费的归集、清分与结算，公众服务热线的受理，收费信息系统的维护管理等4项主要职责。截至2014年底，全省联网收费高速公路通车里程4836公里，共有48个联网经营管理单位(其中政府还贷单位18个、经营性及其他单位30个)、285个收费站。

联网收费业务。及时、精准地做好通行费的归集、清分与结算工作。2014年归集通行费收入145.62亿元，其中普通公路建设专项基金计提12.64亿元、联网单位通行费收入132.98亿元。核对全省路网通行费收入131.21万笔，完成通行费收益对账明细表537张。清分、划拨联网单位通行费收益4116笔。上缴联网维管费3982万元。着力加强路网监控，提升联网稽查能力，抽查录像444小时、抽查车辆33.6万台次。路网下发黑名单1008起、处理509起、追缴金额35.12万元。全年通行绿色通道车辆470万辆、免征金额15.24亿元，全年重大节假日期间通行7座以下小型客车1294.35万辆、免费金额约7.12亿元。调整通行费汇缴专户结构，通过公开招标，明确工行为湖北省高速公路联网收费统一经办银行。按照财税体制改革新要求，政府还贷高速公路通行费收入全额直缴国库，规范集中汇缴流程。成功争取交通运输部路网中心批复湖北省高速公路联网收费中心为全国高速公路路网监测新技术应用试点单位，二代卡规模性应用测试在全省路网启动。建立数据清分多人交叉核准机制和当日清分制度，不断提升数据清分的准确性、及时性。

2014年3月11日，尤习贵厅长、张云、谢强副厅长为省高速公路联网收费中心揭牌

ETC推广运用。全省联网高速公路建成ETC车道420条。2014年发行电子标签15820台(累计71191台)、发行储值卡16527张(累计86210张)、预存通行费3.86亿元。电子支付日均通行车辆1.9万辆次、日均收入100.6万元。通过公开招投标，明确工行、农行和建行为湖北高速电子收费专项银行。充分利用银行网点资源加快ETC推广运用，顺利实现ETC年度目标任务超额完成。积极开展系统关键设备适应性测试，增加供应商，加大产品市场竞争压力，实现成本降低、性能提升的良好效果。设计推出湖北省电子支付ETC形象logo(标识)及ETC客服网点外观形象，更新全省高速公路站口费显软件。

联网技术保障。2014年处理主干网光缆抢修22次，开展干网设备通讯保养、机房巡检与维护12次。中心机房设备完好率100%，故障修复及时率100%。按照“机房托管、设备租赁”模式，启动联网数据中心建设。编制下发《湖北省高速公路联网收费并网须知》，按时完成宜巴、黄鄂、保宜等新开路段并网检测工作，确保全省高速顺利联网运营。对十白、汉鄂、宜巴、鄂黄等新开通联网路段配置收费、语音等业务通道，对鄂西、顺达、大广南、汉鄂、咸通、黄黄等路段自动发卡车道进行专项检测，路网服务属性不断凸显。编制《联网收费主干网通信系统维护要求》、《联网收费中心收费软件维护要求》、《联网收费中心机房维护要求》等系列制度，规范全省高速公路PSAM卡管理与申领流程，建立路段机电故障定期通报机制，开展商用密码自查，全网系统维护质量不断提升。

公共出行服务。2014年受理客户来电31.68万件，日均867件，单日最高话务量3380件，重大节假日受理来电12.18万件。投诉处理率100%、回复率100%、客户满意率达98%以上。利用原96576号码设立“通衢卡”客服专线，研发应用“湖北高速ETC”微信公众服务平台，增加话务平台短信回复功能，通过门户网站、微信、短信平台、电子情报板、楚天交通电台、新浪微博等向社会发布高路出行信息19.02万条(日均多向发布521条)，同比增长1.8%。

廉政建设。申请设立专职纪检专员岗位，签订双目标责任书，筑牢廉政建设制度保障。率先采取市场化、社会化租赁方式解决公务用车，进一步加强用车等级和派车管理，从根源上杜绝公车自驾、公车私用等问题。组织观看廉政教育片、参观反腐倡廉警示教育基地，举办党员理论专题学习6次，党员干部参加学习面100%。开展“青年文明号”创建、班组细胞工程建设等载体活动，增强队伍凝聚力。联网收费中心荣获2013～2014年度全省交通运输行业(杰出)青年文明号称号。（李雪弢）

综合交通和水陆运输

【综合交通】 积极谋划湖北综合交通体制改革新思路。交通运输部正式发文将湖北省作为全国综合交通大部门制改革试点。省交通运输厅《加快湖北通用航空发展专题调研报告》获全省优秀调研成果三等奖。积极推动湖北综合交通体制不断形成新突破。积极推动相关市州综合交通规划编制，武汉、襄阳、黄石、黄冈等市交通主管部门先后组织完成了综合交通规划编制。组织承办全省综合交通研讨会。积极探索综合交通多部门合作新途径。继2013年组织与省邮政局、省邮政公司签订三方战略合作框架协议后，2014年又与武汉铁路局、民航湖北安全监督管理局、湖北机场集团公司和湖北广播电视台等单位联合成立湖北首个综合交通公共信息联盟，制定落实战略合作协议的具体工作方案，形成突发事件和重大事件及时发布，其他信息每日综合发布的常态化信息共享机制，在综合交通信息融合方面进行新探索。不断完善综合交通部门协调交流新平台，协调综合交通各部门每季度召开一次工作层面交流研讨会，每月编制一期综合交通建设信息简报。

（徐文学）

【全省道路水路运输】 统筹推进综合运输体系建设。以武汉、襄阳、宜昌三个中心城市为载体推进，采取“厅市共建”方式，共同制定综合运输体系“总体推进方案”，发挥地方政府在综合协调、规划衔接、资金投入、建设用地、资源保护、产业布局等方面的支持作用。围绕减少换乘时间目标构建综合客运网络，以道路运输为主体的城乡一体化运输网络初步形成，城市公交进一步拓展，呈现省内更加紧密的0.5～1小时交通联系，至长三角、珠三角、环渤海、成渝等经济区3～5小时快速客运交通圈，“同城化”和异地通勤趋于成为常态。围绕提升货运效率目标构建多式联运干线运输通道，泸州—武汉—台湾集装箱快班、武汉至东盟试验性航线、武汉至上海洋山江海直达班轮运输、川江载货汽车滚装运输、武汉至沪渝地区商品汽车滚装运输等水运重点航线共推长江物流大通道建设，年运送商品汽车27万辆、载货汽车近33万辆/货物1600万吨。“汉新欧”铁路国际集装箱班列实现常态化开行，中东部六省货物集中至武汉始发。湖北、广西两地携手打造的陆路“东盟物流直通车”开通，48小时直达河内，货源充足，前景良好。

重点突出运输信息服务一体化衔接。联合铁路、民航、广播电视台等单位建立综合交通信息传输和发布机制。12328交通运输管理监督电话全面开通响应。武汉城市圈“公交一卡通”发行量1300万张，覆盖6个城市，功能拓展到公共交通、供电供水、泊车及机场高速等15个领域。武汉、襄阳、黄冈、十堰出租车公共信息平台出行导引作用增强。物流信息化领头羊广东林安集团、浙江传化集团落户湖北。宜昌爱奔“公路港”深度整合车源、货源等信息，提升车、货信息对接交易效率。武汉大道物流公司搭建多功能物流平台，实现货物流、资金流、信息流有机结合与高效运转，年代收款项达到40亿元，每年为客户节约费用5000万元以上。武汉汇通物流网络有限公司每天货运信息量达10000多条，用户2000余家。

加快推进运输行业协调发展。积极推进农村客运发展工作，印发《农村客运发展规划编制管理办法和编制指南》、《关于规范农村客运通行条件和车辆运行管理的通知》等基础性文件。总结秭归县农村客运工作发展经验。组织开展全省出租车行业治理“黑车”专项行动，进一步优化全省出租汽车行业发展环境。总结推广襄阳“零挂靠、零承包、零班费、零份子钱”出租车考核制员工管理模式，并在省政府办公厅《决策调研》上印发推广。促进道路客运转型发展，采取农村客运班线公交化改造、城市公交车辆向下延伸、城市公交与农村客运融合发展三种发展模式，按照“大客量客车、多站点运行、高密度发班、限速保安全”的思路，对全省40条道路客运班线实行公交化改造。宜昌首条城际公交线路开通三日就发班172班次、运送4400余人次，较原班线客流增长200%以上。两家城际约租客运试点企业投入约租客运车100辆，建成服务网点6个，完成业务订单近2000笔，为商务人群及高端客户提供新的出行选择。铁路、东航、机场集团联合推出“空铁通”、“空巴通”联运产品，日均发班28次(6台车，28座)，实现公路、航空与铁路优势互补，乘客到达机场或火车站后，可直接乘坐机场大巴换乘火车或飞机，为旅客出行带来便利。推进公交优先发展，交通运输部批复《武汉国家“公交都市”试点城市建设实施方案》，“武汉通”延伸到孝感、仙桃、大冶、安陆等多个城市，并被纳入省发改委武汉城市圈交通示范项目。2014年，武汉市首批微循环公交车正式上线运营，针对大型社区、学校、工业园等布设公交微循环线路，着力解决群众出行“最后一公里”难题。全面推进水运发展，2014年水路货运量完成2.98亿吨、周转量2316亿吨公里，同比分别增长22%、29%。全省港口吞吐量完成2.9亿吨，同比增长10%。港口集装箱吞吐量完成125.7万标准箱，同比增长16.8%，持续保持强劲增长势头。滚装汽车58.11万辆，同比增长3.4%。船舶运力达763.3万载重吨。积极促进长江港口资源整合，配合出台《武汉长江中游航运中心总体规划纲要》，大力支持武汉航运交易所建设，强化对全省水运经济运行情况的监测和分析，开展湖北水运成本和运价机制研究，引导水运企业快速健康发展。制定《湖北省交通运输服务监督电话“12328”建设实施方案》，建设覆盖所有地市级以上城市的交通运输服务监督电话系统，开通全省12328交通运输服务监督电话，联合省交通运输厅信息中心对各市州12328电话联通响应情况进行监督。印发《关于印发全省交通运输系统“廉政阳光服务”建设工作实施方案的通知》，以阳光公开为纽带，将廉政建设贯穿于交通运输服务之中，把运输服务规范在廉政建设之内，以实现全省交通运输服务能力的提升。制定下发《省交通运输厅进一步加强公路超限超载治理工作的推进方案》，继续强化三个片区联动治超行动，建立超限运输“黑名单”制度，在宜昌、黄冈两地开展源头治超试点工作。 （张欢　彭刚）

【节假日运输】　春运40天。2014年1月16日至2月24日，全省铁、水、公、空累计发送旅客1.04亿人次，同比上升4.08%，首次突破1亿人次大关。其中，铁路发送1917.8万人次，同比上升13%；水路发送58.5万人次，同比下降3%；道路发送旅客8287.1万人次，同比上升1.84%；民航发送旅客135.5万人次，同比上升25.97%。2月6日至9日连续4天，铁、水、公、空日均旅客发送量均在300万人以上，最高达到318.4万人，超历年春运单日发送旅客最高纪录。

全省各交通运输部门提前制定详细的运输方案，道路运输部门日均投入运力4.35万辆，落实道路应急车辆2000台。水路运输部门日均投入运力474艘23248客位，其中长江干线投入运力40艘0.8万客位。民航全力保障进出港航班正常，日均进出港航班554班次，机场集团指挥中心通过缩小廊桥机位航班停放间隔、增加机位每日分配频次等方法，提高航班靠桥率，提升机场整体运行效率。铁路部门开行临客2362列，加挂车辆725辆次，高铁、动车担当了60%的运能。省客集团投入1014台车，储备运力71台，保证与火车站对接的客运站中转旅客及时疏运。春运期间，全省安全形势总体平稳，没有出现旅客滞留、积压和公路大面积拥堵现象，没有发生重大服务质量投诉事件。

“十一”黄金周。10月1日至7日，全省道路、水路运送旅客1524.34万人次，同比上升1%。其中，道路运输1488.95万人次、水路运输35.39万人次。全省道路运输日均投入运力约为4.1万台，其中旅游客车3330台。水路运输日均投入客船276艘2.38万客位。“十一”黄金周期间，全省道路、水路运输没有出现旅客滞留、积压现象，没有发生重大服务质量投诉事件，实现了安全、优质、有序的总体目标。

（彭刚）

【交通运输节能减排】　加强节能减排顶层设计。编制发布《湖北省公路水路交通基础设施节能减排技术指南》、《武汉城市圈低碳交通运输建设行动纲要》、《鄂西生态文化旅游圈绿色低碳交通运输建设行动纲要》。纲要覆盖全省，将绿色低碳交通运输建设任务具体落实到行业、部门、企业和项目。代省政府办公厅起草并发布《省人民政府办公厅转发省交通运输厅关于加快推进全省交通运输绿色循环低碳发展指导意见的通知》，该意见结合湖北省自身实际，进一步提出交通运输全领域、全过程绿色循环低碳发展理念，将生态文明建设融入交通运输发展的各方面和全过程，进一步强化了府对绿色循环低碳发展的支持和引导，进一步突出试点示范推进机制。

优化水路运输结构实现节能减排。全省长江水系船型标准化工作全面推开，已完成两批船型标准化补贴资金申报工作，涉及拆改及新建船舶596艘（拆解132艘、改造456艘、新建8艘），补贴资金2.55亿元，其中中央资金2.34亿元，地方政府配套资金2000万元。2014年公布全省船型标准化第5批、第6批定点船厂，定点拆解船舶修造厂达44家，新建示范船定点船厂18家。抓住交通运输部更新沿海、远洋老旧船舶拆解政策机遇，初次为企业争取到拆解补贴，黄石恒风海运公司申报拆解海船2艘2.3万总吨，享受国家补贴1436万元。截至2014年底，全省核准拆改船舶1409艘100万总吨，全省千吨级船舶1693艘572万载重吨、货船平均吨位超过1650载重吨，进一步优化全省水路运输结构。已有110家航运企业运力规模超过万吨，占全省总运力60%以上。全国首艘新建内河LNG集散两用船“海川3号”在武汉下水，丹江水库“兴通货1号、2号”启动实施LNG改造。

优化道路运输结构实现节能减排。以存量改造、整合资源为主，2014年全省共有30条道路客运班线实行公交化改造，方便群众出行，改变过去个体车辆空驶率高、沿街兜圈、盲目竞争等现象。根据全省地理环境实际情况，选定红安县、恩施市、江陵县、仙桃市、宜都市、老河口市和秭归县7县市开展农村客运发展试点示范。城际约租车试点工作在武汉城市圈扎实起步，两家试点企业建成服务网点6个，约租业务逐步展开。稳妥推进长途客运接驳运输试点工作，确定试点企业3家、试点班线31条、车辆64辆、建成接驳点18个。大力发展甩挂运输、快件、零担班车、集装箱多式联运运输。武汉乐道、襄阳东风合运成为交通运输部第三批甩挂试点，截至2014年底，全省共有7家甩挂运输项目纳入国家试点。

支持武汉、十堰、荆门试点城市建设。指导武汉市组织相关企事业单位按要求编制项目资金申报材料，在认真审核、实地核查及组织专家对各单位申请项目完成情况进行评审基础上，编制《武汉市绿色循环低碳交通城市区域性项目首次资金拨付方案》，方案包含企事业单位的11个项目，总投资额为9亿元，节能量486吨标准煤、替代标准油2.36万吨的社会效益。

高速公路ETC建设。将ETC系统设置情况作为项目审查、项目交（竣）工验收内容之一，并作为高速公路联网收费并网检测的控制标准。截至2014年底，全省高速公路建成ETC约417条，ETC用户约20万个。使用ETC通行，收费站前后300米有效区域内，单车油耗降低约50%，一氧化碳、二氧化碳含量分别减少约71%和48%。

加快全省液化天然气车辆应用。2014年8月8日，省交通运输厅在武汉组织召开湖北省液化天然气车辆应用推进会，各市州交通运输局（委）、省运管局、70余家客货运输企业、省内LNG生产企业、7家LNG车辆生产和设备厂家的代表参加会议。全省2家低碳交通推广基地——湖北新捷天然气公司、湖北华商环保科技有限公司，以及部分LNG车辆用户代表、生

产厂家代表分别作交流发言。（彭刚）

【全省道路运输业发展】 2014年，省委省政府对农村客运重视力度进一步加大，李鸿忠书记、许克振副省长等领导先后深入农村调研部署农村交通运输工作。10月9日，省委省政府召开专题会议听取农村客运情况汇报，深入研究部署农村客运发展工作，并把农村客运工作确定为下一轮“三万”活动主题，作为全省继续深化群众路线教育实践活动的一项重要活动来认真部署。省政府召开全省农村客运发展试点工作动员会，省交通运输厅成立推进农村客运发展领导小组，确定19项重点工作。为加快推进农村客运村村通、一体化、公交化，早日“实现全省城乡客运一体化、行政村交通公交化”，确立红安县、恩施市、宜都市、仙桃市、江陵县、老河口市、秭归县7个试点示范县市，将7个试点示范县市“村村通客车”工作作为厅领导联系点。

各地层层成立推进农村客运发展领导小组，制定实施方案、分解目标，制定具体落实措施；倒排工期，分片包干明确工作重点难点；因地制宜、不拘一格加快农村客运发展。仙桃市政府召开“农村客运村村通”工作推进会，坚持市场化、公交化、规范化的运行模式高标准快速推进，保证年底实现100%行政村通客车。秭归在山区农村客运发展上探索出一条“政府引导、公司经营、属地管理”的山区农村客运新模式，采取灵活发班、定时发班、电话约租、自愿协商客满发班等方式，满足不同居住区域的群众出行需求。荆州市对从荆州城区开往周边乡镇的5条客运班线进行公交化改造，实行公车公营，车辆全部更新为新能源公交车型。黄冈市对从黄州区至周边乡镇的干线线路以及部分乡镇至乡镇的支线线路进行公交化改造，实行公车公营并全部投入新能源公交车型。

制定《湖北省开展长途客运接驳运输试点工作实施方案》，按照“试点先行、安全第一、积极稳妥”的原则，通过专家综合评审确定3家接驳运输试点企业，并督促企业制定上报接驳运输组织方案。企业共上报接驳线路151条，通过采取抽取试点企业申报的长途班线进行考察或委托辖区运管处对试点企业申报长途接驳线路进行考察的方式，逐条验收确定试点线路31条、车辆57辆、建设接驳点18个、发放接驳证51张。

在全省包车客运标志牌发放系统的基础上，积极落实“深化改革年”简政放权、方便群众工作的要求，开发应用“湖北省道路客运网上办事系统”，将客运许可程序电子化，进一步规范许可程序、提高行政效率、规范管理行为、提升服务水平。系统于2014年11月1日在全省上线运行，所有许可资料实现电子存档，所有流程一目了然。

由湖北公路客运(集团)有限公司牵头，宜昌交运集团及江西、湖南、河南等16家企业联合组建的华中道路客运小件快运联盟在武汉成立。联盟推行门到站、站到门的“客运快件网络化发展”之路，成为道路客运业服务模式的“二次创业”。联盟加盟企业实行“五统一”网络化运作(统一服务价格、统一服务标志、统一服务规程、统一服务标准、统一操作平台)；共享班线网络资源、企业服务资源、信息资源，实现运营成本最优化。联盟与湖北省邮政速递物流公司初步达成联盟合作意向。

湖北省道路客运联网售票系统项目是湖北省“十二五”交通运输信息化重点建设项目，被交通运输部列为国家重点支持建设的省域道路客运联网售票系统建设项目之一。经过湖北省政府采购中心组织招标，确定中交水运规划设计院有限公司、深圳南凌科技发展有限公司、湖北信安信息系统管理技术有限公司分别为项目的设计、建设、监理单位，确定湖北公路客运(集团)有限公司武昌站务分公司、襄阳汽车客运中心站、宜昌汽车客运中心站、荆州先行长途客运站、汉川市汽车客运中心站等5家客运站为试点客运站，参与系统建设及应用试点。2014年底系统实现试运行。（林志荣）

【班线运输】 2014年，省运管局制定和发布《可供申请的省际市际道路客运班线公告》、《省际市际道路客运班线经营权综合评审公告》、《客运班线经营权综合评审须知》。完成107条新增班线的综合评审工作，许可省际班线71条、市际班线36条。

为全面掌握全省近三年来新增客运班线真实运营情况，加强道路客运班线许可后续监管，规范道路客运经营行为，2014年从7月15日起至9月30日止，在全省开展近三年新增道路客运班线客运清理整治工作。对2010年以来新增的262条客运班线、357辆客车进行清理，有58条线路未办理相关手续。通过整治，实现“三个规范”，即许可程序更加规范、线路运营更加规范、基础管理更加规范。

对于整改后仍有5种情形的，省运管局收回道路运输经营许可证件：一是新增市际道路客运班线在规定时间(许可后180天)未投入运行的，或投入运行后连续180天停运的；二是新增省际客运班线投入运营后，无正当理由连续180天停运的；三是客运班线未实行公车公营的，投入车辆产权、经营权不属于公司的；四是不按核定许可事项经营，违规次数连续达10次以上的；五是该经营线路所在公司非法上访阻止许可机关许可其他线路，严重影响许可机关办公秩序的。整治期间，省运管局机关组织开展“客运班线体验行”活动，在2010年以来新许可的省际、市际班线中抽取部分线路实地乘坐体验。（林志荣）

【旅游客运】 2014年，全省具备省际包车资质企业228家、市际包车资质企业42家，营运车辆2415辆，另在全省各县市区均有依托现有班线客运从事包车客运车辆9233辆。旅游客运运力已能满足市场需求。

省运管局借经营许可证到期年审换证之机，对全省旅游客运行业进行全面清查，按照《道路旅客运输及客运站管理规定》等法律法规，对达不到资质条件的旅游客运企业经营资质降级或注销，对不符合规定的车辆予以注销，逐步理顺全省道路旅游客运市场。引导规模小、实力弱的旅游客运企业逐步整合，转变道路旅游客运行业“散、小、弱”现状，促进企业集约化、规模化良性发展。推动旅游企业之间建立旅游客运联盟，通过达成行业共识，形成企业自我约束机制以及包车指导价格，让旅游包车客运从拼价格向拼服务转变，使企业间形成有序竞争机制。

宜昌市开通城区至三峡大坝、三峡竹海、清江画廊、车溪、三峡人家等景区旅游直通车，运行情况良好。武汉市联合处监管办和相关区运管所以及旅游管理部门加大对通勤车非法营运的打击力度，进一步保障旅游客运市场秩序。（林志荣）

【城市公交运营】 积极推进公交行业改革，推介大冶、赤壁、利川等县级城市推进公交改革，创新管理典型经验，加快县域公交改革与发展步伐。2014年，罗田、来凤等公交公司废除实行多年的挂靠经营模式，全面推行公车公营，公交服务质量明显提高。

积极争取省财政设立2000万元的城市公共交通发展以奖代补资金，主要用于国家公交都市、省级公交示范城市、公交智能调度系统建设。争取各级政府加大对城市公交补贴补偿力度。据不完全统计，全省城市公交补贴补偿达到13亿元。荆州市明确“中心城区公共交通发展专项资金分别按照市级地方公共财政预算收入的1%、区级地方公共财政预算收入的0.5%筹集”的发展政策。保康县实行政府购车、运营亏损政府兜底的公交发展模式，有力地促进了城市公交发展。

组织完成荆门、咸宁、孝感、随州、襄阳市公交规划编制工作，全省除仙桃和宜昌外，市州一级基本完成规划编制工作。组织召开孝感城市公交工作会暨公交一卡通推广应用现场观摩会，武汉、十堰等地实现乘公交手机刷卡，宜昌市公交卡与旅游IC卡互联互通，“武汉通”延伸到孝感、仙桃、大冶、安陆、应城等多个城市，并被纳入城市圈交通示范项目。武汉公交都市创建继续加力，新设35公里公交专用道，实现“零”的突破；雄楚大道BRT建设顺利进行，2015年底确保通车；着力解决市民“最后一公里”出行问题，已开通48条微循环线路，解决了63个社区近50万市民出行需求。鄂州市按照“政府主导，分步实施”的原则，经多方努力连续开通10条城乡公交线路，实现主城区20公里范围内公交全覆盖。黄冈市完成城郊乡镇公交化改造。十堰市公交集团破解跨区域行政壁垒、城市公交与长途客运竞争矛盾，成功开通十武及镇村公交等线路。推动武汉市东西湖区通过政府买单，实现普惠式公交服务，全面终止农村二级线路营运，成为武汉首个实现公交城乡全覆盖的新城区。黄陂、新洲等新城区借鉴“东西湖模式”，黄陂2家客运公司改制为公交公司。县级公交规划编制工作启动，利川、长阳、麻城等6个县市公交规划通过评审。

借鉴交通运输部抓公交都市创建经验，推进省级公交示范城市创建。下发《关于开展湖北省公交示范城市创建工作的通知》，制定《湖北省公交示范城市评审规则》，细化量化评分标准制，全省有荆州、宜昌、襄阳、十堰、黄石、鄂州6个一类城市，赤壁、仙桃、恩施、潜江、远安、大冶、安陆等8个二类城市申报省级公交示范城市创建方案。经专家评审后，确定荆州、襄阳、宜昌、十堰4个一类城市，赤壁、仙桃、恩施3个二类城市作为省级公交示范试点城市。

进一步规范行业管理，提升从业人员素质。为适应新上线的燃油申报系统，组织全省各级管理部门相关人员进行新系统操作培训，进一步规范燃油价格补助申报工作。组织全省11个城市公交企业20位年轻干部，分别到武汉公交集团、宜昌公交集团、襄阳公交、荆州公交、十堰公交集团和仙桃公交参加挂职锻炼交流活动，有力促进了全省公交企业之间的交流合作，互学互补。印发《城市公共交通从业人员培训教材》，组织开展以“规范行车秩序，提高服务质量”为主要内容的职业教育培训，提高公交服务水平。

启动“文明公交你我同行”活动，同步制定《乘车公约》。武汉市倡导“1公里步行，3公里骑自行车，5公里乘坐公共交通”的绿色出行理念，在全市8个公交站点组织开展活动，现场发放“文明乘车公约”和“乘车规则”宣传单。2014年9月16日至22日在公交出行宣传周中，全省开展“优选公交、绿色出行”主题活动。（熊倩倩）

【城市轨道交通运营】 武汉市经营轨道交通企业为武汉市地铁集团。截至2014年底，武汉市已建成轨道交通1号线、2号线一期和4号线，武汉轨道交通通达三镇，“工字型”轨道交通骨干网络初步形成。其中轨道交通1号线西起东吴大道，东至汉口北，全长34.702公里，设车站29座，一期工程于2004年7月28日开通，二期工程于2010年7月29日开通，三期工程于2014年5月28日开通。2号线一期工程自汉口金银潭至武昌光谷广场，全长27.73公里，设车站21座，2012年12月28日开通试运营。4号线自武昌武汉火车站至汉阳黄金口站，全长32.906公里，设车站28座，一期工程于2013年12月28日开通，二期工程于2014年12月28日开通试运营。轨道线网里程95.338公里，2014年总运营里程达到1089.91万公里；运送乘客3.56亿人次，日均客运量97.24万人次，日最高客运量155.68万人次。轨道交通列车运行图兑现率和列车准点率均达99.9%以上，通风空调、直饮水机等主要服务设施设备完好率始终保持在98%以上，有效乘客投诉回复率100%，全年未发生重大安全事故及安全责任事故。

武汉市在建8条轨道线路，分别为轨道交通3号线一期、6号线一期、7号线一期和8号线一期、机场线、阳逻线(21号线)、纸坊线(27号线)、2号线南延线工程，建设里程198公里。按照武汉市城市快速轨道交通规划，至2017年，武汉市将陆续建成轨道交通3号线一期、6号线一期、7号线一期、8号线一期等轨道交通项目，建成总长达215.3公里轨道交通线路，基本形成覆盖武汉三镇轨道交通网络。远景年，武汉轨道交通线网预计将达1045公里，承担55%以上的公共交通客运量。

轨道交通技术特点与创新。武汉市地质条件复杂，山体、湖泊多，轨道交通施工有难度大、安全风险系数高的特点。为降低工程风险，武汉地铁集团在建设过程中针对多个领域开展专题技术研究，并在2014年取得多项创新性科研成果，包括越江区间隧道盾构突涌险情处理技术，越江区间盾构掘进及超深风井施工技术，钟家村站前后区间隧道交叉、重叠穿越技术，王家湾站跨度结构及大空间艺术营造技术，逐段联调联试技术，为地铁施工提供了新的设计思路及技术保障。

为响应国家绿色环保、节能减排的号召，武汉市地铁积极尝试有利于能源资源节约和生态环境保护的新产品、新技术、新模式，在地铁系统中坚持资源再生、能源可持续利用理念，努力探索节能减排、降低生产成本之路，在多个站点设计安装光伏发电系统，分别为1号线额头湾站光伏并网发电项目、2号线常青花园站光伏并网发电项目和4号线铁机路线网中心光伏发电项目。1号线额头湾光伏并网发电项目和4号线铁机路线网中心光伏发电项目已投入运行。（刘元林）

【客运出租车运输】 推进行业研究。代拟《省人民政府办公厅关于促进我省出租汽车行业健康发展的指导意见》，倡导经营权实行无偿使用、改革有偿使用评审办法的意见。参与交通运输部组织的关于改进提升出租汽车管理课题研究，联合河南省运管局深入洛阳、南阳、襄阳、十堰等地开展专题调研；组成工作专班到武汉、襄阳、十堰、黄石、恩施等地市出租车企业和管理部门就“双创”活动标准修改问题进行调研，修改制定新版《湖北省客运出租汽车行业双创活动实施办法》；组织工作专班赴苏州、上海调研城市约租车发展情况，重点研究应对新形势下“专车”服务冲击出租车市场问题，初步形成推动湖北省约租车发展的意见和建议。总结推广襄阳公交集团出租车公司“零挂靠、零承包、零份子钱”的经验，襄阳“公司化经营、员工制管理、工资式福利待遇、智能化监控”的公车公营新模式。推动武汉市政府下发《关于改革全市客运出租汽车运营管理体制的意见》，武汉市率先在全省取消有偿出让金，通过合理调整运价、科学增加运力、支持新城区发展区域出租车、探索发展城市约租车、实行“底线”管理、建立行业“黑名单”等措施，进一步缓解武汉市民“打的难”。

2014年，全省有宜昌、仙桃等12个城市批准新增运力1713个，缓解群众“打的难”，加快出租汽车发展步伐。全面深化出租汽车质量信誉考核，重点强化考核结果的运用，奖优罚劣，积极探索考核结果与新增运力分配挂钩的新办法。2014年，全省经复核后确定出租汽车服务质量信誉考核AAA级企业30家。十堰、黄石两市细化服务质量考核，强化考核结果的运用，规范企业管理，实现运力在企业间的动态调整。恩施市把考核结果与公司出租车经营数量捆绑挂钩，作为分配或调整出租车经营权指标的重要依据。全省开展为期5个月的集中治理“黑车”非法营运专项行动。省运管局组织专班深入全省14个市州、30余个县市开展专项行动督办，下发专项治理工作简报15期，专项活动受到省市媒体专项报道300余次。全省在专项行动中开展多部门联合行动近千次，出动执法车辆万余台，查处黑车7800余辆，对违规经营者进行再教育8000人次，保障了广大出租车司机和乘客的合法权益。针对“专车”服务冲击出租汽车客运市场、出租汽车司机要求减免“份子钱”、部分城市降低或取消出租汽车燃油附加费、“黑车”运营势头上升等新情况，省运管局出租办到武汉、襄阳、荆门等地管理部门和企业调研行业发展情况，重点针对当前出租汽车行业稳定工作进行座谈了解，认真分析出租车客运市场状况，研究和探讨中心城市发展城市约租车相关事宜，部署建立省市县三级出租车行业管理部门信息联络员制度。

组织开展《出租汽车运营服务规范》和《出租汽车经营服务管理规定》宣贯培训活动及2013年度全省出租汽车行业“双创”评选，评选出10家“文明优质企业”、100辆“文明示范车”和10个活动组织奖。全省以“学雷锋”月和高考为契机，继续发扬学雷锋做好事及爱心送考等光荣传统，努力将出租车热心参与社会公益活动打造成一道清爽的风景，武汉出租车司机陈运凯被评为全省“最美一线职工”。湖北省在2013年度全国出租汽车行业和谐劳动关系创建活动先进集体和先进个人评选表彰中获得1个“五一劳动奖状”和2个“全国工人先锋号”称号。（肖磊）

【城乡客运一体化】 2014年，全省已建成乡镇五级及以上客运站727个，候车亭、招呼站27569个，乡镇等级站建站比例达77.1%，通客车行政村建候车亭、招呼站比例达100%。全省开通农村客运班线5511条、投入营运客车20855辆32.5万座，实现全省100%的乡镇、90.7%的行政村通客车，基本形成以县市城区为中心，连接乡镇、辐射乡村、相互衔接、畅通有序的农村客运网络。特别是在全省范围内大力推进公交下乡和公交化改造，在经济条件较好的区域和线路上，基本实现农村客运公交化运行，农村客运服务质量提档升级。

2014年11月5日，全省农村客运发展试点工作动员会在武汉召开。省交通运输厅成立推进农村客运发展领导小组，厅长办公会专题研究“村村通客车”工作，确定19项重点工作。为加快推进全省农村客运村村通，早日“实现全省城乡客运一体化、行政村交通公交化”，确立红安县、恩施市、宜都市、仙桃市、江陵县、老河口市、秭归县7个试点示范县市，将7个试点示范县市“村村通客车”工作作为厅领导联系点。各地层层成立推进农村客运发展领导小组，制定实施方案，分解目标、制定具体落实措施；倒排工期，分片包干明确工作重点难点；因地制宜、不拘一格加快农村客运发展。仙桃市政府召开“农村客运村村通”工作推进会，坚持按照市场化、公交化、规范化的运行模式高标准快速推进，保证年底实现100%行政村通客车。秭归在山区农村客运发展上探索出一条“政府引导、公司经营、属地管理”的山区农村客运新模式，采取灵活发班、定时发班、电话约租、自愿协商客满发班等方式，满足不同居住区域群众出行需求。荆州市对从荆州城区开往周边乡镇的5条客运班线进行公交化改造，实行公车公营，车辆全部更新为新能源公交车型。黄冈市对从黄州区至周边乡镇的干线线路以及部分乡镇至乡镇的支线线路进行公交化改造，实行公车公营并全部投入新能源公交车型。（林志荣）

【全省交通物流行业管理及发展】

2014年成立以省交通运输厅厅领导为组长的“推进交邮共建、交通物流发展”工作专班，召开全省交通物流工作推进会，全省交通运输系统形成了齐抓共管的良好局面。襄阳、随州等市物流局由市政府授权全面负责编制《全市现代物流业中长期规划》，咸宁市起草并争取市政府出台《关于支持现代物流业发展的实施意见》，交通物流机构逐渐成为地方物流业发展的“智囊”。编印《湖北现代物流》双月刊，免费向全省交通物流企业、物流机构发放。组织省内交通物流骨干企业参加交通运输部“丝绸之路”峰会、首届中国甩挂运输峰会等重要会议，扩大湖北交通物流对外宣传交流。

按照1亿元交通物流专项资金竞争性分配要求，进一步完善《关于深入推进交通物流企业培育的指导意见》，明确各类优惠扶持政策。与湖北爱奔物流园签订合作协议，开展《交通物流园区服务规范》研究。各市州严格落实重点物流企业联系制度，组建专班服务企业做大做强，十堰物流局积极引导和支持许家棚物流园区引进邮政速递等业务，拓展服务功能，提升服务效率。鼓励和支持中小物流企业组建企业联盟，指导武汉大道物流公司组建以零担干线运输企业为成员的华中大道快运联盟，获得交通运输部运输司领导重视，就企业联盟发展到湖北进行专题调研。

2014年完成交通运输部第四批甩挂运输试点申报工作，积极争取申请多式联运、企业联盟两个主题性试点项目，督促第二、三批试点项目加快建设进度。完成襄阳东风合运试点项目首次资金申请验收工作，积极准备武汉赤湾东方、十堰亨运等试点项目验收工作。编制起草《湖北省甩挂运输试点工作实施方案》，省物流局成立甩挂运输领导小组。积极争取交通运输部多式联运示范工程，对全省重点多式联运发展情况进行全面调研，编写《湖北省多式联运发展调研报告》，起草《湖北省促进多式联运发展的指导意见》（初稿），得到交通运输部领导肯定和关注，委托湖北省起草《多式联运发展推进办法》。

指导和支持鄂州、宜城开展农村物流试点工作，《宜城市交邮共建促进农村综合物流发展试点方案》、《鄂州市百里长港示范区农村物流建设试点方案》获省交通运输厅批复，新增宜昌夷陵、荆州洪湖为省级试点。全面启动农村物流“一市一试点”工作，全省有13个市州物流局成立领导小组，17个市州物流局上报试点方案，蔡甸、竹山等20个县市农村物流试点工作全面开展。2014年10月14日，省交通运输厅牵头，省商务厅、省供销合作社、省邮政管理局、湖北日报传媒集团及省邮政公司、省邮政速递物流有限公司、顺丰速运有限公司等八家单位在汉签署《湖北省农村物流发展战略合作协议》，农村物流工作提升到前所未有的高度。省物流局率先落实协议内容，启动农村物流信息平台建设，抓紧进行需求调研，编制信息平台建设方案。

按照交通运输部《平台建设纲要》总体要求，委托部交科院编制湖北交通运输物流公共信息平台工可及建设总体方案，并通过专家评审，按计划基建程序启动立项工作，编写完成平台资金申请报告。指导全省物流园区及企业信息平台建设，完善省级物流信息平台与物流园区互联互通机制，已与武汉大道、宜昌爱奔、三峡物流园及襄阳东风合运物流公司达成联网意向，已完成试点前期准备工作。开展物流企业园区信息化建设情况调查工作，对物流公共信息平台进行改版升级，新增运价指数、甩挂联盟、调整地市审批权限等信息，启动与浙江物流平台数据联网工作。对平台APP手机客户端软件功能进行政府采购，组织完成公开招投标工作，通过手机实现与平台交流互动。启动湖北物流信息平台货代管理信息系统及物流园区管理信息系统招标工作。平台累计点击率超500万人次。

开展物流市场整治。仙桃市物流局争取市政府下发整治方案，成立以分管市长为组长，市物流局牵头，公安、工商等部门参加的整治行动专班，将城区大部分小型物流业主迁入物流园区集中经营。各市州充分发挥物流协会桥梁纽带作用，履行规范物流行业自律职能，引导物流企业开展诚信服务承诺，落实《湖北省交通物流企业诚信评级制度（试行）》，襄阳、黄石、黄冈等地物流部门开展诚信物流企业和示范物流企业评选，协助企业进行A级物流企业评定认证工作。荆门市进一步推广京山交通物流投诉服务中心运作经验，建立完善物流企业诚信档案，引导物流企业规范经营，省物流局在全省推广京山县建立物流服务投诉处理机制的经验做法。（陈建军）

【驾驶员培训行业管理】 2014年省运管局下发《关于开展机动车驾驶员培训行业突出问题专项治理“回头看”行动的通知》、《关于“严厉查处‘吃拿卡要’行为、全面净化教练员队伍”专项行动方案》，对2013年查处的问题回头看，防止反弹，重点查处2013年没有治理到位的领域和环节，加大对非法培训点、报名点和违规教练车、教练员的稽查行动。全省取缔374个违规培训点、依法查扣1672台黑教练车、处理188名违规教练员。

省运管局把新国标的贯彻执行落实到“回头看”全过程，以落实国标规范驾培机构的资格条件与教学行为。2014年4月，邀请国标起草人王生昌教授、曾诚研究员对全省运管处所分管领导、业务科长和驾校校长1000多人进行国标宣贯培训。下发《关于贯彻执行〈机动车驾驶员培训机构资格条件〉等两项国家标准的意见》，《机动车驾驶员培训机构资格条件》(GB/T30340—2013)和《机动车驾驶员培训教练场技术要求》(GB/T30341—2013)两项国家标准发布实施，坚决防止和杜绝新国标在6月1日正式实施前突击审批驾培机构，避免把不合格培训机构纳入市场而加大整改工作难度。6月1日以后，全省新增驾校均按国家标准验收，如孝感市新增的10多所驾校全部达到国标要求；宜昌、荆门两市运管部门组织专家对老驾校的改造进行示范性验收与点评，引导驾校按国家标准进行设计建设。

2014年全面推广驾驶培训GPS计时计程系统，保障《机动车驾驶培训教学与考试大纲》落实，保证培训质量，促进道路交通安全与社会和谐。省运管局与省公安交管局联合下发《关于应用计算机计时培训系统加强机动车驾驶员培训学时管理的通知》和《关于认真做好计算机计时培训系统符合性审查和与公安交通管理部门相关系统对接工作的通知》，要求各地在7月1日前全面推广使用计算机计时培训管理系统(以下简称“系统”)，省运管局联合省交管局在10月底以前，分别在武汉、荆州、宜昌、荆门和恩施对武汉九瑞系统、深圳成为系统、湖北微驾系统、重庆安运系统、无锡海鸿系统进行符合性示范审查，提出整改意见。要求在年底以前，各系统要符合交通运输部和我省发布的计算机计时培训系统平台技术规范与计时终端技术规范，要与运管部门和公安交管部门相关系统对接，实现信息共享，做到运管部门通过系统审签培训记录、公安交管部门依据运管部门审签的培训记录，通过系统受理驾驶学员考试申请。凡不符合要求的系统，运管部门将不认可其培训记录、公安交管部门将不受理学员考试申请。截至11月底，除随州、十堰和武汉未完成安装外，全省其他14市安装完毕。

（雷兴）

【道路从业人员培训】 2014年，全省有57家从业资格培训机构、46家从业资格考点，培训道路运输从业人员约7.8万人，考试合格取得从业资格证件有67690人，其中旅客运输驾驶员3447人、货物运输驾驶员40521人、出租汽车客运驾驶员13045人、道路危险货物运输从业人员7128人。总体来看，道路运输从业人员管理工作进一步规范，道路运输从业人员素质进一步提升。

完善从业资格培训考试工作巡查制度、从业资格考核员持证上岗制度、考试信息公开制度，加强对培训考试机构的考核、监督和管理，做到培训考试时间、内容、项目、标准、程序、成绩、收费七公开。完善从业人员管理工作月度统计分析及报备制度，按月对各地从业人员培训、考试、发证等情况进行分析，结合分析结果重点对武汉、荆州、恩施、黄石等地进行检查。从抽检情况来看，各地从业人员培训考试工作基本规范，少数问题已指出并完成整改。完善从业人员信息查询(含黑名单)制度，制定道路运输从业人员黑名单录入指南，依托运政网，向社会公开从业人员基本信息、从业资格证注销吊销信息、从业人员黑名单信息等，方便公众查询。

推进新考试系统的应用，聘请交通运输部职业评价中心老师讲授道路运输从业资格考试考务管理系统、出租汽车驾驶员从业资格考试考务管理系统和道路客货运输驾驶员从业资格虚拟场景考试系统操作使用规范，现场答疑释惑，并两次专题发文对新系统推广使用提出具体要求。大部分市州已使用新系统组织考试，个别市州在积极调试。做好新版从业资格证件管理，举办使用新版从业资格证骨干培训，来自全省运管、客管系统60位业务骨干参加培训。制定《出租汽车驾驶员从业资格考试应用能力考核表》和《出租汽车驾驶员从业资格考试应用能力评分表》，规范全省出租汽车驾驶员应用能力考核工作。

全面开展从业人员网络远程继续教育。作为网络远程继续教育的试点先行省份，在宜昌、恩施、随州试点基础上，探索和总结网络远程继续教育经验，2014年7月，下发《关于使用道路运输驾驶员继续教育网络平台开展网络远程继续教育工作的通知》，在恩施市召开全省道路运输驾驶员网络远程继续教育试点工作总结暨推进会，交流经验，对全省推行网络远程继续教育进行部署。8月1日起，全省全面启用网络平台开展远程教育工作。截至12月底，全省共有276043名道路运输驾驶员参加继续教育，其中参加网络远程继续教育20713人。全面实施客运企业驾驶员岗前培训。在总结湖北捷龙交通运业有限公司等8家客运企业试点经验的基础上，制定《道路旅客运输驾驶员聘用程序》、《道路旅客运输驾驶员岗前培训计划》，进一步明确客运驾驶员岗前培训范围、内容、学时以及聘用要求。截至12月底，全省共有226家客运企业开展岗前培训，培训16104人(含聘用、轮训、转岗人员)。举办2期机动车检测员培训班，对233名检测员进行考核换证、138名检测员进行考核发证。举办3期驾驶员培训机构经理人从业资格培训班，对776名驾培机构管理人员进行培训考核。

（付璐）

【机动车维修和检测】 2014年5月，省交通运输厅批转《湖北省机动车维修行业健康发展方案》，各市州结合实际制定细化工作方案，召开专题会议，安排布置相关工作。6月至8月，开展为期三个月的经营资质清理和经营行为整顿活动，取缔、注销了一批不合规范企业，较好地维护了机动车维修市场正常经营秩序。8月至

12月为“绿色维修企业”创建试点阶段，全省对上报的43家绿色维修试点企业开展创建试点工作。推广使用“湖北省机动车维修企业管理服务系统”是全省机动车维修行业健康发展的一项重要措施，计划在全省一、二类维修企业中全面推广使用，先后分两批在6个市州13家企业进行试点，其中第一批武汉4家、孝感2家，第二批襄阳3家、荆州2家、随州2家。

加强汽车综检站的日常监管工作，按季度对检测站“上传率、峰值检测量、检测数据离散度”等指标进行统计分析，对上报数据进行通报。印发《关于进一步加强全省汽车综合性能检测站经营行为监管工作的通知》，建立全省综检站分级监管体系，全省78家综检站均安装视频监控系统，实现车辆进站、制动检测、出站三个点实施图像抓拍、储存。对3家计量认证证件到期违规开展检测工作的综检站停业整改。开展维修检测企业质量信誉考核。通过企业申请、实际核实、结果公示，2013年度全省78家机动车综合性能监测站质量信誉考核结果为AAA级31家、AA级39家、A级5家。2013年度机动车维修企业质量信誉考核结果为AAA级406家、AA级1168家、A级580家、B级72家。考核结果均在全省公示。

开展机动车维修工比武竞赛。精心组织“竞进杯”职业技能大赛暨湖北省第四届技能状元大赛机动车维修项目比赛预赛指导及决赛准备工作，通过技能大比拼，为行业选拔出一批职业素养高、理论知识扎实、维修技能过硬的优秀维修工。全省17个市州51名机动车维修从业人员参加决赛。经过比赛，张俊等8名选手分别获得湖北省交通运输行业“竞进杯”职业技能大赛暨湖北省第四届技能状元大赛机动车维修项目比赛个人一、二、三等奖，襄阳代表队等3个单位获得团体一、二、三等奖，武汉市公路运输管理处等5个单位获得优秀组织奖。

（胡礼苗）

【水路运输管理】 2014年，全省长江水系船型标准化工作全面推开，全年完成2批船型标准化补贴资金申报工作，涉及拆改及新建船舶483艘（拆解80艘、改造395艘、新建8艘），核准补贴资金8668万元，其中中央资金6668万元、地方政府配套资金2000万元。公布湖北省船型标准化第5批及第6批定点船厂，定点拆解船舶修造厂44家、新建示范船定点船厂18家。沿海、远洋老旧船舶拆解工作在交通运输部政策更新后，湖北省抓住机遇首次为企业争取到拆解补贴资金。黄石恒风海运公司申报拆解海船2艘，共2.3万总吨，享受国家补贴1436万元。截至2014年年底，全省核准拆改新建船舶1606艘、160万总吨。

2014年末全省千吨级船舶达1693艘、572万载重吨、货船平均吨位达1606载重吨。有110家航运企业运力规模超过万吨，占全省总运力近70%以上，水路运输结构得到进一步优化。

进一步加强全省重点联系企业制度。改进工作方法，增加调研频率；规范水运经济运行分析报告报送程序，形成季度经营情况分析报告。开展湖北水运成本和运价机制研究，引导企业快速健康发展。开展水运企业年度核查以及交叉检查工作，加强经营资质管理，推动行业管理部门与企业良性互动，全年核查航运企业424家、核查船舶3935艘。开展运政管理培训，贯彻落实《国内水路运输管理条例》、《国内水路运输管理规定》和《国内水路运输辅助业管理规定》等法律法规，提升港航管理人员业务水平，规范全省水路运政管理。继续完善运政港政信息系统各模块，将水路运政港政管理信息系统与2014年水路运输“大换证”、港口资质年度核查、船型标准化等工作相结合，提高全省运政、港政管理效率和水平。（李碧）

【长江航运管理】 2014年，湖北省完成水路货运量2.98亿吨、港口货物吞吐量2.9亿吨、集装箱吞吐量125.6万标准箱，均保持较快的增长速度。

1. 抓规划建设，筑牢湖北航运发展基础。“十二五”以来，长航局秉持大建设、大发展的理念，积极争取国家建设资金，先后在湖北投入资金近百亿元，安排航运建设项目100多项，新建一大批关键性航运工程，湖北航运发展的面貌得到显著改善，湖北省重点工程项目——宜昌至安庆645中游深水航道整治完成了研究认证报告中间成果。近10年来中游已建及在建航道整治工程有35项，对20多个重点浅水道进行治理，工程总投资约110亿元，并取得显著成效。

2014年10月25日，湖北省交通运输行业“竞进杯”职业技能大赛暨第四届技能状元大赛机动车维修项目决赛在武汉举行

宜昌至城陵矶河段最小航道维护水深从2.7米提高到3.2米，城陵矶至武汉河段最小航道维护水深提高到3.7米，武汉至安庆河段最小航道维护水深提高到4.5米。正在实施或已经实施的荆江河段、界牌河段、戴家洲河段等航道整治工程效果逐步发挥，各段航道水深可以提前实现规划建设目

标，即：宜昌至城陵矶段枯水期维护水深提高至3.5米、城陵矶至武汉段枯水期维护水深提高至3.7米、武汉至安庆段枯水期维护水深提高至4.5米。

至2014年底，安庆至武汉河段6.0米维护水深、城陵矶至宜昌河段4.5米维护水深全年已经达到1/3；武汉至城陵矶河段4.5米维护水深已经超过半年以上。与此同时，还实现海轮航道的“双延”(年通航期延长一个月、通航范围由武汉上延至湖南城陵矶)覆盖湖北省沿江大部分城市和港口。充分利用现代科学技术和手段(电子航道图等)，初步实现长江干线安庆至武汉河段枯水期6.0米吃水、武汉至城陵矶河段4.5米吃水船舶的个性化服务试点，经济效益和社会效益十分显著，对长江中下游地区特别是湖北省沿江地区经济社会发展意义重大。

2.抓通航服务，促进湖北航运快速发展。有效应对中游汛期大洪水、水位偏低、三峡水库水位调节影响，干线航道维护水深保证率达到100%，三峡、葛洲坝船闸通过量2011年、2013、2014年连续三年实现“双双过亿吨”。抓通航保障能力，为湖北提供物流大通道。充分利用航道整治效果、航道自然水深，通过加强航道维护管理，连续多次提高中游航道维护水深，正式开通长江干线武汉至城陵矶海轮航道。从保障航运发展、推进综合运输体系建设高度出发，优先完成武汉杨泗港长江大桥、鹦鹉洲长江大桥、武汉轨道交通2号线等10多座过江通道和武汉林四房煤炭码头等临河建筑物通航影响论证的审查、审批工作。加快“数字长江”建设，长江电子航道图研制成功并将投入运行。

抓三峡通航服务，保障湖北重点物资过闸畅通有序。三峡通航作为连接长江中游和上游的重要节点，是发挥长江航运承东启西的关键，也是发挥湖北航运承上启下、延伸湖北水运优势的重要枢纽。通过加强船闸运行维护管理，优化组织调度，实施4小时船闸调度模式、远程GPS申报、提高船舶过闸吃水控制标准等措施，保障两坝船闸高效有序运行。开通水上“绿色通道”，在过闸船舶日益增多的情况下，采取积极措施，优先保障湖北省重点物资、泸汉台集装箱班轮等优先过闸。积极配合抓好三峡滚装翻坝转运和特殊情况下的短线客船翻坝运输工作。

3.抓结构调整，着力提升湖北航运发展质量与水平。调整结构、提升质量，实现长江航运转型发展，是提升长江港航企业效益的重要依托，也是长江航运有效服务湖北长江经济带建设的重要载体。长航局积极引导和支持湖北航运企业从船型标准化、运力市场调控、信息服务等方面实现转型升级，提升质量与水平。

加快推进船型标准化。船舶作为航运发展的关键要素，其性能与质量的高低决定着航运发展水平，在加快推进长江干线船型标准化进程中，长航局对湖北省船型标准化补贴资金需求给予重点保障。

加强运力结构调控。运力调控是确保长江运力有效投放、企业有序竞争的重要手段，长航局积极推进运输结构调整，积极推进湖北港航企业做优做强，优先批准新建湖北籍普货运输企业和湖北籍危险品运输船舶以旧更新，推动湖北客运企业转型。

注重信息引导。坚持发布年度长江航运发展报告、长江航运发展态势分析、长江航运景气指数、运价指数和船员工资指数等行业信息，及时为湖北港航企业生产、经营提供有效的行业引导和决策依据。

4.抓安全监管，为湖北经济社会稳定发展提供安全保障。长航局认真履行省安委会成员单位职责，加强现场安全监管，督促企业落实安全生产主体责任。深入开展“安全生产年”、长江干线“四客一危”船舶安全隐患大排查大整改等专项活动。高度重视应急救助工作，长江海事培训中心获准成为湖北省应急救助培训基地。深入推进航运企业安全生产标准化建设，为湖北省重点航运企业培训安全管理人员千余人。2014年，长江湖北段水上安全形势总体平稳。

5.抓机制建设，营造良好发展环境。长航局先后与湖北省交通运输厅、武汉市人民政府、荆州市人民政府、湖北日报传媒集团以及长江水利委员会、武汉理工大学等签订战略合作协议，建立联系制度，并加强与武汉新港管理委员会沟通协调，共同提出一系列推进湖北长江黄金水道建设的务实举措，有力推动了湖北水运发展。

（陈虎）

【港口管理】 2014年，全省完成港口吞吐量2.9亿吨，同比增长11%。港口集装箱发展迅速，武汉港突破100万标准箱，迈入世界内河集装箱港口“第一方阵”，宜昌港再创新高达到12.6万标准箱，荆州港首次进入10万标准箱大关。

港口市场监管。继续以港口经营资质年度核查为载体，加强全省港口市场监管。根据法律法规规定，下发《关于开展2014年度全省港口企业资质核查工作的通知》，7～9月开展全省港口经营资质年度核查。2014年核查内容在上年基础上对经营人经营状况有所侧重，在核查表格中增加资产情况、货物吞吐量、能源消耗情况、营业成本及收入等项目。

港口危险货物安全监管。修订试行一年的《全省港口危险货物安全监管制度》，监管责任进一步落实。进一步摸清全省港口危险货物安全基本情况。开展全省港口危险货物安全整治专项行动，邀请专家集中开展“专家会诊”，形成会诊报告，并专题汇报省交通运输厅，争取解决机构人员、经费装备不足等问题。启动港口危险货物安全监管信息系统建设。为加强港口安全监管信息化和现代化，提高效率，争取到省交通运输厅批复的港口危险货物建设项目，到外省学习、借鉴其成熟做法和经验。港口企业安全生产标准化工作顺利开展，上报省交通运输厅4批共47家申请二级达标港口企业，其中港口危险货物企业34家，客运及滚装企业5家(全部为初次考评)，普货企业8家(6家初次考评、2家换证)。47家企业中已达标44家，其中港口危险货物企业31家，客运及滚装企业5家(全部为初次考评),普货企业8家(6家初次考评、2家换证)。

(省港航管理局)

【船舶检验】 2014年,全省完成船舶审图509套、建造检验1076艘63.08万总吨、营运检验7757艘次489.3万总吨,产品检验1768台(套)。全省检验登记船舶8851艘448.97万总吨164.7万千瓦。

规范化管理。应用现代管理理念,通过运行船检质量体系,改变靠经验管理的传统模式,以闭环管理控制检验发证各个过程,保证检验工作程序化、标准化。通过组织体系内审和管理评审,定期评估体系运行效果。不断促进各级船检机构完善内部管理,提高质量管理规范性,顾客满意度达到85%的年度目标。

行业管理。为贯彻执行交通运输部船检机构资质管理规则和部海事局对湖北省船检资质批复文件只同意授权16个市州船检机构等新要求,省船检局重新调整省、市、县三级船检机构工作职责,在维持受理方式、收费、档案管理"三个不变"原则的前提下,从9月份起停止县级船检站发证权;同时,调整各市州检验和审图业务分工,实施检验业务和审图资质动态评估授权。武汉市投资200多万元按省船检局要求成立船舶审图中心已开始运行,负责全省海船和船长80米以上河船审图。全省启用新检验业务印章,基本形成"动态评估、统一管理、分级负责"的船检工作管理新机制。

加强工作考核,建立并实施船检工作质量年度检查考核制度。从服务环境、人员管理、设施管理、文件管理、检验质量管理、吨位复核、质量体系、专项活动和工作绩效等9个方面,对每个市州船检部门进行考核评分。12月份,采取交叉考核方式,对16个市州进行年度考核,并通报考核情况。主动适应建造检验质量责任终身制和防控风险需要,根据湖北省建造检验现状,编制《验船师建造检验记录簿》,指导验船师现场检验工作。要求验船师认真准确填写检验项目、检验内容、发现问题、问题整改及处理意见、检验结论,保证验船师的检验有据可查、可追溯。建立并实施船检机构图纸批文和证书签字人制度,明确规定由市州船检部门负责人承担图纸批文和证书的签发,增强发证前的审核环节,防止低质量图纸通过审批和"带病"船舶获得证书。从省到市使用船检发证系统对重要检验过程进行分级网上监控。省船检局安排3名质量主管实施船检发证系统网上监控、船检登记号授号、吨位丈量管理系统联动审核机制,进一步强化船检质量内部过程监控。2014年完成审核授予船检登记号1023艘。9月中旬,根据全省船检管理机制改革后的新格局,完成湖北省船检发证管理系统升级改造。

船舶检验。省船检局按照"安全可靠、经济实用"原则,研究制定2批10～120客位16种乡镇客渡船标准船型技术方案,报请省交通运输厅公布。圆满完成2014年530艘更新改造乡镇客渡船建造检验任务。国庆节前组织开展旅游客船消防救生专项检查,检查旅游客船、渡船421艘,督促整改55艘问题客船。组织宜昌市、恩施州船检局对三峡库区85艘现有客(渡)船稳性、消防救生等,进行法规追溯性专项检查,完成14艘船长40米以上客船破舱稳性或残存能力复核。制定下发加强自卸砂船检验意见,再次组织为期3个月专项复核活动。

推进全省内河航区划分工作。3月10日,印发《全省内河航区划分工作实施方案》,成立工作专班,督促各市州开展内河航区划分工作,编写调研报告。继续清理整顿疑似套号船舶。湖北省分中心受理吨位复核船舶865艘,组织实船复核259艘,核发船舶临时吨位证书835份,取得部局中心核发长期吨位证书404份。全省参与吨位复核工作海事船检人员7800人次。推进LNG新能源和标准示范船型检验。在丹江口绿色示范区建设上,武汉审图中心完成丹江口水库"兴通货1号"等2艘LNG改建船舶审图工作。武汉市、宜昌市合作,承担8艘川江及三峡库区船长130米大长宽比示范船建造检验业务。认真落实4月中旬双方签署2014年度湖北、青海两省船检"结对子"工作,继续力所能及给予青海省10万元帮扶资金,邀请青海省派员参加湖北省船检业务培训;应青海省请求,武汉、荆州等市船检部门进行工程船审图、检验技术帮助,受到青海省好评。

(省港航海事局)

安全应急管理

【全省水陆交通安全】 2014年，全省发生内河水上运输船舶事故2.5起、死亡2人，各项指标均严格控制在年度责任目标范围内；公路管理、道路运输、工程建设领域安全生产形势总体稳定，没有发生重大以上安全生产事故。省政府挂牌督办的恩施州建始县红景公路、武汉市凤莲公路及高速公路东西湖互通式立交、高家店互通式立交、黄黄高速和京珠高速公路部分路段边护栏等重大隐患均按期整改到位并通过验收销号。武汉地铁运营公司和楚天高速公路公司两家企业入选“全省首届安全生产十佳示范企业”，涌现出“最美路政哥”陈洪涛、张超等一批安全生产先进典型。

主要做法是：1. 严格落实一岗双责制度要求，全力健全安全生产责任体系。全省交通运输系统严格按照“党政同责、一岗双责、齐抓共管”要求，进一步明确各单位各部门主要领导安全工作第一责任、分管领导安全工作直接责任、其他领导承担分管工作范围内责任，建立健全“上下联动、横向到边、纵向到底”的领导、部门、岗位三级安全管理责任体系，逐步形成全员抓安全的工作格局。2014年先后5次组织召开全省安全工作会议和多次厅长办公会，专题研究和部署安全工作。省交通运输厅与厅直5个业务局、7个管理处和17个市州交通运输局(委)签订安全应急工作目标责任书，制定目标考核管理办法和考核实施细则，严格考核兑现，有效促进了安全责任的落实。印发《湖北省交通运输安全生产暗访暗查工作制度》，对暗访暗查工作实施主体、对象、内容、方式及对发现问题的处置方式、工作要求等进行明确，进一步规范暗访暗查工作。在春运、两会、五一、十一等重要时段，组织多个暗访组，采取“四不两直”的方式对省内重点客运站点、轨道交通、渡口码头、高速公路站点等进行暗访暗查，按照程序对查访中发现的问题及时反馈，按照“谁主管，谁负责”的原则，督促相关责任单位和人员迅速整改，确保安全隐患消除。

2. 积极开展专项行动，全力整治安全隐患和非法违法行为。2014年3月，印发《关于开展交通运输安全专项行动的通知》，组织部署开展汽车客运站安全专项治理、重点船舶安全专项治理、工程建设领域违章作业专项治理、港区油气输送管线安全专项检查、公路桥梁运营管理安全专项检查等五大专项行动，明确行动目标任务、措施步骤及相关责任单位，以专项行动促进安全形势的好转。4月份，先后组织开展汽车客运站达标考核管理、长途客运班线和旅游包车清理整顿、客运站周边秩序整顿等相关活动，出动稽查人员7978人次、稽查车辆1716台次，查处违法违规车辆1773台，有力打击了违法经营行为，有效整治了道路客运安全和客运秩序。6月份，省交通运输厅与省公安厅在全省范围内联合开展公路隧道安全隐患排查治理专项行动，对全省625座在役公路隧道进行逐座逐项安全隐患排查。省公路局挤出2000多万元资金，完善22个国省干线公路隧道标示标牌等交通安全设施，建立45个隧道监控系统，配备49台交通安全应急救援指挥车，建立8个市州二级路网运行监测与应急处置平台，实现普通干线公路长大隧道实时监控，出台《湖北省公路隧道养护管理办法(暂行)》、《湖北省公路突发公共事件应急预案》，加强隧道日常管养和应急处置管理。省高管局组织多个督察组对全省高速公路隧道隐患排查整治情况进行督查，从应急养护经费中提取100万元，对杭瑞高速鸡口山隧道透水问题进行整治施工，加强对鄂西高速隧道应急消防站点建设跟踪督查指导，进一步改造完善隧道安全标识标牌、照明、电子情报板、应急广播等设备设施，联合公安、消防、医疗、应急等部门共同对隧道突发事件应急处置预案进行修订完善。

2014年8月26日，省交通运输厅开展“2014交通移动应急通信指挥平台拉练”活动

8月份，全省交通系统组织开展“严打严治”集中整治安全生产若干问题专项行动，明确9类30项整治重点问题，组建领导小组和工作专班，强化整治措施和责任，召开4次推进全系统整治工作视频会，加强信息报送和宣传报道，建立健全安全管理制度规范，有效整治和严厉打击了一批安全事故隐患和非法违法生产建设经营行为。据统计，自8月下旬以来，全省交通运输系统先后出动人员38800余人次，检查船舶810余艘、渡口码头等568处、港口危险货物企业47家，排查治理水上安全隐患2900多处，查处渡船违章渡运64起，依法制止恩施“清江观光”客船违法运营，对全省港口危化品码头安全监管情况进行摸底排查并进行通报；检查道路客运企业3771次、客运站2316家次、客运车辆101831辆次，查处违法经营行为3857辆次，下达《隐患整改通知书》912份；对全省在建公路水运重点工程项目120个施工、监理合同段进行督查，发出隐患整改通知书34份。

3. 着力强化基层基础建设，全力提高安全生产保障能力。2014年重点推进“两客一危”交通运输企业安全标准化达标考核工作，各级交通部门层层分解目标任务计划，把达标考评目标具体到每个企业、明确到每一个管理人员。省交通运输厅和各业务局派出专人到各地巡回督查督办，对各地达标考评进度实行每半月一统计一通报，对8个市州管理部门进行约谈和下达书面督办通知书，坚持将达标考评情况与目标考核和评先评奖挂钩、与行业行政许可挂钩、与重点监管整治挂钩，强化达标考评奖惩激励措施，完成1100多家交通运输企业安全生产标准化达标考评，其中835家“两客一危”企业全部按期完成达标任务。省交通运输厅先后出台交通运输安全生产一岗双责、暗访暗查、约谈及隐患挂牌督办等制度；省公路局为加强公路桥隧安全管养，印发普通公路桥梁隧道日常管养及隐患排查整改流程规范；省运管局根据汽车客运站整治工作实际，出台汽车客运站安全管理标准化考核管理制度和标准；省港航局根据船舶船员管理和渡口渡船管理相关新要求，制定《湖北省地方海事局船员管理质量管理体系》、《湖北省渡口渡船安全监管工作目标考核办法（试行）》；厅质监局为整治重点工程建设安全通病问题，出台《湖北省公路水运重点项目危险性分部分项工程安全专项施工方案管理办法（试行）》；武汉市交委制定轨道交通运营安全管理办法，进一步完善交通运输行业安全生产制度体系，为依法行政提供坚实的基础保障。省港航部门年初启动农村老旧渡船报废更新改造工作，2014年年报废更新老旧渡船498艘、培训船员渡工735人，公布两批10至120客位共16种农村渡船标准船型。全省交通运输及公路管理部门在各级政府大力支持下，加快推进农村公路临水临崖、急弯陡坡等路段安保工程建设和危桥改造进度，全年完成农村公路安保工程12867公里、改造农村公路危桥382座，占年度目标任务的182%和129%，全面完成省政府向社会承诺的农村公路建设工作任务。

全省交通运输系统认真谋划，精心制定安全生产文化体系建设方案，持续组织开展各类安全生产教育、培训、宣传等活动。在“安全生产月”期间，省公路局开展安全书法比赛、安全网络知识问答、安全现场咨询和安全知识宣传等工作；省运管局举办3期客运站安全管理及行包检测仪培训班，对全省运管机构分管领导、科长、客运站负责人和安全管理人员等600余人进行培训，举办由“两客一危”企业主要负责人参加的全省道路运输安全知识竞赛；省港航局组织近700名一、二类船员进行无纸化考试，现场取消5名舞弊考生单科成绩，印制10万余份水上安全知识资料送入校园；省高管局统一印发高速公路安全保护宣传漫画资料10万余份、超限治理宣传卡6万余份、安全保护宣传知识问答4万余份，除赠送广大司乘人员外，还开展高速公路安全知识“进学校、进企业、进社区、进村组、进家庭”活动，广泛宣传高速公路安全管理知识，切实增强公众遵章守法和爱路护路意识。（章治国）

【工程安全监督】 2014年组织安全综合督查5次、安全专项督查9次、暗查暗访2次、整改复查4次，检查建设项目48个、建设单位29家，检查监理单位60余家、施工单位120余家，下达整改通知书53份，发出督查通报12份，指出存在问题1200余个，提出整改建议260余条，做到项目监督检查覆盖率100%、问题整改回复率100%。推进交通工程建设企业标准化考评达标工作，全年组织完成19家申报二级企业安全标准化达标考评工作，其中14家公路工程、1家水运工程、4家交安专项资质，通过考评达标的企业18家。（姚国兴）

【农村安保工程】 2014年，全省增设及修复防护栏354765米、补栽公里碑2088块、百米桩26728个、增设及更新标志标牌3068块、补划标线2048公里、建设停车休息区或观景平台30个、清理边沟30411公里、修整路肩19431公里、修补坑槽172万平方米、灌养缝836万延米。投入公路绿化7543万元，植树近100万株。

2011～2014年全省下达国省干线危桥改造计划643座。截至2014年12月底，全省已完成国省干线危桥改造533座，占总计划规模的82.9%；实施71座，占总计划规模的11.0%；未开工39座，占总计划规模的6.1%。枝城长江大桥、107国道京广立交桥等危桥改造项目顺利完工；207国道公安县黑狗垱大桥、南坪大桥、汪家汊大桥、107国道赤壁市陆水二桥、省道沙渔线弥市大桥等社会反响强烈的大型危桥改造项目稳步推进。

全年争取部路网结构改造工程资金3.82亿元。其中争取部危桥改造资金3.02亿元，计划改造危桥270座18352延米；争取部安保工程资金8000万元，计划实施安保工程2277公里。争取省资金下达危桥改造计划113座。完成部省计划内危桥改造221座，占年计划的57.7%；施工126座，占年计划的32.9%；开展前期工作36座，占年计划的9.4%。完成部计划安保工程建设1594公里，其中干线公路795公里、农村公路799公里，占年计划的70%。

2014年，全省公路水毁造成直接经济损失11.15亿元（干线7.83亿元、农村公路3.32亿元），中断交通181条1807处。面对水毁灾情，省公路局多次派员到现场指导抢险保通工作，及时汇总全省水毁损失，多次报部争取支持，争取部水毁抢通资金1000万元。（杨志刚）

【道路运输安全监督】 2014年，全省道路运输发生事故30起、死亡53人、受伤96人，未发生一起重大及以上事故。与2013年同期相比分别上升42%、上升20%、上升15%。2014年全省安全生产工作先进单位考核中，省运管局、荆州市运管局被省安委会评为先进单位。

1. 加强基础性建设。根据“党政同责、一岗双责、齐抓共管”原则，以及“管行业必须管安全、管业务必须管安全、管生产经营必须管安全”的方针，与17个市州运管、客管、公交管理机构签订安全管理目标责任书。对全省客运站基本情况进行摸底普查，建立汽车客运站基础档案；对全省道路运输企业数量、规模、车辆数、年度营业收入等情况进行基本普查；对全省道路运输应急资源进行摸底调查，包括应急机构、应急队伍、应急专家等基本信息；对源头治超基本情况进行普查，重点普查大型工矿企业和生产企业。制定《2014年湖北省道路运输安全监管行动计划》，将全年安全督查与稽查工作分解到各级运管部门，使之明确工作目标和责任，年终予以逐项考核。2014年全省考核荣获优秀单位5个、先进单位7个、合格单位17个、先进个人31人。

2.优化安全管理环境。及时落实省交通运输厅《关于发放安全生产监察岗位津贴的通知》要求，给安全管理人员每月发放320元安全监察津贴，将津贴发放列入2014年安全监管行动计划，提高各地安全管理人员待遇和工作积极性，宜昌、襄阳、神农架、咸宁等市州基本落实到位。根据道路运输行业安全监管职责和全省道路运输安全与应急管理工作需要，组织专班对全省道路运输安全管理人员、车辆、装备等情况进行调研，撰写详细的调研报告。在省交通运输厅和财政厅支持下，争取道路运输安全与应急管理工作经费2240万元。全年发出16期督查通报。在局外网开辟专栏，对汽车客运站安全专项整治活动情况进行宣传报道600余篇，湖北日报、省政府门户网站、湖北交通通报对汽车客运站专项整治和联合稽查行动进行报道。

3.客运站安全专项整治。省运管局印发《关于统一规范客运站进站协议、修订汽车客运站服务信誉等级考核和评定标准及办法有关事项的通知》，调整安全工作权重比例，将“三不进站、六不出站”及安全生产标准化达标建设内容列入考核内容；成立4个督导联系组，采取明察暗访方式对全省各市州专项整治开展情况进行督导，对安全问题较多的古田路、水厂路、金家墩等客运站进行通报。属地运管机构对省客集团所属的金家墩客运站、天门中心客运站安全例检流于形式的问题，依法给予各1万元罚款的处罚；举办3期客运站安全管理及行包检测仪培训班，对全省运管机构分管领导、科长、客运站负责人和安全管理人员600余人进行培训。

4.安全知识培训和竞赛。为促进客运站站长管理水平和理念的提升，举办全省二级以上客运站站长培训班，武汉市和孝感市运管处2家运管机构、傅家坡客运站和宜昌市中心客运站等7家企业作经验交流。12月，全省运管系统分管安全领导、安全科(股)长、“两客一危”企业及客运站负责人参加道路运输行业安全应急管理培训。全省举办培训班80余次，培训“两客一危”企业及客运站负责人1100余人，培训运管部门安全管理人员300余人。为增强“两客一危”企业和客运站负责人及GPS监控人安全意识、管理能力和业务素质，12月23日，省运管物流局在咸宁市广播电视台举行首届全省道路运输行业安全知识竞赛，全省17个市州的85名运管系统负责人和客运企业负责人参加竞赛。

5.稳步推进“抓典型、争示范、创品牌”活动。制定《湖北省汽车客运站标准化建设办法》，明确汽车客运站标准化建设“四优四化”目标，争取将傅家坡等7个试点客运站打造成全省乃至全国管理一流、品牌一流、服务一流的汽车客运站。根据湖北实际，确定宜昌、黄冈两市为源头治超试点地区，组成试点工作专班，借鉴先进省份源头治超工作经验。确定华丰、盛辉物流分别为维修、普货安全生产标准化达标工作试点单位，进行考评指标的修订和完善，试点工作已经完成，普货、维修企业安全生产标准化达标建设加快进行。

6.推进安全生产标准化达标考评工作。按照分类指导、典型引路、分步推进、全面实施的基本工作原则，重点推进“两客一危”企业标准化达标建设。2014年全省“两客一危”企业达标率为100%。下发《关于进一步推进全省道路运输企业安全生产标准化建设达标工作的通知》，明确标准化达标建设奖励和处罚措施，严格执行标准化达标建设统计和月报制度，每月对各地进度进行通报。委托省运输与物流协会举办安全生产标准化考评员培训班，全省230余人参加培训并经考核合格，获得考评员资格证。

（田红林）

2014年5月8日，全省开展道路客运站周边秩序专项整治

【海事监督】 2014年，全省发生水上交通安全事故2.5起、死亡2人，

各项指标均在控制范围之内。省港航海事局被省政府授予“2014年度全省安全生产红旗单位”。

2014年的海事监管工作主要有以下4个特点。

1. 推进监管责任落实，齐抓共管能力明显提升。出台《湖北省渡口渡船安全监管工作目标考核办法》、《航运公司安全与防污染监督管理办法》、《湖北省地方海事局船艇管理办法》、《江汉运河通航安全管理暂行规定》、《兴隆水利枢纽及江汉运河交通管制区通航安全管理联席会议制度》等系列监管制度，实行权责对等，进一步规范海事基础管理工作。落实“党政同责、一岗双责、齐抓共管”要求，建立落实“一把手”负责制，先后5次召开全省安全会议和多次局长办公会及局安委会全体会议，专题研究和部署安全工作，“春运”“十一”等重点时段，各级港航部门领导带头深入基层开展安全督查和调研，推进各项安全工作取得实效。健全安全责任分片包干制和目标考核机制，推进安全监管责任落实逐级全覆盖，实行“一票否决”和奖惩兑现，落实安全监管工作与安全专项补助经费、GPS使用情况与燃油补贴两“挂钩”。实现全省102个县市区、528个乡镇、2113道渡口、2561条渡船，县—乡—村—船主“四级”责任状签订率100%，渡口渡船安全监管责任落实到568名海事监管人员，监管覆盖率100%。

2. 推进巡航救助一体化，安全监管能力明显提升。完成水上搜救应急管理系统二期工程建设，建成16个市州监控指挥分中心，包括监控大屏和配套的硬件设施，全省重点水域、渡口及码头的175路视频监控终端，840艘船舶的GPS监控设备，470艘船舶的AIS监控终端。新建完成12艘12米级多功能、信息化海巡艇，全省海巡艇达到115艘。覆盖重点水域、重点码头、重点船舶的动态监控体系基本形成，监管系统基本成网。实现全省网络高速互连，应急管理系统和海巡艇通讯连接达到100%。通过CCTV、GPS等监控系统，形成对重点水域、重点渡口、重点港区固定CCTV和海巡艇、海事车移动CCTV互为补充的现代水上实时监管体系，实时发送预警信息，及时制止船舶违法违规航行。省港航海事局利用视频监控及时制止渡船违章运输64起。

3. 推进专项整治常态化，预防预控能力明显提升。水上交通安全监管秉承“防为上、救次之、戒为下”的理念，深入开展“打非治违”、水上旅游客运、渡口渡船专项检查、“四船”共治、“严打严治”等5项全省范围的安全专项整治活动，重点对客渡船、旅游客船、砂石运输船、危险品运输船四类船舶集中整治，有效排查治理隐患2976处。据不完全统计，全省累计出动执法车艇逾千艘(辆)次、执法人员2500余人次，重点对全省16家水上旅游公司、138艘旅游客船进行全面检查，依法责令2家旅游公司的5艘旅游客船停航整改。

4. 推进安全宣传教育，安全责任意识明显提升。开展“天使的微笑”窗口风采、“我的水运梦”微电影、“闪光的金锚”政务微博创意设计、“梦想微语”个人微信创作等工作，水上安全文化通过新媒体平台获得社会各界广泛关注。“安全生产月”期间，张贴各类宣传画10100份、布置展板92块，在荆门漳河水库、梁子湖等水域举行搜救消防演习。开展“水上交通安全知识进校园”活动，举办渡工安全技能培训，海事人员船舶登记、安全检查、行政执法督察、事故调查处理等业务培训，接受水上交通安全知识培训的过渡学生近千名，培训基层执法人员608人次，培训船员渡工1735人。（省港航海事局）

2014年，全省海事动态监控体系基本形成

【全省交通应急管理】 2014年全面开展交通运输应急资源普查和应急预案修订完善工作。上半年，省交通运输厅将“全省交通运输系统应急救助体系建设”作为深化改革重点工作内容，启动全省交通运输行业应急资源普查活动，对全系统应急资源进行排查摸底，分类建立涵盖公路、水路、运管物流及重点工程建设等方面的应急队伍库、应急专家库、应急资源库、应急预案库等资料库；下半年，启动两年一次的行业应急预案修订工作，邀请省政府应急办、省安监局、省反恐办等相关领导和行业内各领域专家对应急预案进行集中修改和审订，进一步丰富和完善行业应急预案体系，为交通运输应急救助体系建设提供有效保障。

稳步推进公路水路安全畅通与应急处置信息系统建设。2014年全面启动湖北省公路水路安全畅通与应急处置信息系统项目建设，项目设计组先后深入到公路、水路、运管物流及工程建设领域，开展项目前期调研和意见征集工作，对项目设计规划书进行认真论证完善，在得到交通运输部批复后，迅速开展前期设备采购招标等工作。厅直各业务局、各市州交通运输局(委)也着手开展本行业、本地区交通运输安全畅通与应急处置信息系统配套工程建设。省公路局加快全省普通公路路网监测与应急处置系统二级平台系统联网调试运行，武汉、孝感、随州、黄冈、咸宁等市州基本建立省、市两级路网应急中心，与各县市区应急指挥车、车载通信终端、手持智能终端实行数据信息联网共享。省港航局为470艘渡船安装AIS船舶自动识别系统，为840艘渡船安装GPS和北斗船载终端，在143个重点渡口安装固定视频监控设施，并以32个县级指挥分中心建设为重点，加快推进省—市—县三级水上搜救系统后续工程建设。省运管局启动汽车客运站安全管理信息系统建设试点工作，开展道路运输车辆卫星定位平台建设，重点对“两客一危”车辆动态监管情况进行抽查通报。省高管局完成高速公路应急指挥中心改造，实行节假日24小时应急值守制度，实现对全省高速公路路网运行监测预警、信息发布、应急指挥调度和救援处置同频同步。

加快推进应急队伍建设和应急保障体系建设。全省交通运输系统根据应急工作要求，认真梳理掌握应急队伍人员构成、基地建设、物资配备等信息，开展应急队伍应急救援处置技能培训，加强应急物资设备储备保养，全面做好春运、两会及五一、十一等重要时段应急值守工作，完善相关应急预案和处置流程，举办各类有针对性的应急演练，切实提高全省交通运输系统应急队伍能力和整体应急保障水平。8月份和12月份，分别开展应急指挥平台长途拉练、高速公路隧道安全应急联动演练，武汉市交委、十堰市交通运输局开展城市公交反恐应急演练，荆州市交通运输局和宜昌市交通运输局分别开展长江大桥危化品车辆泄露应急处置演练。全省交通运输系统先后成功处置“6·8”大别山隧道火灾险情、“5·12”京珠高速25吨鞭炮车侧翻事故、“7·10”楚天高速危化品车辆自燃事故以及春运期间冰雪灾害等重大险情，有效保障了人民群众生命财产安全和公路水路安全畅通。（章治国）

【普通公路应急管理】 2014年，全省公路系统未发生较大以上级别的安全生产事故，安全生产保持稳定。全省公路系统严格按照“党政同责、一岗双责、齐抓共管”要求，进一步明确各级公路管理部门主要领导、分管领导、其他领导的安全责任。先后4次召开以公路安全管理工作为主题的局长办公会议和党委会，研究解决落实全省公路系统安全责任、强化公路隧道安全管理、加强应急物资配置、部署春运和十一黄金周等重点时段安全管理工作。按省交通运输厅要求，省公路局安全监督处迅速组建完成，安全和应急管理各项工作全面展开；同时，已有10个市州分别成立专门机构和编配专职管理人员。省公路局与各市州公路局、市州公路局与县市区及局属单位签订安全应急工作目标责任书，通过层层签订（下达）责任书，分解安全生产、应急管理责任目标，强化工作落实，形成一级抓一级、层层抓落实的良好局面。制定印发目标考核管理办法和考核实施细则，严格考核兑现，有效促进安全责任落实。开展以“平安公路，我担当我尽责”为主题的2014年安全生产月活动，通过在渡口、站所及工程建设现场张贴横幅标语，开展安全书法比赛、安全网络知识问答、安全现场咨询和安全知识宣传等工作，制作宣传展板386块、发放宣传资料2.076万份，利用报纸、网络等媒体刊发相关稿件160余篇，营造安全生产的舆论氛围。开展覆盖到县级公路部门领导、安全生产管理人员和公路管理站长等多层次安全生产培训工作，受训人员320余人次；各级公路部门先后组织公路安全相关培训122次、4338人，提高了普通公路系统从业人员安全生产素质。

对工程建设、养护施工、国省干线危桥改造进展情况进行实地检查，重点检查大型模板、高空作业和水上施工等危险性较大工程施工方案落实到位情况，安全“三类人员”和特种作业人员的持证、施工人员岗前安全教育培训情况，以及桥梁现浇支架防坍塌措施的执行情况。开展桥梁安全隐患排查工作，排查出桥面破损、梁体裂缝、栏杆缺损、桥墩基础受损等病害。对排查中发现的病桥、危桥采用桥梁卡片制度，实行桥梁卡片登记，做到“一桥一卡”。对桥梁安全隐患进行分组挂牌督办制度，严格落实安全隐患整改五项制度，即档案制、销号制、通报制、评估制、报告制，对重大桥梁隐患做到责任、资金、整改措施、时限、预案“五到位”。对列养道路桥梁施行“户籍式”管理，建立桥梁数据库，做到定期对数据库内的基础数据和病害进行更新，对已加固的桥梁实行“销号制”。加快公路隧道运行管理安全专项治理，从隧道结构安全、配套附属设施、日常养护管理、应急救援制度、交通安全标志标牌等方面着手，对全省列养公路上

2014年9月25日，全省公路山体滑坡应急演练在十堰郧县举行

的120座隧道进行深入细致排查，对排查出的安全隐患，分别建立安全隐患清单，制定处置方案，有重点、分步骤逐步消除。始终把公路专业汽车渡口、收费站安全监管的着力点和落脚点放在基层，放在一线，加大安全检查力度，切实履行好安全监管职责。全力保障船舶更新、大修等安全建设资金安排，积极构建安全管理长效机制。

以创建“平安公路”为抓手，推进安全工作向深度发展。加大辖区道路路政巡查力度，认真开展“非标集中整治”、“抛洒污染专项整治”、“集镇过境路段专项整治”和“春季植树造林”等活动，打造“畅安舒美”路段。联合公安交巡警、交通运政等部门加强源头治超，巩固治超成果，维护公路良好技术状态。加强在建工程、危桥险段及水毁路段、漫水路段安全监管和交通分流，注重路政、工养监管人员依法行政、文明执法和安全作业。完善以处置特情为主的应急机制、以桥梁检查检测为主的定检机制、以日常养护巡查为主的保障机制和以分级管理为主的监督机制，确保干线公路始终处于良好的技术状态。2014年省公路局下达养护施工标准化管理补助资金1300余万元，为26个县(市、区)统一配置公路养护作业车和若干安全设施及各类标志标牌，为14个山区县市配置高空作业车。通过推行公路养护施工标准化管理，提升公路作业安全生产管理水平，破解公路养护施工安全隐患难题。2014年，渡口开行航班6.57万次、渡运车辆99万辆次，收费站通行车辆1125万辆次，实现安全生产零事故。推荐“枝城长江大桥公路桥维修”、“襄阳市316国道一级公路改造项目”、“武汉市三官渡大桥”参加省级“平安工地”创建活动，进一步引导全省普通公路建设和养护项目加大安全生产工作力度、保障安全生产资金、规范安全生产行为，树立建设和养护安全管理工作样板，实现各建养项目“比、学、赶、超”，丰富安全管理工作手段。

以保安畅通为根本，着力推进应急保障能力建设。建立省市两级应急管理协调机制，2014年年底初步形成指挥统一、职责明确、部门协作、运转高效的应急管理机制。加强应急抢险队伍建设，全省已组建应急队伍98支、人员4000余人，初步形成省市县相互支撑的三级应急救援队。孝感、黄冈、十堰市组建三支装配式钢桥架设专业队伍，进一步提高应对公路突发事件和装配式公路钢桥架设技术水平。启动14个公路养护应急中心建设，已下达70个县市公路养护应急中心建设计划，公路应急中心布局更加广泛。加强应急演练，提高快速反应能力。省公路局在十堰市组织开展公路山体滑坡应急演练活动，宜昌市白洋渡口组织公路汽车渡口应急演练活动，孝感市开展反恐应急队伍紧急拉练。

(何玉清)

【高速公路应急管理】 2014年，全省高速公路突出隐患治理和应急处置能力提升，不断夯实应急管理基础，优化安全运营环境。全年无安全生产责任事故，安全生产形势持续稳定。

完成全省高速公路应急指挥中心大厅改造工作，优化应急指挥中心办公场所。调集局机关、联网中心、京珠管理处29名人员组建工作专班，进驻全省高速公路应急指挥中心。搭建全省高速公路应急指挥处置平台，节假日期间应急办24小时运转，实现高速公路监测预警、指挥调度、应急广播、救援、咨询等同频同步，及时通报高速公路路网运行情况，为领导决策提供准确依据。在春运期间，高管局应急办围绕“情满旅途 畅行荆楚”春运主题，向省运管局、省客集团报送路网预警信息32条，避免了73个班次约2500人拥堵滞留。大雪期间，省局应急办调度各路段实施路网联动，采取间断放行、警路开道、结队通行等方式，疏导车辆6320多辆，保障道路通行能力，防止重特大事故发生。

2014年完成省安委办挂牌督办的东西湖互通立交重大安全隐患、高家店互通立交重大安全隐患、沪渝高速公路黄黄段部分防护设施重大安全隐患、京港澳高速公路部分路段边护栏重大安全隐患的整改工作，并予以销号。在东西湖互通立交隐患整治中，更换了46块标志牌(武荆公司更换44块、联交投公司更换2块)，增强了东西湖枢纽互通立交指路标志牌信息的连续性，规范了标志牌的设置。在整治高家店互通立交隐患中，采取公告、设置交通引导标志、封闭等步骤，封闭C匝道，消除高家店互通交织车道潜在的安全隐患。在沪渝高速公路黄黄段部分防护设施隐患整治中、完成蕲河大桥、梅川河大桥、茅山港大桥、花桥河中桥的防撞墙增设工程，达到防护标准。在京港澳高速公路部分路段边护栏隐患整治中，更换F型防阻块9443个、立柱养护1148根，恢复该路段安全防护功能，实现安全防护达标。

2014年12月15日，举办湖北省高速公路隧道安全应急联动演练

全年编发《春运安全简报》32期、《国庆安全简报》8期、《路政工作简报》15期、《湖北高速路政》6期，印发高速公路安全保护宣传漫画资料10万余份、高速公路超限治理宣传卡6万余份、高速公路安全保护宣传知识问答4万余份，发放给广大司乘人员和高速公路沿线村庄、学校、企业、社区，宣传高速公路安全管理知识，进一步增强公众遵章守法和爱路护路的意识。

（李虎子）

【道路运输应急管理】 全省道路运输行业建立省级运管机构、地市级运管机构、县级运管机构、道路运输经营者四级道路运输应急保障体系。2014年重新调整充实湖北省道路运输应急保障领导小组，局长任组长、其他局领导任副组长、各处室负责人为成员。下设应急办公室，成立宣传报道组、后勤保障组、通信保障组、车辆技术保障组，明确职责和任务。应急工作领导小组实行统一领导、综合管理、分工负责，真正建立“日常有管理、遇事有组织、处置有队伍”的工作机制。

为切实加强全省道路运输应急保障工作，制定《湖北省道路运输应急保障预案》，补充和完善《道路运输事故应急救援预案》、《自然灾害突发事件道路运输应急保障预案》、《突发公共卫生事件道路运输应急处置预案》等专项预案，形成覆盖行业、权责明确、相互支援、相互协作的应急救援网络。加强应急救援能力建设、队伍建设和协调配合，建立健全完善应急救援工作机制，提高应对事故灾难能力。要求所有客运企业、危货运输企业和客货运站必须做到预案编制到位、预案演练到位，做到应急管理“七到位”即值班人员到位、应急车辆到位、车辆技术状况到位、责任制度到位、组织人员到位、应急预案执行到位、后勤保障到位，切实提高运输企业防灾、抗灾、救灾能力。各级运管机构在本辖区内建立应急运力储备，做到领导责任、车属单位、车牌号码、驾驶人员、带队人员、集结地点“六落实”。配备应急车辆1000辆，其中客车500辆、货车500辆。应急运输保障车辆要求达到二级以上技术标准，应急运输车辆所属单位负责保持应急运输储备车辆处于良好的技术状况，确保应急运力随时调用。

按“专兼结合、平急结合”原则组建应急队伍，由36名道路运输应急突击队组成，编成3个突击分队，在省运管局应急办公室领导下开展工作，各市州运管机构也成立相应的应急突击队伍。建立应急工作快速反应指挥调度工作机制，完成对省营运车辆GPS运行管理系统、视频监控系统升级改造，将“两客一危”车辆纳入GPS统一管理范围，实现省、市州、县分级管理，实现对运输车辆、运输人员、运输企业、GPS运营服务企业的管理，为全省运管部门统一指挥、统一调度、全程监控、信息处理与发布、突发事件应急管理等提供硬件支持，确保各项应急保畅措施迅速落实到位。

（黄继斌）

【水上交通应急管理】 2014年，全省开展“打非治违”、水上旅游客运、渡口渡船专项检查、“四船”共治、“严打严治”等5项安全专项整治活动，重点对客渡船、旅游客船、砂石运输船、危险品运输船4类船舶集中整治，通过省、市、县工作督查、检查，有效排查治理隐患2976处。严厉打击恩施“清江观光”等旅游客船违法违规行为，坚决落实停航制度。

大力推进渡口渡船安全监管网格化，通过包片、包线、包渡形式，将所有渡口渡船安全监管责任明确到个人，严格按照检查频次开展日常检查和巡查，年中和年尾组织多个考核小组，对渡口渡船安全监管工作情况进行目标考核，确保渡运安全形势稳定。贯彻落实《水上交通事故统计办法》，严格按照“四不放过”原则，调查、处置2.5起水上交通安全事故，并在全省通报；严格水上事故、险情信息报送，要求凡发生涉水事故险情，不管是否属于水上交通事故，均必须在第一时间上报，严禁迟报、漏报和瞒报。印发《湖北省水上搜救应急管理系统监控室值班制度(试行)》，明确专人，加强值班，充分利用CCTV、GPS监控信息系统，加强客渡船航行安全监管，有效制止或查处64起船舶超载、冒险航行、违章载车等违法违规行为。同时通过湖北省水上搜救管理系统、电话、短信等多种方式，提前将雨雪、冰冻、大风大雾、汛期等恶劣天气和水文状况，通知航运公司和渡工做好防范工作。

不断完善应急管理系统，重点推进完成水上搜救应急管理系统二期工程建设，建成16个市州监控指挥分中心，包括监控大屏和配套的硬件设施；全省重点水域、渡口及码头的175路视频监控终端；840艘船舶的GPS监控设备；470艘船舶的AIS监控终端。新建完成12艘12米级多功能、信息化海巡艇，全省海巡艇达到115艘；覆盖重点水域、重点码头、重点船舶的动态应急监控体系基本形成。各级海事机构联合安监、公安等部门，采取以公司为单位、全体船员参加或观摩等方式，在辖区重点水域开展弃船和搜寻救助综合演习，进一步提升船员应急处置和乘客自我防范能力，提高海事部门、公司、船舶之间的应急协作能力。宜昌市海事部门联合安监、公安、医疗、社会救援等部门，在清江组织19艘旅游客船、6艘海巡艇、三辆救护车和一辆消防船成功开展弃船演习，演习得到交通部海事局客船安全督查组、湖北省交通运输厅充分肯定。孝感市海事部门在汉江组织“鄂汉川渡0159”客渡船，邀请乘客，开展落水救生、消防灭火、弃船逃生多科目合成演练。鄂州市海事部门在梁子湖组织7艘载客超过50人的客渡船(旅游船)近100名船员及管理人员开展弃船逃生演习。（省港航海事局）

交通财务费收和筹融资

【交通财务】 宣贯新《预算法》，组织新《预算法》全员培训。根据新《预算法》规定，进一步调整和规范预算、国库集中支付、政府采购、转移支付各项工作。严格预算“全口径”，将以前因管理体制等因素未纳入预算的武汉绕城高速通行费等收支，全额纳入部门预算管理。实行预算“全公开”，交通部门预算、决算、三公经费等信息全部在省政府网站公开。强化预算“法人负责制”，调整国库集中支付和政府采购流程，建立资金支付法定代表人签章制、实施厅直单位会计集中核算转轨，还资金使用权、财务管理权和会计核算权于单位。规范和完善转移支付制度，对农村公路客运等资金实行因素法分配，调整资金分配下达流程，与法定资金拨付时限相衔接。调整行业管理预算体制，将一级公路收费站、公路渡口收支预算下放市县管理。

强化预算管理。继续推进“政府还贷高速公路预算定额”修编和全面应用工作，引进第三方中介机构开展预算编制外部评审，提升预算编制整体质量。鄂西管理处制定本单位《部门预算定额标准》，黄黄、汉十高速公路管理处开展基层单位预算调研工作，提升预算编制精细化水平。省高管局加强项目前期工作，规范项目立项、审批流程。崔家营、江汉运河管理处等新纳入预算管理的单位，高起点做好预算编制工作。加强预算执行管理，省交通运输厅建立预算执行考核通报制度，全年省级预算执行率95%，市县交通专项资金拨付率达100%。厅信息中心、随岳、武黄高速公路管理处加强对本单位预算执行的统计分析和预警提示，提高预算执行率。省公路局建立“交通专项资金落实情况通报”制度，督促各市县及时落实资金。

推进预算绩效管理。开展绩效目标管理工作，从源头提升资金使用效益。实现2014年项目支出绩效目标编审全覆盖，全部项目设定绩效目标和绩效指标，经省财政厅推选纳入14个“整体支出绩效目标编报”和“管理绩效综合评价”工作试点单位范围。开展交通专项资金竞争性分配工作，从资金分配环节提升效益。对3亿元长江港航建设资金、1亿元物流发展资金实行竞争性分配，其中3.72亿元采取公开招投标+专家评审方式实施。开展绩效跟踪工作，从过程中提升效益。2014年实施全过程预算绩效管理试点项目19个，涉及16个单位，基本覆盖厅职能范围。开展绩效评价工作，从资金使用和后评价环节提升效益。委托社会中介机构，对2013年高速公路养护支出等32个项目开展绩效评价，占项目预算53.36%。2014年，省交通运输厅获得省直单位“绩效管理工作先进单位”称号。

强化资产管理。开展省级交通资产全面清查工作，对全省政府还贷高速公路路产、经营性高速公路股权债权、服务区、土地、房屋、运营管理和养护设备等进行全面清理清查。厅直各单位按照省财政厅统一安排，组织开展“事业单位及所办企业产权清理和登记”工作，进一步摸清家底，明确产权关系。严格资产配置标准，执行资产配置实物量、价格上限和使用年限“三项标准”。加强政府采购管理，实施“应采尽采”。严格资产使用和处置管理，出租资产采取公开招投标方式实施。继续推进省交通运输厅资产信息管理平台建设和应用，省公路局等单位对所有资产实行二维码登记。2014年，省交通运输厅获得省直单位“资产管理工作先进单位”称号。

强化债务管理。做好地方政府性债务清理核实和甄别工作，按照省政府办公厅《关于开展地方政府存量债务纳入预算管理清理甄别工作的通知》精神，对交通运输行业省本级债务逐单位、逐笔进行清理核实，并按“应纳尽纳”原则，申报纳入政府债务。做好二级公路债务化解工作，省统贷债务偿还机制运转良好，省统贷中央核定内债务全部优化为15年期长期贷款。市县债务化解工作稳步推进，各地均已出台债务化解方案，潜江市、恩施州将二级公路债务还本付息纳入财政预算，核定内债务已全部偿还。

抓好财经纪律贯彻执行。印发《厅机关公务接待费、会议费、培训费、差旅费管理办法》，加强对厅直单位三公经费专项检查，厅直单位2014年“三公”经费总额较2013年下降5.87%。在厅直单位部署开展“审计整改督办和财务检查”、“违反财经纪律问题专项整治”、“三公经费检查”专项活动，对查出的问题进行严肃整改，其中对3家单位、4名责任人采取组织处理措施，并公开通报。湖北交通职业技术学院以“查、改、建”为主线，多次聘请会计师事务所对所属单位进行财务检查。十堰、荆门市交通运输局开展局直单位“三公经费”专项检查工作。

加强财务工作自身建设。加强创新研究，在交通运输部“交通运输行业财务审计创新成果推选”工作中，“财务管理信息系统构建与应用”获评二类成果(第5名)，另一项获评三类成果。加强规章制度建设，组织修订《省交通运输厅部门预算管理办法》、《省交通运输厅政府采购办法》等，联网中心出台《合同管理办法》、《国库集中支付管理暂行办法》等，初步搭建起财务管理制度体系。加强人才队伍建设，继续委托交通会计学会举办会计人员继续教育培训班，858余名财会人员参训；选派3位选手参加全省新“事业单位会计技能比赛”，1人获二等奖、2人获优秀奖，省交通会计学会获得组织奖。加强信息化建设，继续深化“湖北交通运输财务集中信息平台”应用，预算编报、会计核算、账户管理全部通过网络运行。省公路局委托研发湖北省公路部门审计信息管理系统(RAMS)。加强会计基础工作，布置和指导交通系统各单位实施新的行政单位会计制度、事业单位会计制度，开展厅机关和厅直单位老账户清理工作。（彭畅）

【全省交通费收】 2014年，全省五项交通规费预计完成收入150.11亿元，为年度目标的108.22%，同比增长11.31%。其中，高速公路通行费完成147.09亿元，为年度目标的108.16%，同比增长11.34%。普通收费公路通行费完成0.94亿元，为年度目标的120.90%，同比增长1.86%。水上港务费、航政费“两费”预计完成2.08亿元，为年度目标的107%，同比增长14%。全省高速公路ETC建设全面提速，全年214个收费站建成ETC车道417条，ETC覆盖率由2013年的20%上升到80%。（彭畅）

【全省高速公路通行费】 2014年，全省高速公路共征收通行费147.09亿元(含计提收入12.64亿元)，同比增长11.34%，完成年计划目标136亿元的108.16%，突破了145亿元的力争目标，实现“六连增”。严格执行“绿色通道”和节假日免费车辆通行政策，全年“绿色通道”及7座以下免费车辆1775.69万辆，让利于社会22.38亿元。

ETC车道建设跨越式发展。全年在214个收费站建成ETC车道417条，超额完成400条的既定目标。ETC覆盖率由2013年的20%上升到80%。全省建有ETC客服点164个，拥有ETC客户数8.6万个，日均通行电子支付车辆近2万辆次，电子支付收入81万元。

【全省一、二级公路费收】 2014年，政府还贷一级公路完成通行费收入9430万元，占年度目标的121%；专业公路渡口所完成过渡费收入2379万元，占年度目标的108.%。收费站累计通行车辆1025.66万辆次。重大节假日期间，全省累计免费通行车辆66.67万辆次，免收通行费705.82万元。免费通行政策执行情况良好，收费秩序、车辆通行正常有序，没有发生交通拥堵和重大交通事故等现象。

撤站工作平稳推进。根据省政府办公厅有关文件批复的要求，黄冈市分别于2014年1月15日撤除黄冈市江北一级公路南湖收费站禹王收费点，5月31日撤除105国道黄梅小池收费站，12月31日撤除陶店经营性收费站。撤站工作总体平稳，禹王、小池的债务清算、人员安置工作基本完毕，陶店撤站工作在有序推进。

完成通行费票据清理核销工作。8—12月份，省公路局派专人对黄冈、宜昌、荆州2014年通行费票据以及往年通行费票据进行了专项清理。完成收费站、渡口业务培训工作。11月25日，省公路局在武汉举办全省通行费、渡口安全业务技能培训，在提高通行费、渡口干部职工的管理工作能力和服务水平，提高职工“严格程序、规范操作”的职业素养等方面达到了预期效果。完成一级公路设站、收费年限的审核上报。3—5月份，完成宜昌318国道一级公路、当枝一级公路设站审核、上报以及其他相关工作，荆州荆监一级公路收费年限的审核上报工作。以展现窗口形象为重点，通过开展文明礼仪服务各类专题培训和创建活动，提升职工文明服务意识和水平。（曹孝菊）

【水路交通规费征稽】 2014年，完成水路规费收入20782.13万元，为年度计划的107.15%，超目标进度7.15%，同比增长13.88%。自2008年成品油价格和税费改革后，水路交通规费“重返”2亿元时代。

征收目标管理。年初根据当前水运经济形势和船舶港口实际情况，制定下发2014年全省水路交通规费征收计划。各单位积极反馈意见，结合辖区实际层层分解下达。坚持和完善费收情况通报制度，下发3期情况通报，总结经验、查找不足、分析形势、制定措施。武汉先后召开4次费收目标会议，专题布置费收计划下达、执行进度通报、完成情况分析和冲刺督办。宜昌强化目标责任管理意识，实行层层分解、级级下达、责任到人，一级抓一级、层层抓落实。鄂州通过对各基层所费收形势调研分析，将上级下达目标731万元加码到800万元后进行分解，建立绩效考评和监督机制。

激励约束政策。进一步完善费收激励约束机制并实行风险考核，对承诺取消代理费的市县超计划征收部分按照80%比例安排专项资金。鼓励相关单位将水上水下工程护航费纳入省级财政“统收统支”管理。对在审计检查、稽查巡查发现问题整改态度不认真、措施不到位的单位，研究相应惩罚措施，最大限度堵塞规费征收漏洞，挖掘费收潜力。武汉通过对长江所、江北二所、阳逻督查室、金口督查室主要负责人进行岗位更换，激发工作热情，促使其狠抓各项工作，保障指令性收费任务的完成。十堰从有限的经费中拿出10万元作为奖励基金，为“保增收、保目标”设立激励机制，调动基层局、所“依法征费、足额征收”积极性。

规费现场管理。规费征收的重难点、关键点和支撑点均在现场管理，规范有效的现场管理可以极大地促进规费征收。宜昌推行船舶进港“三制度、两核对”措施(即船舶装卸作业通知单制度、运单制度、运政综合检查登记制度和核对港口作业记录、核对船舶吃水)，做到船舶到港有登记、船舶作业有申报、船舶缴费有记录。仙桃费收专班创新费收征管方式，采取费收目标分解到人、港口码头驻守到人、岸线巡查责任到人、征费船舶落实到人、漏费责任追究到人的费收征管措施，强化收费管理督查，确保规费应收尽收。荆门通过抓安全监管促进规费征收任务落实，加强对岸线定期巡查力度，及时掌握河道堤防部门的抛石护堤工程，积极拓展水路交通规费。荆州为便利船民缴费，多次协调银行，增设POS机解决缴费难问题。潜江联合荆州、洪湖、监利就内荆河运输船舶管理开展综合整治，规范水运市场，促进规费征收。随州积极推行船检、航政、运政和费收“四位一体”整体联动机制，形成完整的“征费锁链”。

规费稽查巡查。制定下发驻点稽查活动方案，2014年共稽查船舶2.22万艘次，补征规费596.48万元。开展汉江流域流动稽查工作，成功组织7期规费驻点稽查活动，稽查船舶692艘次，查处本省起运问题船舶122艘，补征规费13万余元。5月份在小池检查站举办有50余名费收骨干参加的执法规范化培训班，将课堂由会场搬到稽查现场，进一步提高一线稽查执收能力。武汉抽调基层和机关10余人成立以主要领导挂帅、分管领导带队的费收稽查专班，采取水陆并举、沿江巡查和拍照取证等多种方式，深入一线收费站点开展费收专项稽查，重点加大在周末、节假日和夜间等漏费多发时段的稽查密度，深挖费收潜力，促使东湖新技术开发区对辖区内砂船按“一船一票”收费，打破以往象征性的包干征收模式，保持费收平稳增长。宜昌利用执法车、艇和“电子眼”建立立体式费收稽查网，加大对港口前沿水域锚泊船舶和靠泊自然坡岸装卸货物船舶检查力度，减少管理盲区。黄冈通过在小池检查站趸船上安装摄像头、配备执法记录仪，并与手机联网，提高执法稽查的科学化和规范性。

依法规范征费。宜昌对全市涉企收费进行全面清理，依法规范全市水路运输服务代理费收费行为。鄂州严格规费征收政策，向鄂钢、武钢球团厂2家重点企业主动宣传政策，进一步提高企业进口原料港务费实征率。襄阳树立依法行政理念，强化综合执法力度，从基层所站、业务科室抽调人员组成专班开展立体式水路交通综合检查，依法核查船舶209艘，下发整改通知书127份，纠正发现的违规行为，极大维护了水路交通法律法规的权威。

费源调研拓展。深入基层征费单位和一线征费现场，走访码头近30个，调研15类货种及数量分布情况，编制费源明细情况表和汇总分类表15张，找出费收的薄弱环节，明确费收的主攻地区（长江片区）、关键领域（基础资源类）和支撑性货物（矿石、黄沙、煤炭），总体摸清当前费收能力和未来费收潜力，为领导决策提供可靠依据。武汉积极走访武港集团、WIT集装箱公司、武钢集团、中东化肥和中石化等重点企业，有效掌握费源动态，不断提高规费实征率。荆门以培育市场为导向，深入厂矿企业和建材市场，了解货源信息，掌握材料产品进出口路径、陆路运输成本及月产量大小等信息，利用“荆沙汉”千吨级航运圈建成后的优势，宣传水路运输运量大、成本低及环保等优点，引导业主进行水路运输，努力培育费源。宜昌实地调查走访5个费收大县（市），调研市场费源变化情况，掌握第一手市场资料。鄂州杨叶所不等不靠，主动联合辖区码头负责人走访多家货主单位，成功引进石子货源，预计每年新增规费收入30万元。咸宁坚持“走出去、请进来”的原则，积极协调“船、货、水”关系，安排专人对辖区内货运企业进行货物流向走访调查，建立辖区信息交流交换机制，最大限度地组织运力、挖掘货源潜力。天门积极主动走访水运企业和船民货主，宣传规费征收政策，协调解决企业货主经营中的困难，为培植费源打下坚实的基础。潜江引导水运企业走江汉运河，降低运输成本，提高港口吞吐量，促使规费增收15万元。

票据审核工作。执行《湖北省财政票据管理实施办法》，“票据、系统、资金”三位一体，实行“专人负责、总量控制、交旧领新、票款同步”，进一步完善票据审核缴销程序，规范票据作废手续，加速票据流转，减少票据积压，强化票据信息完整性。全年审核规费票据13万份，审核报表384份，对其中存在的项目填写不齐全、电子票号与实物票号不相符、报表填报不规范等问题及时进行纠正。武汉对基层单位票据入库率、周转率、缴销率、废票率等指标进行量化考核。对于票据周转期过长的单位，重新核定其用票计划，督促其“少领勤领”，提高票据周转率。　（省港航管理局）

【交通建设筹融资】 新《预算法》颁布和《国务院关于加强地方政府性债务管理的意见》等财税体制改革政策文件出台后，省交通运输厅组织专班深入研究，探索推进交通投融资改革。与部交科院合作开展“十三五交通发展融资政策”课题研究。按省政府统一部署，参与研究制定《贯彻落实<国务院关于创新重点领域投融资机制鼓励社会资本投资的指导意见>实施细则》等政策文件。积极与国家开发银行、中国农业发展银行、中国进出口银行联系沟通，探索创新融资机制。启动武深高速嘉鱼北段、赤壁长江大桥项目PPP模式融资试点。秭归县香溪长江公路大桥项目通过省财政厅“物有所值”专家组评价，成为湖北省首个通过“物有所值”评价的PPP项目。

落实交通专项资金“四个不变”，全年安排燃油税增量资金46亿元用于普通公路建设。继续落实省政府每年安排40亿元地方债券资金用于普通公路，以及高速公路通行费标准提高10%用于农村公路建设的政策。落实地方配套资金机制，省交通运输厅将地方配套资金落实情况，按一定权重纳入普通公路工作量化考核体系，安排3亿元农村公路指标进行引导激励。宜昌市夷陵区、五峰县、秭归县安排财政一般预算资金7.3亿元，用于普通公路建设。竹山、大悟、林区等贫困县市捆绑扶贫、发改资金和土地出让金安排普通公路建设超过1亿元。全省34个市县建立了交通建设融资平台。咸宁、鄂州市交投公司向国家发改委申报发行“微小企业集合债券”12亿元，襄阳市交投公司、黄石大冶市交投公司落实银行贷款资金。黄冈、荆门、十堰、随州市引进中建、中交、太平洋、葛洲坝集团等，采用土地捆绑开发等方式建设普通公路。

争取财政资金政策支持，省财政继续安排5亿元水运发展专项资金，用于支持引江济汉通航工程、汉江高等级航道整治等。建立完善“航电结合”融资机制，以崔家营枢纽发电收益等为还款来源，向国开行贷款5.3亿元用于引江济汉通航工程项目建设。争取利用外资，经省政府批准，以项目发电收入为还款来源，汉江雅口航运枢纽项目申报世行贷款1.5亿美元。吸引社会资本投资港口建设，全省以松滋车阳河综合码头及临港工业园等为代表的港口、工业园和物流园同步建设、互动发展“一港双园”项目日渐成型，吸引一批行业龙头企业投资。

发挥政府资金引导性作用，省级财政安排客运枢纽建设专项资金、物流发展资金、公交发展专项资金。拓宽融资渠道，宜昌市三峡现代物流中心项目，成功申报2亿美元世行贷款。多种方式鼓励社会资本投资，各地借鉴高速公路招商引资模式，以土地税费等优惠条件，采取公益性项目和开发性项目一体化建设、捆绑开发等方式，吸引社会资本，全年部省补助5亿元带动站场物流投资50亿元。探索吸引社会资本投资城市公交、农村客运等运输公共服务领域，如武汉市武胜路公交枢纽探索TOD方式融资。

省交投公司融资规模继续扩大，实现融资540亿元，其中银行贷款307亿元、企业债55亿元、中期票据40亿元、私募债85亿元、保险资金债权计划53亿元。企业投资项目融资稳步推进，省交通运输厅成立“高速公路项目融资协调专班”，协调省政府金融办，组织相关金融机构召开银企对接会，为老谷、洪监高速等企业投资项目融资争取支持。（彭畅）

【利用世界银行贷款项目工作】 2014年4月，以翟小可先生为团长的世界银行代表团对宜昌至巴东高速公路建设情况进行现场监测，本次监测的主要内容为工程进度及质量管理、资金管理及支付、环境保护及生态平衡、移民安置及利益保障等。代表团对监测结果给予充分肯定和高度赞赏，称宜昌至巴东高速公路项目是世界银行与湖北交通合力打造的一个精品项目，具有典型示范和学习借鉴作用，世界银行将以不同形式向全球其他世行项目推广宜昌至巴东高速的成功经验。

2014年12月27日，开工建设历时5年的宜昌至巴东高速公路正式通车。建成后的宜巴高速公路有桥梁138座、隧道39座，桥隧比高达74.5%。该路沿途穿越三峡画廊，途经屈原故里、昭君故里、三峡国家地质公园等，将多个景区串联起来，被誉为最美的高速公路之一，同时也标志着贯穿中国东、中、西部地区的沪蓉高速大动脉全线贯通。（万帆）

【交通内部审计】 加强建设项目审计。加强新开工重点建设项目监管，按照交通运输部《交通运输建设项目跟踪审计操作指南》要求，完成武汉市城市圈环线高速洪湖段、武汉市四环线沌口大桥、麻竹高速随州西、襄阳东等项目开工前审计。组织省公路局开展2009—2012年国省干线危桥加固工程项目(资金)审计调查，在市州自查基础上，对荆州市(沙市区、荆州区、江陵县、公安县)和咸宁市(咸安区、赤壁市、通山县)进行就地审计，采取内业查看与外业查看相结合的方式，重点查阅相关项目账务、合同、计量支付证书、验收报告、工程现场完成情况等，进一步规范危桥加固专项资金的到位及使用。

强化经济责任审计。根据厅党组决定及厅人劳处委托，组织对厅规划室、鄂西管理处、武黄管理处等厅直单位领导人员经济责任审计。审计中重点从管理指标、内控制度、经营成果、遵守财经纪律等方面加强监督，关注领导干部在行使经济决策权、管理权、政策执行监督权中的重大经济事项决策情况、重要经济政策法规执行情况、重点资金资产管理使用情况，提出多条加强货币资金、预算、内控和财务管理的审计建议。组织市州交通运输局(委)、厅直各单位按干部管理权限开展下属单位领导人员经济责任审计。

加强预算执行和财务收支审计。协调配合省审计厅开展交通部门预算执行和其他财务收支情况审计，督促预算单位加强审计整改，完善制度建设，规范预算管理。组织各市州交通运输局(委)积极开展所属单位部门预算执行审计，积极适应财政预算改革不断深入的新形势，围绕预算执行的真实性、完整性和科学性，以预算管理和资金分配为重点，注重从体制、机制和制度上揭露问题，分析原因，提出建议，促进预算单位管理不断规范。开展2013年地方政府债券资金用于普通公路建设情况专项核查工作，通过核查发现各地在安排债券资金中存在争取力度不够、积极性不高，债券资金使用及监管不严格不规范等问题，对下一步债券资金的安排提出建设性意见。组织省公路局对2013年累计下达到各市州的省级交通专项及切块资金、中央车购税资金和取消政府还贷二级公路中央补助资金的到位情况进行审计调查，下发情况通报，分析资金申报、拨付、监管存在的问题，对提高全省交通专项资金到位率、促进资金规范使用起到良好的推动作用。

强化行业指导与管理。严格考评制度，提高内审工作质量，省公路局按照《湖北省公路系统内审工作考评办法》要求，抽调市州审计科长分三组进行年度审计工作考评。通过交叉考评达到以考代训、表扬先进、帮助存在问题的单位认识差距的目的，促进各级公路部门内审工作步入制度化、规范化、科学化发展的轨道。加强审计信息化建设，省公路局联合软件公司研发制作湖北省公路部门审计信息管理系统(RAMS)，在全省公路系统广泛运用，对加强湖北公路行业内审基础管理工作、及时了解掌握审计工作动态、提高审计效率和审计质量起到积极作用。积极组织开展厅财务集中管理信息化平台中内部审计模块的开发和应用工作，逐步实现对厅直单位财务电子数据的实时监控和内审预警。加强内审工作调研指导，结合项目审计、审计机关审计协调、财务管理调研等工作，多次深入基层，对厅直单位、市县交通部门、重点工程建设单位开展审计工作调研指导。（胡敏）

交通法制

【交通法制建设】 健全组织，完善机制。成立由主要领导任组长的法治交通建设暨依法治交工作领导小组及办公室，明确主要职责和工作制度，参与研究制定《湖北省交通运输厅关于全面深化交通运输改革的若干意见》，起草湖北省法治交通建设“十三五”规划(2016—2020年)(征求意见稿)、2014年全省交通运输系统法制工作要点，进一步强化法治建设主要任务，明确责任处室、时间节点和工作要求，做到法治工作长期有规划、年度有计划、推进有措施、落实有保障、考核有机制。

深入研究，扎实推进。省交通运输厅党组先后多次召开会议，审议交通系统法治建设工作实施意见，研究部署法治单位创建、法规制度建设、行政审批制度改革、法治建设试点等，对推进法治交通建设的指导思想、主要任务、工作措施及实施步骤提出明确要求，促进依法行政各项工作的落实。

资源倾斜，加强保障。立法调研、普法依法治理、执法队伍培训、基层站所建设、行政复议等工作经费均列入财政预算。按要求聘请法律顾问，积极参与各项法律事务工作。将依法行政工作、执法评议考核、机关干部年度法律法规知识考核等纳入省交通运输厅年度目标考核重点内容，并作为干部考核提升的重要条件，调动了干部职工依法行政的积极性和创造性。

2014年3月，省交通运输厅被评为全省“六五”普法中期先进集体，且已连续5年保持所有行政复议零复查、行政(民事)诉讼全胜纪录，连续6年被评为“全省法治建设暨普法依法治理先进单位”。省港航管理局被评为全省首批法治创建活动先进集体。

（鲁军）

【交通行政立法】 2014年1月，省政府出台《湖北省城市公共交通发展与管理办法》，弥补全省城市公共交通发展与管理立法空白；协调省政府法制办、省机场集团等单位对《湖北省民用机场管理办法(草案)》、起草说明等进行集中修改，并上报省政府办公厅，实现由传统公路水路领域立法向民航、邮政等综合交通运输领域立法的转变。2014年10月，《湖北省公路路政管理条例(修订)》顺利入围2015年立法项目专家评审会；完成《湖北省高速公路服务区管理办法(草案)》、《湖北省出租汽车客运管理办法》(修订)、《湖北省高速公路联网收费管理暂行办法》、《湖北省小型客船运输经营资质管理暂行办法》起草论证工作并上报省政府，不断充实储备交通立法项目。

严格按照国务院《法规规章备案规定》和《湖北省规范性文件备案审查规定》要求，每年定期对厅机关及相关业务处室制定、公开发布的规范性文件开展合法性审查、制度廉洁性评估。2014年下半年，省交通运输厅对1992年以来由省政府颁布的、涉及交通的8个规章和34件规范性文件进行清理，对文件的合法性、合理性、可行性和必要性进行实质性审查，就发现的问题提出建设性处置意见上报省政府法制办。经过审查和清理，政府规章部分6个建议保留、2个建议修改，规范性文件部分28件建议保留、1件建议修改、1件建议失效、4件建议废止。采取以上措施，初步建立起规范性文件审查关口前移、效力更替、有机衔接的管理机制。（鲁军）

【交通行政执法】 2014年4月，印发《全省交通运输基层执法站所“三基三化”建设试点工作方案》，在全省选取21个基层示范站所进行试点建设，并在全省交通系统开展“为何执法、为谁执法、怎样执法”大讨论暨主题征文活动，京珠高速公路路政支队、武汉市运管处2家单位被同时列为部省试点示范单位。京珠路政支队推行的全天24小时就近结案、执法信息公开查询，武汉市运管处推行的执法标准化、信息化建设，鄂州市交通运输局推行的行政执法“八个一律”规定等实践经验在全省得到普遍推广应用。2014年11月，省交通运输厅召开全省交通运输系统“规范基层执法行为，创建人民满意站所”总结表彰会，对武汉市武湖公路超限检测站等25个单位进行表彰，对推进法治交通建设、实行廉政阳光执法工作进行部署。

明确推进综合执法、理顺行政强制执行机制、严格实行执法人员持证上岗和资格管理制度、健全两法衔接机制等四大改革攻坚任务，研究出台10条意见、建议，向省委政研室专题上报《关于开展行政执法、普法工作的打算、意见建议的报告》。2014年7月，印发《全省交通运输系统“廉政阳光执法”建设工作实施方案》，按照“全面推进、逐步规范、注重实效”的要求，以完善执法公示制度和监督

2014年9月3日，京珠管理处全面拉开警路联合专项整治行动序幕

检查制度为突破口，围绕事前、事中和事后监督，着力构建行为规范、程序严密、运行公开、制约有效的行政权力运行机制，全面形成覆盖所有交通执法机构、执法岗位、执法人员的“廉政阳光执法”体系。

通过开展年度集中化评议、市州交通运输主管部门常态化评议、基层执法机构日常化评议，促进基层执法队伍公正文明执法。2014年7—8月，省交通运输厅组成8个交叉检查组对全省17个地市州交通运输局、5个厅直各业务局、9个高速路政支队的行政处罚、许可、强制、检查和执法监督情况以及开展公路执法专项整治情况进行检查评议，重点对公路执法专项整改组织“回头看”，明确考核标准和评分细则，并进行综合打分排名和全省通报。对公安县交通运输局关于“11.28”央视曝光的案例进行深度剖析和警示教育，并向交通运输部上报了专题报告。

2014年7月，省交通运输厅在2013年现行省级交通运输193项行政权力和服务事项的法律依据、执法主体、内部流程、外部程序等进行全面清理的基础上，对省级行政监管事项进行专项清理，清理出16项监管事项，报送省清权办审核备案，率先在省级层面探索建立清单式行政监管模式。9月，省社科院马克思主义研究所专程到省交通运输厅就清单式行政监管模式开展调研，对省交通运输厅权力清理工作成效给予高度肯定。（鲁军）

2014年10月14日，全省交通运输系统法制培训班在宜昌举办

【执法队伍建设】 严格强化准入标准和岗位锻炼，凡执法机构进人须由人事部门会同法制部门统一面向社会招考，任前须经省级或地市级交通运输主管部门任职培训合格，并通过法律科目考试取得任职资格；制定《湖北省交通运输行政执法人员三年轮训工作方案（2014～2016年）》，明确培训内容、培训要求、实施步骤，力争用三年时间对全省交通系统一线执法人员全部轮训。

大力推进执法师资遴选，在全省组织遴选80名涵盖各执法门类的省级师资库和人才库。印发《湖北省交通法治巡回宣讲团“送法进基层”活动方案》，组织各类交通法制宣传活动，截至12月份组织开展15场“送法进基层”活动，参训人数1800多人次。

创新执法培训方式及途径，自行开发湖北省交通运输行政执法人员在线培训考试系统，涵盖交通法规、法规解读、专家授课、典型案例、示范案卷、在线咨询等内容，并将平时在线学习学时、测试成绩和考试成绩纳入年度执法人员考核内容。2014年12月，配合省普法依法治理工作领导小组办公室组织参加2014年全省公务员无纸化学法用法考试，首次将考试范围覆盖到省交通运输厅及厅直各业务局公务员、参公管理人员，参考人数、考试通过率都较2013年有所提高。

（鲁军）

【普法依法治理】 2014年2月，省交通运输厅组织召开《湖北省城市公共交通发展与管理办法》(以下简称《办法》)全省电视电话宣贯会议，大力开展《办法》的专题学习宣传和贯彻落实工作，充分利用报纸、网络、电视、广播等媒体，通过专家解读、专题报道、现场解读等形式，保障《办法》有效实施；6月，参与《湖北省优化经济发展环境条例》省直机关宣传周活动，在水果湖步行街以摆放展板、发放宣传资料、现场咨询等形式，为公众答疑解惑；12月，以“切实增强宪法意识，全面建设法制交通”为主题，在全省交通运输系统深入开展“12.4”国家宪法日法制宣传日活动，通过全行业的力量整合和广泛参与，有效地拓展交通法制宣传教育覆盖面，推进全省“法治交通”创建进程。进一步畅通与网络媒体、平面媒体的沟通联络机制，拓展普法宣传方式，制作反映全省交通公路、运管、港航海事各个执法门类的多部专题宣传片和微电影，宣传湖北交通执法正能量，通过微信、微博、移动客户端等新媒体方式不断提升扩大动态宣传效果影响面。其中以“全国十大最美职工”陈洪涛为原型制作的微电影《英雄》、《制服》，在微信、微博、优酷、大楚等网络平台获得热播和大量点击，通过“路政哥”陈红涛在危难时刻舍己救人的英勇壮举，展现湖北交通人恪尽职守、忠于使命的奉献精神，心系群众、执法为民的真挚情怀和不惧危险、敢于拼搏的英勇气概。（鲁军）

【厅行政审批工作】 2014年，省交通运输厅审批办(以下简称审批办)办理省级行政审批事项11366起、提供各类咨询服务3744起，被评为“全省交通运输行业杰出青年文明号”和“厅直系统先进集体”，所在党支部被评为“红旗党支部”，通过2010—2011年度“全国交通运输行业文明示范窗口”复核。主要做法有：

1.接好放好国务院、省政府、交通运输部、省交通运输厅取消和下放的审批事项，最大限度地取消行政审批事项。2014年，交通运输部取消职业资格认定3项、取消达标评比项目2项、下放至省级事项9项，省下放至市州事项包括1大项(权限范围内交通建设项目可行性研究报告、初步设计、施工图设计批复和项目施工、竣工许可)的10个项目、1大项(水路运输及水路运输辅助业务经营许可)的部分事项。审批办及时向省审改办上报承接报告，向业务局(处)及市州交通部门发放落实通知。省交通运输厅涉及改前置为后置的事项有5项，市州县涉及改前置为后置的事项有5项，削减了不必要的前置审批，缩短企业注册时间，给企业更大的自主决定权。

2. 公开省级交通运输行政审批项目权力清单，建立动态更新机制，建立行政审批申请材料“正面清单”制度。严格按照《湖北省行政审批事项目录管理办法》规定，通过门户网站、新闻媒体、办公场所等易被社会公众知悉的渠道，全面公开行政审批事项。为提高业务水平，审批办启动交通运输行政审批标准化建设，规范省级审批事项、申请材料、审批流程、审批时限等业务标准，规范政务服务大厅服务标准、基础设施标准及管理标准，完成38部标准初稿收集整理。制订出台政务服务大厅首问负责制等系列运行制度及政务服务相关指导意见，在省直部门首开双休带班值班制、午休值班制先例，建立行政审批服务微博、QQ群，开展快递邮寄、送证上门服务，最大程度方便老百姓。为支持“珠港澳大桥”项目建设，审批办创新方式，报经省交通运输厅领导批准，特事特办，为运输钢梁结构的广州广重物流公司办理超限运输证，为行政相对人节约成本、节省时间。

3. 统一交通系统市、县两级行政许可事项通用目录，收集交通建设、公路管理、运管物流、港航海事、质量监督等行业市、县审批事项需求，从试点市县宜昌市、夷陵区启动省、市、县三级交通运输网上行政审批全覆盖建设。免费举办“湖北交通运输网上审批服务平台”行政相对人操作培训，引导行政相对人适应信息化发展趋势，帮助群众学会从网上申报、查询、监督，搭建交通运输系统与广大人民群众沟通互动、共同推进审批制度改革的平台，深受老百姓好评。配合做好全省投资联审平台及交通运输部跨省超限运输审批平台运行工作，实行信息共享，相关环节整合推进。针对政务服务大厅中办件量较大的超限证办理，与高管局、高警总队就难点问题进行协调，开通高警部门征求回复超限运输意见接口，进一步提升审批效率和服务质量。

4. 坚持审查责任主体不变、实施主体不变、把关部门不变，建立“审办分离”监督约束机制，达到“相互监督、过程监控；便捷传递、优质服务”的目的。进一步健全层级监督、外部监督、社会监督和新闻媒体监督等监督机制，加大对交通运输行政审批工作监督力度，及时改进各项审批管理工作。充分发挥监察部门监督职能，加强廉政风险防控，查找腐败风险点。畅通投诉举报渠道，设立执法监督岗，在网站、政务服务大厅公示栏公开举报投诉电话。实行电子监察，将网上行政审批事项全程纳入电子监察平台监控。会同监察室等部门制定《“廉政阳光审批”建设工作实施方案》，从审批信息公开、审批流程透明、审批过程受控、审批人员廉政勤政等方面下功夫，力争实现项目清理、规范流程、网上审批、服务效能、阳光操作“五个最优”。

2014年9月5日，全省交通运输系统深化行政审批制度改革推进会在武汉召开

5. 2013年12月，湖北省机构编制委员会办公室(以下简称省编办)印发《省编办关于成立省交通运输厅行政审批办公室的批复》(鄂编办文〔2013〕145号)文件，批复成立省交通运输厅行政审批办公室。2014年4月，从5个业务局及相关单位选调8名同志到政务服务大厅工作，制定人员管理规定，明确审批办法律地位和人员身份，完成了筹建工作。以“红旗党支部、党员示范岗”创建为契机，与武汉市民之家、武汉市运管处政务服务窗口等单位开展共建互促、互换角色体验活动，通过上述活动等形式，以创建促业务能力提升，以共建互换促服务水平提升。组织市(州)、县行政服务中心交通运输窗口(高速公路执法服务大厅)审批工作人员业务培训，提高业务水平，提升队伍素质，扩大交通窗口示范效应。（徐香）

【高速公路路政管理】 2014年，全省高速公路发生路产损失案件8734起，结案8517起，收回路产损失赔(补)偿费7607万元，结案率98%，索赔率97%，路产设施完好率100%，查处违法建(构)筑物142处，做到无重大安全责任事故、无行政复议及行政诉讼败诉案件、无公路“三乱”现象。主要做法有：

重点研究路政管理运行机制、执

法队伍建设体系、信息化管理、应急处置机制、警路共建机制等12项，组建工作专班推进落实，基本完成8项研究课题；修订印发《湖北省高速公路路政执法管理规定》等7项，为进一步适应依法行政新要求奠定法制保障基础。编制完成全省高速公路执法服务点建设规划，并通过专家审查。制定超限运输车辆"黑名单"管理办法。界子墩超限检测站基本建成，鄂南超限检测站投入运行，超限运输管理工作迈上新台阶。编制完成全省高速公路路政信息化建设方案并通过专家评审，及时完成工程建设招标工作；组织开展应用需求调研、功能设计讨论。基本完成路政应急信息服务平台建设，为2015年完成路政信息化建设奠定基础。制定全省高速公路公益宣传牌建设规划及实施方案，举办约有100名法制宣传通讯员参加的新闻及公文写作培训班，编发《路政工作简报》15期、《湖北高速路政》6期，省政府法制办法制研究中心对《湖北高速路政》期刊给予高度评价并专程调研。

与省高警总队沟通协商警路共建，召开警路共建工作推进会，制定印发警路共建指导意见、涉路施工许可、养护施工安全管理、超限运输许可等，协同开展打击偷逃通行费专项行动。襄荆高速公路警路联合执法服务站建成投入使用。拓展"三基三化"建设内涵，制定湖北省高速公路路政执法"六基六化"建设实施方案，京珠支队被交通运输部确定为"三基三化"建设试点单位，京珠支队第三大队、汉十支队第三大队被省交通运输厅评为"创建人民满意基层执法站所"优秀单位。在建高速公路路政执法场所建设取得突破性进展，省政府2014年42号纪要已明确将路政营房纳入高速公路建设项目，同步设计、同步建设、同步投入使用。洪利高速公路路政大队执法场所已与高速公路同步建设。

(李虎子)

【普通公路路政管理】 2014年，全省依法查处违法建筑534处，清理堆物占道12.56万平方米，整治40个国省干线集镇过境路段，路政案件立案4109起，查处率98%、结案率95%、文书使用率100%、案卷合格率98%，无行政复议及行政诉讼败诉案件。办理国省干线涉路施工行政许可402件、超限运输许可5086件、林木采伐许可122件(涉及林木1.6万余立方米)，群众满意率100%。组织开展"区域联动治超、百日治超、公路执法专项整改"三大行动，检查运输车辆490万余台次，其中非法超限运输车辆19.87万余台次、转运及卸货178万余吨，非法超限运输率控制在4%；完成江夏苏家墩、枝江金钟寺、神农架阳日、浠水麻桥、十堰城区白浪5处超限检测站迁址批复。全省路网监测与应急处置系统初步投入使用，三期路网系统建设进展顺利；研发并推广使用公路行政处罚与路赔信息管理系统。

2014年2月8日，高速公路路政除雪保畅通

举办路政大队长、治超站长管理骨干培训班2期400余人次，组织公路行政处罚电子文书系统、应急指挥车操作与应用、林木核发员等应用培训。创建10个标准化路政大队、10个标准化治超检测站，评选10名十佳路政员、10名治超员。据不完全统计，各市州悬挂横幅1700余条，发放传单20万余份，在市级以上媒体发布正面报道稿件200余篇。

(李振兴)

【道路运政执法监督】 2014年，印发《关于开展2014年全省运政执法专项检查工作的通知》。8—10月组织6个检查组对全省运政执法工作进行交叉检查，采取现场查看、听汇报、查资料、评查案卷等形式，对各市州运管(处)局"一站式"服务窗口(办证大厅)、行政执法工作记录、有关文件资料和案件卷宗等进行认真检查。省运管局对检查组的检查报告进行分析汇总，向全省运管系统通报运政执法专项检查情况，明确指出一些地方执法工作存在的问题，要求其迅速整改。继续推进各地运管机构执法标志标识、执法证件、工作着装和场所外观"四统一"建设，全省80%的基层所完成外观形象建设。

严格落实省交通运输厅关于下放交通基础设施建设项目初步设计审批权限精神，对全省地方性法规涉及行政审批事项进行专项清理，提出全部保留的审查意见。落实局机关规范性文件合法性审查制度，审查省运管局下发规范性文件10余件。做好省政府规章和规范性文件清理工作，向省交通运输厅提交3条审查意见。严格运政执法人员证件审核，严审证件办理条件，审核人员200余人。开展运政执法标准化课题研究，3大标准化课题成果已完成，力争做到执法公示文本化、执法程序公开化、执法案例典型化。

(张改欣)

交通科技与培训教育

【科技项目研究与管理】 科技项目管理。举办2014年度交通科技统计培训班。结合科技统计软件的改版，组织全省科技统计人员进行交通科技统计报表制度讲解和操作培训，邀请交通运输部交科院专家讲课并现场指导填报。确定交职院负责科技统计报表的整理和汇总，确保全省交通科技统计资料的真实、完整、准确和规范。开展2014年厅科技项目执行情况检查，37个科技项目按照《湖北省交通运输厅科技项目管理办法》的要求正常进行，35个科技项目按要求签订任务书(合同)，其他项目完善任务书内容。

2014年3月，印发《关于征集2015年湖北省交通运输厅科技项目需求的通知》，向全省交通运输系统、交通运输行业重点实验室和高等院校公开征集2015年湖北省交通运输厅科技项目需求，结合省交通运输厅工作重点，制定厅2015年度湖北省交通运输科技项目申报指南。6月19日，下发《关于发布〈2015年度湖北省交通运输科技项目申报指南〉及组织项目申报的通知》，受理申报科技项目69项，50个项目通过初审，其中应用基础研究13项、交通运输建设研究12项、软科学研究14项、信息化技术研究6项、交通标准化建设研究3项、企业技术创新2项。9月1—17日，组织10名专家分6个类别对通过初审的50个项目进行网审。网审专家通过查阅相关资料、审查项目建议书，针对项目的必要性、前期可研及工作基础、研究内容、技术路线、预期目标及社会、经济效益、依托工程与可研结合情况、经费预算7个指标给出网审分数和意见。根据评审结果推荐应用基础研究类10项、交通运输建设研究7项、软科学研究13项、信息化技术研究4项、交通标准化建设研究3项、企业技术创新1项，38个项目予以立项(详见下表)。

序号	项 目 名 称	承 担 单 位
一、应用基础研究		
1	基于无线传感网络的商品混凝土质量监管系统	武汉轻工大学
2	三峡库区桥梁深水基础施工关键技术研究	秭归县交通运输局
3	公路建设项目全寿命周期动态造价管理模式研究	咸宁市交通运输局，武汉轻工大学
4	磷石膏在公路工程中的应用技术研究	武汉市新洲区交通运输局
5	在役桥梁损伤评价与修复专家系统的研究	潜江市交通运输局，湖北工业大学
6	武汉地区沥青路面车辙综合治理研究	武汉市公路管理处
7	湖北省道路运输管理数据中心建设与应用的研究	湖北省交通运输厅道路运输管理局
8	导电混凝土的制备技术及其在道路工程中的应用	随州市公路管理局
9	基于热成像的钢桥疲劳裂缝检测技术研究及系统开发	武汉科技大学，湖北省交通运输厅工程质量监督局
10	生态旅游公路建设配套技术研究	湖北省交通运输厅建设处，湖北省公路学会
二、交通运输建设研究		
1	智能化路面除雪融冰关键技术研究	荆州市公路学会，湖北工业大学
2	桥梁上部结构隐蔽部位快速检测成套技术与装备研究	大悟县交通局
3	基于协同变形性的混凝土桥面耐久性铺装结构与材料研究	湖北省交通运输厅汉十高速公路管理处
4	超薄环氧彩色陶粒砼表面层在混合交通平交口道路中的关键技术研究	宜昌市虹源公路工程咨询监理有限公司，宜昌市公路运输管理局城区分局，武汉理工大学
5	利万高速深长隧道涌水突泥预测预警与灾害处治关键技术	湖北交投鄂西高速公路有限公司，湖北交投科技发展有限公司，山东大学，中铁十四局
6	江汉平原路基路面设计施工一体化关键技术研究	武汉理工大学，湖北长江路桥股份有限公司
7	高速公路高危路段线形智能判别与安全设计	武汉市公路勘察设计院
三、软科学研究		
1	“四新技术”在鄂西北地区国省干线建设中的后评估研究	襄阳市公路管理局
2	湖北省物流运输网络构建研究	湖北省交通运输厅运输处
3	湖北省运游一体化研究	湖北省交通运输厅道路运输管理局
4	湖北省主要港口转型升级发展研究	湖北省交通运输厅港航管理局，武汉理工大学
5	新型城镇化与综合交通发展的互适性研究	湖北省交通运输厅综合交通处

续上表

序号	项目名称	承担单位
6	基层服务型党组织建设路径探索研究	湖北交通职业技术学院
7	湖北省汉江航运枢纽开发模式研究	湖北省汉江崔家营航电枢纽管理处，武汉理工大学
8	湖北省高速公路服务区经营者诚信管理体系	湖北省交通运输厅高速公路管理局
9	湖北省公路行业职业危害与职业健康研究	湖北省交通运输厅公路管理局，华中科技大学同济医学院
10	路政执法管理标准体系及其推进模式研究	湖北省公路管理局，湖北省标准化研究院
11	城市物流产业集聚区建设途径及投融资体制改革研究	湖北省交通运输厅运输处，建设管理处
12	湖北省高速公路联网收费并网检测规范	湖北省交通运输厅高速公路管理局，湖北省交通科学研究所
13	城市路网拥堵瓶颈识别及控制方法研究	武汉市交通科学研究所
	四、信息化技术研究	
1	基于移动网络定位技术的高速公路精确计费应用研究	湖北省高速公路联网收费中心
2	基于梁子湖的封闭水域船舶污染监控关键技术研究	鄂州市地方海事局
3	灾害气象条件下的水运交通应急决策技术的研究	襄阳市地方海事局，湖北工业大学
4	基于大数据的“智慧”高速运营管理体系建设研究	湖北省交通运输厅汉十高速公路管理处
	五、交通标准化建设研究	
1	梁桥加固施工质量管理标准化研究	湖北交通职业技术学院
2	公路工程试验检测方法及成本分析研究	湖北省公路工程咨询监理中心
3	湖北省交通运输行政审批标准化研究与应用	湖北省交通运输厅行政审批办公室
	六、企业技术创新	
1	崔家营水库调度综合管理体系研究	湖北省汉江崔家营航电枢纽管理处

科技项目实施。组织对2014年37个交通科技项目任务书进行填报。完成《混合结构斜拉桥设计方法、关键结构及建造技术的研究与实践》等25个科研项目验收鉴定，其中2项达到国际领先水平。组织完成2015年度交通运输部科技计划项目申报工作，评选推荐申报6个项目报送交通运输部。

组织完成2013年度湖北省科学技术奖推荐工作。根据省科技厅《关于组织推荐2014年度湖北省科学技术奖的通知》要求，组织相关单位进行申报，推荐《混合结构斜拉桥设计方法、关键结构及建造技术的研究与实践》等5个项目申报湖北省科技进步奖，其中2项已公示。（高瞻）

【标准化工作】 按照源头控制、全过程控制的思路，印发《关于在施工招标文件中贯彻高速公路建设标准化有关事宜的通知》，在招标文件中明确施工标准化要求及专项费用，从源头上保障施工标准化的开展。出台《湖北省高速公路项目建设单位考核办法》、《湖北省高速公路建设标准化工地建设考核办法》等，细化了考核评价体系、考核监管机制等。建设单位配套落实相关制度。在部颁《高速公路施工标准化技术指南》的基础上，按照覆盖建设全过程、全方位的思路，划分勘察设计、工地建设、施工工艺及管理、安全生产及管理、建设管理等五大体系，编写11分册的《湖北省高速公路建设标准化指南》，涵盖勘察设计、工地建设、工地试验室建设及管理、(路基、路面、桥梁、隧道、交安及机电工程)施工工艺及管理、安全生产及管理、建设单位管理、档案管理等，实现落实有制度、执行有标准。

强化过程监管，将施工标准化要求写进招标文件，作为招标文件审查的重要内容。将施工标准化方案作为施工组织设计和审批的重要内容，将施工标准化落实情况作为进场履约检查的重要条件，作为签发开工令的重要依据，作为工程管理过程控制、信用评价和质量安全督查的重要内容，做到全程有人管，实现“硬约束”。将施工标准化落实情况纳入每年2次质量安全考核内容，与施工单位信用评价结果挂钩。通过谷竹项目现场会，推广“一个平台、两个准入、三个集中、四个标准”的工地建设标准化有效做法；通过保宜项目现场推进会，推广依托信息化技术，提升施工标准化水平的有效做法；通过江南项目现场推进会，推广工艺工法标准化的有效做法；通过“解剖麻雀”的方法，分析谷竹15标施工标准化的经济效益，打消了施工标准化投入大、浪费钱的顾虑。

工艺工法标准化是施工标准化的核心，针对7大类87项工程质量通病，总结行之有效的成熟工艺、先进装备，形成了标准化工艺工法和质量控制要点，工程质量安全水平明显提升。

1. 路基施工。土方施工采用“划线填土、挂线控制、平地机整平”，石方施工采用“块石解小、边坡码砌、嵌缝密实”，台背回填采用“预留台阶、层厚控制、对称填筑、小夯压边”，边坡防护采用“紧跟开挖，随挖随支、生态防护”等工艺，有效解决路基不均匀沉降、跳车等质量通病。

2. 桥梁施工。钢筋加工安装采用数控弯曲机、弯箍机等设备“集中加工，分散配置、模架定位”；预制梁施工采用“胎架施工、穿心垫块、数控张拉、真空注浆、喷淋养生”；桥面铺装采用“梁顶清理、钢筋架立、标高控制、滚轴施工、覆盖养生、喷砂打毛”；小型构件采用“集中预制、统一配送、专业安装”等工艺，有效解决桥梁外观和实体工程质量通病。

3. 隧道施工。采用“洞口零进零出、开挖光面钻爆、支护尽早成环、仰拱一次浇筑、二衬及时施作、跟踪监控量测、预报信息反馈”，以及锚杆施工、软弱围岩注浆、初期支护为重点，强化标准化的掘进方法和施工工序，使实体工程内实外美，工程质量整体提升。

印发《关于加强全省交通重点工程信息化工作的通知》，建立重点工程建设管理综合系统平台，全面实行工程管理信息化。一是运用远程监控系统，通过视频监控系统，对隧道口、高墩大跨桥和拌和场等重点部位的施工情况，实现了远程分级实时监控。通过数据监控系统，对拌和站和试验室等关键设备的数据实现远程分级实时监控。二是运用隧道智能安保系统，通过安全帽上的芯片，运用专用管理系统，记录隧道内施工人员活动数据，查询施工人员的数量、身份、具体位置和移动轨迹，加强隧道施工质量安全管理，提高安全救援效率。三是运用HCS工程管理系统，实现工程管理标准化程序控制，规范计量支付、设计变更等工程管理行为，保证工程管理及时、透明、准确。四是运用智能资金管理系统，按照“封闭运行，双系统控制”原则，保证建设、施工单位和银行从资金申请、审批、预警到支付全部在网上完成，确保项目资金安全。五是运用GIS征迁管理系统，实现准确定位和实测被征土地、房屋信息，对拆迁户的基本情况、补偿类别、补偿标准、合同签约、兑付情况等实行信息化管理，实现征迁管理标准化。六是运用档案管理信息系统，对各类工程管理资料从收集、形成到交换、归档，实施事前介入、事中控制、事后验收各环节把关，实现工程档案标准化。

全面开展施工标准化指南宣贯，先后组织7358名在建和拟建项目参建单位管理人员、技术人员进行宣贯，使参建者了解制度、掌握标准，保证各项措施的落实。出台《湖北交通建设产业工人“强素质、建和谐、促发展”活动实施方案》，通过编制图文并茂的教材和直观形象的动漫，开办农民工夜校、“班前十分钟”、网上学堂等方式，累计培训500余次、近12万产业工人。争取省人社厅、省总工会的支持，组织技术大比武，建立职业技能鉴定长效机制，使16名产业工人分别获得省“五一劳动奖章”、“湖北省技术能手”和晋升职业资格，激发产业工人学习热情，提高产业工人技能和素质，促进施工标准化工作落实。

通过采取以上措施，使工程质量明显提升。工程外观和实体质量明显提升，质量通病得到有效治理，混凝土强度合格率达到100%，结构尺寸合格率达到91.3%，二衬厚度合格率达到93.6%，钢筋保护层厚度合格率提高了20.3个百分点。工程安全明显提升。全省高速公路在建规模大、建设条件复杂，但安全生产形势始终处于稳中趋好的态势，涌现出谷竹8标等全国“平安示范工地”。经济效益明显提升。通过谷竹项目15标施工标准化综合费用分析，推行施工标准化，在人力成本、临时用地、材料损耗、设备投入、作业效率等方面经济效益明显，仅3.74亿元的一期工程与原来组织方式相比节约支出1014万元。工地形象明显提升。通过标准化工地和驻地建设，营造了整洁、和谐的生产生活环境，施工现场形象明显改善，体现了人文关怀，提升了公路建设的社会形象。建设市场明显规范。通过钢筋集中加工、混凝土集中拌和、构件集中预制，有效遏制原有的层层分包、以包代管的现象。推进高速公路施工标准化同时，先后出台《湖北省普通公路建设标准化管理指导意见》、《湖北省港口工程建设标准化管理指导意见》等，全面推进普通公路、港航工程施工标准化，有力促进全省交通建设水平。（苏德俊）

【计量管理与计量认证工作】 1. 计量认证交通专业评审组（公路）。2014年公路评审组计划完成12家机构的复评审，实际完成现场评审8次，复评审4次；完成2013年因故未予审批评审2次，年度复评审计划全部完成。主要做法有：

自2013年以来，国家对试验检测机构管理力度不断增加，相应省质量技术监督局在2013年12月20日也调整受理、发证的职能部门。因行业特点，交通行业部分检测机构存在非独立法人或非第三方检测的情况。公路水运部分试验检测机构在计量认证资质取（换）证过程中出现受阻现象，受阻机构主要属于监理、设计、施工、科研院所等。受阻原因：一是该类型机构业务范围不只限于试验检测，还涉及其他范围，从根本上难以保证第三方试验检测工作的公正性；二是部分机构的主要营业范围较广，营业执照中没有特别明确“试验检测”业务。针对这一情况，交通专业评审组积极和省质量技术监督局相关部门沟通。省质量技术监督局了解到交通行业试验检测机构状况后，专门出台《湖北省检验检测实验室资质认定工作指南》，采纳交通行业提出的“新人新办法，老人老办法”的做法。

交通专业评审组将管理范围内2013年12月31日前获得省质监局颁发资质认定证书且证书处于有效状态的实验室召集起来，登记检验检测统计工作人员通讯录，辅导网上填报，协助省质监局对各机构上报的数据进行核实，督促实验室对错误填报内容进行修改。除1家2014年新取证机构未参加统计外，其余75家机构全部完成2013年统计数据填报。联合湖北省公路工程咨询监理中心申报的“公路工程试验检测依据及检测设备技术要求的研究”科研课题，于2014年12月前完成结题，以《公路工程试验检测机构试验检测能力依据》、《公路工程试验检测机构仪器设备(标准物质)配置指南》和《公路工程试验检测仪器设备检定/校准计划》研究成果向各试验检测机构推广。

2. 计量认证交通专业评审组(汽车)。全年计划检定79家检测站，实际检定81家检测站，检定设备1057台架，调校设备80台架，其中维修设备20台架；设备初检合格率基本达到80%以上,平均新度系数0.651。(高瞻)

【交通环境保护】 2014年7月，交通运输部规划司、部规划研究院在武汉市组织召开“湖北省交通运输环境监测网络建设试点工程、黄黄高速公路二里湖服务区清洁能源和水资源循环利用改造试点工程”经验总结会议。该试点工程是全国“十二五”期首批开展的公路水路交通运输行业环保试点工程，2011年由交通运输部批复开工建设。与会专家、代表充分肯定了湖北2个试点工程取得的成绩，认为2个试点项目探索总结的经验可为其他地区提供借鉴和示范。“湖北省交通运输环境监测网络建设试点工程”的实施，使环监站的业务范围覆盖全省高速公路建设项目，提升了环监站环境监测、水土保持监测能力，提高了监测效率，保证了监测数据的准确性；使省交通运输厅能实时掌握全省高速公路重要敏感点环境状况，推动环保工作由静态向动态、由低效向高效管理转变；弥补了省交通运输厅环保管理工作局限于施工期这一缺陷，为不断深化运营期环境监测工作、进一步对交通环境保护工作全过程控制管理打下了基础；完善了省交通运输厅环保管理工作，同时也为交通环保统计制度进一步规范、完善奠定了基础；促进了绿色交通建设事业的发展，对树立绿色、环保、负责任的交通行业形象起到了促进和示范作用。“黄黄高速公路二里湖服务区清洁能源和水资源循环利用改造试点工程”选用交互式物化/生化反应器工艺和一体化水解酸化+生物接触氧化法工艺，可使服务区每年减少约66.28吨COD、37.45吨BOD5和7.21吨NH3-N的排放，实现服务区污水达标排放；本工程空调冷热负荷采用清洁环保的地源热泵系统，部分照明供电采用清洁的太阳能、风能发电系统，实现部分建筑零能耗的目标，再结合LED照明技术的应用，大量节省电能和化石燃料的使用，减少废热废水和温室气体排放；本工程实施的建筑节能和电气照明节能改造，使蕲春服务区每年节约电耗1504240.35度，以1元/度电价计算，每年产生的节能效益占投入资金的11.4%。而且，太阳能和光能发电技术的利用，实现了部分建筑低能耗的目标。改造后的二里湖服务区，不仅提升了黄黄高速公路的服务功能，也为湖北推行低碳环保绿色交通起到以点带面典型示范作用。

8月，委托省环监站编制的《汉十高速武当山服务区水资源循环利用及绿色环保试点工程建设方案》获交通运输部通过。该试点工程旨在推动汉十高速公路武当山服务区污水处理和回收循环利用工程，减少服务区对新鲜水资源的需求，保护丹江口水库流域水环境，为武当山风景区营造良好的交通环境。11月，《湖北省高速公路环境保护管理体系构建》课题科研报告编制完成。该课题系统梳理全省交通环保管理工作体系，对高速公路环保管理机构设置、职能划分、环保管理要素、环保机制等方面进行深入研究，对提高省内交通环保管理水平、完善交通环保管理模式、推动营运期环境监测等都具有极大的意义。9月，省政府办公厅转发省交通运输厅制定的《关于加快推进全省交通运输绿色循环低碳发展指导意见》，提出到2020年将湖北省基本建成绿色循环低碳交通运输试点省份。《意见》全面覆盖绿色低碳交通基础设施建设、节能环保运输装备应用、集约高效交通运输组织体系建设、绿色驾驶与维修推广、节能减排新技术应用、智能交通运输系统建设六大主要任务，并提出了具体实施措施。《意见》还提出，将节约能源、资源要求贯彻到交通基础设施规划、设计、施工、运营、养护和管理全过程，大力推广应用节能型建筑养护装备、材料及施工工艺，发挥交通运输整体优势，提升集约效能。参与《湖北生态省建设规划纲要》编制工作，明确2015年度生态省建设中省交通运输厅工作内容为推进公路绿色通道建设，构筑结构合理、功能完备的绿色长廊，使绿色通道与城乡绿化美化融为一体，形成具有湖北特色的绿色屏障。力争到2015年，已建高速公路宜林路段绿化率达到100%；普通国省道宜林路段绿化率达到95%；农村公路沿线宜林地绿化率达到55%。(罗羽)

【交通信息化】 完成全国高速公路信息通信系统联网工程(湖北段)建设。全国高速公路信息通信系统联网工程5个环网中4个与湖北省相关，联网工程涉及湖北京港澳和沪蓉(沪渝)2条高速公路、8个路段管理处(公司)，联网光缆里程1200公里，含17个站点。根据交通运输部工程总体建设方案，工程建设专班对全省高速公路光缆、通信管道等资源进行整合，对沿线机房供电设施进行改造完善，实现相邻省市光缆联通，实现了全国联网。

截至2014年年底，全省3个交通运输部的“十二五”信息化重大工程建设项目按计划顺利推进。其中，“湖北省交通运输统计分析监测和投资计划管理信息系统”统计和计划部分软件开发基本完成；“湖北省公路水路安全畅通与应急处置系统”、“湖北省公路水路建设与运输市场信用信息服务系统”完成部分项目招标工作，进入建设实施阶段。“湖北省客运联网售票系统”初步建成并在5个客运站投入试运行，试运行中的系统功能基本满足联网售票要求。

根据《湖北省公路水路交通运输信息化“十二五”发展规划》，结合湖北实际和行业发展需求，按照“统一规划、分期建设、分步实施”的原则，采用“云计算、大数据、虚拟化”等新一代信息技术，依托部省三个信息化重大工程，开展省交通运输厅数据中心建设，且已完成部分招标工作。

加强湖北省交通运输厅政府门户网站管理和服务功能，制定《湖北省交通运输厅政府门户网站管理办法(试行)》，规范厅政府门户网站管理。完成《湖北省交通运输系统网站绩效评估指标体系》专家评审工作，启动湖北省交通运输系统网站绩效评估工作。积极拓展网站移动服务功能，提供“湖北省交通运输视频监控平台”移动终端(安卓版)，开发“智慧交通”移动APP服务应用，开通“政务服务”、“高路服务”、“青春交通”微博和微信，实现文字缩放浏览、RSS订阅、繁体版等功能，进一步提升网站智能化水平。2014年，湖北省交通运输厅政府门户网站、交通运输部湖北子站、全国交通信息联播频道共主动公开政府交通信息25107条，全文电子化100%。其中要闻快报、行业聚焦、厅直动态、市州扫描、政务公开、行业发展等栏目发布信息4269条，部门子站发布信息1947条，专题专栏发布信息875条，在交通运输部子站发布信息18016条。厅政府门户网站在省直政府部门政府网站绩效评估中连续三年被评为第一名，在2014年交通运输行业政府网站绩效评估中名列第三名。

严格按照“涉密不上网、上网不涉密”的原则，开展厅政务专网建设，实现政务专网与电子政务外网、互联网等其他公共信息网络完全物理隔离，将厅OA系统数据库、全省交通运输视频会议系统迁移至厅政务专网，全面提升信息安全水平。厅政务专网于2014年底建成，2015年元月投入运行，运行情况良好。

交通运输网上审批服务平台(二期)建设基本完成，在网上审批服务平台(一期)基础上，梳理业务审批事项，整合相关软件系统，将市、县二级审批事项全部纳入“交通运输审批服务平台”，实现省市县行政审批三级联网、互联互通，并与全国治理车辆非法超限运输信息系统、湖北省投资项目联合审批系统实现无缝对接。

高速公路电子支付和不停车收费系统的推广应用有了新拓展。将ETC系统建设、推广应用、运行维护作为重点工作，成立工作专班，制定工作方案，根据车道实际研发后置式ETC车道系统，编制ETC车道施工通用图，做好系统软件安装调试，使2014年新建的773公里高速公路顺利实现ETC联网收费。2014年新增高速公路ETC车道313条，全省达到417条，政府还贷高速公路ETC覆盖率100%，经营性高速公路覆盖率不低于60%，ETC车道总覆盖率达到82%。发行电子收费卡累计达8.5万张，发行电子标签累计达6.9万台。

全省普通干线公路路网运行监测与应急处置系统功能不断完善。2014年该项目在整合全省现有治超信息系统、养护管理信息系统、路政综合信息管理系统和各地市治超监控中心信息资源，实现107个治超站信息和数据共享、车载设备与路网系统平台联通和数据对接的基础上，建成全省公路路网基础数据库，完成了襄阳、宜昌、荆州、鄂州、十堰、黄石、恩施、荆门路网监测与应急处置系统二级平台建设，实现路网二级平台和省级路网平台数据对接。

建成湖北省国省道桥梁管理信息系统。该系统整理完善国省道桥梁基础数据，采集录入农村公路桥梁基础数据，建立市州农村公路桥梁管理系统，实现省、市、县三级联网，实现国省道桥梁网络化动态管理。

建成湖北省焊工管理系统。该系统于2014年上半年投入运行，在实现全省焊工资质审核与管理功能的基础上，明确了省局船检处、地方焊考会、市州船检处、船厂、焊工5个业务主体的不同职责，成为组织全省焊工考试、指导市州焊工管理提供高效便捷的信息化途径。

2014年12月，举办全省交通运输行业信息化建设与信息安全培训班，各市州交通局(委)、厅直各单位负责信息化建设、信息安全、网站建设管理的管理和技术人员100余人参加培训。组织相关技术人员参加国家注册信息安全专业人员(CISP)和国家注册信息安全员(CISM)认证培训，提高专业人员业务能力。按照《关于印发〈2014年度湖北省交通运输行业网络安全检查工作方案〉的通知》要求，组织2014年全省交通运输行业网络与信息安全检查工作，各单位按要求对本单位本系统网络与信息安全进行全面自查，省交通运输厅组织力量利用“网络行为管理及审计系统”、“信息安全漏洞检测系统”等，对部分重要信息系统进行网上抽查，对抽查中发现的问题及时提出整改要求，增强网络信息系统安全防护能力。

（周建勋）

【厅直职工教育与培训】 2014年年初，印发《关于印发2014年度湖北省交通运输厅举办培训班计划的通知》，对全省交通运输行业举办的业务培训班作出安排，全年安排业务培训班46期。全省交通运输行业根据培训通知要求和工作需要，选派人员参加培训，受训人员专业能力得到提升。据统计，全年实际举办各类业务培训班44期，培训5954人，培训计划落实率为95.6%。按《交通运输部办公厅关于印发2014年度交通运输部有关司局培训计划的通知》培训内容，确定发文范围，明确参训人员，确保参训的针对性和实效性。组织人员参加培训29期270余人。

2014年，对享受西部地区扶助政策的恩施州补助培训费10万元。继续把恩施州交通运输局作为西部培训重点，加强培训工作的指导。恩施州交通运输局制定《关于下达恩施州交通运输系统执行2014年交通运输部支持西部地区培训项目的通知》，全州交通系统组织参加交通局长培训班等14个支持西部地区培训项目，提高参训干部的思想政治素质和专业技术素质，促进了全州交通运输事业发展。全省交通运输行业组织参加支持西部地区干部培训70人次，超额完成全年60人次的培训计划。组织收看《新一代公路基础设施维护关键技术、重大装备与示范》等4期交通科技大讲堂，根据讲授内容，视情在厅机关和厅直单位设立分会场，4期共有378人收看学习。（周建勋）

【湖北交通职业技术学院】 2014年，学院以创建品牌高职学院为目标，全力推进内涵建设和新校区建设，高职毕业生就业率97.07%，中职毕业生就业率96.9%，继续位居全省前列。

学院完成新校区一期、二期《土地出让合同》的签订，按合同约定支付土地出让金33951.75万元，积极推进征地拆迁工作；完成新校区总体规划和初步设计报批工作；完成地质勘查和施工图设计及审核工作；完成一期项目监理、跟踪审计和施工招投标工作，完成施工用水、用电、道路“三通”工作。

全院在编教职工480人，签订劳动合同教职工68人，其中专任教师324人，职工中具有本科以上学历389人(其中研究生102人)，副高级以上职称107人(其中正高级8人)，双师素质教师比例达到85%以上。2014年学院实施“名师培养工程”，开展学院首届名师评选，评选出名师2人；新增1名交通运输职业教育名师、1名交通青年科技英才和6名楚天技能名师，学院省级名师和楚天技能名师分别达到5名和20名；通过公开招考，引进22名教师；实施“中青年骨干教师培养工程”，选拔1名青年教师参加国内访问学者计划，选派1名青年教师参加2014年度国培计划，组织3名教师赴外培训，参加教育主管部门和行业组织的各类培训260人次；实施“双师素质教师培养工程”，选派1名教师赴硚口古田街道办事处挂职、1名教师参加省第三批博士团挂职、3名教师赴新疆博州教育援疆。实施“兼职教师队伍建设工程”，严格执行《湖北交通职业技术学院外聘教师联系制度》；实施“双师结构教学团队建设工程”，学院重点专业教师中90%直接参加过重点工程建设。

学院设有高职专业45个，分别是道路桥梁工程技术、工程监理、高等级公路维护与管理、工程造价、地下工程与隧道工程技术(桥梁与隧道方向)、土木工程检测技术(公路工程实验与检测方向)、建筑工程技术、城市轨道交通工程技术、港口工程技术、汽车运用技术、汽车整形技术、工程机械运用与维护、汽车技术服务与营销、机电一体化技术、计算机应用技术(信息技术应用服务方向)、计算机网络技术、应用电子技术、电子商务、交通安全与智能控制、楼宇智能化工程技术、电子信息工程技术(网络通信方向)、物联网应用技术(智能交通方向)、计算机控制技术、消防工程技术、计算机信息管理(高速公路信息化管理方向)、会计、物流管理、旅游管理、市场营销、公路运输与管理、商务英语、酒店管理、路政管理、物流管理(中外合作办学)、建筑工程管理(道路工程管理方向)、航海技术、轮机工程技术、电气自动化(船舶方向)、国际航运业务管理、艺术设计(交通景观设计方向)、艺术设计(会展与展示设计方向)、视觉传达艺术设计(原广告设计与制作)、动漫设计与制作、环境艺术设计、工业设计(建筑模型设计与制作方向)。其中，新增2个专业——路政管理、机电一体化技术，调整1个专业——“广告设计与制作”调整为“视觉传达艺术设计”，暂停4个专业——计算机控制技术、消防工程技术、物流管理(中外合作办学)、建筑工程管理(道路工程管理方向)。设有6个中职专业，分别为道路与桥梁工程施工、汽车运用与维修、物流服务与管理、船舶驾驶、轮机管理、公路运输管理。

2014年，学院招收高职新生4298人、中职新生194人；顺利完成“高等级公路维护与管理”和“汽车整形技术”专业高职单独招生工作。到2014年底，全日制在校生规模达到12490人，其中高职生11889人、中职生601人。

完善现有14门国家级和省级精品课程内容，推动课程建设与改革，新建成优质核心课程24门、网络课程10门、精品资源共享课程3门，引入行业企业标准，开发交通特色校本教材15种，立项国家“十二五”规划教材5种，加强公共选修课管理，并将第二课堂素质教育纳入学分制管理，促进学生综合素质的养成。“湖北公路交通职业教育品牌”方案通过审核论证，获得500万元专项建设资金。申请立项建设省级品牌和特色专业2个，其中省级品牌专业为轮机工程技术、省级特色专业为城市轨道交通工程技术。学院共有省级重点专业7个，

2014年3月18日，湖北交通职业技术学院与武汉新港建设投资开发集团有限公司签订战略合作协议

其中加强“高等职业学校提升专业服务产业发展能力项目”3个、“湖北省战略性新兴(支柱)产业人才培养计划项目”3个、“交通运输主干专业”1个等，3个央财支持的提升专业服务能力建设项目已顺利通过省、部验收。

成立成人继续学院和工作站，为交通从业素质提升提供服务平台，建立与系部联动机制，强化培训品牌建设。全年培训量达到10977人次，技能鉴定达3205人次，各类社会考试18985人次，获教育部教育管理信息中心ITAT教育工程年度优秀培训机构银奖。监理和设计公司开展资质提升工作，积极服务交通运输工程建设，监理公司完成3169万元合同产值，设计公司完成合同产值287万元。

2014年，学院推进集团化办学，职教集团新增11家成员单位；推进职业院校“企业行”活动，走访行业企业单位近100家；全面开展战略合作，先后与武汉新港建设投资开发集团有限公司、湖北省邮政管理局签订战略合作协议，与中兴通讯有限公司合作举办“中兴通讯智能交通学院”，与北京通用航空产业基地投资控股有限公司合作开设空中乘务班；再次喜获中国T-TEP学校优秀奖，成为全国T-TEP项目唯一连续八年获奖的院校，作为宝马项目优秀代表在企业年会上进行经验交流；新建订单班1个、校内实训基地1个、校外实习基地9个。积极拓展国际交流项目，引进英国“专升硕”留学，新加坡、迪拜、澳门等地海外实习就业等国际交流项目；加强中外合作办学研究，启动同英国、澳大利亚、加拿大等三所院校洽谈，推动学院中外合作办学发展。

2014年，学院加强实训基地内涵建设和规范运行，加强湖北高校省级实习实训基地建设，积极申报2014年度建设项目，新增省级高校职业教育实训基地1个，获得省财政30万元资金支持；加强校内实训基地建设，完成3个重点专业、3个央财支持专业、1个交通运输主干专业共12个实训室改扩建；组织完成教育部——中兴通讯ICT行业创新基地申报工作并获得立项，获得中兴通讯500万元资金支持。

通过广泛开展“中国梦”系列教育实践活动、大学生科技文化艺术节系列活动、书香满校园系列活动、社会实践和青年志愿者活动等，全面深化社会主义核心价值观教育。通过创新征兵工作举措，强化爱国主义教育，以直招士官班准军事化管理为突破口，大力开展国防教育，学院2014年被评为“全省普通高校大学生征兵工作先进单位”，先后2次在全省高校征兵工作会议和全省普通高校学生军训工作会上作典型交流发言。通过深化品牌社团活动和各类竞赛活动，丰富校园文化内涵，营造良好的育人环境，学生在全国和全省各类科技文化活动中获省级以上奖项32项。实施“全员化、全方位、全过程”心理健康教育工作，强化工作网络建设和队伍建设，构建“体验式”教学模式，被湖北省教育厅批准成为第二批湖北省高校心理健康教育达标中心。

坚持正确舆论导向，充分利用“一报、一网、一台、一窗”等宣传载体，突出宣传重点，把好主阵地，唱响主旋律。全年编辑出版院报11期60个版面，出版专刊3期12个版次，策划编辑专题版面18余个，采写深度报道数十篇。《湖北交院报》获评“湖北省高校2013-2014年度优秀校报”。全年采集、编辑和发布校园网各类信息900余条，新闻图片800余幅，文字采编总量超90万字。校园网第三次获评省高校“优秀网站”，位列全省高职院校前五名。配合校庆、招生、迎新等各类重大活动、重要会议，制作各类宣传展板120余块，更新橱窗28期。先后在《中国交通报》《中国教育报》《湖北交通报》、荆楚网等多家媒体刊发新闻稿件100余篇，获全国全省高校好新闻奖12篇(次)。

（余诗隽）

【襄阳市交通职业中等专业学校】 2014年，坚持“企业化”运作思路，提高培训质量，改善办学条件，以道路从业人员资格证培训为主体，积极拓展培训业务范围。全年完成从业人员培训人数7993人、道路运输从业人员继续教育培训8803人，安全考评33家，学历教育在校生130人。

加强制度建设，不断提高管理水平。以岗位责任制为中心，以规章制度为保证，以“内化于心、固化于制、外化于形”为目标，构建职责明确、纪律严格、办事有章、运转有序的管理体系。根据业务发展需要，学校实行全员竞岗竞聘，按照“实事求是、科学合理、程序规范、民主集中相统一”原则，对学校中层干部进行轮岗调整。职工按照“因事设岗、双向选择”实行竞聘上岗，基本建立起运行高效、有序的管理组织机构。根据学校整体工作目标，科学设置岗位，完善岗位职责和工作流程，实现岗位工作内容无缺位、岗位对接无缝隙。进

2014年11月19日，湖北交通职业技术学院代建项目G30乌赛高速公路顺利通过交工验收

一步修订完善《目标考核办法》和《奖励性绩效工资分配方案》，细化岗位目标考核细则，成立考核组织机构。通过自评、科室考核、考核小组审核、领导审批等程序，将职工工作业绩与绩效挂钩，使考核奖励制度落到实处。

不断改善办学条件，提高市场竞争能力。改善教学条件，为巩固从业人员培训、拓展培训业务提供坚实基础。加大投入，对学校培训教学设施和校园环境进行提升改造，建立高标准的电脑教学教室和考场，更新、升级电脑配置，组织人力开发教学、培训软件，完善全方位监控系统。学校拥有一个能同时容纳200人的电脑教室和170人的考场。加强学校基础建设，完善学校基本建设功能布局，拆除旧围墙，安装开放式栅栏，安装驾校训练场围栏，打造标准教练员考试场地。

继续做大做强从业人员资格证培训。一方面以群众路线教育实践活动和优质服务年活动为契机，进一步提高教职员工服务意识，优化办事流程，实行招生、培训、约考，办证手续一条龙，为培训学员提供全方位服务。另一方面以提高培训教学质量为目的，加强对教学组织和教学过程的管理，健全教学人员质量考核体系，针对新从业人员培训大纲的内容和要求，加强教学培训辅导。强化培训学员的考勤和学时管理，保证培训效果和质量。大力开展从业人员资格证继续教育培训，成立专门机构，加大宣传力度，细化、优化培训流程，理顺与行业主管部门关系，在较短时间内培育出一个新的业务市场，取得良好的社会效益和经济效益。以市场需求为方向，成人函授模式多样化，做到“他无我有，他有我优”。积极探索成人函授教育新模式，采取集中面授和网络学习相结合的形式，解决武汉理工大学招生工学矛盾突出的问题，巩固合作关系。有针对性开设定向函授，与襄阳市公交总公司合作，特设2个公交管理大专班，培养企业急需人才。与周边地(市)联设校外班，扩展函授区域横向发展。与随州机电工程学校合作，在随州设立校外班。在函授院校生源普遍下滑的情况下，2014年新招收培训学员64人，学校本(专)科函授生一直稳定在200人左右。依托行业管理部门，大力开展系统内外短期培训。市运管局组织的行政执法培训、金牌教练员技能比赛、“两客一危”企业安全员培训、客运站例检人员培训、客货运输新大纲程序培训在学校进行，承担襄阳、十堰片区教练员培训考试。市人社局在学校开展全市事业单位驾驶员、维修工考工晋级。积极组织开展交通运输企业安全生产标准化达标考评工作。根据市交通运输局和市运管局的安排，成立考评小组，完善考评机构和考评员管理制度，加强人员培训，完成全市29家“两客一危”运输企业和4家客运站安全生产标准化考评。2014年，学校被省交通运输厅授予企业安全生产标准化达标考评机构。（张功）

【荆州港航职工中等专业学校】 2014年，荆州港航中专学校举办各类培训班33期、培训学员1200余人次。其中举办船员适任证书培训2期、培训船员430余人次，举办内河船员基本安全培训12期、培训船员600余人次，举办油船、散化、包装危险品特殊培训19期、培训船员210余人次。起到了提高船员素质、促进长江经济带建设的人才教育基地作用。

师资培训。为提高教学和培训质量，根据《中华人民共和国船员培训管理规则》要求，于2014年7月至10月学校组织教师参加中华人民共和国海事局举办的师资培训班学习，组织教师编制修订各类专业电子教案，充分利用多媒体等多种教学形式，提高培训质量，确保教学水平。

学员管理。学校对参加培训船员从出勤率、课堂纪律、实习情况、班风、学风、校纪校规上都建立一系列规章制度，保证教学工作顺利进行。学校设置指纹考勤系统，对每个学员从开学到培训结束，进行全程上课考勤，保证课堂教学及晚自习出勤率，很大程度上保障教学质量。严格管理，严格要求，热情服务，形成良好的班风、学风。学员进校后的第一堂课，就是对校纪校规进行学习，培训期间还请公安机关民警给学员上法制教育课，培训结束后评选出优秀学员进行表彰。

教学管理。举办各类培训过程中，认真抓好备、教、辅、改教学环节管理，以《考试大纲》为依据，结合船员实际情况，认真备好每节课。在课堂教学中，采用船员容易接受的通俗易懂的教学方法，激发船员学习热情，便于船员理解和记忆。使船员既增长知识，又提高实际操作能力。为了让船员掌握知识，学到本领，学校除注重平时教学过程外，还针对原有的旧题库，结合新教材，进行很大程度的更新，把历年来笔试的题目及电脑考试范围内的题目融合进题库，让学员们既巩固所学知识点，又熟悉不同题型。

业务拓展。为贯彻落实国务院关于开展企业安全生产标准化建设工作部署，学校把交通运输企业安全生产标准化考评工作作为重中之重，成立企业安全生产标准化考评机构，严格贯彻执行《交通运输企业安全生产标准化考评管理办法》，坚持公开、公平、公正的考评原则，严格按照法律法规和考评指标，对企业进行考评。2014年考评机构共考评港航企业33家，其中港口危货企业28家、水路旅客运输企业5家，被考评的33家港航企业均达到三级企业安全生产标准。

基础设施。荆州港航中专办学多年，由于中专停止招生，经费不足，学校基础设施未及时进行大的维修。在荆州市港航管理局党委大力支持下，学校投入一定资金，逐步改善办学条件，增强船员培训竞争力。在不影响学校船员培训工作前提下，合理规划、精确预算、节约使用维修资金，完成学校基础设施、设备的维修改造，全面改善学校的办学环境和条件，以适应船员培训市场的要求。（黄俊）

【黄冈交通学校】 2014年，学校招收各类新生270余人，培训船员1180余人。同时，加大就业安置工作力度，就业专业对口率100%，安置就业率

98% 以上。

招生工作。按市政府要求，招收部分没有经济效益的普通中专学生，完成 80 余名新生招生任务；根据学校经济效益需要，招收春秋两季航运中专学生 190 余人，创造经济效益近 60 万元；启动对外技术工人劳务输出成人培训，计划招收到哈萨克斯坦和沙特等国家务工的农民开展电工、管道工等工种培训 1000 人。

教学管理。学校制定详实的课程教学计划，合理设置专业课程，注重加强学生职业素质培养。将学生职业素养和职业道德培训摆在教育教学的重要位置，德育课程纳入教学内容，进入课堂，保证按要求开齐课程、开足课时。学校依据《学生守则》、《学生日常行为规范》等，强化学生管理，把学技术学做人学做事结合起来；以教学为中心，重点强化教研工作和质量意识，细化工作职责和教学常规检查制度；突出抓好科研课题立项等方面工作，使学校在内涵建设上有所突破。鼓励教师积极承担各类科研课题，先后编制完成《内河航运船舶驾驶专业教学计划》《内河航运轮机管理专业教学计划》(分别有三年制、一年制)。组织相关专业教师编写船舶驾驶、轮机管理专业课程教学大纲并实施。在省部级刊物发表论文近 10 篇，其中袁立新《内河船员教育与考试政策调整的若干建议》在中国航海学会内河船舶驾驶专业委员会上被评为全国优秀论文，并在全国学术会上交流。各种层次的科研课题项目丰富了教学内容，提高了学校的整体科研能力，扩大了学校的影响。

内河航运中专及成人教育培训。2014 年内河航运中专及成人教育(培训)工作稳固发展，采取“走出去、引进来”的办法，教学(培训)工作及业务工作有序进行。航运科全年组织三次全日制船舶驾驶、轮机管理专业中专生参加海事局适任证书理论考试和实操考试，196 人参考，通过率达到 85%，全年招生人数达到 197 人，生源地范围进一步扩大；大专部顺利完成武汉理工大网络教育成人本专科生 240 余人的毕业证办理工作。同时，精心组织完成 120 余人春、秋季入学考试及 340 人次的期末考试；成教科顺利完成 29 期各类船员培训工作。累计培训各类船员 1480 多人次。

【恩施州交通高级技工学校】 学校现有教职员工 237 人，在校学生 2000 余人。

学历教育。学校常设专业以交通行业特色为主，主要有汽车维修(高级工)、公路施工与养护(高级工)、公路工程测量、高速公路收费与监控、汽车制造与装配等行业特色鲜明的专业。其中公路施工与养护、汽车维修为省二级重点专业；公路施工与养护专业为湖北省中职教育实训基地；高速公路收费与监控专业是从自 2005 年起与深圳高速公路股份有限公司联办的订单专业。大力开展成人学历教育，畅通学校学生、行业学历教育提升通道。学校先后与湖北工业大学、湖北省交通职业技术学院、恩施广播电视大学等院校开展联合办学，畅通学校毕业生、交通行业在职人员学历教育提升通道。至 2014 年底，学校专、本科成人教育在校生近 300 人。

职业培训。利用行业办学的资源优势，开展行业职业培训教育。学校成立之初，开展机动车驾驶员培训，是全州最早开展机动车驾驶培训的机构。2014 年，平稳、顺利承接原州汽车驾驶员培训中心整体划转工作，现有各类教练车 150 余台、先进的驾驶培训训练场地和考试中心，年培训各类机动车驾驶员近 6000 人。学校是指定的道路危险货物运输从业人员从业资格培训机构、出租汽车驾驶员从业资格培训机构、道路货物(旅客)运输驾驶员从业资格培训机构，年培训各类道路运输从业人员(含继续教育)近 5000 人。此外，学校是湖北省安全生产监督管理局认定的三级安全培训机构、湖北煤矿安全监察局认定的煤矿三级安全培训机构、湖北省人力资源和社会保障厅批准的定点技能培训机构、恩施州人力资源和社会保障局认定的机关事业单位工人技术等级培训基地、恩施州民政局认定的复(退役)军人技能培训基地。

校企合作。学校成立校企合作建设委员会，完善校企合作体系建设，大力推行订单式培养，力求“引名企进校园，融专业入社会”。与深圳高速公路股份公司、广东清连公路发展有限公司、湖北路桥集团有限公司、恩施州华泰交通建设有限公司、恩施州合力交通设施建设工程有限公司、恒信众联汽车销售服务有限公司、恩施恒龙汽车销售服务有限公司、恩施市公共汽车公司、恩施市兴阶汽车销售连锁有限公司、宁波大亿科技有限公司、苏州达方电子科技有限公司、健鼎电子(湖北)有限公司、宸鸿科技(厦门)有限公司等数十家知名企业签订校企合作协议。在专业与实训基地建设、“双师型”教师培养、企业员工培训、学生顶岗实习与就业安置等领域广泛合作，形成“校企互动、工学结合”的良性循环，构建了以湖北省内和珠三角、长三角为重点，遍布全国的就业安置网络，实现“毕业即就业”的目标。

技能鉴定。严格贯彻《湖北省技工院校教学管理规范》，将职业技能鉴定纳入教学管理体系建设，要求所有学生至少要取得一个工种的技能等级鉴定证书，同时出台激励措施，鼓励学生在校期间，积极参加多个技能鉴定。引入企业评价机制。依托校企合作建设委员会，定期召开相关专业的校企合作年会，让企业为学校的教育教学改革献计献策；学校深入企业，了解企业对学校学生技能、综合素质的评价情况，为学校技能人才的综合培养提出建议。（张晓玲）

交通综合管理

【机构编制】 省编办确定省交通运输厅为履职评估4家试点单位之一，督导厅机关17个处室、13家厅直行政类及公益一类事业单位全面深入地开展履职评估，推进职能转变，提升服务效能，并给予了高度肯定。成立省江汉运河航道管理处、省高速公路联网收费中心，健全湖北交通职业技术学院、厅世界银行贷款项目办公室、省汉江崔家营航电枢纽管理处、厅机关后勤服务中心等单位机构设置。积极稳妥地推进厅直事业单位分类改革，确保厅直事业单位机构规模和公益性特质两个不变，厅直23家事业单位得到调整规范，省公路管理局、道路运输管理局(物流发展局)、港航管理局(地方海事局)、高速公路管理局4家单位划入行政类事业单位。出台了《关于规范我省高速公路委托管理的若干意见(试行)》，拟定了《关于分类实施湖北省公路事业单位改革的有关意见》(讨论稿)。 (李晶)

【人事劳动管理】 2014年年初，印发2014年厅人事劳动工作要点，对2014年人事劳动工作出安排部署。4月，召开厅直系统组织人事、党建暨老干部工作会，学习贯彻全省组织部长会议、全省思想宣传工作会议、全省公务员管理工作会议精神。年底，分3个层面召开厅直单位人事科长会议，听取意见建议。多次专题召开领导班子、干部和人才队伍建设管理、机构编制、体制改革、分类改革、工资改革、档案信息化等座谈会、部署会、研讨会，出台人事管理等有关意见方案近20个，有效加强了人事劳动工作指导。

加快推进交通社团组织建设和规范管理。公路学会、道路运输管理协会被省民政厅评为5A级社团组织。4月9日召开湖北省交通历史文化学会成立暨第一次会员大会，交通社团组织由原有的3个发展为9个，涵盖交通各领域，充分发挥了为政府分忧、为行业和社会从业人员服务的桥梁纽带作用。加强行政审批制度改革人员保障，联合厅法规处完成厅政务服务大厅人员选配工作，明确人员纳入厅机关统一管理，解除调剂人员后顾之忧。湖北省2014年“第二次全国交通行业职业技能统一鉴定”及“机动车检测维修专业技术人员职业水平考试”等各项交通职业资格培训考试顺利进行，加快推进行业职业资格建设，提高从业人员素质，加强市场监管，促进现代交通运输业科学发展，受到交通运输部高度肯定和行业从业人员普遍欢迎。

争取省编办批复成立省江汉运河航道管理处、省高速公路联网收费中心，健全了湖北交通职业技术学院、厅世界银行贷款项目办公室、省汉江崔家营航电枢纽管理处、厅机关后勤服务中心等单位机构设置。联合省人社厅完成了全国交通运输系统先进集体、先进工作者和劳动模范预审名单报送工作。草拟了省交通运输厅“十三五”交通人才发展规划，加强了高级专业技术岗位设置与聘任工作研究，推进了正高职高级工程师聘任，组织开展全省港航、路桥专业副高及省直初、中级职称水平能力测试工作。省交通运输厅首次事业单位专项公开招聘——江汉运河航道管理处招聘顺利完成。厅直事业单位全年招考录用人员62名。准确核实、全面收集干部人事档案材料，对260余名厅处级干部档案改版升级。交通外事外经工作有序推进，出访工作平安，无违反外事纪律情况发生。批准和办理因公出国(境)30人，其中出国(境)培训21人、访问学习7人、参加国际会议2人。

在抓好基础业务工作同时，坚持打造“交通干部人才之家”，巩固“全省模范组织部门”创建成果，在“争做好干部”和“创建红旗党支部”活动中充分发挥示范带头作用。按照“讲政治、重公道、业务精、作风好”要求，围绕交通发展，带头服务大局，加强了组织人事部门自身建设，进一步规范人事劳动处工作规则，积极组织处室人员参观“廉政书屋”，加强党风廉政和职业道德建设。 (李晶)

【干部工作】 2014年，积极争取省委组织部、省编办、公务员局对省交通运输厅干部职数、干部选拔任用工作关心支持，厅干部选拔任用工作不断加强。省委提拔省交通运输厅4名厅级干部(提拔交流1名正厅，提拔3名副厅)，其中2名充实进入厅领导班子。厅党组提拔任用处级干部26名，交流正副处级干部13名。省公路局、厅重点办、交职院、江汉运河管理处主要领导配备到位。妥善安置军转干部5名，选派1名干部援疆，3名干部参加新农村建设工作队，首次选派2名处级干部到武汉市挂职，1名处级干部挂职市交通局负责人，3名干部到市县任科技副职。按照厅党组要求，厅人事劳动部门组织对6个高速公路管理处财务、资产、工程建设、人事部门负责人进行轮岗交流。2014年5月，时任省委常委、组织部部长楼阳生同志到省交通运输厅调研，对厅领导班子和干部队伍建设给予高度评价。省委确定厅领导班子2013年度综合目标考核结果为“优秀”。省交通运输厅被省政府评为“全省军转安置工作先进单位”，被省委组织部评为干部教育培训工作、“博士服务团”工作先进单位。

“八一”建军节前夕，厅党组首次评选表彰“十佳转业退伍军人”。根据省纪委文件精神和厅主要领导指示，调整了厅纪检组长排序，及时落实厅党组关于厅直单位纪委书记在领导班子中的排序意见，积极配合省纪委干部室、厅监察室做好派驻制改革工作，落实了相关人员。在干部职数有限的情况下，健全了交职院等单位纪检部门，加强了纪检干事配备。

根据中央和省有关规定，积极配合省委组织部抓好严禁超职数配备干部、规范党政领导干部在企业兼职(任职)、领导干部报告个人有关事项、处级干部因私护照管理、规范领导干部参加社会化培训、“带病提拔”干部选拔任用过程倒查等工作。完成了按职数配备干部自查工作，进一步强化“职数法定”意识。清理21名企业兼职(任职)人员，集中录入260余名处级干部个人事项报告有关资料，清查了厅裸官有关情况，集中保管处以上干部因私出国(境)证件。严格落实干部谈话、职数管理、退休等制度。厅主要领导、纪检组长、分管领导带头和干部进行谈话以及廉政谈话。加强借调指挥部干部管理，明确借用单位、借出单位廉政监督各自责任，保证干部党风廉政监督全覆盖，不留空白。

（李晶）

【干部培训】 依托省交通运输厅党校主阵地，借助省委党校培训、“湖北干部讲堂”培训、省直干部在线学习、邀请专家学者来厅授课、选派部分干部到高校学习，以及到国(境)外学习进修等方式，努力搭建省交通运输厅理论中心组学习、“科技大讲堂”、干部教育培训信息化三大平台，不断加强厅机关及厅直单位干部教育培训。2014年，1名厅级干部入选全省干部教育培训兼职教师库，选派1名厅级干部国家行政学院进修班、1名处级干部参加国家行政学院青年干部培训班，选派1名厅级、54名处级、39名科级干部参加各级党校学习培训，先后选派7名厅级、1名处级干部参加省委组织部新《条例》专题培训班。组织全厅处以上干部参加全省“市场大学”网络专题培训班，干部队伍整体综合素质进一步提高。（李晶）

【援藏】 2014年7月25-26日，省交通运输厅党组书记、厅长尤习贵前往湖北省对口支援的西藏自治区山南地区，慰问交通援藏干部，看望基层交通干部职工，与地区党委政府领导座谈，就进一步做好交通援藏工作进行深入调研，确定了新一轮援藏工作思路。尤习贵还到“全国交通精神文明先进单位”“文明工区”和“全国双百佳文明道班”扎囊养护段省道101线四工区调研一线养路职工住宿办公情况，到湖北援建的养护职工子女上学住宿所调研养护职工子女上学生活情况，从湖北农村公路基金中援助400万元用于解决一线养护职工周转房维修改造，解决职工的住房困难。

2014年5月25日至6月2日，山南地区行署副专员格桑带队到湖北省交通运输厅沟通和衔接对口援藏工作，考察全省高速公路应急指挥中心、路政执法示范大队、山区高速公路应急救援站，并与各单位进行广泛交流合作。汉十高速公路管理处、京珠高速公路管理处等单位先后进行了回访交流。

2014年8月15日上午，受湖北省政府委托，湖北省交通艺术团代表全省选派的3个歌舞节目亮相“藏源·藏缘——舞动山南”为主题的2014中国西藏第15届雅砻文化节，近20名交通艺术团员发扬“缺氧不缺精神”的湖北交通援藏精神，克服高原反应，精心排演节目，用优美的舞姿、动听的歌声，为山南人民送上了湖北交通职工的风采，展示了灵秀湖北的魅力。

湖北交通援藏的4名援藏干部、技术人才简海云、陶龙、杨继军、李向旺严格按照湖北省交通运输厅的要求，在山南地委、行署的正确领导下，大力弘扬传承“老西藏精神”，自觉肩负使命，主动融入西藏，努力将内地先进的管理经验和方法应用到山南交通实际工作中，起到了引领和示范作用，得到当地党委政府、交通部门和藏族同胞的好评。（鲁撰）

【援疆】 省交通运输厅坚持“双层全覆盖、有限无限相结合”，突出“产业援疆、智力援疆、人才援疆”，加大工作力度，加快工作步伐，扎实推进对口援疆工作。一是援助100万元，支持五师双河市综合运输产业园区基础设施建设。该产业园是集城市公共交通、职业人才培训中心、物流园区三位一体的交通运输产业园区。二是援助50万元，支持博州交通运输局农村公路建管养。由于博州财政投入不足，地方交通建设项目配套资金筹措困难，村级公路建设缓慢，厅坚持每年援助50万元，专门用于博州农村公路建设管理和养护。三是厅领导结对4户家庭开展“双结双促送温暖”活动。按照湖北省委关于与受援地少数民族党员干部群众“双结双促”的安排，厅领导带头，所在机关党支部协助的方式开展“一对一帮扶送温暖”活动。尤习贵厅长、程武副厅长、石先平副厅长主动在兵团五师联系阿扎提、克孜、库尔地娜3个少数民族家庭，分别确定为的结对对象。按照省委组织部的安排，尤习贵厅长还与博州少数民族安长发家进行结对帮扶。春节前夕(腊月29日)，尤厅长通过视频连线兵团五师的3户结对对象，向他们致以节日问候，并委派援疆干部登门拜访，送去慰问金和肉类、油、米、面等日用生活品。四是开展技术援助，全面完成乌苏至赛里木湖一级改高速项目代建工作。以湖北交通职业技术学院为主体，组建了一个由39名不同层次的管理和技术人员组成的项目代建指挥部。2014年9月，全面完成乌苏至赛里木湖一级改高速项目代建工作。交通运输部、新疆维吾尔自治区人民政府联合印发《关于表扬新疆公路代建工作先进单位和个人的通报》(交公路发〔2014〕193号)，省交通运输厅荣获“新疆公路代建工作先进管理单位”称号。五是成立工作专班，积极援助农五师编制“双河市物流发展规划”。2014年5月，农五师向厅发了《关于请湖北省交通厅协助编制物流发展规划的函》，厅拟定工作方案，成立领导小组和工作专班，将此项工作作为交通援疆项目，援助农五师圆满完成规划编制。2014年10月，兵团五师曾向阳副师长带队，师发改委、招商局、商务局、赛运公司有关部门负责人考察湖北物流，厅联系物流企业，派专人陪同考察。

（鲁撰）

【挂职调研】 选派4名干部援疆，3名干部参加新农村建设工作队并顺利轮换，1名处级干部到市州挂职并担任市州交通局负责人，3名干部到市州任科技副职，1名处级干部到市区挂职、1名科级干部到乡镇挂职。首次向武汉市委组织部选派2名优秀处级干部挂职锻炼。（李晶）

【交通职业资格】 2014年，省交通运输厅职业资格中心积极为交通运输人才培养、技能鉴定等方面搭建平台，首次与湖北交通职业技术学院签署战略合作协议，进一步推进交通专业人才队伍培训平台建设。在省运管局、交职院大力支持下，先后组织全省2014年“第二次全国交通行业职业技能统一鉴定”“机动车检测维修专业技术人员职业水平考试”“2014年二级机动车驾驶教练员职业资格考评”和第六届全国交通运输行业职业技能竞赛工作，178名公路收费及监控员、95名机动车检测维修人员和省市(州)645名机动车驾驶教练员分别参加考评及考试。尤习贵厅长先后两次带领相关单位及部门负责人巡视考场，并对考务组织和实施工作给予了肯定。

首次联合省交通运输厅安监处和省运管局举办全省道路危险货物运输新大纲培训班，不断提高从业人员队伍安全素质，全力防止重特大道路交通事故发生。举办“机动车检测维修人员实操考官培训班和二级机动车驾驶教练员实际操作考评员培训班”，进一步规范全省交通运输行业职业资格工作，提高鉴定考评人员能力水平，满足全省交通运输行业职业资格相关考官和考评人员的需求。（向元）

【工资】 2014年，根据省政府有关部署，在省交通运输厅推进实施津补贴改革。省交通运输厅机关、省公路局、省运管物流局、省港航海事局、省高管局、省质监局完成了工作性津贴、生活性补贴标准调整以及同城同待标准调整，完成了物业补贴、交通补贴、住房补贴等改革性补贴的调整。厅直各事业单位完成了绩效工资部分同城同待标准调整以及改革性补贴调整。同时对厅机关单位、事业单位各项奖励性发放项目及标准，按照省纪委、省人社厅有关文件要求和规定进行了规范。（方敏）

【工人考工】 2014年，省交通运输厅负责省直单位汽车驾驶(技师除外)、公路养护、船舶驾驶、船舶轮机、航标、交通收费6个工种的培训与考核，省直单位共计430人参加。6个工种中，汽车驾驶参加培训123人，参加考核220人；公路养护参加培训12人，参加考核30人；交通收费参加培训22人，参加考核180人。省直工考中，交通运输厅直属6个单位199人报名，涉及7个工种。2014年所有工种及各级别的理论考试均为开卷。（方敏）

【职称】 2014年度，根据省职改办有关要求，组织完成交通职称工作，职称工作对象为2014年符合条件人员。受省职改办委托，完成全省路桥港航专业副高级、省直中初级水平能力测试，副高级采取开卷笔试方式完成，中初级采取闭卷笔试方式完成。全省共有218名专业技术人员申报评审路桥、港航专业副高级任职资格。

2014年6月28日，省交通运输厅世界银行贷款项目办公室与湖北交通职业技术学院签订战略合作协议

经省职改办审查并同意，厅职改办在汉组织召开路桥港航专业副高级任职资格评审会。经评审，通过人员175人，通过合格率80%。省职改办对通过人员在湖北省人力资源和社会保障厅网站进行了公示。（方敏）

【外事】 2014年3月，埃塞俄比亚交通部部长和财政部及经济发展部国务部长一行9人对湖北省高速公路建设及管理运营情况进行学习和考察，省交通运输厅世界银行贷款项目办公室(以下简称“厅世行办”)圆满完成公务接待任务，充分展示湖北省交通发展成就，较好的搭建湖北交通对外交流平台，并收到埃塞俄比亚政府发出的回访邀请。经世行湖北项目代表团推荐，6月世行首次将每年一度的东亚地区环境与安保年会安排在宜巴项目所在地宜昌市召开。来自世界银行、亚洲发展银行，中国进出口银行，澳大利亚国际开发局，韩国进出口银行以及国际协力机构150余名社会和环境方面专家到会，交流和分享了环境和安保方面的经验。宜巴项目环境监理组和厅世行办主要负责人分别在研讨会上就项目环境保护和移民安置工作做专题交流。代表团对宜巴项目的环境保护、移民安置和此次接待工作给予了高度的评价。交通外事外经工作有序推进。2014年，厅世行办协助组织办理因公出国(境)30人，其中出国(境)培训21人、访问学习7人、参加国际会议2人。

结合新增的全省交通职业资格管理职能，积极争取世行支持，最终确定湖北省道路安全培训中心升级项目，在原有世行赠款道路安全培训中心良好运转基础上，重点围绕道路使用者素质提升和车辆安全两大主题，将世界银行道路安全培训中心进行升级。建立一个将安全培训、考核、颁发资格证书相结合，通过一定收费维持长期运行的实体机构，进一步规范全省道路安全管理，探索新的以职业资格为基础的管理模式，首次申请获得世行2014年该项目赠款7.5万美元。已顺利完成项目前期准备工作，确定项

目建设目标和资金来源，明确项目管理机构，建立培训中心与交职院合作关系，并争取到了第一年配套资金。

（万帆）

【目标管理】 2014年，省交通运输厅与省委省政府签订的各项目标任务均圆满完成，部分指标超额完成，充分发挥交通部门“建成支点、走在前列”的先行引领作用。主要做法有：

厅党组始终把目标责任制管理摆在重要位置，列入党组重要议事日程，形成党组统一领导，“一把手”亲自抓、分管领导具体抓、各处室（单位）负责人分工负责、齐抓共管、严格监督的领导体制；厅机关与39个处室及厅直单位签订目标责任书，明确责任目标、责任领导、责任处室（单位）、责任人和完成时限。

紧紧围绕目标任务，采取定期督查、专项督查和专班督查相结合的方式，全面构建形成“大督办机制”，对重点工作进行跟踪督办。一方面按时发布厅机关月度工作要点、厅直单位季度工作要点，形成常态化的督查工作格局，增强各单位、处室的责任感和紧迫感，推进各项工作任务的完成。另一方面成立16个重点工作专班，组建“督查办公室”，对巡查、督导情况每月通报，对问题整改紧盯不放。大督办机制的常态化、长效化对推进重点难点工作发挥了重要作用，确保全面完成各项工作任务。

改革创新，破解资金难题，深化改革，政府和市场同发力，全年向交通运输部争取补助资金138亿元、省政府发行地方债券40亿元、省市县各级交通融资平台融资650亿元。地方政府投入和社会资本投资明显增加，全省BT项目合同金额超80亿元。加强顶层设计，出台加强农村公路养护管理工作的意见，各市州积极行动，加大管理养护力度，农村交通基础设施条件进一步改善。召开2次普通公路建设调度会，成立干线公路建设领导小组、技术服务专班，对在建项目分门别类制作“作战图”，分片包干，各市州政府、交通运输局、公路部门一线指导督办，一二级公路建设形象进度明显提升。

结合行业特点，党建围绕中心激发活力。将互联网、新媒体作为开展党建工作的新平台，开通党建微博、微信，开设微党课，构建全覆盖、信息化的交通党建信息网。在基层一线建立起“流动支部”，创建流动党校，把流动支部变成一面面流动党旗。坚持不懈抓“廉政阳光交通”建设，以“阳光审批、执法、服务、工程”为主体的廉政阳光交通体系不断完善，确保权力在阳光下运行。

（吕思齐）

【社会管理及综合治理】 2014年，省交通运输厅以落实领导责任制为抓手，按照“管好自己的人、看好自己的门、办好自己的事”的要求，深入开展加强干部职工法治思维和廉政教育活动，积极预防和化解矛盾纠纷，强化内部安全防范和管理，扎实推进平安交通建设，积极参与社会治理体制创新，保证全省交通运输系统和谐稳定。主要做法有：

1.落实综治工作目标管理责任制。坚持把综合治理（平安建设）工作摆上重要议事日程，成立社会管理综合治理、公路水路安全联防工作领导小组，定期研究部署综合治理工作（平安建设）工作。9次将农村网格化建设、安全隐患排查和整治、安全生产大检查、交通廉政建设、反恐防范、职工小区物业管理、信访维稳等平安建设工作列入厅长办公会议题，研究工作措施、明确工作责任、强化工作要求，确保综合治理（平安建设）各项工作的落实。与39个机关处室、直属单位负责人签订《2014年度综治信访工作目标管理责任书》，与29个厅直单位、市州交通运输局（委）负责人签订《2014年度安全应急管理责任书》，要求各责任单位主要领导、分管领导和安全部门负责人分别缴纳一定数额的安全生产风险抵押金。通过全面实行目标管理责任制，把综治工作和安全工作责任落实到每个部门和具体人，形成“一把手”亲自抓、分管领导具体抓、各单位各部门负责人分工负责、每名同志有目标责任的管理机制。

2.参与社会治理体制创新。指导各级交通运输部门积极参与配合农村网格化服务平台建设，印发《关于发挥交通运输职能作用统筹推进农村网格化管理的指导意见》。加强对综治联系点洪湖市平安建设的指导和帮扶，督促指导洪湖市开展农村网格化建设，支援10万元帮助4个村组开展农村网格化建设试点；支援348万元指导修建1条约12公里公路，惠及11个村庄近3万人口，解决沿线群众出行困难，受到广泛好评。近两年，洪湖市加强和创新社会管理工作以及综治工作取得较大的进步，“一感两度”（公众安全感、治安状况满意度、政法机

2014年12月14日，尤习贵厅长（右三）、程武副厅长（右四）调研洪湖社会管理综合治理工作

关公正执法满意度）测评大幅提升。积极参加省见义勇为基金公益捐赠活动，共捐款30万元。

3.推动“廉政交通”建设。印制400封致“廉内助”公开信送机关干部和直属单位处以上干部的家属。开展“读书思廉”、“万人诺廉”、廉政文化展等活动。建立廉政短信发送平台，开展廉政短信创作竞赛等多种形式的教育活动。厅领导每年与直属单位负责人进行廉政提醒谈话，与新任职处级干部进行任前廉政谈话。制定出台“廉政阳光审批”、“廉政阳光执法”、“廉政阳光服务”、“廉政阳光工程”建设工作实施方案，构建行为规范、程序严密、运行公开、制约有效的行政权力运行机制。

4.加强内部治安防范和安全管理。全面落实厅机关内部治安保卫和反恐维稳工作各项措施，厅机关后勤中心增设保卫科。强化与公安机关“联管联查”机制，把厅机关大厅、机关宿舍以及食堂纳入重点防范部位，增设视频监控设备，加强实时监控。邀请武警消防部门专家2次到厅机关举办安全消防知识讲座，提高机关干部职工消防意识和防火自救能力。全面排查车辆、机电设备、消防设施的安全隐患，有效防控了消防安全和设备设施使用安全。加强与职工宿舍属地社区开展平安共建，推动完成台北二路交通小区业主委员会、航空路宿舍区业主自治小组的成立，2个小区分别被所在街道评为星级安全小区。

（吕思齐）

【信访】 2014年，省交通运输厅受理信访事项771件，来访109批次230人，来信621件，其中群众来信29件、交通运输部转办50件、省信访局交办9件、转办9件，厅长批示件8件，省长信箱30件，厅长信箱223件，咨询投诉225件，公众诉求38件，来电41次，按期办结率100%。做到“件件有着落、事事有回音”。特别是上级转办、交办的急、要件，都能按期结案，结案率100%。主要做法有：

1.实行信访工作领导责任制。制订《2014年全省交通运输信访工作要点》《湖北交通运输系统关于进一步规范信访事项受理办理程序引导来访人依法逐级走访的实施细则》，与厅直各单位、机关各处室签订责任书。厅领导经常听取信访工作汇报，坚持批阅重要来信，接待或指导经办部门接待群众来访，及时协调、督促信访工作，从而增强信件办理力度，促进难点问题的解决。坚持每月印发工作情况，报送相关信访数据。

2.构建依法有序的信访工作体系。按照“防范为先、化解为主、基础为要、民生为本”原则，要求信访人员树立法治思维化解社会矛盾纠纷，着力构建依法有序的信访工作体系，把信访问题化解在基层。同时进一步落实依法逐级走访制度，对来访的群众，在接访中始终做到热情接待，规范受理办理工作程序，加强督查督办，引导信访人依法逐级走访。

3.做好重要时期的安全稳定工作。针对信访反映一些矛盾较为突出的问题，进一步抓好领导干部大接访活动，领导亲自出面、亲自督导，面对面听取群众诉求，及时化解信访苗头和紧急事态，消除社会不良影响。在信访问题比较突出的时期，牢固树立服务群众的意识，积极开展安全隐患排查调处、分析研判信访信息、周密制订应急处置预案、落实信访信息报告制度等，确保交通运输系统和谐稳定。

4.形成信访工作通力合作新格局。整合各方力量，共同参与、各负其责、上下联动、齐抓共管，建立和巩固“大信访”工作格局。坚持“属地管理、分级负责，谁主管、谁负责”原则，密切协作，相互配合，形成合力，共同化解矛盾纠纷，促进一些重大信访问题的解决，形成齐抓共管的联动机制。

（吕思齐）

【档案管理】 建立完善档案安全管理制度，加强制度执行情况考核管理，构筑人防、物防、技防相结合的档案安全体系，确保档案库房、档案实体、档案信息和档案网络安全；加强安全保密专项检查，进一步完善安全防护措施和应急预案，确保档案实体和信息安全。

完善数字档案基础工作，按照数字档案室建设标准和档案数字化目标要求，编制各单位档案信息化建设规划；落实电子档案容灾备份工作。继续做好各单位档案利用接收平台试点工作，加快档案信息化建设步伐。

充分利用档案信息化建设成果，推进信息共享，提高档案服务能力和水平。做好涉及敏感档案资料的管控，严格审批制度，发挥档案部门维护交通发展的稳定作用。充分发挥档案法律凭证作用，为交通建设服好务。

继续开展本单位档案工作目标管理和规范管理考评，用好手段，坚持标准，规范程序，加强管理，保证质量。省公路局、省运管局、省港航局完成机关目标管理省特级复查，武黄管理处完成档案规范管理AAA级复查，随岳管理处档案规范管理达到AAA级评定工作。

（戚媛）

【省人大建议、政协提案办理】 2014年，省交通运输厅收到全国人大建议2件，省人大建议126件、政协提案51件。省交通运输厅十分重视人大建议、政协提案办理工作，坚持“让代表委员满意，就是让人民群众满意”的原则，把建议提案办理和交通重点工作结合起来，以建议提案办理推动工作的不断进步，促进交通运输事业的不断发展，连续多年被省人大、省政府、省政协评为建议、提案办理先进单位。截至8月10日，179件建议提案全部办结，答复率、见面率、满意率均达到100%。主要做法有：

加强组织领导。全省交通运输点多、线长、面广，一直以来受到人大代表、政协委员的高度关注，省交通运输厅党组高度重视人大建议、政协提案办理工作，从思想认识和组织领导方面形成好的工作传统，建立“主要领导亲自抓、分管领导具体抓”工作体制，把建议提案办理工作纳入处室目标考核内容，每年主要领导召开局长办公会、分管领导召开建议提案交办会，对建议提案办理工作提出明确要求，进行专题部署。厅主要领导逐一阅示建议提案、听取建议提案办理汇报、查看建议提案答复意见，并对重点建议提案亲自进行批示和督办。在分管领导具体指导下，厅办公室负责定期督办，并设立专人负责建议提案办理日常工作，形成“办公室统筹协调、各处室分工负责”的工作格局。

完善制度机制。由厅办公室牵头，根据建议提案内容，结合业务分工，把建议提案逐一落实到分管处室或单位，明确责任和时限。具体办理中，制订提案办理分工表，把人大代表、政协提案主要内容、人大代表和政协委员姓名、联系电话和责任处室、协办处室、协办单位、答复意见初稿完成时限及面复会安排等事宜进行逐一详列，注重工作细节，追求工作质量，力争做到提案办理精细化、规范化。为进一步推动和改进办理工作，省交通运输厅完善《湖北省交通运输厅办理人大建议、政协提案办理工作的通知》，进一步明确和细化提案分类登记、领导阅示、分工、办理、督办、面复、修改、领导签发、寄送代表委员、反馈、总结、归档等一系列工作程序，确保办理过程中每个环节不出纰漏，有章可循。

提高工作实效。省交通运输厅始终坚持“建议提案促进工作、建议提案创新工作”原则，针对建议提案涉及的交通运输某一方面的工作，出思路，想办法，出实效，避免就办理而办理，坚决制止文字空转现象，在办理中加强与代表委员的沟通，向代表委员仔细说明情况，以求得大家的理解，努力实现建议提案办理工作由“文来文往”向“人来人往”转变，由“答复型”向“落实型”转变。（戚媛）

【研究室工作】 研究室坚持想问题、办事情、当参谋、提建议，从高处着眼、从大局着想、从需要出发，当好交通规划政策上的“活字典”。立足“两会精神”以及中央经济工作会议、交通部工作会议精神，起草领导在交通运输部会议、省“两会”、综合交通座谈会、“三抓一促”会议等省级会议以及在厅直各单位工作会议上的重要讲话稿53篇。起草贯彻落实《国务院关于依托黄金水道推动长江经济带发展的指导意见》交通运输工作推进会上的发言，突出按照《指导意见》的相关要求，以建设武汉长江中游航运中心、加快多式联运发展，提升综合交通运输一体化水平为重点，充分发挥交通在长江经济带开放开发中的基础性、动力性和先导性作。同时起草加快推进黄金水道，打造长江中游综合立体交通走廊的领导讲话逾5篇。配合其他处室修改、审核领导讲话稿20余篇。

研究室在部明确湖北为综合交通体制改革试点省份之前，就综合交通机制体制改革的重要性、必要性、可行性和改革总体构想做了专项调研，起草《推进省级综合交通运输体制改革研究》，并与省政府政研室联合调研起草《关于加快推进我省综合交通运输管理体制改革的建议报告》。交通部出台《关于开展全面深化交通运输改革试点工作的通知》明确湖北为综合交通运输改革试点后，积极主动作为，起草《关于将省级综合交通运输体制改革列入2015年省全面深化改革领导小组专项改革议题和改革工作重点的请示》。

着力抓好重大题材策划和重点领域宣传活动，做好大交通、大路网、黄金水道、村村通、深化改革等重点领域报道。加强内部宣传舆论引导，全年编发《改革简报》、《舆情专报》、《农村客运简报》、《参考研究》、《舆情内参》等各类简讯专报58期，为交流经验、成果转化搭建重要平台。开展与《湖北日报》、《中国交通报》合作办报，保证这2份报纸每月均有一个版面宣传湖北交通，增强指导性、系统性、深入性、可读性和存史性，树立行业舆论引导的权威性、公信力和影响力。重视网络、手机等新兴媒体，重视与外界网络媒体(特别是交通运输部门户网站)合作，不断创新和发挥厅网站主阵地作用，加强和改进网络内容建设，及时发布正面、权威信息，形成网上正面舆论强势，切实提高信息技术条件下的舆论引导作用。

（胡小松）

【厅机关后勤服务】 加强制度建设，制定《食堂管理补充规定》，完善《湖北省交通运输厅公务车配备使用管理规定》。全年开展学习11次，完善落实支委联系点制度，做好班组学习会、讨论会开展指导工作。

机关食堂建立健全月度工作分析会、周例会、菜品验收登记、菜品价格公示等多项内部管理制度，设立食堂服务质量意见箱，实行严格成本核算制度、规范食堂操作流程、加强专业技能培训等为措施，努力提高膳食服务质量。

完善公务用车使用管理制度，定期开展车队安全行车、文明服务教育，严格坚持节日期间与下班后公务车停放检查制度；完善车辆维修评审小组运行机制，加强车辆运行维修监管；进一步完善车辆管理档案。圆满完成机关公务及各类大型活动后勤保障用车，全年安全行驶756900公里，无重大责任事故发生。

制订《厅机关后勤服务中心固定资产管理办法》，按照新要求规范后勤固定资产管理；加强湖北交通科技产业园园区物业管理的监督和协调，完成交通科技产业园地勘楼租赁和交通小区职工活动室产权划转工作；完成江汉路老机关大楼危房改造协调工作。

加强新保安队伍作风纪律建设和热忱服务态度的培养，建立细致严格的管理制度与考评方案，确保工作平稳交接、队伍面貌焕然一新；强化与公安机关“联管联查”机制，把厅机关一楼大厅、机关宿舍以及食堂纳入重点防范部位，加强夜间防盗，明确防范措施，实行实时监控。厅机关大院区域未发生一起违法犯罪事件。

2014年6月，启动职工宿舍物业管理改革，完成台北二路职工宿舍区社会化管理改革；航空路宿舍区成立业主自治小组。（吴昊）

【厅史志工作】 2014年2月13日，

召开有武汉铁路局、长江航务管理局、民航湖北安全监督管理局、省邮政管理局、中石化武汉输油处、省交通投资有限公司等单位办公室负责人参加的大交通年鉴组稿会，梳理各单位年鉴编撰思路，明确分工、篇目设置和资料上报时间。随着《湖北交通运输年鉴(2014)》编撰工作有序推进，湖北交通年鉴编撰“大交通、大规划、大督查”的格局初步成形。完成《湖北年鉴(2014)》《湖北发展改革年鉴(2014)》交通资料的收集和上报工作；完成中国交通年鉴社2014年刊组稿工作。

史料整理工作成果显著。编纂《湖北桥梁》，是2013～2014年的重要工作。该书是湖北省地情丛书之一。2013年，厅史志办与省方志办发动全省方志、公路部门技术人员广泛收集资料，主编人员共同赴市州对古代桥梁、现代桥梁、市政桥梁进行有针对性的调研和考证，完成初稿。2014年，完成《湖北桥梁》终审定稿和发行工作。全书最后形成120万字的书稿，是湖北省第一部桥梁志书。连续编报《湖北党史大事记》，每逢单月向省委党史研究室报送交通部分内容，全年报送6期。参加省方志办、省水利厅编纂的《湖北湖泊志》审稿工作，参加国资委和经委编纂的《湖北省志工业志》评审工作。更新省交通运输厅史志办网站电子资料库，新入库资料15本9000页。完成《湖北省志·交通》出版社终审修改。

4月9日，成功召开湖北省交通历史文化学会成立暨第一次会员大会，学会吸纳团体会员和个人会员152个，涵盖公路、水路、铁路、民航、管道等综合交通企事业单位，新华网、新民网、《中国交通报》《湖北日报》《湖北交通报》等10多家媒体进行报道。学会设计专用LOGO，编印《交通历史文化》三期、总字数30万字。

协调《湖北交通文化手册》《职业病防治》《湖北交通运输年鉴(2014)》等书籍编辑和出版事宜；完成湖北连片扶贫专著——《情系扶贫》篇目，开展对十堰、黄冈、恩施有关连片扶贫调研，收集整理资料15万多字。

编纂“湖北省委省情库”。史志办参加省委办公厅“湖北省委省情库”专班集中办公和调研工作，参与篇目审查，负责完成“五个湖北”中的“幸福湖北”篇的工作，耗时5个月，征求20个厅局意见，完成8稿，完成“幸福湖北”篇目。完成省委办公厅《清代以来长江(湖北)航运资料》编撰和上报工作，总计1万多字。

2014年7月21日，根据《省编办关于省交通运输厅所属事业单位调整规范和分类有关事项的批复》(鄂编办事改文〔2014〕35号)，撤销《湖北省志·交通志》编辑室，人员调整到省交通运输厅宣传中心。（周佑林）

【市州史志工作】 2014年5月30日，南漳县第一部部门通志——《南漳交通志》正式出版发行。为全面反映南漳自然、经济、交通和社会基本面貌，南漳县交通运输局编纂委员会组织工作专班，历时7载，完成各类文字初稿和相关资料270多万字，编修从1949年新中国成立至2007年共计58年的交通发展资料，记载交通设施建设、公路养护管理、运输市场发展、交通行政执法、精神文明建设等交通发展历程和主要历史经验。全书分为组织机构沿革、公路、水路、道路运输、规费征收和交通建设筹资、科技教育和法制建设、交通综合管理、党的建设和精神文明建设、人物共九章，另有二序、一记、一录，总字数35万字，照片62幅。《南漳交通志》于2006年底正式启动编纂工作，先后6次大型修改、20余次局部调整和修改，2012年9月通过县史志办终审，2013年12月底完成修改和最终定稿，并通过省新闻出版局批准印刷。

（何靖）

【湖北省综合交通运输研究会】 湖北省综合交通研究会(以下简称研究会)2014年4月正式启动，组建工作专班，积极推进研究会工作有序运转。由于研究会办会经验尚浅，相继到省公路学会、道路运输协会等社团组织咨询学习，与铁路、长航、民航、邮政等其他交通部门会员进行联系沟通，宣传研究会的宗旨和任务，取得会员支持帮助。按照省民政厅民间组织管理局检查意见和档案管理要求，研究会对新老会员进行梳理审定和登记归档，有会员单位21家、个人会员81人。为规范管理，相继修订了《财务管理制度》、《固定资产管理办法》、《秘书处成员岗位职责》等管理制度。研究会对构建综合交通运输体系方面课题进行研究分析，编写《湖北省“十三五”综合交通运输体系建设研究》、《湖北省交通运输转型发展研究》等专题报告，用研究成果服务交通科学发展。同时，定期编制研究会简报，向会员们传递全省综合交通运输消息。全年编制发布9期简报，内容涉及全省综合交通运输行业最新动态及相关学术研究等，为逐步建立综合交通运输体系搭建平台。（谭静）

【湖北省公路学会】 2014年2月23日，召开第八次会员代表大会，选举产生第八届理事会。会同各专委会及全省各市州公路(交通)学会开展各种学术活动16次，组织参加由中国科协、中国公路学会及各相关分会组织的年会、高层论坛、专题研讨会12次，组织参加“第三届两岸四地公路交通发展论坛”和“第二届中加冬季道路养护国际研讨会”2次国际学术交流。

1. 组织开展2013年度全省公路学科发展研究工作，形成《湖北省公路学科发展研究报告(2013)》1个综合研究报告，《湖北省道路工程学科发展研究报告(2013)》、《湖北省桥梁工程学科发展研究报告(2013)》、《湖北省公路隧道学科发展研究报告(2013)》、《湖北省交通物流学科发展研究报告(2013)》、《湖北省高速公路运营管理发展研究报告(2013)》、《湖北省交通运输信息化发展研究报告(2013)》、《湖北省交通监理行业发展研究报告(2013)》、《湖北省公路环境与可持续发展研究报告(2013)》8个专题研究报告，并通过专家评审，得到与会专家评委较高评价。

2. 片区学术交流活动。7月24—25日，与恩施州公路学会共同举办鄂西南片区公路建设养护新技术专家讲座，围绕桥梁维修、地灾治理、新型混凝土路面设计施工、环保生态旅游公路建设等方面进行讲课和交流。9月24—26日，与十堰市公路学会共同举办鄂西北片区公路建设、养护新技术专家讲座，围绕公路桥梁病害处治和常用维修加固、公路沥青路面设计、施工及沥青路面早期病害原因分析和防治关键技术、生态旅游公路建设和橡胶沥青在山区普通公路上的应用技术等进行讲课和交流。11月9—10日，与仙桃市公路学会共同举办武汉城市圈片区公路沥青路面（含钢桥面铺装）设计、施工关键技术专家讲座，围绕“公路沥青路面材料结构设计与大粒径沥青混合料加铺结构设计与性能衰变”、“沥青路面(含热拌沥青、温拌沥青、冷、热再生材料）的设计、施工及沥青路面早期病害产生的原因分析和防治的关键技术”、“钢桥面铺装新技术开发与应用及对桥面早期病害预防和养护的关键技术”及“平原水网地区软基处理实践”进行讲课和交流。11月21—22日，在黄冈组织召开湖北省温拌沥青混合料关键(新)技术专家讲座，围绕温拌沥青混合料技术及其应用、温拌沥青技术及产业化等进行讲课和交流。以上活动既有知名专家教授与一线工程技术人员同台演讲讨论交流，也有会场专家学员互动以及实地观摩考察。

3. 专业学科学术活动。3月5日，道路工程专委会在河南信阳举办沥青路面养护新材料应用技术研讨会；5月22—23日，桥梁与隧道工程专委会组织到重庆金九大桥与成渝高速公路养护(营运)管理考察与技术交流活动；5月21—26日，汽车运输专委会和省道路运输管理局共同举办全省机动车综合性能检测站检测员培训班；高速运营专委会举办高速公路运营管理和智能交通讲座及全省高速公路施工作业安全监管研讨班，出版专辑《湖北交通科技》(2014第2期)；9月3—5日，交通工程专委会组织全省有关桥梁专业工程技术人员到丹东鸭绿江大桥进行学术交流与技术考察活动，11月11日在武汉举办废旧沥青混合料再生利用讲座；10月21日，交通监理专委会依托在建的武汉西四环高速公路工程组织开展公路工程标准化建设观摩学习交流活动；9月17日，高速公路建设管理专委会、高速公路工程施工专委会依托宜巴高速公路建设指挥部，在兴山联合召开“湖北省公路滑坡治理关键技术研讨会”；10月14—15日，筑路机械专委会、道路工程专委会联合湖北宜春工程机械有限公司在武汉举办“湖北省公路筑、养路机械新技术研讨会”；11月18日，信息专委会在武汉举办大数据与云计算技术专家讲座；12月18—19日，环保与安全专委会在十堰市举办高速公路服务区污水处理、公路环境在线监测技术推广及现场考察活动。

4. 技术咨询服务。修订技术咨询服务管理办法，打造技术咨询服务品牌，2014年上半年新承接了利万、仙洪、保宜、宜张、麻武穴、洪利等多条高速公路技术咨询和工程档案技术服务项目，其中高速公路技术咨询项目6项，工程档案技术服务项目8项。新开展交通质检机构资质认定评审前技术咨询服务，已经完成郧西、武当山、阳新、罗田机动车检测公司技术咨询服务，受到委托单位好评。根据高速公路建设项目实际需要，组织学会专家采取现场查看、召开咨询会、提出具体意见和解决方案，出具书面咨询报告等方式，帮助解决高速公路、特别是山区高速公路建设中诸多疑难问题。如利万高速公路齐岳山隧道涌水处治，谷竹高速公路隧道施工裂缝处理、现场管控和监控量测，麻武高速公路高边坡垮塌问题，仙洪高速公路软基工程和路面工程设计，黄张高速公路团风段路面设计施工和爆破技术等。

5. 3月，学会参加省交通运输厅“公路工程建设项目设计咨询审查单位备选库入库资格”申报工作，经过评审和公示，于4月21日入选专项咨询备选库，可以承担公路工程建设项目的设计咨询审查工作。从5月份开始，已承接3项公路工程建设项目的设计咨询审查，已完成省交通运输厅委托的“荆门城区绕城公路牌楼至团林段项目的初步设计咨询审查”。受省交通运输厅综交处委托，组织“湖北省交通运输‘十三五’发展规划战略研究”项目咨询评审工作；受省交通运输厅运输处委托，组织编制“湖北省乡村公路营运客车结构和性能通用要求”(地方标准)；受省交通运输厅农村管理处委托，组织“湖北省‘十三五’农村公路发展战略研究”项目咨询评审工作。与省交通运输厅建设处共同申请、联合省交通规划设计院、十堰、恩施交通局(学会)，开

2014年9月17日，湖北省公路滑坡治理关键技术研讨会在宜昌市兴山召开

展生态旅游公路建设配套技术研究，编制《湖北省生态旅游公路建设配套技术指南》，该项目已批准立项，在组织实施中。

6. 修改完善“湖北省公路学会科学技术奖”评审办法，严格申报条件、程序和评审、公示制度，确保评审科学、公正和评审质量，评出省公路学会科技奖12项，推荐10项参加中国公路学会科技奖评审，获一等奖1名、二等奖2名、三等奖3名。修改完善《湖北省公路学会自然科学优秀学术论文评审和奖励办法》，收集申报论文104篇，经湖北省公路学会自然科学优秀学术论文评审委员会审定，评选出省公路学会优秀论文69篇，其中一等奖5篇、二等奖26篇、三等奖38篇。向省科协推荐申报省自然科学优秀学术论文64篇，获奖16篇，其中一等奖1篇、二等奖5篇、三等奖10篇。湖北省交通规划设计院高级工程师丁望星获得首届“全国公路优秀科技工作者”称号。

学会完成了省交通运输厅委托承办的2014年度路桥港航专业技术人员晋升职称考试工作和专业职务任职资格评审材料申报审查工作，申报路桥、港航专业初、中、高级职称水平能力测试554人次，接收申报高、中、初级职称工程技术人员材料268份，完成初审及评审工作，获得通过的高级职称206人、中级职称74人、初级职称6人。

7. 加强制度建设和规范管理，修订《湖北省公路学会财务管理办法》和《湖北省公路学会科技咨询服务管理办法》，新建立学会工作人员值班制度、秘书处工作部门及人员月度工作目标考核制度，完成税务登记相关手续。调整和改选9个专委会领导机构成员，成立“高速公路建设管理专委会”和“高速公路施工技术专委会”，新发展武汉武大卓越科技有限责任公司、武汉交通职业技术学院、武汉市威特工程机械有限公司等10家会员单位，新发展个人会员82人。省公路学会单位会员达到72个，个人会员达到3401人。学会申报2014年“湖北省科协实施中国科协引领地方学会能力提升项目”中的2个子项目获得批准，分别为“提升学会自我发展能力”和“提升学会服务社会管理创新能力”项目。按照项目合同书的要求，分别组建2个子项目课题组，制定项目实施方案，实行组长负责制开展项目研究，学会已在编写总结报告。

（高艳丽）

【湖北省运输与物流协会】 2014年，召开第四届三次理事长会议，提交协会2013年度工作报告和财务报告，表决通过副会长、秘书长变更等议案，决议成立城市客运分会、客运站场分会，并对分会会长人选进行表决。完成新办公楼的装修和决算审计工作。加强协会财务管理，对协会往来账款、固定资产进行全面清查，清理归档历年来的财务档案，完成协会2013年度财务审计工作。

全面推进交通运输企业安全生产标准化建设工作，完成省交通运输厅、省运管物流局指派的考评任务。完成道路运输维修企业、普货运输企业安全标准化考评细则编写、细化工作，在全省范围内举办8期企业自评员培训班。修订道路运输承运人责任险保险合作协议。组织举办全省机动车驾驶员培训2个大纲宣贯培训班、出租车部颁标准宣贯培训班、首届全省物流行业发展培训班。申办成立湖北省畅达交通职业培训中心。推进《道路运输从业人员正版培训丛书》征订工作，配合省运管局举办7期机动车驾驶员培训教练员从业资格考试。参加中国汽车维修行业协会组织的“卡思调查”工作。参加中国物流与采购联合会和中国物流报举办的首届中国甩挂运输峰会。7月18日，与北京中德安驾科技发展有限公司签订了客货驾驶员远程继续教育合作协议。

协会担任中国道路运输协会出租汽车与汽车租赁分会理事长单位以来，努力加强分会基础建设，努力扩大行业影响力。2014年1月，分会在江苏省常州市组织召开出租汽车行业和谐劳动关系创建活动，典型单位、优秀车队（班组）和先进个人评选活动。初步完成出租汽车与汽车租赁行业行约行规宣传张贴画的设计工作。参与国家标准委员会《汽车租赁经营技术条件》草案的编写工作。11月底，在武汉组织召开全国《出租汽车运营管理规定》宣贯培训班。与各省租赁协会及企业沟通，掌握租赁行业最新发展动态，共同分析讨论行业发展面临的新问题。开展行业调查，加强行业政策研究。

【湖北省交通建设监理协会】 协会组建以来，制定下发《湖北省交通建设监理协会章程》《湖北省交通建设监理协会会费管理办法》《湖北省交通建设监理协会财务管理制度》《湖北省交通建设监理协会规章管理制度》《湖北省交通建设监理协会工作人员廉政守则》《湖北省交通建设监理协会岗位工作职责》《湖北省交通建设监理协会工作人员管理规定》等规章制度。逐项清理和完善前期工作中没做到位的事项，完成了社会团体法人登记、工商注册、组织机构代码证的办理、办理财务开户许可证、税务登记证、开通了网银支付、安装了社团财务专用软件等并及时进行了相关年检工作；获得“交通运输企业安全生产标准化考评机构”交通工程建设二、三级资质证书，保证了协会运作程序合法化，为开展工作奠定了良好的基础。明确办事机构和专职工作人员，重新推荐秘书长人选，并明确秘书处下设综合办公室、技术咨询部和财务室，制定一系列管理制度及岗位职责，重点加强财务管理人员力量，进一步完善和规范各项管理；选派有事业心，有责任感、有工作能力并有相关证件的同志到协会工作，使协会工作逐步理顺并走上正轨。

2014年7月22日，完成在十堰举办的“安全生产标准化自评员培训班”，参加培训120人；9月1—4日，完成在孝感举办的“三类人员培训班”，参加培训130人。承担“试验检测报告编制”组织编写工作，此项工作顺利完成，已交付使用。参加省交通运输厅质监局组织的《湖北省交通运输工程建设企业安全生产标准化考评实施细则》的编制工作。4月至5月份，完成试点单位湖北长江路桥股份有限公司安全生产标准化咨询与考评工作，承接了湖北兴达路桥有限公司、黄冈市楚通路桥工程建设有限公司、武汉公路桥梁建设集团有限公司、武汉江夏路桥工程总公司、武汉市华光交通工程有限公司5家单位安全生产标准化咨询工作；中天路桥有限公司、湖北天浩公路工程有限公司、武汉东交路桥有限公司、武汉市市政路桥有限公司及湖北省清江路桥建筑有限公司考评工作。监理协会咨询、考评11家交通工程建设企业，其中10家为监理协会会员。承担监理和试验检测人员打印证件和发放证件等工作。

（张松林）

【湖北省交通会计学会】 2014年，学会修改和制定《秘书处工作人员岗位责任制》、《财务管理制度》、《固定资产管理办法》、《文书档案管理办法》、《会计人员继续教育培训管理规定》、《通讯信息联络员管理办法》等10余个学会管理制度和办法，并编印成册。湖北省交通会计学会被评为2014年全省会计学会工作先进单位。

1.2014年3月，湖北省交通会计学会召开七届四次全体理事大会，会议总结了2013年学会工作，研究布置了2014年学会工作任务，表彰了2013年度学会活动先进集体和先进个人以及组稿先进集体和撰稿先进个人。根据学会章程规定以及有关单位推荐意见，经学会常务理事会议研究决定，对学会部分常务理事和理事进行调整和增补，保证学会工作良性运行。

2.配合省交通运输厅财务处，组织开展交通行业财会学术调研活动，参与交通法律法规或发展规划的制定，积极向各级政府和所在单位提出有关财务管理和会计核算方面的政策建议。由省交通会计学会组织、神农架林区交通运输局和仙桃市交通运输局承办，分别在神农架林区松柏镇和仙桃市举办年度片区学术交流会，交流会收到各类论文269篇，从中评选出优秀论文30篇，在大会上进行交流。向湖北省会计学会推荐的交通系统财会论文，有5篇论文获奖，其中二等奖2篇、三等奖3篇。

3.举办5期交通行业会计人员继续教育培训班，其中行政事业类培训班3期、企业类培训班2期，858名在职会计人员和持证人员参加学习，部分市州交通单位会计人员也同期参加培训学习。学会制定2014年交通行业会计人员继续教育培训方案，经省财政厅会计处备案同意组织实施。培训实施前，广泛征求会计人员对继续教育培训的意见和建议，按照省财政厅会计处和省交通运输厅财务处有关继续教育培训的要求，紧密结合交通实际确定继续教育培训内容，与授课老师进行沟通，反映学员们迫切需要掌握的知识要点，确定继续教育授课重点。

4.编辑出版《湖北交通财会》，充分发挥会刊的交流和平台作用。学会对会刊版面作了改进，充分利用封面封底及封三、封四彩页，刊登反映全省交通新面貌图片，特别是刊登高速公路、桥梁的建设、反映学会开展学术交流活动情况、财会先进人物的事迹、财会人员继续教育业务培训学习情况的图片。组织评选撰稿积极分子和组稿先进集体，鼓励广大财会人员积极撰稿，着力提高稿件质量。三是加强通讯员队伍建设，健全通讯信息联络员队伍，明确通讯信息联络员职责和任务，建立通讯信息联络员QQ群。在襄阳市举办通讯信息联络员培训班，加强对通讯员队伍建设和管理。全年收到各类论文280余篇，发表70篇。

5.协助省交通运输厅财务部门，做好相关业务咨询和服务工作。完成厅直单位财会人员会计从业资格证集中送审工作。完成了862人的会计从业资格证集中送审工作，解决了以往缺学时的、非本区从业资格证遗留问题，完成了《会计从业人员基本信息采集表》汇总工作；协助清理省交通运输厅资金及往来账户；为会员单位代订《交通财会》、《财会通讯》等刊物，其中《交通财会》255份、《财会通讯》219份。

（韩晓真）

2014年9月22日，湖北省交通会计学会第一片区学术交流会在林区召开

【湖北省城市公共交通协会】 湖北省城市公共交通协会是从事城市公共交通客运的行业性社团组织，成立于1988年6月，会员单位由省内公共交通企业、城市客运管理部门等相关单位组成，有会员单位83个，其中公共汽(电)车企业53个、轮渡企业5个、地铁企业1个、客运管理单位11个、其他相关单位13个，理事28人。协会是中国道路交通协会城市客运分会的会员、中国城市公交协会的理事单位，2014年12月，协会被省民政厅评为3A级社会组织。主要工作有：

1.服务政府，当好政府部门的参谋助手。城市公交燃油补贴是每年公交工作的重点，为了确保燃油申报补贴工作的真实性、严肃性、有效性，进一步做好全省城市公交燃油补贴工作，受省运管局委托，3月份，协会负责对2014年城市公交燃油消耗申报信息进行复核。通过抽查数据、电话询问、现场核实和暗访等方式，按照国家标准和相关文件对省运管局公交处提供的全省城市公交营运车辆数量、行驶里程、燃油消耗等有关信息和资料认真进行复核，为全省城市公共交通燃油补贴分配做好前期准备工作。为进一步促进全省公交发展，加强公交车辆服务设施标志管理，10月初，受省运管局委托，协会对全国部分城市公交车辆路别牌、车辆标识进行专项调查研究，完成《关于对公共交通营运标志地方标准的调查》，为全省下一步统一城市公交服务设施和公交车辆标识标志做好准备。9月13日，协会积极参与省交通运输厅在汉召开的全省公交示范城市创建评审会，经过评审专家评分和公示，9月17日，确定荆州、襄阳、宜昌、十堰、赤壁、仙桃、恩施为首批公交示范创建城市。先后对交通部《城市公共汽电车客运规范》《城市公共汽电车应急疏散和救援基本操作规程》提出修改意见，为公交法规政策的制定建言献策。

2.服务行业，发挥桥梁纽带作用。宣传推介"雷锋式驾驶员"张兵，报道随州公交驾驶员刘春艳"恪尽职守讲奉献、爱岗敬业践承诺"和宜昌公交20路驾驶员杜成文"在平凡岗位上释放正能量"的事迹，展现公交人的风采，推动城市精神文明建设。利用会刊和公交动态宣传行业中好的经验和做法，宣传推介武汉公交"争创四个一流、实现跨越发展"、宜昌公交"履行履责、便民利民"的做法、十堰公交探索"全域公交"新构架、推进公共服务均等化、赤壁公交在改革创新中探索公交优势等方面的经验，从不同的侧面，展现近几年全省公交行业不断改革创新、加快发展的最新成果。5月份，协会积极配合省运管局在大冶召开县域公交优先发展研讨会，推介大冶政府对公交优先发展的倾斜政策，武汉公交、十堰公交、仙桃公交、恩施公交等单位在会上进行交流。

积极做好全省交通运输企业安全生产标准化考评达标工作。协会继续抓好对宜昌公交、黄石公交、仙桃公交试点单位的安全生产标准化达标申报考评工作，同时，赴荆门、咸宁、洪湖、赤壁、监利和潜江等会员单位，为其答疑解惑，帮助企业顺利完成自评，做好安全生产标准化考评达标咨询、服务工作，逐步推进全省公交行业安全生产标准化达标。协会确定的6个示范城市安全生产标准化考评达标工作全部完成。3月份，协会向省交通运输厅申报道路运输考评机构资质，5月27日，省交通运输厅安委办增补湖北省城市公共交通协会为湖北省交通运输企业安全生产标准化二、三级考评机构。协会已具有城市客运、交通运输企业安全生产标准化二、三级考评资质，为省内12个公交会员单位安全生产标准化达标提供了咨询服务，已完成6个单位的安全生产标准化考评。2014年，由省运管局授权，协会先后对荆州公交、黄石公交、黄梅明珠运输集团、宜昌公交集团、宜昌夷陵客运站和荆门公交等16家企业进行安全生产标准化达标考评。

3.服务会员，提高协会凝聚力。4月份，在全省公交行业中开展第二次年轻干部挂职锻炼交流活动，交流活动期为两个月，全省共有11个城市公交企业选派20位年轻干部，分别到武汉公交、宜昌公交、襄阳公交、荆州公交、十堰公交和仙桃公交参加挂职锻炼交流活动，并将交流干部学习心得和体会分期在协会《会刊》和省运管局网站上刊出。继续在全省开展文明示范线结对共建活动，对公交行业连续两年评选出的25条文明示范线开展结对共建活动。武汉、宜昌、荆州、十堰等结对文明示范线由企业负责人带队，相互组织干管、驾乘人员、优秀员工代表100多人次进行互访交流。

积极筹建成立广告、旅游和轮渡专业委员会。9月25日，轮渡专业委员会成立暨第一次会员大会在武汉召开，10月31日，广告专业委员会成立暨第一次会员大会在襄阳召开，11月20日，旅游专业委员会成立暨第一次会员大会在宜昌召开，会议审议各专业委员会章程（草案），选举产生专业委员会主任委员、副主任委员、专业委员会秘书长。

协会创办的会刊《湖北城市公交》和《湖北公交动态》是全省宣传公交政策、公交行业交流学习的平台。全年编辑发行《湖北城市公交》3期和《湖北公交动态》11期，免费赠送会员单位。在原有栏目基础上，彩页增设"公交风范"栏目，以发挥典型人物和优秀品牌在城市公交发展中起到示范、引领和推动作用。6月20日成功开通协会官方网站。（孙新荣）

【湖北省交通造价研究会】 2014年3月，研究会协助省交通基本建设造价管理站组织安排全省公路工程造价师资格考试的相关工作。4月，召开湖北省交通造价研究会第一届第二次理事会，对2014年研究会工作进行部署和安排。5月，应会员单位随岳高速公路管理处要求，协办养护管理人员培训。10月，在宜昌举办全省高速公路养护造价人员培训，高速公路养护管理、设计、施工、监理专业人员参加培训，培训人员120余人。应襄阳市交通运输局要求，对襄州区、宜城区等4个公路改建工程项目工程可行性研究估算进行审核。受省交通基本建设造价管理站委托，完成《公路工程材料价格管理信息平台开发》科研项目子题《湖北省公路工程材料价格管理信息平台》研发工作，会同造价站多次调研征询价格采集人员和用户意见，多次与软件编制合作单位磋商，完善技术方案，充实平台功能。拟组建湖北省交通工程造价专家库，拟定了《湖北省交通造价研究会造价咨询专家库管理办法》、《湖北省交通造价研究会交通工程造价优秀成果奖励办法》。（王萍）

【湖北省交通历史文化学会】 2014年，湖北交通历史文化学会以"整合历史资源、挖掘文化内涵、总结历史规律、传播文史亮点、提升行业品牌、服务交通发展”为发展理念，对湖北交通历史文化资源进行深入挖掘、研究、提升、推广和应用，全力将学会打造成湖北交通文化建设新“阵地”，为打牢湖北交通文化“大底盘”作出积极的贡献。主要工作：

1. 学会成立社会反响广泛。4月9日，湖北省交通历史文化学会成立暨第一次会员大会成功召开，省交通运输厅党组书记、厅长尤习贵出席会议并作重要讲话，党组副书记、副厅长唐元，副厅长谢强、程武，省民政厅民间组织管理局副局长杨永等出席会议。选举陈新为学会会长，周佑林、詹建辉、王伯禹、董新利为副会长，王汉荣为秘书长。聘请尤习贵为学会名誉会长。省发改委、省经信委、武汉理工大学、省社科院、民航湖北安监局、省邮政管理局、省交投、武汉铁路局、长江航务管理局、中石化仪长输油处等相关单位及省交通运输厅机关相关处室、厅直各单位、各市州交通运输局(委)、省运输与物流协会、省公路学会、省交通会计学会、省综合交通运输研究会、省交通建设监理协会、城市公共交通协会、船员服务协会和省交通造价研究会等150余名代表参加会议。新华网、新民网、凤凰网、中国交通部门户网站、中工网等16家网站，《湖北日报》《中国交通报》《湖北交通报》等多家主流媒体，对学会成立进行专题报道。

2. 管理流程和规章制度完备。学会成立之初通过《表决与选举办法》、《章程》、《会费标准》、《固定资产管理办法》和《财务管理制度》等一系列规章制度，配备监督管理员，确保学会人、财、物安全规范。严格执行《民间非营利会计制度》，自2014年5月1日正式建账独立核算，规范管理收入和支出项目，顺利通过省交通运输厅检查。设计专用LOGO，打造具有湖北交通历史文化特色的VI视觉识别系统。编印《交通历史文化》特刊和创刊号，第二、第三期扩大学会的影响。按照AAA标准化档案管理要求，对学会内部规章制度、印章、课题资料、账目资料进行分门别类管理。

3. 四大项目助推学会发展。为总结和探索各单位文化品牌建设亮点和开展交通文化建设载体、手段、具体领域的方法，统一全省交通文化品牌建设的总体思路、方法及重点工作建议，整合高速公路文化建设资源，受机关党委委托，厅史志办、湖北省交通历史文化学会与省社科院联合编纂《湖北交通文化手册》，后更名为《湖北交通历史文化》，由人民交通出版社正式出版。《上市之路——以宜昌交运集团为蓝本》，该书以历史的观点分析宜昌交运集团发展与变革的必然性与偶然性，从文化的角度阐述企业及其管理者个人气质与魅力、企业文化、经营理念等对企业成长的重要性，从管理行为学的角度论证管理者决策对企业成功的深远影响与意义，从投资者的角度用经济学方法洞察企业投资价值与风险，破解企业成功密码，揭示宜昌交运成功之路的内在原因与规律。《情系扶贫——湖北省四大山区交通连片扶贫开发的新探索》，省交通历史文化学会以高度的责任感和历史使命感，先后到黄冈、恩施、十堰等地进行实地走访调研，与咸宁、孝感沟通，收集四大山区交通连片扶贫开发好经验、好做法，以服务扶贫开发、服务交通建设、服务老区人民为中心要义推进课题研究。《勃兴中的黄金水道》篇目基本形成。（王汉荣）

党群工作和精神文明建设

【党建和行业精神文明建设】 修订完善交通运输厅党组中心组学习制度，建立领导干部在线学习机制；广泛采取党组中心组学习、理论培训班、形势报告会、党员干部读书月等形式；组织全体党员深入学习习近平总书记在河南省兰考县调研指导时的重要讲话精神，党的十八届三中全会、四中全会和省委十届三次全会精神；组织收听收看全国“两会”新闻报道和观看中央党校“两会”热点专题讲座、观看电影《焦裕禄》。全年组织厅党组中心组学习10次。

举办交通运输厅系统党支部书记培训班，提升党支部管理水平；制定厅直系统和厅机关开展红旗党支部及党员先锋岗相关制度，形成党建规范化工作模板；开展“红旗党支部”和党员示范岗创建工作，在黄黄管理处召开基层党组织示范创建工作现场会，推动创建工作的落实。有效激发了机关党组织的活力，充分发挥机关党支部的战斗堡垒作用，省交通运输厅获得省委表彰的“党建工作先进单位”荣誉称号。

开展“学张兵精神、创文明新风、建和谐交通”主题实践活动，深入开展核心价值倡导行动、道德模范引领行动、文明主题创建行动、文化品牌培育行动、行业形象塑造行动等“五大行动”，把行业核心价值体系总体要求贯穿于干部职工教育全过程。组织开展再交一次特殊党费捐款活动，共收到捐款160798.5元，按要求全部上交湖北省扶贫基金会；开展2014年“十行百佳”标兵评选活动，组织“十行百佳”事迹报告团；参加湖北交通志愿服务基地揭牌仪式暨“圆梦在行动”爱心捐赠活动；组织开展向陈红涛、张操同志学习活动。

以“我的服务，与您同行”为主题，加强大交通窗口服务单位学习交流；进一步巩固深化创建文明单位、文明行业、文明示范窗口、青年文明号等创建活动，抓好文明单位结对共建工作，提升文明创建内涵，树立为民、务实、清廉的良好风气；完成交通运输部“2012—2013年度全国交通运输行业精神文明建设先进集体、先进个人”和省文明办“文明行业创建示范点”评选推荐工作；制订《湖北省交通运输行业“十三五”精神文明建设规划》，成立交通运输行业精神文明建设委员会。

组织开展交通文化建设“五个一”活动，即出台一个加强交通文化建设的工作意见、编制一本交通文化手册、传唱一首交通行业歌曲、打造一批交通运输文化品牌、培树一批文化建设示范单位和先进典型。组织“交通文化周”活动，举行《交通在线》学习及厅直系统微电影比赛；编写《交通文化手册》工作；印发《省交通运输厅深入开展社会主义核心价值体系建设活动方案》。按照湖北省委、省政府部署，组织厅交通艺术团参加西藏雅砻文化节，精彩的节目赢得了当地政府和援藏干部的高度赞誉，推动了藏鄂文化交流；组织参加“徐工杯”第三届全国公路职工乒乓球大赛，取得男子团体第二名、女子团体第三名的好成绩；组织厅直单位乒乓球友谊赛，活跃交通职工文化生活，增强交通职工凝聚力。组织全省交通运输行业“中国梦·美丽交通”摄影比赛，得到省总工会、省直机关工委、省文明办、团省委、省摄影家协会和全省交通运输行业的大力支持，评选出一等奖1名、二等奖3名、三等奖6名、优秀奖20名。（江飞）

2014年4月24日，省交通运输厅机关第六党支部与黄黄管理处开展结对共建活动

【十行百佳】 2014年，为弘扬行业新风正气，凝聚发展正能量，大力宣传全省交通运输行业各条战线干部职工先进事迹，湖北省总工会、省文明办、省交通运输厅在全省交通运输行业广泛开展“十行百佳”标兵评选活动。此次活动受到省总工会、省文明办、省交通运输厅主要领导高度重视，通过群众评选、基层推荐、专家评审，全省交通运输行业共产生100位“十行百佳”标兵，省总工会授予其中10名“五一劳动奖章”荣誉称号。2015年3月19日晚，在洪山礼堂举行颁奖晚会，来自全省大交通铁、水、公、空、邮各战线10个行业的百名标兵受到了表彰。交通运输部机关党委，省委宣传部、省文明办、省直机关工委、省总工会、团省委及大交通各单位、各市州交通局（委）相关领导出席表彰大会。（江飞）

【纪检监察】 2014年，省交通运输厅党组切实履行“两个责任”，全面落实“三转”，深入推进“廉政阳光交通”建设，党风廉政建设和反腐败工作取得新进展新成效，为全面深化改革、发展“五个交通”提供坚强的政治保障。

1. 对表聚焦，落实“两个责任”形成新格局。厅党组研究出台《关于进一步加强党风廉政建设的意见》，就落实“两个责任”、推进“三转”等提出21条改革举措，这个文件受到省委常委、省纪委书记侯长安批示肯

定："交通运输厅党组做的这个决定很有意义"；印发《贯彻落实〈建立健全惩治和预防腐败体系2013—2017年工作规划〉实施办法》及任务分解表，精心部署抓落实的具体措施，细化分解党风廉政建设工作任务，制定印发纪检监察工作要点。在省直单位率先举办党政主职干部落实"两个责任"培训班，厅党组书记、驻厅纪检组长分别作落实党委主体责任、纪委监督责任辅导报告。厅党组书记尤习贵接受湖北电视台《荆楚廉政》专访，分别在《湖北日报》、省纪委网站发表《切实履行好党风廉政建设主体责任》和《自觉运用法治思维落实主体责任》署名文章，成为省直机关同类文章的开篇之作。驻厅纪检组在《楚天风纪》发表《落实"两个责任" 全力推进"三转"》署名文章，在交通网、行业报开辟"学习系列署名文章 落实廉政主体责任"征文专栏，刊发15篇厅直单位党委书记和厅机关党支部书记文章；编印《落实党委主体责任资料选编》300余册，发到直属单位和市州交通运输部门组织学习。

2014年年底，全体厅领导带队对21家厅直单位落实"两个责任"暨党风廉政建设责任制情况进行检查考核。检查考核组先后召开座谈会21次，听取被检查单位专题汇报；对领导班子及成员进行民主测评，发放并收回测评表1062份；与139名厅直单位班子成员进行个别谈话；查阅相关工作资料，并对检查考核情况进行认真分析汇总。厅党组专门印发通报，对存在的问题"一对一"进行书面意见反馈，总结一批特色和亮点工作，查找存在的问题和不足，收集意见和建议。

2. 狠抓"常""长"，纪律作风建设渐成新常态。廉政教育长期抓。精心部署第十五个党风廉政建设宣传教育月活动，组织直属单位主要负责人、重点岗位处级干部100多人到洪山监狱接受警示教育。约谈厅机关16名处室主要负责人，要求作出书面廉政承诺，接受20个方面的廉洁从政自测。建成并开放包含谈话室、廉政档案室、警示片放映室和图书室在内的"廉政书屋"，购置廉政书籍3500余册、廉政教育片45部、期刊杂志10余种。厅领导全部以普通党员身份到"廉政书屋"参加支部组织生活会，省高管局、汉十管理处和厅机关各党支部到"廉政书屋"上廉政党课、召开支部民主生活会、开展警示教育活动，"廉政书屋"成为党员干部学习教育、锤炼党性和预警防控的有效阵地。

监督检查常态化。加强干部监督管理，清理党员干部在营利性组织兼职，调整"裸官"职务，统一管理处级干部因私出国护照，规范交通社团组织建设和管理。在重大节假日前和"升学季"等时段印发严明纪律通知、发送警示提醒短信，并组织10多次明察暗访。开展公务用车整治、办公用房清理和清理整治奢华浪费建设、减轻企业负担、严肃财经纪律、严查"小金库"、市场中介领域突出问题等专项治理活动。2014年，厅机关"三公"经费同比下降53%，会议、发文数量同比分别减少22%、5.2%。制定"为官不为"问题监督检查方案，开展2次专项检查，发出2期通报，促进机关工作人员办事效率和服务意识提高。印发《关于开展党员干部大办婚丧喜庆事宜问题专项整治活动的实施方案》，建立婚丧喜庆事宜报告制度，厅领导和厅机关处室负责人带头遵守。成立审计工作领导小组，强化审计职能；开展经济责任、基本建设、预算执行和财务收支审计95项，提出整改建议意见251条。开展对厅直单位党员干部上交礼金物品清缴工作，督促各单位将近几年清退的礼金全部上缴省纪委。

处理违规零容忍。坚持对违纪违规问题发现一起、查处一起，绝不姑息。针对省纪委2014年第5次明察暗访发现厅培训中心存在违反财经纪律等方面的问题，立即责成相关单位、部门作出书面说明，并迅速印发《关于进一步规范会议和培训有关工作的通知》，再次重申纪律要求。对经调查核实存在违规问题的3个单位、4名责任人采取组织处理措施，并公开通报曝光。对在日常监督检查中发现的3起违规问题，责令相关单位进行整改。据统计，2014年全系统查处违反八项规定和省委六条意见精神的问题22起，处理33人。

3. 合力推进，"廉政阳光交通"构建新载体。深化"廉政阳光工程"建设，印发《关于下放交通基础设施建设项目初步设计审批权限的通知》，进一步抓好交通工程领域的简政放权。实行廉政建设风险抵押金和"封闭运行、双系统控制"资金管理制度，落实项目全过程跟踪审计。2014年对串标的5家施工企业罚款180万元，并在网上公告其违规行为和处罚结果，降低信用等级。开展农村公路"廉政阳光工程"建设试点，省政府在鄂州

2014年5月13日，省交通运输厅"廉政书屋"正式面向全体交通干部开放

召开农村公路建设现场会，在全省推广鄂州市“八公开、五同步”经验。

推进“廉政阳光审批”，围绕项目清理最优、规范流程最优、网上审批最优、服务效能最优、阳光操作最优等5个最优目标，在省直单位率先实现行政审批“三集中”。进一步精简审批事项，仅保留11个省级行政审批事项，在全国同行业省级最少。印发《加强和改进交通运输政务服务工作的意见》，建立行政审批申请材料“正面清单”等制度，提高审批效率和服务效能。将厅机关和厅直单位行政审批事项全部纳入网上审批服务平台，开通试运行宜昌市、夷陵区市区两级交通运输行政审批事项网上审办功能，实现全过程网上监控；免费举办行政相对人操作培训，深受社会各界好评。启动行政审批标准化建设，规范业务标准、大厅服务标准、基础设施标准和管理标准。“廉政阳光审批”工作得到省纪委、省审改办和交通运输部肯定。

推动“廉政阳光执法”，全省交通执法机构全面公开执法主体、主体职责、法规依据、裁量标准、执法程序、裁决结果、当事人权利和执法监督方式，切实以公开促公平、促规范、促廉洁。全面完成省级交通部门清权工作，对现行193项行政权力和服务事项的法律依据、执法主体、内部流程、外部程序等进行清理并上网公示，对省级交通运输行政监管事项进行专项清理，在省级层面率先探索建立权力清单和责任清单。组织开展15场“送法进基层”活动，培训执法人员1800多人次。推进基层执法单位“三基三化”建设，在全省21个基层示范站所进行试点，京珠路政支队、武汉市运管处2家单位被同时列为交通运输部和省纪委试点示范单位。在交通基层执法站所广泛开展“为何执法、为谁执法、怎样执法”大讨论和“创建人民满意交通基层执法站所”活动，着力抓好基层、打好基础、练好基本功。

促进“廉政阳光服务”，印发《贯彻落实改进提升交通运输服务的若干指导意见》等规定，重点对交通运输服务领域回应社会公众诉求、创新服务手段、开展专项治理、构建预警防控体系等方面工作提出权力运行规范要求，并推动落实。开展出租车专项治理行动和道路客运班线清理整治，重点打击不规范运输经营行为，查出违规经营问题100余条，收回道路运输经营许可证件20张。交通运输服务监督电话12328、高速公路救援服务电话12122开通使用，厅官方微博微信正式开通，社会监督渠道进一步畅通。

4. 持续发力，监督执纪问责取得新成效。驻厅纪检组组织力量对3起涉嫌违纪问题进行调查核实，对3名处级干部采取免职措施，对其中1人报请立案审理后给予党内严重警告处分。对全系统2008年以来23名县处级以上干部违纪违法案件进行统计分析，形成调研报告，深刻剖析发案原因，着力查找制度上的薄弱环节和管理上的漏洞，有针对性地提出防范措施。驻厅纪检组监察室全年办理信访件50件，办结率、回复满意率100%；信访约谈84人，诫勉谈话16人，函询4人。这些都起到较好的警示预防作用。

2014年4月1日，尤习贵厅长（左）作客湖北经济广播政风行风热线

先后对随岳管理处、省公路局等单位开展重点巡查，公开通报存在的15个方面问题，对相关单位、部门提出22条整改建议。厅长尤习贵亲自主持召开党组会，专题听取巡查组汇报；亲自与相关单位班子成员进行集体谈话，督促整改落实。从反馈情况来看，被巡查单位对巡查工作积极支持，对巡查结果比较满意，干部职工关心的一些问题得到较好解决，如省公路局针对干部轮岗交流不够问题，组织了一次大范围竞岗和轮岗；随岳管理处问题整改率达到100%。

突出对领导干部廉洁自律方面监督管理，制定领导干部廉政档案管理办法，开发干部廉政电子档案系统，建成涵盖个人基本信息、家庭财务状况、上交礼金礼品、操办婚丧喜庆事宜、重大事项报告以及信访情况等内容的258名厅管处级干部电子和纸质廉政档案库，对廉政档案实行专柜存放、专机存储、专人管理。同时，督促厅直单位相应建立科级干部廉政档案。注重对高风险领域的廉政监督和风险预防，成立交职院新校区建设项目廉政监督小组，监督小组先后3次到该项目部与班子成员、重要岗位人员面对面进行谈话提醒，指导查找廉政风险点，完善相关制度和工作流程，筑牢“防火墙”。

5. 固本强基，纪检监察自身建设呈现新气象。厅党组出台《关于厅直单位纪委书记在领导班子中的排序意见》，纪委书记排在单位副书记之后，专门从事纪检监察工作。厅世行办和汉十管理处按照中层正职配备专职纪检监察员。召开厅直单位纪委书记座谈会，就提高履职水平、落实监督责任提出明确要求。从厅直单位和市州交通运输部门选派27名纪检干部参加为期1周的全国交通运输系统落实“两个责任”培训班，安排25人次参加中纪委、省纪委组织的为期10天的纪检监察业务培训，从厅直单位遴选2名年轻纪检干部来厅工作锻炼。制定《厅直单位纪委书记向驻厅纪检组述职述廉实施意见》《驻厅纪检组监察室约谈党员干部管理办法》、《驻厅纪检组监察室函询党员干部实施办法》等。全年在厅门户网、监察室子站发布纪检监察信息及动态834条，其中33条信息被人民网、荆楚网、省纪委网站、《楚天风纪》、中国交通报等媒体刊发或转发。坚持月情况通报、周工作点评制度，建立规范的日常工作台账，纪检监察工作制度化、规范化水平不断提高。（范建）

【交通运输工会】 2014年，湖北交通运输工会工作积极争取省人社厅、省总工会支持，将“高速公路收费员、车辆维修工、出租车驾驶员、客车驾驶员四项技术大比武”纳入省级一类赛事，并组织实施，机动车维修技能大赛纳入湖北省第四届技能状元大赛正式比赛项目。全省有6000多名职工参加6个工种比赛，300多人进入最后决赛，6个工种比武大赛第一名，由省总工会授予“湖北五一劳动奖章”，各工种1～3名的选手申报晋升技师职业资格；4～8名的选手申报晋升高级工职业资格。参加交通运输部、人社部、全国海员建设工会联合举办的筑路机械操作、叉车2个工种技术比武。湖北省交通运输厅代表队荣获“厦工杯”全国交通运输行业筑路机械操作工技能大赛团体第一名。

以“同心建支点、共筑跨越梦”为主题，重点工程建设、普通公路和运管物流、港航海事、高速公路、科研设计教育等系统围绕年度发展目标任务，丰富竞赛内容、创新竞赛形式、拓展竞赛范围，全年参加劳动竞赛17744人次，职工提出合理化建议299项。按照“成熟一个、创建一个、授牌一个”原则，命名表彰了“张兵工作室”“许湘秦工作室”“饶丹工作室”等11个示范效应强、工作成果多、发挥作用好的工作室，使创新工作室成为交通创新精神的播种站、宣传站、推广站，锤炼素质的大课堂，创新工作的助推器，学习成果的高产田。12月初，厅长尤习贵亲自为陈红涛工作室揭牌，要求将其打造成为弘扬湖北交通人立足本职、忠于使命、扎根一线、服务为民核心价值观的平台。“463”班组建设计划全面启动(“4”是指生产、管理、技术和综合四种班组类型，“6”是指学习、创新、安全、效益、环保、和谐的六型班组，“3”是指合格、先进、优秀三个考核等级)。实施百千班组长培训计划，即百名优秀班组长能力提升专项培训和千名班组长内部轮训，计划用三年时间完成班组长普遍培训。2014年完成优秀班组长能力提升专项培训30名、千名班组长内部轮训620名。

2014年3月12日，全省交通运输工会工作暨班组建设推进会在汉召开

修改完善《关于进一步深化厅直单位民主管理工作的意见》，分别从提高认识、健全制度、提升实效三个方面，提出10条具体落实意见。推出湖北交通职业技术学院、武黄高速公路管理处2个职工代表大会达标试点和随岳高速公路管理处厂务公开控制程序试点单位。积极推进涉及职工切身利益和其他相关重大问题决策等方面的公开，做到内部事务常规工作定期公开、阶段性工作随时公开、热点问题及时公开。在省总组织的民主管理交叉检查中，全省民主管理示范单位随岳高速公路管理处的工作得到检查组高度肯定。继推出十堰市出租车工会建会维权维稳经验后，武汉市维护出租车行业稳定的做法作为全国6个典型经验之一，在“全国总工会组建出租车与企业工会组织维护行业稳定工作现场会”上作了典型发言。出台硬措施确保农民工工资支付，省交通运输厅先后下发《关于开展预防和解决农民工工资拖欠问题工作的通知》、《关于开展农民工工资支付情况排查的通知》，按照“谁承包、谁负责”、“谁管理工程、谁预防拖欠”的原则，规定施工单位对农民工工资支付负有主体责任，明确由建设单位督促施工单位总部筹集资金兑付农民工工资，并可通过启动应急周转金、工资保证金或其他资金渠道，按照“一人一卡”的方式直接向农民工先行垫付解决。对拖欠农民工工资造成信访或不良社会影响的施工企业，在施工单位信用评价中予以扣分处理；对拖欠农民工工资数额大、时间长、造成恶劣影响的施工单位，将信用等级直接评定为D级。开展“春送方便、夏送清凉、金秋助学、冬送温暖”四大主题的困难职工帮扶活动。全省交通运输系统累计帮扶困难职工家庭336户，资助单亲困难女职工21人，困难职工建档率、“送温暖”对困难职工覆盖率、金秋助学等帮扶工作覆盖率均达到100%。

2014 年 8 月 20 日，省总工会副主席葛琳（左三）考察许湘秦工作室建设情况

继推出全国重大宣传典型张兵后，全国五一劳动奖章获得者、汉十高速公路管理处路政员陈红涛被中宣部、中华全国总工会授予“全国十大最美职工”，全国海员建设工会公路联委会发出在全国交通公路系统开展向陈红涛同志学习的倡议，实现了交通运输工会系统重大典型培树的又一次重大突破。2014 年，湖北交通运输系统评选全国五一劳动奖状 1 个，全国五一劳动奖章 4 人，全国工人先锋号 1 个，湖北省五一劳动奖状 4 个，湖北五一劳动奖章 11 人，湖北省工人先锋号 9 个，84 个单位(集体)、66 名个人分别获得国家和省以上表彰。联合武汉科技大学、省运输与物流协会成立交通行业职工文化载体建设项目课题研究组，先后深入仙桃、京珠等地调研，编印职工文化建设研究论文集和案例集，相关课题顺利通过省交通运输厅专家组考核验收。命名表彰 12 个职工书屋建设示范点，其中全国职工书屋示范点——随岳高速公路管理处天门所职工书屋得到全总宣教部领导充分肯定。武黄高速公路管理处创建学习型组织的经验在全省“创先争优”活动推进会上作交流发言。厅直单位累计投入 400 万元，建成职工书屋(阅览室)233 个，新增职工书屋 35 个，新增图书 5000 余册，图书藏量达 45 余万册、各类期刊 2000 余种。首次在全省交通运输系统举办“中国梦、勤廉美、交通情”微电影大赛，共征集微电影作品 43 部，经过初选、网络投票和专家评审，评出特别奖 1 个、一等奖 4 个、二等奖 8 个、三等奖 10 个。参加全国交通运输系统书法大赛，获 1 个一等奖和 2 个优秀奖。随岳高速公路管理处拍摄的微电影《天使班组》在“中国梦·劳动美”全省企事业单位班组民主管理微电影大赛评选中获得一等奖。采取厅工会主办、有关高速公路管理处承办的方式，组建湖北省交通运输厅乒乓球、羽毛球、篮球、足球队，参加全国交通运输系统乒乓球比赛和湖北省第十四届运动会职工乒乓球比赛，先后荣获男子团体亚军、男子团体季军和男子双打亚军、男子单打第四名；参加全省十四届运动会全健排舞项目比赛，荣获团体季军，并代表湖北省参加全国排舞联赛总决赛，荣获青年组(大集体规定)动作和自选动作一等奖，团体总分全国亚军。

2014 年 5 月 10 日，省交通运输厅乒乓球代表队在湖北省第 14 届运动会暨第五届职工运动会乒乓球比赛中勇夺团体铜牌

通过问卷调查、基层调研、查阅资料等形式，对全省交通运输工会系统基层组织建设情况进行调研，形成《湖北省交通运输工会基层组织建设的调研报告》上报省总工会。《交通重大先进典型培树实践与思考》荣获省总工会全省调研成果一等奖，交通工会荣获全省“五一”新闻奖二等奖。编辑出版《湖北交通运输工会信息》八期，先后在省级以上媒体发表报道 36 篇。（史琳）

【离退休干部工作】 确保把老干部的政治待遇和生活待遇落到实处。元旦、春节期间，省交通运输厅各位领导分别带队前往厅机关及厅直单位老干部、老红军、红军遗属家中走访慰问，老干处对厅机关离退休干部住院、生活困难人员全部上门慰问，慰问人数达到机关离退休人数的 40% 以上。坚持每周四组织离休及厅级干部阅文，让他们及时了解党和国家以及交通发展的方针政策和建设成果，全年累计送阅各类文件、交通信息 600 余份；坚持每月 10 日组织厅机关离退休干部学习通报会，向老同志通报交通资讯、传达学习文件精神，老干处全年收集 6 万余字通报资料；2014 年 1 月 21 日和 7 月 22 日，两次召开厅机关及厅直单位离退休干部通报会，

尤习贵厅长亲自向离退休老干部们通报全省交通运输工作情况。

三八妇女节组织女员工参观九真山森林公园，4月1日组织70名离退休老干部前往蔡甸区后官湖和消泗春游踏青赏花，6月12日组织老干部参观武汉花山生态城，6月23日举办心血管疾病健康知识专题讲座，9月19日特邀武汉大学教授为厅机关及厅直单位老干部学习习近平总书记系列重要讲话做辅导报告等一系列活动。省交通运输厅专门发文对2014年“敬老月”活动进行部署，以“交通夕阳红、共筑中国梦”为活动主题，集中开展文艺汇演、尊老敬老宣传、老年维权优待和走访慰问送温暖等系列活动，表彰一批厅直单位离退休先进个人、先进离退休工作者，极大地鼓舞了广大老同志。7月28日至8月6日，组织机关离休和厅级干部，依托省交通职工培训中心进行两周的健康疗养，期间还组织参观宜巴、宜张高速公路，让老同志亲身感受到湖北交通所取得的巨大变化。

定期与人事、财务等部门沟通，确保上级优老政策及时传达落实。对离休干部“两费”落实情况全程跟踪及时掌握，确保离休干部离休费按时足额发放，医药费按规定实报实销。坚持做好离退休人员医疗保健服务工作，依托厅机关2个老干活动中心医务室，积极组织省新华医院完善社区医疗上门服务工作，坚持每周有全科医生上门坐诊，确保老同志看病取药足不出户。进一步加强与协和、同济、新华医院的沟通工作，办理特诊病情审批320多人次，前往医院慰问看望病人50余人次。认真受理老同志信访，先后受理厅机关、航务局、运管局、汉十管理处等离退休老同志来电来访20余人次。坚持热情接待、认真倾听、真诚交流、耐心解释，不回避、不推诿，及时向相关单位或部门反映情况、化解矛盾，消除不稳定因素。

2013年厅机关完成“省级示范老干活动中心”创建后，厅长尤习贵在离退休干部半年交通运输情况通报会上要求厅直各单位“积极开展省级示范活动中心创建工作”。省公路局、运管局、港航局、汉十管理处等单位积极开展创建活动，形成“领导重视、工作扎实、设施齐全、活动丰富、管理到位”的良好局面，厅机关顺利完成交通小区老干部活动室的建设，开辟了第三个活动室，为老干部就近活动创造了条件。8月上旬，老干处积极联系省图书馆，与省图书馆中文图书借阅部签订“图书馆馆外流通服务点协议书”，在厅台北路老干部活动中心建立流动图书室，常年保持图书3000册以上，方便离退休干部借阅图书。

2014年10月17日，“交通夕阳红、共筑中国梦”敬老月文艺汇演

2014年分别在台北二路和建设大道活动中心建成2个党支部工作室，为推动“红旗党支部”创建活动深入开展，6月17日组织厅机关离退休党支部委员赴公安厅学习先进党支部建设经验，12月份举办厅直单位离退休干部党支部书记培训班，提高支部班子的工作能力和水平，从而带动全体离退休干部党员参加组织活动的积极性。厅机关和厅直单位老干工作人员形成调研文章6篇，提出合理化建议20余条。（胡志辉）

【交通青年工作】 2014年，省交通运输厅团委坚持“三个注重”，进一步健全交通团建三级管理体系，达到重点突出、分工合理、调动各方、整体推动的作用。一是注重顶层设计，发挥厅团委“把握方向、强化指导”职能。厅团委着力加强顶层设计和对基层工作指导力度，统筹规划，明确方向，突出重点，建立健全推动交通共青团工作科学发展的长效机制，为交通各级团组织营造良好的工作环境和氛围。二是注重行业特色，发挥直属团组织“创建品牌，凸显特色”职能。厅直各单位团委（支部）结合行业特色和单位实际，围绕交通发展中心和共青团工作重点，推动常规工作提档升级，形成独具交通特色的共青团工作品牌，进一步扩大交通共青团的影响力。三是注重基层基础，发挥基层团组织“强基固本，全面覆盖”职能。基层团支部着力加强基层组织建设，不断创新工作方式，激发组织活力，团结带领青年为交通全面改革发展贡献力量。省交通运输厅被评为2014年“全国突出贡献青年文明号活动组织单位”。

通过网上交通党校、青年骨干理论培训班、团干培训班、交通讲堂，采取专家讲座、互动探讨、理论研究、实地考察等方式，深入开展中国特色社会主义教育、“我的中国梦”主题实践教育和“学党史、知党情、跟党走”等活动，增强思想引领的针对性和实效性。通过开展形式多样的学雷锋活动、志愿服务活动，组织引导青年学

习身边典型张兵、陈红涛等先进事迹，把践行核心价值观有效的落实到共青团工作中，引导青年在参与中认同、在践行中提高。加强新媒体工作平台建设，改造“青春交通”网站、提升“青春交通”微博、开设“湖北青春交通”微信，设置微闻快讯、微动青春、微文分享、追梦青春、爱心日记、书香交通等多个栏目，全年编发124期微信447条信息。

组织“奋斗的青春最美丽”分享会，开展青年文明号区域联创活动、青年文明号诚信示范月活动、青年文明号风采展示等系列活动，选派16支青年文明号集体参加全省青年文明号优质服务大赛，荣获各类别一等奖4个、二等奖2个、三等奖6个、优秀奖4个。推选优秀作品参加2014年度湖北省青年文明号摄影暨微视频大赛，荣获摄影组一等奖1个、二等奖2个、三等奖2个，微视频组二等奖3个。全省交通青年在“岗位建功、创一流文明点亮中国梦”青年文明号二十周年交流展示活动中代表全国交通运输行业作出庄严承诺。开展“书香机关·践行梦想”读书演讲竞赛活动，省交通运输厅选手在省直机关演讲比赛中荣获二等奖，并作为六个代表之一在全省总结大会上作汇报演讲。开展“青年书香号”创建工作，开设“青年读书会”微信平台，开展好书共赏、读者心声、微文分享等网上读书沙龙活动。首次举办“中国梦·青春行·交通情”微电影大赛，有40个单位43部作品获得好评。建立“相约交通”QQ群，指导基层举行多场青年联谊交友活动，鄂西女儿会、武黄·汉十鹊桥会、随岳青年交友会为青年交友搭建了平台。

经全省青年志愿者协会批准，成立湖北省交通志愿者协会。组织机关志愿者开展“今天我当收费员”、服务基层送温暖等志愿服务活动。在鄂西希望小学、大悟玄坛村希望小学建立“湖北交通志愿服务基地”。推进爱心助学、扶贫帮困、社区服务、社会公益等服务领域，开展“快乐微行动、助力微梦想”活动，通过“青春交通”微博、微信平台亮志愿服务照片、晒志愿服务日记、谈志愿服务体会，引导青年弘扬社会新风。（曹慧娟）

【交通宣传报道】 2014年，省交通运输厅宣传中心坚持走全媒体发展之路，突破原有单一的报纸宣传形式，逐步形成厅宣传中心一部门，《中国交通报》、《湖北交通新闻》两报，《湖北交通》一杂志、湖北省交通运输厅网站一网络等多形式媒体立体宣传格局，通过出版报纸、书籍、画册、杂志、制作展板等，满足全系统内多元化的宣传需要，湖北交通运输新闻宣传工作取得丰硕成果。主要工作有：

外宣工作。结合省政府提出的“2013年十件实事”之一的完成农村公路建设任务12000公里目标，20141月8日邀请《湖北日报》、湖北电视台等省内主流媒体，召开农村公路建设情况通报会，组织与会媒体深入到潜江等地市现场采访当地群众、当地政府、企业业主、运输业主、养殖业主等，既有力地宣传了农村公路建设成果，又让媒体记者更多地看到交通发展给人民生产生活带来的可喜变化。并对被列为“一号工程”的扶贫公路、农村安保和危桥改造等工程进行重点宣传。

2014年4月8日，湖北省交通运输厅“交通讲堂”正式开通上线

春运和重大节假日期间，面对车流量大、恶劣天气频发、突发事件防不胜防等实际情况，记者站人员轮班一线值守、给各大新闻媒体供稿的同时，主动邀请并组织《湖北日报》、湖北电视台等省内主流媒体记者，到湖北省交通运输厅应急指挥中心了解高速公路、普通公路应急情况，并分批组织记者到鄂东、鄂西等省际大站，现场采访交通收费员、路政员、养护人员、服务区工作人员以及过往驾乘人员，既宣传全省春运和重大节假日期间交通运输面临的巨大压力与采取的各项措施，又宣传节假日期间交通职工无私奉献与艰辛付出，同时也为群众出行提供信息帮助。

5月底，邀请中部其他三省交通运输厅主要负责人齐聚武汉，就推进长江经济带建设达成四点共识，《湖北日报》、湖北电视台等媒体记者现场采访与会代表，有力地宣传了湖北省交通港航管理部门服务长江经济带建设的重要成果。6月中旬，组织省内主流媒体和新华社、中央电视台、《经济日报》社等中央级媒体，听取湖北省港航海事建设情况汇报，组织采访团成员看现场、吃盒饭、爬塔吊、上坝顶、登船闸、访船员，着重对江汉运河建设、长江中游航运中心建设、三峡通航瓶颈问题、荆江航道整治工程进行现场采访，共同探索铁水公空等多式联运的发展。通过一周的现场采访，在中央媒体上既宣传了湖北省长江经济带建设、依托港口兴起的“一港双园”模式等成功经验，又客观分析了长江黄金水道“645工程”建设的必要性、三峡通航面临的巨大压力等，为省委、省政府领导和有关部门决策服务。

本着弘扬主旋律、激发正能量的理念，组织《湖北日报》、湖北电视台、新华网、荆楚网、《中国交通报》、《工人日报》等主流媒体，对高速公路系统涌现出的陈红涛、张操舍己救人的先进事迹进行全面持久的深入报道，既宣传了中华民族舍己救人的传统美德，又展现了普通交通职工在社会主义核心价值体系和核心价值观的所作所为，提升了交通运输行业社会形象。

按照省委、省政府领导提出的“确保2015年底全省实现村村通客车”目标，在湖北交通报、湖北交通网和其他媒体设立村村通客车专栏，实时报道和发布省交通运输厅落实村村通客车中的新亮点、新做法、新成效，有力推进村村通客车工作，大力宣传了该项工作取得的成效。组织《湖北日报》、湖北电视台、《中国交通报》、新华网湖北频道对湖北交通援藏工作、路政英雄、长江黄金水道、交通连片扶贫、农村公路、村村通客车等重大主题进行了专版和专题宣传，效果良好。湖北电视台湖北新闻累计播发交通新闻100余篇，《湖北日报》每周至少有3篇稿件见报，引江济汉等工程报道在《人民日报》刊发。记者站在全国各站中每月发稿量居第二名。《中国交通报》的发行量居全国第三。湖北站被评为十佳记者站，石斌、潘庆芳被评为十佳站长、副站长，在《中国交通报》社采编系列的4人都被评为优秀记者。

与媒体建立起良好的合作沟通机制，年初召开部分主流媒体和新兴媒体记者座谈会，走访多家新闻单位，争取新闻单位领导的重视和支持。加强网络舆论监测，就有关网络上的相关负面消息(如公众质疑的高速公路标志标牌不清等)，邀请媒体记者到现场调查采访，实事求是、客观公正地进行报道。

初步形成“突出主题，部门联动、统一发声、树立形象”的新闻宣传新格局。充分依靠省政府网站、荆楚网、湖北经济广播政风行风热线等宣传阵地，广泛听取人民群众意见和建议，推进交通运输工作的科学发展。依托省交通运输厅门户网站和湖北交通报，开办“春运进行时、2014竞进提质、群众路线在交通、最美荆楚路桥、最美荆楚乡村路”以及“做实十二五计划十三五，加快推进综合交通运输体系建设”等栏目，与厅监察室联合开办“学习系列署名文章，落实廉政主体责任”专栏，与政研室联合开办“全面深化改革在线访谈”专栏，与运管局联合开办“抓展开，争示范，创品牌”专栏，与厅党办联合开办“弘扬延安精神，深化学教活动”专栏，既寻求社会各界对交通运输改革和发展的良策，又体现了部门联合办专栏、提升宣传效益。 （高斌）

【《中国交通报》湖北站】 2014年7月21日，根据《省编办关于省交通运输厅所属事业单位调整规范和分类有关事项的批复》(鄂编办事改文〔2014〕35号)，成立“湖北省交通运输厅宣传中心”，与“《中国交通报》湖北站”一门两牌，为公益一类事业单位，事业编制11名。

2014年，记者站采编人员一线采访次数均超过50次。圆满完成应急突击任务，在4个免费通行节假日，记者站人员轮流到一线值守，采编新闻，为各大媒体输送新闻，取得了免费通行的良好宣传效果，对人们理性出行起了引导作用。全年编辑出版《湖北交通报》50期，扩增6次版面，24个专刊，编发新闻稿件及照片3800多篇(幅)，出版《湖北交通》4期，刊登行业论文、调研报告、照片220多篇(幅)。编辑《湖北交通新闻集》1本35万多字，记者站人员在《中国交通报》发稿278篇；组织湖北地方交通专刊宣传3个整版。登载一版头条深度报道5篇。组织通讯员在《中国交通报》发稿50余篇，组织《湖北日报》、湖北电视台等社会新闻单位对交通运输工作开展采访报道，发稿500余篇，开展宣传报道的行业知识培训2次，参训人员200余人次。另据不完全统计，各地通讯员在当地社会媒体上发稿1000余篇。 （高斌）

调查研究

共建中三角　打造第四极　当好先行官

湖北省交通运输厅　尤习贵

贯彻落实好长江经济带战略和国务院《长江中游城市群发展规划》以及省委省政府相关战略部署，交通运输是先行领域，交通基础设施互联互通是基础和关键。“共建中三角，打造第四极”，交通运输必须责无旁贷当好发展先行官。

一、深刻把握交通运输在长江中游城市群建设中的新使命新要求

（一）必须充分认识建设长江中游城市群的重大意义。长江中游城市群，是指以鄂湘赣三省现有的武汉城市圈、长株潭城市群和环鄱阳湖城市群为依托，通过整体规划和集成建设形成的一体化的长江中游城市集群。建设长江中游城市群是顺应了国家区域发展战略的重大决策，有利于将鄂湘赣打造成为全国第四增长极。建设长江中游城市群是湖北跨越式发展的重大机遇，有助于国家长江经济带战略的实施，有助于恢复和提升湖北在全国的战略地位，并且在国家的中部长江经济带中发挥主体作用。构建大城市群，需要一个中心城市。2010 年 3 月，国务院对武汉市城市总体规划作出批复，将武汉定位为“我国中部地区的中心城市，全国重要的工业基地、科教基地和交通通信枢纽”。建设长江中游城市群，有利于夯实武汉的产业发展基础，提高武汉区域整体竞争力，提升武汉综合服务功能，从而把武汉建成长江中游城市群的产业聚集与辐射中心、要素配置中心、技术创新中心、现代化金融和信息服务中心。

（二）必须坚持以“四个全面”战略布局为统领。党的十八大以来，以习近平同志为总书记的党中央，提出全面建成小康社会、全面深化改革、全面依法治国、全面从严治党“四个全面”战略布局，确立了新形势下党和国家各项工作的战略方向、重点领域、主攻目标，勾绘出社会主义中国的未来美好图景。在当前及今后一个时期，我们必须以“四个全面”战略布局为统领，继续坚持“适度超前、统筹发展”的原则，在加快长江中游城市群建设中更好地发挥交通运输服务经济社会全局、保障国家经济安全、方便人民群众安全便捷出行等方面的关键作用，做到既要整体推进又要突出重点，既要深化改革又要确保稳定，既要创新驱动又要依法依规。

（三）必须落实当好发展先行官的新使命新要求。交通运输是经济社会发展的基础性、先导性和服务性行业。从更深层次的角度讲，交通作为联系地理空间中社会经济活动的纽带，是社会化分工成立的根本保证。交通技术与手段决定着空间相互作用的深度与广度，深刻影响着长江中游城市群发展格局。李克强总理在政府工作报告中鲜明指出，要“使交通真正成为发展的先行官”。从过去“要想富，先修路”到“经济发展，交通先行”，再到“使交通真正成为发展的先行官”的全新定位，为加快交通运输发展指明了方向。“先”就是交通运输要走在前面、率先作为，为建设长江中游城市群打头阵、当先锋；“行”就是抓落实、见行动、出成效，围绕建设长江中游城市群总体目标，带头实践、加快发展；“官”就是担当责任，交通运输要勇挑时代赋予的历史责任，在建设长江中游城市群的进程中善谋善为，真抓实干，不辱使命。

二、奋力推进长江中游城市群综合交通一体化建设

近年来，我省交通运输行业奋力推进长江中游城市群综合交通一体化建设，为“共建中三角，打造第四级”奠定了良好基础。

（一）积极推动交通运输通道一体化建设。一是强力推进高速公路大通道建设。新建成了大广南、九江长江公路大桥及接线、杭瑞、武深高速通城至界上段、江南、恩来等高速公路，新打通至湖南省际高速出口 4 个，至江西省际高速出口 3 个，为鄂、湘、赣三省经济一体化发展提供了有力支撑。二是加快推进内河水运大通道建设。长江中游航道整治原规划目标提前完成，“645”工程的前期研究工作顺利推进。按照省委省政府的统一部署，我厅认真履行“645”工程办公室职责，加强统筹协调，积极争取该项目纳入国家规划。同时，进一步强化合作共建，我厅联合湘、赣两省交通运输厅合作推进长江黄金水道建设，联合长江航务管理局与我省沿江市州建立“2+9”合作长效机制，共同推进内河水运发展。三是协调推进铁路大通道建设。新建成了武汉至广州高铁等项目，做好武九客专、蒙西至华中地区煤运通道等项目的协调服务工作，通过构建铁路大通道，进一步拉近了长江中游城市群节点城市的时空距离，有力促进了区域交通一体化进程。

（二）积极提升综合交通运输服务水平。一是发展多式联运。依托武汉等综合交通枢纽，重点发展公铁、公水、铁水、陆空联运，着力打造全国主要的多式联运组织基地和示范引领区。目前，泸州 - 武汉 - 台湾集装箱快班、武汉至东盟试验性航线、武汉至上海洋山江海直达班轮运输、武汉至沪渝地区商品汽车滚装运输等水运重点航线共推长江物流大通道建设，年运送商品汽车 27 万辆、载货汽车近 29 万辆 / 货物 1400 万吨。“汉新欧”铁路国际集装箱班列实现常态化开行。二是开展综合交通运输体系建设示范。积极争取将三峡翻坝综合交通转运系统列入综合交通运输通道示范项目，将天河机场三期工程列入多种运输方式互联互通的综合枢纽示范项目，将武汉阳逻港集装箱多式联运、全省道

路客运联网售票系统列入综合交通运输服务一体化示范项目。三是搭建物流运输联盟合作平台。积极引导物流企业抱团发展，先后推动成立了华中甩挂运输联盟、华中大道快运联盟和华中道路客运小件快运联盟，有效解决了我省物流企业小散弱、竞争力不强的现状。签署了《中部六省推进公路货物甩挂运输发展战略协议》、《川、渝、鄂发展长江公水甩挂运输协议》等合作协议，积极推动区域合作。促成湖北邮政速递物流公司与省客运集团签署了战略合作框架协议，交邮共建在客运托运、农村物流等方面取得积极进展。此外，我厅还牵头联合铁路、民航、广播电视台等单位成立综合交通公共信息联盟，搭建了综合交通信息传输和发布的共享平台。

(三)积极推进省级综合交通运输体制改革。去年11月，交通运输部将我省列为综合交通运输体制改革四个试点省市之一。今年3月，省改革领导小组将省综合交通运输体制改革列为13项重大改革项目之一，省委常委会列入2015年工作要点，省改革办列入重点督办工作。下一步，我厅将会同有关省改革办等部门进一步完善湖北省综合交通运输改革试点方案，统筹推进各项改革工作全面实施。

(四)积极搭建省级、省际协调推进机制。积极牵头协调湖南、江西共同研究推进国家长江中游综合交通运输示范区建设；举办了合力共建综合交通运输枢纽座谈会，加强对天河机场公共交通中心等项目的统一协调，合力研究北煤南运综合转运枢纽的襄阳、荆州同步规划铁水公综合转运枢纽；建立完善了多部门合作推进综合运输体系建设机制，逐步行使全省综合交通运输的统筹规划、综合协调、行业指导等职能。目前，三省运管、港航部门再次签署合作备忘录，将分别围绕区域物流、城际公交、长途客运接驳运输、区域城市公交“一卡通”应用等八大领域，在规划对接、航道连通、港口合作、企业抱团、安全应急、信息共享、资质互认等七个方面达成共识，加强深度合作，为服务长江中游城市群战略奋力当好先行。

三、努力实现长江中游城市群交通基础设施互联互通

下一步，我省交通运输部门将按照党中央、国务院和省委省政府的战略部署，进一步加快长江中游城市群交通基础设施建设，努力实现互联互通，切实担当起先行官的光荣使命。

(一)加快推进综合运输网络一体化建设。一是加快完善骨架公路网。重点推进省际高速公路建设，协调湖南加快建成杭瑞高速、恩来高速的省际衔接路段，尽快开工宜张高速湖南段等项目，全面消除省际断头路，协调江西将武汉经阳新至江西方向高速公路纳入规划并同步实施，打通武汉至南昌最便捷的陆路通道。重点提升过长江通道能力，尽快开工武穴长江公路大桥，积极争取监利长江公路大桥等一批项目纳入国家规划。进一步强化与湖南、江西国省干线的衔接，发挥省际公路通道的整体效益。二是加快完善内河航道网。全力推进“645”工程，尽快完成各前期研究专题并上报国家，争取纳入国家“十三五”规划。积极推进松虎河等省际水运通道，打通荆州至洞庭湖和湖南沅江的省际高等级航道，在长江中游城市群形成以长江为主通道，以汉江、湘江、赣江、鄱阳湖、洞庭湖为补充的水运网络。三是完善干线铁路网。加快建成武九客专等项目，争取京九客专濮阳至九江段、岳咸九铁路等一批铁路纳入国家“十三五”规划，积极谋划武汉至厦门等一批中长期项目，在长江中游城市群形成武汉、长沙、九江三大都市“1小时快速铁路交通圈”。加快建设蒙西至华中地区煤运通道，完善长江中游城市圈能源通道。

(二)加快构筑四个层次综合交通圈。一是加快都市门户机场和支线机场建设、形成覆盖国内外的航空运输圈。二是构筑连接长江中游城市群至周边主要城市群的快速铁路通道建设、构建城市群高铁交通圈。三是加快城市群城市城际通道建设、形成高铁高速公路交通圈。四是加快三大都市内部“一小时高速公路网”建设和城市快速公交网络建设、形成都市快捷交通圈。

(三)加快构建长江中游三省航空港群和内河航运港口群。将武汉天河、长沙黄花机场建设成为国际航空枢纽和国家级航空物流中心；将南昌昌北等机场建设成为区域性枢纽机场。推动武汉从长江中游航运中心向内陆国际航运中心的转型，打造集现代航运物流、综合保税服务、临港产业开发为一体的现代港、国际港、枢纽港。大力推进宜昌、荆州、黄石、长沙、九江、南昌等港口的提等升级，加快鄂州、武穴、黄梅、彭泽、池州、马鞍山、株洲、湘潭、衡阳、常德等重要港口的建设，引导产业、企业向港口集聚。

(四)加快建设四个不同层级的综合交通枢纽。通过打造以武汉、长沙、南昌、宜昌等为主体的综合交通枢纽群来加强通道和圈层的联系，整合各种交通资源，促进各交通方式的优化衔接和协调配套发展，以利比较优势和整体效益的发挥。根据功能定位分别构筑国际性、全国性、区域性和地区性综合交通运输枢纽和物流集散中心。依托中心城市，重点通过统筹规划港口、场站、机场、物流中心等重要客货集散地，加快在中心城市布局建设适应各自功能特点的综合客货运枢纽，完善集疏运系统及其配套设施，实现客货流的高效转换。以综合交通枢纽的建设强化各种运输方式的整合，同时以便捷化、人性化、精细化的枢纽设计理念实现客运“零距离”换乘，以“先进、高效、安全”的运输装备和组织方式实现货运的多式联运及“无缝化”衔接。在长江中游三省建立以武汉、长沙、南昌、宜昌等中心城市为主体，以其他城市为辅助的综合交通枢纽群。

(五)加快部署综合交通运输智能化系统。一是大力推进综合交通运输信息化、智能化应用系统建设。运用“互联网+”思维，有效整合各类资源，加快建设各类一体化服务信息平台，重点推进综合性、区域性信息化工程建设，实现交通基础设施、运输装备

和交通运输运行环境的可视、可控；综合交通运输出行信息服务系统建设，实现跨区域交通出行信息的交换与共享以及城市综合客运枢纽信息服务系统、港口集装箱多式联运信息服务系统建设等。二是建立健全区域综合交通运输信息互通共享机制。以建立重大交通信息的互通机制为突破口，大力推进区域交通运输行业各相关部门交通信息资源的充分共享，进行多源数据的融合和深层次加工处理，开展公众交通信息服务。三是建设符合区域一体化特点的开放式物流信息平台。加快区域物流基础信息生成和公共信息平台建设，有效整合GPS、GIS、EDI及3G通信等先进技术，加快形成具备信息交换、决策咨询、资讯验证等功能齐备的区域物流公共信息平台，提高流通效率、交换效应，降低物流成本，抢占物流高地。

战略需要支撑，机遇就是使命。当前，湖北正处于多重叠加战略机遇期，习总书记赋予湖北“建成支点、走在前列”的嘱托，交通运输部门必须抢抓战略机遇,先行一步,率先突破,主动担当，成为支点中的支点，前列中的前列，以新的业绩助推长江中游城市群建设。

落实“两项责任” 全力推进“三转”

省纪委驻湖北省交通运输厅纪检组 刘汉诚

省纪委实施直接派驻改革以来，驻交通运输厅纪检组认真贯彻落实上级决策部署，着力转职能、转方式、转作风，不断探索直接派驻纪检监察机构新的运行机制，推动交通运输系统党风廉政建设和反腐败工作取得新进展。

一、强化“主体责任”，党组率先“转”

实施直接派驻改革后，厅党组更加重视党风廉政建设，更加支持纪检监察工作，在全系统全面推进“廉政阳光交通”建设，一些新的作法得到省纪委和交通运输部的充分肯定。

1. 党组带头示范，全面落实党风廉政建设责任制。厅党组坚持“力度统一”，认真履行党风廉政建设的主体责任，每月研究一次党风廉政建设工作中的重要问题；厅长办公会研究经济业务工作与重大改革措施时，一并进行廉洁性评估和廉政风险预测；真正做到廉政建设与经济业务工作任务同步部署，检查同步进行；把“廉政阳光工程”、“廉政阳光审批”、“廉政阳光执法”、“廉政阳光服务”建设的任务分解到各分管厅领导和相关处室牵头负责。厅党组书记、厅长尤习贵率先垂范，带头廉洁自律，逢会必讲廉政，全年作4次廉政主题报告，直接与23位厅管指挥部的主要负责人进行廉政谈话，亲自批示督办14件群众信访举报，全力支持驻厅纪检组查办违纪案件，2次上线参加“政风行风热线”和廉洁高效政府建设“一把手”访谈。其他厅领导自觉做到“一岗双责”。在厅党组的示范带动下，厅直单位党委的主体责任也得到全面落实。

2. 勤廉典型引路，增强廉政交通主题教育活动的实效。厅党组坚持把廉政教育作为基础工程，把“廉政交通”主题教育常态化、制度化。在全系统培树了咸宁市交通运输局局长汪凡非等5位勤廉典型，并召开全系统近1000人参加的先进事迹视频报告会，以正面典型为引领，弘扬行业新风正气。省纪委和交通运输部都给予充分肯定，《中国交通报》、省政府门户网站等媒体作了全面报道，引起了强烈反响。印制400封致“廉内助”廉政公开信送机关干部和直属单位处以上干部的家属，在全体干部职工中开展“读书思廉”、“万人诺廉”活动。厅领导分别与厅管单位负责人25人次进行廉政提醒谈话，与新任职处级干部20多人次进行了任前廉政谈话。

3. 完善制度，加强对权力运行的监督制约。中纪委三次全会后，厅党组率先研究出台《关于进一步加强党风廉政建设工作的意见》，就落实“两项责任”、“两个为主”等提出21条意见。省委常委、省纪委书记侯长安亲自批示：“交通运输厅党组做的这个决定很有意义。”厅党组新制定关于改进工作作风密切联系群众、加强对党政主要负责人监督、“三重一大”事项集体决策、规范管理、审批、执法、交通建设市场监管等方面的制度27项。以廉洁高效政府建设改革创新试点工作为契机，开展行政权力清理，公示行政权力清单；将省级行政审批事项减为11项，保留事项全国最少，并实现网上运行，实时接受电子监察。

二、落实“监督责任”，纪检组主动“转”

为落实好直接派驻机构的监督责任，驻交通运输厅纪检组按照“三转”的要求，对纪检监察部门的职能进行重新定位，突出主业、明确主责、改进方式，以为求位，充分发挥执纪监督作用。

1. 厘清职责定好位。结合实际，对相关工作事项按照主办、协办和督办3类进行了合理划分。主办事项是执纪监督、纪律作风建设、重点巡查、办理信访投诉和查办案件；协办事项包括党风廉政建设责任制的落实、惩防体系建设、廉政教育、作风建设监督检查等；督办事项主要是由职能部门负责牵头落实的有关事项，如专项治理工作、行风建设等，这些事项由业务部门拿方案、定规则、搞检查、报结果，纪检监察部门转向监督的再监督、检查的再检查，重点抓好跟踪督办、效能与廉洁性评估和执纪问责。

2. 聚焦主业履好职。一是突出查办案件。对违纪违规的案件，力争做到发现一起，查处一起。2013年启动自办案件，立案3件，结案3件，分别给予3名处科级干部开除党籍、开除公职处分。二是突出信访办理。去年以来共办理信访举报71件，做到件件有回音。对20余人进行信访约谈，早提醒，早打招呼，防止小问题演变成大问题，起到了有效的监督和预警作用。三是突出正风肃纪。加强对中央八项规定、省委六条意见精神贯彻落实情况的监督检查，开展明察暗访，在重要节点发通知和短信提醒并进行抽查，对党的群众路线教育实践活动进行全程督导，协助开展“四项专项整治”，使机关作风明显转变。2013年厅机关“三公”经费和会务费同比下降46%，减少支出290多万元。

3. 改进方式尽好责。积极转变监督方式，主要采取以下5种形式加强监督。一是“站岗放哨”抓监督。利用参加会议、重要情况通报和报告、民主生活会、述职述廉、民主测评的时机，加强对厅级领导班子及其成员特别是主要负责人的监督，起到了平时警戒、有事报信的作用。二是参与决策抓监督。通过参加厅党组会议和厅长办公会、参与重要文件起草和会签、参与反腐倡廉工作顶层设计、制度研究和参谋决策，对重要干部任免进行前置性把关，对“三重一大”决策和权力行使情况进行监督，使监督关口前移。三是督促协调抓监督。对厅和直属单位落实中央、部、省重大决策部署情况开展监督检查，确保政令畅通。对全省交通运输系统开展的工程建设领域突出问题、驾培行业突出问题、公路执法专项整改等10多项专项治理工作，积极协办和督办，确保检查到位、处理到位、整改到位。对经查实存在围标串标行为的18家单位，开出了1230万元的行政罚单，并降低其信誉等级，网上予以公布，在行业内形成了有力的震慑。为有效遏制围标串标行为，出台“双信封”评标实施办法和办理招标投标投诉工作的意见，受到省纪委领导肯定。四是扫描巡查抓监督。按照“两个全覆盖”的要求，印发了《重点巡查工作办法》，今年4月开始对一家直属单位开展重点巡查试点，着力发现领导班子及其成员特别是党政“一把手”存在的突出问题，并督促整改，争取3年内对全部厅直单位巡查一遍。五是深挖细查抓监督。注重从信访举报、巡查监督、财务审计及网络与其他媒体报道中发现线索，加强线索排查和统一管理，拓宽案源渠道。

三、打造执纪“铁军”，全员适应“转”

作为直接派驻的纪检组，坚持按“铁军”标准建设，向委厅机关厅室看齐，打牢基础、增强素质、改进作风、树立形象，确保自身过得硬、威信立得住。

1.健全组织体系，形成工作合力。厅党组在《关于进一步加强党风廉政建设工作的意见》中提出，要通过改革创新，逐步建立起结构完整、责任明确、人员充实、监督有力，与交通运输系统反腐倡廉严峻形势和艰巨任务相适应的纪检监察组织体系。具体措施包括：在省直机关中率先落实“两个为主”，对厅直单位纪检监察机构实行双重领导；调整充实各级纪委，在业务局设立独立的监察室；其他单位按本单位中层正职对应配备1名专职纪检监察员；厅直单位纪委书记、副书记、监察室主任以及副处级专职纪检监察员的提名和考察以驻厅纪检组会同厅人事劳动处为主；纪委书记在班子成员中的排位按其担任同级别职务的任职时间确定。通过这些措施的实施，强化了纪检监察部门的内生动力与工作活力，形成全系统“一张网”、“一盘棋”的工作新格局。

2.创新工作机制，规范内部运行。不断建立和完善纪检监察工作制度，先后出台了纪检监察特色工作联系点制度、重点巡查工作办法、进一步规范省交通重点工程建设项目招标投标活动投诉处理工作的通知、干部廉政档案管理办法等制度规定，目前正在起草案件检查工作规程、案件线索管理办法、办理信访举报投诉程序规定，不断提高纪检监察工作规范化水平。

3.改进工作作风，提升整体素质。牢固树立“监督者更要接受监督”理念，对上级重要文件、会议精神及时传达贯彻，注重学习，带头遵守和执行纪律，努力做到“情况明、数字准、责任清、作风正、工作实”。举办了一期130人参加的办案业务培训班；组织本系统10多名纪检监察干部分别参加了中纪委、交通运输部和省纪委组织的培训班；安排厅直单位纪检监察干部轮流到驻厅纪检组监察室挂职锻炼；积极开展课题调研，组织完成了一批调研报告。

武汉城市圈交通一体化建设

湖北省交通运输厅　马立军

2008年省政府批复了《武汉城市圈“两型”社会建设综合配套改革试验区综合交通规划纲要》，提出了“构筑三圈、完善七通道、打造六枢纽、建设一系统”的规划布局。近年来，在省委、省政府的正确领导和大力支持下，各级交通部门按照规划纲要总体要求，快速推进交通基础设施建设，全力推进武汉城市圈交通运输发展，基本形成了“网络加密、点线配套”的铁路路网、“承东启西、接南纳北”的公路骨架网络、“干支相联、通江达海”的水运体系、“航线增加、航站配套”的航空枢纽和“衔接充分、高效舒适”的城市轨道交通，城市圈综合运输通道能力显著提高，综合交通枢纽地位不断增强。

一、武汉城市圈交通一体化建设取得明显成效

武汉城市圈各级交通部门重点构筑环形骨架交通通道、提升对外综合运输通道能力，着力打造综合交通枢纽、推进交通信息化平台建设，城市圈交通一体化发展取得了明显成效。

（一）有序开展综合交通基础设施一体化建设。一是对外交通运输体系加快完善。沪蓉、杭瑞、大广等高速公路相继建成，武汉至深圳、麻城至安康、麻城至阳新等高速公路建设深入推进，便捷沟通周边主要城市群的快速交通网络进一步完善；随着沪汉蓉客运专线、京广高铁建成通车，武汉率先形成“米字型”动车网络；武汉天河机场三期工程建设加快推进，武汉城市圈海陆空立体对外交通运输体系基本形成。二是城市圈内部骨架通道重点构筑。城市圈环线高速黄石至咸宁段、黄冈至鄂州高速等建成通车，大别山红色旅游公路全线建成，幕阜山生态旅游公路建设加快推进。随着武汉至咸宁、黄石、黄冈等城际铁路通车运营，武汉至孝感城际铁路建设积极推进，已基本形成了连接城市圈各市的环型放射状网络。三是综合交通枢纽建设加快推进。以武汉作为全国综合交通枢纽试点城市为契机，加快推进天河机场综合交通中心等项目建设，支撑武汉打造成为国家中心城市。

（二）全面加快综合运输服务一体化进程。一是积极推进城乡客运一体化。以鄂州城乡一体化示范区发展模式为试点，践行“城市客运上档次、城际客运调结构、农村客运村村通、城市公交下乡、农村班车进城”理念，促进农村客运网络与城市公交网络有效衔接和协调发展，重点实施了武汉至鄂州公交一体化、鄂州至黄冈公交一体化、天门至仙桃城际公交节能减排等试点项目。二是重点推进现代物流发展。武汉至洋山、东盟江海直达航线相继开通，汉新欧国际货运专列常态化运营，华中甩挂运输联盟正式成立，天河机场完成“客货分离”，武汉至荆州、宜昌开通“客运化货运专线”。武汉物流基地建设不断加快，以武汉高桥物流中心为代表的物流园区正在发挥示范效应。

（三）积极推进综合交通信息和管理一体化。一是交通信息化平台建设有序开展。全国高速公路信息通信系统联网工程（湖北段）基本建成，高速公路ETC车道超过100条，安全畅通与应急处置系统等4个信息化重点项目建设进展顺利。公路路网监测与应急处置建设初具规模，公交智能化调度系统进一步拓展。长江干线搜救体系基本建立，船岸通信系统覆盖全线，初步实现巡航救助一体化。以征费网络硬件资源为基础，交通物流信息公共平台建设重点推进。二是综合交通管理水平进一步提升。湖北省交通运输厅认真履行全省综合交通运输协调领导小组办公室职责，坚持落实综合交通发展六项议事协调制度，定期召开联席会议、武汉城市圈交通局长座谈会等，为武汉城市圈综合交通发展提供了一个交流互动、协调合作的平台。

二、存在的困难和压力

武汉城市圈综合交通的快速发展，为优化城市圈产业布局，促进城市圈一体化建设，统筹区域经济社会协调发展发挥了积极作用，但仍然面临以下几个方面的压力和困难。

一是主要通道能力不足，长江中游航道不畅、能力不高，武汉至安庆段航道水深仅4.5米，武汉至宜昌段航道水深只有3.7米，影响了长江上中下游的联动发展；沪渝、京港澳等主要高速公路通道运行紧张，部分省际高速公路通道尚未贯通，断头路现象仍然存在。

二是综合交通枢纽布局不尽合理，各种交通方式衔接不畅问题仍然存在。城市圈内铁路、公路、水运、航空等方式还没有达到高度整合，各种交通方式的客货运站场之间缺乏衔接配套，立体交通网络尚未完全成形，综合交通的整体资源利用效率不高。

三是干线和支线网络建设仍显滞后，交通网络覆盖广度与通达深度有待提高。与国内发达都市连绵区相比，武汉城市圈综合交通网络规模总量仍显不足，综合交通网络覆盖面偏低，特别是武汉城市圈地处我国中部，具有承东启西、接南纳北的通道作用和枢纽地位，特殊的地缘优势使其不仅要承担城市圈内交通运输，还需要承担国家大区域间庞大的过境运输需求，导致城市圈内主要运输通道的能力较为紧张。

三、武汉城市圈发展思路

随着国家提出依托长江建设中国经济新支撑带、建设新丝绸之路经济带、长江中游城市群等一系列重大战

略、政策纷纷落地，都前所未有地让武汉城市圈成为众多国家级战略和政策的交汇叠加地，为城市圈交通发展带了重大发展机遇。同时随着城市圈“两型”社会建设深入推进，武汉市被列为国家中心城市，省政府提出率先全面建成小康社会，这些对武汉城市圈交通发展提出了更高的要求。

全省交通运输系统应该抢抓机遇，按照武汉城市圈交通一体化的特征要求，查找当前城市圈一体化建设中存在的不足，城市圈交通建设应更加注重通道、走廊的建设和衔接，着力推进武汉城市圈交通基础设施建设一体化；更加注重现代物流基地和综合交通枢纽的建设和衔接，着力推进武汉城市圈客货运输一体化；更加注重铁、水、公、空等综合交通运输发展的行业协调和统筹发展，着力推进武汉城市圈综合交通协调服务一体化；更加注重交通管理信息化和智能化发展，全面提高武汉城市圈交通管理水平和交通系统运行效率。

（一）加强综合运输通道建设，实现交通基础设施一体化。重点完善对外运输通道建设和区域骨架交通网络，以适应城市圈轴向辐射的空间发展战略，形成向外连接周边中心城市、城市群和区域经济中心的放射状通道布局，为促进城市圈城镇产业的空间集聚，实现跨区域的经济交流与协作提供快进快出和大进大出的运输保障。一是加快推进综合运输通道建设。加快省际高速公路、跨长江大桥的建设，尽早打通省际断头路和瓶颈路段，密切城市群和城市间的联系。重点推进645深水航道工程前期研究，力争纳入国家规划并在“十三五”启动实施。继续做好协调服务，加快武汉至西安、武汉至九江高速铁路的建设。二是加快推进城市圈交通网络建设，继续加快城市圈环线高速公路等项目建设，进一步加快汉江航道渠化整治，协调推动武汉至孝感城际铁路等项目建设。

（二）打造综合交通枢纽，实现各交通方式无缝衔接。重点将武汉打造成为全国性综合交通枢纽、将黄石－鄂州－黄冈、仙桃－潜江－天门打造成为区域性综合交通枢纽，将咸宁、孝感、麻城建成地区性综合交通枢纽。通过构筑综合交通枢纽，以加强通道和圈层的联系，促进各交通方式的优化衔接和协调配套发展，以利比较优势和整体效益的发挥。一是重点推进以“高等级航道联网、核心港口专业集群、现代航运服务体系”为三大标志的长江中游航运中心建设。二是重点推进武汉天河机场综合交通中心等一批临空、临港、临铁综合客运枢纽建设。三是重点推进武汉阳逻港区物流园等一批以主要港口、铁路站场、航空枢纽为依托的物流园区建设。四是协调推进武汉天河机场三期工程建设，大力增加民航区域间、省际干线航路容量，增开国际航线，打造中部地区门户机场

（三）提升运输服务水平，实现客运便捷化、货运物流化。以推进城乡客运一体化、现代物流业发展为重点，提升城市圈运输服务效率与水平，支撑区域产业快速发展。一是落实公交优先政策，分类推进城市公共交通发展，武汉加快构建以城市轨道交通、BRT快速公交为骨架，以常规公交及微循环为依托的城市公交网络，以城际公交、城际铁路为主的城际公交网络；其他城市结合自身条件建设大容量地面公共交通系统，充分利用既有铁路资源，探索开行城际列车。二是着力推进城乡客运一体化。继续完善武汉－鄂州、鄂州－黄冈、仙桃－天门等城际公交试点，启动开展武汉－黄州城际公交试点工作。三是推进现代物流业发展，大力推进多式联运试点工程，推动武汉、宜昌、荆州、黄石、襄阳等地区铁水联运、水水转运、滚装运输、甩挂运输等发展。

（四）完善综合交通保障体系，实现综合交通信息一体化、管理高效化。通过完善城市圈交通发展的保障体系，促进各交通方式的信息共享和系统融合发展，提高交通基础设施的服务能力和运行效率。一是整合各方资源，着力打造综合交通运输一体化信息化平台，不断提高交通资源的综合利用水平，不断改善公众出行的智能化服务质量，不断提升交通运输系统的综合运行效能。继续推进安全监管和应急保障平台、物流公共信息平台、综合管理信息平台、公共服务信息平台等行业（领域）信息化重大应用工程建设。二是积极推进大交通改革试点，逐步实现武汉城市圈内各种运输方式的统筹规划和综合协调，以加快武汉城市圈交通一体化建设，推动铁、水、公、空、管等各种交通方式协调发展。

四、相关建议

一是建议国家加快推进长江、汉江航道整治工程。建议加快推进宜昌至安庆段整治模型试验和相关技术可行性研究论证，湖北省要全力做好相关配合工作；争取将“武汉至安庆6米深水航道项目、武汉至宜昌4.5米深水航道项目”纳入国家“十三五”规划；建议加大对汉江航道网建设的支持力度。

二是建议国家加大对重点公路项目前期工作的支持力度。湖北省武深高速嘉鱼北段等高速公路项目已完成前期工作，嘉鱼、青山、赤壁、武穴、棋盘洲长江大桥项目均已完成省内预审工作，建议国家进一步加快湖北省长江公路大桥项目审批进度，力争尽早开工建设。

创建“平安交通” 保障湖北交通运输安全发展科学发展

湖北省交通运输厅 谢强

2013 年以来，湖北省交通运输厅在交通运输部和省委省政府的领导下，全面启动部署了“平安交通”创建工作。2014 年根据《交通运输部办公厅关于扎实开展“平安交通”建设示范工作的通知》(交办安监〔2014〕191 号)要求，及时印发示范创建实施方案，强化领导，明确目标，落实责任，细化措施，层层督导落实，有序推进“平安交通”示范建设。2014 年全年，全省交通运输行业未发生一起重大及以上安全生产事故，安全生产形势整体平稳有序。

(一)强化组织部署，及时检查督导，切实推进“平安交通”创建工作。按照“平安交通”示范建设实施方案的计划安排，省厅明确襄阳市交通运输局为“平安交通”示范创建单位，通过以点带面，扎实推进“平安交通”示范建设工作。针对省内各交通运输管理部门上报的“平安交通”示范点，省厅认真分析研究，由所属行业的厅直业务局及时部署创建工作的具体任务，明确各示范创建点的责任人、完成时限。按照各示范点创建工作的进展情况，省厅每季度组织相关人员深入现场检查指导，对工作进展滞后的单位，对主要领导进行约谈，厅直业务局进行督办落实，并在年底安全考核中进行督办问责。

(二)强化责任落实，创新方式方法，切实加强“平安交通”示范建设。全省交通运输管理部门按照“平安交通”示范创建要求，结合本行业、本地区、本单位实际，强力推进“平安交通”示范建设示范工作。

一是大力开展“平安公路”示范创建活动。以全省高速公路和 107、318 等重要国省干线公路为重点，组织开展重点路段灾害风险评估，加大对各类危桥监控、改造力度，确保桥梁使用安全。加快推进国省干线和农村公路安保工程建设，对临水临崖、长大下坡、急弯陡坡等事故易发路段，严格按照标准设置安全设施、警示标识等。进一步强化多部门协调联动，加大公路治超力度，以国省干线公路重点改造工程为试点，深入开展“养护管理示范公路”创建活动，加强高速公路和国省干线路网保畅和路域综治管理，强化信息监测和预防预警，及时发布路况信息，让人民群众走平安路、过平安桥。

二是大力开展“平安车船”示范创建活动。以保障“两客一危”车辆和“四客一危”船舶安全为重点，严格落实企业安全主体责任，持续开展汽车客运站安全专项整治、“道路运输平安年”、船舶船员安全专项检查、水上交通安全整治等行动，加强安全监督检查，深化安全整治成果，严格落实安全告知制度，强化车船检验检查和维护保养，保持良好的技术状态。实施驾驶员素质提升工程，开展安全宣誓、安全培训等活动，提高驾驶员的安全意识和操作技能，规范驾驶员驾驶行为，严禁超员、超载、超速及疲劳驾驶、酒后驾驶等行为，严格落实渡船“八不开”规定，确保车载安全设施、消防器材的配备完好率 100%。严格落实车船 GPS 安装、使用管理规定，进一步强化对运输车船的动态安全监督管理。

三是大力开展“平安车站”示范创建活动。以全省一级客运站为创建示范，全面推进客运企业安全生产标准化建设，规范建立健全安全生产责任制、岗位责任制和各项安全生产管理规章制度，制定和完善安全管理标准体系和岗位操作规程，健全安全管理组织机构，配齐配强专职安全管理人员。强化安全管理措施，全面落实“三不进站、六不出站”制度，严禁无关人员和车辆进站，确保检查面达 100%；按规定配齐“三品”行包检测设施设备并保障正常运转，配备使用率达到 100%。加强旅客进站安全检查，严禁违禁物品进入车站，严禁超载超员车辆出站；加强站场现场安全管理，保持安全应急设施完好，维护良好秩序。加大投入，逐步推进客运站安全信息管理系统建设，充分利用现代化、科技化监管手段，促进行业安全管理工作提档升级。

四是大力开展“平安渡口”示范创建活动。以全省汽车专业渡口和汉江及大型湖泊、水库等人流密集渡口为创建示范点，切实加强与地方政府及相关部门沟通配合，督促落实乡镇渡口安全监管职责和乡管员制度，严格执行渡口渡船安全管理规定，统一设置规范化的渡口守则牌、渡口公示牌、渡口警示牌，建设标准化的渡口候船棚(室)，加快老旧码头结构加固改造工作，加快淘汰和更新老旧车船和设施设备，积极推进渡口建设改造和渡船标准化建设，完善渡船安全应急设施，强化从业人员安全培训教育，提升安全意识和安全应急操作技能，严禁违章操作，建立健全渡口安全管理长效机制，让广大人民群众乘上了“安全船”、“放心渡”。

五是大力开展“平安工地”示范创建活动。以全省公路水运重点工程为创建示范点，全面推进施工、监理等企业安全生产标准化考评达标工作，严格落实交通建设施工参与各方的安全责任。积极推行工程建设风险管理，持续开展以“防坍塌、反三违”为重点的专项治理行动，加强重大安全隐患动态跟踪管理，全面推行“平安工地”考核评价制度，定期公布评价结果，并与企业信用记录挂钩。加大施工现场管理力度，严格落实施工方案，严把开工条件审核关，逐步做到施工现场安全防护标准化、场容场貌规范化、安全管理程序化，杜绝较大以上责任事故，全力推进平安工程建设。

各单位还结合实际，开展了“平安水域”、“平安班线”、“平安公交”、“平安的士”、“平安班组”等有针对性、有特色的平安交通示范创建活动。高速公路管理部门开展了“平安执法”、“平安养护”、“平安收费”等创建活动。

（三）强化安全生产，加强宣传培训，切实提升“平安交通”能力体系。

一是加强安全制度体系建设。省厅先后出台了一岗双责、暗访暗查、考核管理等制度办法，对安全教育培训、隐患排查、监督督导、年度考核表彰等进行明确规范。公路部门出台了公路养护管理、隐患排查治理、桥梁隧道安全管理等制度办法，运管部门出台了客运站安全管理规范、驾驶人员“不适岗”等制度，港航部门出台了船舶船员证书管理规范、渡口渡船安全管理制度等，规范安全管理。

二是加强安全信息体系建设。在省厅全力推进全省公路水路安全畅通与应急处置系统建设的同时，港航海事部门加快整合运政港政、船舶检验、船舶登记、船员管理等信息系统与搜救应急系统，进一步完善水上交通安全CCTV视频监控系统、北斗（GPS）船舶监控系统建设，实现对全省重点水域、重点港区、重点渡口、重点船舶监管全覆盖；运管部门加快道路运输“两客一危”及普通货运车辆动态管理信息系统升级改造，积极开展汽车客运站安全管理信息系统的试点建设并逐步推广应用；公路部门着力推进全省高速公路和重要国省干线公路监测预警系统建设，逐步实现全路段监控、全天候监测、突发事件及时预警防范的信息化、智能化管理体系。

三是加强应急救援体系建设。从去年开始，省厅逐步整合完善了全省交通运输应急资源库，主要是扩展丰富了应急专家库，对应急预案库中一些不具备操作性和适用性的条款进行了重新修订和完善。公路部门进一步推广公路应急养护中心及区域性应急物资储备库建设，加强应急机械和物资储备，提升应急处置人员队伍能力，时刻做好应急救援处置准备。港航部门重点加强水上应急搜救平台建设，组织成立地方应急搜救队伍，加强船艇及相关设施设备的配置，定期开展水上应急知识技能的宣传培训。运管部门要求全省三级以上客运站必须配置相应的应急救援器材，加强与地方相关部门协调配合，按照应急预案要求组织开展应急宣传培训和演练活动。同时，在春运、两会、清明、五一、十一及汛期、冬季等重要时段，省厅严格要求各单位加强对重点时段、重要领域的应急监测预警，重点加强对重要路段、水域和重点车船、渡口、车站的监测预警，联合公安、医疗、气象、地质、旅游等部门信息联动，提前做好防范和处置工作。

四是加强安全文化体系建设。以“安全生产月”、安全生产专项活动等为载体，在全省各车站、港口、码头、服务区站所及工程建设一线，采取了张贴宣传图册、悬挂宣传标语等方式，开展安全生产大宣传活动，印发《道路客运驾驶员应急处置手册》、《告旅客安全通知书》、《高速公路行车须知》等宣传资料，制作《重视渡运安全是对生命的尊重和守护》大型公益广告片，组织开展了习近平总书记安全生产重要论述和依法治安集中宣讲、营运大客车司机“安全宣誓”、厅（局）长与企业负责人座谈、安全生产警示教育、送安全知识进村组进学校、应急救援演练等活动，把着力点放在基层、放在企业、放在责任落实上，在普及安全知识，凝聚安全共识，吸引全社会积极参与“平安交通”创建活动的同时，逐步构建具有交通运输行业特色安全文化体系，进一步强化“红线”意识，共同营造文明有序、平安畅通的交通运输环境。

经过一年多的有力推进，全省“平安交通”创建虽然取得了一定成绩成效，但我们也清醒地认识到当前创建工作还存在一些问题和不足，主要表现在：缺乏统一规范的指导意见和考核指标，各地将创建活动与其他专项活动混为一体，创建特色和成效不明显；相关扶持政策不明确，导致示范创建工作进展缓慢；基层安全监管部门普遍存在责任大、压力大、任务重、待遇低的现象，特别是在新的制度法规出台后，部分优秀基层安全管理人员大量流失。

下一步，我们将严格按照交通运输部和省委省政府的有关要求部署，坚持“安全第一、预防为主、综合治理”方针，牢固树立以人为本、安全发展的理念，全面组织实施“平安交通”创建活动，进一步健全安全生产体制机制，夯实安全管理和应急工作基础，增强安全保障能力，提升安全文化建设水平，提高安全管理队伍素质，逐步构建完善的交通运输安全生产长效机制，有效防范和遏制较大事故发生、杜绝重特大事故发生，促进交通运输安全生产形势持续稳定好转，推进湖北交通运输科学发展安全发展。

党建工作要强起来、实起来、活起来

湖北省交通运输厅　程武

全面从严治党是落实“四个全面”战略布局的根本保障。以习近平为总书记的党中央从战略和全局的高度，对新形势下加强和改进党的建设提出了新的要求；省委、省政府把“抓党建”作为今年“三抓一促”活动的重要组成部分。交通各级党组织主动适应从严治党新常态，不断提高认识，创新举措，把交通党建抓实、抓活、抓出成效。

一、坚持抓基层固基础，基层党建强起来

基层党组织是党的事业的根基。交通党建坚持把重心放在基层，把功夫下在基层，使基层党建工作强起来，为推动交通改革发展固本培元。

1. 党建意识强。深入领会党建“第一政绩”、“第一责任”深刻内涵，坚持用“两个第一”来指导工作实践。思想上高度重视党建工作，自觉站在巩固党的执政地位的高度，牢固树立抓好党建是第一政绩的理念，作为党组织开展工作的先导；行动上把党建主体责任作为第一责任，在研究谋划、部署安排、督办落实、总结提升各个环节，全面加强思想、组织、作风、制度和廉政建设，为当好经济发展“先行官”提供坚强保障。

2. 组织建设强。“九层之台，起于垒土”，党的基层组织就是党建工作的“垒土”。组织建设强重点抓支部。为夯实基础，厅机关按照“支部建在处室、处长担任书记”的要求，将以处室为支部的机关小支部调整为以厅领导分管处室为支部的大支部，克服了原来机关各个支部党员数量少，活动难以开展，处务会代替生活会现象，有效解决了“两张皮”问题。支部是基础，书记是关键。我们根据新调整的组织结构，配齐党务干部，配强党支部书记。选配政治素质高、工作责任心强、综合能力强、在党员群众中具有较高威信的处室负责人担任支部书记，各支部配备副书记、组织委员、纪检委员、联络员等五人支委。支部考评与各处室年度考核相结合，确保党支部书记一岗双责和主体责任落到实处。

3. 党员队伍强。党员队伍的活力、凝聚力和战斗力强不强，是党建工作成效的直接体现。我们坚持把抓学习培训、抓思想引领作为建强党员队伍的重要手段。根据基层党组织的建设和调整情况，每年开展支部书记培训班；编印红旗党支部季刊等学习资料，加强党务工作交流，用好党组中心组和交通党校主阵地，深入推进习总书记系列重要讲话精神入脑入心。开办“交通讲堂”，开展“五个一”读书活动，每季度“厅长荐书”，引导党员干部读好书、善读书。深入开展“红旗党支部”、党员示范岗创建活动，每年评选表彰一批党建工作先进，用先进典型朴实的事迹，激励和引领党员干部发挥先锋模范作用。

4. 规范管理强。坚持“虚功实做”，以创建“红旗党支部”、“党员示范岗”为抓手，以民主集中制、“三会一课”、“五位一体”党建工作责任体系等硬指标为重点，着力推进支部工作规范化、制度化、特色化。针对党建工作标准、工作成效难以量化、难以考核的问题，结合交通党建工作实际，细化“红旗党支部”考评细则，制作党建学习和工作笔记本，将标准印发到每一个支部、每一位党员手中。厅机关每季度组织评比并通报“红旗党支部”和“党员示范岗”，以评促建，引导各支部主动对标、完善提高。通过发挥领导表率作用、建好支部活动阵地，推动党组织生活规范化、正常化。厅领导带头以普通党员身份参加所在支部的学习和活动，每季度至少参加一次，和支部党员共同学习，面对面交流。针对党支部活动分散、缺乏阵地，活动不经常等问题，完善提升党员活动室整体功能，支部所有学习和活动在党员活动室开展，强化支部学习和活动的严肃性、规范性。

二、坚持抓规范促服务，党务工作实起来

党建工作要虚功做实，做出实效，才能更好发挥党组织的战斗堡垒作用和党员干部的先锋模范作用，推动党的路线方针政策落地生根。

1. 基础工作要扎实。支部建设是全面落实党建工作责任体系的“最后一公里”。我们支部严格做到“五有”，即有固定场所、有工作制度、有活动计划、有党员信息、有台账记录；党员活动室实现“五上”，即制度上墙、计划上表、活动上刊（网）、台账上桌、评比上榜；建立完善基础台账，加强“痕迹管理”，做到“五统一”：统一配备联络员、统一记录本、统一资料盒、统一安放、统一管理。同时，积极探索基层党建量化考核体系，完善监督考评机制，建立符合交通工作实际、体现时代特色的机关党建工作长效机制。

2. 服务保障有实招。党建工作要围绕交通中心工作，服务改革发展大局，找准机关党建工作和业务工作的最佳结合点，党组织的政治引领和服务群众功能才能充分发挥。我们科学设计活动载体，引导机关党员干部深入基层、深入群众调查研究，确保机关决策和权力运行更加符合实际、贴近群众。各机关支部按照“抓机关带基层、抓龙头带系统”的思路，主动与基层支部结对共建、与基层服务窗口互联互访、与基层党员互学共进，机关党员干部以志愿者身份深入交通基层一线，开展“今天我当收费员”、“今天我是代办员”、“文明疏导保畅通”等活动，把支部组织生活会开到基层窗口、建设工地、服务现场，把党组织的服务保障功能落到实处。

3. 推动发展见实效。党建工作激发了强大的发展活力。2014 年全省交通固定资产投资突破 1000 亿元、高速公路通车里程突破 5000 公里、高等级航道突破 1700 公里、农村公路通车总里程突破 21 万公里大关。今年将率先实现所有行政村通客车目标。省厅连续四届荣获全国文明单位和全省党建先进单位，连续四年荣获省直机关“三抓一促”活动先进单位，涌现出张兵、王静、陈红涛等一批全国重大先进典型。

三、坚持抓创新求活力，党的组织活起来

在从严治党新常态和交通运输改革发展新形势下，必须在探索党建工作的有效途径上实现新突破，让党的组织真正活起来。

1. 传承交通党建优良传统。党的群众路线教育实践活动为全面从严治党积累了宝贵经验，交通党建在持续深入开展的“三抓一促”活动中探索总结了一套行之有效的抓学习、抓作风的经验和做法，必须坚持和发扬。严明政治纪律，严守政治规矩，严格党内生活，继续做到“三个”坚持，即党组成员坚持以普通党员身份每月参加一次支部活动；党组坚持每个季度听取一次党建工作汇报，机关党委坚持每年开展一次党建工作检查评比。定期开展交心谈心，及时发现和掌握党员干部的思想动态、问题苗头，有的放矢做好思想引领工作。开好民主生活会，用好批评与自我批评的武器，保持党组织的生机与活力。经常性开展调查研究，为党组织的科学决策提供依据，着力解决基层和群众关注的重点、难点和热点问题。

2. 创新活动载体和方法手段。主动适应经济政治社会新常态和党建工作新要求，党的活动要走出机关、走出会议室，重心向基层下移，创新方式方法。围绕机关带基层、共建促服务，按照“一支部一特色一亮点”的思路，以“四区一村”(疆区、藏区、老区、社区、农村)为重点开展结对共建，推进交通“红旗党支部”、“党员示范岗”创建活动取得实效。针对社会对交通的要求不断提高，交通党员干部职工思想活跃，新媒体信息技术发展迅猛等特点，拓展新阵地、建设新平台，办好“一刊一栏一平台”(红旗季刊、党建专栏、交通党建微信公众平台)，加强正面宣传和思想引领，始终掌握党建工作的主动性和话语权。深化党建带团建，强化青年政治思想引领，服务青年党员成长成才，凝聚和鼓舞交通改革发展的生力军。抓好传统与创新的有机结合，构建生动鲜活的交通党建工作局面，打造充满活力和生命力的交通党建工作模式。

贯彻“五化”理念　推行标准化建设
全面提升湖北高速公路现代工程管理水平

湖北省交通运输厅　姜友生

湖北省地处我国中部、长江中游，具有承东启西、接南纳北、通江达海、得天独厚的区位优势，素有“九省通衢”之称。近年来，在交通运输部的关心和支持下，湖北交通进入了加快发展期。先后建成了科技示范工程——沪蓉西高速公路、科技环保示范公路——神宜生态公路以及鄂东长江大桥、荆岳长江大桥、汉江崔家营航电枢纽工程等一批交通运输部重点工程。全省已通车高速公路里程达到5172公里，在建高速公路达到28条1472公里；大别山片区红色旅游路、秦巴山片区环库生态路、武陵山片区清江画廊路、幕阜山片区香泉特色路等普通公路建设如火如荼；黄金水道“645”工程、港航站场建设正强力推进。到“十二五”期末，我省将全面建成6500公里的“七纵五横三环”的高速公路骨架网，22万公里的“干支配套、网状连接、深度通达、功能较全”的普通公路网。以高速铁路、高速公路为骨架，以国、省干线公路为依托，公路、铁路、民航、水运等多种交通方式协调发展，一个“支撑中部，服务全国”的立体综合交通网络将基本形成。

全面推行现代工程管理是交通运输部新时期转变公路发展方式、促进公路科学发展的重大举措。按照交通运输部的部署，我厅把建设标准化作为落实“五化”理念，推进现代工程管理的重要抓手，层层成立了建设标准化领导小组和工作专班。按照“完善制度、典型引路、重点突破、全面推进、整体提升”的工作思路，通过在“点”上示范、在“群”上推进、在“面”上铺开，施工标准化由试点示范向全面推进。新开工高速公路项目100%开展施工标准化活动，各项目驻地建设、施工工艺和现场管理100%达到标准化要求，工程实体关键指标全部达到规范要求。这样一来，标准化制度体系进一步完善，项目管理进一步规范，施工工法更加先进，施工工艺更加精细，施工行为更加文明。我们的具体做法是：

一、以完善的制度和标准体系推进建设标准化

推行公路建设标准化，制度和标准是前提。我们按照建设标准化的要求，探索建立了完善的建设标准化制度和标准体系，确保参建单位在建设标准化活动中有章可循，有据可依。

1. 完善制度抓推进。我们按照源头控制、全过程控制的原则，抓了以下几项工作。一是开展建设标准化概算调研，实事求是测算推行建设标准化增加的费用，结合交通运输部调整的概预算定额的相关费率标准，在概预算审查中合理增加费用。印发了《关于在施工招标文件中贯彻高速公路建设标准化有关事宜的通知》，将建设标准化要求写入招标文件，作为审查的重要内容，明确建设标准化的专项费用，保障了建设标准化经费的落实，保障了建设标准化的正常开展。二是印发了《湖北省高速公路项目建设单位考核办法》和《湖北省高速公路建设标准化工地建设考核办法》，将建设标准化方案作为施工组织设计重要内容，做到建设标准化有方案、有审批、有检查、有落实，建设单位、监理单位将建设标准化作为施工单位进场履约检查的重要条件，作为签发开工令的重要依据，作为工程管理过程控制的重要内容。厅质监局将建设标准化作为施工、监理单位质量安全督查的重要内容。厅建设处将建设标准化落实情况作为信用评价的重要内容。做到“执行有制度、过程有人管、结果有人查”，为全面推行建设标准化奠定了制度基础。

2. 完善标准抓推进。根据交通运输部工程建设“五化”的要求，经过充分调研，广泛论证，我们组织编写了《湖北省高速公路建设标准化指南》，形成了涵盖高速公路建设全过程的五大体系十一个分册的标准文件，即勘察设计标准化、工地建设标准化、施工工艺及管理标准化、安全生产及管理标准化、建设管理标准化。对勘察设计、工地建设、工地试验室建设及管理、施工工艺及管理、安全生产及管理、建设单位管理、档案管理等方面的建设标准化要求进行了细化、补充和完善，建立了完善的标准体系。

3. 全面宣贯抓推进。我们先后组织了7358人次的宣贯培训，覆盖了所有拟建和在建高速公路建设、施工、监理单位的主要技术和管理人员，使参建者对建设标准化的制度和标准体系文件出台的目的、意义、主要做法、相关要求等有了全面深入了解，促进了建设标准化各项措施的落实。

二、以思维习惯转变推进建设标准化

突破固有的思维习惯是突破固有的行为习惯的前提。全面树立建设标准化的理念，全面推行建设标准化，必须使参建各方转变固有的思维习惯。

1. 通过学习转思维。“他山之石可以攻玉”，我们在活动伊始，就要求向国内先进水平看齐，先后组织了所有在建项目和拟建项目的建设、施工、监理单位的代表，到福建、陕西等先进省份进行参观学习，通过实地考察，耳闻目睹了建设标准化的成效，学习建设标准化的成功经验，进一步提升了参建各方对高速公路建设标准化的认识，增强了推行高速公路建设

标准化的紧迫感和使命感。

2. 试点示范转思维。坚持一年一个主题，三年三次现场会和推进会，使我省建设标准化工作一年上一个台阶。通过谷竹高速公路现场会，推广了“一个平台、两个准入、三个集中、四个标准”的做法。通过保宜高速公路现场推进会，推广了依托信息化技术，提升建设标准化水平的做法。通过江南高速公路现场推进会，全面推进了工艺工法标准化。通过谷竹高速公路15标用翔实的数据对比建设标准化的质量、安全、经济效益，使大家充分认识到推行建设标准化带来的好处，提升了推行建设标准化的自觉性，变“要我做”为“我要做”

三、以工艺工法为核心推进建设标准化

工艺工法标准化是建设标准化的核心。我们以问题为导向，针对7大类87项工程质量通病和管理薄弱环节，总结了省内外行之有效的成熟工艺、先进装备和制度措施，形成了标准化的工艺工法和质量控制要点，使工程质量安全水平明显提升。

1. 路基施工。土方施工采用“划线填土、挂线控制、平地机整平”，石方施工采用“块石解小、边坡码砌、嵌缝密实”，台背回填采用“预留台阶、层厚控制、对称填筑、小夯压边”，边坡防护采用“紧跟开挖，随挖随支、生态防护”等，有效解决了路基的不均匀沉降、跳车等质量通病。

2. 桥梁施工。钢筋加工安装采用数控弯曲机、弯箍机等设备“集中加工，分散配置、模架定位”，提升钢筋加工质量和工作效率；预制梁施工采用“胎架施工、穿心垫块、数控张拉、真空注浆、喷淋养生”，加强对钢筋保护层厚度、混凝土强度和混凝土外观控制；桥面铺装采用“梁顶清理、钢筋架立、标高控制、滚轴施工、覆盖养生、喷砂打毛”，保证了桥面铺装的质量；小型构件采用“集中预制、统一配送、专业安装”等工艺工法，有效解决了外观质量通病和实体工程质量问题。

3. 隧道施工。采用“洞口零进零出、开挖光面钻爆、支护尽早成环、仰拱一次浇筑、二衬及时施作、跟踪监控量测、预报信息反馈”，以锚杆施工、软弱围岩注浆、初期支护为重点，强化标准化的掘进方法和标准化的施工工序，使施工工艺操作规范，实体工程内实外美，工程质量整体提升。

四、以管理信息化推进建设标准化

我们印发了《关于加强全省交通重点工程信息化工作的通知》，建立了湖北省重点工程建设管理综合系统平台，与建设单位工程管理信息平台实现互通互联。

1. 运用远程监控系统，加强对质量安全监管。通过远程视频监控系统，对隧道出入口、高墩大跨桥梁、互通区和拌和站等重点部位的施工情况，实现了远程和本地实时监控。通过拌和站和试验室等关键设备的远程数据监控系统，实时监控工程质量的关键数据。监管部门、建设单位因此安上了“千里眼、顺风耳”，有效提高了对质量安全的监管。

2. 运用隧道智能安保系统，加强对隧道质量安全的管理。通过在安全帽上加装特制的芯片，再配以专业的管理软件，将隧道施工人员活动轨迹进行记录并通过网络上传，管理人员可通过查询隧道内人员的人数、人员身份、具体位置和移动轨迹，加强隧道施工的质量安全管理。在事故发生时，可通过软件的轨迹追踪功能迅速查找到隧道内作业人员，提高安全救援效率。

3. 运用HCS工程管理系统，提高了工程管理效率。全面运用HCS工程管理系统，实行标准化的程序操作，规范了工程管理中计量支付、变更管理等管理行为，保证了工程管理的及时、透明、准确。

4. 运用网银技术，实行资金封闭运行。按照“封闭运行，双系统控制”原则，在以往资金监管平台的基础上，探索开发新的智能资金管理软件，由过去网上审批、银行柜台结算支付模式，变为从审批到支付全部在网上完成，确保项目资金安全。

5. 运用导航技术，实行和谐征迁。开发征迁管理系统，采取地图导航方式，将高速公路的线路、地形地貌、被征迁房屋的具体位置形象直观地展现出来。同时将拆迁户主的基本情况、补偿类别、补偿标准、合同签约、兑付情况等资料同步录入管理系统，实现征迁管理信息化。

6. 运用档案管理信息系统，实现了档案规范化。开发档案管理软件系统，将各类管理资料，从文件的采集、形成，到交换、归档，全程实施事前介入、事中控制、事后验收各环节把关，规范了工程建设资料整理。

五、以产业工人大培训推进建设标准化

农民工是公路建设一线产业工人的主力军，农民工的技能和素质是推行建设标准化的基层和基础。在标准化活动中，我们印发《湖北交通建设产业工人“强素质、建和谐、促发展”活动实施方案》，大力推进一线产业工人大培训；编制通俗易懂的培训教材和多媒体、教学课件，全面开展多层次、全方位的业务技能培训和技术比武；完善职业技能鉴定，建立产业工人培训的长效机制，全面提升产业工人的技能和素质。建设单位通过开办农民工夜校、网上农民工学堂等多种方式，建立了一线产业工人教学网络；施工单位通过建设职工书屋、开展“班前十分钟”教育、实行“领工员”制度等，加强对一线作业人员特别是农民工的教育、培训。据不完全统计，全省累计开展各类培训500余次，发放培训教材8万余套，培训农民工近12万人次，有效提高了农民工的技能和素质，加强了建设标准化基层基础。

经过开展建设标准化活动，我省高速公路建设管理水平明显提升。主要体现在：一是工程质量明显提升。厅质监局的抽检数据表明，工程外观质量和实体工程质量明显提升，质量通病得到有效治理。混凝土强度合格率达到了100%，钢筋保护层厚度合格率提高了20.3个百分点，结构尺寸合格率达到91.3%，二衬厚度合格率达到93.6%。二是工程安全明显提升。近年来，我省高速公路在建规模处于高位，但施工安全生产形势始终处于稳中趋好的态势，涌现出十白高速、引江济汉通航工程等全国“示范项目”和谷竹8标、宜巴5标等全国“示范工地”。三是经济效益明显提升。施工单位在“三场”建设和驻地建设的投入看似增加了一些费用，但在人力、临时用地、材料损耗等方面降低了成本，提高了作业效率和产品合格率，在总体上节约了项目成本。四是工地形象明显提升。通过落实“人本化”理念，注重标准化工地和驻地建设，营造了整洁、和谐的生产和生活环境，施工现场形象明显改善，提升了高速公路建设的社会形象。

在推进高速公路建设标准化同时，我们先后印发了《湖北省普通公路建设标准化管理指导意见》、《湖北省港口工程建设标准化管理指导意见》等，将高速公路建设标准化的成功经验和做法向普通公路、港航工程和站场建设全面推进，有力促进了我省普通公路、港航工程的建设水平。

六、有关建议

全国开展施工标准化活动以来，各省都进行了积极探索，也积累了许多宝贵的经验。

一是建议交通运输部组织对各省行之有效的制度和标准进行总结梳理，形成全国高速公路建设标准化的制度和标准体系。

二是建议将施工标准化常态化，建立高速公路建设标准化的长效机制，将有关的制度上升为行业规章，将有关标准上升为行业标准。

我们将以这次会议为契机，学习兄弟省市的先进经验，以更加奋发有为的精神、真抓实干的作风，继续深入开展标准化施工活动，切实抓好工程建设质量安全，为加快实施“打牢发展大底盘、建设祖国立交桥”战略，为“建成支点、走在前列”做好交通运输服务和保障。

投资多元化模式下高速公路建设目标督办落实方式思考

湖北省交通运输厅　高进华

伴随着我省经济的持续快速发展，我省的高速公路建设突飞猛进。面对着高速公路建设的巨额资金需求，高速公路建设资金由政府投资为主转向多元化市场融资，使得高速公路投融资呈现多元化。“十一五”时期，我省高速公路建设逐步走向了政府投资和社会投资向结合的多元化投资模式，“十二五”以来实行了市州政府为主体进行招商引资的全面改革模式。在多年的发展过程中，湖北交通投融资体制的改革和创新为缓解湖北高速公路建设发展的资金“瓶颈”制约起到了重要的作用。但在新的形势下也带来规划建设目标任务落实不力、行业监管乏力等问题，使得我们不得不思考投资多元化模式下如何顺利完成省政府确定的高速公路建设目标。这就要求我们创新行业管理手段、改进督办落实方式。现结合从高速公路建设一线调研和督办掌握的实际情况，谈谈体会和想法。

一、我省高速公路投资建设模式

“十二五”以来，我省高速公路建设实行了由“以省为主”转向“以市州为主”的投融资体制改革，在积极支持构建依托政府、面向市场的全省交通建设投融资平台的同时，鼓励各市州政府通过整合现有交通资源、土地、财政资金等组建，打造市州交通投融资平台，通过资本运作、筹集资金加快地方交通建设。新开工的高速公路项目均以市州政府为主体进行招商引资，承担高速公路融资建设任务的是省级交通投融资平台湖北省交通投资有限公司、市州地方交通投融资机构和市州政府招商引资引进的社会投资人。

湖北省交通投资有限公司是省政府主导、省交通运输厅支持成立的省级交通投融资平台，主要从事高速公路投资、融资、建设、运营、管理，承担了我省大部分的高速公路融资和建设任务。承担其他高速公路建设的主要有武汉市政府成立的武汉市交通投资公司，目前主要承担武汉市四环线、武深高速武汉段的融资和建设任务。其余的部分未市州政府招商引资引进的社会投资人，包含大型国有企业中交集团、省联投集团以及民营企业香港保利达国际有限公司、天津国泰恒生实业发展有限公司、江西省路桥工程集团有限公司等。截至2015年3月份，我省高速公路通车里程为5173公里，在建高速公路达28条1472公里，已通车和在建高速公路里程达到6645公里。在建的28个高速公路项目中，省交投公司作为项目业主承建的项目有18个1085公里，占比为74%；市州招商引资并由其他企业投资建设的项目有10个387公里，占比为26%。

二、投资多元化模式下的行业监管问题

从近几年湖北高速公路发展的进程来看，多元化的投资模式对缓解项目资金的压力起到了积极的作用，同时也带来一系列的行业监管难题。主要体现在省政府目标责任的考核主体依然是行业管理部门省交通运输厅，省厅面临以下方面的监管难题：

1. 规划建设目标任务落实不力。省交通运输厅代表政府进行高速公路建设的时候，讲政治、顾大局，注重的是对区域经济、地方经济的拉动作用，对省委省政府的决策坚定不移地执行，对确定规划建设目标任务不折不扣的落实。随着高速公路建设投资多元化，企业投资人往往看重的经济效益，在投入和收益之间计算过于精细，在公益支出方面相对谨慎，对地方政府的优惠政策依赖度较高。如果测算高速公路建成通车后效益较差，投资人会想方设法要求投资补偿，与地方政府谈投资补偿博弈的过程会耗时较长。如果高速公路区域路网未连接成网成片，比如出现断头路，由于特许经营时间相当固定，会造成投资人建设积极性不高，落实规划建设目标任务会大打折扣。以“十二五”规划为例，省政府研究省人大通过的规划是高速公路通车里程达到6500公里，2014年底我省通车里程是5106公里，省交投公司对外宣布2015年只建成792公里，即使其他社会投资项目349公里全部建成，离6500公里的规划目标还存在253公里的缺口。一方面，代表政府投资省交投公司过多考虑项目的经济效益，未按照全面完成“十二五”目标的要求来安排规划项目建设计划。省交投公司确定2015年建成792公里高速公路不包含2010年宣布开工城市圈环线高速孝感段135公里、麻竹高速孝感段39公里、沙公高速64公里、襄阳绕城高速南段32公里；另外受重庆方面对接路线推进相对滞后的影响，省交投公司只按计划全线42公里的建利万高速成通车19公里、全线74公里的建恩高速只计划建成7公里。另外，部分社会投资人投资建设的高速公路项目完成“十二五”目标的紧迫感不足，项目业主主观意愿没有打算明年建成通车。麻竹高速黄冈段受孝感段未实质性开工的影响，加上融资压力较大，2014年项目建设速度放缓，项目业主没有按照2015年建成通车组织相关施工。武深高速嘉鱼至通城段受武深高速嘉鱼北段投资补偿长期未谈妥的影响，没有按照2015年建成通车来安排总体施工计划，在督办过程中项目业主提出需要上层中交集团的指令才能调整今年建设计划。老谷高速行贷款没有到位，加上项目业主管理不力，致使控制性工程汉江特大桥进展滞后，面临着较大的建设压力。硚孝高速因起点互通征地拆迁、管线迁改、绿道占用等系列问题投资人与武汉市政府未达成共识，不能实质性启动建设，只能计划建成部分路段。

2. 行业监管的约束力度不够。目前所有高速公路项目都是以市州政府为主体进行招商引资，在项目建设前期，相关投资协议只在投资人与地方政府之间签订，协议约定的责任和义务与省交通运输厅没有直接关联，谈不上任何约束力。作为行业管理的省交通运输厅能监管的是项目的立项、初步设计的行业审查、施工图设计的审批等基本建设程序的执行情况。在项目建设期间，由于省厅不管理其投资计划、财务状况、人事安排等，对项目业主的施工组织安排爱莫能助，即使发现其年度计划明显不合理或者与规划目标不相符也没有办法制止或督促调整，除非项目业主有明显的违法违规行为。

三、督办建设目标落实开展的主要工作

近年来，重点办代表省厅对高速公路项目目标责任进行督办管理、协调服务的过程中积极探索，不断创新、不断加力，取得了一些成绩。围绕目标责任督办落实开展的主要工作有：

(一)加大协调力度，努力创造良好的施工环境。

环境协调问题是制约高速公路工程建设正常推进的重要因素，其中征地拆迁、地方阻工、铁路交叉施工、电力杆线迁改等问题导致该项目多处受制约，有的甚至无法施工。督办专班在调研掌握情况的基础上，通过驻点督办在环境协调上做出了积极的努力，花费了大量的精力，创造了相对较好的施工环境。

1. 积极与地方协调部门沟通，紧紧依靠地方政府，逐步解决施工中的环境协调问题。成立了协调专班，进场以后详细了解工程建设环境协调中存在的问题，积极与地方协调部门沟通，争取市州主要领导对高速公路建设的支持。邀请市州领导多次到高速公路现场办公，要求沿线各级政府部门要积极支持工程建设，为施工创造良好的环境。针对个别作业点的拆迁钉子户，保持与地方协调指挥部的密切联系，实时进行跟踪督办。针对有关特殊作业点的阻工问题，督办专班协调人员与地方政府相关部门人员一起，采取召开协调会议、组织警力维护施工现场、对强行阻工的人员进行控制等手段保障工程建设正常推进。

2. 积极与铁路部门沟通协调，努力争取减少交叉施工干扰。针对高速公路与铁路立体交叉施工进展缓慢的现象，督办专班积极与武汉铁路局及施工单位的相关负责人沟通联系，要求加大投入加快工程进度。为加大协调力度，多位厅领导多次亲自带队出面协调。

3. 加强交叉项目的施工协调，积极推进交叉互通区的施工。针对高速与高速之间交叉互通项目业主双存在的矛盾和意见，督办专班从中积极协调，及时做双方的工作，督促加强沟通，协商解决施工问题，努力推进两项目交叉互通区的施工。

(二)加强施工组织管理，积极营造大干快上的施工氛围。

1. 积极动员，广泛宣传，强力推动劳动竞赛。我办每年组织劳动竞赛，积极动员项目各参建单位，宣传省政府、省厅建成高速项目的信心和决心，要求各参建单位提高认识、统一思想，结合项目实际情况开展阶段性劳动竞赛，积极营造大干快上的施工氛围，锁定建成目标任务不放松。

2. 倒排工期，确定时间节点，落实保障措施。督办专班根据建成通车的计划，在摸清剩余工程量后倒排工期，逐标段逐工序制定时间节点，落实完成时间节点及目标任务的保证措施。倒排工期后针对施工时间不足的作业段，强制要求增加设备和人员投入。

3. 加强管理，严格考核，全力完成节点目标。督办专班根据指制定的目标计划，加强了施工过程中的管理，在施工中对滞后的工序工点进行督促、督办，同时要求业主进行严格考核，落实奖惩制度，对提前完成的进行鼓励，对落后的进行处罚，全力推进项目按照节点目标逐项完成。

4. 高度重视，严格把关，质量安全与进度同步推进。督办专班在督办项目进度的同时，高度重视施工质量和安全，密切联系厅质监局进行质量安全把关。针对施工中发现的原材料、工艺控制、试验检测、质量安全管理中存在的问题专题发现书面督办通知单，要求进行整改和处理，将质量安全隐患消灭在萌芽状态。

(三)采取果断强硬措施，强力保障工程建设正常推进。

1. 约谈施工单位后方公司法人代表或项目负责人，就完成目标任务提要求。依据施工合同，结合我省建设市场信用评价的有关要求，厅领导和我办约谈了履行合同不力、施工进展缓慢的相关施工单位后方公司法人代表或者项目负责人，就完成目标任务增加施工人员、设备、管理的投入提出了要求，要求中标单位从企业信誉大局角度出发承担应尽的义务，按时完成合同约定工程内容。

2. 以省交通重点办的名义对施工组织不力，约谈后无明显改进的个别单位发正式函件，要求扭转被动局面。根据倒排工期计划和时间节点重点对进展缓慢的相关单位进行督办，对约谈法人代表后仍无明显起色的个别单位，以省交通重点办的名义直接给中标单位后方公司发函，严厉措辞要求增加资源投入或派主要负责人到现场扭转被动局面，确保目标任务的完成。

3. 以省交通重点办的名义对施工组织管理混乱，严重影响后续工程施工的个别单位进行全省通报批评，抄送施工单位其主管部门。

(四)尽职尽责做好服务，共同促进工程建设顺利进行。

督办专班开展另一项主要工作是围绕目标任务做好服务工作，在施工过程中用自己的工作态度、管理能力、业务水平、人际关系等帮助业主及参建单位解决施工中遇到的问题，共同促进的工程建设顺利向前推进。

1. 及时提醒，提出意见及建议。针对施工组织管理的缺漏、不合理及时提醒项目业主，小的问题督办专班人员口头提醒，重要的问题以督办通知单的形式书面下达给项目业主，提出督办指挥部的处理意见及建议，要求业主督促落实。针对施工中遇到的难题，邀请我省有关专家到场进行指导，提出解决方案或处理意见。

2. 加班加点，全身心投入工作。督办人员采取“5+2”“白 + 黑”的方式全身心投入工作中，人员根据分工白天上工地巡视检查，晚上召开碰头会议或参加项目公司工作例会，协商解决施工和巡查中发现的问题，做到问题不过夜，狠抓各项工作的落实。

3. 利用交通系统人脉关系，帮助解决困难。督办人员利用交通系统强大的人力资源和人脉关系，提供技术和业务上的支持，帮助解决施工中出现的问题。如部分设计或施工方案的确定、技术的咨询、项目之间的协调等。

四、督办工作体会

1. 高素质的建设单位是做好重点项目建设的关键。投资多元化模式下，项目建设单位的建设理念、技术人员配备是做好项目管理的关键，项目建设单位的组织能力、协调能力、管理能力决定着工程建设的质量、安全、进度。

2. 良好的建设环境是做好重点项目建设的重要前提。项目建设需要良好的环境支持，而建设环境有赖于主管部门及项目沿线各级地方政府的大力支持，地方政府在解决施工中地方老百姓矛盾纠纷中起着至关重要的作用，项目建设单位同地方政府组成的协调机构的在环境协调中的工作力度同样至关重要。

3. 健全的建设市场是做好重点项目建设的重要保障。目前我省建设市场还不是十分健全，特别是 BOT 建设模式下，在招标投标环节管理控制不严，部分施工企业围标串标现象没有得到有效控制，导致部分信誉业绩较差的企业中标，造成了项目建设的先天不足，而在履行合同时又缺乏严肃性，技术人员、管理人员素质较低，出现个别部位质量控制不严，进展严重滞后的局面，给管理工作增加了难度。

攻坚克难 砥砺奋进 推动新常态下公路事业科学发展

湖北省交通运输厅公路管理局 熊友山

十八届三中、四中全会是我国改革开放历史上的重要里程碑，是在新常态、新征程下全面建成小康社会的科学指南和行动纲领。十八届三中、四中全会深刻阐明了依法治国与全面深化改革的关系，即全面深化改革与全面推进依法治国，如车之两轮、鸟之两翼，共同推动全面建成小康社会事业滚滚向前。习总书记系列讲话，进一步阐明了全面深化改革和依法治国的重要性，开启了新常态下的新篇章。

公路局深入学习贯彻十八届三中、四中全会精神，攻坚克难，2014年取得的成绩主要突出表现如下：一是投资规模再创新高，全年普通公路共完成固定资产投资460.6亿元，占年度目标220亿元的209%；二是公路建设加速推进，全省共完成一级公路735公里、二级公路2186公里，超额完成目标任务；三是农村公路强力推进，全年完成农村公路建设14274公里、危桥改造382座、安保工程12867管理，全面完成省政府“十件实事”中关于交通方面承诺的目标任务；四是干线公路服务水平不断提升，在国省干线公路上，全年共完成大中修工程2501公里、危桥改造443座、地灾整治103公里、安保工程13192公里，超额完成年度目标任务。同时，干线公路的路况质量提升工程、过境路段整治工程、超限治理整顿工程、路容路貌保持工程、畅安舒美试点工程等“五大”工程整体推进，干线公路的服务功能得到进一步增强。

这些成绩的取得得益于厅党组的正确领导和支持，是全省各级公路部门共同努力的结果。成绩只能代表过去，2015年的工作任务更加艰巨。在推动湖北“建成支点、走在前列”的战略实施和湖北交通“建设祖国立交桥”的宏伟蓝图实现的征程中，我们将努力做好如下工作：

一、增强法治意识，提升依法治路能力。

十八届四中全会明确提出了依法治国的方略，这就要求我们必须用法治思维和法治方式推进公路管理体系和治理能力的现代化。要增强人民群众满意度，展现公路良好形象，就是要提升依法治路能力。一是加强法律体系建设。争取省人大尽快修订完善《湖北省公路路政管理条例》，启动《湖北省公路管理条例》系统性构建的研究工作，进一步研究建立公路路政与养护结合、区域部门联动的综合执法体系。二是规范路政执法行为。进一步健全和落实“执法培训制度”、“治超处罚自由裁量权基准制度”等七项基本制度，严格执法，提高依法治路能力。三是加强执法队伍素质建设。切实推进执法人员的动态管理，建立健全在岗培训制度，不断提高岗前培训的质量；完善处理投诉举报机制，强化执法过错责任追究，严肃查处治超工作不作为、乱作为问题。

二、破解发展难题，有序推动行业改革。

作为一个传统的基础交通行业，在公路事业的发展过程中，在解决公路总量不足和维护好已经取得成果的同时，行业自身不可避免地积累了一些问题和矛盾。十八届三中全会吹响了全面深化改革的“号角”，公路行业改革任务重、压力大，是一个复杂的系统工程。面对可遇不可求的“改革再出发”机遇，公路行业要敢于担当、主动作为，不断更新思想观念，突破利益固化思维，有序推进公路改革发展。一是推进建养体制改革。要逐步厘清各级政府对国省道建养管理的事权关系，科学划分事权和支出责任，有序推进公路养护市场化改革，建立政府与市场合理分工的公路养护生产组织模式。二是完善普通公路融资平台。积极探索符合普通公路公益性质的市场融资方式，进一步督导各地公路部门拓宽融资渠道，建立完善符合地方普通公路发展的筹融资平台，鼓励社会各界参与和支持普通公路发展。三是深化事业单位分类改革。争取省厅和有关部门的支持，尽快出台《全省公路事业单位分类改革指导意见》，对地方公路机关及附属单位进行科学定性，对建设、养护、路政等人员进行分类定编，进一步促进公路系统职工工资及经费开支纳入地方财政预算管理工作的落实，对部分单位富余人员进行妥善分流。

三、着力提质增效，促进中心工作完成。

2015年是“十二五”规划的收官之年、“十三五”规划的布局之年，同时也是全省公路系统“迎国检”的大考之年、“村村通客车”的决战之年。全省公路系统要做到：一是要按照“目标锁定、标准锁定、责任锁定、完成时间节点锁定”的总原则，在重点工程项目建设、农村公路建设方面，提档加速，全面完成“十二五”规划目标任务；二是要按照“适度超前，总量控制，建养并重，量力而行”的原则，科学编制“十三五”规划，着重厘清普通公路特别是国省干线发展的重点，破解养护事业发展的难点。三是要抓好公路路况提升和服务水平提高，抓好规范化养护和标准化管理，全力以赴，力争国检取得好名次。四是要按照省委省政府“一号工程”的要求，强力推进农村公路达标改造工程提档加速，为年底实现全省行政村“村村通客车”奠定坚实的基础。

四、落实“两个责任”，加强党风廉政建设。

要以落实党风廉政建设“两个责任”为主线，狠抓基础教育，完善制度机制，强化监督检查，在巩固群众路线教育实践活动和省厅巡查后问题整改的成果，进一步增强党员干部廉洁自律意识，营造风清气正的良好发展环境。一是严格落实党风廉政建设责任制，强化党委主体责任，纪委监督责任。二是加强监督检查，强化机关作风纪律和行业作风建设。三是加强教育引导，筑牢思想道德和法纪两道防线。四是加强案件查办力度，发挥震慑作用。五是加强“廉政阳光公路”建设，完善惩防体系。六是加强纪检监察干部队伍自身建设，不断提升纪检干部履职能力。

站在新的起点上，我们要以深入贯彻落实十八届三中、四中全会精神为契机，以更加饱满的热情，更加务实的态度，更加扎实的作风，投身公路行业建设之中，以新状态引领新常态、体现新作为，干出新业绩、做出新贡献、再创新辉煌！

加强三个衔接　努力提升综合运输服务水平

湖北省交通运输厅道路运输管理局　石先平

纵观国外发达地区综合运输发展历程，主要分为三个阶段：即以各运输工具各自发展，彼此出现交叉和竞争为特征的起步阶段；以各种运输方式发展相对完善、衔接配合更为紧密为特征的成长阶段；以各种运输方式较为成熟，交通结构调整和联合运输迅速推进为特征的成熟阶段。当前，我们正在进入交通结构调整和联合运输迅速推进的新阶段。经过几天的学习研讨，我们认识到构建综合运输体系不是铁、水、公、空、管等几种运输方式的简单相加，而是有效衔接，保证运输过程的连续贯通。结合我省的实际，重点是加强“点”的衔接、“线”的衔接和“体”的衔接。

一、加强“点”的衔接，推进综合运输枢纽建设

运输节点，是客货运输的集散地，也是多种运输方式衔接的纽带，更是运输组织的中枢。目前，枢纽建设规划统筹不够，各种运输方式各自布点，内部交通组织和外部交通衔接不顺畅，极大地影响了综合运输体系的构建。所以，加强节点建设，成为综合运输体系构建的关键所在。

(一)推进综合客运枢纽建设。在布局上，应突出中心城市、高速铁路沿线市县、港口及主要机场；在功能上，应凸显航空、城际铁路、公路、地铁、公交等多种交通方式零距离换乘；在组织上，强调统一规划、统一建设和一体化管理，促进枢纽与多种运输方式协调发展，形成城市内外和不同方式之间便捷、安全、顺畅换乘，切实提高综合客运枢纽的一体化水平和集散效率。

(二)推进综合货运枢纽建设。针对货运枢纽(物流园区)建设滞后的问题，应加快建设一批临铁、临空、临港、临高速公路出入口、临产业聚集区的综合货运枢纽(物流园区)。同时要积极盘活存量，立足现有公路货运站、机场、铁路货场和港口进行改造升级，加强与各种运输方式的无缝衔接，真正使这些货运枢纽(物流园区)成为货物的集聚区、物流的交易所和服务的信息港。

(三)推进集疏运体系建设。针对大型货运枢纽(物流园区)“最后一公里”衔接不畅的问题，可规划建设专用铁路、专用公路、专用航道，配套建设一批运输调度组织系统和相关工具，促使形成以高等级公路、高等级航道和铁路为主力的集疏运体系，努力解决枢纽园区对内对外交通衔接问题。同时，要争取在政策和规划上有所突破，加大政策引导，进一步促进集疏运体系建设。

二、加强“线”的衔接，推进运输一体化

谈到综合运输体系建设，人们往往关注枢纽和园区建设，但对运输一体化关注不够。事实上，运输一体化是综合运输体系建设的出发点和落脚点。但现在，市场不开放，企业主体能力不强，各种运输方式联接不顺畅，比较优势未能充分发挥，运输一体化服务体系尚未形成。加强“线”的衔接，提升综合运输服务水平，既要合理分工，发挥比较优势，更要加强联运，实现运输组织一体化、城乡运输一体化和运输信息一体化。

(一)运输组织一体化。努力推动现代物流运输组织方式提档升级，把现有甩挂运输政策用好用足，进一步扩大试点范围，充分发挥试点示范引领作用，大力支持甩挂运输联盟发展壮大；积极推广江海联运、公铁直达等联运方式，借助长江经济带培育一批多式联运示范区，努力推动多式联运深度发展。围绕全程化运输服务，放松政策管制，加速培育一批网络辐射广、综合实力强、质量信誉优的一体化运输服务提供商，努力实现连续贯通的“一票式”联运服务。

(二)城乡运输一体化。积极构建城市、城际、城乡、镇村四级运输网络体系，加强四级网络之间的衔接联通，推动城乡运输一体化发展。就道路运输而言，更要充分发挥其在综合运输体系中的基础性、衔接性、多样性作用。大力发展城市公共交通系统，建立健全多层次、差别化的公共交通服务网络，提高公共交通线网覆盖面和通达深度，有条件的地区可加快推进轨道交通和快速公交(BRT)建设，努力提升公共交通服务品质，适应人民群众不断增长的出行需求。

(三)运输信息一体化。多层次推进综合运输信息化建设，在全国范围内重点建设公众出行信息服务系统和物流信息平台；在枢纽(园区)，建设为枢纽(园区)服务的综合信息平台，进一步提升货运枢纽(物流园区)运行效率和集约化水平；同时支持运输企业信息化建设。建立完善综合运输信息互通共享和融合发展机制，整合相关管理部门信息资源，实现互联互通，为构建智慧交通奠定基础。

三、深化“体”的衔接，推进体制机制创新

构建综合运输体系是一项涉及多个领域、跨越多个部门的系统工程，不仅需要从点、线等硬件上突破，更要有一个良好的规划、制度和体制机制等软环境作为支撑保障，最大限度提升综合运输体系服务效能。

(一)统筹编制综合运输规划。当前正值谋划“十三”规划的起步时期，综合运输已成为谋划“十三五”规划的关键词，我们要抢抓历史机遇，做好顶层设计，统筹编制综合运输发展规划，在综合运输通道、枢纽、一体化运输等重点方面进行优化布局和功能衔接，发挥综合运输规划对各种运

输方式专项规划及重大建设项目的引领作用。

（二）健全综合运输政策标准。根据综合运输有关特点及要求，修订完善现有政策法规，形成“门类齐全、分工明确、上下有序、布局合理、相互衔接”的综合运输政策标准体系。制定枢纽建设、甩挂运输、多式联运等相关政策措施，进一步加大政策引导。制定和完善综合运输服务标准和规范，规范服务程序和评价体系，特别是要统一集装箱、托盘、票证及信息系统应用接口等相关技术标准，着力扫除各种运输方式融合发展的壁垒。

（三）建立综合运输体制机制。紧紧围绕三中全会战略部署，把综合运输的体制机制创新作为头等要事来抓。要落实各级综合运输管理职责，建立和完善相应的综合运输管理协调机制。当前，各地可以结合实际，探索建立“交邮共建”、“运游一体”、“双业联动”（制造业、物流业）等协同合作机制。要充分发挥政府在综合运输体系建设中的主体作用，行业管理部门要做好引导，特别是在综合枢纽建设上，要依托政府做好多种运输方式的有机衔接。

关于湖北省渡口渡船安全管理情况的调研报告

湖北省交通运输厅港航管理局　朱晓光

渡口是陆路交通和水路交通的节点，是地方人民政府为百姓提供便民服务的重要环节。我省渡口渡船数量位居全国第二，分布点多、线长、面广、流动分散。长期以来，渡口渡船安全成为水上交通安全工作的重点和难点。按照省委省政府有关领导指示精神，4月底至5月初，我们组织开展了全省渡口渡船安全管理专题调研，以期深入研究渡口渡船安全管理的策略和模式，更好地保障人们的出行安全。现将调研情况汇报如下：

一、全省渡口渡船现状分析

全省现有涉渡乡镇528个，渡口2114处，渡船2840艘，渡船船员(渡工)3261人。

渡口渡船具有以下五个方面的明显特点：

一是渡口密度不均匀。我省江河众多，湖泊星罗棋布，在支流小河、库湖区等交通不便地区，坐船过渡成为百姓生产生活、交通出行的重要运输方式。长江、汉江、清江及其支流20多条河流上零散地分布有渡口1200多道，其中有通航河流，也有不通航河流，河流岸线5800多公里。一条河流的上、中、下游往往设置多处渡口，间隔几百米或几公里不等。

二是渡口客流量不稳定。渡口客流量横向和纵向都不稳定。横向上，各渡口客流量分布不均，重中之重的渡口每天都有几十个航次，而一些小的渡口每天只能依稀地运送十几个甚至几个人。纵向上，一些渡口在平时只有几个航次，而遇上节假日、赶集日、学生放学(假)，渡船频繁往返于两岸之间，毫无“喘息之机”。

三是渡口公益性极为突出。渡口主要为沿江和库湖区百姓、学生提供出行服务，很多渡口对本村人实行不收费、外村人1元/人次低收费，日均渡运量并不大，渡运收入较低，有不少渡口仅以赚取国家燃油补贴为全年收入。最为典型的是恩施、黄冈等一些山区，那里的渡船每年只是收取经常乘船农民的米、肉等物，俗称“打河粮”。这些非经营性的义渡、半义渡的公益性极为突出。

四是渡口渡船设施不完善。“以渡养渡”的原则使一些客流量小、经营不善的渡口没有资金来源改善渡口渡船设施。现阶段一些正在营运的渡口码头、坡岸、候渡亭等设施，受洪水冲刷、维护不及时等影响，重返达标改造前的旧态。渡船吨位普遍偏小，其主要集中于50总吨以下；船龄主要集中于10年及以下，约占72%，其中20年以上也占有一定的比例，约占10%。渡船GPS(北斗)覆盖率仅占18.5%。

五是渡工技术水平不均衡。渡船绝大部分是非盈利性船舶，渡运效益差，经营者收入少，渡工工资低，致使一些年轻力壮、知识水平相对较高的船员难以充实到渡工的队伍之中，年老体弱的渡工充当渡船营运的主要角色。40岁及以上的近占86%，40岁以下船员仅占14%。渡船船员大多为当地村民，近90%的船员(渡工)只有初中或初中以下文化水平。

二、渡口渡船安全管理现状分析

多年来，在各级政府和各职能部门的努力下，渡口渡船安全管理状况逐步改善，特别是2005年以来通过渡口渡船专项整治，各级政府加大了渡口渡船改造力度，使得渡口渡船整体技术状况有了较大的提高，为人民群众安全出行提供了保障。

主要体现在以下七个方面：

(一)落实四级管理责任。渡口的安全管理按照国家和省有关规定，实行县(市、区)、乡镇人民政府负责，乡镇人民政府直接管理。县(市、区)、乡镇人民政府建立健全政府、村(居)民委员会、船主三方协同的安全生产责任制。各县市每年逐级签订责任状。

(二)规范渡口设置审批。严格渡口审批条件，规范渡口审批程序，确保渡口设置、渡船安全技术状况符合标准。渡口的设置、迁移和撤销，由所在地村(居)民委员会提出申请，乡镇人民政府签署意见，在选址、安全性方面征求海事管理机构意见后，报县级人民政府批准。对未经审批、非法渡运的渡口，依法予以取缔。

(三)夯实渡运安全基础。自2006年至2010年，抢抓全国渡口渡船专项整治期间“将渡口作为农村公路的延伸予以扶持建设”的政策机遇，对全省经县级政府批准设置的2016处渡口实行达标改造，每处渡口补助5万至10万元。2009年至2011年，对符合申报条件的1353艘船龄20年以上老旧渡船，进行更新改造，每船奖励造价的50%、单船不超过10万元。2013年4月，国家决定奖励政策延续至2015年底，并将申报船龄调整为15年，中部地区按每船造价的60%、单船不超过15万元奖励，我省今年拟实施500艘老旧渡船更新改造。2006年以来，全省撤渡建桥293处，农村公路渡改桥累计建成27844延米。

(四)创新安全监管手段。交通海事部门稳步推进现场监管网格化、远程监控可视化、日常管理信息化、监督考核制度化建设。将辖区渡口渡船日常安全监管责任落实到基层海事人员，按平原地区每旬不少于一次、山区每月不少于一次的频率实施现场安全检查。在梁子湖、徐家河水库、浉水水库等重点水域码头和渡口安装16个视频监控点，免费为汉江干线120艘渡船安装船载AIS系统终端。为523艘渡船安装GPS监控终端。召开现场会推广咸宁通山县“移动建设、政府租用、海事使用”模式作。开发应用湖北省渡口渡船信息管理系统，实现了对省内各渡口及下属渡船、渡工的档案管理。一些县市海事机构专门订制短信发布平台。制定《湖北省水上搜救应急管理系统监控室值班制度(试行)》、《湖北省渡船GPS(北斗)、AIS终端设备管理与使用责任书》。

(五)加强重点人员培训教育。针对县乡政府安全管理人员加强管理培训，每2–3年，省对涉水县市分管领导组织培训，市州对涉水乡镇分管安全的乡镇长组织培训，推动政府换届后安全管理工作有效衔接；针对渡船船员加强技能和安全意识教育，县级海事机构根据实际需要，不定期对乡镇安全管理员、村长和渡工组织水上交通安全管理和应急搜救处置培训；针对目前我省大部分渡船仍然存在救生衣配备数量不足，摆放不规范，污损、破损严重等突出问题，深入开展“救生衣行动”；针对涉渡小学生加强乘船安全知识普及和宣传，制作《乡镇渡口渡船船员基本安全知识》、《生命无价》、《渡船安全航行指南》等安全宣传资料和全国首个渡运安全公益广告片——《重视渡运安全是对生命的尊重和守护》。

(六)稳步加强建章立制。在1997年《湖北省乡镇船舶安全管理办法》、2002年《落实乡镇船舶安全管理责任制的实施意见》基础上，2012年制定的《湖北省水路交通条例》将渡口设置审批、政府海事船主各自责任、学生渡配穿救生衣、公益性渡口补贴等重要内容写入立法。荆州、宜昌、武汉等市政府相继颁布渡口安全管理办法。恩施州在全省率先建立公益性渡口财政补贴机制，将义渡渡工生活补助和渡船维修费用列入同级财政预算；利川市、长阳县等地推行“渡船客位买保险，县级政府来买单”(每客位每年交保险费200元，发生意外死亡支付赔偿费最高18万元，因意外伤残最高赔偿10万元，因意外受伤住院支付医疗费1万元)，为义渡、半义渡这些“水上公交”的长治久安做出了有益探索。

(七)惠民措施稳定渡工队伍。自2009年国家实行成品油税费改革后，为缓解油价上涨给我省农村渡运带来的成本压力，确保渡运安全运行，省交通(海事)部门对符合政策条件的农村水路客运船舶，每年申报一次燃油补贴，5年来，共计近8000万元补贴资金兑付到位。考虑渡船船员收入低微，尽量协调培训机构给予适当减免渡工培训费用；特别困难的由当地交通(海事)部门负责代交培训费用。渡船船员考试和发证海事管理部门不收取费用。

近年来，在省委政政府正确领导下，各级交通、海事等有关部门把渡口渡船安全管理作为安全监管的重心，开展了大量的管理实践，在一定程度上预防了客渡运安全事故的发生。2009年以来，经政府审批的渡口未发生有人员死亡的水上交通事故。

三、渡口渡船安全管理存在的问题

目前渡口渡船安全管理仍存在许多问题和难点。近10年来，我省先后发生了几起渡船、短途客船事故，尤其是2005年石首长江渡口“12.25”事故，渡船在江中沉没，船上13人全部落水，造成3人死亡、8人失踪；2006年孝感汉川汉江渡口“1.7”事故，死亡7人，造成了不少人员伤亡，社会影响巨大。由于各地区对渡口渡船安全管理重视程度不一，造成渡口渡船安全管理还存在一些隐患，也成为渡口渡船管理的难点。

(一)“四级”安全管理责任制落实不到位。虽然每个县(市)都建立了县、乡(镇)、村、渡四级安全责任制，签订了安全责任书，但不少流于形式。《中华人民共和国内河交通安全管理条例》及《湖北省水路交通条例》都明确了乡镇人民政府对渡口安全管理的职责，但在实际工作中，一些涉渡县乡村渡口安全管理“无机构、无人员、无经费”问题突出，领导渡口渡船安全思想认识不够，往往“说起来重要，干起来次要，忙起来不要”。原因有几方面，有的认为渡口几十年都没出事故，存在侥幸心理，有的错误地认为渡口安全管理是海事部门的职责，是他们协助配合海事部门工作，不知渡口安全管理该怎么管，管什么。乡(镇)、村一级的渡口安全管理人员大部分是兼职的，其职责也只是徒具虚名，且普遍存在变动频繁的问题，人员的频繁调动降低了渡口的安全管理水平，容易出现渡口安全管理的“空白期”；另一方面，后续的安全管理人员对渡口安全管理工作又不熟悉，很难马上上手。即使愿意尽快熟悉工作，往往也由于无法得到及时系统的培训和学习，而无法有效开展工作。

(二)海事管理部门难以全面监管。由于全省渡口数量大，点多、线长、面广，流动分散，给海事执法部门带来很大的难度，开展一次全面的拉网式检查，一个县少则需要一周、多则半个月。一些船舶涉险非法渡运、违章航行又千方百计逃避检查，加之基层海事管理单位交通工具缺少，大部分基层海事处(站)仅配备了一台两轮摩托车，对乡镇渡口的监管有着捉襟见肘、鞭长莫及般的尴尬。另外监管手段原始，水上交通安全科技含量低，也是监管难以到位的一个原因。

(三)渡口安全设施长效机制尚未建立。渡口经过达标改造后，通渡道路、码头台阶、候渡亭得到了改善，但达标后的管养投入机制尚未真正建立。三分建七分养，日子一久，部分渡口基础设施受洪水浸泡等影响，水毁严重。国家老旧渡船更新改造“以奖代补”政策明年底即将全面停止实施，我省15年以上船龄老旧渡船仍近占35%，且主要为义渡半义渡，地方政府没有配套资金投入，船舶造价40%的自筹资金难以落实，渡船改造进度缓慢。灭火器、救生衣、救生圈等安全设备配了又丢、保管不善、配而不用的现象经常发生。少数渡船为节省日常经营的燃料费用，对更新改造的钢质渡船弃而不用，而仍然使用设备简陋甚至是木质老旧渡船。另外，大部分渡口只有一艘渡船，而每天都有乘客过往，无法停航对船舶进行维修保养，依法查处违章，责令停航普遍存在执行难。

(四)渡工更换频繁现象长期存在。

特别是义渡、半义渡的渡口，本村村民过渡不收钱，其他人过渡收取少量费用，主要靠每年丰收时村民支助一部分粮食维持生活(俗称“打河粮”)。渡工待遇差，渡工更换十分频繁，常常出现管理部门今天组织渡工培训发证，消灭了无证渡运的现象，过一段时间检查，新的无证渡工从事渡运的现象又再出现；甚至有个别渡口找不到人做渡工，只好由村民轮流驾驶船舶，或谁过河谁撑渡，严重影响渡运安全。

四、存在问题的主要归因

(一)渡口渡船属于公共交通行业范畴，尚未建立稳定的扶持政策是根源。渡船在功能上是公共交通之一，特别是义渡和半义渡，具有公益性，是道路公共交通的延伸。在城市公共交通现已有较成熟的运营模式，政府对公共交通的税费等都有优惠，地方政府往往对偏远城区的公共汽车的路线给予补贴，而渡口渡船管理尚未建立稳定的扶持政策。

(二)渡口渡船安全管理责任未得到有效落实是关键。调查反映在组织开展安全监管工作中，经常遇到向各有关责任方通报安全隐患后，整改工作迟迟不落实的情况，上述日常经营管理、渡船安全维护管理中存在的问题，均体现了渡口渡船安全管理责任未落实到位，同时也反映了部分职能部门和地方政府对这些问题整改工作的督促落实力度不够。

(三)资源配置不合理是渡口渡船长效管理难以坚持的重要原因。建国以来，我国较重视工业建设，其配套的城市公共交通得到重视、扶持和发展，直到现在政府致力建成小康社会和建设社会主义新农村，经过政府大力投入，现在农村道路硬底化和村村通工程建设基本完成，但是作为容易产生安全薄弱环节的渡运方面，只是开展渡口渡船专项整治的阶段性活动，这是远远不足的。从安全角度看，路烂了车可以慢慢走，船烂了却不能慢慢开，渡船在安全管理方面容易产生薄弱环节，生产力水平和船舶管理的特性又决定了扶持政策需要长期性，渡船的作用决定了其存在的重要意义，这是建设社会主义新农村交通工作的首要任务。当前缺乏将渡口渡船等同于新农村公路建设基础设施的考虑，是渡口渡船长效机制难以坚持的重要原因。政府应立足于完善和强化社会公共管理职能，从渡口渡船公益属性、安全特性的角度，长远规划在渡口渡船建设管理方面的资源和资金的投入。

五、加强渡口渡船管理的几点建议

虽然渡口渡船的安全管理工作是一项长期而艰巨的工作，但是群众安全出行事关重大，人命关天，必须要紧密依靠政府，联合各级相关职能部门实施综合治理，全面加强渡口渡船的安全管理的力度，建立健全长效管理机制，推动渡口渡船的安全管理工作的规范化和长效化。

(一)真正落实地方政府渡口渡船安全管理主体责任。多年的实践表明，渡船安全管理不是某个部门单独可以做好或者推动的，必须在地方政府统一领导下，通过安监、交通、海事、乡镇、村/居委会、渡工构造安全责任链，进一步明确各方职责，强化沟通联络机制，明晰具体工作任务目标，形成一个责任清晰又互相约束的安全体系，打造一个真实的、牢固的安全网。要求拥有10处及以上渡口的乡镇应配备专职的渡运安全管理人员，拥有10处以下渡口的乡镇应明确兼职的渡口安全管理人员，专(兼)职渡运安全管理人员纳入安全生产监管监察岗位津贴补助范围，享有安全岗位津贴补助。市(州)、县(市区)人民政府应提高渡运安全工作在社会管理综合治理体系及年度综合评价考核体系中的权重，将渡运安全监管经费纳入同级财政预算。按照“政府统一领导、部门依法监管、企业全面负责、群众监督参与、社会广泛支持”的安全生产工作格局，构造渡船安全管理体系。

(二)制定扶持政策，落实资源配置，建立长效机制加强日常管理。应继续加强日常管理，同时建立起长效机制。建立渡口渡船安全长效管理机制管理是一项系统工程，包括资源配置体系、责任体系、支持保障体系、应急反应体系、宣传教育体系等许多内容，其中改善渡口、渡船基础设施的安全状况，丰富管理手段是非常重要的一个内容。建议将渡口渡船建设、维护纳入农村公路保障体系，拨付专项经费。只有这些根本性的问题解决了，才能实现真正的长效管理。对尚在使用的15年以上船龄老旧义渡、半义渡，地方政府列支必要的财政预算予以扶持，筹足40%配套资金，抢抓国家现有政策机遇，在“十二五”末全面完成更新改造，从根本上消除“硬伤”。对以公益为主的义渡、半义渡，推广利川、长阳“渡船买保险，政府来买单”的有效做法，按照每个客位不低于20万元保额的标准购买渡船乘客人身意外伤害保险，所需经费纳入财政预算，切实减轻农村渡运经营者的负担，增强农村渡运抵御事故风险的赔偿能力。

(三)进一步提升渡口渡船安全管理信息化水平加强对渡口渡船的监控。建议在渡运量比较繁忙的渡口安装CCTV等先进电子监管设备，完善渡口地理信息系统，同时应及时完善相关资料，达到在任何接入互联网的计算机中都能查阅到全省所有渡口渡船渡工信息的目标。

(四)加强渡口渡船现场监管，保障渡运安全。海事部门应该加强渡口渡船现场监管，定期检查渡运安全，督促整改隐患，及时对不符合安全航行条件的船舶采取强制措施；在节假日渡运高峰、危险天气时段，配合地方政府组织联合行动，对辖区渡口渡船进行安全检查和安全隐患跟踪，特别是对客流量大的重点渡口，在重点时段加强现场监管，防止事故发生，保障渡运安全。小学、初中学生集中上学、放学过渡的“学生渡”要实行专船渡运，学校应安排照管人员到现场督促学生穿戴救生衣、防止超载并维护渡运秩序。

(五)实行扶助政策与渡运安全工作挂钩的约束机制。将渡船配备和有效使用救生衣情况与燃油补贴挂钩，对不按规定整改的，核减或取消燃油补贴。相关部门联合建立一整套行之有效的考核办法。

全面领会　准确把握　努力加强和改进学院党建工作

湖北交通职业技术学院　戴光驰

习近平总书记5月9日在指导兰考县委常委班子专题民主生活会时的重要讲话，站在推进党和国家事业发展、夯实党执政兴国根基的战略高度，突出强调作风建设是永恒课题，要标本兼治，经常抓、见常态，深入抓、见实效，持久抓、见长效，通过立破并举、扶正祛邪，不断巩固和扩大已经取得的成果，努力以优良的党风政风带动全社会风气根本好转。习近平总书记重要讲话，为全党全军深入开展教育实践活动、持续推进作风建设进一步指明了方向，提供了根本遵循。党建工作是党要管党、从严治党、巩固党的执政地位、保证党健康可持续发展的核心工作，全体党员干部要认真学习、全面领会、准确把握，努力加强和改进学院党建工作。

一、深入学习，科学把握党的作风建设的内涵

党的作风关系党的形象，关系人心向背，关系党的生命和国家的前途命运。我们党是以全心全意为人民服务为宗旨的马克思主义执政党，党的作风建设的内容十分丰富，主要包括思想作风、学风、工作作风、领导作风和干部生活作风五个方面。科学把握党的作风建设的内涵，是推进党的作风建设的前提和保证。

思想作风、学风建设是党风建设的基础。思想作风和学风主要涉及思想路线、认识路线，以及思维方式、思想方法等。加强思想作风和学风建设，从根本上说就是要解决好主观和客观、理论和实际的关系问题，培养党员干部的辩证思维，用辩证法的方法去解决实际工作中的问题。工作作风、领导作风是党风建设的关键。工作作风是领导干部处理工作事务的行为方式和方法的较为一贯的表现形式，领导作风是领导素质、领导方法和领导艺术相融合的综合表现。因此，思想作风和学风主要与党员干部内在的思想活动相联系，工作作风和领导作风则主要与党员干部的实际工作和从政行为相联系。在领导干部身上，领导作风和工作作风是统一的、一致的。能不能实事求是，是否坚持理论联系实际，能否做到主观与客观相统一，最终都会通过实际行动体现出来。干部生活作风与思想作风、学风、工作作风、领导作风都有密切联系。一个生活作风腐化的干部，很难有正确的思想作风和学风，也不可能有优良的工作作风和领导作风。党的作风建设的各个方面是一个相互联系的整体，反映党的形象，体现党的路线和宗旨。而随着实践的推进，党的作风建设将不断被赋予新的内涵。

二、准确把握，全面领会总书记关于加强作风建设的本质要求

习近平总书记的重要讲话，深刻剖析了改进作风面临的形势任务，明确指出了作风建设的方向，充分体现了锲而不舍抓作风改作风的坚定决心，为我们持之以恒加强作风建设指明了努力方向，也对不断巩固扩大教育实践活动成果提出明确要求，充分体现了以认真精神推进党的建设的鲜明态度。全校党员干部要把深入学习贯彻习近平总书记重要讲话作为当前和今后一个时期的重要政治任务，认真学习，深刻领会，把讲话精神内化于心、外化于行，认真落实“三严三实”要求，深学细照笃行焦裕禄精神，把作风建设有机融入日常工作，形成抓作风促工作、抓工作强作风的良性循环。同时，我们要在巩固教育实践活动已有成果基础上，进一步统一思想，凝心聚力，自觉做到讲投入、讲团结、讲勤奋，增强队伍的凝聚力和战斗力，奠定干事创业的思想基础，进一步增强担当和责任意识，不断提升破解发展难题的能力。在推动学院各项事业科学发展中全面领会总书记关于加强作风建设的本质要求，为大力推进学习型、规范化、服务型党组织建设提供理论支持和思想保障。

三、统一思想，不断增强做好学院党建工作的责任感和使命感

全省高校党建工作会议是省委结合湖北实际，对全国高校党建工作会议精神在我省贯彻落实的一个工作部署会和动员会。我们一定要认真学习、深刻领会，把思想统一到中央和省委对高校党建工作的决策部署、战略定位和形势分析上来。深刻领会李鸿忠书记关于高等教育的四个“第一”的科学论述。正确认识高等教育“第一任务”与“第一教育”、“第一学科”、“第一课程”的关系，以立德树人为根本，把重心和最后落脚点放在学生身上。把坚定中国特色社会主义理想信念教育和加强社会主义核心价值观教育作为核心任务，把学习贯彻习近平总书记系列重要讲话精神作为学院党建工作的首要任务和根本保障，从高校党建的地位、从高等职业教育和交通运输事业发展的新形势、从学院自身的实际，深刻认识加强和改进学院党建工作的重要意义，强化学院党委对党建工作的主体责任，勇于担当，敢抓善管，切实把中央和省委关于高校党建工作的决策部署、思路举措落到实处，不断增强做好学院党建工作的责任感和使命感。

四、明确任务，强化责任，全面加强和改进学院党的建设

习近平总书记为第二十三次全国高等学校党的建设工作会议作出重要指示强调，高校肩负着学习研究宣传马克思主义、培养中国特色社会主义事业建设者和接班人的重大任务。加强党对高校的领导，加强和改进高校党的建设，是办好中国特色社会主义大学的根本保证。习近平指出，办好

中国特色社会主义大学，要坚持立德树人，把培育和践行社会主义核心价值观融入教书育人全过程；强化思想引领，牢牢把握高校意识形态工作领导权；坚持和完善党委领导下的校长负责制，不断改革和完善高校体制机制；全面推进党的建设各项工作，有效发挥基层党组织战斗堡垒作用和共产党员先锋模范作用。各级党委和宣传思想部门、组织部门、教育部门要加强对高校党的建设工作的领导和指导，坚持党的教育方针，坚持社会主义办学方向，加强和改进思想政治工作，切实把党要管党、从严治党落到实处。全体党建工作者要加强学习、深入思考，明确任务，强化责任，努力搞好学院党建工作。

(一)落实习主席讲话精神，切实加强和改进高校党风建设

党风，即一个政党的作风，是指党的组织和党员在政治、思想、组织、学习、工作、生活等方面表现出来的态度和行为，包括思想作风、学风、工作作风、领导作风和干部生活作风。党风建设是党的建设的重要组成部分，也是党始终保持先进性的重要保证。加强和改进党风建设是加强和改进党的建设的重要内容。因此，我们应该从加强思想作风建设、切实改进学风建设、大力改进工作作风、积极改进领导作风、重视干部生活作风建设等方面加强和改进学院党风建设。

(二)完善党建工作组织体系，加强基层党组织建设

1.加强基层党支部建设。提高基层党支部凝聚力和战斗力，是学院党建最根本和最首要的任务。我们要坚持以教师支部、学生支部为重点，按照“选优配强，选贤任能”的原则，选好配强支部班子，定期开展培训，提升能力素质，使基层党务干部党务上有能力、业务上有建树、师生中有影响。要健全和规范党组织生活，切实落实党员的民主评议、“三会一课”等基本制度，积极顺应现代信息技术、传播手段新发展，运用主题教育、社会实践、协商讨论、平等交流等方式，开展富有时代特色的活动。要大力创建基层服务型党组织，服务发展、服务师生、服务社会，特别要在完成学院重点任务、资助生活困难学生、帮助毕业生就业、维护校园安全等方面搞好服务。

2.加强党组织的规范化和特色化建设。要坚持抓基层打基础，推进党建工作规范化建设。要按照党的十八大提出的提高党建科学化水平的新要求，从基层党组织设置、党支部负责人选配与培训、党务干部工作职责、党员队伍的发展与教育管理、创新党内主题与实践活动、规范相关材料等方面提出党建工作规范化的要求。要大力推进党建工作特色化和项目化建设。要按照“一总支一特色、一支部一亮点”目标，着力推进基层党组织活动的开展。

3.积极做好抓党建带群建工作。要积极构建党建工作和群建工作“共建互促、优势互补、党群工作一体化”工作格局，进一步把学院党建带群建的各项工作任务落到实处，加大支持力度，为群众组织开展活动提供条件、搭建平台、发挥作用，不断提高基层党建整体水平。通过发挥学院工会、共青团、学生会等群团组织的桥梁纽带作用，更广泛地联系服务师生。要重视群团干部的选拔配备，加强教育培养，推广活动共同开展、阵地共建共享等做法，以党组织建设带动其他各类群团组织建设。

(三)积极探索思想政治工作方式方法，加强和改进思想政治工作

1.不断探索适合大学生特点的思想政治教育方式。要树立以学生为本的德育观，尊重学生的主体地位，适应大学生的心理特点和行为习惯，贴近大学生的学习、生活、思想实际开展工作。要始终坚持马克思主义大众化的要求，发挥课堂主渠道作用，改进思想政治理论课教学思路和方法，不断提高思想政治理论课的针对性和有效性。要坚持以现代科技、文化为引领，发挥文化育人的作用，弘扬主旋律、突出高品位，开展丰富多彩、积极向上的专业技能、体育、艺术等特色活动，打造体现社会特点、时代特征、富有特色的校园文化。要发挥新兴媒介在思想政治教育中的重要作用，加强校园网的建设，利用微信、QQ群、手机短信等多种途径，有针对性地开展引导工作。

2.加强教师特别是青年教师的思想政治建设。要把青年教师队伍的思想政治建设作为教师队伍的重点来关注。把师德教育作为青年教师队伍思想政治建设的重要内容，纳入教师培养、新教师岗位培训的首要内容。要坚持政治培养与业务提高相结合，抓好理想信念、职业道德、学术诚信教育，着力建设一支具有高尚师德、人格魅力和学识风范的教师队伍。要坚持严格管理和关心服务相结合，深入青年教师、加强沟通联系、掌握思想动态，既严格要求、严格教育，又真情爱护、热情服务，积极帮助解决他们学习、科研、生活中的实际困难。

(四)健全体制和机制，提高思想政治工作队伍素质和水平

要继续重视大学生思想政治工作队伍建设，配齐配强辅导员和党务政工干部，实施好思想政治理论课学科带头人和骨干教师队伍工程，建设好团学干部队伍。要继续发挥思政教师队伍和全体教职员工的育人职责，建立和完善全员育人的工作机制和考核评价机制，形成教书育人、管理育人、服务育人和全方位育人、全过程育人的工作格局。

(五)正风肃纪，着力加强反腐倡廉建设

党的十八大以来，中央把反腐倡廉建设摆在更加突出的位置，提出了一系列新要求，作出了一系列新部署，开展了以“为民、务实、清廉”为主题的党的群众路线教育实践活动。先后派出2批20个中央巡视组，加大查办案件的力度，既打“老虎”，又拍“苍蝇”，表明了中央反腐败的坚定决心。

5月10日，尤厅长在《湖北日报》发表了《切实履行好党风廉政建设主体责任》的署名文章，强调全省交通运输系统各级党组织准确定责、守土有责，敢于担责、积极履责，全面查责、严肃问责，切实履行好党风廉政建设主体责任。我们要始终把党风廉政建

设作为一件大事。要通过加强学习教育，完善廉政教育“大宣教”格局。进一步健全党政领导重视、院系逐级负责、部门协调配合、全院齐抓共管的廉政教育工作机制。紧紧围绕新校区建设等基建项目、大宗物资采购、科研经费、招生、内部财务、教育收费、后勤服务和校办产业等重点部位和关键环节，加强管理和专项监察，积极探索从源头上加以解决的途径和办法，从体制机制制度上堵塞漏洞。加大监督检查力度，加强制度规范建设，以实际成效取信于师生员工，以优良党风促校风、带学风。

(六)积极引导，狠抓落实，切实维护校园和谐稳定

目前，学院正处在毕业返校和学生实习安置中，随着学生的频繁流动，校园内外大小环境的不断变化，学院安全稳定工作的担子越来越重。我们要居安思危，未雨绸缪，进一步增强维护校园安定稳定的政治意识、大局意识、责任意识和忧患意识。牢固树立“安定稳定压倒一切”的观念，进一步强化抓稳定的第一责任，健全完善维稳工作责任制、责任查究制度。高度重视新形势下意识形态工作，严密防范各种错误思潮的渗透和影响。要建立完善超前预警制度、师生诉求表达、排查调处机制，确保维稳信息渠道畅通，努力从源头上加以防控。要加强师生法制教育、安全知识和生命教育，不断增强师生安全防范的意识和能力，提高师生法制观念，做到学法、知法、懂法、守法，维护好师生的切身利益。

加强和改进新形势下高效党的建设，对于培养造就社会主义合格建设者和可靠接班人，确保中国特色社会主义事业薪火相传、兴旺发达，对于深化高校改革、加快发展、维护稳定具有重要意义。学院各级党员干部，特别是党员领导干部，应以身作则，率先垂范，以学习贯彻习总书记重要讲话精神和高校党建工作会议精神为契机，着眼全局、开拓进取，凝心聚力、奋发有为，努力加强和改进学院党建工作，推动学院各项事业又好又快发展。

创新机制　协同培养　打造交通职教“双师型”师资队伍品牌

湖北交通职业技术学院　陈方晔

高等职业教育发展从规模扩张进入内涵提升阶段，提高人才培养质量是永恒的主题。《国务院关于加快发展现代职业教育的决定》(国发〔2014〕19号)中将“建设‘双师型’教师队伍”作为“提高人才培养质量”的核心抓手，职业院校提高质量、实现内涵发展的关键在于拥有一支业务精湛、专兼结合、结构合理、素质优良、具有一定创新能力、教科研能力和技术开发服务能力的“双师型”教师队伍。学院高度重视师资队伍建设，将“双师型”教师队伍建设作为队伍建设的核心和优先发展方向，统筹规划，加大投入，加强培养。学院以参加办学水平评估、省部级双示范建设、省职教品牌院校建设等为契机，不断强化“双师型”教师培养，取得明显成效，为打造了一支师德高尚、品质优良、作风过硬、业务精干、技能熟练的交通职教品牌师资队伍打下了坚实基础。经过多年的培养，“双师型”教师比例专任教师从62%上升到85%，重点专业达到95%以上，产生了4名湖北名师、3名交通运输部名师，并建立了以21名楚天技能名师为代表的500多名交通行业企业技术骨干组成的兼职教师库。

一、开展“双师型”教师培养研究，提供培养理论指导

学院从实施名师培养、中青年骨干教师培养、双师素质培养、双师结构专业教学团队建设等“四大工程”，到实施师德建设、名师培养、中青年骨干教师培养、双师素质教师培养工程、兼职教师队伍建设、双师结构教学团队建设等“六大工程”，不断开展教师培养研究。学院先后承担了湖北省“高职院校‘双师型’教师队伍培养改革”试点项目研究，以及省教育厅、全国交通教指委“高职院校‘双师型’教师队伍培养研究与实践”、“美德日奥高职教师培养特色”、“职业院校‘双师型’教师标准研究”、“职业院校专兼结合教学团队建设研究与实践”、“依托援疆项目加强‘双师型’教师培养的探索与实践”、“土建类专业‘双师型’教师培养模式探索”等项目研究，对“双师型”教师内涵和要求、国外“双师型”教师培养特色与启示、“双师型”教师标准和评价体系、培养途径和方法、培养实践进行了广泛深入探索，取得了丰厚研究成果，发表相关论文近20篇，为“双师型”教师培养制度建设和实践探索提供了理论指导。

二、建立教师实践基地，创造教师实践环境

学院依托交通运输行业优势和湖北交通职业教育集团基础平台，选择技术水平较高、职工培训基础较好、重视和支持职业教育发展的交通行业知名企业，与他们建立紧密的校企合作关系，打造校企融合、产学研结合、工学交替、资源共享、互利共赢的命运共同体，建立稳定的校外专业教师实践基地。利用学院承接的重大工程项目平台，以及与优秀校企合作单位共建的“校中企”和“企中校”，为专业教师创造真实的生产实践环境。并通过校企双方互兼工作岗位、互派专业人才、互聘技术职务、共同培育教师、共同解决教育教学课题和生产技术难题，形成“互派共育”机制，打破“专业教师下企业难、企业人才进校园难”的瓶颈，推动集团内院校与企业协同开展教师培养培训工作，不断完善专业教师到对口企事业单位定期实践的校企共培长效机制，有效发挥实践基地作用和功效。特别值得一提的是工程项目培养法。学院教师独立组成指挥部，代表湖北省完成了交通运输部“新疆G30乌苏至赛里木湖公路代建”项目建设，通过工程项目全过程实施，培养了一支体系完整、职能分工明确、综合素质技能过硬的“双师型”教师团队，改变了教师个体参与企业某个阶段或环节、培养针对点较为单一、不易形成体系、职责分工不明确、没有质量压力、缺乏系统培养、无法深入了解企业核心技术、实践蜻蜓点水的状况，为培养既能上讲台、又能下工地的能上能下的“双师型”专业教师队伍提供了强有力的支撑。

三、协同共培专兼结合，打造双师结构团队

学院坚持“协同共培”，探索校企双方相互兼职合作机制。大量聘请行业企业的优秀专业技术人才和能工巧匠到学校担任兼职教师，特别是将具有较强教学能力和经验、曾担任学校兼职教师的企业退休的能工巧匠返聘至学院担任校内指导教师，极大地丰富了“双师型”教师队伍内涵，优化了“双师型”教师队伍结构。建立兼职教师契约管理机制、培训机制，落实兼职教师相关待遇，保障兼职教师队伍的稳定，充分发挥他们的作用。在职教集团内建立教师校企互聘、校企共培的“互派共育”机制，加强校企专业技术人员协同创新合作，促进集团各成员单位深度合作，共建产学研一体化协同开发中心，开展联合研发、联合攻关，协同创新技术，协同攻克技术难题，协同研究教育教学问题，提升教师的研究能力、技术开发能力、教育教学能力、解决实际问题能力，打造专兼结合、优势互补的“双师结构”专业教学团队。

四、改革教师评聘办法，完善分配激励机制

加强教师考核评价激励制度改革创新。结合学院绩效工资改革，创新教师评聘办法，将教师参与企业生产、企业技术应用、新产品开发、社会服务等作为专业技术职务(职称)评聘和

工作绩效考核的重要内容。健全考核评价机制，完善教师岗位职责，建立学生测评、教师互评、系部考评、督导评价、校企共评、社会评价等多层次、多方位结合的考核评价体系，考评结果作为教师年度综合质量奖评定、专业技术职务(职称)评聘的依据。完善分配激励机制，建立以岗定薪、多劳多得、优劳优酬、责权利对应的分配制度；健全职称评聘激励机制，把双师素质和下企业锻炼经历作为教师职称评聘的重要指标，改进和完善专业技术职务聘任办法，实施岗位设置管理，强化岗位聘任，打破专业技术职务终身制，逐步形成了"能上能下"的教师职务聘任制度；注重营造教师教书育人环境和教师成才环境，建立和形成教师成长、成才、发展的激励机制，在舆论宣传和政策导向上始终坚持向教师、教学一线倾斜，向"双师型"教师倾斜；对硕士、博士研究生给予专项补贴；在评先、推优、住房等方面向教师倾斜，鼓励和奖励教师参加教科研，进行教学改革创新。

五、完善教师培养制度，形成培养长效机制

为了建设一支稳定、可持续发展的"双师型"教师队伍，学院提出了1年基层企业锻炼、3年骨干教师、5年课程负责、7年专业负责、9年专业带头教师的"13579"教师培养规划，形成了专业教师阶梯式培养的有效路径，打造了教师稳定成长与发展的事业链条。同时，不断完善"双师型"教师培养制度，制定出台了"双师"素质教师认定和培养暂行办法、双师结构教学团队建设办法、专业教师到对口企事业单位定期实践制度、楚天技能名师聘任与管理办法等17项，建立了相对完善的"双师型"教师培养机制与制度，形成"双师型"教师培养长效机制。

交通职教品牌建设离不开师资队伍品牌建设，师资队伍品牌建设在交通品牌建设中发挥着决定性的不可替代的作用。而"双师型"教师队伍建设又是师资队伍品牌建设的核心和抓手。因此，学院需要进一步突出"双师型"教师队伍建设中心地位，建立更加稳固的教师实践基地，完善教师管理制度，提高专业教师双师素质，增强专业教师教学、研究和实践能力，提升双师结构专业教学团队实力，真正形成一支与职业教育品牌相适应、专兼结合、结构合理、素质优良、具有一定创新能力、教科研能力和技术开发服务能力的"能上讲台、能下工地"的双师型教师队伍，打造一支为公路交通职教品牌提供强有力支撑的交通职教"双师型"师资队伍品牌。

学习焦裕禄精神，当好交通行业的“县委书记”

京珠高速公路管理处　郑建

习近平总书记2014年“两访”河南兰考，再次掀起学习焦裕禄精神的热潮。“榜样是看得见的哲理”，习总书记把焦裕禄精神概括为“亲民爱民、艰苦奋斗、科学求实、迎难而上、无私奉献”，并对县委书记提出“四有”、争做“四种人”的要求，对每位党员干部，特别是基层党委负责人语重心长，如雷贯耳。交通行业基层党委书记作为“一线班长”，职务不高，责任重大，应紧扣改革发展主题，深入研究政治思想、干事创业、服务群众中存在的突出问题，寻找破题对策，在新一轮大发展中有所作为。

一、坚守三条底线，增强以身作则的勇气，做清正廉洁的“明白人”

作为党委书记要发挥好“关键少数”的示范引领作用，自觉用党纪政纪、规章制度严格约束自己，率先垂范坚守做人做事的底线。

1. 坚守党纪党规的“政治底线”。

政治纪律、政治规矩是不可逾越的“雷区”，是不可触碰的“红线”。一是在思想意识上严而又紧，做到心存敬畏。坚决执行党的路线方针政策和各项决议决定，坚定理想信念，加强党性锻炼，保持清醒的政治头脑。我们最近开展“三严三实”专题教育、通过理论研讨会、培训班、座谈会、中心组学习、专题讲座等形式，就是强调增强党员干部政治底线意识；二是在言行上严于律己，做到风清气正。坚决维护党的团结，严格遵循组织程序，决不允许擅作主张、我行我素，在选人用人，特别是干部提拔、岗位调整问题上按组织程序决定，不能超越权限办事。党委书记要带头执行“三重一大”议事规则，重要工作集中讨论、重大问题集中反馈、重点环节集中协调，防止落实主体责任过程中避重就轻、散光走神；三是在纪律规矩上严格遵行，做到法纪至上。要把法治“第一粒扣子”扣好，彻底摒弃长官意识，不搞个人说了算。严格依法办事，做到遇到事情找法、解决问题用法、化解矛盾用法。加强对各级班子监督，注重把握尺度和力度，对“问题”党员干部，采取约谈打招呼的形式，扯扯袖子，咬咬耳朵，对违反政治纪律的党员干部坚决问责。

2. 坚守干净干事的“廉政底线”。

清正廉洁、廉洁自律是为官从政的“红线”，党委书记要亲自“挂帅出征”落实党风廉政建设党委主体责任。一是勇于担当主动履责。全面承担起党风廉政建设直接和首要责任，每年初围绕党风廉政建设，与各级班子签订责任书分解细化年度任务；在责任分工上，宜条则条，宜块则块，或者条块结合，明确班子成员在党风廉政建设方面应负的领导责任，分清主次，明确职责。二是带头引领率先履责。党委书记以上率下，带头讲廉政党课、带头签订廉政承诺书、带头参加民主生活会，对干部多予“严之爱”、减少“宽之害”；将党风廉政建设工作与管理处中心工作同研究、同部署，带动其他班子成员自觉当好党风廉政建设责任制的践行者、引领者、推动者和示范者。三是全面监督阳光履责。根据廉政风险等级，采取一对一、面对面的方式，把廉政风险较大、群众关注度高的单位和部门，确定为责任制重点对象，在节假日等重点时段，重申党内规章制度，开展提醒教育，敲响警钟；参与制定项目管理办法和项目廉政监督管理办法，在招投标和大宗物品采购中发挥党委主体责任和纪检监督作用，防范每一个腐败风险点，推进决策公开、管理公开、服务公开、结果公开。

3. 坚守求真务实的“作风底线”。

作风建设“必须抓常、抓细、抓长，持续努力、久久为功”。一要兴学习之风以增才气。才由学得，德由学进，业由学成。党委书记要带头学习，结合自身实际情况，查漏补缺，努力提高，成为注重学习的“先锋官”、熟悉工作的“政策通”、素质过硬的“多面手”。二要兴务实之风以养锐气。对党委书记而言，树立求真务实的价值观，要有务实之“言”，就是要实话实说，实情实报。要有务实之“能”，在工作中认真抓落实，抓检查督促，多杀几次“回马枪”，多来几个“回头看”，做到落实不到位不撒手、抓不出成效不罢休。要有务实之“绩”，政绩靠大话哄不来，靠空话吹不来，唯有靠求真务实干出来。干工作不求惊天动地，但要实实在在、确保每项工作都有始有终、善做善成。三要兴从严之风以接地气。坚持问题导向，针对不严不实问题，建制度立规矩，强化刚性执行，努力把“三严三实”要求落实到干部的选拔任用、教育培养、考核评价、监督管理之中，体现到建立健全作风建设长效机制之中。

二、提升三种能力，增强走在前列的正气，做敢于担当的“开路人”

经济体制改革的全面深化，经济结构的调整、消费结构的升级对交通行业的服务供给、服务方式和服务品质提出新的更高要求，提升交通行业服务能力迫在眉睫，党委书记要通过党委会的谋划、决策、指导、督办等职能，迎难而上破解发展中的难题，做发展的开路人。

1. 立足可持续发展，提升科学规划能力。

好的规划带来强大的发展动力，湖北京珠高速公路开通伊始，提出了“三个一流”的宏大目标，后来制定了“四个京珠”（畅通的京珠、兴鄂的京珠、摇篮的京珠，品牌的京珠）的发展规划，通过多年的强力推进，成为湖北省经济效益最好、品牌影响力最广，最具活力的高速公路。当前，高速公路发展已经从数量型向质量型转变，从单一功能型向综合服务型转变，从区域网向全国“一张网”转变，作为党委书记必须准确分析和把握高速公路的发展趋势，用远大的战略眼光和敏锐的洞察能力，制订科学的发展规划，一是要围绕高速公路的发展大势谋规划，比如智慧高速、信息高速、绿色高速、文化高速等，这些都是高速公路提升服务竞争力的新动力。二是要围绕自身实际谋规划。既不能好高骛远，也不能目光短浅，科学评估自身的优势和劣势，充分考虑规划的可行性和内外支撑因素，规划要在发扬优势上大放光彩，在补齐短板上有所突破。三是要围绕有效落实谋规划。规划体现了集体智慧，是党委班子聚心聚力谋发展的路线图，党委书记要确保规划的有效贯彻实施构建保障体系，特别是政治优势、干部建设、作风纪律等。

2. 立足突出问题，提升破解难题能力。

目前高速公路深层次矛盾由于叠加效应逐步放量显现，比如局部地区规模过于超前、效益低下，服务不优、安全质量问题突出等，这些问题不但绕不过去，而且带有全局性，普遍性，持久性等特点，需要直面应对，拿出政治勇气和集体智慧来解决。一是要善于用人本思维解决司乘关心的热点问题。安全畅通，快捷优质是社会司乘最为关心的热点问题，京珠高速公路车流量呈几何倍数增长，我们坚持以人为本，变管理为服务，从提高队伍业务技能、改善通行环境，优化服务形象推出“组合拳”，如业务练兵的常态化，警路联合执法便民化，道路养护社会化，“微笑京珠”品牌化等。二是善于用系统思维解决社会焦点问题。高速公路一直以来是社会关注的焦点，突出矛盾涉及收费、养护、路政、监控机电，应急保障、安保等多方面。科学系统分析焦点矛盾产生原因，统筹兼顾系统性制定解决方案。比如社会关注的京珠高速公路湖北段堵塞的问题，我们分析不同的堵塞原因制定不同的解决方案，先后完成蔡甸收费站整体迁移、金口收费广场的增道扩建。对于不具备改扩建条件武汉北、凤凰山站，通过增加复式费亭，便携机收费，进口变出口，立体宣传提示错峰等有效方式“治堵”，对于鄂南、鄂北两个省界站过境货车多争议大造成的堵塞，提炼总结的“按量放行，分道管控，客货分流，复式提效”梯级保畅模式。三是善于用创新思维解决攻坚难点问题。高速公路的改革已进入深水区，面临的问题基本上都是深层次、难啃的“骨头”，既有体制机制等顶层面的，也有制度规则等低层面的，基层党委书记一班人必须视野开阔，要敢于担当，不能作壁上观，不能抱着旧条条框框加以限制，既要允许拿来主义，还要鼓励突破定势藩篱，更要宽容敢闯敢试中的失误和失败。

3. 立足法治为本，提升依法办事能力。

法治已成为我国治国理政的基本方式。当前高速公路依法决策机制还不完善，多头执法、执法体制不顺等因素存在。作为党委书记更要强化法治思维，运用法治来引领和推动高速公路改革发展。一是培树法治精神信仰，凝聚法治理念共识。党委书记要成为弘扬法治精神的带头人，践行法治理念的领头人，充分发挥党委会、中心组学习会干部学习法律的平台作用，凝聚起各级班子自觉依法办事的强大共识。二是完善党委依法决策机制，推进科学民主决策。党的十八届四中全会要求“完善党委依法决策机制”，在高速公路改革发展面临新常态新情况下，必须通过健全决策制度、完善决策方式、规范决策程序，提高决策的民主化、制度化、法制化水平。三是强化责任监督机制，营造良好法治环境。党政主要负责人法治思维能力的强弱，直接决定本单位干部、执法人员法治水平的高低。只有强化第一责任人职责，才能发挥引领作用，推进高速公路管理工作向法治化迈进。着力推行执法权力清单制度。推进权力公开运行机制，梳理权力清单，规范权力运行流程，力促权力运行公开化、规范化。

三、围绕三个贴近，增强向我看齐的锐气，做心系群众的“贴心人”

高速公路是人民群众安全便捷出行最重要方式之一，如何发挥高速公路优势服务群众，关键是做到情为民所系，利为民所谋。

1.贴近社会，强化高路辐射效应。

以社会需求为导向，在惠民利民便民、新农村建设等领域积极履行社会责任，情系社会公益事业，关注民生，回报社会。一是大力开展行业共建。京珠管理处一直秉持“行业同行、和谐发展”的共建意识，已连续向省交职院捐赠了40万爱心捐款，已资助了230余名品学兼优、家庭困难的大学生顺利完成学业，为湖北交通又快又好发展输送更多人才。二是积极实施地方共建。充分发挥省级文明单位服务新农村建设的表率作用，开展了与大悟县阳平村、玄坛村等“结对共建文明新村”活动，帮助建立了农村书屋、村小学绿化工程、爱心支教，在大悟县革命老区乡镇实施“定向就业，精准扶贫”用工招聘计划等。三是持续深化路警共建。遵循“资源互享、信息互通、人员互动、优势互补”的原则，联合高速巡警建立以“一个窗口办案、一张表格审批、一个声音调度、一流形象执法、一套制度体系、一条道路畅通”为主要内容的警路共建，成立路警联合指挥中心，实行统一指挥、统一调配，形成了职责清晰，互相配合的联合执法服务体系。

2.贴近司乘，优化窗口服务形象。

按照“满意在费亭、服务在沿线、舒适在旅途、安全到终点”的服务理念，想司乘之所想，急司乘之所急，向社会公众提供安全、畅通、快捷、舒适的出行服务。一是坚持细节着手，微笑服务。践行“我微笑、你微笑”的京珠核心价值理念，以“微笑相伴、京珠相连”为内容，细化微笑服务标准，完善考评体系，提升服务质量，规范收费员岗上的言行举动和行为举止，让司乘感受到一种形象美、行为美和气质美。二是坚持依法依规，执法服务。

以文明执法、热情服务、便民利民为重点，完善警路共建机制，在路政执法、应急救援、现场施救上提高效率，尊重司乘人员生命权、安全权，知情权、申诉权、让司乘人员感受到路政执法的依法性、便捷性和人本性。三是坚持以人为本，便民服务。以提升道路通行质量为目标，加大科技投入，严格施工规范，快速高效养护，具体做到施工作业安全，施工管理精细，道路行车舒适，绿化环保优美，路上无病害，让司乘在行车中感受到规范美、环境美和舒适美。

3. 贴近员工，构建和谐职工之家。

当前，职工来自工作、家庭、社会的责任和压力，工作热情消退和工作疲软期的到来，对做细做好员工工作提出新考验。一是加强职工文化建设，创建“文明之家”。坚持立足组织优势，不断打造京珠特色的“三二一”活动品牌，丰富职工群众文化生活，持续开展班组工间操、羽毛球、乒乓球、有氧健身操、微笑瑜伽等有益职工身心健康的文娱活动。二是加强职工民生关怀，创建“温暖之家”。每年初对全处范围困难职工进行摸底调查，为困难职工送温暖；关心女职工身心健康，为全处女职工购买了“安康险”，每年围绕员工居住、进餐、就医等推出“十件实事”，持续加大投入改善工作生活环境，增强员工满意度。三是加强职工素质建设，创建“学习之家”。以“创建学习型组织 争做知识型职工”为抓手，建立了以鄂北职工书屋示范点、杨丽创新工作室等，在全线深入开展“全民读书健身月”实践活动，利用京珠课堂、湖北京珠刊物、网上党校、电子阅览室等平台，满足员工学习知识渴求，全面提升职工能力素质。

四、把握三个导向，增强身先士卒的底气，做团结创业的“带头人”

高速公路原有的行业优越感正在消失，行业发展的内生动力还有待进一步加强，不少干部职工处于一种职业焦虑状态。基层党委书记要增强自身底气，在营造氛围，助推干事，成就事业上把握正确的导向，提振班子创业的干劲和信心。

1. 坚持公正包容的导向，营造“想干事”的氛围。

由于劳动负荷量普遍较大，干部职工“三远”（远离家庭、远离亲人，远离城市）的实际，以及各种社会思潮的冲击影响，员工的主人翁思想淡化，想干事的激情减退，当一天和尚撞一天钟，得过且过的心理依然存在。党委书记当好团结创业班子带头人的任务十分艰巨，要有更加开放的胸怀，科学的思路营造创业的大氛围、好氛围。一是营造公正公平的干事环境。“不怕工作苦，就怕不公平”。不论身份，不论资历，不论背景，只要有干事的决心和信心，以及相应的岗位能力，按照“循序渐进，知能善任”的原则，尽量给予相应岗位和机会。让想干事的人有舞台，让尸位素餐的人有压力。二是增强扬长避短的用人观念。对于想干事的人，要多看其长处和优点，科学全面分析履责能力和责任感，不能用放大镜去找问题找缺点，宁可多一份信任，不能“泼冷水”。三是包容想干事的失误和过错。干事难免出错误，干事越多出错机率就越大。如果对想干事人没有包容和宽容，过于苛刻严厉，必须导致让想干事的人消极观望，停止不前，畏缩退让。允许人在工作中有失误，不揪“小辫子”。

2. 坚持帮扶示范的导向，增强“会干事”的本领。

少数人对会干事理解上有偏差，比如说一套做一套，不求实效；喜欢往“上”跑，不屑往“下”蹲；重“为官”不“为事”等等认为是会干事的准则，党委书记除了保护各级班子的干事积极性，还要发挥党委的领导优势，增强各级班子会干事的本领。一是要着力解决干部能力不足的问题。当前，一些干部陷入“新办法不会用，老办法不管用，硬办法不敢用，软办法不顶用”的困境。要认真分析干部的能力结构、能力缺失范围和程度，有针对性采取帮扶措施，尽量使各级班子达到履责标准，具备会干事的能力素质。管理处党委坚持专业院校培训、“京珠课堂”教学，干部交流，岗位历练等方式推进干部能力建设；二是要着力建立会干事的保障制度。不让积极性高的人吃亏，不让踏实肯干的人吃亏。对会干事的多鼓励、多支持，多投入。如京珠管理处在基层特色站所建设上，不搞“一刀切”，对工作扎实，有特色的站所优先加大投入。武汉西所在首创“微笑京珠”示范站所时，管理处在人员和经费给予全力支持。鄂北所创建“全省治理偷逃费示范基地”时，处党委在所务建设，形象展示上给予重点政策倾斜；三是着力建立会干事的推介示范制度。为培养更多会干事的干部，让好的工作方法经验共享，京珠管理处健全完善了营运、养护、路政季度工作例会制度，通过现场观摩、经验交流，特色展示等方式，相互借鉴学习。每年开展十佳标兵、微笑明星综合性评选活动，先后推介出“全国五一劳动奖章”获得者杨丽，“交通部劳动模范”程银华，“省级劳模”周晶，总结推广一大批鲜活特色经验和工作方法。

3. 坚持团结兴事的导向，净化“干成事”的环境。

人心齐，泰山移，团结就能成事，内耗就会坏事。党委书记是班子团结的“主心骨”，也是干成事的“钢脊梁”。是干成事的总协调人。一是要带头立好讲团结的规矩。没有规矩和原则，就不可能有真正意义上的团结。讲团结的目的是为谋事，为干成事，方法途径就是立好各项规矩，包括政治规矩、议事规矩、纪律规矩等。班子团结要求在重大事项、发展大局、群众利益上必须是一个声调，一种声音、一个口径，一种形象，不能有“杂音”；二是立好干成事的标准。党委书记要当好干成事的裁判员，如果没有标准，裁判不准，导向不明，没有干成事的风向标，势必让勤奋实干的人寒心，让投机取巧的开心，让真正做事的人失去方向和目标。干成事的标准是合法合规，职工满意、组织满意、社会满意，充满正能量的好结果好效果，而且不出事；三是疏通干成事的激励通道。如果“干与不干一个样，干好干坏无差别”，其结果是斗志丧失，事业颓废。以荣誉表彰、晋级晋薪、职务提拔为综合手段，使干成事的人有为有位有味，产生激励带动效应，让真正想干事的人有念头，会干事的人有盼头，干成事的人有甜头，从上至下形成奋发有为、团结向前、真抓实干的好氛围。

交通运输是国民经济的基础性、先导性、服务性行业。基层党委书记主体责任重大，关系着交通事业深化改革的推进，关系是人民群众安全便捷出行。做焦裕禄式交通行业的“县委书记”，不仅是基层党员领导干部的素养指针，也是检验是否忠诚党的事业的试金石，只有牢记责任，勇于履责，敢于担当，才能在“四个全面”、实现伟大复兴中国梦的征程中取得新业绩。

规范执法行为 提高执法能力
——京珠管理处创建“人民满意站所示范单位”的探索与实践

京珠高速公路管理处 王凡昌

党的十八大报告强调“推进依法行政，切实做到严格规范公正文明执法”。湖北省第十次党代会提出了建设“五个湖北”的宏伟目标，其中“法治湖北”作为未来发展的重要目标任务之一，既是贯彻落实中央依法治国方略的具体体现，也是湖北加快构建重要战略支点的应有之义，其核心内容就是让权力在阳光下运行。结合“法治湖北”的战略要求，省委、省政府先后出台了《法治湖北建设纲要》等一系列重要文件，对规范行政执法工作提出了明确要求。省纪委三次全会工作报告提出，要规范基层执法行为，集中治理基层行政执法和服务中的突出问题，促进依法行政。创建人民满意站所活动是开展规范基层执法工作的重要抓手。

湖北京珠自2001年正式通车运营以来，已经走过十余年历程。这条祖国南北大动脉，每年服务驾乘人员达1600多万人次，沿线地区交通物流经济每年增长12%以上，是湖北最具活力，效益最佳、影响最大的交通枢纽和民生通道。京珠路政因势利导，着力完善制度体系，实现了路政执法队伍职业化；加强执法效能建设，实现路政执法行为规范化；建立执法责任体系，实现了执法监督考核常态化；全力推进机制基础建设，实现了安全应急管理科学化。2013年5月，京珠管理处路政三大队被确定为全省第一个人民满意执法示范点创建单位。

1 开展“人民满意站所”创建的积极意义

1.1 开展“人民满意站所示范单位”创建活动，是推动依法行政、建设法治湖北的重要内容。基层执法是行政执法工作的基础，与群众生产生活直接相关，基层执法水平直接影响一个地方的党群关系和政府形象。随着改革开放的深入发展，国家加快转变经济发展方式，综合交通运输迅速发展，法律已成为社会生活和公务活动的重要内容。高速公路路政管理部门作为基层执法单位，直接面向广大人民群众。通过开展人民满意站所创建活动，牢固树立依法办事、服务群众、公开透明、廉洁高效的执法理念，为推进法治湖北建设和湖北科学发展、跨越式发展奠定坚实基础。

1.2 开展“人民满意站所示范单位”创建活动，是改进工作作风、密切联系群众的必然要求。以创建活动开展为契机，把人民群众满意度作为衡量基层站所工作好坏的重要标准，把群众最不满意的事情，群众最希望办、当前能够办好的事情作为重要工作来抓，拓宽群众参与、监督渠道，广泛听取人民群众意见，进一步完善便民利民举措，努力提升人民群众的安全感、满意度。

1.3 开展“人民满意站所示范单位”创建活动，是规范基层执法管理，提升执法窗口服务形象的重要举措。“十二五”期间，湖北全面实施中部崛起发展战略，高速公路路网结构不断完善，社会公众对提高服务和通行保障能力提出了更高要求。通过开展人民满意站所创建活动，以规范执法行为为重点，以人民满意为标准，大力加强思想建设、作风建设、能力建设和制度建设，努力做到执法事项规范、执法自由裁量权规范、执法程序规范、执法信息公开规范、执法行为规范，不断提升路政执法管理服务水平，才能不断满足社会公众对高速公路服务的需求。

2 “人民满意站所示范单位”创建范畴

创建“人民满意站所示范单位”，就是要牢固树立并实际践行对人民负责、让人民放心、为人民服务、让人民受益、受人民监督、让人民满意的创建承诺，确保人民群众对执法服务工作的满意率100%。

2.1 打造“五零服务”示范窗口。开展服务受理“零推诿”、服务方式“零距离”、服务事项“零积压”、服务质量“零事故”、服务标准“零差错”主题实践活动，实行24小时办案制度，简易路赔案件当场结案，异地路赔案件就近结案。

2.2 出台“五个规范”操作指南。坚持依法清权确权履权，保证执法主体、执法依据、执法权限、执法程序、执法人员、执法证件合法合规，切实做到案件查处及时、定性准确、证据闭合、裁量适当、结果公正，并制定出台行政执法事项、自由裁量执行标准、行政执法程序、行政执法信息公开、行政执法行为规范操作指南。

2.3 落实“五个100%”创建承诺。保证路产设施的完好率100%；执法人员培训率和合格率100%；交通行政执法“四制”落实率100%；交通执法忌语和禁令执行率100%；执法文书使用率和准确率达到100%。

2.4 实现“五个重点”创新突破。在深化“六个一”为内容的警路共建机制上实现新突破，在省际、区域联动治超机制上实现新突破，在路地警联动维护路权上实现新突破，在简政放权执法便民机制上实现新突破，在建立快捷规范的科技化执法管理上实现新突破。

2.5 构建“五好队伍”长效机制。全面提升路政人员的“五种能力”、“五类技能”、“五项水平”、“五好作风”，打造一支政治坚定、素质优良、纪律严明、行为规范、廉洁高效的交通运输行政执法队伍。通过创建活动，使全体执法人员牢固树立依法办事、服务群众、公开透明、廉洁高效的执法理念，增强权限意识、法治意识、程序意识、责任意识和服务意识。

3 湖北京珠创建“人民满意站所示范单位”工作实践

3.1 创新服务为便民，人民满意是目标

我们坚持群众满意的最高标准，积极了解、主动回应人民群众的新期待，注重运用民意促进执法、监督执法、评判执法，始终围绕人民群众满意做文章下功夫，在便民利民服务上接地气出实招。

3.1.1 找短板，开门纳谏开“药方”。

接地气才能聚人气，聚人气才能兴事业。为了找准工作的短板，开出治“病”良方，我们首先俯下身来，静下心来，虚心做“小学生”。为了听到真心话，我们扮过驾驶员、施工人员，有时还深入到来办事的人群中聊天、问情况、听牢骚，从中挑毛病，找问题，找准创建工作的靶心；其次，通过走出去请进来的形式，主动上门深入企业、学校、乡村、农户走访，将运输公司、个体司机、施工单位、聘请的执法监督员等请进来，诚心诚意地听取他们的意见，真心真切地请他们找问题、谈看法、提建议；第三，采取调查问卷等形式，广泛征求政府部门、管理相对人、服务对象的意见，通过发放调查问卷和征求意见表，收集群众对我们的意见和建议。

3.1.2 抓整改，对症下药治“顽疾”。

通过“暗访”、走访、座谈、问卷调查等方式，认真查找在管理和服务中存在的问题和不足，进行梳理归纳，分析原因，找准对策，强化措施，狠抓整改落实。针对群众提出的办事效率不高的问题，我们推出了“一站式审批”“24小时就近结案”服务，缩短办事环节时限，提高审批和办案效率；针对群众提出的服务意识不强的问题，采取观念不变人就变(走)等措施，切实转变执法人员的服务观念和服务意识，提高执法服务的自觉性。民有所呼，即有所应，凡是人民群众不满意的地方，都真心实意地去改进去完善，切实采取有针对性的整改措施，下“猛药”达到根治“顽疾”的目的。

3.1.3 促服务，便民利民赢“民心”。

执法的本质是服务。我们以群众需求为导向，积极探索实践便民利民服务的新路子、新举措，以优质务实的服务赢得民心，取得创建工作的实效。

一是实行“一站式”审批服务。以前当事人办理涉路审批或超限运输审批，需要跑大队、支队、总队等多地多个部门，既费事又耗时，往往为了一个审批是“跑断了腿，磨破了嘴”。为解决这一难题，我们实行行政审批“一站式”服务，当事人只需在就近的路政大队提交所需的审批材料，即可在规定的时间内得到许可答复。我们首先将行政许可的申报条件、提交材料清单、审批流程、审批表格等信息通过网络进行公开公示，方便当事人查询和下载。同时还为当事人提供行政许可“明白卡”，即各路政大队办案窗口为当事人提供行政许可办事指南，逐项宣传、解释，一次性告知行政许可的步骤、资料内容和相关注意事项，避免当事人走“弯路”、走“叉路”。对于资料齐全的申请事项，我们依托省交通运输厅行政服务审批平台，在网上按程序逐一上报审批，做到14个工作日内当事人即可取到许可证。对于符合条件的超限运输申请事项，按照办理程序，当天即可取得超限运输证。实践证明，一项小举措，便能赢得大赞誉。

二是实行“一个窗口”办案。以往驾乘人员最头疼最怕的事就是在高速公路上发生交通事故，除了人身、财产受到伤害和损失外，事故处理也是相当繁琐，跑了交警跑路政，跑了路政跑施救。有时处理一个事故，当事人要来回跑好几趟，即伤神又费时，群众反响非常强烈。为了解决这一群众反响较大的难题，我们在充分调研的情况下，通过多方沟通协调，与交警和施救单位达成共识，向群众承诺，高速公路交通事故的处理在“一个窗口”即可办理完毕。一个小小的转变，方便的不仅仅是群众少跑几趟路，节省的也不仅仅是群众一点点时间，重要的是拉近了我们与人民群众的距离。我们还与交警共同推出了涉路施工“一张表格”审批的便民服务举措，极大地方便了施工单位办理高速公路涉路占道施工手续。

三是实行全天24小时就近结案。为了方便当事人，尤其是想早结案早赶路的当事人，我们推出了全天候24小时结案服务承诺：即针对有需求的当事人，服务不分8小时内外，一切以当事人的方便为标准，随来随办，随来随结。在此基础上，我们还推出了异地就近结案和POS缴费业务，即当事人在外地发生事故，可以在其认为最近的、最方便的地方办理结案手续。特殊情况，我们还可以提供上门办理结案手续的服务。我们的一点辛苦，带来的是群众良好的“口碑”。

四是实行应急保畅限时通车。高速公路上发生交通事故，人民群众最关心的就是伤员能否及时送医，道路能否及时畅通。为了解决及时抢救伤员送医就症的问题，我们在省交通运输厅的支持与协调下，联合地方医疗单位在高速公路上建立了三个医疗急救站，在发生交通事故的第一时间即可赶到现场，第一时间抢救伤员，从而为救治伤员赢得了宝贵时间，提高了伤员的成活率，减少了致残率，有效保护了人民群众的生命安全。针对交通事故造成的车辆滞留，群众意见很大，涉及多个职能部门和单位的难题，我们不等不靠，除积极协调各部门各单位加快交通事故处理速度外，更从自身想办法、挖潜力，郑重推出应急保畅限时通车的服务承诺。即在高速公路发生较大交通事故或突发事件造成公路堵塞时，采取高速公路单幅双向通行的应急措施及时恢复道路通行，有效避免高速公路长时间的堵车给老百姓出行带来的不便。

五是提供执法信息公开查询服务。执法信息不公开、执法程序不透明、执法结果不公示等是人民群众对执法单位的普遍看法。为改变这一现状，我们利用现代信息技术，搭建执法信息服务平台，及时公开执法信息、执法程序和执法结果，让人民群众可以通过公众信息查询终端，实时查看路政案件的办理进度、办理的人员和处理的结果等，让执法在阳光下运行。我们还建立了互动网络平台、微博、微信公众号，加强与人民群众的沟通互动，让人民群众实时监督，让执法更加公开透明。

3.2 换位思考转观念，执法为民是根本

观念决定行为，正本才能清源。转变理念是创建人民满意站所的关键。树立执法为民的执法理念，培养和锻造一支让人民满意的执法队伍是创建活动的源泉。

3.2.1 强化观念转变，坚持执法为民立场不动摇。搞清楚执法为了谁和为谁执法，不是一朝一夕、一蹴而就的事情，需要融入执法管理的方方面面和各个环节，需要坚持不懈地开展主题教育活动、培训和监督管理。首先，我们开展了执法为民的主题教育活动，让每个执法人员在思想上认清执法理念、执法要求和执法目的；其次，深入开展微笑京珠服务标准的培训，对执法服务的标准、要求、礼仪、仪容仪表、文明用语、接人待物等进行了全面规范；第三，认真抓好了“五零服务”(即服务受理“零推诿”，服务方式“零距离”，服务事项“零积压”，服务质量“零事故”，服务标准“零差错”的“五零服务”)竞赛活动；第四，对执法服务行为进行监督考核。通过教育培训、监督考核，70%的执法人员的服务观念能得到真正转变和增强，并能够在日常执法中自觉地体现；针对20%思想上虽然接受了，嘴上也说转变了，但实际执法服务中会不由自主地按照自己的意愿去执法、去管理的执法人员，重点开展批评教育、监督、考核，实行一帮一的结对帮扶，让他们改变固有的认识，真正地转变观念；剩下10%从思想上和行动上都难以转弯的执法人员，调整其岗位。

3.2.2 强化队伍建设，坚持执法能力提升不放松。一是加强执法人员业务知识的培训和综合素质的提高。通过案例分析、路政讲堂、执法服务模拟等形式，采用集中培训与自学，以考促学，以考促练的方式，不断提高执法人员的综合素质。二是加强执法队伍作风建设。坚持从队员的“衣食住行”四个方面强化作风建设，抓队列训练，每周开展2次队列训练，每周2次体能训练，每天列队进餐，每天内务检查讲评，强化了良好作风养成。有效推进制度建设改进作风，逐步建立完善“有所为”的激励机制、“不愿为”的自律机制、“不敢为”的惩戒机制、“不作为”的防范机制，不断提高队伍的政治、业务和纪律作风素质。三是加强载体驱动。有针对性地开展形式多样、健康向上的活动，激发了队伍的活力，增强了队伍的凝聚力和战斗力。大力宣传先进人物的典型事迹，开展争做执法模范、文明执法标兵等活动，形成了争先创优的良好氛围。开展爱民日、扶危助困、送温暖、献爱心等活动，为群众办实事办好事。开展法律知识竞赛、主题演讲等活动，使广大队员积极学习业务知识，不断提高业务水平。不断加强大队党支部建设，实施职工培训工程、素质优化工程、健康长寿工程、真诚关爱工程、安全教育工程，发挥支部战斗堡垒作用。

3.2.3 强化品牌打造，坚持执法文化塑造不减弱。我们注重执法文化的培育塑造，用先进文化引领路政执法科学发展，坚持以党建文化促稳定，以制度文化作保障，以行为文化建品牌，以廉政文化保和谐，以科技文化提效能，以典型文化树榜样，初步形成了京珠路政执法文化。一是抓好交通执法“四统一”建设，形成了执法服装、执法标志、场所外观、办公用品、执法装备为载体的路政执法形象标识体系，树立了良好的执法服务形象。二是积极培育提炼公路路政管理文化，形成了以高速公路路政执法理念、价值取向、执法行为、精神动力、职业操守为主要内容的行业价值体系，并通过立道、铸魂、塑形，培育高速公路路政执法的行业价值观和共同职业价值取向。三是打造京珠执法文化品牌，用京珠执法人员的实践和不懈的追求与努力，逐步树立京珠路政品牌。

3.3 规范管理强基础，制度建设是核心

制度是管理的基础和保障。在创建中，我们紧紧围绕规范基层执法工作的创建目标，从制度建设入手，健全执法程序，细化执法标准，着力推进执法规范化。

3.3.1 狠抓制度建设，着力推进执法规范化。

创建人民满意站所必须加强制度建设，加强制度建设重在提高质量。我们以日常管理、办事流程和执法程序为逻辑起点，提高制度建设的系统性、操作性和预见性，制定完善了以《京珠路政大队标准化管理手册》为基础的一整套制度体系，形成了用制度管人管事管权，实现了管理的制度化、系统化和无缝化。譬如，在限制自由裁量权推动公正执法上，强化制度约束，制定出台了自由裁量执行标准等五项操作指南，建立了合理的自由裁量权运行控制制度(行政执法公开制度、告知并说明理由制度、听取意见制度、职能分离制度、案审制度和回访制度)，有效控制了自由裁量权的运用；在规范工作流程上下功夫，完善细化工作中各个程序环节要点，使每位执法人员都能在整个工作的流程中找准标准，形成环环相扣的锁链，增强办事执法的有序性和规范性。再如，我们在路赔案件追偿力度上下功夫，对路政执法卷宗材料进行拓展细化，增加了当事人车辆信息、保险情况等内容，为通过法律手段追回路产损失提供了有效的证据，保障路赔损失能依法追回。特别是为规范执法行为，让权力在阳光下运行，推行路政执法权力清单制度，依法公开执法权力运行流程。完善大队党务、政务和办事公开制度，推进决策公开、管理公开、服务公开、结果公开。

3.3.2 狠抓执法信息化建设，着力提高执法效能

大力推进执法信息化建设，进一步规范执法行为和管理。大队案件接处警、受立案、处理、执行等主要执

法环节，都在网上录入、审核审批、制作法律文书，实行证据网上传输。建立完善网上预警、网上督办、网上监控等监督功能，把网上监督嵌入每个执法流程和环节，对执法办案进行流程化监管，确保及时发现和纠正执法问题。加强路政执法网、大队公众微信和路产路权数据库等信息化建设，配置了多功能执法车、PDA 移动执法系统和 GPS 监控指挥系统，提高执法管理效能。

3.3.3 狠抓执法考核评议监督，着力提升执法水平

不断创新和完善“行政执法责任制和评议考核制”的监督机制，通过健全行政执法考核评议监督机制，推进了严格文明规范公正执法。一是完善内部监督机制。大队认真落实行政执法岗位责任制和评议考核制，制定了《绩效考核管理办法》、《目标管理责任制》、《管段责任制管理办法》等，严格责任，严格考核，防止权力失控、决策失误、行为失范。实行目标管理，与路政员签订了目标考核责任状，明确了职责任务，每季度从职能目标、共性目标和奖励目标三部分对路政员进行综合考评。建立了以第三方暗访、上级检查、案件回访相结合的立体考核体系。二是建立社会监督机制。大队聘请了 40 名具有代表性的行风监督员，定期召开行政执法服务对象座谈会、行风监督员座谈会，及时了解和反馈执法服务情况，公布支队长、大队长网上信箱和举报电话，建立网上信访平台，加强社会对执法工作的监督检查。三是加大科技监督。为减少人为因素干扰执法公平，最大限度的维护当事人合法权益，大队依托科技手段积极探索执法现场实时监督模式，确保执法的公平公正。通过配置执法记录仪，对执法现场同步录音录像，利用 3G 网络技术将现场情况实时传回到路政监管平台，实时监督和掌握执法现场情况，有效规范了执法行为。

3.4 严格执法求发展，依法行政是本质

如何处理严格执法与让人民满意之间的关系，是在创建和执法实践中面临的难题。我们在创建中牢牢把握严格执法就是对广大人民群众的最大负责，坚持做到原则性和灵活性的统一，惩戒处理和教育规范的统一，法律效果和社会效果的统一，营造和谐共赢的执法环境，推进依法行政、依法治路。

3.4.1 以理服人，以情感人推动文明执法。我们坚持理性平和的执法理念，切实从言行举止、方式方法上规范和改进自身的执法行为，准确把握社会心理和群众情绪，多做耐心细致的宣传解释工作，坚持融法、理、情于一体，以法为据，以理服人，以情感人，防止因执法不理性而损害执法形象和执法公信力，让群众通过对案件办理，事情处理，既感受到法律的权威与尊严，又感受到执法机构的关爱和温暖。譬如，我们在处理违章修建房屋案件中，坚持上门送法，宣传法律法规，讲解在高速公路建筑控制区内修建房屋的风险和危害。先说服村支书，再通过村组织和我们一起到村民家做工作，讲道理，说法理，通情理。村民在我们多次上门宣传的感化下，主动将房屋移出了公路建筑控制区。

3.4.2 据理力争，依法履责推动严格执法。严格执法既是执法要求，也是维护最广大人民群众利益的体现。对于经宣传、解释工作和自我纠正机制均失效的情形，我们严格按照法律赋予的职责和相关程序，坚决予以查处制止。譬如，我们在处理东西湖南桥下违章建筑的过程中，多次上门和当事人、政府部门进行宣传沟通，当事人以各种理由拒不履行法律义务，逃避法律责任，最终还是通过联合城管部门，依法对其进行了强制拆除，保护了国家的路产路权，维护了法律的尊严，得到了广大人民群众的理解和支持。

3.4.3 有理有度，把好结合点推进依法行政。我们在执法中牢固树立依法办事的基本原则，以事实为依据，以法律为准绳，在严格执法中坚持热情服务，在热情服务中严格执法，实现了两者的辩证统一，达到法律效果与社会效果的统一，最终实现依法行政、依法治路的法治目标。

规范执法行为、开展“人民满意站所示范单位”创建将是一项长期而意义深远的工作。京珠管理处将以此为契机，进一步完善工作举措、强化监督考核、形成长效机制，推动路政管理工作水平再上新台阶。

言文行远交通梦　善为治道汉十魂

——湖北省交通运输厅汉十高速公路管理处“善为·治道”文化品牌创建掠影

汉十高速公路管理处　周宇红

引言

2013年12月，湖北省交通运输厅汉十高速公路管理处向社会颁布全新的文化体系，以“道至善，为行远”为核心的“善为·治道”文化喷薄而出。2014年10月，汉十高速“善为·治道”文化品牌正式发布，它的问世，昭示着汉十高速将被监督于无形，注视于无声之中，体现出汉十高速兼收并蓄、敢为人先的雄风和胆略，也映射出汉十人修身、齐家、报国的精神追求和开放前瞻的广阔胸怀。

“汉十高速，起于盘龙之江城，归于商君之漫川，凡五百零八公里，乃福银高速之腹腩，秦楚通联之动脉……”。汉十管理处所辖线路连接武汉、襄阳、荆州、宜昌、十堰等五个交通运输枢纽，畅达鄂、陕、豫、湘四省，是国家西部大开发重点线路G70福银高速的骨干组成部分，连接中西部的重要交通动脉，著名的汽车产业走廊和文化旅游长廊。枝繁叶茂必然植根深厚，汉十的文化生机源自于丰沃的文化土壤。十余载沐风栉雨，汉十自发展之初就与沿线优秀传统文化形成深度汲取、高度融合的和谐互动，从而使自身文化积淀得以顺利形成。

大方无隅　厚德铸形

在中国伟大复兴梦想渐行渐近的大时代，湖北交通以“打牢发展大底盘，建设祖国立交桥”为宣言，捭阖纵横，高歌猛进，铸就今日的繁盛。弹指十余年间，与新时代一同成长的汉十高速，以浑然天成、恢弘磅礴的撼世气度，完成一次又一次的蜕变和蝶化，演绎着一部行业翘楚从艰苦奋斗到追求卓越的成长史，积淀下深沉厚重而又谋变创新的文化底蕴。

汉十文化与社会经济民生发展同行。历经发轫萌生、华章初写、大器乃成直至馨香千里四个阶段。创业初期就凝练出了“艰苦奋斗、精益求精、团结友爱、创新超越”的汉十精神，成为最初且最深的文化烙印。

2003年，襄十高速公路武（当山）许（家棚）段建成通车，这段27公里的山区高速公路成为年轻的汉十全部的“家当”。2006年，随着襄十段全线、孝襄段、十漫段相继运营通车，管养里程突破千里，汉十选择了大气、兼容与稳健，选择了在创新中求发展，在发展中再创新，构成了“千里汉十”的文化形象和精神风骨。

万变不离其宗，万变仍为其宗。2009年，《千里温馨汉十创建三年规划》正式出台，提出了“温馨费亭”、“温馨路政”、“温馨走廊”、“温馨驿站”、“温馨家园”五位一体的创建目标，并以武当山、隆中管理所为试点，由此全面拉开“千里温馨汉十”品牌创建的序幕。2012年，汉十孜孜不倦地寻求和探索文化创新之途，启动新一轮的三年温馨创建规划，创建范围从集体创建延伸到个人创建，结合岗位职责设计了“魅力使者”、“守护使者”、“精勤使者”、“通驿使者”、“领航使者”、“效能使者”等六个方面的创建目标，同时扩大集体创建范围，新增了温馨科室和温馨支部。至此，“至诚、至善、至温馨”的标准化服务，实现集体和个人全覆盖，使汉十文化核心竞争力进一步凸显。

长袖予我，我必善舞。汉十高速的窗口服务从“请进来”成功转变为“走出去”，收费员的笑容引来南航、电信及高路行业百余家省内外单位参观学习；2010年武当山所网站评选“温馨天使”引来了全国17个省区9万余人次参与投票；2013年，“千里温馨汉十”创建经验在全国高速公路品牌大会和全国思想政治工作研讨会上交流；“扬手问候、微笑服务、点头告别”的温馨服务标准享誉全国。一系列由温馨创建继而引发的汉十文化淬火熔炼，令人耳目一新，在给司乘带来时尚与惊喜的同时，也给予同行启迪和撞击。

湖北日报高级记者熊家余在对汉十高速温馨品牌创建进行采访后，感慨地说：“高速公路是没有生命的，‘温馨’是你们辛勤的工作和不断地努力给这条路附上的灵魂，是你们给予了这条路生命，使它能够让人感受到温馨舒适。”

通过深入总结管理处温馨创建经验，管理处党委审时度势，充分认识到要实现汉十高速公路的长远发展，除了要创新管理模式，更要加强文化建设，通过文化来凝聚人心，提升服务，才能充分发挥高速公路的公益属性，更好地服务人民群众出行和社会经济发展。在此基础上，管理处逐渐形成了“至诚、至善、至温馨”的服务文化理念，并将这一理念延伸到了窗口服务之外。

从2006年开始，管理处就成立了“刚毅青年志愿者服务队”，选派优秀志愿者参加亚锦赛、城运会等30多次大型志愿服务活动。“千里献爱心”主题活动帮扶贫困学生400余人，先后有36名顺利考入清华、北大等高等学府。在偏远落后地区开展“爱心支教”，累计授课达2000多小时，筹集助学资金63800余元。

创建让汉十人尝到了甜头，树立品牌不是为了宣传，而是有切切实实的效果。通过温馨品牌的创建，窗口微笑服务得到司乘的鼓励，产生良性循环，路政温馨执法、警路共建有了社会赞誉，职工在工作中有了归属感和情感认同。如今，“千里温馨汉十”品牌已辐射到全省8个地级市50余个县、乡，逐渐发展为全国知名服务品牌，为社会各界所熟知。王国生省长在视察汉十高速时强调：“让最美的微笑留在湖北，让一流的服务永驻汉十”。冯正霖副部长要求“要把千里温馨汉十打造成展示交通运输形象的优质品牌。”

从思想认知，走向全面共建，一个又一个创制立新的坚实脚印，一次又一次富有诗意的华丽转身，汉十找到了科学发展的方向。普遍认同和自觉遵守的核心价值观，把汉十文化引向高层次、多领域。强大的凝聚力和向心力，促进了窗口服务、品牌建设和运营管理的良性互动，也成为助推发展的强大动力。

从2003到2013年，从27公里到963公里，从3个站所到76家基层单位，从830万年通行费收入到突破13亿大关，从空勤式服务到“千里温馨汉十”响彻全国……汉十人沐风栉雨，砥砺作为，在文化的积累和嬗变中，推动千里汉十驶入了科学发展的快车道。

大音希声　为善铸心

2013年底至2014年初，汉十汲取沿线地域传统文化的精髓，将孝感忠孝文化、随州炎帝文化、襄阳诸葛亮文化、武当道教文化，与现代管理科学合理对接。专门成立文化创建工作组，对文化进行“功能预定，规划预设、层次预评，效应预估”，形成了“汉十文化的溯源及演进分析”、“汉十文化特质分析”等报告，理顺汉十文化发展脉络，形成了“传统理念结合现代思想、国际趋势结合中国元素、深远意境结合通俗表达”的策划思路，精确设定了汉十文化坐标，进而重塑了以“道至善，为行远”为核心的“善为·治道”文化体系。

“善为”是对和谐、美好、卓越行为的最高评价；“治道”是仁人志士兼济天下、名留青史的丰功懿德。其核心是卓越与实践，旨在激励汉十人通过至善的管理和服务，通过努力行动达到完善境界。“道、风、策、铭”精彩建构了汉十的顶层理念、精神风尚、执行理念和行为规范，精确阐释了汉十的核心价值、发展愿景、汉十精神、人文修养和廉政要求；生动解读了人才、安全、经营、服务、管理五个层面的思路和方向，并按照不同层级，提炼出“五唯四行六需”行为指南。

大眼光自有大手笔，大气魄方有大收获。2014年4月，管理处在全线开展文化宣贯，以汉十“文化周”为标志的系列活动；以网站、微信、微博为内容的阵地；以机关形象改造、陈红涛教育基地、饶丹工作室为重点的形象塑造；以卡通形象、手绘汉十、汉十之歌、《温馨汉十》杂志等为内容的衍生产品，在社会各界取得了良好的反响。汉十文化体系还被推荐申报全国交通运输系统文化项目。

汉十文化始终遵循先进文化的前进方向，坚持以“文化引领、特色纷呈、基础牢固、和谐发展”为目标，助推党建事业向前发展。管理处率先提出“七联聚力、五效合一”党建工作法，一是班子领航联全局。按照“三重一大”的要求坚持民主决策，特别是涉及员工切身利益的事情，必须集体讨论决定。紧盯中心工作目标任务，抓好目标责任制的落实。同时，将安全维稳工作摆在突出位置。做好规划、计划的制定落实，形成稳定的发展思路，推动全局工作；二是文化铸魂联人心。文化是人心之本、事业之本，是提升核心竞争力的重要标志，应当深刻理解“善为·治道”文化精髓，把文化宣贯工作作为一项突出而紧迫的任务，积极开展一些有创造性和实效的文化活动，真正促进文化深入人心；三是理论拓新联绩效。应当把学习作为一种责任、一种习惯、一种追求。要突出抓好习近平总书记系列讲话精神，通过政治学习，提政治之能、立场之能、信仰之能。要加强各个层级人员的理论学习，有计划地实施分类施教，不能无谓加重基层一线员工的负担。多建立一些读书阵地，鼓励大家“充电”，形成书香机关、书香干部、书香班组等；四是干部垂范联事业。要深化“建成支点、争做好干部”活动，大兴好学、亲民、清廉、尚能之风，组织和引导全体党员干部争做解放思想、转变作风、优化环境、改革创新的表率。要加强党员干部的日常考核，在重点工作和急难险阻面前突显党员干部的先进性。开展党员群众的帮扶和联系活动，发挥党员的先锋模范作用；五是要典型树优联团队。要加强全国十大最美职工陈红涛、湖北五一劳动奖章获得者饶丹等先进典型的学习宣传活动，注重培养和发掘身边的先进典型，发挥典型的示范带头作用，催生一批优秀的工作团队；六是廉政清源联基础。要切实履行党风廉政建设主体责任，加强组织管理，执行组织纪律，抓好廉政建设责任制的分解落实，加强廉政警示教育，抓好重点环节、重点人物、重要工作的监督，确保不出问题；七是群团关爱联群众。要提高服务发展、服务民生、服务群众、服务党员的能力和水平，深化群众路线教育实践活动，关心和支持群众组织开展活动，坚持开展交心谈心活动，掌握员工队伍的思想动态，开展员工喜闻乐见、广泛参与的文娱活动，营造和谐家庭氛围。

与此同时，汉十管理处各基层特色党建工作也是异彩纷呈，孝感“五星堡垒”党总支、随州“连心”党总支、枣阳“红旗”党总支等一系列特色党建品牌如雨后春笋般在充满文化浸润的土壤中盎然矗立。今年年初，省交通运输厅机关和汉十管理处一道被确定为“省直机关基层党建工作示范单位”。管理处也被授予全省“廉政交通主题教育活动”先进单位。

发展与挑战从来都是相辅相成的。随着管理处各项事业的发展，来自管理、安全、应急等多个方面的挑战也不断涌出。

为应对挑战，赢得发展的先机，管理处创新性地将汉十文化精髓融入业务管理各方面。按照“畅通秦楚，提速中西部区域经济产业带；馨香千里，开启多元性传统文化国际窗”的发展愿景，制订了《智慧汉十建设三年规划》，立足“智慧交通”国家顶层设计，顺应“大数据”时代发展背景，通过发挥智能化、流程化的管理优势，使公众出行更加便捷，道路通行更加安全，协同管控更加高效，效益增长更加多元，打造智慧、绿色、平安、人文、温馨的千里汉十大通道。目前，“智慧汉十”已经被中国公路学会选定为全国高速公路管理学院第一项综合性教学案例。

在管理模式上，逐步建立起“一个中心、两种模式、三项体系”的运营管理系统。“一个中心”，即智能信息管理平台；“两种模式”，即主线段的区域民主管理模式和委管路段的中心管理模式；“三项体系”，即预算管理体系、质量管理体系和职业健康安全管理体系。2005年到2013年，管理处进行资源大整合，以万兆以太网为基础，在全省率先建设远程协同管理平台，破解数据大融合、应用大延伸、信息大关联、服务大拓展等系列难题。并随着汉十管理处管理里程的不断延伸，为避免因规模扩张和队伍壮大造成的标准不一、管理不严、考核不力等问题，管理处依托智能信息管理体系，出台了千分制考核体系框架及标准条款，制定9大类共计469项考核指标。实现了考核管理由结果评价向过程控制、目标评价并重的转变；由主观评价向客观评价、智能评价转变；由单一部门评价向相互佐证、相互监督转变，形成了持续改进的管理闭环。

汉十管理处始终坚持“以人为本”，围绕“关爱生命、关注细节、关乎根本”的安全理念，建立“警路共建”模式，形成了“联合宣传、联动执法、联手办案、联勤指挥、联建队伍、联创文明”的“六联”工作机制。同时，按照绿色交通发展要求，汉十管理处在省内率先打造节能减排示范路，在道路养护上，坚持标准化管理，建成全省第一家标准化示范大队，积极引进和运用四新技术开展养护。

2600余名汉十人清晰地听到了进军的鼓点，也吹响了强力推进的号角，在省内创下多个行业第一：第一条节能减排示范路；第一个温馨示范窗口；第一个标准化养护项目部；第一家标准化示范大队；第一个建立了起最完善、线路最长的委管运作体系；第一个建立起了“警路共建”模式以及标准化清障服务体系。创新如蛰龙，一啸震动万千山。突破如大鹏，扶摇直上九万里。更大勇气的突破，更高境界的创新让汉十文化形神兼备，魅力彰显。管理处先后荣获“全国文明单位”、“全国五一劳动奖状”、“全国交通行业文明单位”、“全国交通行业精神文明建设先进单位”、“全国创争学习型组织先进单位”、“省级文明路”、“省级最佳文明单位”等国家级荣誉17项，省部级荣誉37项，厅级荣誉84项。

天马行空，我自奋蹄。具有独特鲜明的时代特征、价值追求和理想信念的汉十文化，真正成为凝聚人心的精神力量，成为打造至诚至善千里汉十的思想保障。

大象无形　文化铸魂

言文行远，知行合一。汉十文化的思维变革和艺术再现为促进多维度、全视角、大跨越的行业发展注入了源头活水，也为汉十“助力中部崛起，传扬荆楚文化”打下了更为坚实的基础。

发展是第一要务，人才是第一支撑，文化则是指导和规范人才思想和行为的灵魂。对于人才培养，处党委书记周宇红强调“一定要紧扣汉十文化精髓，将‘能学习、能创新、能实干、能担当’作为人才培养的重中之重。”汉十文化始终“以人为本”，倡导“温馨大讲堂”、“隆中青年读书社”等青年读书活动，鼓励开展丰富多彩、群众喜闻乐见的文娱活动，引导汉十人用学习力、思想力和执行力，证明自我价值，展示出意气风发昂扬向上的精神风貌。

在人才选拔上，建立“干部选拔多级制”，按中层干部、业务主管、业务管理员三个层级，分层储备、选拔优秀人才。其中，业务主管是中层干部的源头，业务管理员是业务主管的源头。

在干部任用上，建立“干部任用宽带制”，针对管理处管理里程增长过快，管理人员缺乏的实际情况，将干部岗位与行政级别剥离开，大胆引入“助理”概念，设置在业务主管与科级干部层级中间，同时配套实行薪酬多级制。这样做，既满足了管理处对管理人才的需求，又拓宽了职工的发展平台。

在干部培养上，建立“干部培养帮扶制”，针对新选拔的干部普遍年青且经验不足等实际情况，实行“支部书记帮扶制”。将新提任的助理安排在管理经验丰富、综合能力突出的支部书记所在地任副职，由支部书记言传身教，帮助扶持。

自汉十管理处启动助理岗位以来，仅2013年就有32名优秀青年职工通过考试晋升成为优秀的中层管理人员。

在关注干部成长的同时，对干部的监督管理同样是人才理念关注的重点。

2010年以来，管理处相继出台《汉十管理处干部选拔任用实施细则》、《汉十管理处干部管理办法》、《干部考核考评实施细则》以及《一般管理岗位能力水平测试大纲》，对干部选拔任用条件、标准和流程进行细化，从干部选拔任用、教育培训、轮岗交流、考核考评、责任追究等五个方面明确干部考核管理工作。

此外，汉十文化中的人才理念还体现在对员工的教育培养上。针对职工队伍普遍年轻的情况，积极开展“创建学习型组织，争做知识型员工”活动，出台鼓励继续学历教育等政策。十年来，累计400余名职工通过继续学历教育，职工大专以上学历者占队伍总数的61.46%。管理处被评为“全国创建学习型组织先进单位”、“湖北省创建学习型组织标兵单位”。汉十高速用文化承载着梦想起航！

如今，汉十文化工程迭出、文化品牌响亮、文化交流活跃，一批有代表性的优秀典型脱颖而出。全国先进工作者、全国十大最美职工、全国五一劳动奖章和湖北省五四青年奖章获得者——路政员陈红涛在危急时刻，用血肉之躯挡车，挽救了五名乘客的生命，自己却长达5小时的失血性休克，接受4000CC的输血治疗和3天的ICU病房紧急救治。还有，湖北五一劳动奖章获得者饶丹、全省交通运输系统“十行百佳”先进个人周洪伟、王嵩等。他们是汉十人的骄傲，也是汉十人的缩影。汉十人正以文化为引领，着力打造出至臻至诚的营运管理“畅通线”、科学养护“标准线”、公众出行“安全线”、行政执法“文明线”、窗口服务“风景线”。

如今，汉十已全面覆盖湖北省“一主两副”、“宜荆荆”、“襄十随”战略经济带中的8个地市，联通鄂、陕、豫、湘四省。它独具的带动、辐射功能，激活了沿线物流、商业、金融、信息、文化的产业发展，支撑鄂西生态文化旅游圈和566公里的汽车走廊两大千亿产业链，辐射约70%的人口和68%的经济总量，成为产业布局和结构调整新的经济增长点。汉十文化凝练、传承、延续大道之魂，正以无形大势服务社会、福泽四方。文化的聚合效应催生万象更新，汉十成为世界看荆楚、展示湖北新形象的千里文明走廊。

从外化于形到内秀于心，汉十人闯险滩、搏激流，比拼的是斗志和勇气，从厚德铸形到文化铸魂，汉十人担责任、履使命，考验的是意志和智慧。作为高速文化创新的先行者，汉十人敢于搏击风浪、迎接挑战，更善于持续发展、亮剑出击。汉十人理当豪迈地跨越，勇敢地担当，和谐的坚守，肩负起文化建设和科学管理的光荣使命，用先进文化探索前进的力量，书写属于这个伟大时代的更为辉煌的新篇章！

新形势下如何从严治党抓好基层党建工作

鄂西高速公路管理处　周爱民

一、加强基层党建工作的重要意义

基层党组织工作具有贴近群众生活和思想脉络的特性，是党紧密联系群众最重要的桥梁与纽带，是党的思想工作最前沿阵地。在新形势下，加强基层党组织建设，对于切实加强党的领导，促进基层工作和精神文明建设，推动各项事业的和谐发展，具有极其重要的推动作用。

从党中央和国家层面来看，党的十八大报告提出要全面推进各领域基层党建工作，扩大党组织和党的工作覆盖面，充分发挥推动发展、服务群众、凝聚人心、促进和谐的作用。习近平总书记在党的群众路线教育实践活动总结大会上也指出："各级党委要把从严治党责任承担好、落实好，坚持党建工作和中心工作一起谋划、一起部署、一起考核，把每条战线、每个领域、每个环节的党建工作抓具体、抓深入。"

从全省交通运输工作来看，交通点多、面广、线长，大批的职工工作在一线，这就需要我们充分发挥基层党组织在社会基层组织中的战斗堡垒作用，联系交通基层实际，因地制宜，结合交通规费征收、道路养护、公路建设等不同岗位的工作实际，不断创新组织生活方式，加强党的领导，不断夯实基层党组织建设，以党建工作推动交通运输各项工作又好又快发展。

从鄂西管理处工作实际来看，管理处根据鄂西地处山区，高速桥梁隧道多、突发险情多、管理难度大，基层单位职工"三远离"(远离城市、远离机关、远离家庭)，以及两级管理体制下管理幅度大的实际情况，建立了以基层总支为核心、以基层支部为抓手、以党建带全面的基层区域民主管理模式，设置了宜昌、恩施、宜巴3个基层党总支及7个基层党支部。基层党组织作为区域民主管理模式中，介于两级管理体制之间的一环，对于联系基层党员，加强党员思想道德建设，推动发展、服务群众、凝聚人心、促进和谐有着不可替代的作用。

二、要把握好当前的基层党建形势

做好基层党建工作，首先要对当前的基层党建形势有一个正确的分析和把握，才能有的放矢地开展工作。从社会宏观环境看，随着我国改革开放不断深入和社会经济不断发展，社会组织形式、社会利益格局以及人们思想观念等发生了很大变化，给党的基层组织建设带来了一系列新挑战、新问题。

从管理处基层党建的实际来看，鄂西高速公路管理处成立于2009年，目前主要承担沪渝高速公路鄂西段、翻坝高速公路、宜巴高速公路三条高速公路的通行费征收、道路养护管理、路政管理、服务区监管等运营管理任务，管段总里程达550公里，干部职工总人数近1500名，职工平均年龄不到28岁，党员人数221人，少数民族党员23人。存在的主要问题有：一是党建工作定位不准确。火车跑得快，全靠车头带，基层支部工作干得好与不好跟支部带头人关系重大。管理处基层支部负责人都是党政工作双肩挑，"重业务、轻党建"的思想在实际工作或多或少都存在，开展党建工作大多被动应付，缺乏搞好党建工作的认识和激情；二是党建工作机制不完善。基层党建工作的考核奖惩办法、党员教育管理制度和激励约束机制没有建立、健全和完善，基层党建工作管理缺乏必要的实施手段，号召力不强，推动力不够，工作难以保质保量地开展。许多基层党组织民主决策机制也未能有效落实，有的把一些小事拿来讨论和票决，而一些重大事项却不列入讨论和票决范围，从而造成部分重大问题决策不科学甚至失去了监督；三是党建工作内容不丰富。基层党内组织生活缺少创新，存在流于形式的现象，吸引力和凝聚力不够。部分基层党组织对党员的思想教育缺乏针对性，教育内容枯燥，方式方法单一，缺乏生机与活力。党建工作不能与时俱进，平台载体创新不够、亮点不亮，与实际工作联系不够紧密，基层党建工作缺乏特色；四是党建工作保障不给力。管理处对基层党支部虽然每年都给予党建工作经费，并配备专职政工员，但基层党支部书记都是由行政领导兼任，对党支部工作不懂或不熟悉，又承担着较多的行政业务工作，主要精力放在了行政业务工作上，对正常的支部工作抓得不够，以致一些党支部的工作制度难以落实，更不用说开展丰富多彩的党内活动了。个别支委不同程度地存在着抓党建同抓业务相比要虚一些，不容易出显成绩的糊涂认识，从而造成无时间、无精力、不用力去抓党务工作。同时，鄂西管理处成立时间不长，基层干部特别是党务干部实际经验欠缺，部分党务干部缺乏必要的党务知识，对新形势新任务下的党务工作还不能完全适应。

三、加强基层党组织建设的办法和措施

鄂西管理处作为典型的山区高速公路，面临着安全保畅压力大、桥隧管理难度高；管理处成立时间短、职工素质有待提升；管理里程不断延伸，区域化民主管理有待继续探索等现实管理问题。在新形势下，如何夯实基层党建基础，着力把党的政治优势、组织优势和人才优势转化为推动全处科学和谐发展的强大力量，需要从四个方面开展工作：

1. 把握重点，着力在党的组织建设上抓落实。一是加强基层党组织班子建设。要选优配强支部班子，积极创新方式，拓宽渠道，把那些政治素质好、业务能力强的人选进支部班子。大力实施干部素质提升工程。选任干部做到“五看”，即看党性、看作风、看实绩、看操守、看民意。对于看准的干部，敢于大胆使用，敢于破格提拔，敢于委以重任，营造风清气正的用人环境和良好政治生态。组织干部开展培训，多渠道、多形式提高基层党支部班子的素质，为党务干部提供学习、考察、参观的机会。拓宽知识面，使党务干部成为“专党务、懂业务”的复合型人才，增强搞好基层党建工作的主动性、自觉性，保证基层党建工作顺利开展。领导班子成为广大党员坚持原则、主持正义、弘扬正气的典范，成为预防、抵制和纠正不良思想言行的防线。增强基层党组织的凝聚力，建立和巩固良好的风气。二是健全党建工作机制。坚持党建工作“两手抓、两手都要硬”的方针，进一步健全和落实基层党建工作机制。基层组织主要领导要负起党建工作第一责任人的重任，把党建作为整体工作的重要组成部分，统筹安排，定期研究。班子其他成员也要按“一岗双责”的要求，积极支持和配合做好分管联系单位的党建工作，形成党建与业务工作齐抓共管、相互促进的工作责任机制。建立基层党建工作绩效考核评价机制，将思想建设、组织建设、作风建设、制度建设、反腐倡廉建设等方面的相关内容进行合理量化，制定考评办法，引导基层党组织自觉地围绕中心任务开展工作，提高服务发展、服务基层、服务群众的能力。三是加强党员教育管理。基层党组织把建设高素质的党员队伍作为推进各项工作有序开展的不竭动力，不断提高党组织的整体素质和管理水平。坚持“三会一课”制度，按时召开支委会、支部大会和党课学习，坚持支部委员经常碰头，有问题及时研究解决。发挥党员先锋模范作用，带头克服困难，为群众排忧解难。建立健全谈话机制，对党员个人进行谈话，交流思想，听取意见，充分发挥党员干部的积极主动性和主观能动性。要把对党员的管理与实行目标管理有机结合起来，努力提高党员的综合素质和能力水平。继续实行党员示范窗口、党员示范岗、党员责任区等党建工作激励机制，更好地激发党员的参与热情和创造活力。

2. 找准关键，着力在政治思想建设上抓落实。一是加强政治理论学习。规定学习时间，做到经常性自学为主，集中讲学为辅，使学习时间有保障；指定学习内容，明确学习要求，开展学习体会交流。改变过去死板的学习方法，主要采取集中学与个人自学、读文件与专题研讨相结合等多种有效形式，强化学习的针对性，提高学习效能。二是广泛开展形式多样的党建活动。广泛开展理论和形势政策宣传教育活动，让基层党员干部进一步明确“举什么旗、走什么路”等重大问题，切实增强理论自觉和理论自信。以“讲党性、重品行、作表率”为载体，依托和传承“拼搏、进取、务实、奉献”的鄂西精神，加强爱岗敬业教育，在广大党员干部中大力弘扬无私奉献的精神。结合鄂西干部实际，开展复杂环境、艰苦条件下的实践锻炼，促使党员干部在克服困难、解决问题中筑牢信念根基，始终保持健康向上的昂扬斗志。加强业务知识教育，不断提高党员干部的业务素质和工作能力，开展“一个支部一个堡垒，一个小组一片阵地，一个党员一面旗帜”活动，使党员干部牢固树立宗旨意识，提高为民服务的自觉性、主动性。结合基层站所的工作实际和党员干部的思想实际开展党建活动，不搞形式主义，突出政治性、针对性、有效性、渗透性，在化解矛盾、理顺关系、调动积极性等方面体现党建工作的成效，推进党的建设。三是充分发挥先进典型引导作用。管理处大力开展向处“爱岗敬业三十佳标兵”、局“百佳标兵”、厅“十行百佳”先进个人学习活动，同时要求各业务部门要有开阔的视觉和发展的眼光，紧紧围绕“一流的管理、一流的服务、一流的文化、一流的业绩、一流的形象”目标任务，培树出一批思想道德好、组织作风好、工作业绩好、社会反响好的先进典型，作为引领时代潮流的“风向标”、“导航灯”，以局部推动整体，带动广大干部职工积极投入到“争先创优当标兵”活动体系中来，着力营造崇尚先进、争创一流的浓厚氛围，提升典型培树活动质效。

3. 突出责任，着力在党员作风建设上抓落实。一是加强思想作风和学风建设。深入开展群众路线教育实践活动，牢固树立起执政为民的思想，强化对党负责与对人民负责一致性的观念，始终保持与人民群众的深厚感情和血肉联系，始终保持艰苦奋斗的作风，做到情为民系、权为民用、利为民谋。坚持勤奋好学，学以致用，牢固树立终身学习、学习终身的理念。借助读书活动，进一步树立学习意识，内强素质，外树形象。加强政治理论学习，提高明辨是非、把握方向的能力；加强业务知识学习，提高依法行政、规范管理的能力。做到心系群众，服务人民、真抓实干，务求实效、艰苦奋斗，勤俭节约。二是开展好党内民主建设。建立健全重大事项决策机制。党员决策权的落实，关键在建立党员代表表决制，重点在规范决策程序。严格按照“集体领导、民主集中、个别酝酿、会议决定”的原则，规范建立健全议事规则和决策程序，增强工作透明度、提高办事效率。建立健全党内民主管理机制，认真开展民主评议党员工作，努力提高组织生活质量，不断增强党支部战斗力、凝聚力。完善党内民主监督制度，加大普通党员对党员干部、党员干部对普通党员以及党员相互之间的监督力度，不断增强党内民主监督的有效性。三是落实党内监督机制。监督是推进党员干部作风建设的重要保障，强化自觉监督意识，要着力提高基层党员的民主监督意识，拓宽基层党员参与党内监督的渠道，调动基层党员参与监督的积极性和主动性；要增强党员在党的监督面前人人平等的意识，让全体党员懂得党的每个成员既是监督的主体，同时又是监督的客体，不允许有不服从监督的特殊党员。要求各有关职能部门，特别是纪检部门要认真履行职责，有效开展监督工作。不断拓宽监督渠道，把党内监督、民主监督、行政监督、社会监督结合起来，切实做到权力行使到哪里、活动就延伸到哪里，监督就跟踪到哪里，将党员干部的一切行为置于党纪国法和社会道德的严格约束之下，及时发现和纠正其作风方面存在的问题。

4. 从严治党，着力在反腐倡廉建设上抓落实。一是认真贯彻执行党风廉政建设责任制。突出党委主体责任和纪委监督责任，签订和落实党风廉政建设责任状，层层传递责任，层层传导压力，强化“两个责任”，加大责任追究力度，建立奖罚机制，确保党风廉政建设落到实处。在党员干部中特别是领导干部中，深入开展理想信念和道德品行教育、宗旨意识教育、党纪法规的宣传教育、先进典型的示范教育和反面典型的警示教育。注重拓宽教育渠道，以廉政文化建设为载体，充分利用广播电视、各种会议、培训办班、支部活动和廉政文化建设等形式加强廉政教育，真正使廉政教育入心入脑。二是推进廉洁自律工作。认真贯彻落实中央“八项规定”和省委“六条意见”、省厅“二十条规定”及领导干部廉洁自律各项规定，对照“四风”建设及省厅有关要求，强化党员干部廉洁自律意识，不断完善“三重一大”制度相关内容，不断提高依法决策、民主决策和科学决策的能力和水平。进一步强化各项廉政制度的执行力，切实维护廉政制度的严肃性，形成用制度规范从政行为、按制度办事、靠制度管人的有效机制。三是党员干部以身作则。坚持从自己做起，坚决做到不为名利所诱，不为人情所困；坚持从队伍抓起，做到用制度管人、管事，从程序上抓落实，从操作上抓落实，堵塞管理漏洞；坚持从监管抓起，自觉接受上级、同事、下级和社会的批评与监督，养成在监督下为人民服务的习惯，确保反腐倡廉工作取得长足进步。

加强山区高速公路管理部门执行力建设的实践与思考

鄂西高速公路管理处　周大华

鄂西管理处现主要管辖沪渝高速鄂西段、三峡翻坝高速、沪蓉高速宜巴段，总里程约550公里，辖段内所属基层单位众多且相对分散，具体业务涉及路政、养护、费收、机电等诸多领域，线长点多面广，尤其在运营管理中面临道路安全管控压力大、应急保畅处置要求严、桥梁隧道养护标准高、超载超限治理任务重、机电设备维护保障难、隧道消防事故风险多等问题。个人认为只有抓好执行力建设，以上问题才会迎刃而解。说到底，就是要深入贯彻上级指示精神，科学谋划长远战略发展规划，建立健全制度规范体系，不折不扣执行好相关制度规定，确保安全稳定工作万无一失，搞好上下互动联动配合，努力保质保量完成各项目标任务。

事实也证明，凡是执行力强的单位或个人做事，就有成效，凡是执行力弱的单位或个人则往往一事无成。可见执行力建设是事业成败的关键之所在。没有执行力建设，再好的规划也只是束之高阁，再好的思路也只是纸上谈兵，再好的机遇也只是擦肩而过，再好的制度也只是形同虚设，再好的团队也只是一盘散沙，再好的目标也只是海市蜃楼。只有抓好执行力建设，才能确保山区高速公路社会效益和经济效益双赢目标的实现。

一、山区高速公路管理部门执行力内涵及要素

执行力简言之就是执行的能力，亦即贯彻战略意图，完成预定目标的操作能力。对个人而言，执行力就是办事协调能力；对团队而言，执行力就是抱团作战能力；对企业而言，执行力就是经营管理能力；对山区高速公路运营管理而言，执行力就是攻坚克难、应急保畅、实现双赢的能力，即要善打硬仗、敢啃骨头、勇于担当、不讲价钱、不找借口、团结协作、令行禁止，能做到心往一处想、劲往一处使、拧成一股绳，最终确保高质高效将工作履职履责到位。执行力由诸多要素组成，要素之间相互联系、相互影响、相互促进。山区高速公路管理部门执行力要素主要由执行主体要素、执行制度要素和执行文化要素组成，三要素同步扩大则执行力持续增强。另外，山区高速公路管理部门执行力要素还应包括使命、愿景和理念等。

二、山区高速公路管理部门执行力建设的重要性和必要性

（一）执行力建设关乎干部职工队伍的综合素质和能力水平。众所周知，人是山区高速公路执行力建设的主体，人的素质的高低直接决定执行力建设的强弱。其中班子建设是龙头，是带头执行的关键所在；中层管理人员是桥梁，是承上启下的中间枢纽；一线员工是生力军，是激发活力的重要源泉。在执行力建设中必须紧紧围绕主体，采取灵活多样的学习形式，切实加强政治理论、专业技能、道德素质和文化知识的学习和培训，着力打造一支促进山区高速公路科学发展的干部职工队伍。

（二）执行力建设关乎制度流程体系的构建完善和有效实施。勿需置疑，科学的工作制度、规范的业务流程，是提高工作效率和服务质量的基础。因此在工作中，要始终坚持科学民主决策，完善重大决策的规则和程序，提高决策透明度，同时还要建立健全调查研究、听取民意、集中讨论相结合的决策机制，使决策符合山区高速公路实际，充分体现职工意愿，使决策更具可操作性和实用性。

（三）执行力建设关乎特色文化品牌的培育提炼和作用发挥。特色文化品牌是执行力建设的重要体现形式，可以有效引导广大干部职工形成内在的自觉执行力。“和谐鄂西”是鄂西管理处在运营管理实践中总结和提炼的核心文化品牌，涵盖“人文鄂西”、“智慧鄂西”、“生态鄂西”、“廉洁鄂西”、“特色鄂西”、“平安鄂西”等内涵，核心是以人为本，推进人的全面发展，实现人的价值。

（四）执行力建设关乎日常运营管理的规范有序和长效运转。俗话说，三分决策，七分执行，就足以说明执行力建设的重要性。而规范有序和长效运转是内外因素作用下的“内功修炼”。通过长期的积累沉淀逐步形成统一、规范和相对稳定的管理体系，在管理工作中按照制度化、流程化、标准化、表单化、数据化的菜单执行和落实，最终实现管理动作的规范有序、协调高效和长效运转。

（五）执行力建设关乎目标任务管理的细化分解和责任落实。执行力建设的本质就是一种对目标任务管理进行细化分解和责任落实的过程，具体而言，就是将目标分解到部门，将责任细化到个人的量化考核形式，是让目标任务管理有效地贯彻到每个环节并发挥作用的过程，是一种贯穿于工作所有环节的全面管理模式，同时也是增强整体执行力建设的一个重要途径。

（六）执行力建设关乎中长战略规划的效益评价和成果转化。一直以来，执行力建设被誉为效益原动力、成果孵化器。山区高速公路运营管理有其特殊性、复杂性，要着力完善山区特色的应急救援预案，尽早构建山区特色的应急救援体系，逐步形成山区特色的人才培养模式，探索实践山区特色的联动联勤机制，创新引进山区特色的智能监控手段，并及时做好效益评价和成果转化，服务社会、服务民生、服务群众。

三、山区高速公路执行力建设存在的主要问题

（一）思想认识存有偏差。山区高

速公路地处相对偏远、条件相对艰苦，有人认为只要在岗不出事就足矣，有人认为做好做坏一个样无甚差别，有人还因远离机关而滋生懒惰思想，责任意识淡化，标准要求降低，工作敷衍塞责，在工作中不求高标准，只求过得去。

（二）执行节奏滞后。山区高速公路建设时期遗留的问题，涉及地方政府、公安、交警、消防等多个部门，常因某个环节卡住而进展缓慢，直接影响后期建设的配套完善，不利于正常工作推进。再者由于骨干队伍组建时间不长，部分基层负责人能力素质不过硬，不能及时领会党委意图，跟不上形势发展的需要。

（三）教条主义严重泛滥。具体表现为不能深入理解上级的政策规定，不能全面把握指示的精神实质，不能结合工作实际有所开拓创新，只是习惯于简单机械地执行上级文件规定，满足于囫囵吞枣、生搬硬套，自由主义和教条主义泛滥，结果是做了大量的工作，却往往事倍功半、劳而无功，甚至前功尽弃。

（四）相互之间推诿扯皮。工作存在“踢皮球”现象，缺乏通力合作的大局意识；遇有工作范围交叉时，难免会出现真空区，相互之间沟通协调不够，更不能及时予以补位；对己有利或符合心意的执行，感觉吃亏、受苦的就故意拖延或被动执行，抑或附加交易执行等。

（五）监督机制有待完善。社会监督因投诉不够顺畅、缺乏保障措施，故难以发挥应有的作用。另外，监督重视的是事后监督，而忽视执行过程中的进展情况和相关情况监督，只重惩罚，忽视整改，不能有效地起到警示作用，导致监督效果大打折扣。

（六）转型发展带来挑战。山区高速公路进入转型发展期，执行力建设面临更大的压力或挑战。一是事业单位改制容易造成职工思想的波动，一定程度影响职工的情绪和感情。二是社会需求多元化，使得社会责任更大、服务质量要求更高和民生需求更强。三是行业之间的竞争使职工必须增强危机意识和创新意识。

四、加强山区高速公路管理部门执行力建设的对策建议

执行力建设是推动工作上台阶、创佳绩的强有力手段。当务之急，山区高速公路管理部门理应加强执行力建设，积极探索有效途径，才能使得上级命令指示高效执行，才能确保各项工作扎实稳步推进。

（一）注重宣传教育，着力强化执行力主体的执行理念和认同意识。思想是行为的先导，思想认识的高度，直接影响和决定执行力建设的深度和广度。一是要抓好理想信念教育。始终坚持培育职工爱岗敬业、文明优质、安全高效、岗位成才、争当楷模为内容的核心价值观，增强美好前景的认同感。二是要抓好爱岗敬业教育。要让职工珍惜岗位，牢固树立大局意识，自觉遵章守纪，安心本职工作。三是要抓好价值取向教育。要让职工充分看到自身优势，多想想组织关怀，自觉消除不良心态，切实把心思用在工作上。四是要抓好经常性思想政治教育。想干是执行的基础，要从思想政治教育入手，创新和拓展教育平台、沟通渠道，及时掌握思想脉搏，切实解决思想中出现的苗头和问题。鄂西管理处党委深入开展“一线工作法”，主动应对新变化，积极践行和探索“六个在一线”工作机制，收到明显成效。

（二）注重全员培训，着力强化执行力主体的能力素质和服务水平。执行力主体是影响执行力的重要因素，要积极探索并建立一套完善的人才培养机制和人才培训考核体系，为执行力建设提供强有力的人才支撑。一是学习团队建设。针对职工求知欲强的特点，积极开展各种形式的学历教育，并适当给予学费补助和经济补贴；同时采取“请进来、送出去”的方式组织职工参加各类培训，确保受训面的全覆盖。二是站所文化建设。将各个基层单位划分为一个单元，以建立“文化型站所队”为目标，通过征文、读书、演讲等活动，营造好读书、读好书的良好氛围。成立羽毛球、乒乓球等活动兴趣小组，依托宜昌、恩施、宜巴党总支经常性地开展书法、绘画等群众喜闻乐见的文体活动，陶冶职工情操。三是服务团队建设。一支好的人才队伍，光有工作热情是远远不够的，拉得出、打得响、过得硬的团队更需要服务力量的支撑，要切实加快服务型团队建设步伐，切实增强向心力和凝聚力。

（三）注重人文关怀，着力改善执行力主体的工作环境和生活质量。良好的工作、生活和人文环境是激发执行力建设的关键，它不仅能提高工作效率还能确保职工身心愉悦。一是优化文化环境。大力实施文化惠民工程，将“书香鄂西”、“图书漂流”活动引向深入，发挥好宜巴职工书屋的阵地作用。在全线各站所队搭建集球类、棋类等为一体的体育健身设施，增强“硬文化”实力，丰富职工业余文化生活，提高职工的文化修养。二是健全工作制度。及时出台相关工作制度，编制相关工作流程，重点落实岗位责任制、服务承诺制、限时办结制、首问负责制等，努力提高办事效率。三是提升职工意愿。从根本上讲就是要提高职工的满意度，具体可从文化氛围、成长空间、福利待遇、工作环境等方面去度量，最大限度去满足职工需求。比如，针对白羊塘、汪营、贺家坪高海拔地区冬季取暖难及白羊塘省界站噪音大等问题，实施民生暖心工程等。

（四）注重载体创新，着力强化执行力主体的团队协作和品牌形象。管理处的执行力建设离不开强有力的思想文化武器，创建富有特色、积极健康的文化氛围，稳定基层单位职工队伍，提升团队整体凝聚力。一是主题活动建设。不断拓展“和谐鄂西”内涵，大力开展“标准化站所”、“青年文明号”、“党员示范岗”等建设。二是培养和树立典型。大力开展“双争双创”竞赛、服务标兵评比活动，培养和树立一批行业服务标兵，鼓励职工干一行、爱一行、精一行，用身边人典型事传递正能量。三是文体活动建设。结合鄂西地域、民族特色，通过艺术节、书画摄影比赛、运动会

等方式形成“滚雪球”效应并加大宣传力度。同时，开展一年一届“鄂西女儿会”，满足青年职工婚恋需求；组织“微电影”创作大赛，增进职工对自我和单位的认知、认同；举办厨艺大赛，切实关心职工生活并强化职工主人翁意识。

（五）注重组织建设，着力解决执行力主体的利益诉求和矛盾化解。高速公路事业的发展离不开执行力建设。执行力建设的主体是职工队伍。一是全面实施区域管理。针对基层相对分散、远离机关等实际问题，依托宜昌、恩施、宜巴建立三个党总支，实施区域化管理，建立健全基层党组织、团组织和工会组织，全面推行层级管理，形成一级抓一级，层层抓落实的新体制。二是规范畅通诉求渠道。全面规范“六公开”的内容、时间、要求和形式，切实保障职工的知情权、参与权、表达权和监督权；通过职工论坛、意见箱、问卷调查、座谈会、个别交心谈心等形式，全面了解广大职工心声，健全完善劳动关系预警机制并不断创新职工利益诉求和矛盾化解机制。三是严格落实监督检查。要保障执行到位，需要建立完善执行督查，通过定期督查、随机督查、专项督查、明察暗访等形式，对工作开展情况，特别是重点工作执行情况进行督查，从而进一步加大事前、事中、事后督查力度，确保政令畅通、执行无误。

（六）注重绩效考核，着力强化执行力主体的激励机制和主观能动性。完善的激励机制和主观能动是推动执行力建设的重要保证。一是合理使用物质激励。加大对各类先进的物质奖励力度，对受到中央、省部、厅局等不同等级表彰奖励的干部职工，视情在给予精神奖励的同时，争取适当给予物质奖励，更好地激励人人争当先进。二是重视采用情感激励。坚持以人为本，关心爱护干部职工，设身处地为干部职工排忧解难；坚持和完善交心谈心和诫勉谈话制度，坚持四定一保、上级领导定点联系制度，注重加强与干部职工之间的思想交流与沟通。三是拓展岗位空间激励。定期开展轮岗交流，进一步打破机关与基层之间、“近城”与“偏远”岗位之间的界限，推进干部岗位交流，使一些能吃苦、能干事、想干事的干部得到培养锻炼，使一些品德优、能力强、业务好的干部得到提拔重用。四是试行竞争薪酬体系。建立具有竞争力的薪酬体系和激励机制，切实把执行率和执行结果作为考核奖惩的主要依据，发挥职工队伍的主观能动性。

综上所述，鄂西山区高速公路执行力建设必须以解放思想为先导，以坚强意志为引领，以考核督查为抓手，以制度建设为保障，以法治期待为目标，不断强化职工队伍执行意识，建立健全职工队伍执行机制，努力提升职工队伍执行能力，切实加强职工队伍执行管理，大力弘扬职工队伍执行作风，才能统一思想，达成共识；才能开启大幕，推行改革；才能开拓创新，致力突破；才能提升队伍素质、健全制度体系、打造特色品牌、倡导和谐理念，完成职责使命，最终实现愿景。

创新党建管理机制　扎牢党风廉政篱墙

随岳高速公路管理处　苏敏

十八大来以来，经济步入新常态，工作面临新挑战，作风迎来新建设。愈是在关键时期，愈是考验党性原则，愈是要加强党风廉政建设。交通运输行业是党风廉政建设的主战场，也是重点防控领域，抓好党建工作对于更好“两个责任”，确保业务稳健发展具有重要作用。根据随岳管理处近年来实践，我们认为要做到“四个始终”。

一、始终把党建责任“扛在肩上”，在党风廉政建设中“竭尽守土之责”。

一是要尽“担当之责”。党建是第一政绩，要把国家利益放在第一位，不仅要推动业务快速高效发展，还要确保单位平安，无风险、无隐患、无案件，以行业稳健发展助推社会的和谐发展。党建工作真正要担当起来，抓党建促发展，抓发展促党建，切实做到相互融合、相互促进，近年来随岳管理处通行费年年递增，路况持续改善，执法平稳有序，各项工作均取得了显著成绩，管理处也被上级评为优秀党组织、省级文明路、省级文明单位等荣誉。

二是要尽“教导之责”。始终把党建工作摆在突出位置，纳入重要议事日程，管理处坚持每年下发中心组理论学习计划，做到有部署有计划有落实。建立书记讲党课常态化机制，每年每名支部书记至少讲3次党课，时刻提醒高速公路各部门和各单位端正党风，防微杜渐，保持清醒，促使基层党建工作具有强烈的时代感、紧迫感、使命感，努力形成基层党组织健全、党员队伍纯洁过硬、党风行风不断好转的良好氛围。

三是要尽“管理之责”。党支部书记是本单位党风廉政建设的领导者、执行者、推动者、监督者，管理处下发了党风廉政建设“两个责任”实施细则，研究制订落实党风廉政建设责任制工作办法和措施，分解和细化班子成员“一岗双责”的分块、条线管理机制。树立“第一意识”，自觉履行“第一责任人”职责，做到“第一任务”安排，“第一时间”过问，重要工作亲自部署、重大问题亲自处置、重点环节亲自协调、重要项目亲自督办，近年来书记牵头的检查数不胜数，切实种好自己的“责任田”。

二、始终把党建阵地“抓在手上”，在党风廉政建设中“常掀活动之潮”。

一是要思考如何让心脏“跳起来”。基层各级党组织书记是党组织的“心脏”，基层党组织书记的能力水平和工作热情直接影响到基层组织的战斗力、凝聚力、创造力。要按照政治素质高、作风过硬、工作扎实、群众基础好的标准选好书记，对不符合要求的坚决予以撤换，近年来先后对7个基层组织进行调整，选派交流党务干部30多人次，轮岗率达到75%。同时，加大新职工党员培养使用力度，坚持对扎根基层的大学生党员优先提拔，调整5名本科、研究生学历的政工员，为基层党组织“带头人”储备一批后备力量。

二是要思考如何让血液“流起来”。坚持从基层业务骨干和一线收费、路政、养护等员工中发展党员，努力把优秀人才吸收进党的队伍。近年来发展新党员32名，新党员多次获得劳动竞赛标兵、年度先进个人，个个成为职工的一面旗、一盏灯。

三是要思考如何让死水“活起来”。全面结合新媒体应用，创新互联网+思维，创建网上党员、党建微信，组织点赞、互评、网络投票等活动，切实做到“我是共产党员，大家向我看齐”，培养了一大批党员示范岗，推出“比思想、比作风、比实绩、比贡献”的“争先创优”等活动，让活动丰富多彩，以形式带动内容。

四是要思考如何让阵地“忙起来”。对基层党建示范网点、机关联系点、学雷锋示范网点、勤廉工作室、阳光党建微信等阵地，大力加强阳光红旗党支部建设，真正让阵地用起来、立起来、忙起来，有所作为、有所建树，使广大党员多一些“精神园地、活动阵地、理想高地”。

三、始终把党建作风“扑在身上”，在党风廉政建设中“必打过硬之铁”。

思想是源，行为是流。有什么样的思想作风，就有什么样的学风、工作作风、领导作风和生活作风。

一是以党建“立誓”，保证思想作风的“先进性”。连续8年组织重温入党誓词活动，组织党员理论知识培训和竞赛，时刻把党的思想路线时刻牢记在心，在过程中既要解放思想、实事求是，又要勇于开拓、与时俱进。坚持理论党课和业务党课相结合，特别是各级干部要提高政策理论水平、经营管理水平、驾驭工作能力、处理具体问题能力，全面推进阳光党建。

二是以党建“立位”，保证工作作风的“实干劲”。通过党建工作，推树阳光标兵、优秀党员、先进个人，加大干部选拔考核党建“系数”，引导全体职工树立“有为”才“有位”意识，面对工作，勇于担当，实干兴行，脚踏实地，兢兢业业，争先创优，开拓进取，有所建树，近年来选拔40多名助理以上干部，努力做到“干在当前，走在前列”。

三是以党建“立本”，保证生活作风的“纯洁度”。自觉杜绝和抵制低级生活趣味，注重和培养高级生活趣味，形成良好氛围。随岳管理处近年来成立了各类文体兴趣小组，开展书法、摄影、乒乓球、羽毛球、篮球竞赛等活动，组织歌咏、郊游、瑜伽活动，举办健康、心理辅导知识讲座，多渠道提升员工“精神福利”。

四是以党建“立命”，保证清正

廉洁的“干净身”。加强理想信仰教育，对权力心怀敬畏，真正理解“权力是把双刃剑”，谨慎用权、透明用权、为民用权，在形形色色的诱惑中保持清醒，在糖衣炮弹的进攻中坚守本色。

五是以党建“立身”，保证党群联系的“血肉情”。组织党的群众路线教育活动和“三严三实”主题教育活动，时刻引导全体党员深怀一个“情”字，面对群众，不能“近在咫尺”，却“远在天边”；要坚定一个“严”字，以身作则、严于律己，全面加强自身建设；要秉承一个“细”字，建立处领导一线工作法，实行分片蹲点制，促使处领导多下一线，调研基层工作中的实际情况，倾听司乘和社会的意见和建议。

四、始终把党建纪律“顶在头上”，在党风廉政建设中“高悬三尺之剑”。

一是用制度约束不良行为。随岳管理处在认真执行中央八项规定等党风廉政制度之外，今年在干部作风、公务用车、婚丧嫁娶、勤俭办行、廉政提示等方面出台一系列党风廉政建设规章制度，完善劳动纪律、会议纪律、考勤纪律等“三大纪律”，并实行考勤检查制度、分工负责制、首问负责制、限时办结制、投诉问责制，形成党风、行风、干部作风的新风尚。

二是用提示预警不良行为。管理处每逢节假日及时编发廉政微信短信，提前通过阳光党建微信平台传达到全处每一名党员干部，切实防范公务接待活动中廉政风险事件和违规违纪行为的发生。同时建立明察暗访等工作机制，通过查车辆、查现场、查作风，及时发现问题，及时消除隐患。

三是用活动教育不良行为。组织党员观看警示教育片，教育广大党员干部树立正确的人生观、价值观、家庭观，提高党员干部拒腐防变识意，减少腐败现象的发生。观看《贪途欲海无归路》、《作风建设永远在路上》等专题节目，邀请领导、专家讲授依法治国、党风廉政、案件警示等教育课。通过抓住党员干部这个“牛鼻子”，强化全处党建工作，形成“上行下效、规范行为”的示范效应。

四是用严惩威慑不良行为。惩治贪腐是一级党委义不容辞的职责所在，要坚决摒弃“抓经营硬、抓廉政软”的问题，对违反中央党风廉政规定的案件，管理处党委态度鲜明，绝不手软，加快处理，引导党员干部慎独慎微、慎初慎终、慎言慎行。

虽然管理处近年来在党建工作做了一些探索，也取得了一定成绩，但是党风廉政建设具有反复性、艰巨性和顽固性，做到党建工作任重道远。但是只有坚持“两手抓、两结合、两促进”，党建工作才能焕发新的生机，取得新的成效，党风廉政工作也才能开出灿烂之花、和谐之花。

打牢信息化大底盘　促进高速公路事业大发展

随岳高速公路管理处　乔亮

“十二五”是我国经济结构战略性调整和转变经济发展方式的重要时期，是推动信息化、工业化深度融合和加快经济社会各领域信息化进程的重要阶段，也是湖北加快构建重要战略支点的关键时期，更是湖北交通运输行业实施“打牢发展大底盘、建设祖国立交桥”重要发展战略的重大机遇期。截至2012年底，全省高速公路总里程达到4007公里，位居中部第二、全国第六，辐射全省90%的县市区、96%左右的人口和98%左右的经济总量。随着高速公路事业的飞跃发展，如何通过信息化手段助力打牢发展大底盘，全面提升高速公路的服务、管理、应急水平，履行好服务国民经济发展、服务人民群众安全出行的社会职责，是当前高速公路管理者必须深刻面对和严肃思考的问题。

一、发展历程

湖北省高速公路信息化是在机电系统的基础上经过十多年的建设逐步发展起来的，从1998年底第一条使用半自动化收费系统的黄黄高速公路开始，我省的高速公路信息化建设经历了三个发展阶段。

第一个阶段：是以收费为目的的半自动化阶段，实施了非接触式IC卡管理与人工监控、电脑记账的方式，主要解决了收费业务中纸质票据种类繁多、统计复杂、易逃费等问题。

第二个阶段：在收费监控的基础上升级了车牌识别、计重收费等自动化收费手段，并扩展了道路视频监控、交通流量监测和路侧紧急电话、可变情报板等设施，改进了收费方式，并在司乘应急服务、自动路况采集等方面由被动开始向主动转化，路段内的应急处置理念初具雏形。

第三个阶段：高速公路沿线进一步增加了图像监控、信息预警、公众出行服务、消防照明、路径识别、电子不停车收费(ETC)系统等设备，初步实现了区域内应急指挥功能，车辆收费也更加公平高效。这一阶段中高速公路管理由路段内向区域化发展，管理重点不仅仅是收费工作的快、准、好，社会公众对高速公路管理与服务的公开高效也提出了更高需求。

随着高速公路和互联网的迅速发展，以及社会公众对高速公路的高效利用和安全性越来越关注，下一阶段高速公路信息化建设应该围绕建立高速公路综合服务体系、综合预警与快速反应体系、低成本高效率的运营体系等方面不断升级完善，通过夯实内功，让社会公众充分感受到高速公路的通畅、便捷和安全。

二、现状和不足

近几年来，我省高速公路信息化建设从规划入手明方向，从方便快捷着力抓服务，从硬件建设着力强基础，从平台打造着力提效率。通过完善信息网络基础设施，提高信息资源开发利用水平，推进应用系统建设，在转变职能、提高效率、提升服务、增强安全监管能力等方面提供了多方位的信息服务，为我省高速公路行业又好又快发展提供了强力支撑，取得一定成效：一是统一开发了高速公路视频监控系统，基本实现了对全省所有已建高速公路主线及枢纽互通、收费站口、重要桥梁及隧道的实时监控；二是初步建立了信息发布体系，通过布设完善可变情报板、LED屏等交通信息诱导标志、开通交通服务广播等，高速公路立体化路况信息发布体系初具雏形；三是建立了综合性交通公众出行信息服务网站，推出“湖北省交通公众出行服务网”、湖北省高速公路服务热线96576、电子政务等，并充分利用官方博客、微博、微信等网络公众平台，为人民群众出行提供了“立体式”、“一站式”信息服务，初步满足了人民群众在“出行前、出行中”对路况信息的需求；四是电子不停车收费(ETC)系统的不断普及，高速公路收费业务将越来越“后台”化，收费效率进一步提升、资源与成本进一步降低。

然而，高速公路管理和服务在快速发展的同时，我们也应该看到，信息化建设仍然存在层次不明、发展不均和整合不足等问题。

一是分级层次目标不够明确。从部、省到厅、局，相继出台了信息化建设的总体规划和目标，但具体到全省交通中心平台、区域平台、路段平台的建设，尚缺乏统一的规划布局，三级平台的职能定位不够清晰，容易产生重复建设、标准不一、纷纷建设大平台等问题，不利于全路网信息化的规模控制、整体调度和高效运营。

二是信息化发展不够均衡。各单位之间在技术保障、人员配备、经费投入、网络建设、应用水平等方面存在差异。对养护、路政、费收、财务等业务部门重视程度较高、投入较多，对综合管理信息化重视不够；对硬件投入积极性高，对软件投入积极性差；对建设大机房、大前台积极性高，对提高数据挖掘分析能力、提高数据综合运用能力、建设大后台的积极性低。信息化发展的不均衡，不利于管理水平的整体提升。

三是信息化平台整合不足。高速公路各业务板块都在业务体系内垂直开发管理软件和安装硬件，软件功能也多表现为宏观性的统计分析，应用层次较低，日常业务操作没有实现信息化，人力资源优势还没有充分发挥。同时各业务板块的信息化各自为政、自成一体、互不兼容，不能互通有无实现共享，各种信息资源和数据还存在“孤岛”现象，缺乏统一的工作平台，没有形成一个有机整体，不利于管理效率的进一步提升。

三、形势与要求

根据交通运输部《公路水路交通运输信息化“十二五”发展规划》和《湖北省公路水路交通运输信息化“十二五”发展规划》的要求，“十二五”时期是全面建设小康社会的关键时期，是深化改革开放、加快转变经济发展方式的攻坚时期。党中央、国务院高度重视信息化工作，把信息化提升到国家战略的高度，提出以科学发展为主题，坚持信息化带动工业化，工业化促进信息化。交通运输信息化是国民经济信息化的重要组成部分，对推进现代交通运输业发展中具有重要作用。按照湖北交通“打牢发展大底盘、建设祖国立交桥”发展战略的统一部署，我们既要建设硬件设施的“大底盘”和“立交桥”，也要同步建设信息化的“大底盘”和“立交桥”，让现代信息技术在大底盘和立交桥上实现全覆盖，从而为推进高速公路行业的转型升级提供强有力的支撑。

（一）信息化是提升高速公路管理效益的重要保障

随着路网的逐步完善，社会对提高高速公路路网的运行效率、信息服务、畅通能力、应急处置能力提出了更高要求，需要借助新一代信息网络技术“强练内功”，创新管理方式和手段，在强化管理、提高效能、改善服务、保障安全等方面不断做大增强。

（二）信息化是提升高速公路应急管控水平的重要手段

“十二五”期，高速公路行业面临的安全形势依然严峻，必须利用信息技术加强监测预警，强化指挥调度，提高应对突发事件的快速反应能力，通过信息化建设加强动态信息的采集与监控，整合资源，实现路网监控信息共享、人财物的统一调度，提高应急指挥能力，及时面向社会发布信息，维护社会稳定。

（三）信息化是服务公众安全便捷出行的主要渠道

随着人民群众生活水平的不断提高，机动车交通出行规模也进入快速增长期。百姓对出行的要求由原来“走得了”、“走得好”，转变为要走得“安全、舒适、经济、便捷”。因此，高速公路的服务必须不断满足人民群众日益提高的个性化、品质化出行需求，这就需要利用信息化手段，逐步提高智能化水平，运用多种方式和渠道改善出行信息服务质量，不断提高公共信息服务能力，引导百姓合理出行，提高出行效率。

（四）信息化是实现科学决策的重要支撑

“十二五”期，我省高速公路发展面临诸多机遇和挑战，各种新问题、新矛盾不断出现，要求我们在复杂的情况下，运用信息化手段加强高速公路运行信息的监测、采集和综合分析，掌握整体运行状况，将以往决策过程中定性的分析转变为定量定性相结合的方式，由传统管理向信息管理转变，更多依靠及时、准确的数据进行决策和制定措施政策，提高决策的前瞻性和科学性，避免决策失误的风险和损失。

四、随岳高速公路信息化建设探索和下一步努力的方向

2012年5月，省交通运输厅尤习贵厅长视察随岳高速时，提出要牢固树立“信息工业化”的理念，实现高速公路标准化、规范化、流程化的管理目标。按照省厅领导的指示精神和统一部署，随岳管理处在认真分析本单位、本路段信息化建设存在问题的基础上，反复思考并探索信息化的发展举措，制定了《随岳管理处2012—2015年信息化发展规划》，确立了“优化布局、信息流转、智能集成、快速反应”的信息化建设思路，提出了“搭建一个平台、开发三大MIS系统、加密四类设备”的建设方向，即：搭建一个综合信息管理平台，将分散的各业务板块作为子系统整合在同一个平台上；在“内功”上着力开发运营管理系统（含应急指挥子系统）、财务资产管理系统、办公人事管理系统；在“外功”上进一步加密信息采集设备（视频监控、气象监测等）、加密信息发布设备（情报板、微博微信等）、加密安全辅助设备（重点路段照明、爆闪灯等）、加密科技收费设备（双称台、ETC等），硬软件同步提档升级，实现各项业务有机整合、资源共享、流程化管理，全面推动信息化工作进程。

（一）初步探索

1. 优化两大布局，打牢信息化基础

优化布局，即借鉴网格化管理的思路，通过分段对车流量、事故率、道路状况及技术指标进行纵横向分析的基础上，提出外场监控、温控、照明、情报板的建设布局，用数据说话，建立项目库，逐步实施到位。

(1) 优化职能布局。实施信息管理中心建设工程，构建以信息管理中心为核心，以荆岳大桥、天门信息监控分中心为支点，以基层单位为基础的公路监测与应急处置平台，实现“统一指挥、分级管理、反应快速、运转灵活”的管理目标。

(2) 优化硬件布局。以总支为节点，布设七套高清视频会议系统，建立方便高效的信息渠道，为开展远程教育培训提供较好的环境；在重点桥梁、事故易发路段加密、升级42架高清摄像头、2套路面、桥面温感设备，提高信息采集的范围和质量；在汉江特大桥、汉北河桥重点防护桥梁安装水面监测设备，实时监控水位涨幅情况，同时在汉江特大桥架设40套交通辅助照明设备，为夜间通行的司乘提供良好的行车环境；持续建设了8套ETC车道、6台自动发卡机，升级改造了25套双称台计重系统，提高了科技征费能力；在养护、路政巡查车加装5套无线视频装置，提高了信息采集的及时性，实现前沿和后台的信息同步；为管理处公务用车（站所队管理车辆、养护路政巡逻车辆、特种施工机械车辆）等安装GPS全球定位系统，通过车辆RFID识别和卫星定位等手段，实时掌握车辆状态，提高动态监管和应急处置水平。

2. 加快信息流转，建设信息快速路

信息流转，即通过开发完善各业务系统，搭建同一个信息化管理平台，实行流程化管理，实现信息的实时收集、整理和流转、应用。

(1) 深度开发主营业务软件系统。结合已有的软件系统，按照“信息工业化”的要求，进行深度开发，提高系统的实用性和工作效率，实现过程管理、痕迹管理、闭合管理。

(2) 开发完善综合类业务的软件系统。按照同一个平台建设的规划目标，统一标准和接口，积极推动办公、资产、财务、人事等综合业务的信息化软件开发和升级。

目前，依托现有的协同办公系统和应急指挥系统，初步实现收费、养护、路政等信息资源在一个平台上共享，打破信息孤岛，畅通信息通道，为各部门之间提供相互借鉴参考的信息数据，为提高决策水平和工作效率提供支撑和保障。

3. 实施平面整合，集成数字化平台

智能集成，即将各个板块独立运行的软件系统，通过优化完善后，能够在同一个信息化管理平台上智能集成、统筹应用。打开一扇门，即可众观全貌。

(1) 开展以“管理高效、决策科学、统一指挥、效果评估”为主要内容的信息网络系统建设，对不同时期、不同技术建立的各类业务基础数据库进行整合，探索建立规范、统一、科学的覆盖管理全流域、全过程的信息网络平台。

(2) 建立数据分析模型，对平台内的各项数据进行分析，为决策提供依据和智能支持，逐步打造信息集成共享、管理科学高效的集“收费、养护、路政、综合、应急”五位一体的现代化运营管理新平台。

4. 加快信息发布，提高应急反应

快速反应，即结合应急响应的等级划分，优化自然灾害、事故灾害、公共卫生、社会安全及省际、区域联勤联动五类应急预案，开发完善一整套工业流程化的应急指挥系统，对突发事件做到第一时间预警、第一时间快速反应、第一时间统一调度。

(1) 提高服务信息发布速度。开发随岳网站，推出随岳微博微信，开通阳光热线，探索“一键式”信息发布机制，完善应急信息库，对恶劣天气、交通事故、施工组织等事件分类别完善信息采集、发布、流转工作流程，进一步提升公众信息服务能力。加快整合交通综合地理信息系统、交通综合查询与分析系统、公众出行服务系统、视频及 GPS 监控系统、咨询热线等资源，实现基础属性信息、空间数据的综合查询，为司乘提供准确及时、内容丰富、形式多样的信息服务，实现交通诱导，指导公众出行。

(2) 提高应急指令的传达速度。依托应急指挥中心，按照预案体系的流程要求，加强应急联动机制的建设，升级 14 项应急指挥调度软件，统一调度全线各类应急资源，初步开发掌上移动信息终端，实现一键式信息发布，提高应急管理效能，将路段内各项应急资源和路段外各项保障资源通过信息平台和指令程序高效整合，形成合力，提高了应急处置的水平。

（二）下一步的努力方向

1. 注重路段平台与上级平台的高效对接。从目前信息化建设发展的趋势分析，全省高速公路管理平台将会形成三级管理架构，即路网、路域、路段三个层级，我们将按照省厅、省局的部署，在建设和开发过程中，注意与上层平台的对接，提高开发和建设的有效性，为实现路段、路域、路网的联勤联动打好底盘。

2. 注重信息技术集成应用，发挥整体效能。计划在“十二五”期间，逐步实施完成“视频监控、信息发布、气象检测、温度监测、路段照明、短信提示”等信息技术集成应用的标准示范工程建设，评估信息化建设的整体效能，为今后信息化建设积累经验。

3. 注重信息数据的开发利用，提升管理的科学化水平。我们将在资源整合、智能集成的基础上，进一步深化对信息数据再利用的探索，为收费、养护、路政、综合等管理提供科学、全面、系统的再生信息，为科学管理、科学决策提供有力支撑。

高速公路落实党风廉政建设主体责任探析

黄黄高速公路管理处　钱兵

落实党风廉政建设“两个责任”以来，黄黄管理处党委紧扣鄂东高路实际明责定责督责问责，建立责任链条、制定责任清单，把主体责任扛在肩上、抓在手上，在区域高路党风廉政建设中担负全面、直接、首要责任，牢牢抓住党风廉政建设的“牛鼻子”。

一、抓住落实党风廉政建设主体责任的关键着力点

围绕落实党风廉政建设主体责任，处党委深入调研分析，统一思想，营造共识，找准着力点，确保落地生根。

一是着力提升主体责任思想认识。十八大前，各级党组织履行党风廉政建设责任以挂帅部署为主，没有把责任扛在肩上、抓在手上，甚至班子成员也难免对抓党风廉政建设责任认识不足，认为党风廉政建议是“一把手”和纪委书记的事。思想是行动的先导，落实党风廉政建设主体责任，必须改变这一状态，在班子成员、党员干部和广大职工中凝聚党委主体责任、纪委监督责任的共识，消除基层党组织中党风廉政建设“与我无关”的心态、不积极不主动的状态，真正凝聚力量、形成环境。

二是着力推动主体责任层层传导。基层是落实党委主体责任的落脚点、主战场，省委、厅党组制定了落实党风廉政建设主体责任和监督责任的实施意见，对落实主体责任的各个主体及其职责进行了界定，但如何推动主体责任落实到最后一公里，高速公路党组织仍需紧扣上级要求和本单位实际，进一步明确责任主体，明确职责内涵，确实做到建立责任清单，传导责任压力。

三是着力建立落实主体责任的基本举措。主体责任关键在落实，高速公路党组织要结合实际，着眼有思路、有措施、有载体，对党风廉政建设的基本做法进行梳理，把好的做法固定为制度，形成基本动作、基本做法、基本思路、基本机制，才能真正承接好党风廉政建设主体责任压力，把党风廉政建设的思想教育、干部队伍建设、作风建设、制度建设等抓在手上。

四是着力加强对落实主体责任情况的督促考核。没有督促检查与考核，主体责任的落实就容易落入失之于软、失之于散、流于形式，各基层党组织只有加强责任监督考核，完善党风廉政建设责任制，将党风廉政建设责任制细化为可供考核的指标，建立较全面、具体、操作性强的考核评价体系，形成有效的考核检查和监督制约，才能真正有效地推进党风廉政建设责任制落实。

二、鄂东高路落实主体责任的主要做法

黄黄管理处党委紧跟中央、省委和厅党组步伐，找准职责定位、强化职责担当，建立上下贯通、层层负责的落实体系和责任链条。

（一）抓思想引导，做到履责必担责

一是统一思想、聚力定责。管理处以思想转换、责任提升聚集合力，通过中心组学习会、“三责”推进会和学习扩大会等途径，发动各单位集中学习落实两个责任辅导报告和文件会议精神，不断深化对“两个责任”的认识；结合实际提出把党委主体责任、纪委监督责任和班子成员、单位负责人“一岗双责”作为一个整体抓落实的“三责”理念，并率先在湖北交通报发表《用“廉政黄黄”为鄂东高路发展护航》署名文章，阐述落实主体责任的决心和思路，在全处理清认识，在班子内筑牢担当责任意识，在基层单位和干部职工中凝聚承接落实和推动督办之力。

二是营造氛围、明责导责。以落实党风廉政建设主体责任为目标，努力形成人人担责的机制、人人督责的氛围。引导党员干部践行“三严三实”，开展“学习焦裕禄，争当好干部”大讨论。结合每年党风廉政宣传教育学习月，开展处党委、党总支、党支部三级廉政谈话；为全处科级以上干部建立廉政档案，坚持年终述职述廉，建立单位负责人定期汇报和工作质询机制，对履职不力的党员干部严肃问责，诫勉谈话和调整问责违纪干部，既明责导责、营造氛围，也督促履责、强化落实。

（二）抓责任分解，做到担责必明责

一是强化责任链条。管理处于2014年制定《落实党风廉政建设党委主体责任和纪委监督责任的实施意见》，着力党委书记亲自抓、分管领导具体抓，明确党委、党委书记、纪委、班子成员等5个责任主体的党风廉政建设责任；坚持在每年初研究部署全年党风廉政建设工作，制定廉政建设工作要点和责任分解表，将全年廉政建设工作任务细化成任务和责任清单，将责任压力分解传递到各职能部门和基层党总支、党支部，各基层组织对所辖单位党风廉政负主体责任，坚持上级党组织参加下级单位廉政建设活动，加强廉政提醒，构建全链条、闭环式的责任落实体系。

二是强化部署督办。处党委每年与领导班子成员、各单位负责人签订党风廉政建设目标责任书，层层压实目标任务。坚持每月定计划、一周一督办，将党风廉政建设作为每周一处务会的固定内容，对一周廉政纪律和作风重要事项、重点工作进行部署督办，跟踪工作进度，解决工作难题；处领导把自己摆进各业务领域，落实各项规定，推进党风廉政建设，在全处形成处领导为总支示范、总支为支部示范、支部为党员示范的压力传导

闭环；建立常态化稽查检查和季度通报机制，对群众有反映、工作中有苗头的问题进行约谈，抓早抓小；建立联系点制度，年终由班子成员带队检查各联系点“两个责任”落实情况，推动工作落实。

三是层层传导压责。建立健全“两个责任”工作机制，抓住“关键少数”传导压责。按照党风廉政建设职责分工及“三重一大”事项集体决策、创建“廉政阳光交通”等要求，2015年进一步制定《建立完善党风廉政主体责任和监督责任体系实施意见》，明确10个职能部门和各基层党组织落实一岗双责的65项责任清单，做到党委率先负责、班子成员守土有责、职能部门履职担责、纪检监察监督问责；先后制定《加强作风建设监督检查办法》《约谈党员干部管理办法》《重点领域廉政风险防控措施》等6项制度，形成一级抓一级、一级带一级的廉政工作格局。

（三）抓责任履行，做到履责必尽责

一是突出以上率下，当好“领头雁”。处党委把抓好党建作为最大政绩，开展红旗党支部创建，以点带面、示范带动，把廉政建设责任压实到各党支部、党小组。履行党委书记第一责任，带头讲廉政党课、开展廉政谈话，坚持第一时间组织学习理论文章、传达落实厅党组部署，确保政令畅通、决策落地；坚持对党风廉政建设重要工作、重大问题、重要信访件亲自部署、亲自协调、亲自督办，每年专题听取纪委工作汇报，全力推动支持纪委落实“三转”；重视纪检监察队伍建设，调整纪委书记排序和分工，配齐配强管理处、党总支、党支部纪检监督人员。

二是加强教育引导，拧好“总阀门”。坚持分类施教，创建纪律教育学习月、党总支“廉政书架”、门户网“廉政法规学习测试专栏”等学习平台，依据干部在线学习、交通讲堂、微博微信等新媒体平台，开展“学党章、守纪律、树形象”党建知识竞赛、“守纪律讲规矩”专项约谈、廉政短信、书画作品征集等活动，举办讲纪律、守规矩集中培训班，邀请专家教授作纪律作风、党员修养等专题讲座，开展学习研讨，开辟党建专栏，处领导带头讲“三严三实”党课，认真抓好廉政主题教育，引导党员干部牢固树立纪律规矩意识，扎实推进“三严三实”教育。

三是严格干部选拔，练就“金钟罩”。注重把选好用好干部作为落实主体责任的关键，对照好干部“五条标准”和“三严三实”要求，严格选拔任用程序，在急难险重工作中培养、锻炼和选拔干部，为想干事、能干事、干成事的同志提供舞台和机会；抓好对试用期满干部的测评考察，对轮岗交流干部的离任经济责任审计。注重问题导向，突出抓早抓小，针对少数中层干部求稳怕变、作风不实、工作推诿、不主动作为等问题，由联系点领导约谈教育，同时强化日常监管、制度建设和考核问责，做到以严的标准、严的措施、严的纪律管理干部，爱护干部。

（四）抓监督执纪，做到失责必问责

一是作风建设弛而不息。处党委抓好群众路线教育实践整改，开展整治庸懒混、为官不为、作风建设自查自纠专项活动，开展落实中央八项规定、省委六条意见专项稽查，坚持作风季度检查通报、重大节假日警示提醒，制作发放“八项规定温馨提示卡”，紧盯重大节假日、子女升学等时机、婚丧嫁娶等事宜，开展纪律作风明察暗访，杜绝公款购买赠送节礼，每季度对作风建设、公车管理情况进行通报，处理违纪干部。每年邀请第三方审计机构进驻审计合同管理、财经纪律执行、“三公”经费支出等情况进行检查，为重点业务领域“健康扫描”。

二是重点领域持续盯防。开展廉政阳光站所、大队创建，重新梳理查找各业务领域风险点，制定防控措施，划上纪律高压线；印发《加强运营管理重点领域廉政工作的意见及防控措施》，制定纪委对职能部门制度廉洁性评估和工程采购项目报备制度，督促职能部门主动查找廉政风险点，不断完善廉政防控措施。坚持“事前科学论证、事中监督执纪、事后严格审计”，加强重点项目监督检查，针对迎国检任务重、资金量大的实际，2014年以来，盯住工程建设重点环节加强防控，保障了“迎国检”、蕲春应急指挥中心、界子墩治超站等项目建设如期安全顺利完工。

三是廉政阳光重点推进。2014年，总结全省交通运输十行百佳尹少荣典型经验，创建了全省交通运输首个勤廉工作室——“尹少荣勤廉示范工作室”。在全处推广尹少荣“三严三实—阳光养护”工作法和“五结合三联动”勤廉工作室运行机制，与路段施工、监理单位签订《“阳光武英”共建协议》，坚持开展阳光讲堂，各党总支组织党员干部到工作室参观学习，过组织生活。今年，努力以廉政阳光工程带动廉政阳光执法、廉政阳光审批、廉政阳光服务创建，开展了界子墩治超站廉政示范创建，在“贾丽芬劳模创新工作室”创建中提炼出勤政廉政“五做到”、业务监控“六防线”机电业务廉政实则。

三、当前落实主体责任存在的主要不足和问题

一是认识不到位。有的党员干部、单位负责人还没有牢固地树立起“不抓党风廉政建设就是失职”的意识，在思想上仍然认为党风廉政建设是纪检监察部门的事情，对党风廉政建设“一岗双责”认识不到位、措施不具体、落实不深入。

二是落实进展不平衡。少数基层党组织落实主体责任意识不强，重业务轻党建，对党员干部的教育、管理和监督没有做到经常化，在主体责任落实上存在逐级递减现象。有的基层组织对主体责任认识不清晰，领导、执行、推动责任落实的力度还不够到位，工作中重强调部署、轻检查落实的问题依然存在。

三是考核追责力度不够。对任务分解后的检查考核、责任追究制度未完全落实，在加强从严管党治党制度的刚性约束上还不够，责任追究的力度还需要进一步加大。

四是廉政教育形式有待创新。作风建设与上级要求、人民群众的期盼还有距离，需围绕落实主体责任，着力探索创新工作形式，丰富活动形式和举措，完善工作机制。

四、强化落实主体责任的建议

（一）着眼夯实基础，强化廉政教育。进一步在预防腐败上狠下功夫，扎实开展好纪律教育学习月、党风廉政宣传教育月、廉政法规知识测试等活动，抓好廉政文化创建，促进廉政文化进站所、大队，推动党员干部廉政教育常态化，筑牢思想防线。

（二）着眼抓住关键少数，强化干部管理。严格执行党员领导干部选拔任用条例，进一步完善监督考核机制，建立干部能上能下机制，对苗头倾向性问题早发现早纠正早处理，按照好干部“五条标准”选拔任用干部，让想干部能干事干成事的干部有舞台，让作风不实、庸懒散混的干部没市场，形成正确的用人导向。

（三）着眼抓实载体，强化作风建设。结合三严三实专题教育，以执行八项规定精神、坚决纠正“四风”为重点，抓住重要时间节点，开展集中重点检查、明察暗访和专项整治，强化监督检查，不断巩固和深化作风建设成果，推动作风建设常态化。

（四）着眼突出重点，强化防控体系。把重点领域突出问题专项检查为抓手，着眼于解决问题、规范程序、堵塞漏洞、完善机制，抓好对重点工作的监督检查，进一步深查细找新出现的问题，不断铲除各种风险隐患，抓好整改落实，完善各类制度。

（五）着眼增强实效，强化案件查办。着力构建不敢腐的惩戒机制，落实党风廉政建设主体责任实施意见，抓好重点工作的监督跟进，及时受理核查信访举报，对上级交办、转办的案件，做到件件有着落，事事有交代，不断深化惩治力度。

（六）着眼综合施策，强化支持纪委工作。为纪委工作撑腰壮胆，支持纪委履行对“三重一大”事项的知情、监督、建议、否决权利，支持纪委明察暗访、处理违纪违规，对需要核实的信访举报件交纪委查办不干预，对上级规定的动作支持纪委执行不设障，努力争取党风廉政建设的合力。

全力打造鄂东高路区域一体化管理“试验田”
——关于鄂东高速公路区域一体化管理的调研报告

黄黄高速公路管理处　王炜

一、鄂东高路区域一体化管理的形成及架构

黄黄管理处成立于2010年1月15日，管辖位于鄂东区域内的黄黄、武英、麻武、大广北高速公路、九江二桥湖北段和鄂东大桥散花所，总里程540公里，呈“丰字形”连接鄂、皖、赣、豫四省，拥有省际出口6个。鄂东高路处于“中三角”城市群的结合部，是连接中东部地区的交通大动脉，是实施“祖国立交桥”战略的东部桥头堡。

黄黄管理处虽然管辖的路段仅有540公里，但管理环境非常复杂，基本囊括了我省现阶段所有的高速公路投资管理模式。其中既有政府还贷路的武英、麻武高速公路、九江二桥北引道，也有民营投资的鄂东长江大桥散花所；既有国有企业投资的大广北高速公路，也有江西投资的九江长江二桥，更有鄂港合作的黄黄高速公路，投资多元化堪称全省之最。

黄黄管理处成立以来，处领导班子直接面临全省高速公路区域一体化管理体制最复杂、矛盾最尖锐、资金最困难的发展环境，特别是2012、2013两年职工工资都难以保障的现状。在外无经验可循，内无资源可倚的情况下，推进“投资多元化、管理一体化”既势在必行，但也困难重重。

以发挥高速公路公益性、服务性的属性为己任，管理处迎难而进、先行先试，将加强与指挥部、经营方之间的协调、沟通和争取作为常态化工作，先后建立了联席会议制度、情况通报制度、协商沟通制度，多渠道、多层级争取理解支持，坚定不移地推进区域一体化管理。

经过不懈努力，鄂东区域已开通高速公路均已纳入到区域一体化管理体系之中，直管路段麻武、武英提档升级，委管路段黄黄高速、散花所、九江二桥北引道运行平稳，得到了高速公路投资方、经营方和使用者的一致肯定。鄂东高路区域一体化管理“试验田”已现雏形。

其一，对政府还贷的武英、麻武路段实行了事业一体管理。黄黄管理处成立后，积极与武英、麻武建设指挥部协调沟通，分别于2009年9月29日、2010年7月27日全面接管了这两条政府还贷路，实行收支两条线的全额财政预算管理。

其二，对鄂港合资的黄黄路段实行了成建制委管。经黄黄管理处多方努力，2010年8月18日，黄黄公司将黄黄高速公路经营业务委托给黄黄管理处管理，明确将年费收额的8.5%作为委托管理经费，同时单独列支养护费用。2013年6月5日，黄黄管理处与黄黄公司签订黄黄路段2013～2014年委托管理合同，在妥善解决人员资金、运营资金、养护资金紧张等问题上寻求共识。2014年，黄黄路段委管经费上缴财政，人员工资、办公经费实行“以收定支”。

其三，对国企投资建设的大广北路段，对江西投资建设的九江二桥湖北段实行了路政派驻管理。根据相关法律法规，经协调，2009年3月30日、2013年8月1日，黄黄管理处先后与葛洲坝集团大广北公司签订了《路政管理经费协议》和《路政管理经费补充协议》，对大广北高速公路实行路政派驻管理，明确大广北路政经费实行年度预算管理。九江二桥通车后，2013年12月5日，黄黄管理处与江西九江二桥公司签订了《江西九江二桥湖北段路政管理协议》，将九江二桥湖北段纳入鄂东高路一体化管理体系，路政管理经费由九江二桥公司提供。

其四，对社会资本投资建设的鄂东大桥散花所实行了整体性委管。2010年9月28日鄂东大桥开通后，经协调，鄂东大桥公司将处于江北的散花所收费管理职能委托给黄黄管理处负责运作。委管经费按双方约定，逐年支付。

其五，对处于缺陷责任期内的九江二桥北引道实施了运营管理。作为政府还贷路，九江二桥北引道由黄黄管理处直接运营管理，但由于路段尚处在缺陷责任期内，未能进入财政预算体系，因此，北引道管养费用及黄梅南所运营经费，均由湖北交投北引道指挥部拨付。

二、鄂东高路区域一体化模式的几条经验

鄂东高速公路复杂多样的管理模式，既是制约鄂东高路发展的“瓶颈”，也为管理处研究高速公路“投资多元化、管理一体化”模式提供了最全样本。

在省厅、高管局的正确领导和大力支持下，黄黄管理处提出了打造鄂东高速公路区域一体化管理的“试验田”的目标，并围绕这一目标实施精细管理、标准建设、科技创新、品牌塑造和省际联动，加强顶层设计和实践创新。几年的努力，鄂东区域一体化管理已经由起步的摸索阶段步入成长、成熟期，积累了丰富的经验。

其一，坚持公益主导，保证了区域一体化发展的正确方向。认真履行行业监管责任，最大程度地满足各方利益，在“保安全、保畅通、你受益、我发展”理念上达成共识。几年来，鄂东高路ETC建设、应急保畅、标准化建设、道路管养等重点工作推进有力，上级重要决策和工作部署落实到位，高速公路公益属性充分彰显。

2013年，由于九江大桥限行，黄黄路段通行费同比巨幅下降30%，造成了1000多万元的工资缺口。黄黄管理处一方面与黄黄公司紧密沟通，反复协调，商议解决方案；一方面下调领导和干部工资，千方百计保证基层职工工资不降，劳务工工资还有一定比例的上涨，稳定了区域一体大局。同时，通过强有力的路况巡查和数据统计，力促黄黄公司当年拿出1千万元资金用于道路病害处治，保障了道路通行安全。

其二，坚持服务大局，夯实了区域一体化发展的坚实基础。切实增强服务大局、保障发展的责任意识、紧迫意识，坚持费收挖潜增效、养护全周期管理、路政“三基三化”和经营监管表格化，成立了专职稽查队，加强对内、对外综合稽查，不断提升运营管理水平，路网经济、社会效益逐年攀升。“十二五”以来，累计42个月，黄黄管理处实际征收通行费29.97亿元，通行征费车5426.7万辆，实现“四连增”；完成养护货币工程量2.26亿元，道路技术状况指数（MQI）始终在93分以上；办结路政案件2365起，收取路赔费1359万元，结案率、索赔率超过95%。服务区驻点执法、交叉检查模式有效提升服务水平。管理处整体实现由企业预算管理向财政预算体制转变。业务指标与管理效益呈良性正比发展。

其三，坚持精细管理，建立了区域一体化发展的工作体系。与“十二五”同步开局，启动了精细化管理课题研究，推动鄂东高路由粗放型管理向集约型管理转变。经过两年的反复研究、论证和推广，黄黄管理处精细管理理论和实践取得重大突破，精细管理体系扎根鄂东。一方面软件加速标准化，编制了涵盖高速公路管理各业务口子和各综合管理业务在内的《黄黄管理处精细管理实用手册》，建立了组织有序、科学严谨的精细管理框架，既为日常管理提供了标尺，也为新一轮国检打下了基础。另一方面硬件加速标准化，根据实际，创造性地研究开发了多元投资一体化管理资产信息平台，将财政拨款、专项拨款、两费资金和企业资金这四项管理处资金来源全部统一到新的资产平台中管理，形成了一个功能完结、结构完整、覆盖完全的资产管理平台，全面提升了资产的科学化管理水平。路政标准化示范大队实现全覆盖、界子墩国家一类治超站即将建成，第一批标准化站所在武英、麻武路段成效凸显；高标准建成武英标准化养护站和红安标准化应急基地，40公里养护标准化示范路建设迅速推进；与中石化湖北分公司合作成功打造二里湖服务区升级版。

其四，坚持转型升级，注入了区域一体化发展的强大动力。一方面是打造智能黄黄。处智真会商系统、应急指挥中心、应急预警管控系统投入使用，全处75%以上的会议、40%以上的督查及应急指挥通过视频会议的形式进行。费收运营系统、路政巡查系统、隧道预警系统、资产管理系统、养护档案系统等业务平台先后建成，降低了劳动强度，提升了工作效率，形成了无纸化办公、智能化管理的新格局。一方面是创建平安高路。在隧道管理人员力量、技术条件非常薄弱的情况下，创新思路，组织签订了隧道机电、消防设施代维合同，加强安全设施的标准化配置和规范化、闭合式管理。6月8日，麻武大别山隧道内发生一起汽车自燃火灾事故，事故发生后，管理处依托预警机制第一时间发现并成功处置险情，未造成交通拥堵和人员伤亡。这也是继2012年2月黄黄管理处在大别山隧道内成功处置一辆满载10吨汽油的大型油罐车自燃起火事故后的又一成功案例。一方面是加快低碳发展。二里湖服务区清洁能源和水资源循环利用项目被交通运输部评为样板工程。大别山隧道双洞互补式通风技术入选全国首批绿色循环低碳示范项目。

其五，坚持联动机制，推动了鄂东地区及省际交界地区的融合式发展。把省际联动作为区域一体化的重要抓手，推动了鄂东区域及省际交界地区的融合式发展。九江二桥正式通车后，黄黄管理处积极与九江二桥经营方就进一步建立鄂赣省际联动机制，实现跨省联合应急保畅进行了深入沟通，并形成了一致意见，签订了《九江长江二桥湖北段路政管理协议》，正式将九江二桥纳入鄂东高路一体化管理体系。与安徽金寨高速公路管理公司签署联动协议，共同保障沪蓉国道鄂皖省际大通道的安全畅通和有序运营，标志着黄黄处在推动建立鄂赣省际黄梅区域应急联动机制之后，在全力打造省际共建的新格局上又迈出重要一步。通过省际联动，破解了鄂赣“中国南北第一堵点”，在鄂东所单车追逃5.1万元打破全省纪录。成功承办2012年度全国公路交通联合应急演练。今年6月，《湖北日报》专题采访报道鄂东高路省际联动工作。把路地联动作为区域一体化管理的有力支撑，与英山、罗田、黄梅等地方政府不断深化路地共建，在英山大道建设、罗田匝道改造、黄梅费亭改扩建、黄梅迎宾大道修建等方面深度合作，既提升了各路段站所的整体功能，又亮化了地方的对外形象和投资环境。几年来，小池经济开发区、红安觅儿工业园等大型经济园区依路而建，黄梅禅宗文化游、红安革命文化游、麻城杜鹃文化游、英山生态氧吧游、蕲春医药文化游等旅游经济方兴未艾。形成了路靠地建、地依路兴的共赢局面，鄂东高路区域一体化管理基础更加牢固。

其六，坚持文化引领，提振了区域一体化发展的精神能量。在深入传承、凝练和提高“16字”黄黄精神、建家文化、读书文化的基础上，不断融合鄂东区域红色文化、医药文化、戏剧文化、禅宗文化等文化元素的丰富营养，制定了“活力黄黄”文化品牌手册和VIS视觉识别手册，形成了活力黄黄文化品牌体系。围绕“激情、创新、奉献、高效”的机关作风建设核心理念，管理处与厅机关六支部共建红旗党组织，廉政“三责”实现全面覆盖，群众路线活动蓬勃开展，费收微笑同行、警路“一站式”服务、绿色生态路建设、温馨驿站创建等工作获得社会肯定，形成了麻武“红色高速路”、黄黄“文化效益路”、武英“旅游休闲路”等各具特色的品牌文化创建格局，树立了“大黄黄、大品牌”形象。黄黄管理处先后被评为“全国交通运输行业文明单位”、第二批交通运输文化建设示范单位；连续被评为省级最佳文明单位、省级文明路，喜获“湖北五一劳动奖状”。多次在全国、全省交通运输行业专题会议上作省际联动、信息化建设、文明创建工作交流。

三、高速公路区域一体化管理实践中的主要困难

其一，成建制委管路段经费直接与通行费收入挂钩，抗风险能力差。黄黄路段作为成建制委管路段，委管合同明确每年将路段通行费的8.5%作为委管经费。2014年，黄黄路段管理经费纳入财政预算，但由于财政实行“以收定支”，管理经费与路段通行费收入挂钩，保障能力仍然脆弱。

其二，整体委管路段社会资本追求利润最大化，与管理处公益属性主导的理念分歧较大，基本经费、人员配置保障难以落实。鄂东大桥散花所作为整体委管对象，虽然自开通以来，收费额与收费压力、工作压力与日俱增，但投资方仍然逐年压缩委管经费，委管费用入不敷出。

其三，受我省高速公路投资体制影响，处于缺陷责任期内的政府还贷路运营管理资金保障、人员编制协调难度大。政府还贷路九江二桥北引道、麻武高速公路由省交投投资建设，目前，北引道处于缺陷责任期，未纳入财政预算；麻武路段尚未竣工验收，财政只拨付少量路面保洁费用。当前，两路段运营、养护费用依靠交投指挥部拨付，但经费申请、审批的程序复杂，过程艰难，许多正常支出常不被支持，严重制约了工作开展。

四、推进高速公路区域一体化管理的建议

“投资多元化、管理一体化”既是我省高路系统多年来一以贯之地实行、被实践证明是行之有效的高速公路管理模式，也是交通运输部倡导改革发展的方向。实践证明，只有坚持区域一体化管理，才能保证高速公路社会公益性和服务性的特质，进一步促进我省经济社会发展。下面，就服务改革创新，推进高速公路区域一体化管理提几点建议：

其一，加快出台指导性文件及法规规章，为区域一体化管理提供政策支撑。理顺高速公路管理体制是保证高速公路事业发展的方向性、关键性的重大课题，也是提升政府公信力的重要内容和内在需求。建议加快健全完善法规规章，使高速公路“多元化投资、一体化管理”有法可依，有章可循。一方面，加快推进高速公路特许经营立法，在规划制定、市场准入、行政监管、权责落实等环节加强调控，真正体现政府监管的应有职责和公共服务的内在要求，充分体现高速公路基础性公益性的属性。二方面，加强建章立制，争取省政府出台高速公路委托管理、集约管理、区域管理的指导意见，明确高速公路行业管理、业务指导的标准，建立“从通行费中直接划拨委管费”的机制，增强规章的刚性和可操作性。

其二，实行区域一体化预算管理，为区域一体化提供资金保障。从鄂东高路来看，非政府还贷路的资金渠道窄，经费保障体系弱，制约了各项既定工作的落实，影响了高速公路社会效益的发挥。在现有的条件下，建议省厅根据高速公路里程、车流量、收费额、隧道数量等数据出台具体的人、财、物定额标准，将成建制委托管理的单位（路段）根据定额标准产生的委管费用一并纳入财政预算管理体系，按照委管合同的约定，对委管经费一并纳入收支两条线，在强化区域一体管理经费保障的同时，也便于加强对经费使用的监管。

其三，推进高速公路信息化建设，为区域一体化管理提供技术基础。区域化管理，是将某个区域的多个路段实行一体化管理，点多线长，省际站口多，保畅压力大。以鄂东区域为例，目前，下辖540公里高速公路，目前已开通省际站口5处（黄梅南、小池、界子墩、鄂东、黄冈北），管辖的几条路互不连通，管理成本大、应急任务重、窗口形象建设压力大。大力提升区域高速公路管理效能，推进智能化发展，建设智慧高速，是体现区域一体化管理优越性的重要基础。建议全力推进高速公路信息化建设，从建设规划、资金归口、工程招标、人员培训等环节统一标准、统一建设、统一管理，全面加强高速公路智能巡查、信息采集、应急预警、远程会商、舆情发布等技术平台的开发和功能整合，对高速公路路网实施统一管理、统一调度、统一指挥，向社会公众提供统一规范的优质服务，提高应对突发事件和安全监管的水平。

其四，加强区域内高速公路人才的培养交流，为区域一体化管理提供人力资源。人才建设是高速公路构建核心竞争力的根本保障。要发挥人力资源管理的保障、激励、调节等功能，体现事业单位管理与市场化需求，提升高速公路核心竞争力。一是落实人员编制。加快推进高速公路行业定员定岗定薪工作，落实标准，强化措施，真正做到因事设岗，因才定岗，满足工作实际需求。同时，针对拥有长隧道的路段，在《黄黄高速公路管理处隧道管理办法》的基础上，逐步完善，争取支持，建立专门的隧道养护、路政、机电职能融合的管理机构，理顺职责，切实提升隧道安全管理水平。二是加强人才培养。畅通优秀人才进入高速公路的进口渠道，积极引进目前仍存在缺口的造价、道桥、机电专业技术人才，增强发展的技术力量。三是加强交流互融。进一步倾斜相关政策，为各路段之间优秀人才的相互交流、综合培养创造好的条件。

全面深化改革，是黄黄管理处迎难而上、创新突破，激活要素资源潜在优势的重大机遇。黄黄管理处将紧紧围绕打造鄂东“试验田”这一目标，切实把思想和行动统一到厅党组、局党委的部署要求上来，解放思想、抢抓机遇，积极从更深层次、更宏观层面来面对矛盾和问题，突出主攻方向和着力点，处理好管理与服务的关系，在强化运营管理，提升公共服务能力和水平上取得新成效。

高速公路文化创建的实践与思考

武黄高速公路管理处　周秀汉

一般说来，高速公路文化，是指高速公路在建设和运营管理中所形成的价值观、发展理念、群体意识和行为规范等精神形态的总和。高速公路是现代经济社会和交通科技发展的产物，在生产与流通领域中，能高效率、深送达、优品质解决人货空间位移问题，因而广为社会生产和民众出行所需，这就决定了高速公路运营服务受众广、起点高、要求多等行业特点。因此，紧密切合高速公路运营管理的实际，加强高速公路文化建设，以富有时代特征、凸显高路特色、融合价值观念、符合为民宗旨的高速文化去凝聚人心、振奋精神、引导行为、整合资源、协调步调，是高速公路经营管理单位的必然选择和重要任务。

武黄管理处主要负责鄂东南区域“四路一桥”共450公里的高速公路管理，现有干部职工1000余人，其中武(汉)黄(石)高速于1991年2月建成通车，被誉为“楚天第一路”。多年来，管理处高度重视干部职工队伍建设，以社会主义核心价值观和交通行业价值观为引领，抓紧抓好高路文化建设，深入开展全员读书活动，大力实施全员素质工程，充分发挥文化品牌效应和引领作用，有力推进了全处科学跨越发展。

一、“真情服务 · 路畅人和”品牌文化的主要内涵和主旨内容

1991年初，“楚天第一路”武黄高速建成通车，实现了湖北高速公路零的突破。2010年以来，武黄管理处先后接管了和受托管理了鄂东大桥、杭瑞高速及大广南高速、汉鄂高速之后，认真总结武黄高速20余年运营管理和团队建设经验做法，深入开展文化创建。在传承融合和创新拓展的基础上，提炼形成了“真情服务 · 路畅人和”品牌文化，以文化熏陶人、引导人、塑造人、培育人，向服务对象和社会各界展现了武黄良好鲜明的个性风貌，展示了武黄人昂扬自信的精神面貌。

(一)主要内涵

“真情服务 · 路畅人和”品牌文化包括三个方面的内涵：三真、三畅、三和，即真情爱岗敬业，真情奉献交通，真情服务社会；道路安全通畅，工作关系顺畅，生活心情舒畅；发展环境和谐，人际关系和谐，团结协作和谐。

(二)武黄精神

“真情服务 · 路畅人和”品牌文化提炼的武黄精神是指：尚学修德 务实敬业 团结拼搏 勇争一流

●尚学修德：勤于学习，善于学习，乐于学习，加强道德修养，塑造道德品质，提升道德水平。

●务实敬业：讲实话，干实事，求实效，爱国敬业，爱路敬业，爱岗敬业。

●团结拼搏：传承艰苦奋斗的创业精神，发扬团结协作的团队精神，坚持自强不息的进取精神，弘扬敢为人先的创新精神。

●勇争一流：争创一流班子，打造一流队伍，创新一流管理，树立一流作风，建设一流品牌。

(三)核心价值观

“真情服务 · 路畅人和”品牌文化的核心价值观是：便捷高效 安全畅通 服务司乘 奉献社会

●便捷高效：高速公路是实现现代化交通运输发展的标志，通过交通运输实现人货空间位移。

●安全畅通：保障高速公路通畅无阻，确保国家和民众生命财产安全。

●服务司乘：让司乘走得了，走得好，走得满意。

●奉献社会：热爱社会，感恩社会，回报社会。

(四)管理理念

“真情服务 · 路畅人和”品牌文化的管理理念蕴含九个方面的内容：

1. 服务理念

真情服务　情满路途

●为广大司乘提供优质高效的真情服务，努力实现满意在费亭，舒适在路途，服务在沿线，安全到终点。

2. 安全理念

责任重于泰山　生命高于一切

●以对党、对国家、对社会、对自己、对家庭高度负责任的态度，强化安全意识、危机意识、应急意识和责任意识，保障人民群众生命财产安全。

3. 学习理念

勤学善思　学以致用

●勤于学习，善于思考，把学习与工作紧密联系在一起，做到学有所用，学有所获。

4. 人才理念

公平选才　实干育才

●给人才的选拔创造公平、公正、公开的环境，为全体职工提供发挥聪明才智的平台。

5. 创新理念

拓宽思路　追求进步

●在高速公路管理运营过程中，不断适应时代、行业发展步伐，拓宽工作思路，推动窗口服务水平不断上新台阶。

6. 发展理念

人本发展　民生发展　智慧发展　绿色发展　安全发展

人本发展：以人为本，尊重职工、理解职工、关爱职工，充分调动职工潜在积极性和创造性，提高人的素质。

民生发展：以社会满意为出发点和落脚点，提升真情服务窗口形象，为人民群众安全优质高效出行提供更多便民、利民、惠民服务。

智慧发展：以信息化发展为引领，加快数据资源采集、高速公路ETC、公众出行信息服务、信息安全、视频

会议、智能统一调度等系统建设。

绿色发展：以生态文明建设为基本要求，加强节能减排、生态保护和污染防治。

安全发展：以安全生产为目标，把安全责任落实到一线、落实到岗位、落实到个人，提高安全应急处置能力，完善安全生产长效机制。

7. 执行理念

实干实为　善做善成

●求真务实，真抓实干，务求实效，确保工作到位，执行到位，落实到位。

8. 廉政理念

清白做人　干净做事

●严守纪律红线，筑牢廉洁防线，夯实道德底线，清清白白做人，干干净净做事。

9. 团队理念

齐心协力　共创佳绩

●凝聚共识，形成合力，团结协作，争创佳绩。

总之，“真情服务·路畅人和”是我们对全体干部职工的一种观念、一种思路、一种导向、一种要求、一种关怀，就是要在全体武黄人中将这一品牌文化内化于心，外化于情，心诚则情真，至情方动心。真情武黄服务的目标就是倡导一种有价值的服务，即把精神体验和物质体验有机统一，把真情体现在细节上，融入到流程上，展示在窗口上，延伸在路途上，践行在管理上，充分展现“三尺费亭”微笑的魅力，凸现“养路护路”安畅的魅力，体现“路政执法”人文的魅力，再现“服务驿站”温馨的魅力，实现“综合管理”高效的魅力，以真诚的微笑、真挚的情感、真爱的流露、真心的服务传递给每一位过往司乘朋友，不断提升司乘朋友的满意度、安全感和幸福指数。管理处正是以真情为纽带，真情服务司乘，真情服务职工，真情服务发展，真情服务民生，真情奉献交通，创造安全通畅的道路环境、心情舒畅的人文环境、工作顺畅的服务环境、绿色环保的生态环境，最终实现人、车、路、景的全面和谐。

二、“真情服务·路畅人和”品牌文化的理念基础和理念来源

（一）荆楚文化孕真情。武黄管理处负责管理鄂东南片区高速公路：武黄高速公路、鄂东长江大桥、杭瑞高速公路湖北段、大广南高速公路、汉鄂高速公路。“四路一桥”新格局的大武黄绵延450多公里，纵贯四市五县，相继穿越吴楚文化、三国文化、矿冶文化、生态文化、革命文化等一条条文化玉带。文化的多元、开放、融合，凸现出荆楚文化深厚的底蕴与宽阔的精神特质。这些思想资源和精神宝库，既孕育了武黄人繁花似锦的文化春天，也雕塑了武黄人热忱服务司乘、创新发展的文化个性。

（二）服务传递凝真情。武黄管理处始终以弘扬“尚学修德、务实敬业、团结拼搏、勇争一流”的武黄精神为核心，凝聚全体武黄人干事创业的智慧和力量，激励武黄人追求卓越，勇创一流，干在实处，走在前列，竞进提质，效速兼取，把真情奉献融入到窗口里、路途上、管理中，让爱心、真心、专心、耐心、细心、舒心“六颗心”的真情服务传递到每个司乘人员的心坎上，共享真情服务给社会带来的阳光、幸福和温暖，努力构建路畅人和的高速公路，为把湖北打造成中部崛起的“立交桥”做好服务和保障，真情谱写中国梦的“交通篇”。

（三）锻炼素质显真情。一直以来，管理处始终以深化全员读书活动为根本途径，开展学理论、学业务、学文化、学制度、学先进以及学习能力增强、道德修养增强、队伍活力增强、学习阵地增强“五学、五强”活动，把提升职工素质、实施全员素质工程当成是对员工的福利抓好落实，努力打造有理想、有道德、有文化、有素质、有能力、守纪律、讲诚信的干部职工队伍。2012年，管理处率先推出了以一线职工名字命名的“许湘秦”工作室，成为全省交通运输行业班组建设的示范推动者，培养了一大批业务能手和技术骨干，着力增强了武黄区域文化的软实力和竞争力，为武黄科学跨越发展提供强有力的政治保障、智力支持和人才支撑。

（四）团队协作献真情。管理处始终树立和发扬团队一盘棋的优良传统，以学习型、服务型、创新型、效能型、节约型、廉洁型“六型机关”建设活动为切入点，大兴创先争优爱岗敬业之风、深入一线调查研究之风、风纪严明求真务实之风、清正廉洁艰苦奋斗之风、雷厉风行治庸问责之风、精诚团结紧密协作之风，既严以修身、严以用权、严以律己，又谋事要实、创业要实、做人要实，大力实施抓学习、抓作风、抓环境、抓落实、抓创新“五抓工程”，着力打造标准化收费站、标准化路政大队、标准化养护站等人民满意窗口单位，实现标准化建设的科学化、制度化、规范化，助力武黄成为创新标准化管理模式的示范者、实践者和推动者，以最昂扬的精神状态、最高效的管理效能、最优良的工作作风，为鄂东南区域高速公路区域化管理一心一意促改革，凝心聚力谋发展。

（五）倡导新风传真情。管理处始终以弘扬社会主义主旋律、践行社会主义核心价值观为主线，以践行社会主义核心价值观为主线，坚定理想信念，补好精神之“钙”；加强道德修养，修好为官之德；严守党纪国法，保持敬畏之心，不断加强政治品德、社会公德、职业道德、家庭美德教育，在“打牢发展大底盘、建设祖国立交桥”的火热实践中，传播荆楚文化、交通文化、路域文化、武黄文化，用先进文化传播时代正能量，用真情服务传递时代正能量，努力争创全国学习型创建标兵单位和全国文明单位，构建真情武黄、路畅人和的高速公路。

三、“真情服务·路畅人和”的实践与深化

（一）凝聚武黄人践行“崛起之路”的社会责任意识。21年前，武黄高速公路建成通车，时任国家主席李先念、中共中央书记处书记陈丕显分别为之题词：“发展现代交通，振兴湖北经济”、“楚天第一路”。这对一代代武黄人寄予了殷切期望，更是一种莫大的鞭策。当时，湖北首提“在中部崛起”的目标，武黄人为之默默奉献，如今，国家中部崛起战略湖北要建成支点，

站在新的起点上，全体武黄人更需要在“真情武黄”文化品牌的引领下，干在实处，走在前列，不断地探索、开拓和创新，用武黄精神勇挑担当，用社会责任彰显使命，为振兴湖北真情书写辉煌篇章。

（二）促进武黄人传递文明风尚的精神动力。武黄人凝练出的共同精神为：爱国敬业、诚实守信、服务司乘、奉献社会，这是所有武黄人的信仰追求、价值取向和行为规范。爱国敬业，体现了武黄人爱祖国、爱人民、爱岗位的价值追求；诚实守信，体现了武黄人讲信义、守信用、重承诺的传统美德；服务司乘，体现了武黄人真情服务司乘、真情服务民生的无私情怀；奉献社会，体现了武黄人真情爱岗敬业、真情奉献交通的思想境界。这就要求每一个武黄人要注重用心服务，演绎真情六颗心服务：服务必须是关爱的，排忧解难，服务爱心；态度必须是真挚的，真情实意，服务真心；技能必须是专业的，规范娴熟，服务专心；答复必须是柔和的，百问不烦，服务耐心；过程必须是细致的，热情周到，服务细心；感觉必须是舒适的，自然得体，服务舒心，以武黄特色的真情服务营造情满路途、誉满社会的良好氛围。

（三）加快武黄科学管理的转型步伐。“真情服务·路畅人和”文化品牌包括九大管理理念，分别为：“真情服务、情满路途”的服务理念，“责任重于泰山、生命高于一切”的安全理念，“勤学善思、学以致用”的学习理念、“公平选才　实干育才”的人才理念，“拓宽思路　追求进步”的创新理念，“人本发展　民生发展　智慧发展　绿色发展　安全发展”的发展理念，“实干实为　善做善成”的执行理念，“清白做人　干净做事”的廉政理念，“齐心协力、共创佳绩”的团队理念。在这九大理念指引下，管理处以标准建设为抓手，变管理由粗放型逐渐向集约型转变，由传统型向创新型转变，由经验型向科学型转变，破除因循守旧的思想痼疾和机制弊端，积极探索鄂东南区域高速公路管理新模式，着力打造标准化站所、标准化路政大队、标准化养护站，实现标准化建设的科学化、制度化、规范化，构建以人为本、系统完备、科学规范、运行高效的制度体系和长效机制，确保“真情服务·路畅人和”的品牌文化创建落到实处，取得实效。

文化塑造形象，文化孕育品格，文化催生力量。文化赋予了高速公路的生命力与活力、性格与品质，因为有了文化，我们所管理的高速公路不仅是一条希望之路，更是一条理念创新之路、服务创新之路、管理创新之路、机制创新之路。“真情服务·路畅人和”品牌文化正是这张路网不断科学跨越发展的强大精神支柱和动力。管理处将继续深化文化品牌建设，致力于打造职工认同、社会认可的窗口服务文化品牌，为管理处科学跨越发展提供智力支撑、文化引领和精神动力。

鄂东南片区高速公路安全应急管理的探索与实践

武黄高速公路管理处　田晓彬

随着路网的逐步完善，道路互通性不断增强，交通流量迅速增长，造成人员财产损失的潜在风险逐步增大。因此，加强高速公路的安全应急管理工作，建立健全高速公路突发事件应急机制，预防和减少高速公路安全事故，保障人民群众生命财产安全，是实现高速公路管理跨越发展的重要举措。

一、安全应急管理面临的挑战

武黄管理处现辖武黄高速、鄂东长江公路大桥、杭瑞高速湖北段、大广南高速湖北段、汉鄂高速，管辖里程近450公里。其中，武黄高速、鄂东大桥、杭瑞高速湖北段、汉鄂高速是武汉1+8城市圈的重要通道，大广南高速是湖北省“六纵五横一环”公路主骨架的重要组成部分。在鄂东南片区高速公路管理网络逐步完善的同时，安全应急管理工作也面临着诸多的挑战。

一是武黄高速路面管控难度大。随着路网的不断完善和武汉经济的快速发展，武黄高速车流日渐增大，日均车流超过原设计车流的3倍以上，车流密集度在全省居首位，发生事故极易造成拥堵，社会影响大、救援难度大。如在2015年中秋国庆小客车免费通行期间，武黄路段入、出口车辆达68万辆，日均9.7万辆，最高峰11.3万台。

二是安全应急管理难点多。武黄管理处所辖路段既有特长隧道和特大桥梁，也有山区高速和平原高速。其中，武黄高速公路建成通车22年，路面病害逐渐显现，老桥、旧桥较多，养护及安全生产经费投入压力大；鄂东大桥环氧沥青混凝土铺装桥面，冬季防冻防滑任务艰巨；杭瑞高速、大广南高速地处山区，多雨雪、雷暴等恶劣天气，地质灾害频发，边坡治理难度大，且隧道狭长构成消防难点；汉鄂高速超重车多，沿线违章建筑控制难度大。

三是新开通路段群众法制基础薄弱。杭瑞高速湖北段、大广南高速、汉鄂高速属于新开通路段，对高速沿线村镇相关法制宣传时间较短，加上应急队伍人员少、路段长，群众对高速公路安全法规知悉度相对较低，导致安全隐患多，如违章建筑多、行人上高速、桥梁下乱堆易燃物等，增加了对路域环境的整治难度。

二、“十个着力”积极推进安全应急管理提档升级

武黄管理处按照“投资多元化、管理一体化”的总体要求，紧密结合工作实际和当前的形势，明确了“武黄防堵、鄂东桥防滑、杭瑞防冻、隧道防火、全线防雾”的安全应急管理重点，加大人力、物力投入，不断完善应急预案，“十个着力”积极推进安全应急管理提档升级。2012年度，武黄管理处被评为“全国交通运输行政执法评议考核优秀单位”，武黄路政支队被评为“公路交通联合应急演练先进集体”。

一是着力推进基础设施改造。向马鄂公司协商争取1300余万元，对鄂州、蒲团、路口、汀祖收费广场进行改造，投入2900万元进行中央分隔带钢索护栏改造，投入600万元多次对柯家墩大桥、长岭大桥进行维修加固，投入500余万元更换武黄路标志标牌，投入400余万元进行路基边坡防护，路面铣刨40余公里路，超过总里程50%，站所设施不断改造升级，路况指标持续保持优等以上。

二是着力提升安全应急管理智能化水平。不断加大硬件投入，充分运用路政巡逻车无线视频传输系统、“数码鹰”执法记录仪、“电子巡查”系统全天候捕捉交通、路况、路产及交通事故现场信息，并与道路可变情报板、道路监控系统、全省高速路网信息电脑查询点、气象观测点、网站等平台共同组建了集信息采集、网络通信技术为一体的信息网络环境，实现了信息实时收集、实时发布，努力提高管理信息化、智能化水平。同时，成立了鄂东大桥路网监测与应急处置中心，打造了集路网运行监测、突发自然灾害应对、安全应急培训于一体鄂东应急救援基地，建立了武黄高速鄂州医疗救护站，着力打造“立足大武黄、辐射鄂东南”的区域应急管理中心。

三是着力建立健全安全应急管理机制。以全国应急演练为契机，开展了湖北高速公路综合救援课题研究，制定下发了《突发事件应急管理规定》等7项应急管理制度，修订完善了《低温雨雪天气防冻防滑应急预案》等32项安全应急预案，摸索出了“轻微事故快速处置法”、“征用过往空车转运货物法”、“限时清障法”，形成快速人员救治、快速事故处理、快速道路清障的良性工作链；建立了重大突发事件处置事后评估机制，按照交通阻断事故“发生一起，总结一起，处置一起，评估一起”的工作方法，对造成交通阻断2小时以上的案例进行分析讲评。

四是着力提高综合联勤联动能力。以区域联动思想为指导，充分整合资源，积极与消防、清障施救、医疗救护、环保等部门沟通协商，先后修订完善了《隧道突发事件应急处置预案》、《危化品运输事故应急处置预案》等4个应急预案，并多次开展联合演练，大大提升了应急队伍的实战能力和多部门联动处置效率；组建了以路政、养护为主力军的应急队伍，有针对性组织路政、养护人员多次开展改道演练，成功将2公里路段改道时间由1.5小时缩短至半小时；深化路警共建内涵，推动决策层面、执行层面、操作层面

的沟通互动，全面形成“巡查一体化、宣传一体化、执法一体化、应急一体化、指挥一体化、服务一体化”的警路共建格局。

五是着力做好节假日、恶劣天气等特殊时段的安全保畅。在各站口增设车辆引导标志标牌、固定式限高龙门架和移动式龙门架，提前引导车辆，实现客货、收免分流；灵活运用“五员一长、六岗联动”工作法，启动“复式收费”、“阶梯式收费”，确保车辆通行快速有序；路面管控实行警路“1+1”联合处置模式，在重点路段联合设岗，推行清障施救“多点布控、就近作业、限时处置”模式，将一般事故现场处置时间由30～40分钟缩短到10～15分钟。同时，多载体全天候滚动播报实时路况、天气信息、事故信息，设置便民服务台、成立志愿小分队，全力保障司乘安全、便捷出行。

六是着力加强省际沟通协作。加强与相邻省份的协调联系，互派人员交流学习，与江西路警达成隧道共管共建机制，定期召开联席会议，就省际隧道、逃逸案件、应急保畅等多方面加强交流合作，逐渐形成“省内一个整体，省际良性互动”的管理模式。2014年，承办了省厅2014年湖北省高速公路隧道安全应急联动演练，协调鄂赣两省20余家、100余人共同参与演练，有力推动区域路网路、警、经营单位及清障单位联动协作效能提升，实现“路段保畅”到“路网应急”的跨步前进。

七是着力突出安全应急队伍培养。加大应急人才储备、培养力度，拟定干部队伍梯队培养方案。坚持“一教、二帮、三带、四提高”的岗位练兵制度，开展“新路政岗前培训”、“路政全员执法培训”，聘请法学教授、律师现场讲法，推行“大队长讲坛”现场授课，定期进行业务知识考试，并联合费收、路政、交警等部门开展安全交流会，内促团结，外抓稳定，全面提升应急管理队伍的综合执法服务水平。

八是着力强化源头防控。以落实安全生产责任制为抓手，成立了安委会，全面实施“一岗双责”和“风险抵押金”制度，层层签订目标责任书，着力构建管理处、所(站、队)、个人“三级安全生产”管理网络；严格落实安全生产工作责任目标考核制，颁布了“七个凡是”的涉路施工安全管理规定，制订了《重大工程施工安全管理办法》、《养护施工安全作业管理办法》等4个安全生产管理制度，不断完善制度保障体系；积极与沿线村庄、驻地公安签订“义务联防协议”，构建“横向到边、纵向到底”的社会协作机制；落实路上、桥下“双向巡查”制度，做到时间、范围、频率“三到位”；严格隐患治理挂牌督办制度，限时整改，努力实现安全隐患档案制、销号制、通报制，逐一排查化解。

九是着力净化道路通行环境。深入开展“禁止凌晨2—5时长途客车通行”专项行动，发布了《武黄警路联合管控长途客运安全隐患实施方案》，在收费站、服务区发放安全行车提示卡，确保每车必提示、每车必劝休、每车必登记；与黄石、阳新、咸宁地方路政、运管部门联合启动“百日治超”专项活动；针对大货车长时间占用快速车道，客车随意上下乘客，机动车辆道口违法停靠、行人违章上路等交通违法行为，开展了武黄高速行车秩序专项整治，路警联合下发《行车秩序专项整治工作实施方案》,并邀请《经视直播》栏目现场报道，扩大专项整治活动的辐射面。一个多月整治违规违法车辆230余台，对150余名轻微违法司机进行了现场教育，制止劝阻违法上路行人50余人次，道路行车秩序有了较大改观。

十是着力实现法制宣传全覆盖。以“六五”普法宣传活动为契机，结合“路政法规宣传月”、“安全生产月”、“法律六进”活动，开展了走村入户发放法制宣传年画、“相声小品进校园”、与地方小学共建“安全文化长廊”等形式多样的法治宣传活动。十二五”以来，发放法制宣传资料75万余份，推出法制课堂进校园、法制相声进村镇、法制讲座进企业等多种送法活动，实现管段沿线500米范围内法治宣传全覆盖。

三、结语

武黄管理处在近几年的安全应急管理工作中，经过大量探索与实践，应急管理水平有了显著提高，但仍有很多需要改进和完善的地方。下一步，将结合管理实践，克难奋进，积极应对湖北高速公路跨越发展的新形势、新挑战，更加注重研究人、车、路与交通安全管理之间的联系，不断创新机制，全力压降交通事故，努力打造“平安武黄”、“平安交通”。

十堰市水上交通安全管理面临的现状及应对措施

十堰市交通运输局　张涛

近年来，十堰市不断强化水上交通安全监管，加大水上交通基础设施建设力度，确保了全市水上交通安全形势持续稳定。随着南水北调中线工程丹江口水库正式蓄水和潘口、陡岭子库区的形成，加上水上旅游业日益兴起，十堰市水上交通安全监管水域面积不断扩大，监管难度越来越大，水上安全形势十分严峻。面对水上交通安全新情况、新任务和新要求，强化认识，落实责任，形成合力，加强监管，多措并举，保障人民群众生命财产安全，已经成为市县上下亟需破解的一道难题。

一、十堰市水上交通安全现状分析

一是水域面积增大。十堰市地处汉江上游，境内拥有14个大中型水库，水域面积达2800余平方公里。南水北调中线工程蓄水后，仅丹江库区水域总面积就达1022.75平方公里，库容339.1亿立方米，水深由原来最深70米增加到90米左右，水面宽度由5公里增加到20公里，沿线涉水乡镇达54个。水面宽度增加，水域面积扩大，江面大雾和风浪等级相应增加，现有船舶抗风浪能力相对下降，发生水上交通安全事故概率增大。

二是支流航道变长。十堰市除汉江干流主航道外，还有丹江、曾河、浪河、堵河、远河、神定河、夹河、细峪河、崌峪河、曲远河、天河、将军河、白石河等13条支流航道。丹江库区蓄水后，水域面积的增大使得支流航道明显延长，全市通航航道由745公里增加到960公里，岸线620公里，渡口207处，渡船152艘。水上安全管理面临着点多、线长、面广、任务加重等多重压力。

三是环保压力加重。丹江口库区是南水北调核心水源区。为保一库清水永续并送，“零污染、零排放”的环保标准对水上交通提出了严格要求。目前，全市拥有各类船舶约4000艘(渡船260艘、客船44艘、货船286艘、农用船和渔船3000余艘)，其中老旧船舶、高污染高耗能船舶多。改造老旧船舶，淘汰高能耗船舶，集中回收污水污油，继续推进汉江绿色航运示范区建设，确保南水北调供水安全以及“一库清水向北流”是政治使命，也是责任担当。

四是水上旅游升温。目前十堰市正发挥十堰大山、大水、大人文的优势，整合山、水旅游资源，延伸旅游产业链条，形成旅游景观集群，实现山、水互动。目前，已经基本构建了小太平洋、太极湖、郧阳岛、黄龙等水上旅游区，水上旅游日益升温。到目前为止，全市共有水上旅游企业4家，从事水上旅游的船舶达58艘。

二、困难和问题

“十二五”以来，十堰市抢抓南水北调复建机遇，积极争取上级支持，全力推进郧县牛头岭码头、长岭旅游码头、武当山旅游码头、武当山港区旅游码头、郧西天河口综合码头、丹江口旅游港、丹江口汉丹港和丹江口坝下物流园区码头建设，基本建成郧阳港、丹江口港、武当山港、郧西港、黄龙港等五大区域港口，为水运快速发展提供了有力支撑。但是随着水域面积等情况的发展变化，水上安全管理面临着任务加重、设施不完善、经费不足等困难和问题。

一是应急体系建设滞后。按照《湖北省水上搜救应急预案》和《十堰市水上搜救应急预案》要求，在正常的气候条件下，十堰水上搜救中心应急到达各辐射县市港口水域事故险情发生地不超过120分钟、各辐射县市到达库区和重点水域不超过90分钟。目前十堰各县市无水上搜救机构和队伍，如果发生水上事故将无法及时开展救援。

二是管理主体职责不明。我市水上各类型船舶众多，有客船、旅游船、渡船、趸船、货船、渔船、农用船等，分属渔政、水利、港航海事和乡镇等不同部门管理，九龙治水，各自为政，难以形成合力。

三是水上安全意识淡薄。沿线群众为图省事、方便，乘坐农用船、自用船过河，非载客船私自载人现象比较严重。非法淘金、滥采滥挖作业致使航道受到破坏。乡镇渡船90%以上都是义渡和半义渡，渡口经营人无力投入安全资金，船舶年久失修、设备老化，技术状况差，存在一定的安全隐患。

四是经费保障严重不足。全市港航海事机构8个，编制183人、在职167人，每年上级财政划拨人员工资、工作包干经费610万元，实际支出1306万元，缺口648万元。水上安全基础建设和维护费用不足，每年上级划拨航道维护费用和安全监管费用只有150万元，实际支出约420万元，缺口很大，导致水上安全监管装备陈旧，手段落后，水上交通事故隐患不能彻底清除。

三、对策和建议

一是统筹兼顾，加强基础设施和监管能力建设。按照规划先行、分步实施的原则，抓好水上交通基础设施规划编制和组织实施工作，特别是加强潘口、孤山等水电站建设与库区航运发展的统筹协调，在推进水电开发、建设的同时科学处理好与航运的关系，紧密结合库区移民和经济社会发展实际，因地制宜，多形式、多渠道筹措资金，加强汉江、堵河、曾河等航道，丹江口坝下物流园区、郧县牛头岭码头、长岭旅游码头、郧县天河综合码头、武当山港区旅游码头、竹山上庸码头等客货码头的基础设施建设，妥善解决群众安全便捷出行和生产生活问题。进一步加强水上交通安全监管和应急救援能力建设，根据本地水运发展及水上交通安全现状，按照现行事权、财权划分原则，加大水上交通安全工作经费投入，着力解决海事机构不健全、经费不足、执法装备差、应急救援设备不足等问题。同时，大力实施“救生衣行动”，确保客(渡)船、货船、采砂船、渔船、自用船100%配备救生衣(救生浮具)，水上水下施工人员、船上所有人员100%配备并穿戴救生衣或救生浮具。加快推进老旧客渡船更新改造和县市水上卫星定位系统监控平台建设，按照客渡船100%、货运船逐步推行的原则，推广安装船舶卫星定位系统终端等监控系统，强化船舶航行过程安全监管。推进十堰市水上应急救援中心建设，配备救助船舶、打捞船舶、消防艇等救援设备，提高水上交通安全监管和应急救援能力。

二是严把关口，提升水路运输能力。加强《国内水路运输管理条例》等水上安全管理法律法规的贯彻落实，加强水运市场准入和动态监督管理，会同相关部门落实客运船舶强制保险制度，大力培育水路运输市场，加快推进现代水路运输业发展，建立健全水路运输服务质量信誉考核体系和水路运输市场退出机制，持续提升管理能力和服务水平。科学规划水上旅游发展，严格标准，防止一哄而上，盲目发展。海事、渔政管理机构和乡(镇)政府共同把好船舶“造、检、航”全过程安全管理关和船员从业关，乡(镇)政府严格控制乡(镇)自用船舶数量，从源头上提高乡(镇)自用船舶技术状况，夯实水运安全基础，确保全市水上交通安全管理达到“船舶适航、船员适任、安全保障、有效监管、优质服务”的要求。加强辖区水上交通安全的全面整治和检查，采取针对性措施，疏堵结合，标本兼治，着力治本，让广大群众过安全渡、坐放心船。

三是标本兼治，加强船舶防污染监管。根据南水北调中线工程水质保护要求，规划在丹江口港、武当山港、郧阳港、黄龙港和郧西港配备船舶垃圾接收船、固态垃圾运输车，并完善污油水、生活垃圾处置设备等。逐步取缔挂桨机船，建立完善船舶建造及其主机维修报备制度，推广安装应用油水分离装置，强化运输企业节能减排管理，加强船舶经营人的环保监管，加大现场监管和行政执法，提升船舶防污染监管水平。大力发展电瓶、LNG动力船舶，积极引导运力发展，优化运力结构，重点发展标准化、技术先进、大型化运输船，提高船舶安全性、适航性和环保性能，促进水运运力更新换代和结构调整。

四是各司其职，确保安全生产监督管理责任落实到位。按照属地管理原则，各县市区政府全面负责本行政区域内的水上交通安全管理工作，建立健全水上安全监督管理机构和县、乡、村、船主四级安全管理责任体系，保证水上安全监督管理机构依法履行职责。各乡(镇)政府负责本行政区域内水上交通安全管理人员的安全考评、考核工作以及区域内自用船舶登记管理工作，建立健全安全管理责任制，组织开展水库船舶及水域安全管理工作。各级安监部门履行水上交通安全的综合协调和监督工作，建立完善水上交通安全目标考核机制。港航海事管理机构依法审批通航水域内水上水下施工作业和船舶、浮动设施登记、检验，把好水运市场准入关，规范市场秩序，依法查处无证船舶、无证船员、违章作业等行为，依法打击破坏水上交通设施行为，制定水上交通安全应急救援预案并负责组织演练和实施等。水利渔政部门负责渔船及渔港水域的安全监管，依法查处渔船违法行为等。环境保护部门负责水体污染的监督管理和涉水项目环境影响审查审批，打击处罚纠正污染水体的违法行为。旅游部门会同有关部门对水上旅游安全实行综合治理，协调处理旅游安全事故和其他安全问题等。

总之，统筹规划抓建设，分级负责明责任，多管齐下强管理，才能打造绿色汉江航运示范区，建设十堰汉江绿色平安水域，带动水生态文明建设，保障群众生命财产安全，更好地服务全市经济社会发展。

为重塑现代化“七省通衢”交通枢纽再立新功

襄阳市交通运输局　张丛玉　徐旭贤

市委十二届八次全会提出，要重塑襄阳现代化“七省通衢”枢纽地位，并将其作为加快汉江流域中心城市建设的重要任务。全市交通运输系统要以党的十八大和十八届三中、四中全会精神为指引，认真贯彻落实市委、市政府工作部署，坚定不移加快推进高速公路、干线公路、汉江航运枢纽、客货运输枢纽、物流园区等交通重点项目建设步伐，圆满完成“十二五”交通运输规划目标，为重塑“七省通衢”枢纽地位再立新功，为加快汉江流域中心城市建设当好先行。

2015年，全市将完成交通运输固定资产投资132亿元；高速公路力争4条295公里建成通车；完成一级公路路基53公里、路面110公里，二级公路路基302公里、路面306公里；完成县乡公路117公里、村级公路1451公里；汽车客运站3座竣工并投入使用，续建2座并完成主体工程，新开工建设2座并力争完成主体工程；续建7座物流园区(中心)，新建2个农村综合服务站；续建2个、新开工建设2个港航项目；全面完成城市公交和农村公路三年行动计划年度目标，全面实现“村村通客车”。围绕上述目标，要抓好以下六个方面的工作：

一、集中攻坚，冲刺“十二五”目标，规划好“十三五”蓝图

一是确保“十二五”圆满收官。积极做好协调服务，确保麻竹高速襄阳东段和襄阳西段、保宜高速襄阳段、襄阳绕城高速东段今年建成通车；积极创造条件，推进签订枣潜高速公路襄阳南段投资协议；加快推进老谷高速建设步伐。316、207国道襄阳城区段改建工程(一期)要全面通车，襄阳汽车客运南站要抓紧实质性开工，襄阳新港小河港区综合码头一期工程两个泊位水工工程今年要确保完工。要按照市政府确定的时间节点，强力推进由交通部门负责的重点城建项目，具体包括：内环南线东延伸段(中环线至绕城高速段)、苏岭山大桥、鱼梁洲大桥加宽改造、水上搜救中心。对“十二五”其他项目要逐一清理，分类别分项目制定路线图、细化时间表、明确责任人。千方百计筹措建设资金、千方百计加快项目进度、千方百计争取多方支持，以无往不胜的勇气、攻坚克难的决心，集中力量、奋力冲刺，确保“十二五”目标圆满完成。

二是确保“十三五”规划顺利结题。紧紧围绕加快汉江流域中心城市建设这个大局，积极对接长江经济带发展，围绕做大做强交通体量，提升“七省通衢”交通枢纽功能，科学谋划好“十三五”交通发展蓝图，为襄阳经济社会发展蓄足后劲。统筹基础设施建设与养护、道路集疏运、综合运输服务、交通信息化、襄阳航运中心、现代邮政业、现代物流业等专项规划编制，完成襄阳国际陆港物流园总体规划，加快启动丹河谷组群交通规划、襄阳机场临空经济区规划、城区汉江岸线利用规划编制工作。力争到“十三五”末，建成与全国大通道直通直达、区域城际间方便快捷、区域内城乡交通一体、城区内交通通畅的综合交通运输网络。同时，有序启动部分“十三五”规划项目的前期工作，为“十三五”开好局、起好步打下坚实基础。

二、精心组织，打好“村村通客车”攻坚战

一是加快完善“村村通客车”的道路条件。结合农村公路三年行动计划的落实，加快推进农村公路建设步伐，确保未通水泥路的14个村全面实现水泥路通达。加强农村公路工程养护和日常养护，推进建立养护长效机制。要发动群众采取措施加宽路肩、建设错车台，对特别危险路段配置示警桩、减速板、防护栏、警示标牌等必要的安保设施，为通客车创造良好的道路条件。

二是建立农村客运发展的长效机制。全市通客车的行政村已达到近90%，未通客车的主要集中在偏远地区，需求量也不大。农村客运要真正“开得通、留得住”，必须按照因地制宜原则，建立发展长效机制。积极争取地方政府出台相关补贴政策，鼓励客运企业采取冷热线搭配的方式，向未通客车的行政村延伸，建立多种模式的通客车经营机制，满足群众出行需求。

三是建立农村交通安全管理体系。按照省交通运输厅、省公安厅、省安监局《关于规范农村客运安全通行条件和车辆运行管理的通知》要求，指导各地合理选配农村客运车辆和客运驾驶员。加强农村公路交通安全设施建设指导、监督、检查，把好农村道路运输经营者市场准入关、营运车辆技术状况关和营运驾驶员从业资格关。按照“政府牵头、乡镇为主，部门协作、社会联动，齐抓共管、综合治理”的原则，推动建立县乡村组四级农村道路交通安全责任体系，让农民朋友走得放心、走得安全。

三、主动作为，不断提升综合交通运输服务能力

一是围绕省级公交示范城市创建，实现公交服务能力再提升。按照《襄阳市城市公共交通示范城市创建方案》和《襄阳市城市公共交通改善民生三年行动计划》(2014-2016)，认真组织实施，以公交示范城市创建促进服务能力提升。要积极主动争取相关部门支持，加快公交基础设施建设，不断优化公交线网。力争县(市)城区20公里范围内城乡客运班线公交化率达60%。

二是围绕国省干线迎“国检”，实现公路养护管理水平再提升。对照

国省干线公路迎“国检”实施方案和检查细则，进一步完善工作机制，重点抓好国省道路况提升、全面养护及各项规范化管理工作，全面提升公路养护精细化、集约化、效率化水平。抓好207、316国道示范路创建工作，完善国省干线配套设施，全面开展国省干线标准化、规范化路基建设，提升干线公路通行保障能力。大力开展路域环境整治，对公路摆摊设点、占道经营、打场晒粮、路面堆积物、涉路施工等行为进行集中整治，以良好的路容路貌迎接全国干线公路大检查，确保在全省名次靠前。

三是围绕落实物流发展规划，实现襄阳现代物流辐射能力再提升。推进落实《襄阳市现代物流业中长期发展规划(2013—2020)》，以发展专业物流为重点建设现代物流体系。主动服务好物流园区建设，加大物流示范园区、物流示范企业、重点物流企业的培树力度，引导传统货运业向现代物流业转型，提升物流服务能力。引导中小物流企业建立联盟，提高市场竞争力。建立物流业诚信评价体系，促进物流市场健康发展。巩固和扩大宜城市农村物流发展成果，在全省率先探索建立县级邮政监管机构，进一步深化“交邮合作”，推动农村物流实现新发展。

四、勇于担责，筑牢交通运输安全防线

一是进一步深化“平安交通”创建。深入开展道路运输安全年活动，扎实推进安全生产“双基”建设和标准化建设。要突出现场和源头，强化水上安全监督管理，加大交通工程、危桥险段的督办整治。加强旅游客车、包车客车、三类以上班线客车和危险货物运输等重点营运车辆动态监管，坚决落实各类车辆运营的禁止性规定。

二是以非常手段治理超限超载。各级交通主管部门要统筹协调，公路、运管部门要紧密配合，并主动争取公安、城管等部门支持，组织开展联合治超。按照工作方案，迅速启动主城区超限超载专项整治活动，源头入手，釜底抽薪，从根本上消除违法超限运输，净化城市周边交通环境。

五、创新举措，主动适应深化改革的新形势

一是要主动适应预算和财税改革的新形势，进一步加强财务管理和预算管理。《国务院关于深化预算管理制度改革的决定》和今年开始实施的新的《预算法》，都对预算和财务管理提出了新的要求。要切实转变观念，强化主管部门的监管职能，采取预决算审批、预算执行监控、内部审计、集中核算、支出绩效评价等有效手段对本单位及所属单位财务实行全方位监督，建立公开、高效、廉洁、务实的财务管理运行机制，提高资金安全使用效益。要在局直管理部门推行直属基层单位财务集中核算、统一监管。

二是要正确把握政府性债务管理的新要求，积极探索交通筹融资新途径。国务院对地方政府性债务管理、税收等优惠政策的规范做出了新的规定，这对交通运输筹融资工作带来了重大影响。要在政策框架内探索交通筹融资工作的新途径，研究政府与社会资本合作的应用思路，拓展筹融资渠道。加快落实好207、316国道襄阳城区段改建项目、303省道襄谷线改造项目、襄阳汽车客运南站、襄阳新港小河港区建设资金。

三是要认真落实行政审批改革的新举措，切实提升交通行政审批效能。随着行政审批改革的深入，一些交通审批事项已经下放到市县交通部门，各单位要做好下放审批事项的承接工作，加强事中事后监管，落实权力清单、责任清单、负面清单制度。要继续精减行政审批流程，缩短办事时限。积极做好“湖北交通运输行政审批平台”系统的应用工作，按照省厅统一部署，将行政许可纳入电子化管理，实行网上流转、网上审批，提高办事效率。

六、落实责任，加强新常态下党风廉政和行业文明建设

一是持之以恒加强党建和行业文明建设。巩固党的群众路线教育实践活动成果，坚决防止“四风”问题反弹回潮。各级领导班子特别是“一把手”，要把“抓好党建作为最大政绩”，进一步增强管党意识，履行管党责任，实施党委带动、上下互动，形成一级抓一级、层层抓落实的交通党建工作新常态。围绕文明城市创建，积极探索新常态下行业文明建设的新举措。在道路运输、城市公交、出租车、客运站等服务窗口，在交通执法、公路治超、工程建设、行业管理等工作一线，组织开展文明标兵优质服务竞赛活动，打造交通运输行业服务品牌，塑造行业新形象。通过干部夜校、道德讲堂、文化活动等方式，把社会主义核心价值观融入精神文明创建活动；加强行业宣传，弘扬行业正能量，讲好交通故事，传播交通好声音。

二是持之以恒加强交通运输廉政建设。深入贯彻执行中央八项规定，认真落实“两个责任”，持续加强廉政教育、完善内控制度。以整治工程招投标、设计变更等漏洞为重点，推进工程建设领域廉政监督和风险防控。以规范公务支出和专项资金管理为重点，强化审计监督，市局将设立专门的审计办，抽调审计骨干对全市交通系统开展全覆盖审计。以规范执法执收为重点，严格权力监督，严惩损害群众利益的行为。“严”字面前，逃避责任越来越难，严肃问责越来越多。广大干部职工一定要增强自律意识、树立制度敬畏、涵养法治思维，学会在约束下办事、在监督下用权，始终做到干净干事，清白做人。

三是持之以恒加强干部队伍作风建设。“正确路线确定之后，干部就是决定因素”。面对艰巨而繁重的任务，广大干部职工要努力在“精气神”、“勇担当”、“真实干”、“优作风”上实现转型，特别是领导干部要做好表率。要深入落实“三严三实”要求，切实做到“四有”，即心中有党、心中有民、心中有责、心中有戒。进一步提高工作的主动性，营造上下齐心、内外团结的良好氛围，保持奋发有为、昂扬向上的精神状态。“一分部署、九分落实”，凡作出的决定、布置的任务，都要强化分工落实、到点交账，都要强化跟踪督办、通报结果，要用作风建设的成果确保各项目标任务完成。

加快交通壮腰　促进荆州振兴

荆州市交通运输局　郑道柏

省委、省政府在2011年11月作出实施“壮腰工程”、加快荆州振兴的战略决策，荆州市第四届党代会明确了“五个壮腰”的战术路径。荆州交通运输系统作为“交通壮腰”主战场的执行者，紧紧围绕打造长江中游重要综合交通枢纽的发展目标，认真践行“交通先行”的决策思路，抢抓机遇，乘势而上，全面完成了荆州市委市政府确定的工作任务。全市交通运输工作发展基础全面夯实，项目建设亮点纷呈，各项改革扎实推进，“大交通”格局正在形成。

一、“交通壮腰”工作盘点

在2012年至2014年的三年中，荆州全市共完成交通建设投资251亿元，为“十一五”期间交通建设投资总额112亿元的2.2倍，占同期全市固定资产投资的5.8%。

高速公路建设全面提速。三年间，荆州市高速公路建设累计完成投资150亿元，为“十一五”时期的2.6倍。荆州市“十二五”规划建设的8个高速公路项目，已开工项目6个、即将开工项目2个，在建高速公路总里程达314公里，为“十一五”时期的2.4倍。通车和在建高速公路覆盖了全市所有县市区，“三横五纵”的高速公路网已初步形成，效益开始显现。到2017年，全市高速公路通车总里程达到632公里，将建成“三横五纵”的高速公路网，实现“县县通高速”目标。高速公路通车总里程将由全省的5%上升到9%，形成市域一小时经济圈。概算总投资68.7亿元、全长106.5公里的江南高速主体工程已完工，转入路面和交安工程施工阶段，2015年年底前将建成通车。概算总投资88.3亿元、全长94.8公里的洪监高速正在进行路基和桥梁基础施工，已完成37%投资，2015年可建成。概算总投资34.7亿元、全长19.7公里武汉城市圈环线荆州段桥梁下构、路基工程基本完成，已完成49%投资，2015年可建成。概算总投资19.9亿元、全长20.5公里的潜石高速江陵段桥梁下构完成80%，路基工程完成47%，已完成51%投资，2015年可建成。概算总投资75.3亿元、全长69.1公里的江北高速，房屋拆迁、项目交地基本完成，已全面开工建设，完成18%投资，2016年可建成。概算总投资2.2亿元、全长3.5公里的东卷高速（二广高速公路荆州东岳庙至卷桥段改建工程）桥梁下构完成75%，路基工程完成59%，已完成35%投资，2015年可建成。概算总投资84.9亿元、全长40.5公里的石首长江大桥及接线已完成投资人招标，年内可取得国家发改委核准批复，开工建设前各项准备工作基本到位。估算总投资79亿元（含公路桥部分投资9.2亿元）、全长65.3公里（含公铁两用桥公路桥部分）的沙市至公安高速在省政府批复该项目BOT+EPC建设模式后，即可取得工可批复，开工建设。

港航建设超常发展。三年间，荆州市加快港口建设，港航建设完成投资32.7亿元，为“十一五”时期的5.8倍，超过新中国成立以来港航建设投资的总和，开工建设了一批专业化、机械化码头，初步形成了港口专业运输系统。航道通航里程进一步增加，全市三级以上航道由“十一五”期末的483公里增加到509公里。引江济汉工程实现通水通航，长江中游与汉江中游间新的千吨级航道已经形成。荆江航道整治工程主体完成60%，长江中游枯水期阻碍船舶通航瓶颈即将打破。主航道通航条件进一步改善，由3.2米水深增加到3.5米水深。港航建设开工项目数和进度领跑全省，全市“十二五”规划16个港航重点项目，其中斗湖堤港区朱家湾综合码头、沙隆达股份有限公司热电煤码头等5个项目已建成投入使用，荆州港盐卡三期多用途码头、木沉渊港区江陵跃进综合码头工程等8个项目正在建设，观音寺港区江陵石化码头、朱家湾综合码头二期项目等3个项目年内开工。全市港口年吞吐货物能力由“十一五”期末的3500万吨增加到7070万吨，集装箱年吞吐能力由“十一五”期末的25万标箱增加到43万标箱。全市船舶标准化、大型化、专业化运力格局快速形成，本籍船舶运力由“十一五”期末的80万吨增加到127万吨，位列全省第二。

普通公路建设有序推进。三年间，全市普通公路建设完成投资64.1亿元，为“十一五”时期的1.3倍。完成一级公路60公里、二级公路410公里、通乡公路495公里，分别为“十一五”时期的142%、187%、95%。完成危桥改造449座，全市三类以上危桥由“十一五”时期的2418座减少到1600座。松滋市被省交通运输厅列为全省农村公路危桥改造示范县，江陵县被列为农村公路达标示范县。普通公路建设的重点工程中，荆松一级公路控制性工程松东河、松西河、虎渡河特大桥建设进展顺利，路基和软基工程正在分步实施。荆州市纪南城至楚王车马阵旅游公路征地拆迁工作已经完成，施工、监理招投标正在进行，11月份可进场施工。318国道改扩建项目已明确项目业主和筹资方案，年内可开工建设。弥市大桥进入上构施工阶段，年底可竣工。207国道黑狗垱、南平、汪家汊三座危桥改造桩基施工全部完成，2016年10月前可完成主体工程。

综合交通运输枢纽初现雏形。三年间，站场物流建设完成投资6.3亿元，为“十一五”时期的4.2倍。综合交通运输体系正在加速形成，目前，郢城客运枢纽配套公交站、出租车站全部建成，日分担客流1.3万人次，配套客运站基本完工，年底可实现公交、出租车、班线客运与火车的“零换乘”。沙市长途客运站改扩建工程完工。监利客运中心站、石首客运中心站建成并投入使用。荆岳综合物流园、盐卡港综合物流园和荆州煤炭铁水联运储备基地项目全面开展前期工作，并将于荆岳铁路完工前建成。大力实施“公交优先”战略，制定了《荆州市城市公共交通发展专项规划》，并通过市政府常务会议审议。中心城区三年共新购置公交车264辆，年运送乘客由1.11亿人次增加到1.48亿人次。中心城区400辆新增出租车运力推行“公司化经营、员工制管理”新模式，运行平稳规范。公交分担率由“十一五”期末的14%提升到22%。

行业自身建设扎实有效。实行燃油税改革、取消二级公路收费站以来，经过多次对接和协调，与所有县市区签订了二级公路债务偿还协议，妥善化解了公路债务。加快交通运输体制改革，率先在全省对运管物流体制实行大部制改革，将原市运管处、市物流发展局、市客管处和两区运管所5家单位进行整合，组建了市运管物流局，在中心城区实行“大运管”模式，只保留一个执法主体，解决了城区道路运输市场“多头执法”的顽症。完成了市交通质监体制变更，解决了困扰我市交通质监发展的体制束缚。强化行政权力清理，对市一级行政权力和服务事项进行了全面清理，委托下放了15项市级行政审批项目。加强交通安全管理，坚持“党政同责、一岗双责”和“管行业必须管安全、管业务必须管安全、管生产经营必须管安全”，落实部门、企业的安全生产责任，荆州地方水上交通实现连续8年无事故。打造廉洁交通，积极落实党风廉政建设责任制，落实“一岗双责”，建设“廉政阳光交通”，在交通建设项目和建设资金连续多年大幅增长的情况下，交通运输系统没有发生违反党风廉政建设制度规定的案件。

二、“交通壮腰”工作措施

高起点确定发展目标。根据壮腰工程“三年见成效、五年大跨越、十年大振兴”的总体要求，荆州市交通运输局对“十二五”期间规划目标进行了调整，制定了“五年翻两番”的计划，力争“十二五”期间交通固定资产投资突破460亿元，为“十一五”交通固定资产投资112亿元的4倍。高速公路方面，加快已规划高速公路项目建设，提前实施江北高速项目，“县县通高速”目标由“十三五”提前到“十二五”完成。普通公路方面，提前实施荆州市纪南城至楚王车马阵旅游公路和监利县随岳高速至新沟连接线一级公路项目；“十二五”二级公路建设目标由467公里增加到800公里，确保全市所有乡镇通达二级上以公路；消灭所有国省道危桥和县乡道中桥以上危桥。港航建设方面，争取新增规划了北煤南运中转港区和木沉渊港区，每个县市区都拥有了一个以上现代化港区。

高强度开展对接合作。2011年，省委、省政府就实施“壮腰工程”、加快荆州振兴，专门在荆州召开现场会进行动员部署后，市交通运输局对任务目标进行了认真梳理研究，分解量化到责任部门和责任人，并积极与各级政府和部门进行对接，争取政策和支持。一是积极争取高层支持。省政府为支持荆州实施“壮腰工程”，两次召开荆州交通发展专题会议，出台了两个含金量很高的专题会议纪要，为荆州交通发展指明了方向，奠定了基础。二是积极与省交通运输厅、省交投公司和省长投公司对接。市政府与省交通运输厅和省交投公司均签订了战略合作协议，将全市交通重点发展目标全部纳入其中。三是积极做好规划对接。江北高速、纪南城至楚王车马阵旅游公路、随岳高速至新沟连接线一级公路、北煤南运中转港区和木沉渊港区等调整项目均成功增列全省“十二五”交通发展规划。四是着力争取项目资金。将市政府与省交通运输厅合作协议中明确的800公里二级公路计划全部落实到项目，使荆州区二学线、西秘线，石首市桃五线，公安县金台至北闸红色旅游公路、江陵县郝穴至马家寨红色旅游公路等重要农村二级公路和旅游公路纳入计划，享受补助。3年共争取部省补助资金35亿元，是“十一五”时期争取补助资金总量21亿元的167%。五是积极争取倾斜支持政策。经过向上争取，318国道补助标准由400万/公里调增至500万/公里；纪南城至楚王车马阵旅游公路补助标准由400万/公里调增至700万/公里；公安县斗湖堤至荆东高速连接线项目追加了1800多万元补助。各县市区重点港区均纳入荆州组合港范畴，统一享受按项目概算的25%给予补助的主要港口建设补助政策，全省1/3的港口建设补助资金投向了荆州。三年来，共争取上级交通运输部门超标准补助资金3.1亿元。

高效率推进项目落实。交通壮腰重点在项目，关键在落实，荆州市交通运输局把项目作为交通壮腰的总抓手，常抓不懈，有效推进了交通发展。一是狠抓前期工作落实。所有高速公路项目均组建了得力的工作专班，确保了项目前期工作快速推进。省级行业主管部门将部分项目审批权限下放到市级交通运输主管部门后，市交通运输局采用统一调度、集中编制、批量审查的方式，显著加快了项目前期工作。“十二五”规划的交通项目，目前已有42个一、二级公路项目、15个港航项目、10个站场物流项目完成前期工作，充足的项目储备为交通建设的持续发展提供了有力保障。二是狠抓投资主体落实。通过积极汇报、多方争取，市政府与省交投公司签订了江北高速、潜石高速、武汉城市圈外环线荆州段、沙公高速等高速公路投资协议。创新投资方式，与省长投公司共同组建项目公司建设荆松一级公路。市政府出台专题会议纪要明确纪南生态文化旅游区管委会为318国道荆州段改扩建工程项目业主。我市“十二五”规划的7条高速公路和所有重要一级公路全部落实了投资主体。三是狠抓配套资金落实。推进普通公路建设的关键是落实资金。为落实普通公路建设配套资金，松滋、石首市政府出台了专门的文件，明确了普通公路建设的投资政策和标准，初步建立了普通公路建设筹融资长效机制；公安县三级以上普通公路建设项目、危桥改造项目的地方配套资金，确定由城投公司全额出资；洪湖市政府安排专项资金用于二级公路大修工程配套。四是高标准优化建设环境。市委、市人大、市政府领导多次协调交通建设的难点问题。为推动洪监高速项目建设，市领导多次会晤香港保利达公司高层，坚定其投资信心，协调落实银团贷款，市人大多次视察督办项目建设，洪监高速短暂停工后正加速推进。市人大、市政协多次督办207国道3座危桥改造和弥市大桥建设，项目建设明显提速，将于今明两年全部建成。各县市区党委、政府将落实交通重点项目优惠政策作为推动荆州交通发展的重要战略举措，项目配地等优惠政策正在分步落实，树立了荆州招商良好形象。地方政府严厉打击工程建设中的黑恶势力，坚决制止欺行霸市、强揽工程、强卖材料的违法行为，严肃查处以各种名义进行敲诈、干扰和阻工的单位和个人，营造了风清气正的良好环境。市直相关部门在前期工作审批和收费上给予了帮助和支持。所有交通重点项目全部进入省、市公共资源交易中心公开招投标，建设市场严格、公正、规范。市县两级建设协调指挥部常驻施工现场，配合项目公司完成拆迁、交地等协调工作，省交投公司在建的4条高速公路持续快速推进。市交通运输部门定期巡查普通公路项目建设进展情况，定期将普通公路建设情况向市县两级党委政府通报，参照省交通运输厅管理办法进行考核。

三、"交通壮腰"工作体会

观念转变是引领。成品油价格和税费改革以后，普通公路由原来"贷款修路、收费还贷"的有偿使用方式转变为免费通行，其属性由原来的特殊经营性产品转化为公共服务产品。过去由交通部门统筹包揽的模式已难以为继，由各级政府履行公共服务职能已成大势所趋。"壮腰工程"实施以来，交通发展已实现由"部门办交通"向"政府主导、部门联动、社会参与"模式的转变，资金筹措已实现由"贷款修路、收费还贷"的单一模式向部省资金定补、地方资金配套、多元化资金补充方式转变，建设服务协调已实现由交通部门主导向政府主导、县市联动、多部门参与、齐抓共管的综合协调机制转变。三年间，地方政府共筹资42亿元支持普通公路建设，超过"十一五"时期总和。

政府支持是关键。在省委、省政府的支持下，荆州市政府和省交投公司成功签约5条高速公路。在市委、市政府的坚定支持下，洪监高速克服困难继续推进，318国道荆州段改扩建工程明确了建设方案和投资主体，年内即将开工。在各级地方政府支持下，交通重点项目优惠政策逐步落实，征地拆迁工作顺利完成，"政府主导、提高公共财政保障能力、以财政性资金为主解决普通公路投入"的筹融资长效机制正在建立。在相关部门的支持下，交通重点项目前期工作顺利推进。党委政府的正确领导，相关部门的倾力支持是"交通壮腰"目标实现的关键。

自身建设是保障。省长王国生说过"交通是荆州振兴的基础和血脉"，荆州市委书记李新华也强调"发展交通允许有过错，但绝不允许错过"。交通壮腰既是市委、市政府的重大战略决策，也是全市人民对交通运输部门的期盼与重托。在这一份沉甸甸的历史责任面前，广大交通干部职工跃然而起，充分发扬艰苦奋斗、勇于创新、不畏险阻、默默奉献的交通精神，以"等不起"的紧迫感、"慢不得"的危机感、"坐不住"的责任感，勇于担责、担险、担难，把困难看成机遇，把矛盾当作挑战，把发展视为动力。平稳度过了燃油税改革和二级公路撤站，顺利完成了交通投资改革和运管体制改革，有效化解了公路债务难题。全市交通系统广大干部职工严格落实安全生产"一岗双责"和党风廉政建设责任制，为"交通壮腰"实施提供了坚实的保障。

鄂州新型城镇化建设的交通发展路径选择

鄂州市交通运输局　黄立楣

党的十八大提出，新型城镇化是中国未来经济发展的动力，而交通将始终引领新型城镇化的发展。鄂州市作为全省唯一的城乡一体化试点城市，在新时期全省新型城镇化发展进程中，交通运输发展将起到不可替代的引领作用。

一、推进鄂州新型城镇化交通必须先行先试

从党的十八大到中央经济工作会议，再到中央农村工作会议和中央新型城镇化建设工作会议，中央多次强调新型城镇化，并进行了重点部署，这向国内外发出一个强烈的信号——新型城镇化将成为我国扩大内需和实现经济结构战略性调整的重要推进器，将成为撬动中国未来发展，实现“中国梦”的一个战略支点。交通运输部在2014年全国交通运输工作会议上明确提出，要继续加强城镇化的交通建设。交通是城镇化、城市群发展的重要基础，交通引领城镇化发展，交通支撑城镇化发展已经成为多方共识。未来一个时期将处在城镇化加速发展阶段。根据有关专家预计，到2020年，我国城镇化率将达到60%左右。随着城镇化发展战略的实施，可以预料，新型城镇化将对交通运输提出新的需求，带来交通发展新的战略机遇。

1.从贯彻落实中央、省、市精神看鄂州新型城镇化建设交通先行先试的重要性

城镇化是我国现代化建设的历史任务，也是扩大内需的最大潜力所在。党的十八大强调，加快完善城乡发展一体化体制机制，着力在城乡规划、基础设施、公共服务等方面推进一体化，促进城乡要素平等交换和公共服务均衡配置，形成以工促农、以镇带乡、工农互惠、城乡一体化的新型工农、城乡关系，即推进新型城镇化建设。

新型城镇化突出的是“新”，即城乡统筹、城乡一体、产城互动，节约集约、生态宜居、和谐发展，大中小城市、小城镇、新型农村新社区协调发展、互促共进。鄂州新型城镇化建设应该结合城区发展现状和特点，因地制宜，谋求突破，按照新型城镇化一步到位、“四化同步”协调发展的总要求，坚持以产业发展为支撑，以全域规划为引领，以改善民生为目标，以生态文明为标准，以综合改革为动力，加快沿江滨湖新区开放开发，着力构建以主城为龙头、若干个新区为支撑、特色镇为链接、新社区为基础的“四位一体”新型城镇体系，努力走出一条城乡统筹、产城融合、资源节约、环境友好、社会和谐、具有时代特征、鄂州特色的新型城镇化道路，争创全省新型城镇化试点示范城市。可以预见，新型城镇化是新一轮发展的重要引擎，也是增加有效投资的重要方向，更是改善人民生活品质的重要内容和措施。

鄂州市委六届七次全会对全市新型城镇化作出了总体部署和安排，吹响了进军新型城镇化的号角。推进新型城镇化是完成省委、省政府赋予鄂州市的光荣使命的必然要求。鄂州是全省城乡一体化的第一个试点，作为全省统筹城乡发展的标杆和展示对外形象的重要窗口，肩负着为全省城乡一体化积累经验的重任。省第十次党代会明确提出：“鼓励和支持鄂州成为全省地级市综合改革的示范区，在推进城乡一体化方面走在全省前列”。新型城镇化是以城乡统筹、城乡一体、产城互动、节约集约、生态宜居、和谐发展为基本特征的城镇化，是主城、新区、特色镇、新社区协调发展、互促共进的城镇化。以新型城镇化引领城乡发展一体化，既是实现科学发展的迫切需要，也是推进城乡一体化试点向更高水平、更深层次迈进的必然选择。作为全省综合改革示范和城乡一体化试点的“尖兵”，我们理应在加快推进新型城镇化方面先人一步、快人一拍、胜人一筹，自觉地将新型城镇化与试点示范任务统一起来，以改革增强新型城镇化的动力，使新型城镇化建设与示范试点相互促进、相得益彰，为全省探索路径、提供经验，不辜负省委、省政府对鄂州的期望和重托。

综上所述，为适应中部城市群发展需要，加快推进武汉城市圈规划实施，鄂州综合改革示范区的建设，鄂州交通的发展速度必须适应经济快速发展的新形势。

2.从历史和现实看鄂州新型城镇化建设交通先行先试的可行性

鄂州区位具有得天独厚的比较优势。交通区位是指由于固定交通资源具有相对成本优势，使交通活动大量聚集的地理位置。在交通区位分析时，应主要强调交通出行在地理上持久的高发性和达到某种经济目标的有效性，应包括地理位置、通道等主要内涵。鄂州市位于湖北省东南部，是鄂东城市群的中心城市，西邻武汉，东靠黄石、黄冈，在地铁、水域相互渗透。春秋时，楚王之子在此封为鄂王。三国时，东吴孙权在此定都称帝。这里自古就是交通要道，历来是兵家必争之地，素有“楚东门户、吴晋重镇”之称。同时，鄂州市地处武汉城市圈核心圈层和长江经济带的重要节点位置，高速公路、铁路、航运等多种交通运输方式在此交汇，可形成多个交通枢纽节点，区位优势得天独厚。首先，鄂州市处于武汉城市圈区域的核心圈层，其西部与武汉接壤，华容区和梁子区部分地区已与武汉形成半小时经济圈，与武汉实现了“公、铁、水联运，江、湖、海直达”的“双三元”复合交通网络。其次，鄂州处于鄂东南区（武汉、黄石、

黄冈、咸宁)城乡交汇的十字轴心点，鄂州城乡道路网建设将在该地区充分发挥辐射和吸纳作用，有利于鄂州市及周边城市城乡一体化进程的加快。再次，从发展空间来看，鄂州市位于湖北长江经济带的重要节点上，是武汉城市圈的“传动级”，具有辐射鄂东经济圈不可替代的“中场效应”，可以在湖北东部和“两圈一带”社会经济战略发展中起到“拉动点”和“着力点”的作用。可以通过鄂州，使城市圈由原来的以武汉为核心向周边均匀辐射的影响模式，转变为依托港口与铁路公路网络，向东部城市的内陆地区延伸辐射，最后，鄂州拥有前景广阔的深水港区开发条件，丰富的土地和滩地资源，明显的交通区位优势，良好的城市依托和发展潜力。随着武汉新港建设的推进和鄂州保税区的设立，鄂州交通必将发展成为鄂东沿江城镇体系和武汉城市圈的中转和传递性枢纽。鄂州市还将发展成为集物流产业、临港产业和高新产业为一体的现代化产业基地，成为湖北“两圈一带”发展战略的先行区。

近几年来，鄂州城乡交通一体化快速发展为鄂州新型城镇化交通发展奠定了坚实基础。2006年以来，在鄂州市委、市政府的正确领导下，鄂州市交通部门遵照市委、市政府的统一部署，大力推进城乡交通一体化，成绩斐然。率先在全省实现村村通公路，公路密度位居全省第一；农村“路、站、运、渡一体化”加快实施，全市行政村通班车率达90%，率先在全省实现内河渡口达标改造；城市公交逐步向城郊延伸，农民在家门口坐上公交。这些都为我市在全省率先实现城乡一体化夯实了基础。《中国交通报》2013年10月22日头版头条报道了我市城乡交通一体化的做法。随着鄂州新型城镇化、城乡一体化进程的不断加快，城乡差距日益减小，城乡之间的沟通将越来越多，居民出行需求必然大幅增加。此外，鄂州沿江滨湖产业规模的提升又必然随之产生更多的交通运输需求。

3. 从周边城市交通咄咄逼人的竞争态势看鄂州新型城镇化建设交通先行先试的紧迫性

与鄂州同处鄂东地区的城市主要有黄冈、黄石、咸宁。下面简单介绍相关城市的基本情况，通过对比分析鄂州经济发展水平。

(1) 黄冈市

黄冈市位于湖北省东部，大别山南麓，长江中游北岸，北接河南，东连安徽，南与鄂州、黄石、九江隔江相望。黄冈市党政军机关驻地黄州，是中外闻名的文化古城。全市国土面积17446平方公里，其中平原占12.2%，岗地占10.3%，丘陵占43.3%，山地占34.2%，东西最长距离为168公里，南北最宽跨度为208公里。

(2) 黄石市

黄石市位于湖北省东南部，长江中游南岸，是华中地区重要的原材料工业基地和国务院批准的沿江开放城市之一。全市现辖大冶市、阳新县和黄石港区、西塞山区、下陆区、铁山区4个城区及一个国家级经济技术开发区——黄石市经济开发区，总面积4583平方公里。

(3) 咸宁市

咸宁市位于武汉南部，与湖南、江西接壤，有“桂花、楠竹、茶叶、苎麻、温泉之乡”的美誉。138公里长江黄金水道依境东流，京广铁路、武广高速铁路、武咸城际铁路、106国道、107国道、京港澳高速公路贯通南北。土地面积9861平方公里，辖一市一区四县。赤壁市“三国故事”享盛名，咸安区向阳湖畔翰墨香，崇阳县戏乡琴韵号天城，嘉鱼县秀水澄湖鱼米乡，通城县三省通衢多客商，通山县九宫巍峨去天外。咸宁提出打造“鄂南交通枢纽”的目标。

鄂州市与周边其他城市相比，具有“小而精”的特点。鄂州在鄂东四市中人口数量最少，GDP总量最少，但是人均GDP最高，远高于黄冈、黄石、咸宁等地。此外，鄂州GDP增长率和人均GDP增长率也居四市前列。这些都反映了鄂州在鄂东四市中经济发展速度最快、发展质量最高。

从周边城市咄咄逼人的交通发展态势可以看出，推进鄂州城镇化交通迫在眉睫，势在必行。

二、推进鄂州新型城镇化建设交通先行先试的路径选择

推进鄂州新型城镇化建设，交通要深入贯彻党的十八大、十八届三中、四中全会精神和习近平总书记系列重要讲话精神，认真落实鄂州市委六届七次、八次全会精神，抢抓战略机遇，全面深化改革，以转变交通运输发展方式为主线，以推进“一城一带一区”(即交通运输部将鄂州市列为全国新型城镇化试点城市；依托长江经济带开放开发，争取部省支持我市沿江港产城集疏运体系建设；在梁子湖区创建生态示范区)建设为目标，建设立足鄂东、面向东部、畅达全国的长江经济带综合交通重要节点城市，全面提升运输服务能力和品质，为加快推进鄂州“一改两化”建设提供服务保障。

路径之一：规划引领，完善综合交通运输体系。

按照鄂州市“多规合一”试点工作要求，以鄂州市“十三五”综合交通运输系统规划编制为契机，加大规划统筹力度，把交通发展放到全市经济社会发展大局来谋划，纳入全市总体发展规划，并做到三个结合，即与城市总体规划相结合，与产业布局发展实际相结合，近期目标与远期规划相结合，高起点、大手笔谋划综合交通发展规划，做到路、站、运相互配套，江、湖、港优势充分发挥，项目建设、产业发展、功能区建设相互促进，从规划源头上牢牢把好有序开发关、资源合理利用关、集约发展关、生态环境保护关等四道关口，以此引领鄂州经济社会发展整体推进，良性互动。

鄂州市构建综合交通运输体系的基本思路：深入贯彻落实党的十八大和十八届三中、四中全会精神，以科学发展观为指导，紧紧围绕国家依托黄金水道推动长江经济带发展等战略机遇，以转变交通运输发展方式为主线，全面深化改革，充分发挥鄂州区位优势和港口优势，坚持节约资源和创新驱动，全面提升运输服务能力和

服务品质，构建便捷、安全、高效、绿色的现代综合交通运输体系，实现“以港兴城、港城互动”的战略发展目标，形成大港口、大物流、大产业的格局，为加快推进全市“一改两化”建设提供服务保障。

建设重点：一是着力构建大通道，支撑长江中游经济联动。充分利用既有长江干线航道、武九铁路、武黄城际铁路、沪渝高速、武鄂高速、316国道、106国道等通道资源，优化补短，升级扩能，构建综合运输大通道，为促进市域产业空间集聚，推动长江中游地区经济交流与协作提供快进快出和大进大出保障。重点加快推进鄂咸高速、武汉至阳新一级公路鄂州段、武汉至大冶一级公路鄂州段等对外快速通道建设，进一步强化与周边城市的便捷联系，提高承担沿江、沿海地区辐射的能力。力争将梁子湖航道升级、船闸改造等沿江内湖通道整治工程纳入国家、省级交通建设规划，增加内河通航里程，拓展长江航运的辐射能力和影响范围。

二是着力打造大枢纽，提升区域中心城市功能。紧抓武汉长江中游航运中心建设和省委、省政府整合长江港口资源的契机，大力推进鄂州港口综合运输试点建设。重点推进葛店南山港区建设、三江港区一期工程等规模化、专业化码头建设，以及三六快速、沿江大道、三江港区铁路专线等集疏运通道建设，大力发展公、铁、水联运，重点发展港口物流和临港产业，构建形成港口开发、临港产业园和物流园互为依托、联动发展的“一港双园”协同发展模式。充分利用既有的城际铁路站和客运站，集约布局城市公交枢纽，打造公铁客运换乘交通枢纽，优化货运场站、物流园区空间布局，形成各种运输方式有机衔接、多个交通枢纽相互协调的综合运输枢纽体系，构建区域性综合交通枢纽城市。完善各区二级客运站、物流园区及乡镇等级客运站、综合服务站建设，将各区打造为服务群众出行的地区性交通枢纽。

三是着力完善大网络，服务全域经济转型升级。全面提升干线公路网的技术等级和覆盖范围。重点推进316国道等国省干线升级改造，以及新区连接公路、环梁子湖生态旅游路等产业资源开发通道，全面覆盖各区、重点镇、重大交通枢纽及主要景区。全面提升农村公路网的通达范围和通畅水平。重点推进农村公路提档升级，推进农村公路向“三新”（即新社区、新产业、新经济版块）延伸，并加强农村公路的互联互通，进一步完善全市农村交通网络，改善农民出行环境，服务全市新型城镇化建设。

四是着力提升大服务，保障群众安全便捷出行。依托城际铁路站、客运中心站，依托逐步完善的干线通道，加快建设城际快速客运网络，有效衔接城市公共交通、城乡客运及其他客运方式，构建一体化的城际客运服务体系。深入推进城乡公交一体化，形成鄂州至周边城市（武汉、黄石、黄冈等）、中心城区至各区各乡镇、乡镇至行政村的三级客运网络，同步推进城乡客运站场建设，形成路、运、站一体化。着力创建公交示范城市，加快建设城市对外交通枢纽、大型换乘枢纽公交场站、停车换乘设施及公交首末站、停保场、中途站建设，推进清洁能源车辆使用，加强行业信息化建设，提升公共交通服务品质。

路径之二：公路先行，引导城镇化空间格局。

强化公路交通网络衔接。公路交通是城镇化、城市群发展的重要基础。目前鄂州公路密度达到215.23公里/百平方公里，远高于全省平均水平，主通道已打通，大循环已基本形成。行政村硬化路面通达率达到100%，农村公路由“村村通”向新社区、新产业、新经济版块延伸，城乡交通一体化建设取得了明显成效。要进一步提高干线公路通行能力，促进路网与城市道路之间的有效衔接，构建“内畅外联、衔接顺畅、能力匹配、便捷高效”的公路交通网络。力争在“十三五”期末，基本建成“一纵三横”的对外公路网和“四纵三横一环”的全市干线公路网络，推进农村公路提档升级，提高全市公路的通行能力和服务水平，全面适应全市经济社会发展需要。

一是建设服务区域一体化发展的对外快速通道。重点完善相邻市州的快速通道通道，支撑“武汉城市圈”和“武鄂黄黄城市带”区域合作，形成西接武汉，辐射鄂东，进一步强化与周边市县联系，提高承接沿江、沿海地区的辐射能力。重点规划建设鄂咸高速等项目。

二是建设提升区域通达能力的干线公路网。通过加快区域干线公路网内多条主要通道的建设，提升整体服务水平，加强区域快速通达，形成串联全市各功能区及重点镇之间的主动脉，加强鄂州对外交通联系以及“1+7”沿江滨湖新区之间的交通联系，服务鄂东地区经济联合共同体。重点规划建设316国道改扩建等项目。

三是建设与港站枢纽、高速互通衔接的干线公路。重点完善港站枢纽的集疏运功能，加大沿江通道和疏港公路建设力度，发挥干线公路网对高速公路网的辅助和保障功能，提升区域对内对外综合运输能力。重点规划建设吴楚大道至南山港疏港公路、三江港区疏港二路等疏港公路。

四是建设连接旅游景区的干线公路。重点提高干线公路服务地方产业经济发展的能力。重点规划建设环梁子湖生态旅游路等连接线。

五是全面实现农村公路提档升级。以省交通运输厅将我市作为全省农村公路建养管体制改革试点为契机，推进农村公路网格化管理。以推进城乡交通一体化为主线，重点实施“五大工程”：一是实施农村公路通达工程，继续按照农村公路向“三新”（即新社区、新产业、新经济板块）延伸的理念，完善全市农村交通网络，推动城乡基础设施向农村延伸，公共服务向农村覆盖。城乡交通向农村辐射。二是实施农村公达标配套工程。对全市农村公路破损路面进行全面修复，切实改善农村公路路容路貌，提升农村公路通畅水平。三是实施农村公路升级改造工程。对照全域公交化改造总体目标，以需求为导向，全面提升道路技术等级，提高农村公路安全保障能力。四是实施农村公路文明示范工程。对农村公路进行绿化美化，不断提高农村公路绿化质量和覆盖率，有效提升公路品质，改善交通运输环境。五是实施农村客运设施配套工程。根据公交全域化建设发展需要，合理设置和建设城乡公交候车棚，服务客运需求。

路径之三：适度超前，编织城镇化运输网络。

运输服务系统是综合运输体系的重要组成部分，鄂州市在城乡交通基础设施一体化建设取得较大发展的基础上，还应高度重视综合运输服务系统的建设，充分发挥交通基础设施功能，提高运输管理与服务水平，转变交通运输发展方式，优化运输结构，促进现代物流发展，加快推进运输服务效率和水平提升，拓展服务领域，提升服务品质，降低运输成本，努力构建现代化、立体化、智能化、快捷高效的综合交通运输服务体系。通过综合交通运输规划，在硬件上实现设施一体化衔接的同时，在软件上实现不同运输方式间服务的一体化，主要是构建一体化的城际铁路服务体系和城乡一体化的公共交通服务体系。实施武汉城市圈内和城乡公交一体化没有经验可鉴，没有明文规定，更没有捷径可走，必须大胆地闯、大胆地试，突破政策限制和体制禁锢，杀出一条新路来。

一是积极构建城际快速客运网。加快构建城际快速客运网。充分依托武黄城际铁路、武冈城际铁路、城市圈城际铁路环线、鄂咸城际铁路、鄂州地铁以及高速公路构建，完善与武汉的快速客运网，进而全面融入武汉城市圈，加快建设“管理规范、服务优质、衔接顺畅、快捷高效”的城际快速客运网络，并有效衔接城市公共交通、城乡客运及其他客运方式。推进道路客运与其他运输方式差异化发展战略，优化城际客运班线线网布局。加快推进与鄂州火车站衔接配套的鄂州主城区客运枢纽站建设、加快与武黄城际铁路沿线停靠站点、道路客运、公交对接，尽快实现鄂州高铁、城铁、公路、公交等多种运输方式间“无缝衔接”、实现“零换乘。

二是推进城际客运公交化。在规划城际快速客运网的基础上，要打破地域行政壁垒造成的管理体制和运行机制的束缚，统筹跨区域班线客运、旅游客运线路资源，与武汉、咸宁、黄石、黄冈等周边中心城市开行公交化的城际客运班线，推进武汉公交与梧桐湖新区、葛店开发区、红莲湖新区、花湖新区等的对接，统一规划城际客运线网、换乘枢纽以及中途站点，出台扶持优惠政策，稳步推进道路客运同城化发展，切实方便群众出行。加快鄂东南区域连片发展，推动武汉鄂州黄石黄冈四市客运一体化。

三是实施城乡公交一体化。城乡道路客运是联系城乡、服务居民出行的重要纽带，是城乡经济社会一体化发展的重要基础，以保障城乡居民“行有所乘”基本需求为目标，坚持“公交优先，城乡一体”的发展理念，通过整合资源，完善运输组织，积极推进城乡客运一体化发展，逐步实现城乡客运基本公共服务均等化，为城乡一体化、新型城镇化建设提供必要的交通运输服务支撑。以鄂州市五大功能区的空间结构为基础，形成以主城区、葛华新城为中心，各片区中心镇为重要节点，重点镇为一般节点，以市域道路为纽带的公交网络，实现镇镇通公交，公交站场1公里服务半径覆盖大部分中心社区，使公交成为鄂州市居民出行的一种重要方式，在整个鄂州城区范围构筑一体化的“布局合理、网络畅通、便捷高效、快速舒适、安全可靠、社会认可、公众受益”的城乡公交体系。未来一个时期，鄂州市要以创建全省“公交示范城市”为契机，逐步实现主城区20公里范围内公交全覆盖，着力实施“12347工程，全力打造全域立体公交体系。”1“即推动城乡公交一体化建设，即全市城乡公交实现一个规划引领，起草《鄂州市人民政府关于优先发展我市公共交通的实施意见》，并编制完成《鄂州市公交专项规划》；”2“即实现主城区20公里范围内公交全覆盖，近三年已连续开通9条城乡一体化公交线路；“3”即推动落实公交进“新区、小区、社区”三区活动，调整公交线路直达新区经济板块，延伸线路直达新建的小区，陆续开通至农村新社区公交线，方便市民出行；“4”即打造城际公交、城乡公交、区域公交体系；“7”是在鄂州沿江滨湖7大新区陆续开通公交微循环。目前，已开通了公交102路、公交200路、500路公交微循环对接武黄城际铁路。要大力实施城乡公交化改造工程，按照“政府主导、行业指导、属地负责、企业经营”的原则，根据全市公交规划，对现有的农村道路客运班线按公交“四统一”的营运模式及标准规范进行公交化改造。推进城乡公交运行企业改革。实行公交化改造后，原则上一条线路一个公司经营，努力培育资产更优、实力更强、信誉更好的公交市场运营主体，组建公交集团，不断提高经营管理水平和服务质量。按科学发展的要求，走“绿色、高端、集约”发展道路，进一步修订城市公交一体化规划，大力实施优先城市公交发展战略，实施公交车提档升级。

第一，构建城乡公交干线。对市、新区间道路客运实施公交化改造，加快发展市区快速公交，规划五大功能区、七大新区之间的快速公交专线。在此基础上，结合乡镇分布和经济社会需求，推进中心城区至建制镇线路的公交化运营。

第二，以市区中心城区为核心，推进城乡公交线路进一步向城市周边乡镇及主要人流集散点延伸，逐步实施城市公共交通在城市城区和郊区范围内的全覆盖。

第三，在乡镇基本通班车的基础上，通过新辟、改线、延伸现有农村客运班线，有重点、分阶段在镇域发展“镇村公交”，扩大农村客运的覆盖和服务范围，提高建制村通班车率。

路径之四：以港兴市，助推新型城镇化发展。

鄂州地处武汉城市圈核心圈层，是长江中游城市群中的重要节点，拥有丰富优质的长江岸线资源和前景广阔的深水港区开发条件，在全省沿江城市中区位优势显著，长江经济带国家战略的实施为鄂州交通新一轮发展带来了新机遇，要求鄂州市交通行业抢抓机遇、主动对接，突破自身发展局限，立足更高视角，以支撑国家战略为导向，充分发挥水运优势，以港兴城，加快融入中游城市群。

一是构建沿江滨湖新区发展格局，加快葛店开发区、三江港区、鄂州开发区、鄂城新区、花湖开发区、梧桐湖新区、红莲湖新区等7个沿江滨湖新区开放开发。按照一个主导产业、一个建设开发主体、一套高起点的规划、一批高标准的基础设施项目、一个明确的开发建设时序的“五个一”思路，与大型投资集团合作开发沿江滨湖新区，推动各新区错位发展、产城融合发展。按照政府引导、市场运作的思路，以“地主港”模式开发建设港区。千方百计引进有雄厚实力、有运作经验的战略投资者，与市政府合资组建投资公司，对港口岸线、临港区域进行整体开发，并推进沿江基础设施、园区平台建设，从而引进、带动产业的大发展。加快推进一批投资额度大、带动力强的支撑性项目建设，优化港区前沿及后方的交通组织，吸引和支持大用水、大运量产业进入临港工业带布局。

二是加强港口集疏运体系建设。集中力量加快临港新城、港航基础设施和集疏运公路、铁路体系建设，构建综合运输体系。高标准建设武九线鄂州地区三江货运站，同步推进鄂钢工业港铁路专线及港前站建设，加快吴楚大道、鄂咸高速、三六疏港高速等港区公路建设，构建现代化多式立体联动格局。按照现代化港口的标准谋划，通过合理规划港口，完善集疏运体系建设，逐步形成港口带动产业园区、物流园区发展，产业园区、物流园区发展支撑港口建设的“一港双园”发展模式，促进沿江产业带发展。近期重点以打造武汉城市圈物流中心为目标，以服务鄂州并辐射鄂东南、皖、赣及长三角地区物流需求为发展方向，大投入、大规模建设三江港物流园区。将鄂州市物流业的发展和周边城市经济特点和经济发展布局紧密相结合起来，继续完善市域公路网络与城区城市道路网络建设，构筑时效性配送体系，提升鄂东区域物流业整体竞争力。

三是加快发展多式联运。依托公铁水综合交通网络体系，统筹规划，全面推进多式联运中转设施和连接两种以上运输方式的转运设施建设，着力推动铁路专用线进入物流园区，提高物流集散能力，实现多种运输方式“无缝衔接”。继续加大对湖北大通等甩挂运输试点企业培育扶持，逐步扩大甩挂运输的范围和规模，鼓励有条件的企业通过兼并、联合等形式，重组一批具有一定规模和实力的交通物流企业，推动不同企业间相互甩挂、跨区域甩挂以及多点循环式甩挂运输发展，提高综合运输效率。积极探索城市交通综合信息平台建设，充分发挥交通运输在现代物流业中的重要作用，努力构建现代化、立体化、智能化、快捷高效的综合交通运输服务体系。鼓励发展集装箱专用船、船舶大型化和标准化，加强港口与保税园区、工业园区联动发展，全面提升物流服务水平。加强多式联运服务对接，推广应用先进技术，提高信息服务水平，建立智能水路交通系统，完善水路安全应急保障体系。

四是促进长江岸线有序开发。加快推动出台《鄂州市长江岸线利用控制性规划》，全面加强对港口岸线开发利用的管理，优化产业布局。同时对港口岸线使用的审批范围、条件、程序、内容等方面作出明确规定，规范港口行政管理部门的行政行为，提高工作效能，方便行政相对人，提高岸线使用许可的透明度，使其发挥最大的经济和社会效益。

路径之五：深化改革，落实综合交通保障措施。

全面深化改革是推动交通运输业发展的必然要求，城镇化进程中做好交通运输服务保障面临诸多新要求，新问题、新难点，都需要通过深化改革、完善政策、优化体制机制来取得突破。

一是合力推进交通一体化建设，建立分级管理责任机制。要按照市委、市政府明确的全市新型城镇化交通一体化建设实行“统一领导、统筹规划、条块结合、分级管理”的原则，各级政府作为地方交通建设的责任主体，各有关部门也要尽相应的职责，市交通运输部门将主要精力集中在全市综合交通运输行业发展战略规划的制订、项目的争取、资金的配套到位，质量监管和指导；建立目标考核奖惩机制，实施“奖优罚劣”。市政府与各区政府签订年度交通发展目标责任书，将交通运输发展目标年度完成情况纳入政府年度工作考核，与其他重要指标一并进行奖惩，充分调动各区加快交通运输发展的积极性。

二是争取政府加大对交通一体化建设项目的资金投入。按分级管理的原则，明确交通项目建设、运输一体化发展配套资金由各级政府根据财力负责筹措；市交通运输部门只负责对纳入全省规划的交通建设项目，按工程进度拨付定额补助资金。对于堤、路合一的公路和城区过境公路、交通运输、住建和水务部门围绕各自职能。

三是积极向上争取项目和资金。要牢固树立“前期就是投资、前期就是发展”的理念，把前期储备和项目实施放在同等重要的位置，超前推进各项工作，缩短工作周期，提高工作质量，以真正建立“规划一批、论证一批、储备一批、在建一批”的良性项目前期工作机制。要积极向上争取政策支持。近期的工作重点是“四个争取”：一要争取将鄂州作为“全国新型城镇化交通试点”。二要积极争取省交通运输厅支持，抢抓鄂州作为全省农村公路养建管试点和农村公路廉政阳光工程建设试点机遇，在农村公路建设湾组、新社区延伸、农、林、渔场道路指标上给予倾斜；三要积极争取省交通运输厅支持，在危桥改造、村村通客运项目和资金上给予倾斜；四要举全市之力争取将我市创建为全省公交“示范”城市，给予政策支持。

四是推进交通融资平台建设，做大做强交通投融资平台。进一步加强交通筹融资政策研究，加大政策争取力度；借鉴咸宁等地以土地资源实施捆绑开发，吸引地方政府将更多的资金、更多的土地等资源投向交通，发展壮大鄂州交投公司；创新转变投融资方式，做好“两个转型”，即：扩大鄂州交投经营范围，明确经营板块向市场主体转型；扩大现有单一的投融资运作模式，向打通资本市场转型，推动公司发行债券。力争市交通投资公司资产规模扩大到20亿元，使交投公司自身造血能力更大，业务范围更广，抗风险能力更强；整合现有交通资源，以存量资产为基础搭建融资平台，推进与农行、中信等银行的实质性合作，广筹交通建设资金。借鉴“地主港”的建设模式，积极探索利用港口岸线、土地资源、政府补助投资作为国有资本，通过股份制形式，委托港口企业对港口与周边的土地进行捆绑式统一开发，合理分配价值，统筹建设资金，建设公用型的港口设施。加大港口招商引资力度，吸引社会财团、民间资金、外商资金单独投资或合作参与港口建设。尝试和借鉴BOT模式开发建设鄂州内河航道，实行航道建设与旅游资源捆绑开发，鼓励企业投资航道建设。建议省政府继续实行“以陆补水”和财政专项资金支持港航建设的政策，多方筹措资金设立水运发展专项资金，主要用于公益性航道建设和维护、港口重点建设项目补助以及海事搜救中心的建设。将鄂州港纳入省政府投资补助范围，对实行审批制的港口项目参照武汉港项目补助标准予以补助，对实行核准或备案制港口项目也予以一定的资金支持。航道建设作为公益性公用设施，建议主要以部省投资为主，企业投资为辅。我市也应加大对港口、航道公用设施建设的投入力度，满足水上安全工作需要。争取省政府支持，比照省政府对武汉、黄石、荆州、宜昌、襄阳等主要港口的优惠政策，将港口企业缴纳的企业所得税，“十二五”期间财政返还地方分享部分，作为我市港口建设专项资金。对在建设期间确有困难的涉及港航建设的项目，呈报省地税机关审批减免土地使用税。对城市规划确定城市中心港区外迁的港口企业，自行转让原房地产的，经税务机关审核批准后，免征土地增值税。对集装箱卡车道路运输实行低收费的优惠政策。将港口建设用地纳入土地征用总体规划，优先保证港口重点工程建设用地。对港口、航道建设用地，符合现行政策的可以划拨方式使用。

推进孝感现代交通物流业发展的思考和对策

孝感市交通运输局　李清华

物流业是融合运输、仓储、货代、信息等产业的复合型服务业，是支撑国民经济发展的基础性、战略性产业，是现代服务业的重要组成部分，对调整经济结构、转变发展方式、增强国际竞争力具有重要作用。交通运输在现代物流业中具有基础和主体作用。目前我市现代物流业还处于起步阶段，与相对发达的沿海地区相比有明显的差距，因此我市应加快发展交通物流业步伐，坚持以科学发展为主题，以加快转变发展方式、促进结构调整为主线，紧扣建设综合运输体系和现代物流基地的战略目标，攻坚突破，创新发展，着力构建布局合理、功能齐全、信息畅通、技术先进、诚信高效的现代交通物流服务体系，推动孝感物流业的健康快速发展。

一、全市交通物流发展现状分析

(一)交通物流发展成效显著

成效一：物流需求快速增长。国民经济平稳较快增长，带动了物流需求快速增长。2013 年全市实现地区生产总值 1238.93 亿元，按可比价格计算，比上年增长 10.8%。分产业看，第一产业增加值 243.13 亿元，增长 4.8%；第二产业增加值 602.31 亿元，增长 14.0%；第三产业增加值 393.49 亿元，增长 9.6%。三次产业结构由上年的 20.4:47.8:31.8 调整为 19.6:48.6:31.8。在第三产业中，交通运输、仓储及邮电通信业增长 8.6%，批发零售贸易业增长 9.3%，住宿餐饮业增长 4.5%，金融保险业增长 21.8%，房地产业增长 6.2%，其他服务业增长 10.3%。外贸外资全面增长。全年实现外贸进出口总额突破 10 亿美元，达到 10.25 亿美元，比上年增长 31.3%。全年全市完成货物周转量 61.80 亿吨公里，比上年增长 17.2%。

成效二：物流市场主体快速形成。全市物流业通过改造国企、发展民企、引进外企及推进企业物流社会化等途径，形成多种所有制、“大、中、小、特”多种类型企业共同发展的格局。各类物流企业通过专业化服务，呈现出特色物流和专业物流并行的快速发展态势。申通、德邦、圆通、汇通、鑫飞鸿、速尔、佳吉、EMS 等国内知名物流企业纷纷进驻我市布局，传化、申通、韵达等发达地区龙头企业在我市建设区域总部基地或设立分支机构，孝感合力通晟、应城长江顺达、云梦长舟等市内传统的运输、仓储、货代企业加快向现代物流企业转型。据统计，全市共拥有各类物流企业(个体)1016 家(其中运输类企业 102 家，仓储类企业 113 家，综合类企业 131 家，快递配送类企业 279 家，货代点 262 家，冷冻库 12 个，控温库 67 个，水运码头 41 个，大型装卸货场 9 个)，运输车辆 18043 台，装卸设备 1434 台(套)，运输船舶 220 艘 15.2 万载重吨，从业人员 62698 人。其中市本级(孝南区、高新区、临空区)共注册各类物流企业 452 家(其中运输类企业 62 家，仓储类企业 61 家，综合类企业 69 家，快递配送类企业 97 家，货代点 117 家，冷冻库 5 个，控温库 27 个，水运码头 12 个，大型装卸货场 2 个)，运输车辆 5111 台，装卸设备 61 台(套)，运输船舶 29 艘，从业人员 18023 人。

成效三：物流基础设施加速构建。物流园区(基地、中心)等物流设施快速发展。全市坚持政府推动，政策引导，企业主体，市场运作，多元投入的发展理念，把物流园区建设作为推动物流产业的重要途径。孝感锦龙物流园、临空经济区凤凰物流园、孝武集团云梦同诚物流、孝感合力集团通晟物流、湖北春晖集团粮食物流、孝感南方国际商城、新都市物流、汉川京邦物流、湖北云梦长舟物流、云梦白云物流、安陆凤凰物流、大悟鄂北商贸物流、孝昌京穗物流等一批园区(中心)建设项目迅猛推进。这些基地辐射范围广、集聚效应强，为产业和物流业互动发展提供了不可或缺的载体平台，以孝感城区为中心的鄂西北物流中心正积极推进。

成效四：综合运输体系初具规模。全市公路总里程达到 13701 公里(其中：一级公路 93 公里、二级公路 1080 公里、三级公路 1342 公里、四级公路 11186 公里)，高速公路达到 279 公里，现代公路交通网络初具雏形。全市港口生产性泊位达到 143 个，港口吞吐量达到 127 万吨；内河通航里程 542 公里，等级航道 504 公里。以京珠、汉十、武荆及 107 国道、316 国道为依托的公路物流网，以京广、汉渝、长荆铁路为依托的铁路物流网，以汉江、汉北河、大富水等水上干线码头为依托的内河物流网，以天河机场为依托的航空物流网等基本形成。

成效五：区域物流特色明显。全市物流业在工业、农业、商贸等领域，初步建立了服务不同产业的物流服务体系。有制造业与物流业联动发展，由传统运输业向现代物流业转型的孝感合力运输集团公司；有以铁路集装箱运输为主导的公路、铁路联运的湖北长舟物流中心；有服务于谷物、棉花等农产品物流仓储配送的湖北春晖物流股份有限公司；有为社会各界提供国际、国内、同城的快递服务等业务的孝感市邮政速递物流公司；有集农产品深加工、家电仓储、超市配送于一体的孝武集团同诚物流公司；有打造家居建材产品展示、仓储、配送于一体的孝感南方国际、云梦白云、安陆凤凰、大悟鄂北物流等。上述特色物流企业发展为我市多样化发展物流产业提供了宝贵的经验。

成效六：重点交通物流项目快速推进。“十二五”期间我市交通运输部门在城乡接合部、工业集聚区、临空临铁和临高速区域布局规划了“二园区三中心”五个“公路港”型物流基础设施项目。全市坚持政府推动、政策引导、企业主体、市场运作、多元投入的发展理念，把“公路港”型物流基础设施建设作为推动交通物流业发展的重要途径。孝感锦龙物流园、孝武集团云梦同诚物流中心、安陆物流中心、孝感合力集团通晟物流、汉川京邦物流等一批园区(中心)建设项目迅猛推进。锦龙物流园将全面植入“传化”全新的智能公路港物流业务，全面集聚物流与供应链服务资源，金融服务资源，电子商务服务资源和人才资源；以公路物流为依托，连接公铁水，打通海陆空，形成多式联运的主体物流网络集群。同时，通过与电子商务平台，供应链服务平台、武汉跨境电商平台进行互动，把孝感建设成为武汉城市圈供应链服务高地，电子商务示范基地和华中综合物流枢纽。目前云梦同诚物流、京邦物流、通晟物流已部分投入运营，锦龙物流有望2015年5月试运营，安陆物流中心正加快推进。

成效七：物流信息化水平不断提高。“十二五”以来，全市物流发展机构以科学发展观为指导，紧密围绕物流信息化建设目标要求，在基础设施建设、物流信息服务、社会信息化推进等领域稳步开展工作，全市物流信息工作取得新成效。

一是以调查研究为切入点，夯实物流产业基础数据。“十二五”期间，孝感物流在全系统、全行业、全社会开展全方位的物流调研工作，先后开展了孝感现代物流业调查、物流需求调查、物流企业现状调查、农村物流调查，全系统累计调查近万人次，联系行政事业单位300余个，走访调查企业1000余家，乡镇覆盖率达100%。通过调研，基本摸清了全市物流业的基本情况和存在的主要问题，掌握社会经济发展对现代物流业的基本要求。结合调研情况，全市按行政区划完成物流调研资料汇编8套、农村物流调研资料汇编11套。二是以基础数据为重点，加快物流行业统计体系建设。根据物流产业发展的实际情况，坚持把孝感物流信网和物流统计体系建设作为基础管理的头等大事来抓，在物流内业规范化建设上勇于探索、大胆实践，创造性地推进信息化建设，物流统计工作开始起步，物流统计体系逐步完善。在物流统计体系建设上着眼于统计工作体制和机制、统计指标体系、统计调查体系和现代统计信息系统等四个方面，制定《孝感市物流统计目标考核办法》，对各单位统计报表任务、单位名录管理、统计分析等统计业务工作以及阶段性的专项统计调查进行量化考核，实行考核与年度评先、项目资金挂钩管理。自2012年在全省率先实施统计工作以来，全系统认真执行统计制度，广泛采集统计数据，最大限度地保证了物流统计数据的连续性、完整性、真实性。目前，按“一企一档”的原则建立物流企业名录117家，物流园区“驻站服务”实现全覆盖。三是以物流信息化建设为载体，推进公务服务平台建设。“十二五”期间，我局把物流公共信息平台研发作为推进物流信息化建设的主要抓手，投入了较大的人力、物力和财力。自筹资金60万元完成孝感物流网开发，并于2013年进行推广和应用，为辖区内的广大物流服务需求单位提供免费的信息发布、交易和基本的物流服务。市局还成立物流信息化建设工作专班，到企业宣传介绍孝感物流网的使用方法，邀请开发人员对全市部分物流企业信息操作人员进行培训。在孝感物流网的功能板块优化过程中，以农村物流为突破口，建立农产品信息员制度，在每个乡镇确定一名信息员，定期收集、发布各类农产品信息，受到农民朋友的欢迎。截至目前，孝感物流网已注册企业434家，发布咨询、车源、货源、仓储、专线等各类信息3327条。

(二)存在的主要问题

问题一：物流业发展水平与全市经济社会发展水平不相适应。近些年来全市物流业有了较快发展，但物流业增加值明显偏低，与市委、市政府提出的建设武汉城市圈北部物流集散中心(商贸物流集散基地)的发展目标和全市经济社会发展水平相比还有一定差距。全市目前还没有建成一家能够为第三方物流企业提供服务的综合性物流园区平台，导致物流企业沿街布点，造成城区交通拥堵、环境污染，也严重影响了城市品位。同时，由于物流、信息流的分散，难以形成规模、集聚效益。

问题二：物流管理体制与物流业健康有序发展不相适应。全市物流业管理尚未形成统一的组织领导和协调机制，多家管、多头管的现象依然存在，导致不能将发展现代物流业的资源优势转化为品牌优势、市场优势和产业优势；与物流业发达地区支持物流业发展的政策比较来看，孝感物流业还处于起步阶段，物流政策体系还不健全，物流理念还需进一步强化，物流业的发展缺乏统一的规划、协调、组织。由于全市没有一个统一的物流业发展空间布局规划，大家一哄而上搞物流，导致物流基础设施盲目投资、重复建设，新的“小、散、乱”现象又开始显现，造成投资、土地资源的浪费。

问题三：物流业组织化程度与物流业集约集聚发展的要求不相适应。我市多数企业仍保留着“大而全”、“小而全”的经营组织方式，从原材料采购到产品销售过程中的一系列物流活动主要依靠企业内部组织的自我服务完成，大量潜在的物流需求还不能转化为有效的市场需求。这种以自我服务为主的物流活动模式在很大程度上限制和延迟了高效率专业化的第三方物流服务的发展。同时物流行业进入门槛低，又分布在众多行业，行业发展“小、散、乱”格局突出，资源分散。据统计全市各类物流企业规模以上(主营收入2000万元以上)的仅有5家，占0.5%，由于企业规模小、集约化程度低，行业经营无序，运输安全、商品安全事故时有发生，既影响优质物流企业优先发展，又影响企业竞争力的提升。

问题四：物流专业人才严重不足与物流业高端推进的要求不相适应。

从部门层面来讲，专业人才短缺，影响了物流政策的研究、制定、规划编制和行业引导；从企业层面来讲，缺乏专业人才难以提高竞争力；从职业教育层面来讲，全市物流从业人员的教育培训相对滞后，影响了物流产业的发展，难以做大做强。

问题五：农村物流发展滞后与“三农”发展的需求不相适应。一是乡镇物流节点数量少、规模小、功能不全，大多数乡镇尚未形成一定规模的农村物流服务场所，制约影响了农村物流发展。二是从事农村物流的企业规模较小，农村物流产业整合不够，缺乏规范化运作和管理，公路货物运输服务体系落后，大部分农村超市物资配送局单一。三是农村物流配送网络不健全、等级低，农村物流仅仅局限在少数乡镇和村居，没有建立可操作性强的农村物流信息网络，物流信息流转不畅，物流效率低、成本高。

问题六：物流企业要求加快发展与土地供应的现状不相适应。目前，全市物流业发展势头良好，项目业主积极性高、投资力度很大，要求加快发展的心情十分迫切。但受限于用地指标及相关政策的制约，影响了项目推进。亟待解决项目用地指标问题，并加大相关配套政策扶持力度。

二、推进交通物流发展的总体思路、工作重点

孝感市委、市政府努力加快实施建设武汉城市圈副中心城市、打造“湖北的苏州”省级战略，提出了大力推进“五个跨越”、加快建设“五个城市”的战略构想，按照依托武汉、服务武汉、融入武汉、发展孝感的理念，围绕建设武汉城市圈副中心城市的目标，在融入对接武汉中构建更高更宽的发展平台，再造发展新优势。

总体思路：以科学发展观为指导，围绕“建设鄂豫省际区域性物流中心城市”这个主题，发挥综合交通运输网络功能，加快构筑“两大物流产业体系”，打造“四大重点工程”，形成“四大服务平台”，不断扩大优势物流规模、培育新兴物流增量、建设高端物流辐射平台，提升物流信息化和专业化水平，推进传统物流业转型升级，以物流服务促进其他产业发展，为实现全市经济社会跨越式发展提供坚实的物流体系保障。

——构筑两大物流产业体系：一是构筑以制造业为主的生产性物流产业体系。立足孝感产业大发展、大提升对生产性服务业的巨大需求，围绕提升食品医药、纺织服装、盐磷化工、汽车机电、金属制品五大支柱产业核心竞争力，加快工业化和信息化“两化”融合，促进产业集群发展，全力构筑与主导产业相配套的生产性物流产业体系，努力把孝感建成全国重要的工业产品配送中心、区域制造业零部件接转中心和轻工产品转运中心。二是构筑适应城乡统筹发展要求的生活性物流产业体系。着眼于建设鄂豫省际区域性中心城市和城镇化建设的需要，着力打造城市核心区中央商务圈，依托县域物流中心和乡镇物流网点，运用连锁经营和货运配送等现代经营方式，构建覆盖城乡的生活性物流服务网络，持续扩大城乡消费规模，不断满足人民群众多样化消费需求，努力把孝感建成鄂豫省际区域性物流中心。

——打造“四大重点工程”。一是以加强现代物流基地建设、实施物流品牌战略为重点的物流产业集群发展壮大工程。二是以搭建信息平台、提升辐射能力为重点的物流智能建设工程。三是以加快新农村建设、推进城乡一体化建设为重点的农村物流网络工程。四是以规范数据统计、加强发展研究为内容的产业统计基础工程。

——形成“四大服务平台”。即以综合交通运输体系为主的物流运输服务平台；以网络信息技术为主的物流信息服务平台；以规模仓储、配送为主的外包服务平台；以客运、货运、小件快运、供销、邮政快递为一体的农村综合运输服务平台。

工作重点：一是以强化枢纽衔接、提升辐射运输、建设联运系统为重点的综合运输服务提升工程。坚持以国家干线公路、铁路、水运和空港为依托，推进交通十大重点项目建设，加快构筑“四纵四横”高速公路网、“六纵八横两环”干线公路网，开展航道整治和港口、公路运输枢纽站场建设，完善运输网络节点，提升各种运输方式的运输效能。形成以京珠、汉十、武荆、砺孝、麻竹高速及107、316国道为依托的公路物流网，以京广、汉渝、武荆、汉丹等为依托的铁路物流网，以汉江、汉北河、大富水等水上干线码头为依托的内河物流网，以临空经济区为依托的航空物流网，实现各物流网之间的“无缝对接”。二是以加强现代物流基地建设、培育市场主体为重点的物流产业集群发展壮大工程。重点为：一是以孝感华中锦龙物流园为代表的服务于制造业和商贸流通的高端综合物流园区工程；二是以临空经济区凤凰物流园为代表的高端航空物流园区工程和物流总部基地工程；三是以孝感合力集团通晟物流、深圳海王物流园、同济医药物流园、三江航天物流园、南大生活用纸物流中心为代表的制造业与物流业联动发展工程；四是以湖北春晖集团粮食物流、孝感南大农副产品、汉川京邦迅达物流中心、应城物流中心、云梦白云仓储配送中心、安陆物流中心、大悟物流中心、孝昌物流中心等为代表的大宗商品和农村物流工程；五是以孝武集团同诚物流、九州通集团为代表的城市配送工程；六是以孝感南方国际商城、新都市、云梦白云、安陆凤凰商贸物流、大悟鄂北商贸物流为代表的专业物流园区工程；七是以湖北长舟云梦物流园为代表的多式联运、转运设施工程；八是以邮政快递、孝客集团为代表的小件快运物流工程；九是以武汉中百、武商量贩、中商百货、家乐福、孝武等为代表的农超对接工程。

三、加快推进交通物流业健康发展的对策研究

对策一：加快立法步伐、保证有规可循。加强现代物流业法规体系建设，规范物流企业的市场经营行为，确保物流业市场有序运行。国家或省级层面应尽快制定发展现代物流业的行业规范、服务标准和相关管理条例，强化制约机制，保证公平有序竞争，促进物流业健康发展。建立物流业统

计制度，按省统计局的要求，将物流业正式列入国民经济和社会发展统计范围，单独统计和发布。制定和推广物流标准化体系，按照省、市质量技术监督部门的要求，推行基础性、通用性标准、安全卫生和环境保护方面的强制性标准、各种物流作业和服务方面的专业标准，实现与国际物流标准接轨；加快社会信用体系建设，开展物流企业和从业人员信用等级评定；按照国家《物流企业分类与评估指标》，对全市物流企业进行综合等级评估等；充分发挥中介机构作用，依法制定行业规范，加强行业自律；优化物流市场环境，加强政府对企业的规范管理，为物流企业的经营和发展创造良好的外部环境；积极发展绿色物流，实现物流业的可持续发展。

对策二：加强组织领导、理顺体制机制。市政府要建立发展现代物流业领导机构，切实加强指导。成立由市政府领导任组长，发改委、交通、商务、国土、规划、财政、公安、工商、统计、粮食、供销、国税、地税、邮政等部门领导为成员的全市物流业发展领导小组，领导小组下设办公室负责日常事务，明确成员单位的工作职责。领导小组定期召开工作会议，研究和决定物流业发展中的重大事项、落实重大项目推进措施、制定支持重点物流企业发展的政策、协调行业发展中重大事项等，共同推进全市物流业加快发展。

强化对现代物流业发展规划的宣传力度，把现代物流的全新理念尽快向全社会各行业传播，提升全社会的现代物流意识，形成物流发展的良好社会氛围。在物流规划纲要的指导下，制订各个物流园区、物流中心的详细规划方案，制订出物流基础设施相配套的专项建设规划。各职能部门要各司其责，加强对发展现代物流的宏观管理，对不符合“十三五”规划的项目不予落户，政策上不予支持，确保现代物流业快速、健康、规范发展。

对策三：加大扶持力度、加快建设步伐。尽快出台推进全市物流业发展的指导性意见，加快政策体系建设，加大物流业发展的支持力度。一是加大土地政策支持力度。科学制定物流园区发展规划，对纳入全市物流业发展规划的重点园区用地给予重点保障。二是加大财政政策支持力度。加大对物流基础设施的资金扶持，积极引导银行业金融机构加大对物流企业的信贷支持，拓宽融资渠道。设立现代物流业发展专项资金，并逐步提高物流专项支持资金规模。重点支持能够提供公共物流服务的园区平台、农产品冷链、应急物流、物流公共信息平台和区域物流合作项目等涉及公共安全和民生的重大物流设施建设。三是切实减轻物流企业的税收负担。按照国务院办公厅《关于促进物流业健康发展政策措施的意见》(国办发〔2011〕38号)的9条政策，完善物流企业营业税差额纳税试点办法，研究解决仓储、配送和货运代理等环节与运输环节营业税率不统一的问题。四是提高物流车辆通行便利化程度。解决城市中转配送难、配送货车停靠难等问题。

对策四：规范行业行为、确保有序发展。为加快推进我市物流业健康快速发展，规范物流市场秩序，提升企业信誉，保障公平竞争，维护企业和消费者的合法权益，营造有序、公平、透明、统一、高效的物流市场环境。建议由各级政府物流发展领导小组牵头组织交通(运管、物流)、工商、公安、邮政等成员单位加强物流市场监管，规范行业经营行为。一是全面掌握物流企业基本情况，维护经营者合法权益。由有关领导小组成员单位组成工作专班，定期对辖区内所有从事货运代理、代办、货运配载、信息服务、仓储服务、货物中转、配送、快递、机动车停车场、装卸搬运业务单位的基本信息逐一进行登记、审核、归档，对未取得经营资格或营业执照的物流企业和个人依法予以取缔。二是严格规范企业经营活动、严肃查处违法违规行为。加快建设一批综合性物流园区和专业物流市场，采取疏堵结合的办法，引导物流企业进入园区和专业物流市场经营，严禁在城区街道布摊设点。严格规范企业经营活动、严肃查处违法违规行为。加大对物流企业的监管力度，规范企业经营行为、指导物流企业完善市场营销管理、安全生产管理、服务质量管理等各项规章制度，努力提高物流企业管理水平和服务质量。对违规经营、不正当竞争、欺骗敲诈、坑蒙拐骗等破坏市场秩序的行为严肃查处；对服务质量差、检查不合格的企业，要求其限期整改，整改仍不合格的，依据有关规定责令停业整顿，直至取消经营资格。三是严厉打击欺行霸市、欺骗敲诈等扰乱物流市场秩序的黑恶势力团伙。重点打击非法经营团伙，铲除欺行霸市、扰乱物流市场秩序的黑恶势力。对查证属实的黑恶势力集中依法公开处理。四是规范物流信息服务，杜绝虚假信息传播。为便于监督检查不良物流信息，防止虚假物流信息恶意扰乱市场，凡在我市注册经营的货运站场、物流中心、物流信息部及信息发布网站等物流信息使用者、发布者、传播者均要纳入孝感市物流信息平台监管；对拒不接受信息平台监管的物流信息提供者、使用者和传播平台要求其限期整改，整改达不到要求的要取消其相应经营许可事项。五是建立健全信誉考核机制。凡为社会提供有偿服务，具有仓储、保管、配载、信息服务、装卸、理货等功能的货运站场、零担货运站、集装箱中转站、物流中心、货运交易市场(中心)等物流企业都要建立信誉考核档案，并在省、市物流信息平台上进行公布。所有物流企业均要签订《孝感市物流行业自律公约》，文明守法经营。

对策五：整合现有资源、避免重复建设。物流园区与物流中心建设应搞好资源整合，尽量利用原有基础设施资源，避免重复投资。对现有生产和商贸企业、多式联运和园区(中心)的信息化硬件系统，按照物流信息标准，进行整合利用，并尽可能利用公用信息化基础设施。鼓励引导支柱产业中各有关企业将相关的物流业务剥离出来，通过整合，独立组建成行业性物流服务企业。以商贸集团和连锁超市现有物流资源为基础，通过剥离形成第三方物流企业，适应中小型商贸企业物流需求，不断拓展物流服务功能。

对策六：培育龙头企业、发挥引领作用。按照“扶大扶强”的原则，扶持新建一批交通区位好、服务功能全，能够为第三、四方物流企业提供入驻平台的综合性物流园区；引进移植一批网络覆盖广、经营管理先进、物流信息技术应用好的国内外知名物流企业在我市设立基地；培育壮大一批重点货运企业按照市场机制整合资源，扩大规模和服务范围，由运输承运人向综合物流服务商转型，发展第三、四方物流；整合提升一批大型货运代理企业向集约化、规模化发展。鼓励支持骨干货运企业发展甩挂运输、集装箱运输等先进的运输组织方式，支持传统的货运站场升级改造，为甩挂运输提供必要的装卸、搬运、理货、中专等服务；鼓励引导物流企业选用新能源汽车、节能环保运输工具和技术先进的物流设施设备。

对策七：加速平台建设、提升物流效率。以省、市交通物流信息平台为依托，全面提高物流业信息化水平，提升物流业整体运行效益，降低物流成本，为物流业提供全方位的信息服务，建立物流信息采集、处理和服务的交换机制，积极推进企业物流管理信息化，促进信息技术的广泛应用。大力推进企业物流管理信息化建设，积极推广应用先进物流信息技术，引导物流园区、货运站场和运输企业加快信息化建设和改造，实现物流信息可靠、安全、高效、顺畅的交换和共享。

积极引导交通物流园区、货运站场和运输企业推广应用仓储管理系统、运输管理系统、条码、射频技术、电子数据交换、全球卫星定位系统、地理信息系统、智能交通等先进适用信息技术，从整体上提升我市物流业的服务水平和效率，提高孝感经济对周边地区的辐射作用和吸引力。

对策八：加快人才培训、提供智力支持。建立人才引进和培养机制，引导物流企业、行业组织与职业教育机构紧密结合，建立多层次的物流人才培训基地，提高物流业人力资源自主开发能力和从业人员素质。由孝感市物流发展局牵头负责与高等院校合作，成立孝感市物流人才培训基地，每年按市场需求对全市物流从业人员进行助理物流师、物流师资格和物流职业经理资格证书的培训，使他们获得相应的从业资格证书，在全市范围实现物流从业人员持证上岗，满足现代物流业对专业人才的需求。

对策九：发展农村物流、服务“三农”。充分整合利用好各方现有资源，促进有利农村物流发展的政策衔接、基础设施衔接和运营衔接。整合场站资源，完善农村物流基础设施，支持发展农超配送、农产品冷链物流。加快推进县、乡、村三级农村物流节点建设，以新建和改建农村五级客运站为重点，依托农村客运网络，建设具有物流功能的农村综合运输服务站。大力推进交通运输部门、邮政部门、供销、商贸等部门的合作，整合资源，共享政策，共建平台，发挥各系统在农村的基础网络体系和市场占有率优势，构建农村物流综合服务体系，推进农村物流健康快速发展，更好地服务“三农”。

对策十：科学编制规划、明确发展目标。为防止物流业盲目扩张和重复建设，按照“遵循集聚产业、集约经营的原则；整合资源、优化结构的原则；远近接合、循序渐进的原则；统一规模、分级规划的原则”，各级政府应从财政列出专项资金通过招投标的方式聘请国内权威物流策划单位编制全市和区域性现代物流业发展《规划》。通过政府主导、规划引导、政策扶持、部门配合、市场化运作来推进现代物流业健康有序发展。构建以布局合理、功能明确的现代物流网络节点(物流园区、物流中心、配送中心、货运场站、专业市场)体系为依托，以综合性物流基地建设、运营为主导，推动物流业的产业集聚、完善配套交通基础设施建设、促进多式联运发展;以综合性物流基地(物流园区、物流中心)的信息平台建设为支撑，提升物流产业、物流服务水平；以财税、金融、土地等政策为导向，整合物流资源，促进第三方物流业发展壮大；以体制机制创新为重点，营造现代物流业发展的政策环境、服务环境，充分发挥交通运输的比较优势，培育运输供给能力、安全监管能力、市场监管能力，推动物流产业升级和结构调整，逐步建立以三个市级物流园区为中心，七县市区物流中心为节点，n个乡镇村组物流网点为补充的全市现代物流网络服务体系。

建设城铁圈　打造增长极

黄冈市交通运输局　刘新华

武汉至黄冈城际铁路的开通，标志着黄冈已迈入高铁时代，全市经济社会发展将迎来千载难逢的发展机遇。一个以城铁为主轴的黄冈城铁经济圈呼之欲出，同时必将催生黄冈经济发展新的增长极。

一、城铁构筑起黄冈大交通格局

武汉至黄冈城际铁路及黄冈长江大桥建成后，将有效改善鄂东地区公路、铁路网布局，连同黄冈路网微循环的“153090”经济圈、大别山红色旅游公路等，共同构筑起全新的黄冈大交通格局。

实现与骨干交通网对接。城铁连接黄冈境内江北一级公路，大广、武英、武黄高速等高等级公路网，同时实现与318、105、106等国道、省道主干线联网，形成城际铁路、高速公路、长江航道和国道省道构成的综合交通运输体系，以及承接武汉、连通县市、呼应全圈、沟通邻省的开放型、立体式大交通格局。

实现与市区公交网对接。武冈城铁开通后，有利于优化公交路线网和公交客运体系。市区9条公交线路分别对接境内三大城铁站，极大地方便市民出行。启动快速公交系统建设，实行公交化改造，可完善城铁与市区和城郊的对接。

实现与周边区域对接。武冈城际铁路已连通黄州区禹王办、堵城镇、路口镇、陶店乡、黄州火车站开发区，沿线涉及4乡镇18村。下一步将兴建巴河特大桥和延伸城铁线路，使城铁更好地与团风、浠水、罗田和英山等县融合对接。

二、城铁圈产业基础初步形成

工业园区筑牢地盘。近年来，市区已建成黄冈高新技术产业园、黄冈经济开发区和黄州火车站经济开发区，初步形成食品饮料、纺织服装、医药化工、新型建材和机械电子等五大主导产业集群，钢构、造船、窑炉、电子和造纸等重点产业方兴未艾。

农业资源得天独厚。城铁圈所辐射的黄州、团风及浠水等区域农业资源极为丰富，已建成一批农产品基地。黄冈作为城市圈内“米袋子”、“油罐子”和“菜篮子”的地位将不断巩固。

文化旅游业曙光初现。黄冈钟灵毓秀，人杰地灵，文化旅游业已成为老区振兴发展的支柱产业。城铁开通后，有利于吸引更多游客，扩大旅游市场。

三、建设城铁圈，打造增长极

一是以高新技术产业园、黄冈和火车站经济开发区为重点，发展工业经济。加强主导产业与武汉的协作配套，优势互补，产生“共赢”效应。加强与武汉都市圈合作交流，对接大光谷、大汽车、大临港等产业圈，引进大项目，发展大工业，建设大园区。引进一批大企业、大集团来黄冈设立分公司、研发中心、销售中心。同时，深化市校合作成果，推进“一园八基地”建设，推动一批高校科研院所、大型企业来黄冈建立科研基地、中试基地和成果转化基地。

二是以黄州、团风、浠水等县市为重点，发展农业经济。重点发展以东坡粮油、天颐公司、华益油料、浠水中汇米业为龙头的粮食油料加工体系，以伊利奶业、汇源果汁为龙头的饮料工业，以东方园林为代表的生态农业产业。加强黄州、团风、浠水等地蔬菜基地建设。不断优化畜禽养殖布局、结构、规模和方式。发挥传统农业和现代农业双重优势，建设大武汉特色农业、绿色农产品生产和加工基地。

三是以东坡赤壁、遗爱湖为重点，发展旅游观光经济。通过整合旅游资源，加快赤壁公园、宝塔公园、大桥公园、长江外滩公园四大公园建设，着力打造以苏东坡、李四光等为代表的名人文化，以遗爱湖、齐安湖为代表的生态旅游，致力将黄冈打造成为武汉城市圈的“后花园”和“文化客厅”。

四是以城东新区为重点，打造鄂东宜居生态园林城市。着力推进白潭湖治理工程，将城东新区建设成为“城湖相连的水岸都市、生态优良的秀水家园”，不断完善城市功能，提升城市品质，增强城市的吸纳能力。努力将城东新区建设成能让外来游客切身体验到“现代城市的新气息、美丽景观的新视觉、温馨港湾的新感受和文化创意的新业态”。同时，加快老城区改造，让黄冈这座历史文化名城焕发新光彩。

四、思考与对策

一是解放思想，抢抓机遇。武冈城际铁路为武汉城市圈发展带来重大机遇，“同城效应”愈加凸显，将进一步激活沿线商业、运输业和服务业发展，有效加快铁路沿线的融合发展。

黄冈面临中部崛起战略，是武汉城市圈“两型”社会综改区重要成员，全国连片特困地区扶贫开发的主战场之一。特别是大别山革命老区振兴发展规划即将出台，长江中游城市群建设、长江经济带新一轮开放开发风生水起，更是千载难逢的机遇，黄冈要抢抓机遇，乘势而为，更好建设城铁圈，打造增长极。

二是转变思路，规划先行。提前谋划、制定好与武汉城市圈对接的总体规划和专项规划，形成相互衔接、协调联动的规划体系。积极与武汉城市圈对接关联度强、配套效率高和发展前景广的优势产业，依照资源整合、优势互补、利益共享、联合协作、经济一体原则，促进圈内产业和产品、经济和技术的高度融合。

三是突出重点，提升服务。强化对接城铁意识，提升服务水平。围绕城铁，打造以黄冈站为中心的黄冈交通运输骨干网，形成以国、省道为骨架，以县、乡村公路为支线的路网体系。同时，大力发展公共交通，加快城铁沿线站亭建设，谋划水、陆、铁路的无缝对接，实现真正“零换乘”，更好发挥“同城”效应。

四是加强对接，转型发展。打造产业板块，夯实对接载体，加快基础设施、主导产业、社会事业建设和发展步伐，充分利用城铁机遇，促进支柱产业的提档升级，提高资源配置效率和放大产业集聚效应，推进新型工业化、新型城镇化和新型信息化，努力推动黄冈大别山革命老区振兴发展。

建设综合交通　构筑区域枢纽

恩施土家族苗族自治州交通运输局

恩施州位于长江中上游结合部、是华中入西的要冲和川渝东出的门户，与鄂渝湘黔交界的湘西州、张家界市、怀化市、铜仁地区全境及渝东南、邵阳、娄底、益阳、常德、遵义部分地区71个县市区共同组成了武陵山片区，是集革命老区、民族地区和贫困地区于一体的集中连片特困地区，也是我国中西部区域经济分水岭和西部开发最前沿。恩施州位于武陵山片区北部，是片区“公、铁、水、空、管”五种交通运输方式俱全的唯一市州。交通运输作为经济社会发展的基础性、先导性产业，是推进恩施州“四化同步”(工业化、信息化、城镇化、农业现代化)和“双轮驱动”(产业化、城镇化)的重要支撑。加快完善综合交通运输体系，打造武陵山区恩施交通枢纽，让恩施交通为武陵山片区整体脱贫和区域经济社会发展当好先行，使恩施资源优势尽快转化为产业优势和经济优势，具有十分重要的战略意义。

一、过去一个时期交通运输发展成就来之不易

恩施州地形复杂，崇岭绵延，河谷纵横，山区人民曾长期饱受交通闭塞之苦。但经几代人艰辛努力，尤其是新世纪以来交通运输突破瓶颈、加快发展，恩施长期处于湖北省交通“神经末梢”的状况已经改变，后发赶超态势正在凸显，交通运输枢纽地位正在确立，过去的闭塞之所变为通衢之域，发展死角变产业承接之地，为山所阻、为路所困、为运所难的时代逐步成为历史。纵观恩施交通发展的历程，大致可分三个阶段：

第一阶段(1936—1979)，从无到有、打破闭塞。1936年巴(东)石(门坎)公路巴东至恩施段建成通车，结束了全州无公路的历史。1949年恩施解放时，全州仅有巴石和咸来两条总长共396公里的简易公路，利川、宣恩、鹤峰仍被群山阻隔。1958年，全州实现县县通公路，并首次开通恩施至武汉民航班线。水上运输以巴东港为主，有长江航道39公里。

第二阶段(1979—2009)，突破瓶颈、缓解制约。改革开放后，以318国道贯通为标志，全州交通快速发展。朝东岩、东门关等隧道相继开通，南泥渡大桥、巴东长江公路大桥等桥梁先后通车，西气东输与川气东送过境管道建成，全州88个乡镇先后修通沥青水泥路。到2009年，以国省干线公路为骨架、县乡公路为干支、通村公路为末端的公路交通网初步建成，州府恩施至所辖各县市“三小时交通圈”初步形成。

第三阶段(2009—至今)，跨越发展、总体适应。2009年以来，沪渝高速通车结束了全州不通高速公路的历史，宜巴、恩来、恩黔、利万、恩建高速建设快速推进，全州建成与在建高速公路总里程达533公里；宜万铁路开通运营，实现了全州人民百年铁路梦想，渝利铁路开通动车，“沪汉蓉”快速铁路大通道全面形成，极大拉近了恩施与上海、南京、武汉、重庆、成都等中心城市的时空距离；恩施州拥有武陵山片区唯一长江水运门户巴东港，清江恩施港成为全省第20个重要港口，全州24条通航河流通航里程达590公里；恩施许家坪机场二期扩建飞行区项目竣工，可起降波音737-800、空客320等大型飞机，成为全国重要支线机场。截至2013年年底，全州公路通车总里程达18961公里，公路密度为79.2公里/百平方公里(按行政等级分：高速公路222公路，国道679公里，省道1131公里，县道1881公里，乡道4831公里，村道10217公里；按技术等级分：高速公路222公里，一级公路16.5公里，二级公路1804.3公里，三级公路909.7公里，四级公路16001.2公里，等外公路6.9公里)。全州2512个行政村全部实现公路通达，85%的行政村实现公路通畅，行政村通班车率达到60.4%，可通客车行政村100%通客车，218个渡口100%实现达标改造，山区农民出行难、乘车难、过渡难问题得到明显改善。恩施地不再偏，路不再远，综合交通运输体系初具雏形。全州交通运输与经济社会发展的关系实现从基本缓解到总体适应的跨越，为构建武陵山区恩施交通枢纽奠定了基础。

二、今后一个时期构筑区域交通枢纽任重道远

习近平总书记对湖北的发展提出了“建成支点、走在前列”的殷切希望；省委李鸿忠书记对全省交通运输发展提出了“打牢发展大底盘，建设祖国立交桥”的总体构想；省政府确立了构建“大交通”、培育“大枢纽”、筑牢“大底盘”、做强“大物流”的总体目标；省交通运输厅制定了加快推进综合交通、民生交通、智慧交通、绿色交通、平安交通“五个交通”建设的总体思路。在3月6日全州交通运输工作会上，王海涛书记明确提出了当前恩施州交通运输发展的主要任务是“立足大交通、建好五条路(旅游公路、农村公路、城镇道路、物流之路和各种运输方式有效连接的路)”的具体意见，更是为恩施州交通运输发展指明了“内外循环联通，构筑区域枢纽”的方向。当前及今后一个时期恩施州交通运输发展面临的新形势、新机遇、新挑战有：

第一，问题不容忽视。恩施州交通运输目前在全省相对落后的状况尚未根本改变，发展不够、总量不足、结构不优、区域发展不平衡仍是全州交通运输发展的主要问题。高速公路、铁路及国省干线主骨架未完全形成，全州路网结构性矛盾依然突出；农村

公路建设等级较低、管养滞后、交通安全设施不配套；国家对转变发展方式的要求不断提高，土地、资源、环境等对交通运输发展的刚性约束不断增强，交通重点项目推进难度加大；省级原有融资平台消失，普通公路特别是国省干线公路建设资金短缺，与公益性交通运输发展相适应的筹融资体制尚待建立完善；运输行业集约化、规模化程度较低，信息化、智能化程度不高，面临着既要提供覆盖面更广的均等化服务，又要提供更高品质、个性化服务的双重压力，部分偏远山村群众出行难问题亟待解决；安全基础工作比较薄弱，交通安全事故易发多发，安全生产形势依然严峻。构建综合交通运输体系、优化交通运输结构、转变交通运输发展方式、提升交通运输服务能力任重道远。

第二，机遇不容错过。当前，恩施州交通运输发展已呈现基础设施加密成网、现代交通加速成长、发展方式加快转变、体制改革加快推进等阶段性特征，同时也面临一系列重大机遇。国家深入推进新一轮西部大开发，重点扶持武陵山集中连片特困地区；李克强总理两度视察恩施，支持湖北恩施全国综合扶贫改革试点建设；省委、省政府“一元多层次”战略、“两圈两带”、“一红一绿”布局，支持恩施州建设全国先进自治州，扶持“后三峡”建设，深入实施“616”对口帮扶等一系列政策惠及恩施；李鸿忠书记蹲点恩施市扶贫点，王国生省长联系恩施片区；在刚刚结束的“两会”上，更是明确提出了“中西部交通、基础设施要优先”。这一系列政策导向都释放出恩施交通运输正处于转型发展重要战略机遇期的强烈信号，也将为加快全州交通运输发展带来更多的政策保障和资金支持。

第三，建设还需提速。当前，恩施州交通运输仍处于大建设阶段，全州交通运输发展将以党的十八大和十八届三中全会精神为指引，贯彻落实州委州政府加快实施产业化、城镇化“双轮驱动”的决策部署，坚持问题导向，抢抓发展机遇，加快建设步伐，并牢牢把握以下五个方面：

(一) 建设综合交通是交通运输发展的总目标

州委六届五次全会对加快交通运输发展、构筑立体交通体系作出了明确的要求。总目标是：以构筑高速公路网、建设铁路大通道为龙头，以优化国省干线路网布局、畅通州内循环线、连通农村公路网、建设航空港和航运港、强化客运枢纽站场和物流基础设施建设为重点，打造互联互通的交通信息服务平台、公平有序的运输市场环境，将恩施建设成为武陵山区综合交通枢纽和湖北承接东西、连通南北的“立交桥”，形成对内大循环、对外大联通的立体交通格局。

根据《国家公路网规划》和《湖北省省道网规划纲要(2011—2030年)》，全州高速公路、普通国道、普通省道的总里程分别由原来的2条258公里、2条679公里、13条1131公里增加到规划的9条757公里、7条1173公里、25条2181公里，分别占全省的9.16%、12.51%、11.56%。有5个高速公路项目、18个普通国省干线项目、部分水运站场及农村公路项目纳入交通运输部《集中连片特困地区交通建设扶贫规划纲要(2011—2020年)》和《武陵山集中连片特困地区交通建设扶贫规划(2011—2020年)》以及《湖北省集中连片特困地区交通建设扶贫“十二五”规划》，总投资约572亿元，其中：高速公路总里程约423公里、总投资445亿元；普通国省干线总里程约935公里、总投资约73亿元；水运项目总投资约8亿元；站场项目总投资约1亿元；农村公路项目总里程约7489公里，总投资约45亿元。有30个项目纳入省交通运输厅《湖北省集中连片特困地区特色公路规划》，总里程983公里，总投资约33亿元，其中：新建76公里、升级改造309公里、路面改造159公里、利用原公路439公里，将形成连通恩施州八县市及五峰、长阳、秭归在内的湖北武陵山少数民族经济社会发展试验区主要旅游景区“千里绿色旅游公路环线”，串联起巴东神农溪、建始野三河、恩施梭布垭、土司城、大峡谷、利川腾龙洞、佛宝山、咸丰唐崖河、坪坝营、来凤仙佛寺、宣恩彭家寨、鹤峰屏山爵府、董家河、五峰柴埠溪、长阳清江画廊、秭归九畹溪等16处重点旅游景区。随着国家、省一系列规划的发布和实施，恩施州已成为湖北交通建设的主战场。

(二) 加快交通建设是交通运输发展的总基调

一是构筑快速交通大通道。保障东西大动脉沪渝高速、宜万铁路恩施段正常运营，开通沪蓉高速宜巴段，贯通武陵山片区南北大通道安(陕西安康)吉(湘西吉首)高速恩施段，建成两条重要连接线恩(施)黔(江)和利(川)万(州)高速，加快建设宜(昌)来(凤)高速鹤(峰)来(凤)段，形成“三横一纵两支”高速公路网，实现全州县县通高速。在2020年前建成来凤至咸丰高速，力争建设南北大通道利川至咸丰高速和神农架经巴东、鹤峰至张家界高速，联通巴东至建始高速，形成“三横三纵两支”高速公路网。建成渝利铁路，开工建设黔(江)张(家界)常(德)、安(康)恩(施)张(家界)、郑渝、恩(施)黔(江)遵(义)铁路，使全州铁路营运里程超过500公里，形成全州“三横一纵”铁路大通道，共同构建联通武陵山片区重要节点城市的铁路交通网络，实现全州县县通铁路。支持恩施航空口岸建设，建立集客货集散和国内中转功能于一体、辐射全国的航空门户，打造武陵山片区和“鄂西生态文化旅游圈”重要航空港，提高民航服务保障水平。

二是完善干线公路主骨架。加快新增国省道项目建设，2020年前完成1500公里新增国省干线公路升级改造，实现县县通国道、乡镇国省道全覆盖，重要旅游景区、港口及运输枢纽半小时内可达国省道，形成州府至县市、县市至乡镇“两小时交通圈”；结合城镇化建设，建成一级公路150公里，实现全州所有县市国省道绕城公路及县城与过境高速连接线公路一级化。与旅游产业统筹发展，合力构筑武陵山旅游环线走廊，建成旅游公路983

公里，2015 年前实现全州所有 4A 级及以上旅游景区通二级公路，2020 年前全州所有旅游景区通三级以上公路。

三是优化农村公路网结构。着力提升农村公路通达密度和利用效率，重点推进省际、县际出口路及区域内连接公路建设，打造“干支相连、通村达户、安全通畅、惠民便民”的农村公路网，形成乡镇至中心村“一小时交通圈”。2015 年前实现全州所有行政村通沥青水泥路，80% 以上农村公路配套安保设施。2020 年前建成出口公路 600 公里，区域连接公路 2000 公里以上；打通乡镇间、毗连行政村及区域间重要循环线，实现所有具备条件的自然村通公路，60% 的自然村通沥青水泥路。

四是完善客运基础设施。加快建设恩施国家公路运输枢纽和利川、来凤、咸丰、宣恩、鹤峰、建始、巴东、野三关 8 个区域性综合交通枢纽，推进客运站场及城市公共交通设施建设，努力实现客运“零换乘”和多种运输方式无缝对接。

五是加快现代物流发展。优化物流园区和物流节点布局，着力打造恩施区域物流枢纽、各县市物流集散中心和乡镇农村物流节点，健全全州交通物流网络；整合物流资源，引导物流园区建设成为集交易中心、信息中心、转运中心、运输中心、仓储中心、配送中心于一体的综合物流基地；引导乡镇农村综合运输服务站建设成为集客运、货运、小件快运、邮政快递、信息服务等功能于一体的农村物流节点，加快完善县、乡、村三级农村物流服务体系；统筹物流基础设施、服务体系和产业政策规划，提高物流业专业化、标准化、信息化水平，努力把恩施建设成为武陵地区物流集散中心乃至中西部重要现代物流产业基地。

六是提高内河航运能力。以长江巴东港、清江恩施港建设为重点，推进“两江两港”建设，实施巴东境内长江支流航道整治和清江畅通工程。2020 年前，按照清江流域“纸厂湾 - 水布垭 - 石板溪 - 隔河岩 - 高坝洲”五个梯级开发规划，尽早开工建设清江纸厂湾航电枢纽使船舶从恩施通达长江；将巴东港建成集装卸储存、中转换装、现代物流、临港工业以及客运、旅游于一体的水上运输门户，把恩施港建成为以旅游观光功能为主、适应武陵山区货运需求的客货集散中心。

七是加强信息技术应用。加大信息化建设投入，建立完善全州交通运输视频会议系统、OA 办公系统，加快建设交通传感网、交通数据共享中心，打造“公、水、铁、空”及城市公交一体化的综合交通公共信息服务平台和应急指挥平台，实现交通基础设施、运输装备和运行环境的可视、可测、可控。

(三)推进转型升级是交通运输发展的大课题

2014 年是全面深化改革的第一年，改革的一个重点就是推进体制机制创新。一是要进一步解放思想，跳出条条框框制约，克服局部利益掣肘，立足于“五个交通”建设，全面落实各项改革措施，推动交通运输发展由各种运输方式独立运行向统筹协调、衔接顺畅转型，由注重经济效益向城乡一体化、服务人性化转型，由传统作业方式向管理信息化、运营高效化转型，由数量规模扩张向节约环保、结构优化转型，由死守安全红线向注重安全生产、建立长效机制转型。二是要进一步加强与部、省各层次规划及相关行业规划的协调对接，努力争取国家、省在项目、资金、政策上的更多扶持，整合交通、铁路、民航、邮政等行政资源，形成“规划一批、论证一批、建设一批、储备一批”的交通项目滚动发展机制，促进综合交通运输体系规划布局不断优化。三是要进一步拓宽交通发展筹融资渠道，以县市为主体搭建筹融资平台，通过出让土地收益、整合优质资源、捆绑项目资金、增加财政投入和探索低息贷款、股权融资、融资租赁等多种方式，调动社会各方面积极性，扩大社会投资领域，实现投资主体多元化、筹融资渠道多样化。四是要进一步深化行政审批制度改革，真正发挥市场在资源配置方面的决定性作用，勇于简政放权，做到该履职的必须履职、能精简的坚决精简、可下放的一律下放，不断提高办事效率，加快推动行业管理职能向创造良好发展环境、提供优质公共服务转变。

(四)提升服务能力是交通运输发展的主旋律

随着产业化、城镇化的加速推进，对交通运输服务方式、服务效率、服务品质提出了更高要求，人民群众对交通运输服务从“走的了、运得出”向“走得好、运得快”等高品质、个性化需求转变，必须坚持把人民群众满意作为评判服务水平的最终标准，把提升服务贯穿到规划、设计、建设、养护、运输、收费、管理等各个环节，注入到基础设施的人性化设计中，体现在运输装备的人性化设施上，落实到客运和物流服务的全过程。

安全和效率就是检验交通运输服务能力的两大关键要素。一是要牢牢树立安全发展理念，夯实安全生产基层基础，扎实推进“平安交通”和安全生产标准化建设，健全完善突发事件应急机制，全面落实企业主体责任、行业监管责任和属地管理责任；二是要加快推进交通运输行业市场诚信体系建设，畅通群众诉求渠道，坚决打击无证经营、欺行霸市等违法运输经营行为，努力营造公平竞争、稳定有序的经营环境；三是要落实公交优先战略，不断完善城市客运行业管理机制，稳步推进县级城市公交和出租客运协调发展，着力解决“换乘难”、“打的难”等问题，让社会公众出行更及时、换乘更方便；四是要深入推进城乡客运一体化和现代物流业发展，以“节能环保运输装备体系、节能高效运输组织体系”建设为重点，调整运输产业结构，发展先进运输组织方式(包括农村客运公交化改造，开通与景区、火车站、机场等旅客集散地对接直通车，长途客运接驳运输，物流多式联运、城市绿色货运配送、农村物流节点运输等)，促进公、铁、水、空等运输方式衔接更加紧密，着力解决农村群众出行难、物资运送难等问题，稳步实现城乡交通基本服务均等化。

(五)提高队伍素质是交通运输发展的源动力

交通运输行业一直都是加强干部队伍监督管理的重点领域，在全州交通运输工作会上，张宇副州长、王海涛书记都在强调要做到“路修通了、干部也站住了”，这是什么时候都不能忽视的问题。

一是全面落实党风廉政建设责任制，始终坚持“标本兼治、惩防并举”的方针，建立健全“一岗双责”、“一考双评”、“一述双报”和“一案双查”工作机制，改进和加强监督检查方式，开展廉政阳光工程、廉政阳光审批、廉政阳光执法和廉政阳光服务建设，做到党务、政务和事务的决策公开、管理公开、服务公开、结果公开，让权力公开透明运行。二是坚持整风肃纪，扎实开展党的群众路线教育实践活动，以“为民、务实、清廉”为主要内容，以“照镜子、正衣冠、洗洗澡、治治病”为总要求，坚决反对形式主义、官僚主义、享乐主义和奢靡之风，进一步端正党风学风，改进文风会风，严明政风行风，努力建设一支讲政治、讲大局、讲奉献、讲实干、讲纪律的干部职工队伍；要对照群众期盼，勇于改革创新，敢于担当负责，切实解决交通运输领域损害群众利益的不正之风和影响交通运输发展的突出问题。三是坚持依法行政，强化行政执法人员素质培训，落实行政执法资格制、“一个窗口”对外制、公示制和评议考核制，着力解决多头执法、粗暴执法、趋利执法、以罚代管等问题。四是加强交通文化建设，围绕“人便于行，货畅其流，服务群众，奉献社会”的交通核心价值观，培树先进典型，强化示范引领。五是实施“科技兴交，人才强交”战略，创新人才培养引进机制，注重交通人才的合理使用和效能发挥，营造有利于人才成长的良好环境，提高交通人力资源保障水平，逐步建立一支结构合理、适应新形势需要的交通人才队伍。

关于推进城乡客运一体化发展的思考

潜江市交通运输局　舒中雄

城乡客运一体化是区域城乡经济发展到一定水平，道路客运发展到一定阶段所必然出现的一种运输需求。2008年国务院改革了交通行政管理体制，道路旅客运输与城市公交统归交通运输部门管理，突破了城乡交通一体化管理体制上的障碍。在这个大背景下，农村客运与城市客运二元分割的客运市场如何发展、怎样管理，已成为道路运输业内关注的焦点，也是摆在各级行业管理部门面前的新课题。推进城乡客运一体化发展，对加快转变交通运输发展方式，统筹城乡协调发展，服务和保障民生，打破城乡客运二元结构，促进社会主义新农村建设具有重要的意义。

一、城乡客运一体化的背景

(一)城乡客运一体化是经济社会发展的客观要求

加快实现城乡客运一体化发展，是党的十八届三中全会关于城乡统筹发展，全面提升城乡公共交通服务均等化的战略决策，是新形势下经济与社会实现新一轮发展与跨越的客观要求。交通运输部和省政府、省交通运输厅相继出台了相关的指导性文件，如交通运输部《关于积极推进城乡道路客运一体化发展的意见》(交运发〔2011〕490号)、《湖北省城市公共交通发展与管理办法》(省政府令第368号)、《关于加快推进我省道路客运班线公交化改造有关事项的通知》(鄂运物运〔2013〕66号)等。这些文件均确定了"优先发展城市公共交通"的战略地位，明确了城乡客运一体化的重要意义。全国各地均按要求组织编制了本地的公交发展专项规划，并以不同形式探索性的推进公交一体化发展，取得了较好的效果，深得民意。

(二)城乡客运一体化是交通客运事业发展的必然趋势

近年来，我市农村道路客运虽然提高了通达里程和覆盖面，基本实现了村村通的目标。但也应清醒地看到，我市道路客运在运营机制、服务质量等方面存在"散、乱、差"诸多弊端，长期挂靠经营的营运机制已不再适应新的发展，也不利于将客运市场做大、做强。目前，我市整体客运市场受到新型交通方式的冲击在逐渐萎缩，农村道路客运必须加快转型发展才有出路。实行城乡客运一体化，优化城市公共交通资源配置，成为今后客运行业发展的必然趋势和主流，将为我市建立新型、开放、和谐的城乡交通客运体系奠定基础。

(三)城乡客运一体化符合人民群众的根本利益

"公交"，顾名思义是公众共同的交通，它以满足人民群众出行便捷、舒适、安全、经济为出发点。城乡客运一体化的实施，必将降低城乡往返费用，提高公交车出行率，促进城乡交流，方便城乡居民的出行，使城乡群众充分享受公交带来的惠民服务，大大提升对公交出行的满意度和信赖度，使人不分城乡，居不论南北，都能充分享受现代文明生活，创造平等统一的新型城乡关系。现在每年均有20余件建议、提案涉及公交线路延伸或城乡客运一体化改造方面的内容，2014年市人大还将开通华中家具产业园、潜江开发区公交车作为重点督办件，市政协也将该内容提案作为5件重点提案之一进行督办。

(四)我市公交化改造相对滞后

近几年，全省城乡客运一体化工作得到全面实施，其他16个市州均以不同形式、不同程度地加以推进，并取得了很好的社会效应。据了解，部分市州此项工作启动较早，如襄阳、宜昌于2002年就对农村客运班线整体收购，以公司方式将公交开往各乡镇；恩施、十堰于2011年前后完成了部分客运线公交化改造；荆州于6年前对丫角线实行公交化改造，2013年又由公交公司出资收购了荆枣线38台农村客运班线进行公交化改造，并计划用3～5年时间实现市域公交一体化目标；天门、仙桃两市之间在推进城乡客运一体化基础上开通了城际公交专线。综合来看，我市在推进城乡公交一体化工作上相比省内其他市州已明显落后，形势紧迫，必须加快发展步伐。

二、我市道路客运公交化改造的现状及面临的问题

(一)我市道路客运的现状

1.农村道路客运的现状。我市农村道路客运班线58条，共有客运车辆387台，均为个体挂靠经营，且车辆使用年限大部分在10年左右。本次拟将以园林城区为中心辐射25公里范围内的园林至总口、竹根滩、王场、熊口、广华等5条农村客运班线145辆客运车辆纳入城乡客运公交化改造范围。上述5条农村客运班线分属湖北潜江驰宇运输有限公司、潜江市交通服务公司、潜江市安捷运输服务有限公司。

2.城市公交现状。我市现有城市公交企业3家，即湖北楚捷公共交通股份有限公司、江汉油田客运处、市安捷运输服务公司。其中：楚捷公司为民营企业，特许经营期限为10年，即从2008年1月1日起至2017年12月31日止，主要以园林城区为经营区域，拥有公交车203台，8条公交线，实行公车公营模式。江汉油田客运处和市安捷公司为国营企业，分别以油田(含广华)、周矶管理区为经营区域，两家公司共拥有103台公交车，6条公交线。

(二)面临的主要问题

1.历史客运体制的问题。目前，我市农村客运均属于公司承包经营或合作经营等经营模式，即公司拥有线路经营权，合作经营者拥有车辆产权。

历史营运体制形成了农村客运班车私下转让、炒卖车辆线路经营权现象普遍，且这种市场炒卖是不受法律保护的。若对其实施公交化改造，改造获得的补偿与转让价格形成的投资差异，会带来班线车主的不满，集体罢运和上访极有可能发生，这成为多年来迟迟未推动公交向城区周边延伸的主要因素。

2.两种运输方式协调发展的问题。城市公交与农村道路客运有着本质的区别，所提供的服务相差较大。公交化改造会触及到两种运输方式的经营领域和利益。如单纯采取行政手段将2路或6路公交车向华中家具产业园进行延伸，必然引发客运企业和班线车主的强烈抵制和罢运，极易造成运输市场秩序混乱和社会不稳定。

三、前期准备工作

2012年我局完成《潜江市城市公共交通专项规划》的编制工作，并得到市政府的批准。根据市领导关于推进我市城乡客运一体化发展的要求，我局于2013年10月11日至12日组织相关单位的人员考察了宜昌、襄阳两地城乡客运一体化发展的成功经验，了解到两地均采取了政府主导、财政支持与市场维稳的方式，顺利完成了部分农村客运班线公交化改造工作。考察回来后，我们形成了专题考察报告，代拟了《潜江市加快推进全市城乡城市客运一体化发展的意见》，对改造工作做了全面的、认真的社会稳定风险评估，制定了《竹根滩、总口客运班线公交化改造实施方案》，收集了两线经营户主的基本信息，为公交化改造做好了充足的前期准备工作。

四、推进城乡客运一体化的基本思路

推进我市城乡客运一体化工作是我局2014年的重点工作。经过通盘分析和考虑，我们认为公交化改造矛盾突出，全面实施难以确保整个运输市场的稳定，拟定按先试点后全面的原则，分步推进。总口客运班线车辆少、线路短、矛盾面小，是我局选定的城市客运一体化改革试点的突破口，计划于2014年三季度首先完成改造。改造成功后，再以园林城区为中心辐射25公里范围的主要乡镇，完成对园林至竹根滩、王场、熊口、广华等地客运班线的城乡客运公交化改造。

五、存在的风险

(一)对纳入实施公交化改造的农村道路客运班线的影响

一是直接抵制公交化改造。通过大量调查了解，大多数车主均为当地人，家庭经济条件不是很宽裕，且夫妻双方没有固定工作和收入。通过市场炒买价格购买的客运车辆已是倾其所有或贷款实现的，或是一车多主联合购买的。在公交化改造中所获得的补偿价格与其投入成本差异太大，广大车主一时难以接受，必竭尽全力维护自己的利益，不排除采取各种过激行为予以对抗。

二是对获得补偿价格不平等的质疑。纳入公交化改造的客运班车新旧程度不一致，所经营的年限不一致，测算补偿价格必定有差异。广大车主可能对测算值持怀疑态度，认为不公平、透明度不高。

三是要求采取个体挂靠模式实现公交化改造。广大车主对公交化改造不反对，但鉴于获得的补偿价格与投入成本差异太大，部分车主从维护自身利益为出发点，可能提出将现有客车直接更换为公交车运行，运行模式仍为个体挂靠。根据相关文件精神，公交运行模式以公车公营模式为主，在公交化改造方案中已明确改造原则，因此不可能满足上述要求。

(二)对实施公交化改造班线的同线客运班线的影响。

公交化改造后，比原客运班线车发班密集些，票价低，因而对乘客的吸引力较大。这样势必侵占其他同线客运班线原有客源市场份额，并间接影响其经营效益。这样一来有可能激发同线市内班线车主的罢运、阻碍或群体性上访等事件。

六、保障措施

(一)加强组织领导

成立以市政府分管领导为组长，交通运输、公安、财政、税务、规划、国土资源、住房和城乡建设、物价、工商、信访及线路覆盖辖区区、镇、办事处的负责人为成员的城乡客运一体化工作领导小组，领导小组办公室设在市交通运输局，具体负责制定城乡客运一体化发展的实施意见和具体方案，并协调组织实施。领导小组下设办公室和宣传发动组、政策处置组、社会维稳组三个专项工作组。各部门明确分工，加强协作沟通，各司其职。

(二)落实政策

以市政府名义尽快出台《潜江市加快推进城乡客运一体化发展的意见》，建立城市公共交通发展基金，落实国家相关的优惠政策，加大对城市公交的扶持力度。对实施城乡客运公交化改造的客运企业从事“城市公交”经营资格采取许可制；实施改造后投入的车辆，纳入国家城市公交燃油补助政策对象；依法免征新购车辆购置税；实施改造后的企业因承担政策性和低票价的亏损由政府财政给予补助等。

(三)加强舆论宣传

加大城乡客运一体化发展的宣传力度，提高各地各部门思想认识，争取广大人民群众和社会各界的理解和支持，增强客运企业的积极性和主动性，为城乡客运一体化发展创造良好的舆论氛围。

(四)保持行业稳定

城乡客运一体化涉及原客运企业和个体经营者的切身利益，不稳定因素较多，各相关部门要统筹考虑各方利益，制定切实可行的实施方案，确保实现平稳推进。

坚持群众路线是保持党的先进性纯洁性的根本要求

神农架林区交通运输局　姜忠

增强保持党员先进性纯洁性意识，争创一流，是共产党员保持先进性纯洁性必备的品质。通过党的群众路线教育实践活动，能够进一步激发党员干部职工的工作积极性、主动性、创造性，为林区交通运输事业又好又快发展提供有力保障，永远保持共产党员先进性和纯洁性。只有不断保持党的先进性和纯洁性，才能提高党在群众中的威信，赢得人民的信赖和拥护，不断巩固执政基础，实现党和国家的兴旺发达、长治久安。笔者根据深入学习、实地走访情况，对坚持党的群众路线，保持党的先进性纯洁性提出了一点粗浅的看法。

一、坚持群众路线对保持党的先进性纯洁性的重要性

保持党的先进性和纯洁性、巩固党的执政基础和执政地位，是党的建设面临的根本问题和时代课题。我们党最大的政治优势是密切联系群众，党执政后的最大危险是脱离群众。新时期以来，党的执政条件发生了深刻变化，党员队伍状况也发生了深刻变化，党群干群关系面临新的严峻考验，党的群众工作还存在一些不适应的地方。开展教育实践活动，就是要把为民务实清廉的价值追求深深植根于广大党员的思想和行动中，使保持党的先进性和纯洁性、巩固党的执政基础和执政地位具有更加广泛、深厚、可靠的群众基础。

群众路线是党的生命线和根本工作路线，党的先进性纯洁性的重要表现是作风优良。保持党的先进性和纯洁性，必须坚持发扬党的优良作风，营造良好的环境氛围。坚持和发扬党的优良作风，核心是密切联系群众、贯彻党的群众路线、保持党同人民群众的血肉联系。

中央明确要求，教育实践活动要紧紧围绕保持党的先进性和纯洁性展开。林区党委明确要求，必须按照中央要求，通过深入扎实推进党的群众路线教育实践活动的开展，不断加强和促进党的先进性和纯洁性建设。开展党的群众路线教育实践活动，就应该坚持保持党的先进性和纯洁性这条主线，进一步突出作风建设，坚决反对形式主义、官僚主义、享乐主义和奢靡之风，使党的群众路线教育实践的过程成为党组织和党员保持党的先进性和纯洁性的过程，成为人民群众进一步加深对党的先进性和纯洁性支持和拥护的过程。党的先进性和纯洁性要由人民群众来评判，要以人民满意为衡量标准。

综上所述，坚持党的群众路线对于保持党的先进性纯洁性具有十分重大的意义，坚持党的群众路线是保持党的先进性纯洁性的根本要求。

二、坚持群众路线是保持党的先进性纯洁性的重要举措

党的十八大报告“提高党的建设科学化水平”部分指出，围绕保持党的先进性和纯洁性，在全党深入开展以为民务实清廉为主要内容的党的群众路线教育实践活动。要实现经济社会的又好又快发展，党员干部必须始终保持先进性纯洁性，大力发扬党员先进性纯洁性精神。

以党的群众路线教育活动为抓手，切实保持党的先进性纯洁性。

学习教育要“实”。要进一步增强学习的自觉性，不能光停留在口头上，要扎扎实实坚持不断学习，树立良好的学风，提高学习效果。一方面要加强自身的政治理论学习，不断提高思想政治素质，牢固树立全心全意为人民服务的宗旨；另一方面要努力提高自己的业务能力，不断学习新理论、发现新情况、研究新问题、制定新方案，并将方案运用到实践中去，在实践中不断提高。同时，要将自己不断拓宽的业务知识和逐步增强的业务能力有效运用到实际的工作中去。在学习方法上，要深入基层学、带着问题学、创新方式学，注重理论联系实际，用科学的理论指导实际工作，努力做到学以致用、用以促学、学用相长，提高运用理论指导实践的能力。

听取意见要“诚”。要尊重民意、顺应民意、听取民意，眼睛朝下、面向基层，对基层群众的意见和建议要能听、真听、听进去，要把反映强烈的问题真切地记录下来，能办的马上办，不能办的做好解释并积极创造条件尽量予以解决，用真诚换来群众的理解和信赖。

查摆问题要“准”。要对照理论理想的镜子、党章党纪的镜子、民心民声的镜子、先辈先进的镜子，通过群众提、上级点、互相帮等形式，深入查找理想信念、宗旨意识、工作作风、廉洁自律等方面的问题，并深度挖掘问题的根源。要敢于正视矛盾和问题，对矛盾不回避遮掩，对问题不粉饰隐瞒，相互帮助，共进共勉，通过拿起批评与自我批评的武器，增进团结，增进友谊，提升工作。

开展批评要“严”。重点是开好高质量的民主生活会。会前，认真开展交流谈心，会上坦诚开展批评与自我批评，做到红红脸、出出汗、排排毒。讲问题、作批评要历史、客观，坚持出于公心、与人为善，既不马虎敷衍、文过饰非，又不发泄私愤，搞无原则纷争，实现团结—批评—团结的目的。

整改落实要“真”。做到真改问题，改真问题，这是教育实践活动的出发点和落脚点。要针对查找出来的突出问题，逐条研究分析，制订落实整改措施。坚持有什么问题就解决什么问题，什么问题突出就突出解决什么问题，做到不回避、不拖延、不姑息迁就。

建章立制要“实”。实就是管用，

针对作风问题具有反复性、顽固性特点，本着于法周延、于事简便的原则，进一步完善相关制度，努力用制度管人管事管权，把权力关进制度的笼子。从源头上加强作风建设，最终达到“以活动开展来推动工作、以工作实效来检验活动”的效果。

以为民务实清廉为主题，切实解决群众反映强烈的突出问题。

党的群众路线教育实践活动再次强调了“为民”、“务实”、“清廉”这三个关键词，充分说明了做好这三件事对于“以人为本、执政为民”的重要意义，也再一次旗帜鲜明地指出了保持党的先进性和纯洁性的根本要求。

为民，就是坚持以人为本、立党为公、执政为民，把实现好、维护好、发展好人民群众的根本利益作为一切工作的出发点和落脚点，做到权为民所用、情为民所系、利为民所谋。

务实，就是坚持求真务实，一切从实际出发，以对党和人民的事业高度负责的精神狠抓工作落实，脚踏实地、勤奋工作、埋头苦干、不图虚名、不务虚功，扎扎实实地做好各项工作。

清廉，就是坚持严于律己、廉洁奉公，时刻把党和人民的利益放在首位，严格遵守党纪国法，堂堂正正做人，干干净净做事，永葆共产党人的浩然正气。

为民务实清廉是党的先进性和纯洁性的内在价值和外在体现。党的先进性和纯洁性来源于党全心全意为人民服务的性质和宗旨，来源于求真务实的作风，来源于党员干部清正廉洁的良好形象。党的先进性和纯洁性又体现在党员干部思想、作风、形象上的先进与纯洁。保持党的先进性和纯洁性，要求党的宗旨、党的作风和党的形象不断与时俱进，切实转化为党员干部为民务实清廉的自觉行动。

为民务实清廉充分体现了党的群众观点和工作方法。新形势下党的群众路线的核心要求，就是为民务实清廉。可以说，做到为民务实清廉，就抓住了群众工作的关键，如果党员干部在联系群众的过程中能按照这样的要求，着力解决人民群众反映强烈的突出问题，提高做好新形势下群众工作的能力，就一定能获得群众的认可，达到凝聚共识、与群众一条心的效果。因此，坚持党的群众路线就要坚持以为民务实清廉为主题，使之成为全党保持昂扬向上精神状态的支柱，成为评判党员干部的重要标准。

坚持群众路线就是要坚持“从群众中来，到群众中去”的群众工作路线，在一线解决问题，在一线凝聚民心，在一线锻炼工作能力。要用群众听得懂的语言进行沟通，用群众信得过的方式处理问题。多用治理而不是管理，多用说服而不是压服，在为老百姓解决问题中赢得信任和支持。要通过解剖麻雀解决具体问题，把干成事立足于扎扎实实的努力，“少说多做”，在实干中体现水平、提升境界。

三、坚持群众路线、促进交通发展的对策和建议

交通是基础性、先导性、服务性行业，与人民群众生产生活有着密切的联系，尤其需要始终坚持党的群众路线，牢固树立惠民理念，大力弘扬奉献精神，不断提高服务本领，为神农架“创建世界著名生态旅游目的地”当好交通先行官。古语云“知屋漏者在宇下，知政失者在草野”，要深刻意识到人民的智慧是无穷的，群众的眼睛是雪亮的，遇事多听人民群众的意见与想法，坚持“到群众中去，拜人民为师”。 人便于行、货畅其流，是中国人长久以来的“交通梦”，也是交通人孜孜以求的“交通梦”，是汇聚成“中国梦”的千千万万梦想中的一个。人民是“交通梦”的受益者、支持者和推动者，也是实现“交通梦”的主体力量和根本依靠，坚定不移地走好群众路线，与人民心心相印、与人民同甘共苦、与人民团结奋斗，是夺取交通建设新胜利的坚强保障，是交通事业持续发展的生命线。

必须始终把全心全意为人民服务作为交通运输工作的根本出发点，不断满足人民群众的新期盼、新需求。

交通运输工作面向千家万户，关乎各行各业，服务是交通的本质属性，也是交通人的行业品格。交通工作要始终把人民群众的呼声放在心头，满怀深情地为群众办实事、解忧愁、谋福利，在交通设施建设、交通线路规划、交通行政执法等各个方面，都要把人民群众对交通事业发展的愿望和要求作为建立健全交通依法、科学、民主决策的基本依据，善于倾听群众声音，真正为群众办好事、办实事。当前，经济社会发展迅猛，交通发展状况直接关系到群众日常生活水平和幸福指数，要坚持问政于民、问需于民、问计于民，对公路规划设计、施工保畅，对客运站场、出租车服务、公交线路设立调整，交通行政执法审批服务等人民群众关注的热点敏感问题，都要坚持从群众中来，到群众中去的方法，深入调查研究，了解群众意愿，尽可能做到决策成本低、决策效率高、决策收益好，提供人民满意的交通服务。

必须始终把从群众中来、到群众中去作为交通运输工作的基本方法，不断凝聚起建设大交通的强大合力。

人民群众的支持是我们的事业战无不胜的力量源泉。交通运输行业涉及工程建设、运输管理、行政处罚等许多与资金相关的工作。修一条公路，动辄百万、千万甚至上亿资金；工程招投标建设，各方相互博弈；打击查处“黑车”，事实依据清楚的处罚涉及政策法规的方方面面。这些工作的各个环节是否存在“暗箱操作”、是否有“猫腻”，都是群众比较关心的问题。历史经验和现实工作实践都证明，只有把权力运行置于人民群众的监督之下，坚持公开透明运行，不断提高人民群众参与公共行政的知情权、参与权、监督权，加大对人民群众反映问题的查处力度，才能有效提高行政效率，预防和遏制腐败发生。当前，林区交通面临着破解资金难题、发展城乡客运、构建综合运输体系等新问题、新任务，需要我们通过教育实践活动，拜人民为师，问计于群众，求策于基层，在人民的创造性实践中汲取智慧、破解难题、增长本领，同时要学会做好新形势下的群众工作，在同群众朝夕相处中交流思想、增进感

情、化解矛盾、促进和谐。

必须始终把群众满意作为检验交通运输工作成效的唯一标尺，不断加强作风建设，坚决戒除“四风”。

交通运输事业发展要把“群众满意不满意、答应不答应、支持不支持”作为评判交通运输工作的最高标准。始终关心人民群众切身利益，妥善处理好当前公路“三乱”，少数执法人员“吃、拿、卡、要”等损害群众利益的突出问题，依法维护群众正当权益。交通运输工作能不能让群众满意，不但要看思路对不对、规划好不好，更要看作风扎不扎实、业绩出不出得来。要通过教育实践活动，加快公路网络化等级化建设，推进城乡客运一体化发展，让人民群众共享交通运输事业快速发展的成果。要通过教育实践活动，自觉地“照镜子、正衣冠、洗洗澡、治治病”，彻底扫除形式主义、官僚主义、享乐主义和奢靡之风。

四、结论

党中央高瞻远瞩、深谋远虑，决定在全党开展群众路线教育实践活动，就是要在全党进一步牢固树立宗旨意识和群众观点，紧紧抓住群众路线这条生命线和根本工作路线不放松，不断巩固党的执政基础和执政地位，保持党的先进性和纯洁性。

群众路线是党在革命、建设和改革的长期实践中创造、发展并不断增强的优良传统和政治优势。只要我们党始终保持、发展先进性和纯洁性，党在人民群众中就有崇高威望，党和人民的事业就会兴旺发达。党的群众路线教育实践活动开展必将进一步密切“交通人”和全区人民群众的“血肉联系”，必将为林区经济社会发展带来新的动力、启发新的思路，必将为保持党的先进性纯洁性提供坚强有力的抓手。

专题资料

湖北省城市公共交通发展与管理办法

（湖北省人民政府令第368号）

第一章　总　则

第一条　为了优先发展城市公共交通，规范城市公共交通秩序，保障公众出行需要和运营安全，维护乘客、经营者及从业人员的合法权益，发挥城市公共交通对资源节约型、环境友好型社会建设的促进作用，推进城镇化和城乡一体化，根据有关法律、法规，结合本省实际，制定本办法。

第二条　本省行政区域内从事城市公共交通规划、建设、运营、发展、管理及其相关活动适用本办法。

本办法所称城市公共交通，是指在城市人民政府确定的区域内，利用公共汽车、电车、轨道交通等城市公共交通车辆及相关的配套设施，按照确定的线路、时间、站点、票价运营，为社会公众提供出行服务的活动。

第三条　城市公共交通是公益性事业，应当遵循政府主导、统筹规划、积极扶持、方便群众、安全舒适、绿色发展的原则。

倡导公众绿色出行。

第四条　城市人民政府应当将优先发展城市公共交通纳入国民经济和社会发展规划，组织交通运输、财政、税务、公安、规划、住房和城乡建设、国土资源等部门在规划布局、资金投入、财税政策、设施建设、装备更新、路权保障等方面建立保障体系，构建以城市公共交通为主的机动化出行系统，促进城市基础设施建设和综合管理水平提升。

城市人民政府应当充分发挥国有经济在发展城市公共交通中的主导作用，吸引和鼓励社会资金参与城市公共交通基础设施建设，指导城市公共交通企业规模化经营和适度竞争，推广应用新技术、新设备，执行行业运营规范、服务标准。

第五条　城市人民政府应当根据城市实际发展需要统筹建设以公共汽（电）车为主体，包括快速公共汽车等地面公共交通系统，有条件的特大城市、大城市有序推进轨道交通系统建设，提高城市公共交通保有水平、运营时速、覆盖率和准点率。大城市基本实现中心城区公共交通站点500米全覆盖，公共交通出行分担率达到60%以上。

城市人民政府应当采取措施，引导公众优先选择公共交通方式出行。

第六条　城市人民政府是发展城市公共交通的责任主体。

省人民政府交通运输主管部门及其所属的道路运输管理机构负责指导全省城市公共交通管理工作。

城市人民政府交通运输主管部门及其所属的道路运输管理机构（包括单独设立的城市公共交通管理机构，下同）负责本行政区域城市公共交通的发展和监督管理工作。

其他有关部门按照职责分工，共同做好城市公共交通的相关工作。

第二章　规划和建设

第七条　省人民政府应当将优先发展城市公共交通纳入全省综合交通发展规划。

城市人民政府交通运输主管部门应当会同住房和城乡建设、规划、公安、国土资源、环境保护等部门根据城市总体规划编制城市公共交通规划，由上一级交通运输主管部门组织评审，经本级人民政府批准后实施，报省交通运输主管部门备案，并向社会公布。

城市公共交通规划应当包括城市公共交通的发展目标和战略、各种交通方式构成比例和规模、设施和线路布局、车辆配置、信息化建设、环境保护、设施用地保障等内容。

编制城市公共交通规划应当广泛征求社会公众意见。

第八条　城市人民政府规划主管部门在组织编制控制性详细规划时，应当与城市公共交通规划相衔接，并优先保障城市公共交通设施用地。

第九条　城市公共交通规划中确定的城市公共交通设施用地符合《划拨用地目录》的，应当以划拨方式供地。

在确保城市公共交通设施用地功能及规模的前提下，鼓励对城市公共交通设施用地实行综合利用，提高土地利用效率。城市公共交通设施用地综合开发的收益用于城市公共交通基础设施建设和弥补运营亏损。

任何单位和个人不得非法占用城市公共交通设施用地。

第十条　城市人民政府应当从公共事业、市政公用设施、土地出让、出租车经营权有偿出让等收费和收益中安排适当资金，设立城市公共交通发展专项资金，确保城市公共交通投资逐年上升，优先保障综合交通枢纽、大容量公共交通、公交场站建设和车辆购置、更新。城市公共交通管理经费纳入本级财政预算。

城市公共交通发展享受下列优惠政策：

（一）免征城市公共交通企业新购置的公共汽（电）车的车辆购置税；

（二）依法减征或免征城市公共交通车船的车船税；

（三）按国家规定免征城市公共交通站场城镇土地使用税；

（四）对城市轨道交通运营企业和新能源公交车辆实施电价优惠；

（五）落实国家成品油价格补贴政策；

（六）国家和省制定的其他优惠政策。

第十一条　在实施城市新区开发、旧城改造以及航空港、铁路客运站、水路客运码头、公路客运站、轨道交通、居住区、商务区等建设时，城市人民政府应当组织有关部门对城市建设项目进行交通影响评价，并按照国家规定标准配套建设相应的城市公共交通设施，与主体工程同步规划、同步设计、同步建设、同步竣工、同步交付使用。

第十二条　设置公共汽车、电车站点应当符合国家有关技术规范，满足社会公众出行需求。

符合条件的地区应当建立换乘中心，建设配套的机动车、非机动车停车场，实现公共汽车、电车、出租汽车、轮渡、轨道交通间的便捷换乘，保证城市公共交通与铁路、公路、水路、民航等其他综合交通运输方式的有效衔接。

第十三条　鼓励和引导城市公共交通企业针对大型社区、学校、工业园等布设公交微循环线路，增加出行路径和交通通道，承担零星客流的收集，并驳运到最近的区域公交枢纽或城市主干道公交干线上，减少步行到站距离，方便市民出行。

第十四条　城市人民政府应当根据城市道路的技术条件、交通流量、出行结构、噪声和尾气控制等因素，科学设置或调整公共汽车、电车专用道及优先通行信号系统，保障城市公共交通路权优先。

第十五条　城市人民政府应当推进信息技术在城市公共交通运营管理、服务监管和行业管理等方面的应用，建设公众出行信息服务系统、车辆运营调度管理系统、安全监控系统和应急处置系统，促进智能公交发展。

城市人民政府应当完善城市公共交通移动支付体系建设，推广普及城市公共交通“一卡通”，逐步实现跨区域互联互通。

第十六条　城市人民政府应当大力发展低碳、高效、大容量的城市公共交通系统，支持和鼓励城市公共交通企业及时淘汰更新不符合排放标准的老旧车辆，优先使用新能源、混合动力客车并提高其在城市公共交通车辆中的使用比例，采用清洁节能、先进适用的新技术，建立车辆燃油消耗考核机制，减少污染物排放。

第十七条　政府投资建设的城市公共交通设施，应当采用招标或者指定方式确定日常管理单位。社会投资建设的城市公共交通设施，由投资者或者其委托的单位负责日常管理。

投入使用的城市公共交通设施，应当保持其性能完好、整洁干净，不得擅自停止使用或改作他用。

第十八条　任何单位和个人不得毁坏或者擅自移动、关闭、拆除城市公共交通设施。

确需占用、移动、拆除城市公共交通设施的，应当征求道路运输管理机构的意见，并按照有关规定恢复、补建或者给予补偿。

第三章　运营准入与管理

第十九条　城市公共交通企业应当具备下列条件：

（一）良好的银行资信和相应的偿债能力；

（二）符合规定的运营资金；

（三）健全的运营服务、安全生产、应急处置等管理制度；

（四）满足线路运营需求的运营方案、公共交通车辆、停靠场地和配套设施；

（五）与运营业务相适应的驾驶人员和管理人员；

（六）法律、法规、规章规定的其他条件。

第二十条　城市公共交通企业的运营车辆应当具备下列条件：

（一）符合国家、省有关城市公共交通车辆的技术标准和安全、环境保护要求；

（二）经公安机关机动车登记确认使用性质为“公交客运”；

（三）技术性能良好、设施完好。

第二十一条　城市公共交通企业的驾驶人员应当具备下列条件：

（一）持有城市公共交通车辆驾驶证件1年以上；

（二）身体健康，无职业禁忌；

（三）3年内无重大以上交通责任事故记录；

（四）通过道路运输管理机构或其认可的城市公共交通企业组织的城市公共交通运营服务规范、车辆维修和安全应急知识考核。

第二十二条　道路运输管理机构应当根据城市公共交通规划和城市发展的实际需要，设置、调整城市公共交通线路，并广泛征求有关部门和社会公众的意见。

第二十三条　道路运输管理机构应当采取服务质量招标的方式将城市公共交通线路运营权授予符合本办法第十九条、第二十条、第二十一条规定条件的城市公共交通企业，并与其签订城市公共交通线路运营合同。不适合招标或者招标不成的，道路运输管理机构可以采取直接授予的方式确定城市公共交通线路运营权。

城市公共交通线路运营合同应当载明线路编号、走向、站点、首末班车（船）时间、线路配置车辆（船舶）的数量、型号、票制、票价、服务质量承诺、安全保障措施、违约责任等。

禁止转让或者以承包、挂靠等方式变相转让城市公共交通线路运营权。

第二十四条　城市公共交通企业确需变更线路走向、站点、时间或者减少运营车次的，应当经道路运输管理机构同意后于实施之日前10日向社会公告。

因市政工程建设、大型公益活动等特殊情况需要临时变更线路、时间、站点的，公安机关应当在7日前告知道路运输管理机构。由道路运输管理机构组织城市公共交通企业提前3日向社会公告。

第二十五条　未经道路运输管理机构批准，城市公共交通企业不得擅自暂停、终止城市公共交通线路运营。

经批准暂停、终止城市公共交通线路运营的，城市公共交通企业应当在暂停、终止之日前30日向社会公告。

城市公共交通企业因破产、解散、取消线路运营权等原因不能正常运营时，道路运输管理机构应当及时采取措施保证城市公共交通服务的连续性。

第二十六条　城市公共交通线路运营期限由城市人民政府确定，一般4至8年。

城市公共交通线路运营期限届满需要延续运营的，应当在期限届满3个月前与道路运输管理机构协商续签线路运营合同。道路运输管理机构应当根据运营安全、服务质量、信誉考核等情况作出是否续签的决定。

第二十七条　城市公共交通实行政府定价，票价由价格主管部门会同同级财政、交通运输主管部门根据运营成本等因素确定，并根据运营成本变化、城市居民消费价格指数和居民收入增长情况等进行调整。

制定城市公共交通票价，应当充分体现社会公益性事业特征，有利于优化城市交通结构，引导社会公众选择城市公共交通出行。

第二十八条　城市公共交通实际执行票价低于运营成本的，城市人民政府应当给予补贴。

对城市公共交通企业执行政府指令的低票价，承担老年人、残疾人、学生等优惠乘车，以及持月票和“一卡通”优惠乘车等方面形成的政策性亏损，以及企业因技术改造、节能减排、经营冷僻线路等原因增加的成本，城市人民政府应当给予补偿或补贴。补偿或补贴资金纳入本级财政预算。

交通运输主管部门应当会同财政、价格、审计等有关部门定期对城市公共交通企业的成本、费用进行审计和绩效评价，其结论作为城市人民政府对城市公共交通企业进行补偿或补贴的依据。

第四章　运营服务与安全

第二十九条　道路运输管理机构应当制定城市公共交通服务规范和乘坐规则。

城市公共交通企业应当科学编制线路作业计划，合理调度，缩短乘客等候时间；做好运营设备的日常维护，及时更新符合环境保护标准的城市公共交通车辆。

第三十条　城市公共交通企业应当按照城市公共交通线路运营合同提供服务，并遵守以下规定：

（一）落实运营车辆检查、保养和维修制度，确保安全营运；

（二）执行城市公共交通服务规范，开展文明窗口建设，保证服务质量；

（三）执行城市价格主管部门依法核准的票价，落实国家和省制定的减免票政策；

（四）制定并实施对从业人员的培训、管理制度；

（五）接受乘客的监督，受理乘客投诉。

第三十一条　城市公共交通企业投入的运营车辆，应当符合下列要求：

（一）车辆整洁，符合相关卫生标准，服务和安全设施、应急装置齐全完好；

（二）在规定位置标明企业名称、线路编号、行驶线路示意图、运营价格标准；

（三）在规定位置标明指示标志和投诉举报电话；

（四）无人售票车装有投币箱、语音和电子报站设施，使用IC卡投币的车辆验卡设施完好准确；

（五）安装车辆动态监控设备并正常使用。

第三十二条　城市公共交通从业人员服务时应当遵守下列规定：

（一）衣着整洁，文明礼貌；

（二）按照核准的收费标准收费，提供有效的票证；

（三）执行有关优惠或免费乘车的规定；

（四）正确及时报清公共汽车线路名称、行驶方向和停靠站名称，提示安全注意事项，为老、幼、病、残、孕乘客提供可能的帮助；

（五）按照核定的运营线路、车次、时间发车和运营，不得到站不停、滞站揽客、中途甩客、违章占道，不得擅自站外上下乘客、中途调头；

（六）按规定携带、佩戴相关证件；

（七）合理调度、及时疏散乘客；

（八）遵守城市公共交通的其他服务规范。

第三十三条　城市公共交通企业应当加强公共交通车辆驾驶人员的聘用管理，对发生道路交通事故致人死亡且负同等以上责任的，交通违法计分满十二分的，以及有酒后驾驶、超速50%以上，或者12个月内有3次以上超速违法记录的应当依法解除聘用合同。

第三十四条　乘客享有获得安全、便捷服务的权利。遇有不按照核准的票价收费、不提供有效票据的，乘客可以拒付车费。

乘客应当遵守城市公共交通乘坐规则，讲究文明卫生，服从管理，按照规定购票；不得携带易燃、易爆、有毒等危险品或者有碍他人安全、健康的物品乘车，不得携带宠物乘车，不得在城市公共交通车辆内饮食、吸烟、乞讨以及实施其他可能影响车辆正常运营、乘客安全和乘车秩序的行为。

第三十五条　城市公共交通车辆在运行中出现故障不能继续运营时，城市公共交通企业或其驾驶员应当安排乘客转乘同线路后续车辆，同线路后续车辆不得拒绝换乘和重复收费。

第三十六条　城市人民政府应当加强对城市公共交通安全管理工作的领导，督促有关部门依法履行城市公共交通安全监督管理职责，及时协调、解决安全监督管理工作中的重大问题。

第三十七条　城市人民政府应当加强安全乘车和安全应急知识宣传教育工作，普及城市公共交通安全应急知识。

第三十八条　城市公共交通企业应当落实安全生产主体责任，建立、健全安全生产管理制度，制定并组织实施突发事件应急预案，保证安全资金投入，设立必要的安全管理机构，配备专职安全管理人员，加强城市公共交通运营安全动态监管，开展安全检查，并及时消除事故隐患。

城市公共交通企业应当在城市公共交通车辆和城市公共交通场站醒目位置设置安全警示标志、安全疏散示意图，并保持灭火器、安全锤、车门紧急开启装置等安全应急设施、设备完好。

第三十九条　城市人民政府交通运输主管部门应当会同有关部门制定城市公共交通应急预案，报本级人民政府批准。

城市公共交通企业应当根据城市公共交通应急预案制定本企业的应急预案，组织专兼职安全应急队伍，定期进行演练。

第四十条　城市公共交通突发事件发生后，城市人民政府应当启动应急预案，采取应急处置措施。

遇有抢险救灾、突发性事件以及

重大活动等情况时，城市公共交通企业应当服从城市人民政府的统一调度和指挥。

第五章　监督检查

第四十一条　省人民政府应当建立城市公共交通发展绩效评价制度，将城市公共交通发展水平纳入城市人民政府年度目标考核体系。

上级人民政府应当对下级人民政府优先发展城市公共交通的政策措施、补贴、补偿及管理工作等实施绩效评价，评价结果纳入年度目标考核内容。

第四十二条　交通运输主管部门及其道路运输管理机构应当加强对城市公共交通的监督管理。

交通运输主管部门及其道路运输管理机构的执法人员在实施监督检查时，应当遵守交通运输行政执法行为规范，可以向城市公共交通企业或从业人员了解情况，查阅、复制有关资料。涉及商业秘密和个人隐私应当保密。

被监督检查单位和个人应当接受依法实施的监督检查，如实提供有关资料。

第四十三条　道路运输管理机构应当建立和定期组织实施城市公共交通企业服务质量考核制度，将考核结果作为衡量城市公共交通企业运营绩效、发放政府补贴、准入与退出的重要依据，并向社会公开。

第四十四条　道路运输管理机构和城市公共交通企业应当建立投诉受理制度，公开举报和投诉电话、通讯地址、电子邮箱等，接受社会监督。

城市公共交通企业应当自收到乘客投诉之日起15日内作出答复。逾期不答复或者对答复有异议的，乘客可以向道路运输管理机构投诉，道路运输管理机构应当自收到乘客投诉之日起15日内作出答复。

第六章　法律责任

第四十五条　城市公共交通从业人员不依线运行，到站不停、滞站揽客、中途甩客、违反规定中途调头的，由城市人民政府交通运输主管部门给予警告，并处50元以上200元以下的罚款。

第四十六条　违反本办法规定，有下列行为之一的，由城市人民政府交通运输主管部门责令限期改正，逾期不改正的，处以5000元以上2万元以下的罚款：

(一)城市公共交通企业聘用不符合规定条件的驾驶人员从事城市公共交通运营的；

(二)城市公共交通企业使用不符合规定条件的车辆从事城市公共交通运营的；

(三)城市公共交通企业未执行城市公共交通服务规范的；

(四)城市公共交通企业擅自调整线路、站点、首班车和末班车时间、线路走向的。

第四十七条　损坏城市公共交通设施或配套服务设施的，由城市人民政府交通运输主管部门处500元以上2000元以下的罚款；造成损失的，依法承担赔偿责任。

擅自移动、关闭、拆除城市公共交通设施或者挪作他用的，由城市人民政府交通运输主管部门责令改正，逾期不改正的，处1万元以上3万元以下的罚款；造成损失的，依法承担赔偿责任。

第四十八条　违反本办法规定，有下列行为之一的，由城市人民政府交通运输主管部门责令限期改正，逾期不改正的，处1万元以上3万元以下的罚款：

(一)城市公共交通企业转让或者以承包、挂靠等方式变相转让城市公共交通线路运营资格的；

(二)城市公共交通企业未经批准擅自停业、歇业或者停开线路的；

(三)未取得城市公共交通线路运营权从事城市公共交通运营的。

第四十九条　国家工作人员违反本办法规定，在城市公共交通管理工作中玩忽职守、滥用职权、徇私舞弊的，依法给予行政处分；构成犯罪的，依法追究刑事责任。

第七章　附则

第五十条　城市轨道交通管理办法另行制定。

用于公共交通的城市轮渡的管理参照本办法执行。

第五十一条　公共交通跨城市运营的，由相关城市人民政府共同商定运营方式和管理模式。

第五十二条　本办法自2014年4月1日起实施。

2014年1月18日

省人民政府办公厅关于进一步加强全省农村公路养护管理工作的意见

(鄂政办函〔2014〕16号)

各市、州、县人民政府，省政府有关部门：

农村公路是农村基础性、公益性设施，也是建设社会主义新农村的重要内容和必要保障。近年来，各地、各有关部门高度重视农村公路建设，农村公路里程快速增长，但“重建设、轻养护”的倾向仍不同程度存在，农村公路管理责任主体未完全落实、养护资金缺少稳定渠道、养护管理滞后等问题日益突出，直接影响了农村公路养护管理工作的持续健康发展。为建立健全全省农村公路管理养护长效机制，提升农村公路管理养护水平和安全通行能力，更好地服务农村经济社会发展和人民群众生产生活，经省人民政府同意，现就进一步加强农村公路养护管理工作提出如下意见：

一、指导思想和总体要求

(一)指导思想。以科学发展观为指导，践行党的群众路线，坚持“以县为主、分工负责，因地制宜、注重实效，全面养护、保障畅通”的原则，推动农村公路向“建养并重、均衡发展”转变，努力实现农村公路养护管理工作常态化、制度化、规范化，做到“有路必养、养必到位”，确保农村公路畅通。

(二)总体要求。建立事权与支出责任相适应的农村公路养护管理体制，建立健全农村公路养护管理规章制度、技术规范和标准体系，逐步提高农村公路养护管理水平，做到养护管理责任落实到位、机构人员配备到位、政策制度执行到位、资金筹措管理到位、监督检查考核到位，实现农村公路养管能力提高、路况水平提高、服务质量提高、群众满意度提高。

二、落实农村公路养护管理责任

(三)省交通运输主管部门履行全省农村公路养护管理的行业管理职能；各市(州)交通运输主管部门应明确农村公路养护管理部门(机构)，履行本地区农村公路行业管理职能。

(四)县级人民政府是农村公路养护管理的责任主体，县级交通运输主管部门应明确承担农村公路养护管理的部门(机构)，具体负责农村公路养护管理工作的组织实施。

(五)乡镇人民政府农村公路养护管理职责等事宜，由县级人民政府结合本地实际确定。

(六)各级地方发改、公安、财政、国土、水利、农业等部门应按照工作职能，密切配合，协助做好农村公路养护管理工作。

三、落实农村公路养护管理资金

(七)各市、州、县人民政府要建立以县级人民政府投入为主、乡镇村组投入为辅、国家和省给予补助、鼓励社会各界共同参与的农村公路管理养护资金筹集机制，为农村公路养护管理提供稳定的资金保障。

(八)省交通运输主管部门统筹安排农村公路养护工程定额补助资金，并列入年度预算，力争用于农村公路养护工程的资金水平不低于以下标准：县道每年每公里7000元，乡道每年每公里3500元，村道每年每公里1000元。

县级人民政府要根据工作需要，对农村公路的日常养护管理资金给予保障；省人民政府和市(州)人民政府要积极对农村公路养护工程给予必要的帮助和支持。

(九)省、市(州)、县安排的农村公路养护管理资金，由同级交通运输主管部门申报，列入同级年度部门预算，按照财政预算资金管理的有关规定及程序，拨付至县级承担农村公路养护管理职能的部门(机构)。

(十)农村公路养护管理资金要严格管理，专项核算，专款专用，公开资金使用情况，实行年度审计制度，任何单位和个人不得侵占、挪用和截留。未完工的养护工程项目资金及当年的养护管理资金，可结转下年度使用。

四、健全农村公路养护管理长效机制

(十一)农村公路养护管理实行“专业养护与群众养护相结合、日常养护与养护工程相结合、政府投入与社会参与相结合”的运行机制。

(十二)农村公路养护推行养护管理与养护生产分离的制度。农村公路管理部门(机构)要落实行业管理职能，科学制定并严格执行相关法律法规，加强对农村公路养护管理工作的监督考核。日常养护可结合实际，采取群众养护或其他养护组织形式进行，也可采取个人(农户)分段承包等方式进行。养护工程实行公开招投标制度，推行市场化运作。

(十三)县(市、区)人民政府要结合本地区农村公路的实际制定应急预案，保障农村公路在发生水毁、交通事故和交通拥堵等重大事件时，做到反应快速、组织得力、抢修及时、救援有效，保障人民生命财产安全。

(十四)县(市、区)人民政府应履行本地区农村公路保护职责，积极引导农村公路沿线群众参与农村公路保护工作，鼓励农村公路保护工作与乡规民约相结合，与养护生产相结合，切实维护好路产路权，保障农村公路安全、完好、畅通。

五、加强农村公路养护管理工作的组织领导

(十五)各市、州、县人民政府要把加强农村公路养护管理工作纳入重要议事日程，切实加强组织领导，明确职责，强化措施，保障农村公路养护管理机构、人员和资金落实到位。

(十六)各市、州、县人民政府要加强对农村公路养护管理工作的检查考核，定期组织由本地交通运输主管部门及其公路管理机构、乡镇村组共同参与的检查考核小组进行养护检查，做到乡镇村组季度自评，县(市、区)半年检查，市(州)年度抽查。省级交通运输主管部门要对各地农村公路养护管理工作进行综合考核。

(十七)各市、州、县人民政府要按照本意见的要求，结合本地区实际，抓紧制定具体实施细则，加大农村公路养护管理工作力度，促进全省农村公路养护管理工作持续、健康、稳定发展。

2014年2月21日

省人民政府办公厅转发省交通运输厅关于加快推进全省交通运输绿色循环低碳发展指导意见

（鄂政办发〔2014〕48号）

交通运输是节能减排和应对气候变化的重点领域之一。加快推进交通运输绿色、循环、低碳发展，既是服务“建成支点、走在前列”战略的迫切需要，也是交通运输行业转变发展方式的必由之路。为加快推进我省交通运输绿色循环低碳发展，现提出以下指导意见：

一、总体要求

（一）指导思想。深入贯彻落实党的十八大和十八届三中全会精神，以科学发展观为指导，以节约资源、提高能效、控制排放、保护环境为目标，以绿色低碳交通基础设施、先进运输装备、高效运输组织方式、绿色驾驶与维修、节能减排新技术、智能交通运输系统为重点，将生态文明建设融入交通运输发展全过程，努力走出一条低能耗、低污染、低排放、高效率的交通运输发展新途径。

（二）基本原则

1.政府主导，合力推动。充分发挥政府主导、市场调节、企业主体作用，引导社会公众广泛参与，形成协同推进机制。

2.优化结构，创新管理。注重优化交通基础设施、运输装备、运输组织和能源消费等结构，提升行业监管能力，充分挖掘结构性和管理性绿色循环低碳发展潜力。

3.考核约束，强化责任。建立健全目标责任制和考核评价制度，加强监督检查，加大奖惩力度，增强目标责任与制度约束。

（三）发展目标。到2020年，在保障实现全省确定的单位GDP碳排放目标的前提下：

——基本建成绿色循环低碳交通运输试点省份。

——基本建成全省交通运输能源消耗监测考核体系。

——基本达到低碳交通规划确定的公路、水路能源单耗和碳排放强度指标。

二、主要任务

（一）加快绿色循环低碳交通基础设施建设。

1.加快交通基础设施无缝衔接。推进各种运输方式协调发展，发挥交通运输整体优势，提升集约效能。加快城市轨道交通、公交专用道、快速公交系统等大容量公共交通基础设施建设，加强自行车专用道和行人步道等城市慢行系统建设。

2.加强能源节约和资源循环利用。树立全寿命周期成本理念，将节约能源、资源要求贯彻到交通基础设施规划、设计、施工、运营、养护和管理全过程，大力推广应用节能型建筑养护装备、材料及施工工艺，积极探索资源回收和废弃物综合利用有效途径。

3.加强资源集约利用和生态环境保护。加强综合交通枢纽用地综合立体开发，节约、集约利用交通通道线位资源，提高港口岸线资源利用效率。严格执行交通规划和建设项目环境影响评价、环境保护“三同时”制度、建设项目水土保持方案编制制度，加强交通基础设施建设、养护和运营过程中的污染物处理和噪声防治。

（二）加快节能环保交通运输装备应用。

1.优化运输装备结构。积极推广应用高能效、低排放的运输装备、机械设备，提高污染物排放标准，鼓励购置能效等级高的运输装备及配套设备。

2.严格营运车船燃料消耗量准入与退出。建立健全营运车船燃料消耗检测体系，加强对高能耗运输车船进入市场运营的源头控制。充分利用国家和省车船经济补偿机制，加快淘汰高能耗、高污染的运输车船。鼓励老旧车船提前退出运输市场。

3.加快内河船型标准化。积极推广内河节能环保船型，加快建造符合国家发展方向的内河示范船。加快单壳液货危险品船拆解改造、现有船舶生活污水防污染改造、过闸小吨位船舶拆解和老旧运输船舶提前拆解。

4.加快推广节能与清洁能源装备。加快推进天然气等清洁能源动力运输装备和机械设备应用，加强加气、供电等配套设施建设，合理布局、建设高速公路服务区充电桩和水上液化天然气加注站，推进天然气动力船改造和绿色船舶建造，严格油品质量升级管理，加快推进清洁油品供应。

（三）加快集约高效交通运输组织体系建设。

1.优化客货运输组织。积极促进不同交通方式以及城市交通之间的高效组织和顺畅衔接，引导运输企业规模化、集约化经营，加强运输线路、班次、舱位等资源共享，推进接驳运输、滚动发班、城际约租等先进客运组织方式和企业联盟发展。

2.发展先进运输组织方式。大力发展各种专用运输、鲜活农产品及高附加值货物直达运输，加快发展多式联运、定班定线的厢式运输和汽车列车运输、集装箱运输、保鲜或冷链运输，扩大利用客运班车捎带货物。推进甩挂运输场站建设，提升甩挂运输比重。

3.优化城市交通组织。加快城市集中配送、共同配送和城乡一体化配送体系建设。优化城市公共交通线路和站点设置，逐步提高站点覆盖率、车辆准点率和乘客换乘效率，改善公共交通通达性和便捷性，增强公交吸引力。

4. 引导公众绿色出行。积极倡导公众采用公共交通、自行车和步行等绿色出行方式。合理布局公共自行车配置站点，与地铁、公交无缝对接，方便公众使用，减少公众机动化出行。

（四）加快推广绿色驾驶与维修。

1. 推广绿色驾驶。总结推广车船绿色驾驶操作技术，将节能减排意识和技能作为机动车驾驶培训教练员、汽车驾驶员、船员从业资格资质考核认定的重要内容。

2. 推广车辆驾驶培训模拟装置。加快实现驾培模拟器教学与IC卡计时联网，建成较完善的驾培行业节能减排体系，提升驾培机构使用模拟器教学的覆盖面。

3. 加快推广绿色维修。加快推广不解体诊断、超声波清洗等绿色维修技术，从废物分类、管理要求、维修作业和废弃物处理等方面加强机动车维修业节能减排，重点加强对废水、废气、废机油、废旧蓄电池、废旧轮胎等废弃物的处置和污染治理。

（五）大力推广节能减排新技术应用。

1. 推动隧道节能减排技术改造与应用。积极推广高速公路隧道节能设计方案和智能通风照明控制技术，推行公路隧道、桥梁、场站、港区等“绿色照明工程”，推广应用发光二极管等节能灯具。

2. 推广温拌沥青铺路和建设材料循环利用等技术。积极推广温拌沥青混合料、沥青路面冷再生等技术。推广使用废旧轮胎橡胶沥青、泡沫沥青冷再生等技术，再生利用废弃材料，减少材料拌合、路面铺设时产生的烟气污染。

3. 加快港口航道节能减排技术推广应用。推广应用港口机械节能技术和操作方法，对新建5000吨及以上级别码头，原则上应同步配套建设靠港船舶使用岸电供电设备设施，或在结构和设备上进行预留；在集装箱码头推广使用轨道式集装箱龙门起重机；武汉、黄石、鄂州、荆州、宜昌等港口城市率先完善港口油污水接收和集中处理设施，开展散货码头粉尘污染治理。

（六）加快智能交通运输系统建设。

1. 推广不停车收费系统。扩大电子不停车收费系统用户规模，减少收费过程中由于车辆低速行驶增加的能源消耗和尾气排放。

2. 加快物流信息服务平台建设。支持和引导各种类型物流信息服务平台发展，为广大企业和货主找车，以及货车找货提供网上交易、撮合，降低货车空驶率。

3. 强化公众出行信息服务系统建设。整合资源，建立统一的公众出行信息服务平台，采用多种方式向公众提供各种交通信息，引导公众优化出行路线。加快推进全省公共交通“一卡通”系统建设步伐，并向多种运输方式拓展。

三、保障措施

（一）加强组织领导。建立由省发改委、省科技厅、省财政厅、省环保厅、省交通运输厅、省统计局、省国防科工办、省交通投资有限公司等部门（单位）组成的湖北省推进交通运输绿色循环低碳发展联席会议制度，各市州也参照成立相应的组织机构。交通各单位应明确相应的绿色循环低碳管理机构和专职人员，交通运输重点用能企业应有相关的责任部门和人员负责本企业能源利用的日常管理工作。

（二）完善统计监测考核体系和评价制度。严格执行国家交通运输能耗统计监测报表制度、交通运输绿色循环低碳发展指标考核体系，细化考核办法，建立激励约束机制。对工作成效突出的地区和单位给予表彰和奖励，对工作推进缓慢的地区和单位及时进行督导。

（三）加大政策激励作用。为与交通运输部、财政部节能减排专项资金相配套，整合现有省级层面节能减排专项资金，对交通运输节能减排项目予以重点支持，各地也应建立和完善相应激励政策。研究实施在工程预算或概算中，加大对节能减排、生态保护的投入。加强培养节能环保第三方服务机构，支持合同能源管理。

（四）加快示范引领。发挥武汉、十堰的全国低碳交通运输体系建设试点城市的示范作用，积极争取绿色循环低碳交通运输试点省份。发挥我省车、船、路、港“千家企业”和节能减排示范项目的引领作用，推动全行业绿色循环低碳发展。

2014年8月28日

省交通运输厅党组关于进一步加强党风廉政建设工作的意见

（鄂交党〔2014〕11号）

厅直机关党委，厅直各单位党委（总支、支部），厅管各重点工程建设指挥部党委：

为进一步贯彻落实党的十八大和十八届二中、三中全会精神，全面落实党委（党组）的主体责任和纪委（纪检组）的监督责任，更加科学有效地惩治和预防腐败，根据《党内监督条例》、中共中央国务院《关于实行党风廉政建设责任制的规定》（中发〔2010〕19号）、中共湖北省委湖北省人民政府《关于实行党风廉政建设责任制的实施办法》（鄂发〔2011〕27号）等党内法规规定，按照交通运输部党组和省委、省政府、省纪委的有关要求，结合我厅实际，就进一步加强厅和直属单位党风廉政建设工作提出如下意见，请认真贯彻执行。

一、强化党委（党组）的“主体责任”

1.明确各级党组织“主体责任”范围。厅党组对厅和直属单位党风廉政建设负全面领导责任，驻厅纪检组协助厅党组抓好党风廉政建设责任制的落实，协调厅机关和直属单位反腐败工作，履行监督执纪责任。厅直单位党政领导班子对本单位的党风廉政建设负全面领导责任。厅直机关党委、厅机关党总支和各党支部负责落实职责范围内的党风廉政建设任务。

2.认真履行“第一责任人”的责任。各级领导班子主要负责人是本单位、本部门党风廉政建设的第一责任人，要主动履责、积极负责、敢于担责，对本单位、本部门存在的党风廉政建设方面的问题要态度鲜明、处置果断、立行立改；发挥表率作用，以身作则、率先垂范，要求别人做到的自己首先做到，要求别人不做的自己坚决不做；重视纪检监察工作，支持纪检监察部门依纪依法履行职责，及时听取工作汇报和意见建议，及时解决存在的突出问题；坚持群众观点和民主作风，自觉接受监督，养成在监督下学习工作生活的习惯。

3.切实做到“一岗双责”。领导班子成员按照工作分工，对职责范围内的党风廉政建设负主要领导责任。要主动把自己摆进去，把党风廉政建设责任担起来，既要严于律己，遵守廉洁从政各项规定，又要敢抓敢管，切实抓好职责范围内的党风廉政建设。各职能部门的负责人在抓好业务工作的同时，要抓好本部门的反腐倡廉工作，积极组织本部门人员参与廉政教育活动，认真完成本部门承担的惩防体系建设、廉政风险防控、廉洁高效政府建设、政风行风建设等具体任务，推进体制机制创新，健全和完善相关管理制度。

4.巩固层层抓落实的责任体系。各单位要坚持把党风廉政建设与业务工作同部署、同分解、同落实，两个目标责任书在每年年初一起签订，并且一起检查考核和通报。落实年度报告制度，党委（党组）应当将贯彻落实党风廉政建设责任制的情况，每年年底前专题报告上一级党委（党组）和纪委（纪检组）。厅党组分别向省委（党风廉政建设责任制领导小组）和省纪委报告；厅机关总支、厅直单位党委分别向厅党组和驻厅纪检组报告。

二、完善纪检监察组织体系

5.厅直单位纪检监察工作实行双重领导。各单位纪委在同级党委和驻厅纪检组双重领导下开展工作，重大情况在报告同级党委的同时上报驻厅纪检组。各单位纪委要按期向驻厅纪检组报送有关情况，每半年向驻厅纪检组作一次书面汇报。驻厅纪检组每年不定期约谈厅直单位党委书记、纪委书记。

6.健全完善纪检监察工作机构。建立结构完整、责任明确、人员充实、监督有力，与交通运输系统反腐倡廉严峻形势和艰巨任务相适应的纪检监察组织体系。积极配合省纪委监察厅做好直接派驻改革的后续工作；调整充实厅直机关纪委，对口省直机关纪工委，负责厅机关纪检工作；厅直单位凡成立党委的要同时成立纪委；在省公路局、省运管物流局、省港航海事局、省交规院、交职院等单位积极创造条件设立独立的监察室。

7.配备专兼职纪检监察人员。按编制配齐驻厅纪检组监察室人员。及时配齐厅直单位纪委书记、纪委委员；纪委书记出缺时要力争在半年内配齐，出缺期间要明确分管纪检监察工作的班子成员；未成立纪委的厅直单位明确1名班子成员分管纪检监察工作；未设立独立的监察室的，按本单位中层正职的行政级别配备1名专职纪检监察员；机关各处室在总支、支部成员内明确1名纪检员。

8.规范纪委书记、副书记的提名考核和纪委书记的排位。厅直单位纪委书记、副书记、监察室主任以及副处级专职纪检监察员的提名和考察以驻厅纪检组会同厅人事劳动处为主。其他专职纪检监察员和兼职纪检监察员的提名和考察工作由所在单位纪委会同干部人事部门进行，报驻厅纪检组备案。拟提拔担任纪委书记的干部，在本单位工作5年以上的，原则上应交流任职。纪委书记在党委委员中的排位一般按其担任同级别职务的任职时间确定。

三、落实纪检监察部门的“监督责任”

9.改进监督方式。纪检监察部门要适应新形势和新任务的需要，结合单位和行业实际，改进监督方式。“站岗放哨”抓监督，拉长耳朵、瞪大眼睛，平时警戒、有事报信；参与决策抓监督，通过参加重要会议、会签重要文件、对重要干部选拔任用进行监督把关等方式，前移监督关口；督促协调抓监督，严肃政治纪律，确保政令畅通；扫描巡查抓监督，突出问题导向，强化监督震慑，督促所在单位从制度上、机制上解决带有苗头性、普遍性的问题；深挖细查抓监督，注重收集案件线索，严肃查处各种违纪违规行为。

10.强化对同级领导班子及其成员特别是主要负责人的监督。认真落实《党内监督条例》，主动履行监督职责。对同级领导班子及其成员执行政治纪律、组织纪律、人事纪律、财经纪律、廉政纪律和作风建设方面规定的情况进行日常监督。按照《省交通运输厅党组关于加强对党政主要负责人监督的实施意见》、《省交通运输厅关于“三重一大”事项集体决策的实施办法》的要求，加强和改进对领导班子和主要领导干部行使权力的制约和监督。

11.认真组织重点巡查。抓好《省纪委监察厅派驻交通运输厅纪检组监察室重点巡查工作办法（试行）》（鄂交监〔2013〕799号）的实施，认真组织开展重点巡查，对厅直单位建立民主科学的决策议事机制、选拔任用干部、落实党风廉政建设责任制、班子主要领导及成员廉洁自律和思想作风、工作作风、生活作风等方面的情况进行督导检查，及时发现和解决存在的问题。

12. 抓好信访核查工作。规范举报投诉办理程序和办法，对信访举报反映的问题及时组织调查核实，抓早抓小，直查快办。交办转办的事项，要加强督促、及时办结。对有轻微违纪问题或有苗头性、倾向性问题的党员、干部要及时进行诫勉谈话，早约谈、早函询、早提醒、早打招呼，防止小问题发展为大问题、小错误酿成大错误。对实名举报件要负责任地回复，做到件件有回音。禁止压案不查、瞒案不报，禁止跑风漏气、以案谋私。

13. 加强案件管理。厅直单位查办违法违纪案件以驻厅纪检组领导为主，其线索处置和案件查办在向同级党委报告的同时必须向驻厅纪检组报告。制定驻厅纪检组监察室案件检查工作规程。建立处级干部廉政电子档案，对信访举报、监督检查、财务审计中发现的违法违纪线索要有登记、有统计、有分析、有明确意见，按照立案、初核、暂存、留存、了结的要求及时处理。每季度首月 5 日前，厅直单位纪委要将排查的案件线索报送驻厅纪检组和同级党委，重大线索、时效性较强的线索以及责任事故情况要随时报送。

14. 加强纪检监察干部队伍建设。组织开展对纪检监察干部的业务培训，提高执纪监督、查办案件的能力。重视对纪检监察干部的培养、选任和轮岗交流，坚持厅直单位纪检监察年轻干部轮流到驻厅纪检组监察室进行工作锻炼制度，保持纪检监察工作的活力。

四、综合运用多种监督方式

15. 落实公开办事制度。继续推进党务公开、政务公开、厂务公开和公共事务公开，推进电子政务建设，推进政府信息公开工作，把公开办事制度落实到行政审批、行政执法、工程建设和公共服务的每一个环节，让权力在阳光下运行。

16. 落实党内监督制度。定期组织述职述廉活动，按期召开民主生活会，适时对领导干部报告个人有关事项情况开展抽查。认真贯彻落实《党政领导干部选拔任用工作条例》，提高选人用人的透明度和公信力。

17. 畅通社会公众监督渠道。各单位要设立举报箱，公开举报电话，在本单位网站设立举报投诉窗口，积极参加“政风行风热线”节目，鼓励建立政务微博、微信平台，注意收集舆情和网上信息，提高道路运输、高速公路服务热线电话的服务水平，确保专人及时接收信件、接听电话、接待来访、受理咨询，及时办理投诉举报并反馈办理情况。

18. 做好财务审计监督工作。加强财务监督，规范会计核算，完善内部控制制度。认真开展经济责任审计、离任审计、专项资金审计和其他专项审计工作，发现违纪违法线索的，要如实报告。

五、加大问责和惩处力度

19. 把查办案件作为纪检监察工作的重点。要坚持有案必查、有贪必肃，敢打“老虎”、勤拍“苍蝇”、常消“病菌”，做到群众有举报的要及时处理、线索具体的要认真核实、违反党纪国法的要严肃查处，始终坚持利剑高悬，保持惩治腐败高压态势。

20. 突出查处重点。严肃查办违反政治纪律、组织纪律的案件，严肃查办处级干部贪污贿赂、权钱交易、腐化堕落案件，严肃查办发生在招标投标、设计变更、物资采购、资金拨付等重点领域和关键环节的案件，严肃查处行政执法、行政审批、违反“八项规定”以及违反财经纪律、违规用车用房、违规从事营利性活动、挥霍公款、铺张浪费、抹牌赌博等方面的问题。

21. 严格实施责任追究。根据《关于实行党风廉政建设责任制的规定》和省相关规定确定的责任追究办法，对违反党风廉政建设工作规定的行为实行严格的责任追究。对于履行党风廉政建设责任不力、单位发生腐败问题的，既要查处违纪人员自身的问题，还要追究相关人员的领导责任。对于问题多发频发、积累的问题长期得不到解决甚至发生严重问题不制止、不查处、不报告的，要严肃追究党政主要领导的主体责任和纪委的监督责任。

2014 年 1 月 26 日

省交通运输厅关于深入开展整治“庸懒混”进一步加强作风建设的意见

（鄂交党〔2014〕67 号）

为认真贯彻省委关于惩治“庸懒混”、整治“为官不为”的工作部署，结合省交通运输厅实际，特提出本意见。

一、指导思想

以邓小平理论和“三个代表”重要思想为指导，深入贯彻科学发展观，认真落实党的十八大和十八届三中全会关于加强党的作风建设的要求，紧紧围绕全省经济建设中心和改革发展稳定大局，以思想教育、完善制度、集中惩治、严肃纪律为抓手，着力解决交通党员干部“庸懒混”和“为官不为”不良倾向的滋生和蔓延，进一步树立“勤政、务实、清廉”的良好形象，为湖北“建成支点、走在前列”当好交通先行。

二、整治内容

坚持反腐倡廉与改革发展力度统一，围绕清廉为官、事业有为的“双为”要求，重点解决以下主要问题：一是治“庸”，解决领导班子和党员干部在作风建设上不以身作则，以“为官不易”为借口，在工作中“为官不为”，见困难就缩，见问题就推，见矛盾就躲等问题；二是治“懒”，解决领导班子和党员干部精神状态不佳，工作敷衍应付，干事缺乏激情，有利就上，无利就躲等问题；三是治“混”，解决领导班子和党员干部不思进取，不敢担当，在岗不担责，在位不谋事，工作不出力，消极怠工，敷衍了事，得过且过等问题。

三、主要目标

按照全省四级干部电视电话会议的决策部署，大力推进党风廉政建设和作风建设，在全行业开展整治“庸懒混”，激励“能勤卓”，让“清廉为官、事业有为”在全行业党员干部中蔚然成风。

(一)倡导提能善政的学习理念。学习是提高素质、增长本领的根本途径，党员干部要以高度的政治责任感、强烈的求知欲和积极的进取精神，争当不断学习、善于学习的表率，并以自己的示范作用带动本单位本系统形成良好的学习风气。要增强学习的自觉性和计划性，深入学习邓小平理论、“三个代表”重要思想、科学发展观，把握中国特色社会主义理论，深入学习党的十八大、十八届三中全会以及习近平总书记系列重要讲话精神，同时不断加快知识更新、优化知识结构。要以“能干”为荣，以“平庸”为耻，牢固树立学习就是工作、学习就是责任、学习就是进步的观念，坚持在学中干、在干中学，使自己真正成为熟悉法规的“政策通”，精通本职工作的“业务通”。

(二)保持竞进向上的进取姿态。围绕“五个交通”建设，加快实施“打牢发展大底盘、建设祖国立交桥”战略，增强交通运输改革的实效性，要立足行业实际，顺应发展规律，始终牢记发展是第一要务，咬定科学发展不放松。党员干部要始终保持奋发有为的精神状态，以激情迸发、竞进向上的进取姿态，再加干劲，更添活力，狠抓各项工作落实，努力破解发展难题，确保各项目标任务圆满实现。各级领导干部要以“勤奋”为荣、以“懒惰”为耻，服从和服务于中心工作，树立大局观念、一盘棋的观念，做好本职工作，杜绝消极怠工、效率低下、敷衍了事。

(三)建立改进作风的长效机制。要建立整治“庸懒混”长效机制，狠抓“为官不为”，激励“能勤卓”。要教育引导党员干部牢固树立宗旨意识、公仆意识和服务意识，树立正确的权力观、地位观和利益观，深刻理解交通运输的服务属性，坚持把以人为本、民生优先作为交通运输工作的出发点和落脚点，自觉做好“三个服务”。要坚持一线工作法，建立基层联系点，进一步拓宽领导干部联系基层群众的渠道。要建立健全“四风”突出问题的制度体系，着力推进“三短一简一俭”，持续改进会风文风，提高工作效率，大力弘扬交通办事文化，以优良的作风破难题、见实效。

(四)营造风清气正的发展环境。要在全行业树立正确的用人导向，通过治庸问责、群众监督、培树典型等方式，逼“庸”为“能”、逼“懒”为“勤”、逼“混”为“为”，将“为官不为”者淘汰出局，以凝聚人心，鼓舞干劲，推动工作。要大力营造“崇尚成功、宽容失败”的良好氛围，为敢于担当发展之责而出现工作失误或得罪人的干部担责撑腰，让想干事、能干事、干成事、不出事的干部有为有位，让“清廉为官、事业有为”在全省交通运输行业蔚然成风。

四、保障措施

(一)加强组织领导。成立整治“庸懒混”工作领导小组，厅党组书记、厅长尤习贵为组长，其他厅领导任副组长，成员由厅机关党办、办公室、人事处、监察室主要负责人组成。领导小组下设办公室，设在机关党办。各单位各部门要把整治工作列入重要议事日程，主要领导亲自抓、负总责，分管领导具体负责、狠抓落实，为整治“庸懒混”工作提供组织保障。

(二)明确责任分工。厅整治“庸懒混”工作领导小组按照各自分工，各司其责，加强协调配合，形成工作合力。机关党办要承担工作领导小组办公室的日常工作，充分发挥服务协调、指导督办作用。厅人事处、机关党办要进一步加强党员干部思想政治建设，将加强作风建设作为党员干部学习培训、考核评价、选拔任用、监督管理的重要内容，最大限度激发党员干部“清廉为官、事业有为”的自觉性。厅监察室要强化监督检查，通过开展重点巡查、受理投诉举报、组织明察暗访，对明显存在“庸懒混”单位及人员予以严肃处理，进行纪律追究。

(三)坚持统筹推进。各单位各部门要从实际出发，科学谋划，突出特色，注重实效，把整治“庸懒混”与群众路线教育实践活动结合起来，与“三抓一促”活动结合起来，与“建成支点，走在前列，争做好干部”活动结合起来，与“红旗党支部”、“党员示范岗”创建结合起来，与全面完成全年目标任务和“十二五”规划任务结合起来，确保作风建设和中心工作有力推进，做到“两手抓、两不误”。

(四)加大舆论监督。要坚持面向社会，主动接受监督。以坚持推动发展，改善民生为检验整治工作成效的重要标准。利用湖北交通网、湖北交通报进行专题宣传，充分发挥好群众及社会舆论的监督作用，及时宣传各单位整治“庸懒混”，加强作风建设的新思路、新举措、新成效，报道正反典型，形成良好的舆论监督机制。

2014年8月8日

厅党组贯彻落实《建立健全惩治和预防腐败体系2013—2017年工作规划》实施办法

（鄂交党〔2014〕68号）

为深入贯彻党的十八大和十八届三中全会精神，落实中共中央《建立健全惩治和预防腐败体系2013—2017年工作规划》（中发〔2013〕14号），推进全省交通运输系统党风廉政建设和反腐败斗争，根据湖北省委和交通运输部党组制定的实施办法（鄂发〔2014〕11号、交党发〔2014〕26号），制定本实施办法。

一、总体要求

以党的十八大、十八届三中全会和习近平总书记系列重要讲话精神为指导，全面贯彻落实中央、省委决策部署和《厅党组关于进一步加强党风廉政建设工作的意见》（鄂交党〔2014〕11号）；坚持党要管党、从严治党，落实党委（党组）主体责任和纪委监督责任；坚持力度统一，紧紧围绕“五个交通”发展大局，将惩治和预防腐败体系（以下简称“惩防体系”）建设作为党风廉政建设的重要内容，与交通运输改革发展工作同步推进；坚持标本兼治、综合治理、惩防并举、注重预防，加强监督执纪，严肃查处违纪、纠正“四风”、惩治腐败；坚持系统高效，不断创新体制机制、完善制度保障、改进预防措施；建设“廉政阳光交通”，为全面深化改革、推进“五个交通”发展营造良好环境、提供有力保障。

二、主要目标

全省交通运输系统惩防体系建设的主要目标是：到2017年，全省交通运输系统党风廉政建设的组织领导、廉政教育、预防制度、社会监督和内部监督惩处等“五个体系”工作格局进一步健全，交通运输工程、审批、执法、服务等领域的“廉政阳光交通”建设全面实施，党风政风有新的好转，党员干部廉洁自律意识和拒腐防变能力显著增强，违纪违法问题明显减少，腐败势头得到明显遏制，取得人民群众比较满意的进展和成效。

三、重点工作

（一）坚持不懈推进党的作风建设。

1. 增强管党治党的责任意识，从严抓党风。厅直各单位党委（含总支、支部，下同）要按照“党要管党、从严治党”的要求，强化“管党治党”责任意识和担当精神，对党员干部严格要求、严格教育、严格管理、严格监督，建立一级抓一级、一级带一级和党风建设责任体系。党员领导干部要按照“三严三实”的要求，讲党性、讲原则、重品行、作表率。有针对性地开展干部作风方面突出问题专项整治。

2. 持之以恒落实中央八项规定精神，坚决防止反弹。完善工作机制，加强日常监管，纠正打折扣、搞变通等行为，坚决反对各类特权现象。健全严格的财务预算、核准和审计等制度，规范出差、会议、接待、培训和因公出国（境）等公务活动，控制“三公”经费支出，坚决制止奢侈浪费；严格落实“三短一简”，减少会议和文件；严格执行公务用车管理制度，确保公务用车改革到位；治理办公用房超标问题；严格规范津贴补贴发放。坚持问题导向，从具体问题抓起，常抓不懈。落实中央八项规定情况定期报告制度和党员干部违反八项规定案件查处情况通报制度。

3. 健全党的作风建设长效机制，促进改进作风工作常态化。坚持交通办事文化、一线工作法、十要十不要、支部结对共建等具有湖北交通特色的深入基层、服务群众的好做法，落实《厅领导班子成员直接联系群众制度》（鄂交党〔2014〕9号），进一步健全各级领导干部带头改进作风、深入基层调查研究机制。建立群众诉求及时处理责任机制。改革政绩考核机制。

4. 严明党的纪律，保障党的作风建设持续推进。组织广大党员干部认真学习党章和各项纪律规定，开展民主集中制教育，督促和引导党员干部自觉遵守党章，按照党内政治生活准则办事，与中央保持高度一致，确保政令畅通。加强组织管理，建立健全并严格执行请示报告制度，对领导干部报告个人有关事项的情况开展有针对性的抽查核实。坚持纪律面前人人平等，党员干部只要违反纪律就要给予教育批评、组织处理或纪律处分。

（二）坚决有力惩治腐败。

1. 加大查办案件力度，发挥震慑作用。坚持有案必查、有贪必肃的原则，做到群众有举报的要及时处理、线索具体的要认真核实、违反党纪国法的要严肃查处，始终坚持利剑高悬，严肃查办各类违纪违法案件，保持惩治腐败高压态势。严肃查处瞒案不报、压案不查、跑风漏气等行为。坚持抓早抓小、治病救人，对党员干部身上的问题早发现、早查处，对反映的问题线索和一些苗头性问题通过约谈、函询、诫勉谈话等形式早提醒、早批评，防止小错酿成大错。发挥查办案件的治本功能，深刻剖析发案原因，完善防控措施。

2. 严查选人用人中存在的问题，树立正确的用人导向。对检查发现和群众举报反映的违反组织人事纪律、违规用人等不正之风和腐败问题，一经发现一律迅速调查核实并依纪依规严肃处理，努力形成风清气正的选人用人环境。

3. 纠正行业不正之风，着力解决群众反映强烈的突出问题。坚持“管行业必须管理行风”的原则，加强政风行风建设，深入开展纠风工作，每年确定1～2个重点，开展突出问题专项治理，坚决纠正损害群众利益的不正之风。持续开展交通行政执法专项整治，坚决查处公路路政、道路运政执法中各类违法违规行为，推动解决公路“三乱”问题。加强对交通运输行政审批过程的行政监察，对吃拿卡要、超期办理、擅自增减申请材料等问题及时查处问责并通报。

4. 加强案件管理工作。厅直单位查办违法违纪案件以驻厅纪检组领导为主，其线索处置和案件查办在向同级党委报告的同时必须向驻厅纪检组报告。制定驻厅纪检组监察室案件检查工作规程。建立干部廉政电子档案。对信访举报、监督检查、财务审计中发现的违法违纪线索按照拟立案类、初步核实类、谈话函询类、暂存类、了结类及时归类处理。

(三)科学有效预防腐败。

1. 深入开展党风廉政教育，打造反腐倡廉“教育链”。坚持每年开展党风廉政建设宣传教育月活动。党委(党组)中心组每年安排廉政交通主题教育。针对初任公务员、重点领域中层干部、主职干部、领导干部配偶开展廉洁从政专题教育。将开展反腐倡廉教育列入“红旗党支部”创建内容。推行任前廉政法规知识测试。交通党校要开设廉洁从政课程。把反腐倡廉工作纳入交通运输系统精神文明建设和法制宣传教育工作总体部署和年度安排。推动廉政文化进机关、进学校、进家庭。厅门户网站、湖北交通报等媒体，开辟和办好反腐倡廉专栏专题。充分发挥网络、微博、微信等新兴媒体的积极作用。健全反腐倡廉网络舆情信息工作机制，及时收集、研判和处置交通运输系统涉腐信息。

2. 加强反腐倡廉制度建设，扎紧制度的笼子。坚持用法治思维和方式反对腐败，让法律制度刚性运行。严格落实《党政机关厉行节约反对浪费条例》以及配套制度规定，严格规范领导干部工作和生活待遇。进一步规范干部选任工作程序、标准、方式，完善考核评价、轮岗交流、任职回避等方面的制度。按要求完善领导干部报告个人有关事项制度，推行新提任领导干部有关事项公开制度。加强法规制度清理、廉洁性评估和备案审查，做好制度废、改、立工作，把防治腐败的要求和措施体现到制度建设中。

3. 强化对权力的制约和监督，规范权力运行。开展对民主集中制执行情况的检查监督，落实集体领导和分工负责、重要情况通报、述职述廉、民主生活会等监督制度，强化对领导班子和主要领导干部行使权力的制约和监督。完善重点巡查工作组织体系和相关制度，突出发现问题，强化震慑作用，抓好成果运用和整改落实，实现对厅直单位重点巡查工作的全覆盖。加强社会监督，做好投诉咨询服务电话、门户网站厅长信箱、在线沟通等栏目的服务工作。落实“廉政阳光审批”、“廉政阳光执法”、“廉政阳光服务”和“廉政阳光工程”建设实施方案，推进党务公开、政务公开和各领域办事公开，推行交通运输行政管理、行政执法部门权力清单制度，深化预算决算公开、重大建设项目、交通专项资金信息公开，推进电子政务建设，推进交通运输重点领域廉政风险防控，加强审计监督，让权力在阳光下运行，建设“廉政阳光交通”。

4. 深化改革和转变政府职能，完善体制机制。深化交通运输系统体制机制改革，推进廉洁高效政府创新改革试点建设、交通运输行政审批制度改革、执法体制改革，稳步实施综合执法。规范执法自由裁量权，落实行政执法责任制。加强预算绩效管理，全面推行公务卡制度，加强对政府采购的监管，完善厅直属事业单位财务管理制度和收入分配制度。推进交通运输事业单位分类改革，优化事业单位职能，加强对厅直属事业单位的管理。

四、保障措施

(一)加强党的统一领导，落实党委主体责任。进一步调整完善交通运输系统反腐败领导体制和工作机制，切实落实党风廉政建设责任制，强化党委推进党风廉政建设的主体责任。各级领导班子及其成员要自觉接受纪委监督，全力支持和保障纪委履行职责，促进工作关系更加协调；按照规定配置纪检监察机构和人员，注重对纪检监察干部的培养锻炼。

(二)推进纪检监察体制机制改革，落实纪委监督责任。通过改革创新，逐步建立起结构完整、责任明确、人员充实、监督有力，与交通运输系统反腐倡廉严峻形势和艰巨任务相适应的纪检监察组织体系。厅直单位纪检监察工作实行双重领导。厅直单位凡成立党委的要同时成立纪委，并积极创造条件设立独立的监察室；未设立独立的监察室的，按本单位中层正职的行政级别配备1名专职纪检监察员。在各总支、支部委员中明确1名纪检员。厅直单位纪委书记、副书记、监察室主任以及副处级专职纪检监察员的提名和考察以驻厅纪检组会同厅人事劳动处为主。拟提拔担任纪委书记的干部，在本单位工作5年以上的，原则上应交流任职。纪委书记在党委委员中的排位一般排在党委副书记之后；党委未设副书记的，排在党政主职之后。纪委要按照“转职能、转方式、转作风”要求，聚焦中心任务，改进监督方式，抓好执纪监督，加强自身建设，强化基础工作，加强学习培训，提高履职能力，树立忠诚可靠、服务人民、刚正不阿、秉公执纪的良好形象。

(三)凝聚工作合力，整体推进惩防体系建设。各单位党委要抓好惩防体系建设的责任分解和任务分工，明确本单位惩防体系建设的牵头部门和协助部门，组织人事、党建、宣传、纪检监察、财务审计、行政执法等部门要充分发挥职能作用，加强协调配合，增强综合效果。健全工作台账，完善督查考核机制，把惩防体系建设检查和党风廉政建设责任制检查有机融合，每年对工作进展情况进行检查。强化考核结果运用和责任追究，制定切实可行的责任追究制度，对工作不力造成严重不良影响的，对发生重大腐败问题而不制止、不查处、不报告的，要严肃追究有关党委、纪委及领导干部的责任。

2014年8月8日

湖北省交通运输厅干部作风建设行为准则（试行）

（鄂交党〔2014〕69号）

第一章　总　　则

第一条　加强对领导干部的有效监督和管理，进一步规范机关干部的行为，全面加强领导干部的作风建设，着力解决“庸懒混”、“为官不为”等突出问题，增强领导干部的责任意识和大局意识、担当意识，努力建设一支“信念坚定、为民服务、勤政廉政、敢于担当、清正廉洁”的干部队伍。

第二条　根据《中国共产党章程》、《党政领导干部选拔任用工作条例》《党政领导干部问责的暂行规定》、中央八项规定、省委六条意见和厅党组二十条要求，以及厅党组关于党风廉政建设的规定和加强干部作风建设的要求，结合交通运输厅实际，制定本准则。

第三条　本准则主要适用于厅机关干部及厅直单位副处以上干部。厅直各单位中层以上干部参照执行。

第二章　思想作风

第四条　政治立场坚定，政治敏锐性强。坚定不移地贯彻执行党的路线、方针、政策，自觉在政治上、思想上、行动上与党中央、省委、厅党组保持高度一致，做到政令畅通，有令必行、有禁必止。

第五条　坚持解放思想，科学发展，实事求是，与时俱进，敢于创新。反对因循守旧，不思进取，安于现状，碌碌无为，不负责任，不求上进。

第六条　坚持理论联系实际，善于把党的路线、方针与本单位工作实际紧密结合，科学决策，提高执行效率；坚持学习制度，突出学以致用，不断提高自身的政治理论水平和抓改革促发展的能力。

第七条　坚持求真务实，真抓实干。要有务实的工作态度，敢于讲真话、识真事、服真理，坚持重实情、办实事、求实效，不搞形式主义、不做表面文章，不搞脱离实际的“形象工程”、“面子工程”。

第八条　践行社会主义核心价值体系，在道德观念上明辨是非、善恶、美丑、荣辱，注重培养健康的生活情趣，模范遵守社会公德、职业道德和家庭美德，讲操守，重品行，坚决抵制腐朽没落思想观念和生活方式的侵袭。

第三章　工作作风

第九条　严明工作纪律，做到忠于职守，爱岗敬业。严格执行考勤制度、值班制度、会议制度和休假制度。

第十条　认真履行岗位职责，做到责权清晰，按岗履职，敢于担当，不敷衍塞责、推诿扯皮，坚持迎难而进，反对回避矛盾，推卸责任。严禁弄虚作假，欺上瞒下，办事拖拉，盲目乱干，做到务求实效。

第十一条　依法行政，按章办事，不断提高依法决策、依法行政和依法管理的能力。推行首问负责制，落实服务承诺制，实行工作目标管理责任制。提高服务质量，切实帮助人民群众解决困难和问题，切实维护职工的合法权益。

第十二条　加强业务学习，认真调查研究。细化各项指标，完善考核体系，加强目标考核，落实奖惩措施，敢于负责，勇挑重担，勇于正视困难、解决矛盾，做一名负责任的领导干部，确保各项工作任务落到实处。

第十三条　严格依法依规办事，牢固树立“为官要学法、为政要用法”的观念，做到“研究问题先学法，决策问题遵循法，解决问题依据法，言论行为符合法”，不断提高依法决策、依法行政和依法管理的能力。

第十四条　改进工作方式，提高工作效率。完善工作机制，规范办事程序，提高办事质量。坚持实行党务公开、政务公开，推行电子政务，提高行政效率，降低行政成本。

第十五条　领导干部落实好“六个一”，即每天沉下心来学习一小时，每周参加一次健康有益的文体活动，每月读一本好书，每月不少于一次深入一线基层，每年撰写不少于一万字的学习笔记，每年不少于一篇的调研报告。

第十六条　严格落实政务职守和突发事件信息报送制度，政务值守电话、传真24小时畅通。对重大信访信息、工程质量事故、交通堵塞中断和涉及行业稳定的重大事件等突发、重要紧急事件，必须第一时间报告。瞒报、迟报、漏报要实行责任追究。

第四章　领导作风

第十七条　严格执行民主集中制，规范“党组会、党委会、处务会”制度。凡属重大事项决策、重要人事任免、重大项目安排、大额度资金使用等“三重一大”事项，必须按规定程序讨论决定，虚心听取各方面意见，善于集思广益，推行重大决策失误责任追究制。严禁独断专行、盲目决策，杜绝“一言堂”现象。

第十八条　坚持班子成员之间的交心谈心制度，加强工作通气，自觉维护班子的团结。经常沟通思想，交换意见，做到以诚相待，相互尊重，相互支持，及时消除矛盾，严禁无原则的一团和气和当面不说、背后乱说。

第十九条　严格民主生活会制度，采取“群众提、自己找、上级点、互相帮”的方法，广泛征求群众意见，查找存在的突出问题，勇于自查自纠自改，勇于拿起批评与自我批评的武器，不搞自我掩饰，不搞无原则纠纷。

第二十条　建立来信来访制度。通过党员互谈、干群恳谈、上下交谈、民主评议、开辟电子邮箱等方式，多方听取群众的意见和呼声，切实解决人民群众最关心、最直接、最现实的利益问题，做到问题不上交，矛盾不激化，努力解决实际问题。

第二十一条　以身作则，率先垂范。严格内部管理，敢于动真碰硬，管好自己的人，做好职责范围的事，对下属违纪违法行为不包庇纵容，对工作不揽功诿过。

第五章　生活作风

第二十二条　坚持克己奉公，严格执行公务接待管理办法，严禁超标准接待，禁止借各种名义公款吃喝，禁止接受影响公正执行公务的宴请。

第二十三条　严格执行车辆管理规定，实行车辆安全事故一票否决，加强公务用车管理，强化用车安全，规范用车行为，严禁酒后驾驶，严禁公车私用。

第二十四条　严明纪律，禁止领导干部违规参加营业性娱乐活动。严禁涉足黄、赌、毒场所，严禁领导干部参与赌博，禁止参加营业性歌舞厅、夜总会、洗浴桑拿中心等娱乐场所的娱乐活动，不准参加用公款支付的营业性娱乐活动。

第二十五条　按照资源节约、环境友好的原则，积极探索建设节约型、环保型单位的新路子。坚持勤俭节约，精打细算，讲求实效。

第二十六条　坚决执行反腐倡廉的各项规定、厅党组“十不准”廉政承诺。严禁利用职务之便收受礼金、礼品，接受办事者安排娱乐、旅游等活动。严格执行“收支两条线”制度，切实加强对身边工作人员、配偶及子女的廉洁教育，从源头治腐。

第六章　监督检查

第二十七条　厅办公室、人事处、机关党办、监察室定期组织检查专班负责党员领导干部作风的监督检查，并深入基层和服务对象，了解领导干部在工作作风和管理服务上的反映、意见和建议，并及时通报检查结果和调查情况。

第二十八条　对决策失误、工作失职、监督不力、滥用职权、突发事件处置不当、隐瞒真相、汇报不及时等情形，并造成重大损失或者恶劣影响的，致使本单位发生特别重大事故、群体事件、上访案件，将对领导干部进行问责，严格按照《党政领导干部问责暂行规定》执行。

第二十九条　对领导干部的工作作风和服务态度等方面的投诉，厅有关部门将认真查实，处理结果及时回复投诉人，并在内部定期通报。实行问责后，根据情节轻重和影响，依照党纪政纪处分的有关规定进行处分，构成犯罪的，移交司法机关依法追究刑事责任。

第七章　附则

第三十条　本准则自印发之日起开始施行。

2014年8月1日

湖北省交通运输系统关于进一步规范信访事项受理办理程序引导来访人依法逐级走访的实施细则

(鄂交办〔2014〕483号)

根据《信访条例》和《国家信访局关于进一步规范信访事项受理办理程序引导来访人依法逐级走访的办法》(国信发〔2014〕4号)，参照《湖北省群众信访接待服务中心关于进一步规范信访事项受理办理程序引导来访人依法逐级走访的实施细则》(鄂信发〔2014〕36号)，结合交通运输工作实际，制定本实施细则。

一、来访登记

各级交通运输部门对所有来访，应进行登记。本单位未联入全国信访信息系统的，以纸质和电子文档两种形式填写《信访事项来访登记表》。本单位联入全国信访信息系统后，依据全国信访信息系统逐一核实、登记，确保全面客观地反映来访情况。登记事项为：来访人员的基本情况和反映的主要问题；重访、越级访原因和理由；初步处理意见：包括接谈情况、报送领导情况、是否受理、转交责任部门情况等。

二、确定是否受理

(一)严格按照《信访条例》规定，根据属地管理、分级负责、谁主管，谁负责的原则，交通运输部门对下列情形予以受理：

1. 对交通运输部门及其工作人员的职务行为反映情况，提出建议、意见，或者不服其职务行为的。

2. 对交通运输基础设施建设和行业管理涉及的维权诉求。

3. 交通运输部门的法规和政策咨询。

4. 对上级机关转办、交办的信访事项。

5. 来访人在《信访条例》规定期限内，收到责任单位处理意见，要求复查(复核)的。

6. 对相关单位已经受理，但来访人未在《信访条例》规定期限内，收到处理(复查、复核)意见或处理(复查、复核）意见未落实，以及相关单位未履行督办职责的，安排接谈并督办。

7. 其他依法属于交通运输部门职权范围内的信访事项。

（二）坚持准确甄别、严格把关，有针对性的做好教育疏导工作，各级交通运输部门对下列情形不予（再）受理：

1. 未逐级走访的。

(1) 应当但未经下级交通运输部门受理办理的，告知不予受理，引导来访人以书面或走访的形式依法向有权处理的机关提出。登记、接谈时发现此类情况，选择“不属于本机关职权范围的告知（非公文类）”办理方式。

(2) 已经受理或正在办理期限内的，告知不予受理，请来访人耐心等待处理结果。登记、接谈时发现此类情况，选择“正在办理中不予受理”办理方式。

(3) 对信访事项处理（复查）意见不服，且在复查（复核）期限内的，告知不予受理，引导来访人按照规定程序向复查（复核）机关提出。登记、接谈时发现此类情况，选择“不属于本机关职权范围的告知(非公文类)”办理方式。

对上述情形，须在全国信访信息系统勾选“是否越级”项。

2. 已经复查复核终结的。

(1) 对已经省人民政府复查复核机构审核认定办结或已经复查复核终结备案，并录入全国信访信息系统的，告知不再受理。登记、接谈时发现此类情况，选择“复查复核终结不再受理告知（非公文类）”办理方式。

(2) 对处理（复查）意见不服，无正当理由超出期限未申请复查（复核）的，告知不再受理。登记、接谈时发现此类情况，选择“未申请复查（复核）不再受理告知（非公文类）”办理方式。

(3) 2005 年 5 月 1 日前已经办结的。依据《国务院法制办公室、国家信访局对〈信访条例〉第三十四条、第三十五条中“上一级行政机关”的含义及〈信访条例〉适用问题的解释》（国法函〔2005〕253 号），对 2005 年 5 月 1 日前已经办结，信访人不能提出新的事实和理由的，告知不再受理。登记、接谈时发现此类情况，选择“不再重新受理告知(非公文类)”办理方式。

3. 涉法涉诉的。

(1) 对已经或者应当依法通过诉讼、仲裁、行政复议等法定途径解决的信访事项，告知不予受理。登记、接谈时发现此类情况，选择对应的不予受理办理方式。

(2) 对属于各级人民代表大会常务委员会、人民法院、人民检察院职权范围的信访事项，告知不予受理。登记、接谈时发现此类情况，选择对应的不予受理办理方式。

（三）下列情形予以口头告知：

1. 对复查复核意见不服，但未经省级人民政府复查复核机构审核认定的，口头告知来访人耐心等待审核把关结果。

2. 对请求事项缺乏事实根据或者不符合法律、法规、规章或者其他有关规定的，口头告知，不予支持。

三、办理和督办

（一）各级交通运输部门要按照“渠道畅通，接待热情，受理及时，处理恰当，答复规范，程序合法”的工作要求，以“事要解决”为目标，认真履行职责，热情为群众服务，维护群众的合法利益。

（二）信访工作机构决定是否受理信访事项，不能当场答复的，向信访人出具《信访事项程序性受理告知书》，并自收到信访事项之日起 15 日内，向信访人出具《信访事项实体性受理告知书》或《信访事项不予（再）受理告知书》。能够当场答复的，向信访人出具《信访事项实体性受理告知书》或《信访事项不予（再）受理告知书》。

（三）对涉及多个单位的信访事项，由共同的上级机关指定单位受理承办，被指定单位不得推诿。

（四）对受理的信访事项，办理单位自受理之日起 60 日内，制作《信访事项处理意见书》，书面答复信访人。对情况复杂的信访事项，经本级机关负责人批准，可以适当延长办理期限，但延长期限不得超过 30 日，并向信访人送达《信访事项延长办理期限告知书》。

（五）对信访人不服责任单位处理意见，提出的复查（复核）书面申请，有权处理的责任单位自收到复查或复核请求之日起 30 日内提出复查或复核意见，书面答复信访人。

（六）及时履行“三项建议权”。对不按要求登记录入、应受理而未受理、未按规定期限和程序受理办理来访事项、不执行来访事项处理意见，造成群众越级上访的，按照《信访条例》第三十六条的规定督办并提出改进建议，限期整改。

（七）对违反信访工作纪律，侵害来访人合法权益，造成严重后果或较大社会影响的，按照《关于违反信访工作纪律处分暂行规定》以及《关于印发〈湖北省信访工作责任制实施办法〉的通知》（鄂纪发〔2013〕4 号）实行责任追究。

2014 年 8 月 4 日

湖北省交通运输厅关于全面深化交通运输改革的若干意见

（鄂交办〔2014〕600 号）

为贯彻落实党的十八大、十八届三中全会、省委十届四次全会和全国交通运输工作会议精神，按照《中共中央关于全面深化改革若干重大问题的决定》和《中共湖北省委关于深入贯彻党的十八届三中全会精神全面深化改革的意见》等相关部署，紧密结合我省交通运输发展实际，制定本意见。

一、指导思想

深入贯彻落实党的十八大、十八届三中全会、省委十届四次全会和全国交通运输工作会议精神，进一步解放思想，凝聚共识，克难攻坚，着力深化交通运输体制机制改革，积极构建综合交通运输体系，大力发展“五个交通”，继续推进实施“打牢发展大底盘、建设祖国立交桥”战略，为实现“建成支点、走在前列”的战略目标做好支撑和保障。

二、基本原则

一是坚持综合统筹。交通运输全面深化改革是一项复杂的系统工程，既要注重统筹协调、整体推进，防止改革碎片化、分散化，又要注重抓“一子落而满盘活”的关键环节，抓“牵一发而动全身”的重点领域，以重点突破牵引带动整体推进，以整体推进协同配合重点突破。看得准的，要加强顶层设计，注重配套衔接，由上往下推动改革；看得还不那么准的，鼓励试点探索，先行先试，再行推广。

二是坚持积极主动。改革的关键是转变政府职能，是权责、利益的再分配、再调整，要把解放思想作为改革的“第一道程序”，把利益调整作为改革“必经的程序”，勇于冲破思想禁锢和利益固化的藩篱。要站在事关湖北“建成支点、走在前列”大局的高度，进一步增强改革的行动自觉和责任担当，不折不扣，一以贯之地执行上级改革意见；积极作为，变“要我改革”为“我要改革”，进一步汇聚支持推动改革的正能量。

三是坚持稳中求进。处理好发展与稳定的关系，发展是第一要务，稳定是第一责任。针对交通运输行业一些深层次、风险高的问题，要望闻问切，辨证施治，实事求是，量力而行，审慎推行渐进改革，切实兜住改革底线，确保不冒进、不倒退，不折腾，把改革的力度、发展的速度和社会可承受的程度统一起来，做到蹄疾步稳，稳中求进。

四要坚持推动发展。把加快推进“五个交通”发展、加快推进“打牢发展大底盘、建设祖国立交桥”战略实施、加快建成综合交通枢纽和现代物流基地作为改革的出发点和落脚点，坚持问题导向和需求导向，摸透问题背后的制度性根源，抓住人民群众出行和经济社会发展对交通运输最迫切的基本需求，着力增加有效供给、转变发展方式，消除影响交通运输发展的机制体制性障碍，切实推动我省交通运输和经济社会发展。

三、主要任务

(一)深化行政审批体制改革

1. 继续推行简政放权。承接好上级下放、调整的行政审批事项，按照应减必减、能放则放的原则，以省级交通运输行政审批事项最少为目标，最大限度地减少交通运输行政审批事项，减少对微观事务的管理，更多发挥市场和社会的作用；面向基层且由地方管理更方便有效的行政审批事项，下放市县管理。严控新增行政审批，不得在法律、法规、规章之外新设面向社会公众的行政审批事项；对面向公民、法人或者其他组织的非行政许可审批事项原则上予以取消，确需保留的要通过法定程序调整为行政许可，其余一律废止；防范变相行政审批，不得将已取消、下放的行政审批事项变为备案、登记、年检、监制、认定、认证、审定等形式变相设定行政审批；规范前置行政审批，除法律法规明确规定外，不得指定中介机构或将中介机构提供的服务作为审批的前置条件；积极落实好国家关于后置审批的相关政策和事项。

2. 建立行政审批权力清单制度。制定交通运输行政审批项目权力清单，并建立动态更新机制。严格按照《湖北省行政审批事项目录管理办法》规定，通过门户网站、新闻媒体、办公场所等易被社会公众知悉的渠道，全面公开行政审批事项名称、子项名称、数量、编码、实施机关、设定依据、审批程序、审批条件、法定期限、承诺期限、申请材料、联系方式和示范文本等情况。各市(州)县交通运输部门也要建立行政审批目录动态管理机制和高效便民的行政审批运行机制。建立行政审批申请材料清单制度，不得要求行政相对人提供清单范围外的其他申请材料。

3. 完善行政审批运行机制。实行“一个窗口”受理、“一站式”办结的行政审批方式，实现网上审批服务平台对省、市、县三级交通运输行政审批事项全覆盖，并与地方政府政务中心相对接，逐步实现各种交通业务板块的网上审批系统平台对接整合，信息互通互联，避免多头管理，重复录入。结合机构改革，积极转变职能，着重加强事中和事后监管。进一步建立健全首问负责制、一次性告知制、限时即时办结制、首席代表制、效能评估制、AB 角岗位制、回访服务对象制等一系列服务机制。

(二)积极构建综合交通运输体系

4. 积极推动综合交通体制机制改革。积极争取成为交通运输部综合交通改革首批试点省份，按照《中央编办关于交通运输部有关职责和机构调整的通知》的文件精神，积极推动省级交通运输大部门制改革，指导市(州)县综合交通运输体制改革。加快综合交通运输体系建设，完善综合交通运输在战略规划、政策法规、标准规范、设计施工、应急保障、信息整合、行业文化和党建等方面的衔接协调机制，推动多种交通方式融合发展。

(三)深化事业单位分类改革

5. 加快推进事业单位分类改革。认真贯彻落实《中共中央 国务院关于分类推进事业单位改革的指导意见》，按照《省编办关于省交通运输厅所属事业单位调整规范和分类有关事项的批复》的意见和精神，科学分类，统一步调，稳步推进全省交通运输行业事业单位分类改革。推进公路、运管、港航、高管等完全行使行政职能的事业单位，改革为行政类事业单位。不能或不宜由市场配置资源的现有事业单位，改革为公益一类事业单位；其他可部分由市场配置资源的现有事业单位，改革为公益二类事业单位。落实好中央和地方相关配套政策和过渡政策，妥善处理好改革与稳定的关系。

（四）深化行政执法体制改革

6. 试点推进交通运输综合执法改革。选取有条件的市、县，开展交通运输综合执法改革试点工作。在试点成效评估的基础上，结合实际指导行业适当整合执法机构，相对集中执法权，构建审批权、执法权、监督权相对分离又相互制约的执法管理体系。

7. 完善交通运输联合执法机制。深化高速公路路警共建机制，着力深化路警联合办案体系、路警协同作战体系、路警考核监督体系为核心内容的联合执法体系。以建设综合治超信息共享平台为纽带，加强制度设计完善普通公路路政治超、运管、交警等多部门联合治超的工作机制。进一步优化完善高速公路和普通公路治超站所布局。

8. 创新交通运输执法体制机制。以事业单位分类改革为契机，积极争取政策解决好执法队伍的编制问题，由省合理定编，严格控编，建立执法人员编制与执法证件严格对应、执法经费按执法编制由财政全额保障的制度。建立执法人员定期分级培训制度，进一步完善执法证件的动态管理机制。探索运用科技手段，积极推动非现场执法方式。

9. 完善执法监督管理制度。以“12328”交通运输服务监督热线为载体，整合监督职能和路径，建立统一受理、高效办理的交通运输服务监督管理机制。建立健全行政执法、行政复议、行政诉讼、舆情处置和执法评议多位一体的执法监督工作机制。积极推广交通运输行政执法第三方评价考核机制。建立健全执法信息公开制度。

（五）深化交通投融资体制改革

10. 创新交通投融资体制机制。完善收费公路、港航、站场等部分具有经营属性的交通基础设施特许经营制度，积极吸引社会和民间资本投资交通基础设施建设。对完全公益属性的不收费公路，要加快建立由政府公共财政和公共资源投入为保障的投融资体制机制，探索建立以一定比例的财政一般预算资金和一定比例的土地出让金及其他公共资源性收益等为地方配套资金来源的普通公路建设投融资机制。继续推动市、县构建以交通投资公司为主要载体的融资平台。完善地方政府债券资金用于交通建设的相关政策。

（六）深化交通建设管理体制改革

11. 深化交通建设管理体制改革。将部分总投资5000万元以下的交通基础设施建设项目初步设计的审批权限下放到市州交通运输局（委）。推进公路建设管理体制改革，完善项目法人责任制、招标投标制、合同管理制和工程监理制等制度，推行施工设计总承包和代建制，建立与现代工程管理相适应的制度体系。加强交通基础设施建设的事中事后监管，完善交通重大项目建设督导机制，实现督导常态化、长效化、制度化。加快完善省市县三级质量安全监督体系，规范强化地方质监机构建设。进一步加强工程质量监督标准化体系建设。推动实施公路水运重点工程监理人员岗位登记管理制度，加强监理人员的动态监管。

（七）深化交通运输市场监管制度改革

12. 深化市场监管体制改革。围绕使市场发挥在资源配置中的决定性作用和更好发挥政府作用，推动交通运输市场化改革，加快建设统一开放、竞争有序的交通运输市场体系。积极运用科技等手段加强事中事后监管，建立监督高效、管控有力的市场监管体系。积极参与和促进交通运输价格改革，完善交通运输价格形成机制，清除制约影响交通运输公平竞争的各种体制机制障碍。深化道路货运管理改革，积极引入第三方评价机制，健全从业人员诚信考核体系和职业资格制度，突出对经营者诚信经营和安全运营能力的考核，加快建设全省统一、对接全国的交通运输市场信用平台和征信体系。加快完善交通运输市场准入和市场退出机制。

（八）深化交通运输公共服务制度改革

13. 积极培育运输市场主体。积极适应高铁、民航快速发展的形势，引导企业积极调整运输结构，优化运输线路，转变运输方式，鼓励企业合作联盟和长途客车接驳运输试点开展，引领企业走集约化、差异化发展道路，培育运输市场主体做大做强。按照省委省政府的部署要求，积极推进港口资源整合，推动港口资源规模化、集约化发展。

14. 深化交通公共服务改革。继续推进公交优先发展战略，配套完善相关制度，逐步健全城市公交补贴补偿机制。创新公交服务模式，积极拓展公交微循环、观光线、“定制公交”等特色公交。鼓励出租车等公共交通“公车公营”改革方向，支持各地探索符合地区实际的公共交通改革方向，妥善处理好存量与增量的关系。推进交通公共服务管理改革，推动建立科学规范的政府购买交通公共服务制度。通过完善制度，优化政策，积极推动农村客运发展，促进城乡交通基本公共服务均等化。

15. 创新物流发展体制机制。健全物流管理机构，调整优化相关职能。加快发展甩挂运输，鼓励发展挂车租赁。加快推进交通运输物流公共信息平台建设和整合，大力推广“公路港”运营模式。鼓励建设“内陆无水港”，着力提升国际物流服务能力，促进一体化通关。支持农村物流发展，统筹交通、商务、供销、邮政等农村物流资源，加快完善县、乡、村三级农村物流服务体系。推进城市配送发展，开展城市配送试点工程，鼓励发展共同配送、统一配送、夜间配送等配送模式，探索城市配送的管理方式。

（九）深化普通公路管理体制改革

16. 逐步理顺普通公路管理体制。按照事权与支出责任相适应、事权与财权相匹配的原则，进一步明确普通国道、省道的管理事权，进一步优化条块关系，建立事权清晰、权责一致、运转顺畅、建管养相协调的公路管理体制。

17. 推进普通公路养护体制改革。充分发挥市场在养护资源配置中的决定性作用，推动公路大中修养护工程市场化运作。对小修工程、应急保通等难以利用市场机制提供的基本公共服务，发挥好养护应急中心及道班的作用，推进专业化管理。对路面保洁、边沟疏通、边坡绿化美化等日常保养要建立向社会购买服务的制度，推行社会化管理。完善公路大中修和日常养护的补助政策，引导地方积极实施日常养护或预防性养护。按照省政府《关于进一步加强农村公路养护管理工作的意见》的要求，进一步深化农村公路养护管理体制改革。

（十）深化港航海事管理体制改革

18. 推进港航海事管理体制改革。进一步明晰省、市、县港航海事（船检）管理事权，健全建管养相协调的管理体制机制。推行汉江航道养护定额管理，试点推进养护社会化、市场化改革。探索推行全省水运行业行政权力和服务事项清单，释放全省水运发展活力。建立健全高等级航道通航设施运行联合统一调度机制，最大程度地提升运行效率，保障安全畅通。围绕打造长江黄金水道和建设汉江生态经济带，推动建立重大事项协调、重大项目对接、重大问题解决的跨部门联席协调工作机制，逐步理清与相关部门的职责关系。

（十一）深化高速公路管理体制改革

19. 推动高速公路管理体制机制创新。逐步完善高速公路“投资多元化、管理一体化”的体制机制。按照“就近划分、连线成网、路域一体”的原则划分管理范围，推进省内高速公路管理、服务区域一体化。强化高速公路路政管理。健全高速公路委托管理制度，出台规范我省高速公路委托管理指导意见，完善全省统一的高速公路特许经营权协议示范文本。改进劳务派遣用工制度。突出服务区公共服务功能，深化高速公路服务区管理制度改革。

20. 建立统一的综合运营管理平台。大力发展“智慧交通”，进一步加强公众出行信息服务，积极推动物联网、云计算、大数据、移动互联网等新技术在交通运输信息化、智能化发展中的深度应用，积极整合运营管理系统、财务资产管理系统、办公人事管理系统等分散独立的业务子系统，建立全省统一的高速公路综合运营管理平台和工作机制，提升高速公路运营管理和服务的现代化水平。

（十二）深化交通运输应急与安全管理体制改革

21. 建立健全交通运输应急管理体系。加强应急体系建设，完善应急管理机构，建立反应迅速、素质精良的应急队伍，形成上下联动、处置高效的应急管理体制。进一步完善普通公路养护应急中心管理机制。加快建立省级、区域、路段三级高速公路安全应急指挥平台和指挥体系，推进高速公路与气象、卫生、交警等部门的联动共享工作机制。完善高速公路清障施救机制，提升应急救援保障能力。推进重点桥隧、港站、船舶、车辆和高速公路监测预警系统建设，加强重点营运车辆和治超系统的联网联控，不断完善客运站、城市公交智能调度和出租车管理信息系统。

22. 完善交通运输安全监管体制机制。建立完善“党政同责、一岗双责、齐抓共管”的安全管理责任体系、稳定的人财物投入机制。加大安全工作考核权重和奖惩力度。研究制定隐患排查标准和程序。建立完善安全预防控制体系，逐步由事后追责向事前防范和事中监控转变。明确道路水路运输、城市客运和交通工程建设等方面的安全管理职责，研究制定安全监督管理规范。完善危桥、危险路段“一桥（路）一档”制度。积极推行交通运输安全“网格化”管理。

（十三）推进交通运输区域一体化建设

23. 加快推进区域交通运输一体化。积极融入国家依托长江黄金水道打造长江经济带重大战略，推动建立与相邻省市综合交通运输联席协调工作机制，推进交通运输规划对接、重要政策衔接、区域标准统一、交通信息共享、高速联网收费等交通运输一体化进程，合力打造网络化、标准化、智能化的综合交通立体走廊。

（十四）深化交通纪检监察体制改革

24. 完善纪检监察工作体制机制。健全完善各级党委负主体责任、纪委负监督责任、领导干部“一岗双责”的党风廉政建设责任体系和考核机制。推进纪检监察工作双重领导具体化、规范化、程序化，完善纪检监察领导干部和工作人员的提名、考察办法，建立案件查办以上一级纪检监察部门为主的线索处置和查办案件制度。健全纪检监察机构，配备专兼职纪检监察人员。改进监督方式，建立监督检查常态化的工作机制。落实重点巡查制度，做到对直属单位全覆盖。推动落实公开制度，建设“廉政阳光交通”。规范举报投诉办理程序。分级建立领导干部廉政档案（含电子档案）。

（十五）其他方面的改革事项

25. 完善新闻宣传及舆论引导工作机制。省厅成立新闻宣传工作领导小组，领导小组办公室设在厅研究室，整合中国交通报湖北站、史志办成立省厅宣传中心。市州县交通运输主管部门要整合宣传资源，明确归口部门，配备专职人员。要建立新闻发言人制度，做好交通新闻发布和舆论引导工作。制定突发事件新闻应急预案。开展交通舆情监控、收集工作，定期上报厅有关部门，厅定期编发《舆情专报》。充分运用好新媒体，进一步办好各级交通运输局（委）以及所属机构的官方网站，开通微博、微信，及时发布信息。高度重视信息安全，建立健全信息发布审核审查制度。

26. 完善决策支撑与服务工作机制。认真贯彻落实省委《关于加强智库建设进一步做好决策服务工作的意见》相关精神，加强我省交通运输行业的智库建设，壮大决策支撑与服务机构和队伍，加强“软实力”建设。充分发挥行业协会、中介机构等社会组织在行业自律、决策咨询和提供服务等方面的积极作用，逐步推进我省交通运输行业治理主体多元化。

27. 推进交通职业教育改革。深化订单培养、工学交替等多样化的人才培养模式改革。加快构建科研平台，成立湖北交通运输发展研究中心，推动科研工作机制创新。推进职教集团化办学，成立湖北交通职教学会，建立职教集团联席会议制度、职教集团专项考核制度。启动院系两级管理改革，推进院系二级管理考核评价体系，实行院系两级分配制度，稳步推进绩效工资改革。加强制度建设，建立与法人治理结构相适应的学校管理机构。整合教育资源，成立继续教育学院。

（十六）保障措施

28. 健全机构，明晰权责。省厅成立全省交通运输行业全面深化改革领导小组，作为全省交通运输行业全面深化改革的领导机构；领导小组办公室设在厅研究室，是领导小组的日常办事机构；领导小组根据工作需要，成立若干重点工作专班。各单位要在职责范围内成立全面深化改革领导小组及其办公室，并根据工作实际，成立相应的工作专班，确保全面深化改革机构健全，职责明确，运行高效。

29. 完善机制，规范流程。各单位要结合实际，抓紧研究制定本单位具体的全面深化改革实施方案，制定好时间表和路线图，明确职责分工，落实责任主体，逐级分解任务。厅直各单位、厅机关各处室涉及改革的事项，以及各市州县交通运输主管部门申请开展改革试点等事项，报厅改革办汇总，统一提请省厅全面深化改革领导小组审议。

30. 加强考核，推动落实。建立重要改革事项的台账管理和办结销号管理制度，健全改革绩效考核机制、激励机制和问责机制，定期考核评估，定期督导通报，把推进改革与政绩考核、任用提拔、责任追究有效结合起来，推动各项改革任务得以有效落实。

2014 年 9 月 18 日

关于加强和改进交通运输政务服务工作的意见

（鄂交法〔2014〕110 号）

各市州交通运输局（委）、厅直各业务局、厅机关各处室：

2013 年 11 月，省源头治腐工作领导小组办公室组织开展了全省政务服务工作群众满意度民意调查。从调查访问的情况来看，服务对象对全省交通运输政务服务工作总体评价是满意的，但仍然存在“少数没有送达受理通知书、个别未落实按时办结制甚至推诿刁难”等现象和问题。为进一步加强和改进全省交通运输系统工作作风，优化办事环境，不断提升交通运输政务服务工作水平，特制定如下意见，请各单位（含各级行政服务中心交通运输窗口）抓好贯彻落实。

一、进一步规范政务服务行为

1. 制定落实制度框架。各单位要抓紧制定完善政务服务、行政审批各项制度。落实首问负责制、一次性告知制等五项基本制度，按规定摆放示范文本、服务指南等，一次性告知申请人所需审批材料的种类、数量、格式，一次性明确申报材料所存在的不足或缺陷，一次性提供所填表格的示范文本。

2. 规范工作人员仪表、言行、举止，保持风纪严整，仪表端庄，规范着装，不得制服混搭。严格遵守纪律，不得出现迟到、早退、脱岗及做与工作无关的事情。

3. 强化政务信息公开，公开审批依据、公开审批内容、公开审批程序、公开办理时限、公开收费标准，实行阳光审批。

4. 接待行政相对人要做到语言文明、态度和蔼、服务优良，来有迎声，去有送语。应耐心、及时、准确解答服务对象咨询内容，不得冷落、刁难、训斥或歧视服务对象，不得与服务对象发生争吵。

二、进一步规范行政审批程序

1. 已纳入网上审批服务平台的所有省级审批项目，每项审批事项必须通过网上审批服务平台办理，不得出现审批事项不登陆平台或者事后补登等情况。

2. 严格按照有关法律法规、办事程序和时限要求办理各项行政审批事项和政务服务项目，不得在体外循环，增设审批条件和环节；不得集中时间“批量”办理。行政相对人提交审批事项申请，申请材料齐全且符合法定形式的，工作人员应当场予以受理；申请材料不齐全或者不符合法定形式的，应当当场或者五日内一次性告知行政相对人需要补正的全部内容，逾期不告知的，自收到申请材料之日起即视为受理。不符合受理条件的，不得受理并上传申报材料。我厅对外公开承诺的审批事项办理期限为 14 个工作日，自受理之日起审查 11 个工作日，决定 3 个工作日，各级审查部门应在各自审查期限内完成审查工作，超过办理期限的，将以红、黄牌全省通报，并追究办理人员相关责任。依法需要听证、招标、拍卖、检验、检测、鉴定和专家评审的，应及时启动“特别程序”，并将所需时间书面告知申请人。

3. 严格按规范和程序，准确制作相应的文书，并及时送达行政相对人。

4. 建立健全档案资料和台账，规范详细登记行政审批的申请时间、受理情况、审查情况和审批结果，定期对行政审批资料进行整理、装订和归档，做到记录详实、资料齐全、装订规范。

三、进一步加强政务服务监督

1. 拓宽监督渠道，通过网站、公示栏、执法监督岗等方式，广泛公开举报投诉电话，积极主动接受群众监督和社会监督，做到有报必查、有诉必究。

2. 规范人员管理，工作人员在政务服务过程中不得吃拿卡要、收受礼品、收受贿赂，不得敷衍塞责、推诿扯皮、弄权勒索，不得打击报复、刁难服务对象、举报人或投诉人。实行工作效能考核激励机制。按照考评与奖惩相结合的原则，积极探索建立公正、公平的绩效考评制度，全面考核全体工作人员的德、能、勤、绩、廉，重点考核工作人员的服务态度、办事效率、办事效果和公众满意度。

3. 加强监督检查，各级监察部门要通过明察暗访、定期考核等方式，加强对政务服务工作的监督检查及考核工作，对审批过程中存在的效率低下、推诿扯皮、态度生硬、不兑现承诺、服务不文明、不规范、违纪违法等情况，一经查实，严肃处理。

4. 建立定期回访机制，要通过网络调查、电话回访、问卷调查等方式，对工作人员的事项办理程序、服务规范、工作纪律、廉洁勤政等进行调查了解，定期收集、了解存在的问题并及时整改，不断提高全省交通运输系统政务服务水平。

2014 年 2 月 18 日

湖北省交通运输行政执法人员三年轮训工作方案(2014—2016 年)

(鄂交法〔2014〕169 号)

为深入贯彻落实《交通运输部关于加强交通运输行政执法队伍建设的指导意见》(交政法发〔2012〕681 号)和《交通运输行政执法人员培训考试大纲》(厅政法字〔2013〕70 号)，结合我省交通运输行政执法人员实际，制定本方案。

一、指导思想和总体目标

(一)指导思想：以党的十八大精神为指导，坚持科学发展观，按照公正执法、规范执法、文明执法、廉洁执法的总体要求，紧紧围绕交通运输中心工作，以增强依法行政意识，提高履职能力，规范执法行为为着力点，坚持问题导向，注重针对性和实效性，全面提升交通运输执法培训质量，确保执法队伍整体素质明显提高，为推动湖北“五个交通”发展提供法治保障。

(二)总体目标：用三年时间，对全省交通运输执法人员进行一次系统轮训，通过培训，全面加强执法队伍的职业道德建设和思想作风建设，牢固树立为民、利民、惠民、便民的执法理念，使执法人员法律素养和法治观念显著提高，自觉规范执法行为，改善执法队伍的人才结构，建设多层级执法人才队伍。

二、基本原则

(一)全面覆盖。参加培训的对象为全省公路路政、道路运管、港航海事、质量监督等各个门类的交通运输行政执法人员。重点是各级交通运输执法机构分管执法领导、队(站、所)长、法制骨干、新进执法人员和新晋职人员等。

(二)分级管理。省、市州、县(市、区)三级交通运输主管部门及所属各业务管理机构在各自的职责范围内组织开展执法培训，实行统一部署、分级管理、分类培训。省厅负责对全省交通运输执法队伍轮训工作监督指导，分批组织市县交通运输主管部门分管领导、法制科(股)长及部分基层法制骨干的执法培训。省公路局、省高管局、省运管局、省港航海事局、厅质监局分别制定本系统三年培训工作方案，负责组织实施行业执法业务培训，重点培训队(站、所、科、股)长和部分基层法制骨干。各市州、县(市、区)交通运输局制定本地区培训方案，具体组织实施本地区市、县培训师资和执法人员的培训工作。

(三)统一标准。培训统一执行交通运输部政策法规司组织编写的交通执法人员培训教材(人民交通出版社)，培训课程及培训内容参照《交通运输行政执法人员培训考试大纲》安排。主要教材共七本：《交通运输行政执法基础知识》、《交通运输行政执法管理与监督》、《交通运输行政执法证据收集与运用》、《交通运输行政处罚自由裁量权行使实务》、《交通运输行政执法程序与文书实务》、《交通运输行政执法典型案例评析》、《交通运输行政执法常用法规汇编》。

(四)保证质量。坚持突出重点内容和重点对象，坚持理论联系实际，坚持规模服从质量，围绕依法行政和执法工作实际，确定培训内容和教学方案，着力培养和提升执法人员的依法行政理论水平及解决实际问题的能力，既要进行政治思想、职业道德培训，又要进行业务培训和军训，努力提高培训的针对性、实效性和可操作性，做到重点突出，学以致用。

三、培训内容

主要培训内容包括以下五个方面：

(一)军训。参照《解放军队列条令》，重点学习三种步法(齐步、跑步、正步)和立正、稍息、敬礼、停止间转法、整理服装等；参照《解放军内务条令》

训练整理内务；参照公安部《交通警察交通指挥手势》，学习停止、直行、左转弯、左转弯待转、右转弯、变道、减速慢行、示意车辆靠边停车等8种信号交通指挥手势；参照《交通运输行政执法人员培训考试大纲》，进行体能训练、应急救护和消防训练。

（二）职业道德教育。学习交通运输执法人员职业道德规范和文明执法要求，增强服务意识和责任意识，提高交通运输执法人员职业道德水平，促进交通运输行政执法人员自觉践行交通运输执法人员职业道德要求。

（三）交通运输专业法律知识。主要包括交通运输专业法律、法规、规章及文件，交通运输执法办案程序，执法风纪，执法规范等。

（四）通用法律知识。主要包括国务院《依法行政实施纲要》、《关于加强市县政府依法行政的决定》、《关于加强法治政府建设的意见》和《行政处罚法》、《行政许可法》、《行政复议法》、《国家赔偿法》及行政法学基本理论等通用法律知识。

（五）执法实践模拟。主要包括现场检查、调查取证、填制执法文书、案例分析等。

四、实施步骤

（一）精心制定培训计划。各地各单位要根据本单位执法人员数量、工作状况、认定的培训机构数量和培训能力等情况，按照三年轮训一遍的时限要求，制定各自师资培训计划。计划编制要留有余地，以确保培训进度按期完成。各市州交通运输主管部门和厅直各业务局编制的三年轮训方案，于2014年4月10日前报省厅法规处备案。

（二）开展全员执法培训。各地各单位要按照《交通运输行政执法证件管理规定》（交通运输部令2011年第1号）的要求，组织开展执法人员的培训工作，对所有持有或拟申领交通运输执法证件的人员进行全面系统培训。新进拟申领证件人员集中培训时间不少于15天，已持证人员3年累计培训总时间不少于15天。授课师资以经省级交通运输主管部门遴选确认的一、二类讲师或其他认定符合条件的人员为主。

（三）组织闭卷考试。各地各单位在组织培训时应进行闭卷考试，有条件的地区可实施计算机联网无纸化考试，并将执法人员培训和考试的相关信息，报同级交通运输主管部门法制机构备案，录入执法人员与执法证件管理系统。考试不及格者可补考一次，经补考仍不及格的，不得发证，不得上岗，已经取得执法证件的，暂扣其证件，调离执法岗位。省厅将于三年轮训结束后，组织一次全省交通运输执法人员闭卷考试。

五、工作要求

（一）加强领导，提高认识。各地各单位要高度重视，切实加强领导，落实责任，明确任务，统筹安排，要将执法培训摆在重要议事日程，并把它作为法治交通建设的重要内容抓紧抓好抓实，真正做到全体动员，全员参加。

（二）分类指导，有序推进。各级交通运输主管部门及其业务管理机构要加强对基层执法组织培训工作的分类指导和督办，及时了解、掌握培训工作进展情况，不断改进工作措施，确保培训工作达到预期效果。

（三）健全制度，突出实效。各地各单位应当建立健全执法人员教育培训管理及档案登记制度，坚持面向基层，突出重点，创新方式，注重实效，因地制宜，节俭办班，确保培训质量。

（四）保障经费，严格奖惩。各地各单位要保障培训所需经费，认真落实培训计划，加强监督检查，交通运输执法人员的培训情况要作为年度考核、证件年审、执法评议考核及评先评优的重要内容和依据。2016年底，省厅将对全省3年交通运输执法轮训情况进行考核。

2014年3月17日

全省交通运输系统“廉政阳光执法”建设工作实施方案

（鄂交法〔2014〕472号）

为进一步规范交通运输行政执法行为，完善行政权力运行机制和监督机制，提升执法公信力和公众满意度，改进政风行风，省厅决定在全省交通运输系统开展“廉政阳光执法”建设工作，现制定如下实施方案。

一、总体思路

按照“全面推进、逐步规范、注重实效”的要求，以完善执法公示制度和监督检查制度为突破口，围绕事前、事中和事后监督，着力构建行为规范、程序严密、运行公开、制约有效的行政权力运行机制，使交通执法行为始终处于公众监督的“阳光”之下，最大限度减少权力运行的随意性，最大限度地从源头遏制腐败，全面形成覆盖所有交通执法机构、执法岗位、执法人员的“廉政阳光执法”体系。

二、主要任务

（一）全面公开六项内容。根据《政府信息公开条例》、《湖北省行政执法条例》、《湖北省行政执法监督检查暂行规定》、《交通行政执法监督规定》、《湖北省交通行政执法公示制》，

2014 年 10 月 1 日前，全省交通行政执法机构必须公开以下 6 项内容。

1. 公开执法主体和主要职责。各级交通行政执法机关要将执法机构设置、主要职责及联系地址、联系方式等内容公开。基层执法站所要将执法机构名称、执法类别、负责人及全体执法人员姓名和对应执法证件号码、照片等信息公开。

2. 公开执法依据和标准。基层执法站所要全面公开相关法律法规中涉及交通行政执法（包括行政许可、行政处罚、行政强制、行政征收以及行政复议、诉讼、执法监督检查等）的主要条款，全面公开物价部门制定的相关赔（补）偿标准的文件内容，使公众明确知晓交通行政执法工作的依据和标准。要在办公区域的醒目位置公示收费许可证（照）、检测设备合格证书和交通运输部、省政府、省厅制定的自由裁量权标准等内容，并提供常用交通法规和规范性文件的全文资料（或电子文档），方便公众查阅。

3. 公开执法程序和期限。基层执法站所要依据相关法律法规，公开交通行政许可的项目、依据、实施程序，行政处罚的简易程序、一般程序、听证程序，行政强制措施实施程序、行政机关强制执行程序，并制作简洁明了的执法工作流程，标明办理流程、办理时限、职责要求、相对人权利、投诉举报途径等。

4. 公开执法结果。行政许可受理后，应告知申请人查询审批进程的方法并公开行政许可结果。行政检查、强制、处罚、征收等案件办理结果，应按相关时限要求告知行政管理相对人查询途径、联系方式，主动接受监督。被新闻曝光的涉嫌违法的案件，交通行政执法机关要向社会公开查处过程及结果。

5. 依法告知当事人权利。各级交通行政执法机关及执法人员在执法过程中必须遵守执法程序，履行法定告知义务。包括当事人享有的陈述权、申辩权和听证权，不服行政许可、处罚和强制决定时享有的提起行政复议和行政诉讼的权利，其合法权益受到损害时取得国家赔偿的权利。

6. 公开执法监督方式。各级交通行政执法机关、基层执法站所要进一步拓宽执法监督方式和渠道，确保公众的知情权、监督权。公开的方式包括以下 3 种：

一是在办公场所公开。基层执法站所要在办公场所设置公示栏、电子显示屏、公众查阅室等方式公示相关信息，将本级、上级交通运输主管部门及业务管理机构的名称与监督电话，聘请社会监督员的姓名、工作单位、联系方式等予以公示，并在办公区域设置意见箱，公布举报电话。有条件的可在办公区域安装录像录音设备和满意度评价器，并通过设置展板、播放视频、印制手册和宣传单等方式加强执法宣传工作。

二是通过各种媒体公开。各级交通行政执法机关和基层执法站所要广泛利用广播、电视、报纸等传统媒介及互联网、移动网等现代传媒，对涉及交通行政执法的内容进行全面公开，方便公众监督。要充分发挥官方网站作用，积极开辟“廉政阳光执法”专栏，探索开通微博和微信等方式公开执法信息，不断扩大执法信息公开的覆盖面。

三是向申请人公开。对需要公开交通执法信息以外的信息的公民、法人和其他组织，各级交通行政执法机关和基层执法站所要提供《信息公开申请表》和申请程序的电话咨询服务，并按照《政府信息公开条例》规定在 15 个工作日内予以答复。

（二）加强行政执法监督检查。

一是强化内部自查机制。各级交通行政执法机关和基层执法站所要完善案件评查制度和行政执法评议制度，定期抽查纸质文书。要以执法权力运行、内部管理为重点环节，严格执行处罚自由裁量权标准，落实重大案件集体讨论与报备制度，对罚款 5000 元以上的重大行政处罚案件进行随机抽查回访。要运用现代网络信息化技术，建立健全执法场所视频监控设施，配置执法记录仪等现场取证设备，定期或不定期抽查执法情况，确保内部监管措施有效落实。

二是强化层级督查机制。各级交通行政执法机关每年要定期或不定期，通过采取民意调查、民主评议、现场述评、行政执法案卷评查、投诉办理情况考核等形式，开展明察暗访活动，对办理行政复议、诉讼、国家赔偿、控告申诉案件、执法监督、执法评议和执法责任追究工作等情况进行督查。省厅及厅直各业务局每年通报 1 次，市州交通运输局及其业务局（处）每半年通报 1 次，县级交通运输局每季度通报 1 次。

三是强化社会监督机制。各级交通行政执法机关要建立公开评议制度，邀请法律专家、行风监督员、公民代表等共同监督行政执法过程及结果，要结合自身实际开展各类形式的民主评议、行风评议活动，通过网络论坛、投诉专栏等征求社会意见，主动接受社会各界的监督。

（三）实行严格的责任追究。各级交通行政执法机关在检查中对违反“廉政阳光执法”建设规定的单位，按照以下规定进行责任追究：

1. 交通执法机构未公开相关交通执法信息，或不按要求进行公开，经批评教育逾期不改正的，由交通主管部门或上级业务主管部门约谈交通执法机构分管领导及部门负责人，责令限期整改，并作书面检查。

2. 交通行政执法机关在规定时限内，未开展明察暗访，或监督检查不力的，由上级交通主管部门进行通报批评。

3. 交通执法机构，一年内执法人员有 3 人次被举报违法违规，经查属实的，或被上级通报批评的，取消该单位当年评优评先资格。

4. 对因执法不公开、不文明、不规范被上级部门或新闻媒体曝光，在社会上造成严重负面影响的，对交通执法机构分管领导及部门负责人进行责任追究。

三、工作要求

（一）高度重视，精心筹划。深入推进“廉政阳光执法”建设工作，是全面贯彻落实党的十八大、十八届三中全会精神，践行社会主义核心价值观和交通运输行业核心价值观的具体行动，是深化行政体制改革、加快政府职能转变的客观需要，是优化发展环境、规范交通运输行政执法权力运行的重要抓手，是构建惩防体系、提升交通执法公信力、树立良好社会形象的有效载体。各地、各单位要深刻认识开展“廉政阳光执法”建设工作的必要性和重要性，把此项活动作为交通法制工作的一件大事抓紧、抓实、抓好，抓出实效。要确保工作经费到位、人员到位、任务落实。各单位要成立由相关业务部门、法制工作部门及纪检监察部门组成的工作专班，按职能明确任务分工，分解落实各项工作任务，加强监督指导，切实做好“廉政阳光执法”建设的日常工作。

（二）抓好落实，立查立改。各地、各单位要以解决公开信息不完整、执法程序不到位、自由裁量不规范、执法监督不健全、责任追究不落实等直接损害群众利益、群众反映强烈的突出问题为重点，坚持问题导向，明确整改措施和要求，立查立改，立说立行。

（三）加强宣传，强化监督。各地、各单位要通过网站、报刊杂志、广播、电视等宣传渠道，做好“廉政阳光执法”建设的宣传工作，注意培育一线执法工作中涌现的先进典型，树立交通执法良好的社会形象。要不断加强执法监督，着力推进“廉政阳光执法”体制机制创新，真正以公开促公正、以阳光促廉政，全面提升交通行政执法整体水平和服务社会能力，为“五个交通”建设创造良好的法治环境。

2014年7月28日

“廉政阳光审批”建设工作实施方案

（鄂交审〔2014〕405号）

为全面深化交通运输行政审批制度改革，进一步推进简政放权，加快政府部门职能转变，加强廉政阳光交通建设，构建廉洁高效政府形象，根据《省人民政府办公厅关于印发湖北省深化行政审批制度改革方案的通知》（鄂政办发〔2013〕1号）、《交通运输部关于深化交通运输行政审批制度改革的通知》（交政法发〔2013〕687号）、《省交通运输厅党组关于进一步加强党风廉政建设工作的意见》（鄂交党〔2014〕11号）等相关文件要求，制定本实施方案。

一、指导思想和工作目标

严格依法执行《行政许可法》，认真贯彻落实全国、全省深化行政审批改革工作会议和文件精神，以规范权力运行、监督制约权力为核心，以建设人民群众满意交通为目标，深入推进行政审批制度改革，提升行政审批效率，提高依法行政水平，优化经济发展环境，力争实现项目清理最优、规范流程最优、网上审批最优、服务效能最优、阳光操作最优，为打造“廉政阳光交通”、建设“五个交通”奠定坚实基础。

二、主要措施

（一）完善审批制度，实现审批信息公开

1.建立公开制度。建立标准明确、程序严密、运作规范、制约有效、权责明晰的审批制度和运行机制。出台行政审批信息公开管理办法，制定省级交通运输行政审批项目权力清单，明确界定行政职责与权力边界。建立行政审批申请材料“正面清单”制度，审批机关不得要求行政相对人提供清单范围外的申请材料。严格落实窗口受理制、首问负责制、限时办结制、一次告知制、责任追究制等5项基本制度。创新服务举措，继续推行双休带班值班制、午休值班制，开通行政审批服务微博微信、QQ群，开展快递邮寄、送证上门服务，最大程度方便老百姓。

2.规范公开内容及形式。严格按照《湖北省行政审批事项目录管理办法》规定，全面公开行政审批事项名称、子项名称、数量、编码、实施机关、设定依据、审批程序、审批条件、法定期限、承诺期限、申请材料、联系方式和示范文本等情况。涉及收费的，明确收费依据和标准；涉及前置审批的，明确前置审批事项名称和实施机关。建立动态更新机制，及时更新新设、取消、调整的行政审批事项，及时更新审批事项中涉及变动的部分，确保公开内容的准确性和权威性。通过网站、基层窗口向行政相对人提供可下载的各类表格、格式文本等。编制标准化的办事指南和审批业务手册并予以公开。规范公开形式，相关内容通过门户网站、政务服务大厅、基层窗口等途径公开。

3.完善信息咨询查询功能。开放审批服务平台终端用户查询，开通短信实时提醒功能，完善办件查询，使行政相对人及社会公众能够实时了解行政审批的受理情况、审查环节、办理状态和审批结果。

（二）规范审批程序，实现审批流程透明

4.及时受理。引导、鼓励行政相对人通过网上审批服务平台提交申请资料，申请材料齐全且符合法定形式的，应当当场予以受理；申请材料不齐全或者不符合法定形式的，应当当场或者5日内一次性告知行政相对人需要补正的全部内容，一次性明示所需审批材料的种类、数量、格式，一次性指出申报材料所存在的不足或缺陷，一次性提供相关表格、示范文本。逾期不告知的，自收到申请材料之日起即视为受理。除即办件外，应当严格按照规范和程序，准确制作相应的文书，并及时送达行政相对人。

5. 严格审查。坚持“谁审查、谁负责”原则，严格按照法规的规定、规范的流程、承诺的时限进行审查。审查时，发现行政审批事项直接关系他人重大利益的，应当告知该利害关系人，审查机关应当听取申请人、利害关系人的意见。利害关系人必须在限定时间内反馈意见，并不得以非法定理由出具意见。依法需要听证、招标、拍卖、检验、检测、鉴定和专家评审的，应当及时启动“特别程序”，并将所需时间书面告知申请人。特别程序审查环节由相关管理机构根据法律法规规定，在法律框架范围内制定完善专家审查会审批项目，界定、限制特别程序中审查时间规定，细化具体操作细则。

6. 依法决定。对于即办件，申请人提交的申请材料齐全、符合法定形式，应当当场作出书面的行政许可决定。对于承诺件，应当在承诺期限内按照规定程序作出行政许可决定；作出准予行政许可的决定，应当自作出决定之日起 10 日内向申请人颁发、送达行政许可证件，或者加贴标签、加盖检验、检测印章。依法作出不予行政许可的书面决定的，应当说明理由，并告知申请人享有依法申请行政复议或者提起行政诉讼的权利。

7. 规范网上审批。大力推行网上审批，逐步实现省、市(州)、县(市、区)三级交通运输行政审批事项网上审批全覆盖。对已纳入网上审批服务平台的审批项目，实行网上办理，禁止审批事项不登陆平台或者事后补登，禁止体外循环、增设审批条件和环节，禁止集中时间“批量”办理。我厅对外公开承诺的审批事项办理期限为 14 个工作日(公示和特别程序期限除外)，网上审批服务平台设定自受理之日起审查时限为 11 个工作日，决定时限为 3 个工作日。

(三)严格监督检查，实现审批实时监控

8. 构建全方位立体监督网络。进一步健全层级监督、外部监督、社会监督和新闻媒体监督等监督机制，加大对交通运输行政审批工作监督力度，及时改进各项审批管理工作。充分发挥监察部门监督职能，加强廉政风险防控，查找腐败风险点并制定防控措施。畅通投诉举报渠道，设立执法监督岗，在网站、政务服务大厅公示栏公开举报投诉电话。实行电子监察，将网上行政审批事项全程纳入电子监察平台监控，同时进行办件视频、音频监控。各级审查审批部门及工作人员超过办理期限，出现红牌、黄牌的，违法违纪进行审批的，将定期向全省通报、公开问责，追究有关人员相关责任。

9. 健全后续监督办法。按照谁审批、谁负责的原则，对取消和下放的审批事项，督促各地各部门制定出操作性强的监管办法和措施，进一步加强事中、事后检查，防止出现监管职能“缺位”或明减暗不减、明放暗不放的问题。

10. 开展行政审批绩效评估。审批主办部门会同监察部门、各业务局(处)定期或不定期开展行政审批制度改革专项督查，对行政审批项目实施情况进行评估，研究提出取消、调整和优化流程意见。通过聘请社会监督员、现场采访、回访服务对象、聘请专家学者建立行政审批会商沟通机制、聘请专业团队开展第三方评估等措施，听取市场主体、服务对象以及专家学者对交通运输系统简政放权、改革成效、办事效率等方面的意见和建议。

(四)构筑思想防线，实现审批人员廉洁

11. 加强廉政教育。积极参加廉政交通主题教育活动，营造廉政文化氛围，组织审批工作人员参观“廉政教育基地”、到“廉政书屋”学习，邀请纪检监察专家、廉政典型、优秀党员讲廉政、谈体会，定期组织观看廉政教育专题片，以案说法，以案明纪，引导审批工作人员正确地对待地位、权力和个人利益，筑牢审批岗位干部拒腐防变思想道德防线，自觉做到遵纪守法，廉洁从政。

12. 深化文明示范窗口品牌建设。加强审批人员法律及业务素养学习培训，继续深入推进文明示范窗口建设，将行政审批业务工作与“红旗党支部、党员示范岗”创建活动结合起来，以创建促业务能力提升。开展共建互促、互换角色体验活动，通过与基层服务窗口共建、与服务对象互换角色体验等形式，以共建互换促服务水平提升。

三、有关要求

(一)提高认识。行政审批是职责、职权和利益的载体，进一步深化行政审批制度改革，加强廉政阳光审批建设，将有效预防审批领域腐败，减少权力寻租的机会与土壤，提高行政审批服务质量，为“五个交通”建设提供有力的法纪保证。具有行政审批职能的单位要加强对行政审批工作的领导，坚持依法审批、阳光操作、限时办理，不断健全完善相关制度和标准，禁止在规范的流程之外非法附加任何条件或减少审批环节；审批工作人员要严格遵守审批管理制度和工作纪律，改进工作作风，提高服务水平，禁止以权谋私、吃拿卡要等违法违纪行为。

(二)上下联动。审批主办部门要加强与业务局(处)的沟通衔接，充分发挥业务局(处)的职能作用，密切配合，共同推进行政审批制度改革、廉政阳光审批建设的各项工作。广泛听取基层交通运输部门、管理机构和行政相对人的意见，稳步推进简政放权及网上行政审批全覆盖。基层交通运输部门、管理机构和审批人员要主动研究、及时反映行政审批过程中的问题、建议和意见，上下联动，形成合力，着力推进交通运输行政审批制度改革取得实效，行政相对人深切感受交通运输优质服务，共享改革成果。

(三)强化落实。建立通报督办制度，定期通报行政审批工作情况、存在问题及改进意见；对违反行政审批相关规定的行为，将强化追责问责，确保各个行政审批项目符合法规规定、符合法定程序、符合承诺时限。各级交通运输部门及管理机构要从实际出发，研究提出本部门廉政阳光审批建设的目标要求、主要任务和具体措施。要加强对行政审批制度改革的评估与监督，总结推广先进经验，确保各项工作落到实处。

2014 年 6 月 23 日

湖北省交通运输厅关于进一步加强普通公路桥梁养护管理的实施意见

（鄂交计〔2014〕568 号）

各市州交通运输局（委），省公路局：

为进一步加强我省公路桥梁养护管理工作，预防公路桥梁安全事故发生，根据交通运输部《关于进一步加强公路桥梁养护管理的若干意见》（交公路发〔2013〕321 号）相关要求，并结合我省实际，现就进一步加强公路桥梁养护管理工作提出以下意见，请一并贯彻执行。

一、加大桥梁安全隐患排查监管力度

（一）加强桥梁安全隐患排查。各级交通运输主管部门、公路管理机构和收费公路经营单位要结合公路桥梁的日常检查、经常检查、定期检查及汛期和重载交通路线等实际，加大公路桥梁安全隐患排查力度，并根据桥梁检查结果，建立各级危旧桥梁安全隐患改造工程项目库，于每年 7 月底前由市州交通运输局（委）（负责农村公路桥梁）、公路局（负责国省干线桥梁）对新增项目进行汇总后上报省交通运输厅和省公路局，同时提供专业检测机构出具的桥梁检测报告。对符合交通运输部《公路路网结构改造工程管理办法》（交公路发〔2011〕182 号）规定的危旧桥项目，由省公路局进行汇总后上报录入部路网结构改造工程项目库，项目库相关数据以上一年度公路数据库和养护统计数据为基础，实行动态管理，进行年度更新。

（二）强化危桥安全管制措施。桥梁养护人员或桥梁工程师在日常巡视、经常检查或定期检查发现桥梁处于危险状态或有危险迹象时，应立即向有关部门报告并及时设立限载、限速等限行标志，并设置好绕行便道或绕行路线。对技术状况评定为五类的桥梁，应及时封闭交通，并通过媒体向社会公告车辆、行人绕行路线；对技术状况评定为四类的中小型桥梁，应在桥梁两头设置明显的限载、限速标志和重车绕行标志；对技术状况评定为四类的大型桥梁和特大型桥梁，除了在桥梁两头设置明显的限载、限速标志和重车绕行标志及有效管制措施外，还应在桥头设立临时治超点；对技术状况评定为三类的桥梁，应根据桥梁病害和发展情况酌情进行交通管制。

（三）保证资金投入。各地要以已建立的危桥项目库为基础，以危桥、长使用年限桥梁、低设计荷载桥梁、结构缺陷桥梁等为重点，按照先干后支、轻重缓急的原则，制定年度改造项目计划和地方配套资金计划，进一步加大资金的投入和改造力度。其中，收费公路桥梁改造资金从通行费中列支；非收费公路桥梁改造除部、省补助资金以外，各级交通运输主管部门要积极筹措配套资金，确保改造工程顺利实施。

（四）强化危桥改造监管。危旧桥梁改造工程设计一般采用一阶段施工图设计，对于技术复杂或投资额大的可根据实际情况增加方案设计。加固改造类桥梁，设计荷载不得低于原标准，原设计荷载等级低于公路－Ⅱ级的，原则上采用公路－Ⅱ级或以上标准。拆除重建类桥梁，设计荷载应符合《公路工程技术标准》（JTG B01－2003）的规定。设计单位应具有公路乙级及以上设计资质，有危桥加固改造设计经验；设计文件应组织有经验的专家进行审定。收费公路桥梁由各经营单位自行组织审定；国省干线危桥改造设计文件由省级交通公路部门组织专家进行审定后由省公路局审批；农村公路危桥改造设计文件由市州交通公路部门组织专家进行审定后由市州级交通公路部门审批，并按照规定开展公路桥梁工程施工安全风险评估。各级交通、公路管理机构要按照《关于加强公路养护作业组织管理的通知》（交函公路〔2010〕207 号）和《公路桥梁加固施工技术规范》（JTG/TJ23－2008）等要求，严格控制工程质量，保证合理工期，强化安全管理，确保工程质量和安全。

二、加强桥梁安全保护工作

（一）加强车辆违法超限超载治理工作。各级交通运输主管部门和公路管理机构要认真贯彻落实《公路安全保护条例》等相关法规规定，主动争取当地政府支持，会同有关单位继续抓好治超工作。要进一步优化治超检测站点布局，完善路面治超监控网络，会同公安交通管理等部门，切实加大路面联合治超执法力度。对违法超限超载车辆，要严格按照有关规定，责令其采取卸载或分装等改正措施，消除违法状态，坚决遏止违法超限超载车辆上路上桥。同时，要按照《桥梁限载标志和桥面标线设置要求》，加快完善桥梁限载标志和桥面标线设置工作。

(二)加强桥梁安全保护区管理。各级交通运输主管部门和公路管理机构要积极协调安全生产监督管理部门、公安交通管理部门、水行政主管部门、流域管理机构、海事管理机构等有关单位，按照各自职责坚决查处特大桥梁跨越的河道上游500米、下游3000米，大桥跨越的河道上游500米、下游2000米，中小桥梁跨越的河道上游500米、下游1000米范围内的采砂活动；坚决查处擅自在中桥及以上公路桥梁跨越的河道上下游各1000米范围内抽取地下水、架设浮桥以及修建其他危及公路桥梁安全的设施；坚决查处在中桥及以上公路桥梁200米周围内从事采矿、采石、取土、爆破作业等危及公路桥梁安全的活动；坚决查处在中桥及以上公路桥梁200米周围内设立生产、储存、销售易燃、易爆、剧毒、放射性等危险物品的场所、设施；坚决查处在桥下堆积影响养护工作及营运安全的各类物体和红线内各类违章建筑。各收费公路经营单位要积极主动配合。

三、落实桥梁安全运行十项制度

(一)责任划分制度。各级交通运输主管部门履行本辖区公路桥梁行业管理职能。

国省干线公路桥梁养护管理实行“统一领导、分级管理”。省公路局在省交通运输厅的领导和指导下，负责全省普通国省干线公路(以下简称干线公路)桥梁养护管理工作；市州级公路管理机构代表省公路局履行本辖区干线公路桥梁养护管理监管职能；县级公路管理机构负责本辖区干线公路桥梁养护管理的具体工作。

按照《湖北省农村公路条例》规定，农村公路桥梁养护管理责任主体是县级人民政府。县级交通运输主管部门应结合工作实际，制定本辖区农村公路桥梁养护管理的具体实施方案，报县级人民政府批准后执行。

收费公路的桥梁养护工作，由收费公路经营管理单位具体负责。

专用公路养管单位是专用公路桥梁安全运行的责任主体。

对公路上的非交通公路部门养管的桥梁，由所在地交通运输主管部门或公路管理机构向当地人民政府报告，明确养管责任单位。

发生桥梁安全运行责任事故的，应按照相关规定追究相关单位和个人责任。

(二)信息公开制度。公路桥梁应统一设置桥梁信息公开牌，中桥及以上桥梁应做到“一桥一牌”。桥梁信息公开内容应包括桥名、路线编号、路线名称、桥型、养护单位、管理单位、监管单位、联系电话等主要信息。桥梁信息公开牌按照《桥梁信息公示牌设置要求》设置。2014年底之前，完成全省现有公路桥梁中桥及以上桥梁的“一桥一牌”设置工作；新改建和大中修的桥梁信息公开牌设置费用应列入工程预算，与工程同步实施完成。

(三)资金保障制度。各地在安排公路养护资金时，要根据桥梁养护工作正常开展和桥梁安全管理需要专项安排桥梁养护资金。桥梁日常养护和检查等经常性支出由项目执行单位统筹安排，专款专用。干线公路桥梁养护资金根据管养职责列入省级财政预算；农村公路桥梁养护资金根据管养职责分别列入市州级和县级财政预算；收费公路桥梁的养护管理资金，由收费公路经营管理单位从通行费中列支。危桥加固改造等项目性支出按照部、省有关补助范围和标准执行。

对特大、特殊结构和特别重要桥梁，应按单座桥梁和养护作业类别安排专项养护管理资金。省交通运输厅和省公路局每年设立专项抽检和巡查资金，组织具有相应资质的桥梁检测单位，监督干线公路桥梁养护管理和安全运行管理工作开展情况。

对干线公路其他桥梁，清扫保洁资金可在公路日常养护资金中统筹考虑；经常检查、小修保养和定期检查资金由相关工作责任单位统筹安排，按管养职责，分别列入财政预算和通行费中。特殊检查资金根据检测内容和桥梁具体情况，按照工作需要专项安排。同时，加大桥预防性养护资金投入，及时处置安全隐患，努力延长桥梁使用寿命。农村公路桥梁参照执行。

(四)护工程师制度。各级桥梁养管单位和监管单位应按照《湖北省公路桥梁养护管理办法(暂行)》的要求，设置符合任职资格条件的专职桥梁工程师，并配备必要的技术人员协助桥梁养护工程师开展工作。桥梁养护工程师团队应按照相关技术规范要求开展工作。省交通运输厅将根据我省实际情况制定桥梁养护工程师管理办法，建设高素质、专业化桥梁养护工程师队伍，各养管单位可根据各自实际情况制定相关办法，切实提高桥梁养护工程师待遇，切实解决其责权利不对等、待遇低难留人等现实问题。建立奖励或表彰机制，鼓励各级桥梁养管单位组建专门从事桥梁养护工作的专业队伍，加快提升桥梁养护专业化水平。

(五)例行检查制度。桥梁检查是确保桥梁安全运行和正常开展桥梁养护工作的基础，是保证桥梁养护得以科学开展的前提。各级公路管理机构应按照《公路桥涵养护规范》(JTG H11-2004)和《公路桥梁技术状况评定标准》(JTG T/H21-2011)等相关规定，组织桥梁养护工程师和专业桥梁检测单位对所辖桥梁进行例行检查。

其中：经常性检查每月不少于一次，汛期应增加检查频率，及时发现桥梁重要部件异常；定期检查是确定桥梁技术状况的全面检查，一类及二类桥梁每三年不少于一次，三类桥梁每年不少于一次，在用四类桥梁在实施改造前应加强观测和交通管制；特大、特殊结构和特别重要桥梁定期检查每年不少于一次，应委托专业桥梁检测单位实施；特殊检查按照相关规定委托专业桥梁检测单位及时开展，以查清病害成因、破损程度和承载能力等。

国省道桥梁的定期检查、特殊检查工作由省公路局采用分片区打包的方式公开招标选择专业桥梁检测单位实施。农村公路桥梁的检查工作由县(市)人民政府组织实施。

(六)分类处置制度。应根据桥梁技术状况评定结果，分类采取不同的养护管理措施。其中：一类桥梁进行正常保养；二类桥梁进行小修，及时修复轻微病害；三类桥梁进行中修，酌情进行交通管制，及时修复或更换较大损坏构件；四类桥梁应进行大修或改建，及时进行交通管制或封闭交通；五类桥梁应及时封闭交通，进行改建或重建。

公路改扩建时，建设单位应同步对危桥进行改造。对近年病害多发的桥型，应加大养护和改造力度。对低荷载、浅基础桥梁和宽路窄桥等，应加强桥梁适应性评价，逐步提高安全运行能力。对高烈度地区桥梁，应逐步有序提升防震能力，力争实现“大震不倒、中震可修，小震不坏”。

同时，桥梁养管单位应针对自然灾害和其他原因可能造成的公路桥梁安全运行事故，制定突发事件应急预案。针对冰冻雨雪天气，要加强桥面防水、排水和除冰雪工作，严禁采取桥面撒盐或卤水等破坏结构耐久性的除冰雪措施。对特大、特殊结构、特别重要桥梁和危旧桥梁，应单独制定应急预案，确保一旦发生事故，应急和交通组织工作井然有序。

(七)技术档案管理制度。桥梁养管单位和监管单位应建立健全桥梁技术档案管理制度，大力推进公路桥梁信息化管理。省交通运输厅和省公路局要加快实现省、市、县三级桥梁养护管理信息系统联网工作。桥梁监管单位要以信息化管理系统为基础，加大监督检查力度，重点监管桥梁检查开展情况、重要桥梁和危旧桥梁养护管理情况；桥梁养管单位要按照“一桥一档”的要求建立纸质桥梁技术档案，做好桥梁卡片以及桥梁经常性检查记录填报工作，按照要求将检查相关数据录入“公路桥梁养护管理系统”中，做到内容完整、更新及时、方便实用。特大、特殊结构和特别重要桥梁的养管单位，要利用现代信息技术，建立符合自身特点的养护管理系统和健康监测系统。

(八)年度报告制度。在各级桥梁养管单位和监管单位均要建立桥梁养护管理和安全运行年底报告制度，对辖区内桥梁技术状况、桥梁检查和桥梁养护管理工作开展等情况进行分析和逐级上报。市州级公路管理局机构每年2月15日前，按照《国省道桥梁养护管理和安全运行情况年底报告主要内容要求》向省公路局报送上年底本辖区普通国省干线公路桥梁养护管理和安全运行情况年底报告，同时提供电子文件。

(九)定期培训制度。各级桥梁养管单位和监管单位要高度重视桥梁养护技术人员的培训工作，不断提升桥梁养护技术水平和专业化程度。桥梁监管、养管单位每年应组织不少于一次面向桥梁养护管理技术人员的培训，桥梁养护管理技术人员每年参加培训时间不少于16学时。

(十)挂牌督办制度。为有效防范和遏制公路桥梁安全事故，各级公路桥梁监管单位要在抽检和例行检查的基础上，根据桥梁安全隐患严重程度和养管状况，建立桥梁安全隐患分级挂牌督办制度。桥梁养管单位要按照挂牌督办要求，及时整治和报告隐患整改情况，严防桥梁安全运行事故发生。桥梁监管单位要强化对整改情况的全过程监督，做到隐患不消除，挂牌不取消，督办不停止。

各级公路桥梁养管单位和监管单位要认真按照本意见的要求，始终把桥梁养护管理工作摆在工作的重中之重位置，进一步增强忧患意识、责任意识和防范意识，紧紧围绕桥梁安全运行责任，明确职责，落实资金，加强监管，全力确保桥梁的安全运行，为人民群众的安全出行提供强有力的保障。

2014年9月10日

湖北省交通运输系统“廉政阳光工程”建设实施方案

(鄂交建〔2014〕473号)

为进一步加强交通建设领域廉政风险防控工作，全面推进“廉政阳光交通”建设，根据《关于加强交通工程建设廉政风险防控的意见》(鄂交监〔2011〕612号)、《省交通运输厅党组关于进一步加强党风廉政建设工作的意见》(鄂交党〔2014〕11号)等相关文件要求，制定本实施方案。

一、总体思路

深入贯彻落实党的十八大、十八届三中全会精神，全面加强工程建设领域廉政风险防控，深化突出问题专项治理，以信息公开为主要手段，着力推进诚信体系建设，规范项目审查审批单位的权力运行，规范建设、设计、施工、监理等各类市场主体的行为，维护公平竞争的建设市场秩序，努力实现“制度健全、标准完善、决策科学、信息公开、监督有效、市场规范”的目标，确保权力行使安全、资金运用安全、项目建设安全和干部成长安全，为建设“五个交通”提供有力的保障。

二、实施范围

“廉政阳光工程”的实施范围，在责任主体上包括各级交通运输主管部门及公路、运管、港航、质量监督等业务主管部门，建设、施工、设计、监理等参建单位要按照交通运输部门的统一要求落实“廉政阳光工程”建设的各项措施；在工程范围上包括高速公路、普通公路、农村公路、道路客货运站场、港口、航道等，以及交通运输部门负责建设的房屋建筑、机电等工程；在建设管理环节上包括项目审查审批、工程招投标、征地拆迁、工程管理、交竣工验收等建设过程的各环节。

三、主要内容

(一)着力推进交通建设领域设计管理规范化。一是规范设计审查方式。建立代厅(局)设计审查制度，培育专业化的审查市场主体，建立设计咨询审查单位备选库和审查专家库，规范审查行为，提升审查质量，提高审查效率。二是规范设计变更管理。制定设计变更管理细则，明确设计变更管理的责任，完善设计变更台账，加强设计变更监督检查。对于一般设计变更审批，建设单位要规范审批流程，实行科学论证和集体决策制度；对于较大和重大设计变更，建设单位要及时按规定报批，相关审查审批部门要落实咨询审查和专家审查制度，将项目设计变更情况纳入设计单位的信用评价内容，将设计变更管理纳入项目建设单位的考核内容，防范随意变更、串通变更、虚假变更等行为发生。

(二)着力推进交通建设领域信息公开。一要公开项目审批信息。各级项目审批部门要及时将工可、初步设计、施工图设计、施工许可(备案)、竣工验收等信息在相关项目审批部门网站上公开。二要公开招标投标信息。各项目建设单位(招标人)要严格遵守有关法律法规的规定，及时将设计、施工、监理、材料采购等招标项目的招标公告、开标评标过程和评标结果在法律、法规规定的媒体和相关部门网站上公开。三要公开征地拆迁信息。征地拆迁单位要及时将土地种类、青苗和附属物的分类、补偿原则、补偿方法、补偿标准、补偿金额、征地拆迁责任人及联系方式等在项目沿线的村务公开栏主动向所有受影响人公开。四要公开工程管理信息。项目建设单位、监理单位和施工单位要及时将工程概况、工程质量监督机构、项目机构设置、项目主要管理人员、投诉举报方式、廉政制度、安全生产、质量控制、资金筹措、进度计划、完成情况等信息在项目施工现场、建设单位网站和相关信用信息系统上公开。五要公开设计变更信息。项目建设单位要及时将相关设计变更情况、变更理由、变更依据、变更费用和审批情况等信息在建设单位网站上公开。六要公开建设资金管理信息。项目建设单位要及时将工程资金筹措、计量支付程序、计量支付周期、计量支付时限、计量支付情况(包括支付工程款和农民工工资情况)等在项目建设单位网站上公开。七要公开质量监督信息。各级工程质量监督机构要及时将机构名称、主要职责、主要负责人和联系方法、监督工程项目名称、项目监督负责人和联系方法、质量监督检查的组织方式、检查内容、检查方法和检查结果、项目质量鉴定结果在各级工程质量监督机构或相应的部门网站上公开。八要公开交工验收信息。项目建设单位要及时将项目名称、建设规模、各参建单位名称、各单位主要从业人员、交工验收时间、验收结果等信息在建设单位网站和相关信用信息系统上公开。九要公开从业单位信息。各级交通运输部门要及时将区域内从业单位名称、资质情况、履约检查情况、信用评价等级等信息在部门网站上公开。

(三)着力推进交通建设领域信用体系建设。一是完善制度。在现有制度基础上，修改完善信用信息管理实施细则，制定高速公路建设项目建设、监理、检测、设计信用评价实施细则和信用奖惩办法，健全完善交通建设市场主体和主要从业人员的信用档案。二是完善信用信息平台。在应用现有的全国、湖北省公路水路建设信用信息和湖北省交通重点工程管理信息等系统的基础上，根据交通运输部的部署，推进“湖北省公路水路建设与运输市场信用信息服务系统”的建设，整合信用信息平台，促进信息互联互通，及时向社会公布参建单位及人员的信用信息。三是完善诚信奖惩机制。按照有关规定，定期开展信用评价工作，将信用评价结果运用到招投标等环节，鼓励守信，惩戒失信，建立诚实守信的建设环境。

(四)着力推进交通建设领域廉政风险联防共治。一是全面运用廉政风险防控手册。各级交通运输主管部门和项目建设单位要对照交通运输部《交通基础设施建设项目廉政风险防控手册》，全面排查廉政风险点，重点排查项目审批、工程招投标、工程分包、设计变更、材料采购、征迁协调、资金管理、质量安全管理、计量支付、工程监理、工程验收、工程结算等关键岗位和重点环节，完善和落实的防控机制，从源头上抓好廉政风险防控。二是建立联防共治。项目建设单位要将“廉政阳光工程”建设与工程建设任务同步部署、合同同步签订、责任同步落实、考核同步实施，要实行廉政建设风险抵押金制度，全面实行“封闭运行、双系统控制”资金管理制度，落实项目全过程跟踪审计，继续开展与检察、纪检监察等监督部门的共建活动，定期开展廉政警示教育活动，共同推进交通建设领域廉政建设。

(五)着力推进交通建设领域市场监管。一是进一步加强源头的监管。全面推行建设标准化，落实建设单位主要管理人员准入制度，落实和完善首件合格制、施工员带班制度和“班前十分钟”等制度。全面进入各级公共资源交易中心进行招投标，全面推行标准招标文件，完善招标文件、评标报告的备案审查制度，全面实行从业单位犯罪记录查询制度，开发评标专家的网上培训和考核平台，建立评标专家的准入和退出制度，加大招标投标投诉举报和违法违规行为的查处力度。二是进一步加强事中和事后的监督检查。加大建设市场和质量安全督查的频度，实行差异化的监督制度，完善和推行“黑名单”制度，实行质量安全有奖举报制度，加大对整改落实情况的督办力度，加大质量安全责任事故的责任追究制度。

(六)着力推进农村公路建设“八

公开五同步”。要按照2014年农村公路推进会的要求，全面实施农村公路建设“八公开五同步”做法，即实行农村公路建设养护年度计划、资金、招投标、施工管理、质量监督、竣(交)工验收、工程决算和考评结果等“八公开”，做到工程建设养护与廉政建设任务同步部署、责任同步落实、合同同步签订、考核同步实施、奖惩同步兑现等“五同步”，建设“廉政阳光农村路”。要积极推动落实县市区政府农村公路建设的主体责任、纪检监察部门的监督责任和交通运输主管部门的监管责任，创造条件让人民群众、新闻媒体参与监督。

四、有关要求

(一)思想认识到位。在交通建设领域开展“廉政阳光工程”建设是工程建设与廉政建设同步推进的一个有效载体，是我省交通运输部门探索出来的一条成熟经验，在我省交通建设大发展的过程中发挥了巨大作用。在全面深化改革、落实党风廉政建设党委主体责任、纪委监督责任和“一岗双责”的新形势下，在建设“五个交通”的新时期，需要在巩固“廉政阳光工程”建设成果的基础上，进一步探索创新，不断拓展建设的内容、形式和工作方式，为交通运输事业的持续发展提供有力的保障，为交通运输干部的健康成长创造有利的环境，努力建设人民满意的“廉政阳光交通”。各级交通运输部门都要从全局高度和长远角度充分认识“廉政阳光工程”建设的重要意义，切实提高认识，加强领导，精心组织，统筹推进工程建设与廉政建设各项任务。

(二)组织实施到位。各级交通运输部门要结合本地本单位实际，按照本方案的要求，制定具体的工作方案，提出阶段性目标任务，明确具体措施，分解落实责任，完善检查考核办法，组织和督促管理范围内的各参建单位积极参与到“廉政阳光工程”建设中来，营造浓厚的创建氛围。省交通重点工程建设单位要及时建立网站，安排专人负责，及时在建设单位网站和全国、湖北省公路水路建设信用信息和湖北省交通重点工程管理信息等系统公开相关信息。对于项目较小、建设周期较短的项目，各市州交通运输部门可在部门门户网站上开辟工程信息公开专栏，由相关建设单位安排专人及时公开相关信息。

(三)监督检查到位。各级交通运输部门及各业务主管部门要加强明察暗访，强化对项目建设单位和各参建单位行为的监管，及时发现和纠正苗头性、倾向性问题。各建设单位要落实项目建设管理的主体责任，建立健全各项管理制度，加强项目管理人员的教育和管理，加强对项目设计、施工、监理和其他参建单位管理，抓好项目建设的日常监管和问题的督促整改。日常的信息公开管理由各项目建设单位负责，项目审批信息公开由相关审批部门负责，厅质监局负责监督省管项目的信息公开情况，其他项目的信息公开情况由各市州交通运输部门指定专门机构负责监督。

2014年7月30日

全省交通运输系统“廉政阳光服务”建设工作实施方案

(鄂交运〔2014〕425号)

为进一步抓好交通运输服务领域的党风廉政建设，改进和提升交通运输服务质量，全面推进“廉政阳光交通”建设，根据《省交通运输厅党组关于进一步加强党风廉政建设工作的意见》(鄂交党〔2014〕11号)等文件要求，制定本实施方案。

一、总体思路

深入贯彻落实党的十八届三中全会精神和党风廉政建设的新要求，坚持以人为本、均等服务、公正公开的原则，以改革创新为动力，以政务公开、事务公开为主要手段，规范制约权力、提供优质服务、接受社会监督，突出重点、分层推进、分项落实，提高全行业综合运输服务水平，树立良好交通运输服务形象，为加快转变交通运输发展方式、打造“廉政阳光交通”、建设“五个交通”提供有力的保障。

二、实施范围

“廉政阳光服务”中的“服务”是“交通运输服务”的简称，主要是指交通运输管理部门提供社会管理、市场监管、资格审查、资源分配、基础设施建设和维护等公共服务，以及交通运输经营服务单位(包括客货运站场、码头、车船等基层生产服务单位)向社会公众提供客货运输和运输辅助(包括驾驶培训、车辆维修、货运代理等)的活动。本方案重点针对在交通运输服务领域回应社会公众诉求、落实客货运输规则、创新服务手段、开展相关专项治理工作、构建预警防控体系等方面的工作提出实施意见，其他方面的建设工作按照总体思路分层、分阶段逐步推进。

三、主要内容

(一)积极回应社会公众对运输服务的诉求。“群众满意”是交通运输服务的最高标准。交通运输管理部门(含交通运输主管部门及所属业务管理机构，下同)要坚持以问题为导向，把回应公众诉求作为提升运输服务质量的基础性工作，确保事事有回音、件件有着落，以真诚的态度、务实的作风、廉洁高效的形象取信于民。一是进一步建立和完善运输行业接访规则。各单位要结合本地、本行业实际，规范公众诉求办理规则，明确诉求表达方式、办理原则、责任分工、办理时限、监督方式等，全面完善公众诉求办理机制。二是认真办理各类诉求事项。对收到的有关信访、投诉、建议、咨询，都要及时办理、及时回复。应由本单位直接办理的，要明确责任人和完成时限，应由下级单位办理的，要进行分办并跟踪督办。办理完毕后，当事人属实名或留有联系方式的，要向本人回复。三是着力解决公众诉求相对集中的突出问题。各单位要对公众诉求进行综合分析和研判，开展深入细致的调查研究，梳理运输市场的热点和难点问题，提出全面系统的解决措施。

(二)严格执行运输服务规则、规范和标准。交通运输服务必须守规则、循规范、按标准、讲诚信、受监督。交通运输管理部门要进一步加大对近年来部、省发布的各类运输服务规则、规范、标准的宣传力度，抓好统筹协调，分解落实责任。要学习借鉴农村公路廉政建设“八公开、五同步”的做法，依据职责范围，将相关内容(包括行政法规、规章、规范性文件和政策规定；服务规则、规范、标准的制定规划；统计信息；财政预算决算报告；行政事业性收费项目、依据、标准；行政许可项目、依据、条件、数量、程序、期限、申请行政许可需要提交的全部材料目录及办理情况；重大建设项目的批准和实施情况；突发公共事件的应急预案、预警信息及应对情况；安全生产的监督检查情况等)予以公示公告。要加强对交通运输经营服务单位的监督和指导，以提高道路客运、城市公交、出租车服务质量为重点，以服务质量信誉考核为主要手段，进一步完善服务规程和质量标准，细化考核措施，促进服务信息公开、流程透明，确保服务规则、规范和标准得到普遍落实。

各交通运输服务经营单位，尤其是车、船、港、站、场(厂)、所等基层生产服务单位，要认真组织服务规则、规范、标准的学习、培训和考核，并将服务标准、服务内容、服务程序和服务承诺等，在办公和服务场所以及网站等网络平台上，用文字、表格及图片等多种形式公开其主要内容，方便从业人员随时了解、掌握和查询，并自觉接受群众和社会各界监督，及时纠正不按规则、规范和标准服务的行为。

(三)深入开展运输领域专项治理工作。不正之风是滋生腐败的温床，“廉政阳光服务” 建设必须着力纠正交通运输服务中的不正之风。交通运输管理部门要深入开展纠风工作，每年确定1–2个重点，开展突出问题专项治理，把“廉政阳光服务”的要求贯穿纠风工作的始终。要按照省厅的统一部署，继续巩固机动车驾驶员培训、公路交通执法、燃油补贴发放等领域突出问题专项治理的成果，进一步开展出租车行业治理“黑车”专项行动、汽车客运站周边秩序专项稽查行动、机动车维修行业整顿，着力查处运输服务意识不强、流程不规范、服务质量不高，以及管理人员与社会人员勾结串通违法、管理部门对恶劣服务行为视而不见等问题，维护道路运输市场秩序。要继续开展明察暗访，查处乱检查、乱罚款、乱收费等违法违纪典型并予以通报和曝光，形成有力震慑，切实维护群众合法权益。厅直业务管理局要积极落实相关专项治理工作，认真总结经验，通过标本兼治、建章立制，构建长效机制，保持和扩大治理成果。

(四)不断改进和创新交通运输服务手段。“服务”是交通运输工作的本质属性和永恒主题，交通运输管理部门和经营服务单位要不断创新服务方式，提升服务层次。一是创新服务项目。通过增加有效供给，不断满足人们多样化的运输需求，以抑制和打击运输行业“黑车”，铲除腐败现象滋生的土壤。当前要增加城市公交车辆、出租车运力投放，大力推进城际约租客运、空铁快巴、机场快线、城市配送服务业务发展。二是创新运输组织。进一步扩大出租车电招服务范围、提高成功率，推广公交智能化服务系统，加快建设道路客运联网售票系统，为乘客提供安全、舒适、方便、快捷和人性化的服务。加快货运枢纽型物流园区和集疏运系统建设，发展先进运输组织方式，推进中小运输企业联盟和龙头物流企业培育，提升运输效率，降低物流成本。三是创新管理手段。加快道路、水路运输信用平台系统建设，进一步扩大道路、水路运输网上受理和审批范围，加快各层次交通运输微信公共服务平台建设，提供公众出行导向服务、违章查询与处理、交通运输政策咨询与公告信息等服务，减少和消除因信息不对称而产生的服务不廉洁现象。

(五)构建预警防控体系。监督制约权力运行是交通运输服务领域“廉政阳光服务”建设的重要目标。交通运输管理部门要加强对行政执法权、行政管理权的制约和监督，构建责任明确、分权制衡、监督防范的监督网络和惩防体系，从源头上预防和治理腐败。一是进一步加强廉政教育，着力提高运输工作人员的廉洁自律和风险防范意识，增强廉政风险防御能力。二是进一步完善管理制度，明确权力项目，全面排查廉政风险防控点，有针对性地制定防控措施。三是进一步加强对工作人员的日常监督管理，健全预警防控机制，抓早抓小，及时发现和查处违规违纪行为。

对于运输行业试点示范项目申报、交通运输节能减排、车船运输燃油补贴资金申请等事项，各相关单位要通过网上监管、权力分解、流程制约、效能监察、举报投诉等多种途径，确保公示到位并加强后续监督，努力降低廉政风险。要改革道路客运班线许可方式，进一步完善招投标和综合评审制度、集体审批制度、信息公开制度，实行计划、申请、过程、结果公开，防范不当利益驱动。要完善出租车新增运力投放机制，重点规范运力分配、车型选择、车辆购买、车辆保险、经营模式等关键环节，防范“黑箱”操作行为。要规范内河船型标准化(含新型示范船)工作，进一步完善定点船厂遴选和公示、检查制度。厅运管物流局、港航海事局要针对驾驶员培训、燃油补贴发放、机动车维修质量、出租车管理、船型标准化等容易发生问题或群众反映较大的重点事项,分项制定“廉政阳光服务”工作方案，将具体的操作流程、操作方法、实施步骤予以规范，经省厅审核后公布实施。

四、有关要求

(一)提高思想认识。交通运输与人民群众生产生活联系紧密，交通运输服务水平直接关系到交通运输行业形象。推进“廉政阳光服务”是巩固党的群众路线教育实践活动成果的具体体现，是交通运输事业健康发展的重要保证。各级交通运输管理部门要进一步提高认识，凝聚合力，全面落实“廉政阳光服务”的各项要求，为“五个交通”建设提供保障。

(二)细化目标任务。厅直业务管理局和各市州交通运输局(委)要根据本方案，研究提出本地区、本部门“廉政阳光服务”建设的目标要求、主要任务和具体措施，并将建设方案上报省厅审核后，通过网站、报刊杂志、广播、电视等便于公众知晓的方式对外公开。

(三)明确工作职责。厅直业务管理局要各司其职、各尽其责，抓好本系统“廉政阳光服务”建设的各项工作。各市州交通运输局(委)要把“廉政阳光服务”作为“廉政阳光交通”建设的重要内容之一，精心组织、统筹协调抓好落实。各运输服务单位要按照总体要求，结合本单位实际，完善服务措施、丰富服务内容、擦亮服务窗口，切实提高服务水平和公众满意度。

(四)加强监督检查。省厅负责对厅直单位和市州交通运输局(委)进行检查，厅直业务管理局负责对本系统进行检查。检查的重点是本方案贯彻实施情况、公众诉求办理和回复情况、预警防控体系建立情况等。各级道路运输管理机构、港航管理机构负责对由其监管的运输服务单位提供服务情况进行检查。各单位纪检监察部门负责对本单位职能部门及下一级单位落实方案、开展服务情况进行监督，及时查处违纪违规行为。根据监督检查情况，年终对认真履行职责、无违纪违规现象的单位给予通报表扬；对存在不按规定公开、落实方案不力、回应公众诉求迟缓、查处违纪行为不严等问题的，要对责任人员依法给予处分，并视情节追究相关单位主要领导的责任。

2014 年 7 月 1 日

湖北省交通运输厅　湖北省公安厅　湖北省安全生产监督管理局关于规范农村客运安全通行条件和车辆运行管理的通知

(鄂交运〔2014〕750 号)

各市州交通运输局(委)、公安局、安监局，省运管局、省公路局，省公安交通管理局：

为认真贯彻省委、省政府关于推进农村客运发展的意见，加快推进我省城乡客运一体化、农村客运村村通目标，满足农村群众安全、经济、便捷出行需要，根据国家有关法规和行业管理要求，结合我省实际，就规范安全通行条件和农村客运车辆运行管理通知如下：

一、农村公路通行技术条件

(一)通行客运车辆的农村公路为验收合格的四级及以上道路，其技术指标、安全设施、桥涵等应参照公路建设相关技术标准执行。

(二)受条件限制未能按相关标准规定的指标建设路段，应按《湖北省农村公路交通安全设施实施技术指南(试行)》要求加强交通安全设施设置。特殊情况下，农村公路的最大纵坡不应大于 12%，单车道转弯半径小于 15 米的急弯路段路面加宽值不应小于 2.5 米，道路桥梁承载能力不小于 8 吨(轴荷)并同步限制桥梁通行车辆荷载。

(三)逐步推进农村公路重点路段监控设施设置，对县道连接国省干线公路的路口应优先设置。

二、农村客运车辆技术条件

(一)车辆的结构和性能应当符合国家标准《机动车运行安全技术条件》(GB7258)、《营运车辆综合性能要求和检验方法》(GB18565)。

(二)车辆技术等级应当达到交通行业标准《营运车辆技术等级划分和评定要求》(JT/T198) 规定的三级及以上。

(三)合理选配农村客运车型。包车和约租客运，以及途经路面宽度为单车道 3.5 米四级公路的农村客运班线，可按照交通部《营运客车类型划分及等级评定》(JT/T325) 规定，选择车长不小于 3.5 米的营运客车；通行其他等级公路的农村客运班线(不包括包车和约租客运)，应当按照交通行业标准《乡村公路营运客车结构和性能通用要求》(JT/T616) 的规定，选择相应车型。镇村公交客运或农村客运公交化经营班线，可选用公交车型。

(四)山区、丘陵新增车辆必须选用有防抱死制动系统 (ABS) 的车辆。

三、农村客运车辆运行要求

（一）车速限制。对路面狭小路段和存在道路安全隐患的急弯、陡坡、视距不良与过村镇路段，实行限速通行，前后设立限速标志，公路客车行驶的最高速度不得超过路段限速标志规定的车速。一般要求：3.5 米及以上的单车道路段最高限速 20km/h，受限路段限速 10km/h；水泥或沥青路面的双车道路段限速 40km/h，受限路段限速 15km/h。

（二）时段限制。根据客运路线里程、各地地理条件和季节，控制早晚运行的客车通行时间，具体由县级政府组织公安、安监、交通等相关部门确定。

（三）气候限制。遇大雾、暴雨、冰雪等恶劣天气，应按照公安部门管制要求，禁止客车通行农村公路。

（四）车辆标识：农村客运车辆必须统一营运标识、外观颜色，由县级交通主管部门会同公安部门联合确定后报县人民政府备案。

（五）车辆保险：必须购买足额营运车辆保险，其中承运人责任险不得低于 40 万元／座。

（六）车辆动态监控：自 2015 年 1 月 1 日起，新增农村客运车辆必须安装使用车辆动态监控装置，之前已经投入营运的农村客运车辆必须在 2017 年前加装车辆动态监控系统。具体安排由省交通厅道路运输管理局负责。

（七）乘员要求：严格实行一座一人，严禁超员。

四、农村班线客运驾驶员从业条件

从事农村客运的驾驶员应当符合：

（一）取得相应车型的机动车驾驶证 3 年以上；

（二）取得道路旅客运输从业资格证，并经运输企业培训上岗；

（三）年龄不超过 60 周岁；

（四）3 年内无较大以上交通责任事故记录；

（五）掌握道路旅客运输法律法规、机动车维修和旅客急救基本知识。

五、规范农村客运车辆管理

各地要严格按照本地农村客运发展规划要求，以乡镇为单位，对从事农村班线客运运力实行总量控制。要加强小、微型客车的数量限制，防止一哄而上。

（一）严格限制运行区域。除途径单车道四级公路的客运班线外，必须按照交通行业标准《乡村公路营运客车结构和性能通用要求》(JT/T616)，选用车长不小于 4.8 米的客车从事农村班线客运；对于已经选用 3.5 米 ~ 4.8 米的小、微型客车运营的农村客运班线，要加强管理，限期更新淘汰。途经线路达到四级双车道等级及以上道路时，要及时淘汰更新班线客运小、微型客车，引入安全技术条件更好的客车。

（二）积极推进农村客运运力提档升级。鼓励农村客运更新使用更舒适、更安全的车辆，积极支持新能源车辆在农村客运上的运用。除山区外，其他地区严格限制使用小、微型客车从事农村班线客运。

（三）有序推行公司化经营。新进入市场的农村客运经营主体必须实行公司化经营。现有小、微型客车班线客运个体经营者经营期限到期后，不再许可作为个体经营者延续经营。要通过引进道路客运企业、支持个人或组织依法组建客运公司等途经，引导现有个体客运户过渡到公司化经营管理模式。

六、加强农村客运安全监管

各地、各部门、各运输企业要充分认识加强农村客运车辆管理的重要性、紧迫性和艰巨性，加强领导，精心组织。按照“政府牵头、乡镇为主，部门协作、社会联动、齐抓共管、综合治理”的原则，建立县、乡、村、组四级农村道路交通安全责任体系，努力实现农村道路客运“安全管理责任明确、车辆达标、驾驶员合格、管理有序、运行安全”的目标。

（一）落实县级人民政府农村客运安全监管主体责任

各设区市、县和乡（镇）人民政府要按照“一岗双责”要求，切实加强对农村道路交通安全工作的监管，实行“县管、乡包、村落实”的政策，明确设区市、县（市、区）相关部门和乡（镇）人民政府、村委会在农村道路交通安全监管工作中的职责任务，建立健全县人民政府牵头，公安、交通、安监等部门共同参与管理的农村道路交通安全监管工作机制，指导和督促乡镇政府落实道路运输安全机构、人员和经费，履行安全管理职责。

县级以上地方政府要制定农村道路交通安全管理规划，指导、监督、检查农村道路交通安全管理工作，协调完善农村道路交通安全管理措施，加大道路交通安全管理力度。

（二）明确政府职能部门农村客运管理职责

公安部门要加强对农村道路运行秩序管理，严格查处客运车辆超员、超速行驶、疲劳驾驶等交通违法行为。

交通部门负责指导、监督、检查农村公路交通安全设施建设，大力扶持和发展农村客运，把好农村道路运输经营者市场准入关、营运车辆技术状况关和营运驾驶员从业资格关。

安全监管部门负责农村道路交通安全生产的综合监管，根据政府委托，按规定牵头对农村道路交通安全生产事故进行调查。

公安、交通、安全监管部门要加强对客运企业的安全监管，督促客运企业及时发现和整改安全工作中存在的隐患和薄弱环节。对不具备基本安全生产条件、存在重大安全隐患的客运企业，要依法责令停业整顿；整改仍不达标的，坚决吊销相应的经营范围。

（三）认真落实农村客运经营者安全生产主体责任

农村客运经营者要强化安全生产主体责任，建立健全各项制度，加强车辆日常维护、安全隐患排查，加强从业人员的培训教育，切实提高安全意识和管理水平。农村客运车辆装载运态监控装置后，必须保证正常使用，客运企业必须履行安全动态监管职责，实行动态监控。驾驶员不得超员超载，每月至少参加一次安全学习。要按国家和我省有关规定足额缴纳承运人责任险等法定保险，确保具备相应的事故赔付能力，依法承担相应的事故赔偿责任，增强对各种交通安全事故的处置、赔付和抗风险能力。

2014 年 11 月 24 日

湖北省交通运输厅政府门户网站管理办法（试行）

（鄂交科教〔2014〕193号）

第一章　总　　则

第一条　为加强省交通运输厅政府门户网站的建设与管理，促进网上政务信息公开，提高在线办事服务水平，推动网上政民互动交流，根据国家、交通运输部和省有关法律法规及文件要求，结合我省交通运输工作实际，制定本办法。

第二条　湖北省交通运输厅政府门户网站（简称厅门户网站），是湖北省交通运输厅在国际互联网上建立的唯一官方网站。域名为：www.hbjt.gov.cn；中文名称为：湖北省交通运输厅。

第三条　厅门户网站由主站、部门子站构成。

主站是指整合湖北省交通运输行业信息资源，发布湖北省交通运输厅政府信息和行业重大信息，提供在线服务，进行公众互动交流的网站。

子站是指在厅门户网站平台上，由厅机关处室和相关单位按照统一要求建立，用于发布本部门和本单位信息、提供相关服务的网站。

第二章　职责分工

第四条　厅门户网站由省交通运输厅主办，厅科技教育处主管，厅通信信息中心承办，由厅机关处室、厅直单位、市州交通运输局（委）配合支持共同建设。

第五条　厅门户网站主管部门的主要职责：

（一）贯彻落实国家和部省有关网站建设发展的要求，制定厅门户网站管理制度、标准规范、建设方案、年度工作计划和落实工作经费等。

（二）负责监测厅门户网站运行情况，组织开展厅门户网站绩效考评工作，督促厅门户网站各项工作任务落实。

（三）协调厅门户网站建设及运行管理中的其他重大事项。

第六条　厅门户网站承办单位的主要职责：

（一）承担厅门户网站相关制度、标准规范的研究工作，提出网站建设及运行管理的工作方案，经厅门户网站主管部门批准后，负责具体实施。

（二）承担主站的栏目设置、调整等工作，协助相关单位和部门完成子站相关栏目的设置和调整。

（三）协助监测、分析厅门户网站运行情况，协助开展厅门户网站绩效考评工作。

（四）承担厅门户网站的技术支持和日常管理工作。

第七条　厅门户网站建设相关单位的主要职责：

（一）负责本单位网站、部门子站和主站相关栏目的建设工作。

（二）负责通过厅门户网站主动发布政府信息，及时维护、更新主站和子站相关栏目内容，并负责信息的审核把关和保密审查，确保信息权威、真实、准确。

（三）做好网上应用服务系统的保障工作，确保各项服务功能正常可用。

第三章　栏目管理

第八条　厅门户网站栏目的设置和调整依据国家有关规定、厅工作重点和网站建设发展的需要执行。主站栏目的设置和调整由厅门户网站主管部门负责，有关单位配合，厅门户网站承办单位具体实施。子站栏目由厅机关各处室及相关单位负责设置，经厅门户网站主管部门审定后，由厅门户网站承办单位协助实施。

第九条　在主站上链接的网站原则上应为省部级以上政府门户网站、省级交通运输主管部门政府门户网站、新闻媒体主办的新闻类网站，市州交通运输局（委）政府门户网站、厅直单位和厅管社会组织的公益服务性网站。在主站、子站上链接其他网站，须经厅门户网站主管部门审核同意。

第十条　厅门户网站主站和部门子站应设立信息公开、网上办事、公众交流等栏目类别。

第四章　内容管理

第十一条　厅门户网站信息发布坚持“谁主管、谁发布，谁审核、谁负责”、“涉密不上网、上网不涉密”的原则，按照厅信息公开保密审查的要求，坚持“先审查、后公开”、“一事一审”，厅机关处室和相关单位信息公开发布须经处室、单位主要负责人审核批准，重大事项的公开发布须请示厅分管领导同意。发布信息的内容必须合法、真实、准确、安全。

第十二条 在厅门户网站上应及时发布下列信息：

（一）政府公开信息：主要内容包括机构设置、职责范围、联系方式等组织机构情况；交通运输法律法规和规章、规范性文件；交通运输规划、交通运输行业标准、规范；交通运输行政许可；交通运输规费征收项目、依据、标准；交通运输项目招投标公告、公示；交通运输重点工程建设项目；交通运输统计信息；交通运输财政信息；交通运输安全生产、工程质量、应急管理信息；干部任免、公务员招录、人才招聘信息；行业精神文明、廉政建设以及法律、法规、规章规定应当公开的其他信息。

（二）公众交流信息：包括厅长信箱、咨询投诉、在线沟通、在线访谈、民意征集及网上调查等信息。

（三）办事服务信息：包括交通运

输行政许可项目、公众出行等行业服务信息。

第十三条　厅门户网站不得发布或链接含有下列内容的信息：

(一)法律法规规定不能公开的信息；

(二)涉密信息；

(三)商业机密、个人隐私等方面的信息；

(四)不宜公开的其他信息。

第十四条　厅门户网站各栏目信息的采集、维护、更新实行部门负责制。厅办公室、厅宣传中心负责采写发布重要会议、重大活动等新闻信息。厅机关处室和厅直单位按照有关规定报送的新闻信息，由厅办公室、厅宣传中心负责采编、审核、发布。政府信息公开栏目由信息制发单位负责相关信息的公开发布。政务信息由厅办公室定期向省政府网站报送，交通运输部网站所需的相关信息由厅办公室、厅宣传中心、厅电子政务信息处理中心负责报送。新闻发布会、适宜公开的会议、重要活动等由厅办公室、厅宣传中心负责在厅门户网站上进行网上直播。专题专栏的设置由相关单位提出建设需求，由厅门户网站承办单位实施，栏目信息的采集、审核、发布由相关单位负责。

第十五条　厅门户网站网上办事栏目要以事项为核心，加强在线办事、信息查询等应用服务系统建设，及时向公众提供便民服务信息。相关单位要提高网上办事栏目功能，做好应用服务系统的信息更新和运行维护保障工作。

第十六条　厅门户网站需加强公众交流栏目建设，积极拓宽政民沟通渠道，努力为公众搭建反映问题、提出意见、表达诉求的平台。

(一)厅办公室指导、协调和督促网上公众诉求、信访信件处理，以及在线沟通工作，厅电子政务信息处理中心负责系统日常值班。各有关单位要加强对网上信访系统中公众来信的办理，做到认真审核，及时回复，提高信件办结率和公众满意度。

(二)在线访谈栏目主题的确定应围绕厅重点工作、重大活动和社会关注热点等进行。厅办公室、厅宣传中心会同有关单位负责制定年度在线访谈计划，并按期在交通运输部、省政府门户网站或其他媒体上实施。厅门户网站承办单位负责厅门户网站在线访谈栏目内容发布。

(三)厅直单位、厅机关处室要围绕厅重大决策和公众关注的热点问题开展网上民意征集。对厅拟发布的有关规章制度、办事项目、收费标准等内容开展网上调查，广泛听取公众意见和建议。

(四)厅电子政务信息处理中心要做好在线沟通服务工作，及时为公众答疑解惑。回答公众咨询时必须内容正确、态度热情、语言规范。

第五章　安全管理

第十七条　厅门户网站为社会公众提供的信息必须遵守《国家保密法》、《湖北省交通运输厅机要保密工作规定》的要求，真实、权威、注重时效性。

第十八条　厅门户网站建设相关单位和部门需严格遵守信息安全管理规定，做好所负责部门子站、专题专栏、应用服务系统和链接网站的安全管理工作，确保其安全、可用。

第十九条　厅门户网站承办单位应按照国家有关标准要求实施信息安全等级保护，建立健全安全管理制度和技术防范体系，制定网站预警、应急方案，做好应急值守、系统监测与日常备份，及时处理发现的问题，预防页面篡改、黑客攻击、病毒入侵、系统故障等问题的发生。

第二十条　厅门户网站发生故障或其他紧急情况，应立即向厅门户网站主管部门通报，事态严重的可暂时关闭网站。

第六章　检查考核

第二十一条　厅门户网站主管部门负责厅门户网站运行情况通报和网站建设绩效考核，各有关单位按照各自职责和有关规定做好信息公开、在线办事、公众交流等栏目的建设和维护更新工作。

第二十二条　厅门户网站主管部门定期组织监测厅门户网站主站、部门子站等相关栏目的运行、内容保障等情况，并定期进行通报。

第七章　附　　则

第二十三条　本办法由厅门户网站主管部门负责解释。

第二十四条　本办法自发布之日起施行。

2014 年 3 月 29 日

全省交通运输系统领导名录

厅领导及厅机关处（室）负责人名单

厅领导

厅长、党组书记：尤习贵
副厅长、党组副书记（正厅级）：唐元
驻厅纪检组长、党组成员：刘汉诚
副厅长、党组成员：
马立军
张　云 (—2014.05)
谢　强
程　武
石先平 (2014.12—)
胡超文 (2014.12—)
副 厅 长：唐顺益
总工程师、党组成员：姜友生
党组成员、重点办主任：
高进华 (2014.03—)
副巡视员：高玉玲　魏公民
白山云 (—2014.12)

厅机关处（室）负责人

办公室

主　　任：阮云旻
副 主 任：何军梅　丁红林
调 研 员：吕思齐
副调研员：戚　媛

研究室

主　　任：王阳红
副调研员：胡小松 (2014.12—)

政策法规处

处　　长：李　敢
副 处 长：徐海洋 (—2014.04)
张　宏 (2014.08—)
副调研员：张　宏 (—2014.08)

行政审批办公室

主　　任：徐海洋 (2014.04—)

综合交通处

处　长：徐文学
副处长：廖向东 (—2014.08)
王　勇
调研员：谢圣松　廖向东 (2014.08—)

计划处（交通战备办公室）

处　　长：施载玲
交通战备办副主任（正处级）：曹翊
副 处 长：宋征难
调 研 员：罗红燕

农村公路管理处

处　　长：沈雪香
调 研 员：谭宏斌 (2014.08—)

建设管理处

处　　长：陈　飚
副 处 长：周炎新 (—2014.08)
调 研 员：周炎新 (2014.08—)
副调研员：彭建光

财务处（审计办公室）

处　　长：周拥军
副 处 长：桂永胜 (—2014.08)
万小芳 (2014.04—)
调 研 员：桂永胜 (2014.08—)

运输处

处　　长：陶维号
调 研 员：胡树江 (—2014.04)
张　建 (2014.04–2014.10)
黄　钟 (2014.08—)
副调研员：李庆九

安全监督处（应急办公室）

处　　长：陈光斌
副 处 长：李裕民
调 研 员：孙春红　冯泽刚
张　建 (—2014.04)
胡树江 (2014.04—)

人事劳动处

处　　长：刘立生
副 处 长：鲁　撰
调 研 员：方　敏

科技教育处

处　　长：余建平
副 处 长：戴光驰 (—2014.04)
调 研 员：徐小文 (2014.04—)
王中宝 (—2014.04)
周建勋
副调研员：刘传文

机关党委

专职副书记、办公室主任（正处级）：
覃万兵
副 主 任：曹慧娟
调 研 员：马万里
副调研员：江　飞

监察室

主　　任：徐　锴
监察专员：刘　畅 (—2014.11)
调 研 员：夏志钢

交通运输工会工作委员会

专职副主任（正处级）：
吴正强 (—2014.09)
刘　畅 (2014.11—)
调 研 员：尹寿林

离退休干部处

处　　长：王中宝 (2014.08—)
调 研 员：王中宝 (2014.04–2014.08)
副 处 长：黄　凌

厅直属单位领导名单

湖北省交通运输厅公路管理局

局　　长、范建海 (—2014.03)
熊友山 (2014.03—)
党委书记：范建海 (—2014.07)
熊友山 (2014.07—)
副巡视员：柴　野 (—2014.05)
副局长、党委副书记：洪文革
纪委书记、党委委员：段洁 (2014.02—)
副局长、党委委员：谢俊杰　毕　俊
彭公权 (—2014.12)
蒋明星
监 督 长：关爱军 (—2014.02)
王　庆 (2014.08—)
调 研 员：方晓睿 (—2014.04)
陈光新
陈太平 (2014.08—)

湖北省交通运输厅道路运输管理局 湖北省交通运输厅物流发展局 （湖北省交通运输厅客运出租车管理办公室）

局长、党委书记：石先平 (—2014.12)
副巡视员：李正友 (—2014.07)
纪委书记、党委委员：王义华
副局长、党委委员：闵　力　邵　迈
邓其春　王　泉
监 督 长：颜博文
调 研 员：秦介飞　魏友元　胡建明

湖北省交通运输厅港航管理局 湖北省地方海事局 （湖北省船舶检验局）

局长、党委书记：朱晓光 (—2014.11)
副巡视员：陈　新 (—2014.04)
纪委书记、党委委员：张　洁
副局长、党委委员：王　伟　罗　毅
田红旗
监 督 长：邵爱军 (—2014.04)
王耀惠 (2014.08—)
调研员：罗　进　徐大福 (2014.04—)

湖北省交通运输厅高速公路管理局 （湖北省交通运输厅高速公路路政执法总队）

局长、党委书记：谢　强
副局长、党委委员：陈　缅
纪委书记、党委委员：黄　辉
副局长、党委委员：
方贻立　何雄伟　韩宏伟
调 研 员：朱书文

湖北省交通运输厅工程质量监督局

党委书记：胡焰华
局长、党委委员：章征春
调 研 员：冯光乐
副局长、党委委员：李长民
总工程师、党委委员：卢　柯
副调研员：官　为　盛正豪

湖北交通职业技术学院

党委书记：戴光驰 (2014.08—)
院长、党委委员：陈方晔
纪委书记、党委委员 (正处级)：
严若仪
副院长、党委委员：
王同庆　李　全　谢　彤
工会主席、党委委员：陈方先
调 研 员：叶道清　余建平
副调研员：王树荣

湖北省交通规划设计院 (—2014.04)

党委书记：陈刚毅
院长、党委委员：詹建辉
纪委书记、党委委员：钟元菊
副院长、党委委员：孟建丹　兰志雄
干学军　周俊波　张厚记
总工程师、党委委员：陈　军
工会主席、党委委员：刘艳旸
总会计师、党委委员：夏亚玲

湖北省交通基本建设造价管理站

党支部书记：曹传林
站　　长：姚　沅
副 站 长：付红勇

湖北省交通运输厅规划研究室

党支部书记：杨世武
主　　任：张昌伟
副 主 任：余厚振　邓国清

湖北省交通运输厅机关后勤服务中心

党支部书记：陈　浩 (—2014.06)
主　　任：姜清浩
副 主 任：李四新

湖北省交通运输厅 世界银行贷款项目办公室 （湖北省交通运输厅援外办公室）

党支部书记：向　阳
主　　任：夏智勇
副 主 任：刘　江　黄建国

《省志·交通志》编辑室 (—2014.07)

主　　任：周佑林
副 主 任：刘智明　甘惠萍

湖北省交通运输厅宣传中心 (2014.07—) （中国交通报湖北站）

党支部书记：周佑林 (2014.08—)
主　　任：石　斌 (2014.08—)

副主任：潘庆芳 (2014.08—)
副处级：刘智明　甘惠萍

湖北省交通重点建设领导小组办公室

副主任 (正处级)：叶志华 (—2014.02)
方晓睿 (2014.04—)

湖北省交通运输厅通信信息中心（湖北省交通科学研究所）

主任、党支部书记：周文卫
副主任、党支部委员：
杨厚新　朱　严　郑　红

湖北省交通运输厅京珠高速公路管理处

党委书记：郑　建
处长、党委委员：王凡昌
纪委书记、党委委员：王升 (—2014.08)
副处长、党委委员：
舒鄂南　夏　敏　唐红伟
总工程师、党委委员：
李满来 (—2014.04)
李远军 (2014.04—)
工会主席、党委委员：朱业贵
路政支队长、党委委员：简海云

湖北省交通运输厅汉十高速公路管理处

党委书记：周宇红
处长、党委委员：王伯禹
纪委书记、党委委员：曹公霞
副处长、党委委员：李　方　陈长江
彭　坚 (2014.04—)
总工程师、党委委员：廖卫东
工会主席、党委委员：欧阳亮
路政支队长、党委委员：丁进军

湖北省交通运输厅鄂西高速公路管理处

党委书记：周爱民
处长、党委委员：周大华
纪委书记、党委委员：顾俊阶
副处长、党委委员：
刘华北　陈骞臻　张剑彪
总工程师、党委委员：聂品荔
工会主席、党委委员：曹　玲
路政支队长、党委委员：刘群峰

湖北省交通运输厅随岳高速公路管理处

党委书记：苏　敏
处长、党委委员：乔　亮
纪委书记、党委委员：王和龙
副处长、党委委员：
张业红 (—2014.08)
康　喆　汪利军
胡道政 (2014.08—)
总工程师、党委委员：
张　曦 (—2014.02)
李满来 (2014.04—)
工会主席、党委委员：
胡道政 (—2014.08)
赵曙晖 (2014.08—)
路政支队长、党委委员：李新明
襄荆路政支队长：唐汉春 (—2014.08)

湖北省交通运输厅黄黄高速公路管理处

党委书记：钱　兵
处长、党委委员：王　炜
纪委书记、党委委员：申　燕
正处级：范汉清 (2014.08—)
副处长、党委委员：
朱书武　程　慧　杨孟林
总工程师、党委委员：赵华耕
工会主席、党委委员：徐明华
路政支队长、党委委员：汪忠胜

湖北省交通运输厅武黄高速公路管理处

党委书记：周秀汉
处长、党委委员：田晓彬
纪委书记、党委委员：杨天富
副处长、党委委员：李厚海　周永生
副处长兼总工程师、党委委员：
齐建模
副处长、党委委员：吴勇勤
工会主席、党委委员：白亚子
路政支队长、党委委员：汪家声

湖北省汉江崔家营航电枢纽管理处

党委书记：尹武东
处长、党委委员：童奇峰
副处长、党委委员：王小峰　刘惠玲
副处级干部、党委委员：
胡绍东 (—2014.02)
总工程师、党委委员：谢　红
党委委员：叶友勇

湖北省江汉运河管理处（2014. 04—）

处　　长：邵爱军
副 处 长：邓定优　程世勇
总工程师：周召纯

龙泉山庄（湖北省交通职工教育培训中心）

董事长、党支部书记 (主任)：
范汉清 (—2014.08)
总经理、党支部委员：沈　晖
副总经理、党支部委员：
游　峰　陈元华

湖北省高速公路联网收费中心

主　任 (正处级)：林　浩

市(州)交通运输局(委)、县(市)交通运输局领导名单

武汉市交通运输委员会

党组书记、主任：余世平
纪检组长、党组成员：郭万水
副主任、党组成员：
李亮平　陈佑湘　孙　江
夏焕运　涂平晖
总工程师：贺　敏
工会主任：陈国安

江岸区交通运输局

党委书记：丁　忠
局长、党委副书记：姜冬生
纪委书记：王　辉
副 局 长：陈　明　王耀帮
调 研 员：解厚庆
副调研员：罗四新

江汉区交通运输局

党组书记、局长：祝家平
党组成员、纪检组长：邓年红
党组成员、副局长：李保松　黄先春
调 研 员：田明谦
副调研员：舒　快

硚口区交通运输局

党委书记：康小汉
局长、党委副书记：蒋昌洪
党委副书记、纪委书记：舒宝祥
党委委员、副局长：
张君英　王爱书
代　彦　翁宝贵
调 研 员：周结明
副调研员：葛金平

汉阳区交通运输局

党组书记、局长：李乐义
副 局 长：向培金　畅继恩
副调研员：韩守田

武昌区交通运输局

党委书记：陈　勇
局长、党委副书记：邓彬生
纪委书记：张其德(2014.11—)
副 局 长：张　军
副调研员：吴世峰

青山区交通运输局

党委书记：周京京
局长、党委副书记：
黄　翔(—2014.09)
党委副书记、纪委书记：曾凡刚
副 局 长：肖国新　何兴迁

洪山区交通运输局

局长、党委书记：颜昌连
党委委员、副局长：魏世和　匡晓栋
郑　锋　李元桥

东西湖区交通运输局

局　　长：赵　运
党委书记：胡　峰
副局长、纪委书记：王文全
副 局 长：翟玉峰　王云进　李克银
调 研 员：王必财
副调研员：徐龙海

汉南区交通运输局

局长、党委副书记：刘又喜
党委书记：何爱明
党委副书记、纪委书记：杨　军
副 局 长：赵　勤

江夏区交通运输局

局　　长：徐先成
党委书记：倪立松
党委副书记：张忠敏
纪委书记：王承驰
副 局 长：邹建国　汪训保　路　江
调 研 员：刘　芳　吴　边
副调研员：黄朝进　万兴良
总工程师：许应礼

蔡甸区交通运输局

党委书记：周卫星(—2014.11)
局长、党委副书记：邓世刚(2014.01—)
副 局 长：赵祥林　陈国桥　邓水桥
纪委书记：李旺生
总工程师：邹典宽

黄陂区交通运输局

党委书记：周义勇
局长、党委副书记：柳育青
党委副书记：祁建文
副局长：江海明　李华松
纪委书记：范良俊
总工程师：蔡崇华
调 研 员：李伟
副调研员：阮耀华

新洲区交通运输局

党组书记、局长：夏西学(2014.04—)
党组副书记、副局长：桂旺华
党组成员、纪检组长：余春梅
党组成员、副局长：
胡先进　张建义　兰永康
党组成员、总工程师：夏正求
党组成员、副调研员：孙锋清
党组成员：廖志斌
工会主席：陈世雄

黄石市交通运输局

党委书记、局长：黄曲波
党委委员、副局长：
吴建春　石大发　伊仕宏

党委副书记：李红卫
党委委员：王有平 (2014.08—)
调 研 员：赵 健 杨如松 吴素英
副调研员：陈刚军

大冶市交通运输局

党委书记：曹宏亮 (—2014.10)
张 松 (2014.11—)
局长、党委副书记：
尹又如 (—2014.01)
张 松 (2014.01—)
党委副书记、副局长：纪应长
党委委员、副局长：
钟贤文 吴金玲 李冬晨
党委委员、工会主席：柯庆敏
党委委员：袁 松 陈敬乾
副 局 长：王少伟
总会计师：石 红
总工程师：冯江华

阳新县交通运输局

党委书记：成家强 (2014.03—)
局长、党委副书记：
欧阳才华 (2014.01—)
党委副书记：柯昌水 (2014.09—)
党委委员、副局长：
刘道军 (—2014.12)
赵建斌 (—2014.08)
童德铭 刘合松 徐为大
纪委书记、党委委员：
柯昌水 (—2014.09)
党委委员：乐庸兴 李祥柏 钟江宏
陶 杰 (—2014.08)
总工程师：余云名

十堰市交通运输局

党委书记：姚 沅 (—2014.07)
张 涛 (2014.08—)
局 长：张 涛
党委委员、纪委书记：徐 涛
党委委员、副局长：
卫 真 汪来富 郭 婕
张申清
总工程师：余世根

丹江口市交通运输局

党委书记、局长：朱 丹 (—2014.11)
党组书记、局长：陈 钧 (2014.11—)
党组成员、副局长：张吉喆 王瑞华
王喜明 陈永红
党组成员：杨 琴 张正强
张修华 李成均
党组成员、工会主席：侯建平
党组成员、总工程师：王爱军

郧阳区交通运输局

党委书记：尹明章
局长、党委副书记：韩高虎
党委副书记、副局长：罗书贵
党委委员、副局长：李美清 李建军
卢光华 金元鹏 刘秀英
康正权 孙晏一
党委委员、工会主席：田 勇
党委委员、总工程师：赵国林
党委委员：杜德海

郧西县交通运输局

党委书记：李宪斌
局长、党委副书记：程 骏
党委委员、副局长：
李作祥 王成国 刘诗成
吴功余
党委委员、工会主席：詹学龙
总工程师：周俊波

房县交通运输局

党委书记：谢祥全
局长、党委副书记：杜 胜
党委委员、副局长：
邓青国 付 强 郑绪庆
工会主席：童 芳

竹山县交通运输局

党组书记：柯友朝
局 长：沈 军
副 局 长：章 磊 冯 勇 全 波
杨光斌

竹溪县交通运输局

党委书记、局长：王 林
党支部书记：李新华
党委委员、副局长：严玉根 周益斌
胡智力 杨 波 吴立祥
党委副书记：徐晓琴
工会主席：张 波
总工程师：谢 明

茅箭区交通运输局

局 长：郑勤忠
党支部书记：刘青山
副 局 长：陈其兵 孙秋生 李勇进

张湾区交通运输局

局 长：梅元华
副 局 长：梁正平 舒 伟

武当山特区交通运输局

局长、党总支书记：韩春丽
副 局 长：张 玲 梁 宏 谢 军

襄阳市交通运输局

党委书记：张丛玉
局长、党委副书记：沈雪香 (—2014.04)
局 长：张丛玉 (2014.04—)
党委副书记、副局长：曹翃 (2014.04—)
党委副书记、纪委书记：
余建立 (—2014.09)
党委委员、纪检组长：
武常林 (2014.09—)
党委委员、副局长：朱云地 李四清
金国联 彭祥森 宫世成
党委委员、副县级干部：
水 波 (—2014.08)
党委委员、总工程师：姜 舰
调 研 员：刘耀兴
余建立 (2014.09—)
副调研员：赵 莉 杨孝华

枣阳市交通运输局

党组书记：文斌武

局长、党组副书记：张继跃
党组副书记、副局长：
赵广合　田德常
党组成员、副局长：
王昌建　李德才　刘全红
党组成员、纪检组长：习心锋

宜城市交通运输局

党委书记：李长涛 (—2014.08)
王远华 (2014.08—)
局长、党委副书记：尚显合
党委副书记：高　峰
纪委书记：高　峰 (—2014.11)
党委委员、纪检组长：李兰州 (2014.11—)
党委成员、副局长：龚家川　陈国荣
黄章友　盛远清
党委委员、总工程师：程天晴
党委委员：王维平 (2014.12—)
工会主任：王升华 (—2014.11)

南漳县交通运输局

局长、党组副书记：齐贤林
党组副书记、副局长：万林芳
党组成员、副局长：殷静泉　冯祖军
杜永清　刘先华
党组成员：别川银　王晓红
总工程师：张天俊

保康县交通运输局

党组书记、局长：张祖涛
党组副书记、副局长、工会主任：
陈远圣
党组成员、副局长：杨德义　梁万久
党组成员：刘　涛
党组成员、总工程师：
雷　芳 (2014.04—)

谷城县交通运输局

党委书记、局长：张国富
党委副书记、副局长：张汉东
党委副书记：张光辉
党委成员、副局长：
卢光文　江之忠　王文平
党委委员：张萱琳

党委委员、总工程师：蔡　艳
副 局 长：王　欢

老河口市交通运输局

党组书记、局长：王山宏
党组副书记、副局长：
张清顺 (2014.06－)
党组成员、副局长：周　兵 (—2014.08)
陈大伟
党组成员、纪检书记：陈富军
党组成员：范　炜　王雪峰
刘建明 (—2014.08)
总工程师：杨立新

襄州区交通运输局

党委书记、局长：彭少华
党委副书记、副局长：
方道顺 (—2014.05)
宋少林 (2014.12—)
党委委员、副局长：
宋少林 (—2014.12)
张志荣　谢远余　董　峰
党委委员、总工程师：赵　华

襄城区交通运输分局

局　长：王定柱

樊城区交通运输分局

局　长：王仁炳 (—2014.08)
何宗贵 (2014.09—)

宜昌市交通运输局

党组书记、局长：马宏彦
党组成员、纪检组长：李德宏
党组成员、副局长：胡开德　胡朝晖
李中华　周江洪
党组成员、工会主任：张德义
党组成员、总工程师：唐云伟
调 研 员：梅昌建
副调研员：张天一

宜都市交通运输局

党委书记、局长：李德金

党委委员、纪委书记：刘仁华
党委委员、副局长：
黄德松 (2014.06—)
江晓临　黄治兵
党委委员、工会主席：
周玉明 (2014.06—)
党委委员、总工程师：
涂长禧 (—2014.03)
万尧方 (2014.06—)
党委委员：李刚　笱永刚 (2014.06—)

枝江市交通运输局

党组书记、局长：骆　圣
党组成员、副局长：王家春　胡庆红
党组成员、工会主席：袁　平
党组成员、总工程师：周　明

当阳市交通运输局

党组书记、局长：杨兴中
党组副书记、副局长：鲁永发
党组成员、副局长：
周文东　林万清　雷　华
党组成员、工会主任：彭红斌
党组成员、总工程师：杨　勇

远安县交通运输局

党组书记：徐圣华
局　　长：徐圣华 (—2014.10)
刘志国 (2014.10—)
党组副书记：杨春芳
刘志国 (2014.10–2014.12)
党组成员、副局长：
奂德智　陈　涛　苏先科
党组成员、总工程师：李玉银
党组成员：王丽鹏
工会主席：陈　红

兴山县交通运输局

党委书记、局长：余宏珊
党委委员、副局长：
李　涛　陈行达　王恩君
党委委员、工会主席：彭业勋
党委委员、总工程师：李明泽

秭归县交通运输局

局长、党组副书记：谭健康
党组书记：秦考学
党组副书记：梅云友
党组成员、副局长：李祖顶　董先军
　　郑　琼　王　勇　黄文清
党组成员、总工程师：郑宏伟
党组成员、工会主席：马尚钦
党组成员：胡学林

长阳土家族自治县交通运输局

党委书记：李永清 (—2014.09)
　　覃　红 (2014.09—)
局　　长：覃　红
党委副书记、副局长：刘小红
党委委员、副局长：
　　刘建国 (—2014.03)
　　胡卫　王春成 (工会主席)
党委委员：秦　晴　钟和平　李建明

五峰土家族自治县交通运输局

局长、党组副书记：熊钰彩
党组书记、副局长：黄家兵
党组成员、副局长：胡学虎　邓阳峰
党组成员、纪检组长、工会主席：
　　冯士菊
党组成员：肖长富

夷陵区交通运输局

党组书记、局长：赵学军
党组副书记：刘　平
党组成员、副局长：孙朝刚　周学海
　　柳　忠 (—2014.11)
党组成员、工会主席：周　卫
党组成员：房长麟

西陵区交通局

局长、党支部委员：钟仕田
党支部书记、副局长：饶声海

伍家岗区交通局

党组书记、局长：利青山
党组成员、副局长：冯彦林
副 局 长：刘海彦

点军区交通运输局

党组书记、局长：李　波
党组成员、副局长：张建新　汪　军

猇亭区交通运输局

党组书记、局长：王冬梅
党组成员、副局长：张于锦
党组成员：刘学军

荆州市交通运输局

党组书记、局长：郑道柏
党组副书记、副局长：卢有志
党组成员、纪检组长：
　　彭　进 (—2014.02)
　　万正祥 (2014.02—)
党组成员、副局长：
　　彭　进 (2014.02—)
　　张黎明　李 义　毛丽萍
党组成员、工会主席：邹国欣
党组成员、总工程师：许开平
调 研 员：刘良才　肖元芳
副调研员：张　红　鄢贤才　丁　弢

荆州区交通运输局

党委书记、局长：秦富明
党委副书记、副局长：彭刚武
党委委员、副局长：车孝金　贺光斌
　　胡华钧 (工会主席)
党委委员、总工程师：隋士发

沙市区交通运输局

党委书记、局长：吴　迪
党委委员、副局长：何才联　张正德
党委委员、工会主席：钟玉平
党委委员、总工程师：
　　周德生 (—2014.08)

江陵县交通运输局

党委书记、局长：何永明
党委副书记、副局长：曾白珩
党委委员、副局长：朱贤格　何文平
　　赵行权
党委委员、工会主席：黄发高
党委委员、总工程师：张向静
党委委员：袁丹眉

松滋市交通运输局

党组书记、局长：吴林文
党组副书记、副局长：刘家贵
党组成员、副局长：
　　印保华　刘志刚　熊　艺
党组成员、工会主席：顾继平
党委委员、总工程师：苟中华
党组成员：郑章军

公安县交通运输局

党委书记、局长：苏振巨
党委副书记、副局长：孙家军
党委委员、副局长：李　健　董延平
党委委员、工会主席：王政平
党委委员：陈爱国　冯小聪　管云丽

石首市交通运输局

党委书记、局长：田道锋
党委副书记、副局长：严若军
党委委员、副局长：周继红　顿耀山
　　雷运宏 (2014.10—)
党委委员、纪委书记：
　　雷运宏 (—2014.10)
党委委员、总工程师：王中武
党委委员、工会主任：杨洪斌

监利县交通运输局

党委书记、局长：熊绍友
党委副书记、副局长：王训富　李家位
党委委员、副局长：
　　何劲松　肖友谊　刘　斌
　　钟明志　王少云　曾德智
党委委员、工会主席：李爱平
党委委员：胡超胜　徐燕子　张汉平

洪湖市交通运输局

党委书记、局长：杨元俊
党委委员、副局长：
徐开南　杨思友　黄俊杰
陈安法　卢天举　雷艳舞
党委委员、总工程师：史玉峰

荆州开发区交通局

局　长：张丰立

荆门市交通运输局

党组书记、局长：伍应彪
党组副书记、副局长：
彭敬宝（—2014.07）
张德宏（2014.07—）
党组成员、纪检组长：宋慧琼
党组成员、市联合航空公司经理：
李学军
党组成员、副局长：杨小明　罗楚平
高宏林　黄祥清
党组成员、工会主席：陈立新
党组成员、总工程师：
程修泽（—2014.07）
何新龙（2014.10—）
党组成员、市公交集团公司总经理：
赵吉美

京山县交通运输局

党组书记、局长：雷云安
党组副书记、副局长：徐　彬
党组成员、副局长：李培雄　丁金武
曾祥宏　许文华（总工程师）
党组成员、工会主席：赵金山
党组成员：徐利兵

沙洋县交通运输局

局　　长：吴传斌
党组书记、副局长：杨　波
副 局 长：罗金华　肖华锋　王幸辉
工会主席：杨后军
总工程师：周为华

钟祥市交通运输局

党组书记、局长：姚自学（—2014.03）
蒋方贵（2014.03—）
党组副书记、副局长：范志彪
党组副书记：吴学斌　胡　敏
党组成员、副局长：
张星海　徐　军　刘从东
工会主任：孔长春
总工程师：王晓明
党组成员：杨学清

东宝区交通运输局

党组书记、局长：付正佳
党组副书记、副局长：苏克家
党组成员、纪检组长：
高　杰（2014.01—）
党组成员、副局长：赵学刚
党组成员、工会主席：戴宗祥
党组成员、总工程师：
杨小国（2014.01—）
党组成员：张德美（2014.03—）

掇刀区交通运输局

党组书记、局长：何　帆
副 局 长：蔡道斌　龙　云
党组成员：李宝静
总工程师：张　浩（2014.06—）

漳河新区交通运输局

局　　长：胡维亮
副 局 长：张金华

屈家岭交通运输分局

局　　长：熊建宏
党组书记：熊建宏（2014.02—）
副 局 长：刘　胜（2014.03—）
景向阳（2014.03—）
黄　斌　李　钐　许荆卫

鄂州市交通运输局

党组书记、局长：黄立楣
党组成员、纪检组长：张劲松
党组成员、副局长：王红山　任　东
党组成员、总工程师：朱　进
调 研 员：张建中　秦有平

鄂城区交通运输局

局　长：徐祖民

华容区交通运输局

局　长：朱延平

梁子湖区交通局

局　长：陈　浪

孝感市交通运输局

党组书记、局长：李清华
党组成员、纪检组长：黄凤高
党组成员、副局长：
简明云　胡艳和　朱光辉
党组成员、总工程师：左振中
党组成员、工会主任：朱玉华
调 研 员：胡广清　张建友
副调研员：周新元

孝南区交通运输局

党组书记、局长：陈　靖
党组副书记、副局长：黎春林
党组成员、副局长：万峰凌　秦儒平
岳　军　王　斌
党组成员、纪检组长：李敬明
党组成员、工会主席：张承文

汉川市交通运输局

党组书记、局长：赵炎华
党组成员、纪检组长：胡圣涛
党组成员、副局长：李金战　何正喜
黄汉桥　李文明　刘启华
副 局 长：李四凤
党组成员：张鸿彬　王卫东　田世鹏

应城市交通运输局

党组书记、局长：韩想宗
党组成员、副局长：范志虹　杨延年
谢天超　王雄鹰

党组成员、工会主席：杨洪山
党组成员：丁国雄

云梦县交通运输局

党组书记、局长：张　颖
党组成员、副局长：
汪兰清　游喜安　邓　刚
党组成员、总工程师：彭　斌
党组成员：陈大双
党组成员、工会主席：
叶　波 (2014.05—)

安陆市交通运输局

党组书记、局长：吴以安
党组成员、纪检组长：余祥军
党组成员、副局长：罗光涛　刘　洪
胡定超　侯国平
党组成员、总工程师：余幼成

大悟县交通运输局

党委书记、局长：刘海华
党委委员、纪检组长：陈忠诚
党委委员、副局长：刘洪文　程保社
党委委员：张　健
党委委员、总工程师：邓传友
党委委员、工会主席：陈双全

孝昌县交通运输局

局　　长：胡仲杰
党组书记：何云桥
党组副书记、副局长：陈镜新　何有为
党组成员、副局长：王小华　田俊军
党组成员、工会主席：刘晓春
党组成员：刘晓林
总工程师：汪鹏兴

黄冈市交通运输局

党组书记、局长：刘新华 (—2014.12)
周银芝 (2014.12—)
党组副书记：杜光荣
党组成员、副局长：吴秀梅
周银芝 (—2014.12)
王正高　郑志武
党组成员、纪检组长：黄文浩
党组成员、工会主席：邵百坤
党组成员、总工程师：柯平飞

黄州区交通运输局

局长、党委副书记：吴　丹
党委书记、副局长：丰　群
党委委员、纪委书记：桂博文
党委委员、副局长：
何裕聪　吕仁斌　王宇兵
党委委员、工会主席：丁秋生

团风县交通运输局

党委书记、局长：周建平
纪检组长：方学坤
副 局 长：袁　远　王仲文
党委委员：张　琼 (代工会主席)
余东平
总工程师：王国清

红安县交通运输局

党组书记、局长：詹才春 (—2014.01)
王辉军 (2014.01—)
党组副书记、副局长：许顺清
党组副书记：戴立世
党组成员、纪检组长：胡习栋
党组成员、副局长：
陈忠禄　冯兴潮　赵全松
党组成员：戴松林　王　玲　秦　遥
工会主席：林更凯
总工程师：金汉春

麻城市交通运输局

党委书记、局长：崔利新
党委副书记、副局长：余仲华
党委委员、纪检组长：陈宽顺
党委委员、副局长：
邹功兵　史克勤　章德馨
党委委员、工会主席：戴福正
党委委员、总工程师：刘兴旺
党委委员：曾　文

罗田县交通运输局

局长、党委副书记：郑　耿
党委委员、副局长：
方丛富　丁丽君　陈海军
党委委员、纪委书记：蔡忠良
党委委员：李　强
党委委员、总工程师：汪先锋
党委委员、工会主任：史继云

英山县交通运输局

党组书记：王　曙 (—2014.09)
局长、党组副书记：余　勇
纪检组长：杨　平
副 局 长：方金林　袁建国　查耀坤
工会主任：余胜球
总工程师：王　欣

浠水县交通运输局

局长、党委副书记：夏志坚
党委书记：陈邦林
党委委员、纪检组长：邱　钢
党委委员、副局长：郭春风　郁金桥
刘　剑　张成彬
党委委员、总工程师：吴　辉
党委委员、工会主任：陈金桥

蕲春县交通运输局

局　　长：陈中华
党委书记：陈　军
党委委员、纪检组长：陈君屏
党委委员、副局长：
叶仕祥　甘应安　康小阳
党委副书记：李先明
工会主任：文玉生
总工程师：余　清
党委委员：王贤德

武穴市交通运输局

党组书记、局长：张美基
党组副书记：陈瑞山
党组成员、纪检组长：张慧平
党组成员、副局长：
周少红　范保生　吕灿华
项国盛　李志方　刘　川
党组成员：高小胜　胡筱武　徐　瑜

黄梅县交通运输局

局　　长：鲁　峰
党组书记：卢胜民
纪检组长：汪亚明
副 局 长：张亚良　石建中　桂国发
　　　　　聂时新
工会主任：乐正二
总工程师：赵　丽

黄冈市交通运输局龙感湖分局

局　　长：彭正凯 (—2014.02)
党总支书记：徐先军
副 局 长：陈建华
总工程师：陈　刚

咸宁市交通运输局

局长、党组书记：汪凡非 (—2014.04)
　　　　　　　　陈跃明 (2014.05—)
党组成员、纪检组长：黄学农
党组成员、副局长：叶金才 (—2014.08)
　　　　　王永红　毛小列　王　荣
　　　　　杨正合　雷伟民 (2014.08—)
党组成员、工会主任：余　智
党组成员：胡　斌　柯翔兵

咸安区交通运输局

党组书记、局长：田海湖
党组副书记、副局长：
　　　　　刘顺清 (2014.08—)
党组成员、纪检组长：
　　　　　陆青山 (2014.08—)
党组成员、副局长：陈　清　王　刚
　　　　　　　　　章建国　余晓林
党组成员、工会主席：朱泳桦
党组成员：陈四林　陈次一　余道继
　　　　　艾启明

嘉鱼县交通运输局

党组书记、局长：张玉双
党组副书记、副局长：张　旭
党组成员、纪检组长：彭　涛
党组成员、副局长：金敬东　鲁万清
　　　　　周高清　陈小丹　周万勇
　　　　　陈文辉

工会主席：张盆发

赤壁市交通运输局

局长、党委副书记：谢　华
党委书记：黄旭平
副局长、党委委员：卢小年　蔡正文
　　　　　　　　　陈　功　宋孟洲
工会主席：江欣生
总工程师、党委委员：李建国
党委委员：宋桂平　雷贤武　定贵平
　　　　　黄立新　宋献东

通城县交通运输局

局长、党委副书记：戴有才
党委书记：李　亭
党委副书记：李宏志
党委委员、纪检组长：张华平
党委委员、副局长：雷晨光　黎亮平
　　　　　黎俊丽　李学军　邓书龙
党委委员：胡伍平　祝国玖
党委委员、总工程师：刘国富
党委委员、工会主席：廖美兰

崇阳县交通运输局

局　　长：周国香
党委书记：廖维斌
党委副书记、副局长：甘邦豪
党委委员、副局长：熊细明　饶广清
　　　　　余金刚　谭初华　石雄军
党委委员、总工程师：肖建平
党委委员、工会主任：黄　斌

通山县交通运输局

党组书记、局长：曹可贤
党组成员、副局长：张治修　朱江华
　　　　　邵　陌　焦尔格　方宏彬
党组成员、总工程师：徐飞翔
党组成员、工会主任：夏淑芳
党组成员：郑晓东

随州市交通运输局

党组书记、局长：曹　平
副 局 长：刘宇宙　万晓熙　孙志友
　　　　　沈新燕　张　焜
　　　　　鲁正长 (—2014.09)
纪检组长：谢洪斌 (—2014.04)
总工程师：赵克银
工会主任：田　彪

随州市交通运输局曾都分局

党委书记、局长：李运举
副 局 长：姜　琴　孙建国
工会主席：彭　辉
党委委员：王文海　侯长文

广水市交通运输局

局　　长：杨祥勤 (—2014.09)
党组书记：李双庆
副 局 长：余元福　徐晓春　孙章勇
　　　　　罗永明
总工程师：喻　斌
工会主席：邓真珍
党组成员：黄小华　吴穆田

随县交通运输局

党组书记、局长：汪家强
党组副书记、副局长：张　涛
副 局 长：黄启斌　张自炳
工会主席：胡学刚
总工程师：龚传刚

随州市交通运输局
大洪山风景名胜区分局

副局长：杨培义

恩施土家族苗族自治州交通运输局

党组书记：李　义 (—2014.02)
　　　　　刘　冰 (2014.02—)
局　　长：李　义 (—2014.09)
党组成员：朱克清　谭明威
党组成员、纪检组长：安之禄
党组成员、副局长：宋杰成　杨国卫
　　　　　杨　穆　谭忠厚 (邮政局局长)
党组成员、总工程师：王　勇

党组成员、州高路办副主任：
隗祖锦（—2014.07）
张志奇
州人大专职常委、州交通运输局正县级干部：冷亚军
正县级干部：王和群　李义（2014.09—）
正团职干部：邢宗排（—2014.10）
副调研员：郭　英

恩施市交通运输局

党委书记、局长：黄贵森（2014.01—）
党委副书记、副局长：李剑锋
党委委员、副局长：张　生　朱爱平
党委委员、总工程师：尹锡峰
党委委员：廖兆锡　柳景平　夏　斌
刘　政（—2014.01）
史光武（2014.01—）

利川市交通运输局

党组书记、局长：谭忠友
党组副书记、副局长：王智清
党组成员、副局长：周银娣　刘学平
郎远才　冯　梅
党组成员：陶仁魁　郭德亮
总工程师：周汉生

建始县交通运输局

党组书记、局长：李泽斌
党组副书记、副局长：向国安
党组成员、副局长：
杨知青　冉再民　黄国益
党组成员：赵学成　马建宇
总工程师：冯双鸣

巴东县交通运输局

党组书记、局长：王从林
党组副书记、副局长：向会东
党组成员、副局长：李建平　宋建国
袁红卫　郑开顺
党组成员：田　维
总工程师：宋子云

宣恩县交通运输局

局　长：姚　敏
党组书记：洪学文
党组成员、副局长：杨友国　余志成
孙京保　谭家庆
谢应富（2014.03—）
党组成员：李立发　屈代慧
总工程师：李艳生

咸丰县交通运输局

党组书记、局长：刘爱国
党组成员、副局长：覃龙敏　魏　东
秦绍国　刘兴华
李军成（2014.02—）
刘绍峰（2014.02—）
党组成员、总工程师：鲁邦国
党组成员：李　捷（—2014.02）

来凤县交通运输局

党组书记、局长：周　涛
党组成员、副局长：
曹洪佑　林义兵　尹　宾
李兴国　贾友坤　李凌峰
杨万杰（2014.04–2014.09）
谭贤忠（2014.09—）
党组成员：李　毅
总工程师：谭贤忠

鹤峰县交通运输局

党委书记、局长：周昌华
党委委员、副局长：
罗　斐（2014.04—）
杨　华　金友斌　明传学
党委委员：林天佑
总工程师：何翠屏

仙桃市交通运输局

党组书记、局长：张克非
党组副书记、副局长、总工程师：
秦前荣
党组成员、副局长：
李水祥　唐崇龙　李飞雄
韦团聚　彭少章　刘　俊
党组成员、武装部长：别　异
党组成员、工会主席：杨祥林
党组成员：邹　冲　严庆九　朱　军
肖松柏

天门市交通运输局

党组书记、局长：曾令慧（—2014.04）
杨铁柱（2014.04—）
党组成员、副局长：
彭圣平　赵　杰　黄国祥
周亚辉　石仁鑫　王华山
党组成员：张成顺
党组成员、总工程师：王　刚

潜江市交通运输局

党委书记、局长：舒中雄
副局长：赵仕安　周定林（—2014.02）
总工程师：詹登振
党委委员：陈铁良
工会主任：彭兴无（—2014.08）

神农架林区交通运输局

党组书记、局长：姜　忠
党组成员、纪检组长：韩阳群
党组成员、副局长：
袁发才（2014.03—）
袁玉福　李　涛
党组成员、总工程师：杨健琳
党组成员：戴光明　杨　权
宋德玺（2014.05—）

获奖名录

全国五一劳动奖状（章）、全国工人先锋号

（中华全国总工会，总工发〔2014〕12号）

1. 全国五一劳动奖状

湖北宜昌交运集团股份有限公司

2. 全国五一劳动奖章

陈红涛　湖北省交通运输厅汉十高速公路管理处路政员

吴新政　通山县公路局副局长

刘彩军（女）　仙桃市公路局毛嘴养护管理站站长

宋俊明　宜昌公交集团有限责任公司班长

3. 全国工人先锋号

武汉市公共交通集团有限责任公司第六营运公司530路

第四届全国文明单位

（中央精神文明建设指导委员会，文明委〔2015〕3号）

仙桃市交通运输局

湖北省港航管理局

湖北省汉十高速公路管理处

继续保留全国文明单位

（中央精神文明建设指导委员会办公室，文明办〔2015〕3号）

武汉市交通运输委员会

十堰市交通运输局

黄冈市交通运输局

湖北省京珠高速公路管理处

湖北省交通运输厅（机关）

全国交通运输行业文明单位、文明示范窗口、文明职工标兵和精神文明建设先进工作者

（交通运输部，交政研发〔2015〕15号）

1. 文明单位

武汉市交通运输委员会

荆州市公路管理局

宜昌市道路运输管理局

黄黄高速公路管理处

湖北省交通基本建设造价管理站

2. 文明示范窗口

武汉公交三公司531路

荆门市冯庙公路管理站

宜昌市猇亭港航海事处

枣阳市道路运输管理局

京珠高速公路管理处鄂北所

3. 文明职工标兵

王何林（女）　随县公路管理局随北养护管理中心殷店公路管理站养护工

王必祥　鄂州市公路局养护中心路口公路养护站站长

周　菁（女）　武汉市公路运输管理处政务中心副主任

付文胜　钟祥市航道管理局支部书记、副局长

饶　丹（女）　汉十高速公路管理处谷城管理所收费班长

4. 精神文明建设先进工作者

黄一兵　武汉市交通运输委员会党办主任

第四批交通运输文化建设示范单位

（交通运输部，交政研发〔2015〕21号）

湖北省交通运输厅港航管理局

湖北省交通运输厅黄黄高速公路管理处

2014年感动交通年度人物

（交通运输部、中华全国总工会，交政研发〔2015〕64号）

王何林（女）　湖北省随县公路管理局随北养护管理中心殷店公路管理站

陈红涛　湖北省交通运输厅高速公路路政执法总队汉十支队第五大队

第一批节约型公共机构示范单位

（国家机关事务管理局、发改委、财政部，国管节能〔2014〕141号）

湖北省交通运输厅

2014年春运“情满旅途”活动先进集体、先进个人

（交通运输部、公安部、国家安监局、中华全国总工会，交运发〔2014〕94号）

1. 先进集体

湖北省春运领导小组办公室

湖北省交通运输厅高速公路管理局

2. 先进个人

杨志刚　湖北省交通运输厅公路管理局养护管理处科员

吕志学　湖北省武汉市公共客运交通管理办公室副主任

王　浩　湖北省十堰市道路运输管理局党委书记

陈红涛　湖北省交通运输厅高速公路路政执法总队汉十支队第五大队路政员

张　操　湖北省交通运输厅高速公路路政执法总队楚天支队第一大队路政员

2014年中国技能大赛——第六届全国交通运输行业职业技能大赛优胜单位和个人

（交通运输部办公厅，交办职〔2014〕231号）

1. 筑路机械操作工技能竞赛团体第一名

湖北省交通运输厅

2. 筑路机械操作工技能竞赛个人项目

(1) 二等奖

挖掘机项目：刘　卫　湖北省宜昌市夷陵区公路局

装载机项目：胡钦锐　湖北省咸宁市咸安区公路局

压路机项目：张文军　湖北省荆州市沙市区公路局

(2) 三等奖

装载机项目：游赛军　湖北省孝感市公路局直属分局

压路机项目：付　伟　湖北省咸宁市咸安区

2013年度全国“安康杯”竞赛先进集体和优秀个人

（中华全国总工会、国家安监局，总工发〔2014〕19号）

1. 优胜单位

湖北省汉江崔家营航电枢纽管理处

湖北省交通运输厅汉十高速公路管理处

十堰市城市公交集团有限公司

湖北兴达路桥股份有限公司

仙桃市公共交通总公司

2. 优胜班组

湖北省交通运输厅高速公路路政执法总队鄂西支队第一大队

全国交通基础设施重点工程劳动竞赛先进集体、先进个人

（中国海员建设工会全国委员会，海员建设工发〔2014〕31 号）

1. 先进单位

湖北武汉市交投西四环线高速公路建设管理有限公司

湖北引江济汉通航工程建设指挥部

湖北汉江航道整治工程建设指挥部

湖北高路江南高速公路建设指挥部

湖北交投襄随高速公路建设指挥部

2. 优胜班组

中交二航局恩来恩黔高速公路二标忠建河特大桥工区

湖北长江路桥股份有限公司保宜高速襄阳段五标项目部工程技术部

中建三局股份有限公司武汉市西四环线高速公路第二项目部蔡甸梁场制梁一队

中交二公局一公司武嘉高速土建第四合同段 T 梁预制班组

中建五局仙洪高速仙桃段二标二分部

中铁十一局湖北麻竹高速公路宜城至保康段土建第三合同段三分部隧道一队

中铁二十三局湖北江南高速公路土建第 1 合同段项目部二分部

湖北省郧县至十堰高速公路建设指挥部质量巡检部

四川路桥项目经理部第一分部湖北岳宜高速公路宜昌段第一合同段

3. 先进个人

关爱军　湖北省谷竹高速公路建设指挥部指挥长、总监

叶志华　湖北省保康至宜昌高速公路建设指挥部指挥长

刘　勇　湖北高发楚天高速公路有限公司总经理、交投鄂东高速公路建设指挥部指挥长

胡　龙　湖北交投郧县至十堰高速公路有限公司指挥部指挥长

文明勇　湖北交投武汉城市圈环线高速公路仙洪段建设指挥部计划合同部部长

何少平　湖北省汉江兴隆至汉川段航道整治工程建设指挥部技术质量部副部长

王宪国　湖北麻城至武穴高速公路第一标段中交一公局项目经理部项目经理

彭志远　中铁二局五公司恩来恩黔高速公路四合同段项目经理

苏　州　湖北省公路工程咨询监理中心湖北江南高速公路第一驻监办主任

2013 年全国水运系统船舶、班组安全竞赛活动安全优秀船舶、安全优秀班组、安全先进个人

（中国海员建设工会全国委员会、交通运输部安全委员会，海员建设工发〔2014〕30 号）

1. 安全优秀船舶

湖北省鄂州市大通船务有限公司“大通江 001”号

湖北省宜昌长江高速客轮有限责任公司“长江三峡 8”号

湖北省荆门市港航管理局“鄂道标 502”艇

湖北省武汉市港航管理局“鄂汉道 002”号

湖北省鄂州市永达船舶运输有限公司“鄂州永达 2”号

2. 安全优秀班组

湖北省钟祥市地方海事局“鄂海巡 0948”号

3. 安全先进个人

蒋清华　湖北省荆州市沙市区港航海事处长湖所所长

李龙国　湖北省十堰市地方海事局副局长

2014 年度全国五一巾帼标兵岗、全国五一巾帼标兵

（中华全国总工会，总工发〔2015〕8 号）

1. 全国五一巾帼标兵岗

湖北省交通运输厅武黄高速公路管理处许湘秦工作室

2. 全国五一巾帼标兵

张祚琼　巴东县公路局绿葱坡公路管理站养护工

2014 年“全国优秀船员”“全国优秀船员家属”

（中华人民共和国海事局、中国海员建设工会全国委员会，海船员〔2014〕390 号）

1. 全国优秀船员

李维国　宜昌市公路管理局白洋分局汽车轮渡管理所船舶驾驶员

谌　红　湖北省武汉市轮渡公司客渡船轮机长

2. 全国优秀船员家属

王河英　湖北省武汉市水运集团有限公司

徐　红　湖北省潜江市隆昌航运有限公司

湖北五一劳动奖状（章）、湖北省工人先锋号

（湖北省总工会，鄂工发〔2014〕10 号）

1. 湖北五一劳动奖状

荆州市公共交通总公司

宜昌公交集团有限责任公司

郧西腾达客运出租有限公司

2. 湖北五一劳动奖章

王　炜　湖北省交通运输厅黄黄高速公路管理处处长

吴　迪　武汉市公路管理处华益路桥管理有限公司董事长

翟芳敏　鄂州市公路管理局路政支队梁子湖大队大队长

3. 湖北省工人先锋号

湖北省交通规划设计院利奕年工作室

武汉市公共交通集团有限责任公司第三营运公司 531 路

宜昌市公路管理局城区分局江南养护站

孝感市公共汽车公司公交 11 路

仙桃市四达公路建设有限公司试验检测中心

仙桃市公共交通总公司 15 路线

湖北省首届“最美基层安全卫士”湖北五一劳动奖章

（湖北省总工会，鄂工发〔2013〕45号）

郑玉典　湖北省交通运输厅鄂西高速公路管理处路政一大队大队长

2013年度劳动竞赛先进集体和先进个人湖北五一劳动奖状（章）、湖北省工人先锋号

（湖北省总工会，鄂工发〔2014〕17号）

1. 湖北五一劳动奖状

武汉城市圈环线高速公路黄咸段建设指挥部

2. 湖北五一劳动奖章

兰志雄　湖北省交通规划设计院副院长

3. 湖北省工人先锋号

黄石市交通运输局武黄城际铁路黄石市筹建协调指挥部办公室

石首市交通运输局重点工程前期工作办公室

湖北省宜昌至巴东高速公路建设指挥部界岭隧道青年技术攻关小组

2014年度劳动竞赛先进集体和先进个人湖北五一劳动奖状（章）

（湖北省总工会，鄂工发〔2015〕20号）

1. 湖北五一劳动奖状

荆州市交通重点工程建设领导小组办公室

湖北省汉江兴隆至汉川段航道整治工程建设指挥部

2. 湖北五一劳动奖章

曾建超　荆州市公共交通总公司副总经理

王胜兰　鄂州市交通运输管理局工会副主席

曾　文　麻城市宏远路桥工程有限公司总经理

崔洪海　武汉新港建设投资开发集团有限公司阳逻三作业区项目建设管理部部长

沈光辉　湖北省公路客运（集团）盛世通运输有限公司车队长

2014年度“湖北五一巾帼奖”“湖北省女职工建功立业标兵岗”“湖北省女职工建功立业标兵”

（湖北省总工会，鄂工发〔2015〕3号）

1. 湖北五一巾帼奖

十堰市城市公交集团有限公司IC卡管理中心

2. 湖北省女职工建功立业标兵岗

湖北省交通运输厅随岳高速公路管理处京山管理所“阳光天使”班组

武汉市公共交通集团有限责任公司电车公司徐兵工作室

湖北宜昌交运集团股份有限公司年卡景区旅游直通车班组

3. 湖北省女职工建功立业标兵

周　晶　湖北省交通运输厅京珠高速公路管理处武汉北管理所收费员

乔丽莉　湖北省汉江崔家营航电枢纽管理处服务中心主任

何方梅　宜昌公交集团有限责任公司20路驾驶员

尚　云　十堰市公路管理局路纬交通勘察设计有限公司工程师

韩素珍　孝感市道路运输管理处直属所副所长

2014年度“湖北省技术能手”

（湖北省人力资源和社会保障厅，鄂人社函〔2015〕264号）

刘　卫　宜昌市夷陵区公路局

王盛世　荆州市监利县公路局

吴文赛　孝感市孝南区公路局

2014年湖北省第四届技能状元大赛获奖选手

（湖北省人力资源和社会保障厅、省总工会、团省委、省妇联，鄂人社函〔2015〕210号）

1. 技能状元大赛技能状元

张　俊　湖北省襄阳市正天机电设备有限公司

2. 技能状元大赛技术能手

毕　华　十堰东风实业物资贸易公司

何泽炎　十堰俊雷汽车销售服务有限公司

2014年度全省交通运输行业“十行百佳”标兵“湖北五一劳动奖章”

（湖北省总工会，鄂工发〔2015〕4号）

徐志婕（女）　武汉铁路局武汉客运段Z37/8次三组列车长

何卫霞（女）　武汉天河机场地服公司站坪部荷花班组班组长

胡学陆　省邮政公司鄂州市分公司杨叶邮政所投递员

王何林（女）　随县公路管理局殷店公路管理站养路工

周　菁（女）　武汉市公路运输管理处政务中心副主任

彭长征　引江济汉通航工程建设指挥部工程管理处处长

唐红兵　武汉市公交集团第五营运公司586路驾驶员

朱应香（女）　荆州市九天出租汽车有限公司驾驶员

周　晶（女）　京珠高速公路管理处武汉北管理所收费员

姚　婕（女）　武汉地铁运营公司2号线汉口火车站值班站长

第六届全省职工职业技能大赛通用工种和行业工种竞赛第一名选手湖北五一劳动奖章

（湖北省总工会，鄂工发〔2014〕48号）

周　攀　武黄高速公路管理处

张　俊　襄阳市正天机电设备有限公司

吕守军　鄂州市大鹏客运有限公司

郑贵君　宜昌交运集团

刘　卫　宜昌市夷陵区公路局

李凌飞　武汉港务集团有限公司

2014年度全省安全生产工作责任目标考核优秀单位、全省安全生产红旗单位和优秀工作者

（鄂政发〔2015〕11号）

1. 优秀单位

湖北省交通运输厅

2. 红旗单位

湖北省地方海事局

湖北省高速公路管理局

鄂州市交通运输局

咸宁市交通运输局

3. 优秀工作者

张德军　湖北省交通运输厅工程质量监督局

2013 年度“湖北省女职工建功立业标兵岗”“湖北省女职工建功立业标兵”“湖北省先进女职工组织”“湖北省优秀女职工工作者”“湖北省职工和谐家庭”

（湖北省总工会，鄂工发〔2014〕2 号）

1. 湖北省女职工建功立业标兵岗

随岳高速公路管理处岳口管理所

武黄高速公路管理处通山管理所“许湘秦工作室”

武汉市公共交通集团有限责任公司第一营运公司智能调度中心

宜昌公交集团有限责任公司 63 路巾帼文明示范线

2. 湖北省女职工建功立业标兵

王甜　湖北省京珠高速公路管理处鄂南管理所收费员

3. 湖北省先进女职工组织

湖北省交通规划设计院工会女职工委员会

谷城县交通运输局工会女职工委员会

黄梅县交通运输局工会女职工委员会

随州市交通运输局曾都分局工会女职工委员会

4. 湖北省优秀女职工工作者

盛　君　湖北交通职业技术学院西区管理部副主任

陈玲青　随岳高速公路管理处政工科工会干事

韩素珍　孝感市道路运输管理处直属所副所长

5. 湖北省职工和谐家庭

宋远军　黄黄高速公路管理处黄黄服务区管理所副所长

肖德青　湖北宜昌交运集团股份有限公司汽车客运中心站售票服务部主任

2013 年度全省“安康杯”竞赛活动优胜企业

（湖北省总工会、省安监局，鄂工发〔2014〕16 号）

宜昌公交集团有限责任公司

襄阳市公共交通总公司

2014 年度全省“安康杯”竞赛活动优胜单位

（湖北省总工会、省安监局，鄂工发〔2015〕10 号）

宜昌公交集团有限责任公司

咸安区农村公路管理所

襄阳市公路管理处樊城公路段

2013 年度“湖北五一新闻奖”集体奖二等奖

（湖北省总工会、省新闻工作者协会，鄂工发〔2014〕41 号）

湖北省交通运输工会

湖北最美一线职工

（湖北省委宣传部、省文明办、省总工会，鄂工发〔2014〕43 号）

1. 特别奖

陈红涛　汉十路政第五大队路政员、2014 年全国十大“最美职工”获得者

2. 提名奖

唐红兵　武汉市公交集团第五营运公司 586 路驾驶员

2014 年度全省交通运输行业“十行百佳”标兵

（湖北省交通运输厅、省总工会、省文明办，鄂交文办〔2015〕第 113 号）

1. 铁路

徐志婕（女）　武汉铁路局武汉客运段 Z37/8 次三组列车长

鲁朝忠　武汉铁路局荆门桥工段恩施桥隧车间巴东巡山工区工长

黄望明　武汉铁路局武昌客车车辆段武昌运用车间技术组组长

余艳霞（女）　武汉铁路局武汉电务段武汉客专车间副主任

陈　薇（女）　武汉铁路局襄阳车站襄阳东站客运值班员

益　斌　武汉铁路局十堰车务段谷城车站站长

景　涛　武汉铁路局武昌南机务段动一车队代理党支部书记

张祖刚　武汉铁路局襄阳机务段运用车间火车司机

熊　文（女）　武汉铁路局汉口车站客运车间值班站长

龚雪松　武汉铁路局襄阳客运段 T49/50 次二组列车长

2. 民航

何卫霞（女）　武汉天河机场地服公司站坪部荷花班组班组长

祁绘婷（女）　武汉天河机场现场运行指挥中心指挥员

陈德伟　武汉天河机场飞行区管理部场务保障队养场员

李大飞　国航股份湖北分公司飞行部机长

陈　成　国航股份湖北分公司客舱服务部一级两舱乘务员

郭宾雪（女）　东航武汉有限责任公司客舱服务部乘务长

丁　鹏　东航武汉公司飞机维修部航线一队队长

詹论政　南航湖北分公司地面服务保障部副经理

杨士强　南航湖北分公司飞行部 737 机长

胡　昉（女）　南航湖北分公司客舱部两舱乘务员

3. 邮政

胡学陆　省邮政公司鄂州市分公司杨叶邮政所投递员

汪　婷（女）　省邮政公司武汉市江夏区邮政局北华街支局支局长

徐贵祥　省邮政公司襄阳市襄州区邮政局黄渠河支局投递员

胡海明　省邮政公司咸宁市分公司通城县邮政局北港支局支局长

肖　珍（女）　省邮政公司宜昌市分公司营业局转型大使

王景华　省邮政公司恩施州分公司建始县邮政局三里支局营业员

余　洲　省邮政公司十堰市分公司郧西县邮政局市场经营部主任

伍青玲（女）　省邮政公司荆门钟祥市邮政局中山支局理财经理

金　涛　省邮政公司随州市分公司淅河支局投递员

胡　亮（女）　省邮政公司仙桃市邮政局沙嘴支局支局长

4. 公路

王何林（女）　随县公路管理局殷店公路管理站养路工

马建国　大冶市公路局殷祖公路管理站站长

陈本贵　竹溪县公路管理局养护工人

余　涛　宜城市公路管理局养护公司桥梁养护工程师

徐　兵　石首市公路管理局三义寺渡口管理所所长

赵吉安　荆门市东宝区公路管理局路政大队队长

吴文斌　鄂州市公路管理局养护中心机械化养护队副队长

王　勇　大悟县公路管理局栗林管理站站长

王　勇　宣恩县公路管理局当阳坪治超站站长

刘彩军（女）　仙桃市公路局安捷养护公司毛嘴中心管理站职工

5. 运管物流

周　菁（女）　武汉市公路运输管理处政务中心副主任

刘江波　十堰市道路运输管理局法规稽查科负责人

何红玲（女）　南漳县道路运输管理所副所长

周治虹（女）　荆州市道路运输管理局运政服务中心业务副科长

何光玉　荆门市掇刀区道路运输管理所办公室副主任

李　铖　鄂州市道路运输管理处办公室副主任

周海军　崇阳县道路运输管理局稽查三中队副队长

李佶俐（女）　随州市道路运输管理处运政服务中心副主任

彭　径　湖北公路客运集团第八运输分公司经理

朱银修　宜昌交运集团股份有限公司猇亭客运分公司驾驶员

6. 港航海事

彭长征　引江济汉通航工程建设指挥部工程管理处处长

胡飞孔　武汉市港航管理局船舶检验所所长

夏明月（女）　襄阳市港航管理局樊城港航管理所渡运安全管理员

李　俊　宜昌市港航管理局猇亭处磨盘所所长

马清波　荆州市港航管理局港口科科长

王　霖　荆门市沙洋港航所马良站站长

詹君平　巴东县小溪河站站长

牛百龙　长江武汉海事局船舶交通管理中心副主任

刘良咏　武汉长江航道救助打捞局船舶基地管理处

毛宏英（女）　长江航运公安局宜昌分局三斗坪派出所所长

7. 城市公交

唐红兵　武汉市公交集团第五营运公司 586 路驾驶员

冯建山　十堰市郧县鸿运公交公司十郧线公交车驾驶员

杨卫华　襄阳市公共交通总公司五分公司 536 路公交线路长

陈　军　宜昌公交集团有限责任公司汽车修理分公司修理工

孙　军　荆州市公共交通总公司一分公司 4 路驾驶员

王玉梅（女）　荆门市公共交通集团公司驾驶员

朱以玉　鄂州市公共汽车公司 1 路公交车驾驶员

邱汉文　黄冈市华兴公交公司驾驶员

刘春艳（女）　随州市公共交通有限责任公司 16 路驾驶员

王文洪　恩施市公共汽车公司 17 路线公交驾驶员

8. 出租车

朱应香（女）　荆州市九天出租汽车有限公司驾驶员

刑刘宝　武汉市大通汽车出租有限公司驾驶员

张宗录　十堰市亨运万顺达公司驾驶员

谭　坤　襄阳市公交出租车公司驾驶员

李兵文　宜昌交运集团出租汽车客运有限公司驾驶员

赵晓霞（女）　荆门万里出租汽车公司驾驶员

徐凯桥　鄂州市中联汽车出租有限公司驾驶员

魏勇军　孝感市永康出租车公司驾驶员

邹　斌　黄冈市宏达出租车公司驾驶员

陈正新　崇阳县旅游车出租有限公司驾驶员

9. 高速公路

周　晶（女）　京珠高速公路管理处武汉北管理所收费员

陈红涛　汉十高速公路管理处路政支队第五大队路政员

王先强　武汉西四环线高速公路建设管理有限公司副总经理

梁亚雄　鄂西高速公路管理处第二养护站养护员

余春林　随岳高速公路管理处路政支队第二大队路政员

侯岳钰　黄黄高速公路管理处鄂东管理所收费员

贺　静（女）　武黄高速公路管理处路政支队第八大队路政员

吕金芝（女）　楚天高速股份有限公司伍家岗所收费员

何　勇　襄荆高速公路有限公司襄阳南站收费员

张　斌　湖北高速公路联网收费中心信息技术科科长

10. 轨道交通

姚　婕（女）　武汉地铁运营有限公司轨道交通 2 号线汉口火车站值班站长

何　勇　武汉地铁运营有限公司车辆一部副主办

孙宏杰　武汉地铁运营有限公司机电部

胡建滨　武汉地铁运营有限公司通号部职工

张元亮　武汉地铁运营有限公司通号部信号员

曹　凡　武汉地铁运营有限公司指挥调度中心行车调度

朱园萃(女)　武汉地铁运营有限公司客运一部行车值班员

李　雯(女)　武汉地铁运营有限公司客运二部行车值班员

程宏伟　武汉地铁运营有限公司客运二部行车值班员

吴　亚　武汉地铁运营有限公司车辆二部乘务员

2014年度全省交通运输系统先进集体、先进个人

(湖北省交通运输厅，鄂交办〔2015〕35号)

1. 先进集体

武汉市公共客运交通管理办公室

黄石市城市客运交通管理处

孝感市大悟县交通运输局

黄冈市黄梅县交通运输局

鄂州市公路管理局

荆州市交通运输局

咸宁市交通运输局

宜昌市兴山县交通运输局

襄阳市襄州区交通运输局

恩施州建始县交通运输局

十堰市竹山县交通运输局

随州市交通运输局

荆门市交通运输局

潜江市农村公路养护中心

仙桃市道路运输管理处

天门市公路管理局

神农架林区交通运输局

湖北省引江济汉通航工程指挥部

省交通运输厅计划处

省监察厅驻省交通运输厅监察室

2. 先进个人

胡翠芬(女)　武汉市交通运输委员会纪检监察室主任

叶静平(女)　黄石市交通运输局政工科科长

吴秀梅(女)　黄冈市交通运输局副局长

严　淑(女)　鄂州市交通运输局计划科科长

李世刚　孝感市中南路桥总公司交通工程分公司经理

刘志刚　荆州市松滋市交通运输局副局长

刘慧平(女)　咸宁市通山县公路局养护公司副经理

赵学军　宜昌市夷陵区交通运输局局长

尚显合　襄阳市宜城市交通运输局局长

刘　义　恩施州交通运输局办公室科员

杨　琴(女)　十堰丹江口市公路局局长

郭　东　随州市交通运输局计划科科长

孟丽华(女)　荆门市公交集团结算中心副主任

廖友谊　潜江市港航海事局泽口港航海事处主任

田文华　仙桃市公路局安捷公路养护有限公司总经理

李文波　天门市港航海事局多宝港航海事处主任

杨建琳(女)　神农架林区交通运输局总工程师

周　晶(女)　京珠高速公路管理处武汉北管理所收费员

王明桥　厅机关后勤服务中心车辆管理科科长

何志高　汉江航道整治工程建设指挥部技术质量处工程师

统计资料

2014年主要指标表

指标名称	计算单位	2014年	2013年
一、全省公路里程	公里	236932	226912
1. 按技术等级分			
(1) 等级公路	公里	224183	212893
高速公路	公里	5096	4333
一级公路	公里	3344	2789
二级公路	公里	18033	17576
三级公路	公里	12089	12225
四级公路	公里	185621	175970
(2) 等外公路	公里	12749	14019
等级公路占总里程比重	%	94.62	93.82
其中：二级及以上公路	%	11.17	10.88
2. 按路面等级分			
(1) 有铺装路面里程	公里	184397	169319
其中：沥青混凝土路面	公里	18011	15629
水泥混凝土路面	公里	166386	153690
(2) 简易铺装路面里程	公里	17864	19903
(3) 未铺装路面里程	公里	34671	37690
铺装路面（含简易）里程占总里程比重	%	85.37	83.39
3. 按行政等级分			
国道公路	公里	6691	6725
省道公路	公里	12340	11568
县道公路	公里	20166	20166
乡道公路	公里	63865	63811
专用公路	公里	785	793
村道公路	公里	133085	123849
二、全省公路桥梁、隧道、渡口			
1. 公路桥梁　数量	座	37589	36071
长度	延米	2191714	1872913
其中：特大桥　数量	座	225	202
长度	延米	424983	382336
大桥　数量	座	3691	2914
长度	延米	978797	725613
2. 公路隧道　数量	处	781	625
长度	米	727595	556161
3. 公路渡口	处	165	166
其中：机动渡口	处	134	135
三、公路密度及通达情况			
公路密度	公里/百平方公里	127.45	122.06
乡镇通达率	%	100	100
乡镇通沥青（水泥）路率	%	100	100
行政村通达率	%	100	100
行政村通沥青（水泥）路率	%	99.75	98.67
四、全省内河航道通航里程	公里	8553.6	8390.9
1. 等级航道	公里	6102.87	5925.85
一级	公里	269	269
二级	公里	769	769
三级	公里	688.31	299.1
四级	公里	449.91	456.9
五级	公里	939.3	1064.50
六级	公里	1780.45	1780.45
七级	公里	1206.90	1286.90
2. 等外航道	公里	2450.70	2465.00
等级航道占内河航道通航总里程比重	%	71.3	70.62
其中：三级及以上航道所占比重	%	20.2	15.94

续上表

指标名称	计算单位	2014年	2013年	指标名称	计算单位	2014年	2013年
五、全省内河港口码头泊位	个	2017	2012	干散货	万吨	20207.06	18417.54
生产用码头泊位个数	个	1936	1931	件杂货	万吨	3892.20	3573.4
非生产用码头泊位个数	个	81	81	集装箱	万标箱	125.65	107.27
六、营运汽车拥有量					万吨	1823.72	1573.83
载货汽车	辆	431735	446441	滚装汽车	万辆	58.11	56.19
	吨位	2583616	2359021		万吨	2194.27	1916.13
载客汽车	辆	40553	42560	十、交通固定资产投资总额	亿元	1090.05	894.9
	客位	902473	919907	1. 公路建设	亿元	964.07	782.68
七、全省水路运输船舶拥有量				其中：重点工程	亿元	503.50	426.71
1. 机动船　艘数	艘	4500	4562	2. 港航建设	亿元	75.98	75.06
净载重量	吨位	7283608	7340799	3. 站场建设	亿元	50.00	37.16
载客量	客位	45671	41611	十一、水上安全			
集装箱位	标箱	23368	1127	水上交通事故	件	2.5	1.5
功率	千瓦	1865489	1892374	死亡人数	人	2	1.5
2. 驳船　艘数	艘	244	232	沉没或全损船舶	艘	2	0
净载重量	吨位	349329	271509	事故直接经济损失	万元	22	0
八、公路、水路运输量				十二、其他			
1. 公路客运量	万人	87803	80670	1. 地区生产总值(按当年价格计算)	亿元	27367	24668
公路旅客周转量	亿人公里	483.89	415.07	第一产业	亿元	3177	3098
2. 公路货运量	万吨	116279	100945	第二产业	亿元	12840	12172
公路货物周转量	亿吨公里	2340.55	2046.28	第三产业	亿元	11350	9399
3. 水路客运量	万人	548	441	2. 全社会固定资产投资额	亿元	24303	20177
水路旅客周转量	亿人公里	2.92	3.23	3. 社会消费品零售总额	亿元	11806	10886
4. 水路货运量	万吨	29794	24408	4. 对外贸易总额	亿美元	430	364
水路货物周转量	亿吨公里	2316.20	1791.27	其中：进口	亿美元	266	228
九、全省内河港口货物吞吐量	万吨	28969.15	26219.96	出口	亿美元	164	136
其中：液体散货	万吨	851.89	739.05				

注：1. 自2006年全国农村公路通达情况专项调查后，公路里程和通达率按专项调查统计标准进行统计。
2. 2014年全省经济指标来源于《湖北省2014年国民经济和社会发展统计公报》。
3. 机动船集装箱箱位：原统计口径是仅算集装箱船箱位，从2014年起统计口径是按2013年专项调查船舶口径，将多用途船能装集装箱船舶箱位均计算。

2014年全省重点交通建设项目表

序号	项目名称	建设阶段	建设年限（月）	开工年月	完工年月	建设规模（公里）	总投资（万元）	主管单位	主承建单位
1	通城至界上高速公路	已通车	34	2011年11月	2014年9月	24	144970	湖北省交通运输厅	中交集团咸宁四航局通界高速公路有限公司
2	保康至宜昌高速公路宜昌段	已通车	36	2011年9月	2014年9月	68	455900	湖北省交通运输厅	湖北省交通投资有限公司
3	十堰至房县高速公路	已通车	60	2009年11月	2014年12月	64	525840	湖北省交通运输厅	湖北省交通投资有限公司
4	谷城至竹溪高速公路	已通车	60	2009年12月	2014年12月	227	1908700	湖北省交通运输厅	湖北省交通投资有限公司
5	麻竹高速随州西段	已通车	34	2012年2月	2014年12月	55	391260	湖北省交通运输厅	湖北省交通投资有限公司
6	麻竹襄阳东段（随州至宜城）	已通车	34	2012年2月	2014年12月	58	375870	湖北省交通运输厅	湖北省交通投资有限公司
7	银北高速安康至吉首公路湖北恩施至来凤段	已通车	40	2011年8月	2014年12月	85	786930	湖北省交通运输厅	湖北省交通投资有限公司
8	宣恩至黔江高速公路	已通车	40	2011年8月	2014年12月	71	620000	湖北省交通运输厅	湖北省交通投资有限公司
9	宜昌至岳阳高速公路石首至松滋段（江南高速）	已通车	38	2011年10月	2014年12月	106	686820	湖北省交通运输厅	湖北省交通投资有限公司
10	黄冈至鄂州高速公路团风段	已通车	34	2012年2月	2014年12月	13	97356	湖北省交通运输厅	湖北省交通投资有限公司
11	郧县至十堰高速公路	基本建成	36	2011年12月	2014年12月	67	647900	湖北省交通运输厅	湖北省交通投资有限公司
12	引江济汉工程	已通航	72	2009年11月	2015年11月	67	225544	湖北省交通运输厅	引江济汉通航工程指挥部
13	二广高速公路东岳庙至卷桥段	在建	24	2013年6月	2015年6月	3	21920	湖北省交通运输厅	荆州长江公路大桥管理局
14	保康至宜昌高速公路襄阳段	在建	44	2012年4月	2015年12月	75	795660	湖北省交通运输厅	湖北省交通投资有限公司
15	麻竹襄阳西段（宜城至保康）	在建	46	2012年2月	2015年12月	114	1218330	湖北省交通运输厅	湖北省交通投资有限公司
16	麻城至竹溪高速公路黄冈段	在建	38	2012年8月	2015年10月	43	217570	湖北省交通运输厅	天津国泰恒生实业发展有限公司
17	利川至万州高速公路湖北段	在建	34	2013年2月	2015年12月	42	524240	湖北省交通运输厅	湖北省交通投资有限公司
18	宜昌至张家界高速公路当阳至枝江段	在建	30	2013年6月	2015年12月	39	269530	湖北省交通运输厅	湖北省交通投资有限公司
19	嘉鱼至通城高速公路	在建	46	2012年2月	2015年12月	91	894890	湖北省交通运输厅	中交投资有限公司
20	武汉至嘉鱼高速公路武汉段	在建	24	2013年6月	2015年6月	33	541410	湖北省交通运输厅	武汉市交通委员会
21	宜昌至张家界高速公路宜都至五峰（渔洋关）段	在建	24	2013年6月	2015年6月	36	461070	湖北省交通运输厅	湖北省交通投资有限公司
22	银北高速安康至吉首奉节至恩施段湖北段（建始陇里至恩施罗针田）	在建	40	2012年2月	2015年6月	75	796990	湖北省交通运输厅	湖北省交通投资有限公司

续上表

序号	项目名称	建设阶段	建设年限（月）	开工年月	完工年月	建设规模（公里）	总投资（万元）	主管单位	主承建单位
23	麻城至竹溪高速公路孝感段	在建	64	2010年8月	2015年12月	38	250610	湖北省交通运输厅	湖北中南路桥公司
24	岳阳至宜昌高速公路宜昌段	在建	24	2013年6月	2015年6月	51	421680	湖北省交通运输厅	湖北省交通投资有限公司
25	武汉市四环线南段（大桥至中洲）	在建	24	2013年6月	2015年6月	17	447190	湖北省交通运输厅	武汉交通工程建设投资集团有限公司
26	武汉城市圈环线高速仙桃段	在建	40	2012年2月	2015年6月	41	476610	湖北省交通运输厅	湖北省交通投资有限公司
27	麻阳高速麻城至武穴段	在建	46	2012年2月	2015年12月	140	939120	湖北省交通运输厅	武汉市城市建设投资开发集团有限公司
28	武汉城市圈环线高速孝感段	在建	46	2012年2月	2015年12月	135	743620	湖北省交通运输厅	湖北省交通投资有限公司
29	沪渝与江南连接线（沙公高速）	在建	46	2012年2月	2015年12月	65	779000	湖北省交通运输厅	湖北省交通投资有限公司
30	武汉市四环线西段（吴家山至沌口）	在建	44	2012年4月	2015年12月	23	718590	湖北省交通运输厅	武汉交通工程建设投资集团有限公司
31	武汉至监利高速公路洪湖至监利段	在建	42	2011年12月	2015年6月	95	882690	湖北省交通运输厅	香港保利达国际有限公司
32	老河口至宜昌高速公路老河口至谷城段	在建	28	2012年4月	2015年12月	39	287010	湖北省交通运输厅	江西省路桥工程集团有限公司
33	麻城至竹溪高速公路襄樊市张集至欧庙段（更名为：襄阳绕城高速公路东南段）	在建	48	2011年12月	2015年12月	48	376900	湖北省交通运输厅	湖北省交通投资有限公司
34	武汉城市圈环线嘉鱼长江大桥北岸接线（洪湖段）	在建	24	2013年6月	2015年6月	20	347270	湖北省交通运输厅	湖北省交通投资有限公司
35	武汉城市圈环线嘉鱼长江大桥南岸接线（咸宁西段）	在建	24	2013年6月	2015年6月	29	283230	湖北省交通运输厅	湖北省交通投资有限公司
36	潜石高速公路潜江至江陵段	在建	25	2013年11月	2015年12月	42	422570	湖北省交通运输厅	湖北省交通投资有限公司
37	监利至江陵高速公路	在建	26	2014年4月	2016年6月	69	752770	湖北省交通运输厅	湖北省交通投资有限公司
38	硚口至孝感高速公路	在建	36	2012年12月	2015年12月	35	506440	湖北省交通运输厅	湖北联合发展投资有限公司
39	汉江兴隆至汉川航道整治工程	在建	27	2014年6月	2016年9月	190	92627	湖北省交通运输厅	汉江航道整治工程指挥部
40	武汉新港阳逻港区三作业区集装箱一期工程	在建	48	2012年8月	2016年8月	770万吨	219770	湖北省交通运输厅	武汉新港建设投资开发集团有限公司

2014年公路技术等级情况图

里程单位：公里

技术等级	总计	高速	一级	二级	三级	四级	等外公路
里程	236932	5096	3344	18033	12089	185621	12749

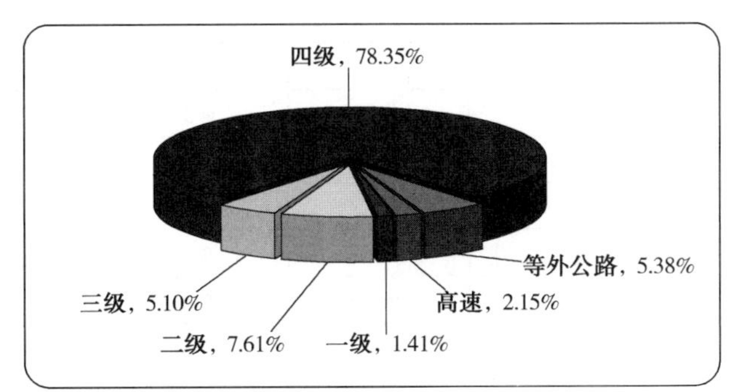

2014年公路行政等级情况图

里程单位：公里

行政等级	总计	国道	省道	县道	乡道	专用公路	村道
里程	236932	6691	12340	20166	63865	785	133085

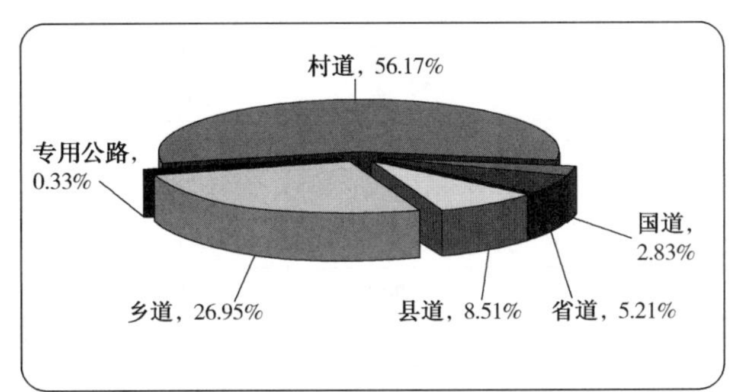

2014年公路桥梁数量比重图（按跨径分）

公路桥梁	总计	特大桥	大桥	中桥	小桥
座	37589	225	3691	6221	27452

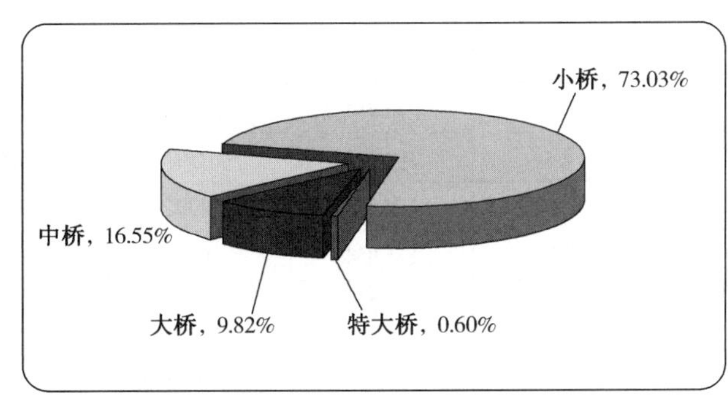

2014年公路隧道数量情况图

公路隧道	总计	特长隧道	长隧道	中隧道	短隧道
道	781	60	149	179	393

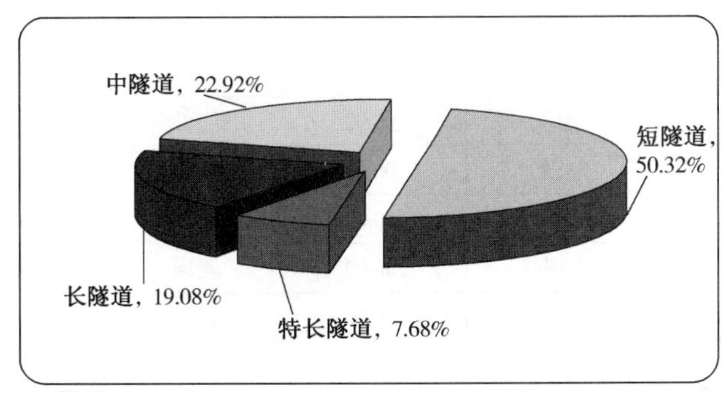

2014 年中部六省公路基本情况排名(一)

名次	总里程		高速公路里程		二级及以上里程		二级及以上比例	
	省份	公里	省份	公里	省份	公里	省份	%
	总计	1,193,364	总计	29,695	总计	134,024	总计	—
1	河南	249,857	河南	5,859	河南	33,277	山西	16.13
2	湖北	236,933	湖南	5,493	湖北	26,474	河南	13.32
3	湖南	236,250	湖北	5,096	山西	22,647	湖北	11.17
4	安徽	174,373	山西	5,011	湖南	18,228	江西	10.50
5	江西	155,515	江西	4,484	安徽	17,070	安徽	9.79
6	山西	140,436	安徽	3,752	江西	16,328	湖南	7.72

2014 年中部六省公路基本情况排名(二)

名次	国省干线中二级及以上比例		国省干线水泥、沥青路面铺装率		等级公路里程		等级公路比例	
	省份	%	省份	%	省份	公里	省份	%
	总计	—	总计	—	总计	1,068,082	总计	—
1	湖北	98.89	山西	100.00	湖北	224,184	山西	97.62
2	安徽	92.87	安徽	100.00	湖南	211,279	安徽	97.28
3	河南	92.77	湖北	99.90	河南	197,624	湖北	94.62
4	山西	90.14	河南	99.60	安徽	169,639	湖南	89.43
5	江西	86.04	江西	99.20	山西	137,094	江西	82.48
6	湖南	36.83	湖南	94.69	江西	128,262	河南	79.09

2014 年中部六省公路基本情况排名(三)

名次	水泥、沥青路面里程		水泥、沥青路面铺装率		公路密度			
					以国土面积计算		以人口计算	
	省份	公里	省份	%	省份	公里 / 百平方公里	省份	公里 / 万人
	总计	925,254	总计	—	总计	—	总计	—
1	湖北	202,262	山西	86.57	河南	149.61	湖北	38.34
2	河南	184,801	湖北	85.37	安徽	134.13	山西	37.75
3	湖南	171,854	江西	78.14	湖北	127.45	湖南	33.90
4	安徽	123,245	河南	73.96	湖南	111.54	江西	32.80
5	山西	121,569	湖南	72.74	江西	93.18	安徽	24.47
6	江西	121,523	安徽	70.68	山西	89.85	河南	24.02

2014 年中部六省公路基本情况排名(四)

名次	乡镇通达率		乡镇通畅率		建制村通达率		建制村通畅率	
	省份	%	省份	%	省份	%	省份	%
	总计	—	总计	—	总计	—	总计	—
1	湖北	100.00	湖北	100.00	湖北	100.00	江西	100.00
2	安徽	100.00	安徽	100.00	河南	100.00	安徽	99.99
3	江西	100.00	江西	100.00	江西	100.00	河南	99.96
4	河南	100.00	河南	100.00	安徽	99.99	湖北	99.75
5	山西	100.00	湖南	100.00	山西	99.92	山西	99.41
6	湖南	100.00	山西	100.00	湖南	99.83	湖南	98.56

2014年全国公路基本情况排名（一）

里程单位：公里

名次	总里程		高速公路里程		二级及以上里程		二级及以上比例	
	省份	里程	省份	里程	省份	里程	省份	%
	总计	4463913	总计	111936	总计	545649	总计	12.22
1	四川	309742	广东	6266	山东	40254	上海	36.08
2	山东	259515	河北	5888	江苏	39293	天津	34.60
3	河南	249857	河南	5859	广东	36286	北京	25.37
4	湖北	236933	四川	5506	河南	33277	江苏	24.94
5	湖南	236250	湖南	5493	河北	30254	辽宁	22.18
6	云南	230398	山东	5108	湖北	26474	宁夏	19.64
7	广东	212094	湖北	5096	辽宁	25607	广东	17.11
8	河北	179200	山西	5011	内蒙古	25011	河北	16.88
9	贵州	179079	江苏	4488	四川	22696	浙江	16.66
10	新疆	175468	江西	4484	山西	22647	山西	16.13
11	安徽	174373	陕西	4466	新疆	19465	山东	15.51
12	内蒙古	172167	新疆	4316	浙江	19381	内蒙古	14.53
13	陕西	167145	内蒙古	4237	湖南	18228	吉林	14.03
14	黑龙江	162464	辽宁	4172	安徽	17070	福建	13.86
15	江苏	157521	黑龙江	4084	黑龙江	16453	广西	13.37
16	江西	155515	福建	4053	江西	16328	河南	13.32
17	山西	140436	贵州	4007	广西	15366	青海	11.74
18	甘肃	138084	浙江	3884	云南	14919	湖北	11.17
19	重庆	127392	安徽	3752	陕西	14061	新疆	11.09
20	浙江	116367	广西	3722	福建	14020	江西	10.50
21	辽宁	115430	甘肃	3262	吉林	13473	海南	10.46
22	广西	114900	云南	3255	甘肃	11102	黑龙江	10.13
23	福建	101190	重庆	2401	重庆	10829	安徽	9.79
24	吉林	96041	吉林	2348	贵州	8897	重庆	8.50
25	西藏	75470	青海	1719	青海	8536	陕西	8.41
26	青海	72703	宁夏	1343	宁夏	6144	甘肃	8.04
27	宁夏	31276	天津	1113	天津	5574	湖南	7.72
28	海南	26002	北京	982	北京	5544	四川	7.33
29	北京	21849	上海	825	上海	4670	云南	6.48
30	天津	16110	海南	757	海南	2719	贵州	4.97
31	上海	12945	西藏	38	西藏	1070	西藏	1.42

2014 年全国公路基本情况排名（二）

里程单位：公里

名次	国道		省道		国省干线中二级及以上比例		等级公路里程		等级公路比例	
	省份	里程	省份	里程	省份	%	省份	里程	省份	%
	总计	179181	总计	322796	总计	74.85	总计	3900834	总计	87.39
1	新疆	10874	湖南	38345	江苏	99.15	山东	258442	天津	100.00
2	内蒙古	9825	云南	20029	湖北	98.89	四川	257027	上海	100.00
3	四川	8749	山东	17289	上海	98.21	湖北	224184	北京	99.85
4	云南	8619	河南	16974	辽宁	98.18	湖南	211279	山东	99.59
5	河北	7904	广东	16082	天津	96.57	河南	197624	宁夏	99.30
6	山东	7879	新疆	15687	山东	96.55	广东	197131	浙江	97.73
7	陕西	7483	河北	15223	安徽	92.87	云南	189481	海南	97.63
8	广东	7435	内蒙古	13922	北京	92.84	河北	172891	山西	97.62
9	甘肃	7424	四川	13335	河南	92.77	安徽	169639	安徽	97.28
10	广西	7262	湖北	12340	浙江	90.70	内蒙古	160123	河北	96.48
11	湖南	7242	山西	11778	山西	90.14	陕西	151189	江苏	95.13
12	黑龙江	6983	辽宁	9548	河北	89.30	江苏	149845	湖北	94.62
13	辽宁	6928	青海	9481	福建	88.62	山西	137094	内蒙古	93.00
14	河南	6851	江西	9358	广东	87.67	黑龙江	135033	广东	92.95
15	湖北	6691	贵州	9199	江西	86.04	新疆	131889	吉林	92.32
16	江西	6212	黑龙江	9149	广西	83.60	江西	128262	陕西	90.45
17	西藏	5618	江苏	9039	黑龙江	78.63	甘肃	114080	湖南	89.43
18	江苏	5530	吉林	9007	吉林	78.33	浙江	113730	广西	87.60
19	山西	5308	重庆	8629	重庆	75.17	贵州	107573	辽宁	87.37
20	福建	5164	安徽	8127	宁夏	74.92	辽宁	100854	青海	83.64
21	安徽	5128	广西	7482	内蒙古	74.75	广西	100647	黑龙江	83.12
22	青海	4721	福建	6998	陕西	74.45	重庆	98680	四川	82.98
23	贵州	4654	甘肃	6470	海南	74.22	吉林	88667	甘肃	82.62
24	吉林	4624	浙江	6364	四川	73.34	福建	82907	江西	82.48
25	浙江	4325	西藏	6332	甘肃	69.89	青海	60806	云南	82.24
26	重庆	3147	陕西	6234	新疆	61.03	西藏	54443	福建	81.93
27	宁夏	2102	天津	2789	青海	58.70	宁夏	31057	河南	79.09
28	海南	1652	宁夏	2502	贵州	56.99	海南	25386	重庆	77.46
29	北京	1358	北京	2245	云南	48.10	北京	21816	新疆	75.16
30	天津	845	海南	1784	湖南	36.83	天津	16110	西藏	72.14
31	上海	644	上海	1055	西藏	8.96	上海	12945	贵州	60.07

2014 年全国公路基本情况排名（三）

里程单位：公里

名次	水泥、沥青路面		水泥、沥青路面铺装率		桥梁数量		公路密度			
							以国土面积计算		以人口计算	
	省份	里程	省份	%	省份	座	省份	公里/百平方公里	省份	公里/万人
	总计	3117495	总计	69.84	总计	757130	总计	46.50	总计	32.81
1	山东	242147	上海	100.00	江苏	68774	上海	204.14	西藏	232.18
2	湖北	202262	天津	100.00	山东	48129	山东	165.61	青海	126.97
3	四川	188166	浙江	98.20	浙江	47910	重庆	154.60	新疆	77.50
4	河南	184801	海南	96.67	广东	45196	江苏	153.53	内蒙古	69.64
5	湖南	171854	北京	96.52	辽宁	44086	河南	149.61	甘肃	53.26
6	河北	157782	山东	93.31	河南	43393	天津	135.38	贵州	51.13
7	广东	153790	江苏	90.44	河北	39603	安徽	134.13	云南	48.88
8	江苏	142460	河北	88.05	四川	38029	北京	133.13	宁夏	48.32
9	安徽	123245	山西	86.57	湖北	37589	湖北	127.45	陕西	44.41
10	山西	121569	湖北	85.37	湖南	37350	广东	119.22	黑龙江	42.40
11	江西	121523	福建	80.59	安徽	35763	浙江	114.31	湖北	40.86
12	陕西	117740	宁夏	79.94	江西	26248	湖南	111.54	山西	38.69
13	浙江	114267	江西	78.14	云南	24001	贵州	101.69	重庆	38.31
14	黑龙江	112869	吉林	76.60	福建	23790	河北	95.47	湖南	35.26
15	新疆	106378	河南	73.96	陕西	23379	江西	93.18	吉林	34.91
16	内蒙古	91458	湖南	72.74	黑龙江	20572	山西	89.85	江西	34.39
17	云南	87152	广东	72.51	贵州	17593	福建	83.35	四川	33.06
18	福建	81553	安徽	70.68	广西	16691	陕西	81.30	海南	29.99
19	广西	81155	广西	70.63	内蒙古	15999	辽宁	79.12	辽宁	27.24
20	贵州	80231	陕西	70.44	山西	14117	海南	76.70	山东	27.09
21	甘肃	76783	黑龙江	69.47	新疆	13585	四川	63.52	福建	26.59
22	吉林	73571	辽宁	63.51	吉林	13042	云南	58.48	安徽	25.17
23	辽宁	73305	四川	60.75	上海	10865	吉林	51.25	河南	24.75
24	重庆	66297	新疆	60.63	重庆	10238	广西	48.54	河北	24.26
25	青海	33147	甘肃	55.61	甘肃	9452	宁夏	47.10	浙江	24.11
26	海南	25136	内蒙古	53.12	西藏	7892	黑龙江	35.78	广西	21.75
27	宁夏	25003	重庆	52.04	北京	5978	甘肃	30.39	广东	19.93
28	北京	21089	青海	45.59	海南	5775	内蒙古	14.55	江苏	19.44
29	天津	16110	贵州	44.80	青海	4678	新疆	10.57	天津	10.94
30	上海	12945	云南	37.83	宁夏	4194	青海	10.08	北京	10.33
31	西藏	11707	西藏	15.51	天津	3219	西藏	6.14	上海	5.36

2014 年全国公路基本情况排名（四）

名次	乡镇通达率		乡镇通畅率		建制村通达率		建制村通畅率	
	省份	%	省份	%	省份	%	省份	%
	总计	99.98	总计	98.08	总计	99.82	总计	91.76
1	北京	100.00	北京	100.00	北京	100.00	北京	100.00
2	天津	100.00	天津	100.00	天津	100.00	天津	100.00
3	河北	100.00	河北	100.00	河北	100.00	辽宁	100.00
4	山西	100.00	山西	100.00	辽宁	100.00	上海	100.00
5	辽宁	100.00	辽宁	100.00	上海	100.00	江苏	100.00
6	吉林	100.00	上海	100.00	江苏	100.00	江西	100.00
7	黑龙江	100.00	江苏	100.00	福建	100.00	福建	100.00
8	上海	100.00	浙江	100.00	江西	100.00	广东	100.00
9	江苏	100.00	安徽	100.00	山东	100.00	河北	100.00
10	浙江	100.00	福建	100.00	河南	100.00	安徽	99.99
11	安徽	100.00	江西	100.00	湖北	100.00	河南	99.96
12	福建	100.00	山东	100.00	广东	100.00	山东	99.95
13	江西	100.00	河南	100.00	甘肃	100.00	海南	99.91
14	山东	100.00	湖南	100.00	青海	100.00	吉林	99.85
15	河南	100.00	广东	100.00	宁夏	100.00	湖北	99.75
16	湖北	100.00	海南	100.00	贵州	100.00	浙江	99.66
17	广东	100.00	重庆	100.00	吉林	100.00	山西	99.41
18	广西	100.00	贵州	100.00	安徽	99.99	黑龙江	98.80
19	海南	100.00	宁夏	100.00	重庆	99.99	湖南	98.56
20	重庆	100.00	湖北	100.00	内蒙古	99.98	宁夏	91.48
21	贵州	100.00	陕西	100.00	海南	99.97	广西	87.52
22	陕西	100.00	广西	100.00	广西	99.97	新疆	84.88
23	甘肃	100.00	黑龙江	99.91	山西	99.92	青海	82.50
24	青海	100.00	内蒙古	99.59	陕西	99.84	四川	80.54
25	宁夏	100.00	吉林	99.44	湖南	99.83	陕西	80.09
26	湖南	100.00	甘肃	98.34	浙江	99.66	贵州	63.80
27	四川	100.00	云南	98.32	黑龙江	99.56	云南	63.54
28	云南	99.93	新疆	98.21	云南	99.32	甘肃	63.51
29	新疆	99.93	青海	95.95	四川	99.02	内蒙古	63.04
30	西藏	99.71	四川	93.73	新疆	98.71	重庆	61.56
31	内蒙古	99.59	西藏	50.22	西藏	97.96	西藏	18.65

注：1. 公路密度以国土面积计算单位为公里 / 百平方公里，以人口计算单位为公里 / 万人

2. 建制村通水泥、沥青路面比重指标按报交通运输部数值进行排名。